GW01607322

Les matériaux de la sculpture

7 lieux 7 matières

Exposition de sculptures
17 octobre 2003 - 15 janvier 2004

L'exploration de la troisième dimension continue à jouer un rôle capital dans la création plastique. Le Conseil général, en offrant pour cadre d'exposition sept lieux différents afin d'accueillir sept supports de l'expression de la sculpture à travers quatre cents œuvres d'artistes majeurs de l'art moderne ou contemporain, a voulu marquer de manière exceptionnelle le rôle que notre institution entend tenir dans le domaine culturel.

Celui de permettre au plus grand nombre d'approcher et de comprendre des artistes de renommée mondiale à travers un parcours libre et gratuit mais, surtout, propice à la découverte, à la réflexion, à l'enrichissement personnel. Entamer un merveilleux voyage où la sensibilité et la curiosité s'éveillent au contact d'œuvres essentielles pour comprendre l'approche créative dans ce qu'elle a de plus novateur.

Je me réjouis que le public puisse ainsi s'approprier un très grand moment culturel à travers cette manifestation rare par la qualité des œuvres exposées.

Je suis heureux que notre institution et tous ceux qui animent notre politique culturelle aient eu l'ambition d'avoir pu la concevoir et réussir ce pari d'une envergure rarissime.

Une société vit, bouge, progresse lorsqu'elle sait donner aux artistes, à tous ceux qui illuminent nos vies de leur inspiration, la place qui leur revient. Mais aussi en permettant l'approche la plus vaste possible, le contact et la transmission de leur talent ou de leur génie auprès d'un très large public.

C'est à ce seul titre que l'art, sous toutes ses formes, s'exalte et s'inscrit dans une réalité vivante et concrète.

Soucieux de l'épanouissement de tous, convaincu que la pratique culturelle est partie prenante de l'insertion sociale, notre institution a pour vocation – à travers une politique d'action culturelle audacieuse et volontaire – d'atteindre ces objectifs dans un département dont l'histoire est imprégnée de mélanges et d'échanges entre les cultures du monde, ce dont témoignent si bien les arts d'aujourd'hui.

D'assurer leur expression libre et plurielle et de donner à chacun, par des initiatives telles que ces sept expositions, les clés pour s'ouvrir à d'autres horizons. C'est la condition d'une société civilisée où se forme une opinion libre, éclairée et critique.

Jean-Noël Guérini
Sénateur
Président du Conseil général
des Bouches-du-Rhône

Les matériaux de la sculpture

La sculpture est certainement la première manifestation artistique pratiquée par l'homme. Celui-ci sculpta tout d'abord dans un but utilitaire, puis avec l'intention de se parer ou de vénérer, mais également de représenter, avant d'utiliser les trois dimensions dans un but décoratif ou ornemental.
Il y a différents types d'artistes qui travaillent le volume, et si certains pratiquent cet art exclusivement, quelques-uns sont avant tout peintre avant d'être sculpteur, d'autres – de plus en plus nombreux – ont une œuvre qui associe, confondues, des techniques et des traditions artisanales dans un but créatif bien défini.
" La sculpture dans tous ses états " serait le titre le plus adapté pour qualifier ce rassemblement d'œuvres – en trois dimensions – éclatées sur sept sites du département des Bouches-du-Rhône. Il s'agit de réunir à Aix-en-Provence, Arles, Aubagne, Marseille, Salon-de-Provence et Saint-Rémy-de-Provence, ainsi qu'à Vitrolles, dans des structures accueillantes, des exemples évidents de la sculpture moderne et contemporaine, en fonction de la diversité des matériaux mis à la disposition des plasticiens.
L'idée de cet ensemble d'expositions de sculptures dans sept sites départementaux, de la mi-octobre 2003 au 15 janvier 2004, fut envisagée voilà quelques mois afin de créer un moment fort dans une période de l'année un peu en sommeil après les programmations riches, mais souvent pléthoriques qui, l'été, s'offrent à un public sédentaire ou occasionnel. Organiser plusieurs expositions individuelles ou des rétrospectives de quelques artistes risquait de décevoir du fait du nombre limité des artistes participants. Dans cette promenade en trois dimensions, sept expositions monographiques risquaient d'être ennuyeuses. Mêler des artistes dans des techniques bien définies amusera, je le souhaite, le visiteur qui pourra retrouver des créateurs ayant œuvré avec diverses matières. Cet inventaire a été dispersé sur sept villes dans une certaine logique : si les sites peuvent obéir à une exigence culturelle particulière, la plupart du temps ils furent retenus pour leur capacité d'accueil, leur espace, compte tenu du volume des œuvres à exposer.
Cet amalgame de " 5 étoiles " de l'art moderne avec des artistes plus modestes du XXe et du début du XXIe siècle devrait permettre au visiteur de se faire une idée, de se dire aussi qu'en art rien n'est jamais terminé et que, contrairement à l'adage " tout a une fin, même les décadences ", l'Art ne se porte jamais aussi bien que lorsqu'il relève de passages à vide, lorsque comme le phénix, il reprend vie. L'Histoire bégaie souvent ; l'Art, lui, fait seulement semblant de se répéter.
Le propos de cette manifestation, bien sûr nullement exhaustive, est donc de montrer la variété des matériaux utilisés par quelque deux cent cinquante artistes, et de les répartir pour prouver la maîtrise dont font preuve les créateurs dans leurs expressions les plus diverses. L'échantillonnage proposé montre la richesse d'une expression contemporaine qui, pour des raisons logistiques, est souvent moins connue que la peinture. Il montre aussi que, là comme ailleurs, tous les sentiments s'expriment, l'émotion voisine avec l'humour, la tendresse avec la dérision, la force avec la sensibilité...

Je ne sais si le sculpteur – à cause de bien des contraintes – est un peu le parent pauvre de l'art, mais il est juste de lui rendre hommage, et cette occasion exceptionnelle de disposer simultanément de différents lieux d'accueil est une opportunité trop belle pour ne pas la saisir.
Comme dans la peinture, où certains excellent dans la miniature quand d'autres pratiquent la fresque, la sculpture se manifeste aussi bien pour orner un dessus de cheminée qu'agrémenter un jardin ; aucun des matériaux ici répertoriés n'échappe à cette règle. Il y a des matériaux conventionnels qui " remontent à la nuit des temps ", les préhistoriens les ont répertoriés. Nous savons qu'ils nous enseignent l'évolution de l'homme. La glaise, la pierre et le bois sont certainement les premiers qui furent utilisés. Lorsque notre lointain ancêtre domestiqua le feu, il put en pérenniser certains, et travailler le fer, créer le verre et le bronze. Plus près de nous, les laboratoires contemporains ont fait naître des produits nouveaux qui, tout autant que les basiques signalés, sont utilisés par les artistes.

La **terre** est sûrement la première matière par laquelle l'homme s'exprima. Diverses expressions du mariage de la glaise et du feu se retrouvent en toute logique, du fait d'une tradition ancestrale, à Aubagne. Cela prouve que le matériau peut à la fois être utilisé dans un but utilitaire et ornemental.
Avec le temps, les artistes ont beaucoup appris des artisans, et André Mettey a fait école depuis qu'il donna le goût, dans son atelier d'Asnières, au début du siècle passé, à des peintres de ne pas être que des peintres et de renouer avec un temps où l'artiste ne se cloisonnait pas dans une activité précise, mais était avant tout un créateur. À nouveau, après la guerre, les peintres ont ressenti ce besoin d'ouverture que la glaise pouvait leur apporter. De Céret à Vallauris, de Biot à Albisola Marina, pour ne citer que quelques-uns des lieux méditerranéens, les plus grands noms se sont rapprochés des potiers pour savoir comment domestiquer le feu et les émaux. Et à Aubagne, depuis quelques années, des artistes et des artisans apprennent les uns des autres et s'enrichissent mutuellement. Dans la cité des potiers, la chapelle des Pénitents Noirs, désacralisée, s'ouvre là à des créations plurielles, de taille humble ou gigantesque, austères ou bigarrées, et autorise des confrontations surprenantes.
Lorsque, il y a trois ans, la Galerie d'art du Conseil général, à Aix, présenta les réalisations du Centre international de recherche sur le verre artistique – basé à Marseille –, l'espace se transforma en un écrin pour montrer des objets – utilitaires ou non – nés dans les ateliers, les fours et les creusets de la rue de la Joliette. Sur le cours Mirabeau, une autre fois, le **verre** sera présent. Des œuvres aux multiples origines géographiques jouent de leurs transparences et montrent un aspect complémentaire de la fusion de la silice, de son contrôle par l'homme. Le feu, là, joue un rôle déterminant, tout comme dans la céramique.

Le **bois** se taille, se coupe, se colle, s'agglomère en volumes ou en bas-reliefs, se peint aussi. C'est aussi, pour tout créateur, un matériau basique qui reste, sauf traitement spécifique, fragile et vulnérable.

Le Centre d'Art Présence Van Gogh, à Saint-Rémy-de-Provence, précieux et accueillant, est l'espace parfait pour recevoir ce matériau ; ses salles et ses cimaises ont une taille humaine et conviennent parfaitement pour conserver un tel ensemble en permettant à chaque pièce de trouver son indépendance, à chaque artiste de montrer sa différence. Un mixage de cultures et de civilisations est là, présent, et montre, si cela était utile, combien ce matériau traverse le temps et incite à la création.

Le **fer,** contrairement au bronze, implique la notion de pièce unique ; il est aussi lié au feu de la forge, aux étincelles de la soudure. À Salon-de-Provence, le château de l'Empéri dispose de salles, de cours fermées. Les sculptures exposées pourront être ainsi dedans ou dehors, selon leurs traitements, et selon, bien sûr, les vœux de leurs géniteurs. Des œuvres monumentales aux mécanismes sophistiqués, le champ est libre et pluriel.
Le fer se soude, se compile et se compresse, se travaille par le feu à l'image des épées de toutes sortes que renferme le musée historique qui reçoit cet ensemble d'œuvres.

Dans un environnement naturel et faisant partie d'une vieille bastide, la salle du Centre culturel de Fontblanche de Vitrolles, sobre, aux dimensions harmonieuses, est de plain-pied. Elle reçoit la **pierre**, qui est pour tout sculpteur le matériau noble, celui qui n'autorise pas l'erreur et nécessite, pour être maîtrisé, des outils que le fer procure. Ici, marbres et granits, porphyres et grès, taillés ou meulés, confrontent leurs couleurs et leurs veinules, attestant de la maîtrise d'une vingtaine d'artistes aussi différents qu'ailleurs par leur imaginaire et leurs techniques.

Le **bronze** est le matériau le plus fréquemment employé dans la sculpture. Il permet au modeleur de pérenniser son travail, éventuellement de le multiplier par l'édition, et autorise des réalisations de toutes formes ; il se patine, se peint, et peut aller dedans comme dehors.
Les œuvres présentées demandaient un espace polyvalent que le siège du Conseil général satisfait pleinement. À Marseille, donc, le parvis de l'Hôtel du Département accueille quelques pièces monumentales. Dressées comme des amers, elles dessinent des signaux sur l'étrange façade de la structure bleue. L'Atrium, immense esplanade pentue à la lumière zénithale, devient une vaste galerie pour accueillir des œuvres différentes de tailles et d'esprit. L'Ovoïde – sorte de pièce suspendue telle une nacelle – se transforme pour la circonstance en ménagerie, tant il est vrai que sont légion les artistes ayant immortalisé nos amies les bêtes et que passionne le monde animalier.

Le musée de l'Arles et de la Provence Antique – expose dans une architecture très contemporaine des témoignages d'une antiquité permanente dans de nombreux sites de la région. Il est tentant de les confronter avec des réalisations actuelles faites pour la plupart de matériaux non conventionnels, éphémères ou récupérés, et qui donnent ainsi naissance à des œuvres surprenantes. Ils voisinent avec des productions nées de la chimie du XXe siècle ou des technologies qui associent lumière et informatique. Le choix des **autres matériaux** est ainsi vaste, du textile à l'image numérique, de la pâte à papier aux résines et aux déchets industriels.

Durant trois mois, sept lieux vont donc parallèlement s'associer pour proposer au public des sculptures de notre époque en attirant l'attention sur des matériaux et sur ce que l'on peut en faire. Sept expositions pour montrer la maîtrise de créateurs qui se servent tout autant des techniques et des outils traditionnels que de l'utilisation de nouveaux matériaux ou de l'application de recherches nées de laboratoire. Montrer des sculptures dans différents lieux du département relève de la gageure, et l'idée de donner à chacun des sept sites une définition technique permet de sensibiliser un vaste public aux possibilités qu'offrent matériaux et pratiques dans un domaine souvent moins médiatisé que la peinture.
Dans aucune de ces sept présentations, les choix d'œuvres n'ont la prétention de montrer un panorama du monde sculptural ; ils sont souvent la conséquence de coups de cœur pour certaines pièces, d'une volonté de cohérence et de complémentarité pour la plupart. Il y a beaucoup d'artistes connus et de prestigieuses signatures, et bien d'autres qui mériteraient de l'être davantage. Il y a beaucoup de manques et d'absences. Mais au reproche bien naturel – " Il manque Untel " –, il me faut répondre qu'hormis Arles et Salon-de-Provence, les autres lieux – même s'ils en ont l'appétit – n'ont officiellement pas le statut muséal.
Il convient donc très vivement de remercier les conservateurs de musées qui nous accordent leur confiance dans cette entreprise, tout comme la multitude de collectionneurs et de galéristes qui acceptent durant quelques mois de se priver de pièces qui leur sont précieuses, et évidemment les très nombreux artistes ayant bien voulu prêter leurs œuvres. Certaines se sont révélées trop fragiles pour voyager ; d'autres, au dernier moment, ont eu des problèmes qui dépassent malheureusement le monde de la création. Il a fallu faire avec quelques impondérables...
Mais il faut ramener tout débat – qui ne manquera pas – à une raison simple : celle de montrer de la sculpture à un très large public. Cette exposition ne répondra peut-être pas aux exigences de certains exégètes, mais si elle donne à beaucoup le goût d'en savoir plus, de pousser la porte d'une galerie ou le besoin d'entrer dans un musée, cela sera pour tous, artistes, prêteurs et organisateurs, la meilleure des récompenses.

Michel Bépoix
Commissaire d'exposition

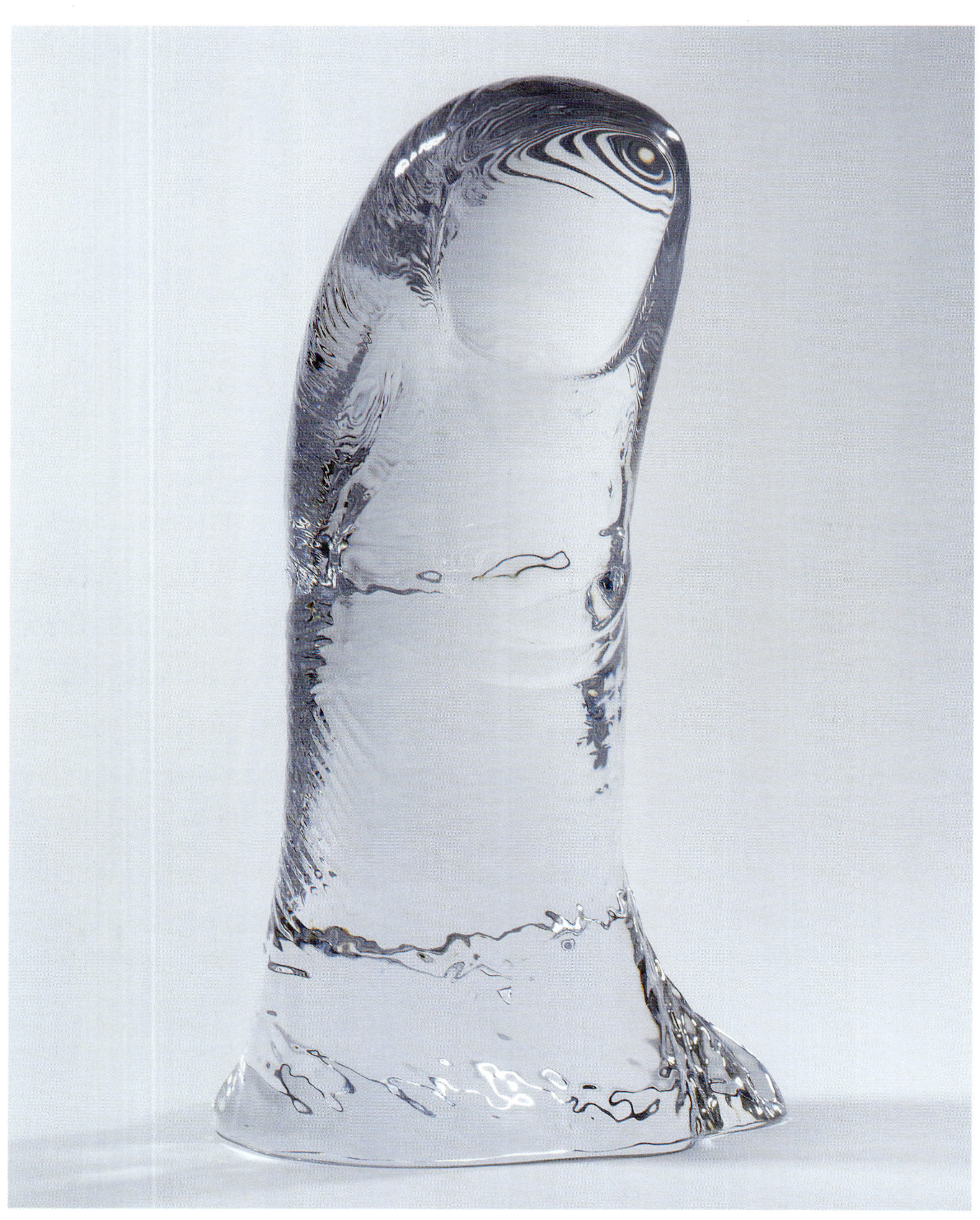

CÉSAR, " POUCE " *1989, cristal de Baccarat, 43 x 16 x 20 cm. Collection particulière.*

le Verre

CATHERINE BOLLE ■ EMILY BROCK ■ WARREN CARTHER ■ CÉSAR
BERNARD DEJONGHE ■ ERIK DIETMAN ■ STEVEN EASTON ■ EMMANUEL
KAZUYO HASHIMOTO ■ FRANÇOIS HOUDÉ ■ CHUZABURO ISHIBASHI
JANNIS KOUNELLIS ■ MÁRIA LUGOSSY ■ VÁCLAV MACHAC ■ GIUSEPPE
MARANIELLO ■ MARI MÉSZÁROS ■ IGOR MITORAJ ■ MATEI NEGREANU
OSMAN ■ GUISEPPE PENONE ■ NESTOR PERKAL ■ GAETANO PESCE
DANIEL POMMEREULLE ■ GINNY RUFFNER ■ TOM SHANNON
FRANÇOISE VERGIER ■ STEVEN WEINBERG ■ DANA ZÁMECNÍKOVÁ

Aix-en-Provence, Galerie d'Art du Conseil Général des Bouches-du-Rhône

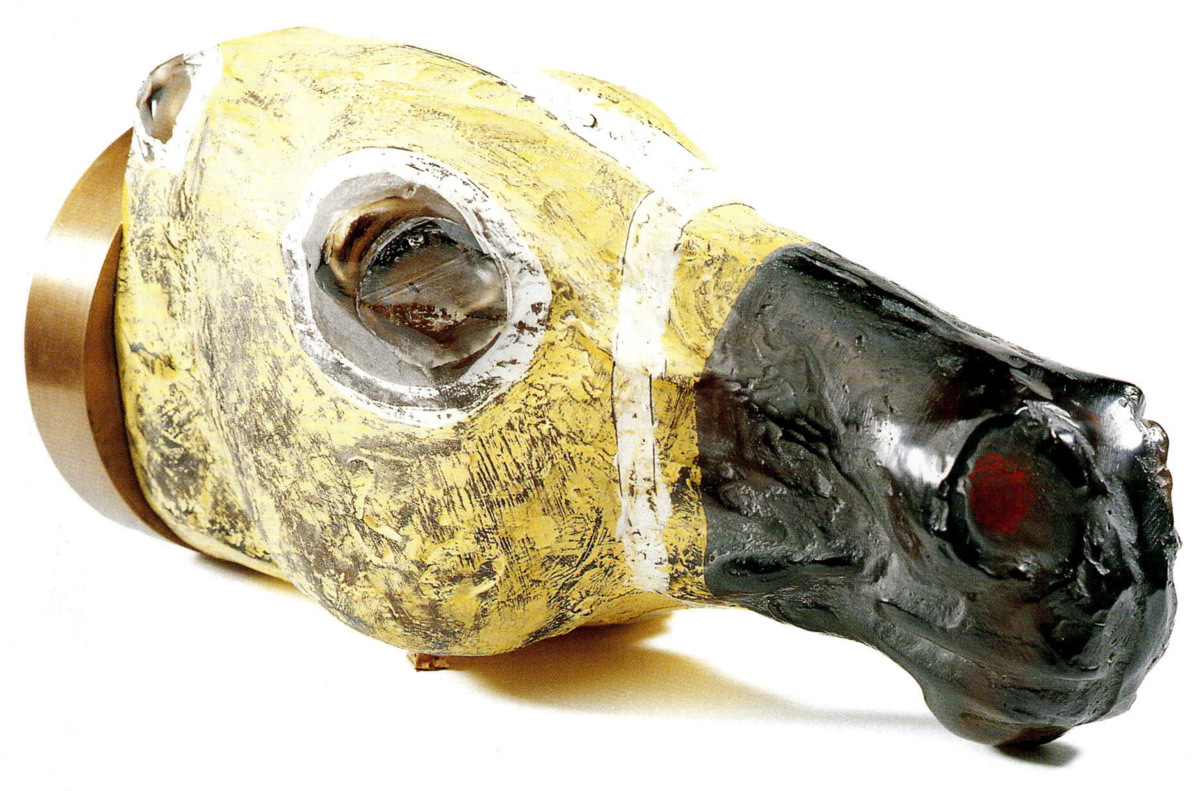

VÁCLAV MACHAC, " TÊTE DE CHEVAL DE COURSE " *1983, verre soufflé en forme, 36 x 18 x 19 cm. Collection mu.dac, Lausanne.*

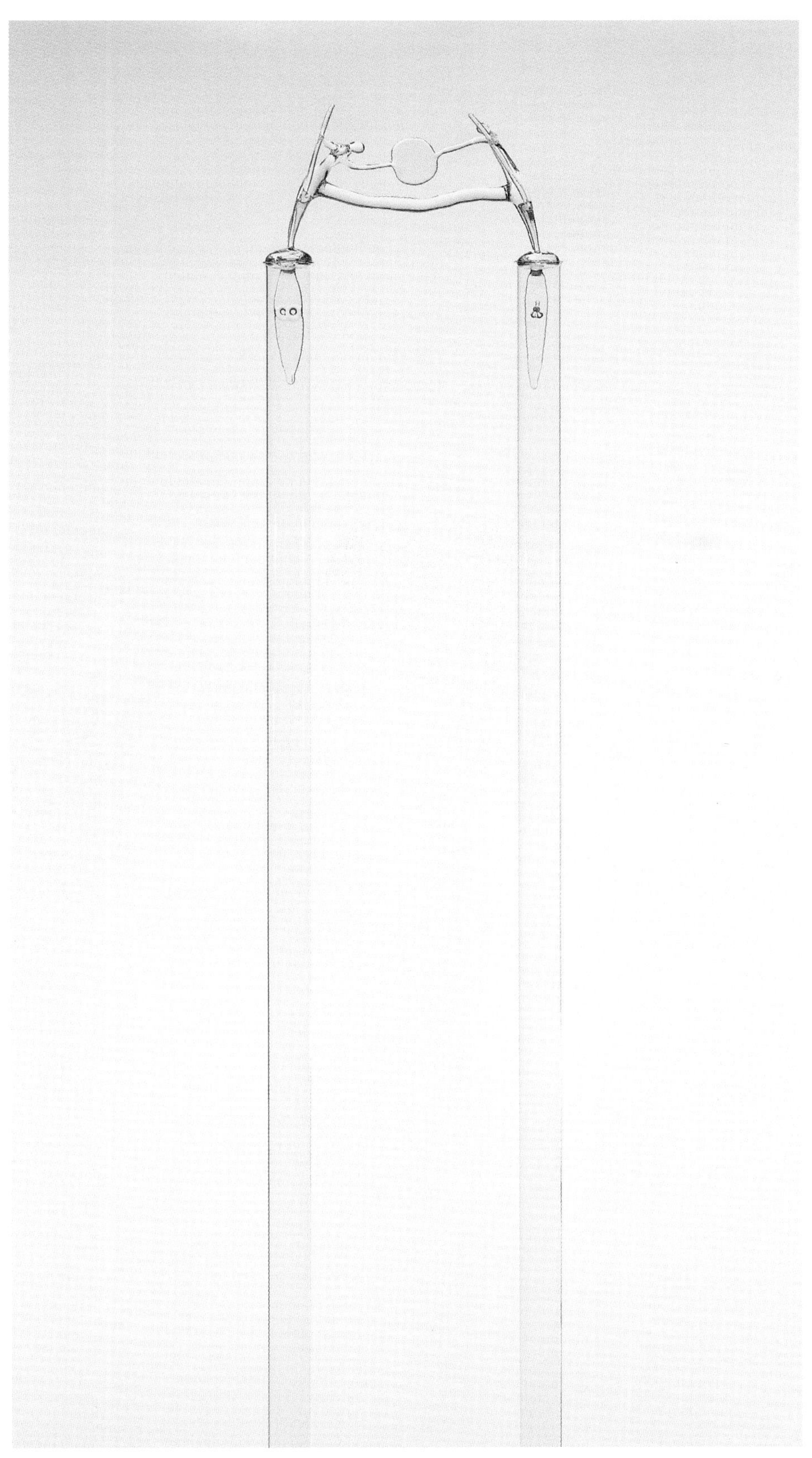

GIUSEPPE MARANIELLO, « REBIS » *2002, verre, 173 x 45 x 23 cm. Galerie Flora Bigai, Venise.*

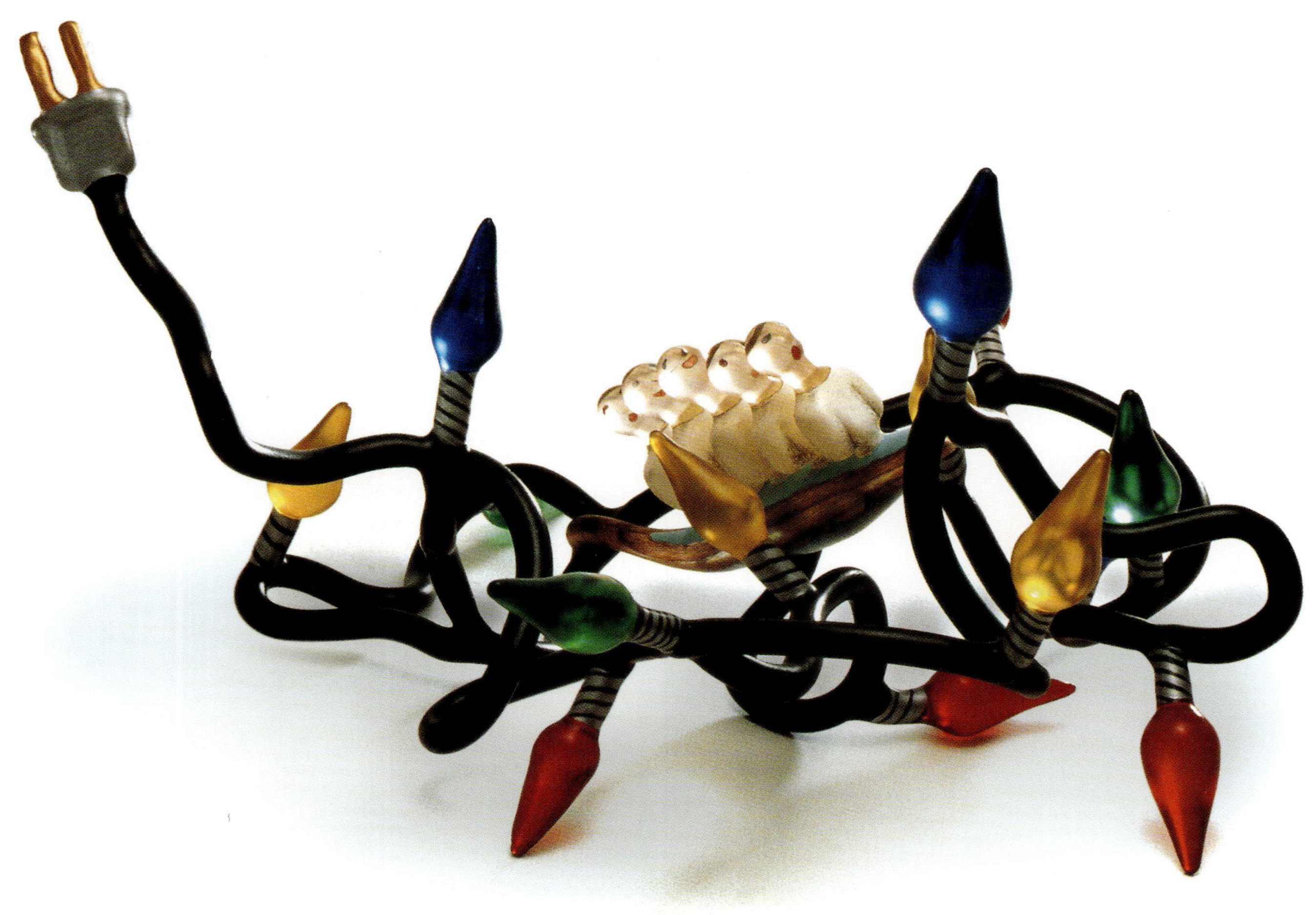

GINNY RUFFNER, " ANGEL AMUSEMENTS " *1989, verre soufflé à la lampe, pigments, graphite, 26,5 x 44 x 88 cm. Collection mu.dac, Lausanne.*

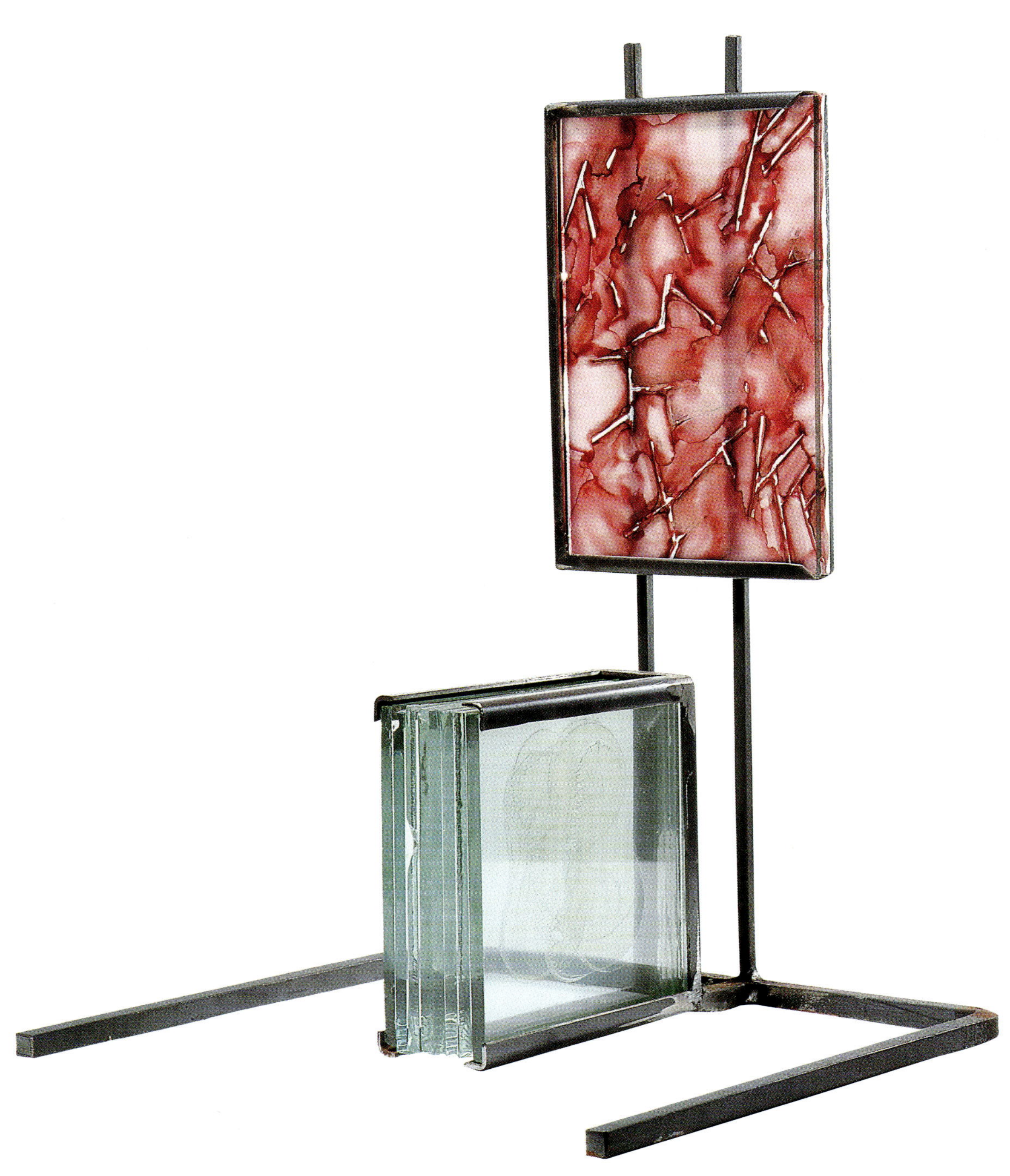

DANIEL POMMEREULLE, " SCULPTURE " *1993, acier, verre et papier calque, 41,3 x 25,8 x 29,2 cm, Galerie Di Meo, Paris.*

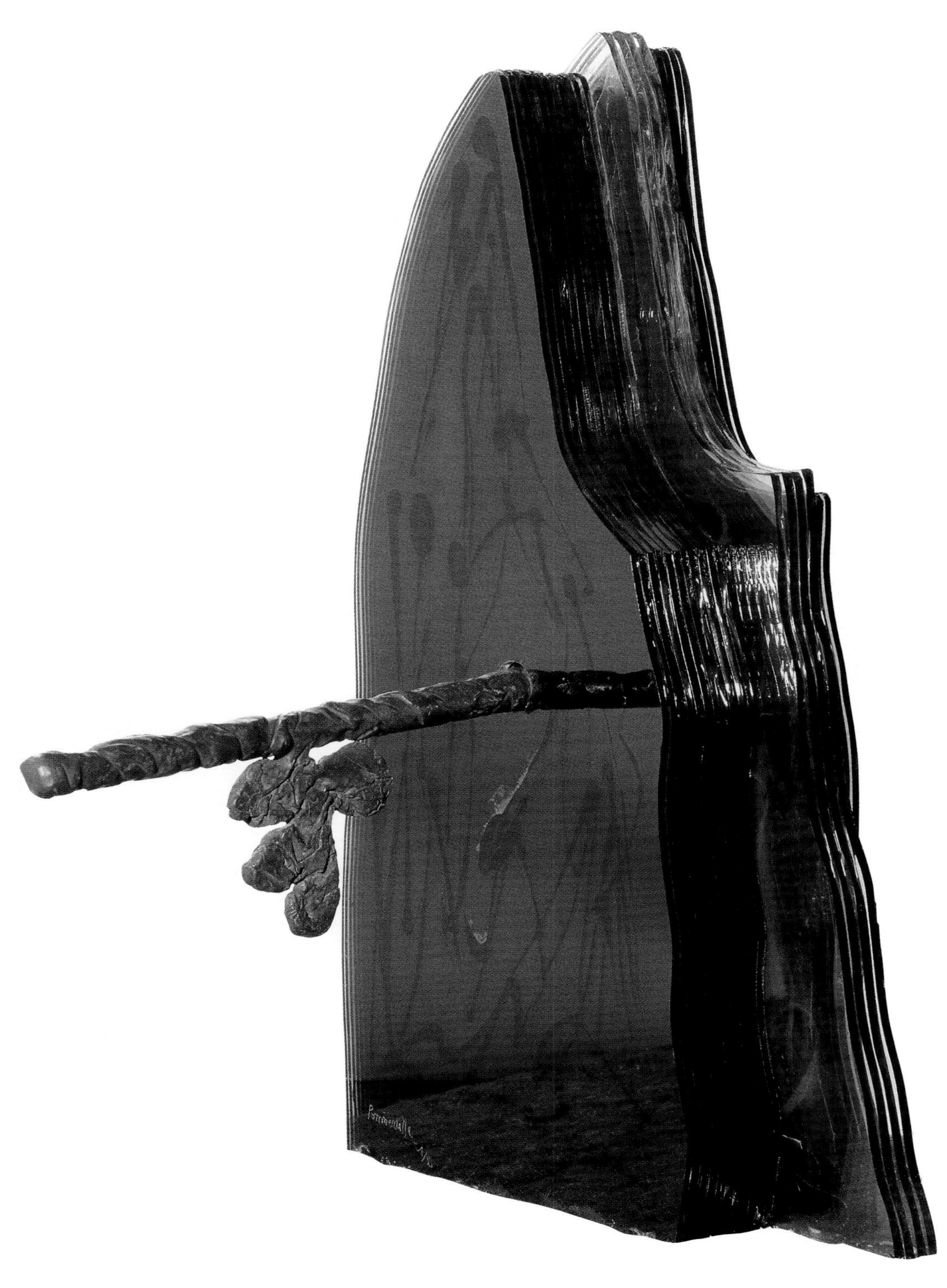

DANIEL POMMEREULLE, " SANS TITRE " *1985, verre, 100 x 43 x 18 cm. Collection particulière.*

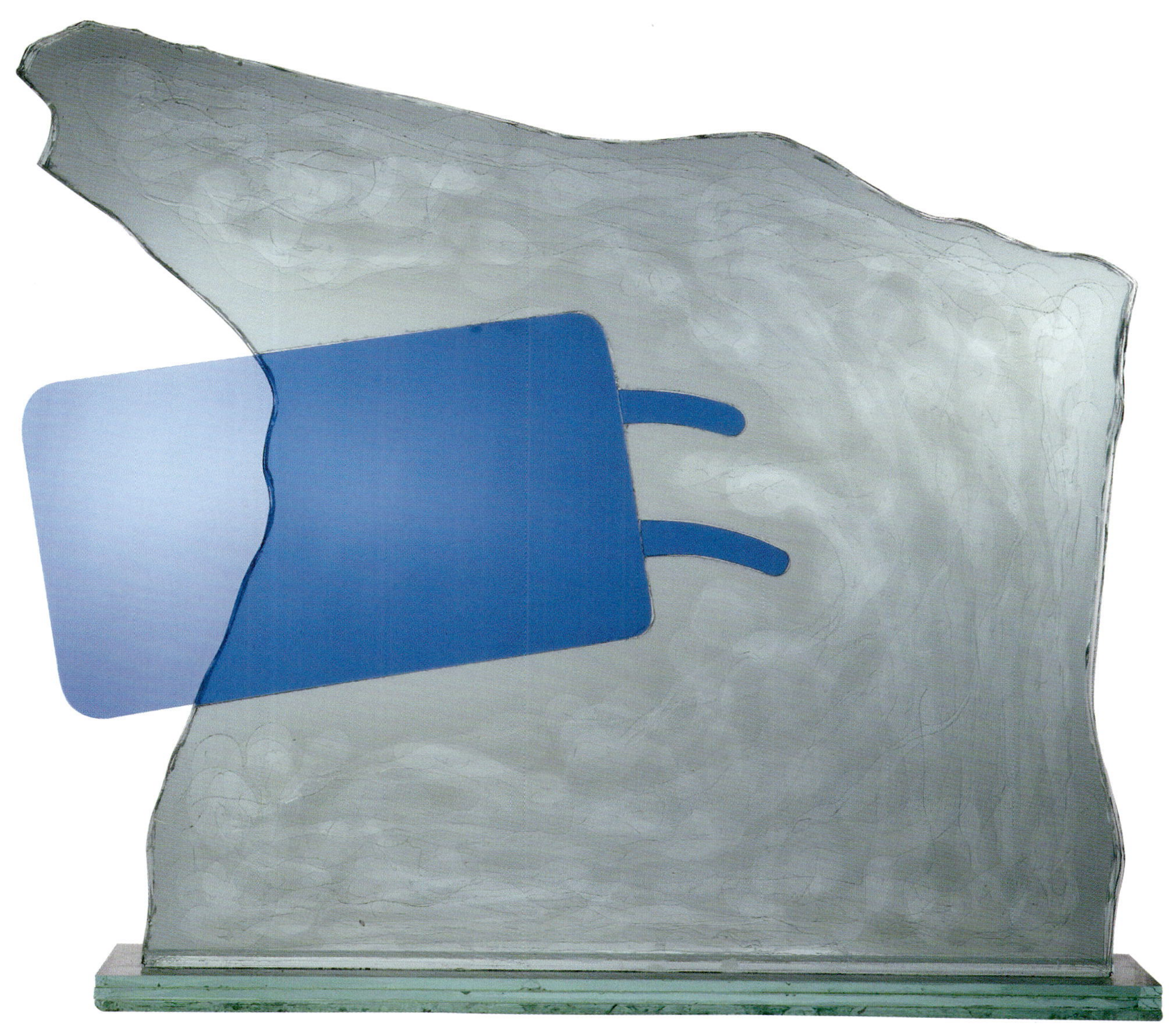

DANIEL POMMEREULLE, " SANS TITRE " *verre, 100 x 110 x 18 cm. Collection particulière.*

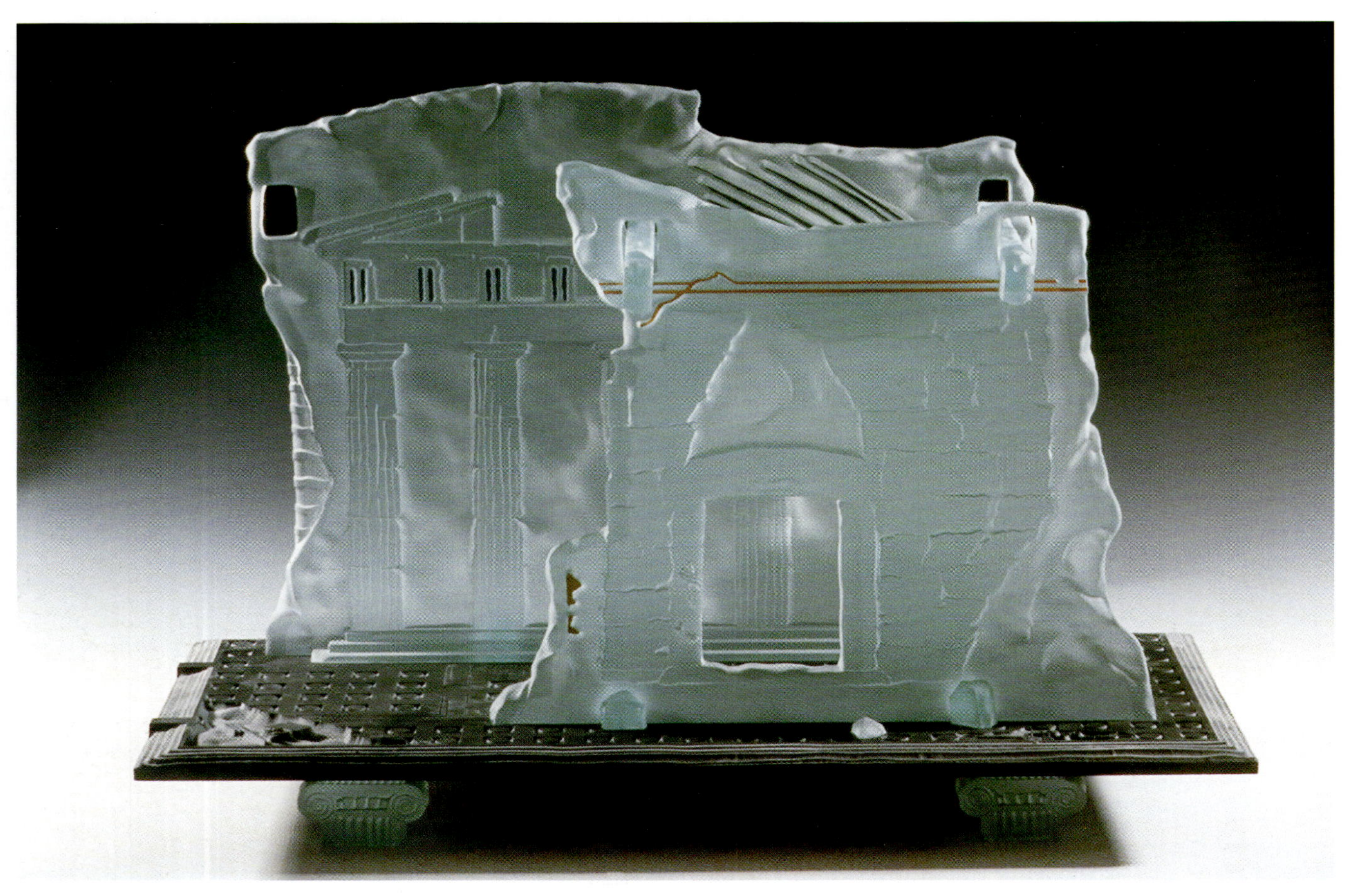

WARREN CARTHER, " PHIDIAS CONSIDERS 9:4 " *1989, verre plat, traité au jet de sable, base ardoise, 50 x 60 cm. Collection mu.dac, Lausanne.*

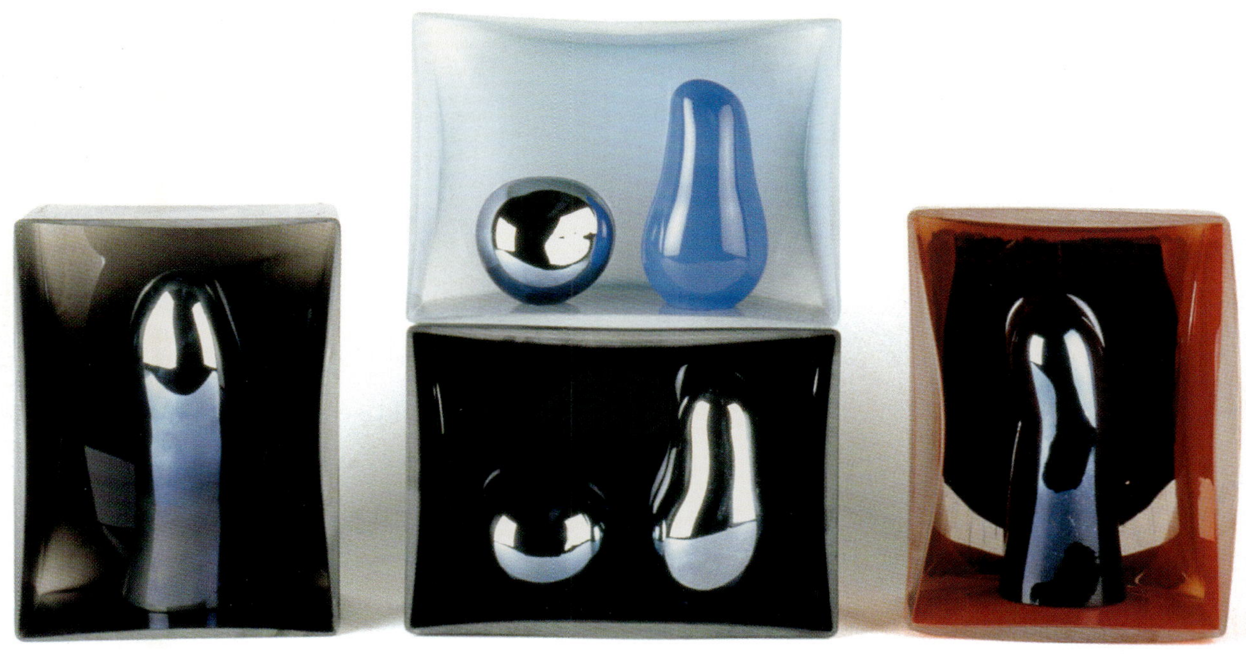

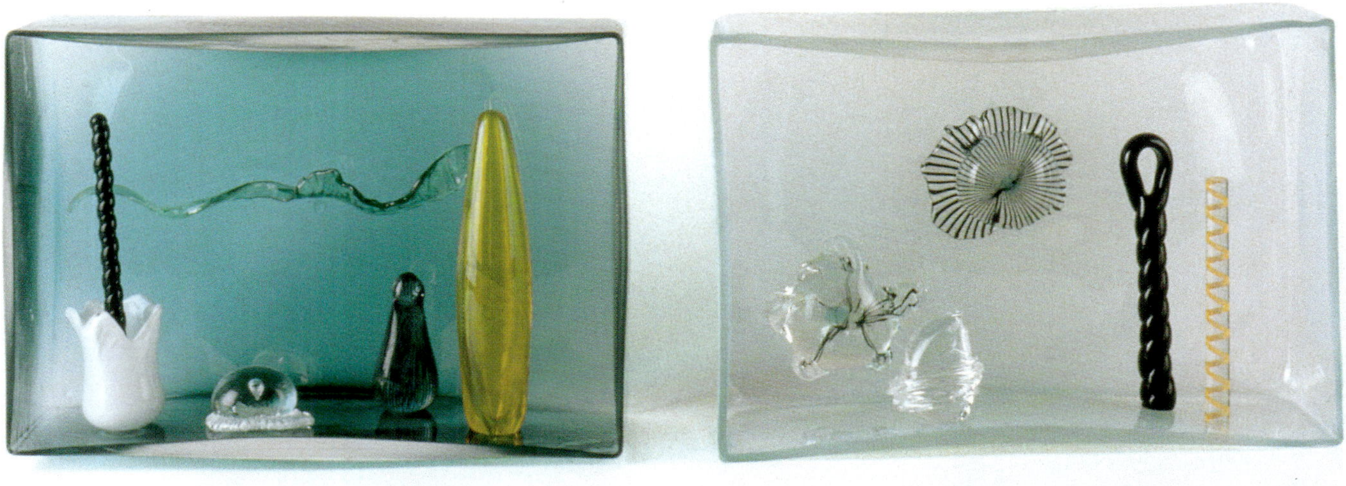

NESTOR PERKAL, " BOÎTE PAYSAGE " *1996, verre soufflé, 30 x 21 x 10 cm. CIRVA, Centre d'art contemporain, Marseille.*
" BOÎTE PAYSAGE " *1996, verre soufflé, 24 x 17,5 x 10 cm. CIRVA, Centre d'art contemporain, Marseille.*

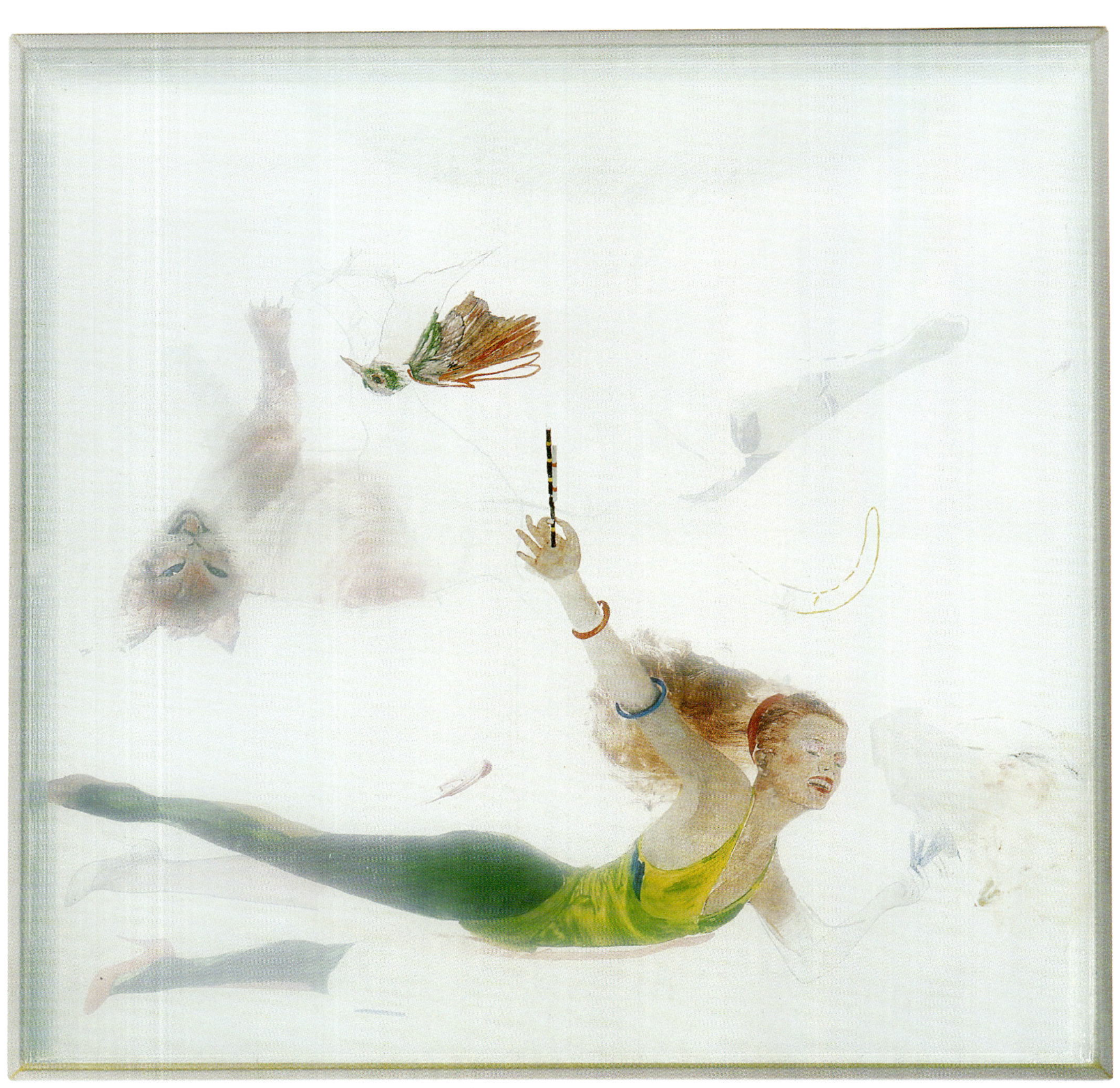

DANA ZÁMECNÍKOVÁ, " LEVITATION " *1985, verres plats juxtaposés, sablés, peints, montés, 38 x 28 x 8,5 cm. Collection mu.dac, Lausanne.*

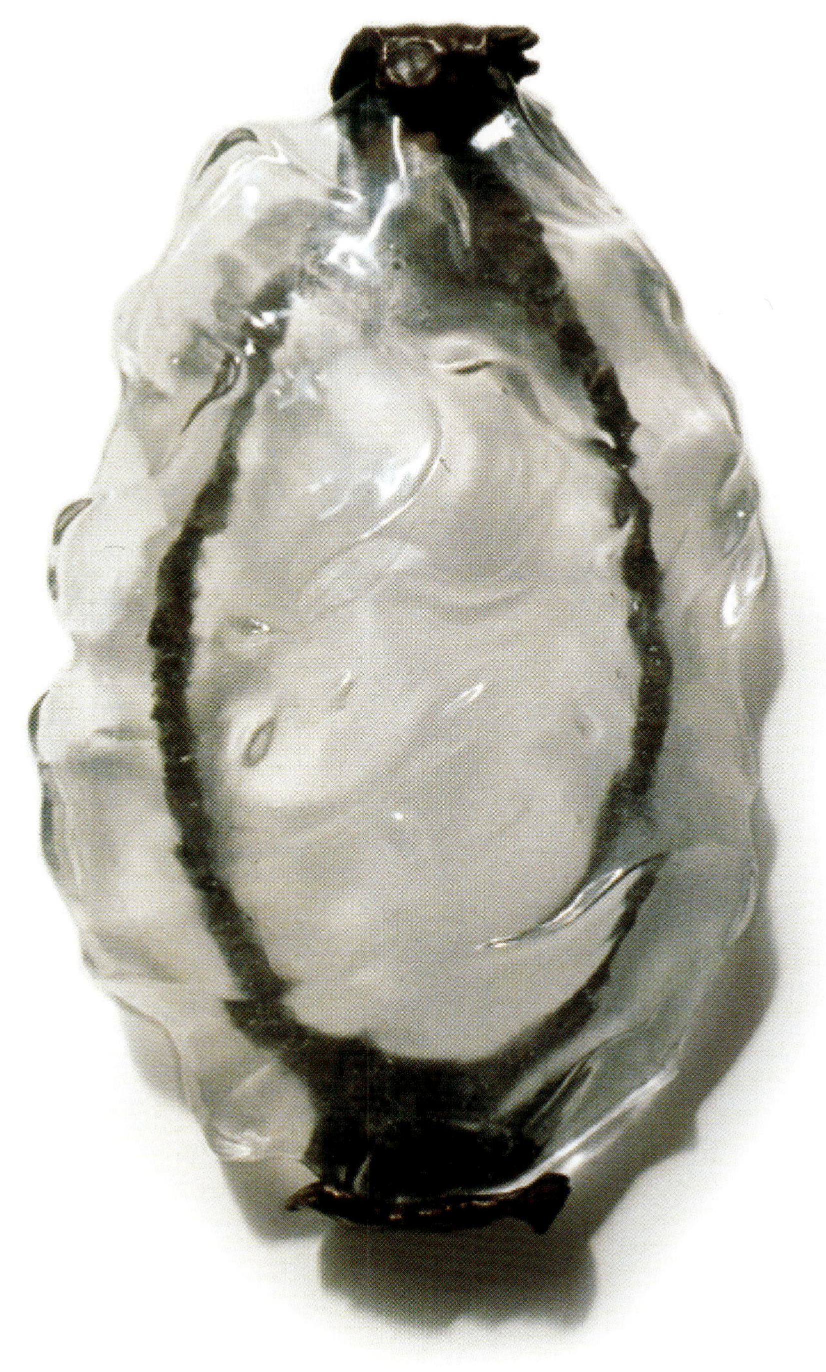

FRANÇOISE VERGIER, " DANS CES EAUX-LÀ " *1991-1992, pâte de verre et bronze, 67 x 42 x 14 cm. CIRVA, Centre d'art contemporain, Marseille.*

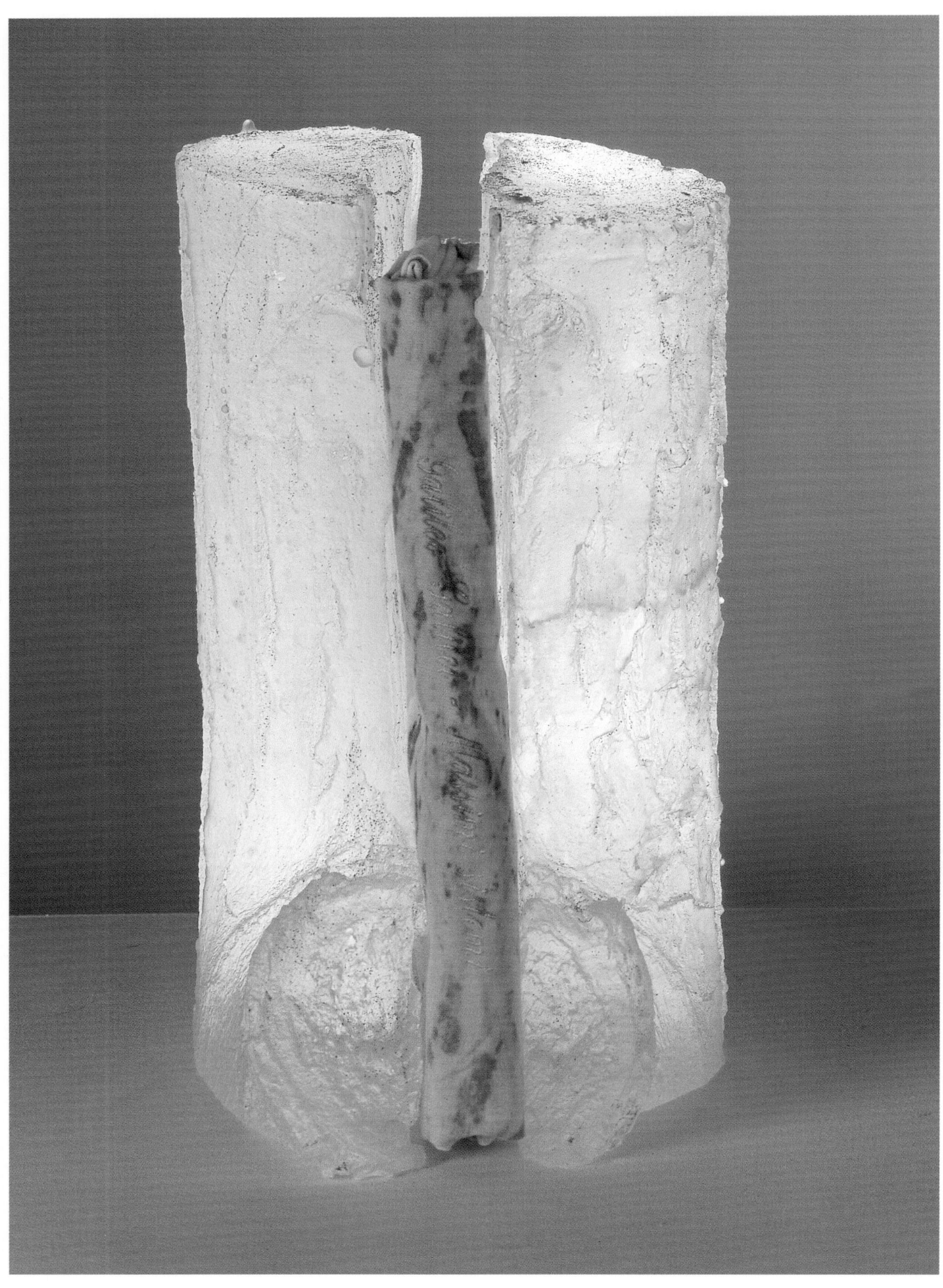

GIUSEPPE PENONE, " GALILEO GALILEI : MASSIMO SIDEMO " *1994, cristal, frottage sur tissu, 35 x 23 x 18 cm. Galerie Alice Pauli, Lausanne.*

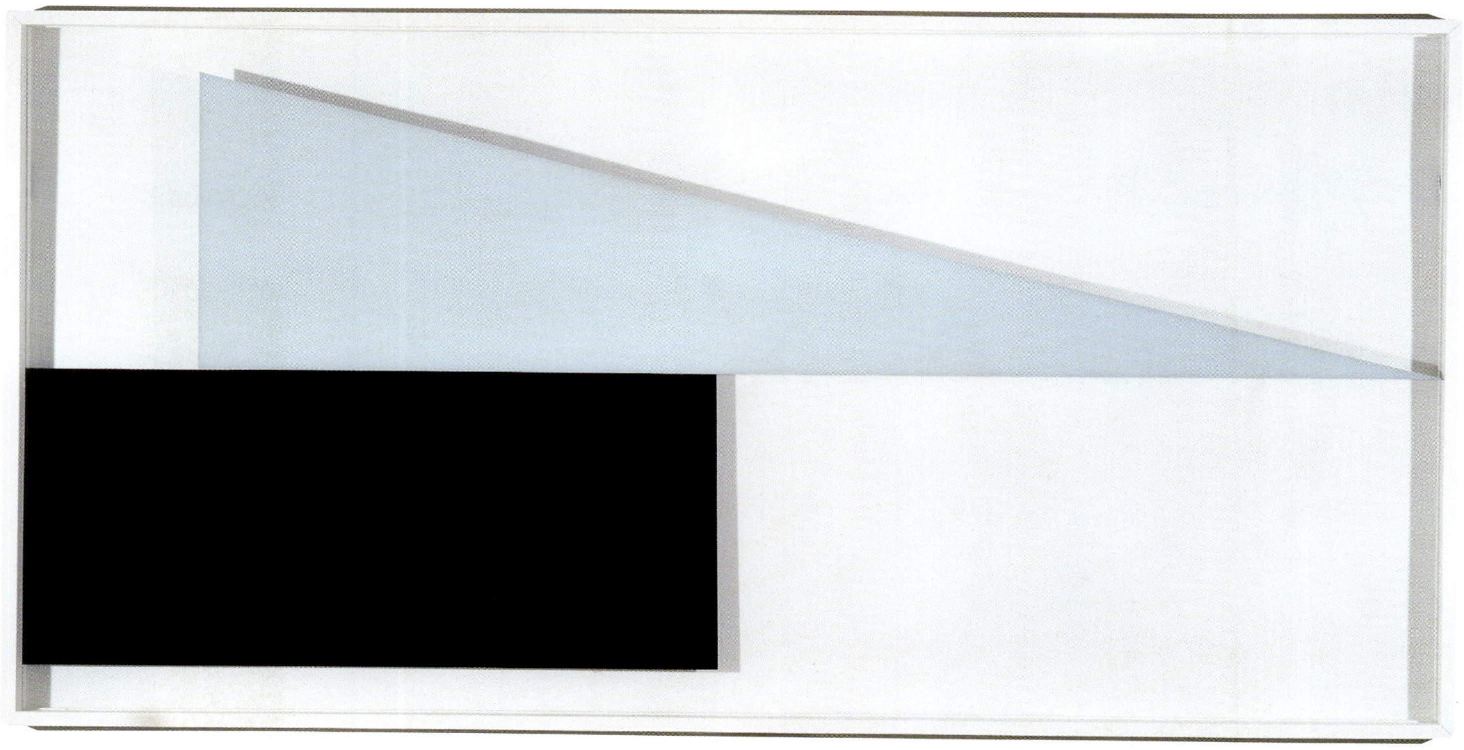

EMMANUEL, " O2D2 " *2002, verre, 120 x 84 cm. Galerie Denise René, Paris.*

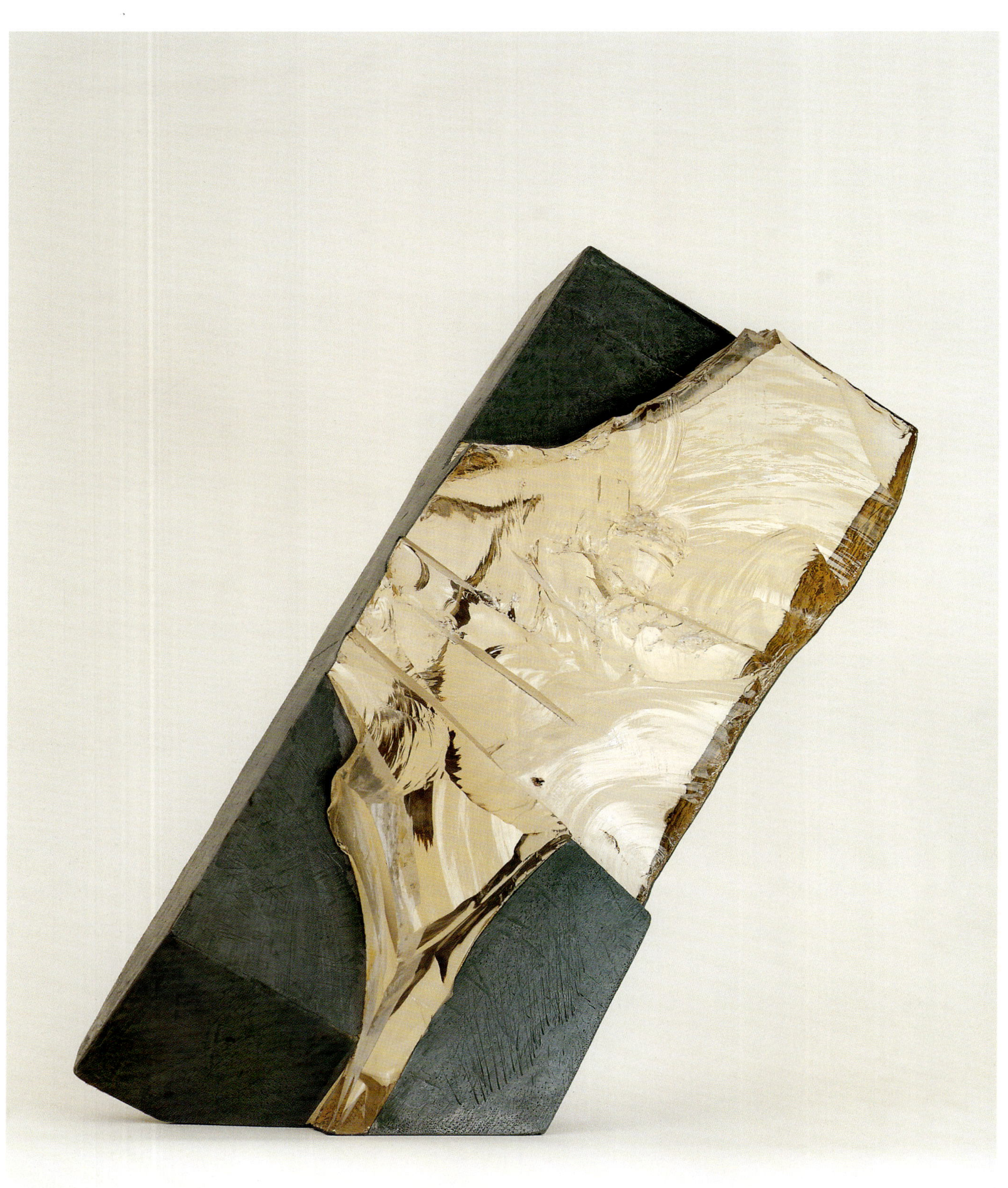

MATEI NEGREANU, " COMPOSITION 012 " *1989, verre optique taillé au jet de sable, 25 x 61 x 20 cm. Collection mu.dac, Lausanne.*

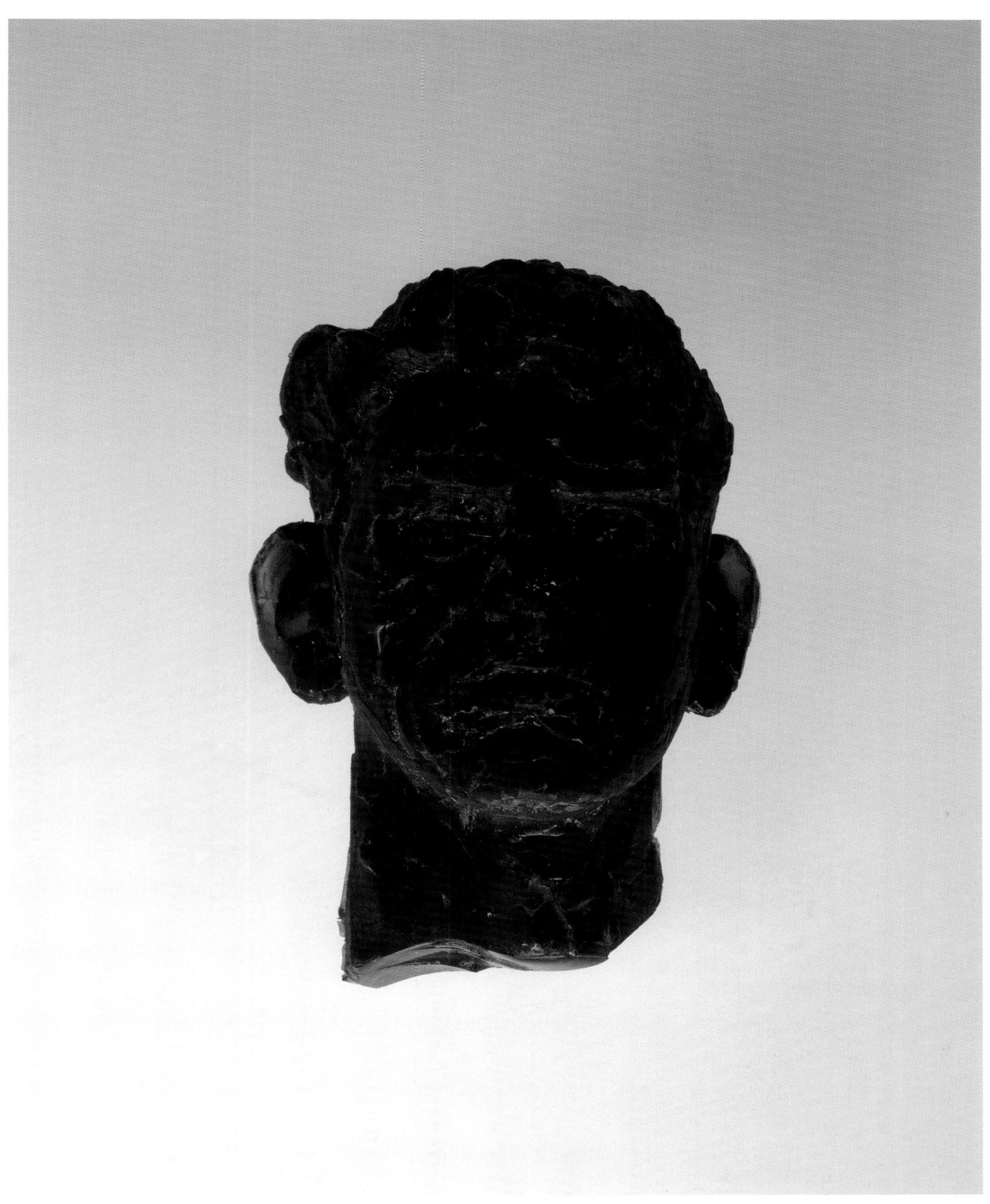

STEVEN EASTON, " BALTHAZAR'S HEAD " *1988, verre coulé, 30,5 x 19 x 18 cm. Collection mu.dac, Lausanne.*

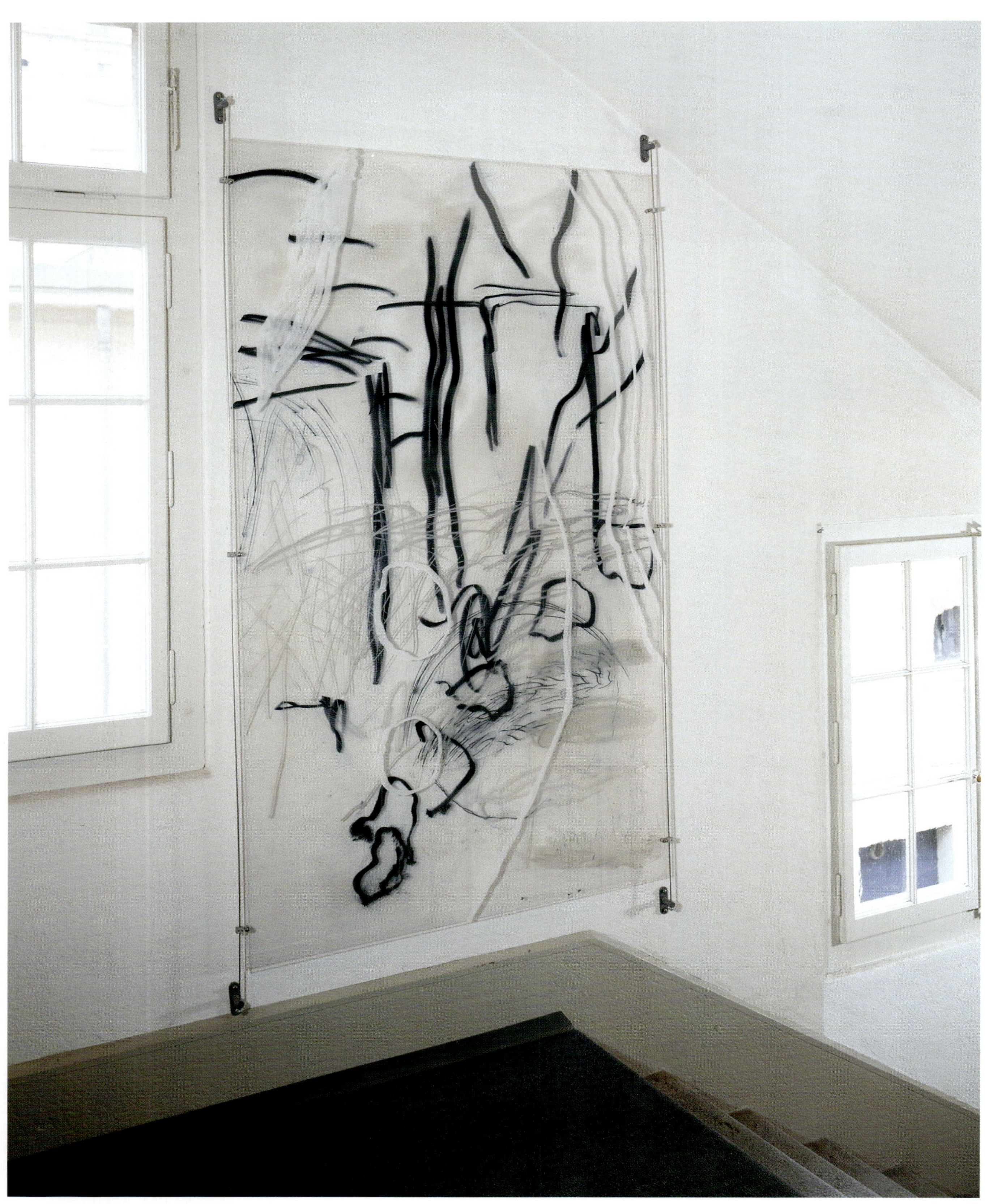

CATHERINE BOLLE, " PAYSAGE DE VERRE V " *1998, 2 plaques de verre, acrylique, gravées, polychrome, 200 x 120 cm. Galerie Alice Pauli, Lausanne.*

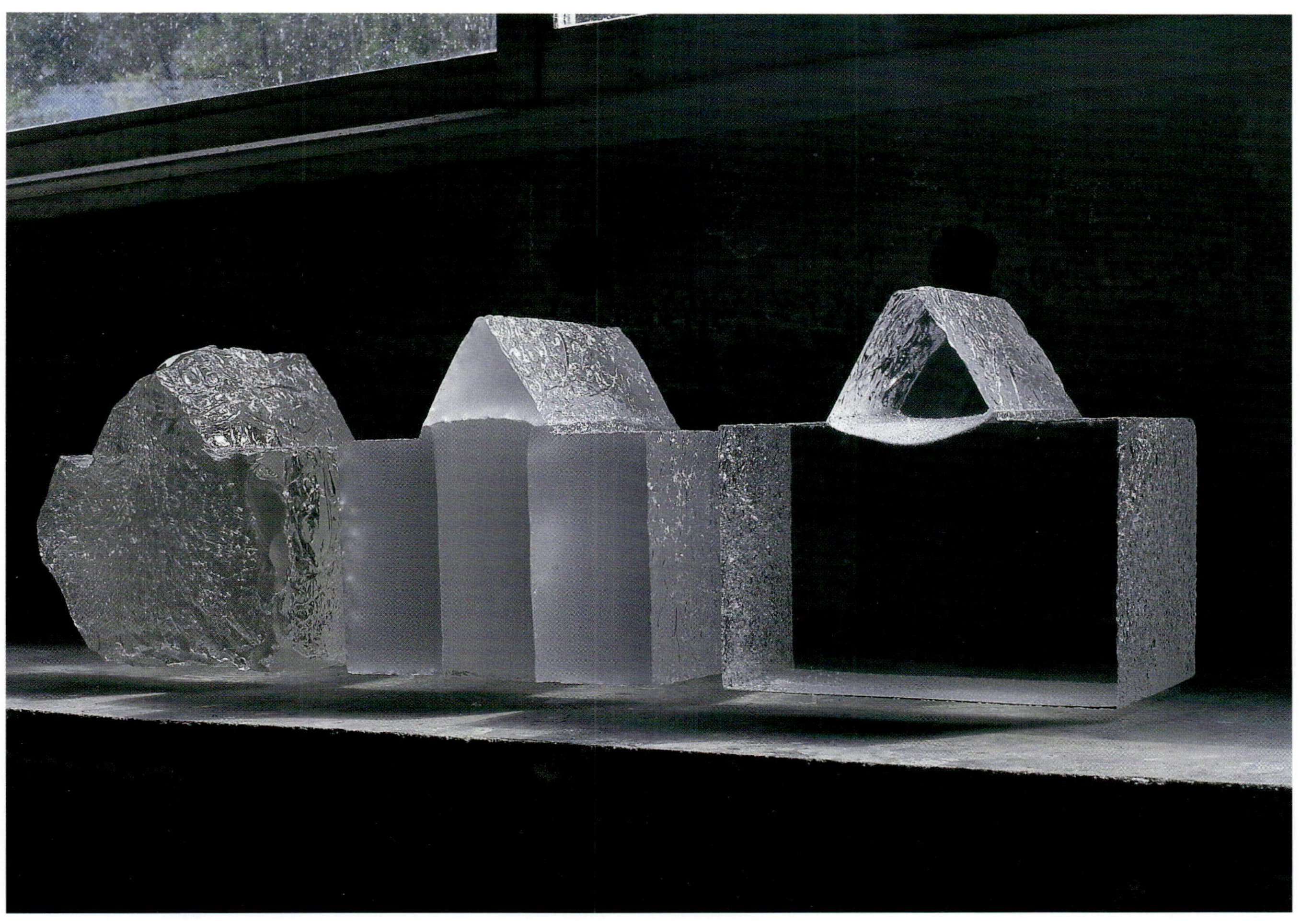

BERNARD DEJONGHE, " SILICIUMS " *1999, verre optique massif, 30 x 29 x 21 cm. Collection particulière.*

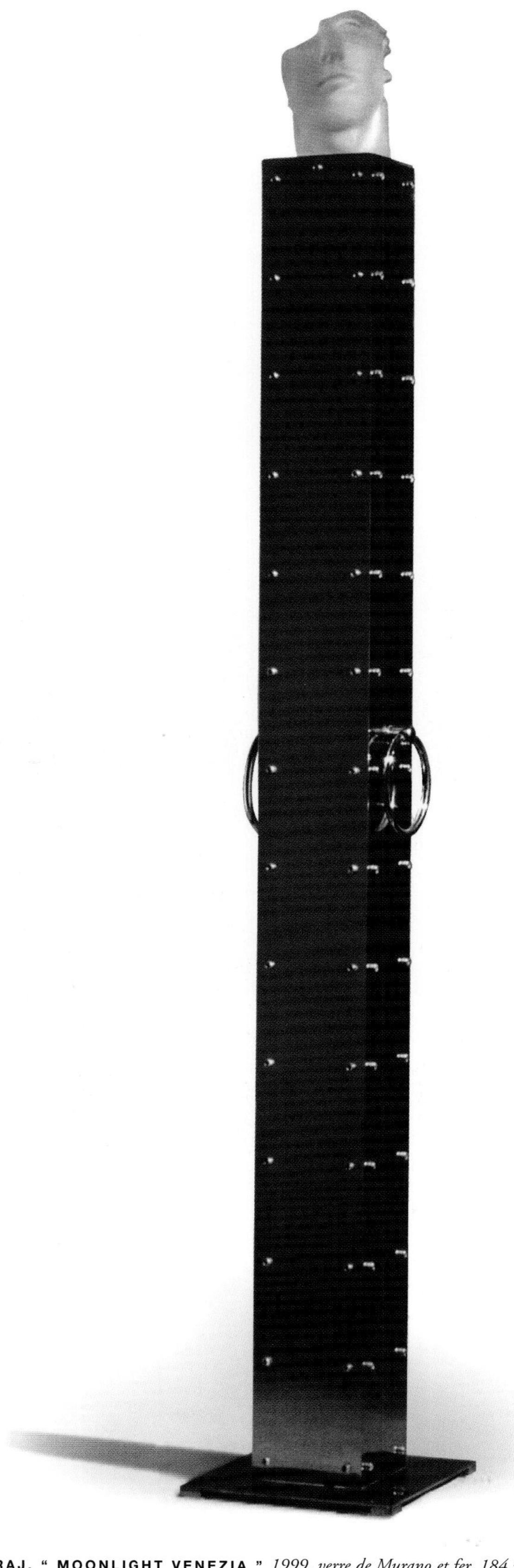

IGOR MITORAJ, " MOONLIGHT VENEZIA " *1999, verre de Murano et fer, 184 x 29 x 29 cm. Galerie Tega, Milan .*

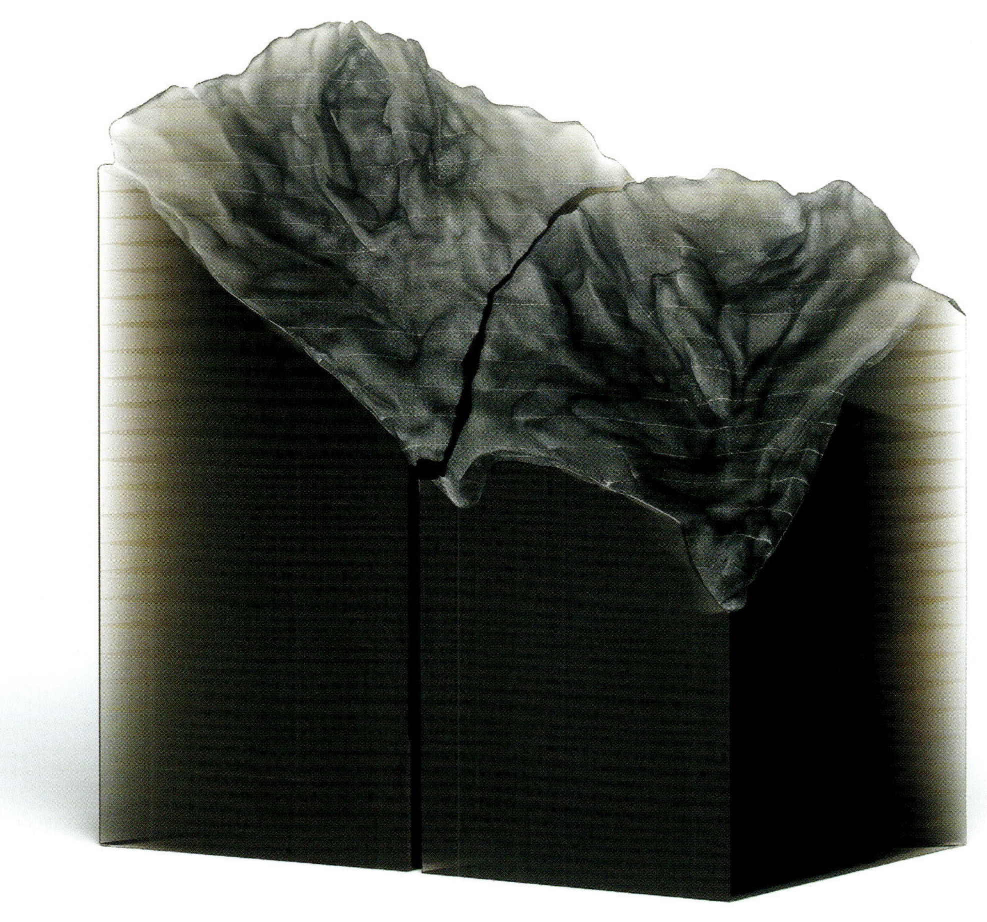

MARIÁ LUGOSSY, " DOUBLE PRISME " *1987, verre laminé, 29 x 31 x 8 cm. Collection mu.dac, Lausanne.*

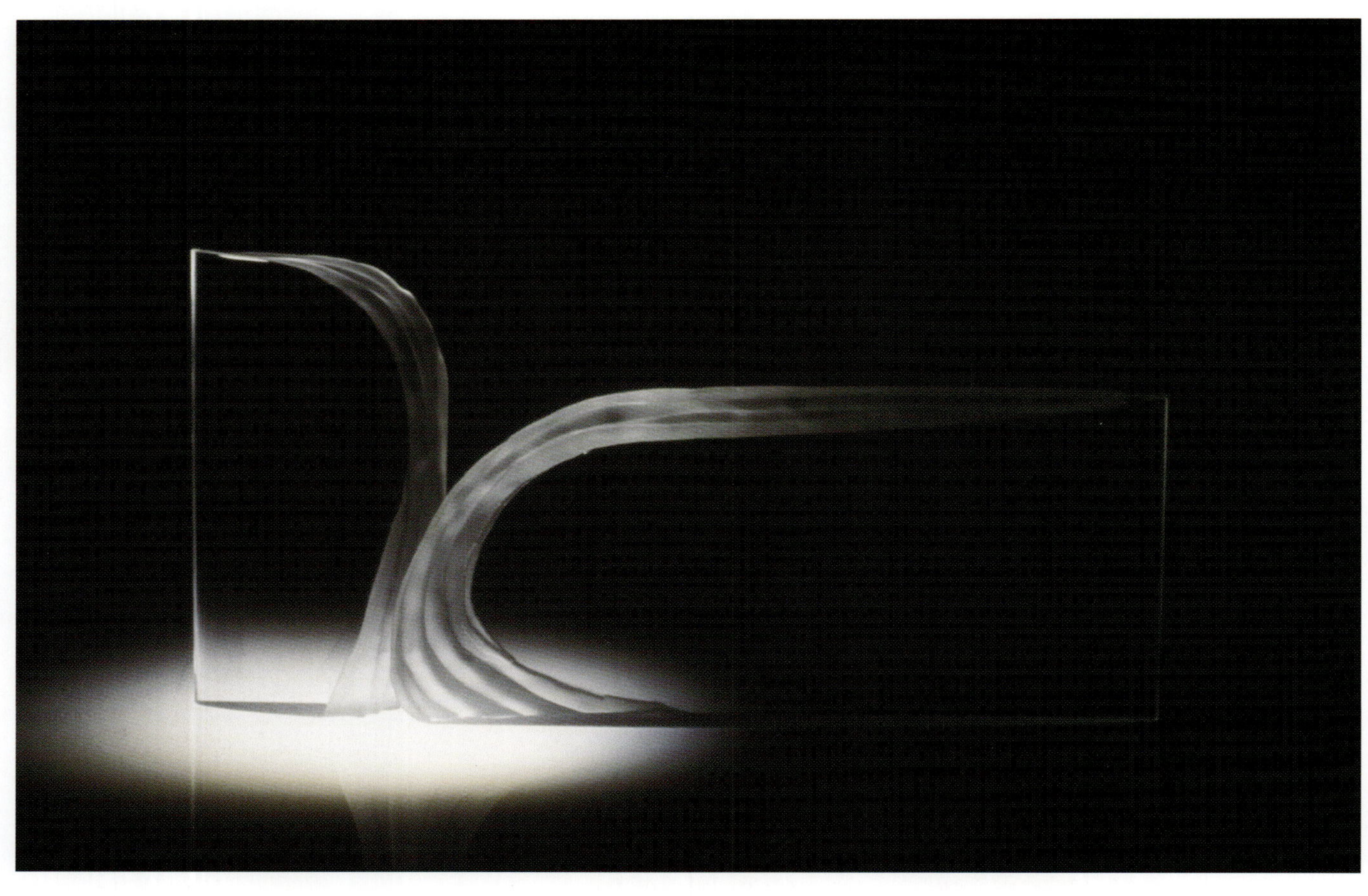

KAZUYO HASHIMOTO, « ICE FALL » *1984, verre coulé, taillé, poli, dépoli, 16 x 40 x 4,5 cm. Collection mu.dac, Lausanne.*

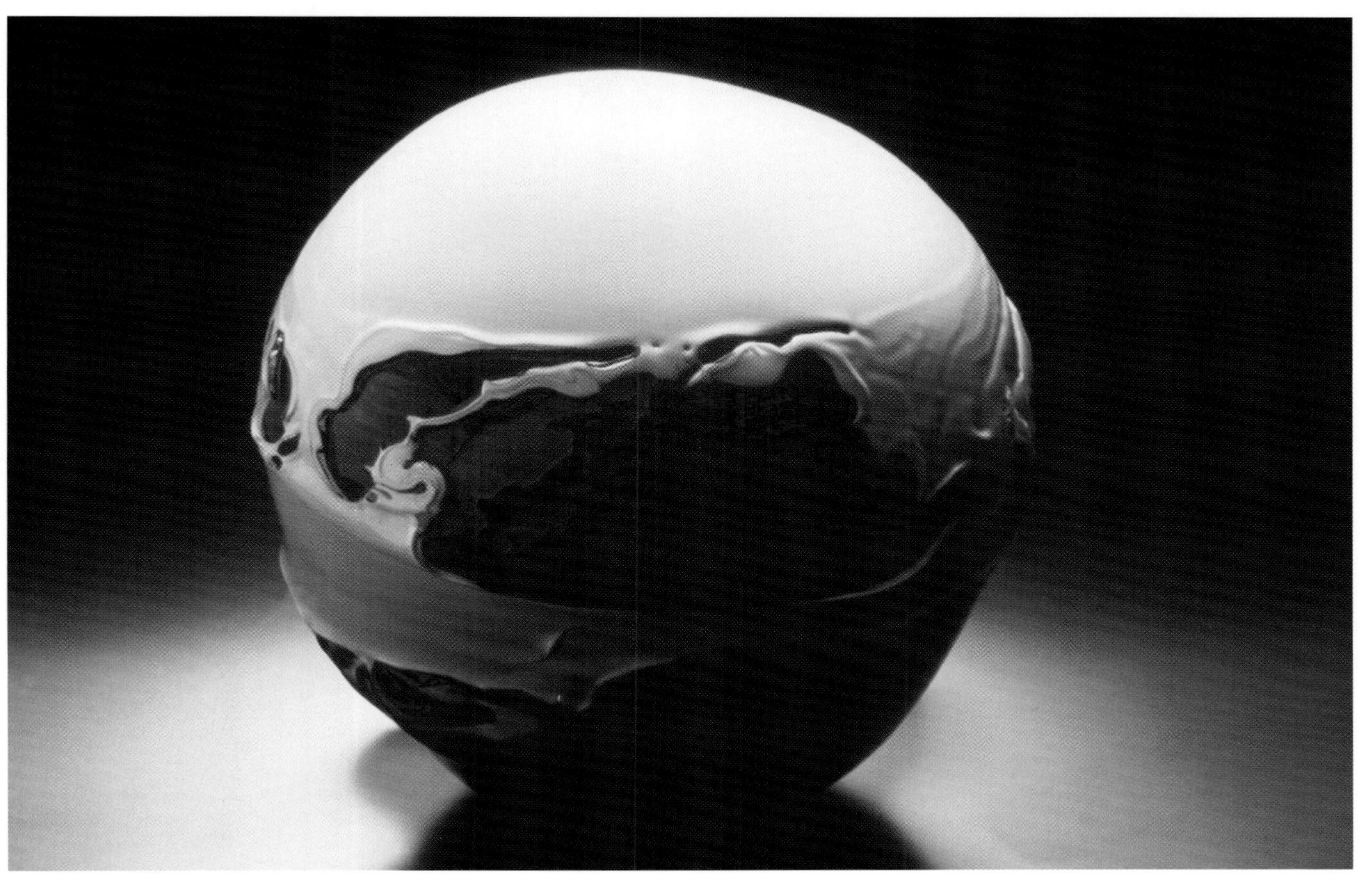

CHUZABURO ISHIBASHI, " THE EARTH III " *1985, verre soufflé, doublé, 30 x 28 cm. Collection mu.dac, Lausanne.*

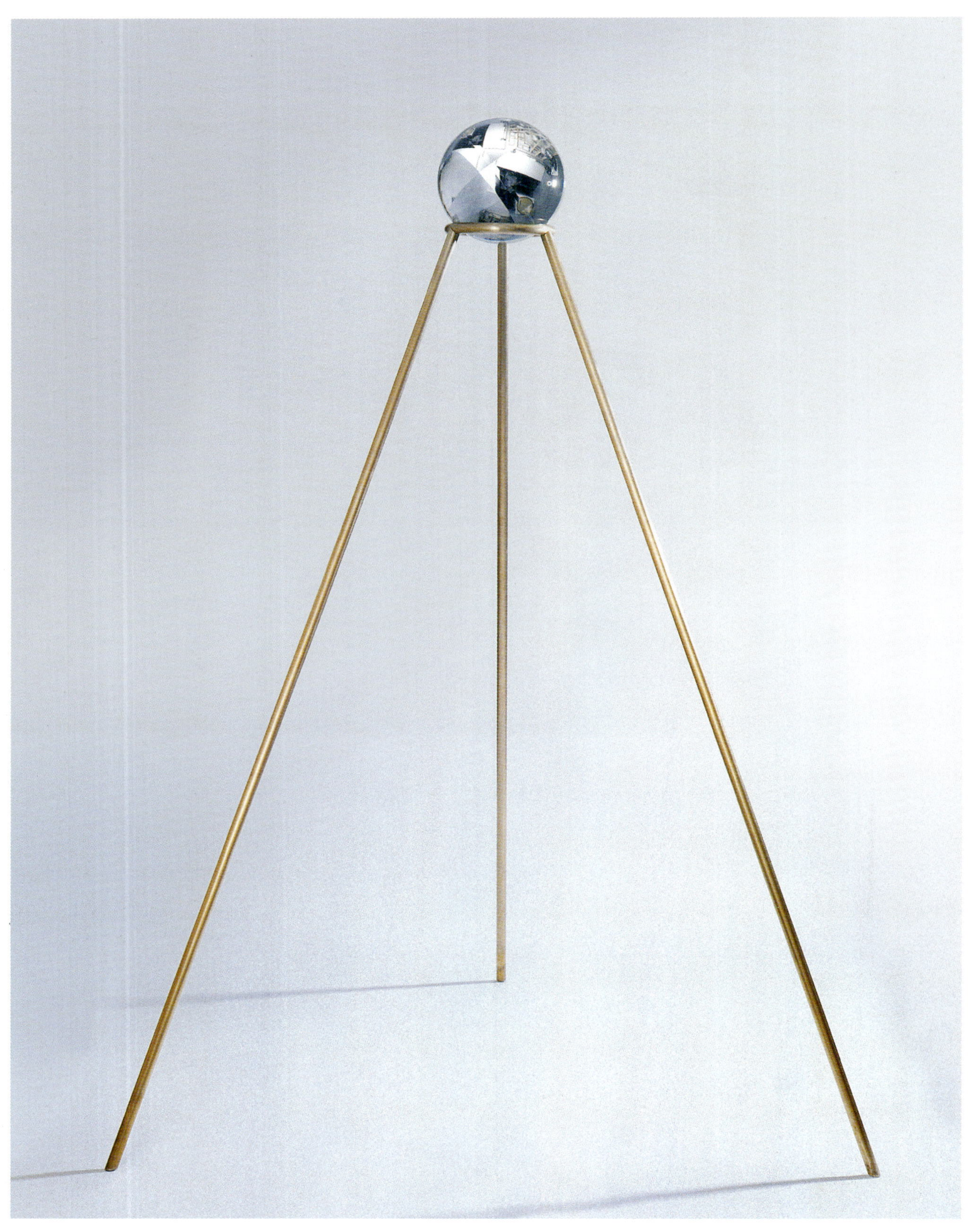

TOM SHANNON, " EYE BALL " *1989-1994, boule de cristal assemblée à la colle optique, 115 x 115 x 145 cm. CIRVA, Centre d'art contemporain, Marseille.*

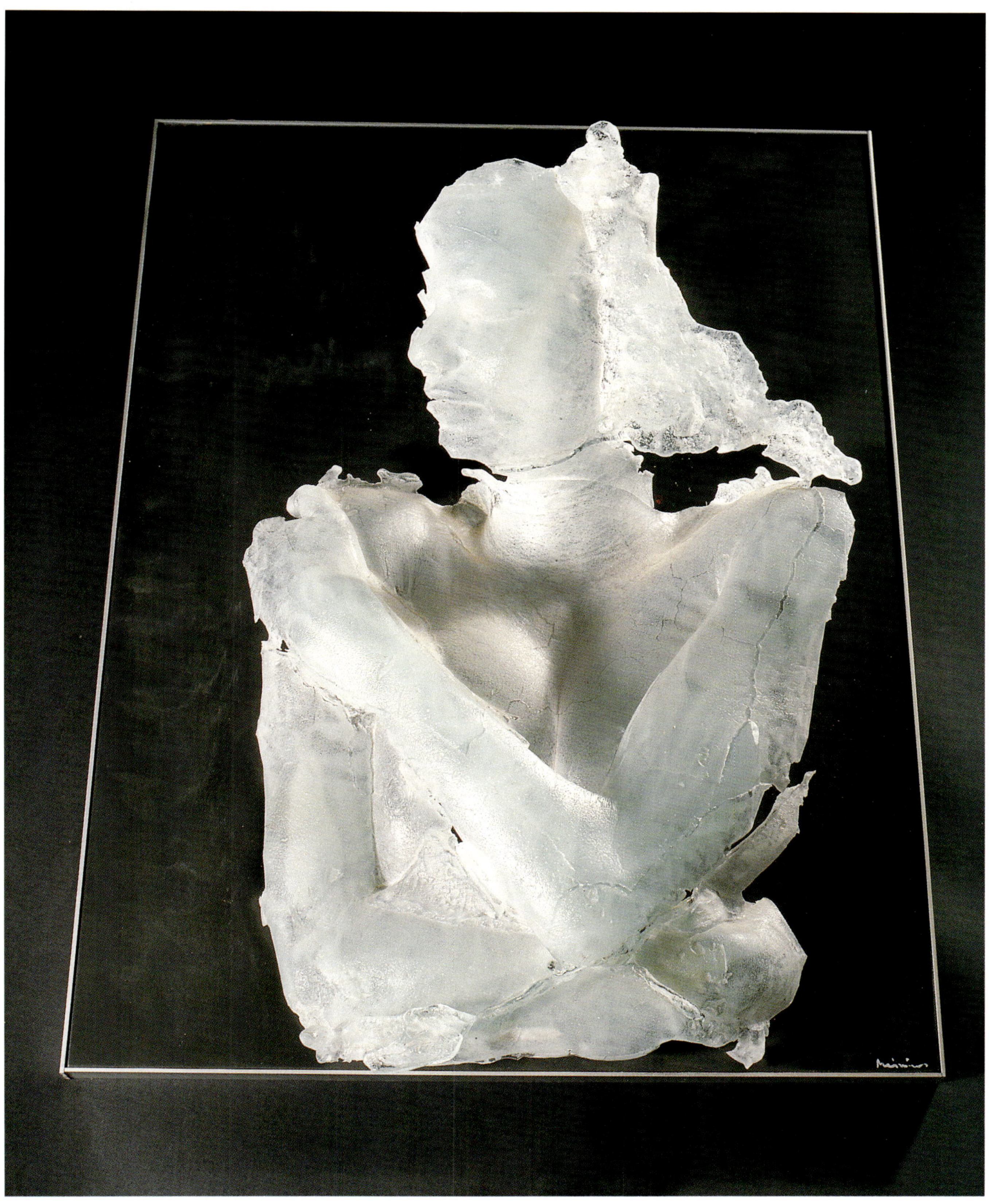

MARI MÉSZÁROS, " FEMMES III " *1981, verre à vitre fondu sur moule en plâtre, 68 x 50 x 22 cm. Collection mu.dac, Lausanne.*

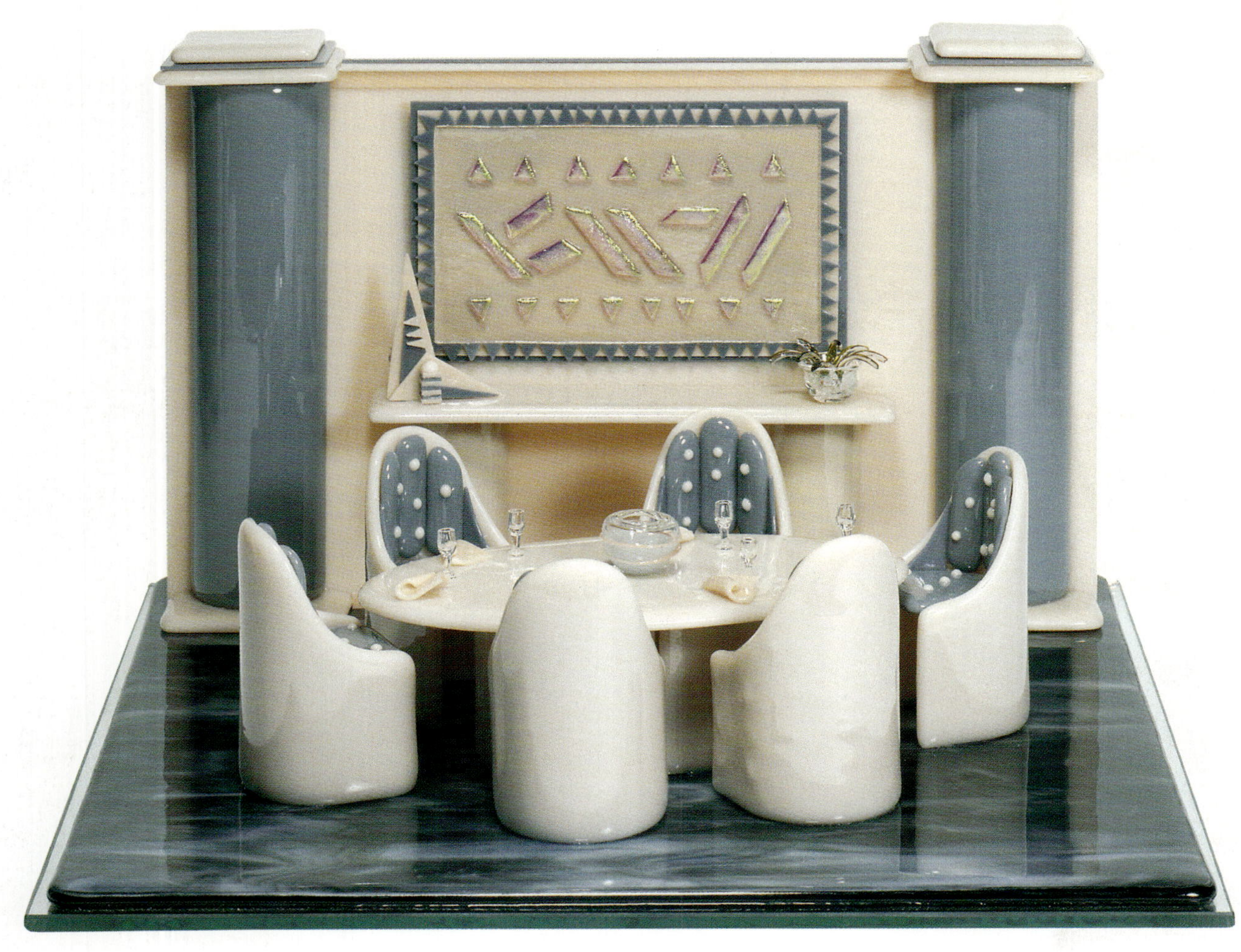

EMILY BROCK, " DINING IN " *1988, verre coulé, 26 x 40 x 40 cm. Collection mu.dac, Lausanne.*

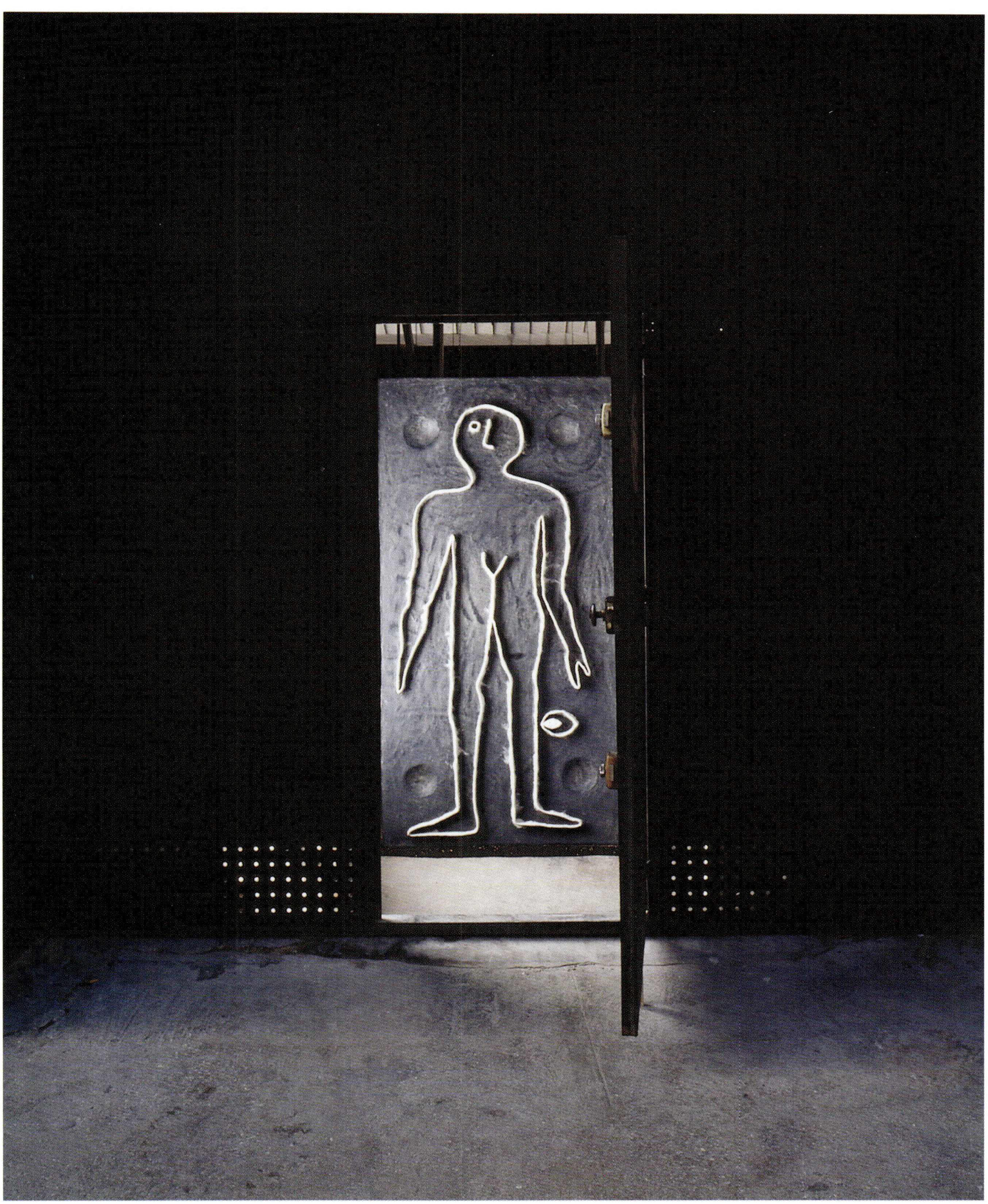

GAETANO PESCE, " N° 72. ON SE SOUVIENT DE LUI " *Production CIRVA 1988-92 , 194 x 95 x 2 cm. CIRVA, Centre d'art contemporain, Marseille.*

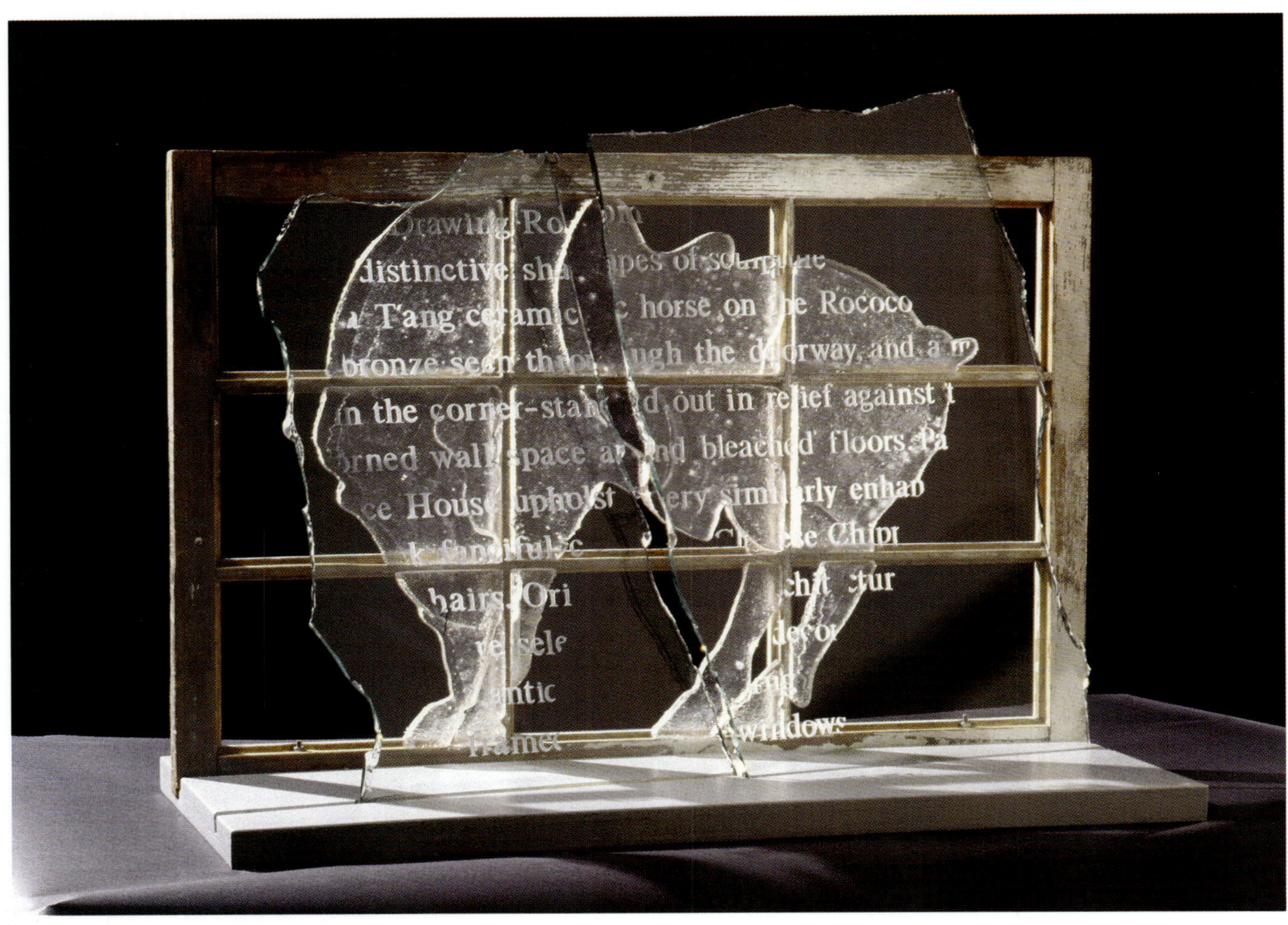

FRANÇOIS HOUDÉ, " MING XIX " *1988, verre moulé, gravé, bois, 80 x 100 x 48 cm. Collection mu.dac, Lausanne.*

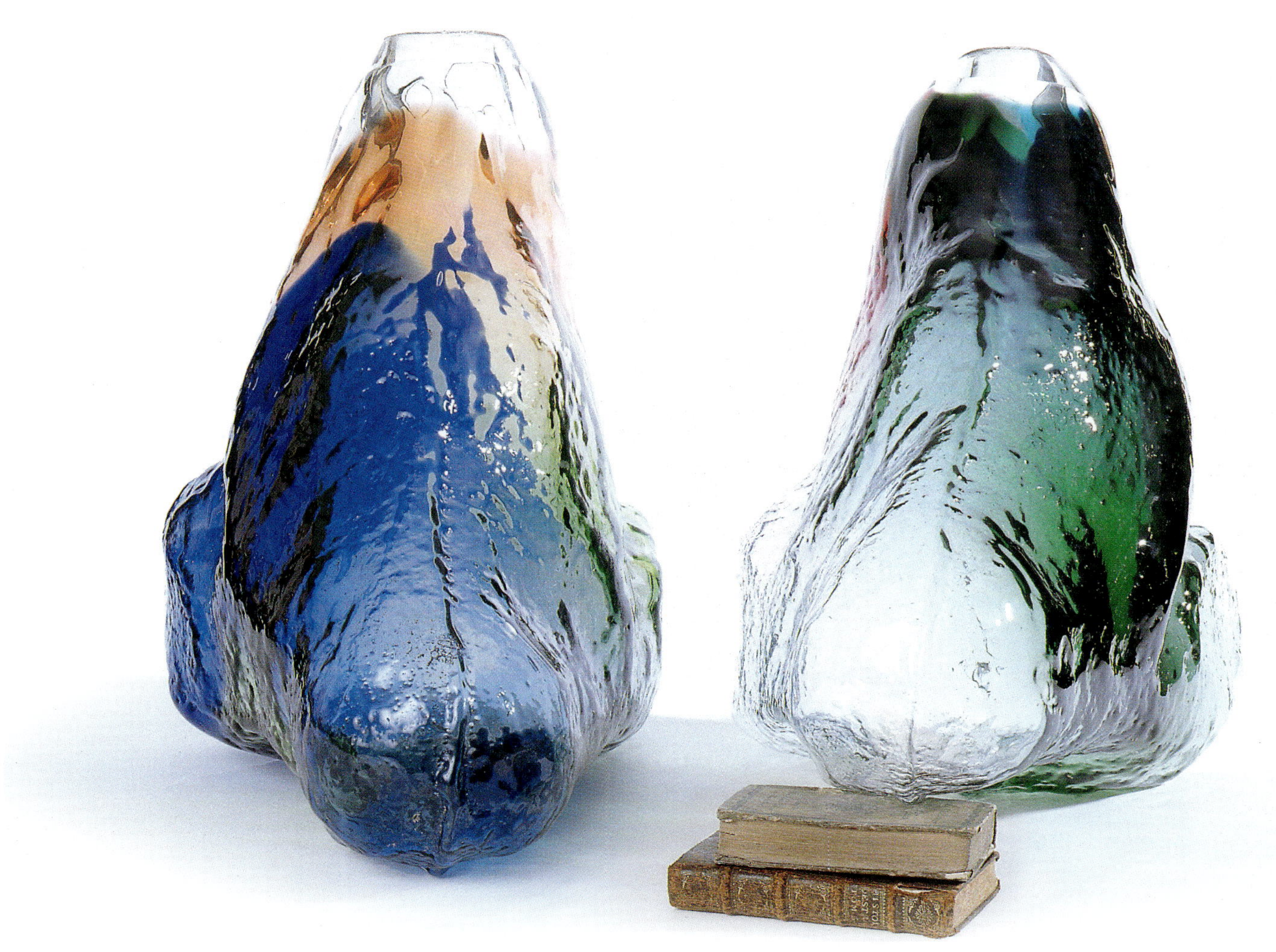

ERIK DIETMAN, " LE MAÎTRE " *1994, verre soufflé, 49 x 33 x 45 cm. CIRVA, Centre d'art contemporain, Marseille.*

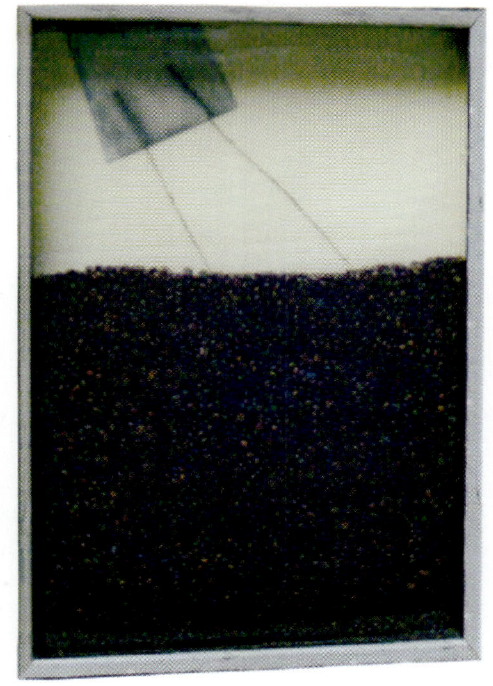

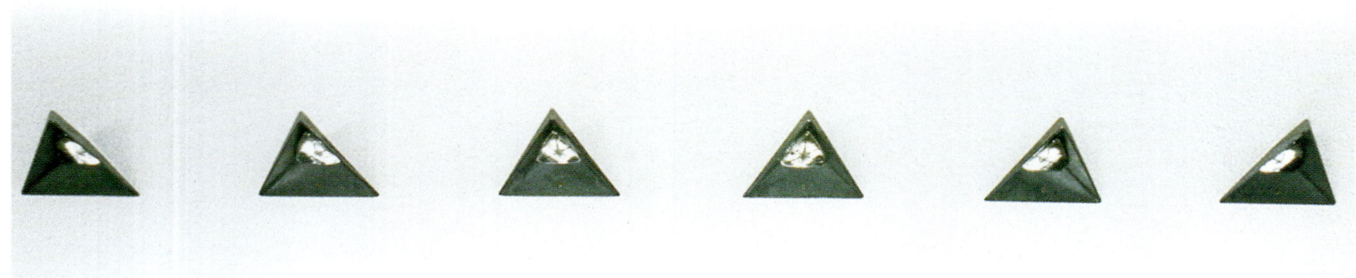

JANNIS KOUNELLIS, " SANS TITRE " *1989, verre, fer, café, 65,2 x 45,3 x 7,5 cm. Galerie Tega, Milan.*
OSMAN, " LA FONTAINE DES INNOCENTS " *1988, verre coulé dans un moule et métal, 24,5 x 22 x 18 cm. CIRVA, Centre d'art contemporain, Marseille.*

le Verre

" Le verre apporte une incontestable pureté
de profil et de plénitude de forme.
Il donne dans l'unité de la masse pleine une sensation optique
et unique des trois dimensions (...).
Le verre est une matière sculpturale complète. [1] "

Cette exposition de sculptures en verre s'articule avec une série d'expositions consacrées à d'autres matériaux, naturels ou organiques comme la pierre et le bois, ambigus et élaborés comme le fer et la terre ou encore composites comme le bronze et les techniques mixtes. Le verre appartiendrait plutôt à la seconde famille : pour le travailler, il faut assembler des matières fort diverses, les faire fondre ou tout au moins les ramollir, et prendre des risques d'éclatement, en quelque sorte contrarier sa pesanteur avant de choisir son aspect. Par la magie de sa transparence, la sensualité de ses opacités, le paradoxe de sa fragile dureté, le verre séduit un public qui est probablement différent de celui de la céramique, autre membre éminent de la grande famille des Arts du feu (verre-terre-émail). De plus, victime consentante de sa mythologie de matériau du progrès, le verre a eu tendance à jouer cavalier seul par rapport aux autres arts du feu [2]. La spécificité du verre serait-elle de donner une consistance aux rêves, de leur assurer une pérennité éclatante, fussent-ils beaux ou terribles, de se libérer ainsi de leur poids ? En quelque sorte, l'expression verre serait-elle une " *allégorie laïque* " des vieux mythes ?
Quant à la sculpture, on sait que " *passer du mou au dur* " n'est pas bien nouveau, l'exemple le plus éclatant et le plus ancien en serait la sculpture en cire [3]. Mais faut-il étendre à la sculpture les divisions acceptées pour la peinture et l'architecture ? Il y a quelque risque à cette assimilation : tous les arts sont parents, mais ils usent d'expressions fort différentes [4]. Lors de l'exposition *Couleurs et transparences. Chefs-d'œuvre du verre contemporain* au Musée national de céramique, en 1995, l'" *éclectisme réjouissant* " des créateurs était déjà souligné [5]. Un classement par concept créatif, par famille d'esprit, a été adopté en 1990 [6] et suivi pour cette exposition-ci qui présente quelques sculptures réalisées en verre au cours des années 1980 et 1990.

UN PEU DE MÉMOIRE

Peut-être a-t-on oublié combien l'attitude libertaire et incitative de Pablo Picasso vis-à-vis des techniques traditionnelles et de leurs pratiques sur le terrain a modifié l'antique séparation des arts majeurs et mineurs. L'architecture, la peinture et la sculpture, arts réputés libéraux, ont eu alors besoin de ces arts mineurs que sont la tapisserie, la fresque, la mosaïque, la céramique, le vitrail...[7] Parmi le faisceau de personnalités actives et d'événements éminents, la coïncidence entre l'aspiration à l'espace, à la monumentalité (à commandes de l'État, l'art sacré, et plus tard le 1 %), le rôle de Marie Cuttoli (1879-1973)[8] se sont conjugués pour que des échanges se fassent entre les techniques et que les arts décoratifs dépassent l'utile. En plus des peintres cartonniers qui ont été attirés par la céramique, nombreux sont les exemples d'artistes pratiquant simultanément la céramique, la tapisserie ou même la mosaïque – citons Robert et Sonia Delaunay ou Guidette Carbonell. En ce qui concerne les arts du feu en général, la publication en 1940, puis en 1945, de la " bible des potiers ", *A Potter's Book*, par Bernard Leach – qui, avec la modestie des savants, intitule son premier chapitre " A la recherche de critères " –, marquera durablement les générations suivantes. Il y évoque la poterie, certes, mais dans un esprit Orient-Occident qui abolit les frontières entre les arts ; la spiritualité qui imprègne ce traité a fait souche dans l'esprit de tous ceux qui se consacrèrent aux " *arts appliqués* ". Il se peut aussi que la pénurie des matériaux dans l'immédiat après-guerre, relatée par l'architecte Pouillon dans ses *Mémoires*, et la difficulté de mise en œuvre du verre aient favorisé les arts réputés " pauvres " comme la céramique ou la linogravure [9].
De même qu'avec le matériau céramique, le public du verre a ses acteurs, ses spécialistes ou ses savants, ses marchands, ses collectionneurs, mais l'actualisation symbolique de ce groupe se fit plus tard ; pour preuve, le changement de titre de la revue créée par Sylvie Girard, à l'origine centrée sur la céramique, qui devient la *Revue de la céramique et du verre* en 1982. Et deux exemples : aujourd'hui, grâce à un mécène, le Musée des arts décoratifs de Lausanne, initialement consacré à la tapisserie, possède une collection de sculptures contemporaines en verre [10]. Par ailleurs, un récent ouvrage, *Glass, a World History*, rédigé par un professeur d'anthropologie de Cambridge et par un historien des instruments scientifiques, démontre que sans la présence du verre – et sa prolongation, " les plastiques " –, il n'y aurait pas de vie ou plus de civilisation. Ils intitulent même un chapitre : " Le rôle du verre en vingt expériences qui ont changé le monde [11] ".

QUOI DE NEUF POUR CES DEUX DÉCENNIES ?

Si, au XIXe siècle, ce furent les expositions internationales et universelles, donc une volonté étatique et encore " *encyclopédique* ", qui ont joué le rôle de confrontation, d'entraînement et de catalyseur pour l'art européen, au XXe siècle – et plus particulièrement après la Seconde Guerre mondiale, au moment où les jeunes gens cherchent de nouveaux moyens d'expression, où tout est à reconstruire –, ce sont encore des expositions, véritables " messes ", qui ont répondu à cette attente d'information tant émotionnelle que plastique. Après la disparition des grandes figures de l'art du verre de l'avant-guerre, la création verrière est réapparue en France, au cours des années 1970 et au début des années 80, par la volonté de créateurs indépendants, souvent autodidactes, véritables " *nomades du verre* ", sur des bases européennes et internationales.

Il y a des moments en histoire de l'art où des initiatives prises d'horizons très divers, apparemment sans liaison, concourent à former une émergence puissante qui répond à une attente. Le verre a donné lieu au cours des deux décennies 80 et 90 à de nombreuses manifestations marquantes dont le cours a été relaté par Jean-Luc Olivié, auquel le paragraphe qui suit doit beaucoup [12]. Il a souligné le rôle des expositions, des symposiums, des salons et des prix créés, des galeries, des publications et des institutions, et bien sûr celui de l'initiative privée.

C'est en 1979 que le conservateur du musée d'Annecy, Jean-Pierre Couren, organise en France la première exposition qui prend en compte cette nouvelle génération internationale œuvrant dans des ateliers indépendants des grandes manufactures. Il y a mentionné l'exposition *New Glass,* sélection internationale organisée au même moment par le Corning Museum of Glass aux États-Unis. En fait, deux ans auparavant avait eu lieu la première exposition européenne organisée par le musée de Cobourg, en Allemagne, qui avait rassemblé presque deux cents créateurs. Cette manifestation peut probablement être considérée comme un événement fondateur de la dynamique verrière européenne moderne. Dix ans plus tard, la rétrospective *Verres de Bohême,* organisée au Musée des arts décoratifs de Paris, a montré ce que l'art verrier devait aux créateurs tchèques. Cette connexion franco-tchécoslovaque s'est ensuite affermie grâce aux symposiums internationaux de Novy-Bor (Bohême du Nord), en 1982 et 1985, et surtout de Sars-Poteries, en 1982, et celui de 1984 intitulé *Verre et architecture,* qui mit en valeur les expériences tchèques qui sont les plus originales en ce domaine, principalement autour de Cigler et du couple Libensky-Brychtovà.

L'année 1985, décrétée " Année du verre ", est aussi l'année de la seconde édition du prix européen de Cobourg et celle où Catherine Vaudour organise une exposition qui réunit plus de deux cents créateurs au Musée des beaux-arts de Rouen, relevant le défi du long terme avec une seconde exposition en 1991, un ouvrage de synthèse paru deux ans plus tard et la création de l'Institut européen du verre prévue au centre de la ville.

Bien que le Japon n'ait pas de tradition verrière – disons à la hauteur de sa création terre –, le *World Glass Now 85* fut ressenti comme un événement mondial : 45 artistes de 14 pays avec 116 travaux exposés et le Grand prix international offert à Yan Zoritchak. Kazuyo Hashimoto, avec *Ice fall,* et Dana Zámecníková, avec *Lévitation,* étaient présents. Steven Weinberg a reçu pour sa part le Prix d'honneur. En France, la verrerie de Biot, autour des membres de la famille de son illustre fondateur, Éloi Monod, en 1956, a joué un rôle de catalyseur et de support dans la naissance du mouvement verrier français. Une autre initiative originale trouva dès ses débuts le soutien de la galerie de Biot : ce fut la création d'un club de collectionneurs de verre, *Florilège.* Le directeur du Kunstmuseum de Düsseldorf, Helmut Ricke, a organisé à la fin de 1990 une des plus perspicaces expositions de verre européen. On sait que les expositions monographiques se sont multipliées, et de nouveaux musées s'ouvrent à l'actualité du verre. Après Nice, regroupant en 1994 Howard Ben Tré (États-Unis), Bernard Dejonghe (France) et Costas Varotsos (Grèce), le Musée des beaux-arts d'Évreux (Dejonghe, été 1995) et le Musée d'art moderne de Troyes (Zoritchak, été 1995) accueillent le verre. À Strasbourg, la dimension européenne des projets, dès 1984, de Paskine de Gignoux, fut bien sûr favorisée par l'implantation du Conseil de l'Europe : l'ouverture au verre du premier Salon d'art contemporain a permis à plusieurs galeries de présenter en 1995 des objets en verre dans un contexte général de peintures et de sculptures. Les galeries, tout autant que les supports de presse qui diffusent en France l'actualité du verre, suscitent des vocations, tant par leur rôle d'entraînement que par leur " pédagogie ". Les plus célèbres d'entre elles sont la galerie Clara Scremini, ouverte en 1985, dont la pertinence des choix n'est jamais prise en défaut, la galerie D. M. Sarver qui, à l'origine dédiée à la céramique, inaugurait sa double activité dès 1978 avec Véronique puis Claude et Isabelle Monod, et prenait le flambeau de l'axe verrier franco-néerlandais, qu'elle maintient aujourd'hui. À Paris, encore, la galerie d'Amon, qui s'intéressa surtout aux Slovaques mais, comme la galerie Quartz, défendit aussi des créateurs anglais comme Catherine Hough, David Taylor et Brian Blanthorn – mais seule Tessa Clegg trouva plusieurs galeries françaises pour présenter ses travaux ; parmi elles, la Galerie internationale du verre, à Biot, dont le principal axe international est cependant franco-américain.

Le relais, si important, que constituent les rares revues a été assuré par la revue *L'atelier des métiers d'art* (créée en 1975 par Colette Save) jusqu'en septembre 1992, et c'est aujourd'hui la *Revue de la céramique et du verre,* déjà citée, qui diffuse une actualité riche, documentée et colorée.

Quant aux institutions, c'est en 1982 qu'Yvonne Brunhammer saisit l'occasion du passage à Paris de l'exposition de Corning pour proposer à un large public français une synthèse de ce retour du verre sur la scène créative. Autour du noyau proposé par le musée de Corning, elle rassemble une actualité française rendant compte de la rapide expansion du début des années 1980. La création du Centre du verre marque à l'évidence la nouvelle politique d'enrichissement dans le domaine contemporain du plus important ensemble de verreries des collections publiques françaises ; le Musée des arts décoratifs et le Musée de Sars-Poteries deviennent alors les premiers lieux où le public peut découvrir en France le verre international du dernier quart du XXe siècle.

Qui dit institutions pense enseignement. Selon Jean-Luc Olivié, si l'enseignement du verre dans les écoles supérieures existe en Roumanie et en Pologne, aucun pays en Europe ne peut être comparé à la Tchécoslovaquie sur le plan de la vitalité, de la diversité et de la qualité des créateurs verriers. Toutefois, s'est développée aux Pays-Bas une communauté de créateurs sur un terrain préparé par l'originale production de pièces uniques conçues en collaboration avec la Verrerie royale de Leerdam au cours du XXe siècle, et surtout grâce au foyer pédagogique de la Rietveld Academie.

C'est en 1986 que le Cirva (Centre international de recherche sur le verre et les arts plastiques), à l'origine lié à l'École des beaux-arts d'Aix-en-Provence, s'installe à Marseille. Selon sa directrice, Françoise Guichon, " *la création de ce centre national d'art contemporain consacré au verre répondait alors au désir de voir la France, qui avait connu dans ce domaine une période glorieuse dans les années 20 et 30, trouver une place dans un "renouveau verrier", initié aux Etats-Unis et dans les pays anglo-saxons par quelques personnalités et lieux consacrés à ce nouveau culte* "... Il devait " *être ni plus ni moins qu'un outil de travail, un lieu de recherche et de réalisation mis par la collectivité au service de la création artistique* ". En quinze ans, 137 artistes ont fréquenté le Cirva, et certaines œuvres apparaissent déjà comme des classiques.

Ainsi, peu à peu, les échanges entre pays et communautés se sont cristallisés en de fructueuses passions. Au cours des années 80, cette succession de manifestations liées à l'art du verre, parfois tumultueuses, a réintégré la France dans la communauté verrière européenne et internationale. Depuis se nouent et se dénouent les relations des uns et des autres, au gré des choix et de la circulation des œuvres et des informations. La crise des années 90 a permis une réflexion sur les buts de chacun. La sélection d'œuvres, ici réunies, reflète non seulement un moment de l'histoire verrière de l'Europe mais en même temps celle, propre, des artistes.

ENCHEVÊTREMENTS

L'inspiration " naturaliste ", au sens *d'évocation de la Nature,* de sa puissance, traduit le sentiment d'appartenance à celle-ci de la part de chaque artiste, son rapport avec elle, son accroche au monde. Kazuyo Hashimoto [13], avec *Ice fall* (verre coulé, taillé, poli, sablé et dépoli), donne, dans la droite ligne du Finnois Tapio Wirkkala, une vision contemplatrice d'un état entre eau et glace jouant sur les qualités " *mimésimiques* " du verre. Mais si, au cœur de la Nature, est l'Homme, du moins le croit-il, c'est *l'image du corps,* de son propre corps, sa pesanteur ou son volume, que le sculpteur traduit par différents moyens comme celui du pesant verre coulé avec *Balthazar's Head* de Steven Easton ou du verre à vitre fondu et tordu de volutes dans un moule de plâtre avec Mari Mészáros. *Femmes III* c'est le corps, le sien et celui des autres, un autre monde, car il n'y a qu'un pas du volume du vase à celui du corps, comme de la terre à la chair. César est sorti de l'anecdote avec son *Pouce,* qui est aussi le pouce de tout le monde, le propre de l'*homo faber.*

L'autre " sentiment de la Nature " est le *Paysage de verre V* : ici, c'est une définition peinte que le sculpteur propose, et s'engouffrent alors les références savantes que sont les cultures, leurs objets, leurs architectures. *Ming XIX,* de François Houde, nous interroge par un jeu de transparence qui dévoile peu à peu un texte en langue anglaise qui aurait valeur de palimpseste – une archéologie de la culture ? – (verre moulé, gravé, encadrement-structure bois). Quant à Warren Carther, son *Phidias Considers 9 : 4* est aussi une superposition très " européenne " avec cette évocation de la référence classique de l'architecture grecque, à l'état de trace, donc de mémoire, nommée par le nom du sculpteur Phidias (verre plat traité au jet de sable sur une base ardoise).

L'antique *Ut pictura poesis* est bien illustré par *Stand de tir,* de Dana Zámecníková (verres plats juxtaposés, sablés, peints et montés) : l'écriture du geste et l'harmonie colorée composent chez elle de purs poèmes.

Quant à la *Tête de cheval de course,* élaborée avec une technique raffinée, voire classique (verre soufflé en forme, taillé, gravé et peint), elle superpose un bucrane à la romaine, une réminiscence de l'art des steppes par sa stylisation, une dimension tragique des civilisations qui passent et retournent à la poudre-poussière. *Au tragique* de la chair, fût-elle animale, répondent des *œuvres abstraites,* denses et tendues. On sait que l'usage du *verre optique,* rare avant guerre, est devenu plus large.

Cette approche du verre, comme expression dégagée de toute référence utilitaire, est récente parmi les artistes-verriers français, sinon parmi les peintres et les sculpteurs, comme Takis, Kowalski, Jean-Paul Van Lith. Ce sont les artistes formés dans des écoles étrangères qui utilisent de préférence les matériaux fournis par l'industrie, comme les feuilles de verre ou de cristal ou les tubes : Jutta Cuny à Salzbourg, Suzanna Tar à Budapest, Yan Zoritchak à Zelazny Brod et à Prague. Yan Zoritchak taille à la meule et polit longuement jusqu'au moment où il obtient la forme désirée, géométrique, précise, des blocs de feuilles de verre assemblées à chaud, blanc ou coloré dans la masse. On notera que certaines sculptures sont définies avec une numérotation, comme des estampes, formant des variations sur un thème récurrent cher à l'artiste. La *Composition 012* de Matei Negreanu, formé pour être aussi bien avec les contraintes industrielles qu'avec les exigences de la création artistique[14], en somme libre en toutes circonstances, s'approprie l'espace en un " jet éclaté " de verre, ici du verre optique taillé au jet de sable et orné au plomb, à l'envers de sa réputation de baroque. Retenons plutôt l'ondoiement liquide de la déchirure ainsi découverte.

Est-ce que l'abstraction d'une sculpture, la non-référence à un modèle connu, à la mimesis, ne pourrait pas exprimer la densité de la pensée, la compacité des convictions de son auteur ? Tandis qu'Osman offre une sculpture dont le titre est déjà un programme – La fontaine des Innocents – la puissance du *Cast Cristal* de Steven Weinberg s'augmente au fur et à mesure des étapes de fabrication : le verre coulé est ensuite taillé, puis soigneusement poli et enfin sablé.

Arts du feu et fusion, un truisme particulièrement explicite dans certaines œuvres de Giuseppe Penone, un des acteurs de l'Arte Povera : son œuvre entière repose sur la relation de la sculpture avec " *la dynamique existentielle aux corps vivants* ". Les rayons lumineux se fraient un chemin dans un cristal frotté sur un textile et qui en garde l'aspect fibreux. Chaque sculpture devient la trace-fossile d'une existence. Grâce au Cirva, un four modulable a été mis au point pour répondre à l'attente et à la recherche de l'artiste. Tout aussi sensible à la Nature, aux alliances du grand Tout et du particulier est l'œuvre de Bernard Dejonghe, qui avec ses *Siliciums* s'empare de tout l'espace dans lequel baignent ceux-ci. Sa sculpture voulue comme claire, translucide, comme vecteur de clarté et de sa spiritualité (?), souvent immergée dans une nature sans apprêts, apparaît comme une volonté – savante – de pureté qui exalte l'âpre beauté du monde. On sait que sa rencontre avec le verrier américain Howard Ben Tré lui ouvre le continent verre, après les raffinements de la céramique appris dans l'atelier de Pierre Fouquet. Il achète des blocs de verre optique qu'il thermoforme et dévitrifie dans des moules à fibres réfractaires. À la contemplation de ses œuvres, l'absence de décor, d'anecdote frappe tout d'abord, puis c'est l'aspect monumental et la puissance qui impressionnent. Maria Lugossy excelle dans le contraste de surfaces parfaitement polies et rompues brutalement par des reliefs inattendus[15], son *Double prisme* (verre laminé, taillé, sculpté au jet de sable) ne faillit pas. Une interface entre naissance-souffrance où s'exprime une libération surgie de loin, tellurique, jamais apaisée, lentement méditée. Pour sa part, Chuzarubo Ishibashi montre ses inquiétudes dans *The Earth III* avec son verre soufflé et doublé : les failles et les déchirures témoignent d'une interrogation sur l'avenir par le biais d'une préoccupation mondialo-écologique.

À un certain pessimisme désenchanté correspondent en effet miroir des œuvres relevant de l'Art pop, plein de vitalité, donc d'optimisme, notamment avec la *Beauty Reclining on the Barge of Beliefs* de Ginny Ruffner (verre soufflé à la lampe, peinture). Emily Brock propose son huis clos de la Dining in, en verre coulé, pour témoigner son temps, raconter une sorte d'Illiade imaginée autour d'une banale salle à manger. La première se réclame du sociologue Baudrillard et de son approche des objets de consommation, y ajoutant son propre grain de dérision en attribuant à ses œuvres des titres ésotériques. Sa technique est héritée des anciens souffleurs à la lampe nivernais : chauffer des tubes de borosilicate et des tiges de verre à la flamme d'une lampe, la bulle qui se forme alors pouvant être aisément travaillée avec des outils de cuivre et de graphite. Sans message, elle pense que l'artiste joue le rôle du Fou du village, conscience sacrée en perpétuel éveil[16].

Les innovations expérimentales et la réputation du Cirva n'ont pas impressionné Erik Dietman : son vif refus " *des pontifes et des pontifiants* ", démonstratif, n'exclut pas une vraie invention dont l'humour parfois corrosif voile la profondeur du propos. Son *Maître* a été soufflé dans un moule à la manière des enfants soufflant dans un ballon. L'artiste, en choisissant parmi les nombreuses techniques et entre les modes opératoires qu'offre le verre, dévoile certes sa virtuosité, mais aussi met à nu sa sensibilité : choisir la pâte de verre, son mystérieux cousinage avec la céramique et le bronze et sa lente et difficile élaboration plonge la rêverie du spectateur dans le magma des matières en fusion, du lointain liquide primordial à la présence, là, devant nos yeux. *Dans ces eaux-là*, de Françoise Vergier, est bien dans une autre sphère sensible que celle de Pommereulle qui ne titre pas ses œuvres, fussent-elles axées par du bronze. Oui, l'expression verre est bien une " *allégorie laïque* " des vieux mythes.

EN GUISE DE CONCLUSION

Encouragés par l'engouement nouveau, des itinéraires singuliers naissent dans toute l'Europe, synthèse entre les événements et l'effet magique de cette nouvelle liberté géographique et mentale. De nouveaux procédés ont permis d'explorer de nouveaux territoires. Artiste et scientifique procèdent d'une démarche commune : rendre visible le monde avec le même souci de vérité, et rendre visible, ce n'est pas seulement mettre en relief un choix pertinent, c'est aussi comprendre, saisir une relation entre éléments jusque-là disjoints, apercevoir un rapport entre processus en apparence différents pour en composer une image unique et cohérente, révélatrice. Cette image donne alors la clef d'un univers insoupçonné de connaissances, de perceptions ou d'émotions. L'œuvre d'art participe à une forme de communication " *intersubjective* " où l'individualité du créateur et celle du spectateur tiennent une place centrale. Faisant surgir dans le compartiment conscient du spectateur images, mémoires, souvenirs, l'œuvre d'art, par sa faculté d'éveil, produit et véhicule des modèles de l'homme en société. Elle réconcilie " *les lois de la raison avec les intérêts des sens* ", selon Schiller, en invitant à un rêve partagé [17]. Sont représentées ici les nations à tradition verrière, même récente, et pas plus que la céramique le verre n'échappe dans la maturation de ses œuvres au travail sur la mémoire, ni à la réflexion sur la condition temporelle de l'art moderne : lui permettre de s'inscrire dans la durée, dans la survivance au sens freudien. Et selon A. Haskell, “ *le degré avec lequel l'artiste transmet l'éthos de sa culture natale détermine son pouvoir de parler aux cultures extérieures à la sienne propre ; et ça, c'est le paradoxe. C'est ainsi que son œuvre atteint l'essence de l'universel* [18]. ”

Anne Lajoix

Docteur en histoire de l'art,
membre du Comité français d'histoire de l'art

1. Yvonne Brunhammer, “ Le verre entre l'art et l'industrie ”, Verriers français contemporains. Art et industrie, exposition au Musée des arts décoratifs, Paris, avril-juillet 1982, pp. 30-31.
2. Jean-Luc Olivié, *Couleurs et transparences. Chefs-d'œuvre du verre contemporain*, Sèvres, 1995, Musée national de céramique, RMN, p. 15.
Voir aussi Pascal Richet, *L'âge du verre*, Paris, 2000, Gallimard, coll. Découvertes.
3. *Sculptures en cire, de l'ancienne Egypte à l'art abstrait*, RMN, coll. Notes et Documents.
4. Jacques Thuillier, *A propos de l'histoire de la sculpture du XIXe siècle : réflexions sur le bonheur de l'historien*, Paris, 1986, La Documentation française, pp. 14, 18.
5. Antoinette Faÿ-Hallé, “ Introduction ”, *Couleurs et transparences. Chefs-d'œuvre du verre contemporain*, op. cit., note 2, 1995, p. 11.
6. Helmut Ricke, Exposition Neues Glas in Europa-New Glass in Europe, Düsseldorf, 1990.
7. Anne Lajoix, *L'âge d'or de Vallauris*, Paris, 1995, Editions de l'Amateur, p. 25, n. 36.
8. Laurence Bertrand-Dorléac, *L'art de la défaite*. 1940-1944, Paris, Le Seuil,1993, pp. 264-265. "L'Art mural" était le nom d'une association créée en 1934 et qui vécut jusqu'en juin 1938.
Sa principale contribution réside dans l'impulsion nouvelle qu'elle sut donner aux ateliers de Beauvais et d'Aubusson en persuadant Lurçat, Gromaire, Picasso, Braque, Matisse, Léger, Miro et Rouault d'exécuter des cartons de tapisserie.
9. Comme ce n'était pas son premier contact avec ces techniques, il ne fait aucun doute que créer à partir de medium pauvres, poterie et linogravure, délaissée progressivement à partir de 1960, fut un choix qui a été l'apanage de la période Vallauris de Pablo Picasso. Anne Lajoix, “ Vallauris et Édouard Pignon (1905-1993) ”, Édouard Pignon, peintre céramiste à Vallauris, 1951-1954, Deruta, Centro Espositivo Ex Maioliche, Italie, catalogue d'exposition, septembre-novembre 2002.
10. “ Un musée, une collection ”, *Revue de la céramique et du verre*, n° 46, juin-juillet 1989.
11. *The Role of Glass in Twenty Experiments that changed the World*, pp. 208-213 ; Alan Macfarlane et Gerry Martin, Glass. A World History, The University Chicago Press, 2002, Chicago.
12. Jean-Luc Olivié. *À propos des liens européens du verre en France de 1975 à 1995*, cf. note 2.
13. *Revue de la céramique et du verre*, n°27, 1986, mars-avril, p. 30.
14. Nathalie Darzac, “ Matéi Neagreanu ”, *Revue de la céramique et du verre*, n°33, 1987, mars-avril, pp. 36-39.
15. *Revue de la céramique et du verre*, n°28, 1986, mai-juin, p. 52 ; “ Panoramique sur la création verre en Hongrie. Rencontre avec huit artistes à Budapest ”, dans *Revue de la céramique et du verre*, n°69, 1993, mars-avril, pp. 20-23.
16. C. Andréani, *Revue de la céramique et du verre*, n°50, 1990, janvier-février, p. 46.
17. Jean-Pierre Changeux, *Raison et plaisir* , Paris, 2002, Odile Jacob, Poche, pp. 142-148.
18. Michael Le Marchant, “ Le rôle du marchand : redécouvrir et diffuser ”, dans *La sculpture du XIXe siècle. Une mémoire retrouvée*, Paris, 1986, Rencontres de l'Ecole du Louvre, p. 255.

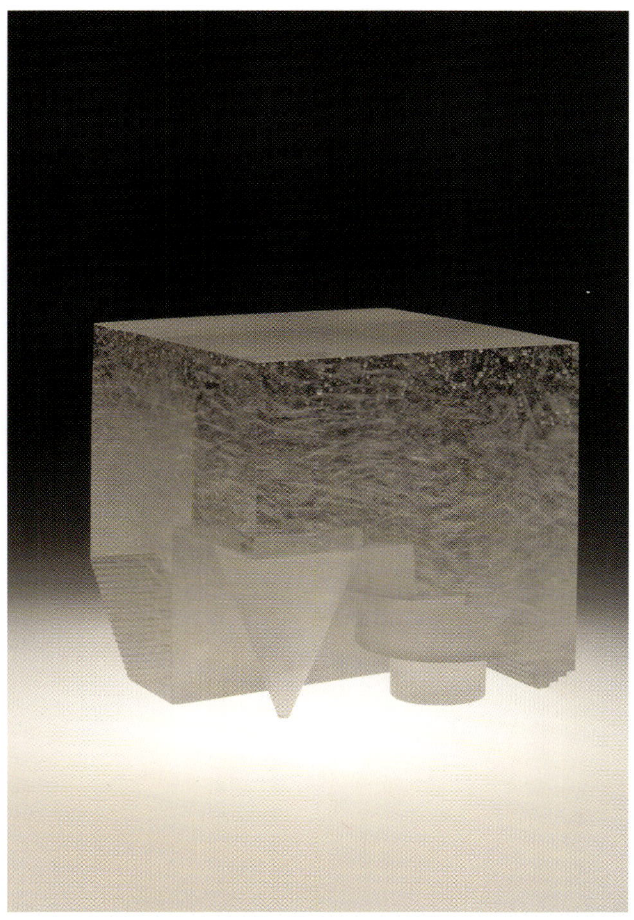

STEVEN WEINBERG, "CAST CRYSTAL"
1987, verre coulé, taillé, poli, sablé, 20 x 20 x 20 cm.
Collection mu.dac, Lausanne.

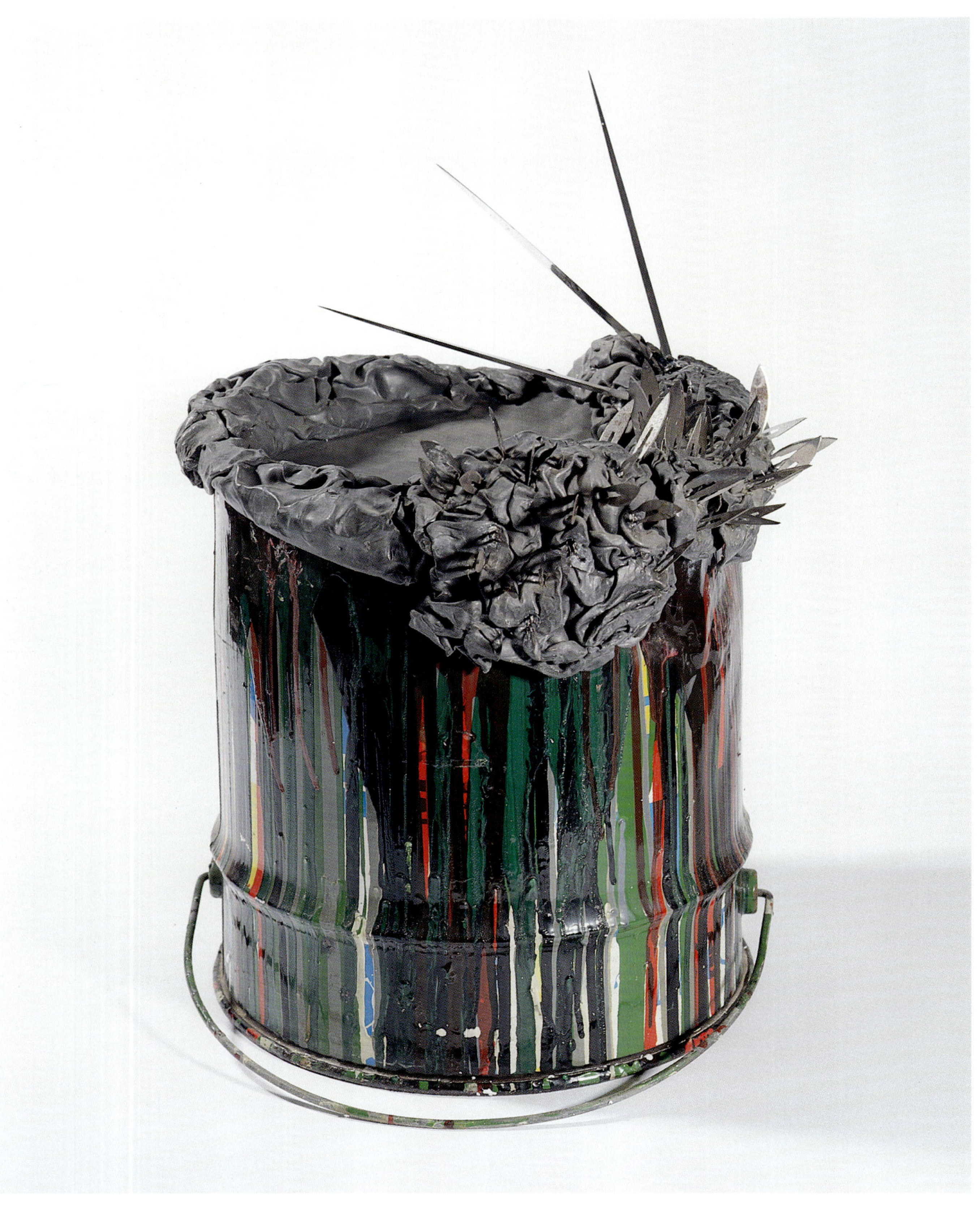

DANIEL POMMEREULLE, " OBJETS DE PRÉMONITION " *1974-1975, technique mixte, 50 x 45 x 45 cm. Collection Sylvie et Hervé Baltazart-Eon, Paris.*

autres Matériaux

MAGDALENA ABAKANOWICZ ■ PAUL AMAR ■ ARMAN ■ RICHARD BAQUIÉ PIERRE BETTENCOURT ■ VALÉRIE BIDAUD ■ MARK BRUSSE ■ POL BURY CÉSAR ■ CHASSE-POT ■ MIGUEL CHEVALIER ■ NIKI DE SAINT-PHALLE LOUIS DE VERDAL ■ JEAN DUBUFFET ■ DAVID GALLAIRE ■ JEANNE GÉRARDIN PIERO GILARDI ■ GUN GORDILLO ■ IPOUSTÉGUY ■ ROBERT JACOBSEN DANIELLE JACQUI ■ HORST EGON KALINOWSKI ■ PETER KLASEN ■ CHARLES LE BARS ■ ALAIN LEMOSSE ■ ROBERT MALAVAL ■ RAYMOND MASON FRANÇOIS MEZZAPELLE ■ FRANÇOIS MONCHATRE ■ WILFRID MOSER MR IMAGINATION ■ MEHDI MOUTASHAR ■ BERNARD PAGÈS ■ JAUME PLENSA DANIEL POMMEREULLE ■ PUTSCH ■ RAYMOND REYNAUD ■ CLAIRE SALMON-LEGAGNEUR ■ GÉRARD SINGER ■ MILOS SOBAÏC ■ CLAUDE VISEUX

Arles, Musée de l'Arles et de la Provence Antique

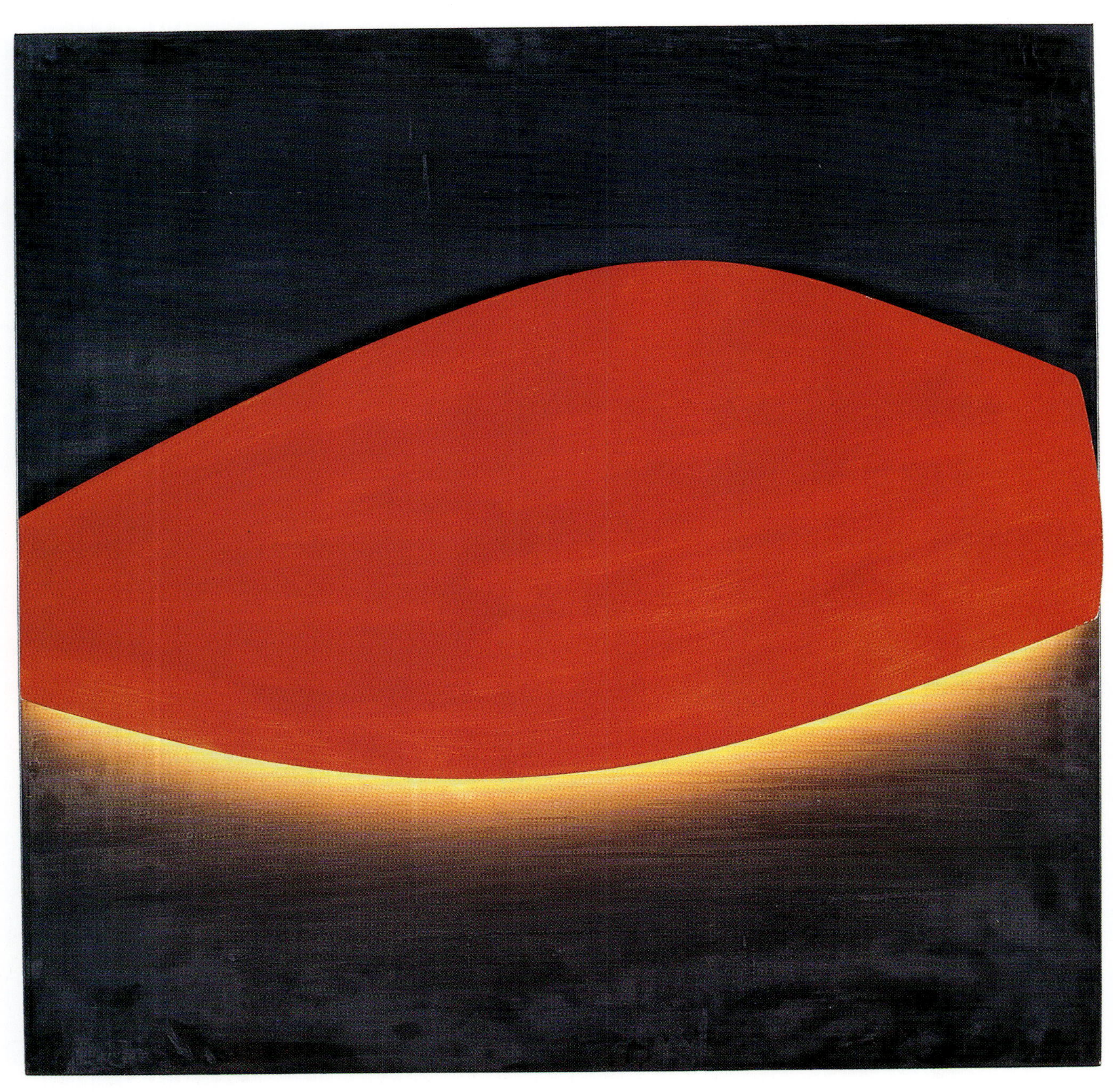

GUN GORDILLO, " DUNE DORE " *1995, plomb, bois et néon, 100 x 100 x 10 cm. Galerie Denise René, Paris.*

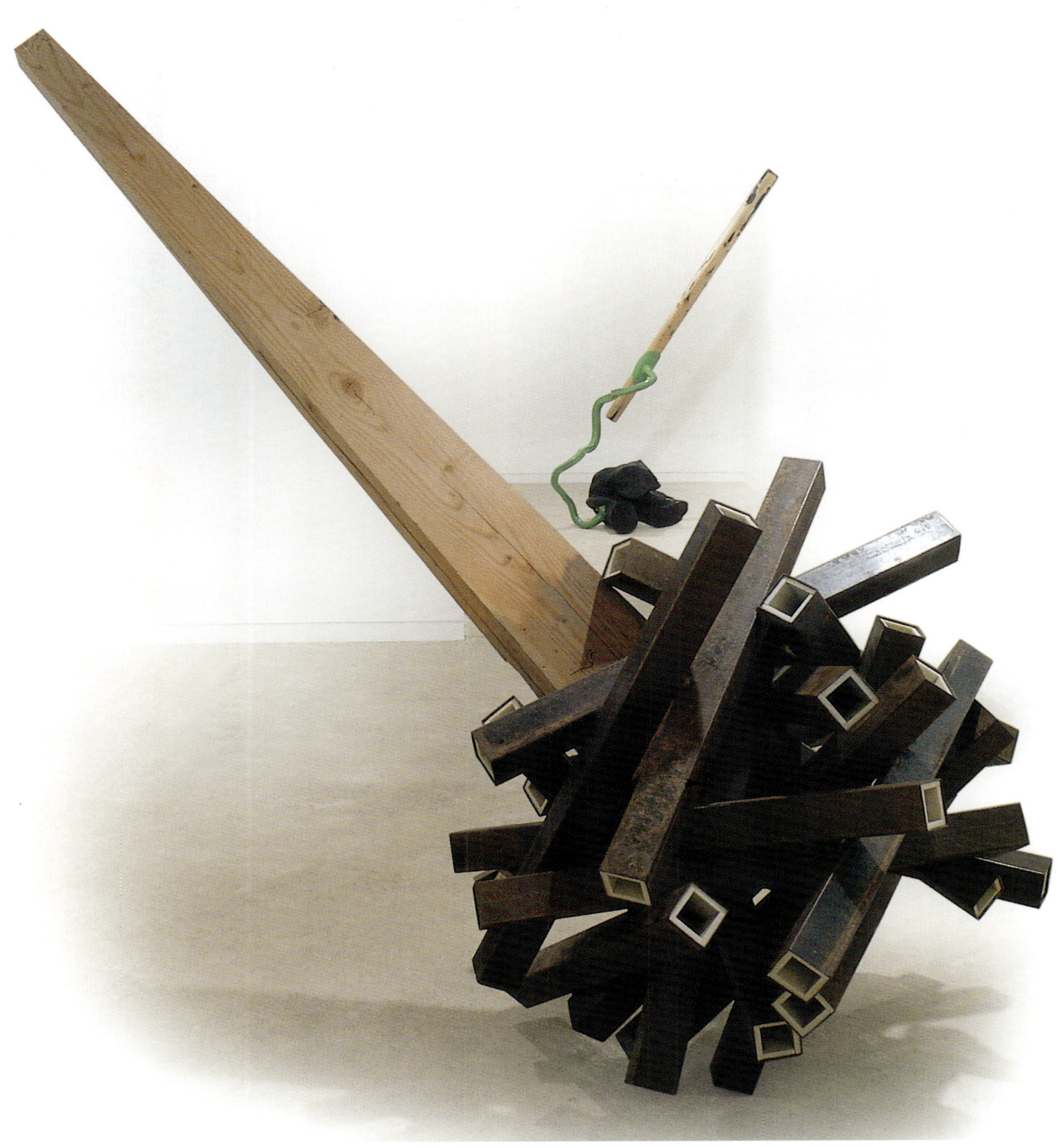

BERNARD PAGÈS, " PAL AUX TUBES CARRÉS " *2002, bois de pin Douglas, tubes acier, marbre blanc, 205 x 150 x 140 cm. Collection particulière.*

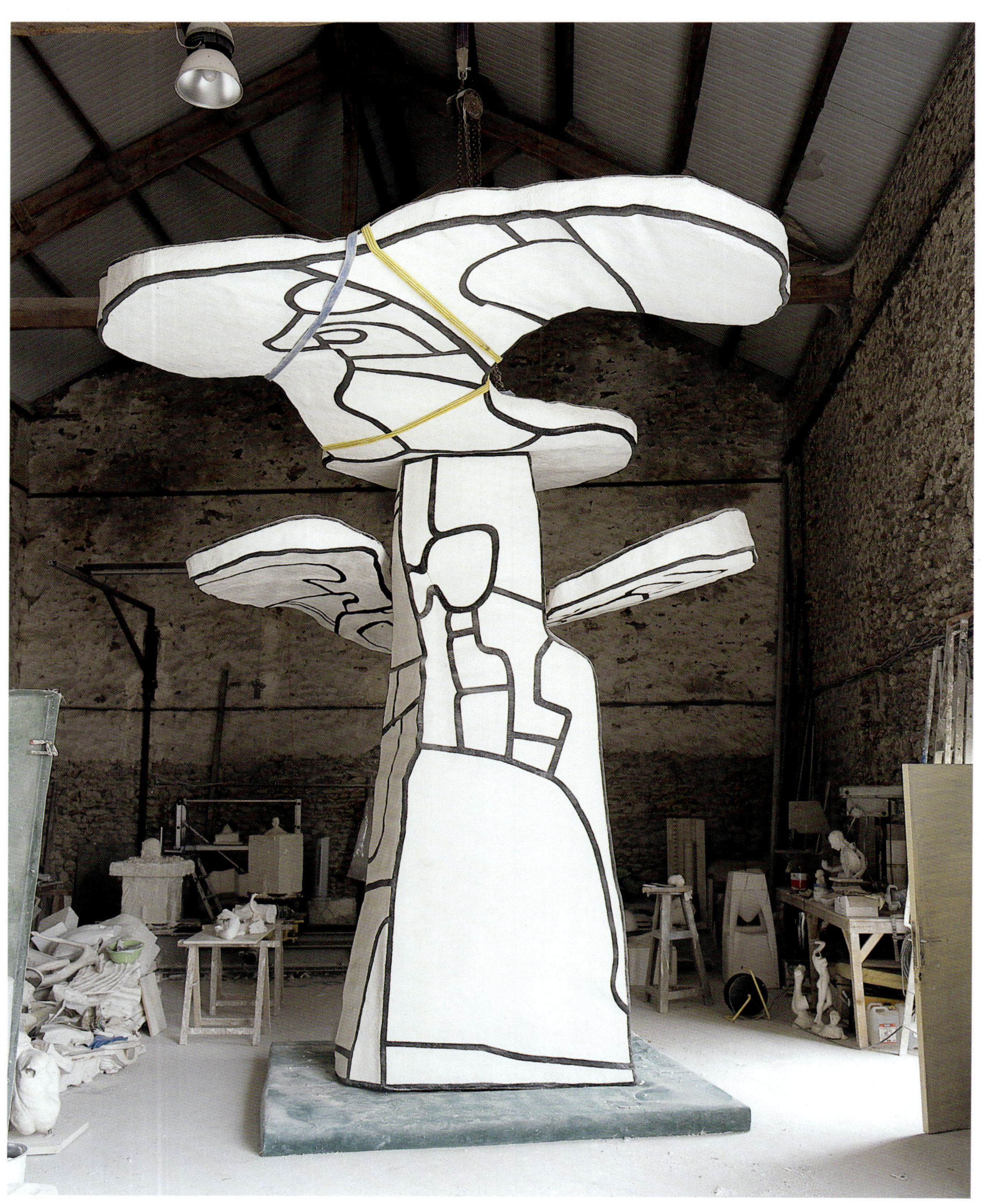

JEAN DUBUFFET, " ARBRE BI-PLAN " *(lors de son chargement) 1968-1969, époxy peint au polyuréthane, 466 x 513 x 438 cm. Courtesy Galerie Baudoin Lebon, Paris.*

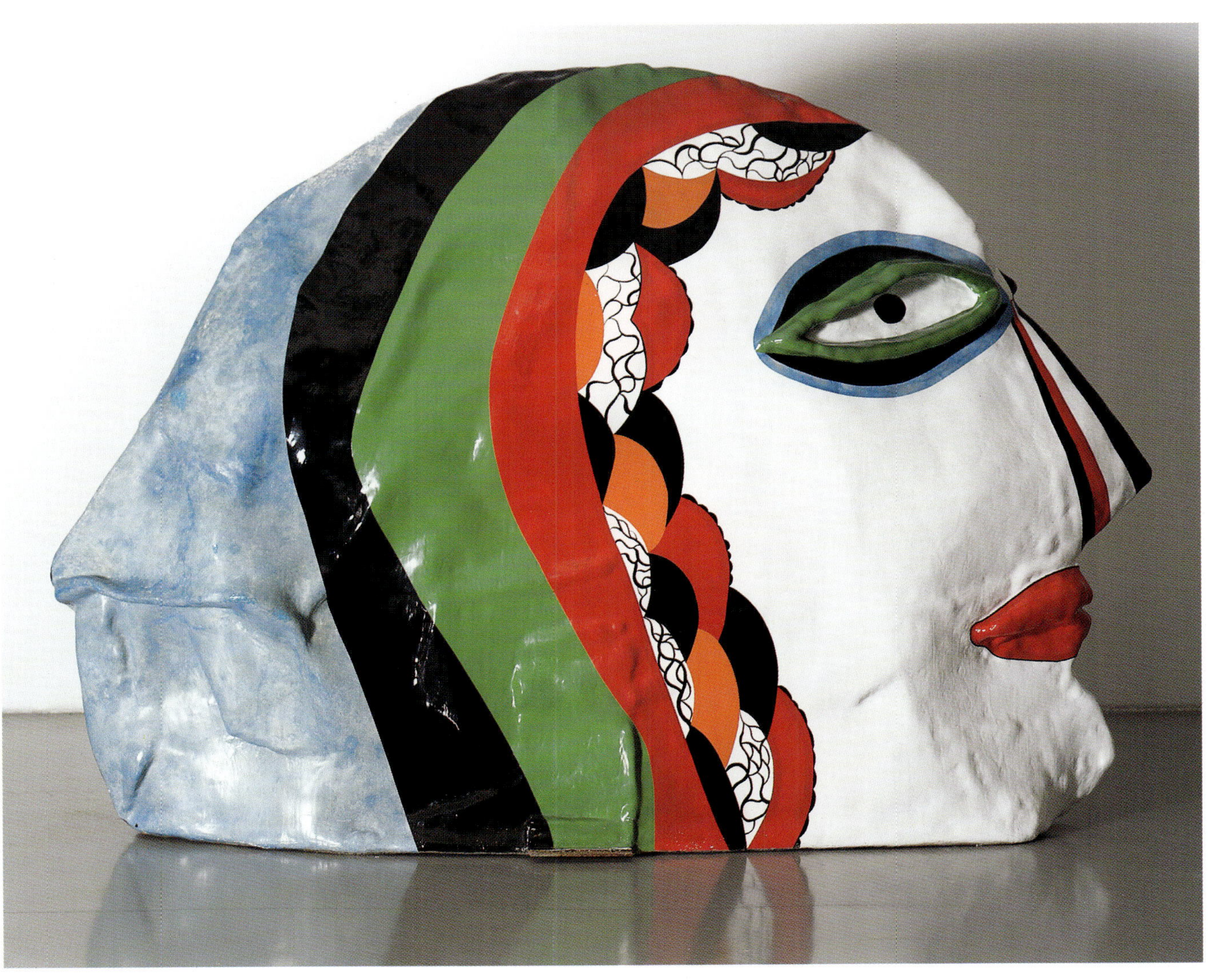

NIKI DE SAINT-PHALLE, " GRANDE TÊTE " *1975, polyester plein, 240 x 200 x 85 cm. Collection Niki-Charitable-Art Foundation, en dépot au MAMAC - Nice.*

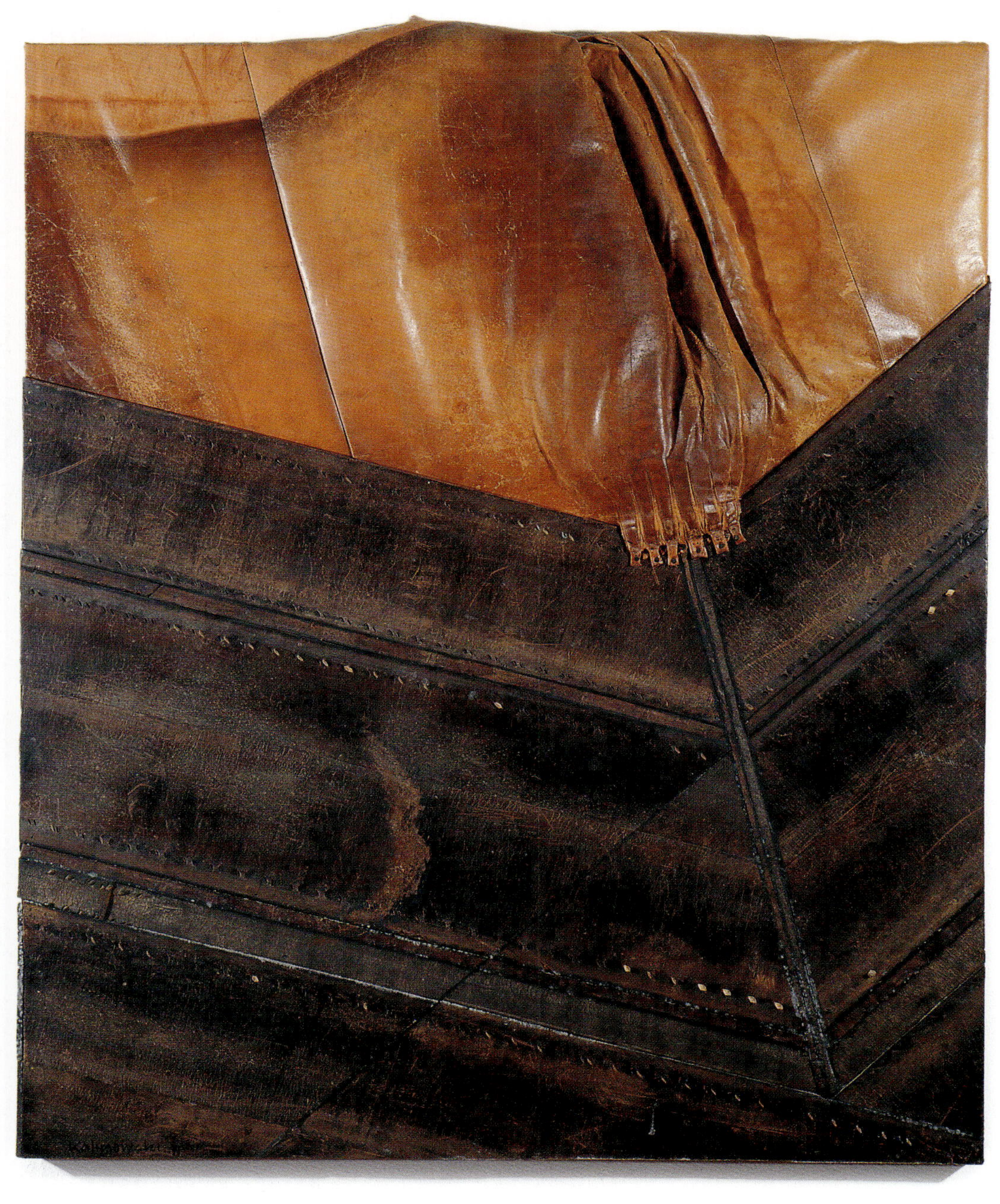

HORST EGON KALINOWSKI, " LA GRIFFE " *1991, cuir, 122 x 101 x 9 cm. Galerie Chave, Vence.*

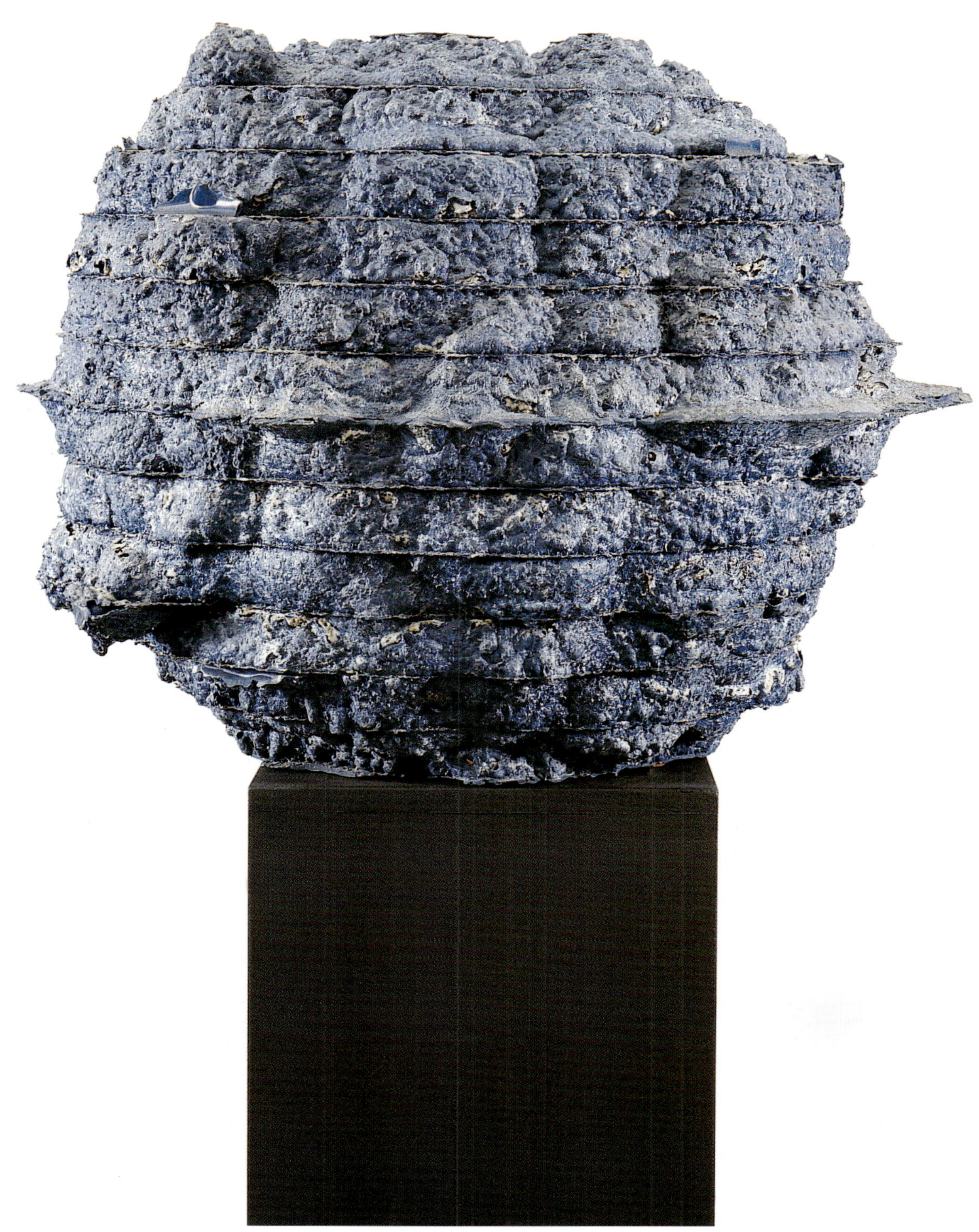

GÉRARD SINGER, " LA BOULE BLEUE " *plastique époxy, 60 x 60 x 60 cm. Galerie Jeanne-Bucher, Paris.*

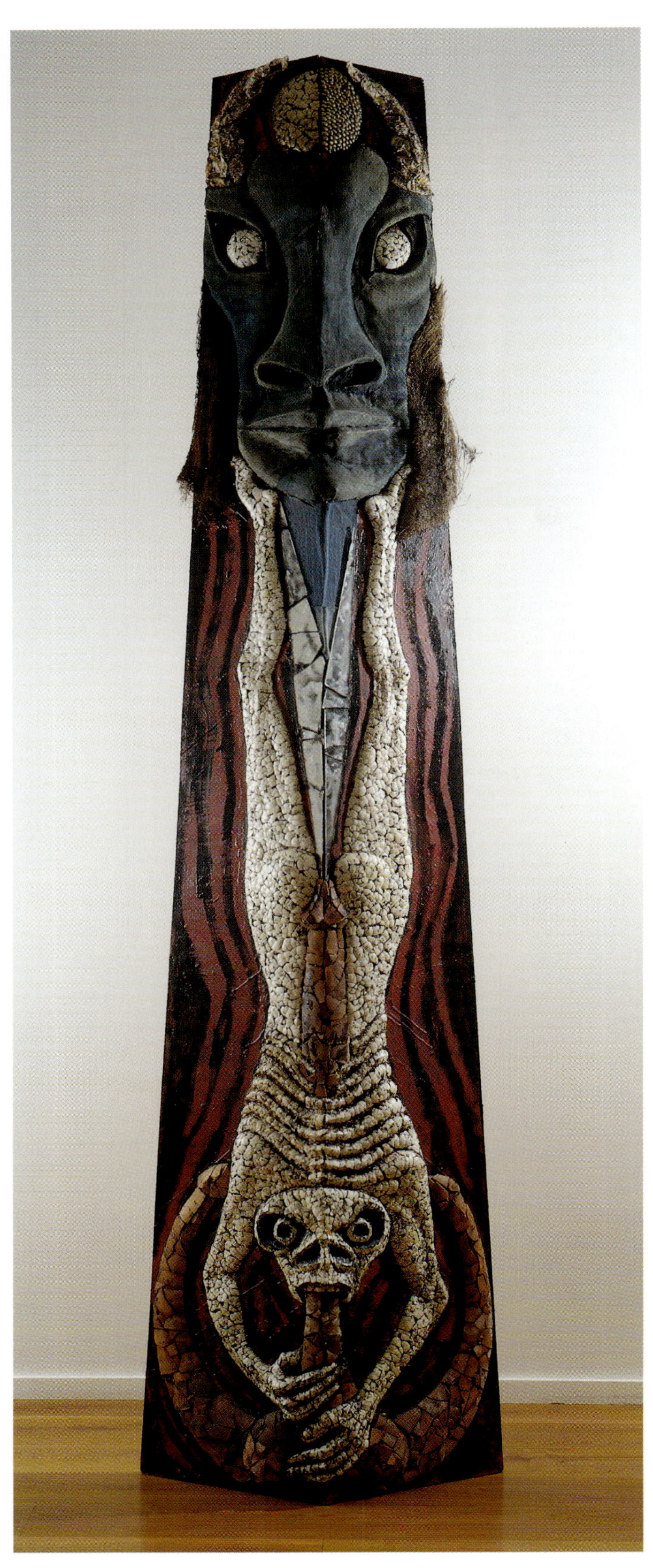

PIERRE BETTENCOURT, " MOÏSE SUR LE MONT SINAÏ " *1993, huile sur bois et matériaux divers, 288 x 72 x 27 cm. Galerie Baudoin Lebon, Paris.*

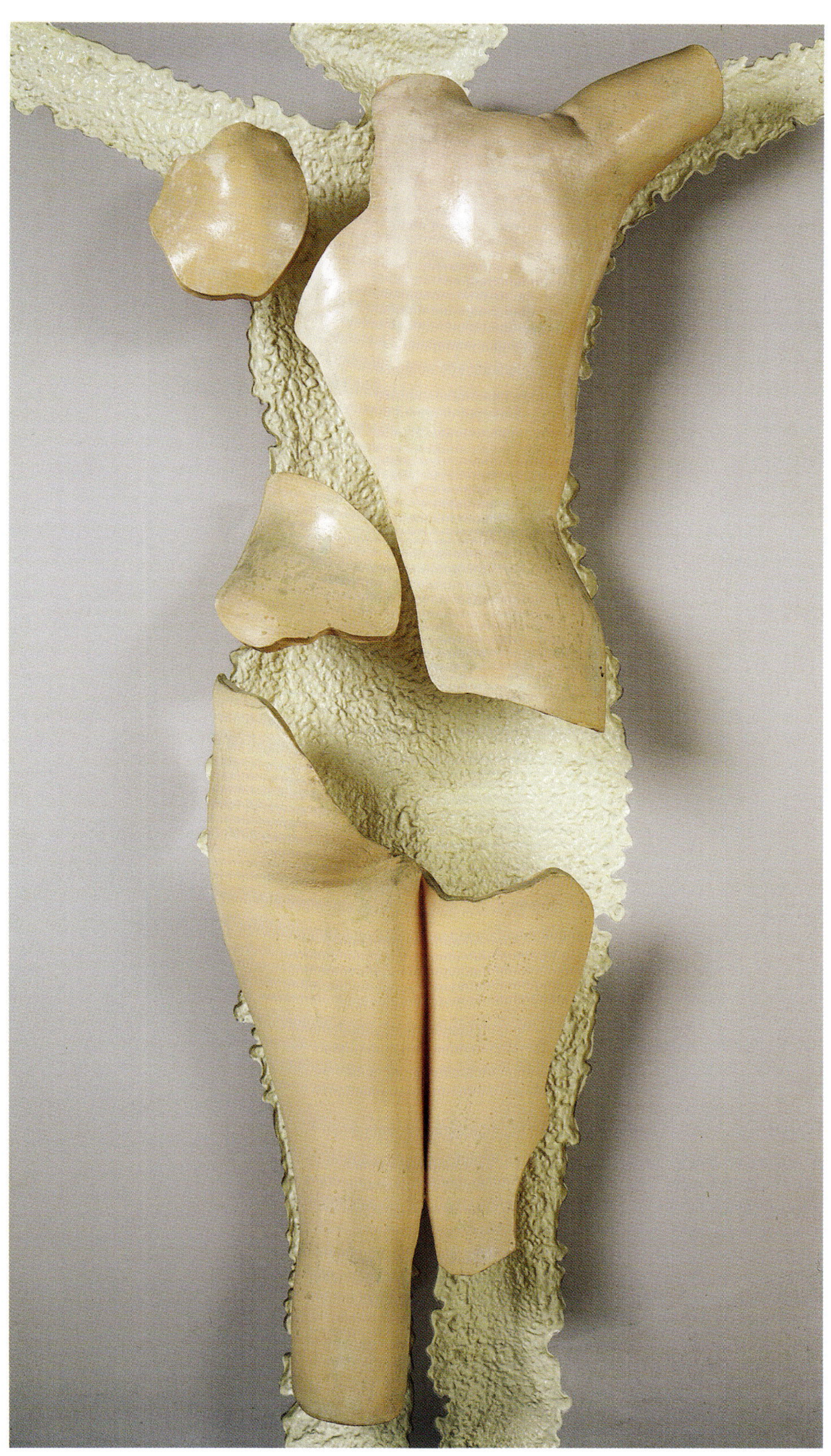

ROBERT MALAVAL, " NICOLE G. VUE DE DOS " *1965, résine, 125 x 70 x 27 cm. Collection particulière.*

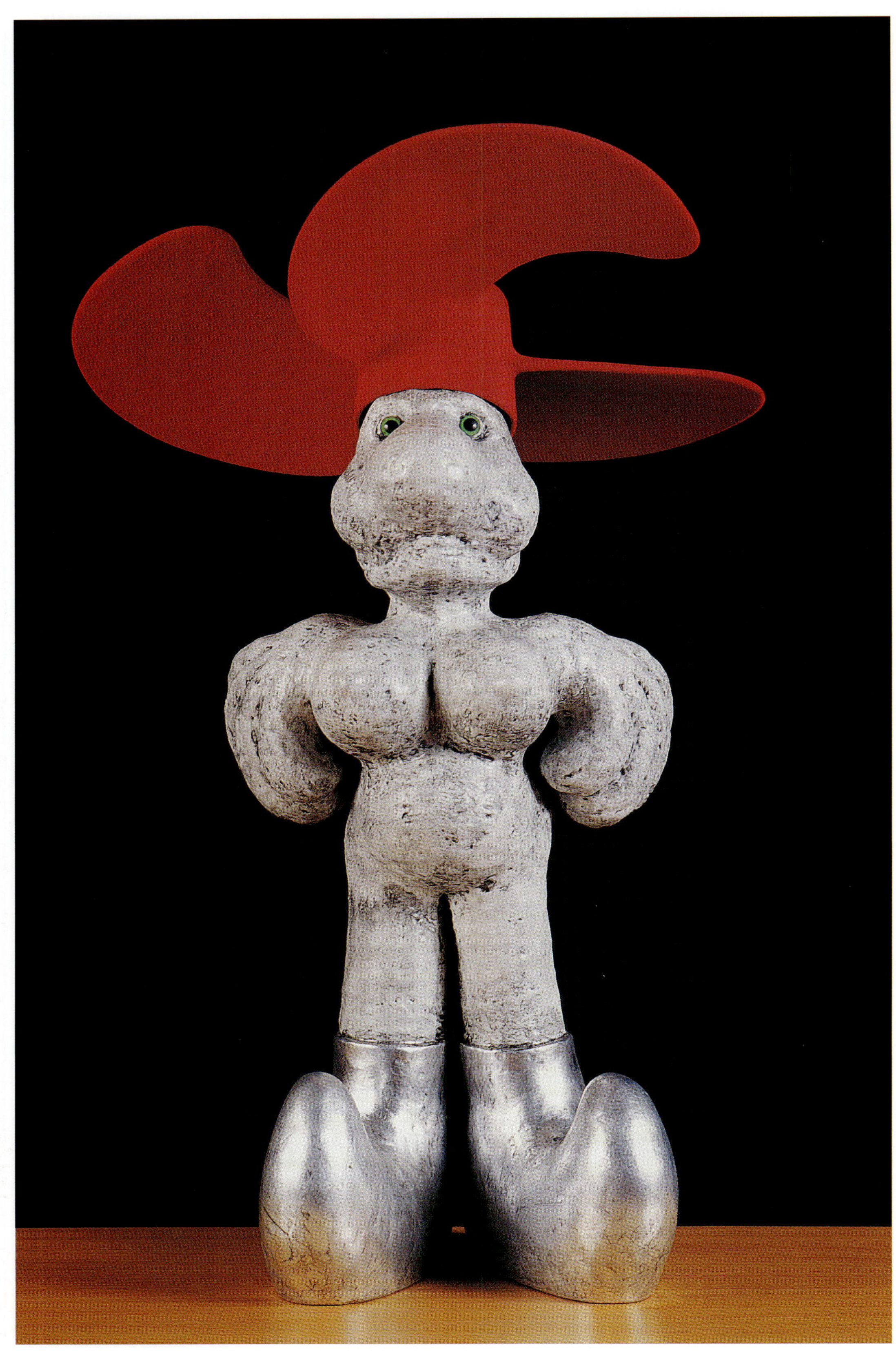

FRANÇOIS MEZZAPELLE, " ZÉLATEUR 1 " *1999, bois peint et technique mixte, 72 x 35 x 35 cm. Fondation Regards de Provence, Marseille.*

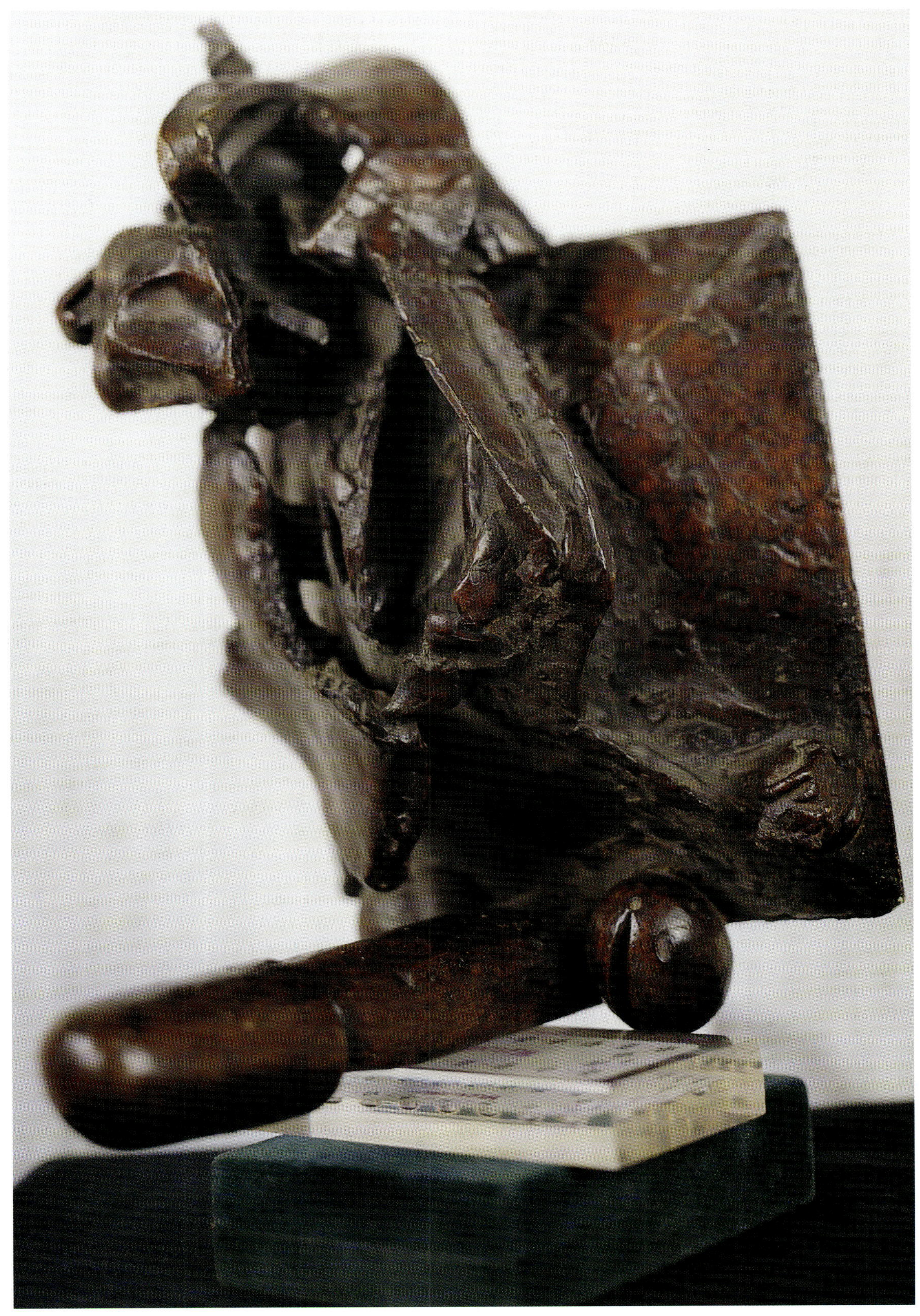

IPOUSTÉGUY, " LE PETIT OISEAU " *1964, bronze, 25 x 18 x 20 cm. Collection particulière.*

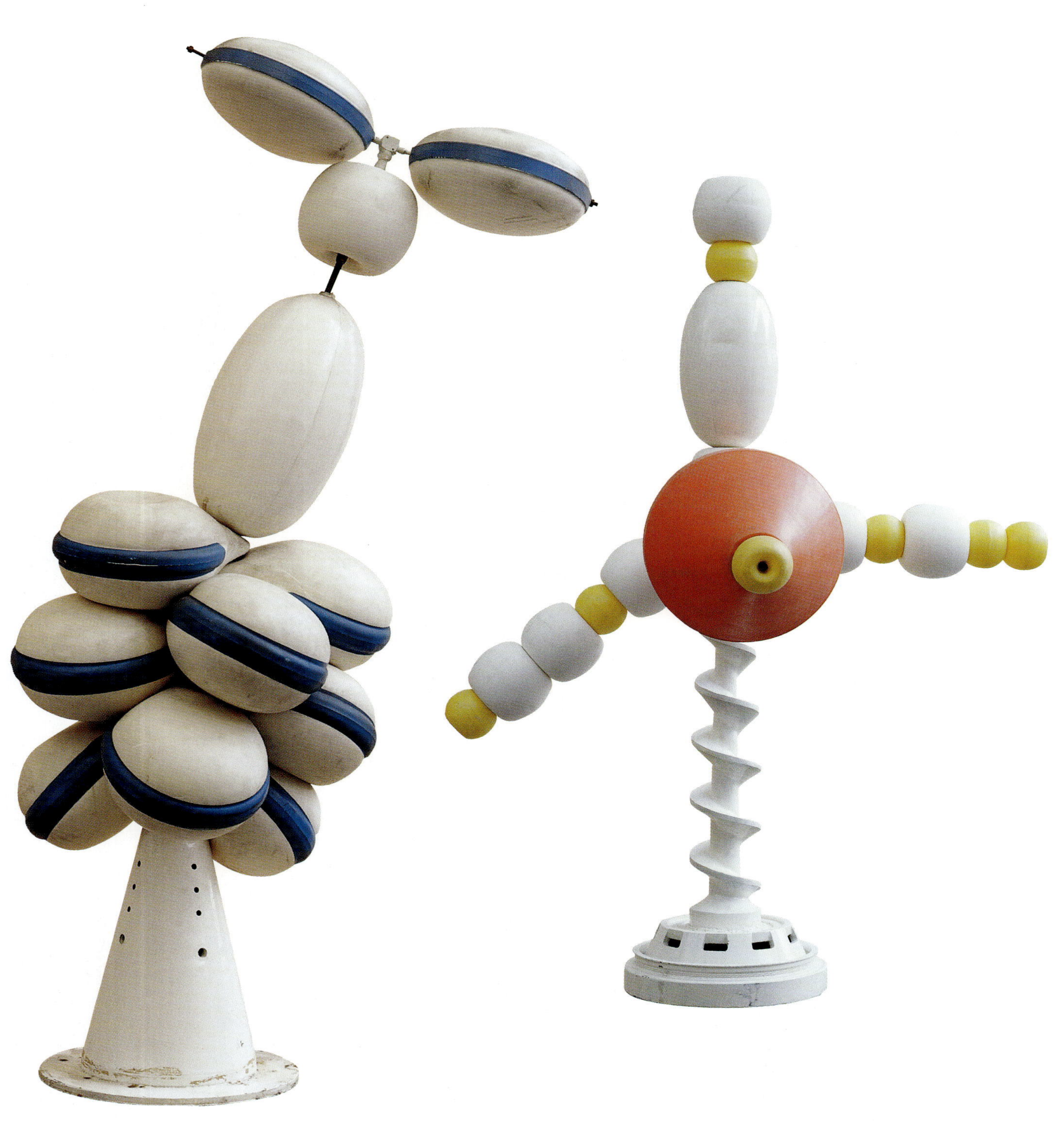

< **CLAUDE VISEUX, " CORPS PALANGRE "** *1969, acier polychrome, plastique, 230 x 105 x 105 cm. Collection particulière.*
> **" CORPS BALISE "** *1969, acier polychrome, plastique, 284 x 220 cm. Collection particulière.*

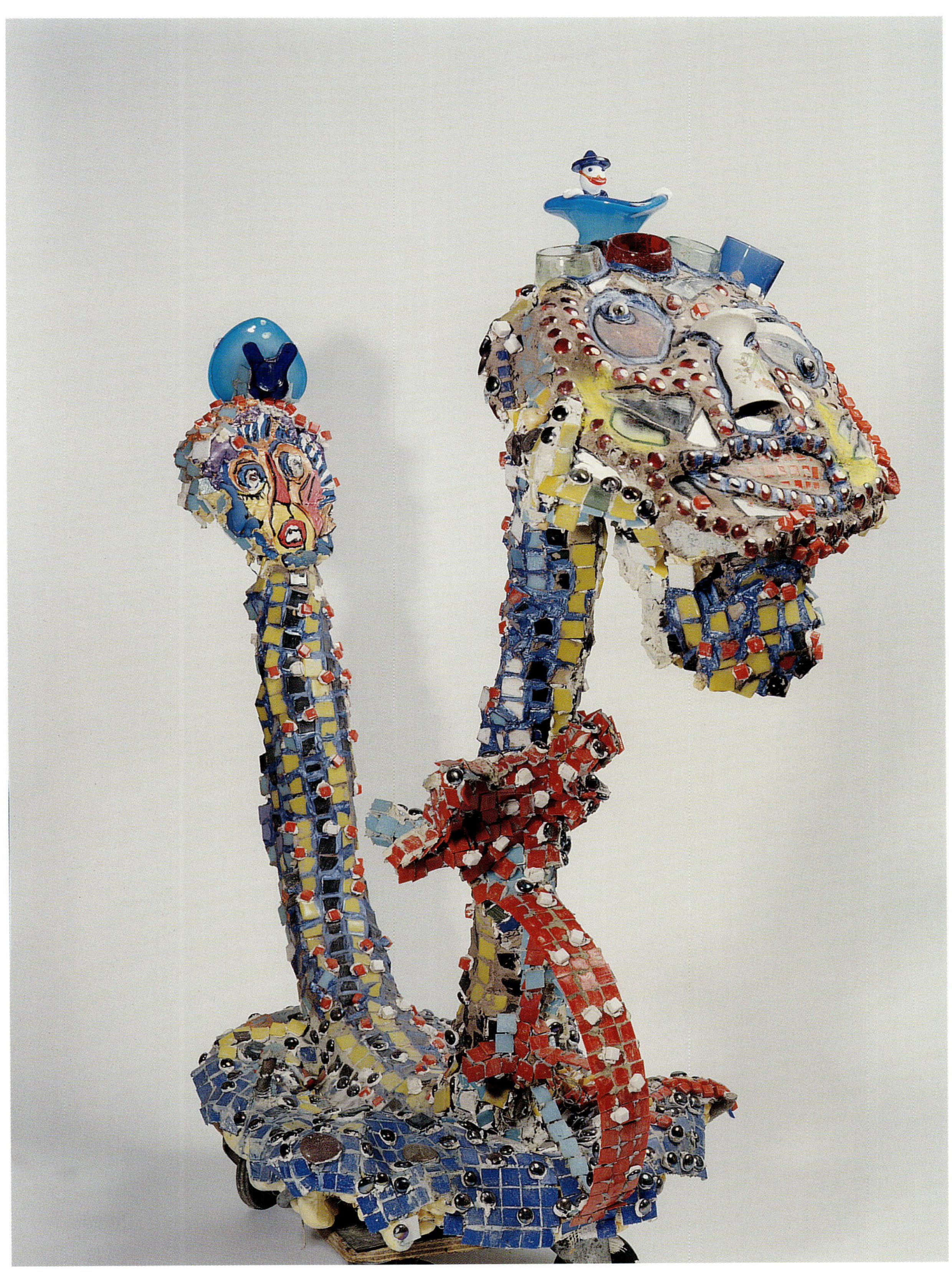

DANIELLE JACQUI, " URSULE " *2002, technique mixte, 130 x 50 x 125 cm. Collection particulière.*

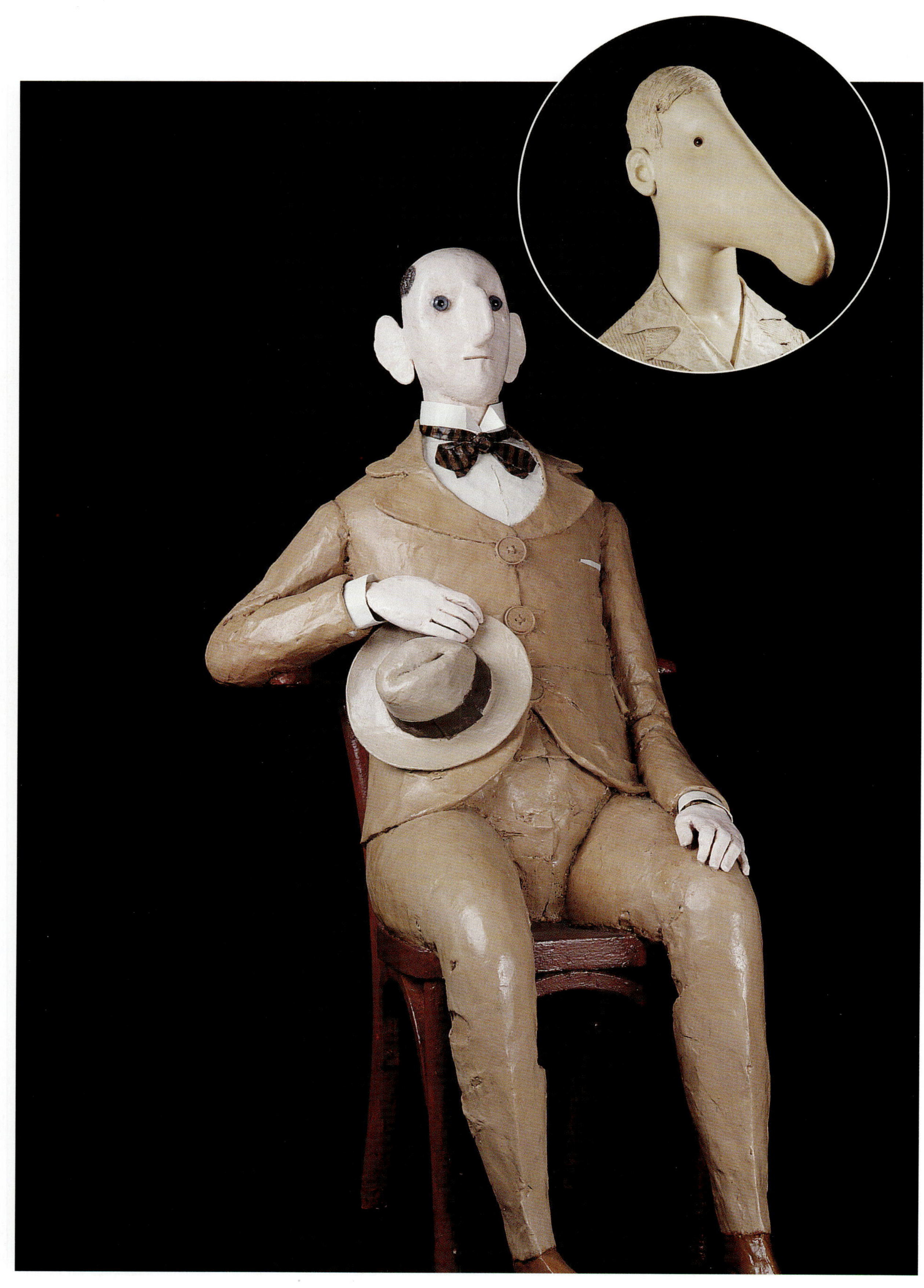

CHASSE-POT, " PRÊT À SORTIR OU À SORTIR" *bois et technique mixte, 100 x 51,5 x 63 cm. Collection particulière.*
En médaillon, **" JEUNE HOMME RACÉ "** *bois, papier mâché, 66 x 30 x 30 cm. Collection particulière.*

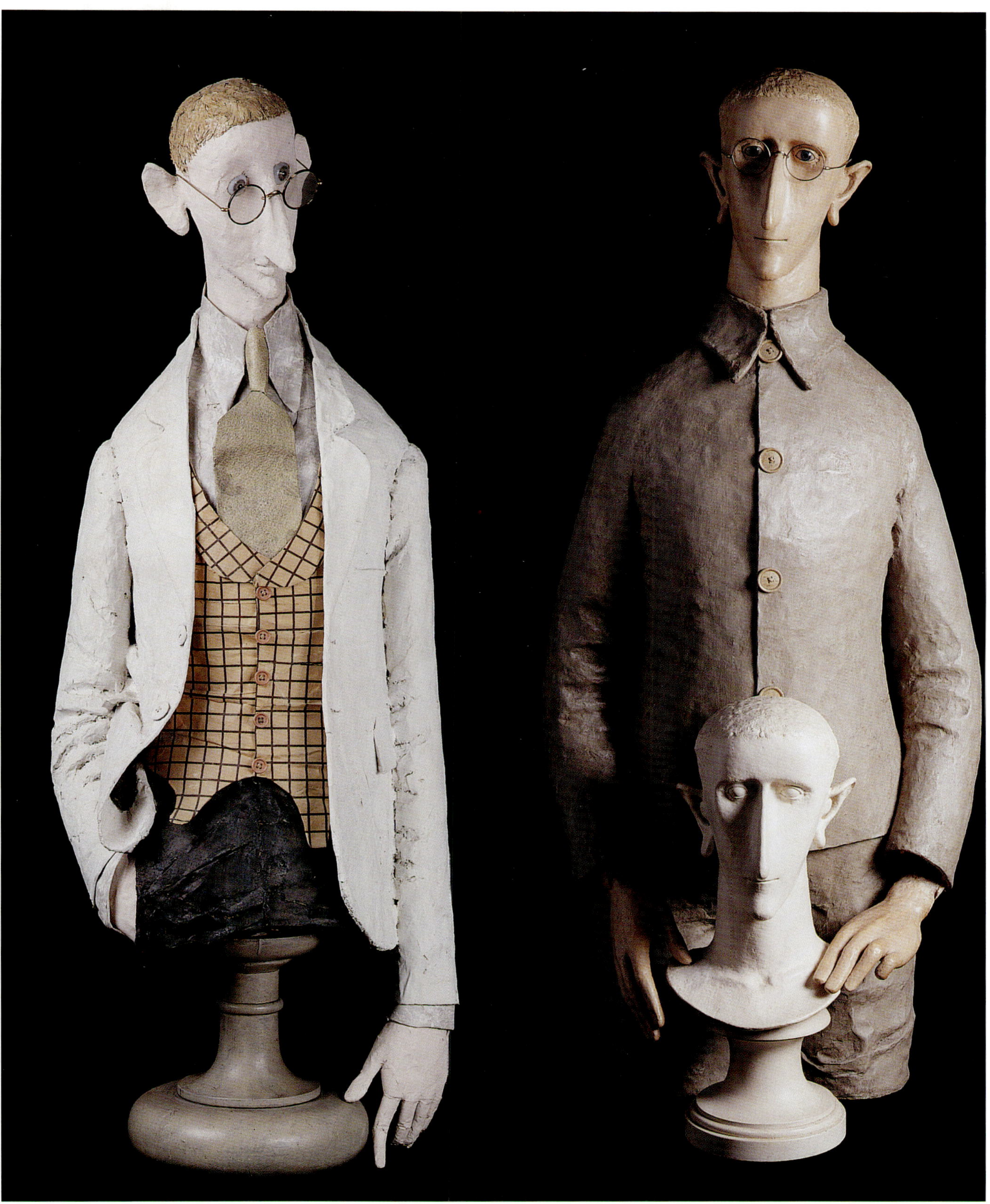

CHASSE-POT, " PAUL EN SOCLE " *bois et technique mixte, 111 x 40 x 30 cm. Collection particulière.*
" LE ROMAIN " *1974, bois et technique mixte, 120 x 50 x 40 cm. Collection particulière.*

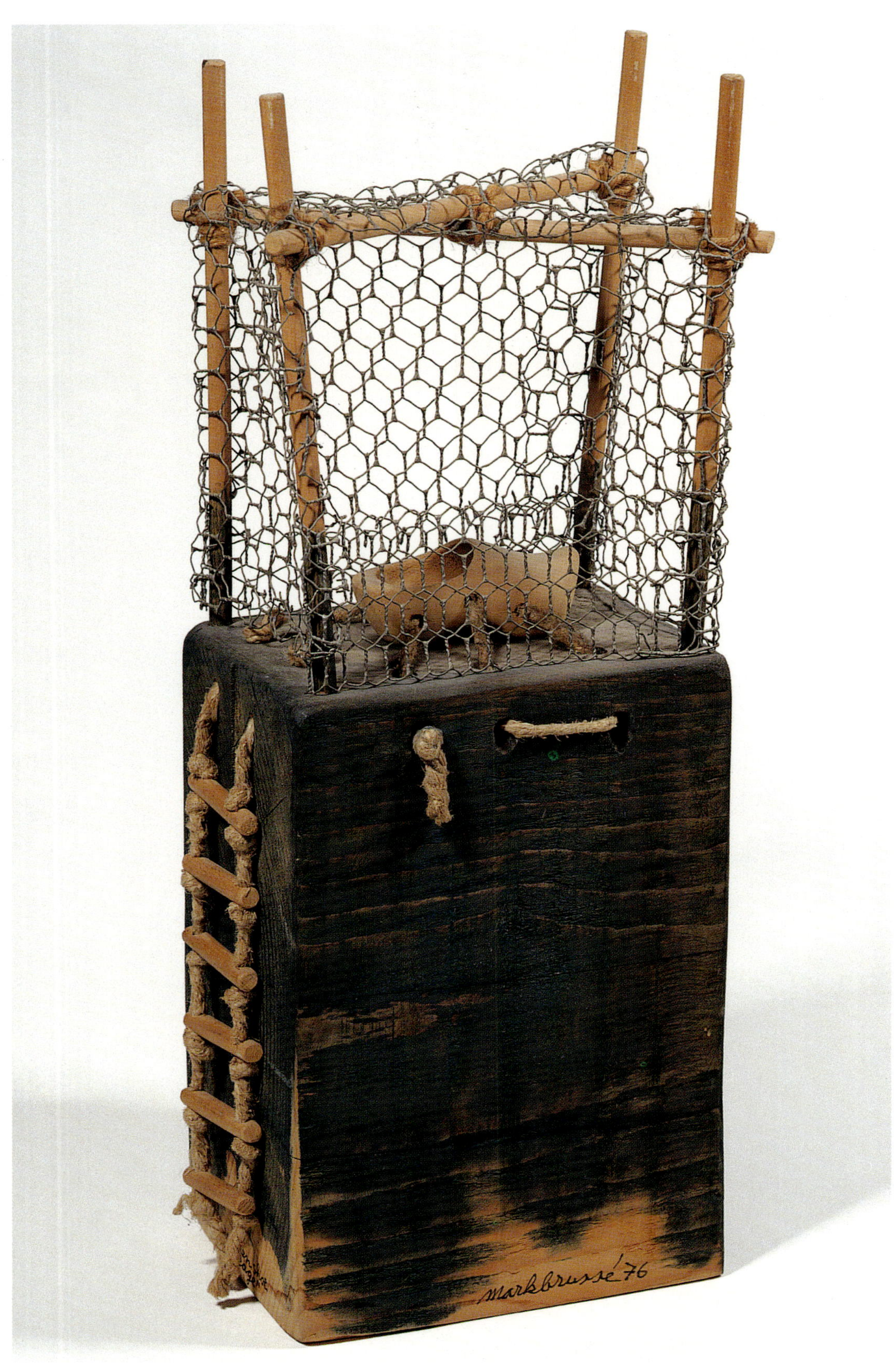

MARK BRUSSE, " SMALL WOODEN SHOE IN A CAGE " *1976, bois, 45 x 12 x 16 cm. Collection particulière.*

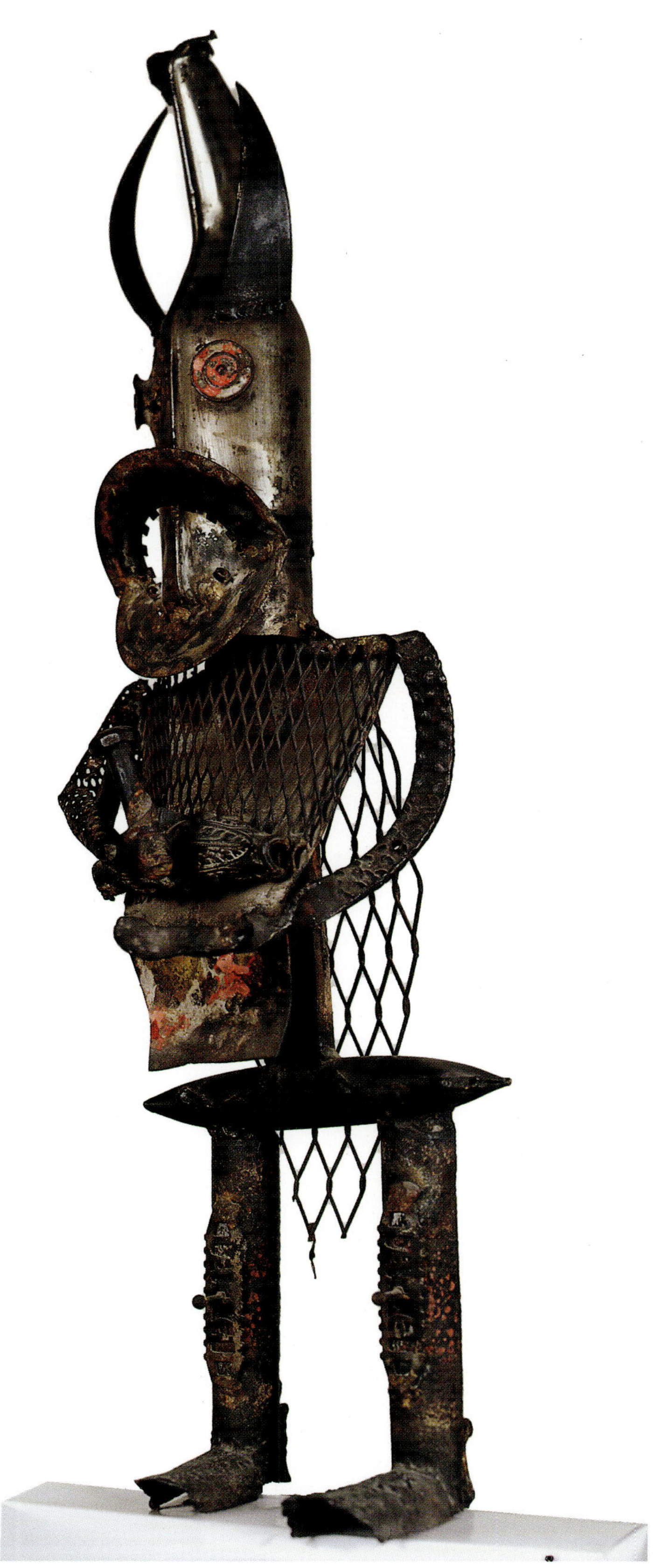

ROBERT JACOBSEN, " VIKING " *circa 1985, assemblage de matériaux, h. 80 cm. Collection particulière.*

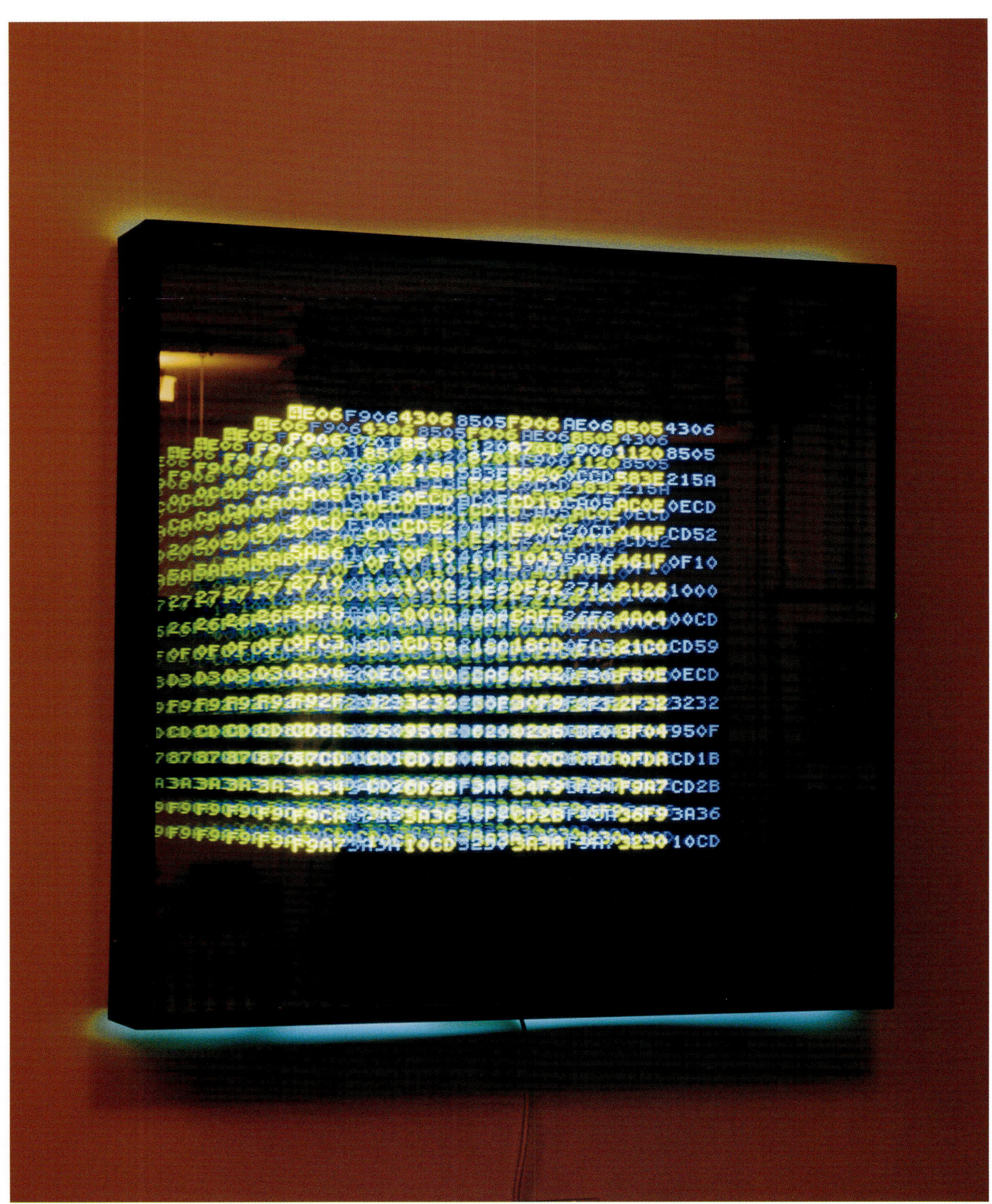

MIGUEL CHEVALIER " FENÊTRE MÉMOIRE INFINIE ", *1992. Collection particulière.*

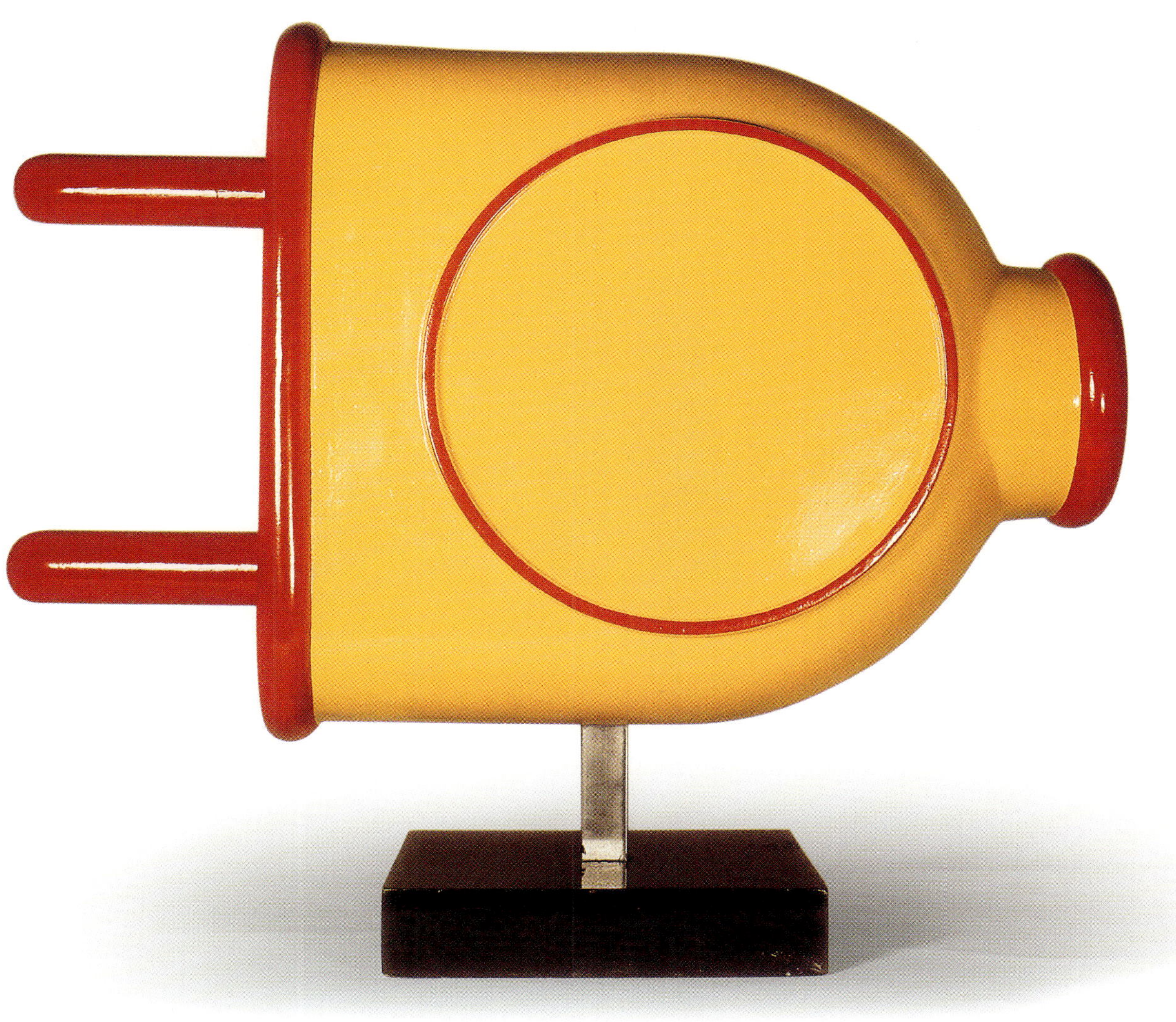

PETER KLASEN, " PRISE " *1969, polyester, 50 x 58 cm. Collection particulière.*

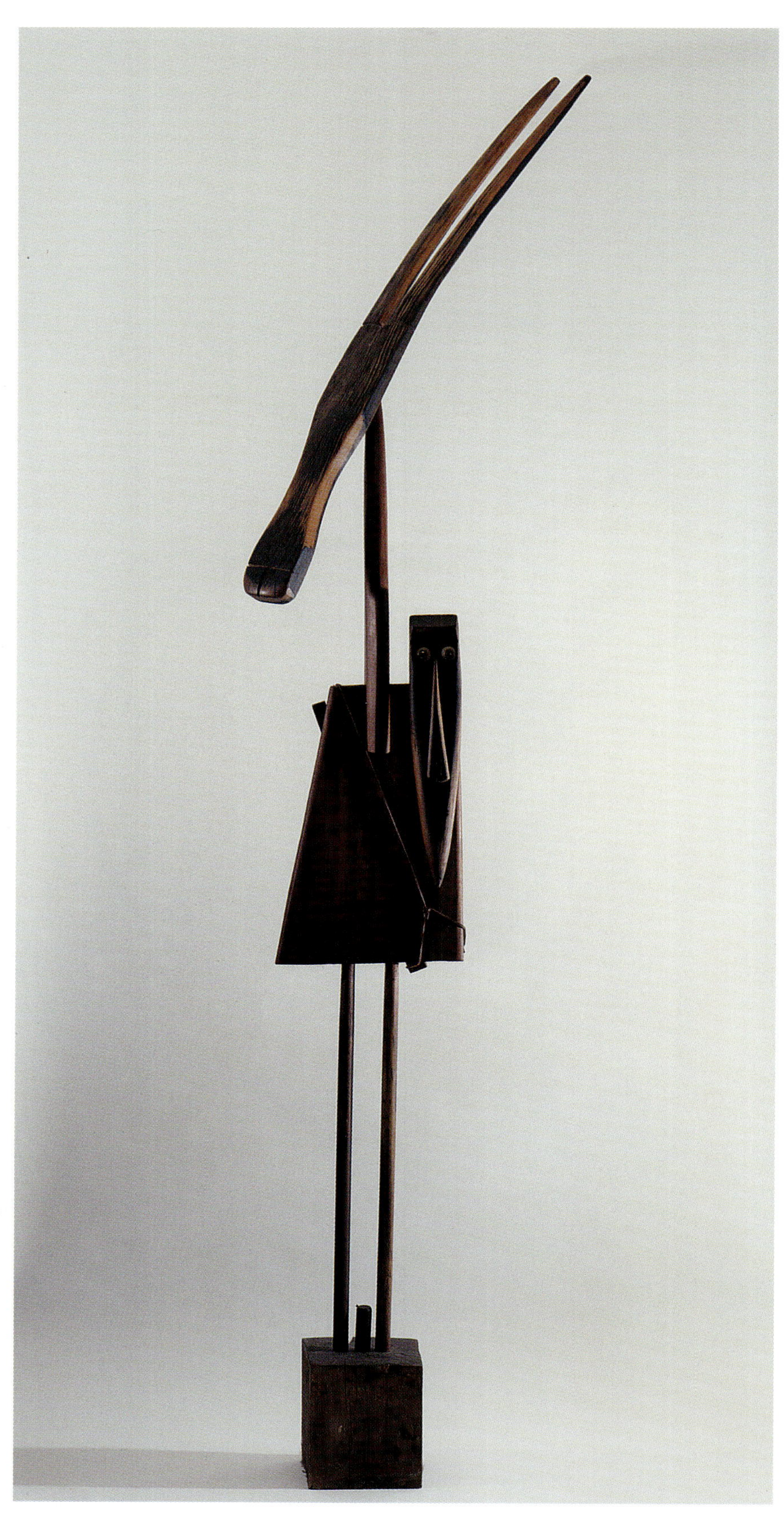

CHARLES LE BARS, " LE GARDIEN DU TROUPEAU " *2000, bois, h. 230 cm. Collection particulière.*

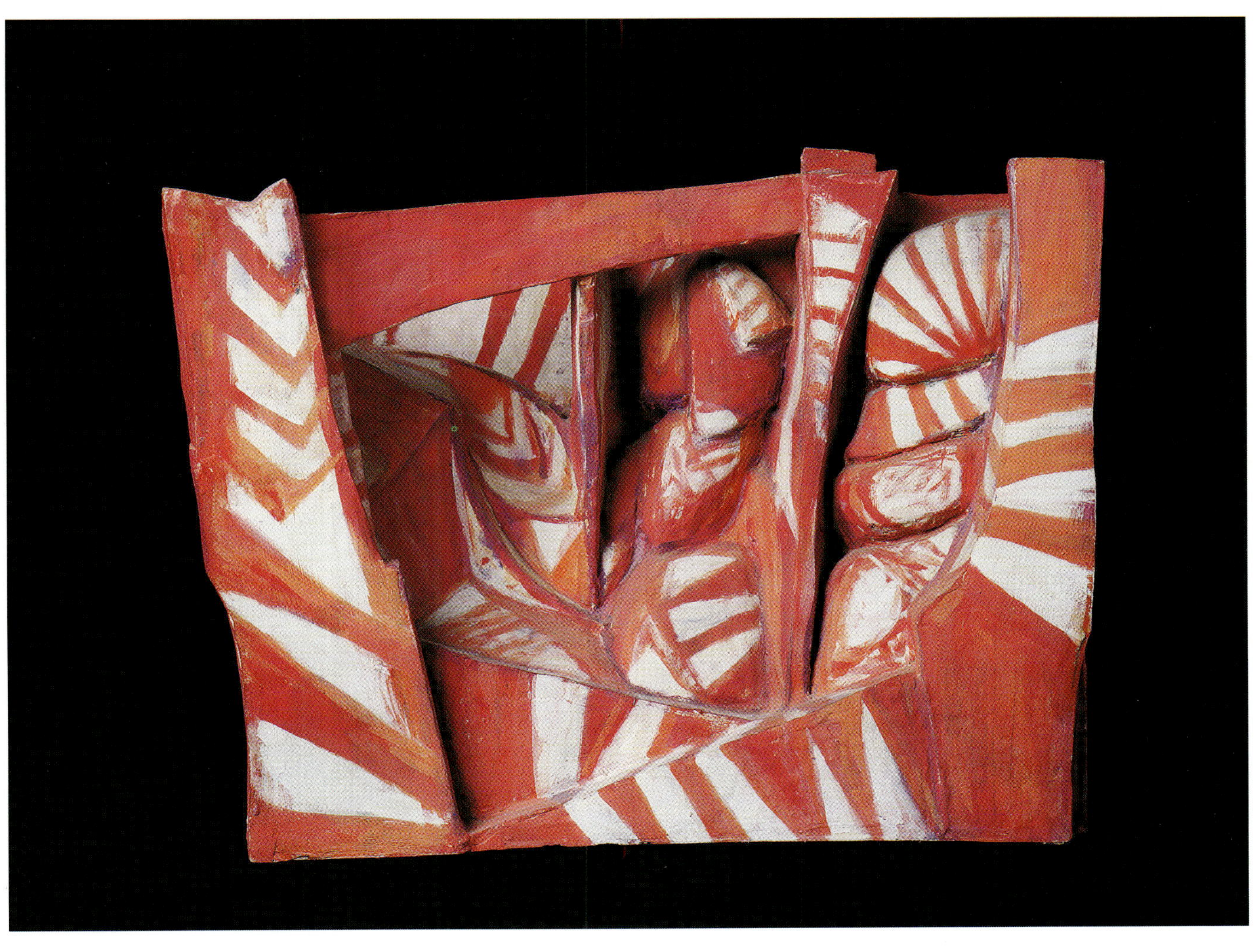

WILFRID MOSER, " MAISON OUVERTE " *1969, plastique, 37x 47 x 18 cm. Galerie Jeanne-Bucher, Paris.*

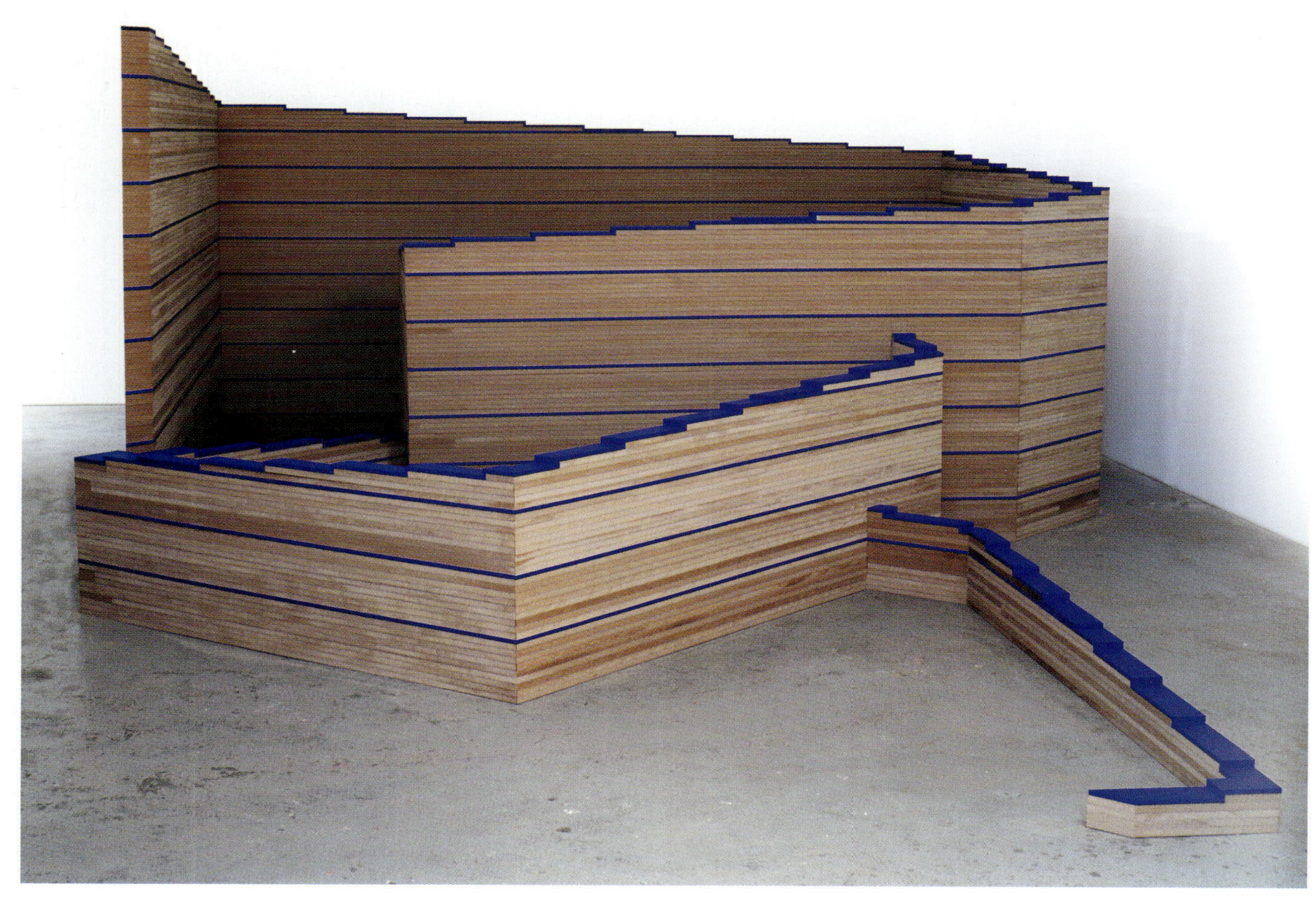

MEHDI MOUTASHAR, " HOUÉ " *2002, médium peint, 162 x 533 x 324 cm. Galerie Denise René, Paris.*

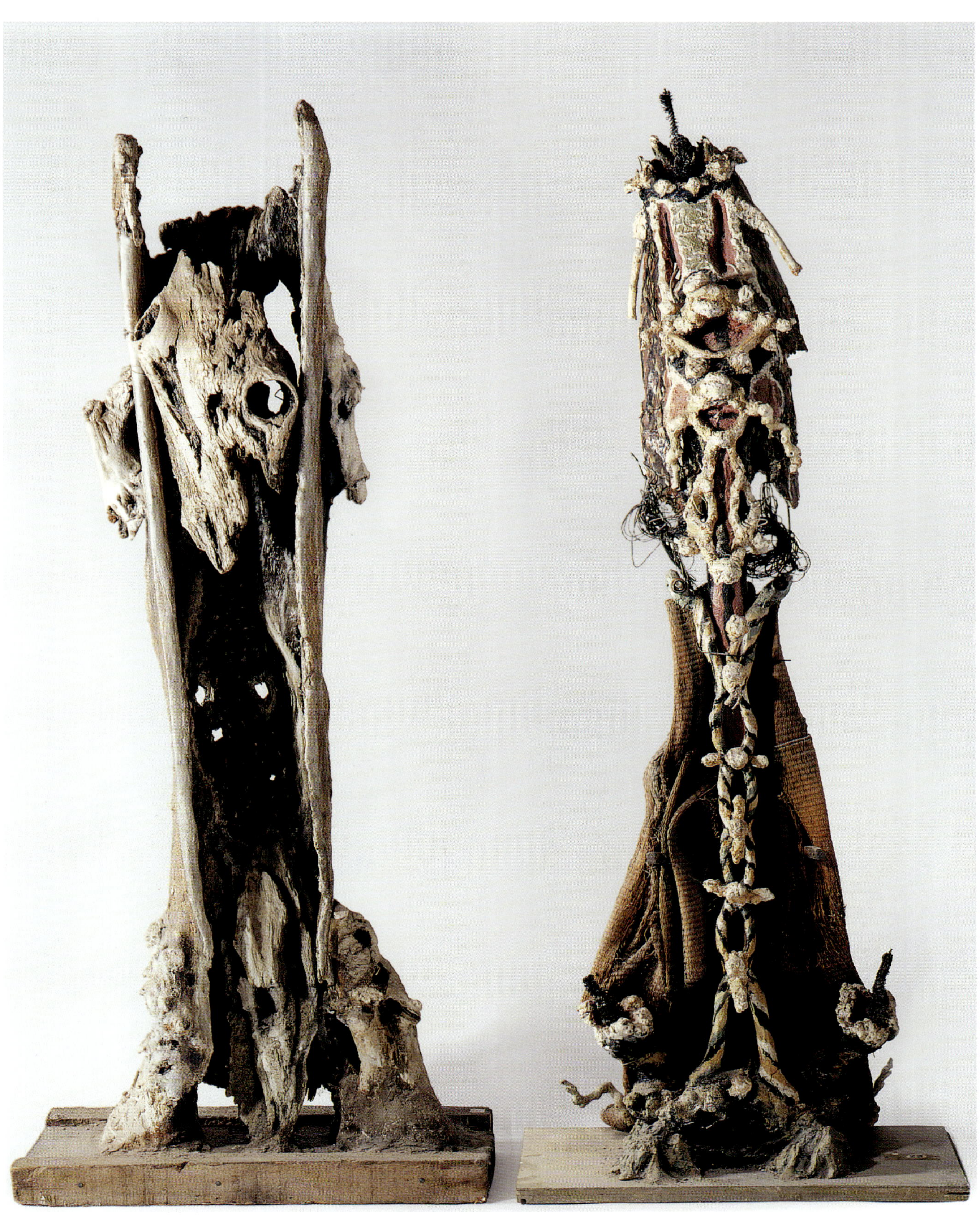

< **RAYMOND REYNAUD, " LES GARGOUILLES "** *1985, bois, 160 x 60 cm. Collection particulière.*
> **" L'AUGUSTE "** *1985, technique mixte, 210 x 78 x 64 cm. Collection particulière.*

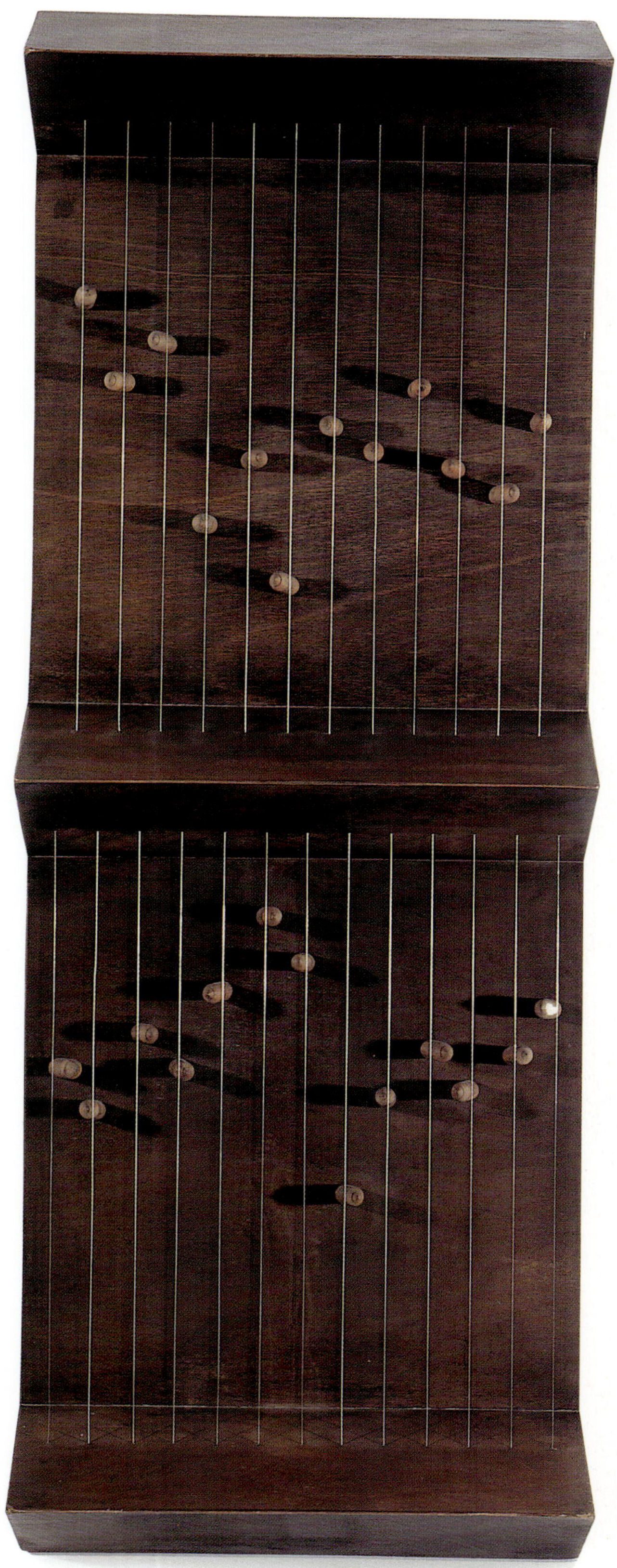

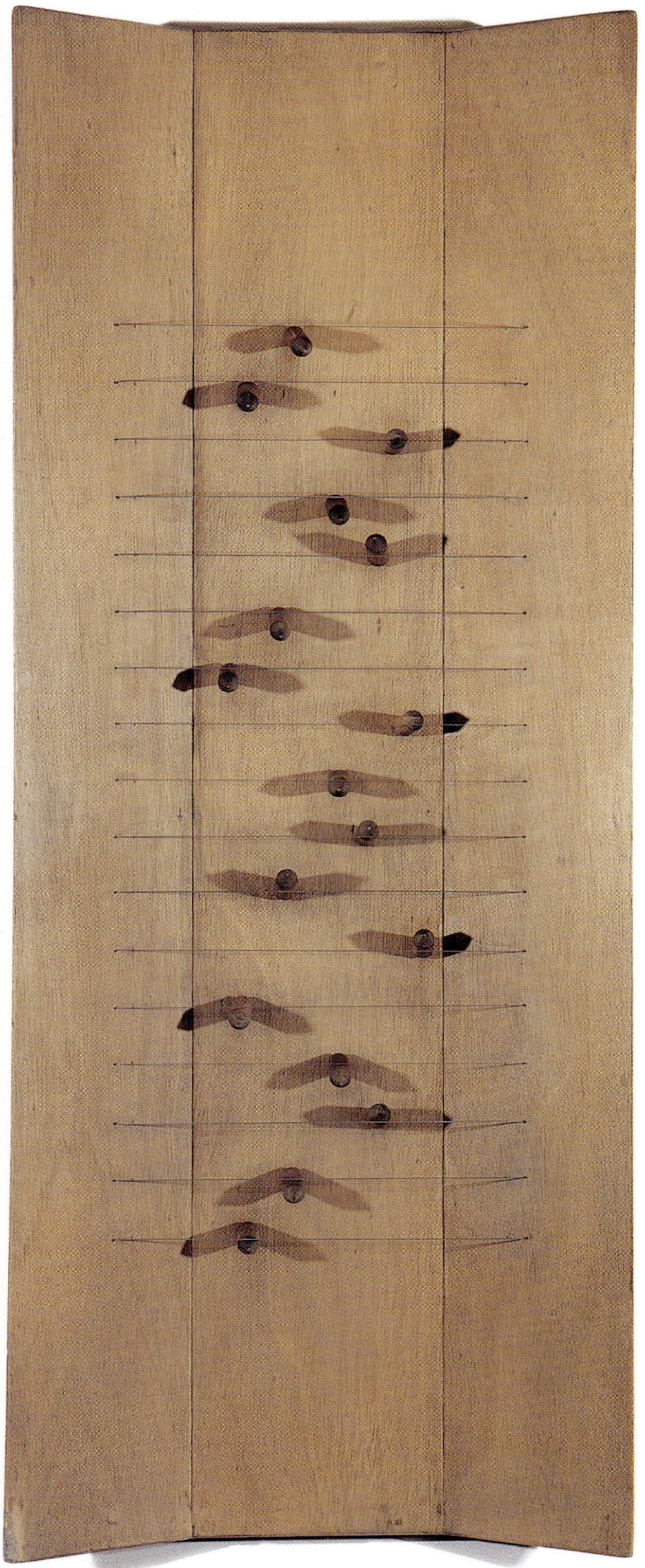

POL BURY, " 12 CORDES ET 13 CORDES VERTICALES ET LEURS CYLINDRES " *1973, bois, nylon, 141 x 50 x 25 cm. Collection particulière.*
" 17 CORDES HORIZONTALES ET LEURS CYLINDRES " *1973, bois, nylon, 125 x 49 x 18,5 cm. Collection particulière.*

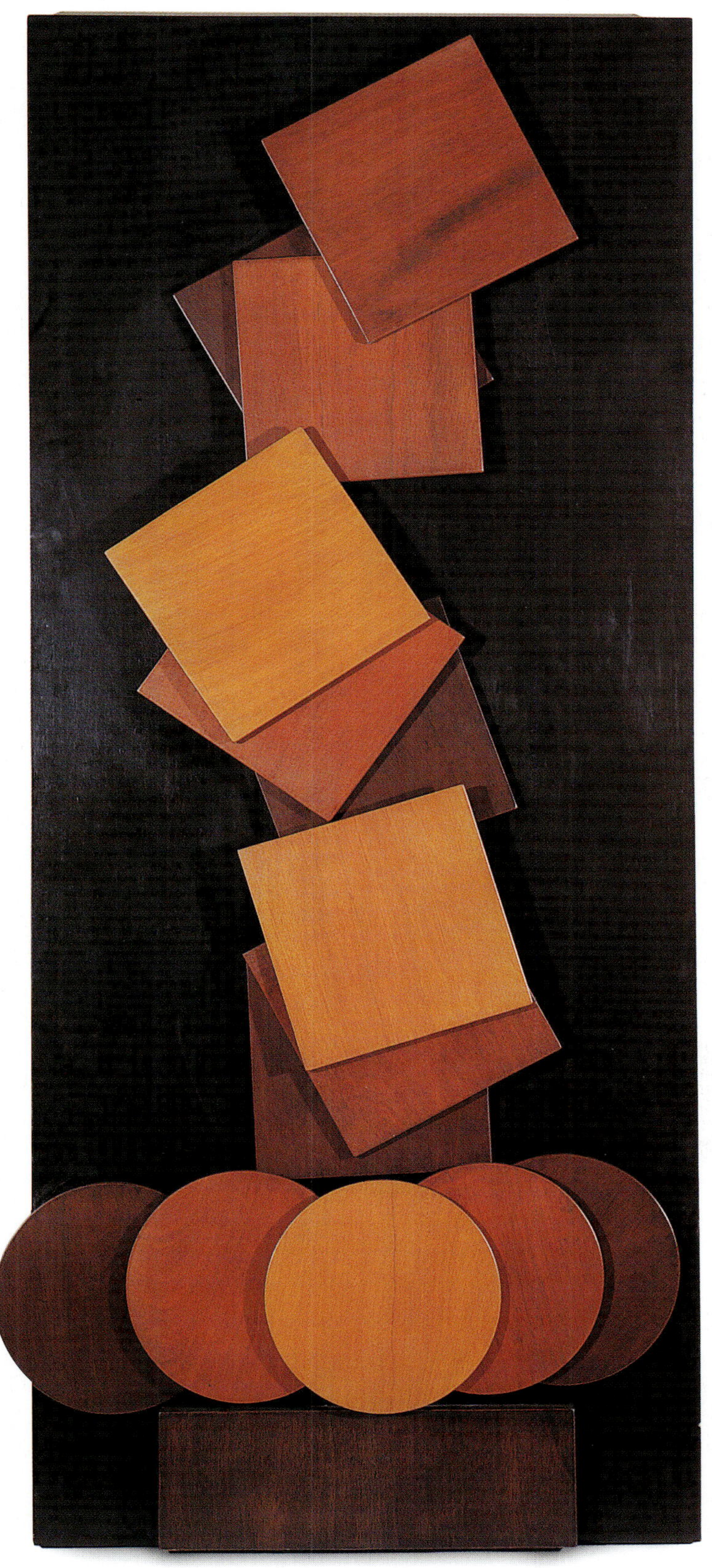

POL BURY, " 9 CARRÉS SUR 5 CERCLES " *1977, bois, 207 x 95 x 11 cm. Collection particulière.*

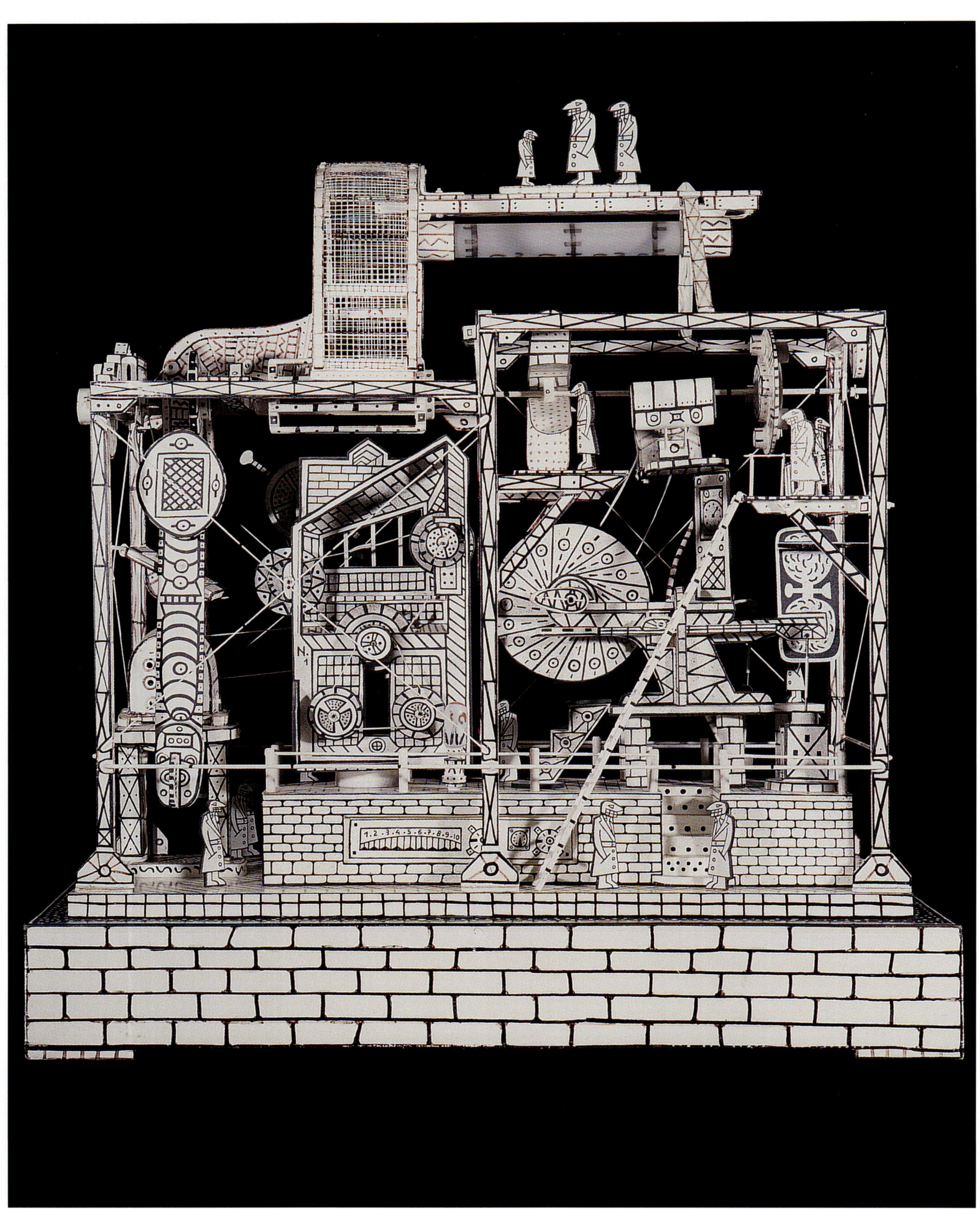

FRANÇOIS MONCHATRE , " USINE N°2 " *1988, technique mixte, 110 x 96 x 48 cm. Musée de l'art en marche, Hauterives.*

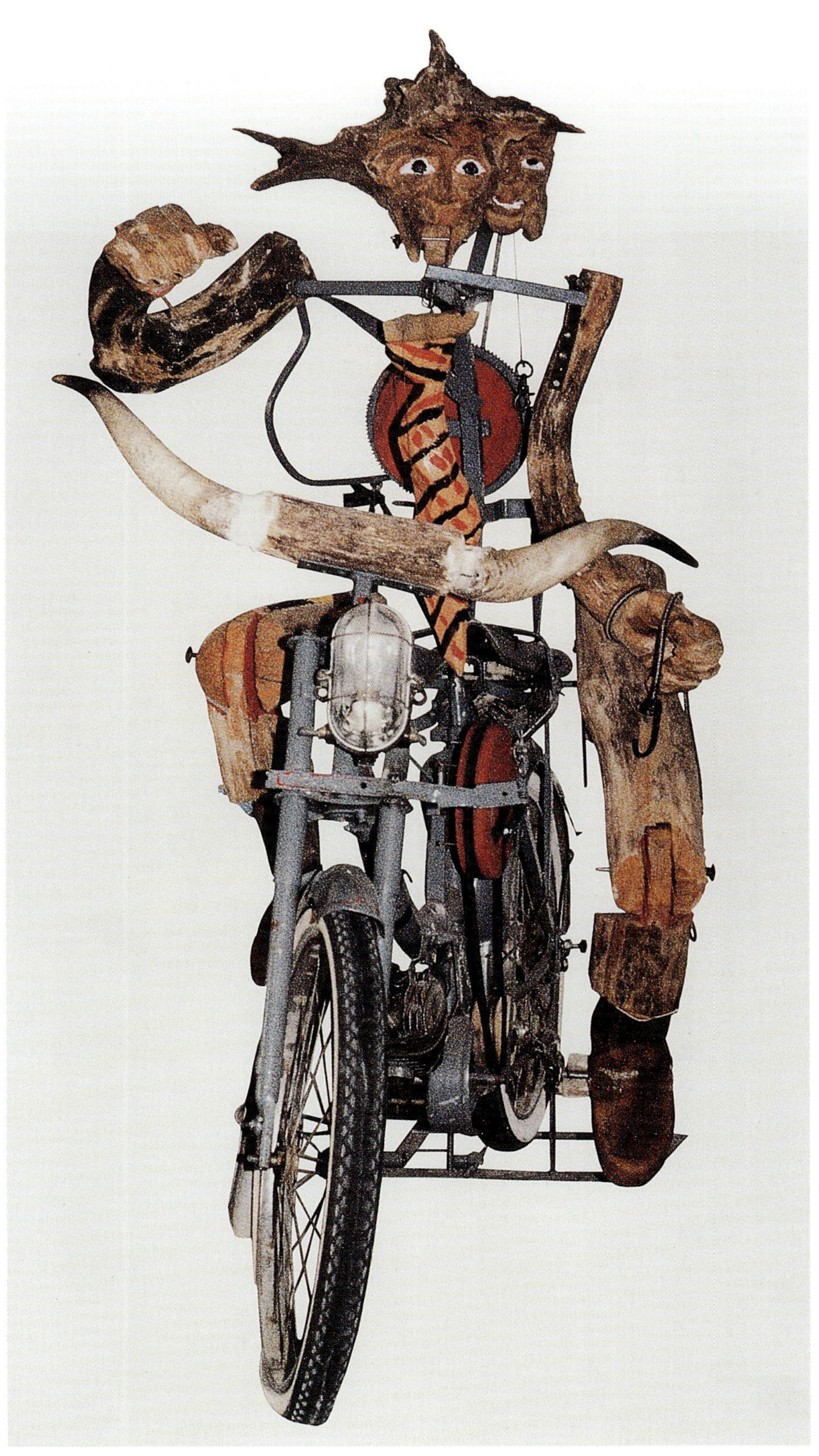

LOUIS DE VERDAL, " LE FOU ET L'ENFANT EN MOBYLETTE " *1996, bois, structure métallique et moteur électrique, 180 x 170 x 100 cm. Musée de l'art en marche, Hauterives.*

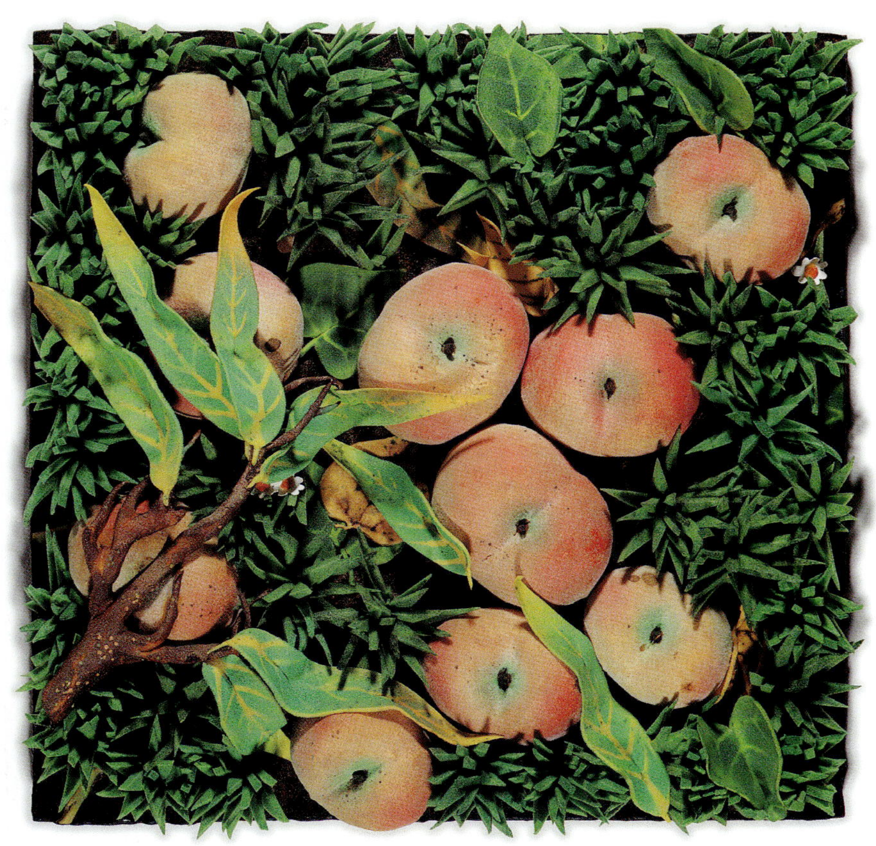

PIERO GILARDI, " PESCE CADUTE " *1988, résine polyuréthanique, 50 x 50 cm. Galerie Di Meo, Paris.*

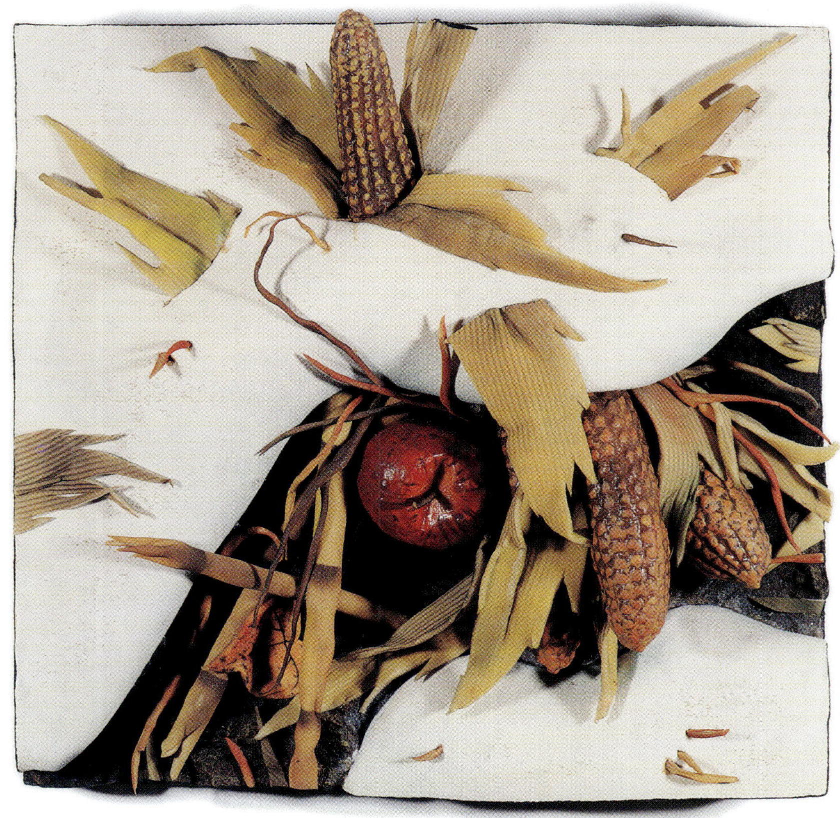

PIERO GILARDI, " GRANOTURCO E NEVE " *1990, résine polyuréthanique, 49 x 51 cm. Galerie Di Meo, Paris.*

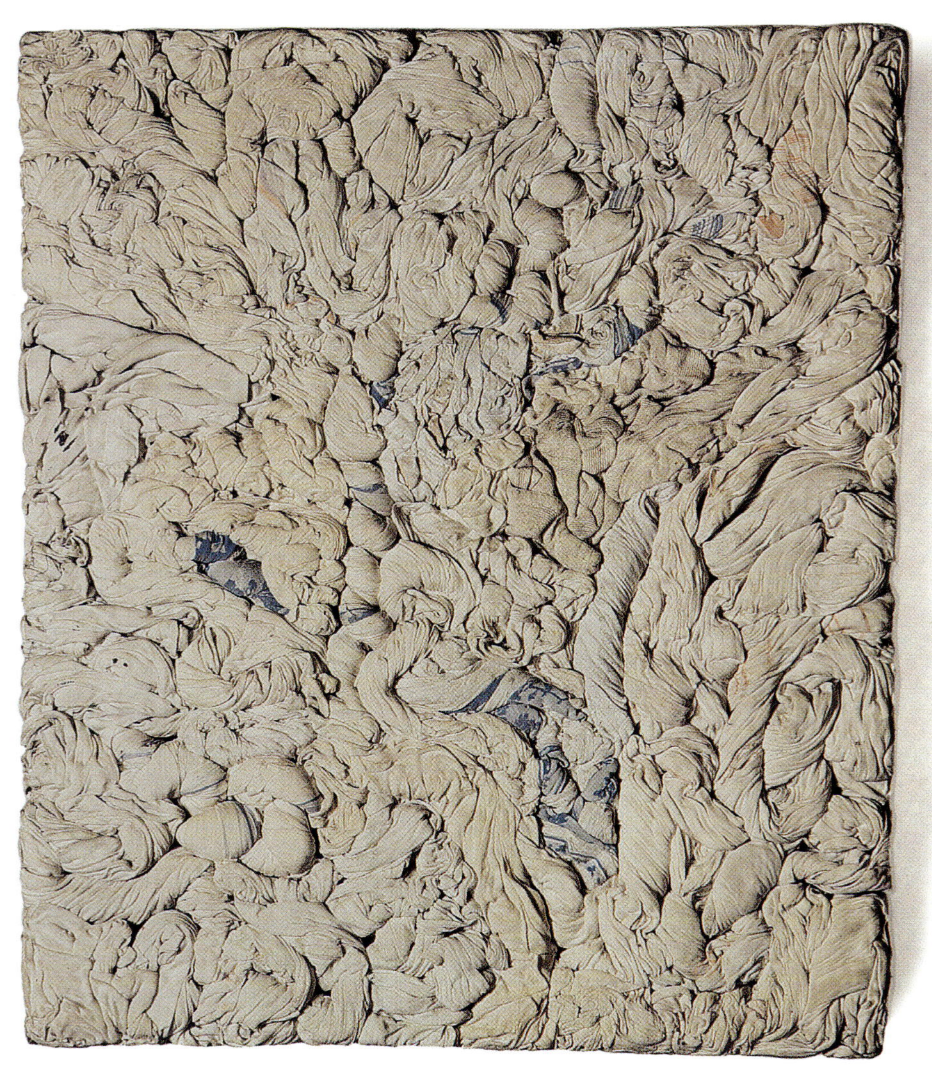

CÉSAR, " COMPRESSION MURALE " *1977, chiffons, 120 x 100 x 10 cm. Collection particulière.*

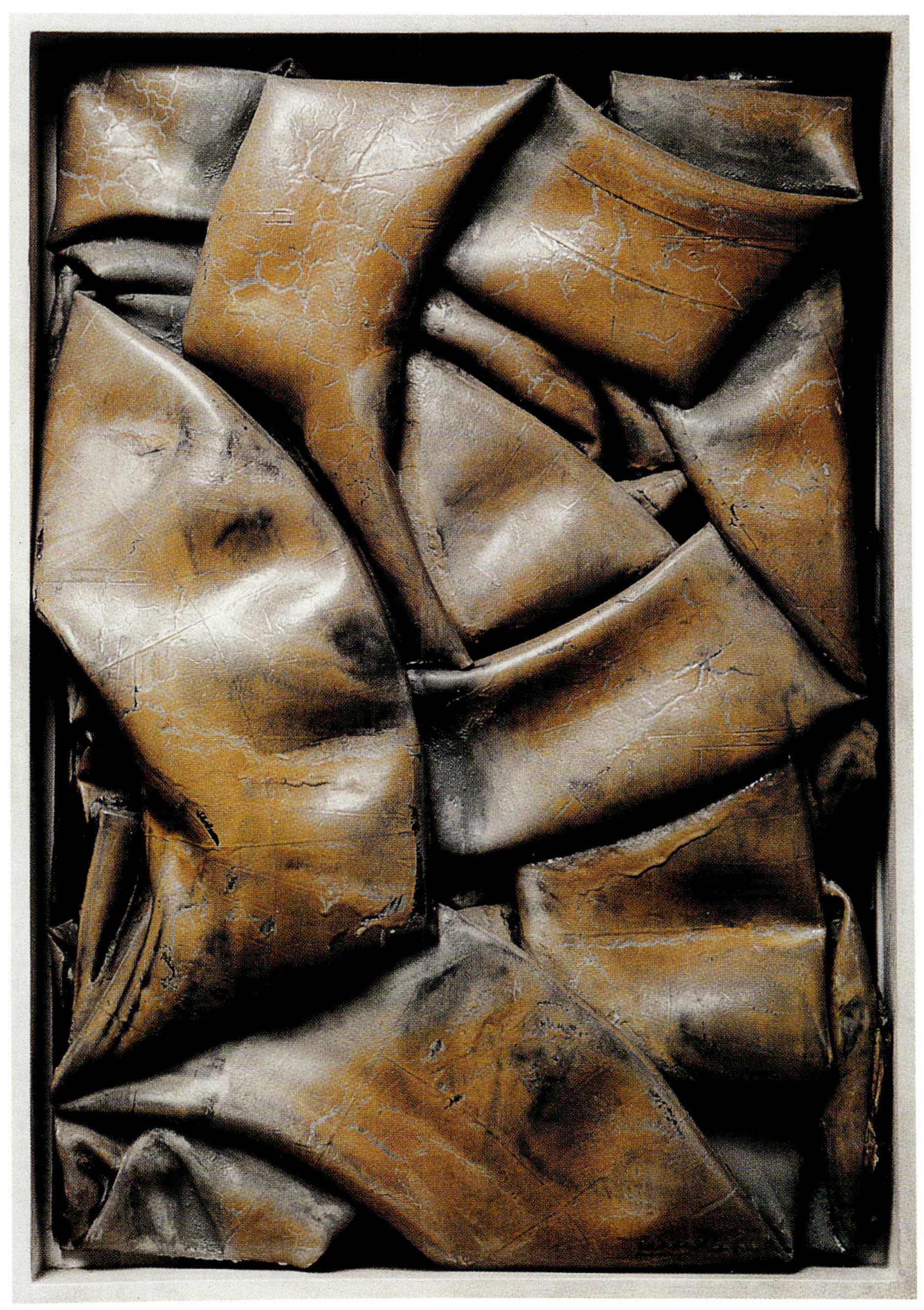

CÉSAR, " COMPRESSION MURALE " *1974, chambres à air, 96 x 65 x 20 cm. Collection particulière.*

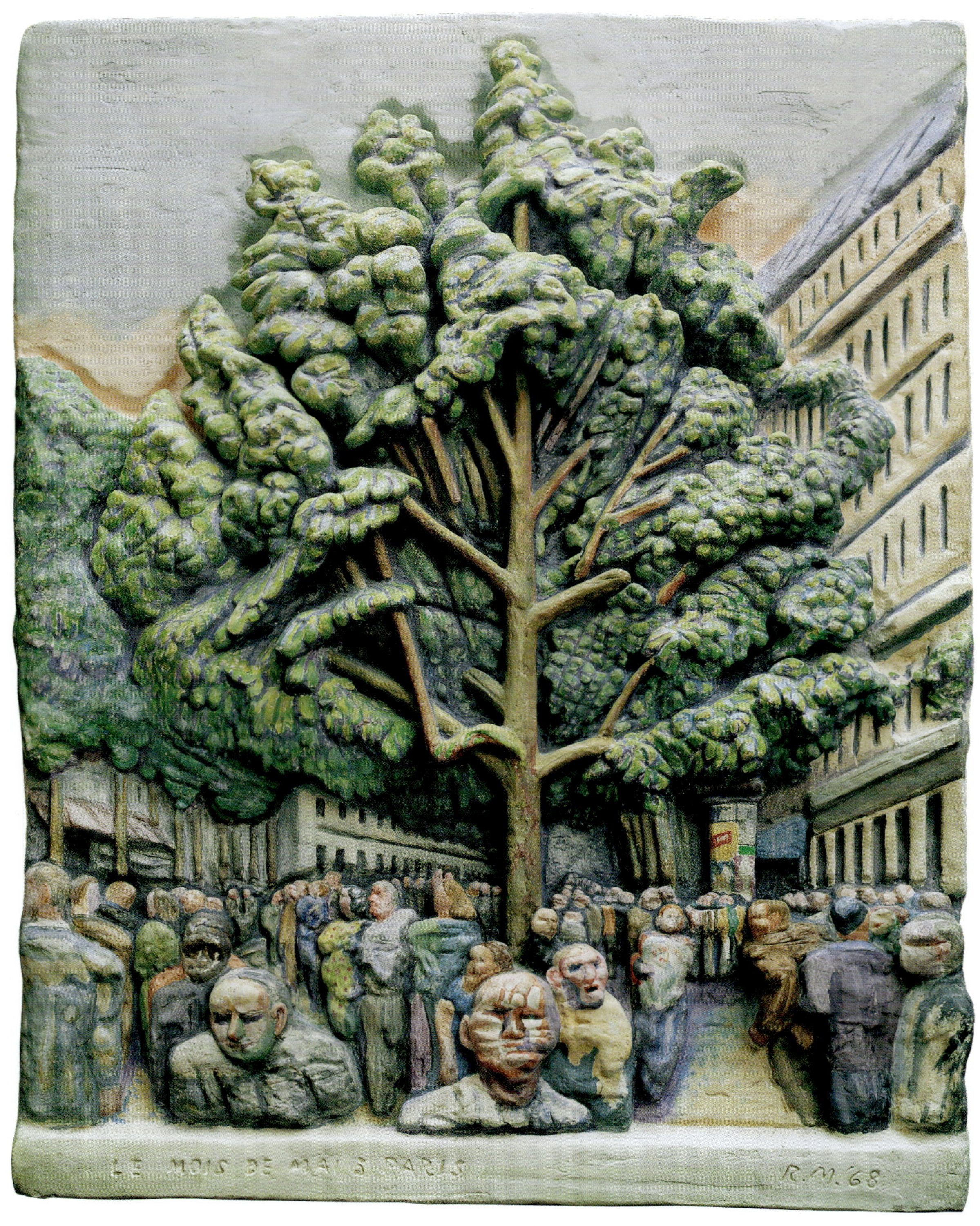

RAYMOND MASON, "LE MOIS DE MAI " *1968, résine, 94 x 123 x 10 cm. Collection particulère.*

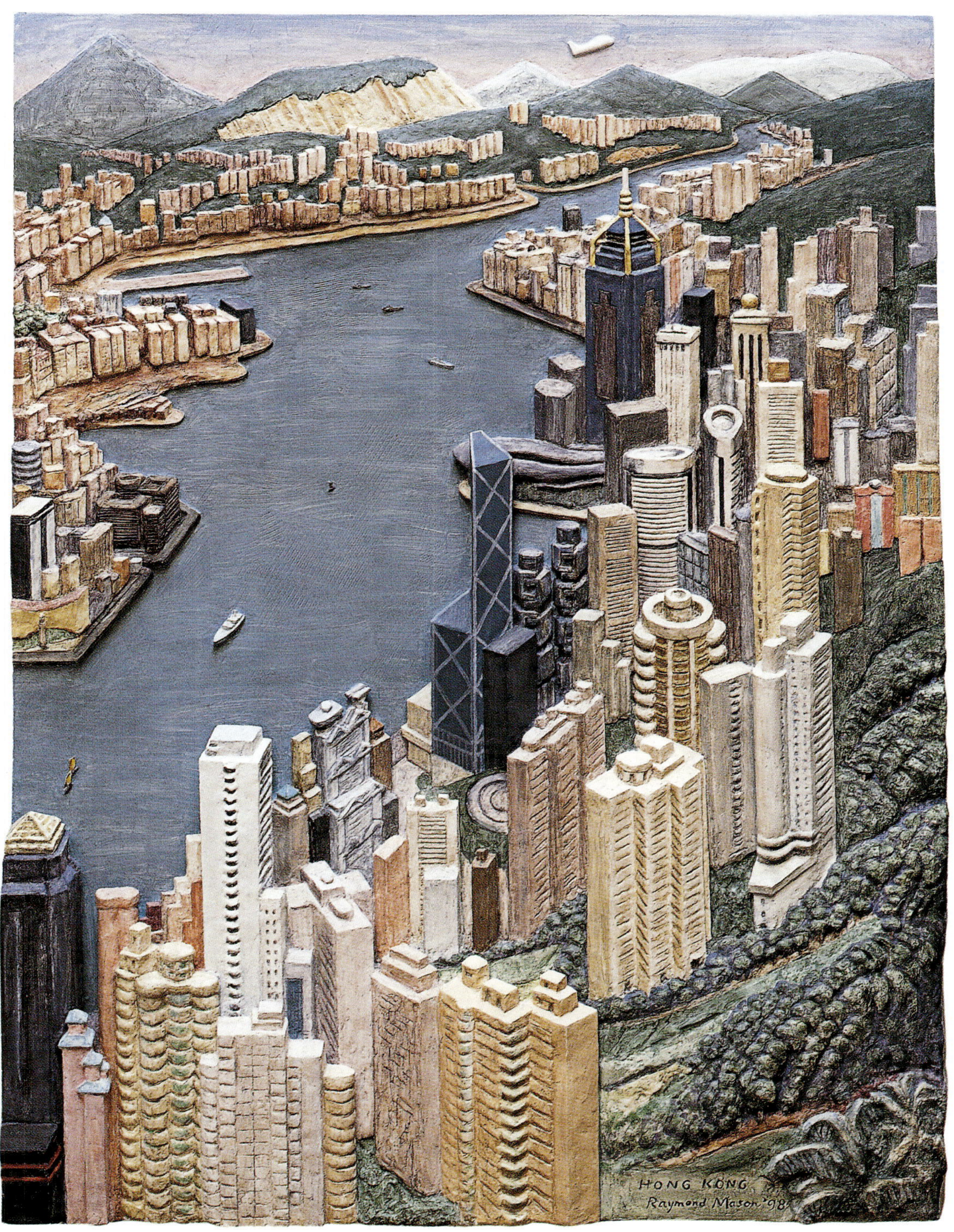

RAYMOND MASON, " HONG KONG " *1998, résine polyester, peinture acrylique, 156 x 117 x 18 cm. Collection particulière.*

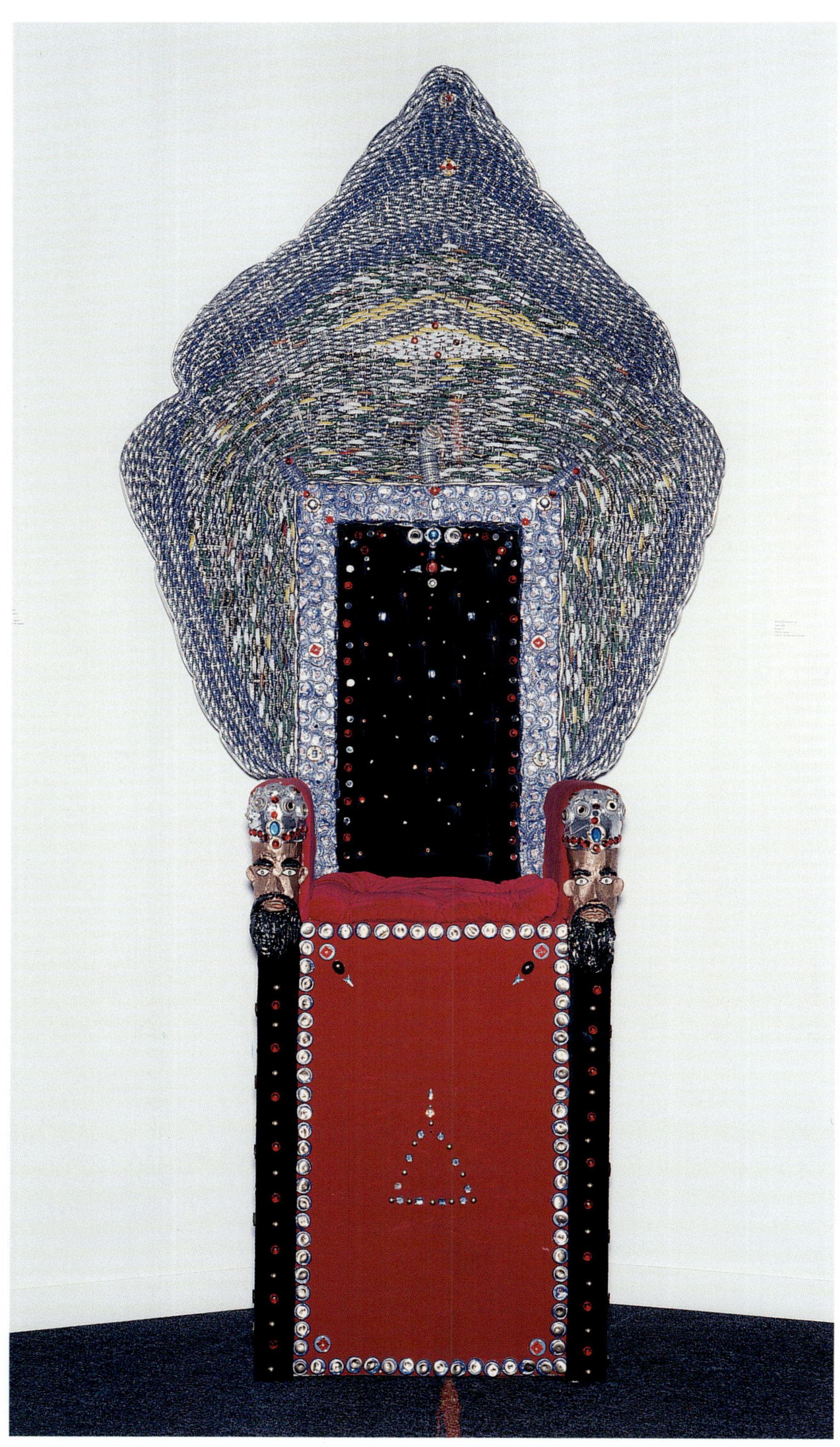

MR IMAGINATION, " TRÔNE " *2000, matériaux mixtes de récupération, 206 x 105 x 43 cm. La Halle Saint-Pierre, Paris.*

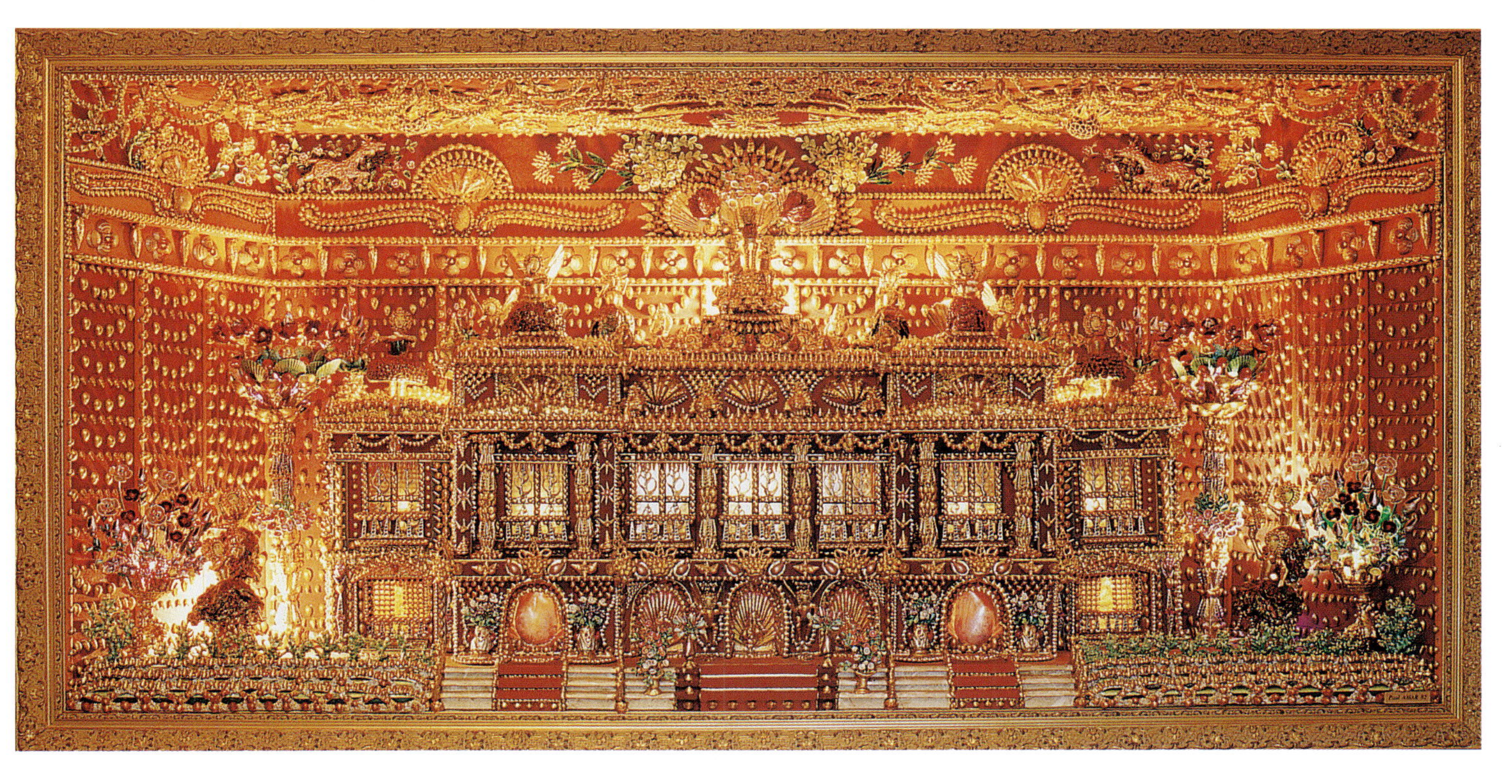

PAUL AMAR, " GRAND OPÉRA DE PARIS ", *1982, coraux, coquillages et illuminations, 94 x 186 x 35 cm. La Halle Saint-Pierre, Paris.*

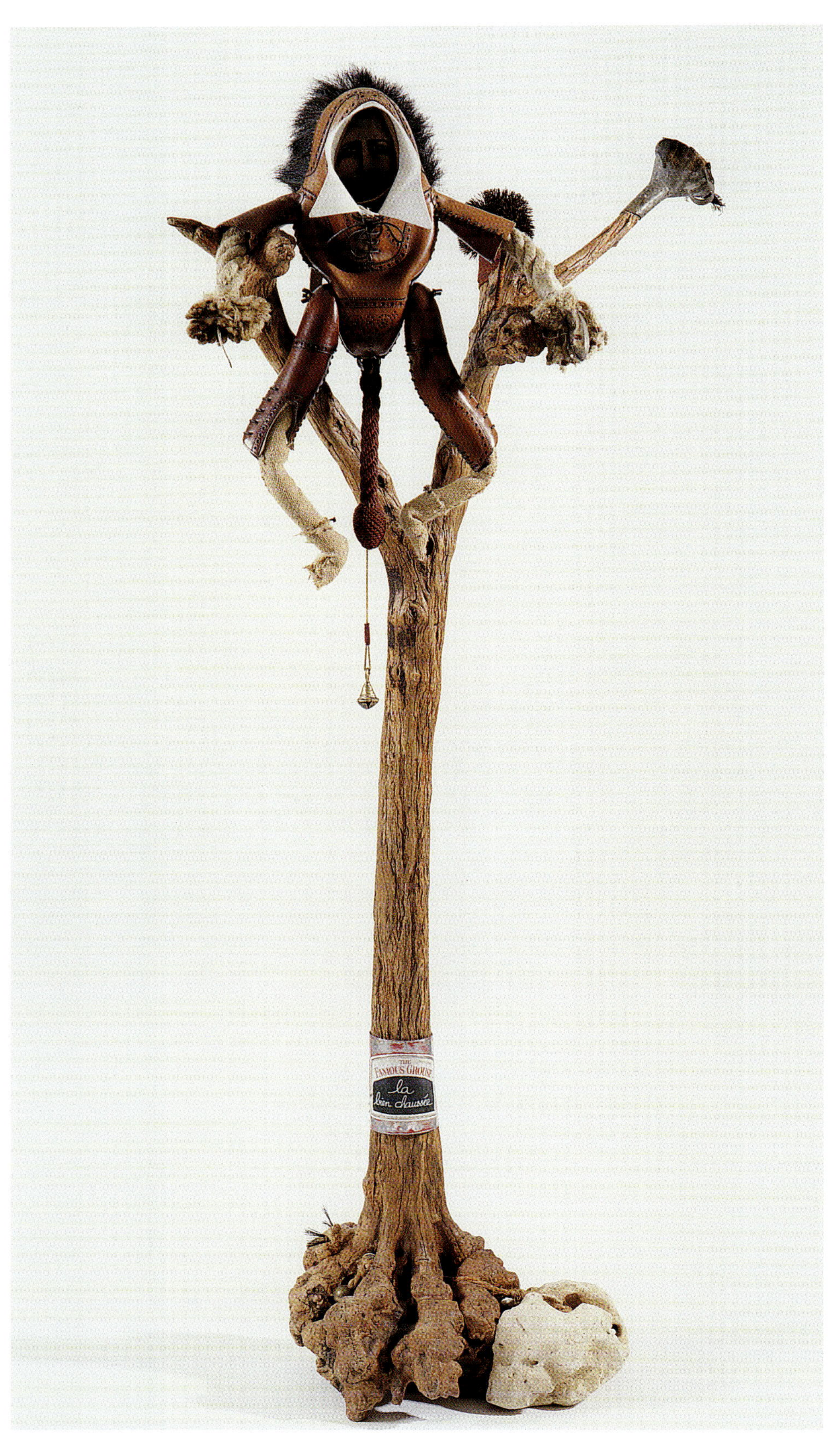

CLAIRE SALMON-LEGAGNEUR, " LA BIEN-CHAUSSÉE " *2002, bois, pierre, terre cuite, 157 x 60 x 50 cm. Musée de l'art en marche, Hauterives.*

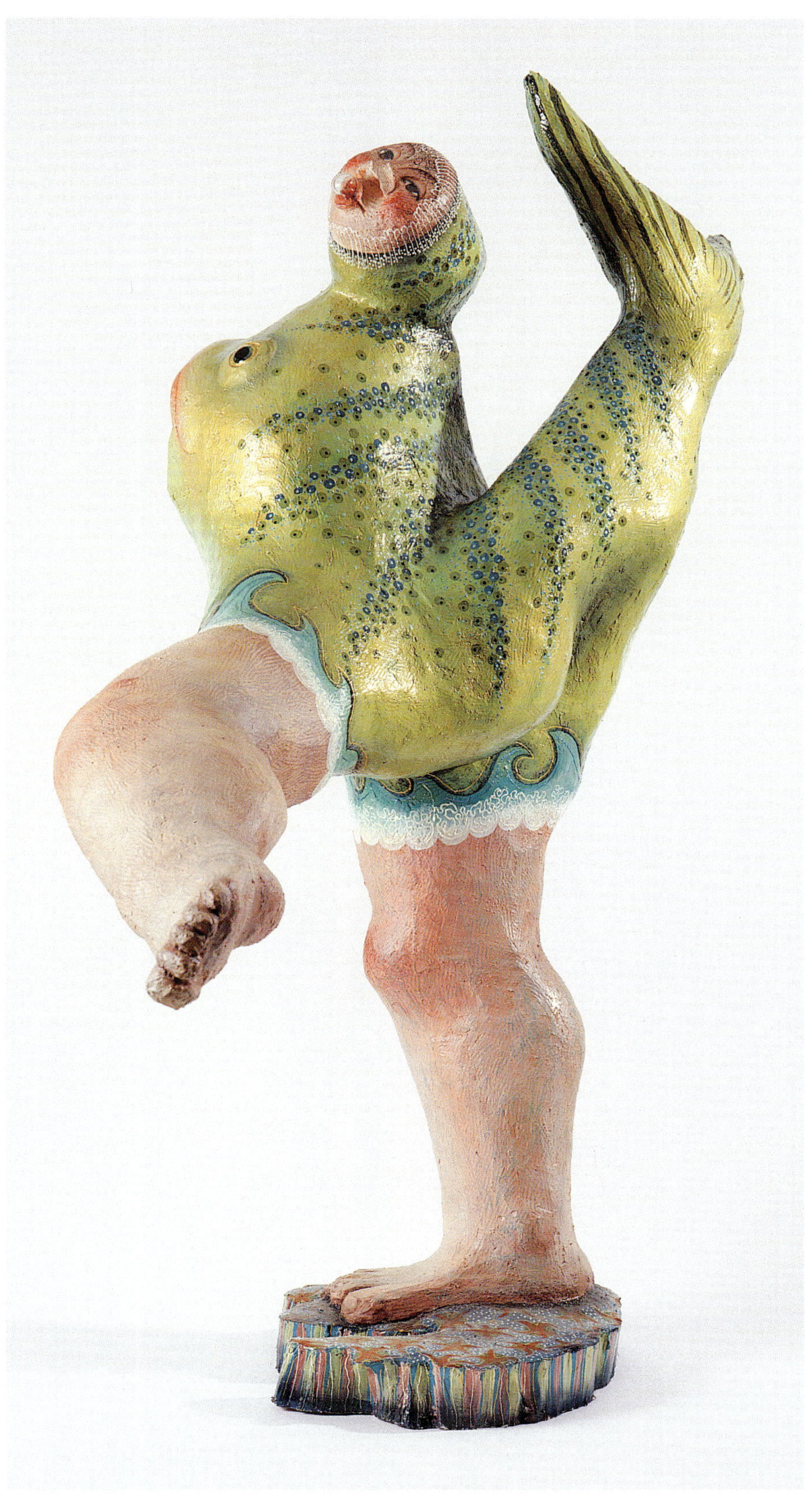

VALÉRIE BIDAUD, " LA MAMAN DES POISSONS " *2002, technique mixte, 165 x 150 x 60 cm. Musée de l'art en marche, Hauterives.*

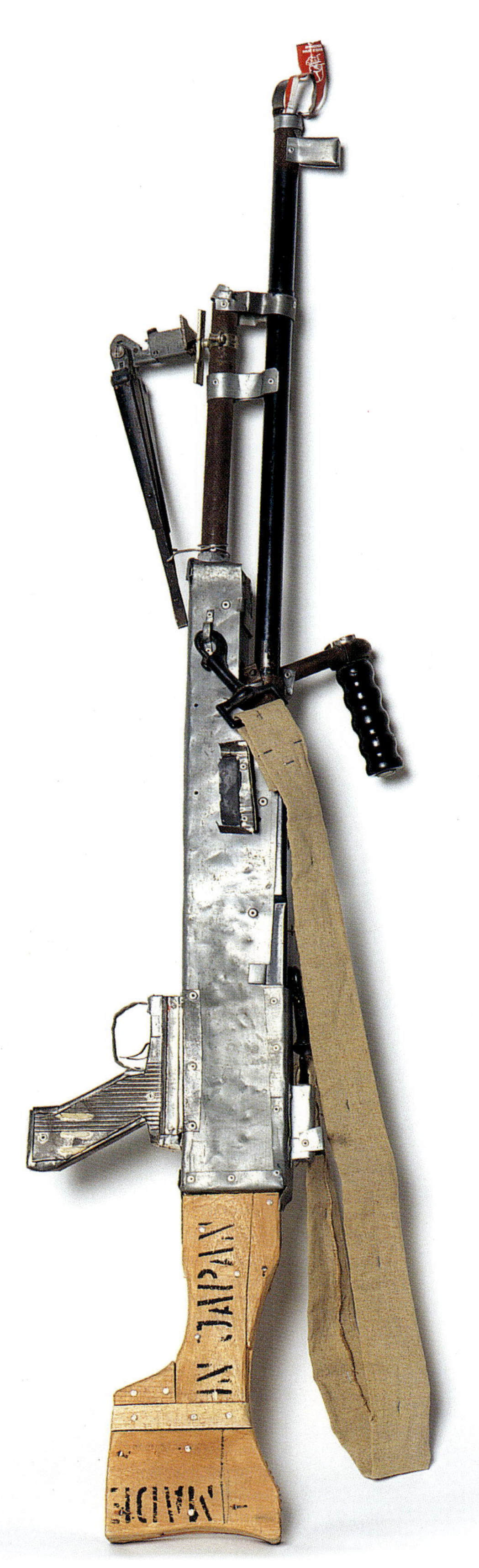

RICHARD BAQUIÉ, " FUSIL KALACHNIKOV " *1983, acier, bois, toile, 130 x 18 x 6 cm. Galerie Athanor, Marseille.*

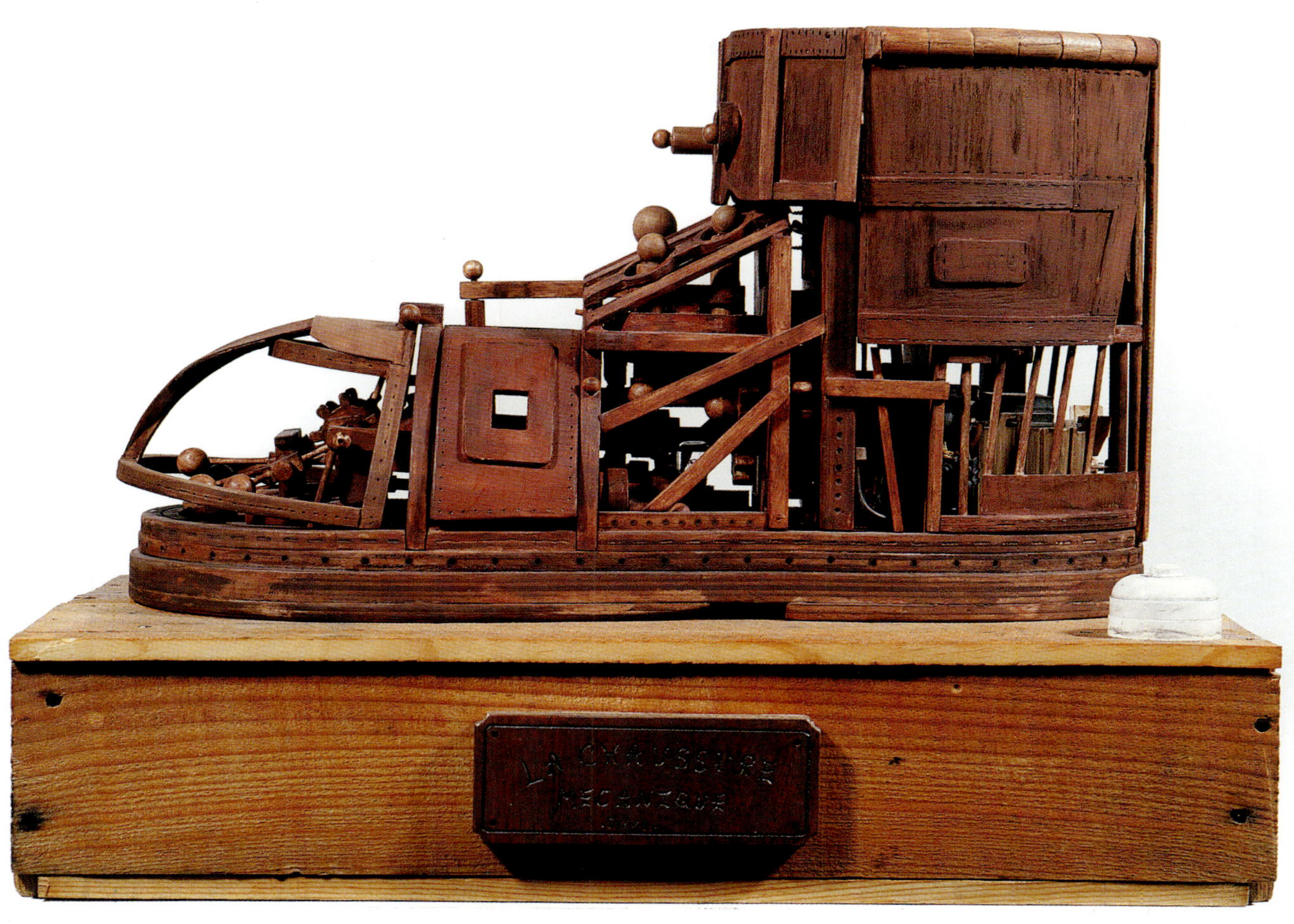

DAVID GALLAIRE, " LA CHAUSSURE MÉCANIQUE " *2002, bois, installation mécanique, 40 x 55,5 x 33,2 cm. Musée de l'art en marche, Hauterives.*

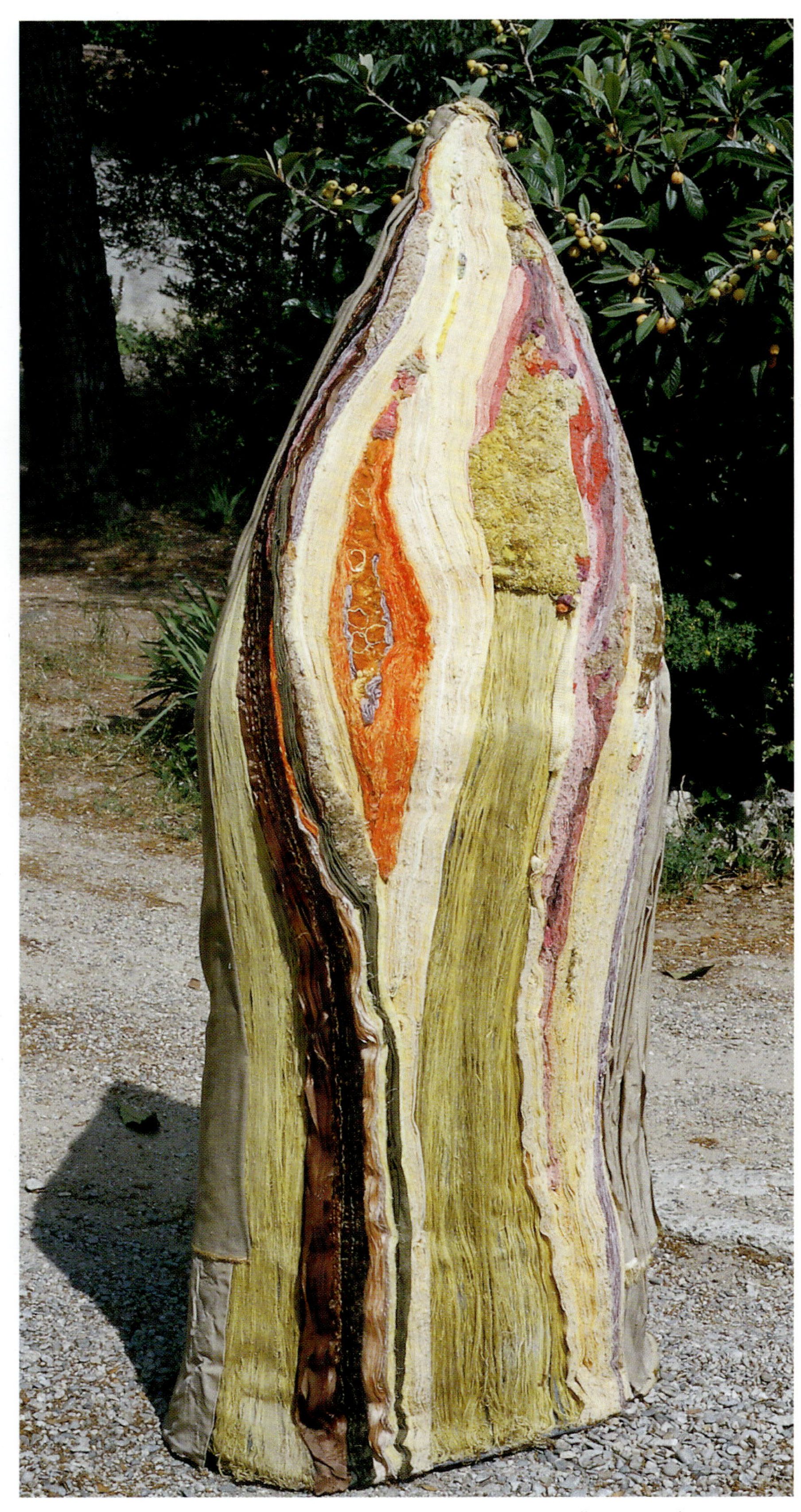

JEANNE GÉRARDIN, " SAHARA " *2001, tissus, 180 x 90 cm. Collection particulière.*

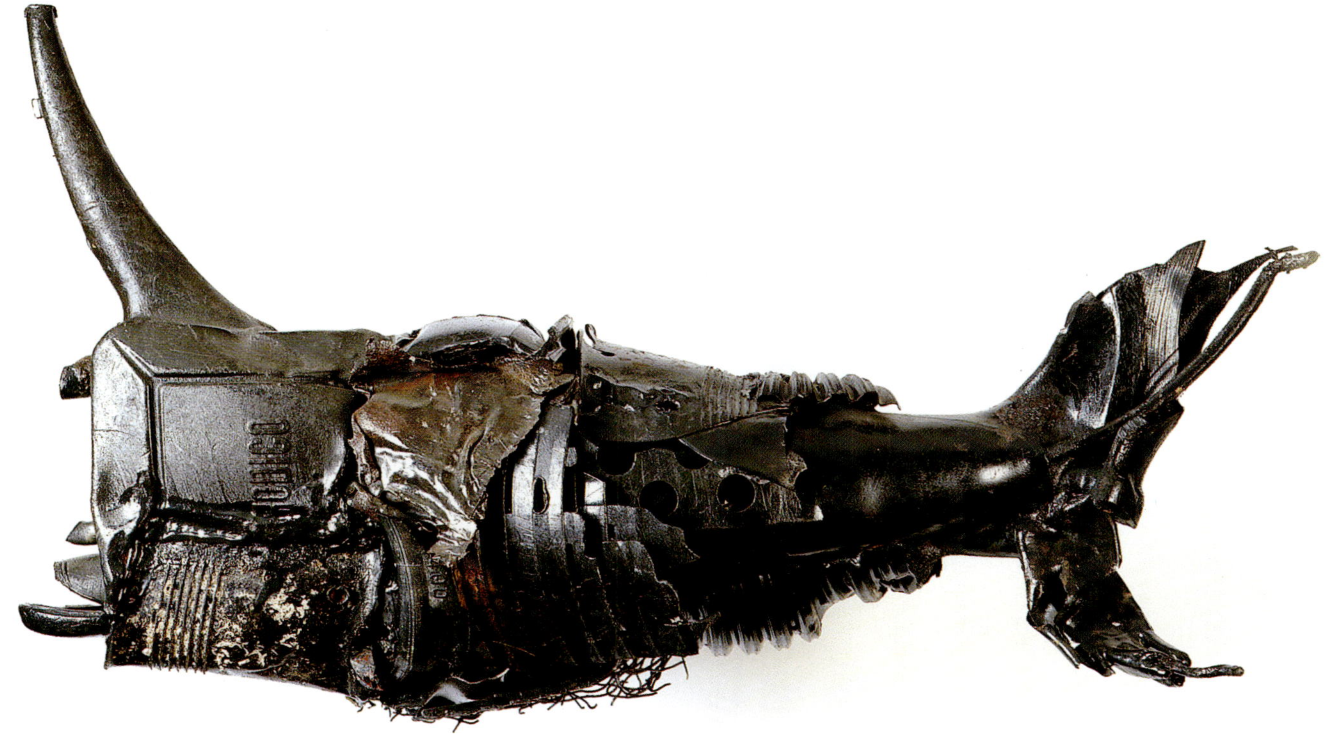

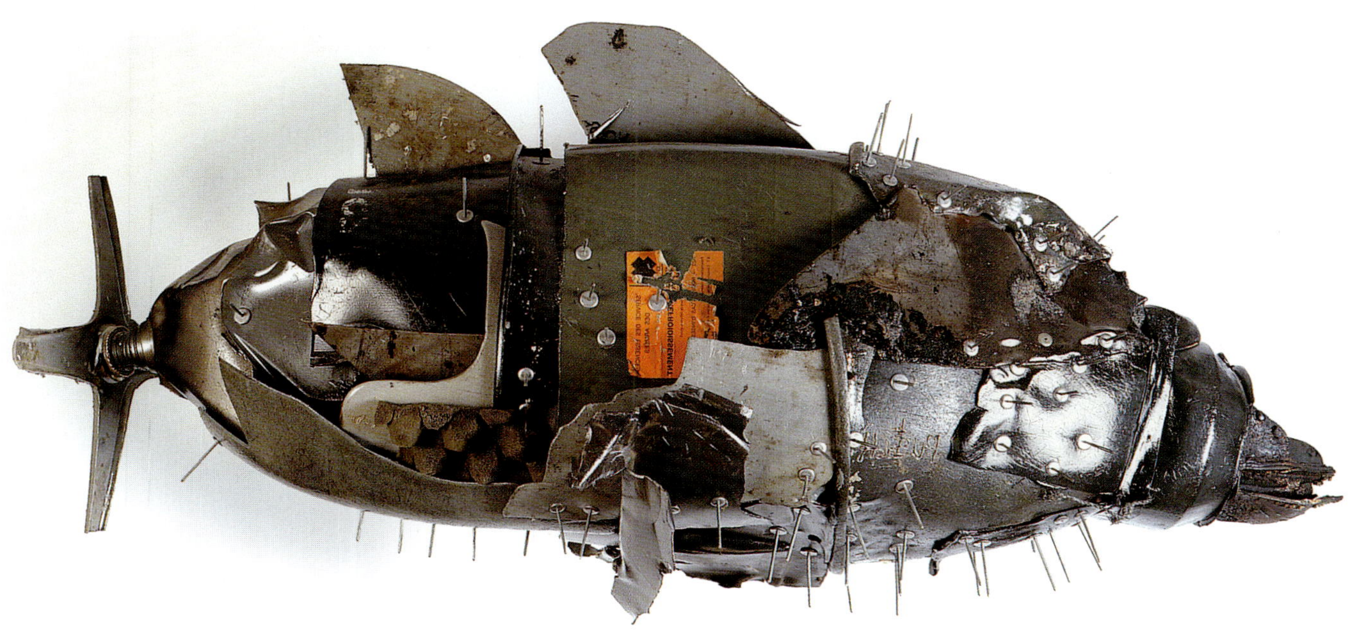

< **PUTSCH, " POISSON LICORNE "** *1990, déchets de plastique, 106 x 150 x 37 cm. Collection particulière.*
> **" POISSON AUX PIQUANTS "** *1990, déchets de plastique, 108 x 150 x 37 cm. Collection particulière.*

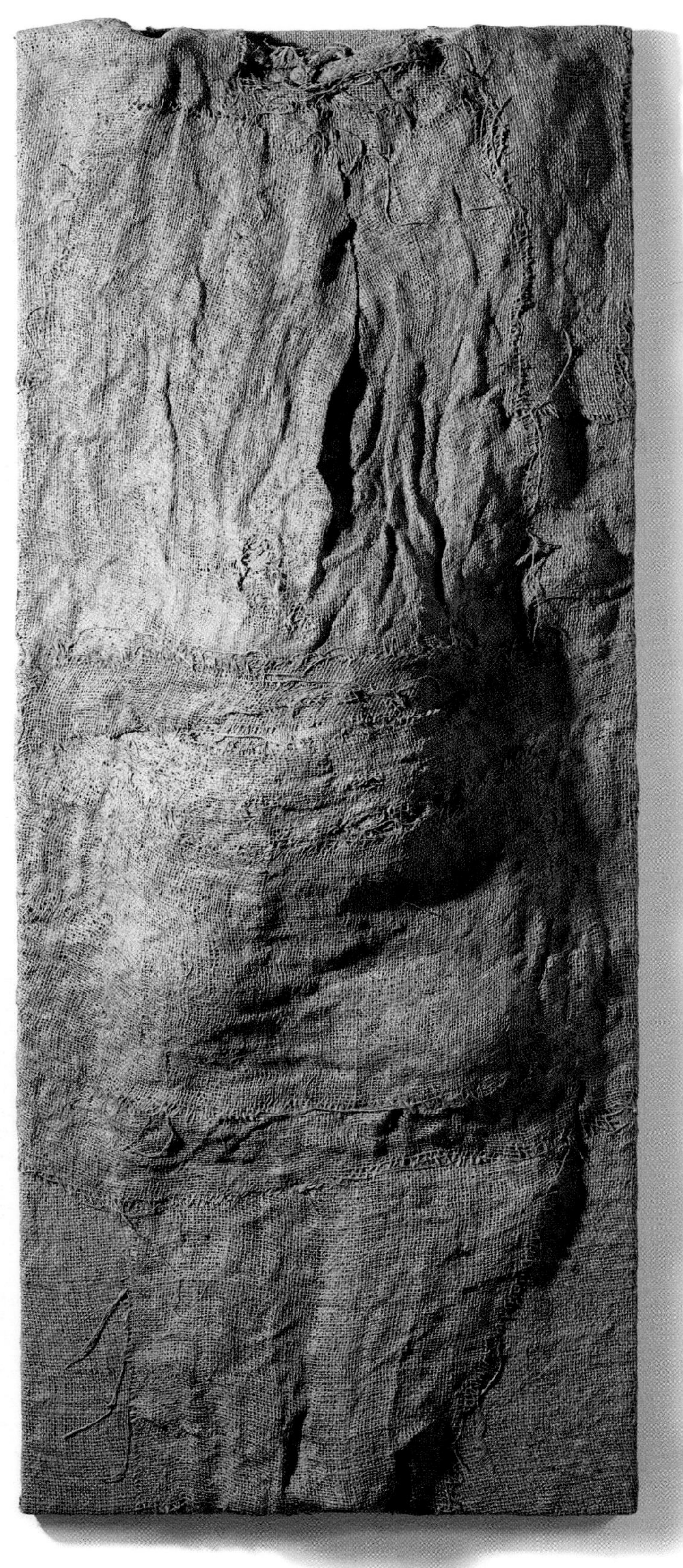

MAGDALENA ABAKANOWICZ, " LANDSCAPE VI " *1977, relief en burlap, 142 x 57x 20 cm. Galerie Alice Pauli, Lausanne.*

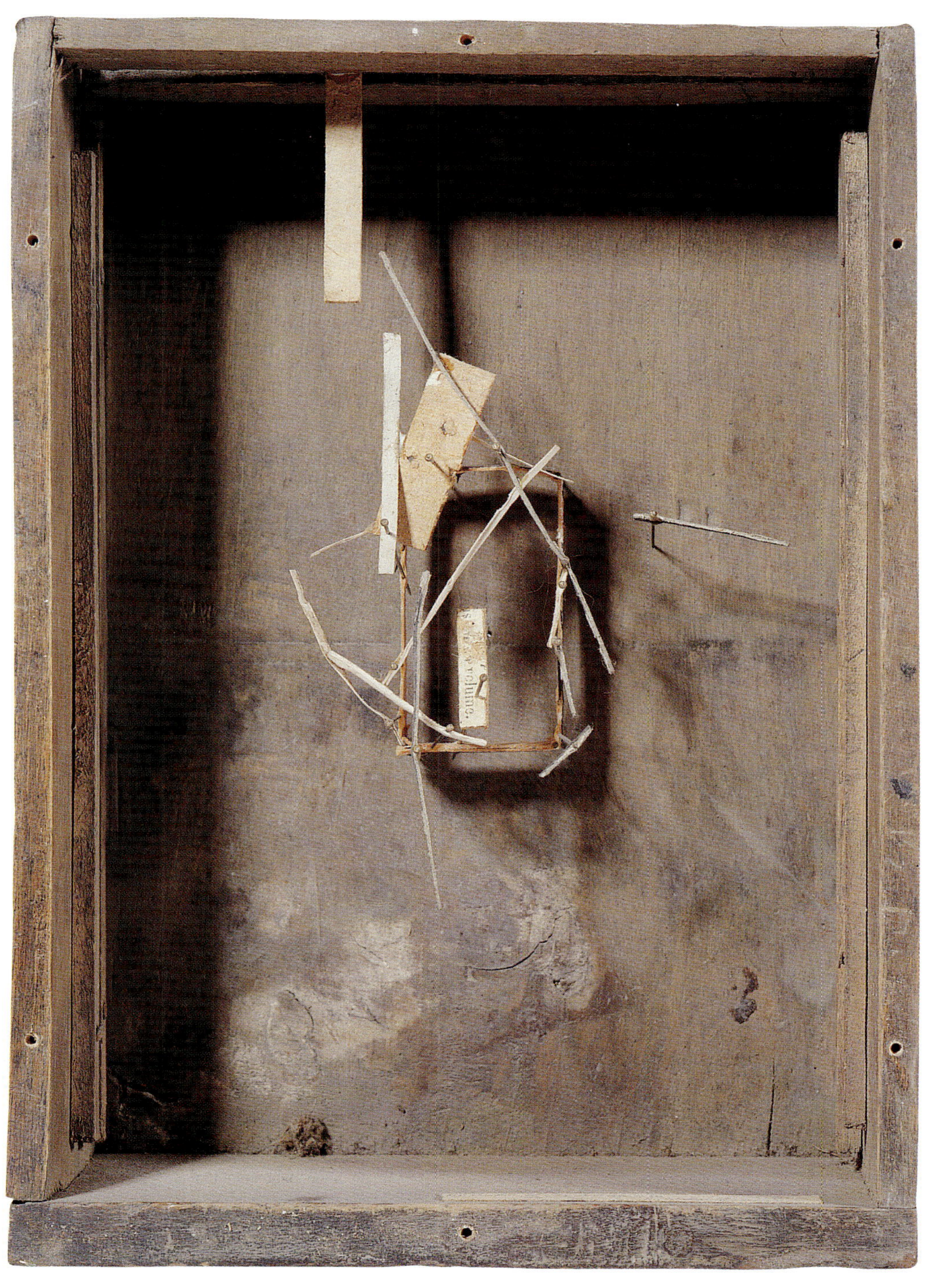

ALAIN LEMOSSE, " EPACCR " *1974, bois et technique mixte, 23 x 16,5 x 5 cm. Galerie Baudoin Lebon, Paris.*

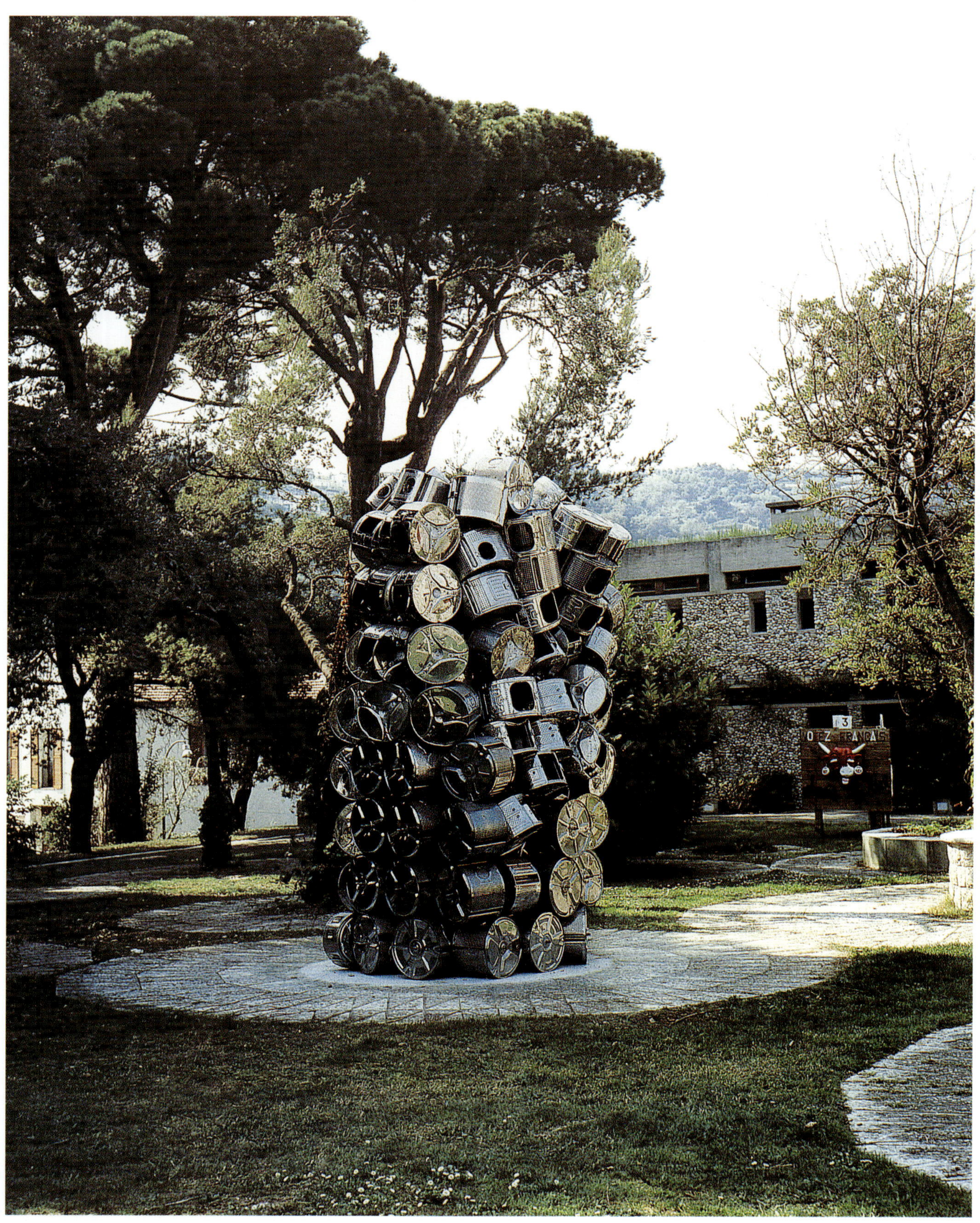

ARMAN, "PLANTE GRASSE " *1982, accumulation de tambours de machine à laver soudés, 400 x 250 x 200 cm. Collection particulière.*

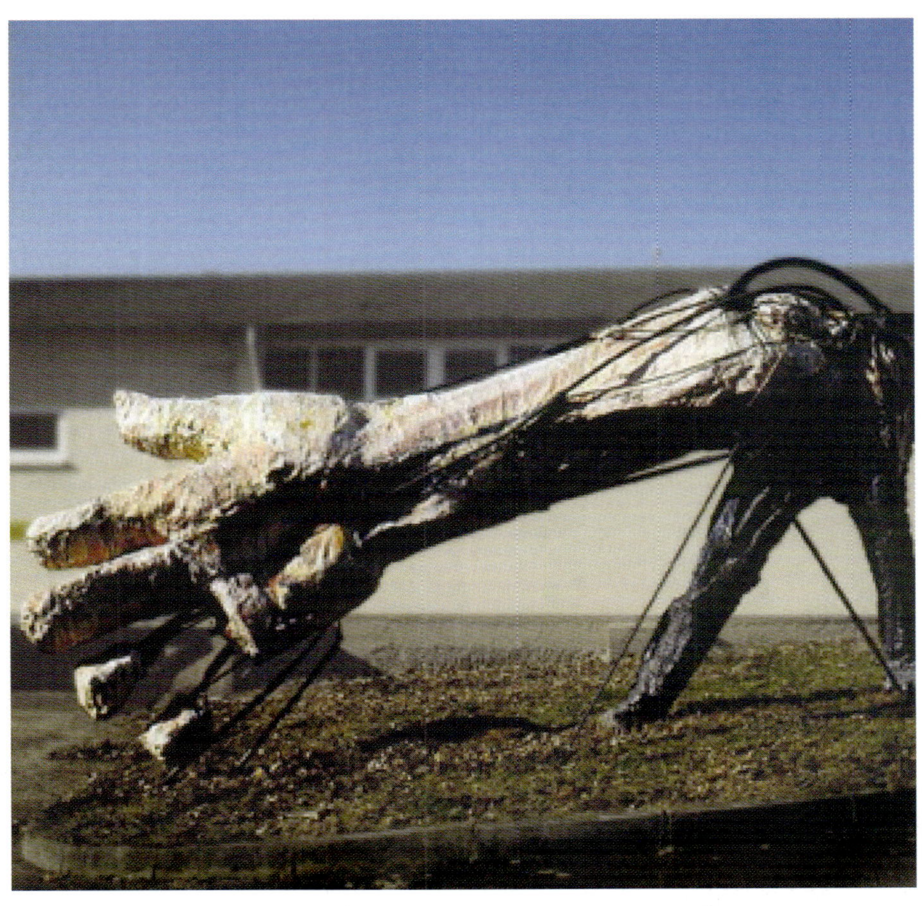

MILOS SOBAÎC " TENDRE LA MAIN " *1996, 600 x 150 x 320 cm. Collection particulière.*

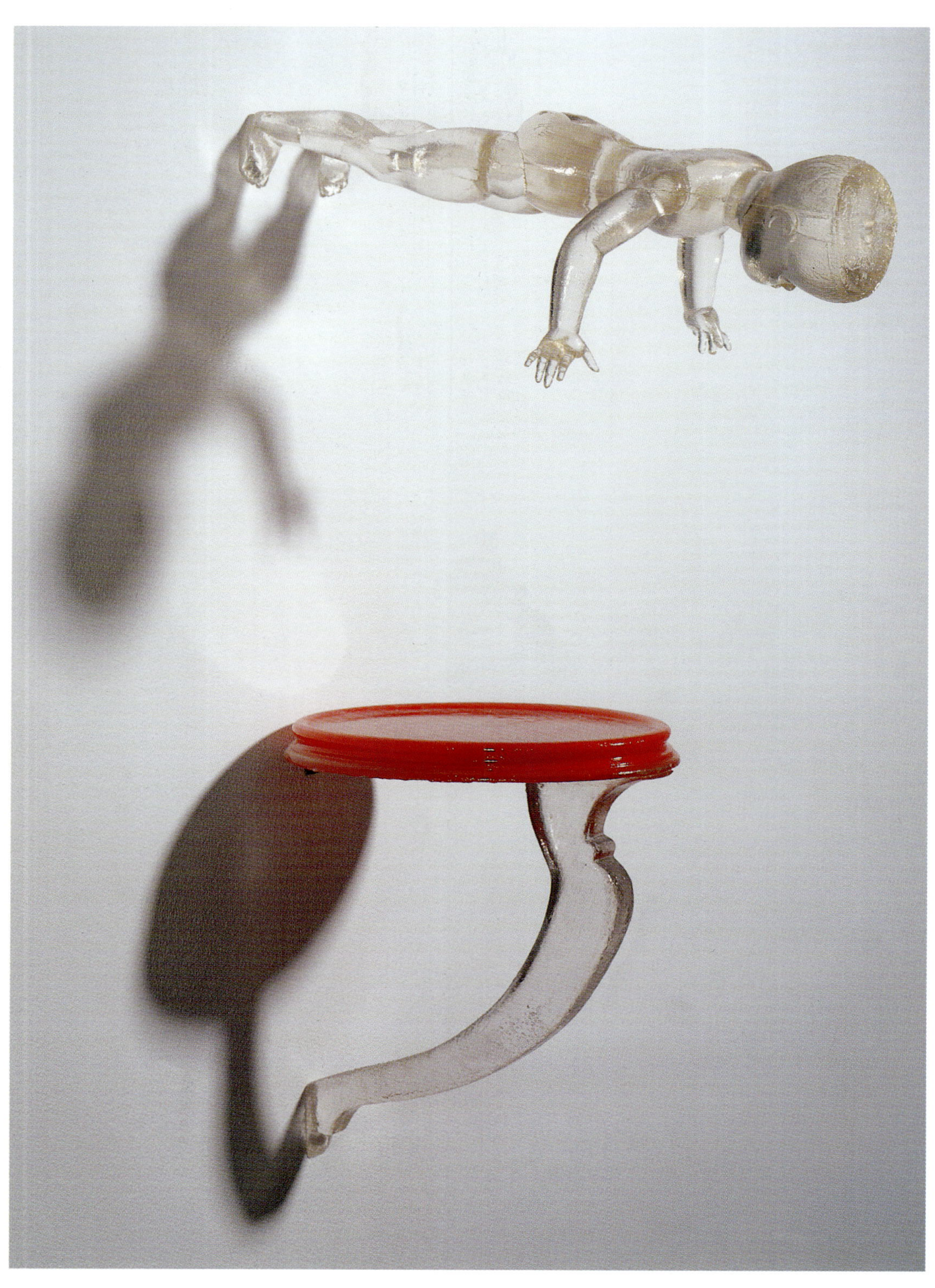

JAUME PLENSA, " HOUSE " *1998, résine, 50 x 22 x 27 cm. Galerie Alice Pauli, Lausanne.*

autres Matériaux

MATIÈRE À INVENTION

" Je ne crois pas non plus aux éléments moteurs de l'art, qui ne sont ni le règlement du beau, ni son contrôle, ni sa conséquence ; et qu'on trouverait plutôt sur le pic à l'intersection de deux lignes parallèles, dans une formation sous-marine d'étoiles et d'avions transchromatiques. Dans le sang des pierres, peut-être, dans l'obscurité des métaux cellulaires et des chiffres et dans le saut des images sous l'écorce des arbres. "

Tristan Tzara [1]

Les artistes ont toujours lutté avec la matière mais, au XXe siècle, de façon tout particulièrement audacieuse. Les œuvres en ont bénéficié, singulièrement fraîches et inventives. Surtout depuis l'après-guerre, et encore davantage depuis les années 60, les artistes ont puisé partout, du plus vieux au plus neuf et du rebut aux matières courantes, du marché aux puces aux matériaux industriels les plus sophistiqués. L'inventaire est à l'infini.

LA MACHINE AU CENTRE

Il en allait sans doute du sort de l'art, promis à l'épuisement par beaucoup, dont Walter Benjamin qui se demandait dans les années 1930 si la peinture n'allait pas mourir, de la société de masse, du cinéma, de la perte de son aura. Après la Libération, l'extraordinaire déploiement de matières neuves ou détournées de leur usage courant fut comme un signe d'Indien sur le sentier de la guerre.

La survie de l'art, la Seconde Guerre mondiale en avait posé dramatiquement les termes et jusque dans les camps, où l'on avait inventé clandestinement les formes d'expression les plus fragiles avec les moyens les plus indigents. Faute de matériaux traditionnels, à cause du retour forcé dans les campagnes, dans les caves et dans les greniers, l'Occupation avait obligé tout le monde à des solutions de remplacement. Max Ernst, au camp des Milles, se mettait aux décalcomanies, frottages et découpages de terres. Picasso à la sculpture de bric et de broc, Bissière aux tapisseries, Domela récupérait les déchets de petits fabricants de cuir, Etienne Martin remodelait la nature. Cette forme de délivrance, qui jouait étrangement de l'oppression et de la précarité, a finalement duré en s'amplifiant. Théorisée juste après la guerre par Dubuffet, la revendication d'un matériau souverain et inédit est largement soutenue comme une façon de renouveler l'art, de ne pas rabâcher et de refaire le monde. Apprivoiser d'autres matières est aussi une manière efficace d'imposer un art vivant, dans un monde où les avancées fulgurantes de la machine semblent le condamner aux antiquités.

A cet égard, ce n'est pas un hasard si les nouveaux matériaux se multiplient dans les années 60, au moment même où la machine devient toute-puissante. Tout se passe comme si son mouvement, de plus en plus rapide et perfectionné, dopait les artistes qui entrent dans l'arène. Qu'elles en jouent explicitement ou non, peu d'œuvres échappent au dialogue tendu avec une mécanique à tête de Janus.

Au moment même où elle asservit en multipliant les profits, la machine produit de nouvelles matières, elle ouvre des horizons nouveaux, elle peut théoriquement libérer l'homme des travaux pénibles et lui assurer à terme une vie de loisirs et de jeux. Elle peut aussi fabriquer un art pour tous et par tous. C'est en tout cas l'une des versions qui circule dans les milieux qui veulent changer le monde.

A la fin des années 50, la *Métamatic* de Tinguely, qui produit des œuvres au kilomètre, pose toutes ces questions à sa façon, insolente et poétique. En octobre 1959, Jean-François Chabrun, dans *L'Express*, raconte l'événement imaginé par Tinguely qui s'est déroulé à Paris et auquel a dû assister André Malraux, ministre de la Culture :

" Sur la petite esplanade qui sépare les deux bâtiments du Musée d'art moderne, en contrebas de l'avenue du Président-Wilson, une étrange machine à peindre a été mise en route jeudi dernier, jour du prévernissage de la Biennale de Paris. Montée sur un trépied à roulettes, elle évoque, vue de loin, la silhouette de certains mobiles de Calder. Vue de près, elle est constituée d'une série de poulies entremêlées qu'anime un petit moteur à deux temps. Un long rouleau de papier se dévide, que des tuyaux encreurs aux mouvements convulsifs couvrent de taches automatiques. Un couteau débite en tranches le produit fini, le tout dans un mouvement circulaire chaotique et pétaradant. [2] *"*

L'événement est important, et personne un peu informé ne peut en douter en voyant cette machine à fabriquer de l'art. En dernier recours, l'esprit dans lequel Tinguely travaille est bien évidemment moins stakhanoviste que ludique et critique, et son ironie n'aura pas échappé non plus aux observateurs attentifs. Pontus Hulten, dès 1955, en fait ainsi le représentant très corrosif d'un combat au " corps à corps " avec la machine, dans la lignée des dadaïstes qui se méfiaient déjà de la technique et de son efficacité [3]. Le problème des modalités mêmes de production de l'art est posé crûment par sa *Métamatic,* et forcément celui de sa valeur, de son marché, de sa légitimité et de son aura.

Juste après cette démonstration brillante autour de la survie de l'art en milieu capitaliste, en décembre 1959, l'artiste Giuseppe Pinot-Gallizio, dans l'*Internationale situationniste* (qui soutient très peu d'artistes), annonce le commencement d'une *" grande ère des résines* (...) *et, avec elle, ouvert l'usage de la matière en mouvement ".* La micro-molécule colloïdienne – dont personne ne savait ce que c'était – *" marquera profondément le concept de relativité ; et les constantes de la matière subiront leur définitive chute ",* écrit-il. Elles *" effriteront dans les mains des puissants toutes les idéologies de l'éternité et de l'immobilité ; et les soucis d'éterniser une matière se réduiront toujours plus à leur néant, laissant la joie inépuisable du perpétuel nouveau aux artistes du chaos* [4]*."*

Dans cet esprit révolutionnaire qui dénonce la condition machinique bêtement répétitive de l'homme, l'auteur annonce un monde du

" perpétuel nouveau " qui abolirait *" l'ennui et l'angoisse créés par l'infernale machine qui est reine du tout-pareil*[5] *"*. Contre cela, il faudrait *" un monde nouveau du tout-divers "* où le temps même finirait par s'abolir dans le pur présent des hommes *" sans mémoire "*, aux émotions et aux passions *" neuves "*. L'automation accomplie pour le meilleur de chacun, il n'y aurait plus besoin de travailler, de même qu'il n'y aurait plus de repos, au sens où on l'entendait communément, *" mais un temps libre pour de libres énergies anti-économiques* [6] *"*.
Dans cette société *" post-économique mais sur-poétique* [7] *"*, nul doute que la matière devait être aussi bouleversée. Il faudrait *" peindre les routes de l'avenir avec la matière inconnaissable, jalonner le chemin des cieux avec des moyens de signalisation équivalents au grandiose de nos entreprises. Là où, aujourd'hui, des signaux sont faits par des fusées au sodium, demain nous mettrons d'autres arcs-en-ciel, "fata morgana", aurores boréales que nous aurons construits nous-mêmes* [8]. *"*
Cet appel à la quatrième dimension de la poésie pure prévoyait en fait un état sauvage où chacun vivrait en jouant et en créant. Les artistes devaient d'ores et déjà donner l'exemple en inventant de nouvelles formes d'art. Giuseppe Pinot-Gallizio, lui, défendait, à l'orée des années 60, une peinture industrielle, première tentative à ses yeux de jouer avec les machines et qui avait pour conséquence immédiate *" la dévalorisation de l'œuvre d'art "*. A partir du moment où l'on pouvait faire de la peinture au kilomètre, sans effort particulier, le prix de l'art en était changé, le marché s'écroulerait forcément et la peinture serait enfin vendue *" au prix coûtant "*. L'expérience avait commencé en 1958 à Turin, Milan et Venise et continué en 1959 à Munich, tandis qu'au même moment la troisième conférence de l'Internationale situationniste approuvait les onze points de la déclaration d'Amsterdam qui prévoyait, entre autres, la *" construction d'un urbanisme unitaire "*. Ce n'est peut-être pas un hasard si les suggestions de Pinot-Gallizio étaient présentées dans la foulée à la galerie Drouin, qui avait défendu après la guerre les nouvelles matière de Jean Dubuffet : à la fin de son texte programmatique, Pinot-Gallizio n'accusait-il pas, lui aussi, le *" conservatisme hargneux de la race la plus châtrée du monde : les intellectuels* [9] *"* ?
Dubuffet, l'inventeur de l'art brut, à qui l'on doit le premier scandale de l'après-guerre [10], s'en prenait en effet à l'intelligence cultivée jusqu'à revendiquer un anti-humanisme émotif, irrationnel et rouspéteur.

LA MATIÈRE EST HUMAINE

Contrairement aux situationnistes, et peut-être parce qu'il a fait ses classes plus tôt, au moment où la machine n'avait pas encore la même prise sur le monde, Dubuffet ne décide pas de jouer avec elle ni de produire un art industriel. Il la tient en joue mais autrement, par le retour aux origines, par le culte de l'art des internés et du matériau pauvre, par son humanisation. On a vu depuis Kandinsky les artistes prendre l'art pour un sujet indépendant qui pense et qui sent ; Dubuffet en rajoute. Le matériau est tout, il est celui qui pense mieux, il attend moins son maître que son compagnon de jeu qu'il soumet à ses volontés. Il l'entraîne *" pour un beau match* [11] *"*. Il est la pensée même de l'homme qui s'incarne en lui et qui *" se fait sable, huile (...) spatule, grattoir* [12] *"*. Le matériau a du caractère : il a un langage, une spiritualité, des pouvoirs magiques, une indocilité, une volonté propre qui, par définition, l'oppose à la machine. Elle répond à la perfection plus qu'à l'accident et au hasard, quand l'indécision même de l'artiste s'oppose heureusement au monde mécanique et impersonnel. *" On doit sentir l'homme et les faiblesses et maladresses de l'homme dans tous les détails du tableau*[13] *"*, dit Dubuffet. Commencer un tableau, pour lui, c'est *" une aventure dont on ne sait où elle vous conduira*[14] *"*. Ce hasard avec lequel l'artiste est aux prises, ce n'est pas n'importe lequel, c'est *" bien un hasard particulier, propre à la nature du matériau employé* [15] *"*. Aussi, le terme même ne rend pas compte des choses : *" Il faut parler plutôt des velléités et des aspirations du matériau qui regimbe.*[16] *"* Car entre l'artiste et le matériau, c'est tour à tour et selon ses termes la guerre, le match ou le dressage.
Si l'artiste gagne, finalement, c'est d'autant plus de haute lutte que la matière est vivante, comme on dresse les animaux les plus féroces avec d'autant plus de panache. Et pas question d'éliminer les traces du dressage. Les coups de bâton sur le museau seront visibles, assumés, de part et d'autre, comme la fougue, la brutalité, la férocité. Le vocabulaire de Dubuffet ne fait aucun doute. Il veut que l'œuvre d'art porte les stigmates du combat. Chacun a le droit à la parole : l'homme, mais aussi l'outil et le matériau. C'est lui qui prévaut et le processus qu'il impose. Ainsi, dit Dubuffet, *" Un satin noir, un drap noir, une tache d'encre noire sur du papier, un cirage noir sur des chaussures, la suie noire d'une cheminée, le goudron et tout ce qui est noir est injustement identifié dans le qualificatif NOIR. Noir est une abstraction ; il n'y a pas de noir ; il y a des matières noires, mais diversement car il y a des questions d'éclat, mat ou luisant, de poli, de rugueux, fin, etc.* [17] *"*
Les *" accidents "* de la matière sont omniprésents et gâchent la rationalité de l'artiste qui doit se soumettre et apprendre simplement à en jouer plus intelligemment, comme le berger apprend à connaître les caprices de ses chèvres et finit par emprunter leur langage, leur façon de grimper, leurs manières d'être [18]. Au fond, Dubuffet part à la recherche du geste originel d'avant la culture savante, du *" tracé instinctif "*, des *" impulsions "*, des *" spontanéités ancestrales de la main humaine quand elle trace ses signes* [19] *"*.
Il faudrait presque être un animal pour créer mieux. Truite par exemple, et il songe : *" Tout hanté de glissements, d'éclairs dans l'eau vive, combien passionnant serait l'ouvrage d'une truite, si les truites peignaient.* [20] *"* Vieux rêve en vérité, et presque au même moment, de voir peindre, les singes par exemple : la presse relaie régulièrement leurs prouesses qui devaient instruire les hommes.
C'est qu'ils sont plus près de la source, du matériau brut de la nature, du geste essentiel que Dubuffet n'est pas le seul à rechercher partout, dans toutes les étapes qui font la création et jusqu'à la régression. Et même dans l'action de peindre qui a donné lieu à toutes les sophistications de la *" haute culture "*.
" Le geste essentiel du peintre est d'enduire. Non pas étendre avec une petite plume, ou une mèche de poils, des eaux teintées, mais plonger ses mains dans de pleins seaux ou cuvettes et de ses paumes et de ses

doigts mastiquer avec ses terres et pâtes le mur qui lui est offert, le pétrir corps à corps, y imprimer les traces les plus immédiates qu'il se peut de sa pensée et des rythmes et impulsions qui battent ses artères et courent au long de ses innervations, à mains nues ou en s'aidant s'il se rencontre d'instruments sommaires bons conducteurs – *quelque lame de hasard ou court bâton ou éclat de pierre – qui ne coupent ni affaiblissent les courants d'ondes.* [21] "

L'essentiel est de laisser vivre son tempérament et de choisir des matériaux qui l'exaltent. Pol Bury ne dit pas autre chose dans ses réflexions sur les matières qui sont amies ou ennemies. Car lui aussi a beau appartenir officiellement au courant cinétique prétendument objectif et froid, il prête aux matières un caractère, des inclinations, des résistances, des " *opportunismes* [22] ", comme le liquide qu'il est si difficile de " *raisonner* ", comme le marbre pour lequel il a " *un respect inquiet ; pour la pierre, une méfiance de piéton ; pour la terre cuite, des considérations plutôt culinaires* ". Il les délaissera pour le fer, " *éminemment respectable* (...), *ami, serviable et souvent disponible…* [23] ".

Il le sait, pourtant : l'amour pour le métal ne peut-être que " *platonique. Il coupe vite la main qui veut le couper. Son odeur est âcre. L'eau, le feu le font fumer ; fumée sans feu. Porté au rouge, il devient cerise pour blanchir et devenir larme qui s'écrasera sur le sol, retrouvant sa dureté, son gris hostile, son grain rugueux* [24] ".

Bury aime évidemment la distance du matériau, ou plutôt sa résistance, son ironie, son irrespect pour l'homme. Il prise ainsi l'élastique, " *qui refuse de se laisser dominer, de se laisser marquer* (...) [25] ". Si les anciens ont associé la pureté au marbre, lui la prêterait volontiers à l'élastique qui se paie en prime le luxe de faire " *tomber le geste antique et solennel du sculpteur* [26] ". Où l'on retrouve encore la position " *faible* ", volontairement faible de l'auteur qui disparaît derrière son combat en adoptant l'humble posture du dompteur qui connaît bien les dangers du métier. Bury sait tous les risques et voit d'un bon œil l'inventaire en cours de toutes les matières du monde. Lui qui s'efforce d'inventer un cinétisme souple, moins inspiré par le Bauhaus que par le mouvement très lent de l'escargot, davantage par les mobiles de Calder (qu'il a découverts en 1950) que par la machine. Il essaie toujours, du fer au bois, de l'élastique au miroir, du cuivre aux aimants, au beau milieu des années 1970, dressant une petite liste des nouveaux matériaux qui dit bien l'élargissement du monde visuel et tactile. Il y a, dit-il, " *les pièges informels de Soto, la statique de Tinguely, les vibrations de Mack, de Piene, et les polaroïds de Munari.* [27] " " *Nous sommes encore aux premiers âges de ces investigations.* [28] "

Dans ce combat avec la matière, Niki de Saint-Phalle attribue elle aussi une humanité à la peinture en décidant de la sacrifier symboliquement en lui tirant dessus. Après avoir imaginé, en février 1961, le scénario agressif qui consiste à tirer sur le *Portrait de son amant*, présenté au Musée d'art moderne de la Ville de Paris [29], avec des fléchettes qu'elle invite les spectateurs à lancer également, elle réitère le jeu, non sans ironie, un peu plus tard au Stedelijk Museum d'Amsterdam, dans une pièce nommée cette fois *Saint Sébastien or Portrait of my Lover* [30].

Passée aux armes à feu, d'abord au pistolet, puis à la 22 long rifle, en présence de nombreux témoins invités comme elle à tirer, elle s'en prend à la peinture en sachets qui, en crevant, giclent et dégoulinent. L'idée lui serait venue comme " *une illumination* [31] " de " *faire saigner la peinture* ", de la blesser, à la manière dont les gens pouvaient l'être, de prendre au fond la peinture pour une personne, " *avec des sentiments et des sensations* [32] ".

Une façon d'humaniser là encore une matière hautement symbolique, dans une forme de rituel sauvage. " *Je me sentais droguée,* dit-elle. *Après une séance de tir, j'étais complètement sonnée. Je devenais dépendante de ce rituel macabre, même s'il était joyeux. J'en arrivai au point où je perdais le contrôle de moi-même, mon cœur battait la chamade pendant que je tirais. Je tremblais avant et pendant la séance. J'étais dans une sorte de transe extatique.* [33] "

La " *souffrance* " de l'œuvre imaginée par Niki de Saint-Phalle, on la retrouvera chez un certain nombre d'artistes comme Erik Dietman, dans son *Tableau malade* de 1960 [34], qui n'est pas sans relation avec les corps souffrants des actionnistes viennois recouverts de pansements de gaze.

LE CORPS EN MATÉRIAU

De l'agression de la peinture comme matière devenue irritante à l'agression du corps comme exutoire, sacrilège ou sacrifice, le pas est franchi par ces années révolutionnaires. Matériau suprême, le corps humain, qui avait servi de canon et de modèle tenu à distance par l'artiste, est désormais traité comme de la matière vivante. Mélangé au besoin avec les matériaux nobles, c'est le fameux bleu Klein sur ses femmes-objets mais c'est encore, à l'extrémité du spectre européen, l'utilisation archi-inquiétante des actionnistes viennois : Brus, Schwarzkogler, Muehl ou Nitsch, qui détournent les rites chrétiens en fête du " *naturalisme psycho-physique* ", où " *l'excès originaire* " et le sexe occupent une place centrale en ce qu'ils doivent se retourner en force de création. Passé par la peinture – il a découvert Pollock au début des années 60 –, dès *Materialaktion* (action-matériel), Nitsch sut " dépasser " l'expressionnisme de l'après-guerre et, nourri de post-freudisme, de post-surréalisme et de rituel chrétien, intégrer le corps de l'artiste, les matériaux originels (sang, excréments) ainsi que les biens de consommation, au service d'une œuvre d'art totale et nietzschéenne.

Sur le matériau humain, c'est pourtant à Otto Muehl que l'on doit le processus le plus radical de dépassement de la peinture au profit d'un être façonné comme un objet. Une fois " *laissé le tableau en tant que tel* " derrière lui, Muehl en est venu à l' " *action matérielle* " nouvelle méthode où le corps devient le tableau lui-même : " *Ce fut,* dit-il, *une source de création inépuisable, qui conduisit de la représentation avec matériaux à la représentation de soi (sd).* [35] "

Il raconte ainsi le moment fondateur d'une première action qui instrumentalise le corps de sa compagne en levant " un tabou ". " *Je procédai exactement, dit-il, comme si j'avais à démonter un tableau quelconque, un objet. en versant de la peinture épaisse sur bapsi, en la recouvrant de linges trempés dans la couleur, l'emballant, la nouant, jetant des ordures sur elle, je détruisais fondamentalement l'image conventionnelle de l'être humain, celle de la savonnette et du déodorant.*

J'avais touché un tabou. bapsi, quant à elle, n'avait pas la moindre idée de ce que cela signifiait, elle trouva cela drôle et un peu fou. le photographe n'y vit que des images qui lui paraissaient sensationnelles. babsi se lava et dit qu'elle était pressée, elle avait rendez-vous dans une guinguette. moi, je sentais qu'avec cette histoire j'avais touché quelque chose de fort. je chauffai de l'eau et me mis à nettoyer l'atelier. il me parut tout de suite clair qu'il fallait que je poursuive les actions. [36] "

Restée relativement marginale, cette nouvelle utilisation du corps confirme pourtant la levée de tous les tabous liés à la représentation. Comme si le sens des matières traditionnelles avait été si largement épuisé qu'il fallait finalement s'attaquer à ce dernier bastion. Sauf à être détournées radicalement, les matières semblaient avoir été ramenées à l'état de ces "*fadaises* "dont parlait Pontus Hulten à propos de tout ce qui s'était coulé dans le bronze. Pourtant, ajoutait-il (à propos de Niki de Saint-Phalle), traité " *avec suffisamment d'irrespect, c'est un beau métal qui permet à l'artiste épris de liberté d'exécuter de grandes sculptures capables de résister à l'épreuve du temps* [37] ".

Même l'académicien Louis Armand, en 1965, dans la revue *Arts*, annonce que l'on assiste à l'élargissement et à la diversification de matériaux et d'outils fournis par la technique et qu'il en a toujours été ainsi. " *Dans le temps : couleurs, pierres, fer, cuivre et désormais lumière colorée, électronique. La technique permet la généralisation de l'art* [38]. " S'il pense alors aux nouvelles technologies, il nous faudra envisager la diversité de l'inventaire des matériaux comme utile à l'élargissement du goût, des publics et finalement des marchés.

A cet égard, César, très cyniquement, aura même coulé de l'or et de belles voitures. Le coût de production en est élevé. A l'inverse, Dubuffet a fait usage de matériaux bruts et pauvres. Le prix de ses œuvres n'en sera pas moins coûteux. C'est que l'aura de Dubuffet passe aussi par la sauvagerie de ses matières, justement.

LA MATIÈRE DU SACRIFICE

Cette forme renouvelée de primitivisme, les années 60 – qui glorifient le nylon et le plastique – en assurent au fond paradoxalement la permanence et, d'une certaine façon, la violente réactivation. A l'opposé apparemment, Dubuffet et César occupent chacun sa place dans le combat néo-primitif qui s'est engagé contre la machine. A partir des années 60, César, comme de nombreux artistes, attaque directement la question. Dans une nouvelle société de loisirs massifiés dominés par la machine, par définition vouée à la perfection et à la standardisation, son œuvre confirme une ligne de fuite : toute machine est paramétrée par l'homme et donc passible d'accident, d'aléatoire, de poésie et de beauté. Le Nouveau Réalisme est ainsi né d'une fascination critique pour cette société qui produit de l'exactitude. En écrasant les objets mécaniques de l'industrie, César, Arman et quelques autres démystifient le monde contemporain en se l'appropriant. En y ajoutant du " lyrisme " et de " la poésie ", ils en assurent la continuité, mais sur un mode uniquement récupérable par le marché de l'art et la scène artistique des amateurs.

Quand César demande au jeune possesseur d'une moto neuve de lui en régler le prix afin qu'il puisse l'emporter, compressée, dans un sac à provisions, il impose comme un sacrifice, absurde mais efficace, de la matière moderne et mécanisée. Pour le propriétaire-collectionneur, l'action rend ostensible aux yeux de tous sa préférence de l'art, au-delà même de son goût pour Honda et pour la consommation, le vertige, la vitesse et les représentations viriles. James Baldwin a rapporté l'ambiance de " *cérémonie* ", de " *pendaison publique* [39] " et d' " *anarchie sacrée* ", un jour de septembre 1971, quand tout le monde a les yeux rivés sur la Honda puis sur l'artiste puis sur la Honda, préparée, vidée de son essence, pour le grand sacrifice de la matière, où va être rétrécie la mécanique d'acier, d'aluminium, de caoutchouc de cuir et de verre. Les spectateurs étaient alors forcément partagés entre le désir de s'emparer de la moto et le désir de la détruire. César, lui, a souvent rapporté la joie sauvage de son vandalisme, quand il était " *les mâchoires qui écrasent le métal* ". " *Je m'introduisais dans cette mâchoire* [40] ", dit-il, et, là encore, il prend la matière pour un être et en l'occurrence pour une victime, mais une victime qui résiste. James Baldwin raconte de son côté que la Honda, en effet, " *résiste à son destin de façon inattendue* [41] ". Trop lourde, trop grosse pour la petite presse, finalement agonisant dans un " *bruit abominable* [42] ", pas morte mais " *horriblement mutilée* [43] " puis achevée enfin, rendue objet qu'il se refuse à " *juger* ". La seule chose qu'il puisse dire, c'est qu'on ne la chevauchera plus. " *Jamais plus ? (...) Elle a été, tout droit, de l'usine au dépotoir* [44]. " Que James Baldwin omette la collection puis éventuellement le musée qui l'attendent ne retire rien à la violence ressentie devant le saccage d'un objet produit pour servir et devenu bien symbolique. Sa conclusion à tête reposée encourage le message de César : il faut poétiser la machine, empêcher sa domination, en découdre avec elle, la rendre inutile à autre chose qu'à l'art, empêcher sa violence meurtrière. Enfin, il faut laisser vaincre l'artiste contre elle. Dans le cas de César, Daniel Abadie remarque que seule une de ses compressions présentée au Salon de Mai de 1960 porterait correctement le nom de ready-made ; les autres sont le produit de ses interventions dans le chargement de sa presse, puisqu'il sait, au moins approximativement, quels effets plastiques il peut en espérer [45].

César le raconte lui-même : la découverte enfantine de la nouvelle presse américaine dans une décharge de Gennevilliers puis, comme pour les autres nouveaux réalistes et, au-delà, pour de très nombreux artistes, l'appropriation du réel passée par toutes les pratiques cannibales.

Toutes les matières auront été sacrifiées sur l'autel de l'art, toutes déifiées à leur façon, toutes transcendées, toutes détournées de leur fonction originelle. Duchamp aura dans cet esprit influé durablement, mais sans empêcher les artistes d'ajouter à l'objet manufacturé la marque de leur désir de le détourner, au gré des situations et des lieux.

Le siècle aura finalement ouvert le champ des matières indéfiniment, et parfois jusqu'à l'épuisement. Le même Klein qui enduisait les femmes de peinture s'est aussi plaint régulièrement de la pesanteur de la matière vivante, en particulier des oiseaux qui trouaient son beau ciel bleu ; puis, finalement, de tout ce qui dérangeait sa conception mystique de l'existence. En avril 1958, il décide d'exposer le vide chez Iris Clert et laisse la galerie sans objet, juste habitée par la présence des visiteurs venus assister au spectacle du rien – il dira qu'il a sensibilisé les murs nus [46].

Cette dématérialisation de l'art ne va pas sans l'expérimentation dans la foulée de nouvelles technologies qui annoncent un renouvellement du champ artistique. C'est Nam June Paik qui, en 1968, déclare qu'il a utilisé le tube cathodique d'un téléviseur à la façon d'une toile, et qu'il le traitera désormais comme il avait traité le crayon et le papier. Ce sont, dans l'esprit de Richard Hamilton, le père fondateur du pop art anglais, qui finira par déclarer qu'il s'intéresse seulement aux ordinateurs [47], les artistes qui prisent ce nouveau matériau d'une puissance jamais vue. Parmi les pionniers, Miguel Chevalier s'inscrit dans cette lignée qui puise aux découvertes scientifiques et techniques offertes par une machine qui redistribue les pixels à l'infini, " *formidable dictionnaire de formes et de couleurs qui fait éclater l'image, la modifie et la régénère* [48] " en temps réel en ouvrant sur la participation du public. Miguel Chevalier recycle des images dans le stock immense du monde contemporain, usant à l'infini de l'information, objet obsédant de la société nouvelle dont il traduit la nature et la sensibilité. Allié à son robot à peindre, il se détourne des surfaces trop glacées et trop parfaites et choisit toutes les matières qui joueront avec la lumière sans beauté exacte. Humanisme technologique ? La question est constamment posée par Pierre Restany au sujet de toutes les nouvelles matières utilisées par les artistes [49], avant qu'il ne s'intéresse à l'ouverture de nouveaux champs liés aux progrès de l'informatique. Or la machine extraordinairement puissante qu'est l'ordinateur aujourd'hui, c'est encore l'artiste qui l'actionne et la met au service de son langage et de sa vision des choses.

Il faut rendre hommage à l'exposition pionnière de Jean-François Lyotard en 1985, qui a parlé d'une nouvelle ère des " *immatériaux* " et d'un monde qui allait forcément changer sous la domination des techno-sciences. La matière des œuvres s'en trouvera forcément modifiée encore et encore, sans que s'achève le combat entamé depuis toujours par les artistes. C'est que cette matière a toujours répondu à la remarque de Henri Focillon (quand il parlait de technique) : " *Elle n'est pas inertie mais action.* [50] "

La matière dérange l'ordre des choses, elle pullule, elle s'attaque à la forme, elle défie l'intention de l'artiste. Elle vient des souterrains, de l'inconscient [51]. Le XXe siècle aura inventé sa toute-puissance.

Laurence Bertrand-Dorléac

Membre de l'Institut universitaire de France.
Enseigne à l'Université de Picardie et à l'Institut d'études politiques de Paris.

1. Tristan Tzara, " Faillite de l'humour. Réponse à une enquête. " Il répond là à l'enquête sur l'humour présentée par René Crevel dans la revue *Aventure*, n° 1, novembre 1921.
2. Jean-François Chabrun, *L'Express*, 8 octobre 1959.
3. Voir Pontus Hulten, " *La liberté substitutive ou le mouvement en art et la méta-mécanique de Tinguely* ", 1955, dans le catalogue Tinguely, Paris, Editions du Centre Georges-Pompidou, 1988, pp. 32-35.
4. Giuseppe Pinot-Gallizio, " Discours sur la peinture industrielle et sur un art unitaire applicable ", I*nternationale situationniste*, n° 3, décembre 1959, p. 99 de la réédition, Paris, Librairie Arthème Fayard, 2001.
5. Ibid., p. 100.
6. Ibid., p. 101.
7. Ibid.
8. Ibid., p. 100.
9. Ibid., p. 103.
10. Pour son exposition *Mirobolus, Macadam et Cie*, Hautes Pâtes, Galerie Drouin, 1946.
11. Jean Dubuffet, *Prospectus et tous écrits suivants*, Gallimard, 1967, p. 59.
12. Ibid., p. 60.
13. Ibid., p. 65.
14. Ibid., p. 58.
15. Ibid.
16. Ibid.
17. Ibid., p. 56.
18. Ibid., p. 64.
19. Ibid.
20. Ibid., p. 65.
21. Ibid., p. 71.
22. Pol Bury, *Les horribles mouvements de l'immobilité*, Carmen Martinez éditions, 1977, p. 70.
23. Ibid., p. 72.
24. Ibid., p. 85.
25. Ibid., p. 76.
26. Ibid., p. 76.
27. Ibid., p. 79.
28. Ibid.
29. Exposition : *Comparaisons : Peinture-Sculpture*, Musée d'art moderne de la Ville de Paris, 6 février-6 mars 1961.
30. Saint Sébastien or Portrait of my Lover, Stedelijk Museum d'Amsterdam, présenté du 10 mars au 17 avril 1961 dans le cadre de l'exposition Bewogen Beweging.
31. " *Lettre à Pontus* ", dans le catalogue Niki de Saint-Phalle, Paris-Musée, 1993, op. cit., p. 160.
32. Ibid.
33. Ibid., p. 164.
34. Voir la relation faite avec Niki de Saint-Phalle par Denys Riout dans " Un art polyphonique, populaire ", Niki de Saint-Phalle. La donation, Musée d'art moderne et d'art contemporain, Nice, Genève, Naef-Kister, 2002, p. 48.
35. Otto Muehl, *Sortir du bourbier*, op. cit., p. 11. Texte dans lequel il ne respecte pas les majuscules en revendiquant son point de vue, p. 107.
36. Ibid., p. 129.
37. Pontus Hulten, " *La fureur et le plaisir du travail* ", Niki de Saint-Phalle, op. cit., 1993, p. 16.
38. Louis Armand, " *L'art et la technique* ", Arts, du 7 au 13 avril 1965, p. 2.
39. James Baldwin, César. *Compressions d'or*, Paris, Hachette, 1973.
40. Ibid., p. 12.
41. Ibid., p. 14.
42. Ibid.
43. Ibid.
44. Ibid.
45. Voir Daniel Abadie, Christian Fayt, Art Gal., Knokke-Heist, 1983.
46. 28 avril 1958, galerie Iris Clert.
47. Voir Zeigam Azizov, " Richard Hamilton : du pop art à l'informatique ", *Omnibus*, numéro hors série, octobre 1997.
48. Voir l'entretien avec Patrick Imbard, Miguel Chevalier, Flammarion, 2000, np.
49. Voir en particulier : Le plastique dans l'art, Editions André Sauret, 1973.
50. Voir Henri Focillon, *Vie des formes*, PUF, 1981, p. 25.
51. Voir à cet égard le beau livre de Florence de Mèredieu, *Histoire matérielle et immatérielle de l'art moderne*, Bordas, 1994.

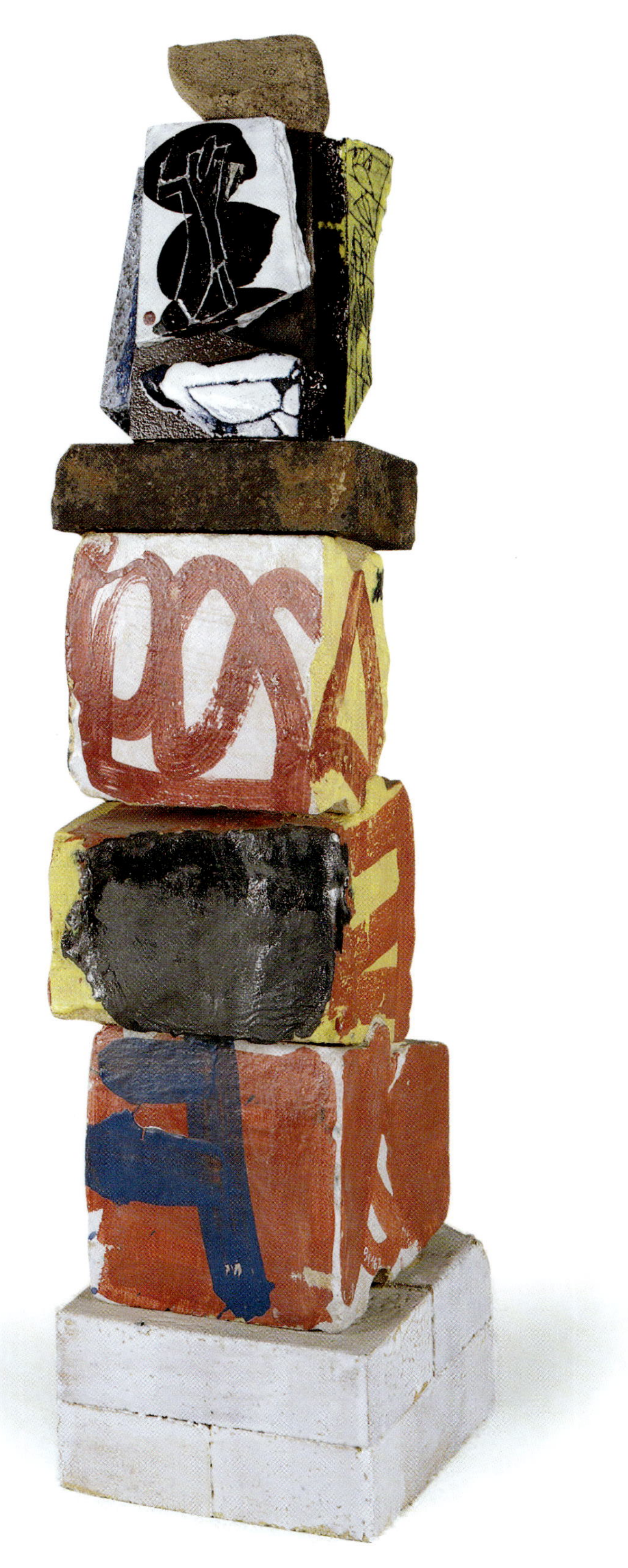

JAN VOSS, " BORNE XXXVIII " *1991, terre chamottée, 98 x 22 x 25 cm. Galerie Lelong, Paris.*

la Terre

PIERRE ALECHINSKY ■ JEAN AMADO ■ KAREL APPEL ■ JOSEP LLORENS ARTIGAS ENRICO BAJ ■ PIERRE BAYLE ■ RENÉ BEN LISA ■ BRAM BOGART ■ JAMES BROWN ALBERTO BURRI ■ LUCILLA CATANIA ■ BRUNO CECCOBELLI ■ SANDRO CHERCHI CORNEILLE ■ JACKY COVILLE ■ TULLIO D'ALBISOLA ■ AURELIO DE FELICE MARCO DEL RE ■ GÉRARD DROUILLET ■ GABRIELLE DUC ■ AGENORE FABBRI LUCIO FONTANA ■ SELMA GÜRBÜTZ ■ ASGER JORN ■ RACHID KORAÏCHI WIFREDO LAM ■ AGATHE LARPENT-RUFFE ■ LEONCILLO ■ ADRIANO LEVERONE ■ EVERT LINDFORS ■ LUIGI MAINOLFI ■ GIUSEPPE MARANIELLO ARTURO MARTINI ■ ROBERTO MATTA ■ JOAN MIRÓ ■ UGO NESPOLO ■ LOUISE NEVELSON ■ MIMMO PALADINO ■ MARIO ROSSELLO ■ EMILIO SCANAVINO JEAN-JACQUES SURIAN ■ ANTONI TÀPIES ■ SERGE VANDERCAM ■ JAN VOSS

Aubagne, Chapelle des Pénitents Noirs

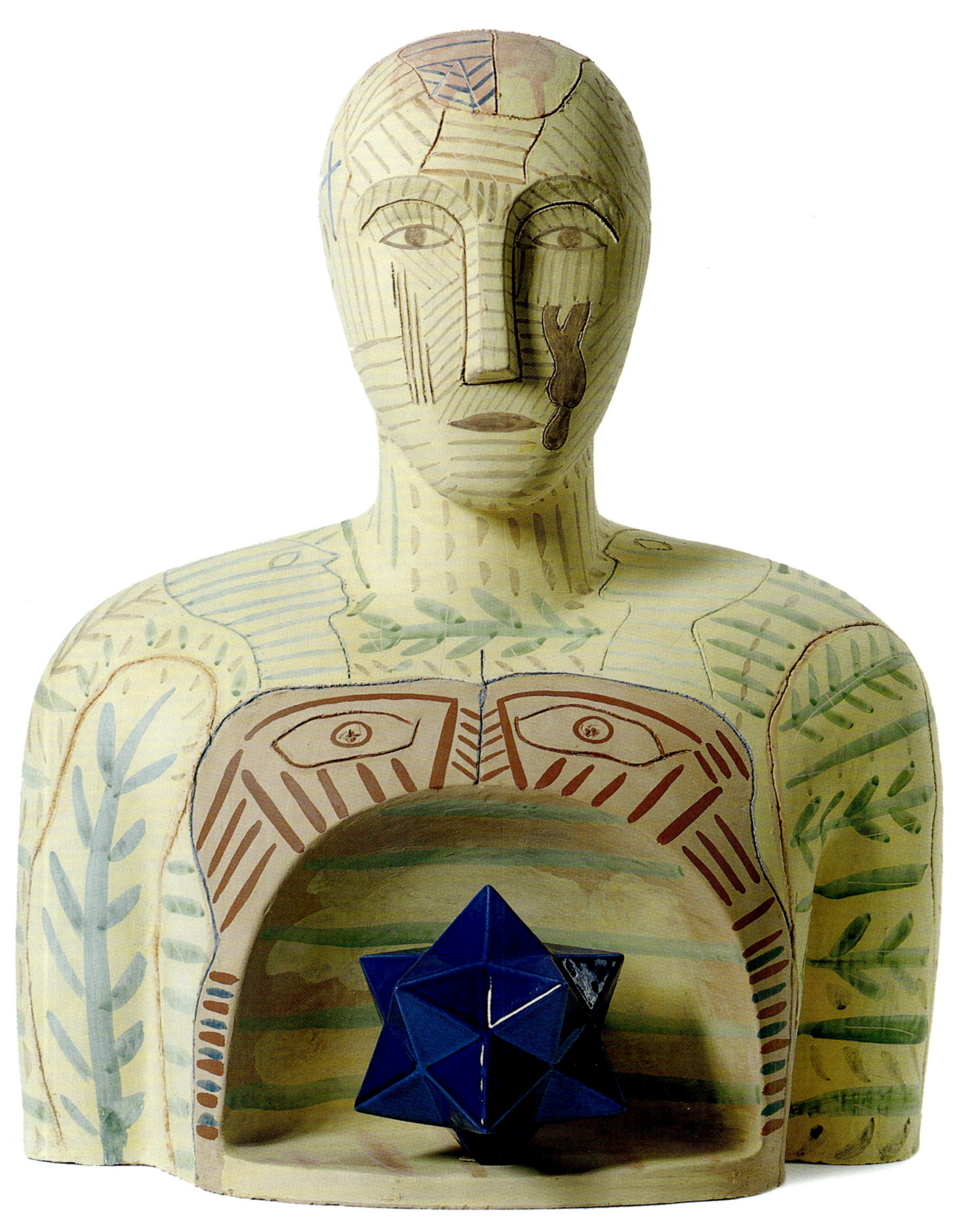

MIMMO PALADINO, " SENZA TITOLO " *1999, céramique, 73 x 51 x 28 cm. Collection particulière.*

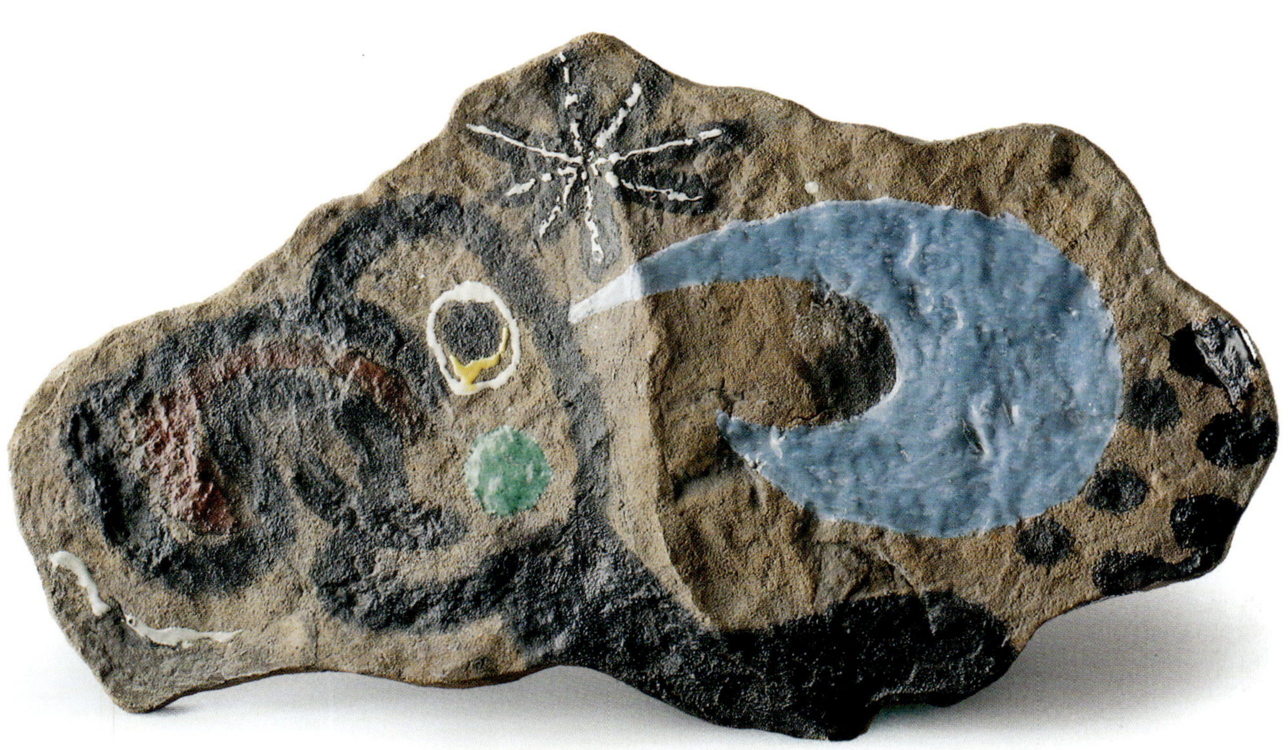

JOAN MIRÓ, " PLAQUE " *1956, céramique, 81 x 49 cm. Collection Maeght, Paris.*

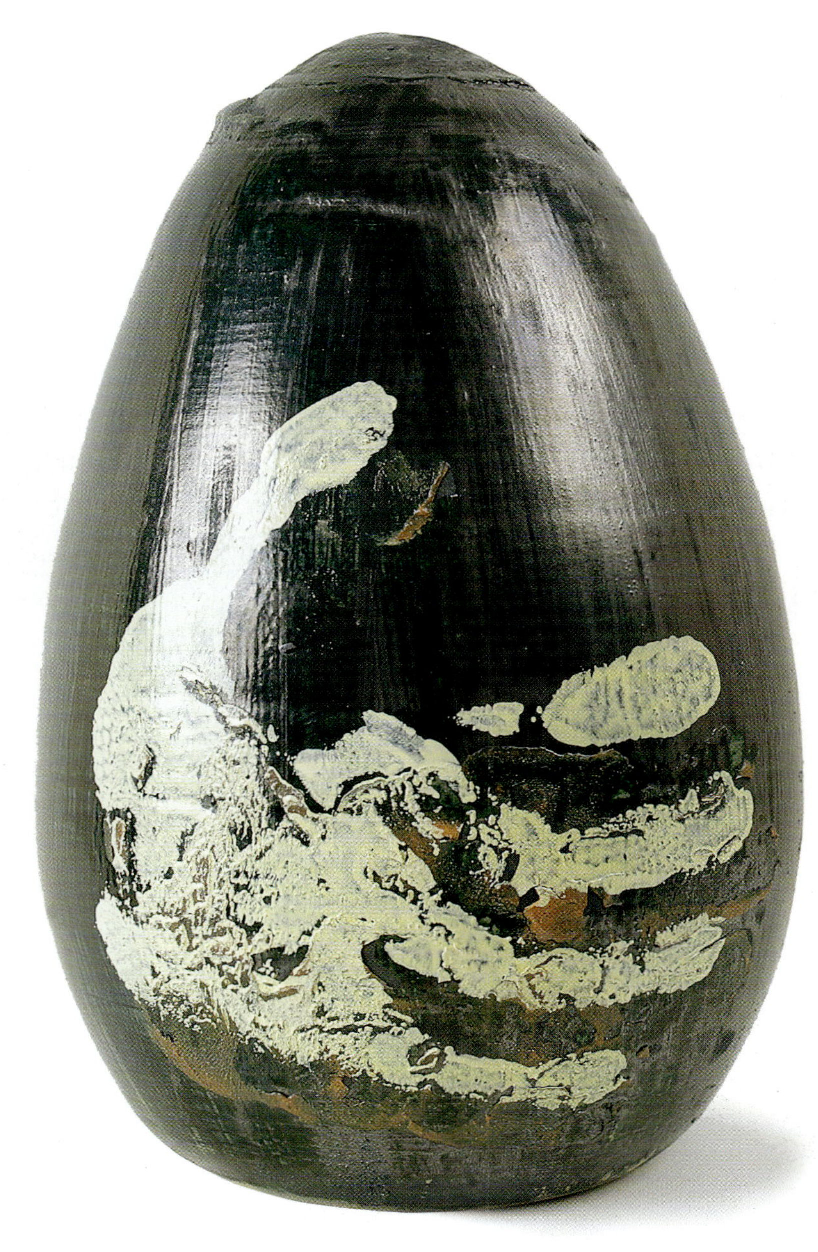

BRUNO CECCOBELLI, " UOVO " *1993, céramique émaillée, h. 26 cm. Collection particulière.*

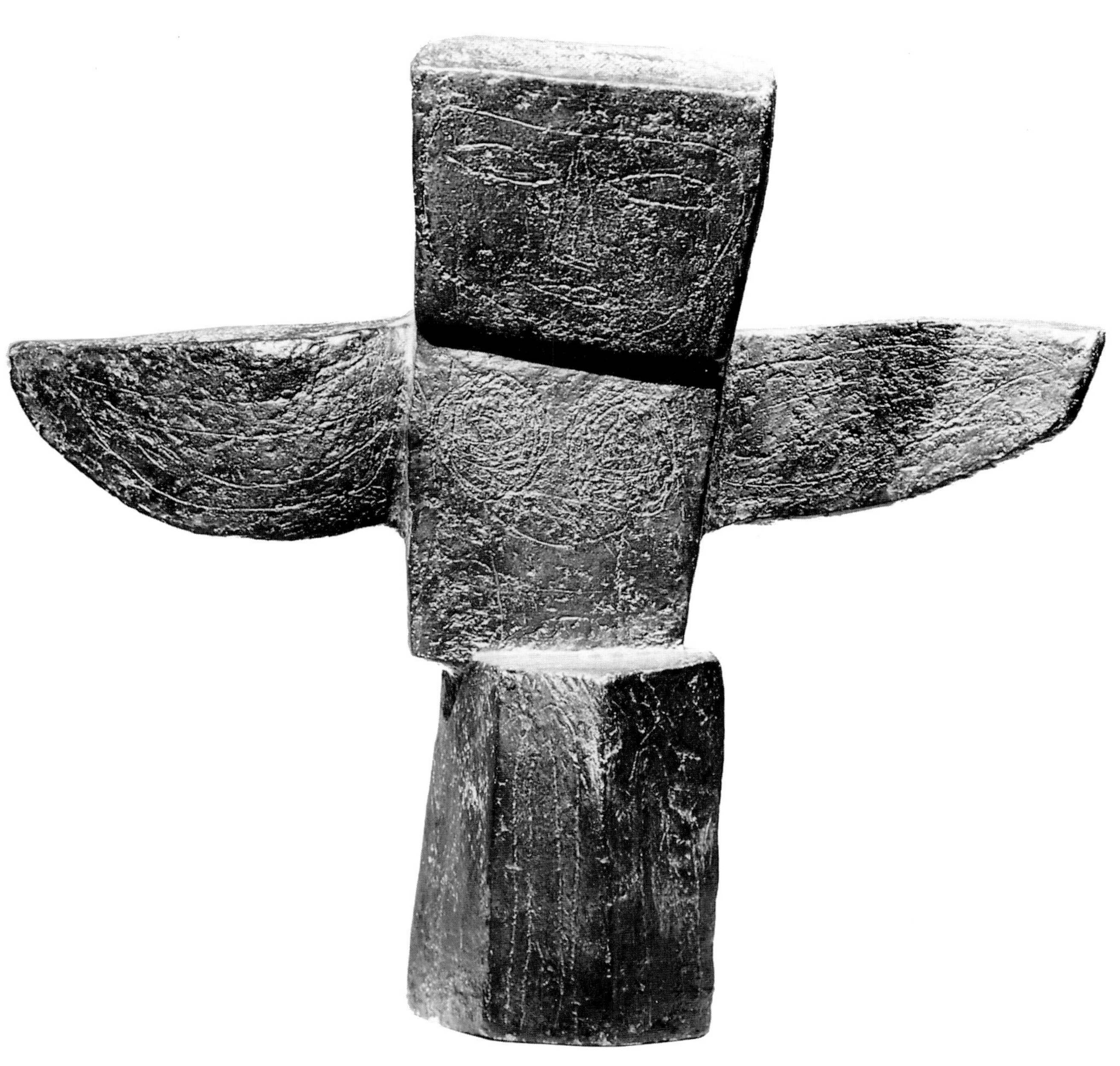

LOUISE NEVELSON, " THE ANGEL " *1955, terre cuite peinte en noir, 42 x 36 x 16 cm. Collection particulière.*

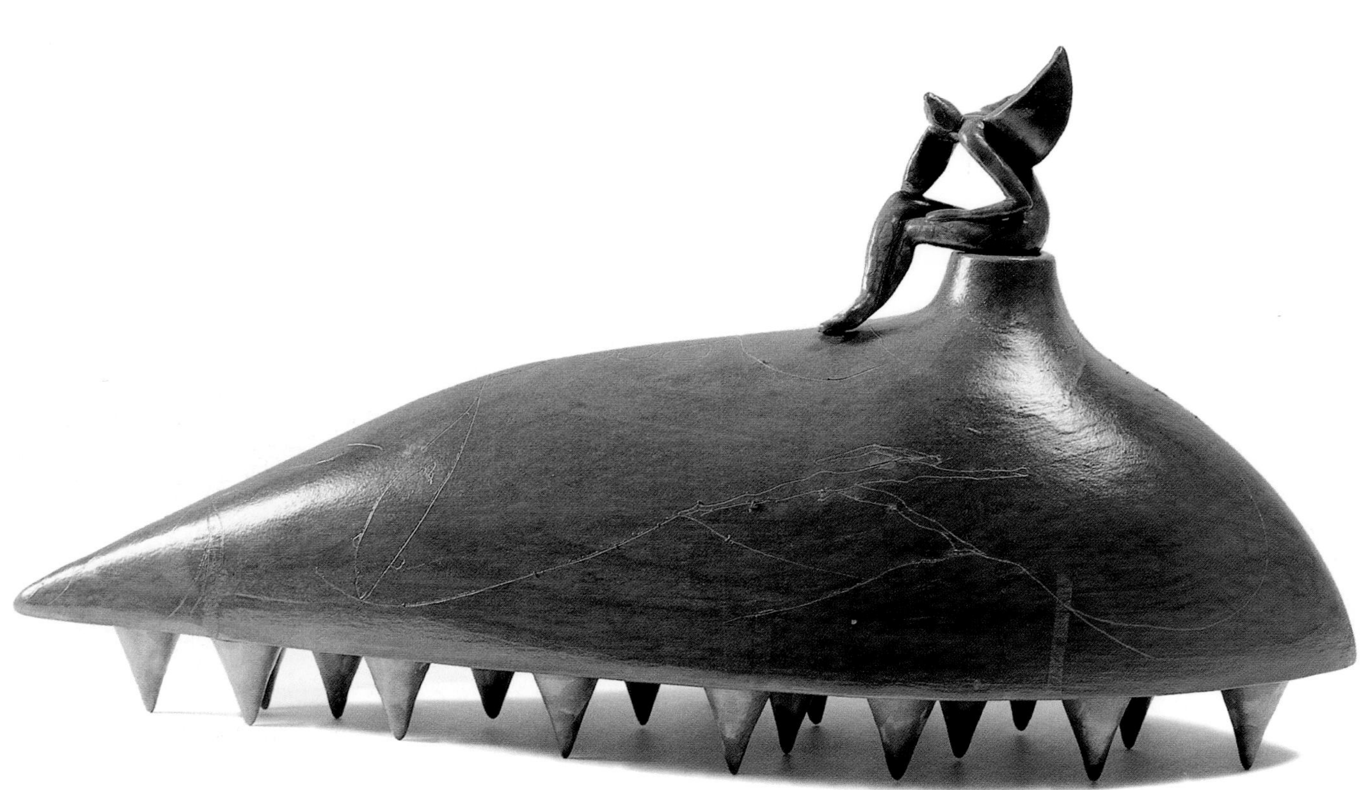

GIUSEPPE MARANIELLO, " SENZA TITOLO " *2003, céramique, 25 x 18 x 45 cm. Collection particulière.*

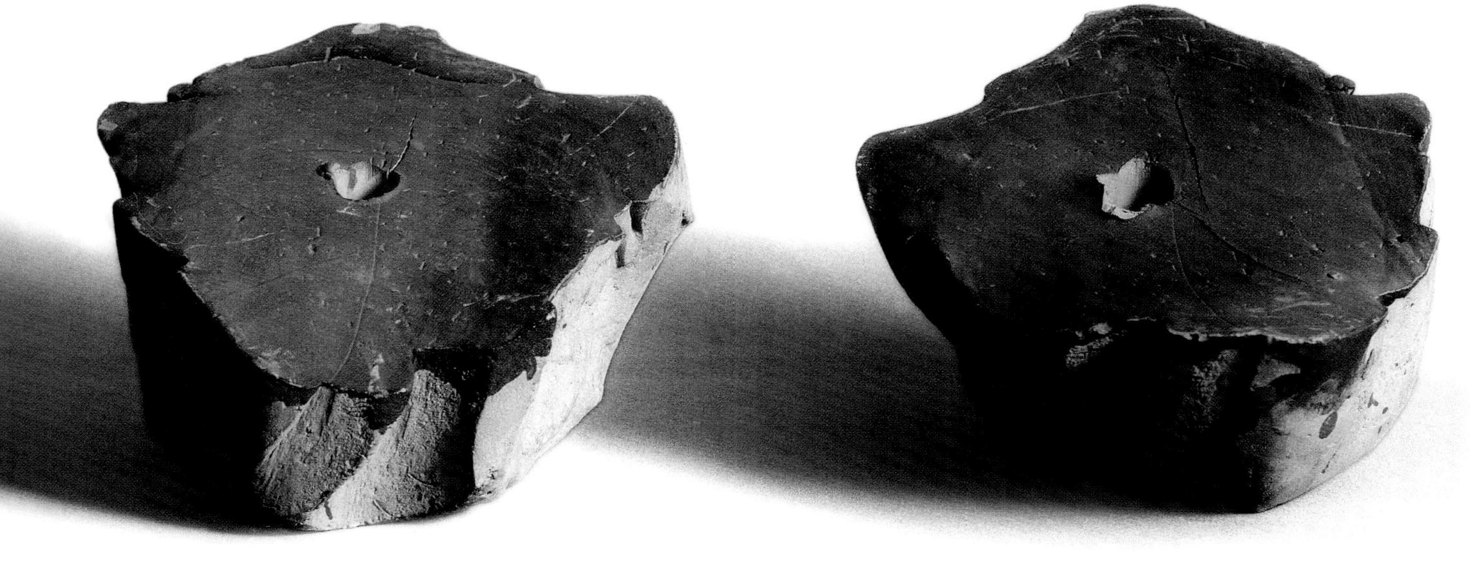

LUCIO FONTANA, " CONCETTO SPAZIALE, NATURA " *1959, terre cuite, 15 x 13 x 7 cm (une pièce). Collection particulière.*

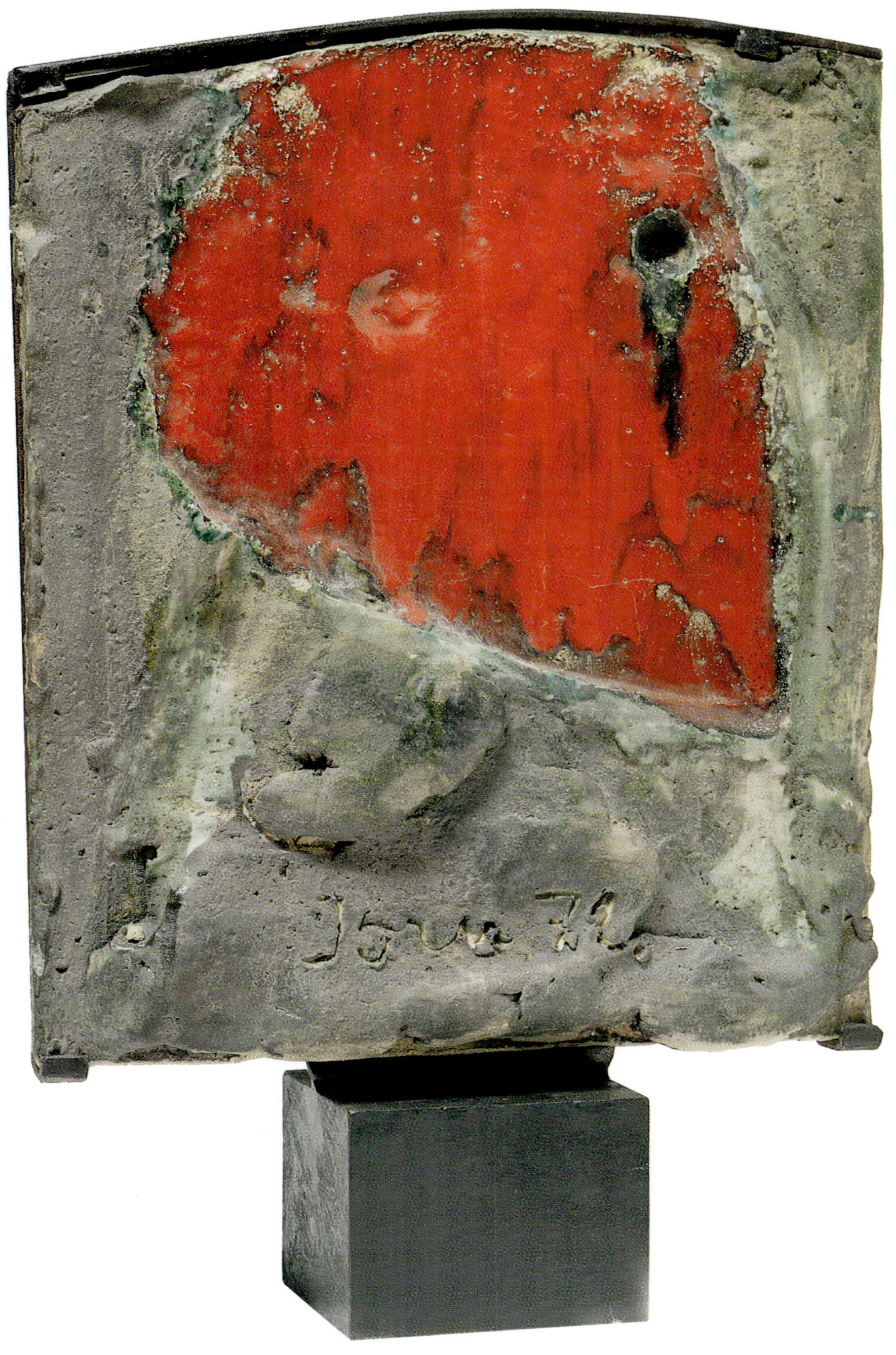

ASGER JORN, " SENZA TITOLO " *1972, céramique émaillée, 35 x 29 x 3 cm. Collection particulière.*

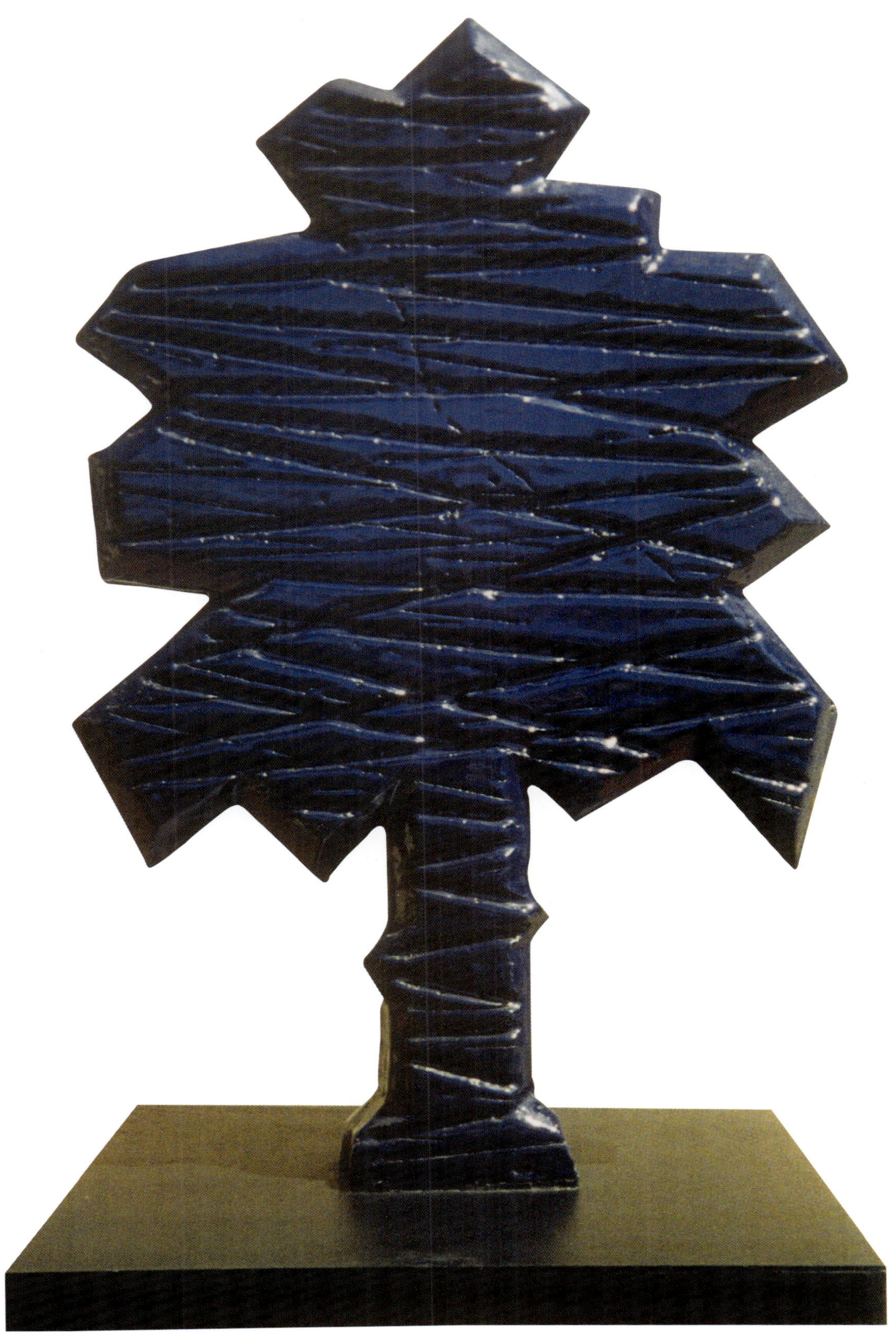

MARIO ROSSELLO, " ALBERO BLU " *1989, céramique, 69 x 42 x 8 cm. Collection particulière.*

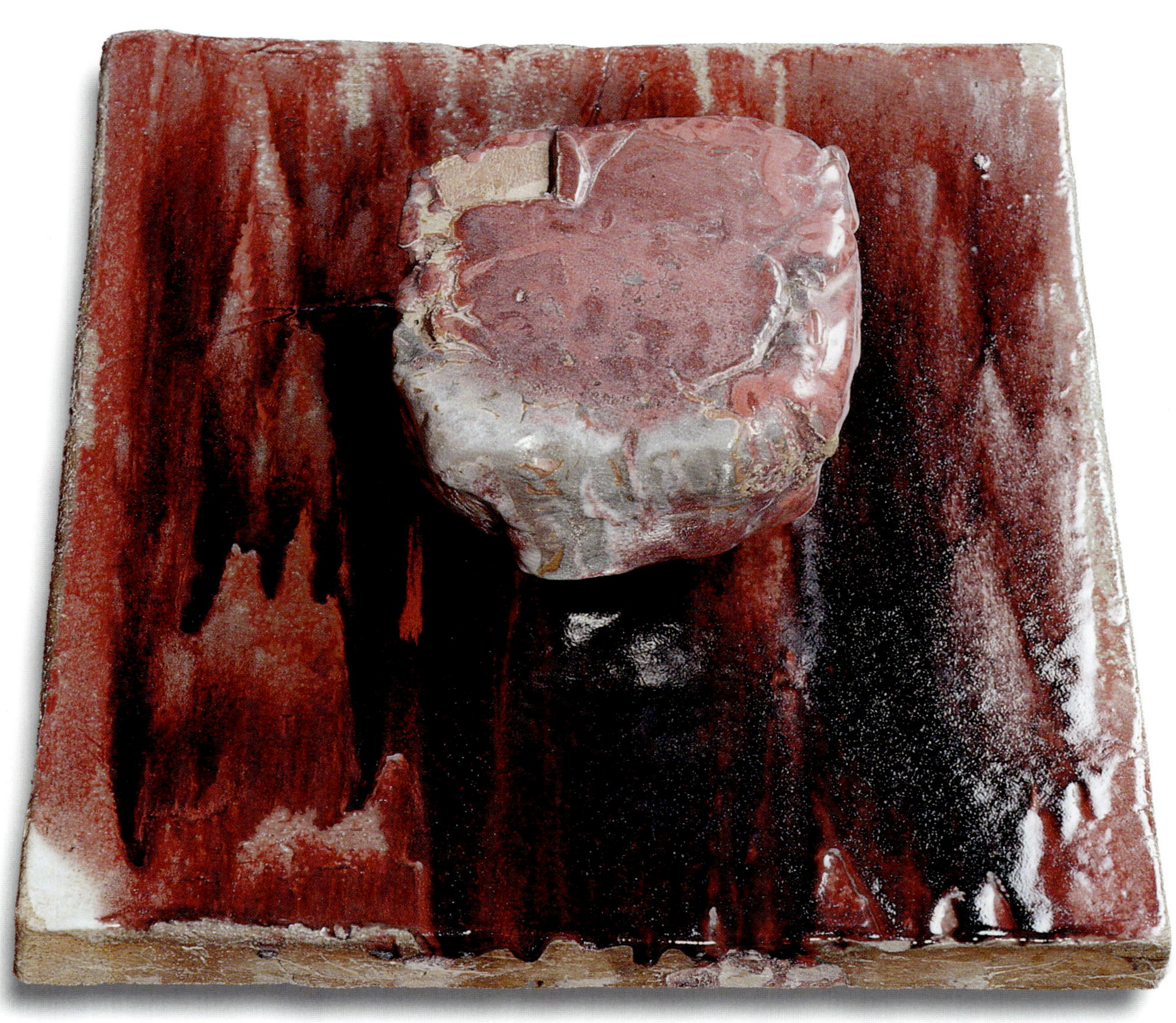

AGATHE LARPENT-RUFFE, " PIERRES DE JOUR ET DE NUIT " *1990-2000, installation, 57 x 55 x 4 cm (un élément). Collection particulière.*

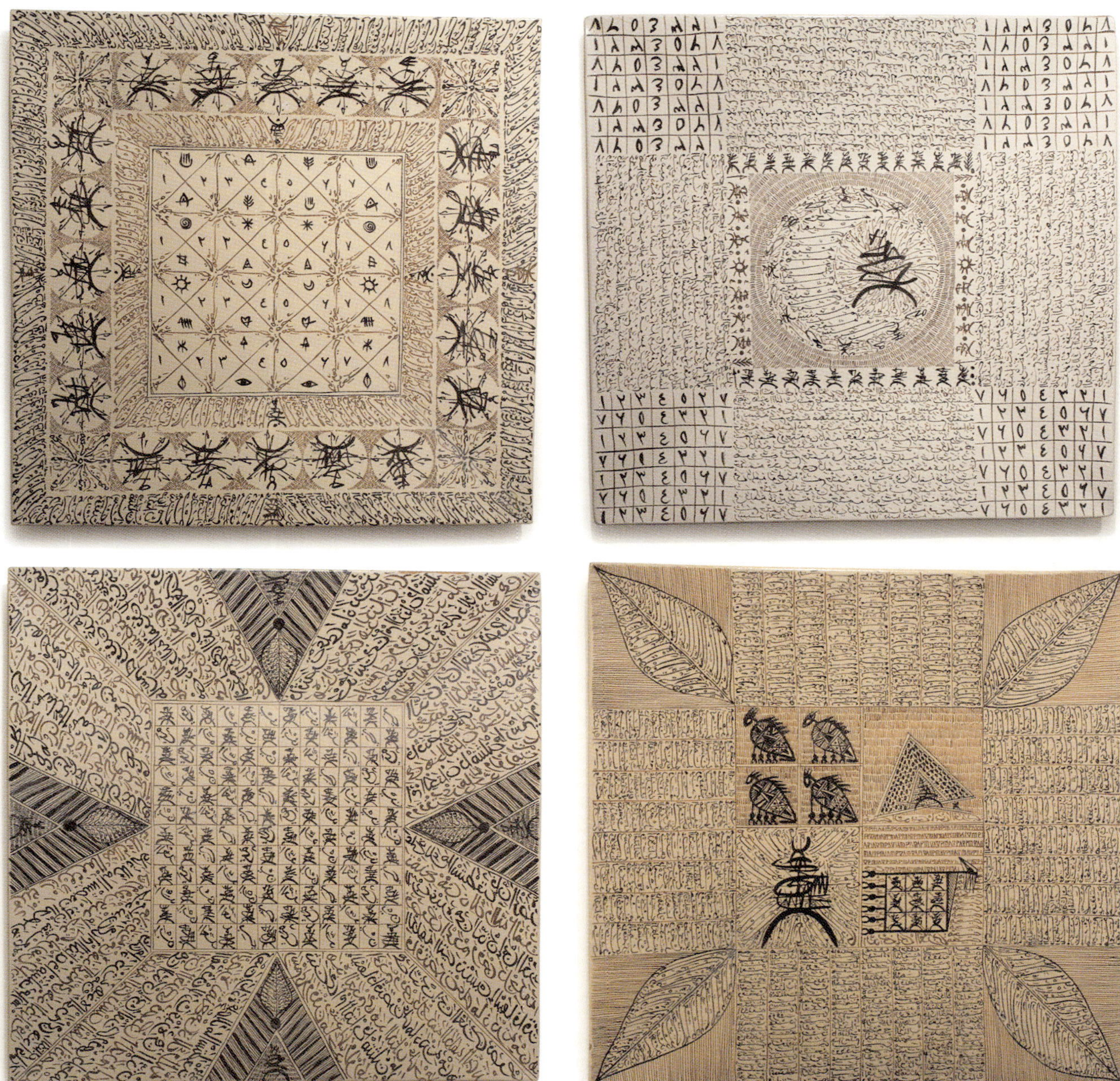

RACHID KORAÏCHI, " IBN ARABI " *1997, terre émaillée, installation, 49 x 49 cm (un élément). Collection particulière.*

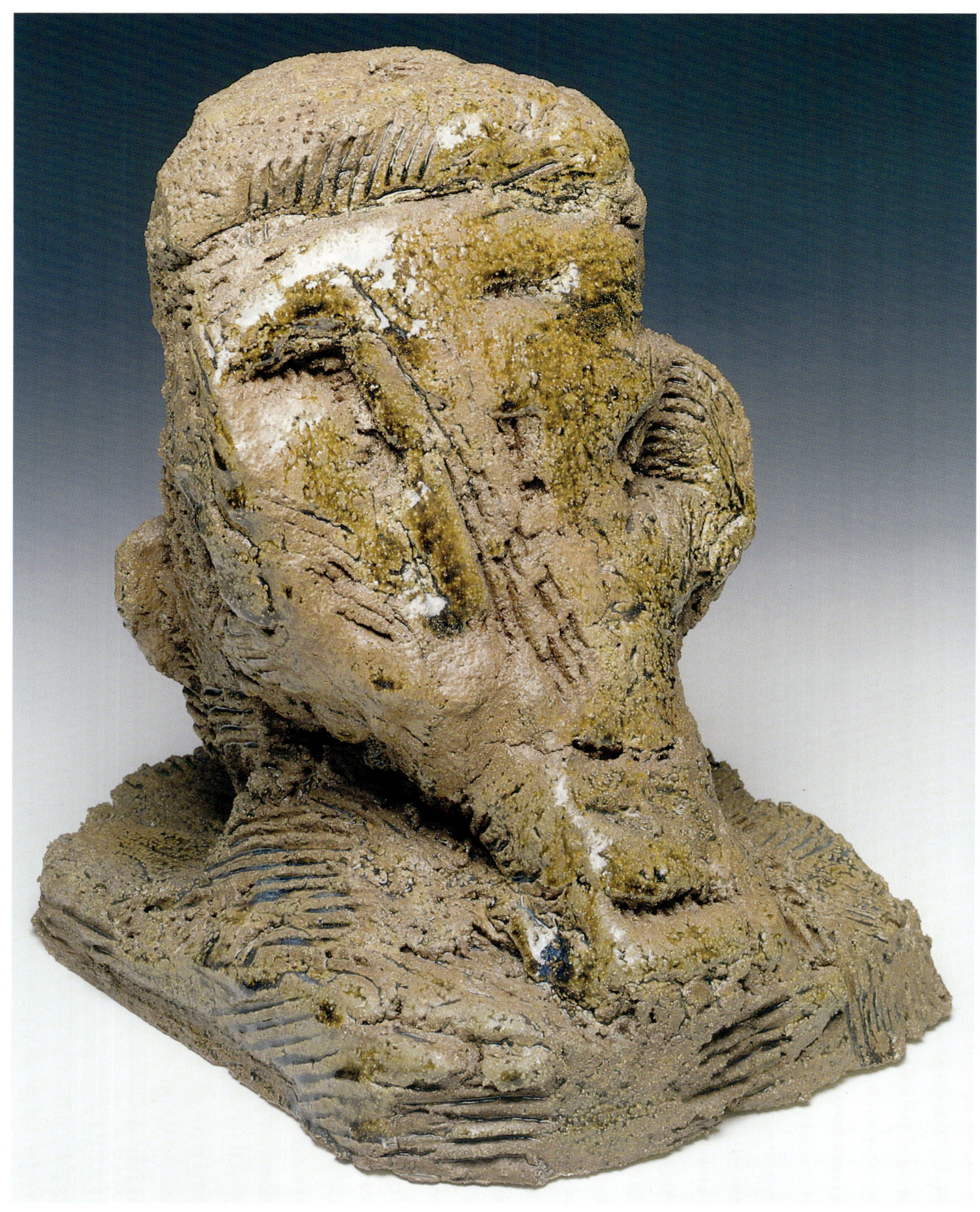

JAMES BROWN, « TÊTE » *1987, terre chamottée et cendre de lavande, 34 x 23 x 29 cm. Galerie Lelong, Paris.*

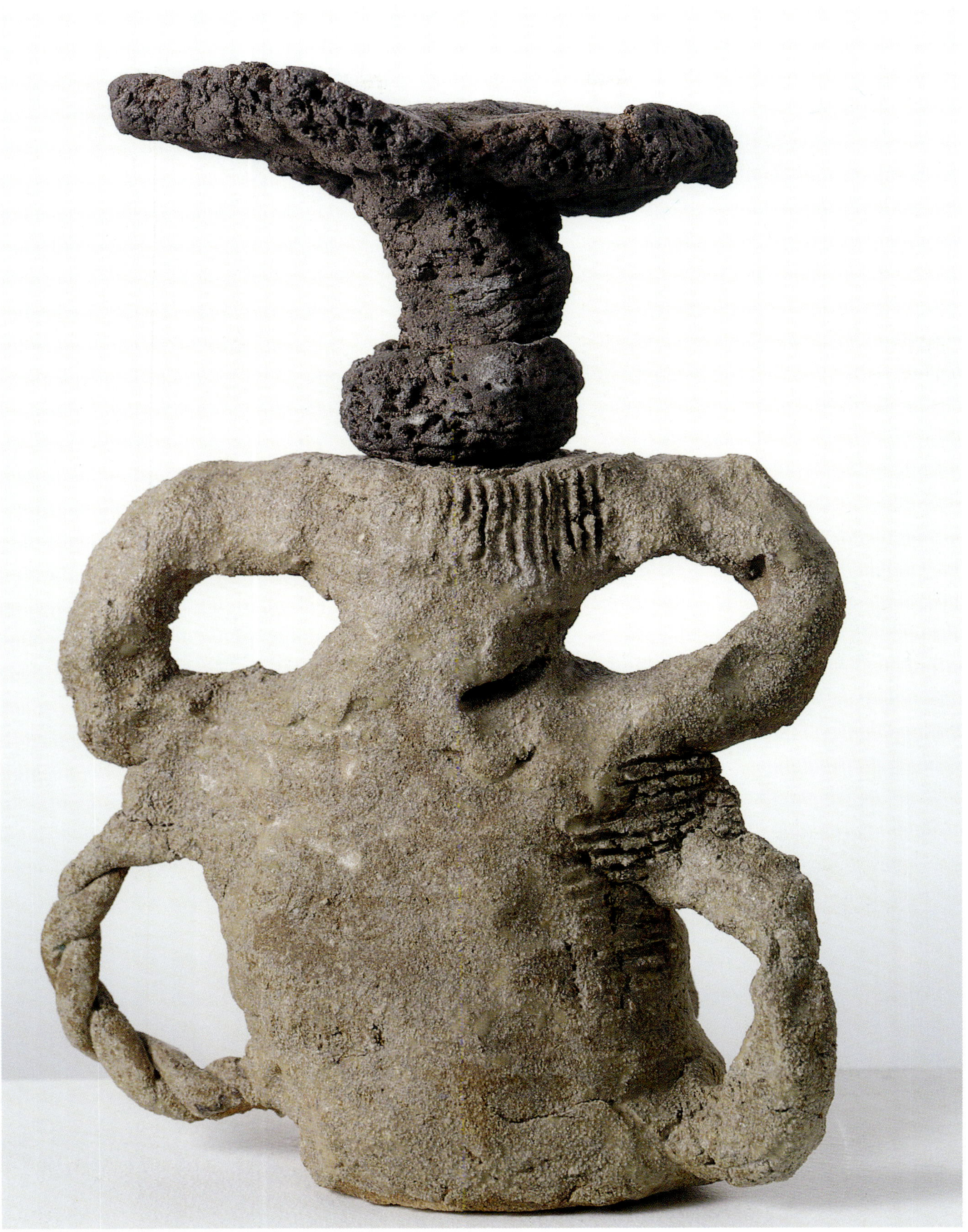

JAMES BROWN, " VASE " *1996-1997, grès chamotté et cendre de lavande, 36 x 26 cm. Galerie Alice Pauli, Lausanne.*

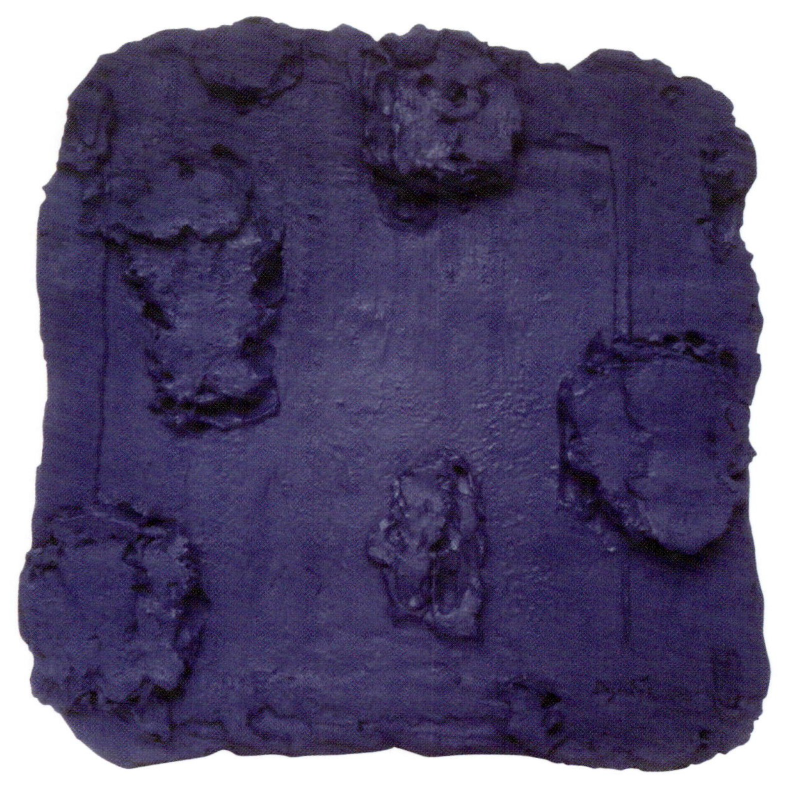

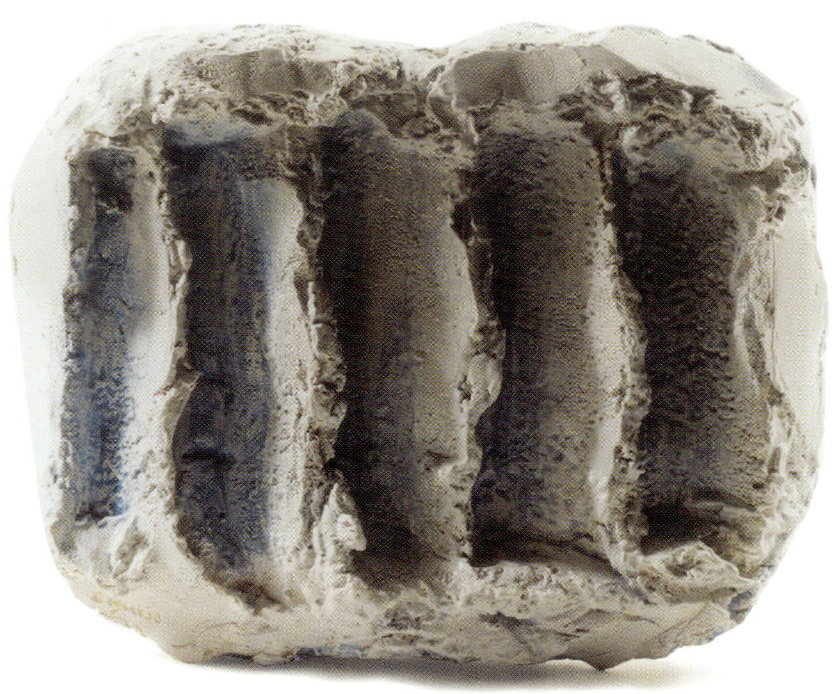

BRAM BOGART, " N° 12 MONOCHROME BLEU " *1998, céramique, 43,5 x 34 cm. Collection particulière.*
"N° 34 NOIR ET BLANC " *1998, céramique, 56 x 61 cm. Collection particulière.*

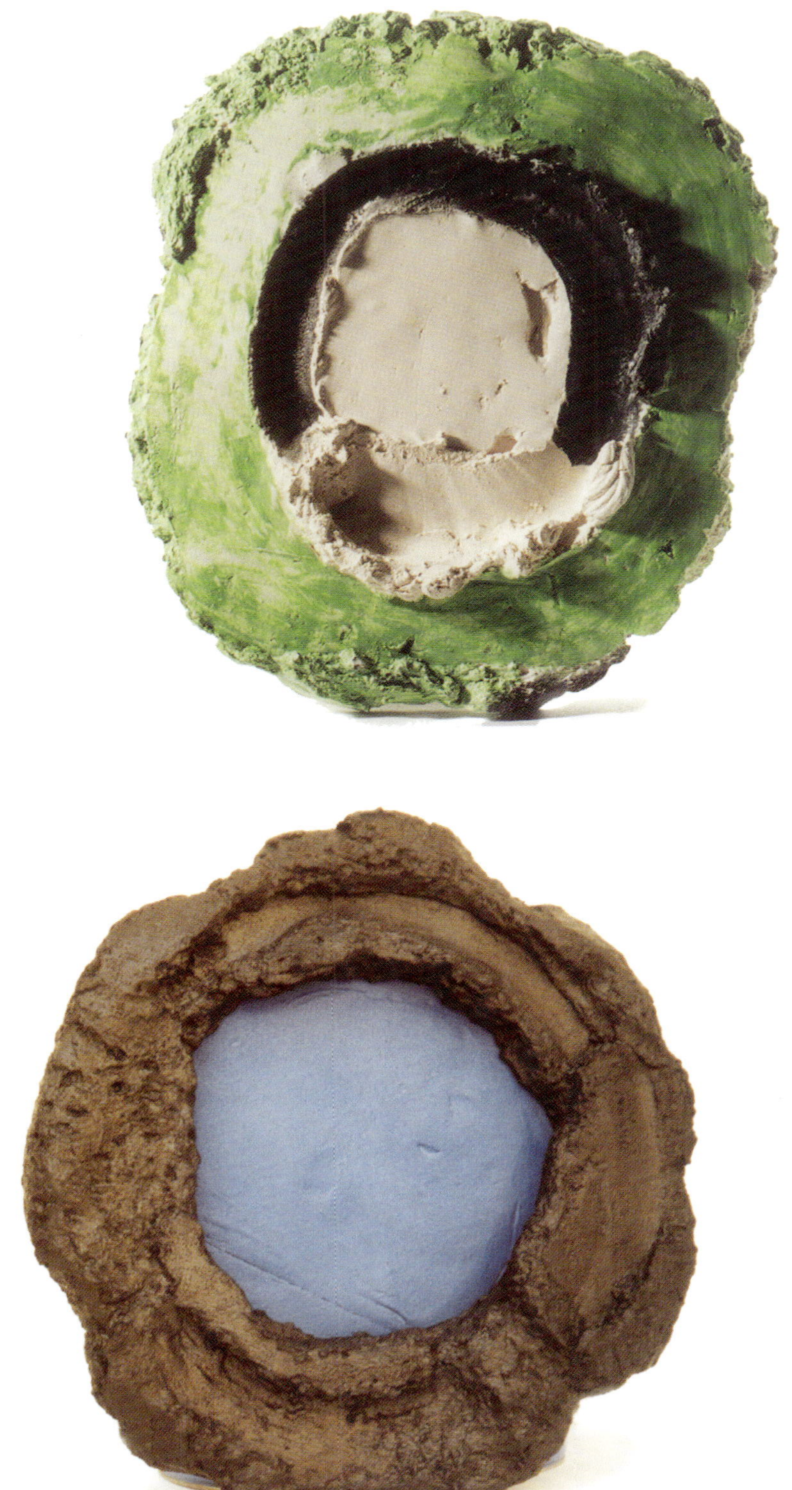

BRAM BOGART, " N° 3 NOIR, BLANC, VERT " *1998, céramique, 48 x 40 cm. Collection particulière.*
"N° 42 FOND BLEU TACHES NOIRES" *1998, céramique, 68 x 63 cm. Collection particulière.*

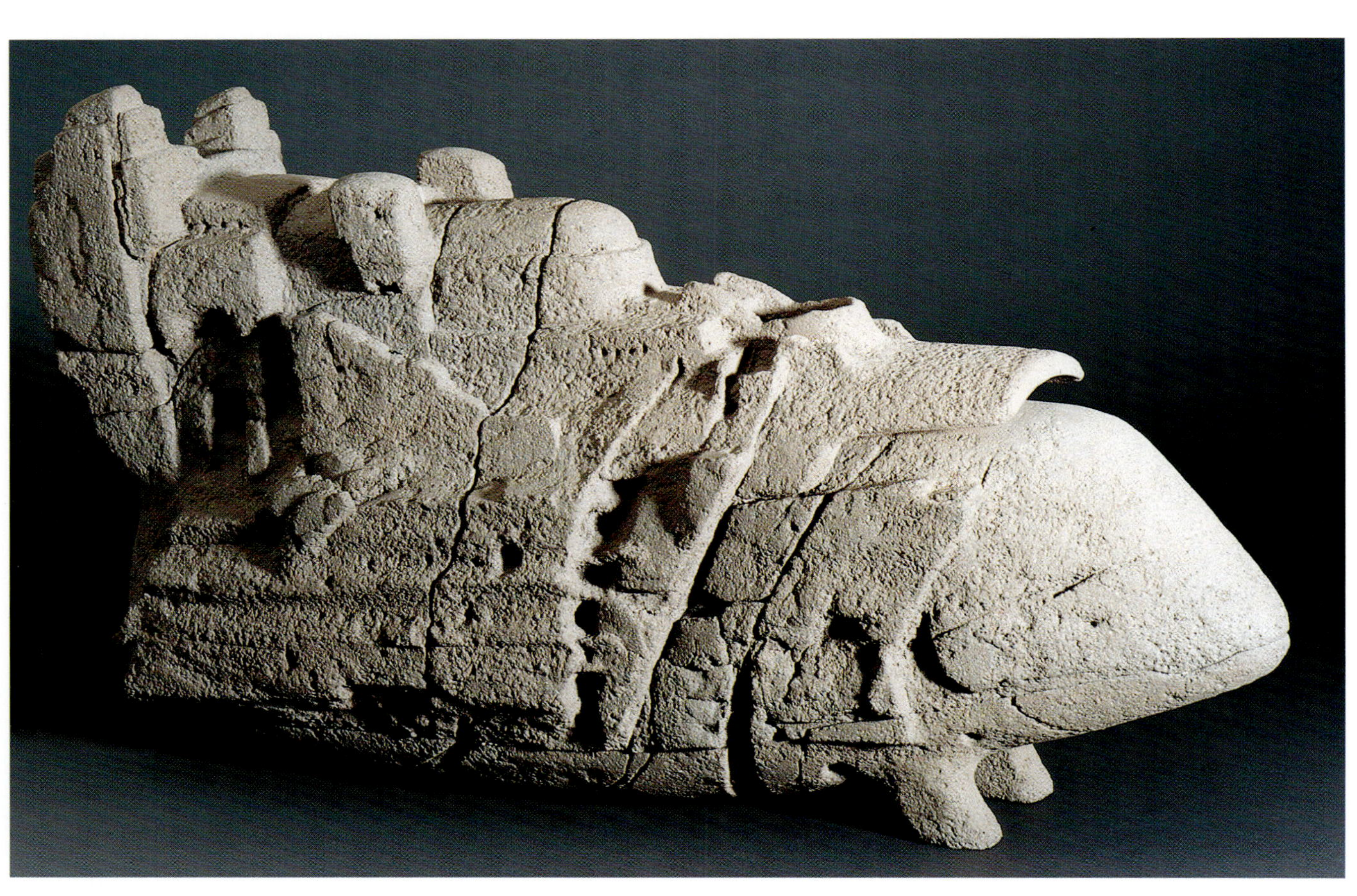

JEAN AMADO, " QUE FAIRE " *1981, terre, 42 x 70 x 23 cm. Collection particulière.*

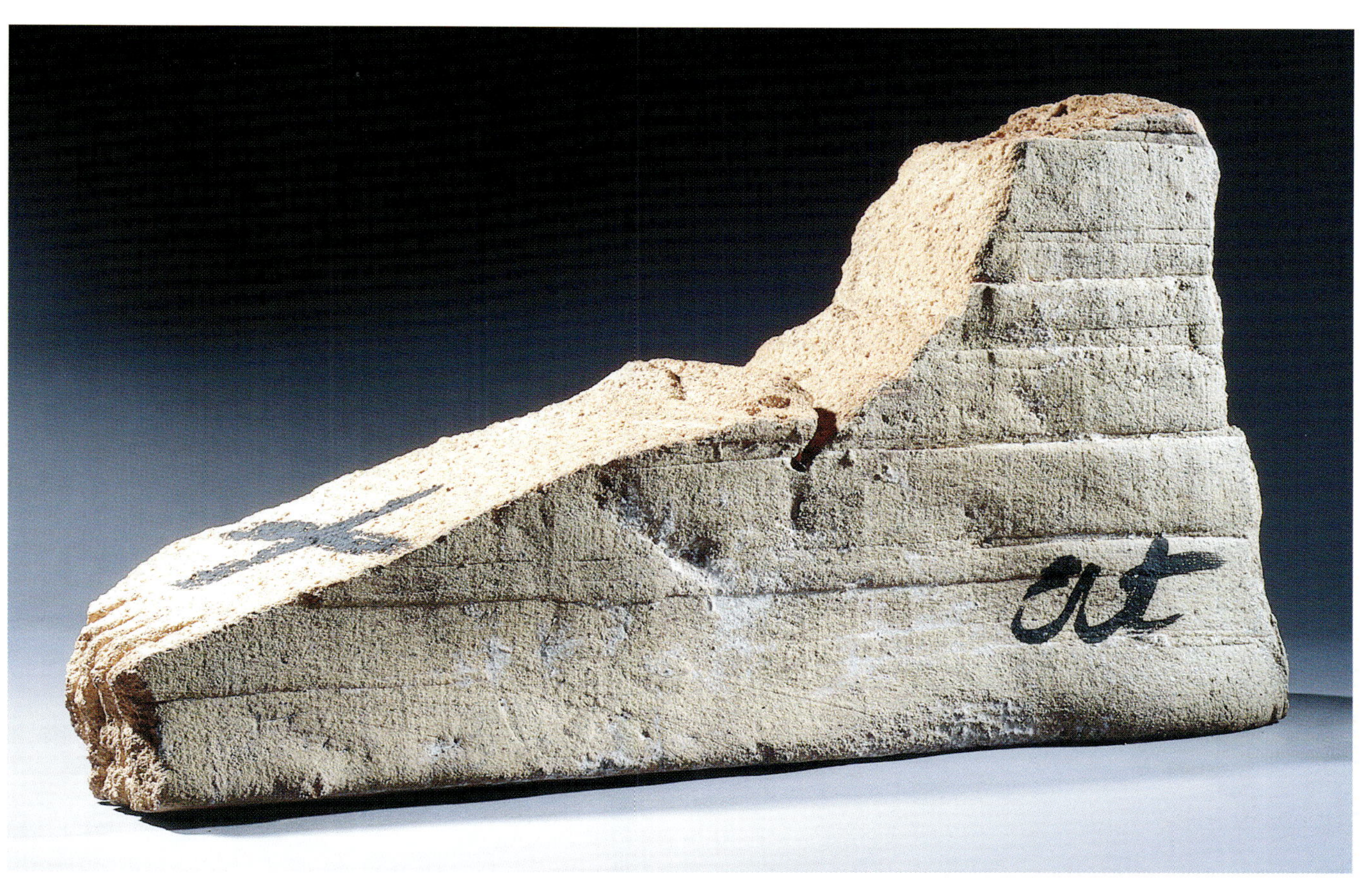

ANTONI TÀPIES, " PIED " *2002, céramique, 42 x 76 x 20 cm. Galerie Lelong, Paris.*

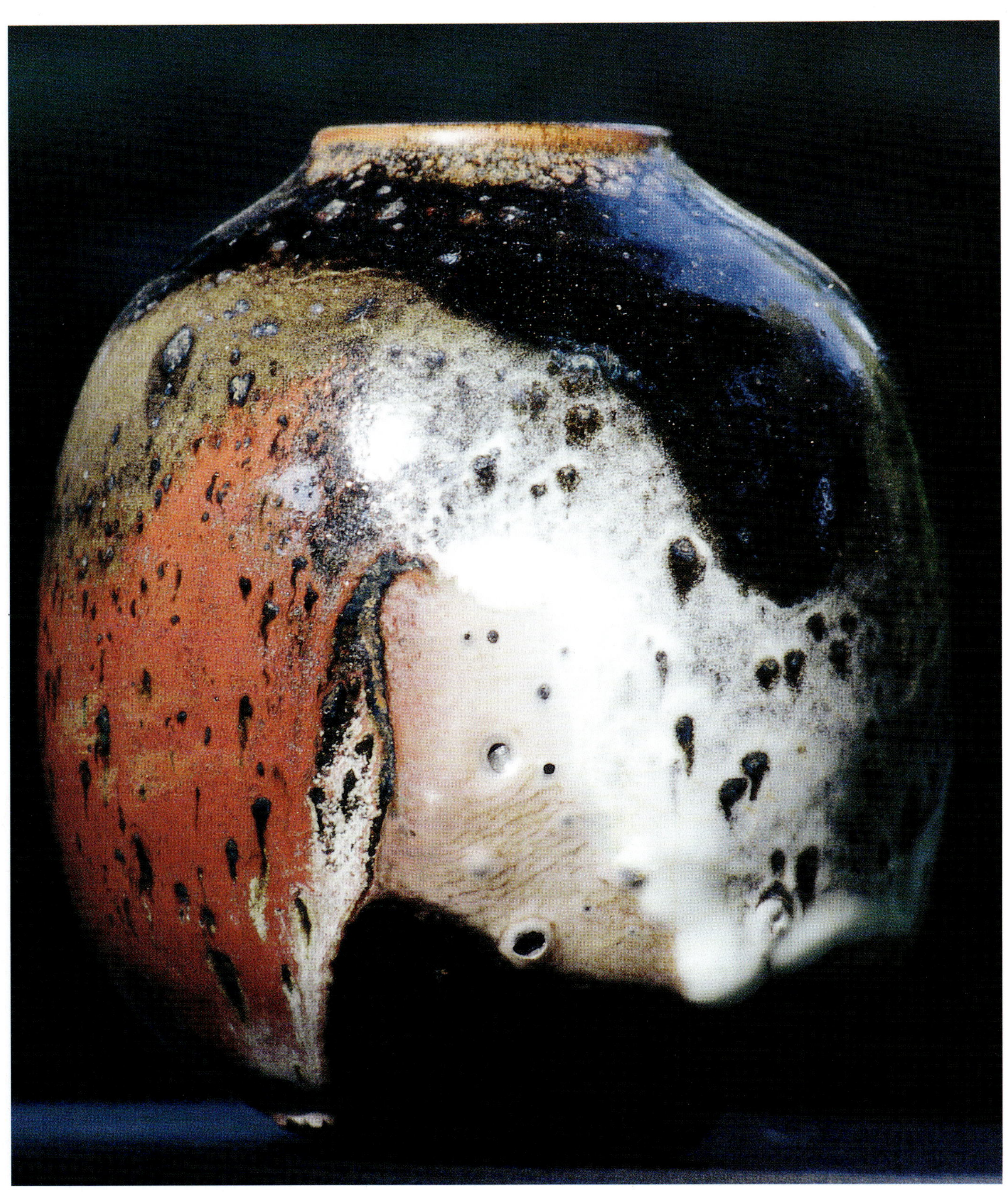

RENÉ BEN LISA, " SANS TITRE " *1983, grès, Ø 14 cm. Collection Serge Ben Lisa.*

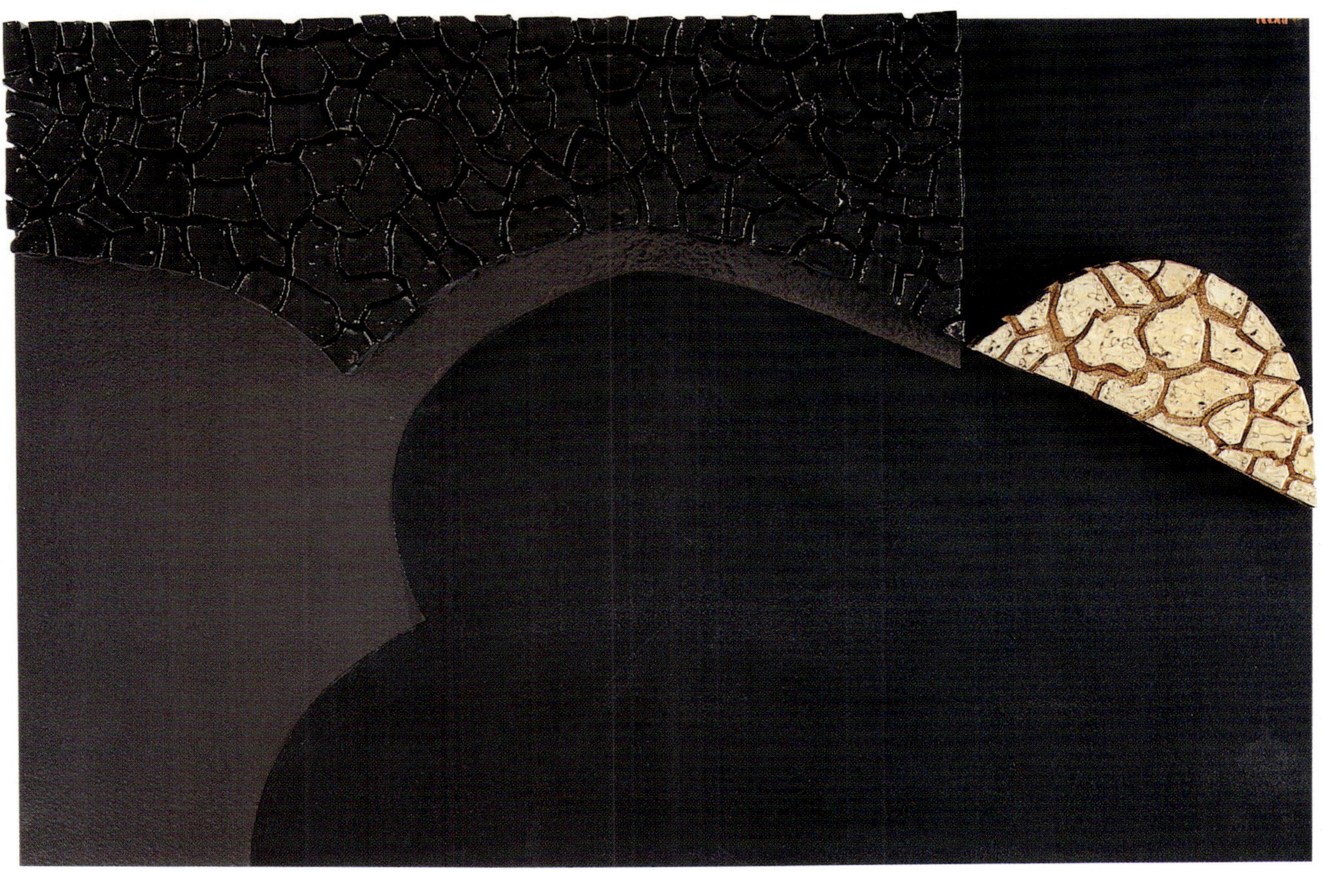

ALBERTO BURRI, " NERO E ORO " *1993, céramique émaillée, 40 x 60 x 3 cm. Collection particulière.*

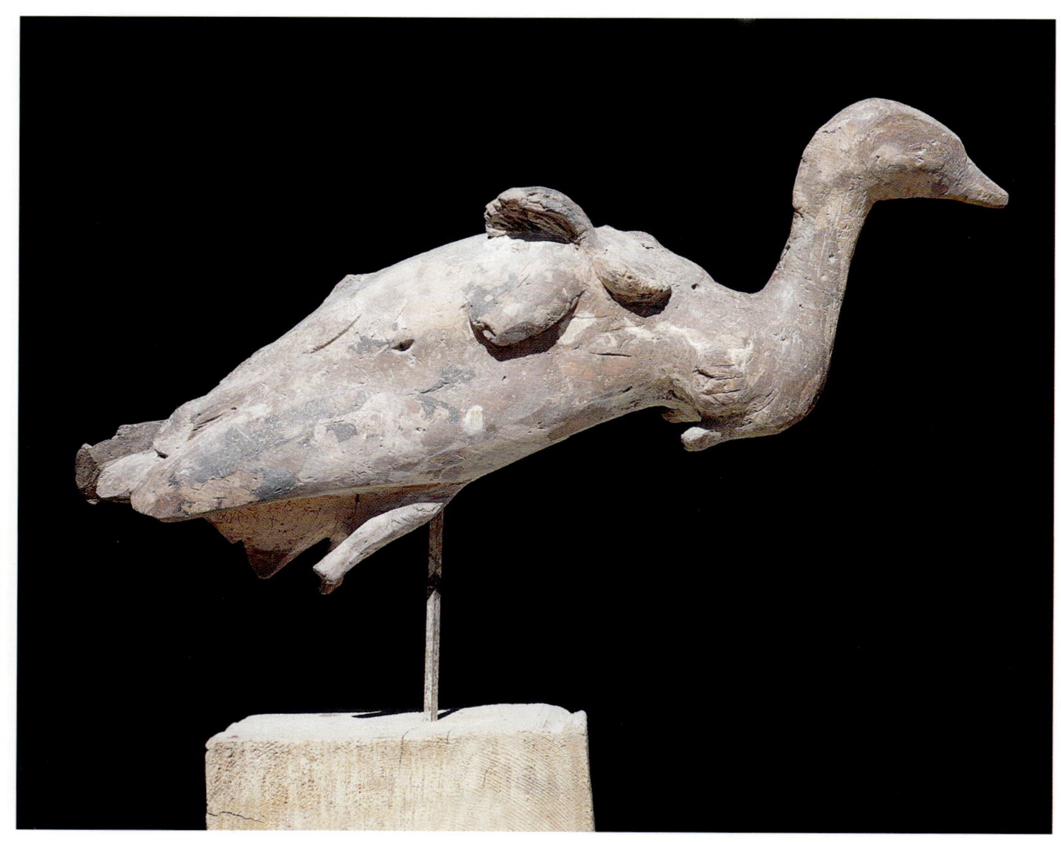

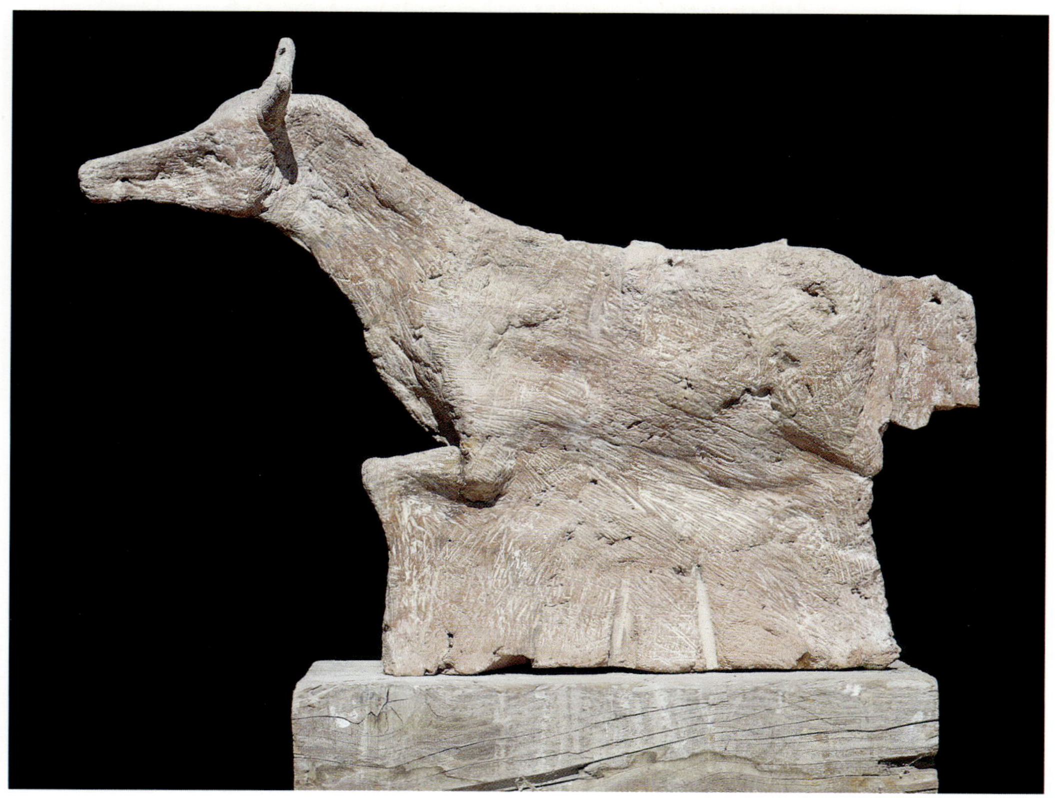

EVERT LINDFORS, " l'OISEAU " *1970, terre, 33 x 60 x 15 cm. Collection particulière.*
" LE CHEVAL " *1970, terre, 50 x 76 x 8 cm. Collection particulière.*

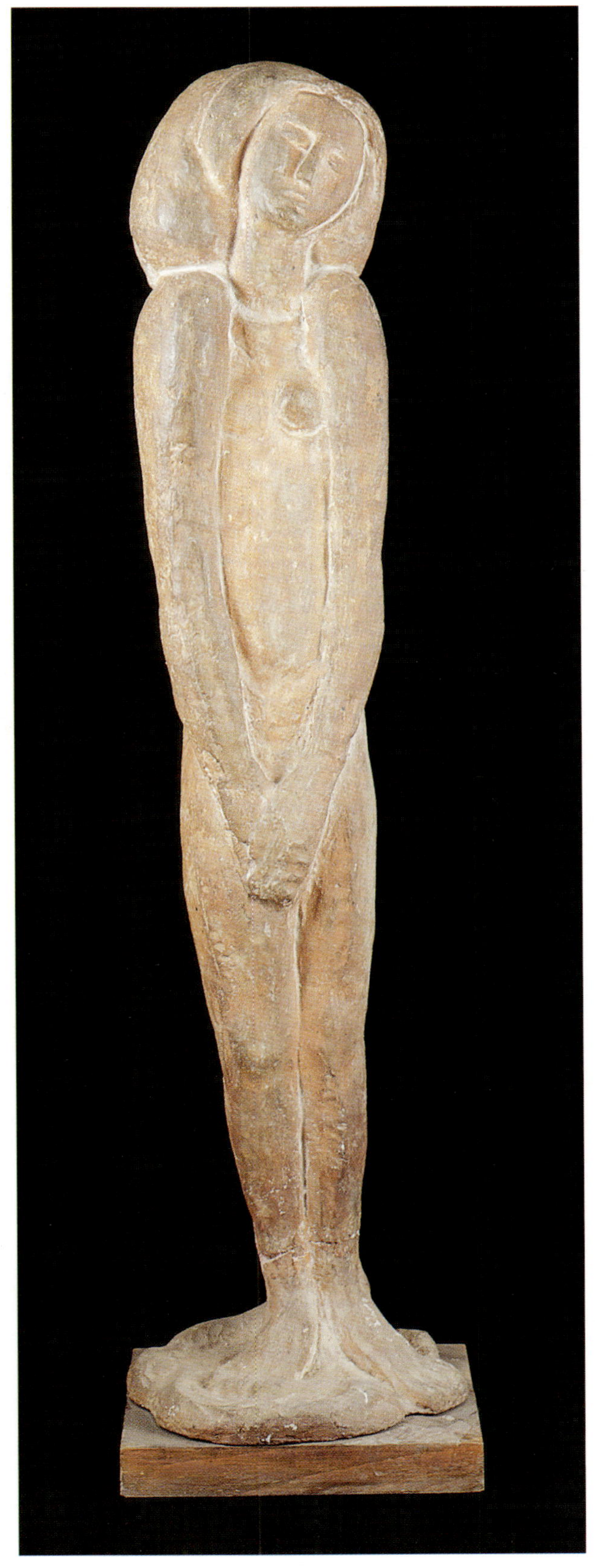

AURELIO DE FELICE, " LA NAISSANCE DE VÉNUS " *terre cuite, 122 x 25 x 30 cm. Ville de Saint-Ouen.*

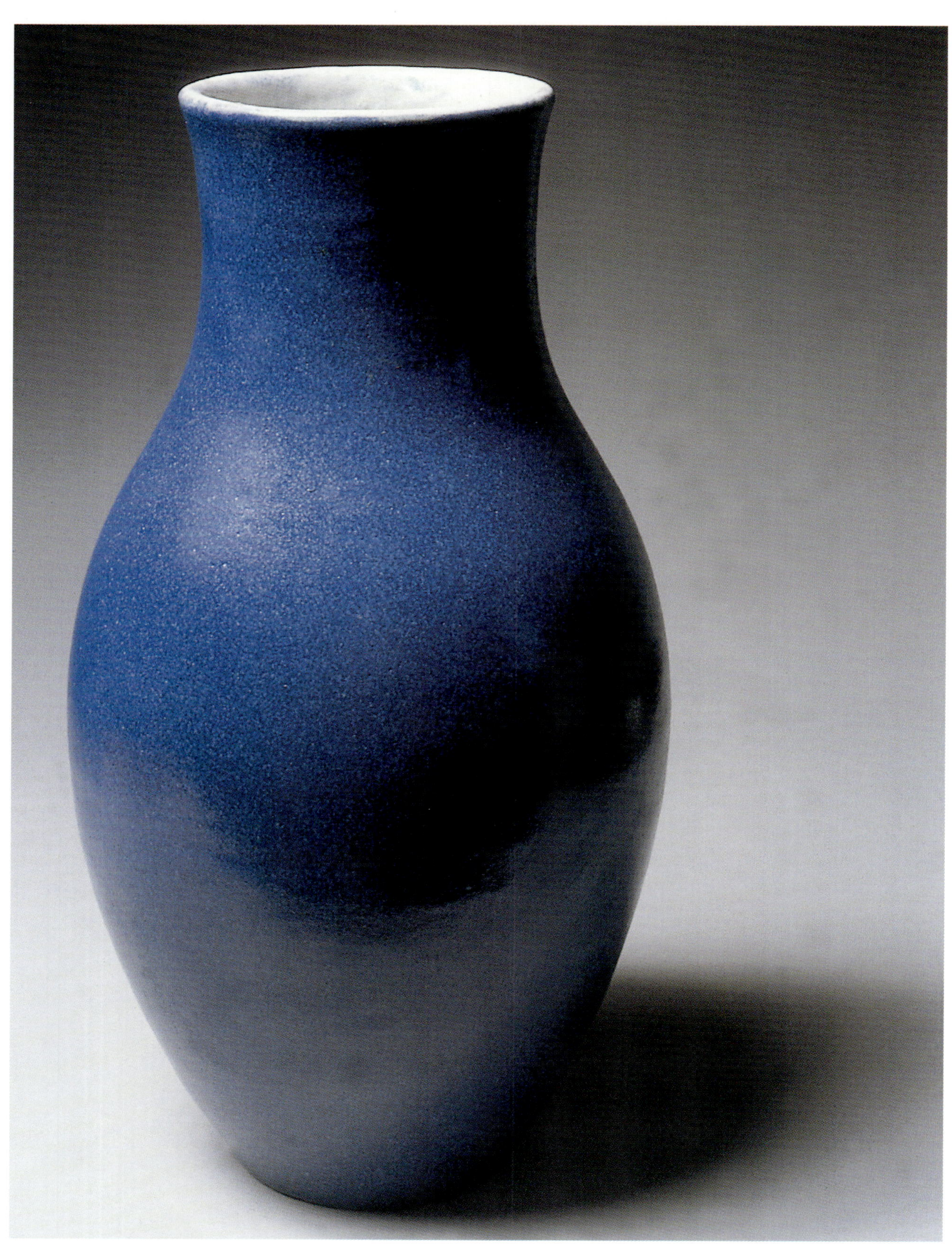

JOSEP LLORENS ARTIGAS, " VASE N°5 BLEU FONCÉ BRILLANT " *1969, céramique, 33,5 x Ø14 cm. Collection Maeght, Paris.*

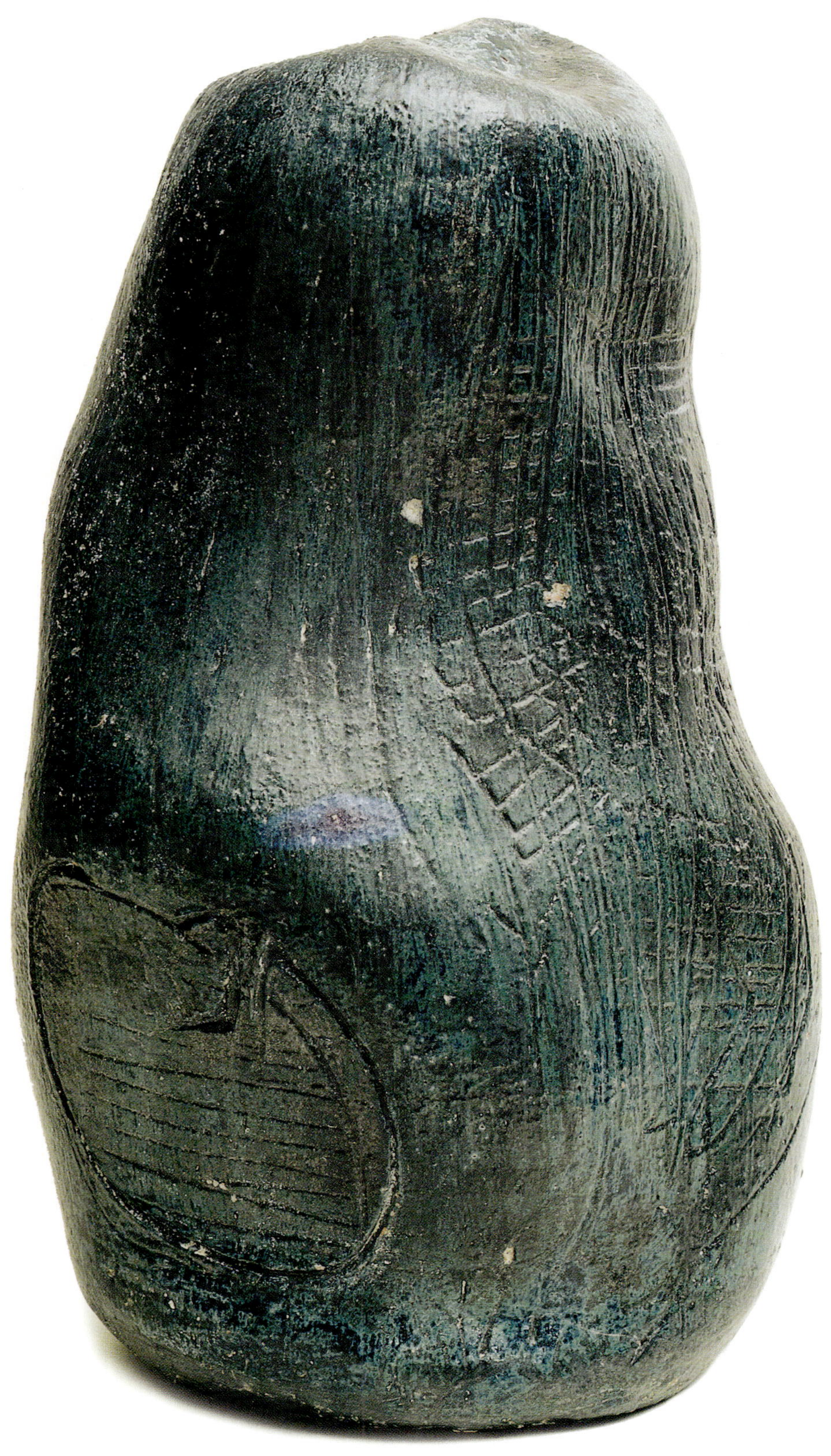

EMILIO SCANAVINO, " SENZA TITOLO " *1959, terre cuite, 49 x 30 cm. Collection particulière.*

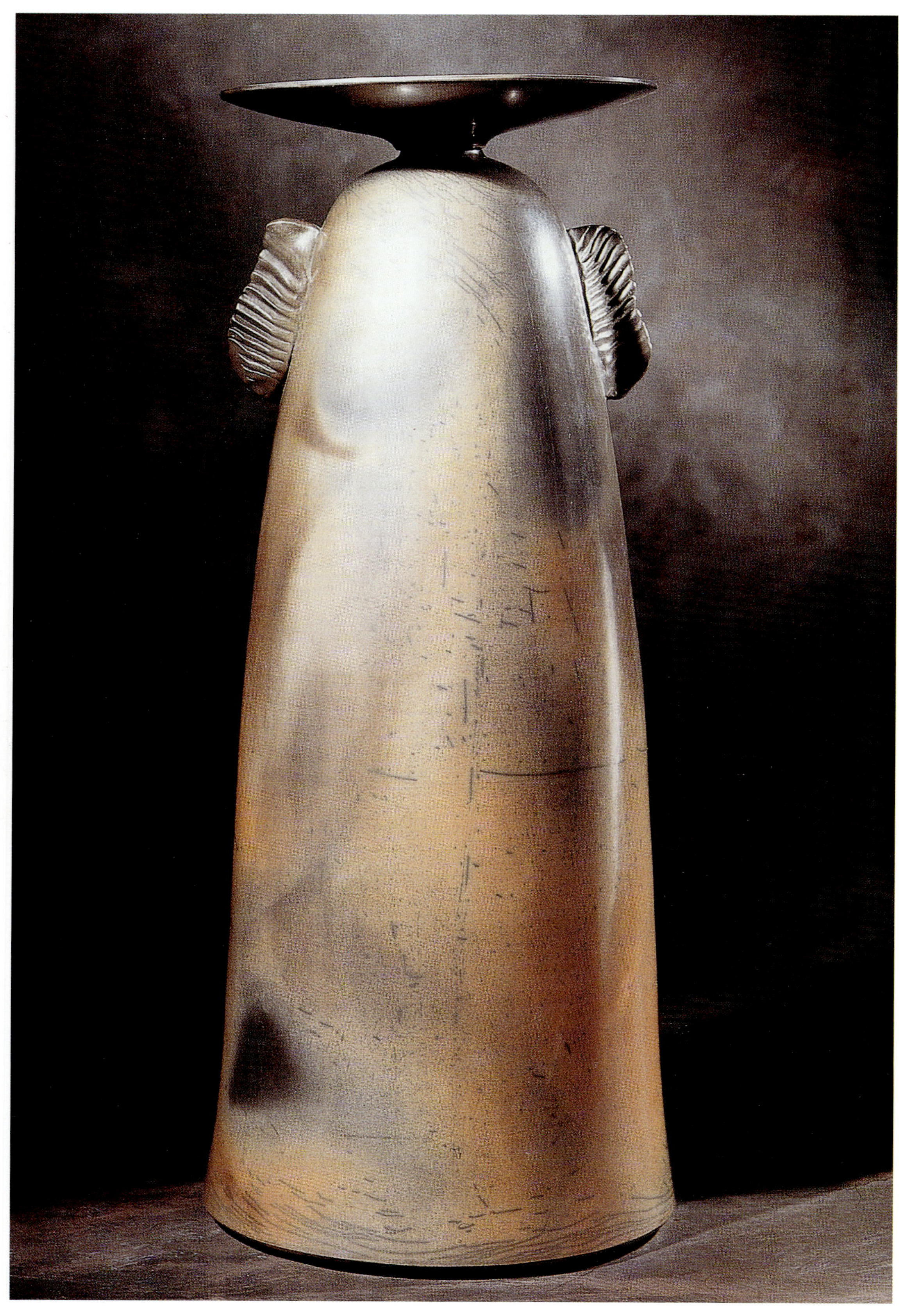

PIERRE BAYLE, " GRAND CANOPE " *1989, terre, h. 63,5 cm. Collection particulière.*

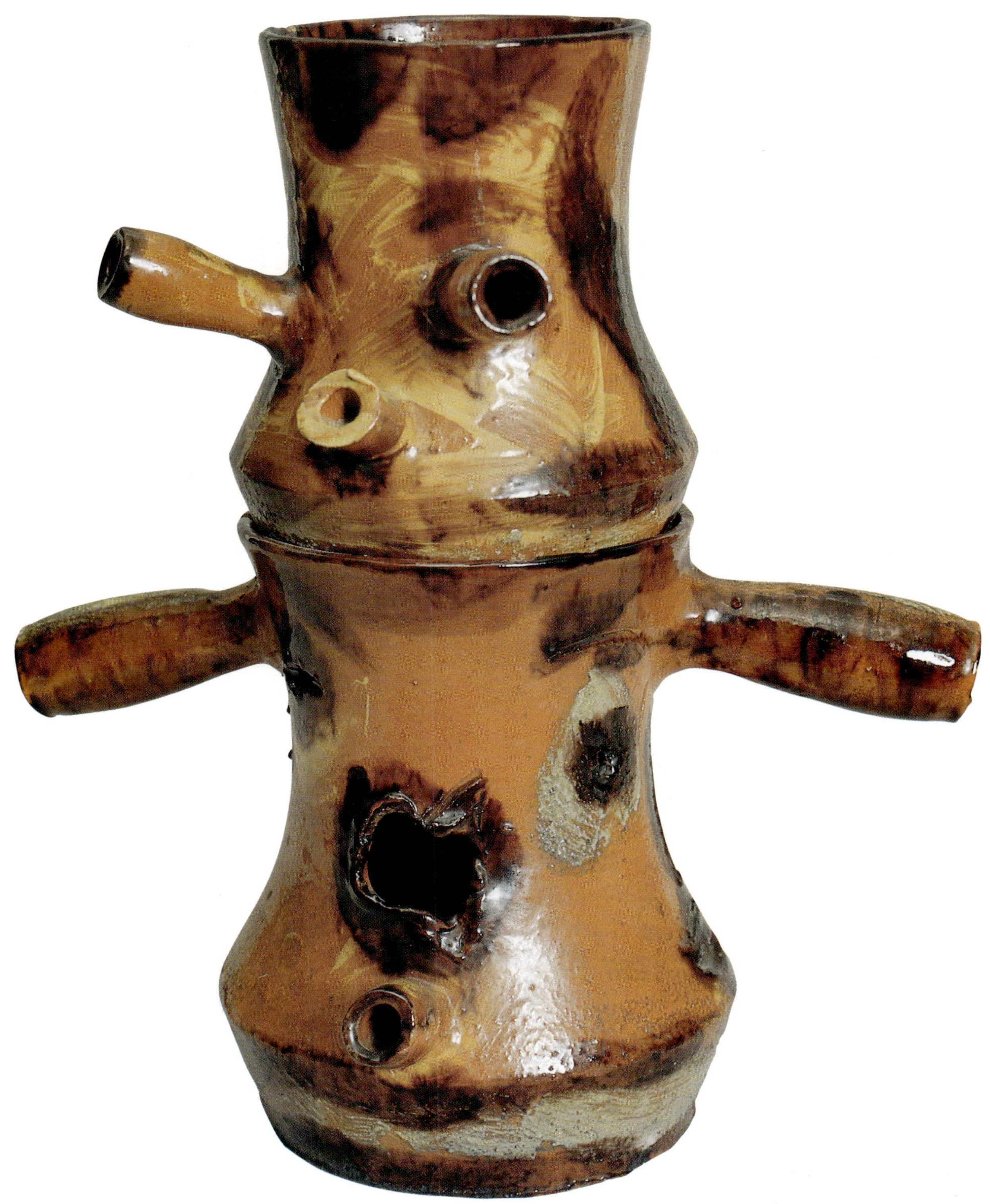

ENRICO BAJ, " DOPPIA FACCIA " *1955, majolique, 36 x 33 x 17 cm. Collection particulière.*

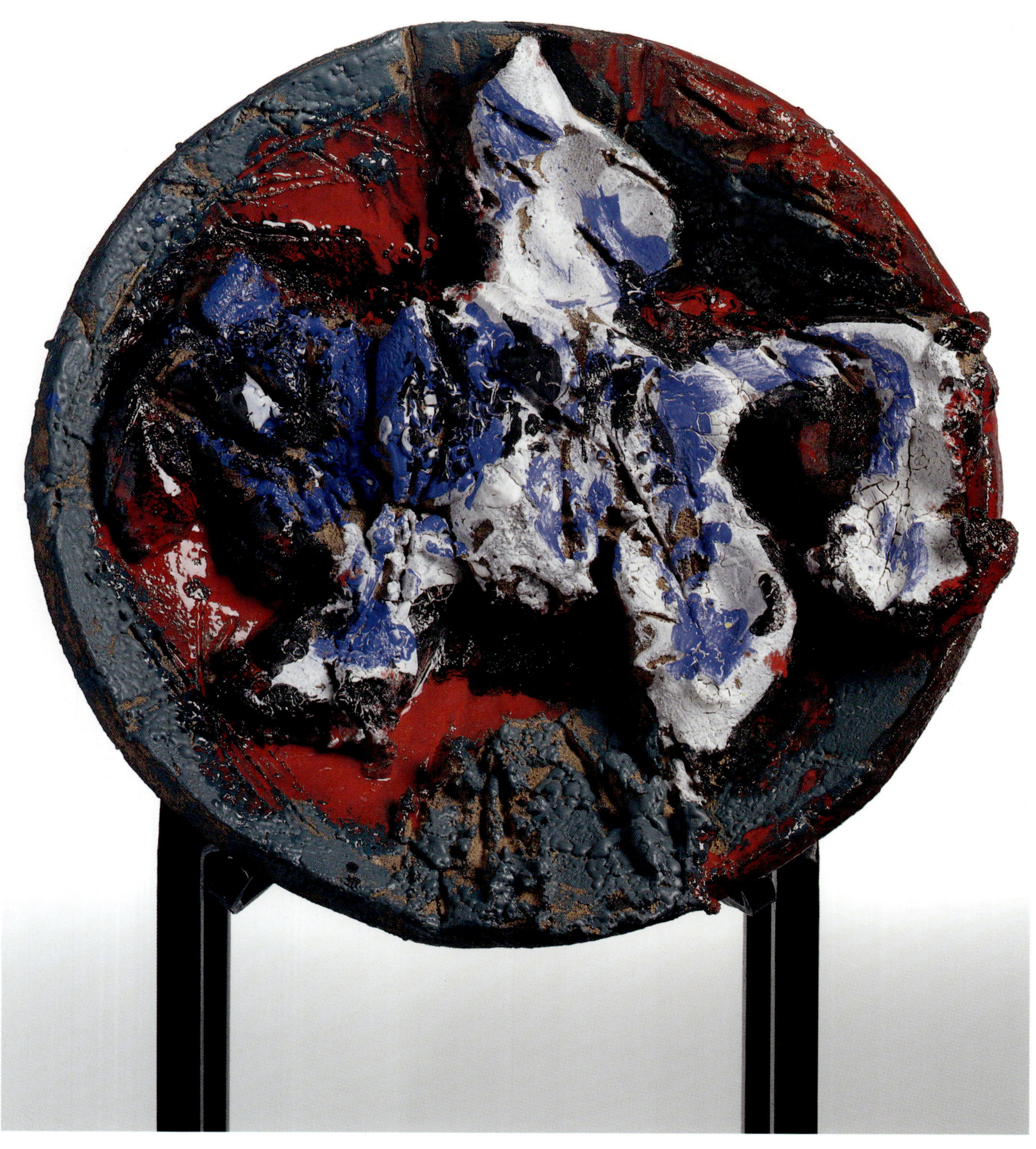

KAREL APPEL, " SANS TITRE " *1997, céramique, Ø 45 cm. Galerie Lelong, Paris.*

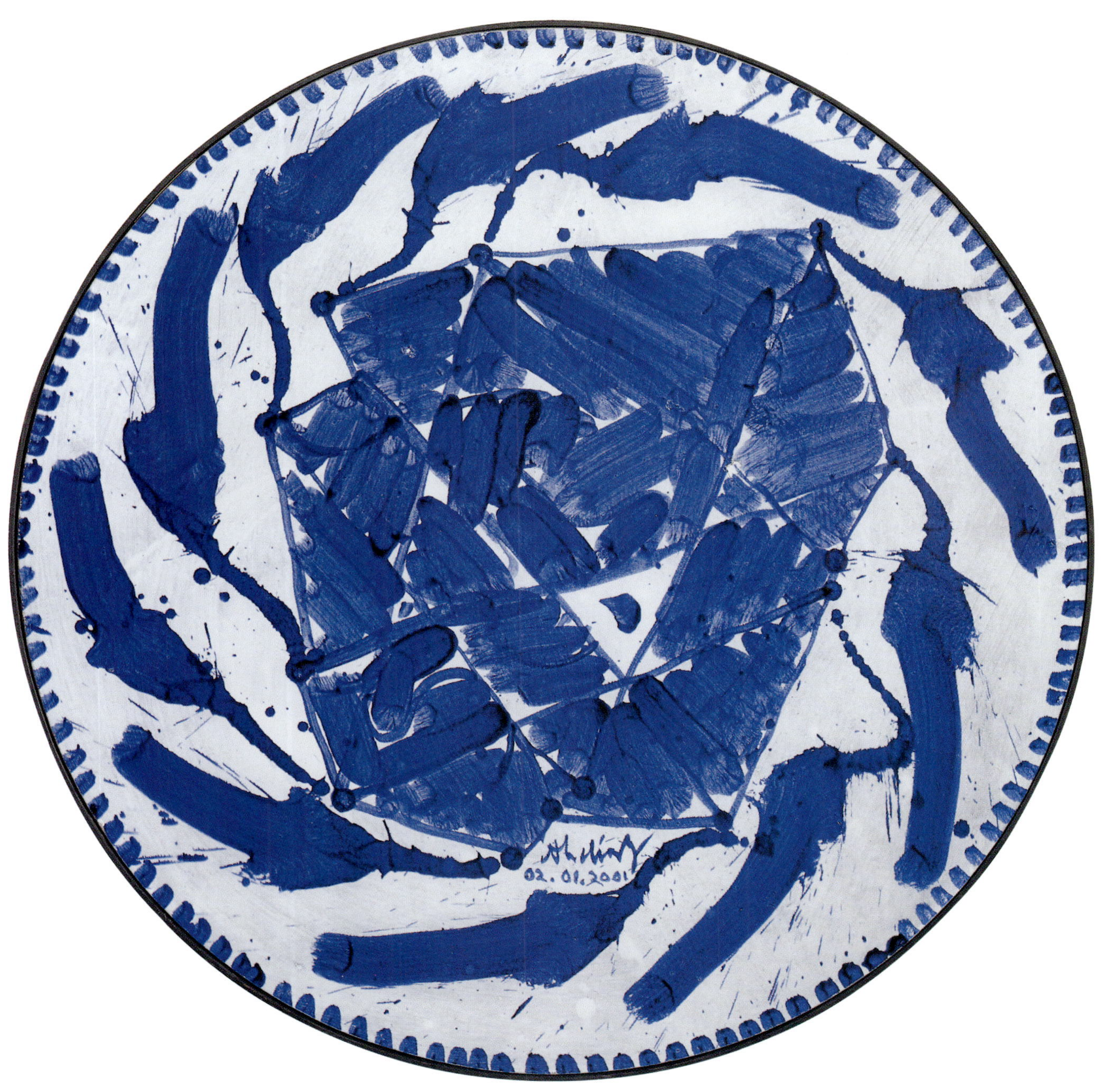

PIERRE ALECHINSKY, " ROUE À AUBES " *2001, céramique, Ø 100 cm. Galerie Lelong, Paris.*

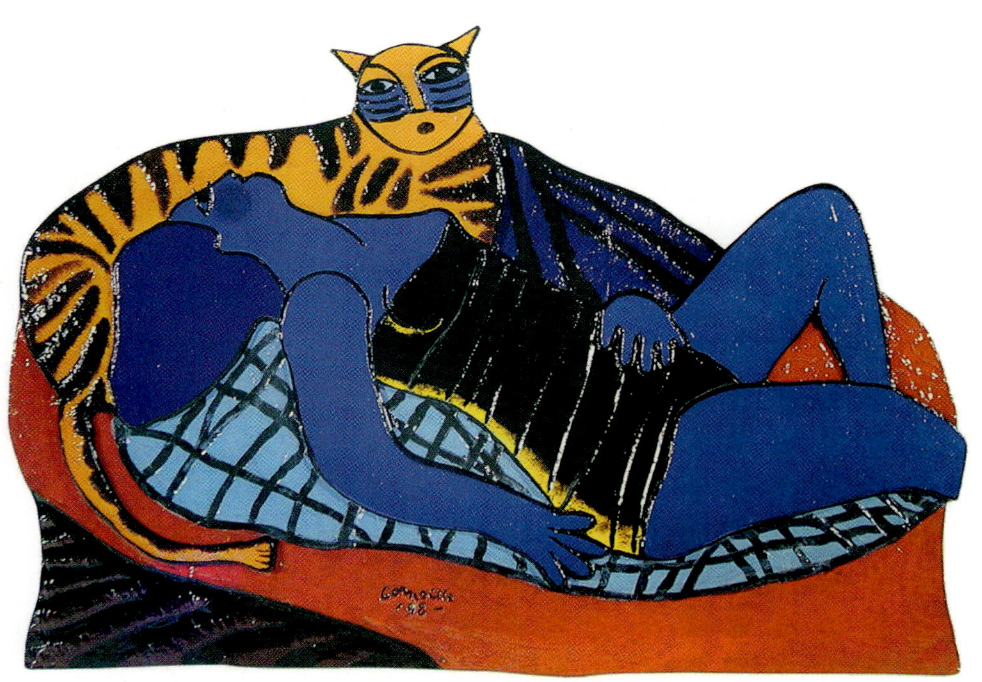

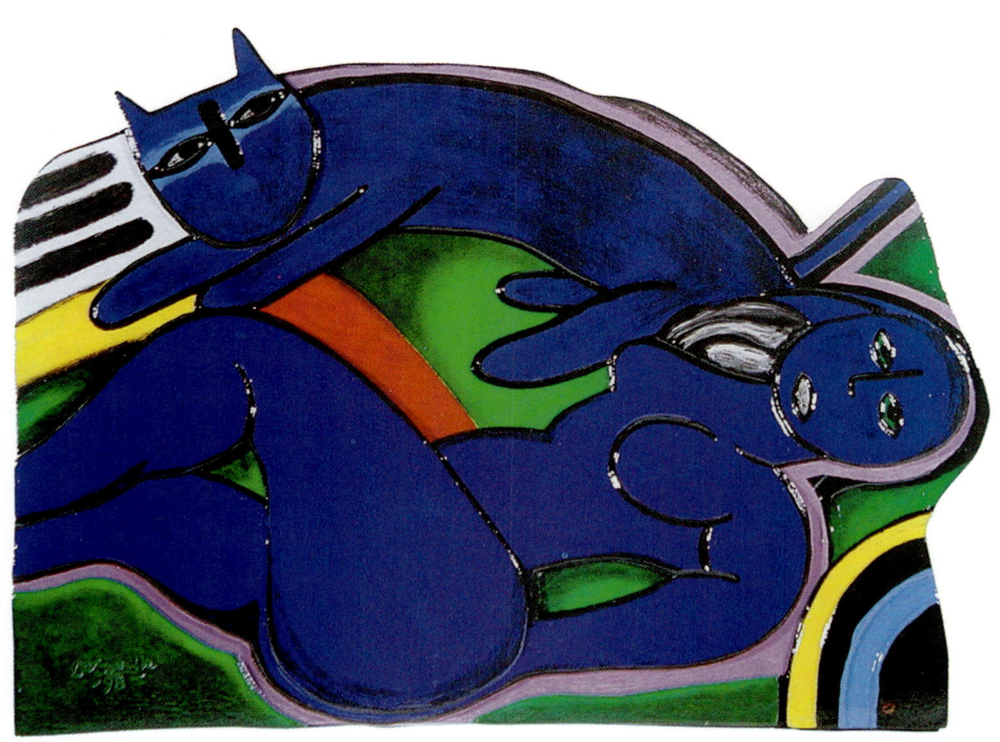

CORNEILLE, " MURAL N° 46 " *1999, céramique, 52 x 73,5 cm. Collection particulière.*
" MURAL N° 47 " *1998, céramique, 55 x 72,5 cm. Collection particulière.*

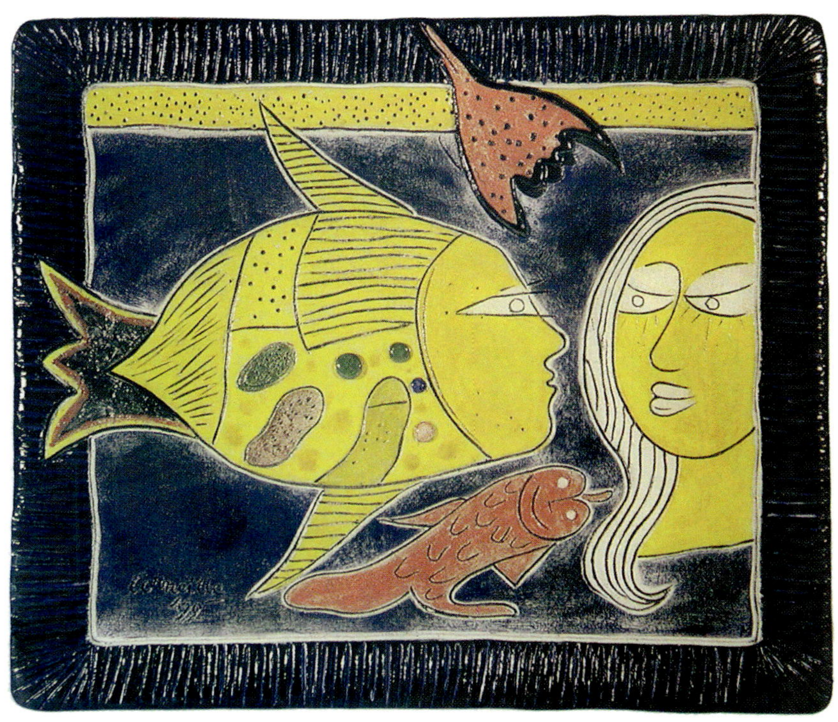

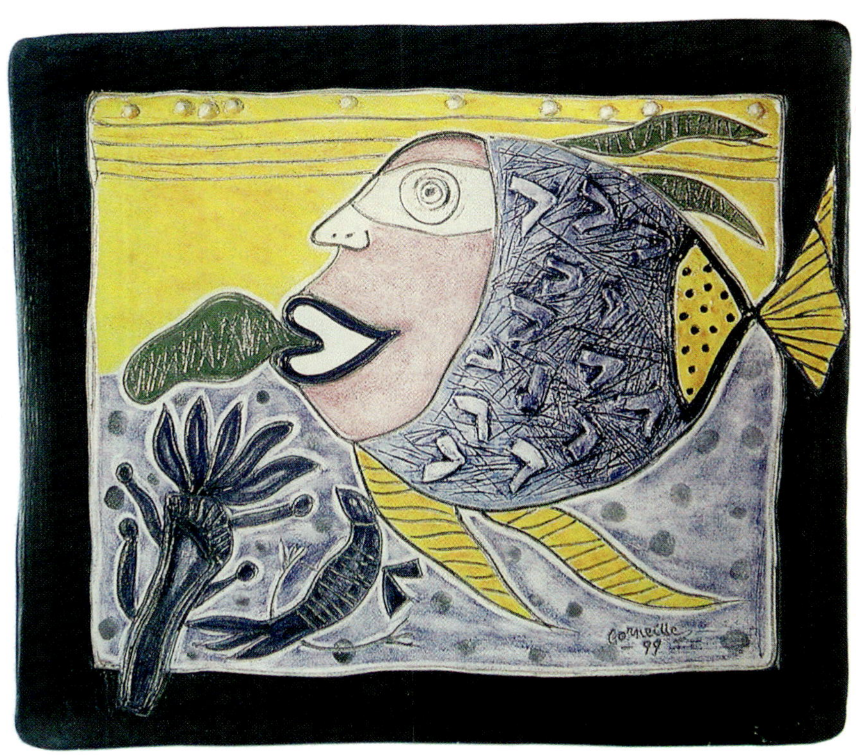

CORNEILLE, " MURAL N° 51 " *1999, céramique, 62,5 x 70,5 cm. Collection particulière.*
" MURAL N° 50 " *1999, céramique, 62,5 x 71,5 cm. Collection particulière.*

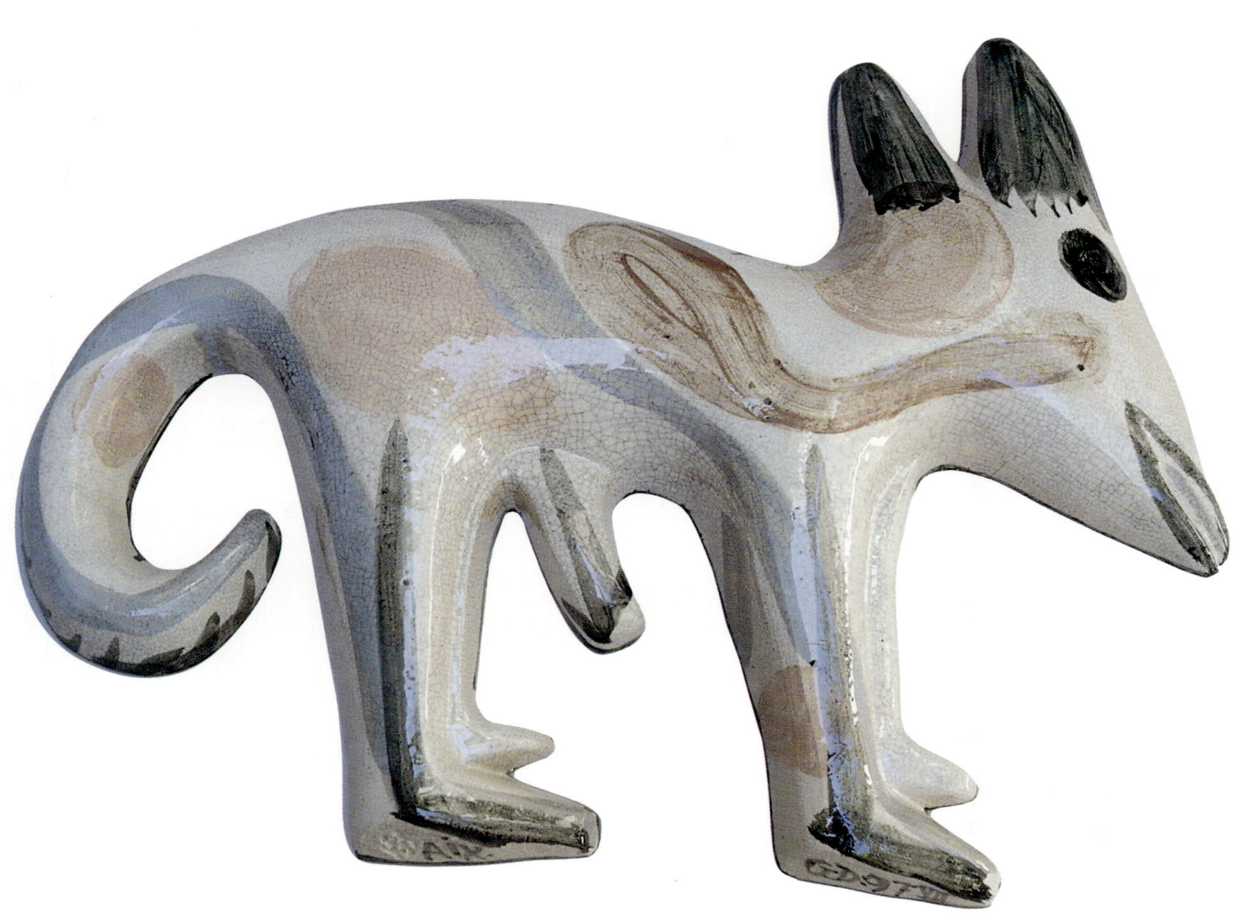

GÉRARD DROUILLET, " CHIEN CORSE " *1997, terre vernissée, 49 x 62 x 6 cm. Collection particulière.*

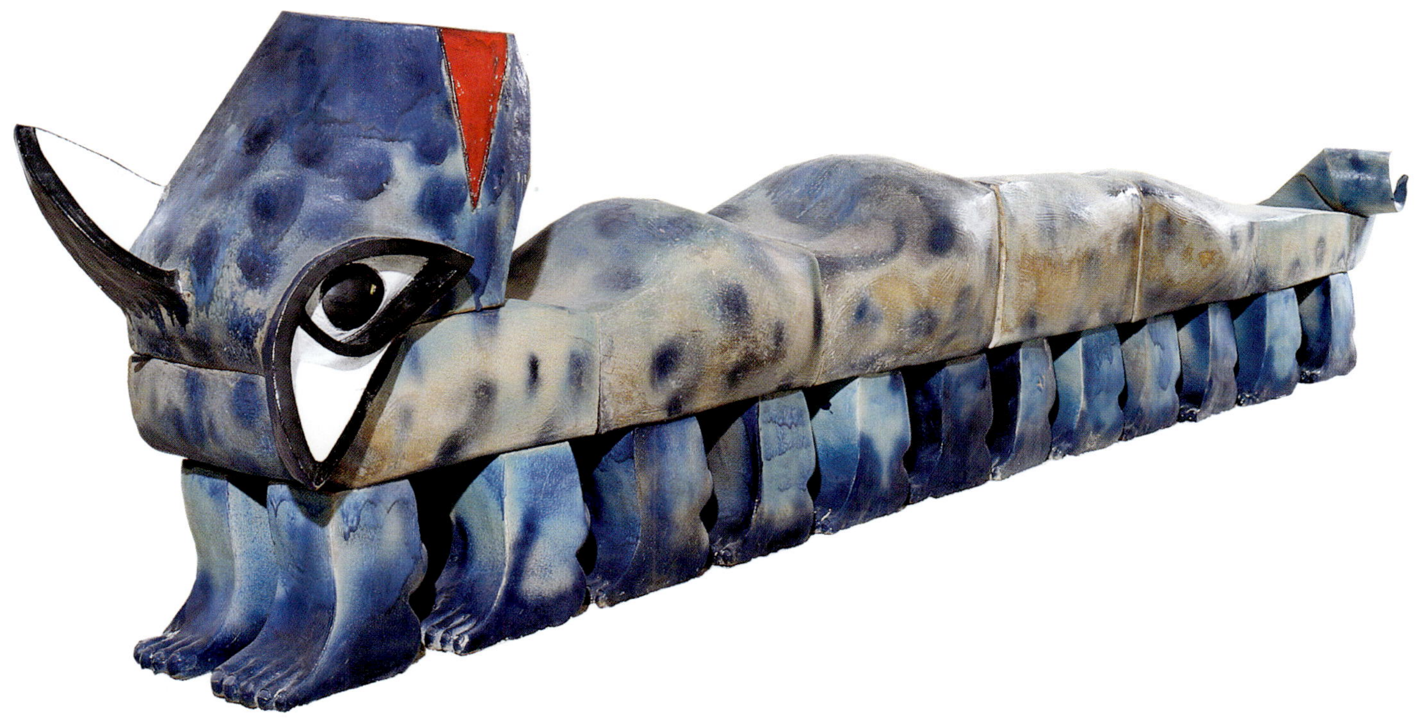

JACKY COVILLE, " SERPENT-LOUP-MILLE-PATTES " *2002, céramique, 145 x 800 x 70 cm. Collection particulière.*

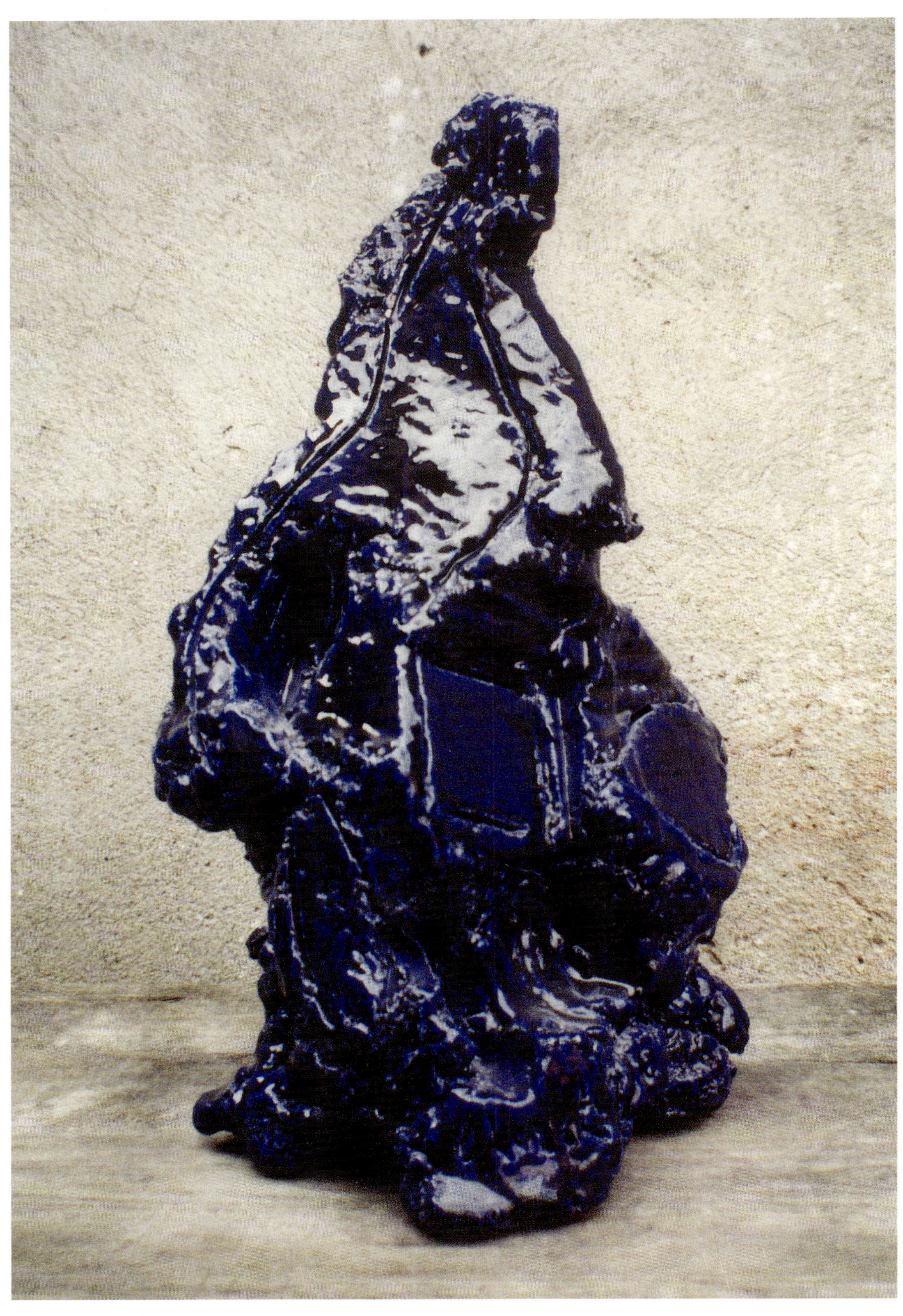

SANDRO CHERCHI, " POLIEDRICA " *1990, terre cuite émaillée, 45 x 26 x 21 cm. Ceramiche San Giorgio, Albisola Marina.*

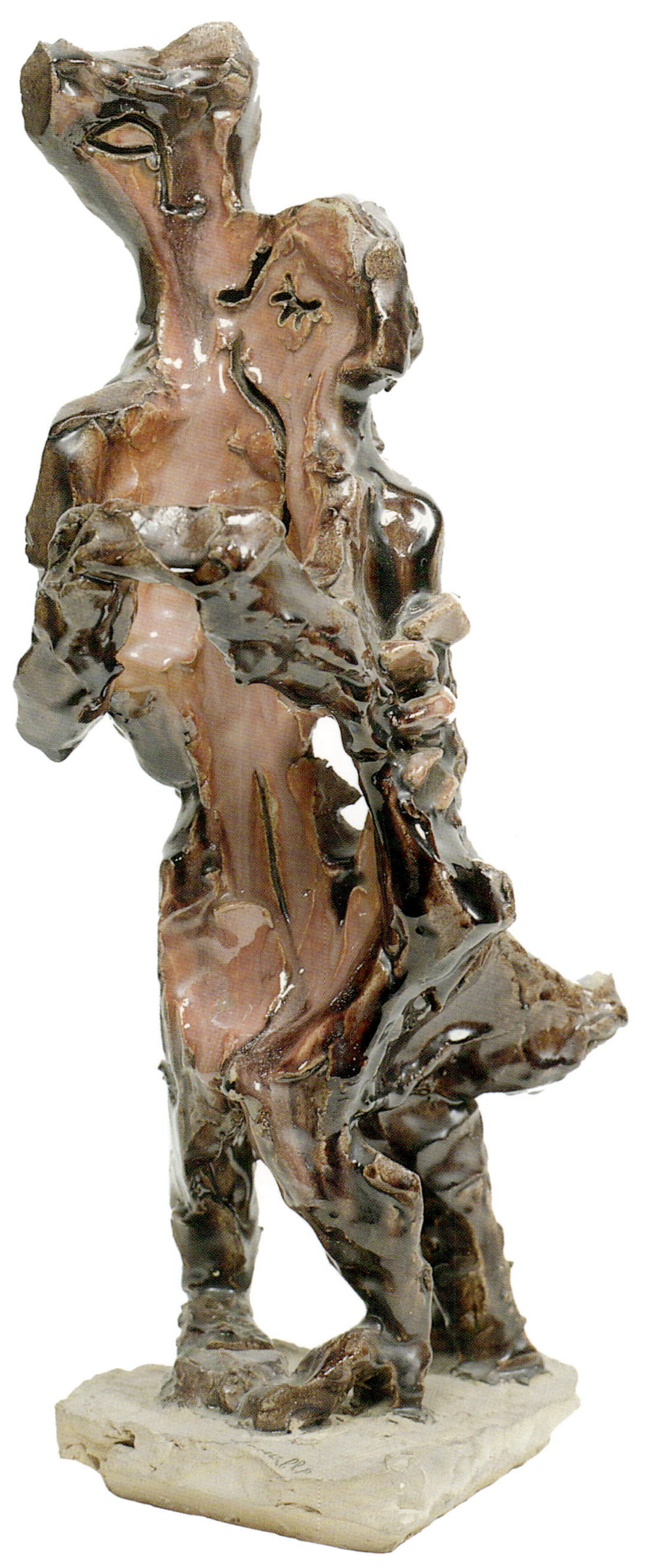

LEONCILLO , " BALLERINI " *1955-1960, céramique, 40,5 x 19 x 14 cm. Collection particulière.*

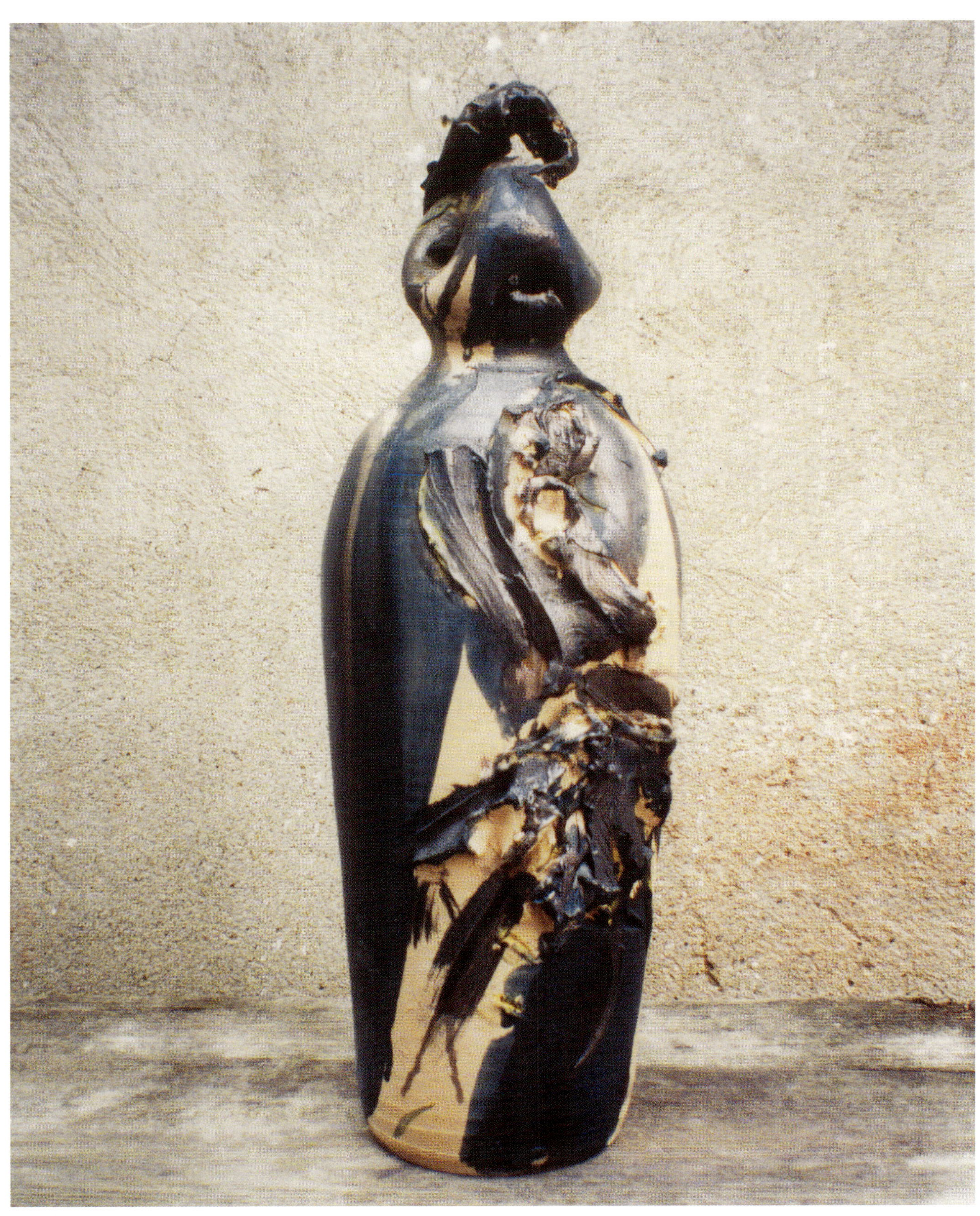

SERGE VANDERCAM, " PERSONNAGE " *2002, terre cuite, 47 x 15 x 15 cm. Ceramiche San Giorgio, Albisola Marina.*

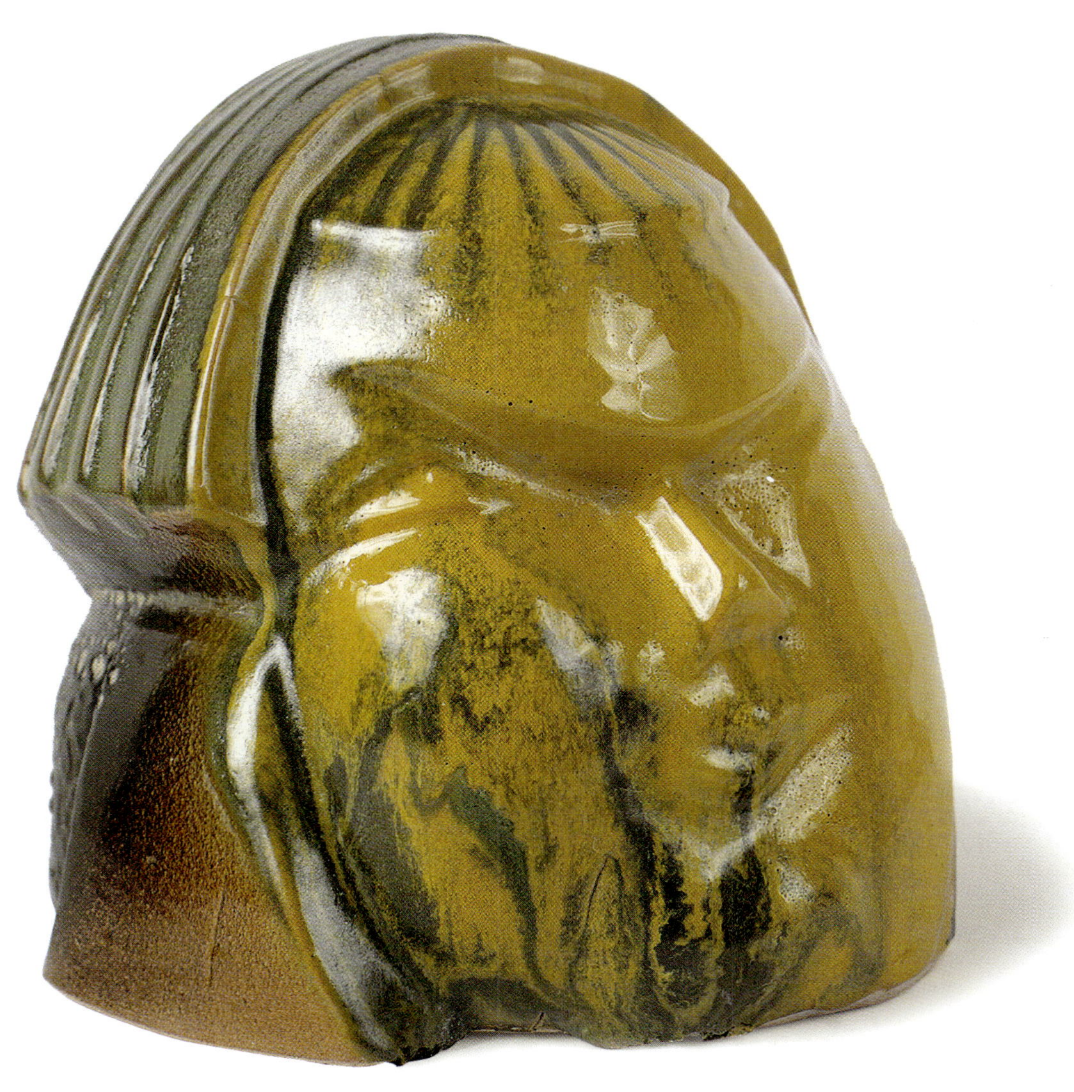

TULLIO D'ALBISOLA, " LA QUINDICENNE " *1929, terre cuite, 16 x 20 x 16 cm. Collection particulière.*

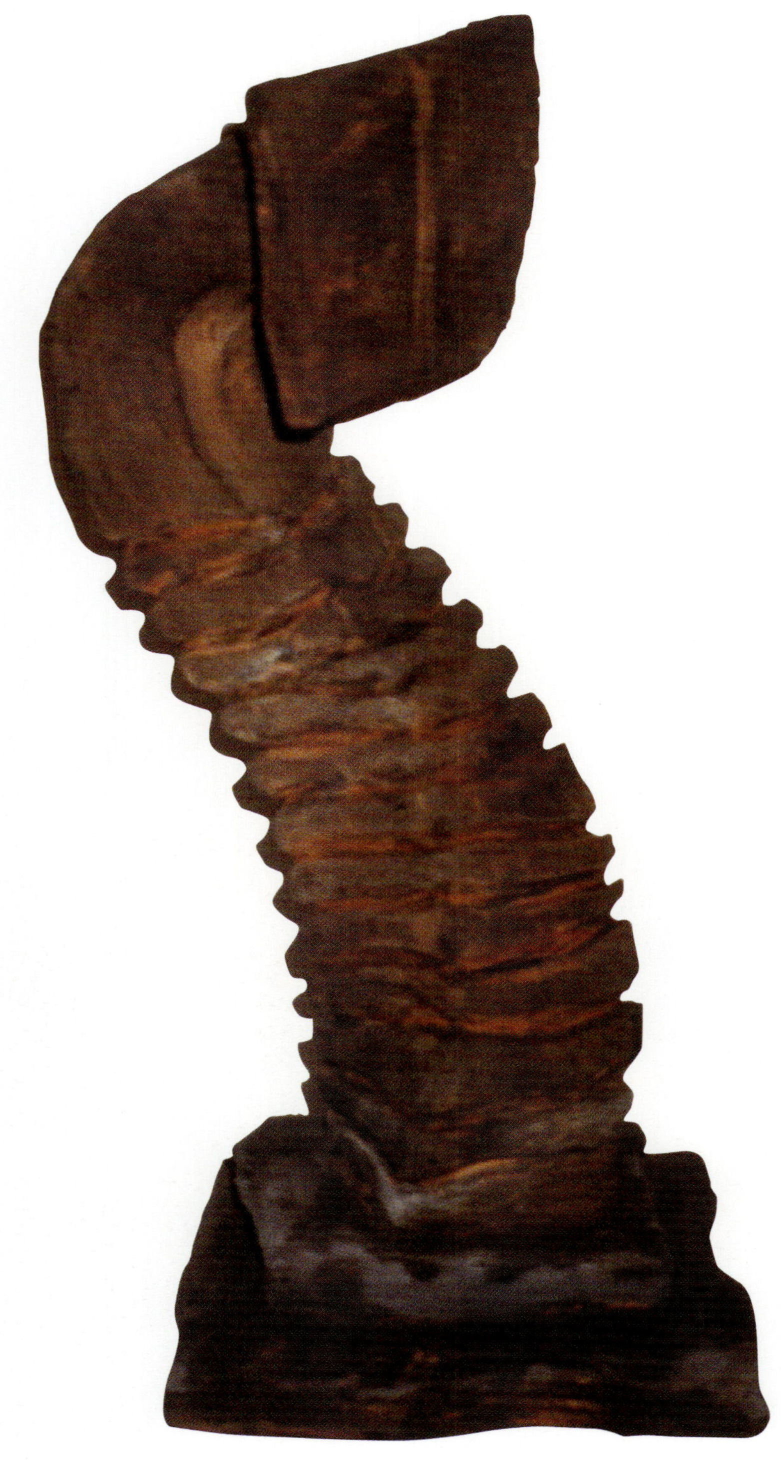

LUCILLA CATANIA, " VITE " *2003, terre cuite, 43 x 17 x 17 cm. Courtesy Ellequadro Documenti, Gênes.*

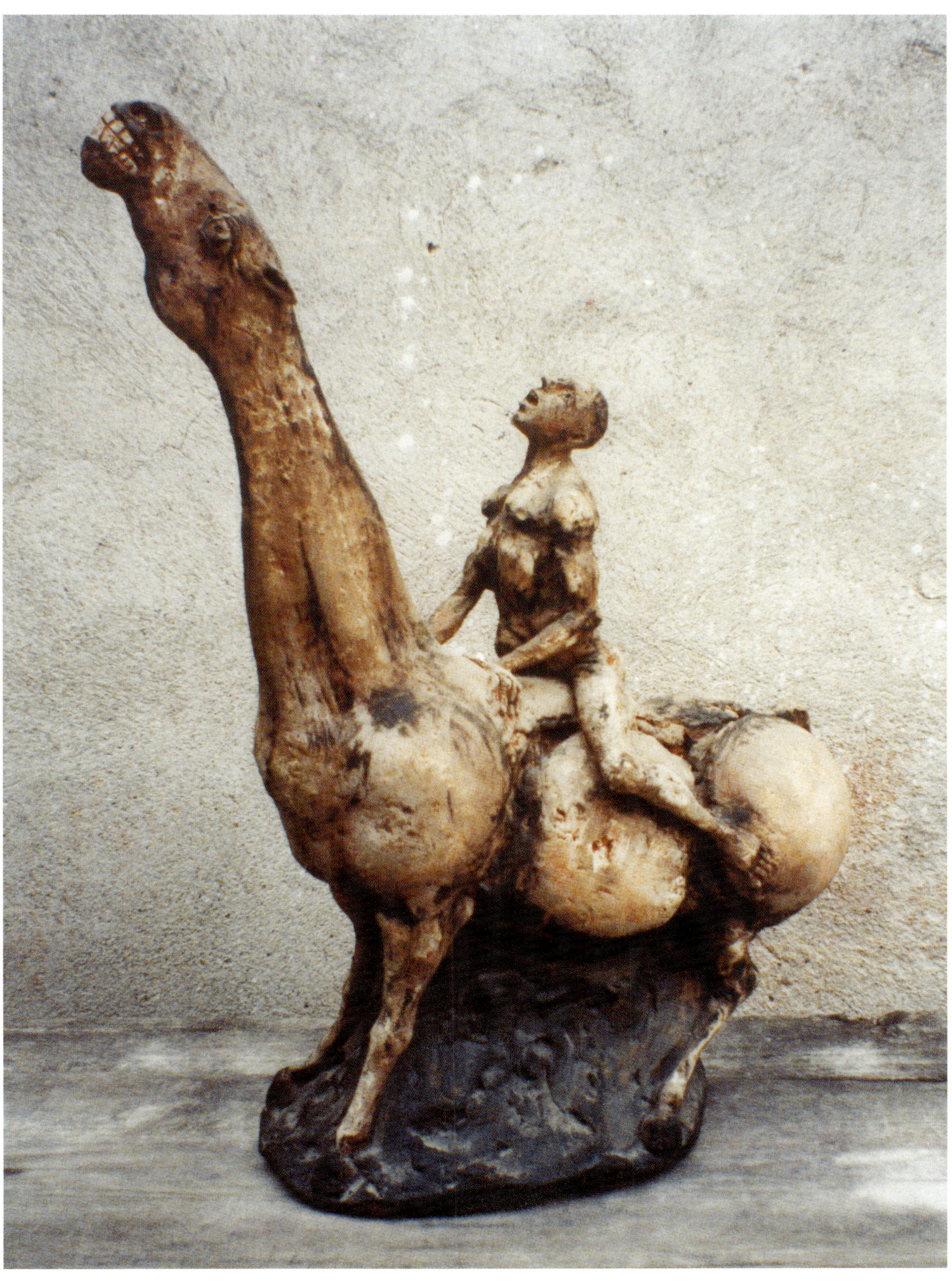

AGENORE FABBRI, " CAVALLO E CAVALIERE " *1973, terre cuite, 53 x 46 x 18 cm. Ceramiche San Giorgio, Albisola Marina.*

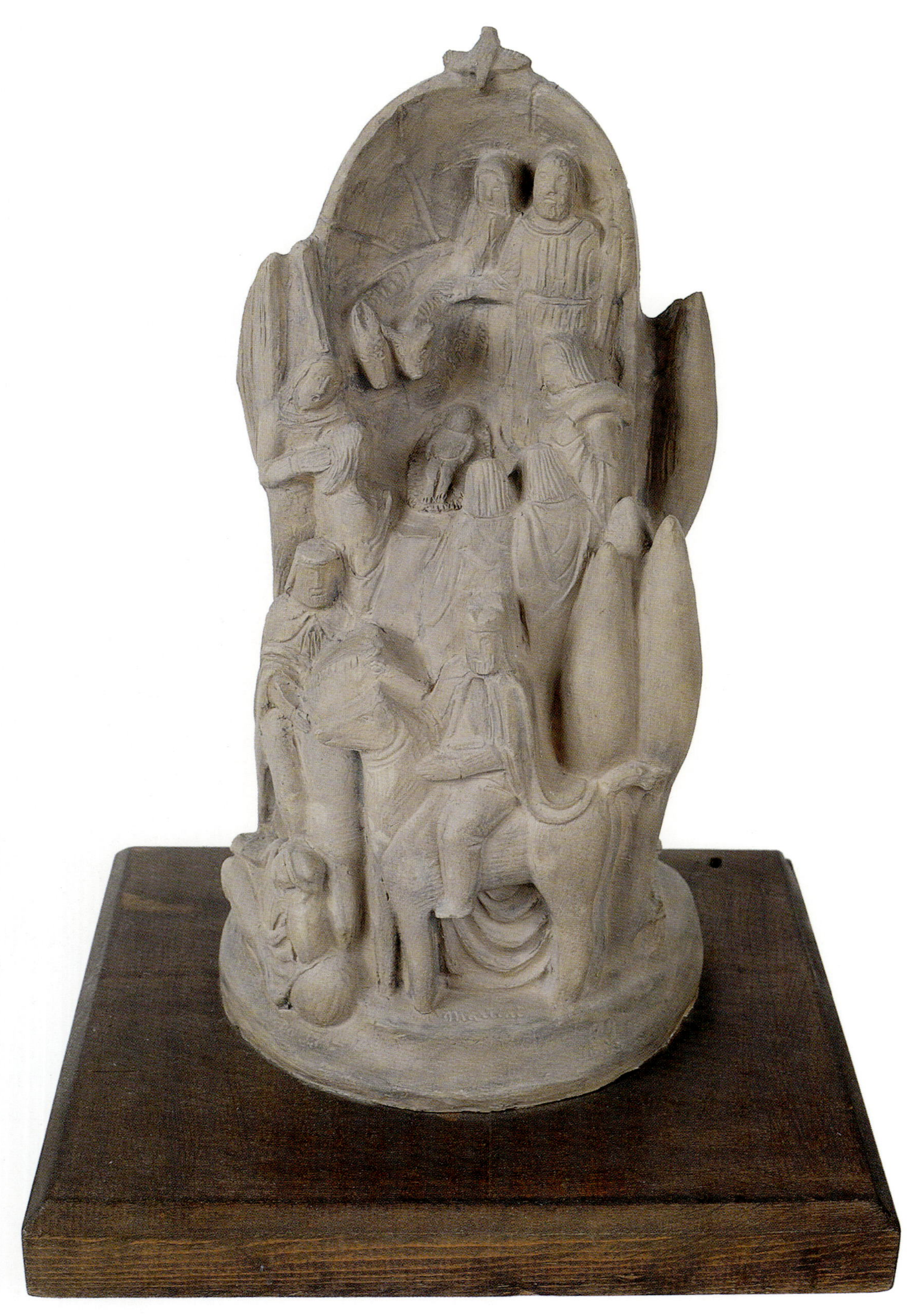

ARTURO MARTINI, " PRESEPIO PICCOLO " *1927, terre cuite, 42 x 20 x 18 cm. Collection particulière.*

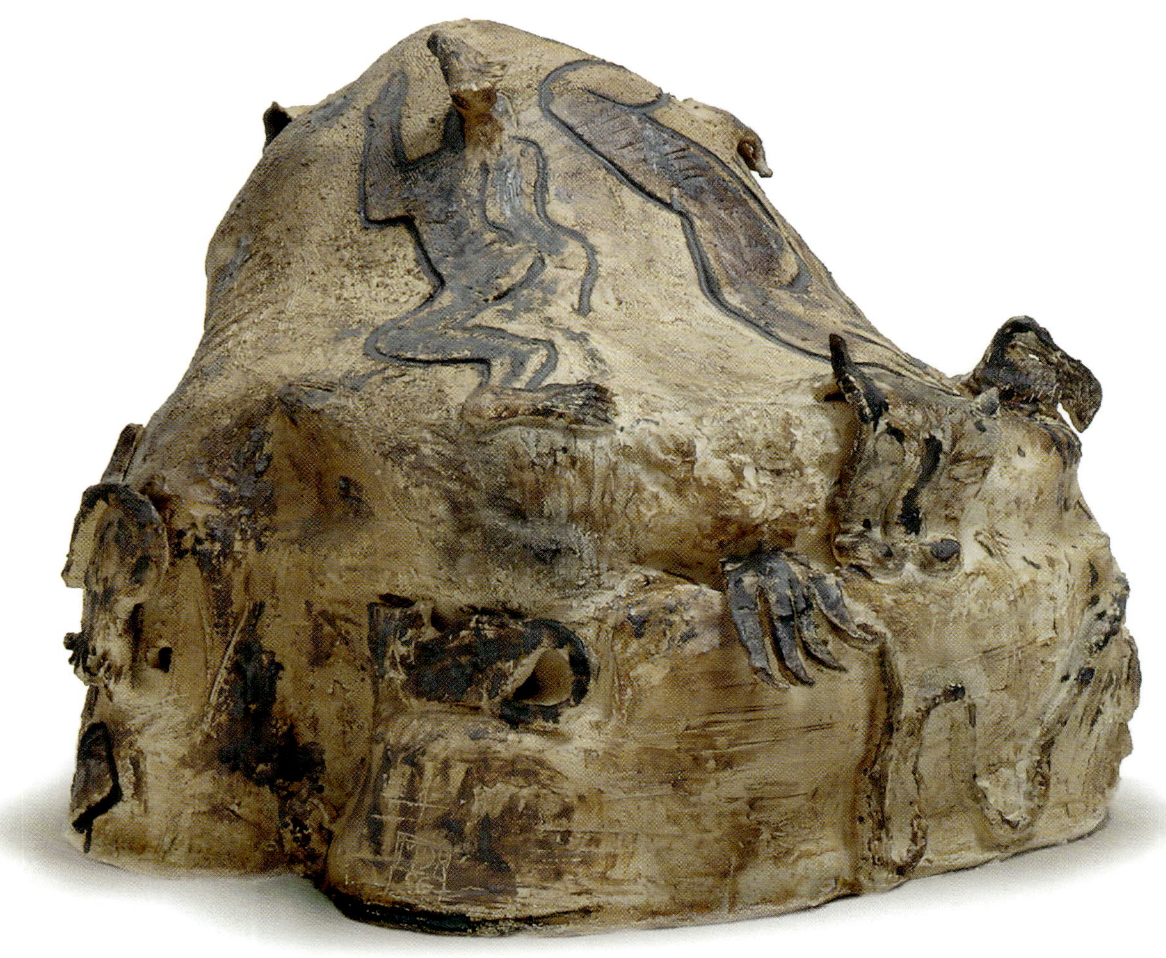

MARCO DEL RE ET SELMA GÜRBÜTZ, " HOLLY ISLAND " *2002, terre cuite peinte, 100 x 100 x 100 cm. Collection Maeght, Paris.*

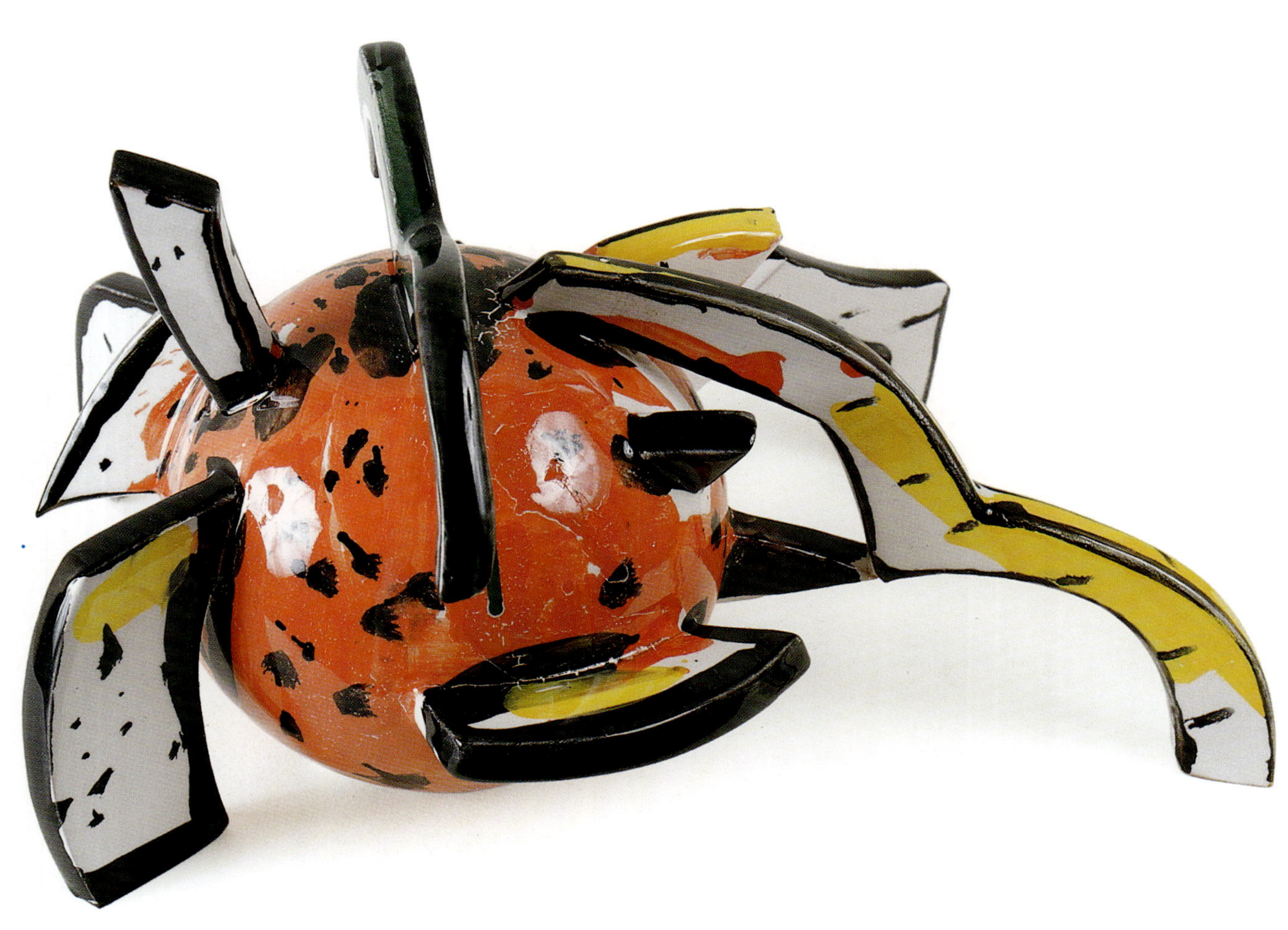

UGO NESPOLO, " SENZA TITOLO " *1991, céramique émaillée, 40 x 30 x 22 cm. Collection particulière.*

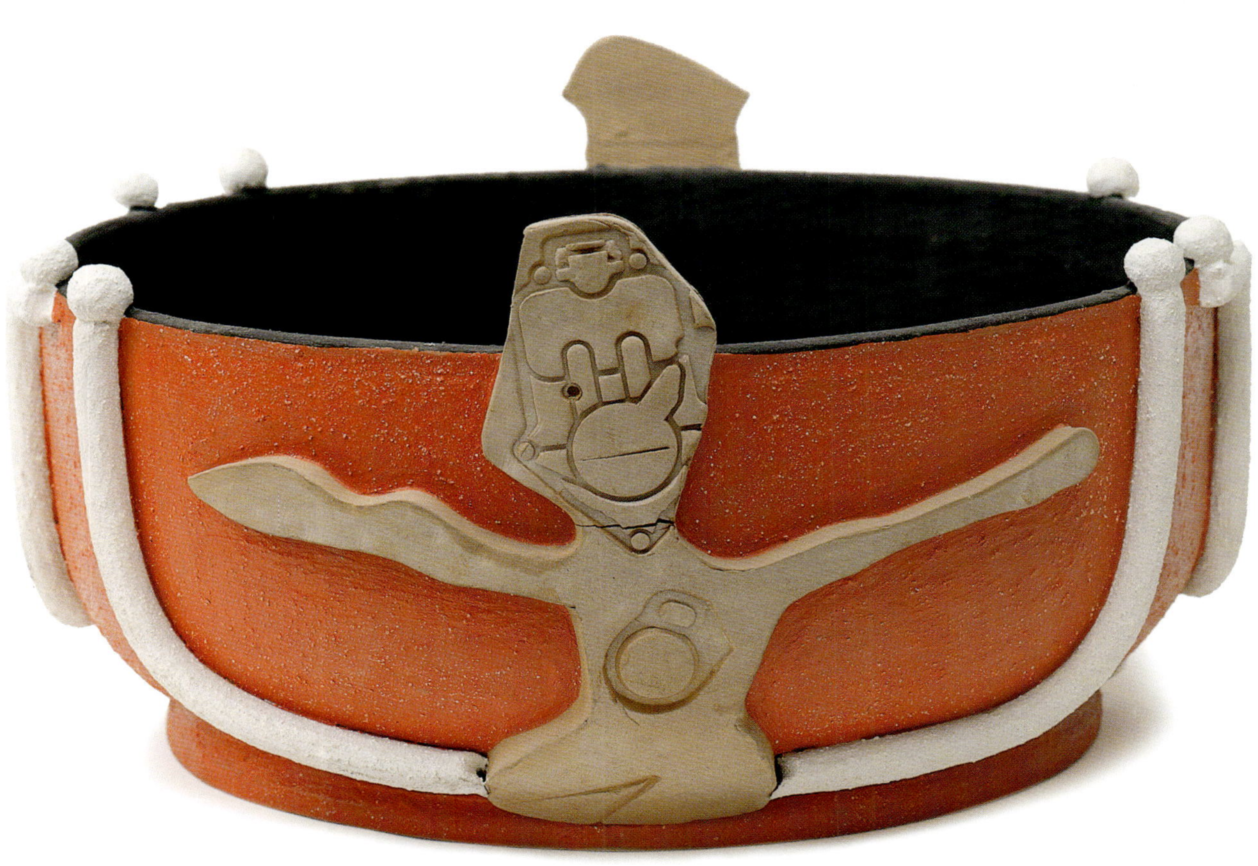

ROBERTO MATTA, " INNAFFIARE IL LINGUAGGIO " *1992, céramique, 23 x 46 x 47 cm. Collection particulière.*

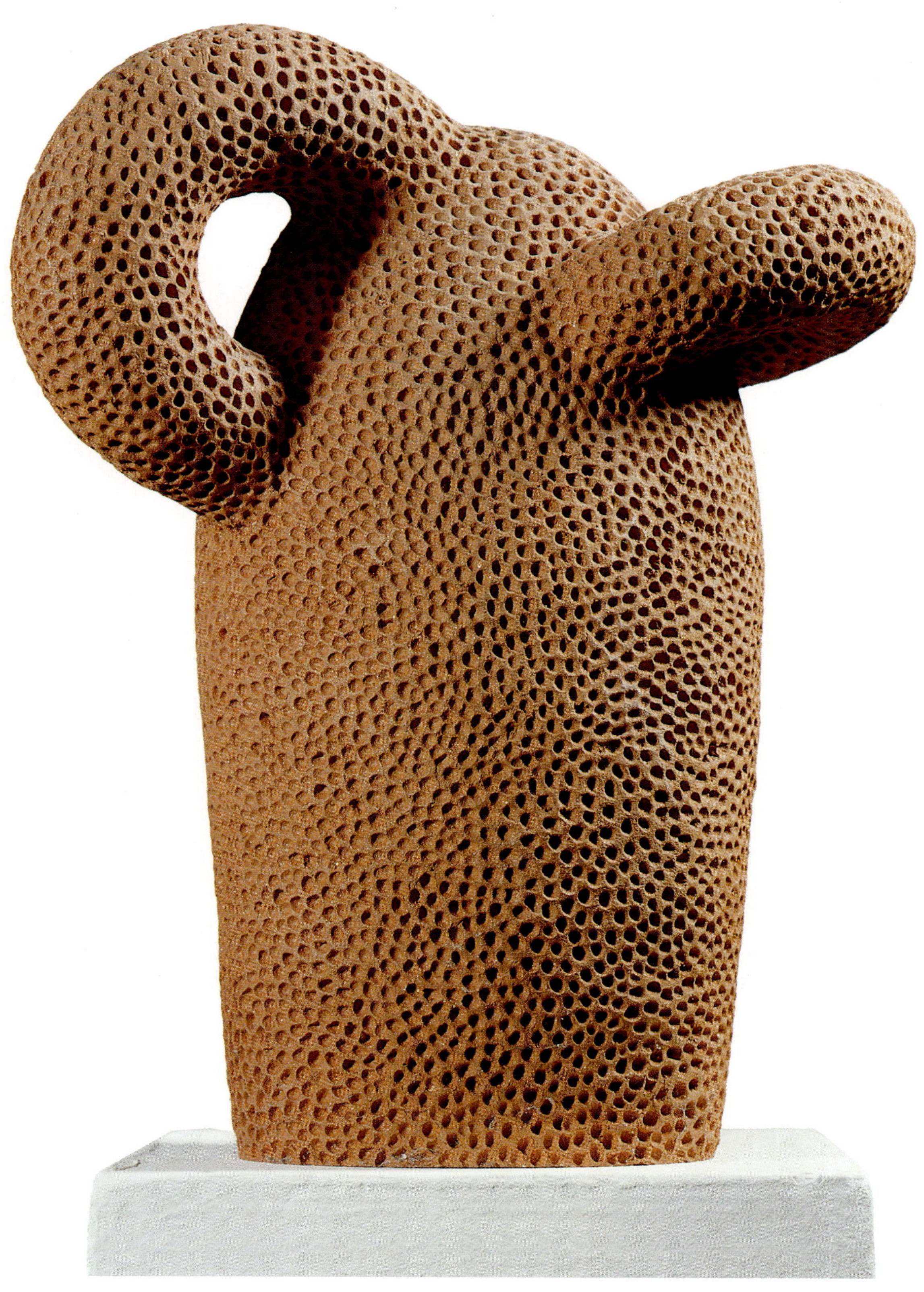

LUIGI MAINOLFI, " TASI " *1991-92, terre cuite, 29 x 21 x 12 cm. Galerie Di Meo, Paris.*

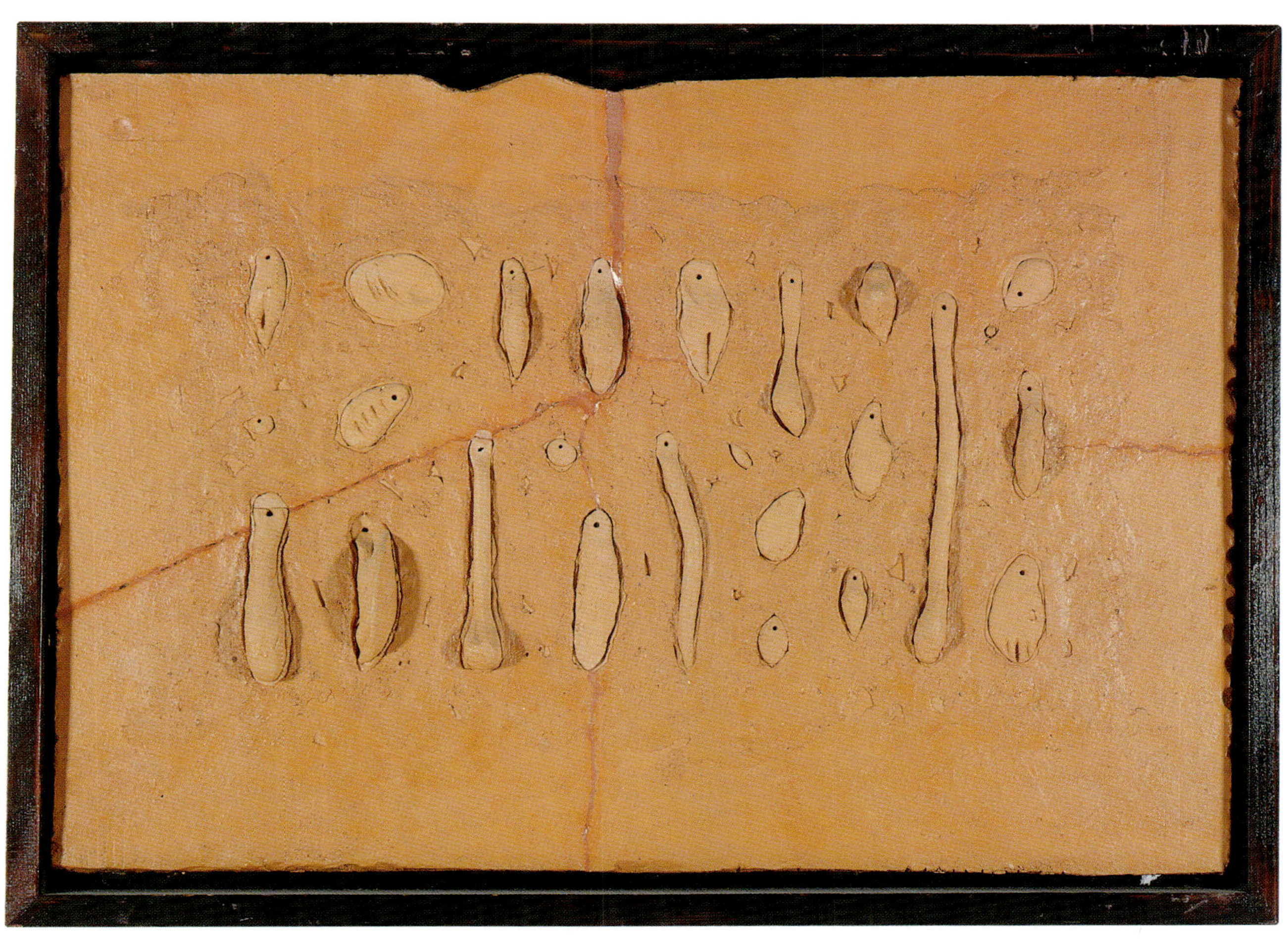

LUIGI MAINOLFI, " MURO DEL PENSIERO " *1988, terre cuite, 66 x 46 cm. Galerie Di Meo, Paris.*

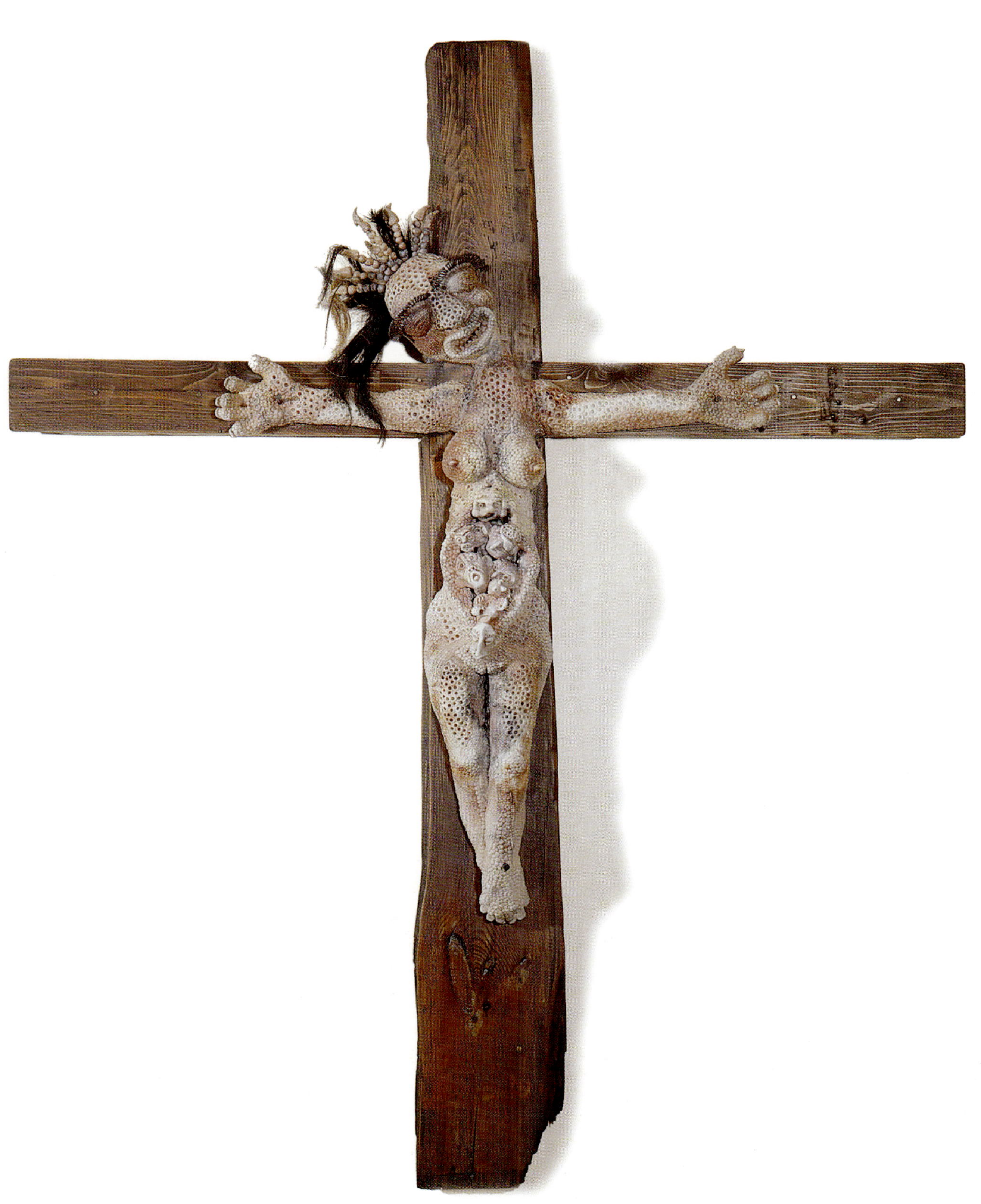

GABRIELLE DUC, " L'ACCOUCHEMENT DES TREIZE FLÉAUX " *2003, bois, céramique, terre, 160 x 132 x 20 cm. Musée de l'art en marche, Hauterives.*

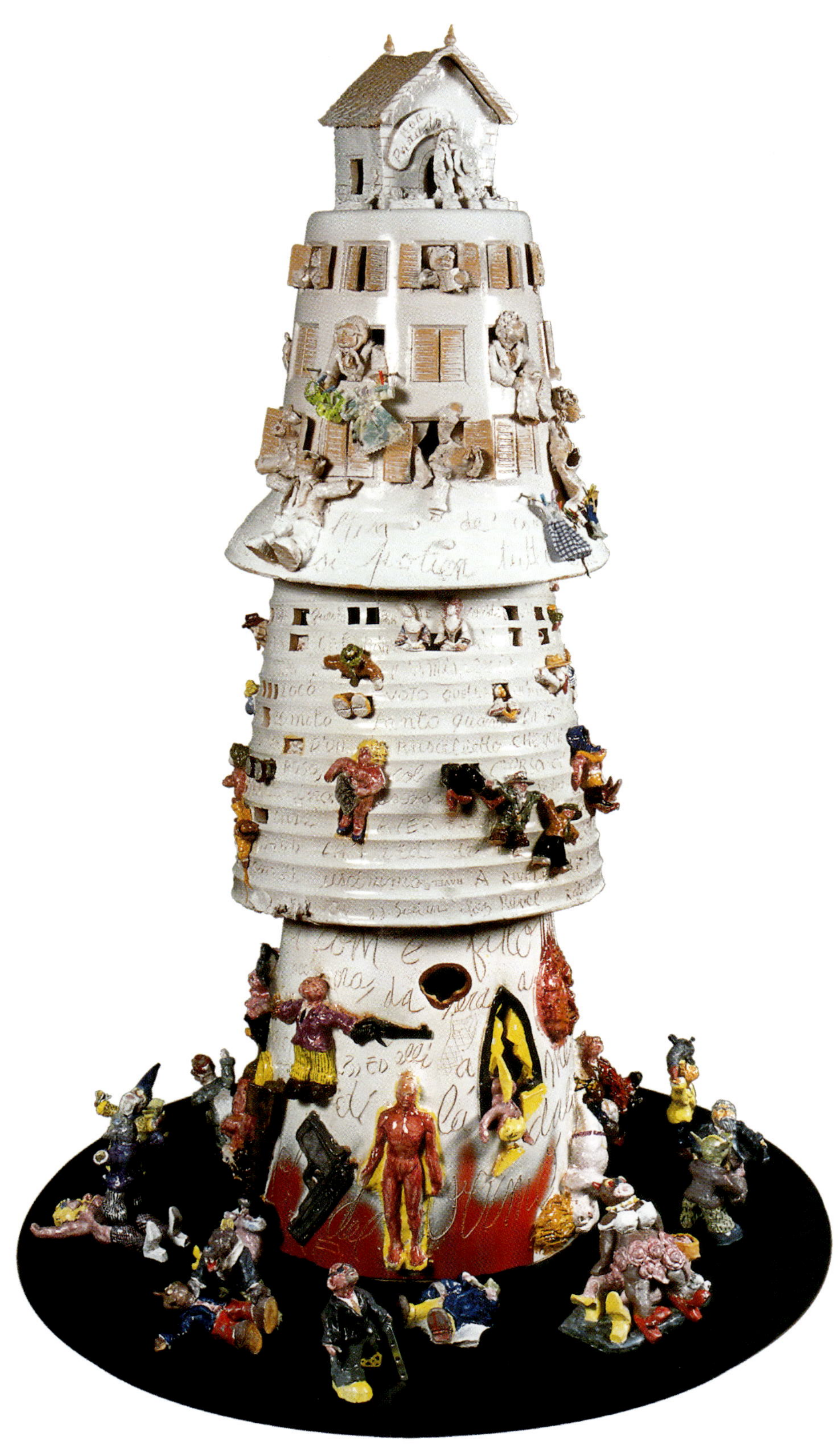

JEAN-JACQUES SURIAN, " DESCENTE AU CENTRE DE LA TERRE " *2002, terre cuite, 228 x 160 cm. Fondation Regards de Provence, Marseille.*

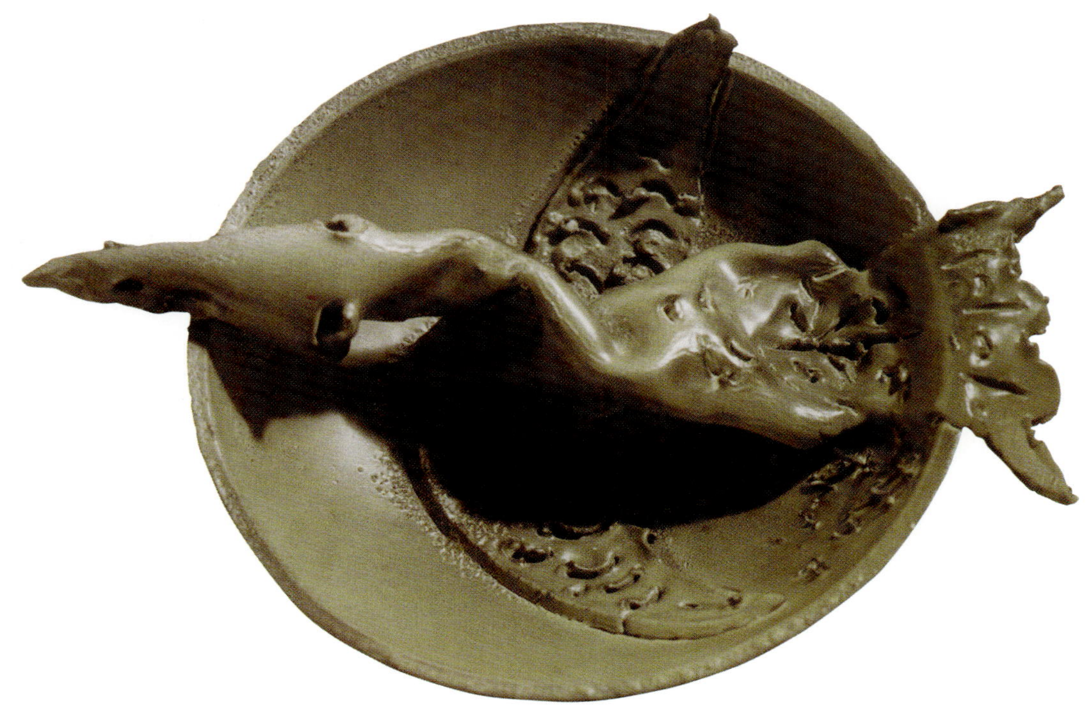

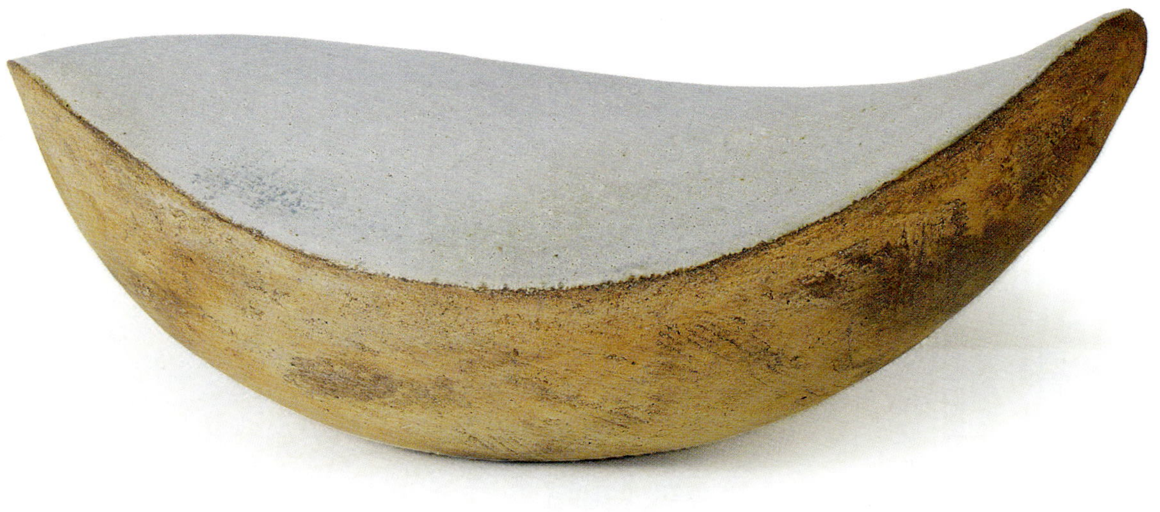

WIFREDO LAM, " CIOTOLA CON UCCELLO " *1975, terre cuite émaillée, 21 x 28 x 8 cm. Ceramiche San Giorgio, Albisola Marina.*
ADRIANO LEVERONE, " SEME " *circa 1987, grès, 16 x 47 x 30 cm. Collection particulière.*

la Terre

LE TEMPS DE LA CRÉATION

Depuis toujours, l'argile séduit la créativité de l'homme : ce souffle de la vie provient de la manipulation de la terre et de l'eau. La sacralité du geste nous ramène à de lointaines racines culturelles, à nous-mêmes, à notre essence concrète qui part de là, religieusement, et qui, inexorablement, y revient. Par conséquent, chaque fois que quelqu'un façonne ce type de mélange pour donner un sens à sa vie et à son propre comportement, le temps s'arrête et retourne aux origines d'un rite qui, dans les siècles et les millénaires, a toujours été le reflet de lui-même. Ainsi en advient-il pour le lever et le coucher du soleil, pour le cycle des saisons, pour l'étonnement émerveillé toujours renouvelé du feu dans son rôle immuable de chaleur et de lumière nocturne. Et c'est le feu, autre élément de séduction, incité à épouser l'argile pour lui imposer un devenir inconnu de l'artiste, qui dépose son idée et son œuvre dans le ventre métamorphique d'un complice qui atténue, souligne, modifie, illumine d'éclairages inconnus et inattendus le caractère d'une forme.

De nombreux protagonistes du siècle passé se sont intéressés à l'argile pour ajouter de nouvelles impulsions à leur propre invention, pour s'explorer eux-mêmes plus en profondeur à travers cette matière prodigue de séductions imprévues et inconnues.

Des sculpteurs et des peintres se sont tournés vers des ateliers qui, traditionnellement, fabriquaient de la vaisselle, et, occasionnellement, se consacraient à un artisanat de décoration (avec des amphores et des vases représentant des motifs traditionnels), enfreignant les règles de ces ateliers ou les adaptant à leur sensibilité personnelle ou à une exigence particulière. En Italie, cela s'est produit surtout à Albisola, à Faenza, à Laveno et à Castellamonte ; en France, on a d'excellents exemples à Vallauris ou dans d'autres localités de la Côte d'Azur et, plus récemment, en Bourgogne ; en Espagne, on peut citer Muel, près de Saragosse. Mais ce ne sont que quelques exemples parmi bien d'autres, plus ou moins importants, plus ou moins connus, qui ont suscité l'intérêt pour cette recherche innovante et encore pleine de ressources non sondées dans l'esprit de certains expérimentateurs.

Les œuvres rassemblées dans la chapelle des Pénitents d'Aubagne répondent à cette impulsion dans la large variété de gestes, d'intentions et de comportements qui reflètent la poétique de chacun et l'influence des lieux, des temps. Il n'existe pas de fil conducteur, sinon celui décrété par la terre et par ses sollicitations, une fois entrée en syntonie avec les mains, les pensées, les intuitions des différents auteurs. Ainsi Arturo Martini – qui chronologiquement ouvre l'exposition – représente dans la synthèse de son *Presepio piccolo* (Petite crèche) de 1927 l'idée du renouveau d'une sculpture à reconstruire dans l'esprit et dans la forme, la dépouillant de toute emphase narrative. La terre cuite devient, par conséquent, un moyen expressif essentiel pour exaucer un questionnement qui va jusqu'à l'ascèse, dans la purification extrême de l'image. Son point de référence est Albisola, localité de la Riviera di Ponente (côte qui court de Gênes à Vintimille), près de Savone, où travaille depuis quelques années Tullio Mazzotti (d'Albisola), propriétaire et animateur de l'atelier éponyme, ami des futuristes et excellent artiste lui-même. Dans l'exposition, nous avons une de ses recherches de 1929 intitulée *La quindicenne* (La jeune fille de 15 ans), qui s'insère justement dans la logique de la déformation et de la décomposition propres au mouvement de Marinetti, qui connaît dans cette localité sa deuxième saison au sein de la céramique. En revanche, pour Agenore Fabbri, arrivé à Albisola en 1935, c'est la terre cuite qui s'identifie avec l'idée même de sculpture. Ses personnages et ses animaux grandissent en souffrances, en déchirements et en blessures existentielles à travers la participation directe de la matière à laquelle il impulse le souffle de la vie et sa signification la plus tragique.

C'est une idée similaire qui anime les travaux de Lucio Fontana, arrivé chez Mazzotti à la même époque : son geste, fantastiquement et librement " baroque ", fera exploser dans l'argile, au début des années 50, son enthousiasme personnel pour l'espace ; ses " natures " naissent de la lutte avec la terre, du plaisir sensuel de séduire et de posséder l'idée même de l'existence à travers une impulsion simple et décisive. L'œuvre exposée, le " concept spatial " contenu à l'intérieur de deux éléments parfaitement agençables, représente le noyau d'une profanation instinctive et de son mystère.

Avec Fontana, nous entrons dans l'âge d'or de l'aventure d'Albisola, qui coïncide avec les Rencontres internationales de la céramique organisées par Asger Jorn pendant l'été 1954. Le maître danois, venu dans la localité de la Ligurie sur les conseils de son ami Enrico Baj, réussit à rassembler pour l'occasion quelques-uns des noms les plus prestigieux du monde de l'art de cette époque dont nous pouvons aujourd'hui offrir quelques exemples concrets. Le même Jorn, qui avait déjà savouré la magie de la terre à Silkeborg, renouvelle surtout dans le domaine tridimensionnel la magmatique pulsion métamorphique de formes zoo-antropomorphes en perpétuel devenir, en se détachant de tout rapport avec la figure et la technique traditionnelles, comme, de son côté, était en train de le faire Fontana. Le même concept est valable pour Enrico Baj, cité précédemment, dont nous proposons une curieuse œuvre, réalisée en 1955. Il s'agit d'une *Doppia testa* (Double tête) obtenue par la conjonction et la manipulation de deux marmites en majolique, que l'on trouve dans la production de vaisselle à usage domestique, laquelle constituait l'activité première de ces ateliers. Dans la circonstance, l'esprit " dada " et l'esprit de " l 'objet trouvé " suggèrent l'idée, secourent judicieusement l'invention. De la même façon, a été construite l'écuelle qui accueille un «oiseau» de Wifredo Lam conçu dans l'atelier de San Giorgio : mélange de magie et d'invention formelle, d'une extrême modernité conceptuelle, ancrée dans une profonde tradition, au cœur des rites tribaux de la Caraïbe assimilés au cours de sa jeunesse dans la native Cuba et qui constitueront un écho récurrent dans sa peinture. Même Karel Appel, qui a commencé son expérience personnelle dans la céramique à cet endroit précis pour ensuite l'expérimenter et la nourrir au cœur d'autres ateliers dans son périple autour du monde, puise dans l'ADN personnel, tout comme ses collègues du groupe Cobra, les suggestions expressives à " assaisonner " avec l'argile. Avec lui, la couleur devient substance et grandit parallèlement à l'émotion et à l'impulsion sauvage qui font mûrir et portent à conclusion l'événement. Nous retrouvons le même élan primitif, le même désir de sonder l'inconscient et de l'amener douloureusement à la surface dans l'attitude d'Emilio Scanavino qui, durant ces années-là, se nourrit des mêmes émotions et des mêmes regards. Sa sculpture, érigée avec peine vers le haut, est traversée par d'intenses graffitis répétés sur fond noir : ce sont les signes d'un labeur existentiel. Serge Vandercam, en revanche, aime dialoguer avec sa propre enfance, projetée dans les objets qui s'animent et se reflètent dans l'inconscient de chacun. Ainsi, aujourd'hui comme hier, de ses mains continuent à sortir des " personnages " suggérés par des cruches légèrement modifiées par de petites transformations structurelles, prêtes à insuffler une âme à ces choses qui n'en possédaient pas, et qui regardent maintenant avec curiosité leur nouvelle existence.

Corneille est aussi parti de l'expérience ligurienne avec ses compagnons d'aventure, sauf qu'il a modifié picturalement ses attitudes personnelles par la découverte de l'Afrique et de ses pulsions primitives, projetées par lui dans un éden qui accueille les composants d'une nature non contaminée et prodigue de comportements enveloppés d'une innocence perdue. Ainsi, ses oiseaux, ses tigres, ses jeunes filles séduisantes recomposent dans la céramique le climat d'un rêve inaccessible. Pierre Alechinsky utilise en revanche le bloc de terre cuite comme suggestion ou comme prétexte formel pour ces signes calligraphiques qui l'ont rendu célèbre dans le monde entier. Sa narration, à la fois dépouillée et magique, profite de l'irrégularité du support pour le rendre nécessaire à l'harmonie conclusive jaillie à partir d'un équilibre de tons et de renvois allusifs. Pour Leoncillo, l'argile est toujours apparue comme un moyen narratif originaire et inégalable : les mains ont secondé pendant des années une impulsion figurative dans le mouvement post-cubiste pour glisser vers un expressionnisme qui a poussé à fond les images, aboutissant à la déclaration informelle de la blessure, du dialogue tourmenté, de l'abandon de soi. Dans une telle attitude envers la figure, nous reconnaissons aussi Sandro Cherchi qui, ces dernières années, a utilisé savamment la céramique pour ériger des formes modulées dans la pensée, riches d'une intime noblesse, comme cette solennelle figure datée de 1990. De son côté, Mario Rossello, un des protagonistes de l'heureuse saison d'Albisola dans les années 50-60, intervient dans ce contexte avec une œuvre caractéristique, *Albero blu* (Arbre bleu), plastiquement immergée dans l'espace. Même Roberto Matta avait fait partie de ce premier groupe d'artistes, réunis par Jorn à Albisola, durant le fatidique été de 1954. Par la suite, il a cultivé la passion pour les terres, surtout dans son atelier de Tarquinia, dans ce climat étrusque sujet à solliciter une riche fantaisie ancrée dans les civilisations primitives américaines. La terre cuite de l'exposition, datée de 1992, a été en revanche réalisée à Faenza, et elle est constituée d'une série d'images caractéristiques découpées dans l'argile et appliquées, telle une décoration surprenante sur un objet artisanal. Faenza évoque aussi le nom d'Alberto Burri qui, il y a quelques années, a mûri une extraordinaire expérience en créant dans la plaine de Gibellina, en Sicile, un énorme " cretto " (mise en scène de fissures). Les fissures du terrain, signifiées par lui, sur la toile, avec l'aide de la colle vinylique, ont trouvé un reflet adéquat à Faenza dans cette terre cuite de 1993 intitulée *Nero e oro* (Noir et or).

Parlant du rapport des artistes avec la glaise, nous ne pouvons naturellement pas oublier de mentionner deux des plus grands maîtres du siècle précédent : Pablo Picasso et Joan Miro. Le premier est arrivé tardivement à la magie de la céramique, mais il a immédiatement senti et révolutionné toutes les opportunités expressives d'une substance si malléable, si proche de la sublime idée de la création. La découverte de Vallauris, en 1946, et la fréquentation de l'atelier Madoura lui ouvriront le nouvel horizon stimulant qui se peuple de bocaux et de bouteilles, représentant d'étranges personnages et des animaux imaginaires surgis de la substance manipulée, incisée, gravée et peinte. Le second artiste découvre aussi le charme de l'argile vers le milieu des années 40 et, avec la complicité d'Artigas, réussit à renouveler son monde poétique et fantastique avec des formes également opulentes, ubuesques, qui vont enrichir la nouvelle merveille tridimensionnelle. Louise Nevelson dépose, en revanche, certaines réminiscences cubo-surréalistes au pied d'une série de terres cuites peintes en noir (comme l'étaient les sculptures en bois qui scandaient chaque angle de son habitation new-yorkaise), à l'extraordinaire impact totémique. Nous pouvons le remarquer aussi dans la curieuse œuvre qu'on peut dater de 1955, intitulée *The Angel* (L'ange), présente dans l'exposition. L'Espagne entre encore impérieusement sur la scène artistique avec deux artistes amoureux des extraordinaires opportunités de dialogue de la matière. On se référera d'abord à Antoni Tàpies et à son *Pied*, réalisé en 2002, en terre cuite, insufflant des frémissements vitaux et des angoisses charnelles à la pâte vibrante, comme c'est le cas de beaucoup de ses compositions tournées vers la tridimensionnalité. Nous évoquerons ensuite le nom d'Eduardo Chillida, qui adopte le même procédé créatif pour ses trajets de signes, dans une installation de volumes très construite. Ce sont deux cas où la substance germe et devient protagoniste d'une narration parallèle qui l'incise, la grave et la séduit en recevant en échange le don d'une autre séduction.

Dans un tel conteste créatif, qui accueille les contributions d'artistes issus de courants et tendances les plus variés, peuvent coexister côte à côte le grouillant monde magmatique de Jean-Paul Riopelle et la symbolique essentielle de Jan Voss. C'est en effet la terre, comme on l'a déjà dit, qui fournit le liant, la raison d'une telle rencontre de protagonistes, par ailleurs inimaginable. C'est cette terre qui, avec son immense pouvoir alchimique, réussit à rallumer chaque fois la précieuse flamme de cette invention, probablement perdue ou atténuée dans la répétition quotidienne de gestes, dans l'habitude acceptée d'un comportement.

Une telle attitude vaut aussi pour tous ceux, plus contemporains, qui aiment les recherches innovantes, surtout pour expérimenter eux-mêmes dans un temps immobile. Cela s'applique à Luigi Mainolfi et à sa recherche des possibilités expressives d'un matériau " chaud " comme la terre cuite. Cela concerne aussi Giuseppe Maraniello qui, dans les terres, recherche et conquiert cette approche immédiate archaïque et mystérieuse, déjà dûment développée par ses compositions issues de bois " trouvé " et de bronze. C'est valable aussi pour Mimmo Paladino, qui récupère ainsi la mesure plastique d'une recherche dans l'évocation essentielle et solennelle de la forme. C'est valable enfin pour Ugo Nespolo, dont la fantaisie pyrotechnique est capable de créer une éruption de merveilles visuelles et tactiles à partir de la splendide exubérance des émaux et d'une harmonie contrôlée des tons.

De telles surprises entraînent les ateliers, lesquels se laissent contaminer par la force créatrice et l'absolue liberté d'action d'artistes qui, souvent, poursuivent un objectif sans connaître à fond les techniques à utiliser pour le réaliser. Par conséquent, est essentielle la participation concrète et émotionnelle de celui qui, par son métier, depuis toujours, manie l'argile et peut donc interpréter et, à bon escient, suggérer les pratiques ou les solutions les plus adéquates à qui entreprend cette magnifique aventure. Parfois, il suffit d'une intuition pour obtenir un résultat heureux : pour Bruno Ceccobelli, il suffit d'une forme d'œuf conçue simplement d'un geste rapide au tour pour y imprimer, à travers la légère pression des mains empreintes de peinture blanche, la signification la plus profonde et sacrée de l'âme du monde. Bram Bogart, en revanche, joue sur la densité chromatique de la substance, qui vit dans un continuel devenir " informel " en ses compositions progressant vers l'intime liberté expressive. De même, la *Tête* de James Brown se nourrit du geste primitif et de ce mystère qui l'accompagne et le secourt : dans un tel cas aussi, l'approche de la terre aide à rétablir le contact privilégié avec les origines de la culture qui a marqué de manière indélébile l'humanité entière. Pour l'artiste algérien Rachid Koraïchi, la céramique devient le moyen idéal pour pouvoir s'exprimer dans une nouvelle langue caractérisée par des traits magiques. Parallèlement à d'autres situations déjà examinées, les sources archaïques alimentent une narration de rêves où libérer l'imaginaire. Un imaginaire qui trouve un terrain très fertile chez Jacky Coville : à Biot, il crée des grès polychromes d'un extraordinaire impact narratif. En est la preuve ce *Loup-mille-pattes* de grande dimension qui, avec bonheur, nous précipite dans la spirale de l'enfance et de toutes les fantaisies reliées à celle-ci. Notre voyage se poursuit avec la narration nomade de Marco Del Re, avec la pureté séduisante et harmonique (celle-là même que l'on retrouve dans la nature) du Seme (Semence) en grès d'Adriano Leverone, avec la terre cuite tourmentée intitulée *Vite* (Vis) de Lucilla Catania. Et ce n'est pas fini, car manquent à l'appel Aurelio De Felice et son archaïque *Naissance de Vénus*, le *Que faire* en terre réfractaire de Jean Amado, les animaux fulgurés dans leur mouvement par Evert Lindfors. Et aussi Llorens Artigas, Gérard Drouillet, Agathe Larpent-Ruffe, Jean-Jacques Surian, Pierre Bayle, René Ben Lisa.

Notre histoire ne se termine pas ici, histoire qui ne peut se terminer car l'argile, comme nous l'avons vu, alimente les pensées, active l'imaginaire et procure à profusion ces surprises et ces émotions qui sont malheureusement désormais une marchandise rare dans la vie quotidienne. Pendant que nous écrivons de telles considérations, nombre de ces artistes, et beaucoup d'autres qui n'ont pas trouvé place dans le contexte de l'exposition actuelle, continuent l'extraordinaire dialogue avec la terre dans toutes les parties du monde, dans les lieux consacrés par l'histoire, dans les petits ateliers abandonnés par la mémoire ou dans un coin de leur propre atelier voué à l'étonnement émerveillé de la naissance des choses. Pourquoi cela se produit-il ? Pourquoi cela se produit-il encore aujourd'hui ? Parce que seul celui qui crée se trouve proche de la sacralité, du mystère qui enveloppe la naissance, le déclin de la vie et la réapparition continuelle de celle-ci. Parce que seulement ainsi on perçoit le parfum de la toute-puissance. Parce que seulement ainsi le hasard peut prendre les contours enivrants et inquiétants de la divinité. Si les recherches de l'argile aux infinies potentialités caractérisent les premiers et fondamentaux comportements de l'humanité à projeter dans l'aujourd'hui, et donc dans le futur, la métamorphose est un signe important du renouveau vital qui ne concerne pas seulement l'artiste, mais nous tous qui nous reconnaissons dans les gestes de l'artiste, c'est-à-dire dans le miroir magique de l'invention qui nous absorbe et nous reflète. Par conséquent, l'âge de la terre, l'âge du rapport créatif avec la terre est, de bon droit, l'âge qui plus que tout autre nous appartient.

Luciano Caprile

Critique d'art

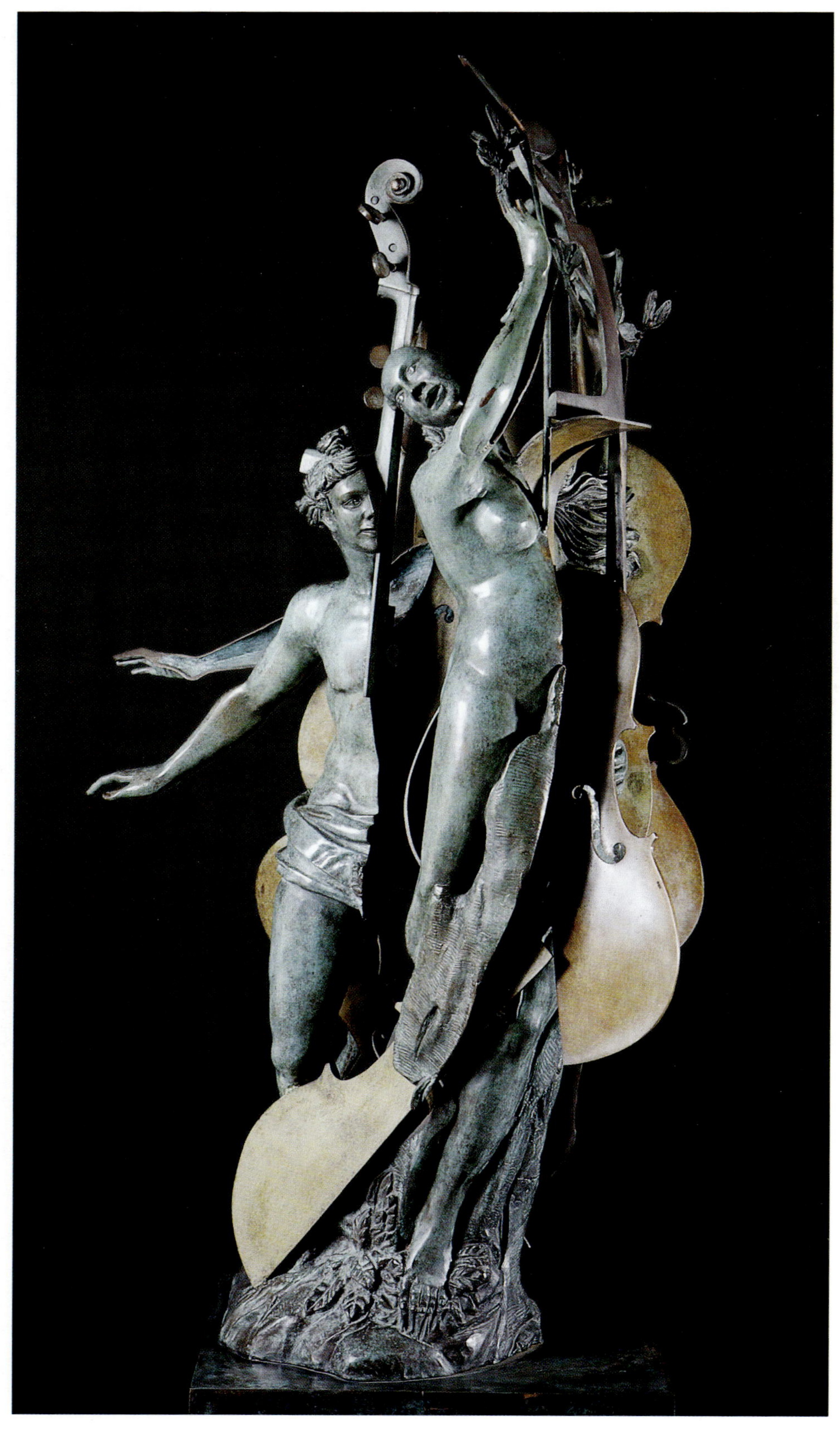

ARMAN, " DIANE ET ACTÉON " *bronze, 200 x 80 x 80 cm. Fondation Regards de Provence, Marseille.*

le Bronze

HENRI-GEORGES ADAM ■ MAXIME ADAM-TESSIER ■ KOSTA ALEX ■ NICOLAS ALQUIN ■ ARMAN ■ JEAN ARP ■ CHARLES ARTUS ■ HELEN ASHBEE ■ ANTOINE-LOUIS BARYE ■ HANS BELLMER ■ ARY JEAN LEON BITTER ■ FERNANDO BOTERO ANTOINE BOURDELLE ■ GEORGES BRAQUE ■ AUGUSTIN CARDENAS ■ AXEL CASSEL ■ LUCIANO CASTELLI ■ VINCENT CELOTTI ■ CÉSAR ■ AUGUSTE CHABAUD FRANÇOIS CHAPELAIN-MIDY ■ EDUARDO CHILLIDA ■ PIERRE CHRISTOPHE CAMILLE CLAUDEL ■ ANTONÌ CLAVÉ ■ PIETRO CONSAGRA ■ CHARLES CORREIA HONORÉ DAUMIER ■ DANIEL DAVIAU ■ JOHN DAVIES ■ GILLES DE KERVERSEAU ANDRÉ DERAIN ■ LOUIS DERBRÉ ■ MARCEL DERNY ■ ROEL D'HAESE ■ JIM DINE JOËL DUCORROY ■ JOSE ESTEVE EDO ■ PIERRE ÉDOUARD ■ ÉTIENNE-MARTIN JEAN-MARIE FIORI ■ BARRY FLANAGAN ■ JEAN-MICHEL FOLON ■ LUCIO FONTANA GIUSEPPE GALLO ■ PABLO GARGALLO ■ ALBERTO GIACOMETTI ■ GEORGES LUCIEN GUYOT ■ IPOUSTÉGUY ■ GEORGES JEANCLOS ■ RENÉ JULIEN ■ JEAN LE MOAL ■ CLAUDE LHOSTE ■ BALTASAR LOBO ■ MANZÙ ■ GIUSEPPE MARANIELLO MARINO MARINI ■ ROBERT MASSART ■ ANDRÉ MASSON ■ JOAN MIRÓ ■ NUNZIO ABEL OGIER ■ JACQUES OWCZAREK ■ ALICIA PENALBA ■ ÉDOUARD PIGNON ANNE ET PATRICK POIRIER ■ ARNALDO POMODORO ■ FRANÇOIS POMPON ■ PAUL REBEYROLLE ■ GERMAINE RICHIER ■ JEAN-PAUL RIOPELLE ■ JEAN ROULLAND ÉDOUARD-MARCEL SANDOZ ■ ILIO SIGNORI ■ YVAN THEIMER ■ OLIVIER THOMÉ CRISTÓBAL TORAL ■ ANNE TRÉGLOZE ■ RAOUL UBAC ■ KEIJI UEMATSU ■ LOUIS VALTAT ■ SOPHIA VARI ■ VICTOR VASARELY ■ PIERRE VOITURIEZ ■ ISABELLE WALDBERG ■ OSSIP ZADKINE

Marseille, Hôtel du Département

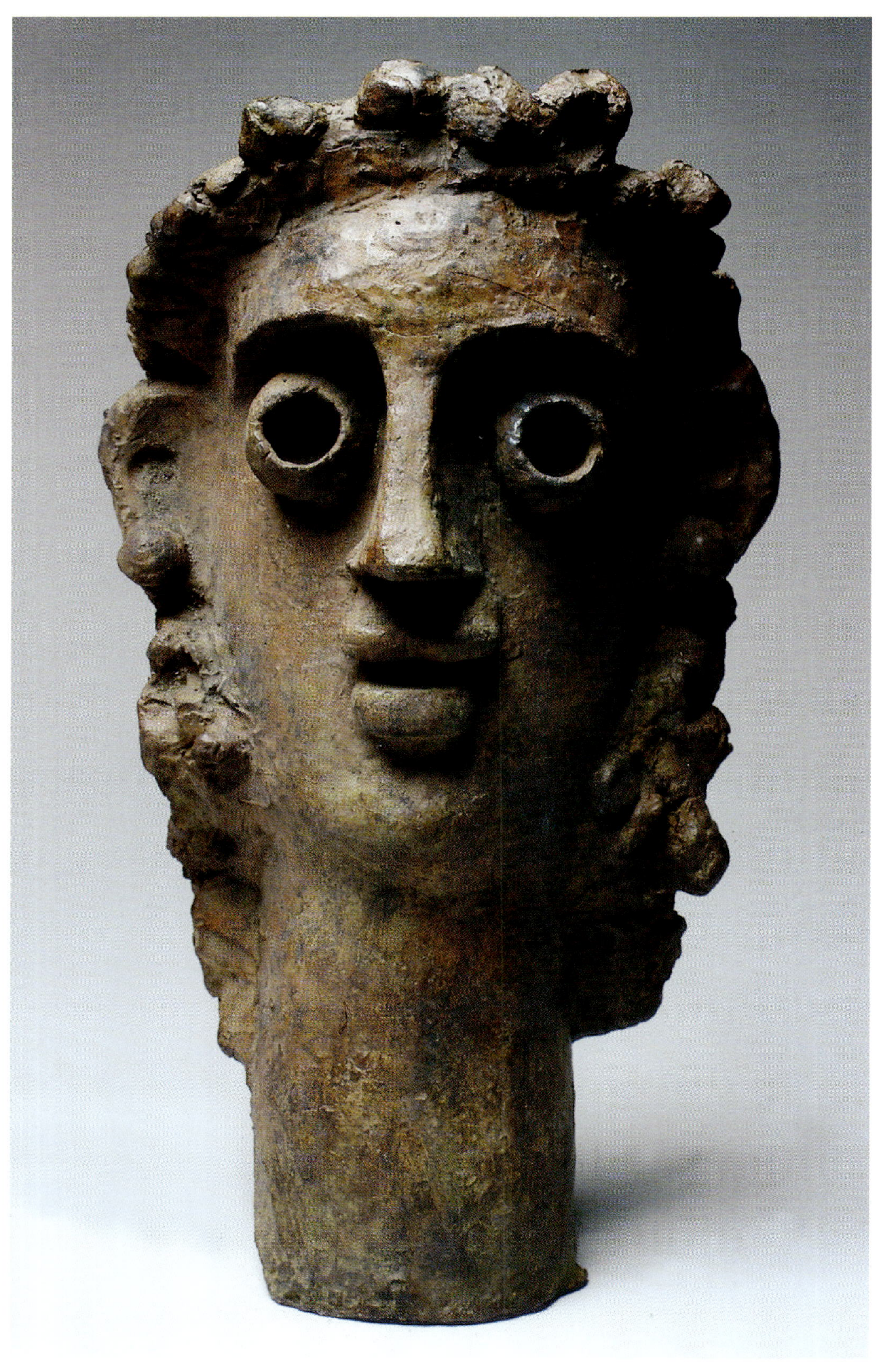

ANDRÉ DERAIN, " FEMME AUX LÈVRES ÉPAISSES " *bronze, 38 x 20 x 15 cm. Collection Maeght, Paris.*

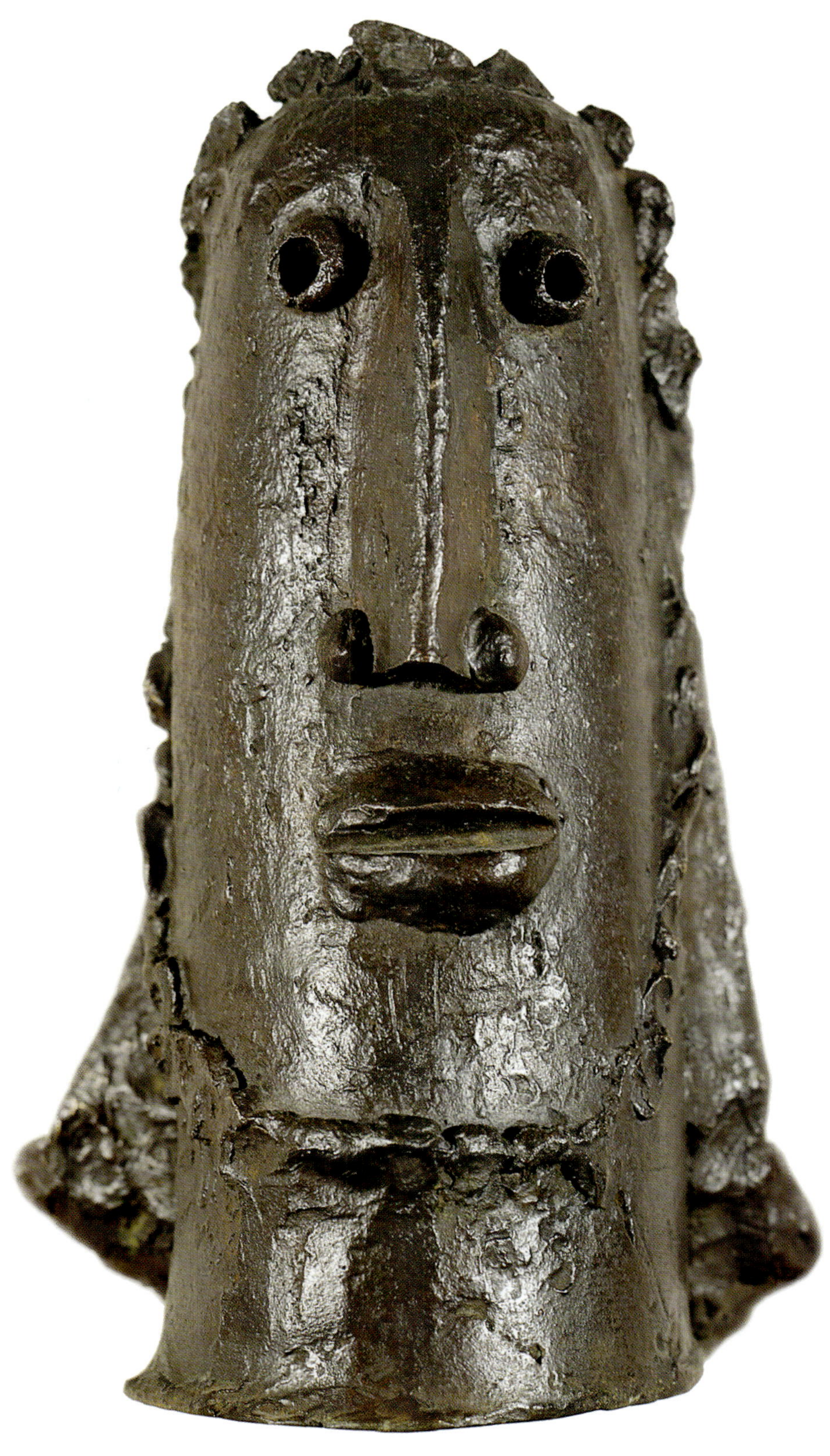

ANDRÉ DERAIN," PERSONNAGE SANS MENTON " *circa 1932, bronze, 27,5 x 15,5 x 12. Galerie la Présidence, Paris.*

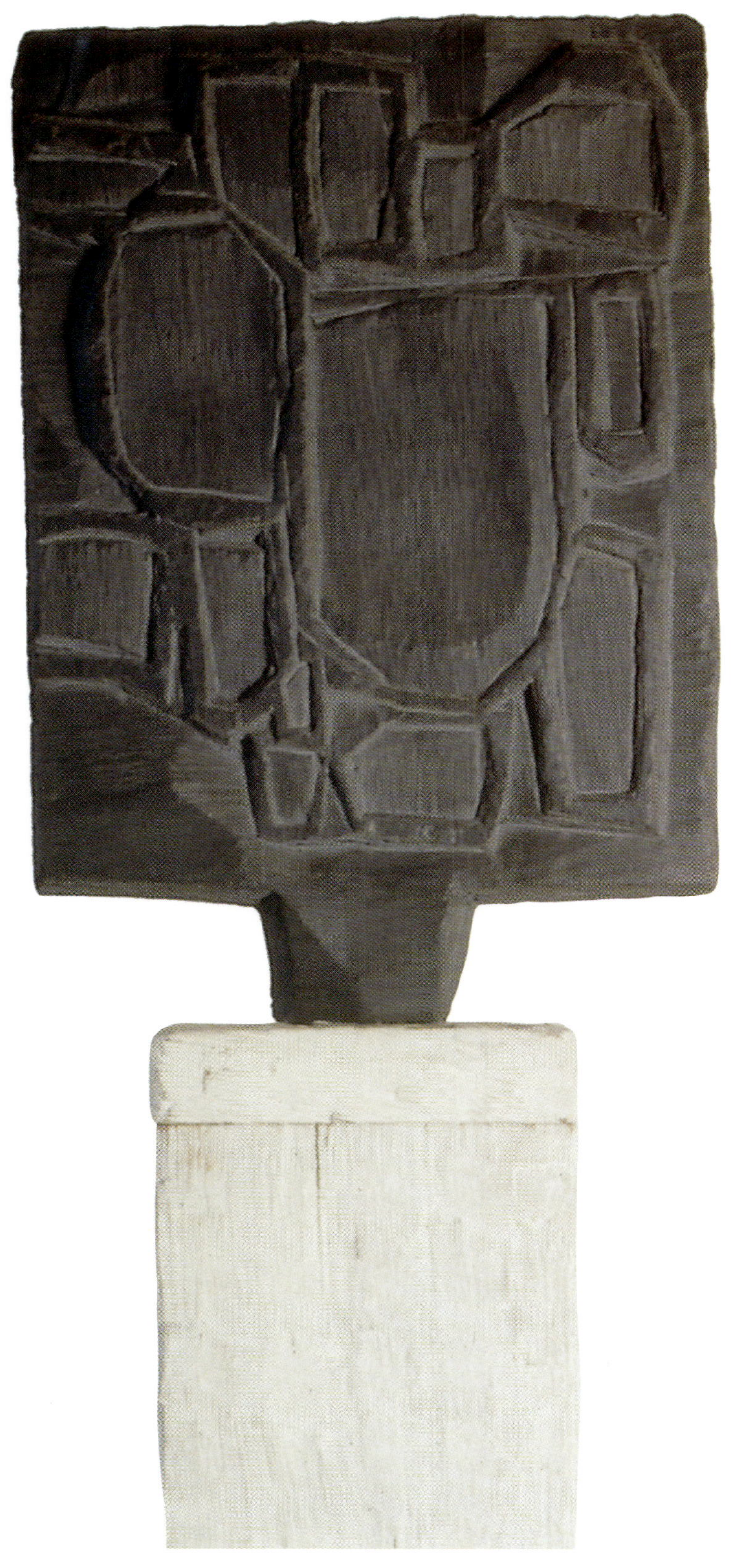

RAOUL UBAC, " FORMES GROUPÉES " *1960, bronze, 78 x 52 x 5 cm. Collection Maeght, Paris*

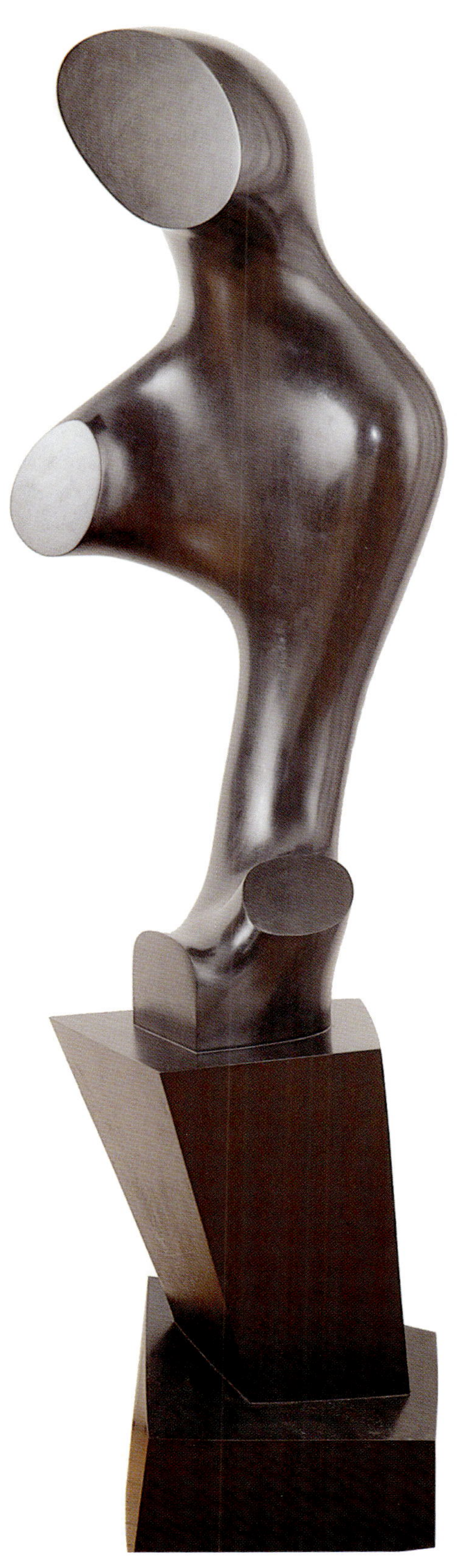

JEAN ARP, " DAPHNÉE II " *1960, bronze, 96 x 33 x 23,5 cm. Fondation Arp, Clamart.*

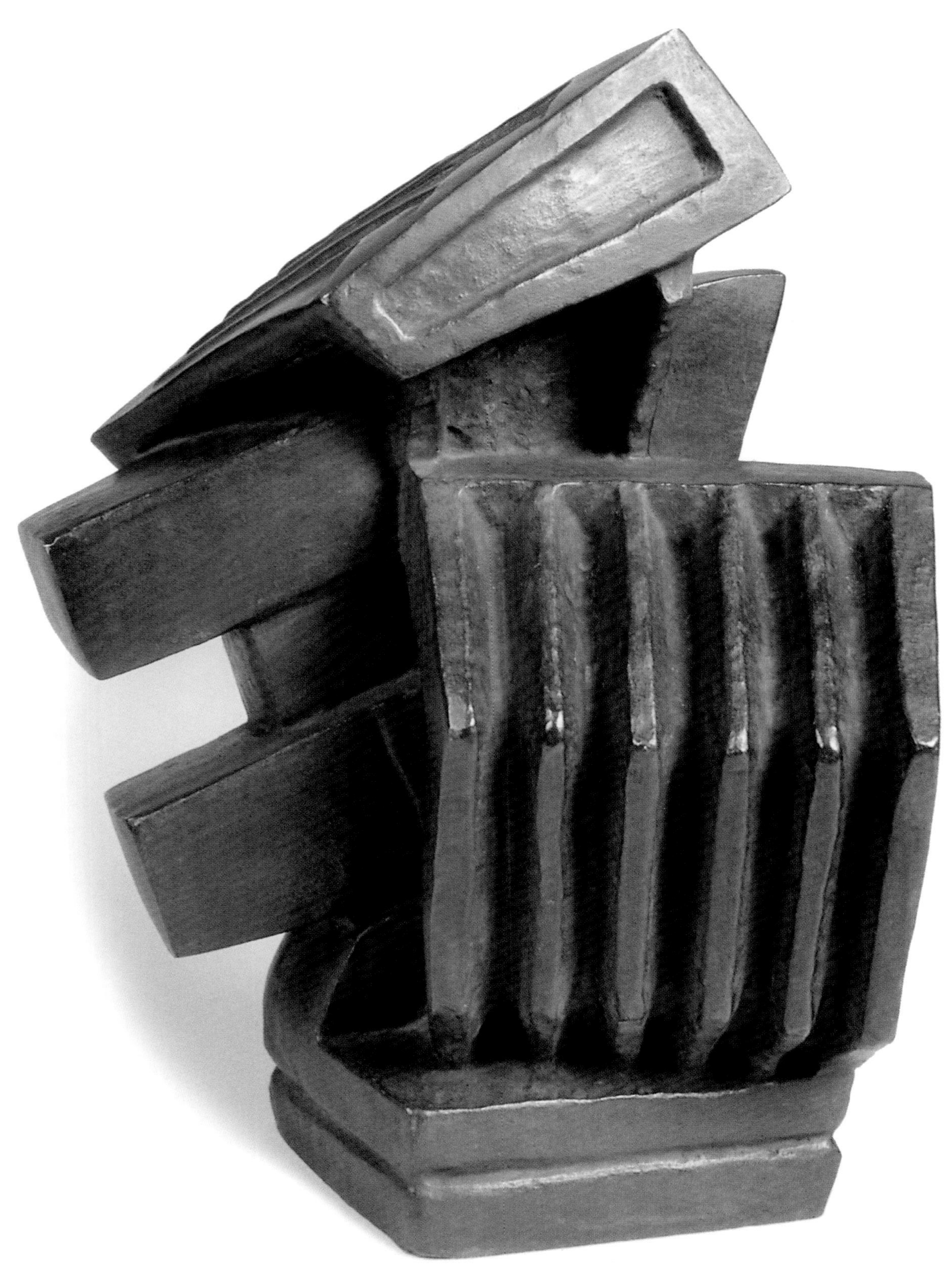

ALBERTO GIACOMETTI, " COMPOSITION " *1927, bronze, 38 x 27 x 25 cm. Collection Maeght, Paris.*

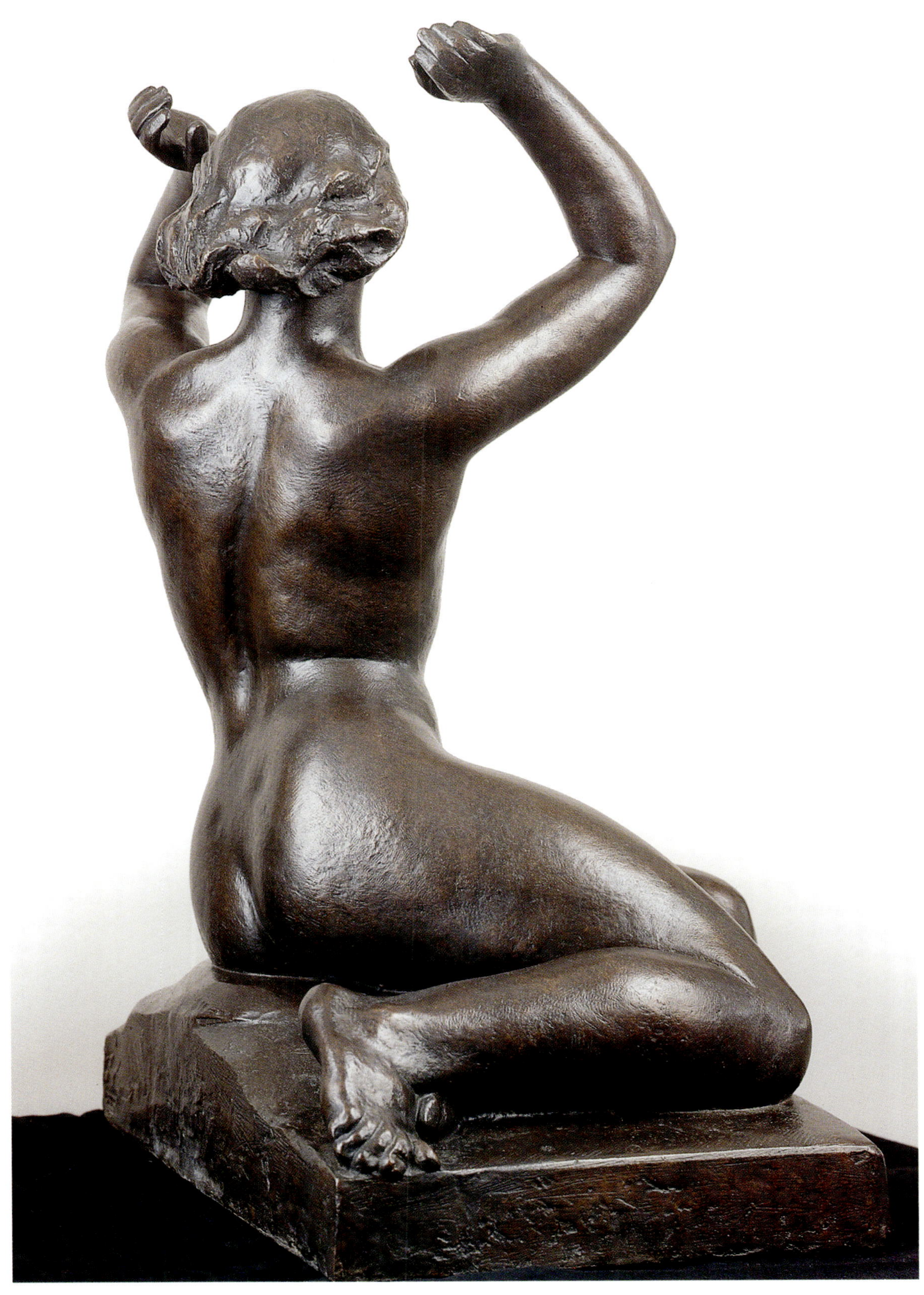

PABLO GARGALLO, " L'ÉCHO " *1933, bronze, 54, 5 x 42,5 x 29,5 cm. Galerie Marwan Hoss, Paris.*

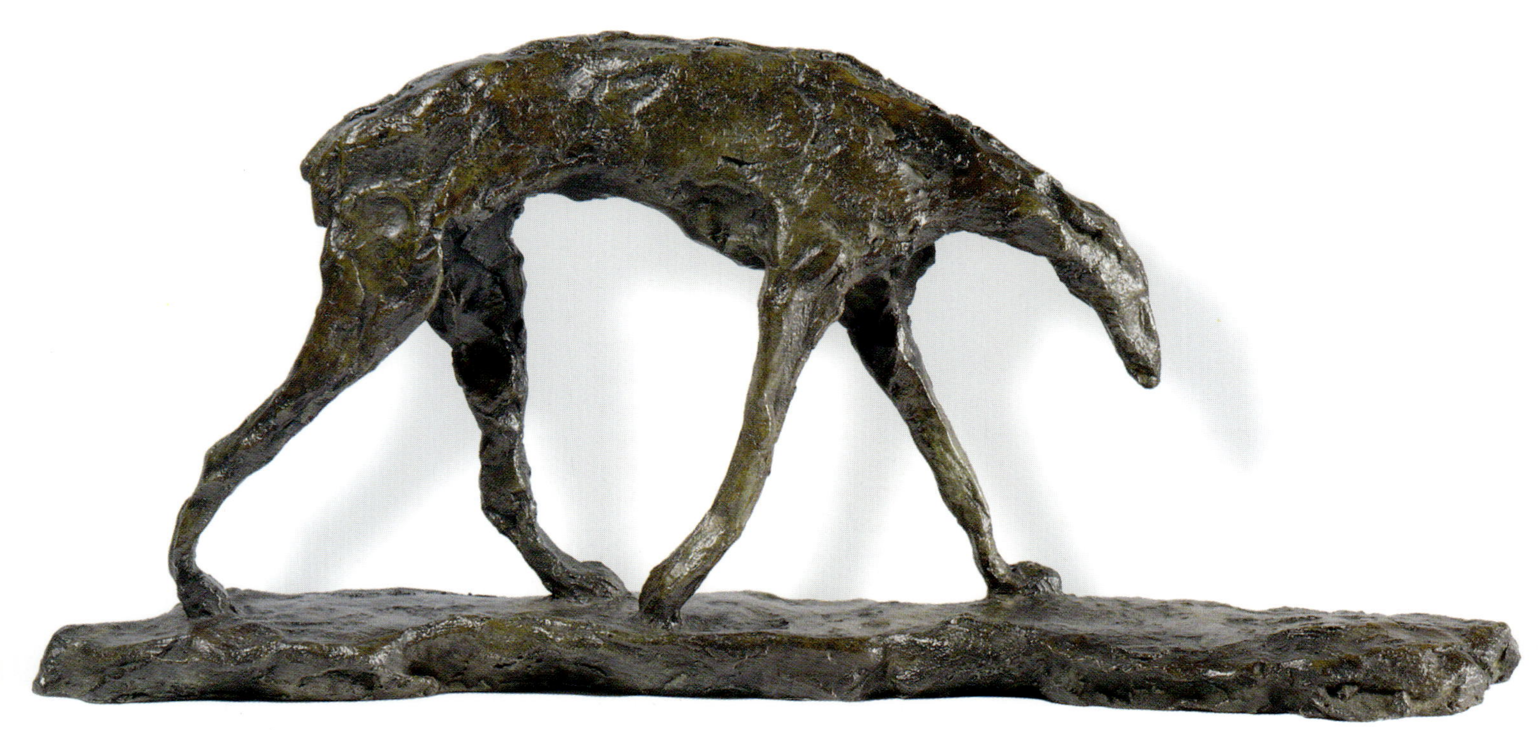

ARY JEAN LÉON BITTER, " LE LÉVRIER " *bronze, 12 x 24 x 4,2 cm. Galerie Stammegna, Marseille.*

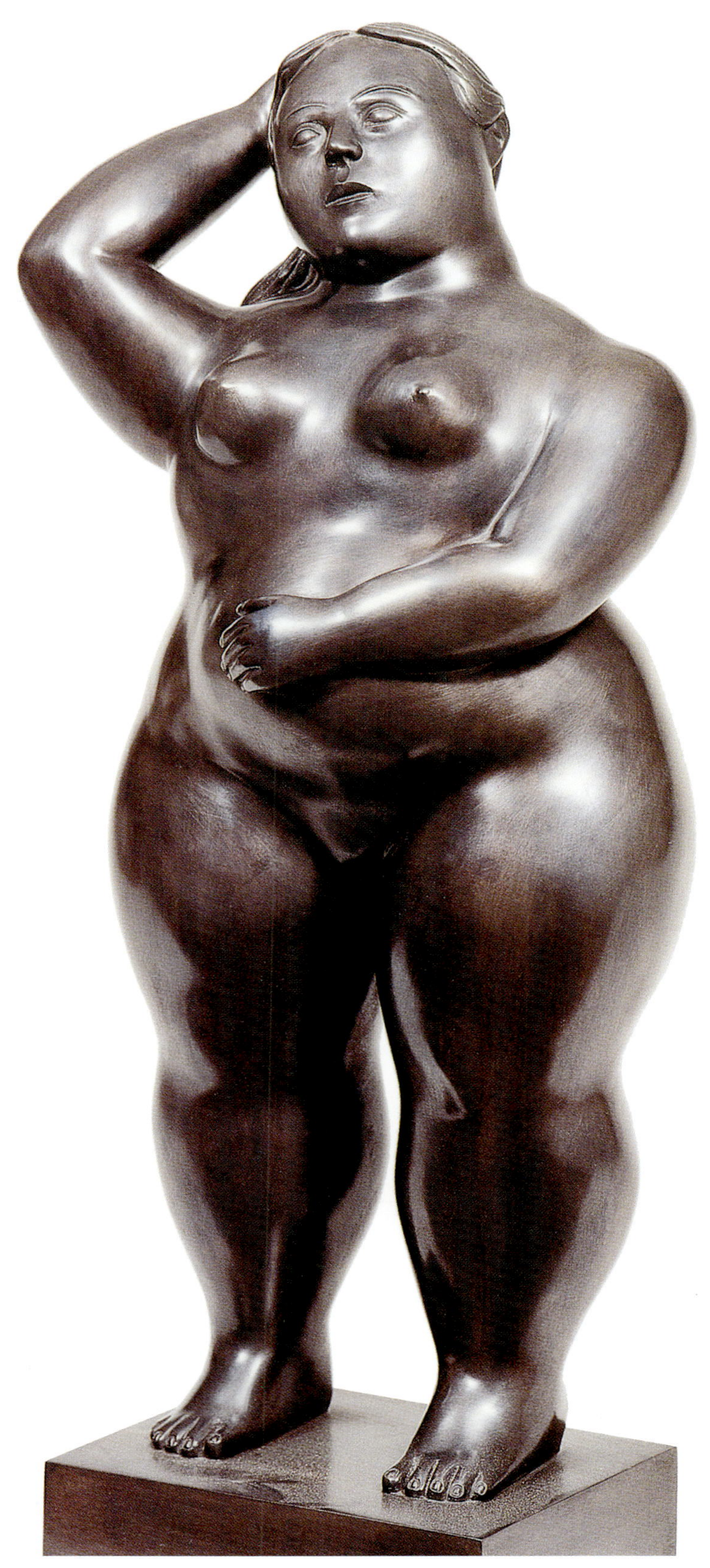

FERNANDO BOTERO, " DONNA INCINTA " *2002, bronze, 62 x 27 x 21 cm. Collection particulière.*

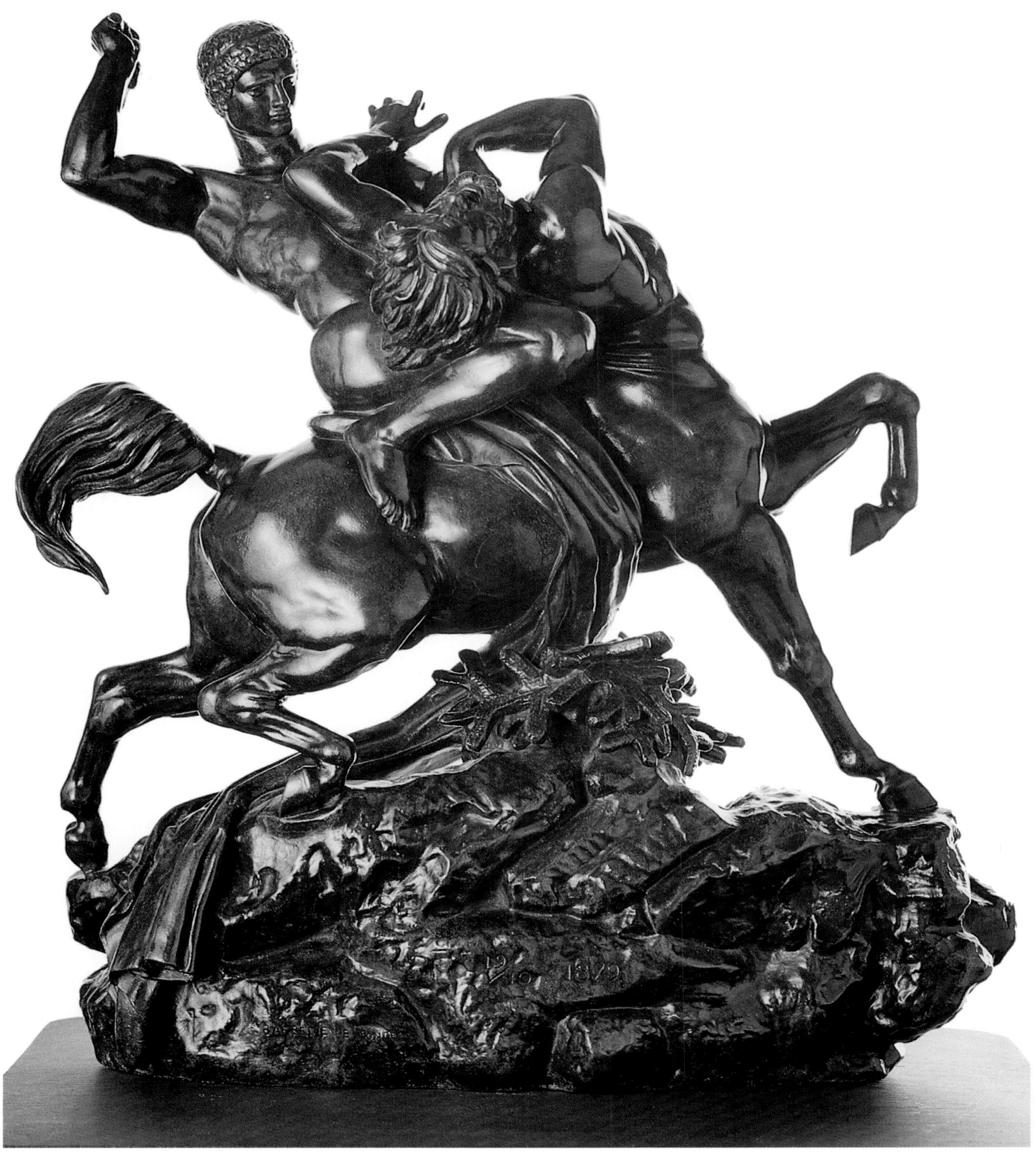

ANTOINE-LOUIS BARYE, " THÉSÉE COMBATTANT LE CENTAURE BIENOR " *1879, bronze, 42 x 36 x 14 cm. Galerie Stammegna, Marseille*

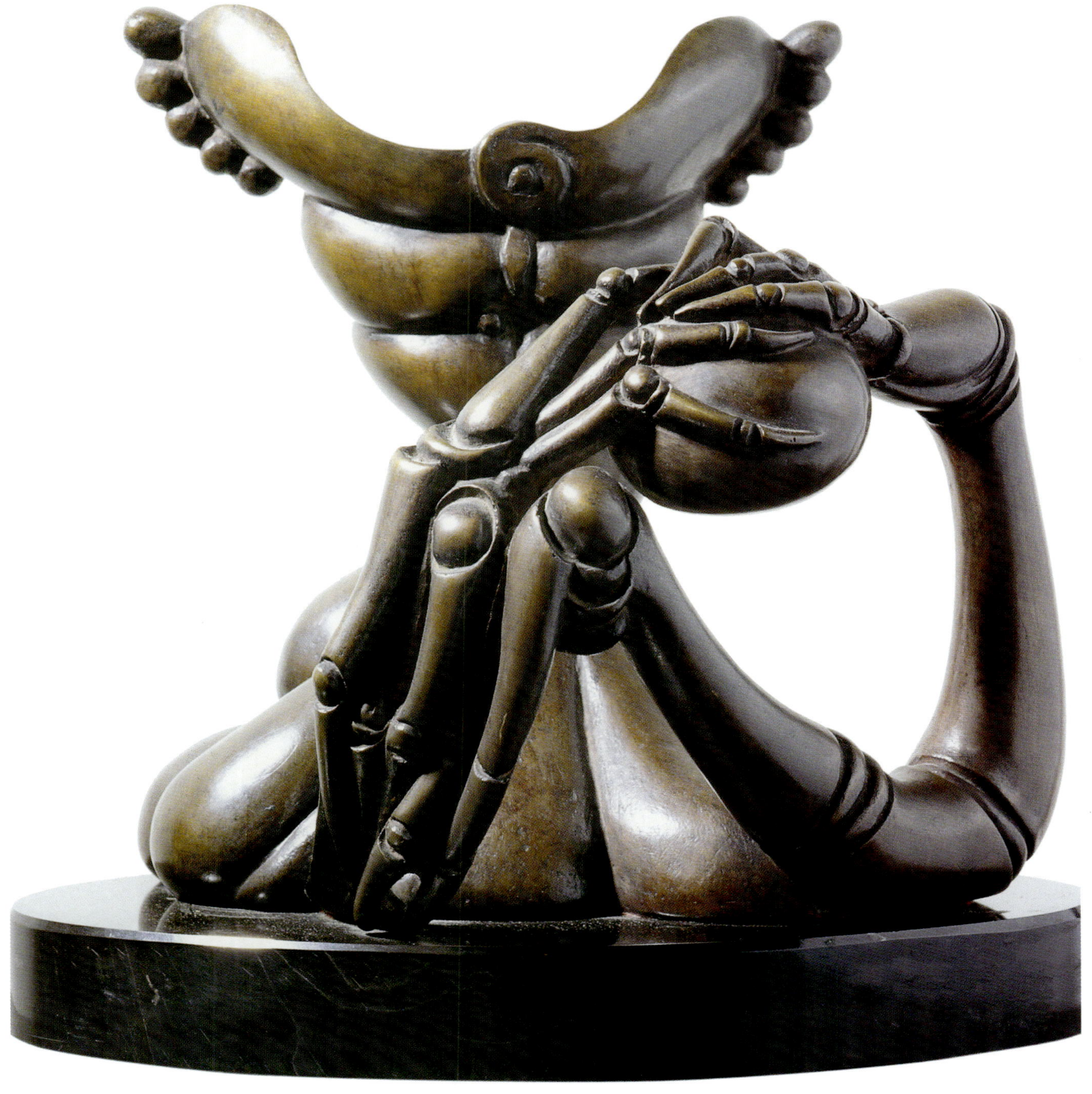

HANS BELLMER, " LES MAINS IMMOBILES " *bronze, 28 x 27 x 17 cm. Collection Jean-Jacques Plaisance, Paris.*

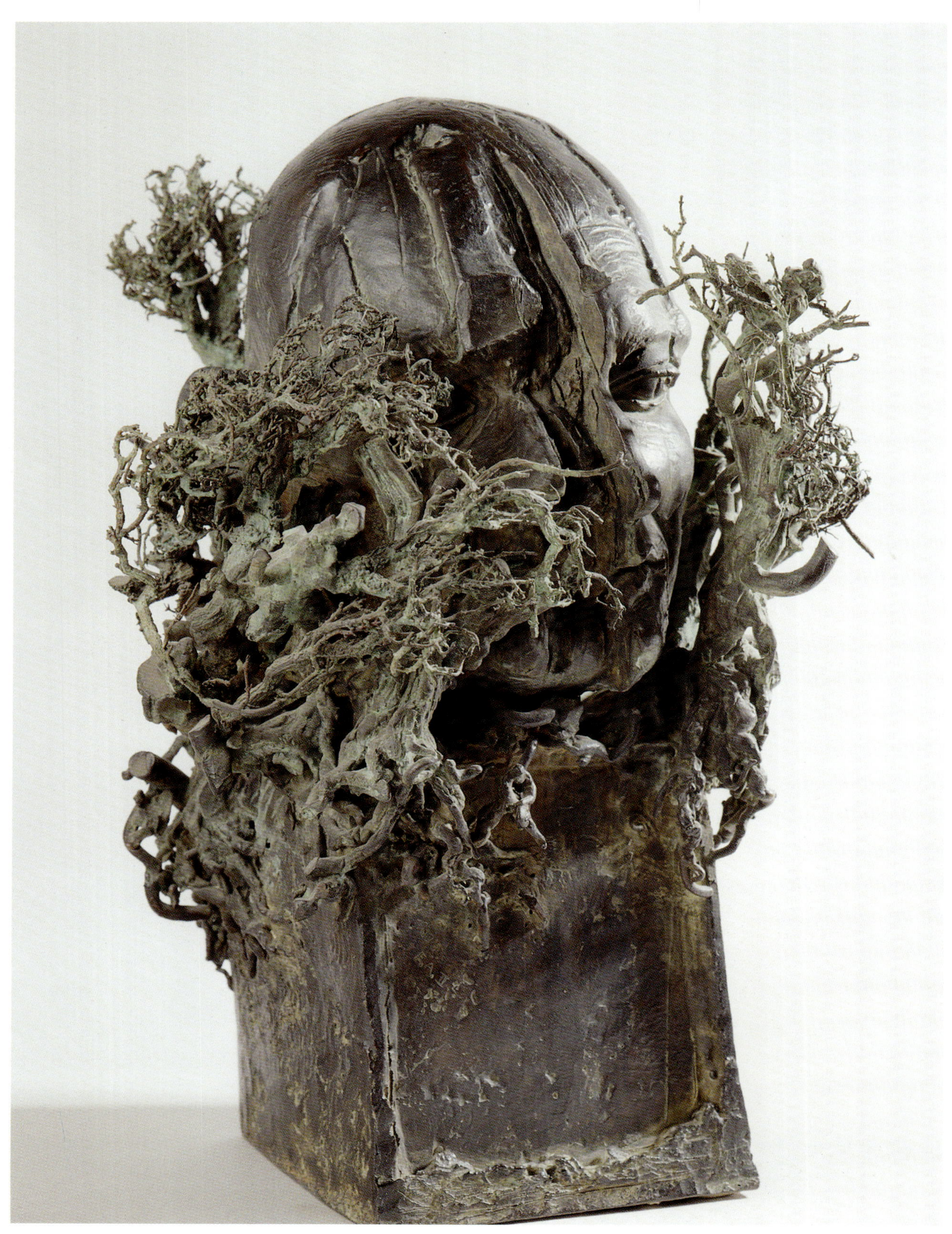

YVAN THEIMER, " TÊTE AVEC FORÊT " *bronze, 42 x 30 x 29 cm. Collection particulière.*

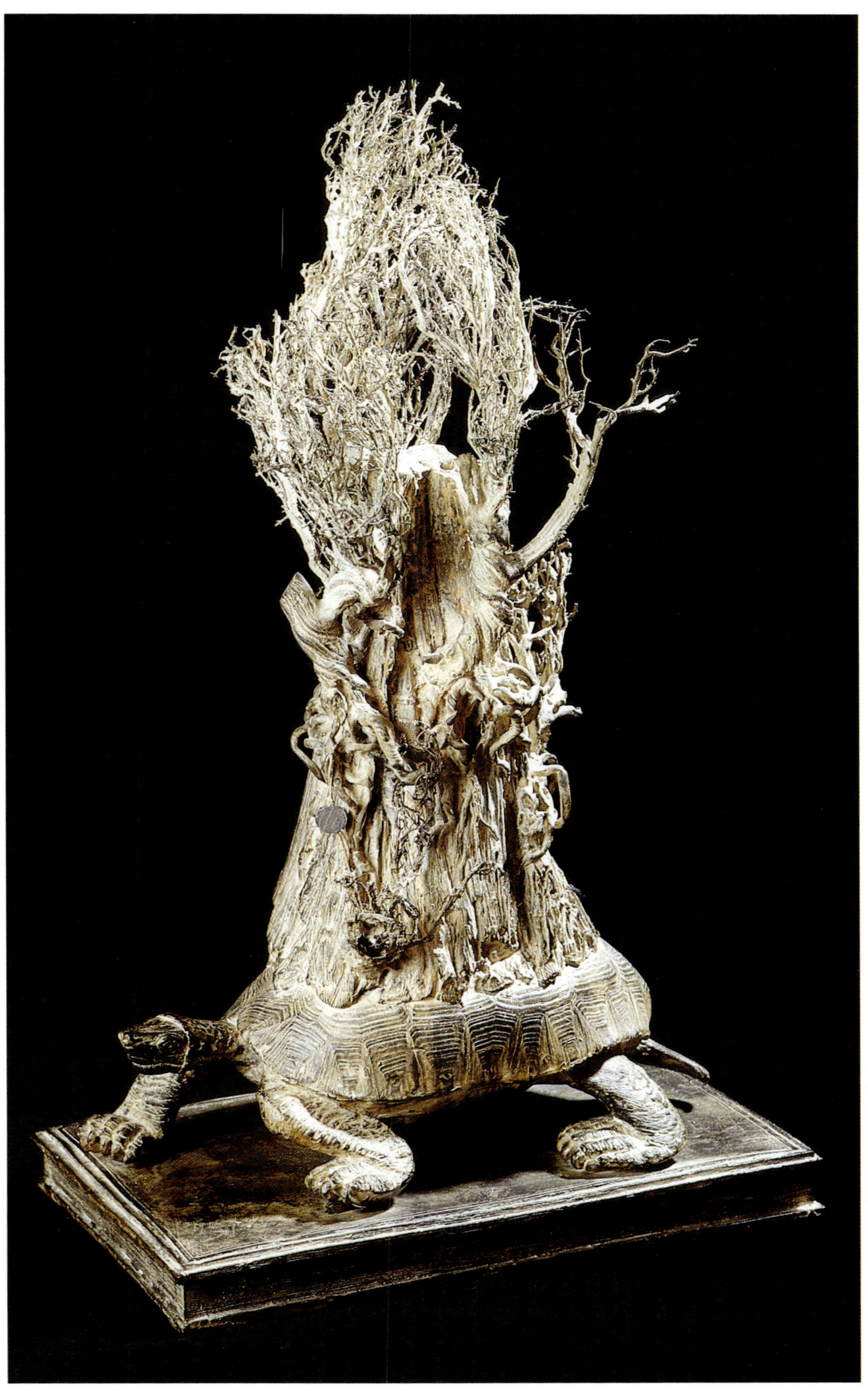

YVAN THEIMER, " L'ARBRE TORTUE " *1984, bronze, 70 x 41 x 26 cm. Collection particulière.*

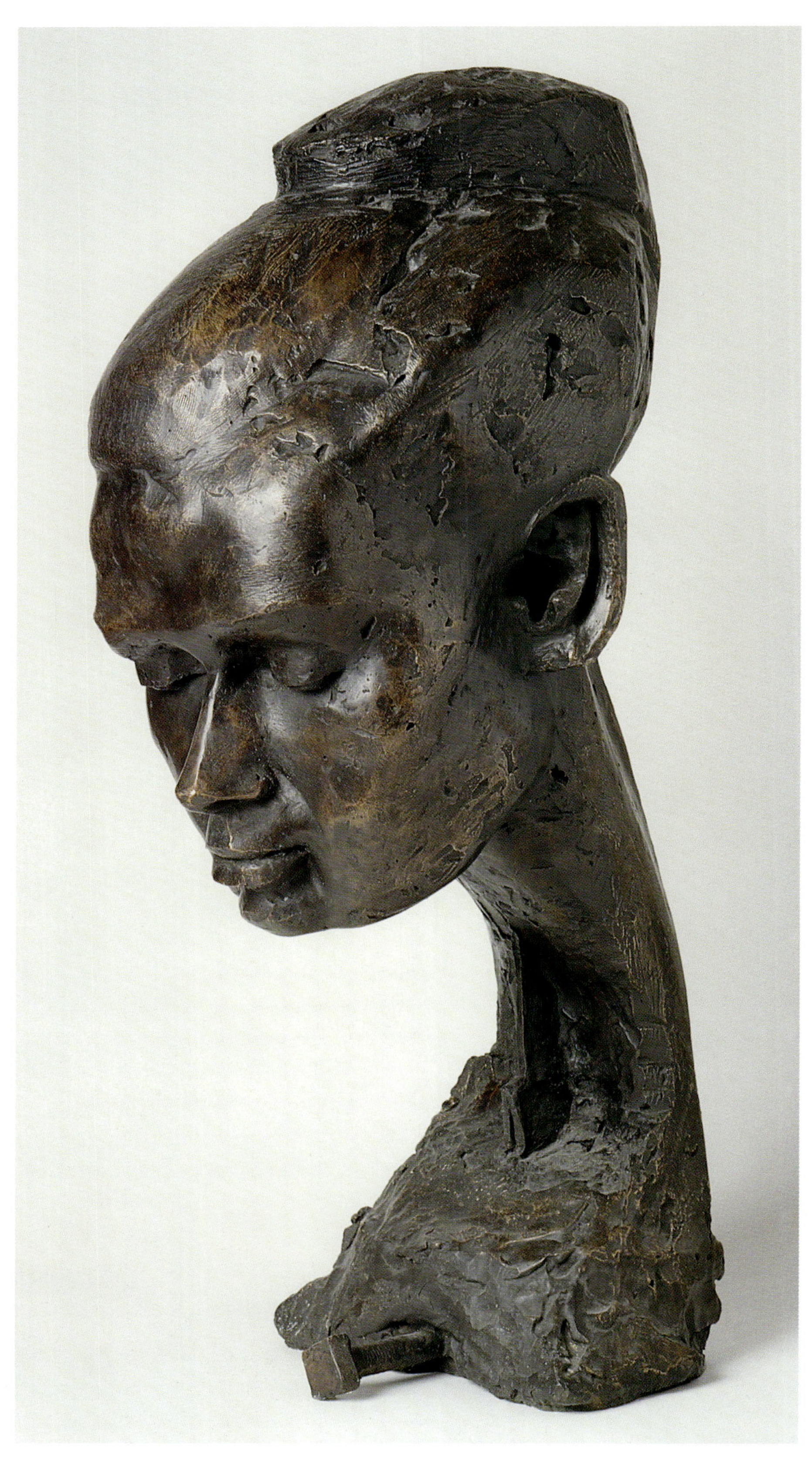

ÉTIENNE-MARTIN, " JACQUELINE " *1949, (fonte du bronze janvier 2001), 68 x 25 x 30 cm. Collection particulière.*

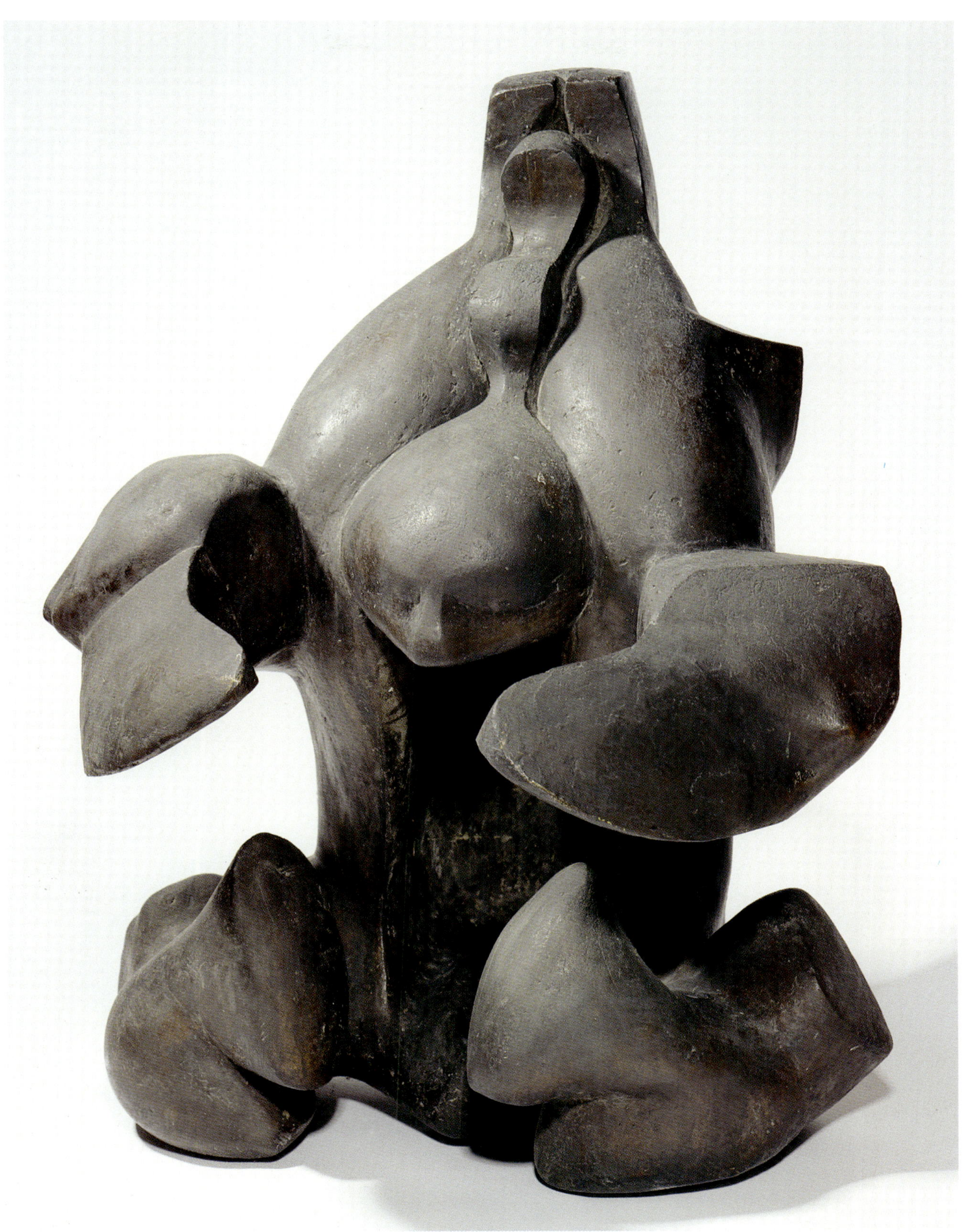

ÉTIENNE-MARTIN, " SANS TITRE " *bronze, 77 x 56 x 56 cm. Galerie Jeanne-Bucher, Paris.*

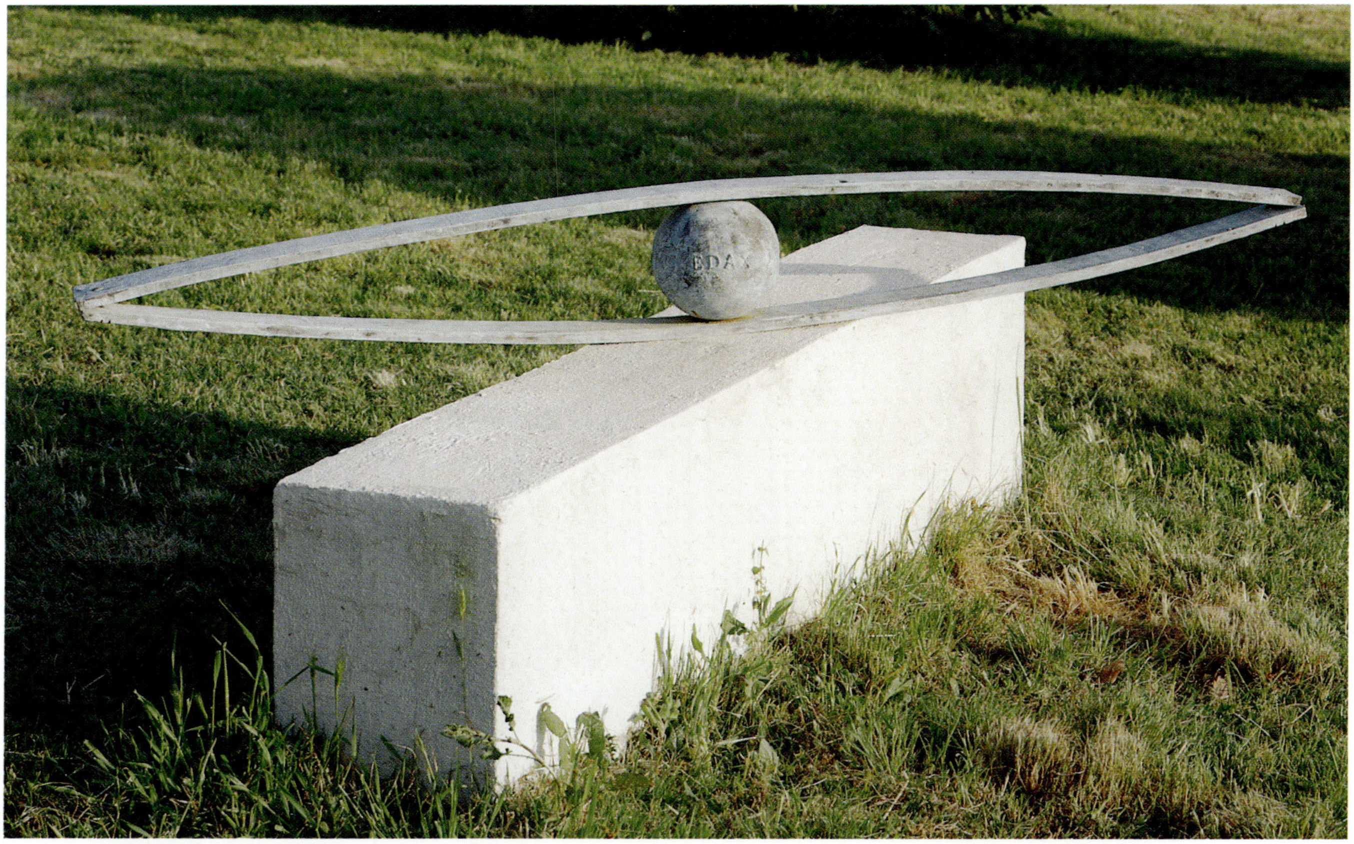

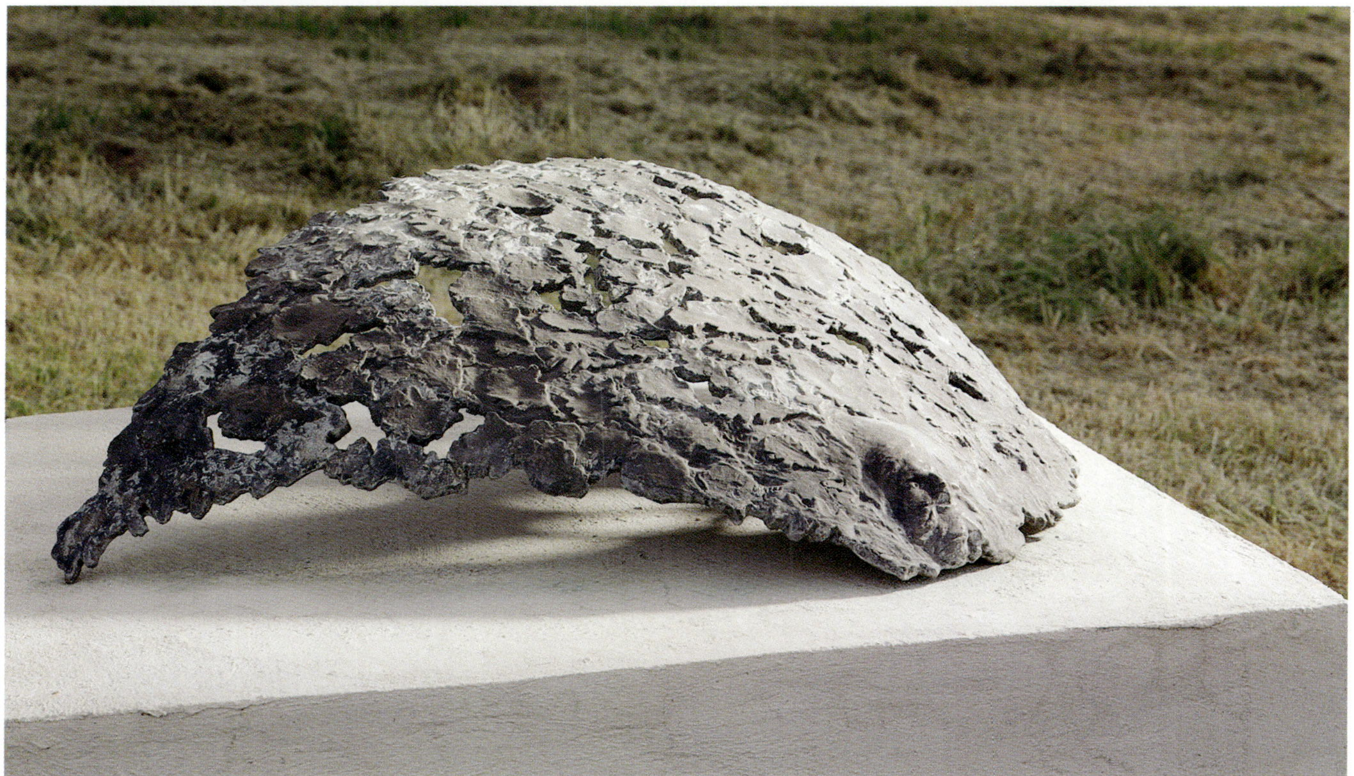

GIUSEPPE GALLO, " LA SPHÈRE AU CENTRE DE L'ŒIL " *1992-1996, bronze, 21 x 178 x 18 cm. Galerie Di Meo, Paris.*
" LES FEUILLES " *1992-1996, bronze, 70 x 117 x 80 cm. Galerie Di Meo, Paris.*

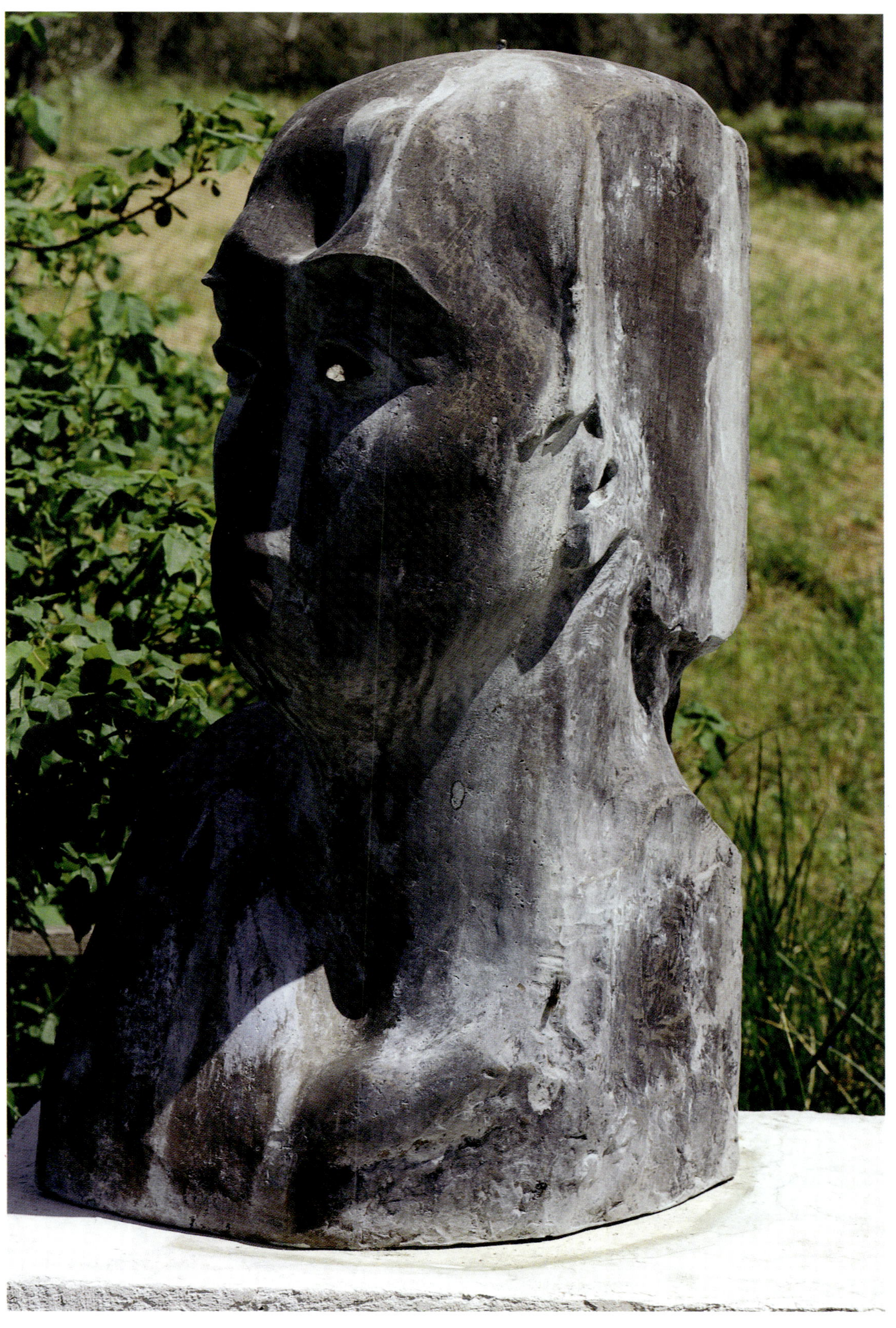

GIUSEPPE GALLO, " LA TÊTE " *1992-1996, bronze, 65 x 28,5 x 28 cm. Galerie Di Meo, Paris.*

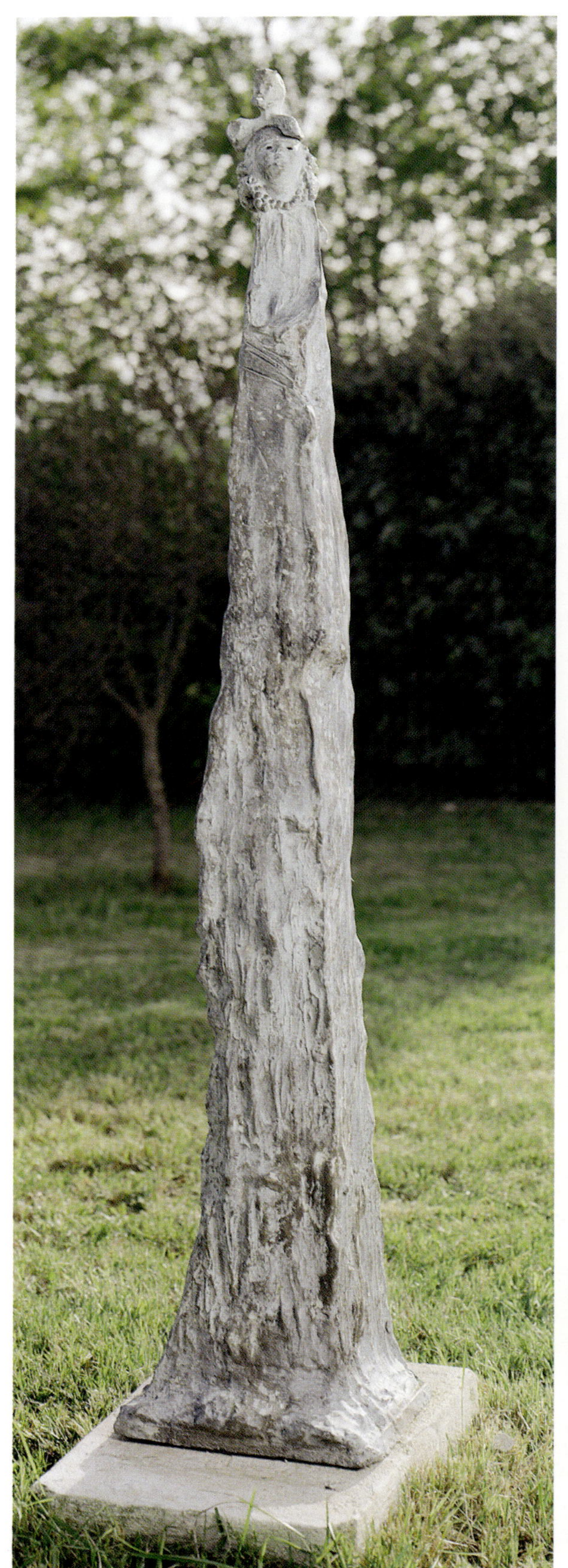

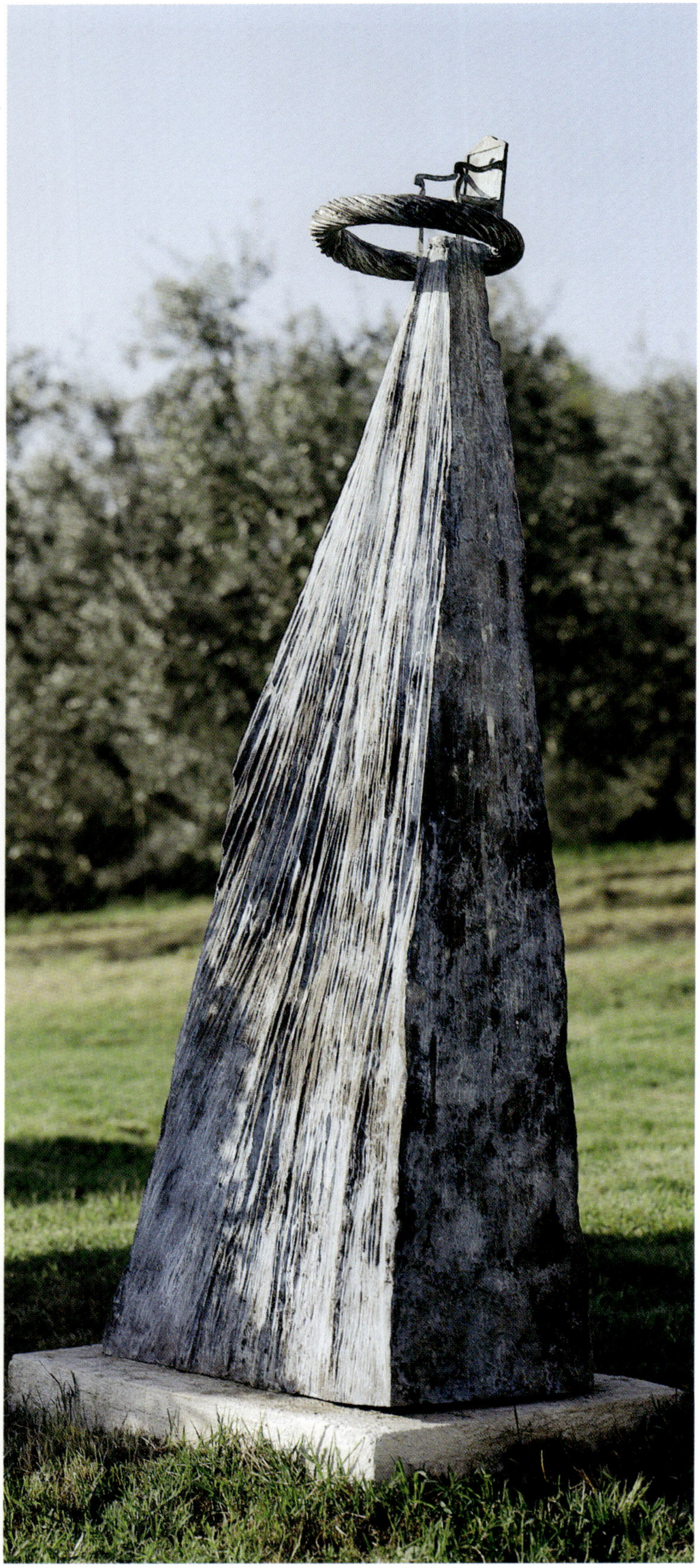

GIUSEPPE GALLO, " LE FAUNE " *1992-1996, bronze, 164 x 29 x 28 cm. Galerie Di Meo, Paris.*
" LA SCULPTURE À LA CHAISE " *1992-1996, bronze, 58 x 35 x 17,5 cm. Galerie Di Meo, Paris.*

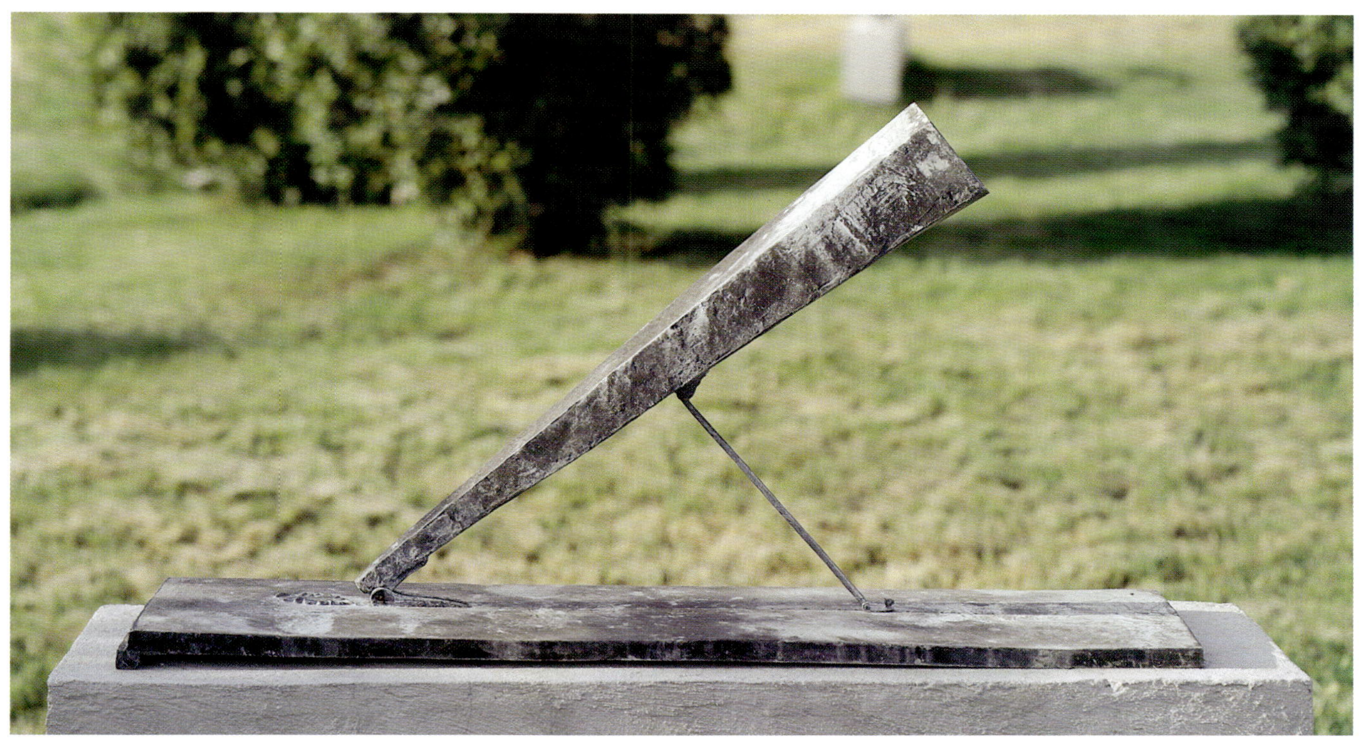

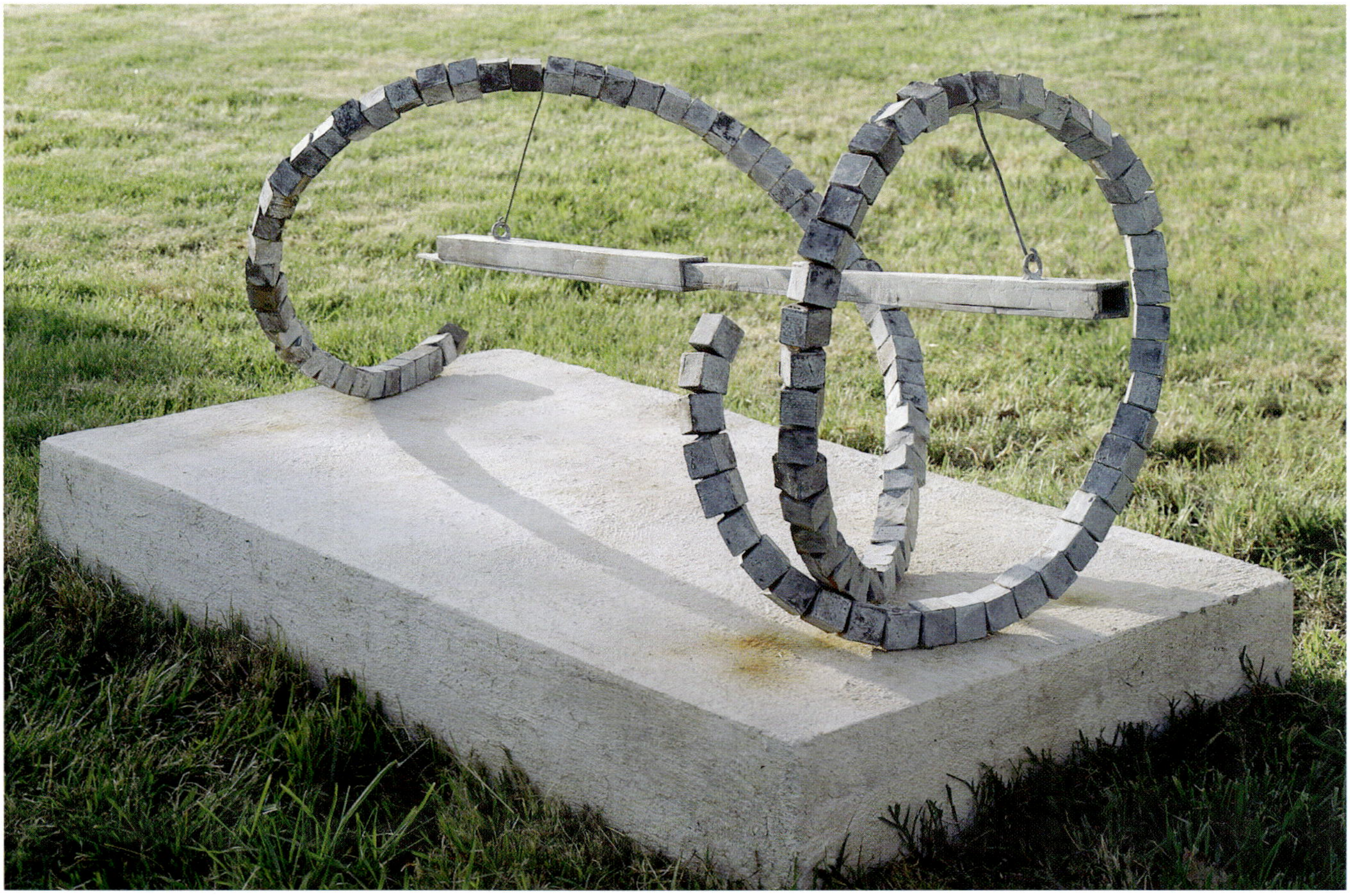

GIUSEPPE GALLO, " LE TUBE PERCÉ " *1992-1996, bronze, 70 x 121 x 29,5 cm. Galerie Di Meo, Paris.*
" LE SERPENT À DEUX TÊTES " *1992-1996, bronze, 62 x 130 x 58 cm. Galerie Di Meo, Paris.*

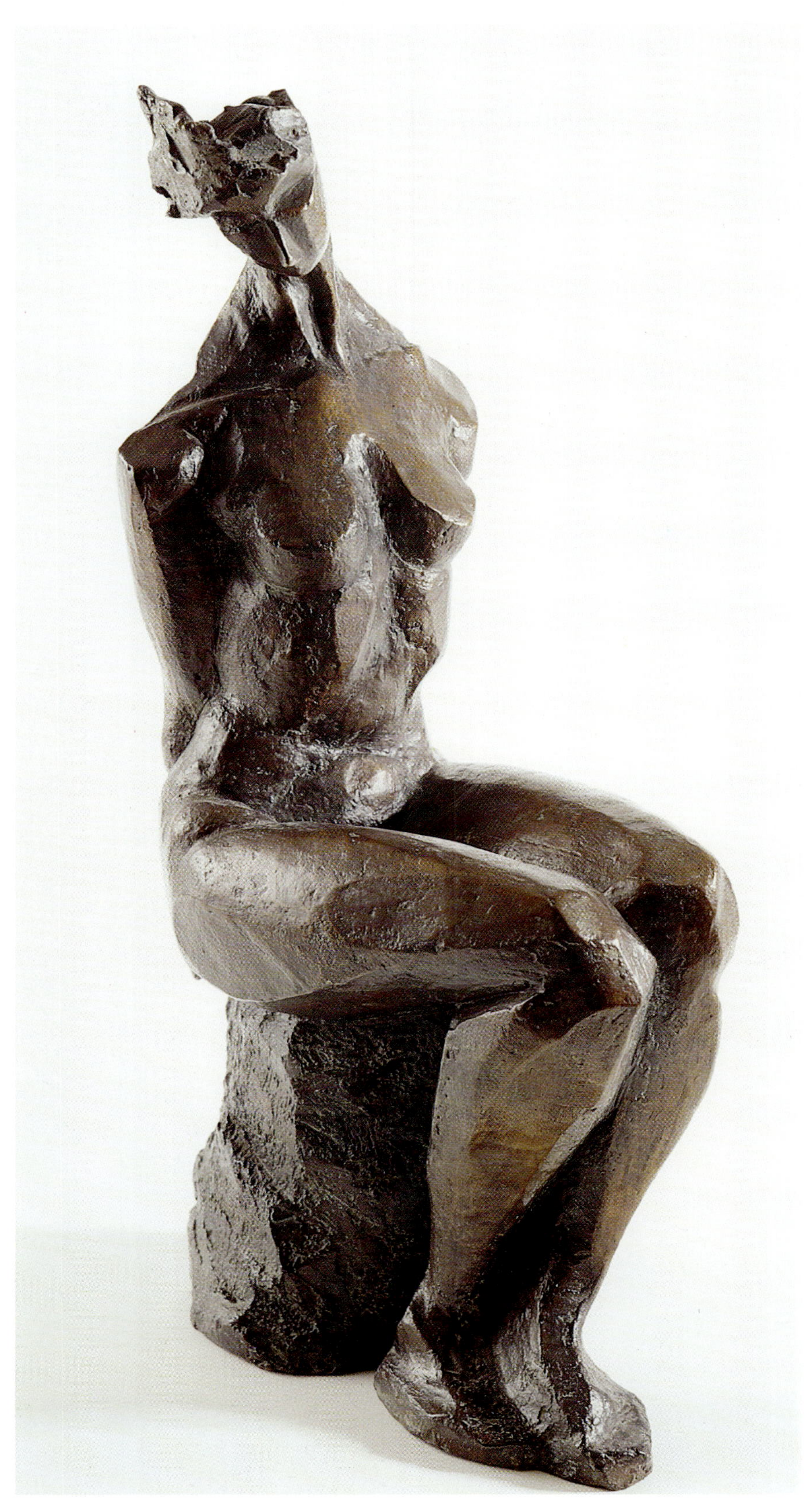

ANNE TRÉGLOZE, « REGARDE » *bronze, 43 x 13 x 23 cm. Ville de Saint-Ouen.*

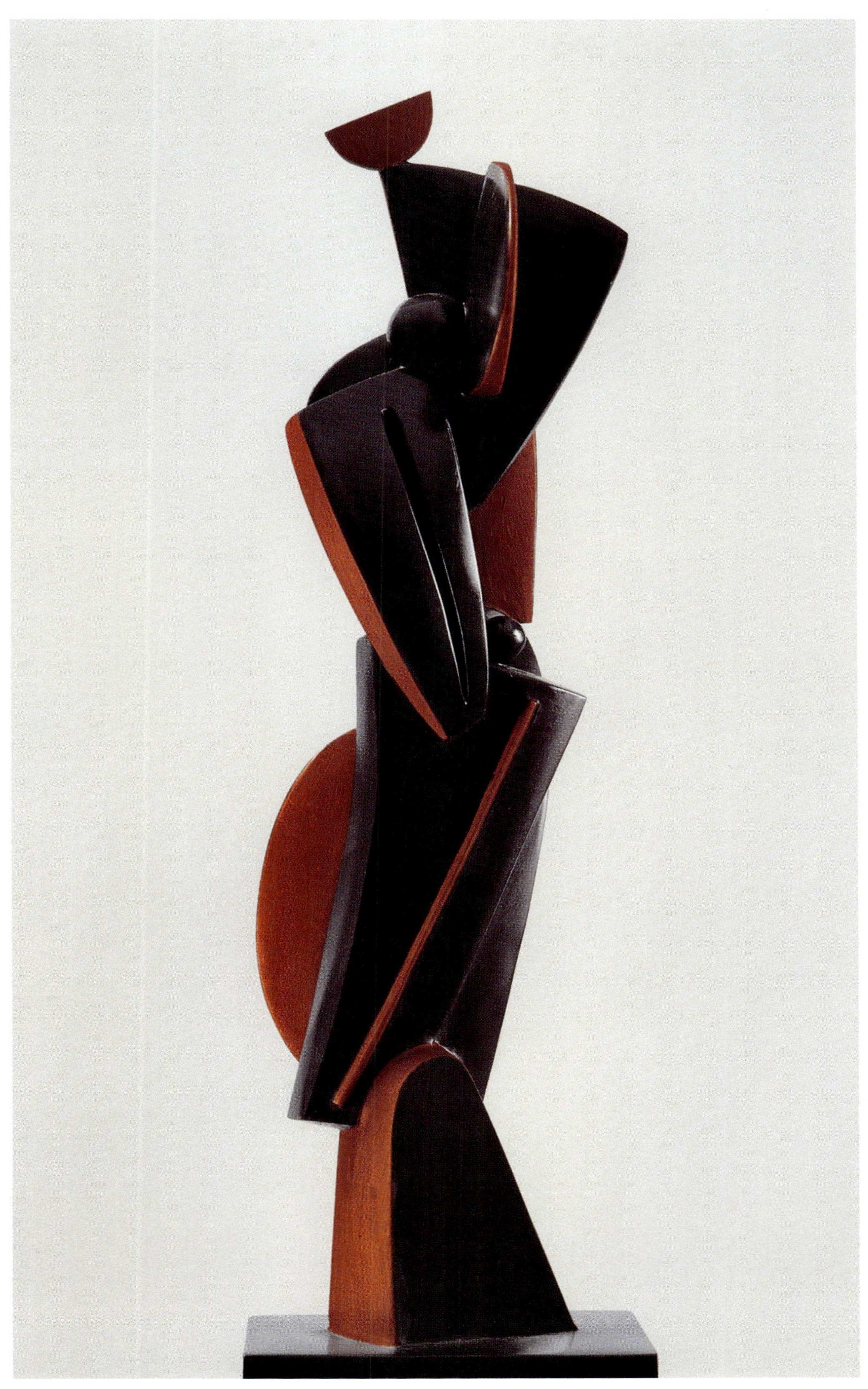

SOPHIA VARI, " VENTS DU SUD " *1998-1999, bronze peint, 315 x 100 x 70 cm. Collection particulière.*

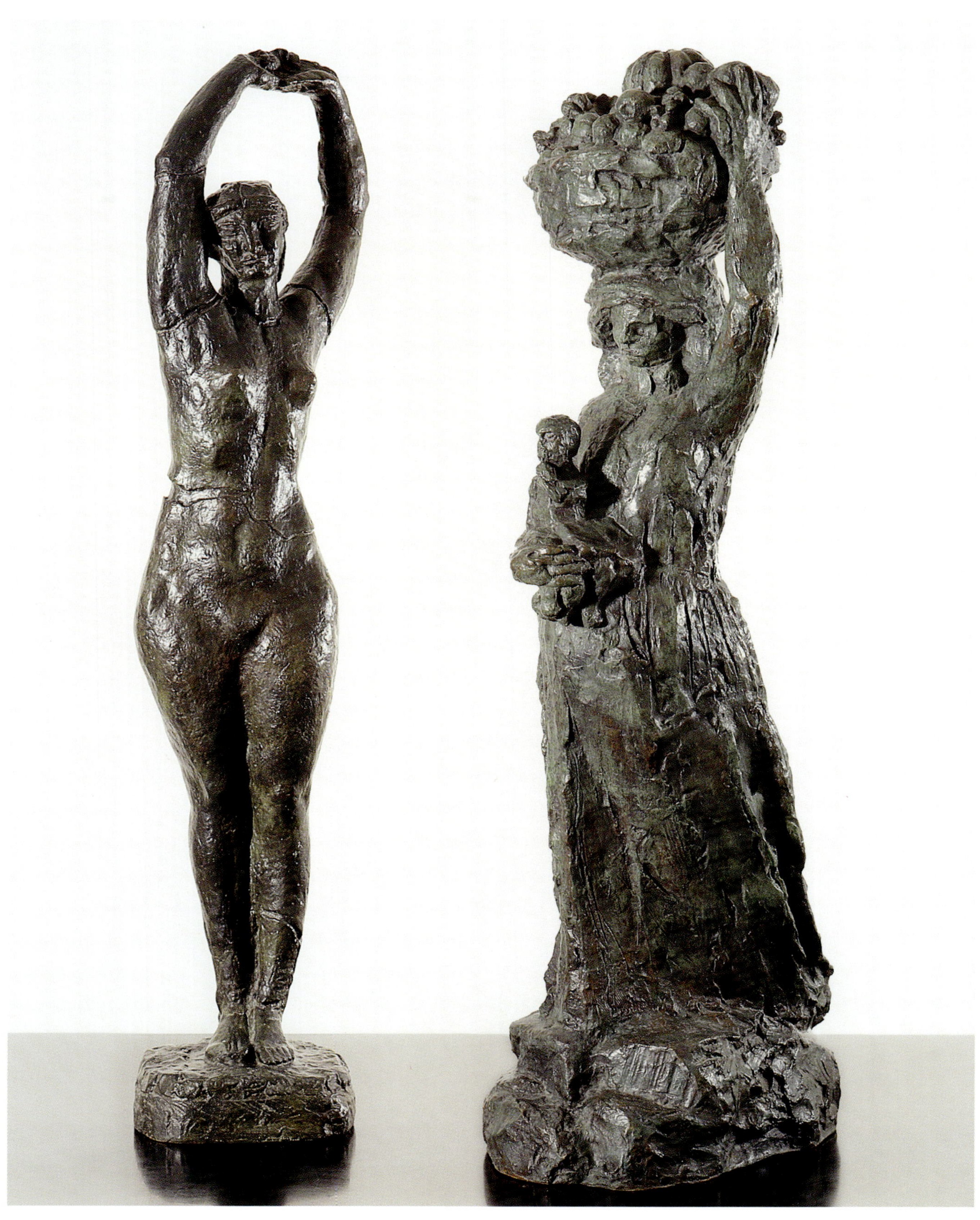

< **ANTOINE BOURDELLE, " URNE "** *1927, bronze, 96,5 x 20 x 20 cm. Galerie Gianna Sistu, Paris.*
> **" ÉTUDE POUR LES NOBLES FARDEAUX "** *1910-1911, bronze, 96,5 x 20 x 20 cm. Galerie Gianna Sistu, Paris.*

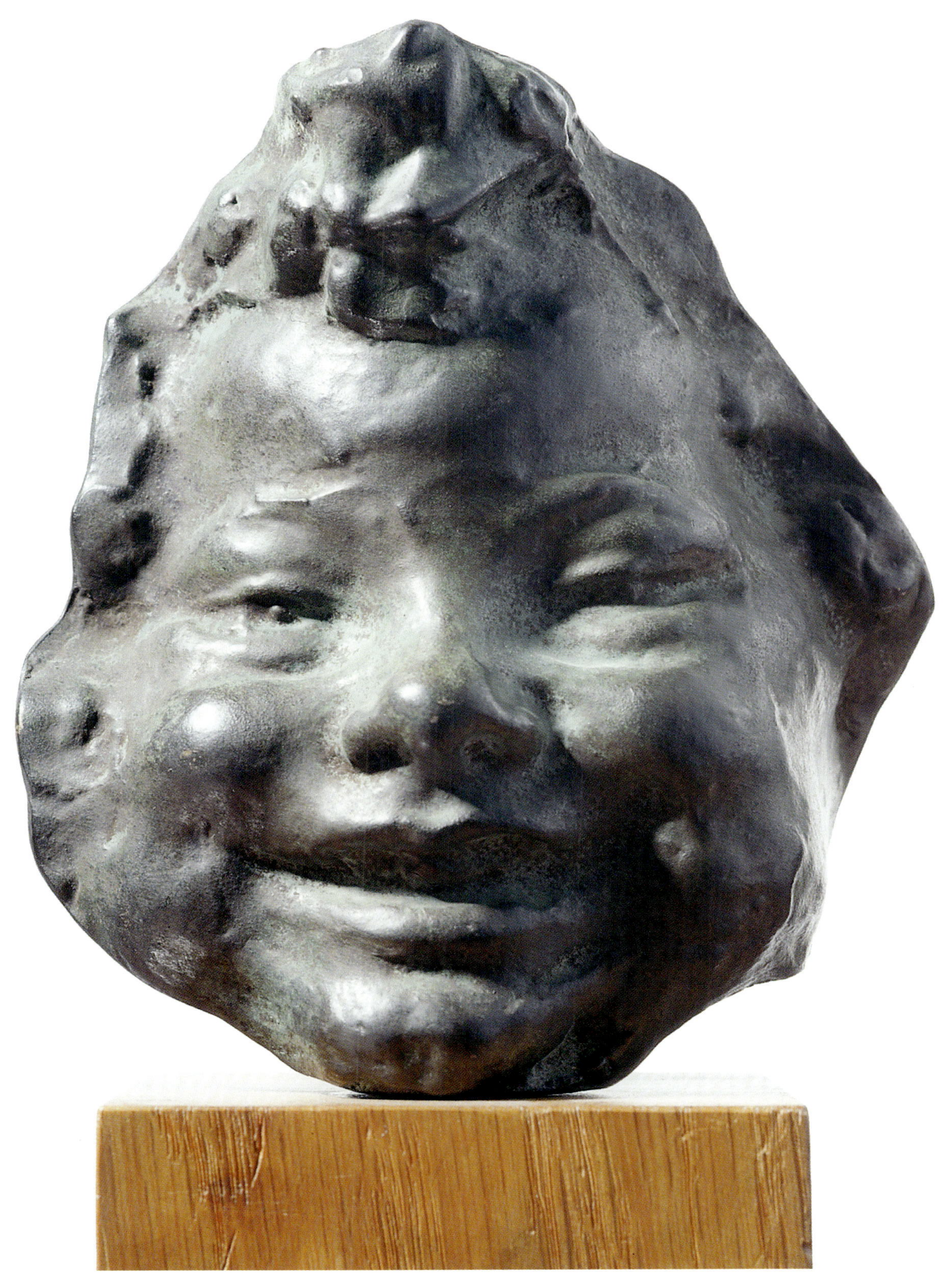

ANTOINE BOURDELLE, " LE MASQUE " *bronze, 15 x12 x 8 cm. Ville de Saint-Ouen.*

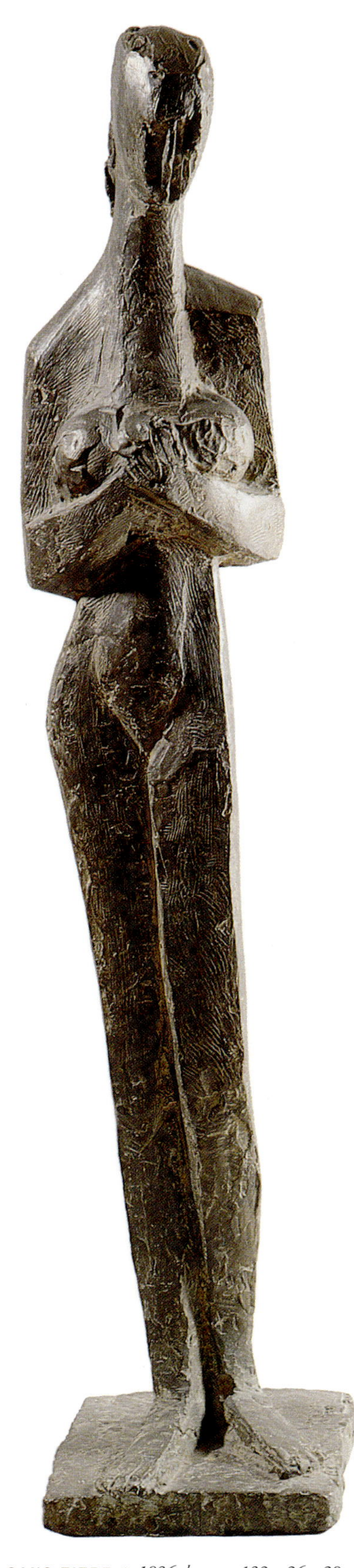

JEAN LE MOAL, " SANS TITRE " *1936, bronze, 132 x 26 x 29 cm. Collection particulière.*

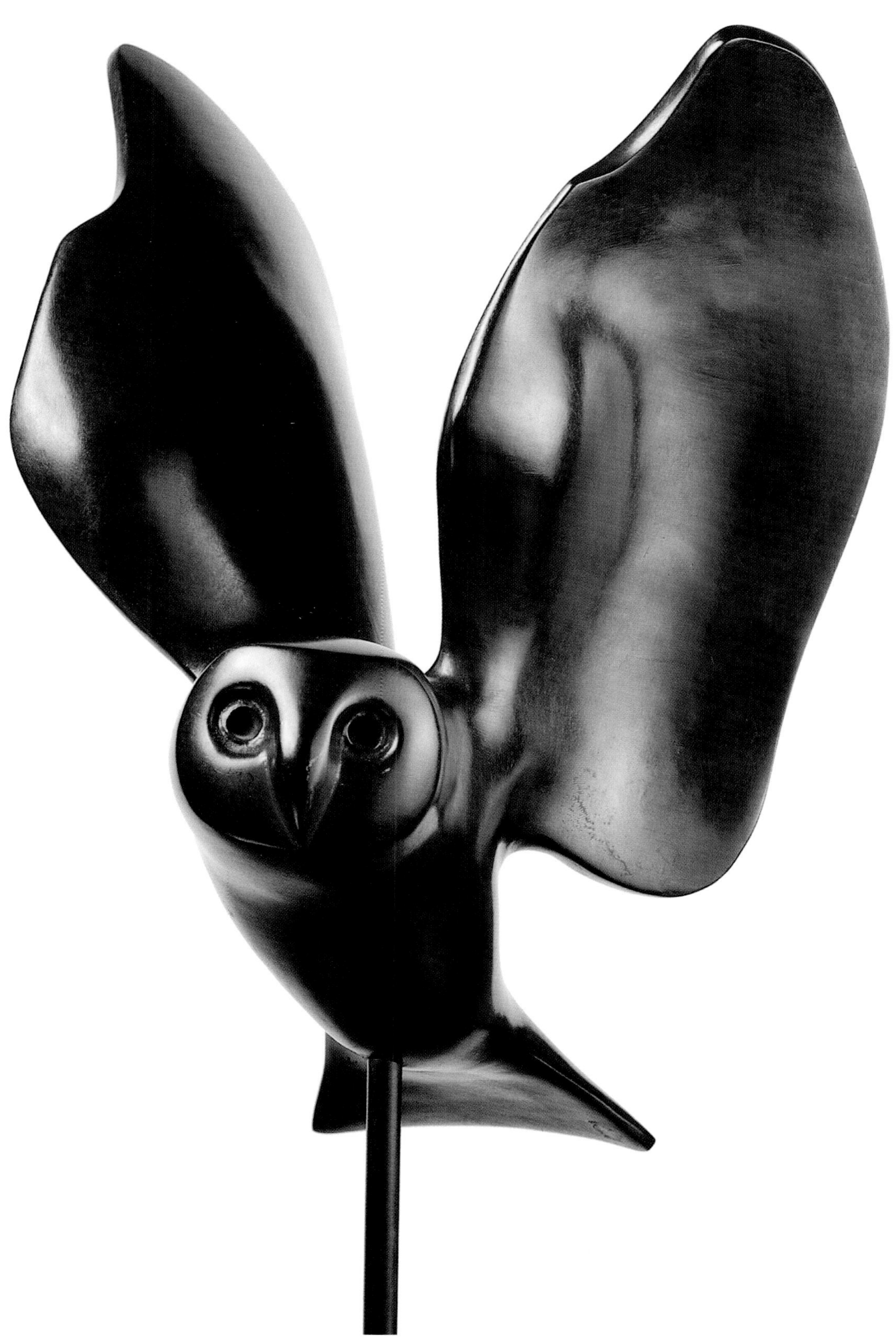

CLAUDE LHOSTE, " LA CHOUETTE " *Bronze, 45 x 25 x 20 cm. Ville de Saint-Ouen.*

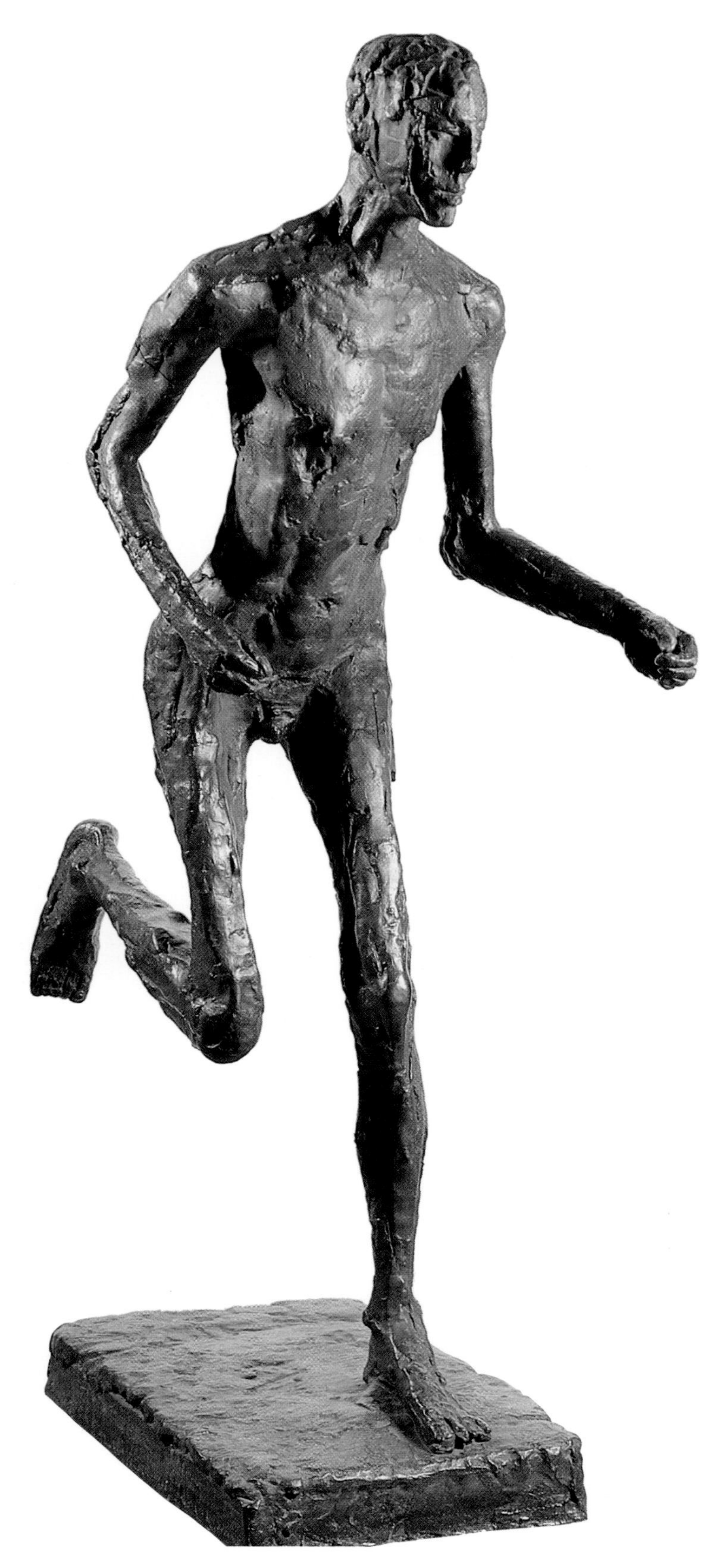

GERMAINE RICHIER, " LE COUREUR À PIED " *1955, bronze, h. 200 cm. Ville de Saint-Ouen.*

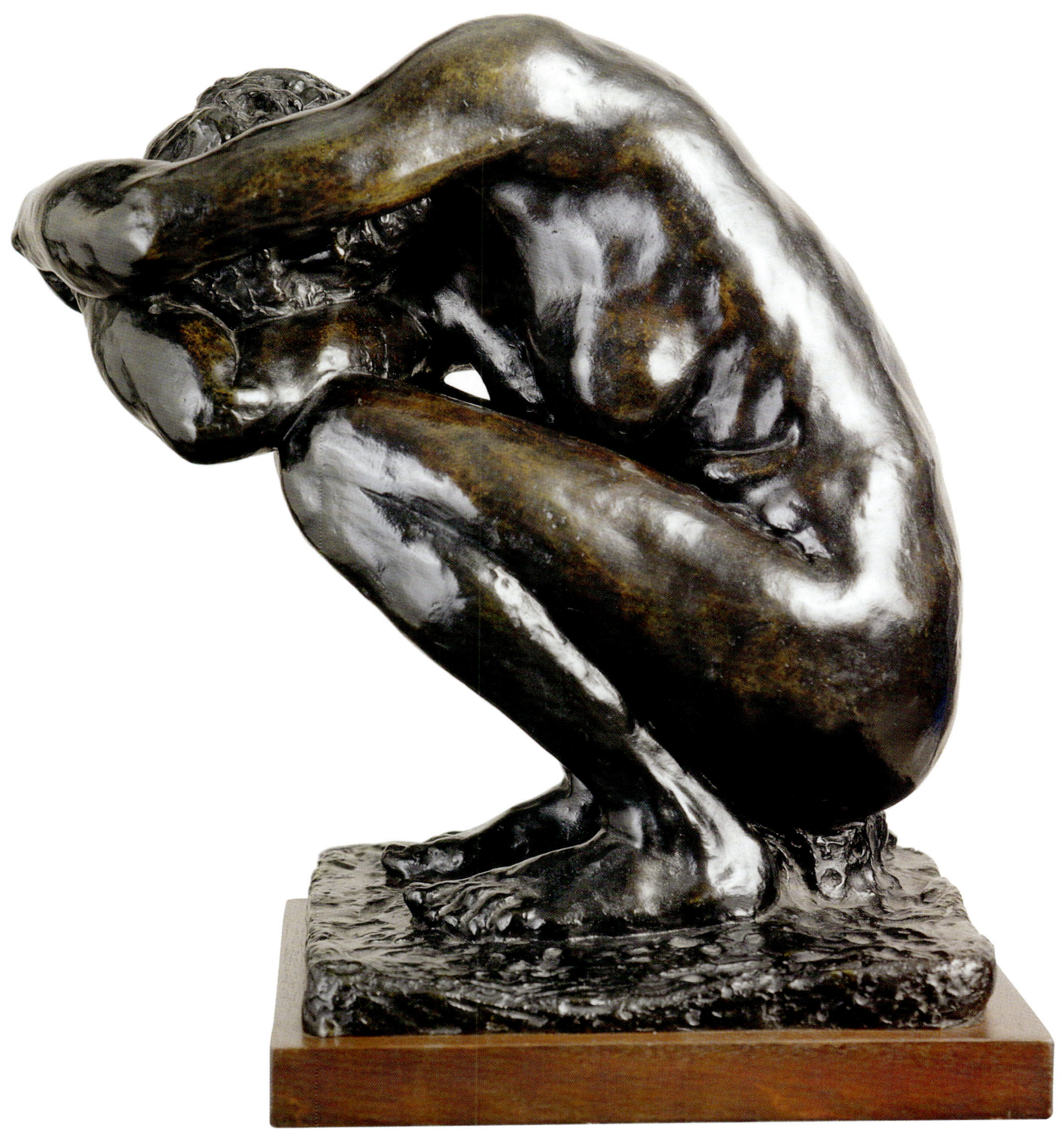

CAMILLE CLAUDEL, " FEMME ACCROUPIE " *1885, bronze, 36,8 x 23,5 x 37,5 cm. Galerie Aittouarés, Paris.*

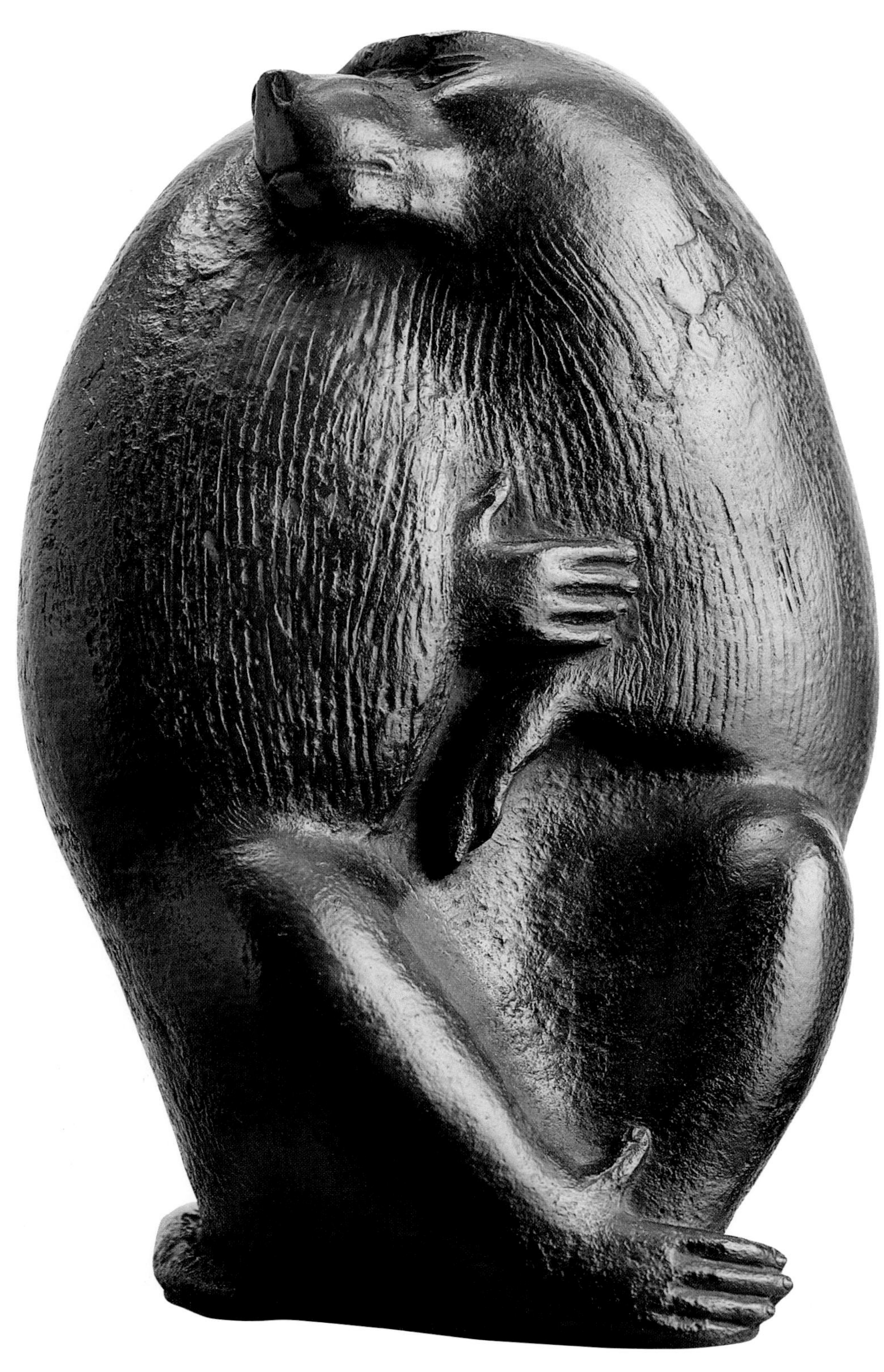

MARCEL DERNY, " SINGE PÈLERINE " *1935, bronze, 30 x 21 x 14 cm. Galerie Dumonteil, Paris.*

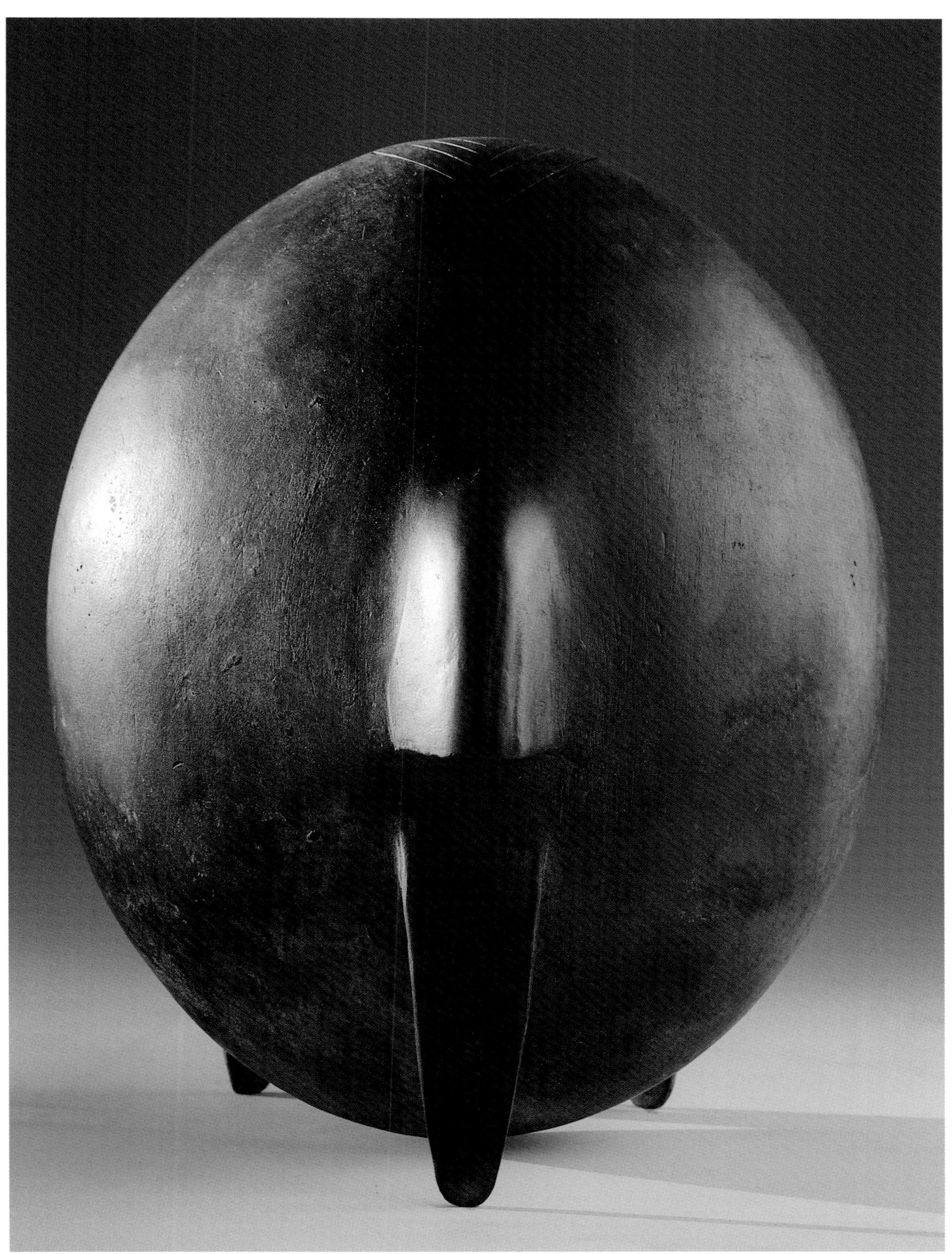

GIUSEPPE MARANIELLO, " IN MARE APERTO " *2000, bronze, 29 x 23 x 15 cm. Collection particulière.*

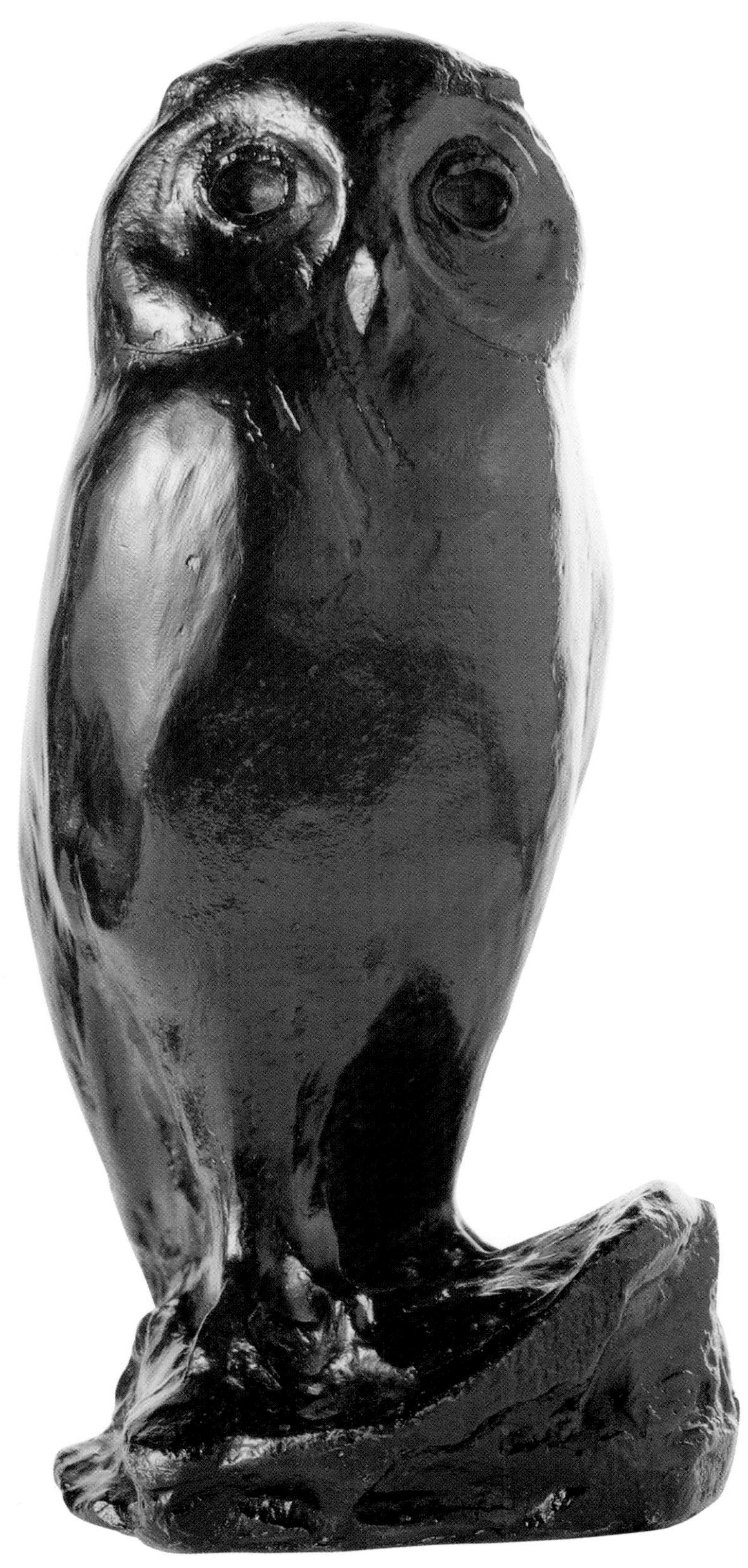

FRANÇOIS POMPON, " CHOUETTE AUX YEUX CREUX " *bronze, 18 x 8 x 8 cm. Galerie Stammegna, Marseille.*

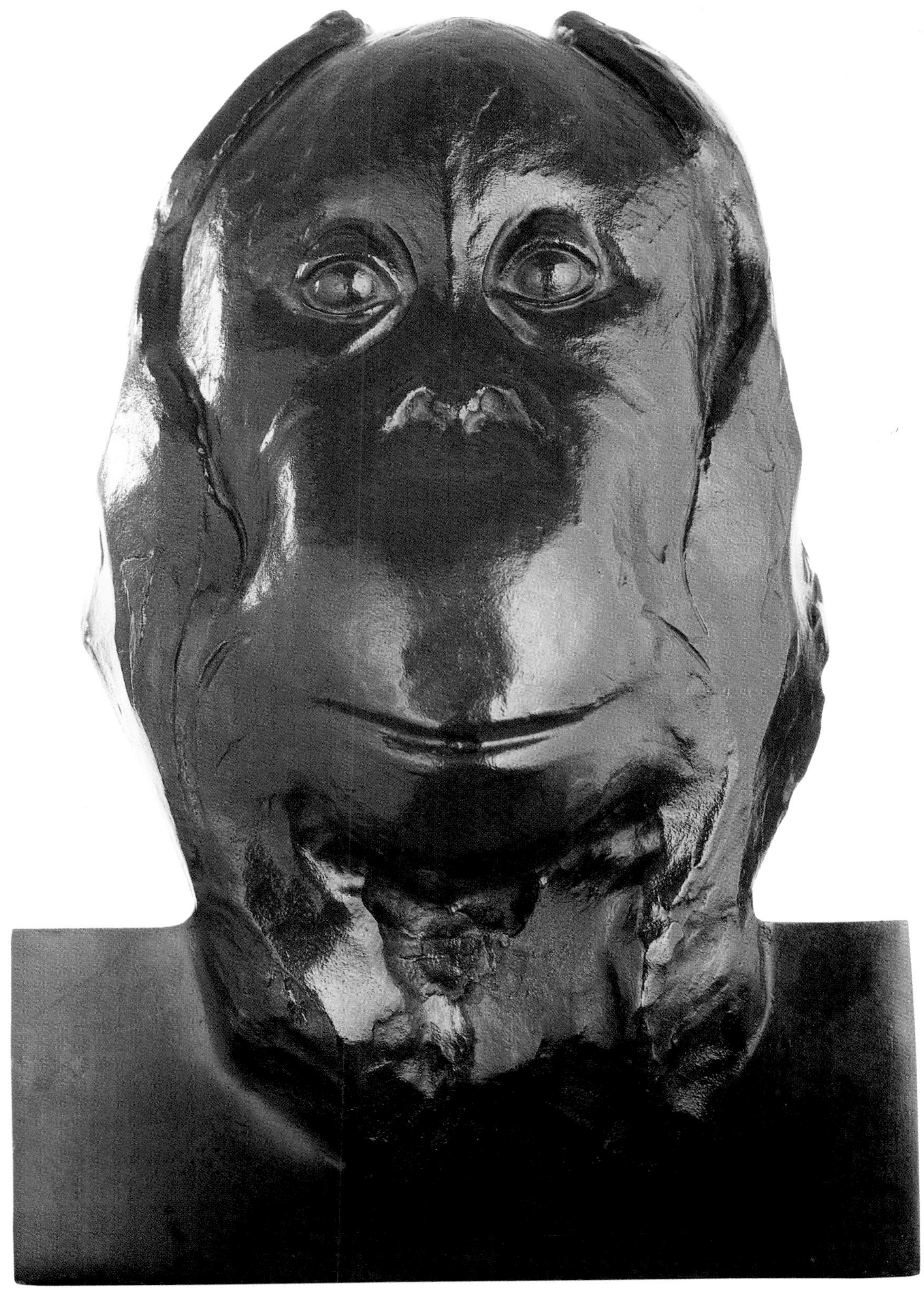

FRANÇOIS POMPON, " TÊTE D'ORANG-OUTAN " *bronze, 32,5 x 22 x 23 cm. Galerie Dumonteil, Paris.*

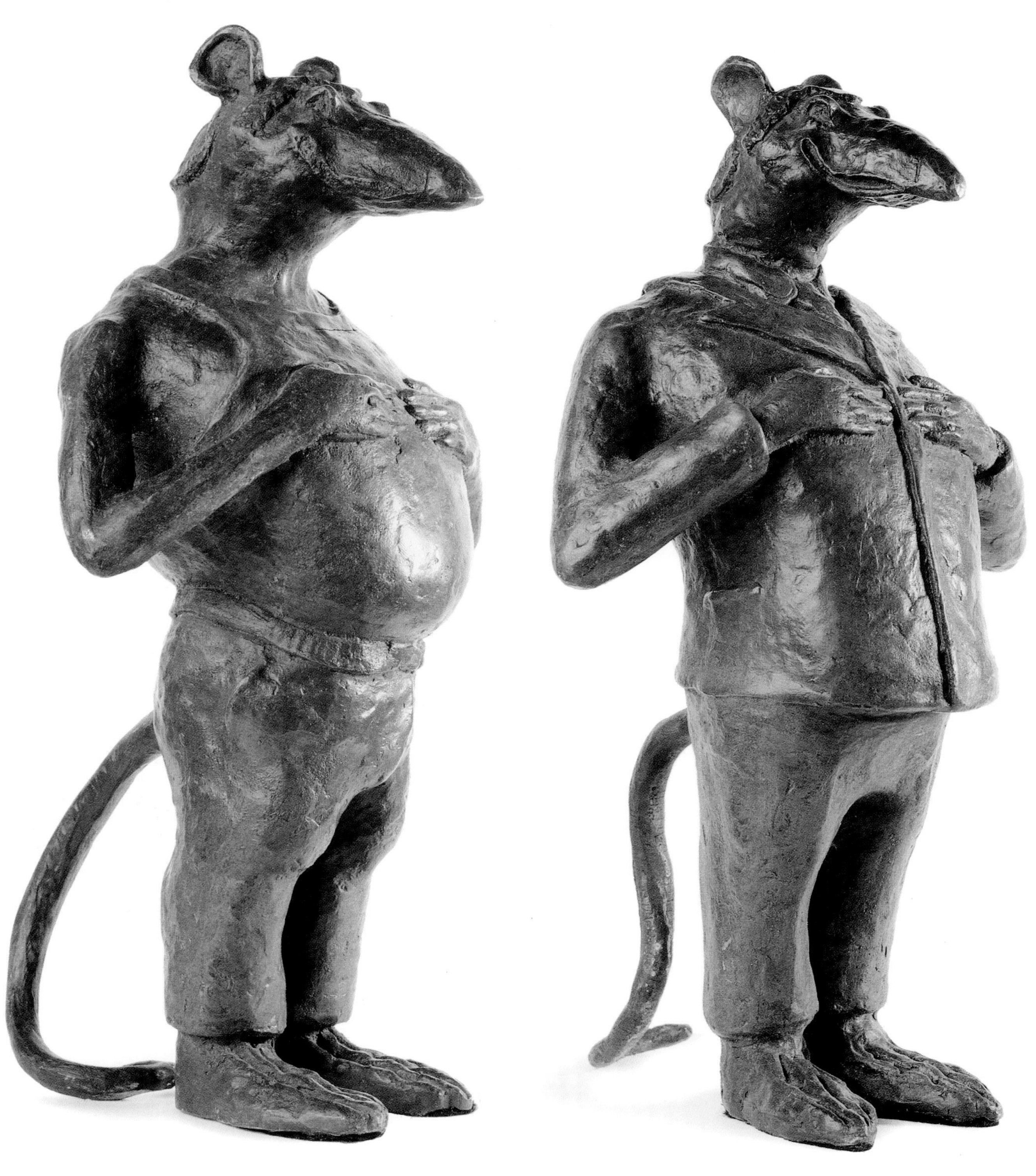

GILLES DE KERVERSEAU, " LE RAT DES CHAMPS " *1992, bronze, 36 x 22 x 17 cm. Collection particulière.*
" LE RAT DES VILLES " *1992, bronze, 36 x 22 x 17 cm. Collection particulière.*

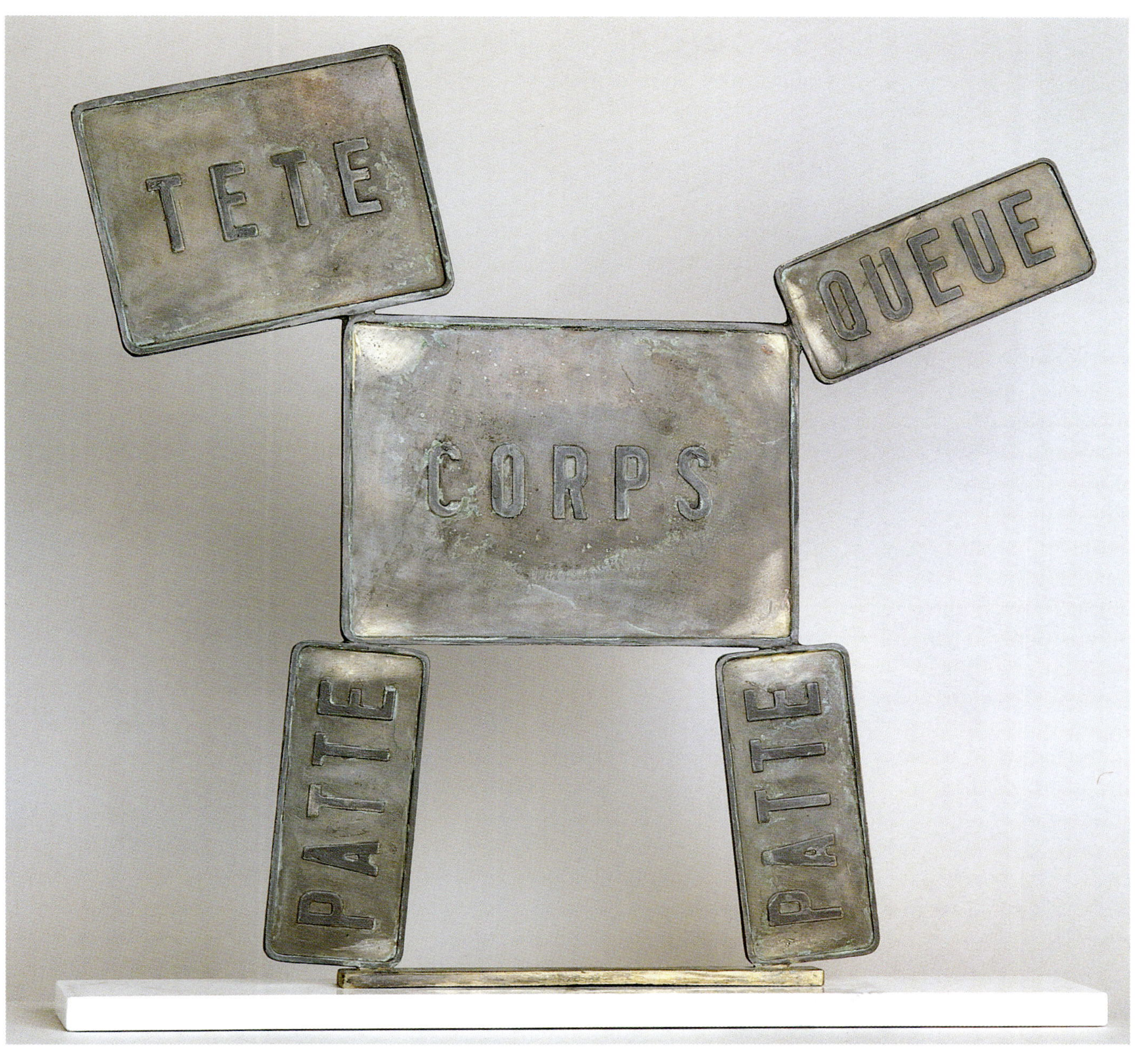

JOËL DUCORROY, " FOX TERRIER " *1985, bronze unique, 58,5 x 60 x 1 cm. Galerie Baudoin Lebon, Paris.*

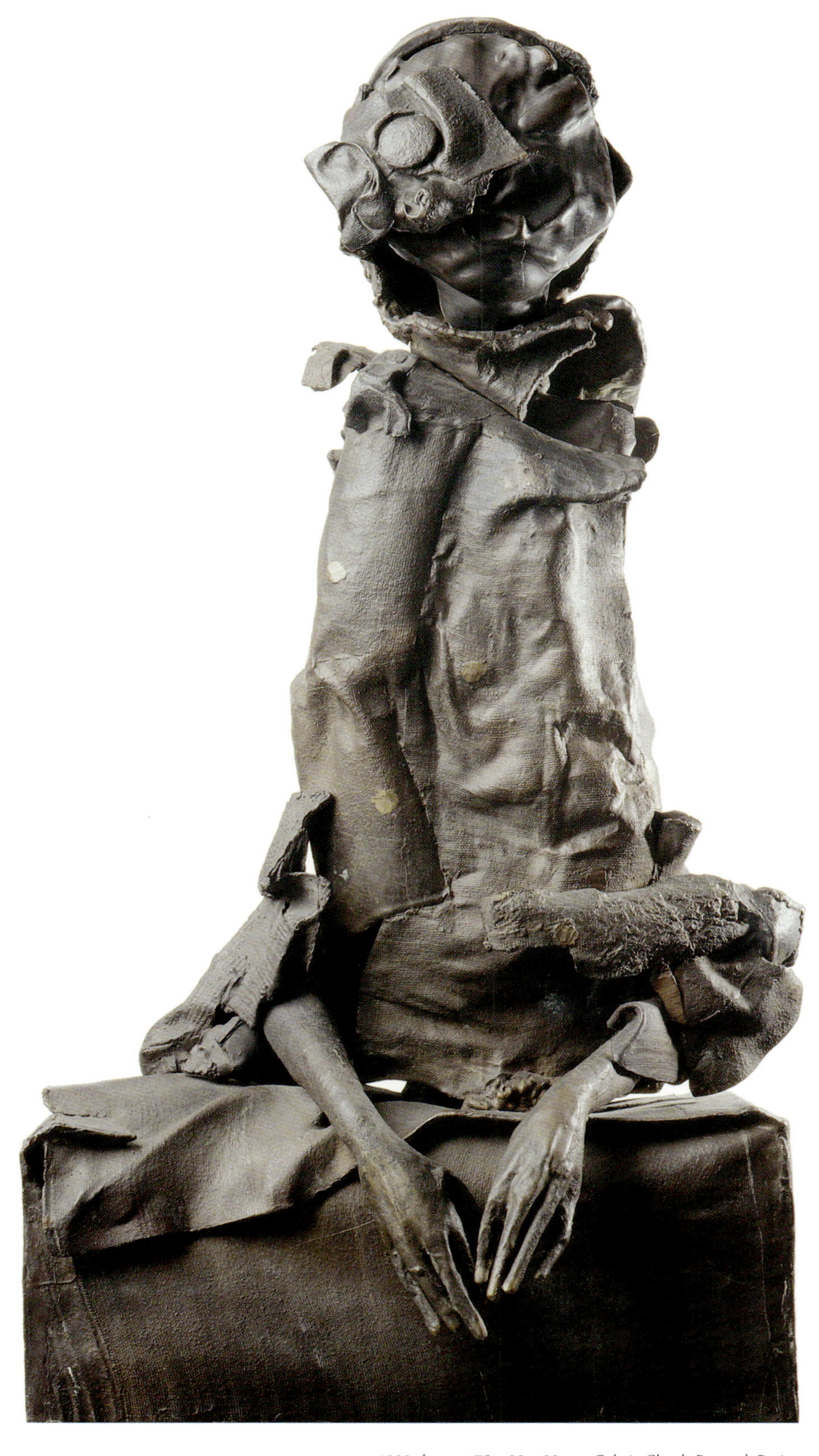

ROEL D'HAESE, " FLEUR DE CENDRE " *1982, bronze, 75 x 38 x 33 cm. Galerie Claude Bernard, Paris*

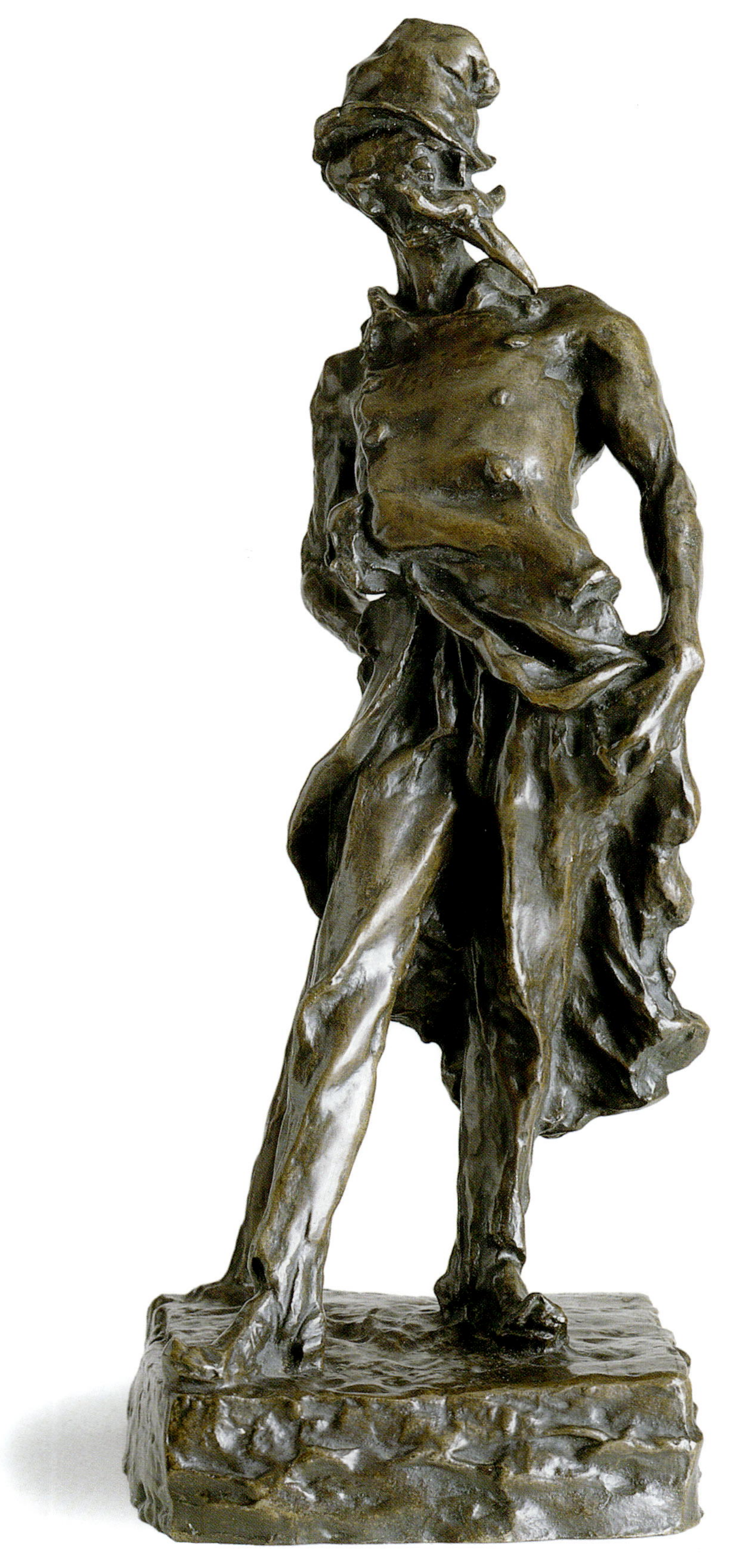

HONORÉ DAUMIER, " RATAPOIL " *1891, bronze, 43 x 16,5 x 8. Musée des beaux-arts, Palais Longchamp, Marseille.*

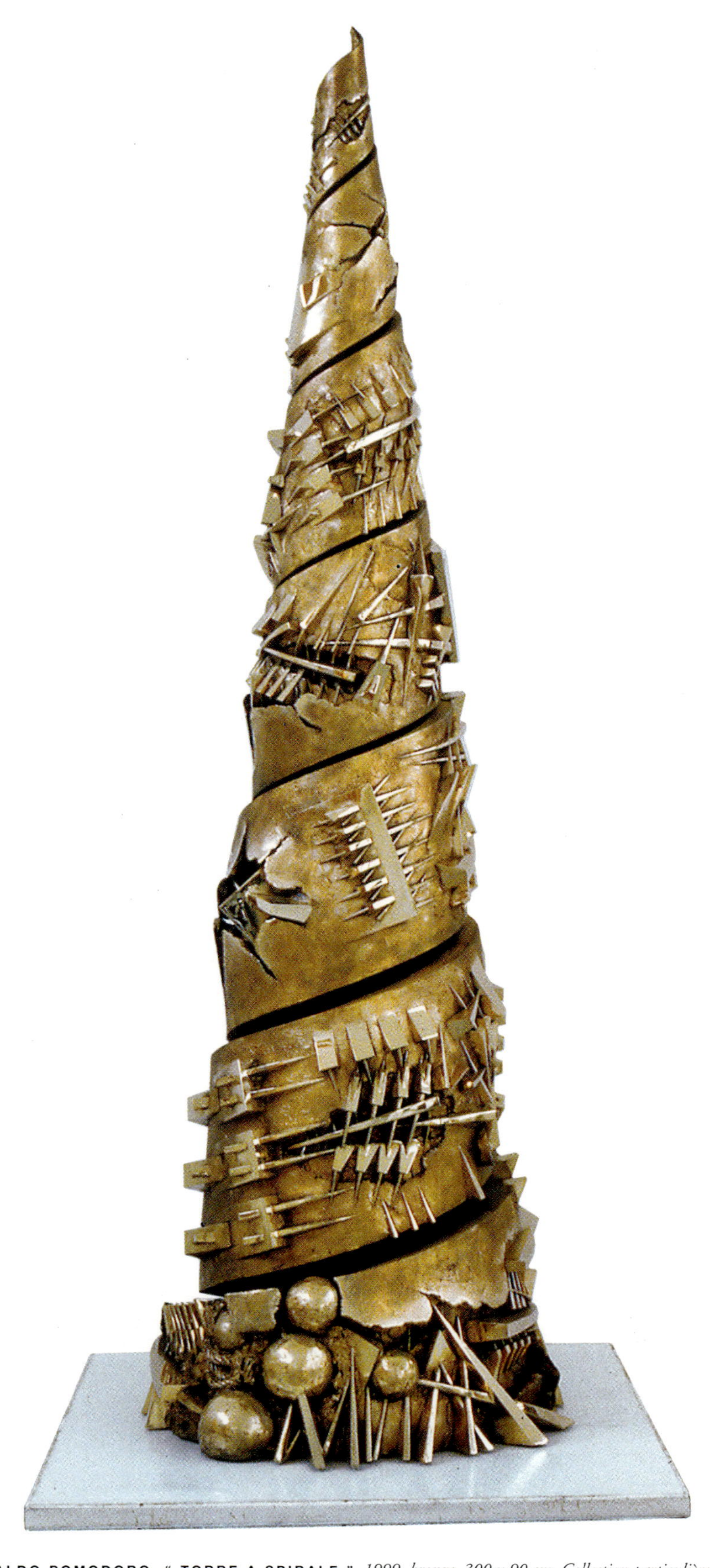

ARNALDO POMODORO, " TORRE A SPIRALE " *1999, bronze, 300 x 90 cm. Collection particulière.*

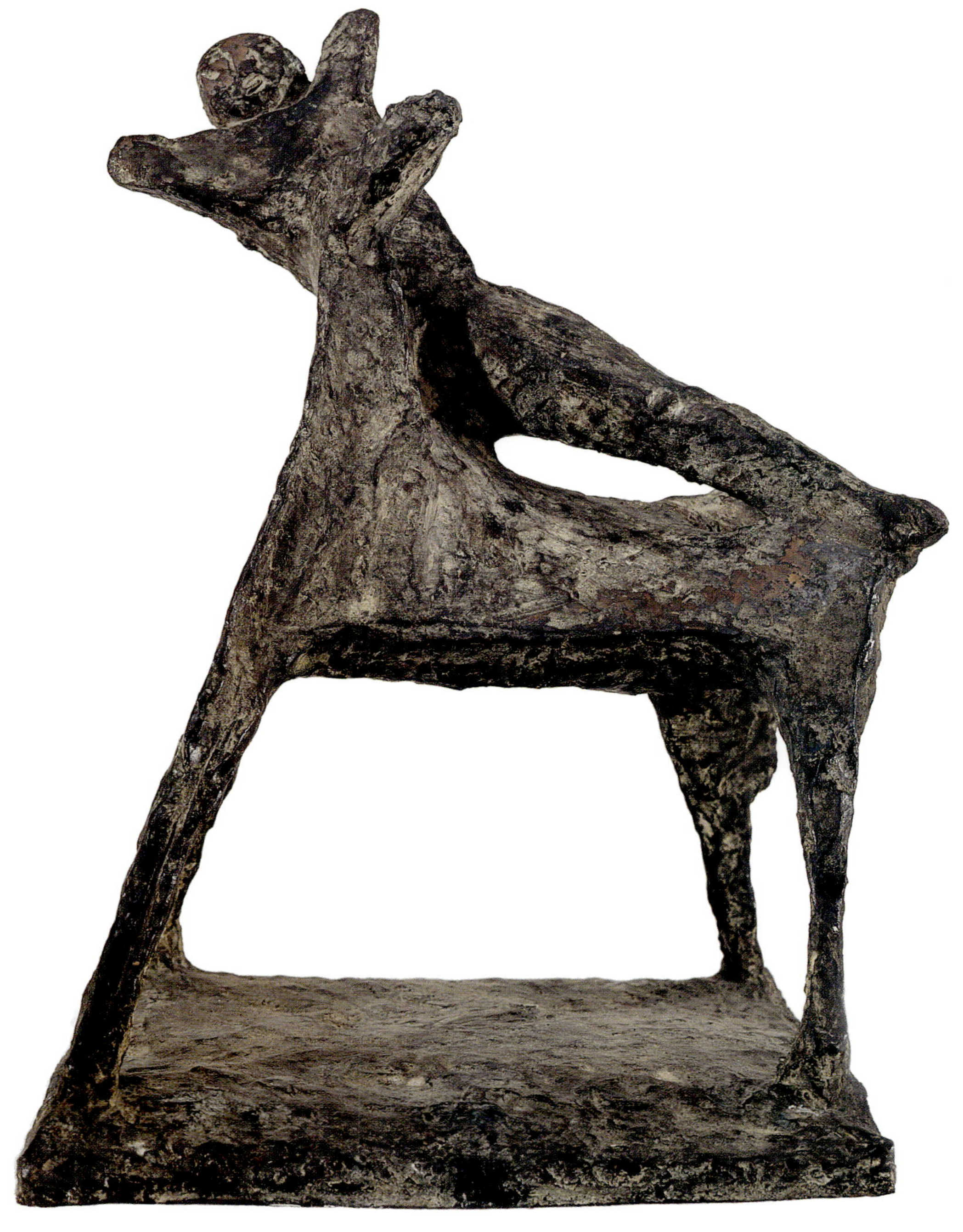

MARINO MARINI, " CAVALIERE " *bronze, h. 56,3 cm, Collection particulière*

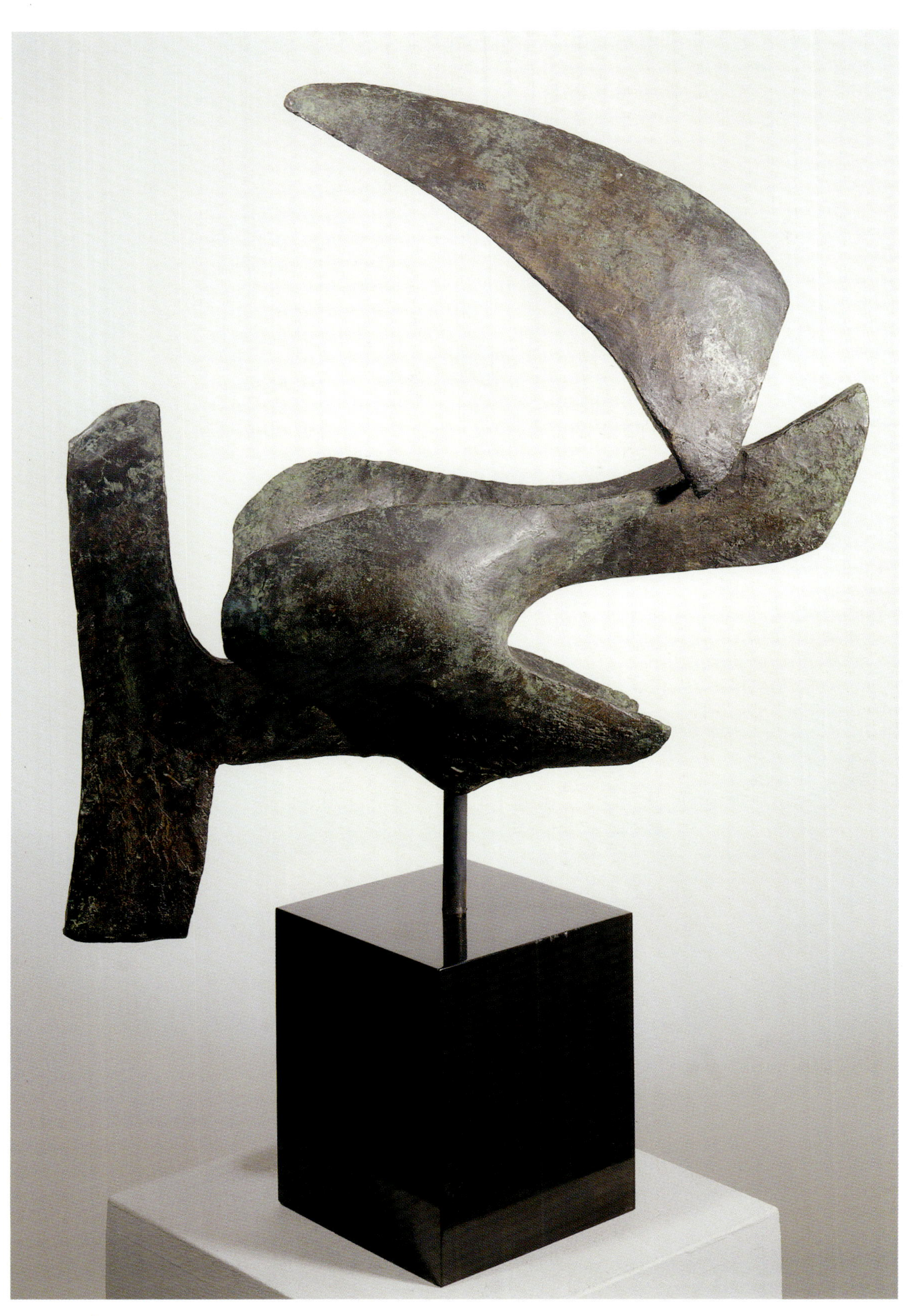

ALICIA PENALBA, " CAPRICORNE " *1970, bronze, 56 x 52 x 23 cm. Galerie Alice Pauli, Lausanne.*

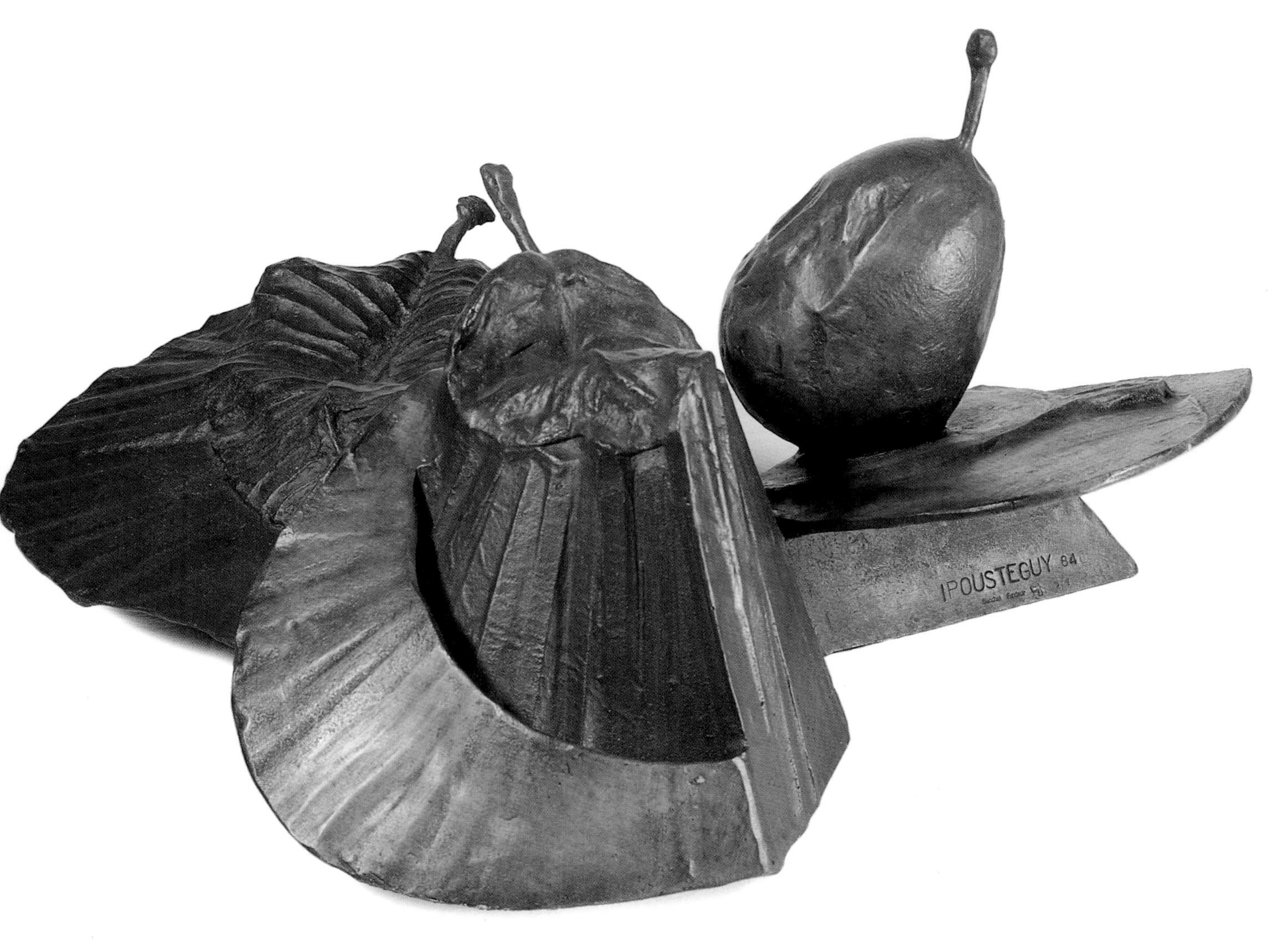

IPOUSTÉGUY, " FEUILLES ET FRUITS " *1984, bronze, 30 x 46 x 62 cm. Galerie Alice Pauli, Lausanne.*

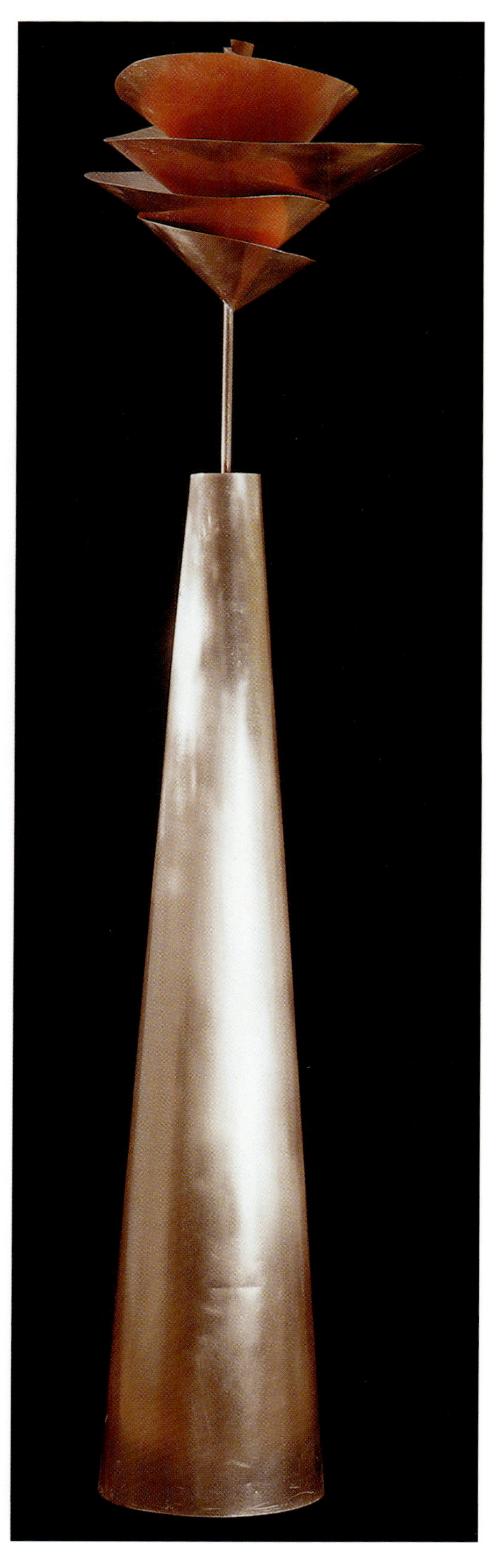

KEIJI UEMATSU, " SPIRAL FACE 2000 " *2000, cuivre et laiton, 182 x 45 cm. Galerie Baudoin Lebon, Paris.*

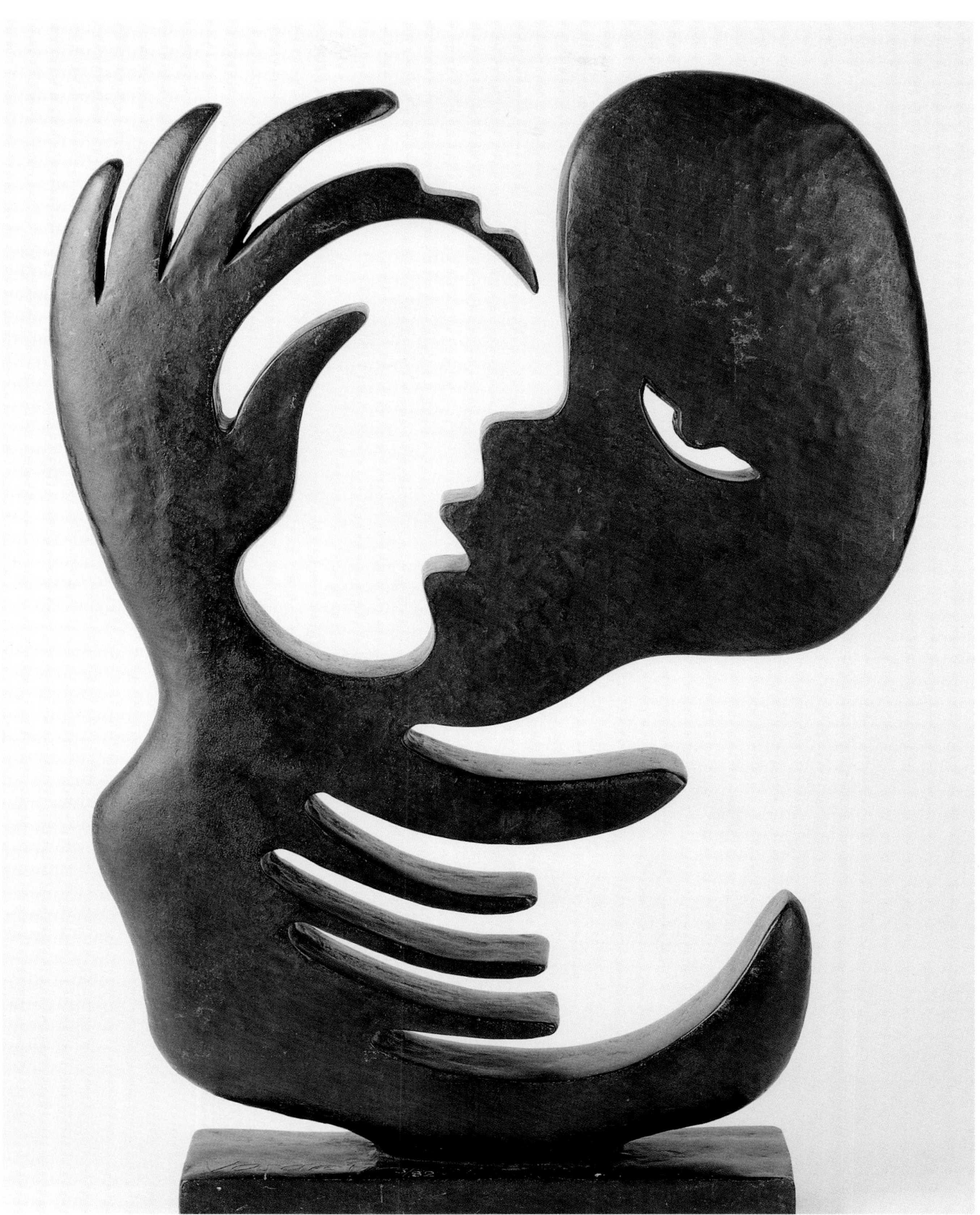

VICTOR VASARELY, " AMOR " *1945, bronze, 49 x 36 x 7 cm. Collection particulière.*

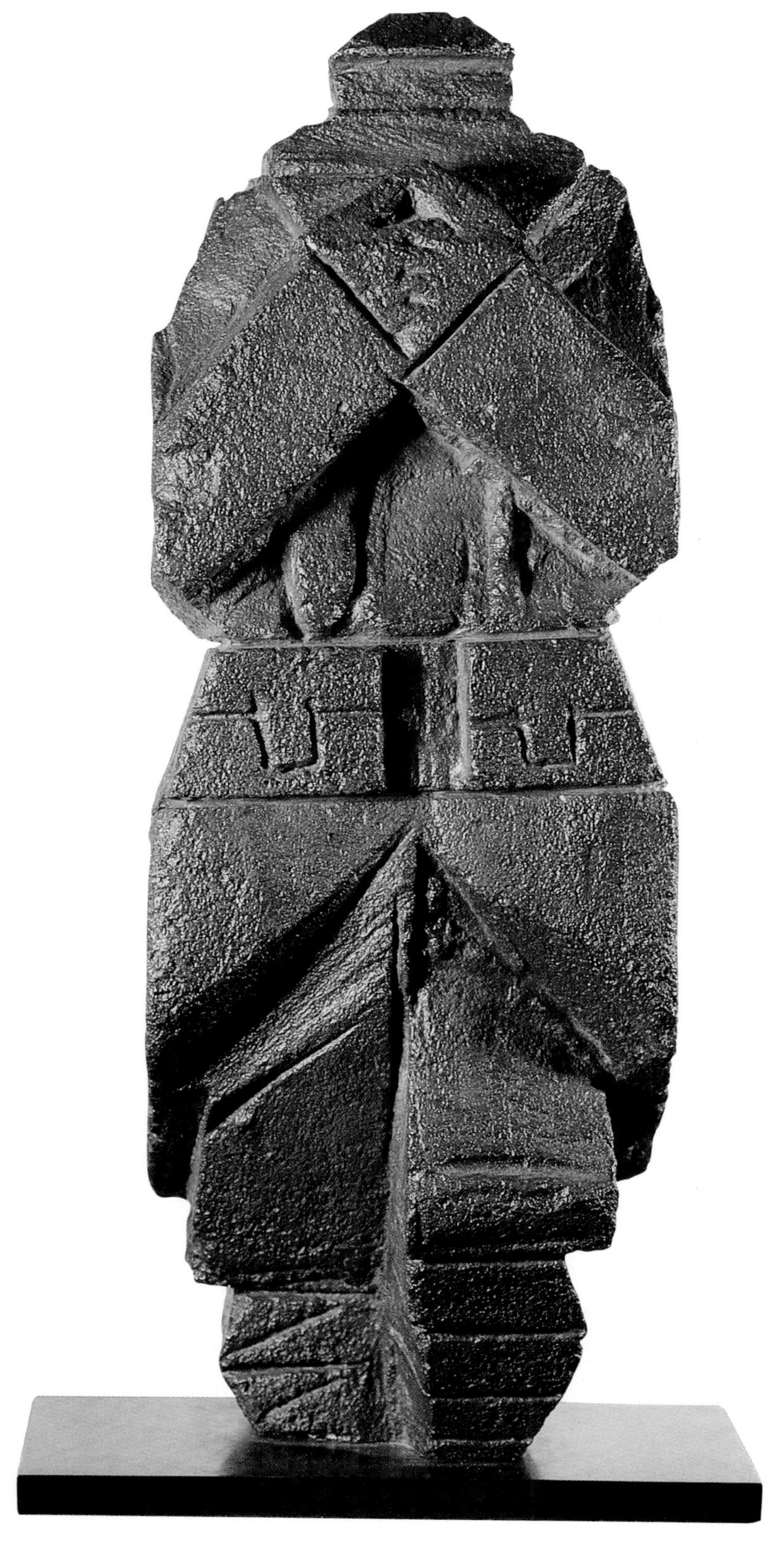

AUGUSTE CHABAUD, " SOLDAT AUX MAINS JOINTES " *bronze, 39 x 13 x 10 cm. Galerie Stammegna, Marseille.*

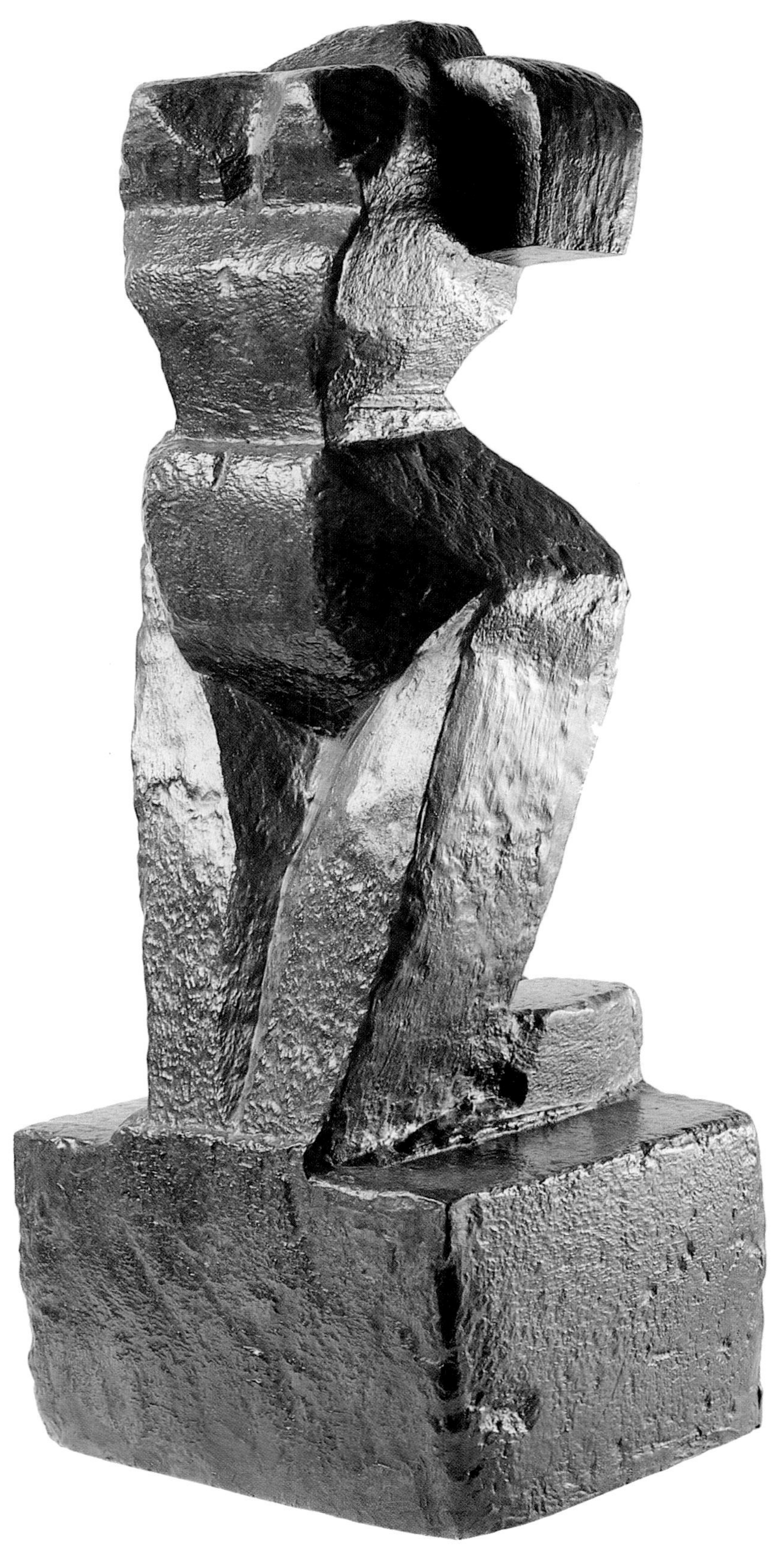

AUGUSTE CHABAUD, " NU À GENOUX " *bronze, 135 x 50 x 47 cm. Fondation Regards de Provence, Marseille.*

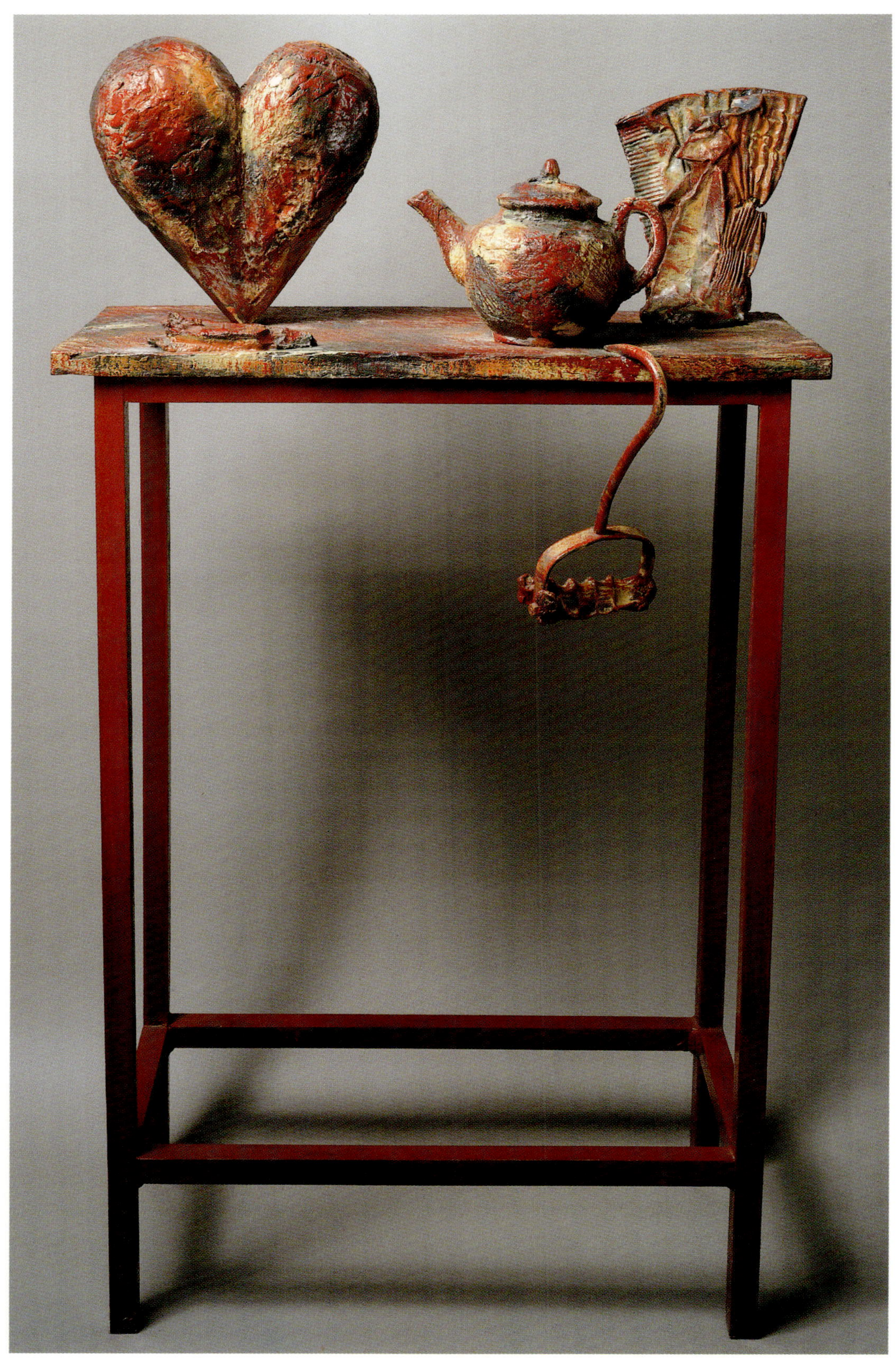

JIM DINE, " THE RED HOOK " *1984, bronze peint, 121 x 65 x 30 cm. Galerie Claude Bernard, Paris.*

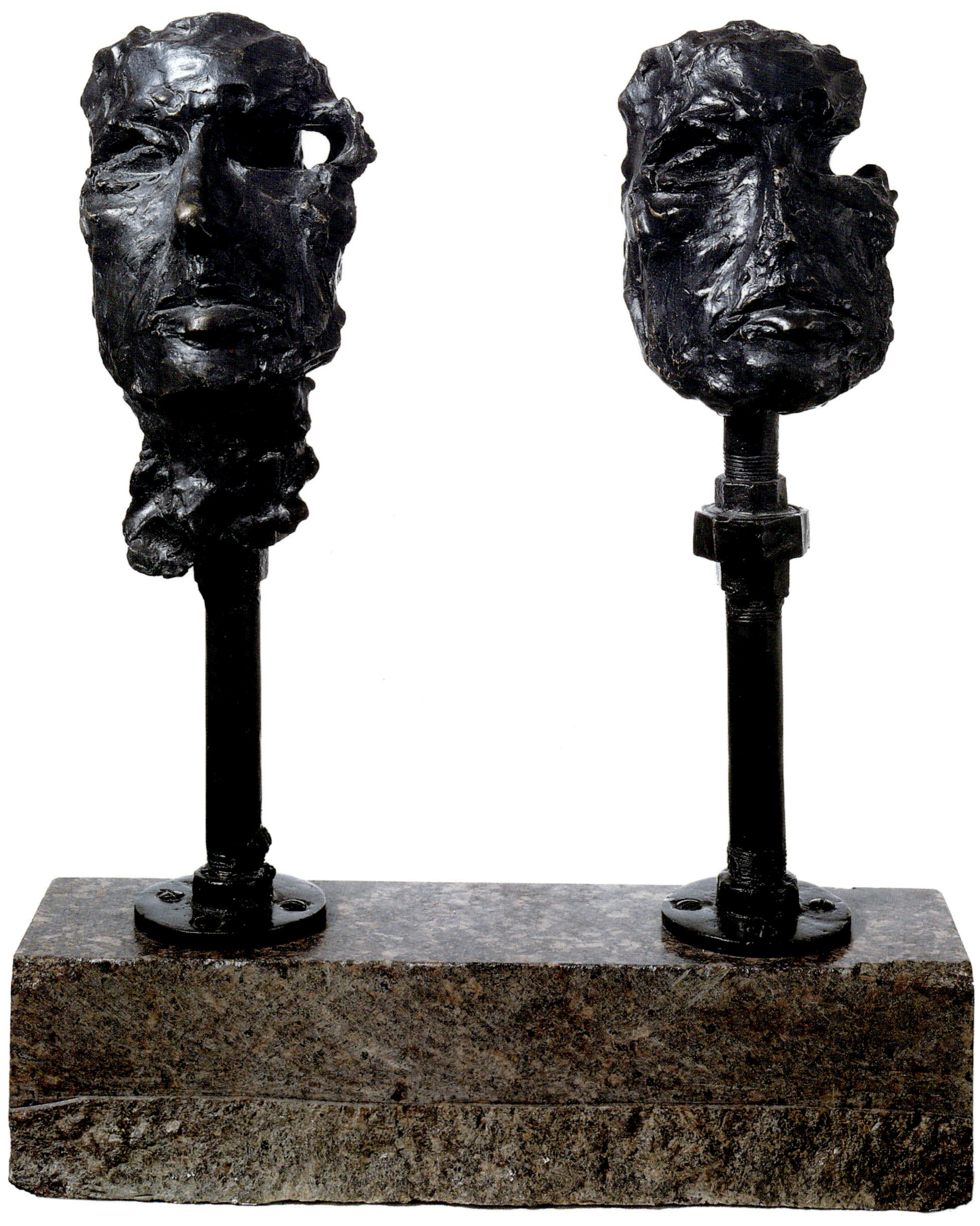

JIM DINE, " THE GRANITE " *1985, bronze et pierre, 52 x 40,5 x 16,5 cm. Galerie Alice Pauli, Lausanne.*

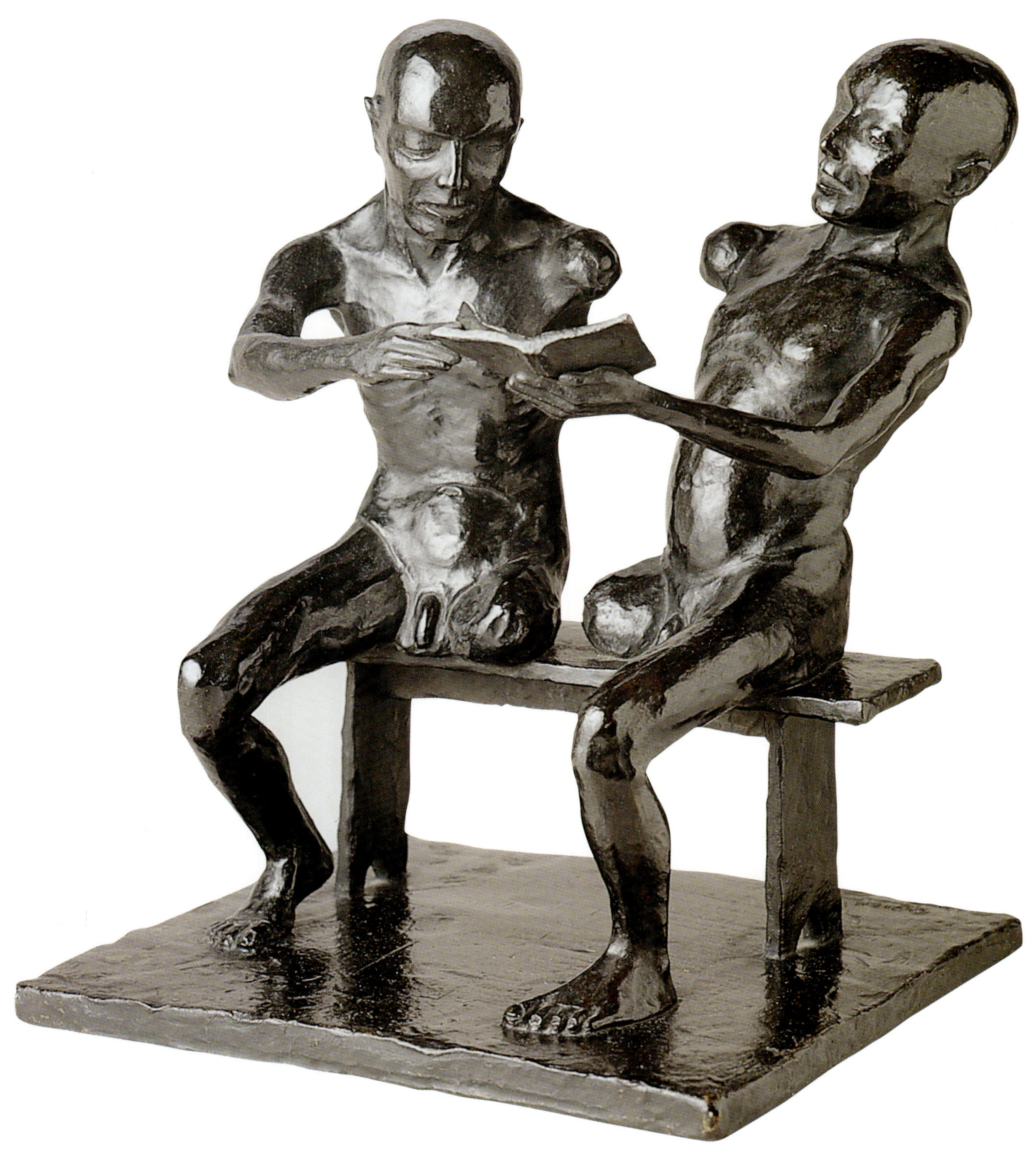

ABEL OGIER, " LES DEUX FRÈRES " *1982, bronze, 28,5 x 22 x 21 cm. Collection particulière.*

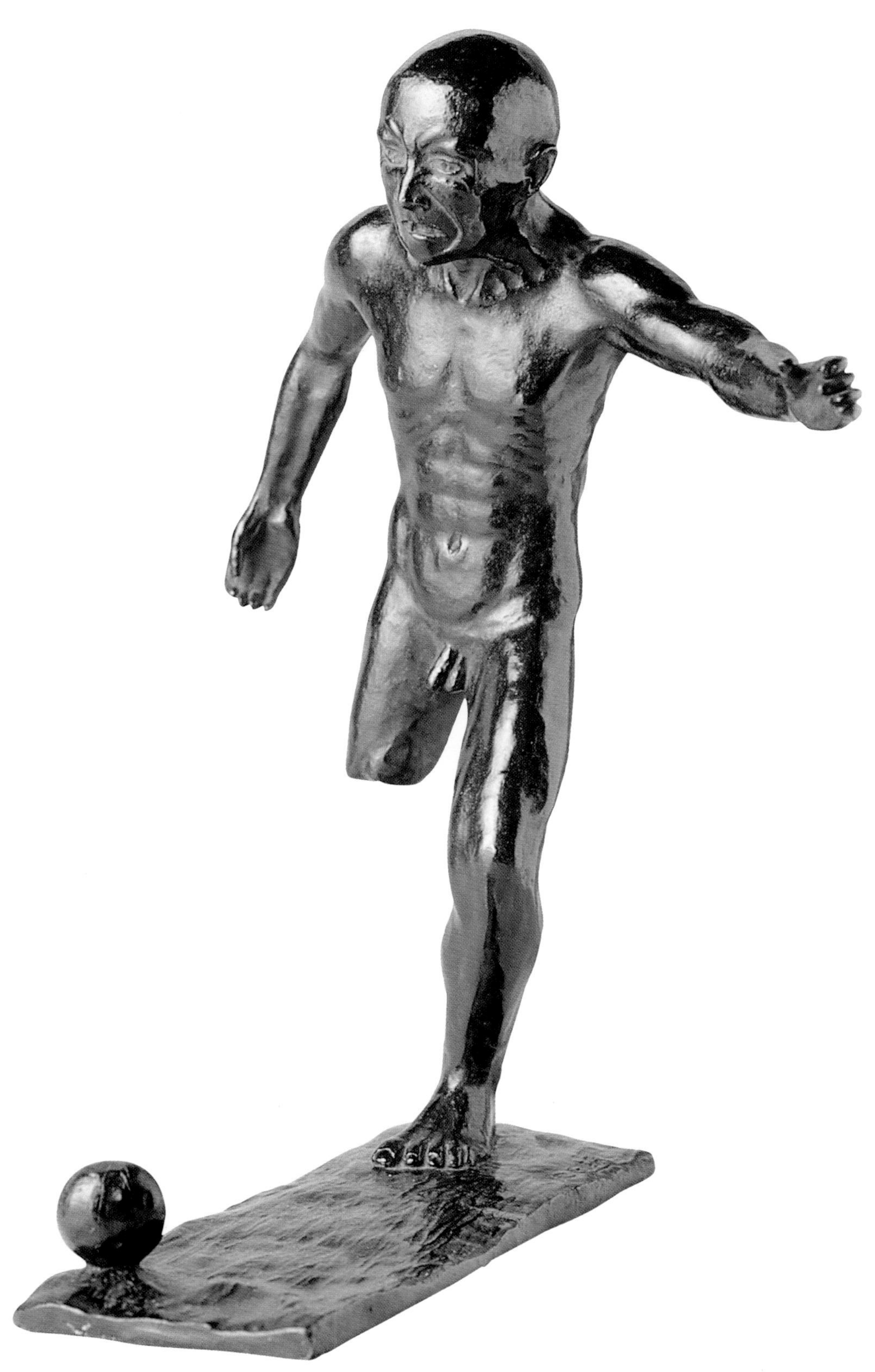

ABEL OGIER, " JOUEUR DE FOOT " *1982, bronze, 31,5 x 23 x 21 cm. Collection particulière.*

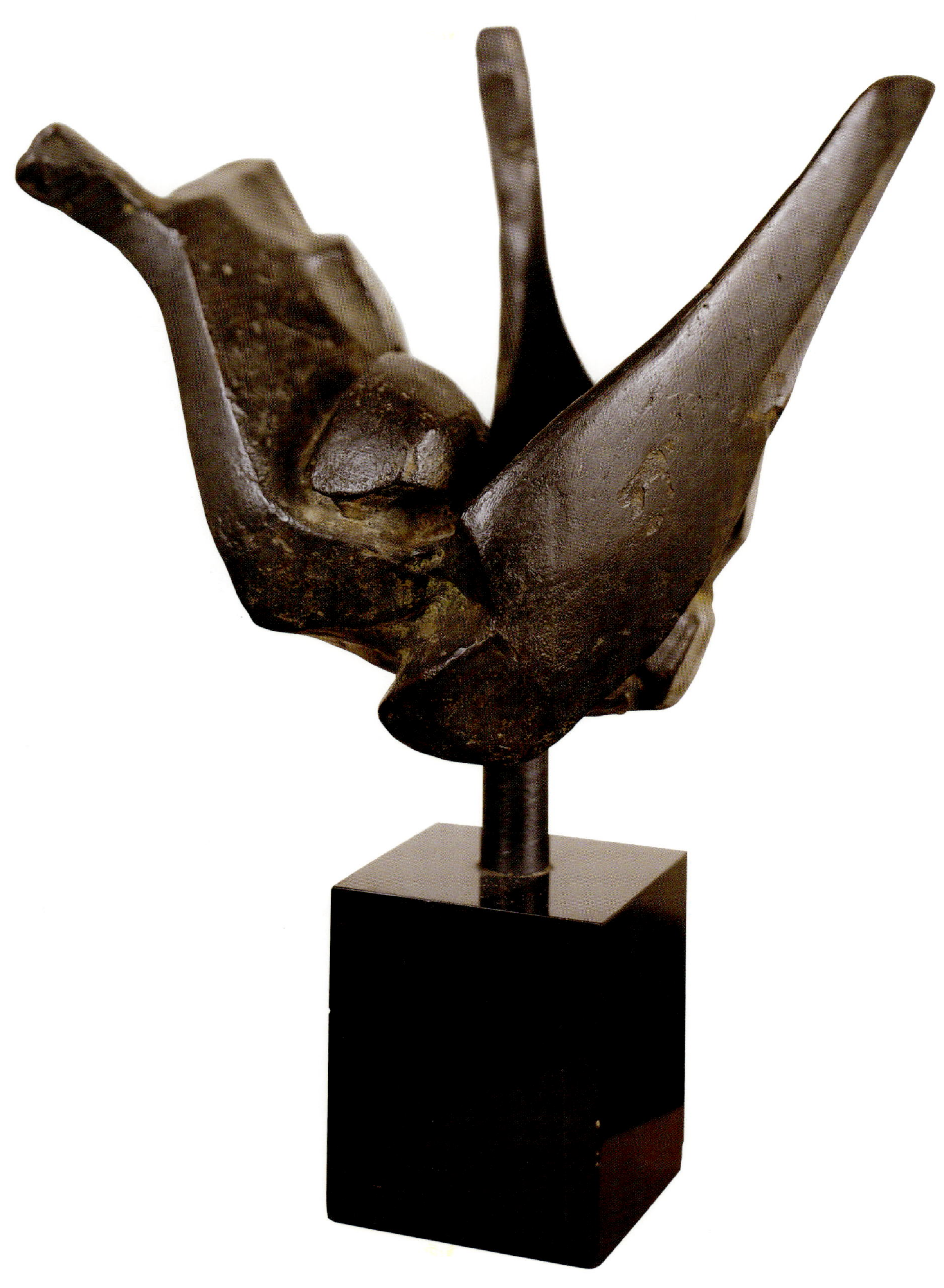

ISABELLE WALDBERG, " PETITE SCULPTURE ", *circa 1960, bronze, 64 x 85 x 45 cm. Collection particulière.*

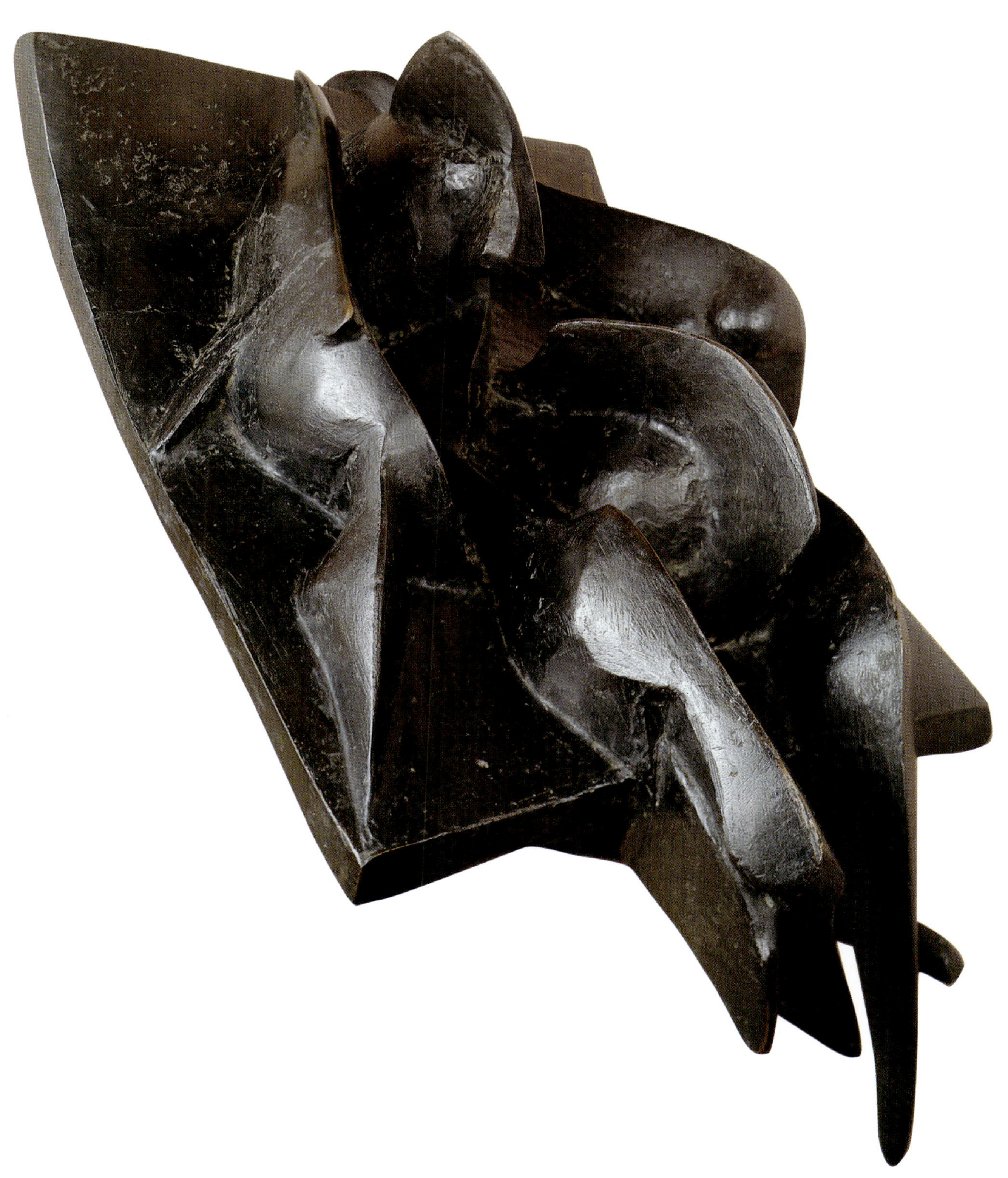

ISABELLE WALDBERG, " LA RADE ", *circa 1960, bronze, 20 x 25 x 10 cm. Collection particulière.*

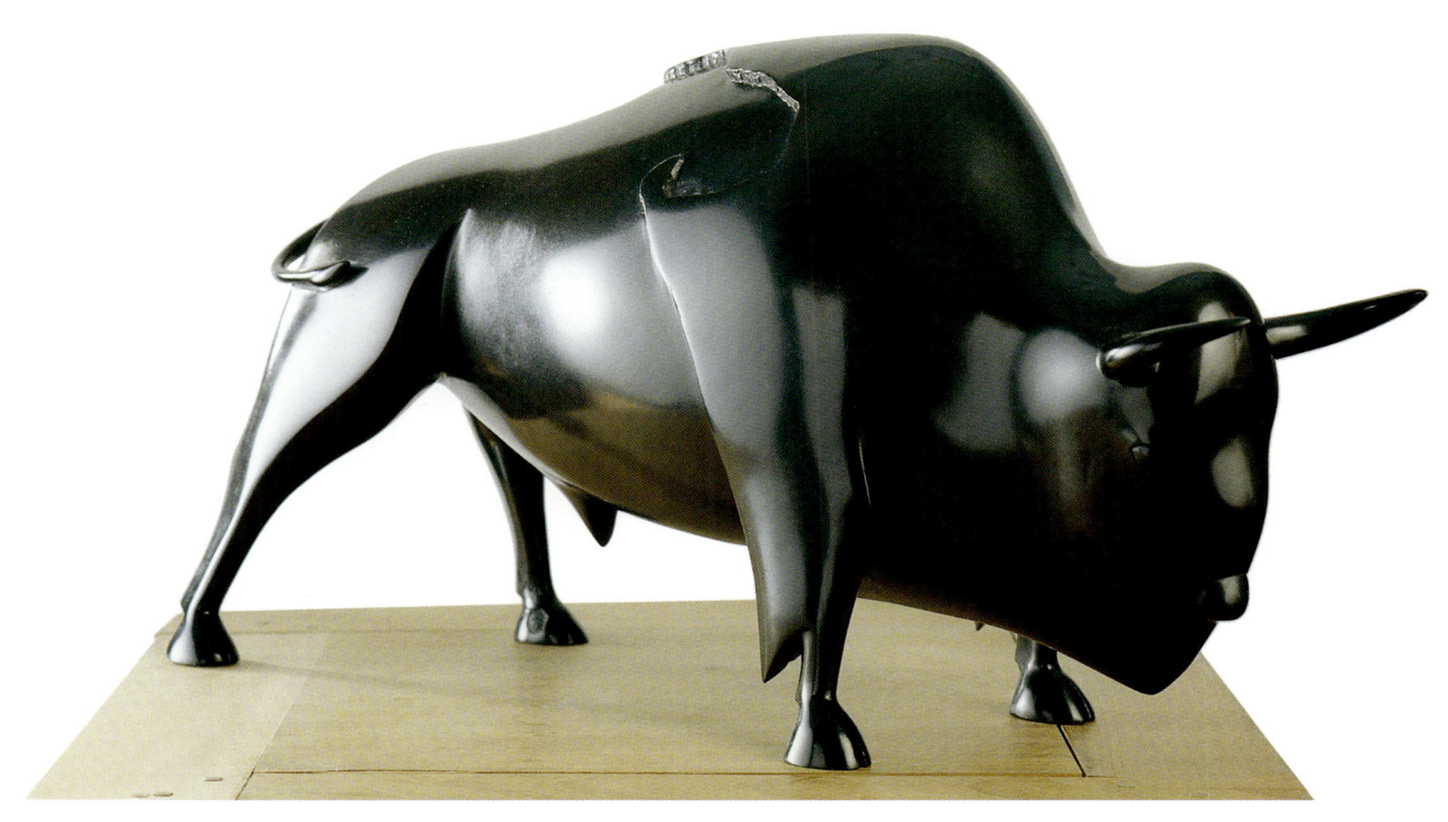

DANIEL DAVIAU, " BISON " *1997, bronze, 28 x 47 x 15 cm. Galerie Dumonteil, Paris.*

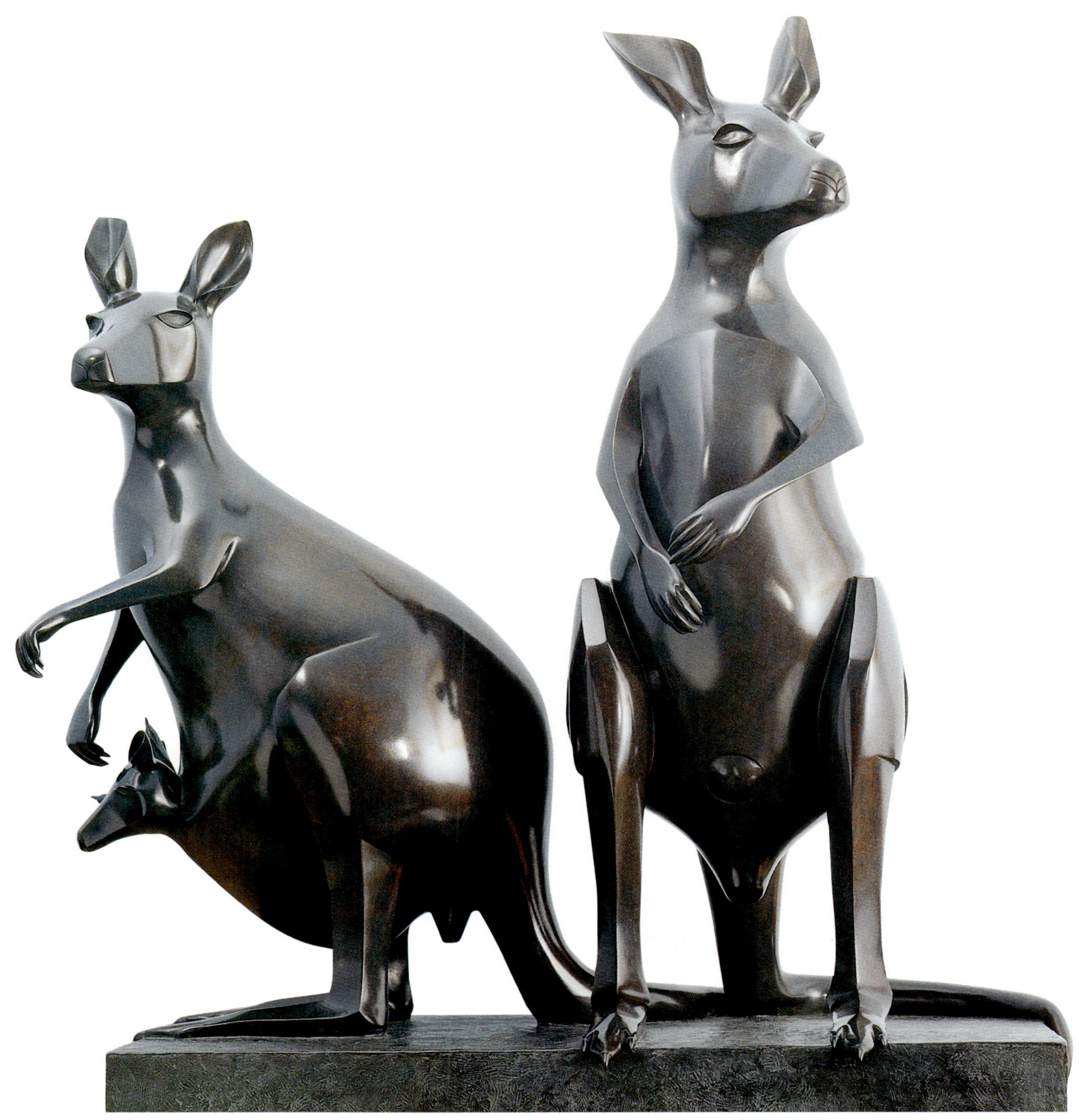

DANIEL DAVIAU, " KANGOUROUS ROUGES " *bronze, 89 x 69 x 45 cm. Galerie Dumonteil, Paris.*

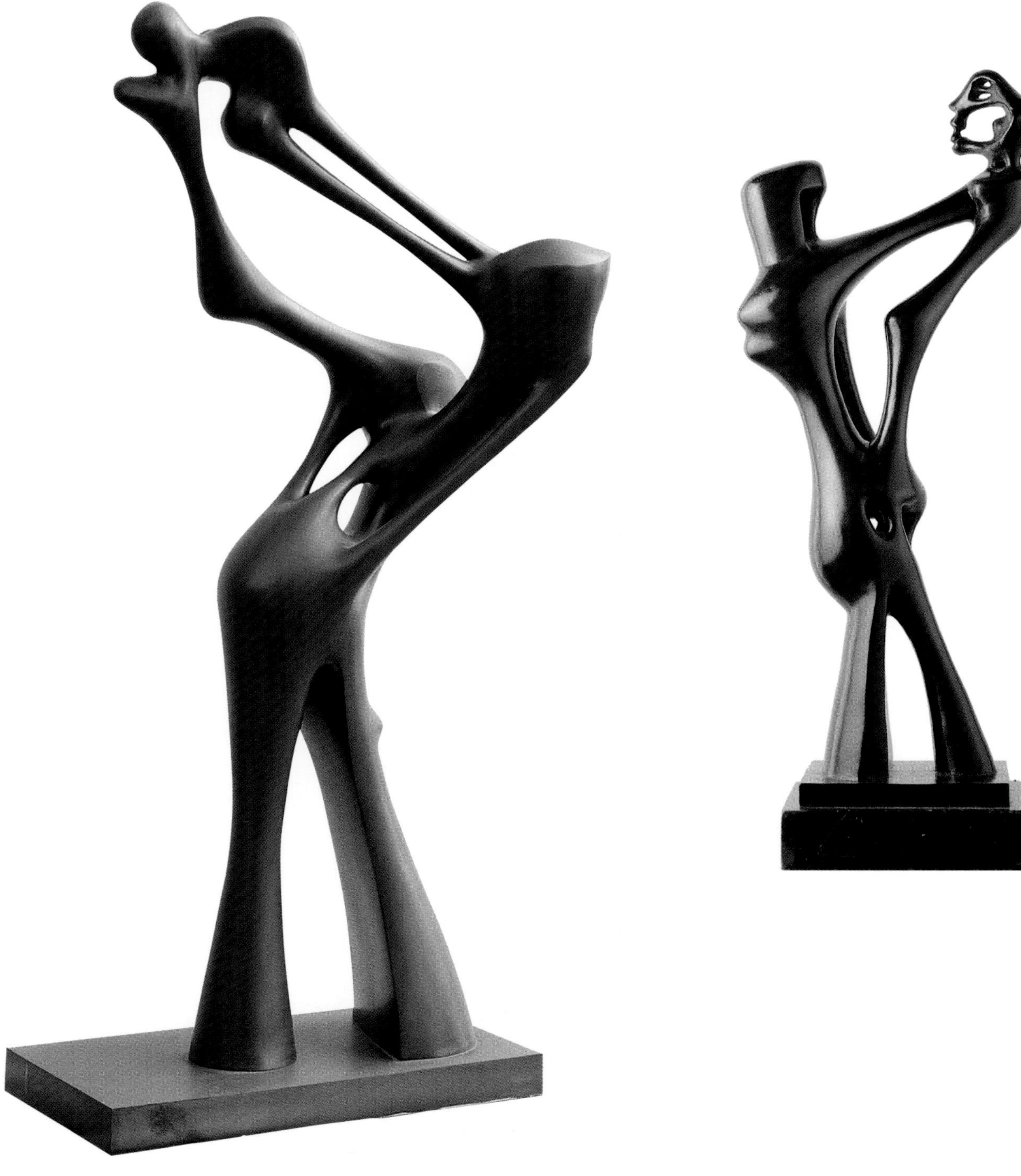

< **AUGUSTIN CARDENAS, " LE MANGEUR DE FEU "** *1980-1981, bronze, 180 x 88 x 40 cm. Collection particulière.*
> **" LA LIBERTÉ RÊVÉE "** *bronze, 54 x 22 x 12 cm. Collection particulière.*

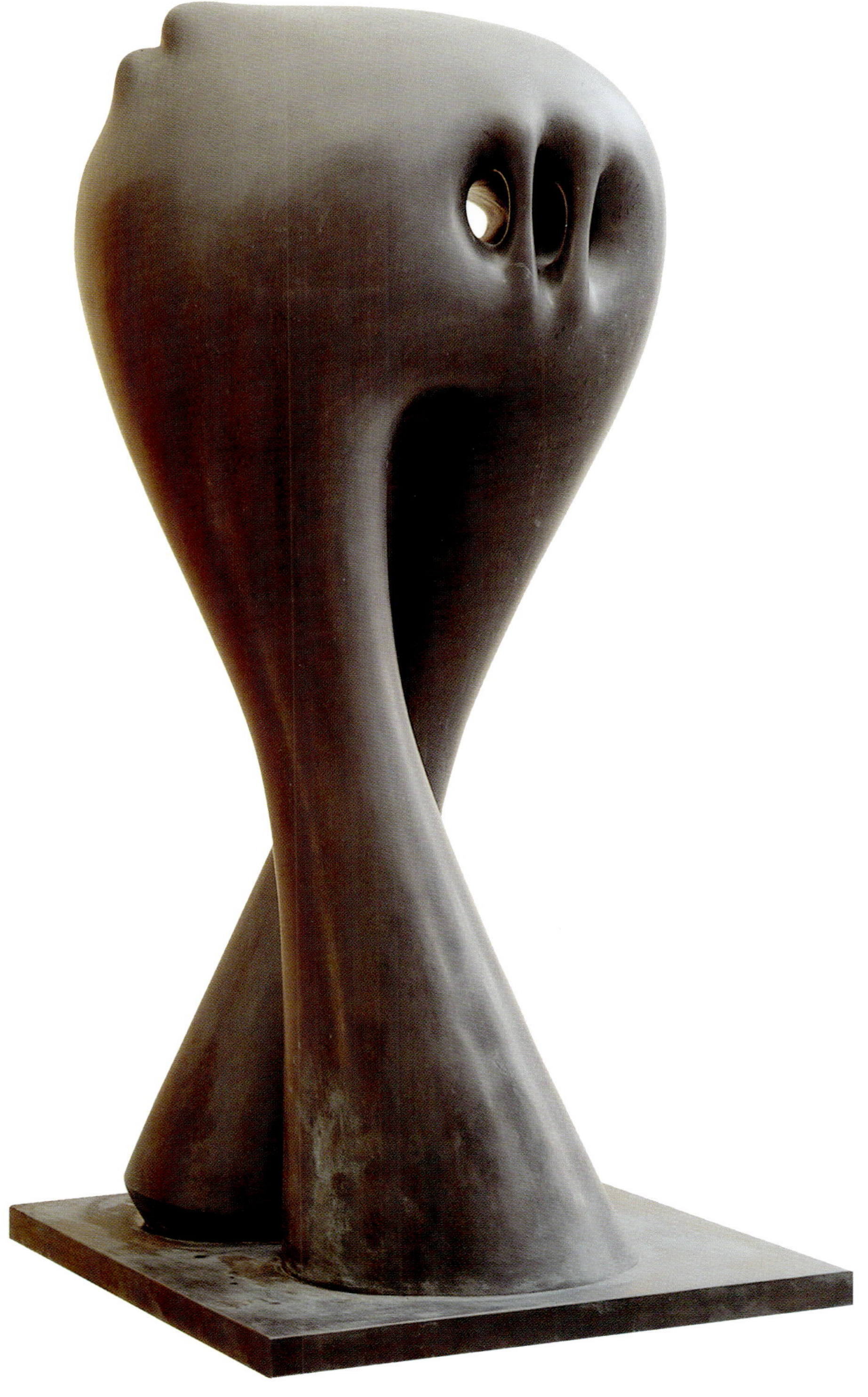

AUGUSTIN CARDENAS, " LE PROMENEUR " *1974, bronze, 250 x 132 x 97 cm. Collection particulière.*

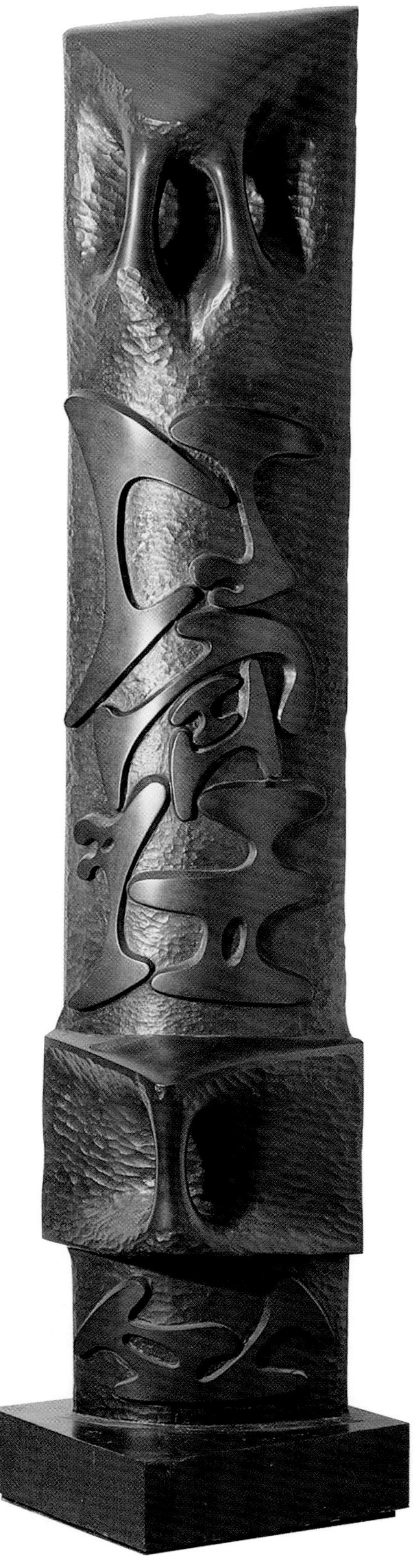

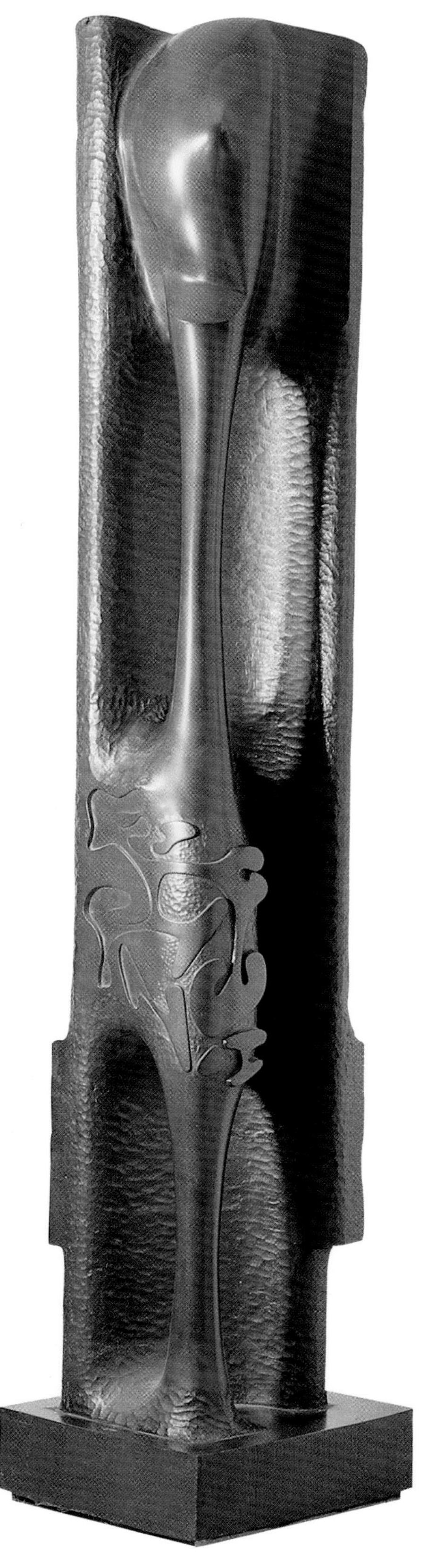

AUGUSTIN CARDENAS, " COLONNE DE MÉMOIRE " *1974-1975, bronze, 220 x 41 x 44 cm. Collection particulière.*

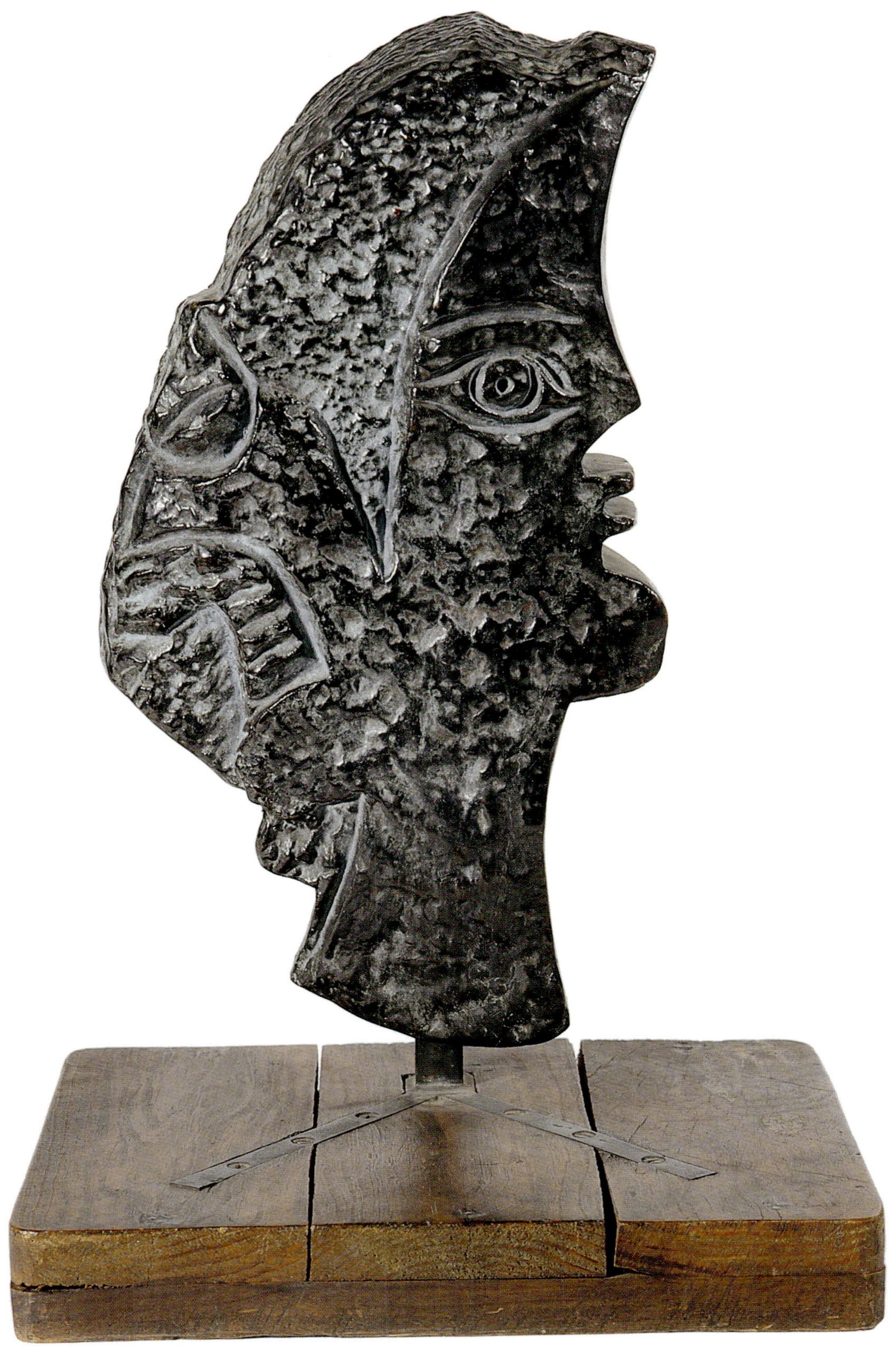

GEORGES BRAQUE, " HESPÉRIS " *1956, bronze, 41 x 23 x 10 cm. Collection Sylvie et Hervé Baltazart-Eon, Paris.*

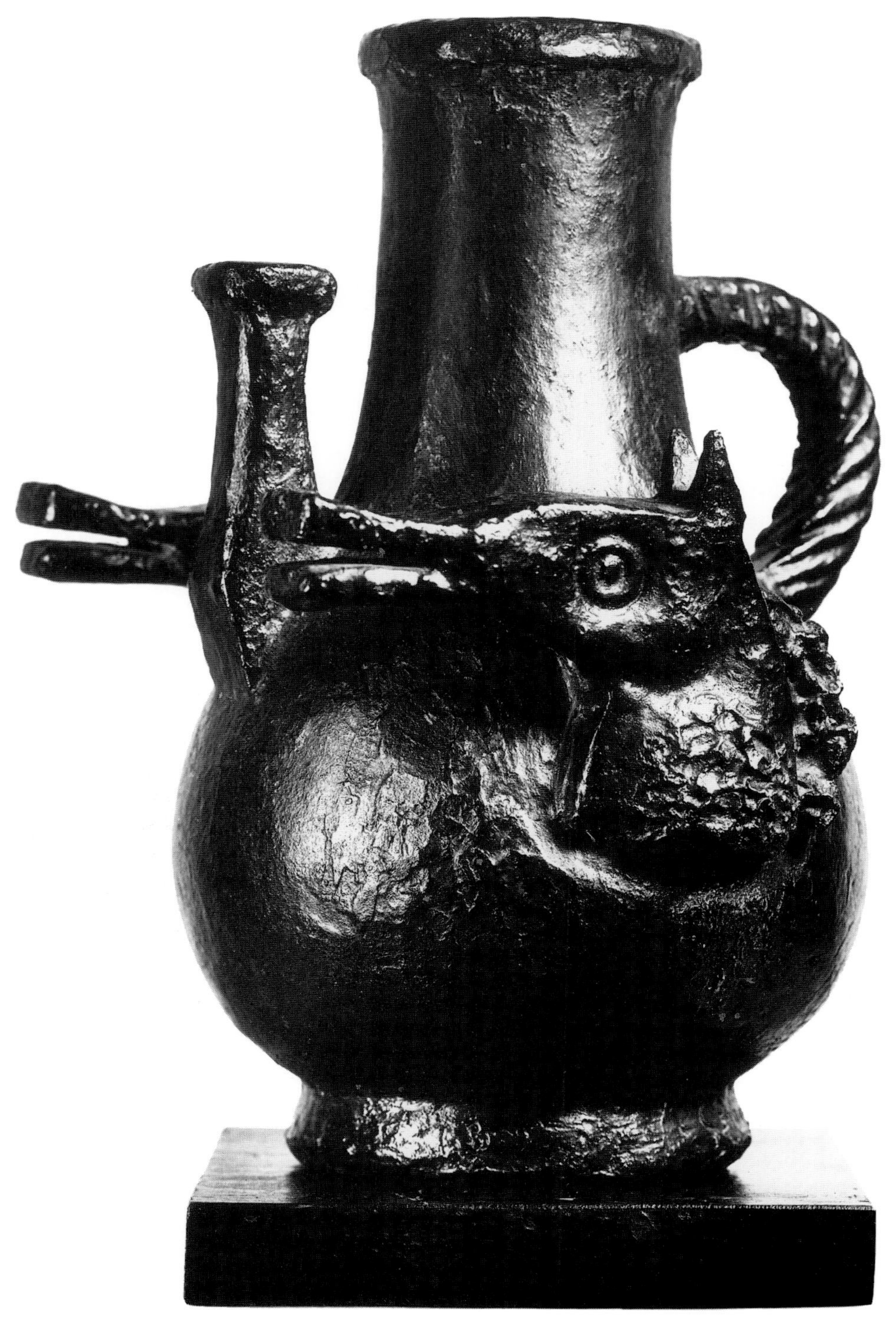

GEORGES BRAQUE, " VASE À TÊTE DE CHEVAL " *1940, bronze, 30 x 19 cm. Collection Maeght, Paris.*

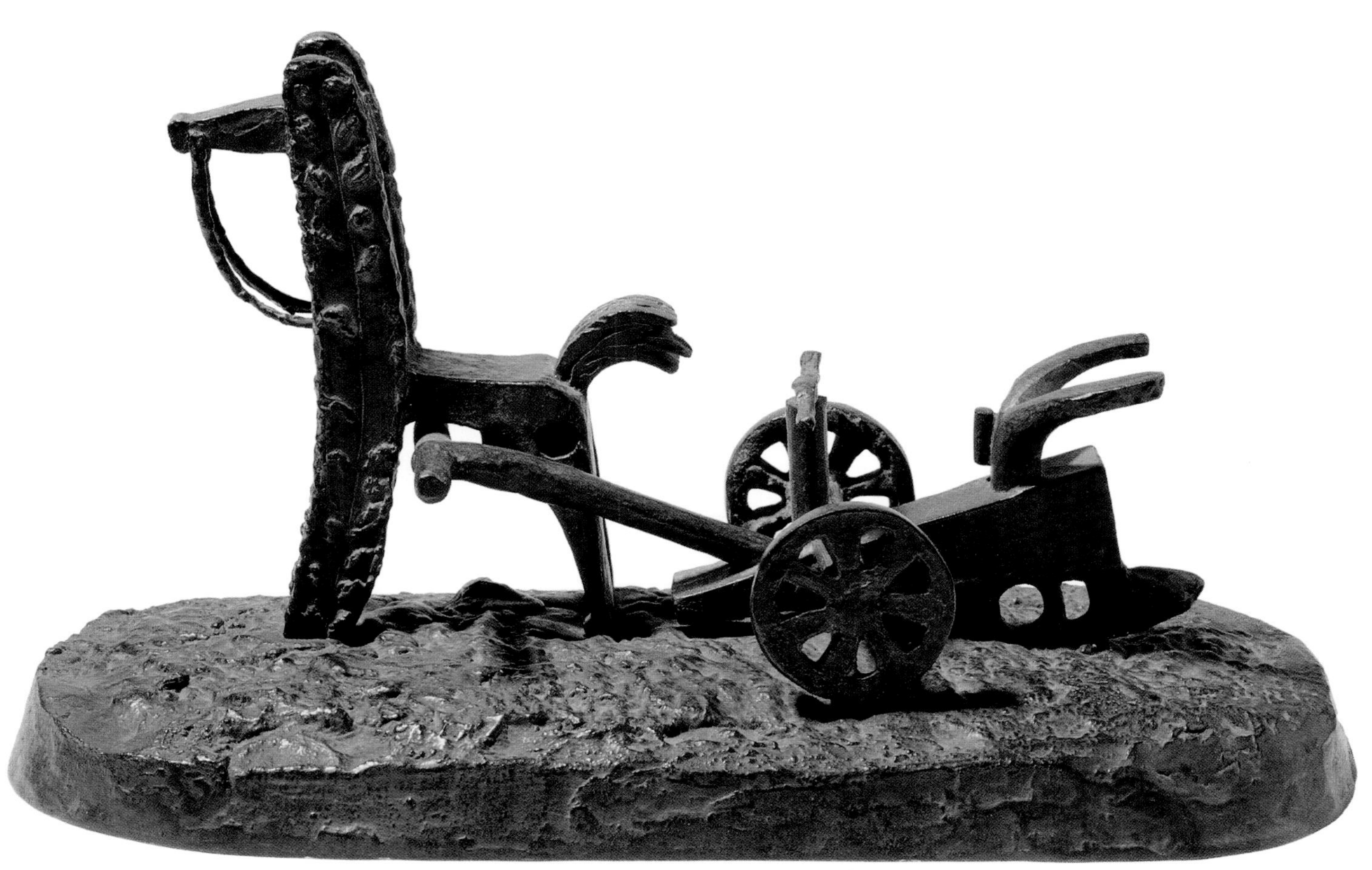

GEORGES BRAQUE, " LES TRAVAUX ET LES JOURS " *1939, bronze, 25 x 47 x 22 cm. Collection Sylvie et Hervé Baltazart-Eon, Paris.*

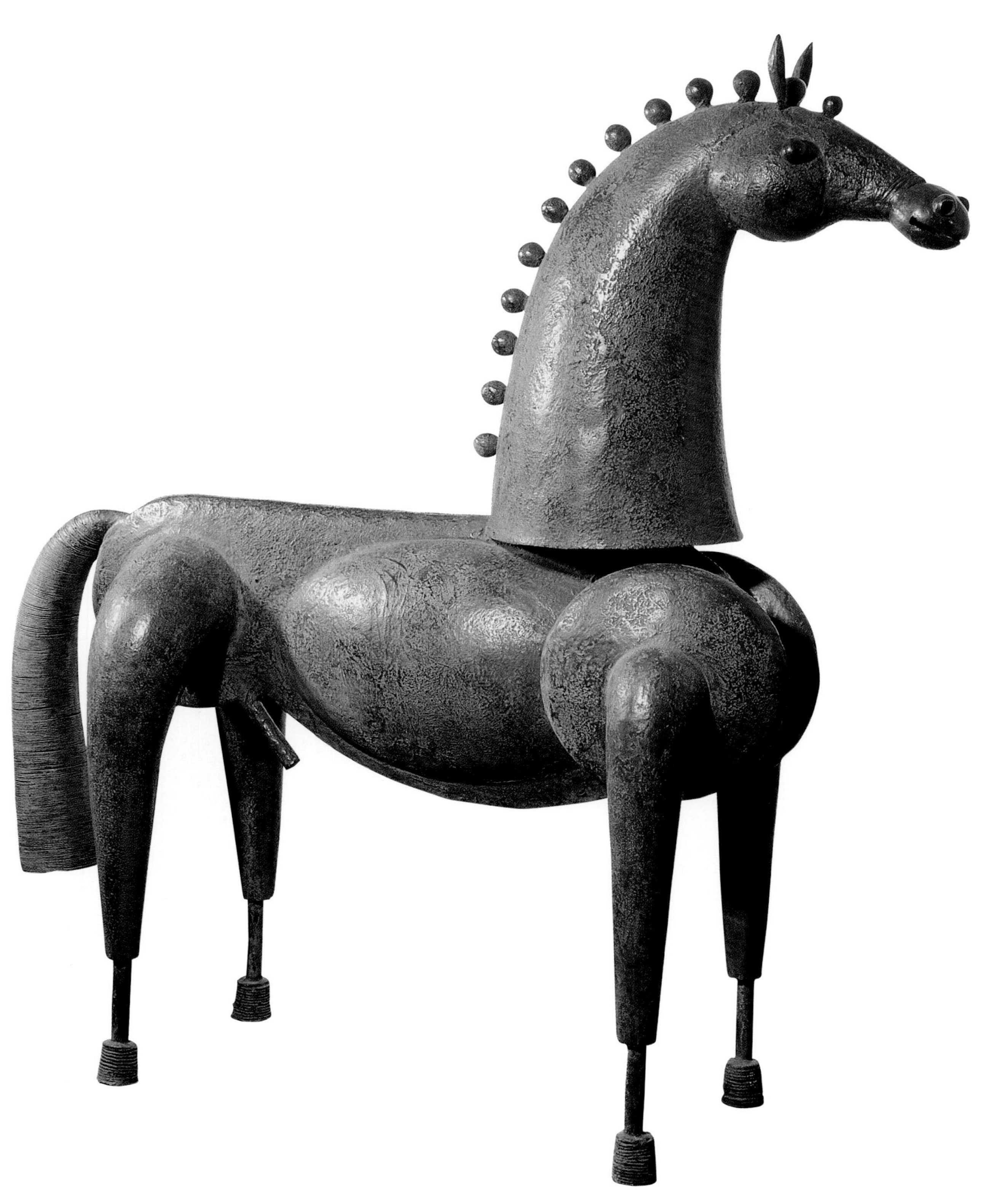

JEAN-MARIE FIORI, " GRAND CHEVAL " *bronze, 152 x 145 x 44 cm. Galerie Dumonteil, Paris.*

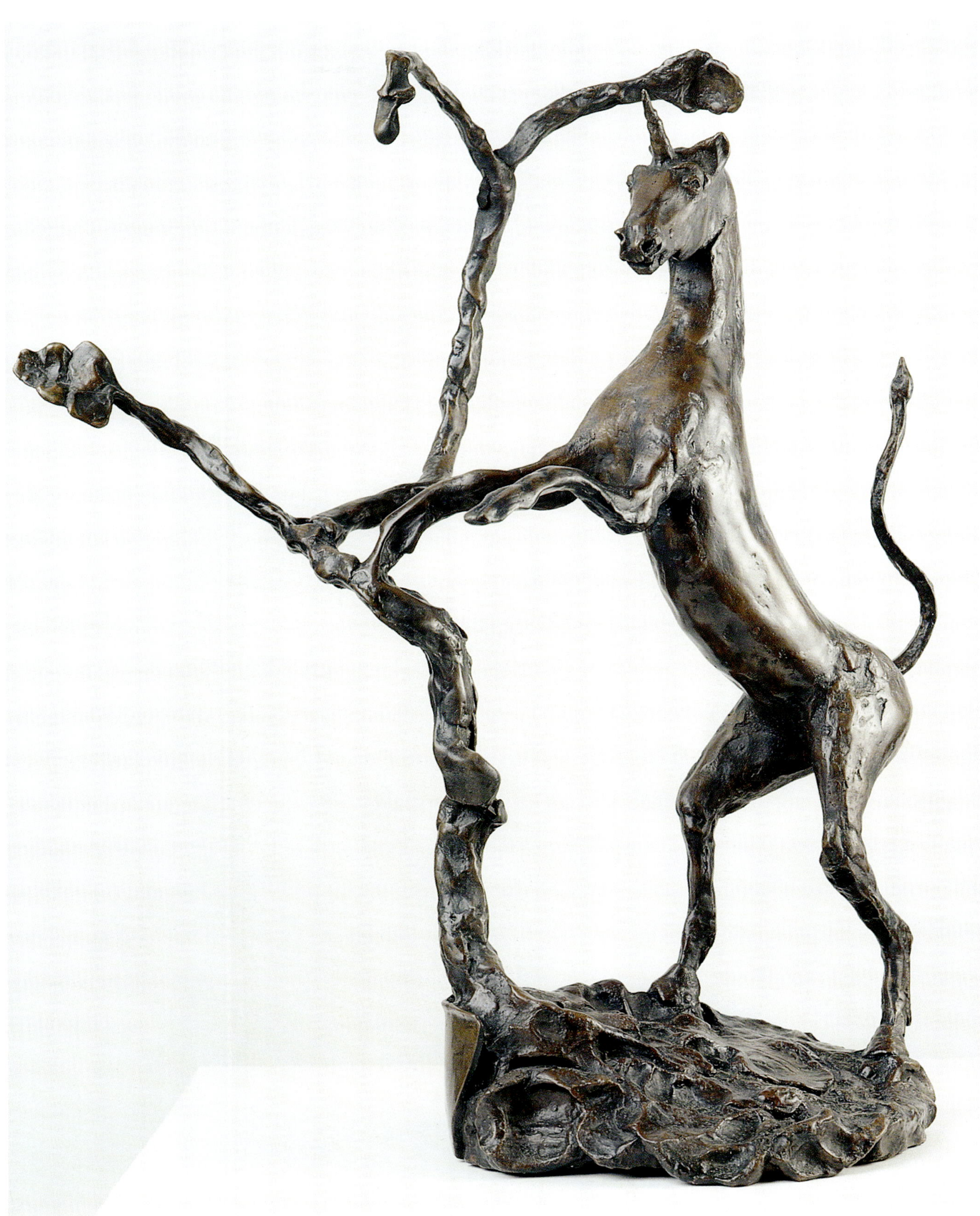

BARRY FLANAGAN, " UNICORN OAK TREE " *1989, bronze, 59 x 55 x 32 cm. Galerie Claude Bernard, Paris.*

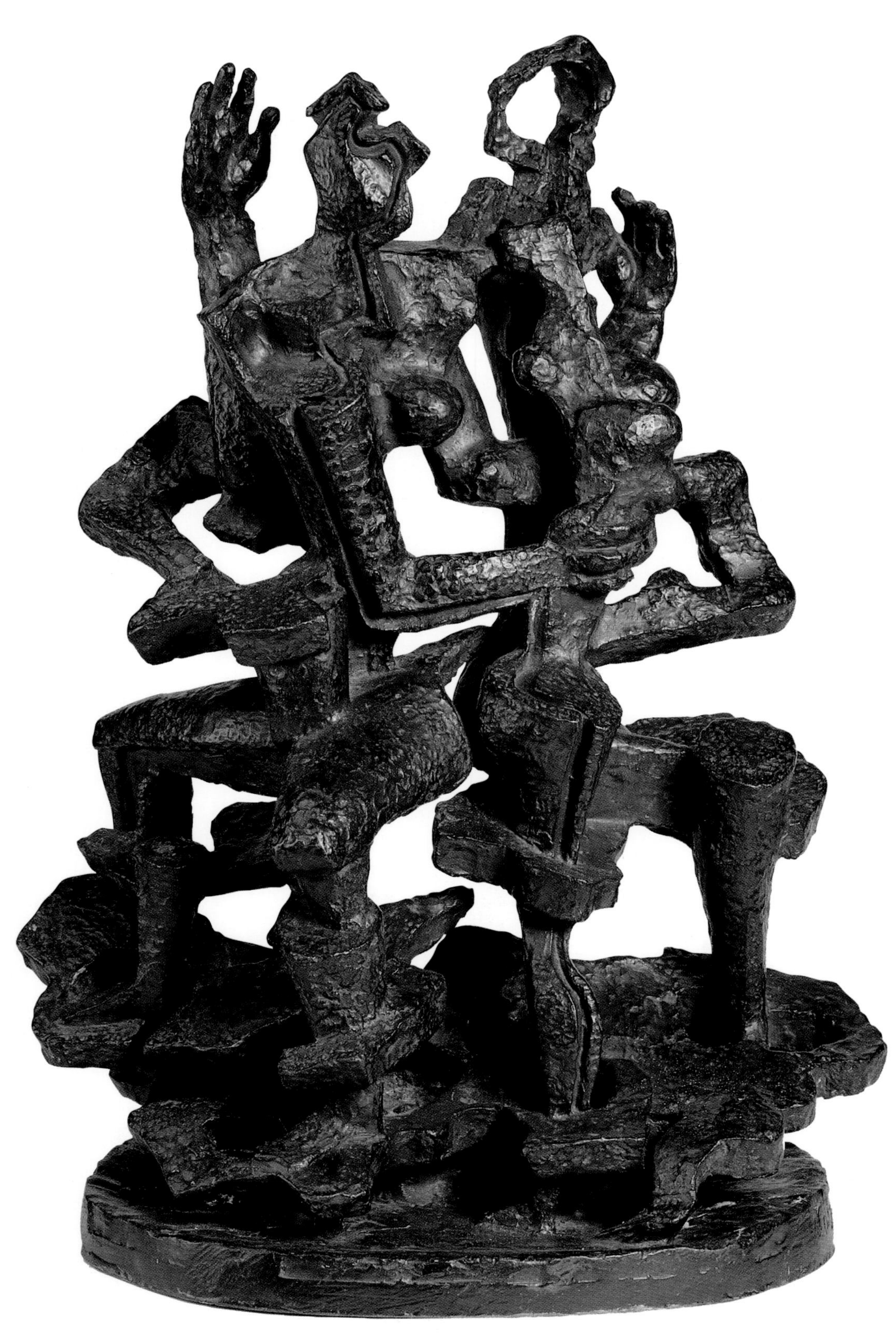

OSSIP ZADKINE, " LA NAISSANCE DES FORMES " *1958, bronze, 205 x 140 x 100 cm. Musée Zadkine, Paris.*

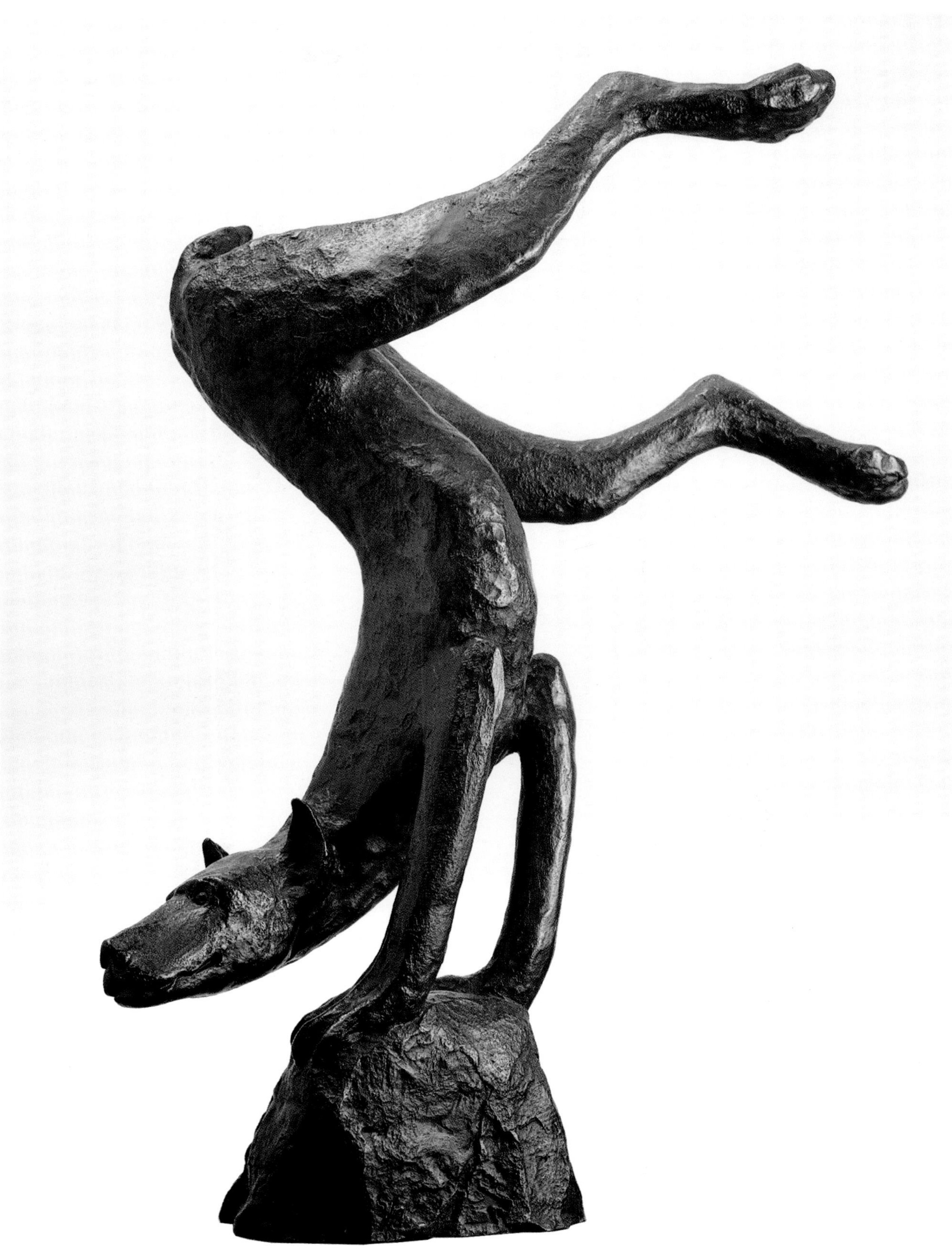

PIERRE VOITURIEZ, " L'ACROBATE " *2000, bronze, 58 x 46 x 20 cm. Galerie Dumonteil, Paris.*

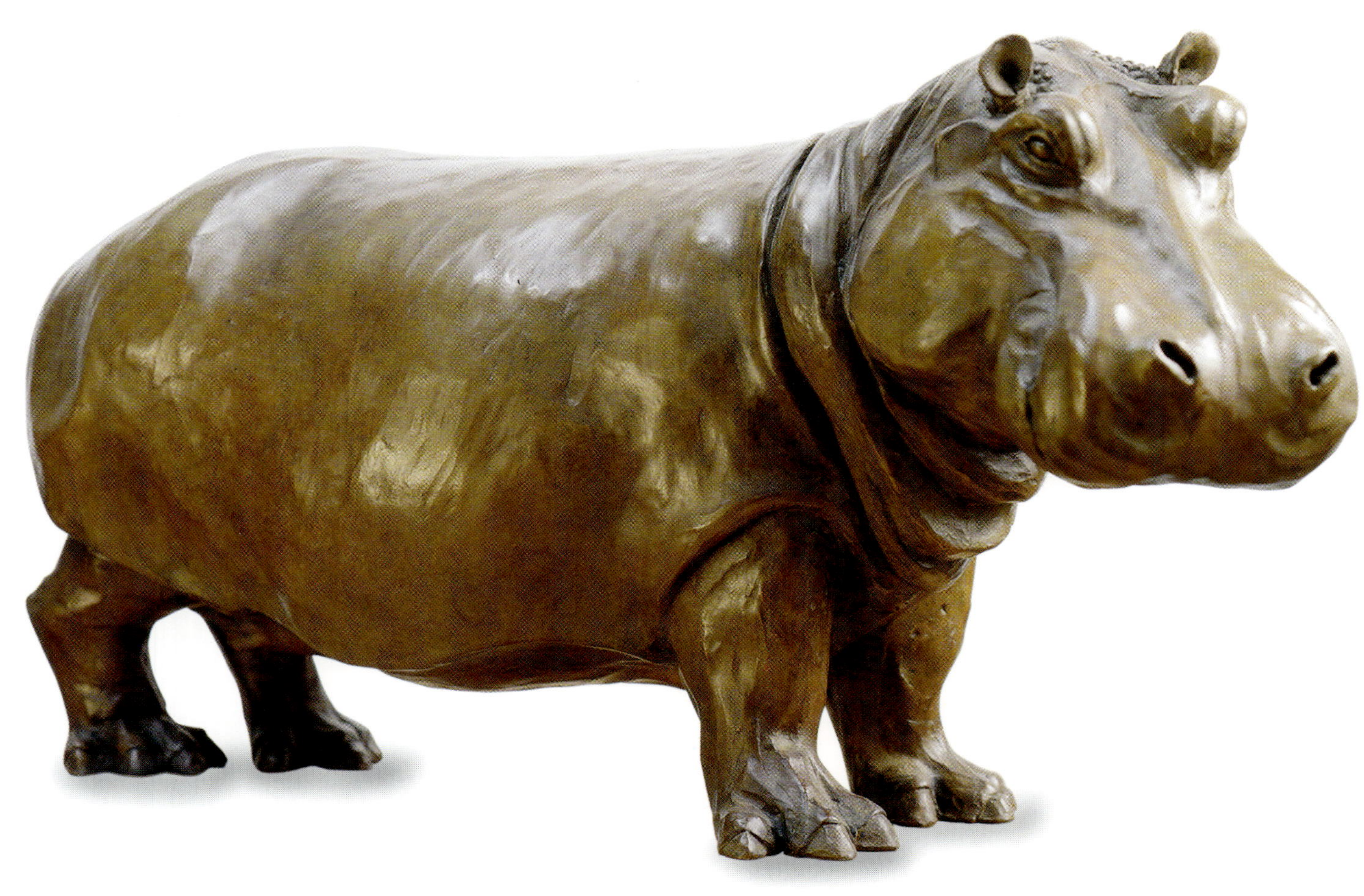

VINCENT CELOTTI, " HIPPOPOTAME " *2000, bronze, 28 x 60 x 20 cm. Galerie Dumonteil, Paris.*

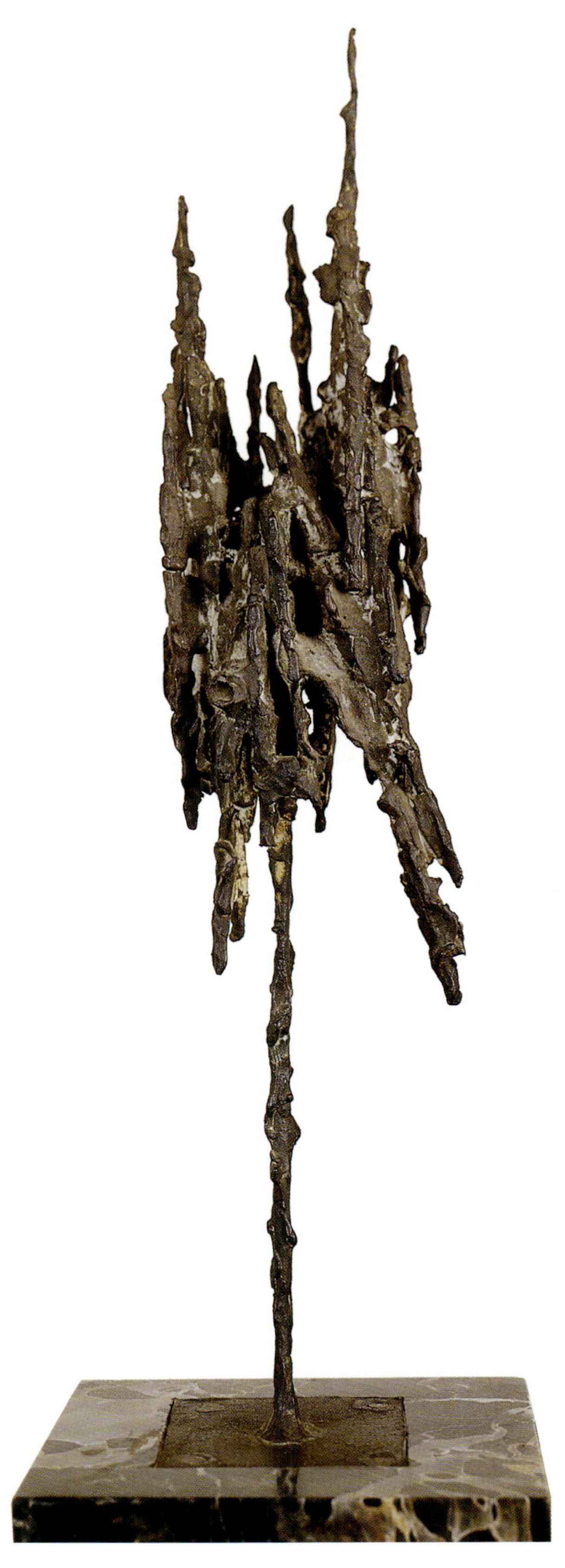

HELEN ASHBEE, " SANS TITRE " *circa 1960, bronze, 17 x 29 cm. Collection particulière.*

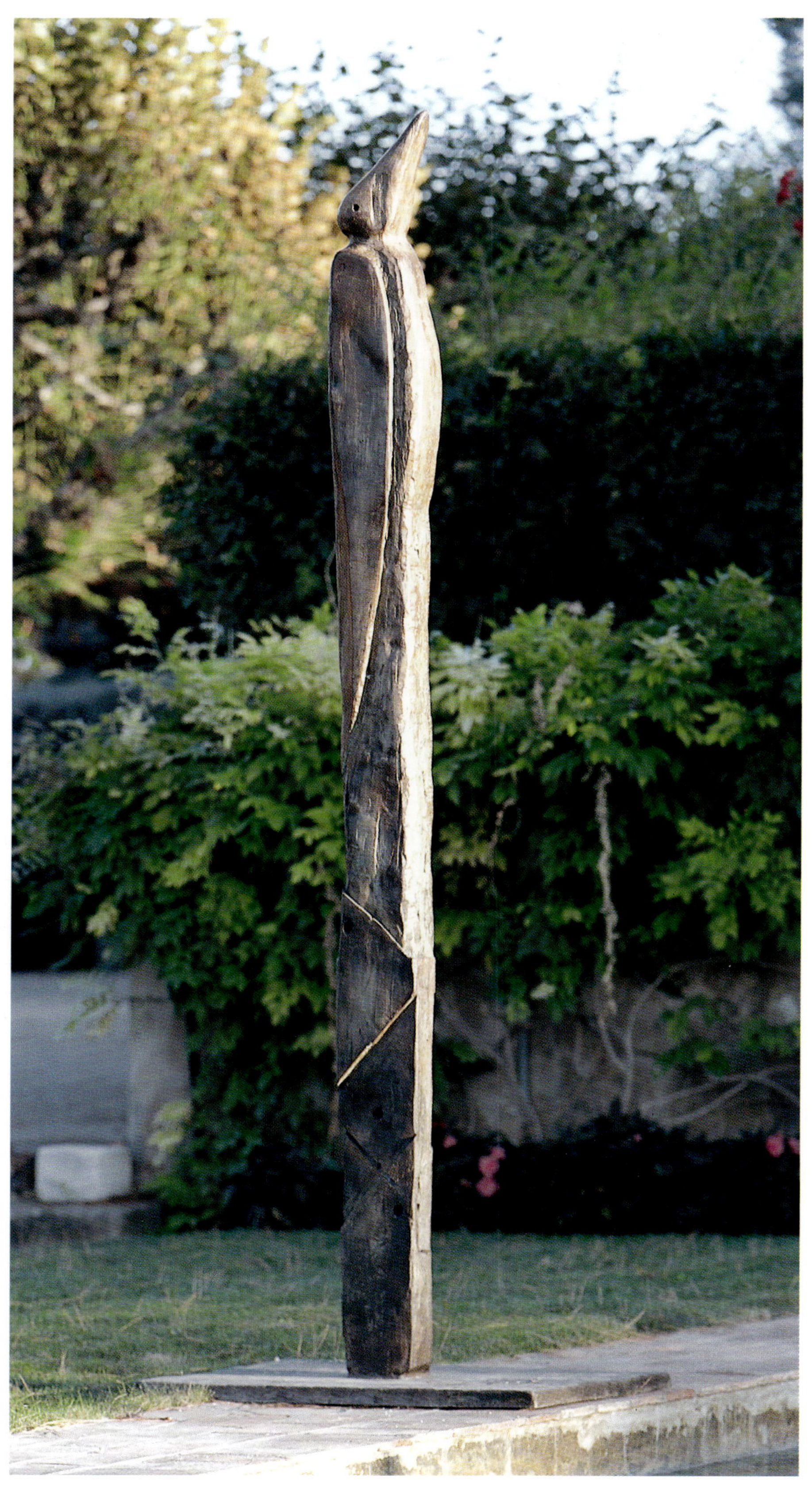

JEAN-MICHEL FOLON, " L'OISEAU " *1992, bronze, 250 x 82 x 67 cm. Collection particulière.*

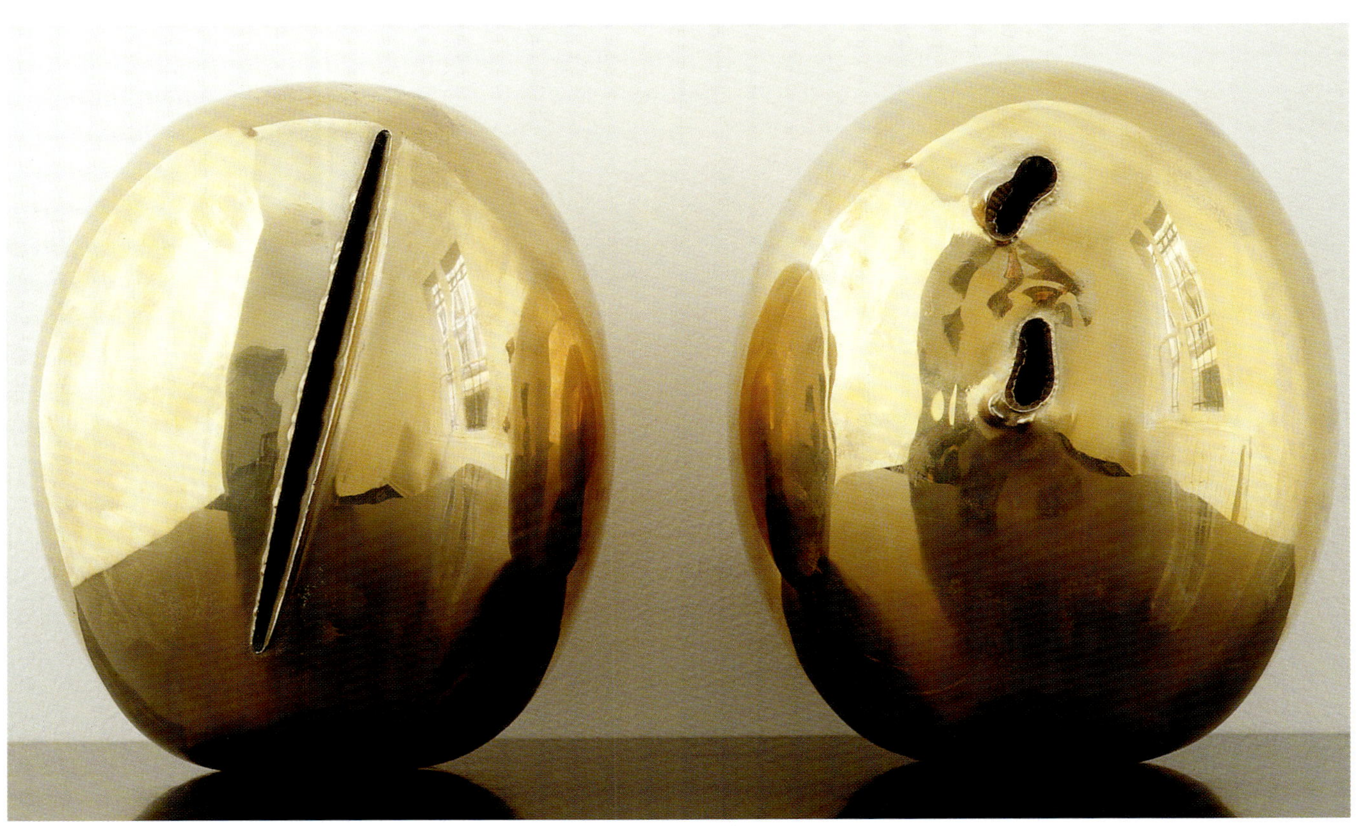

LUCIO FONTANA, " CONCETTO SPAZIALE " *1967, bronze, 25 x 20 x 20 cm. Galerie Gianna Sistu, Paris.*

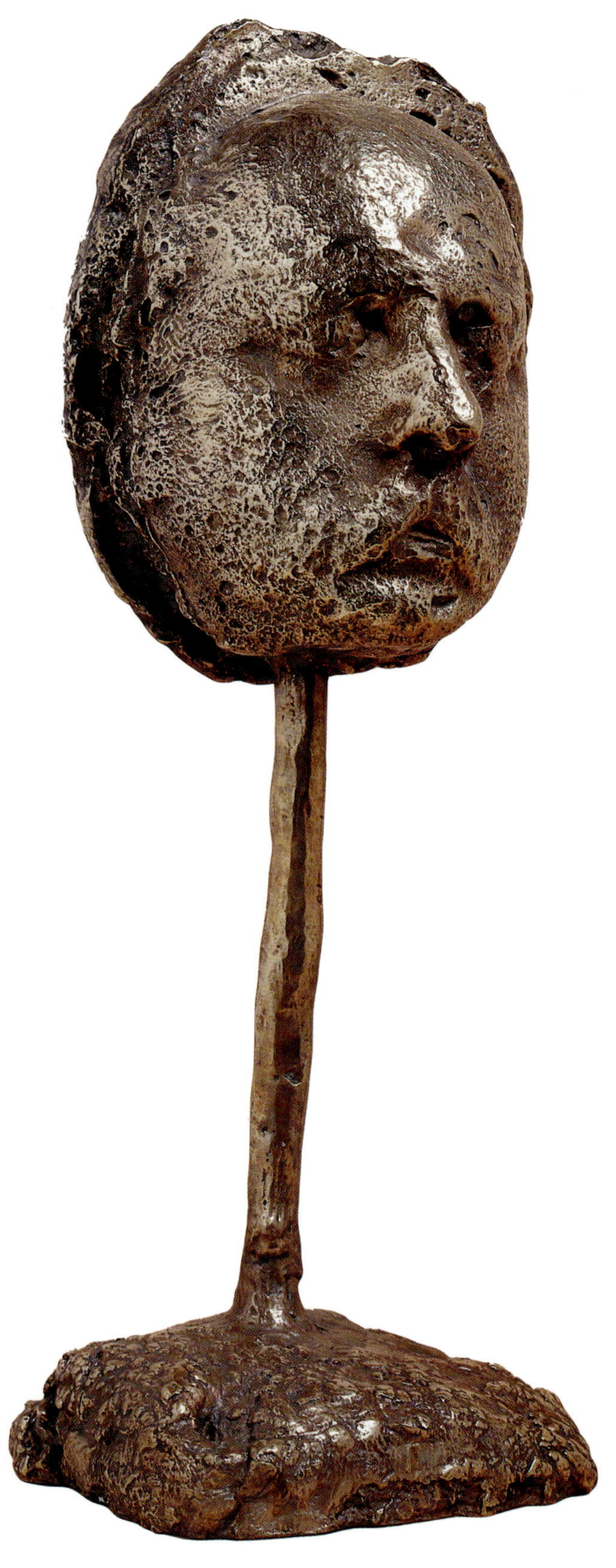

CÉSAR, " TÊTE EN PAIN " *bronze, 120 x 30 x 30 cm. Collection particulière.*

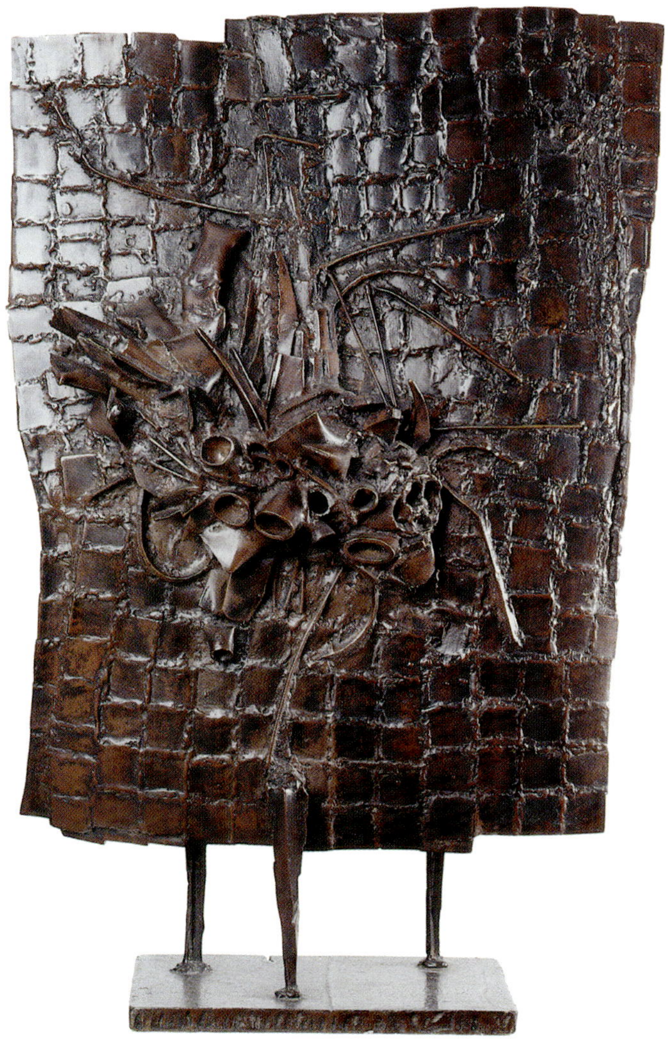
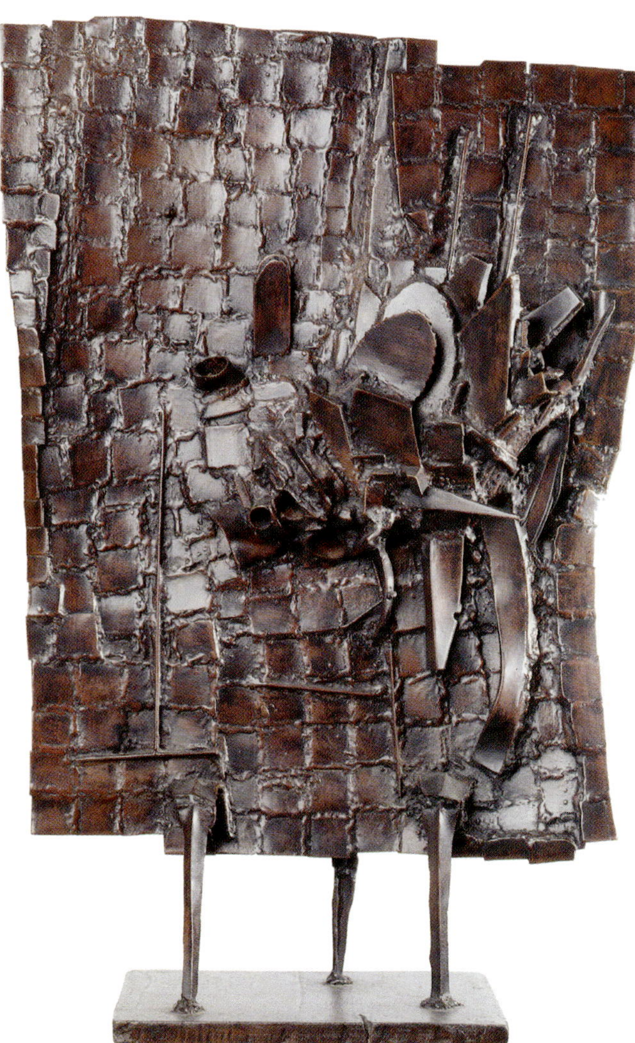

CÉSAR, " PLAQUES TESCONI " *1958-1959, bronze, 82 x 50 x 25 cm. Galerie Claude Bernard, Paris.*

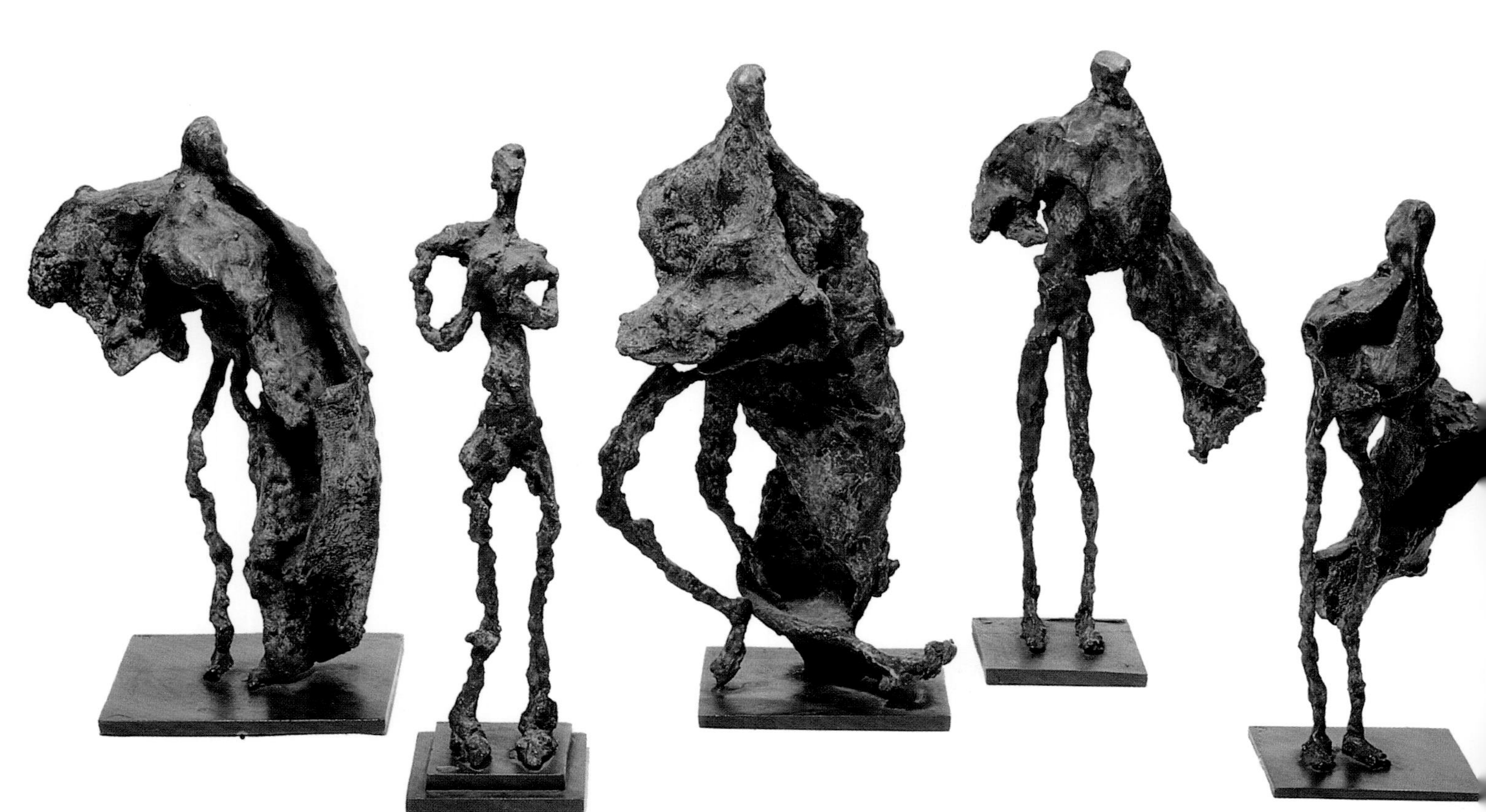

LUCIANO CASTELLI, " PETITS HOLDERS " *1992, bronze, 35 x 25 x 20 cm. Galerie Baudoin Lebon, Paris.*

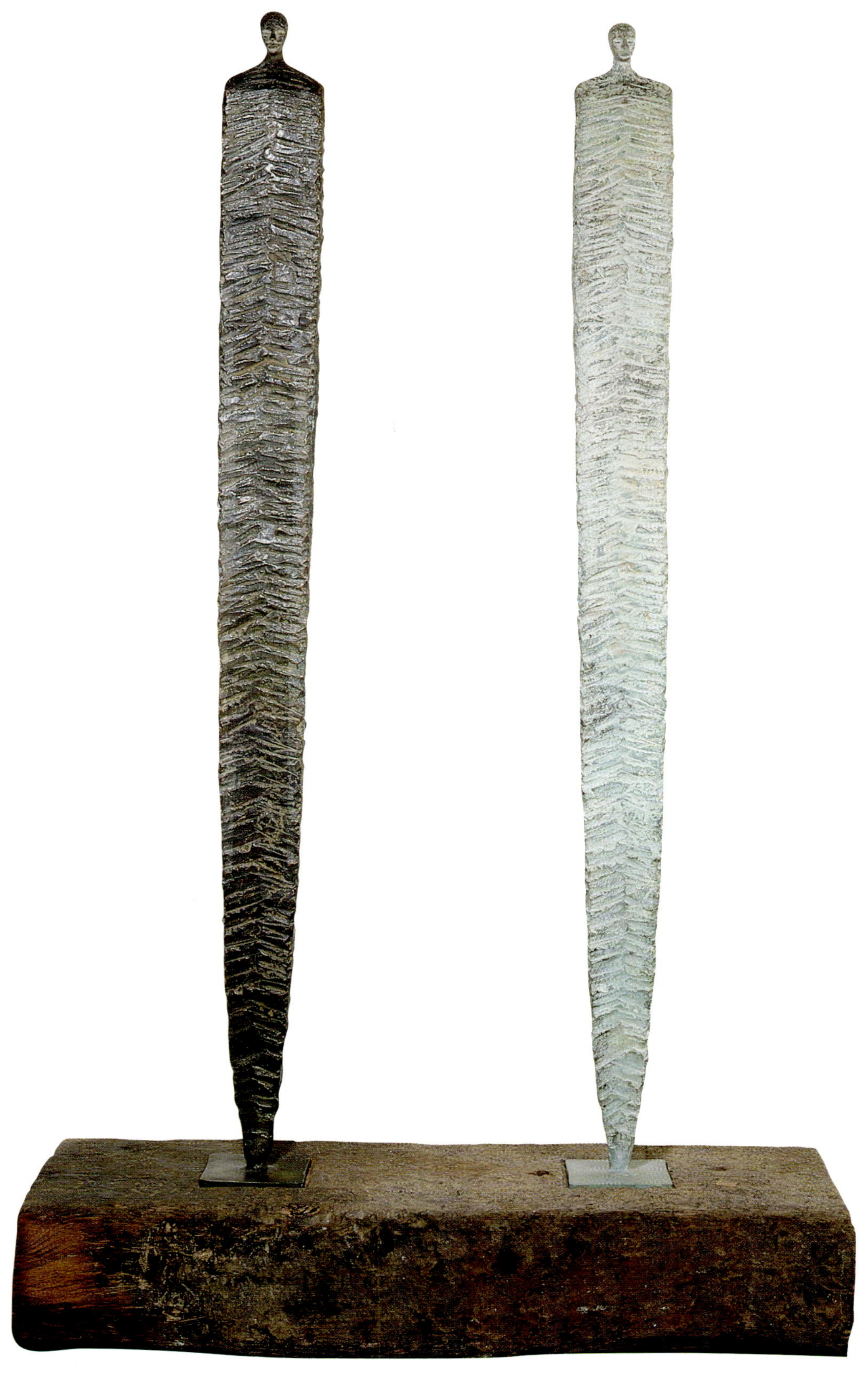

AXEL CASSEL, " EN COLONNE VERTÉBRALE " *1985, bronze, h. 112 cm. Fondation Paribas, Paris.*

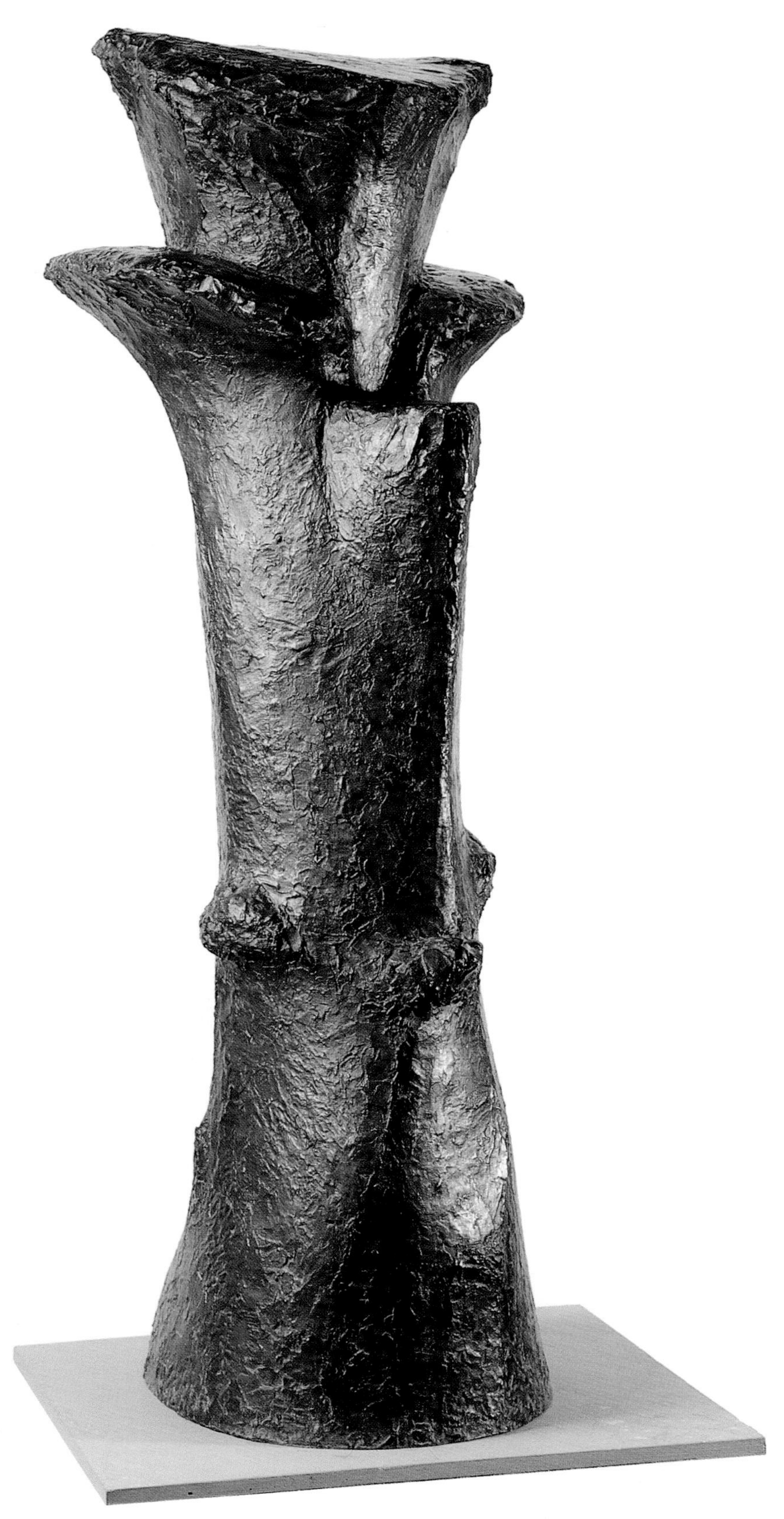

MAXIME ADAM-TESSIER, " L'HOMME BLEU " *1990, bronze, 135 x 43 x 35 cm. Collection particulière.*

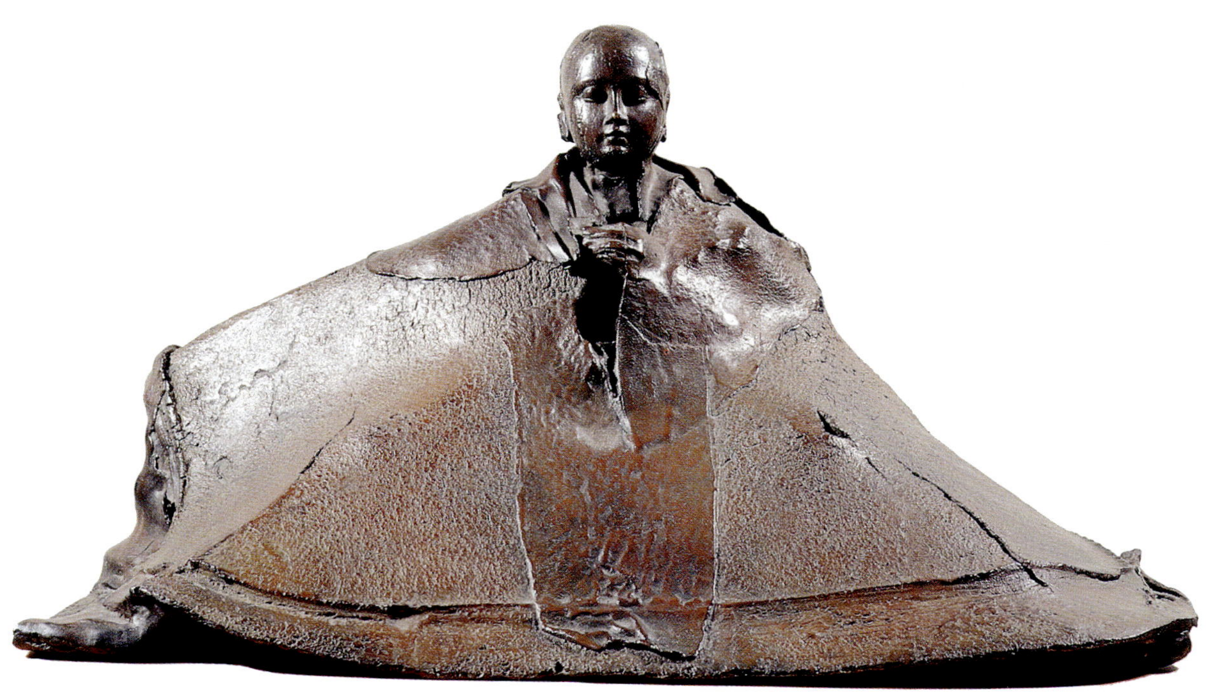

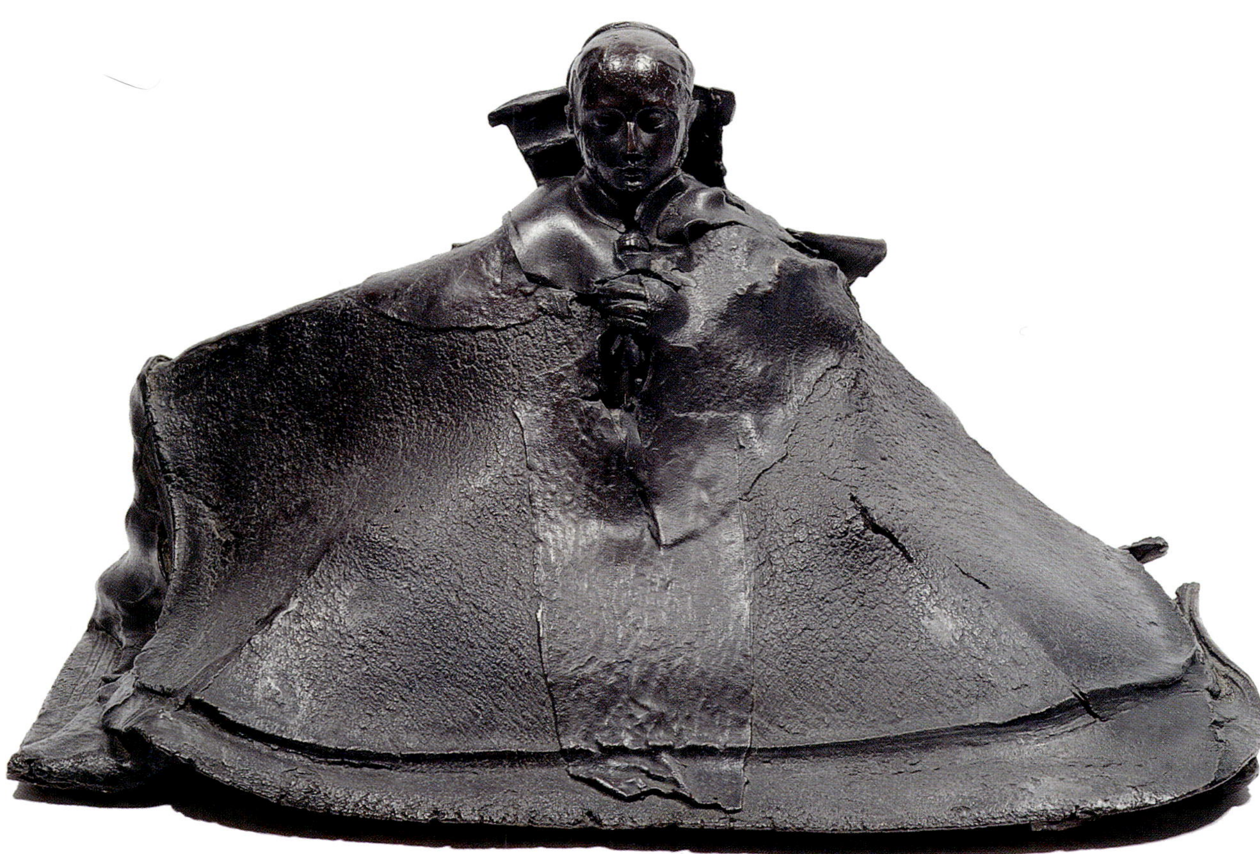

GEORGES JEANCLOS, " KAMAKURA " *1986, bronze à patine ocre, 30,5 x 50 x 29,5 cm. Fondation Paribas, Paris.*
" KAMAKURA II " *1984, bronze, 30 x 53 x 35 cm. Galerie Claude Bernard, Paris.*

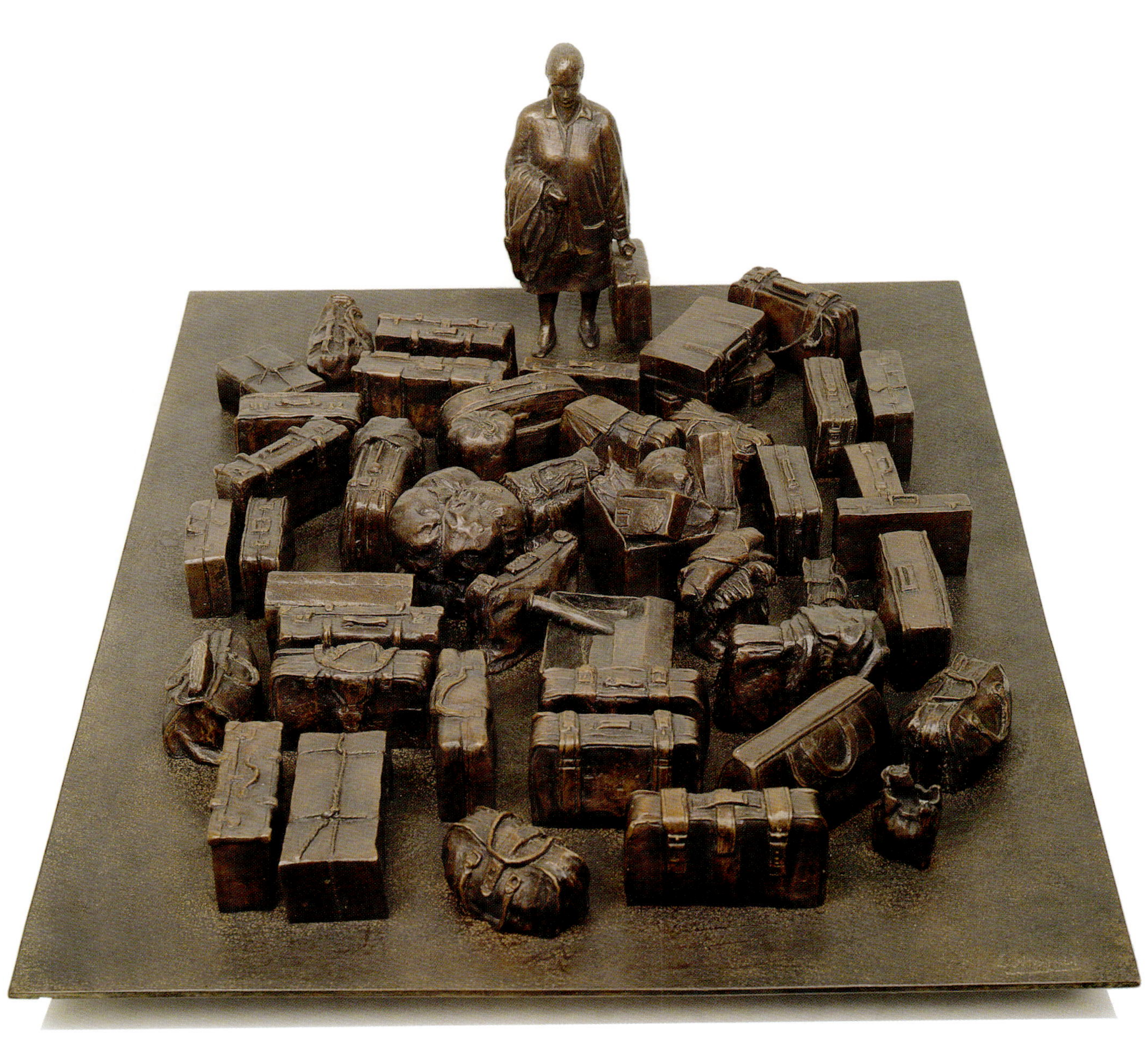

CRISTÓBAL TORAL, " LA LLEGADA " *2000, bronze, 66 x 50 x 22 cm. Collection particulière.*

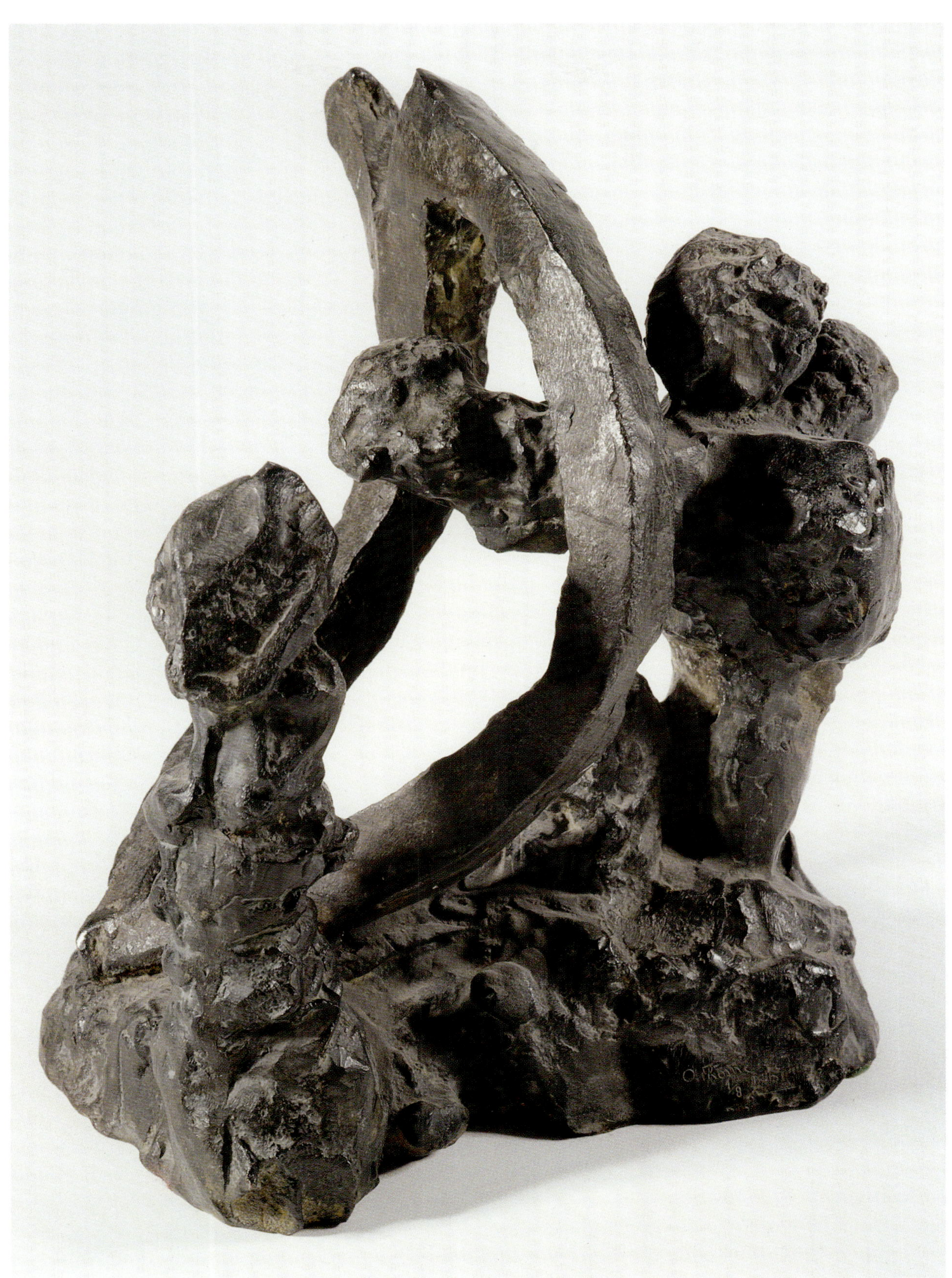

OLIVIER THOMÉ, " ÉCU SUR L'AULNE " *1994, bronze, 24 x 20 x 20 cm. Collection particulière.*

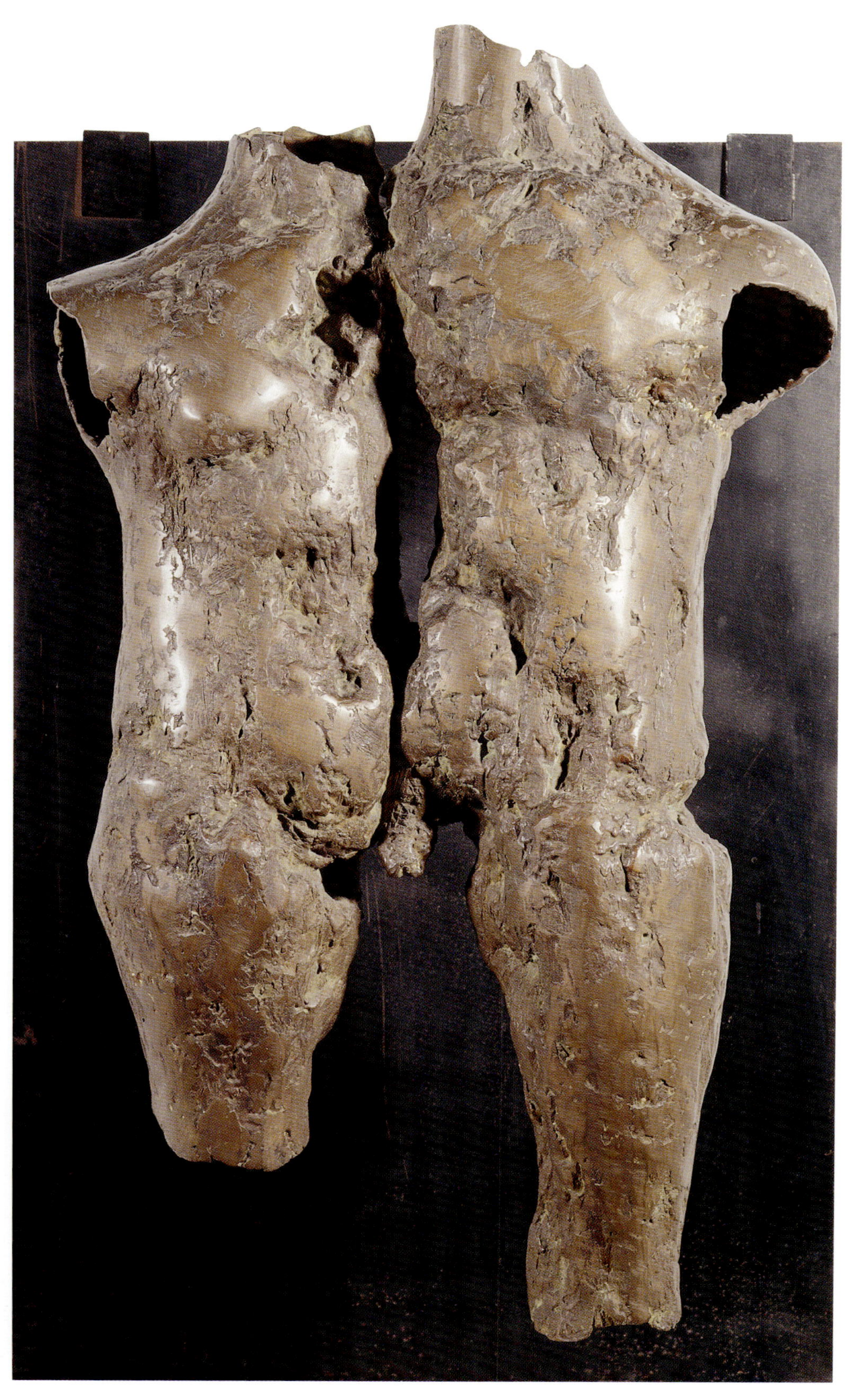

ILIO SIGNORI, " LE MIROIR " *bronze, 90 x 40 x 22 cm. Ville de Saint-Ouen.*

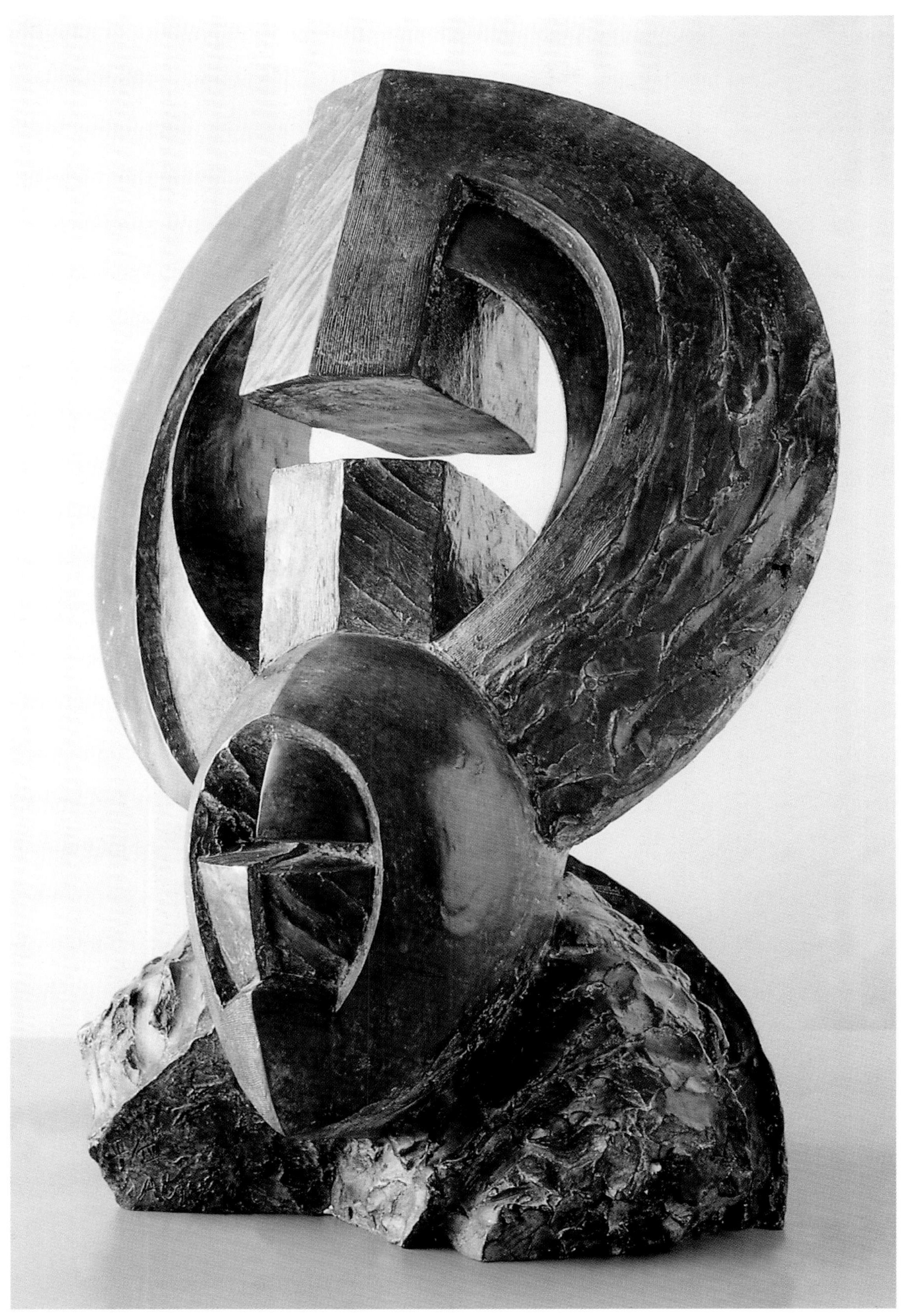

NICOLAS ALQUIN, " ÉVEIL AU SOLEIL " *1988, bronze, 50 x 35 x 35 cm. Collection Maeght, Paris.*

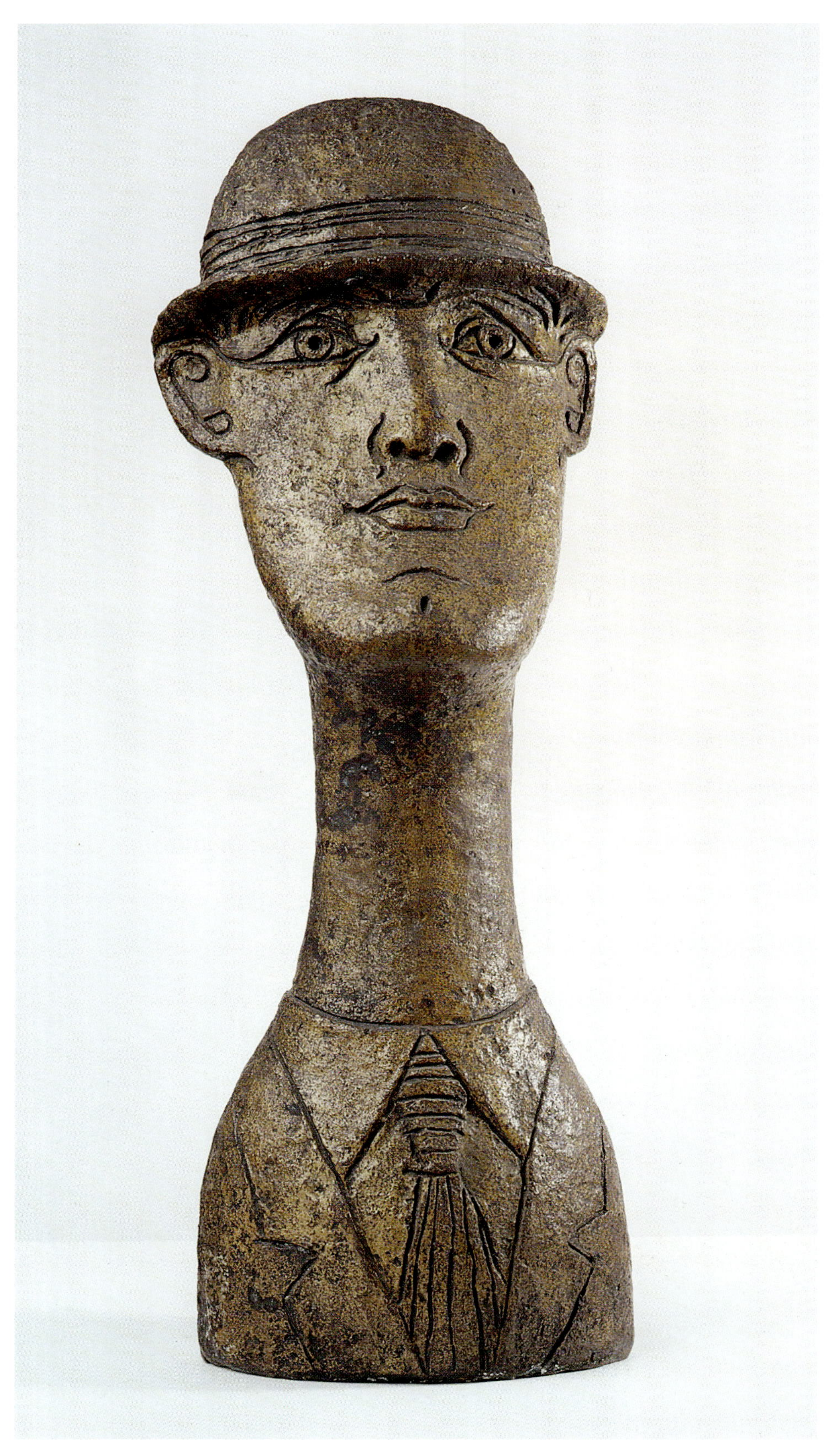

KOSTA ALEX, " L'HOMME AU CHAPEAU N°50 " *1963, 58 x 20 x 8 cm. Galerie Claude Bernard, Paris.*

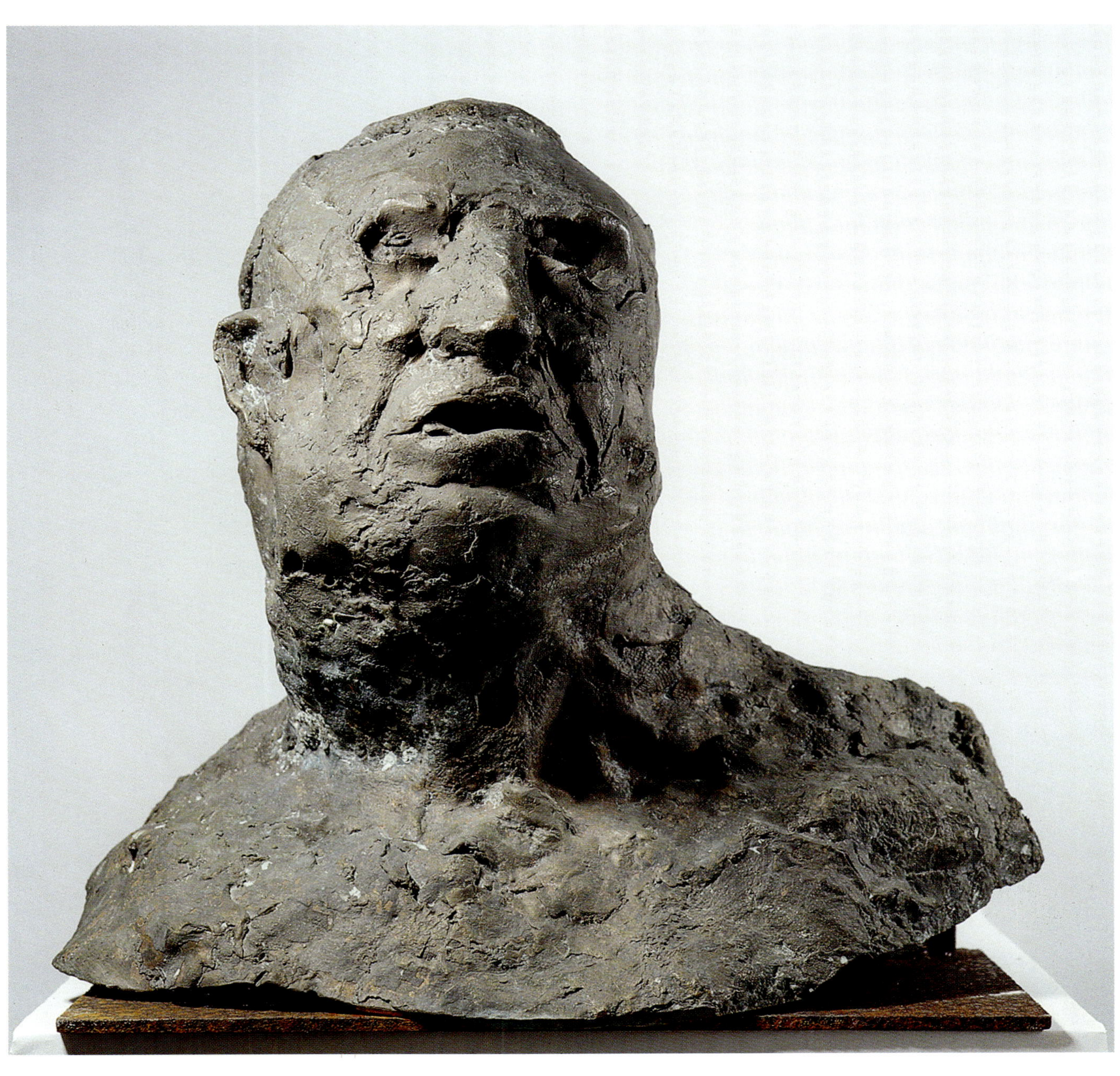

JEAN ROULLAND, " ALFRED POUDEVIGNE " *1965, bronze, 50 x 50 cm. Galerie Claude Bernard, Paris.*

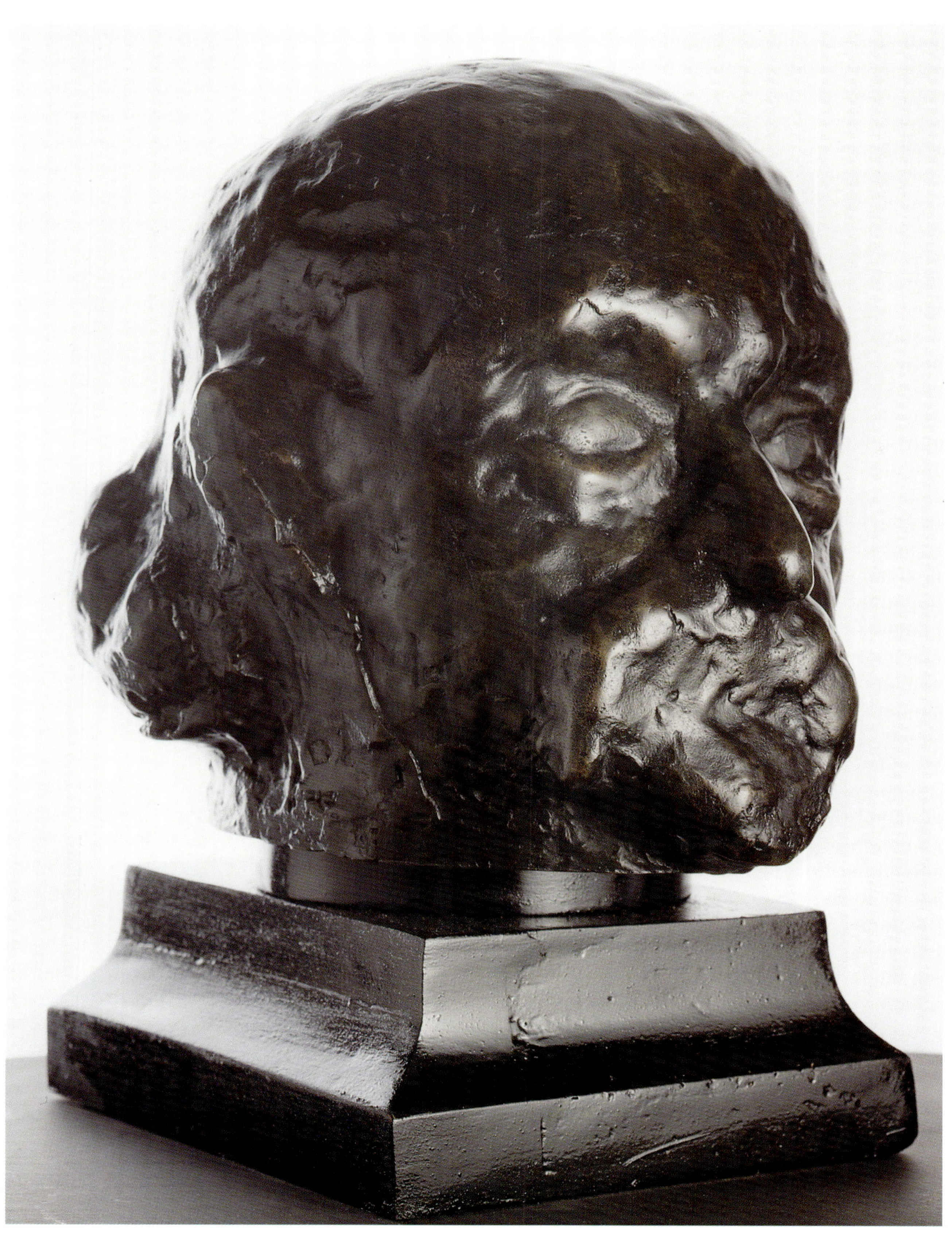

LOUIS VALTAT, " TÊTE DE CÉZANNE " *circa 1909, bronze, 27 x 27 x 27 cm. Galerie Stammegna, Marseille.*

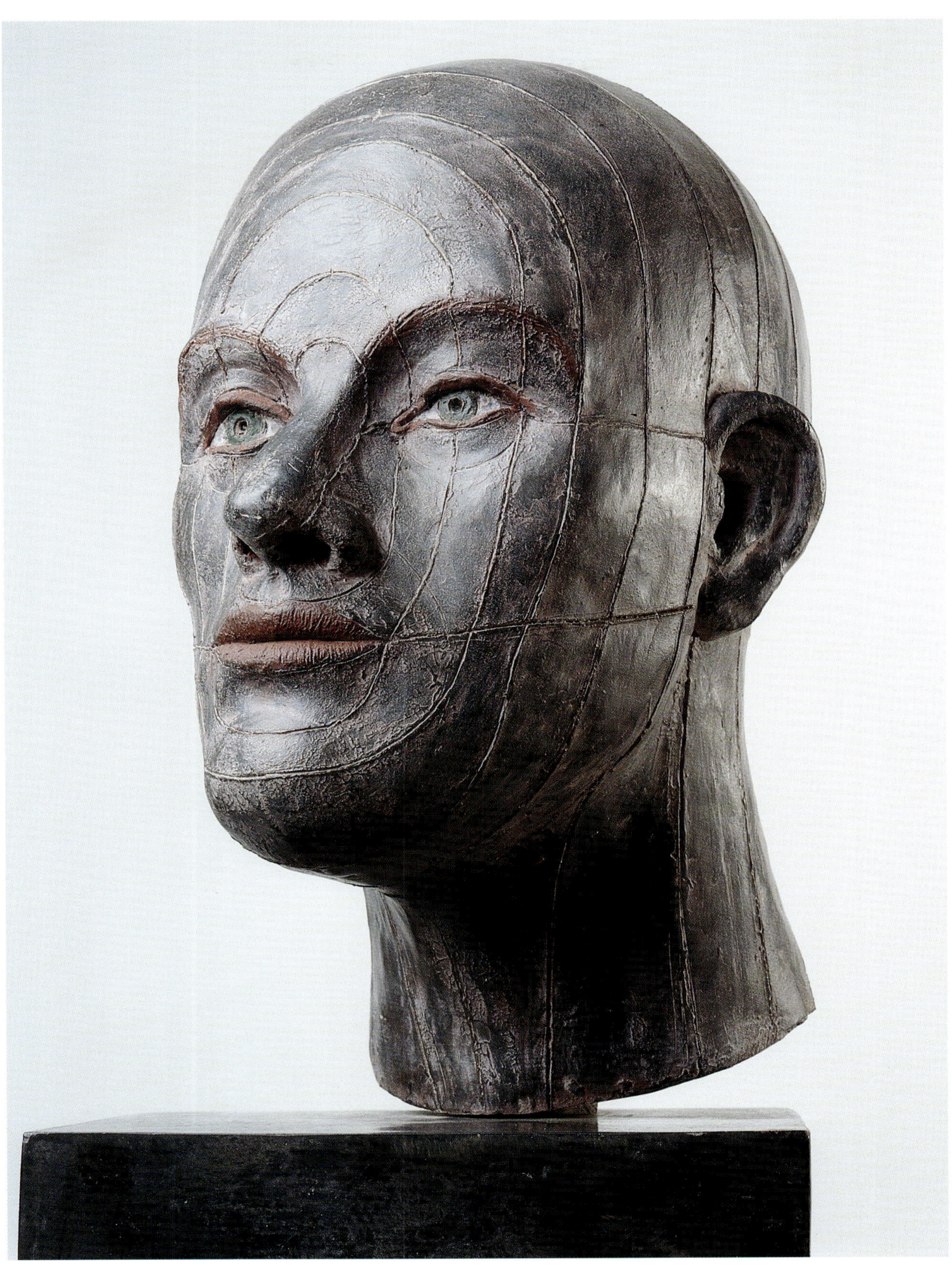

JOHN DAVIES, " CONTOURED HEAD " *1991, bronze peint, 41,5 x 25 x 23,5 cm. Galerie Claude Bernard, Paris.*

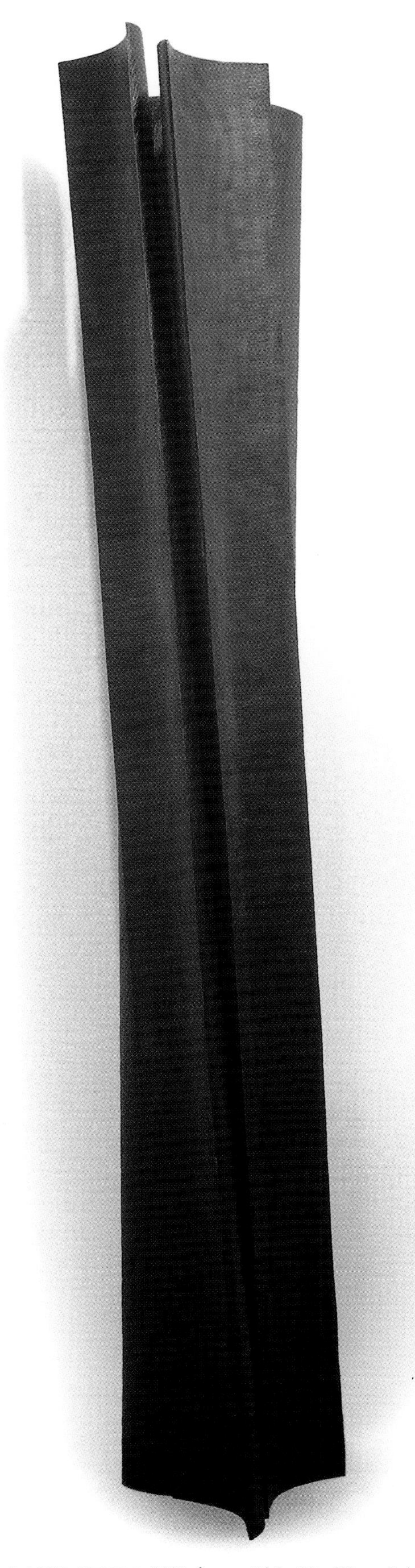

NUNZIO, " SANS TITRE " *2001, bronze, 24,5 x 30 x 37 cm. Galerie Di Meo, Paris.*

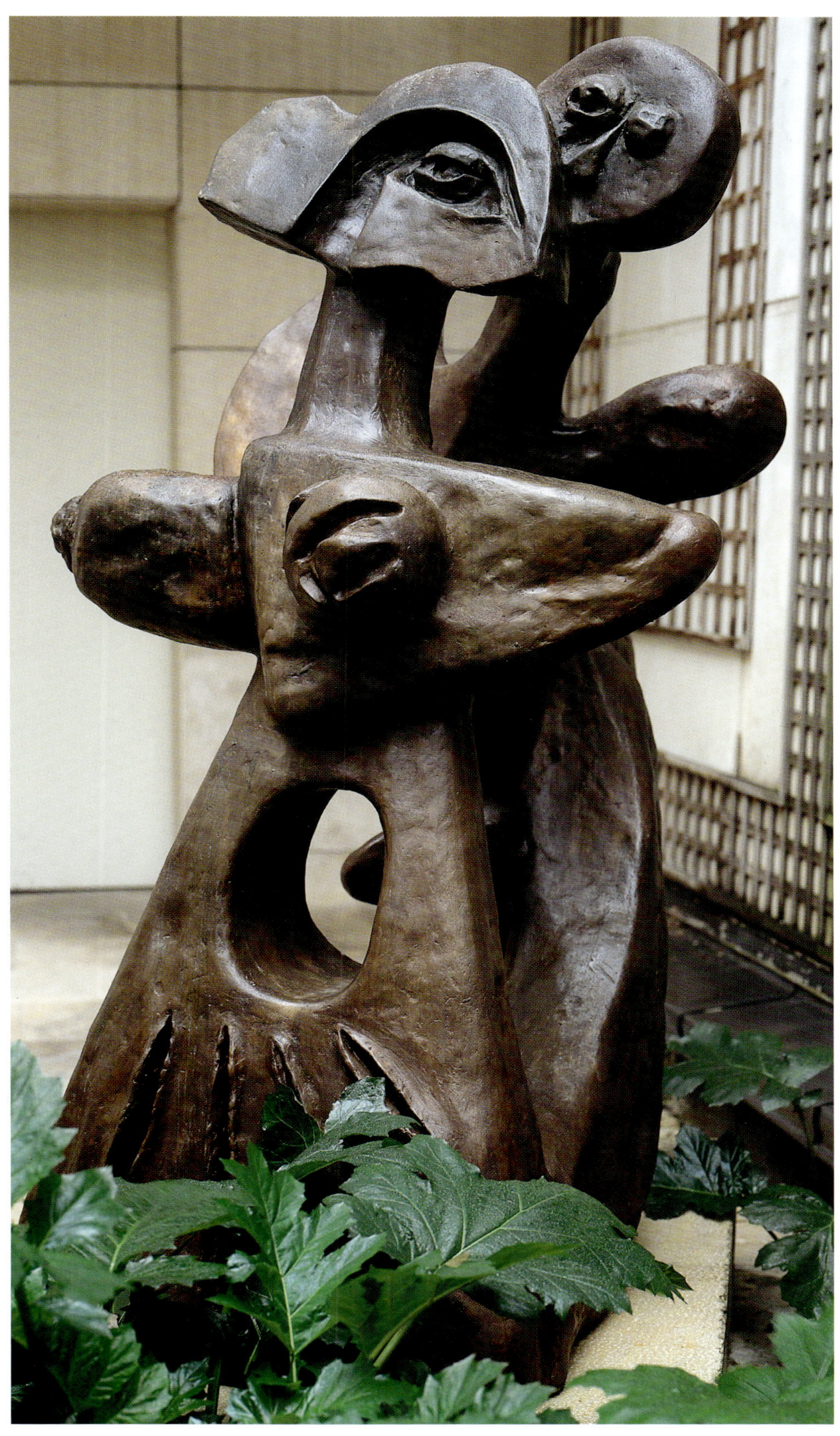

ANDRÉ MASSON, " FRÈRE ET SŒUR " *1942, bronze, 173 x 92 x 133 cm. Galerie Cazeau-Béraudiere, Paris.*

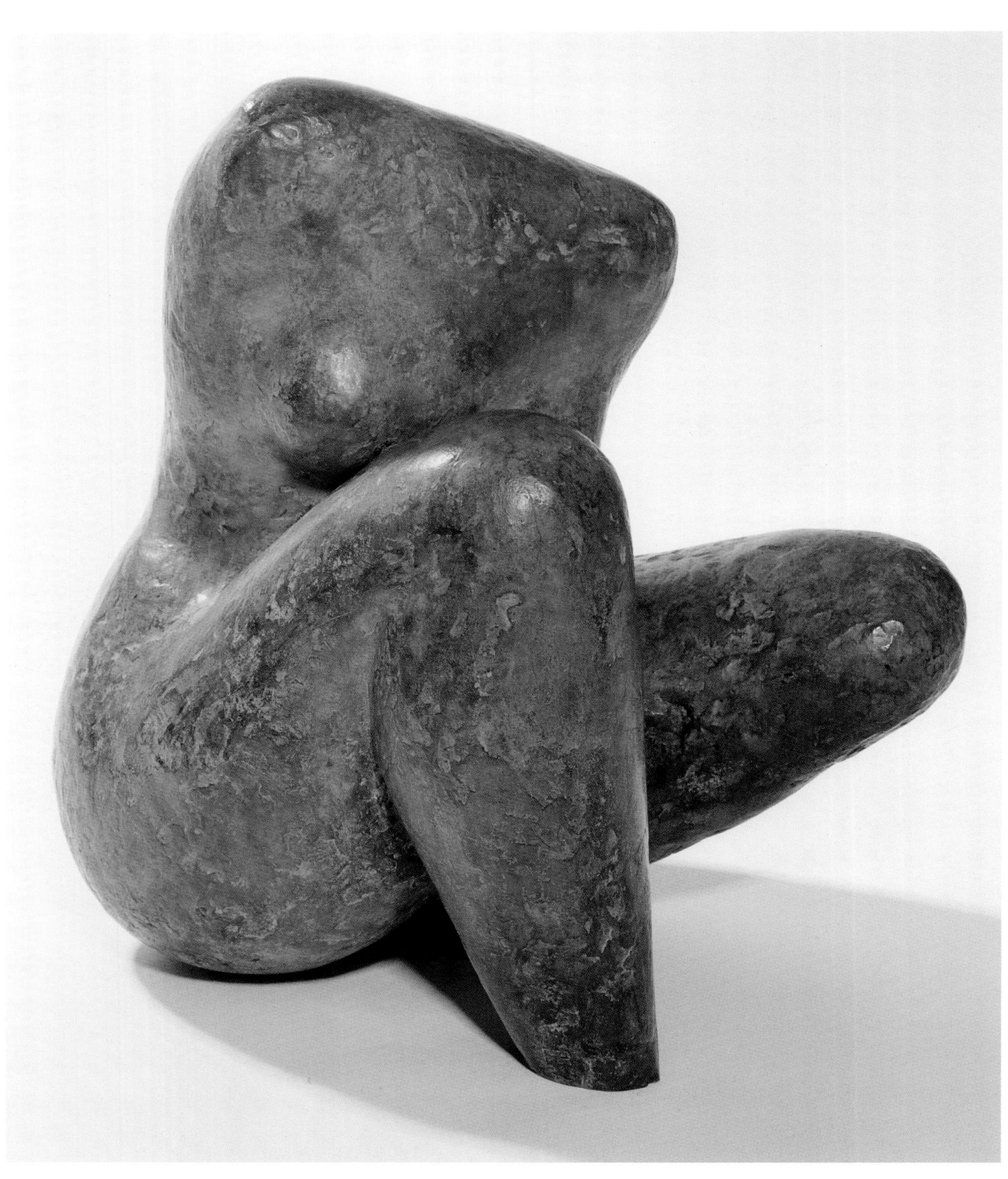

EDUARDO CHILLIDA, " BUSTE DE FEMME " *1948, bronze, 45 x 30 x 37 cm. Collection Sylvie et Hervé Baltazart-Eon, Paris.*

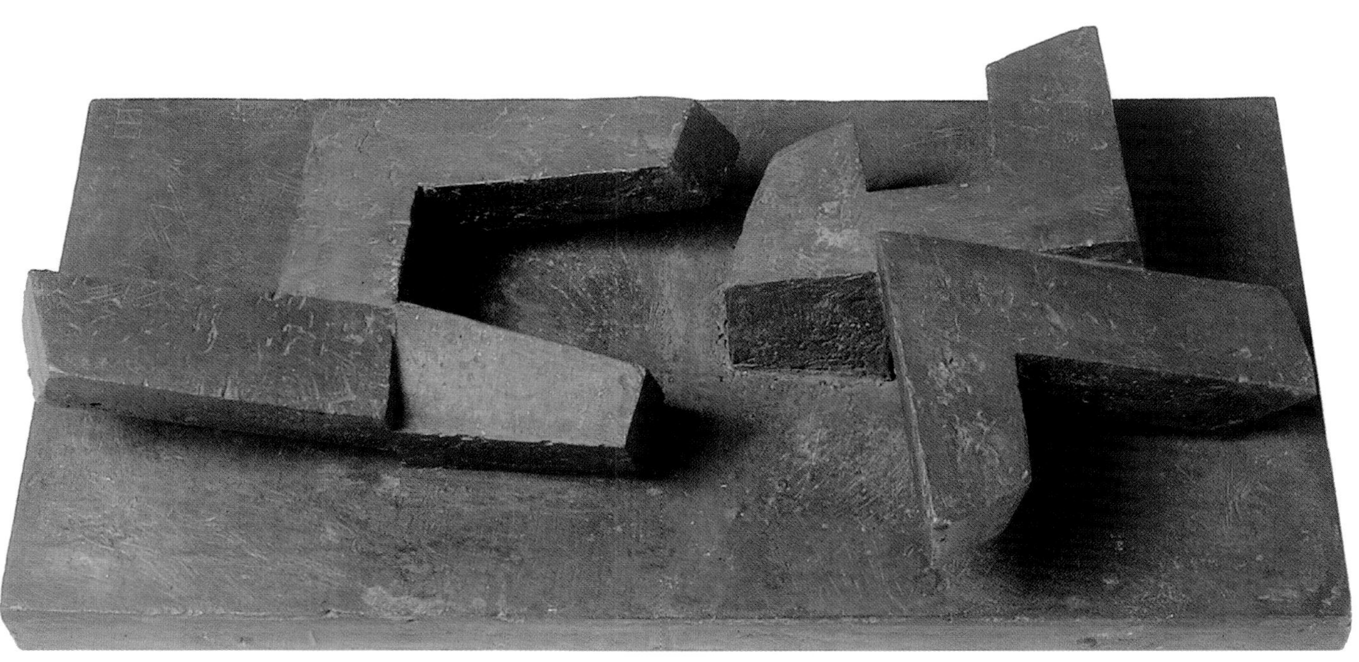

EDUARDO CHILLIDA, " RELIEF DE PLOMB " *1951, plomb, 33 x 65 cm. Collection Maeght, Paris.*

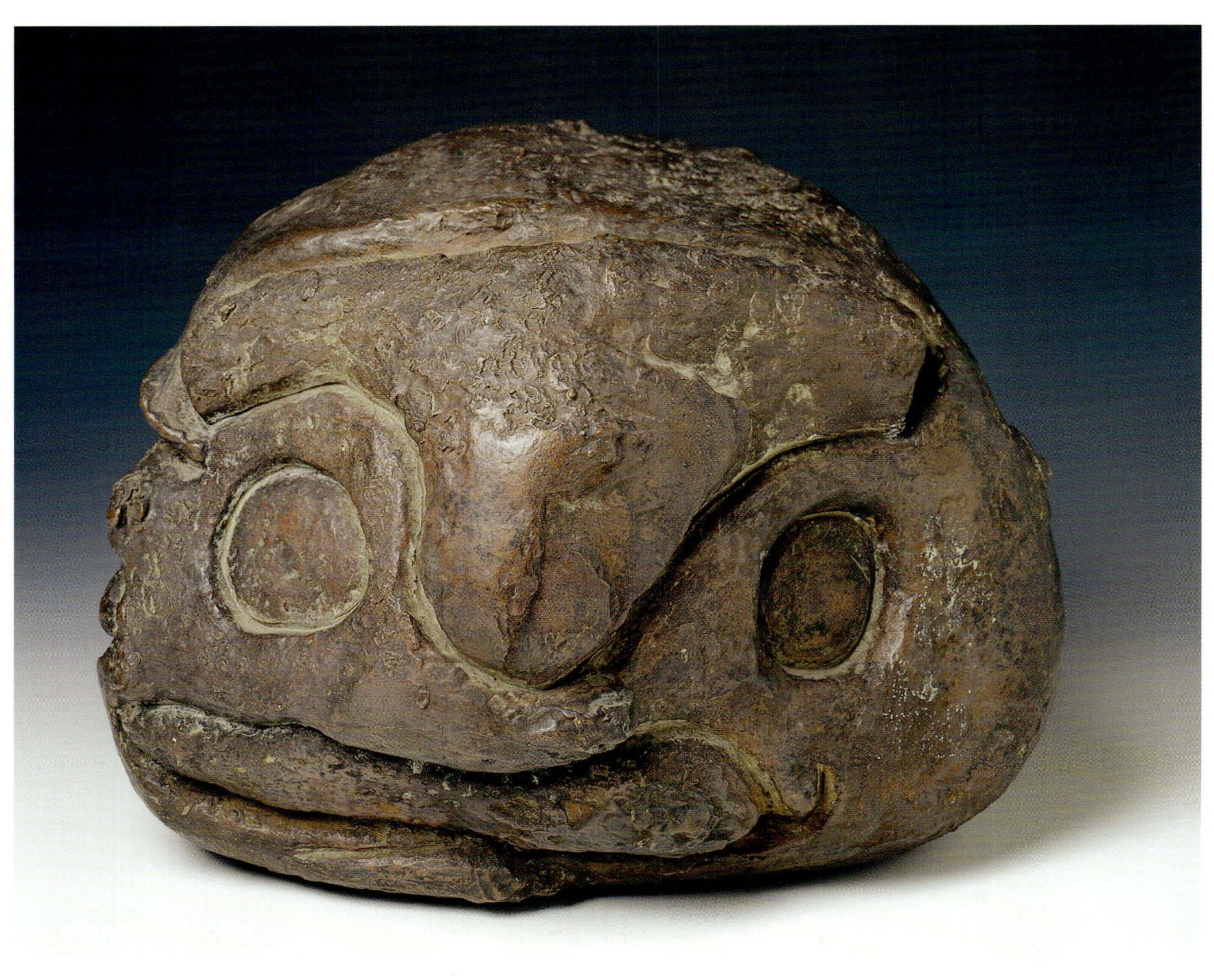

JOAN MIRÓ, " TÊTE " *1953, bronze, 30 x 20 x 15 cm. Collection Maeght, Paris.*

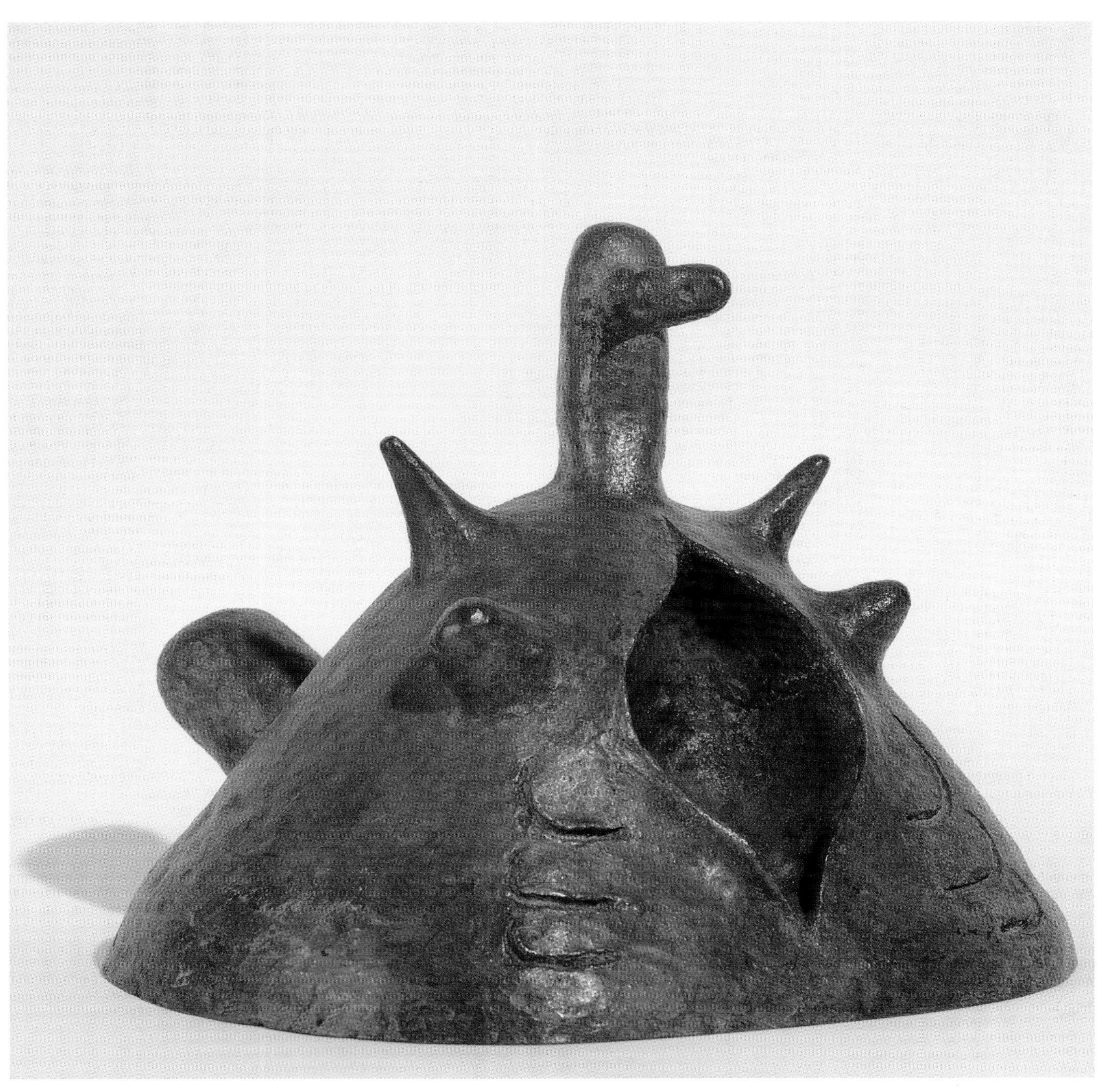

JOAN MIRÓ, " FEMME " *1967, bronze, 28 x 32 x 26 cm. Collection Sylvie et Hervé Baltazart-Eon, Paris.*

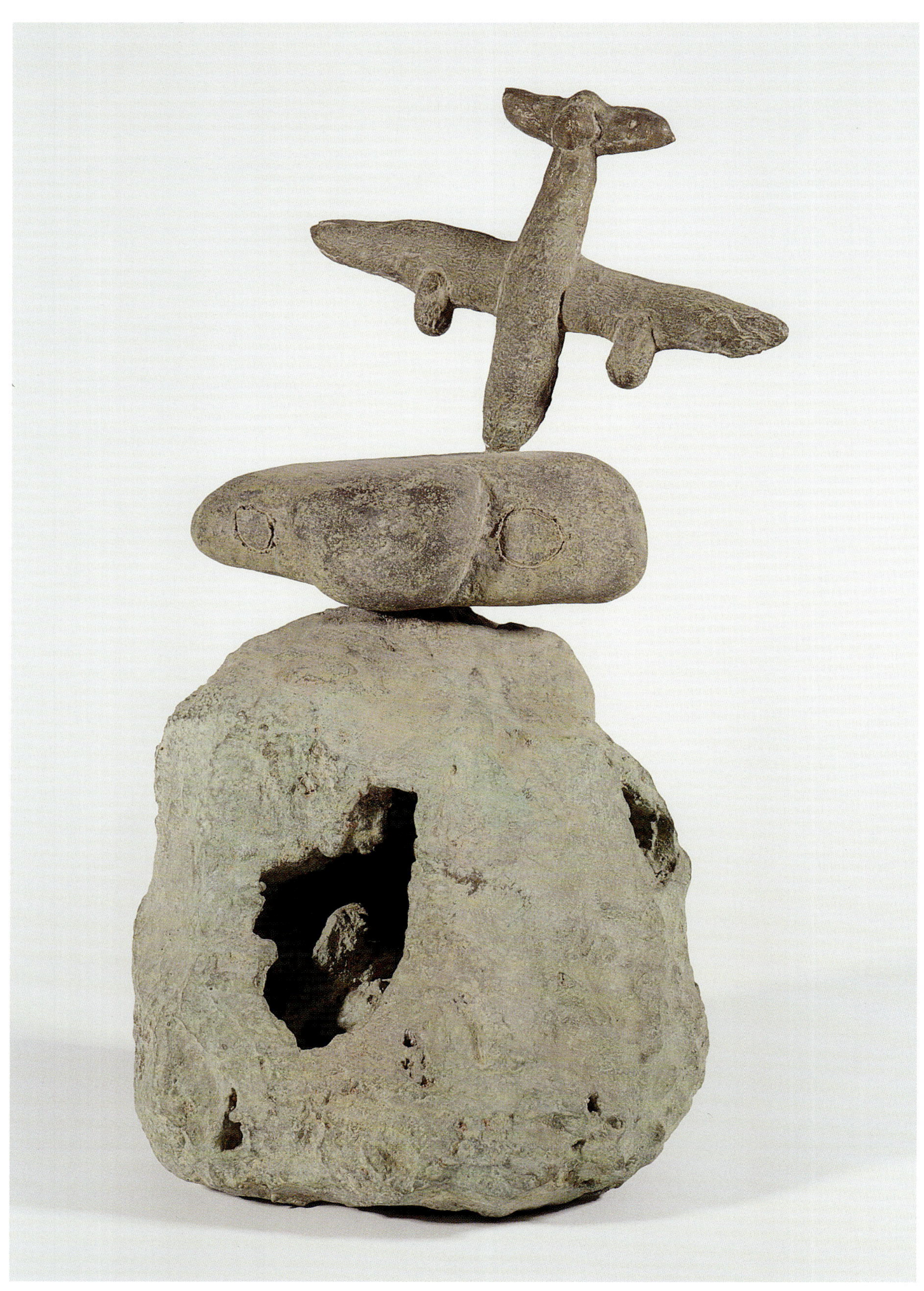

JOAN MIRÓ, " PERSONNAGE ET OISEAU " *1967, bronze, 48 x 25 x 22 cm. Collection Sylvie et Hervé Baltazart-Eon, Paris.*

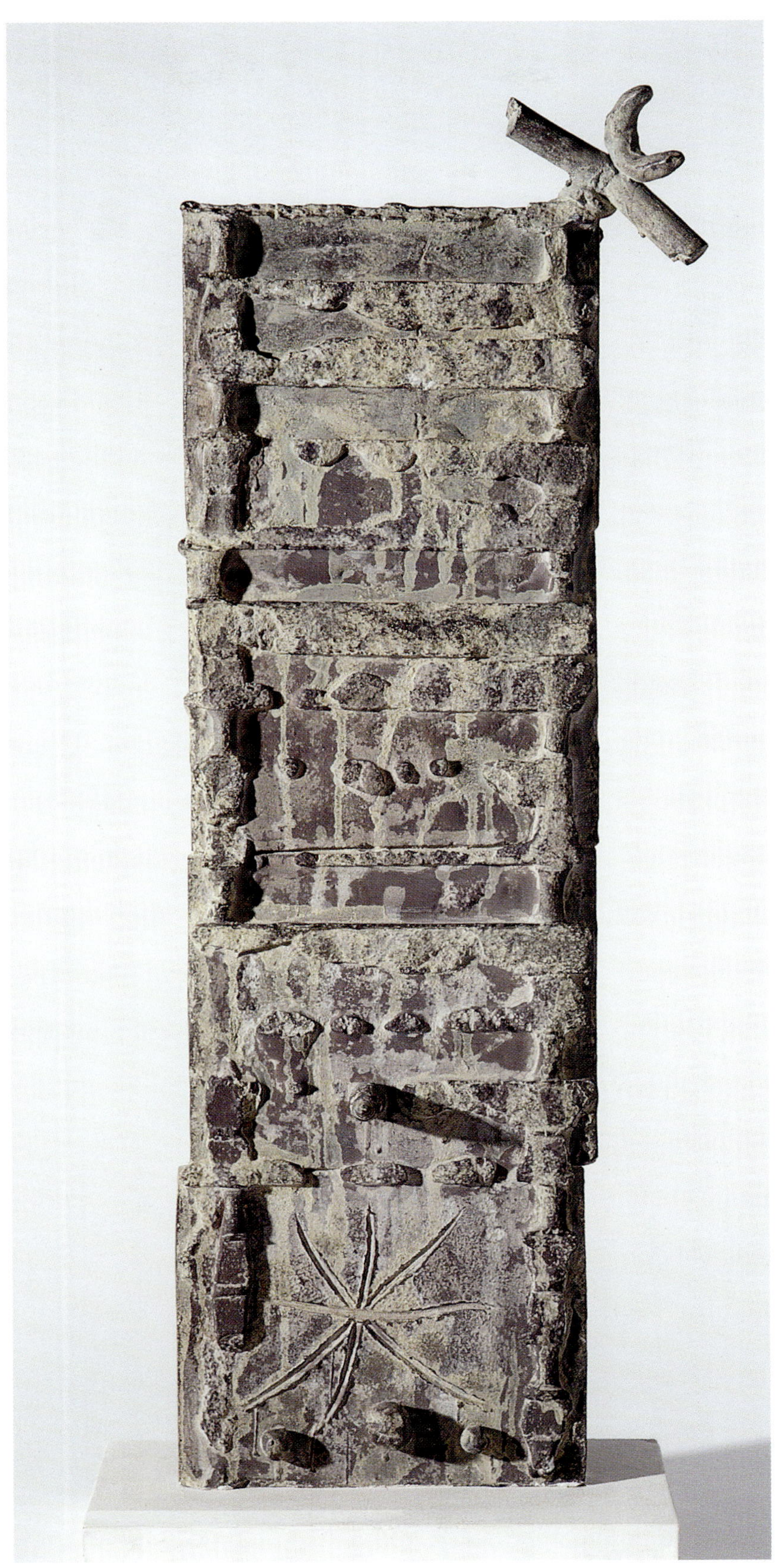

JOAN MIRÓ, " BAS-RELIEF " *1970, bronze, 87 x 25 x 22 cm. Collection Sylvie et Hervé Baltazart-Eon, Paris.*

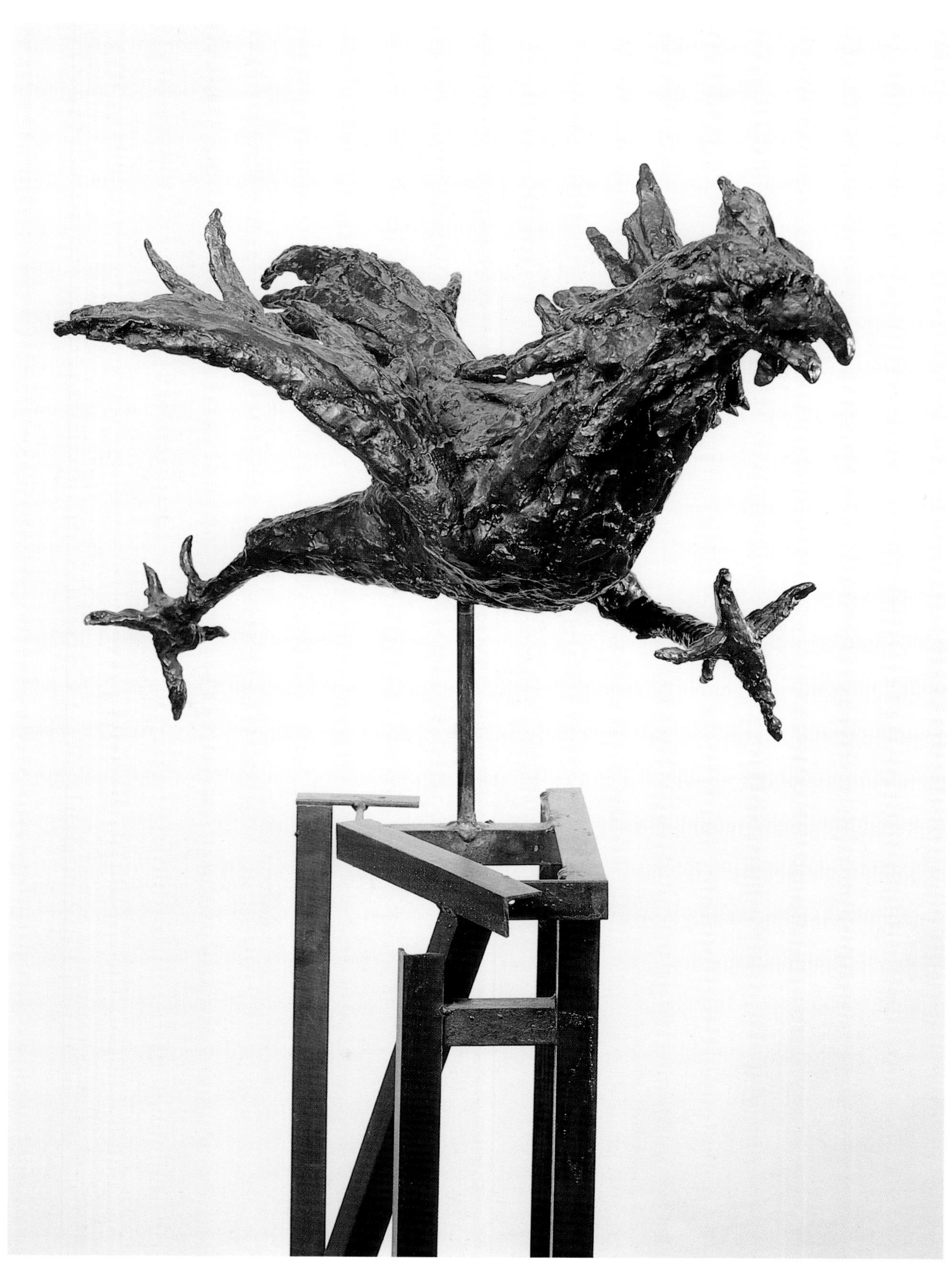

CHARLES CORREIA, " LE COQ " *bronze, 55 x 60 x 70 cm. Ville de Saint-Ouen.*

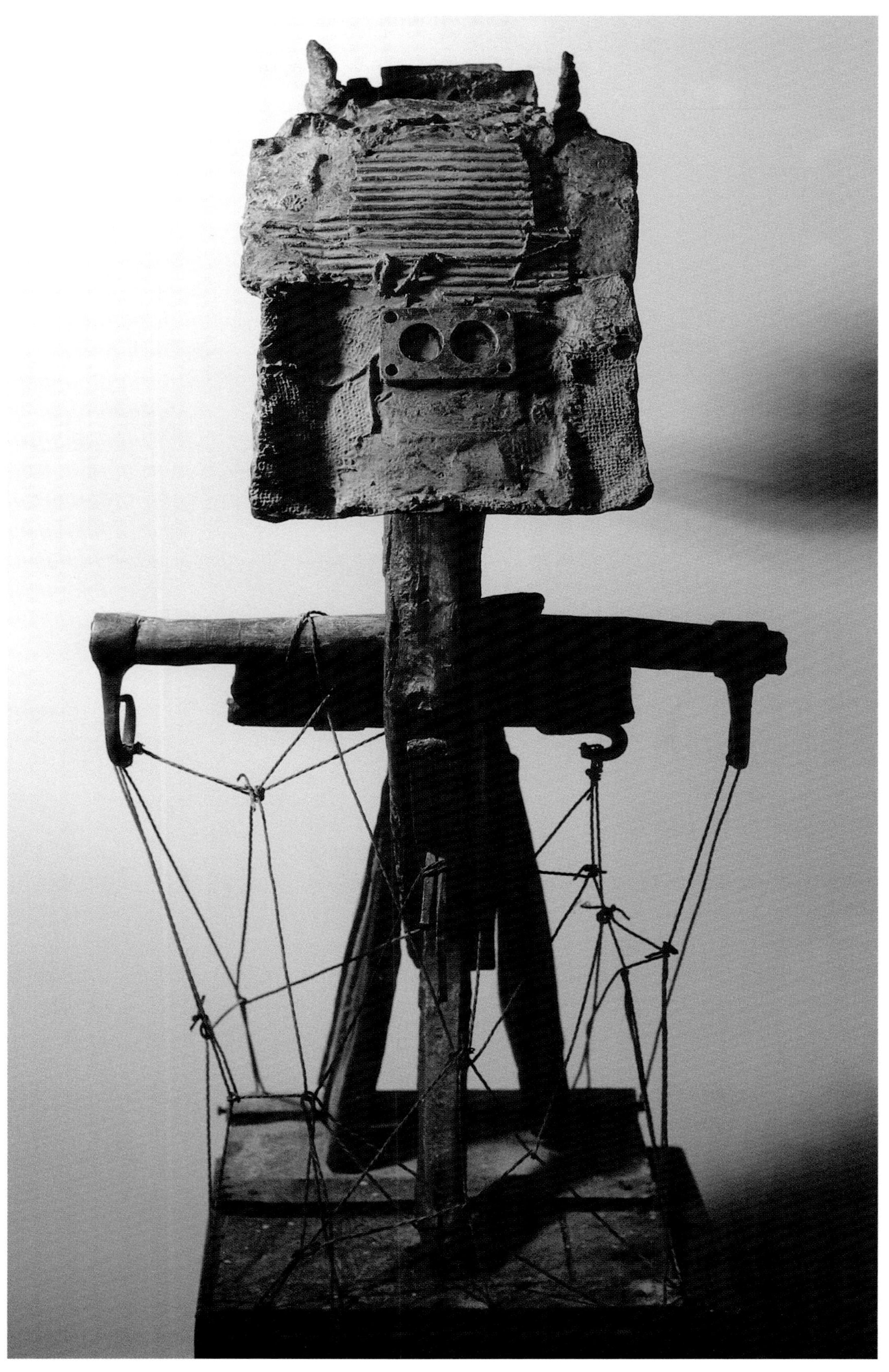

ANTONÌ CLAVÉ, " GUERRIER ATTACHÉ " *1964, bronze, 106 x 57 x 43 cm. Collection particulière.*

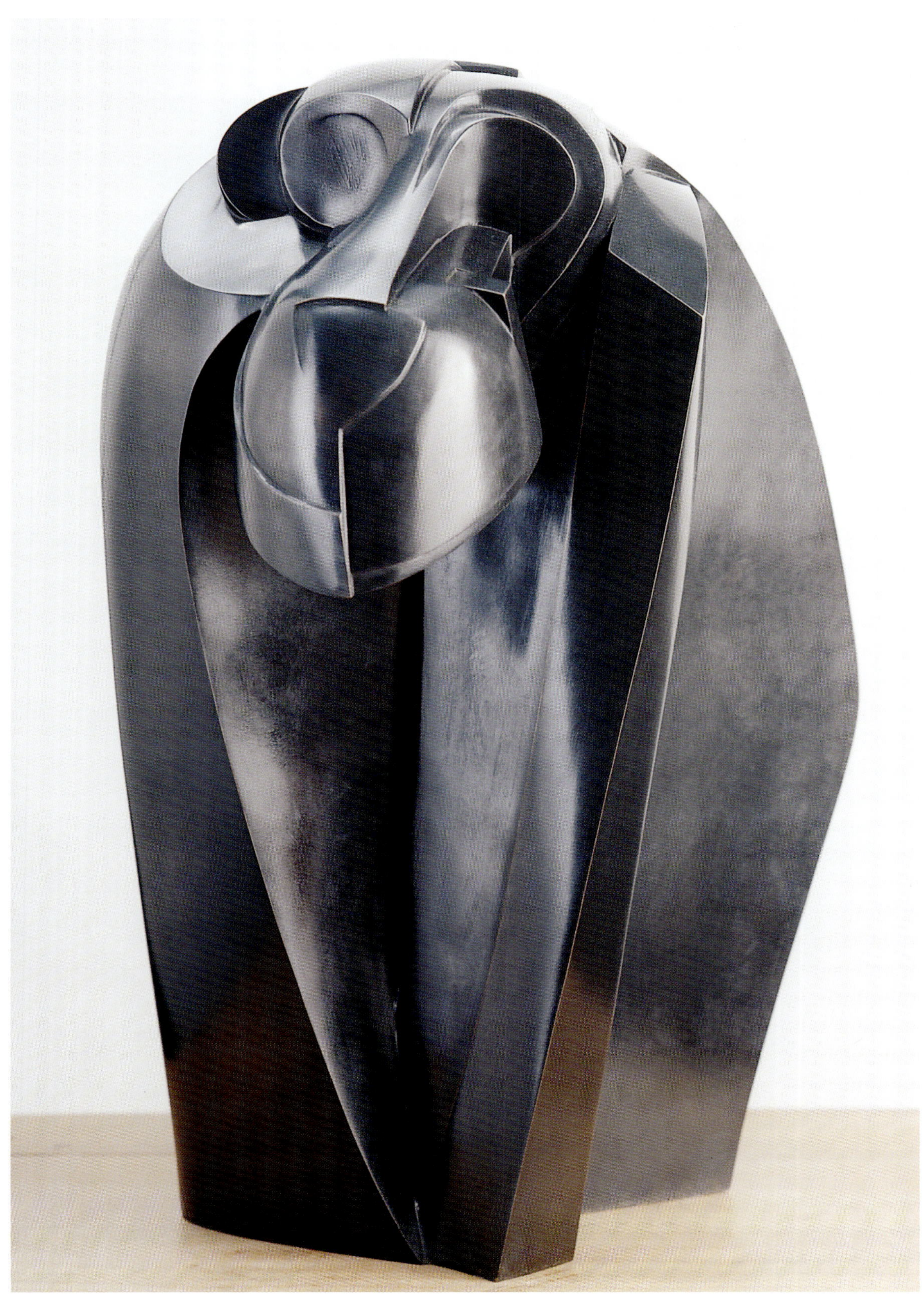

JACQUES OWCZAREK, " SINGE " *2000, bronze, 41 x 24 x 27 cm. Galerie Dumonteil, Paris.*

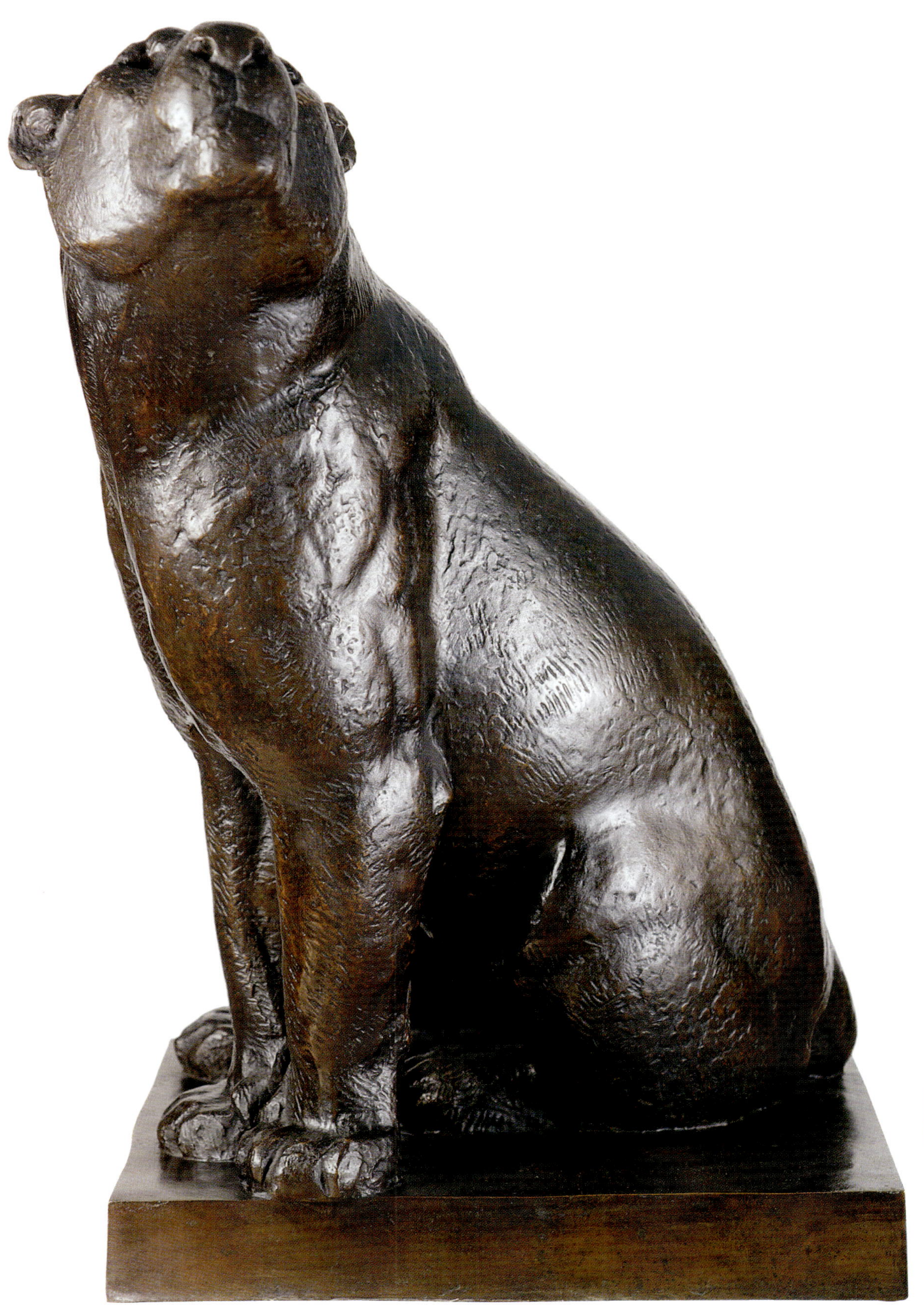

GEORGES LUCIEN GUYOT, " LIONNE ASSISE " *1930, bronze, 74 x 43,5 x 38,5 cm. Galerie Dumonteil, Paris.*

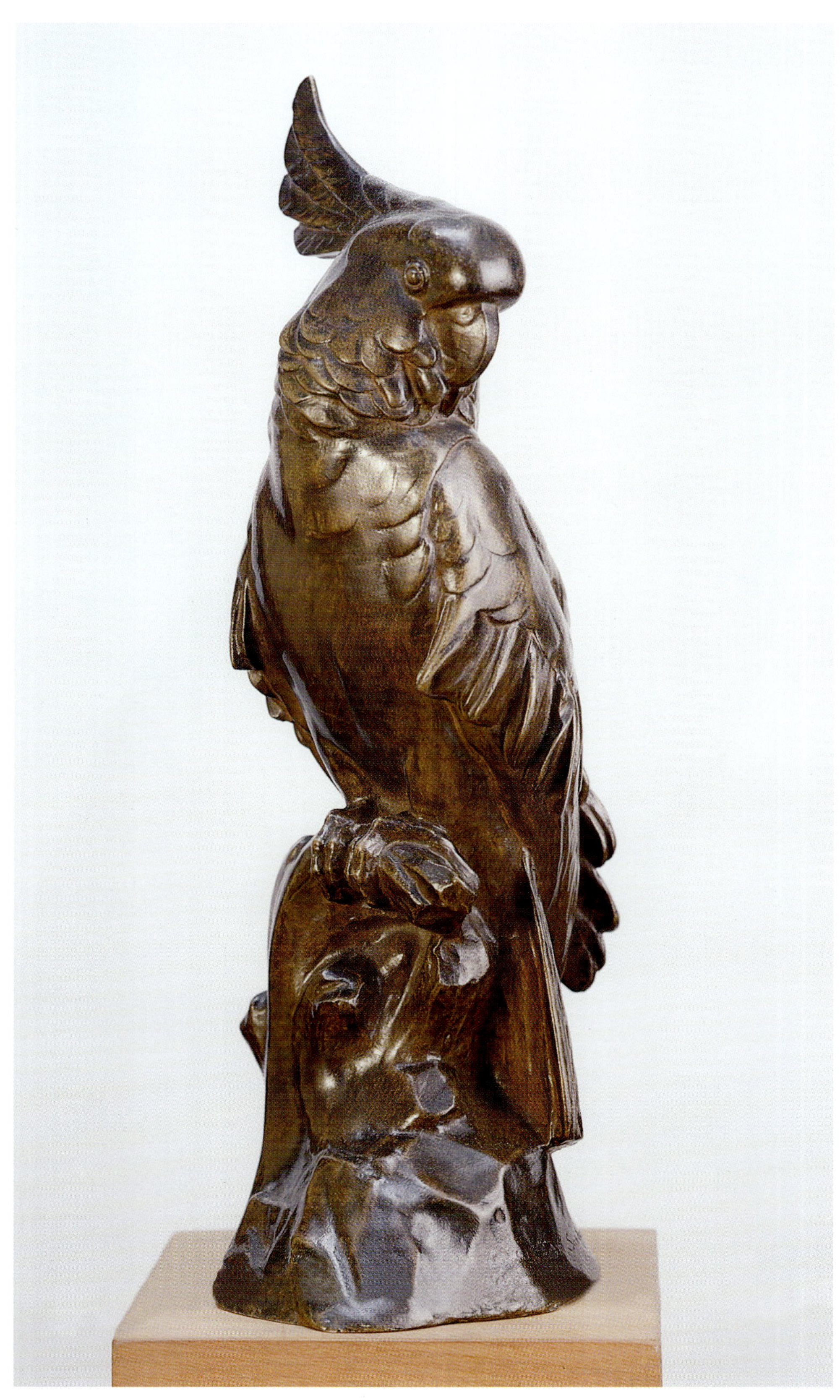

ÉDOUARD-MARCEL SANDOZ, " CACATOES " *1930, bronze, 37 x 11 x 11 cm. Galerie Dumonteil, Paris.*

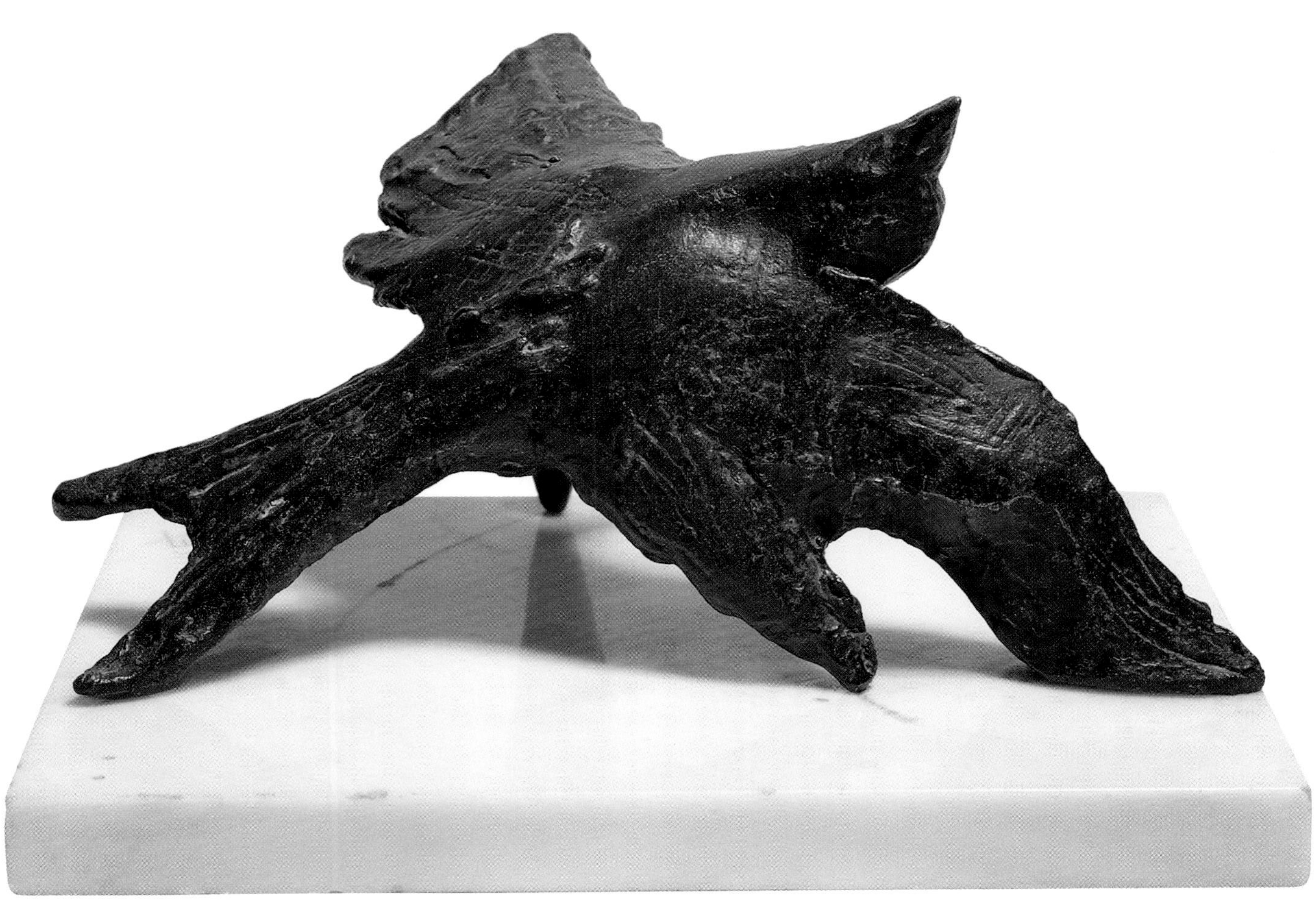

HENRI-GEORGES ADAM, " L'OISEAU DE MER " *1954, bronze, 13 x 26 x 15 cm. Collection particulière.*

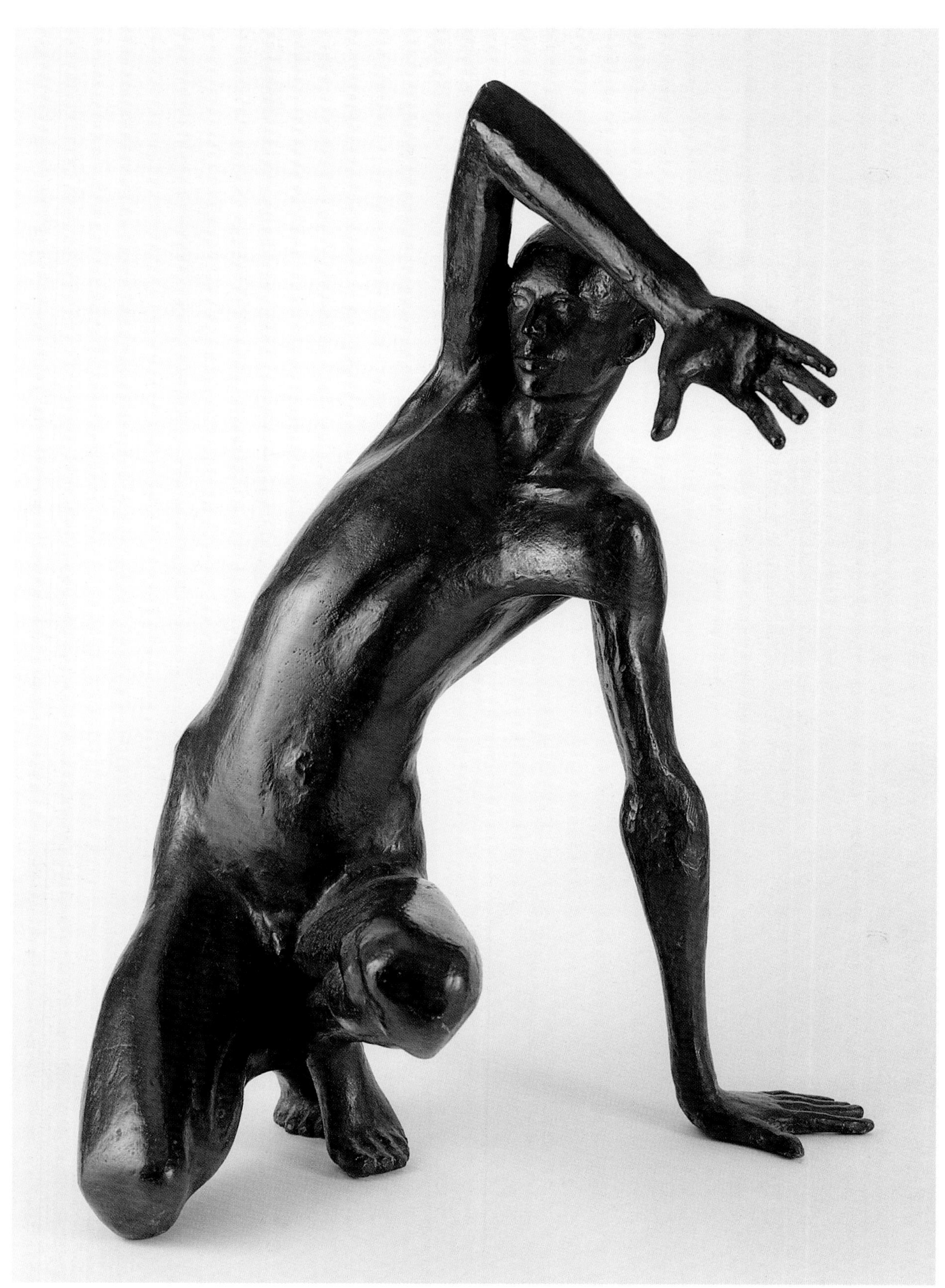

LOUIS DERBRÉ, " L'HUMILIÉE " *bronze, 70 x 50 x 50 cm. Ville de Saint-Ouen.*

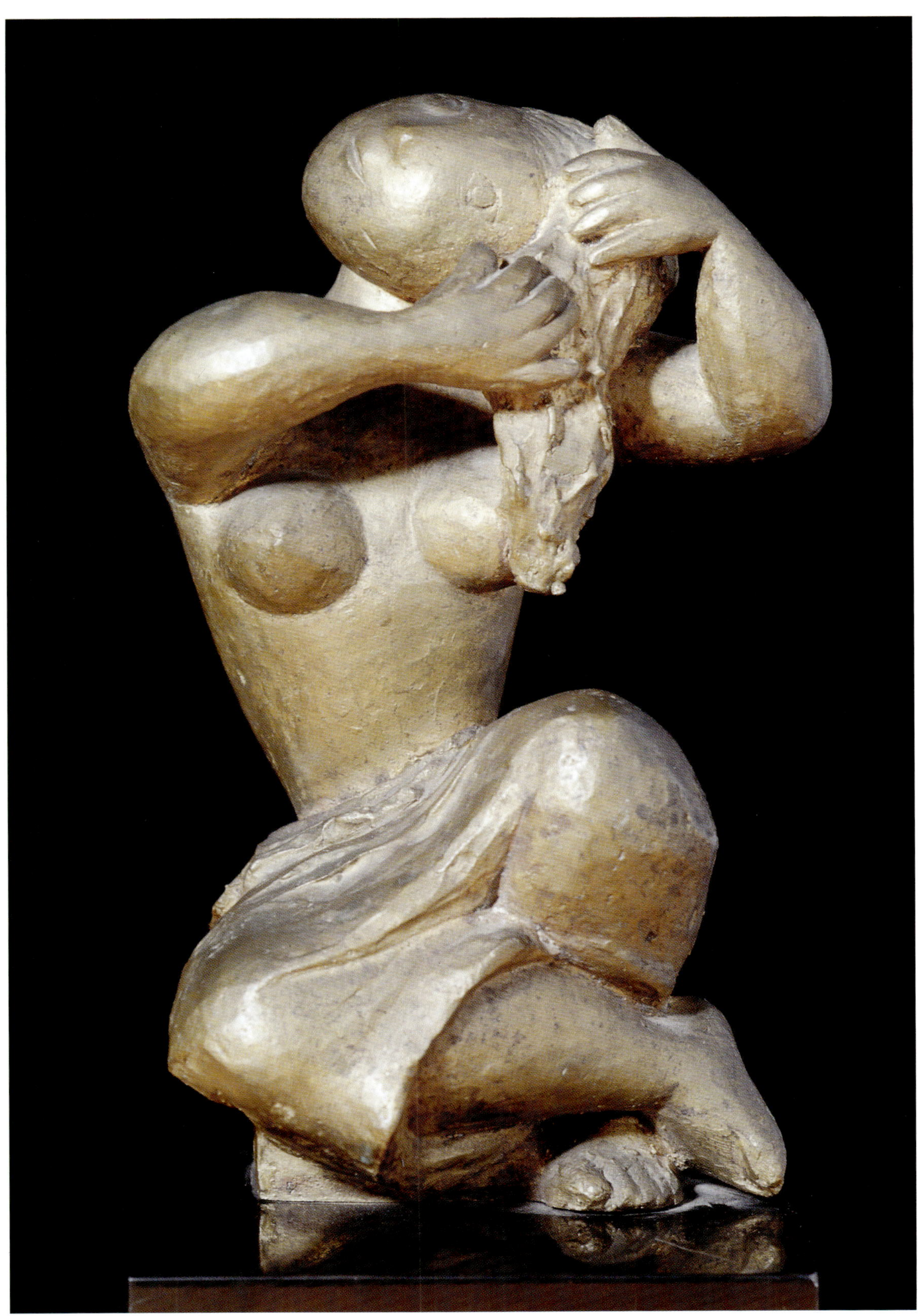

BALTASAR LOBO, " PORTRAIT D'HÉLÈNE PARMELIN " *1950-53, bronze, 22 x 11 x 10 cm. Collection particulière.*

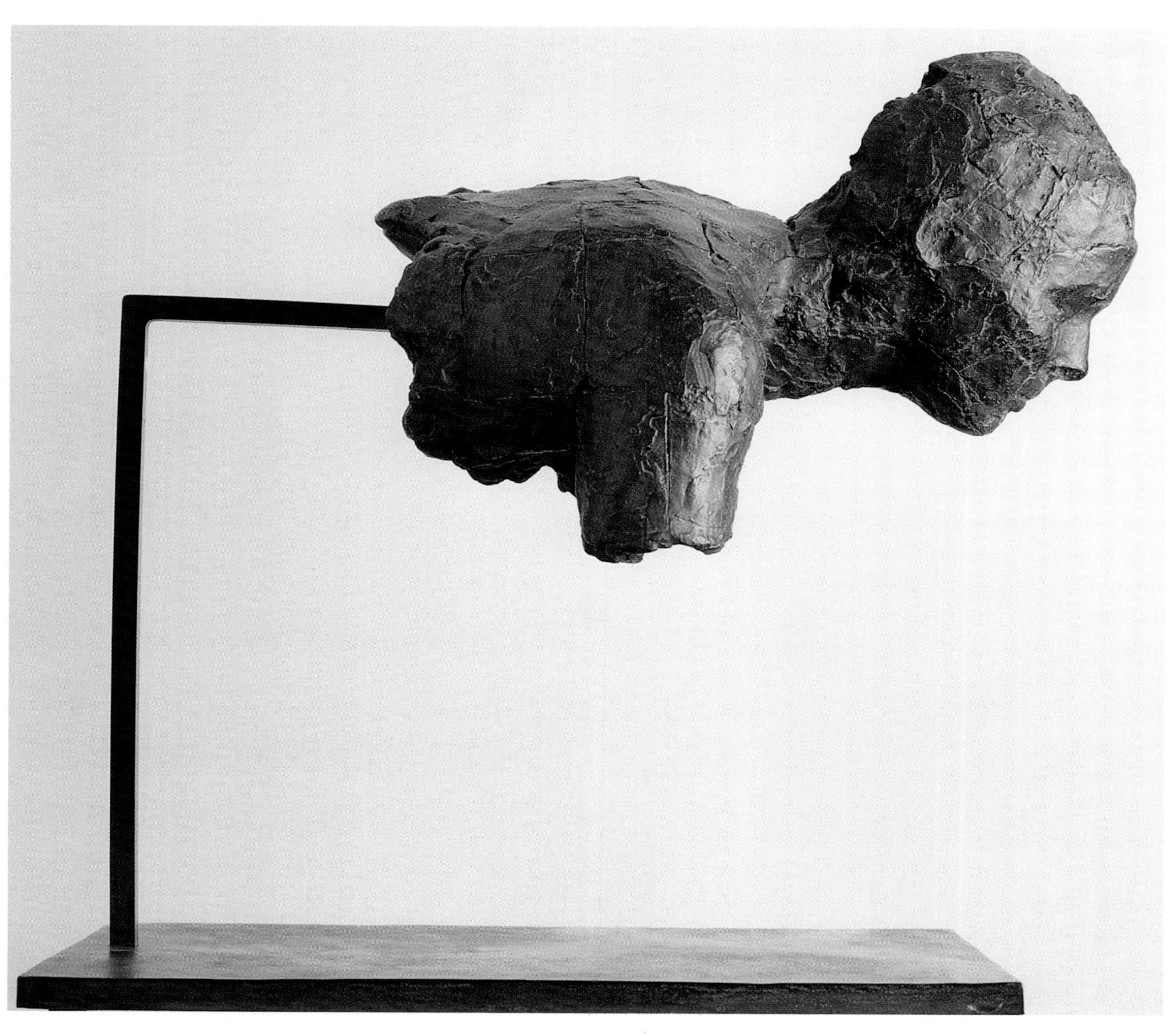

PIERRE ÉDOUARD, " TORSE D'ÈVE AVEC ÉPAULE II " *2000, bronze, 46 x 29 x 50 cm. Galerie Claude Bernard, Paris.*

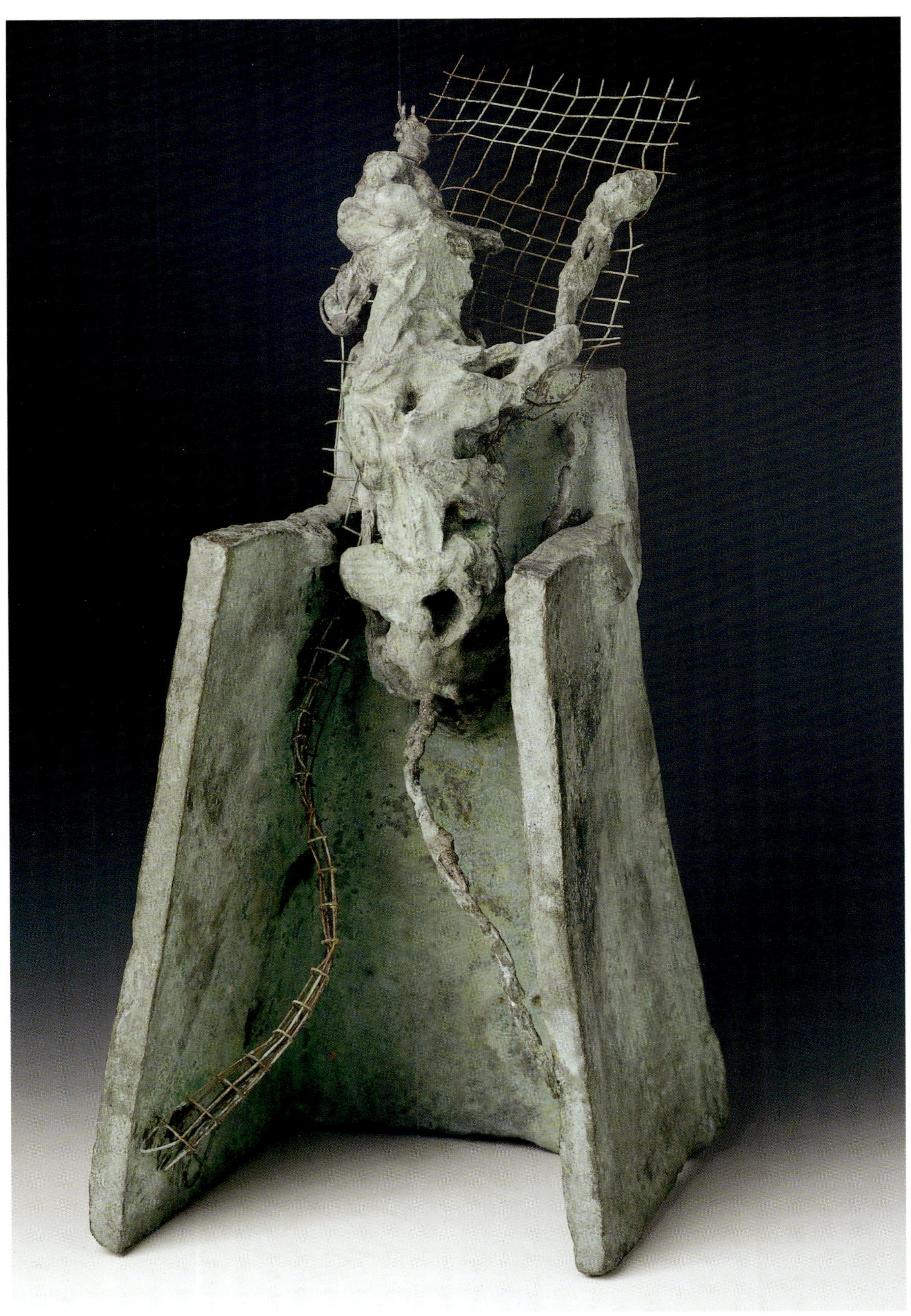

PAUL REBEYROLLE, " CHIEN S'ÉVADANT " *1974-1975, bronze, 18 x 19 x 45 cm. Collection Maeght, Paris.*

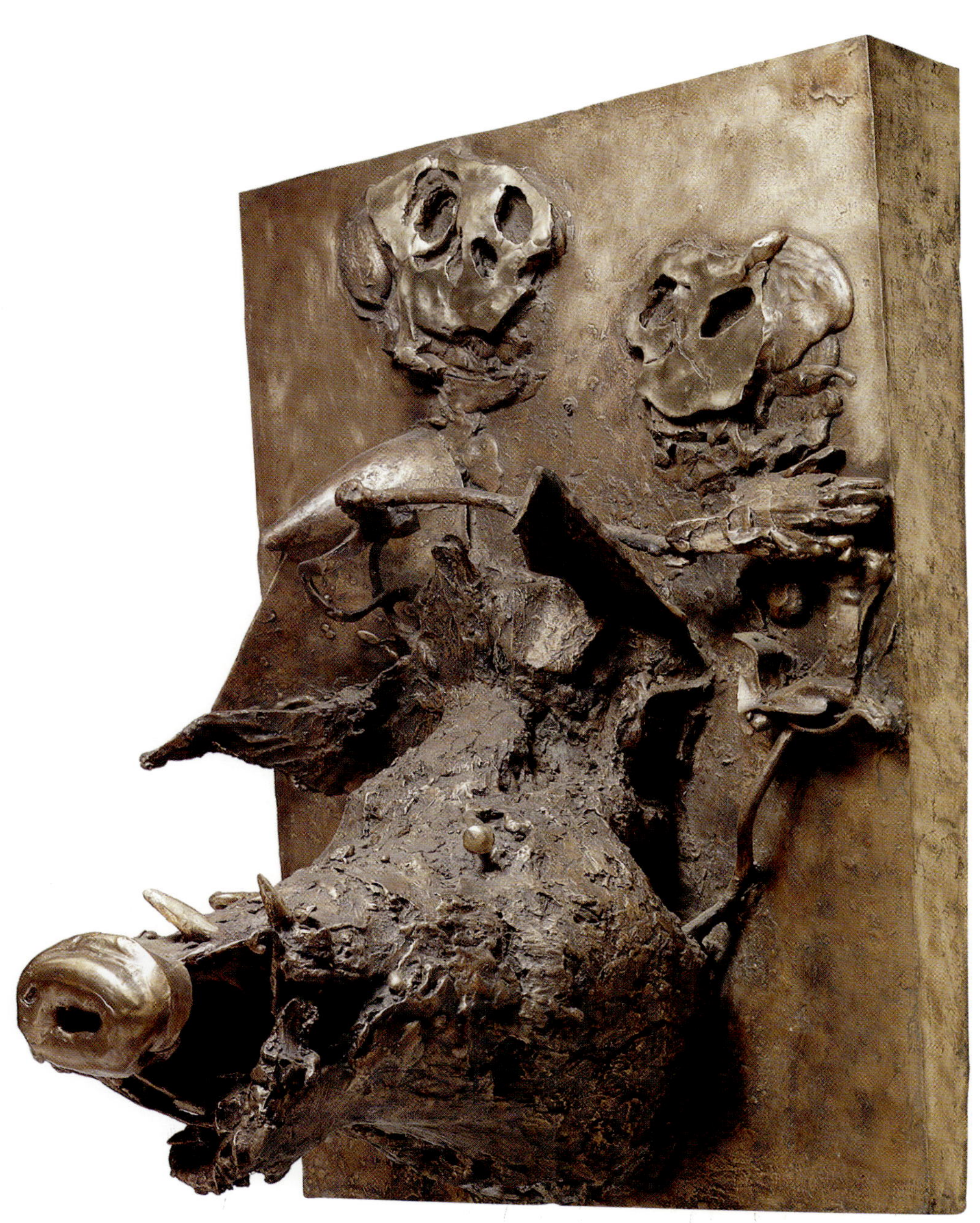

PAUL REBEYROLLE, " LA VIGILANCE " *2001, bronze, 120 x 93 x 90 cm. Collection particulière.*

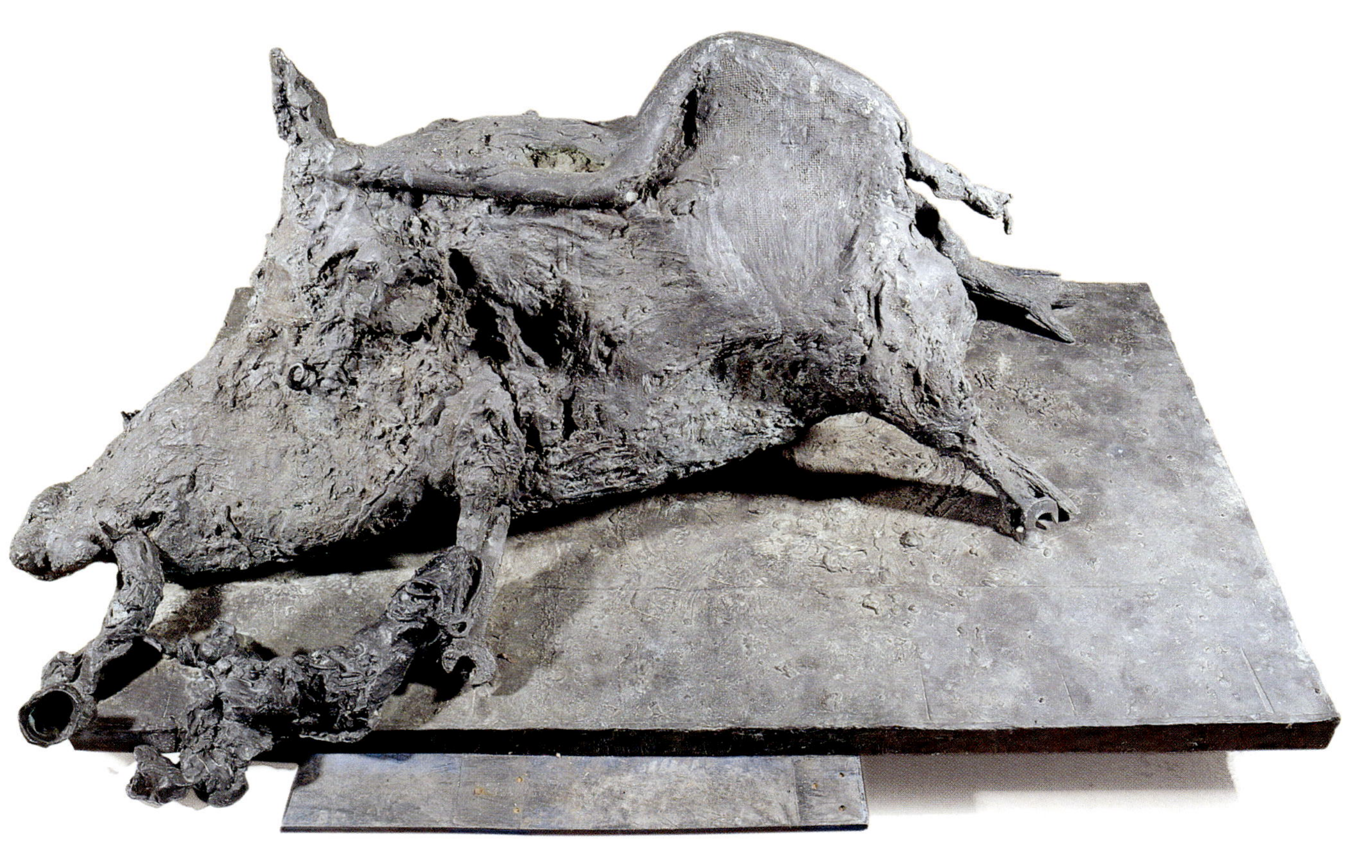

PAUL REBEYROLLE, " SANGLIER " *2001, bronze, 175 x 110 x 80 cm. Galerie Jeanne-Bucher, Paris.*

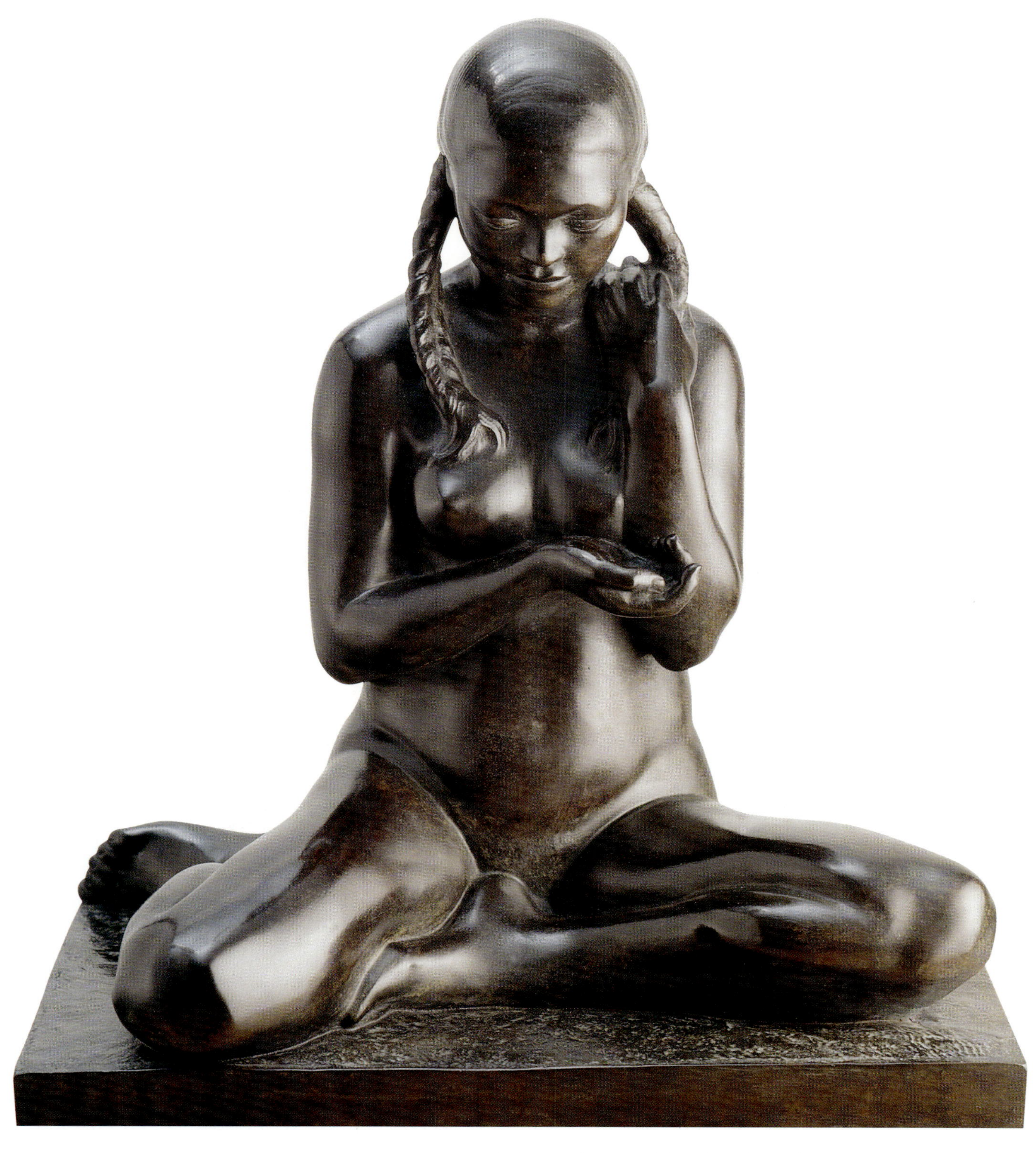

PIERRE CHRISTOPHE, " INDOCHINOISE " *1935, bronze, 40 x 35,7 x 21,5 cm. Galerie Dumonteil, Paris.*

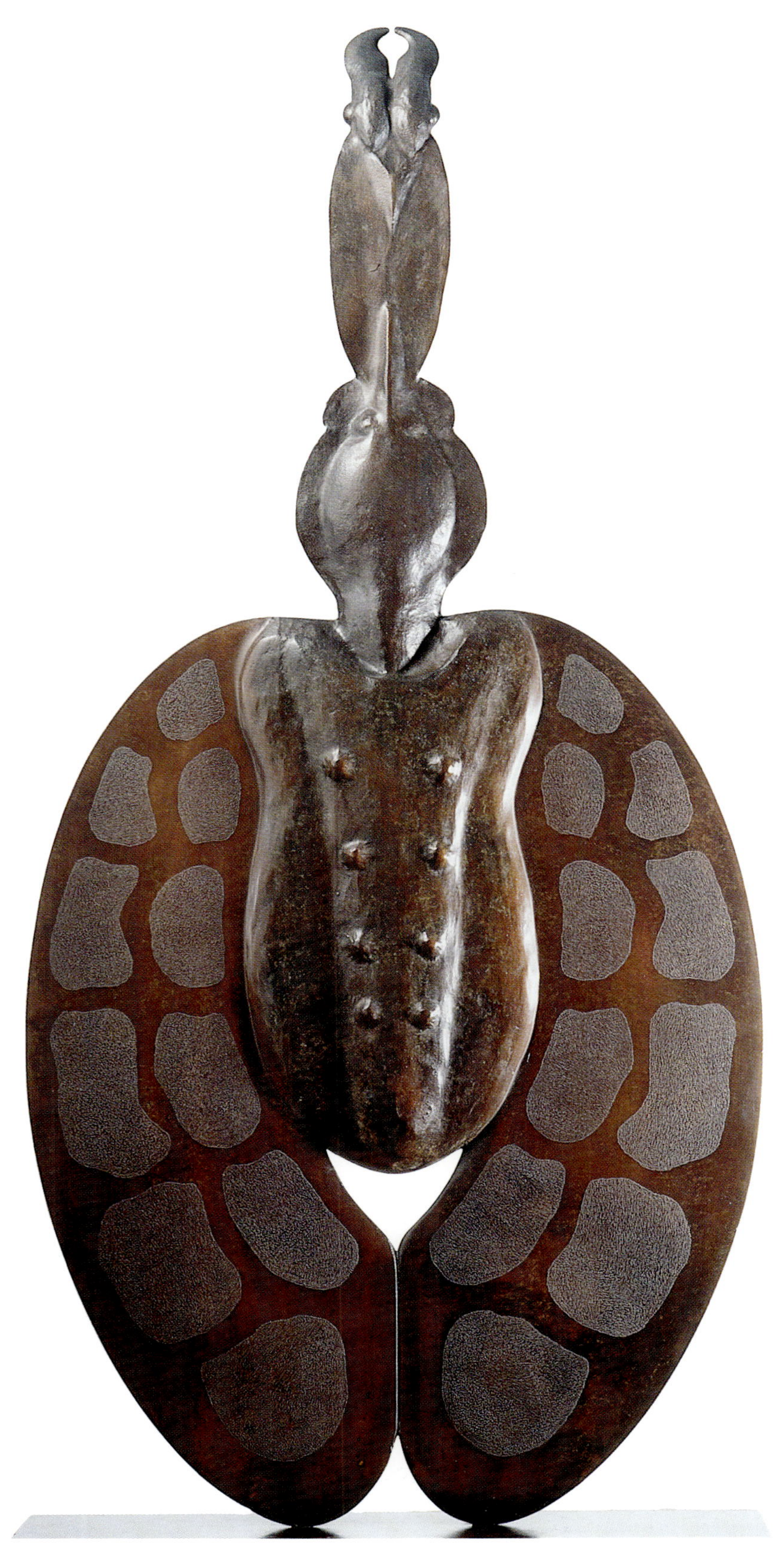

FRANÇOIS CHAPELAIN-MIDY, « MORMOLYS » *2000, bronze, 87 x 41 x 10 cm. Galerie Dumonteil, Paris.*

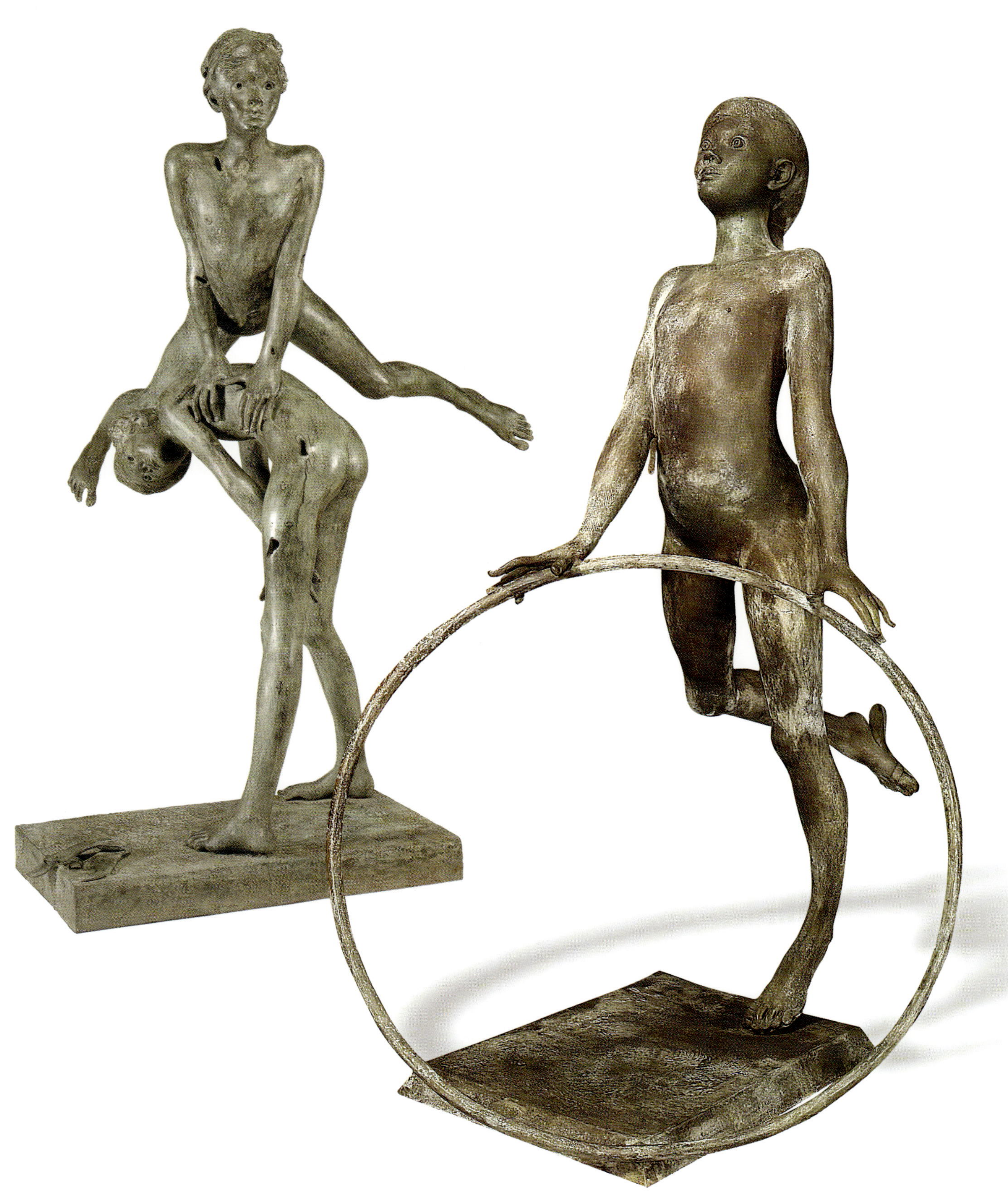

< **RENÉ JULIEN, " LE SAUTE-MOUTON "** *2002, bronze, 171 x 110 x 115 cm. Collection particulière.*
> **" AUTOUR DU CERCEAU "** *2002, bronze, 150 x 65 x 115 cm. Collection particulière.*

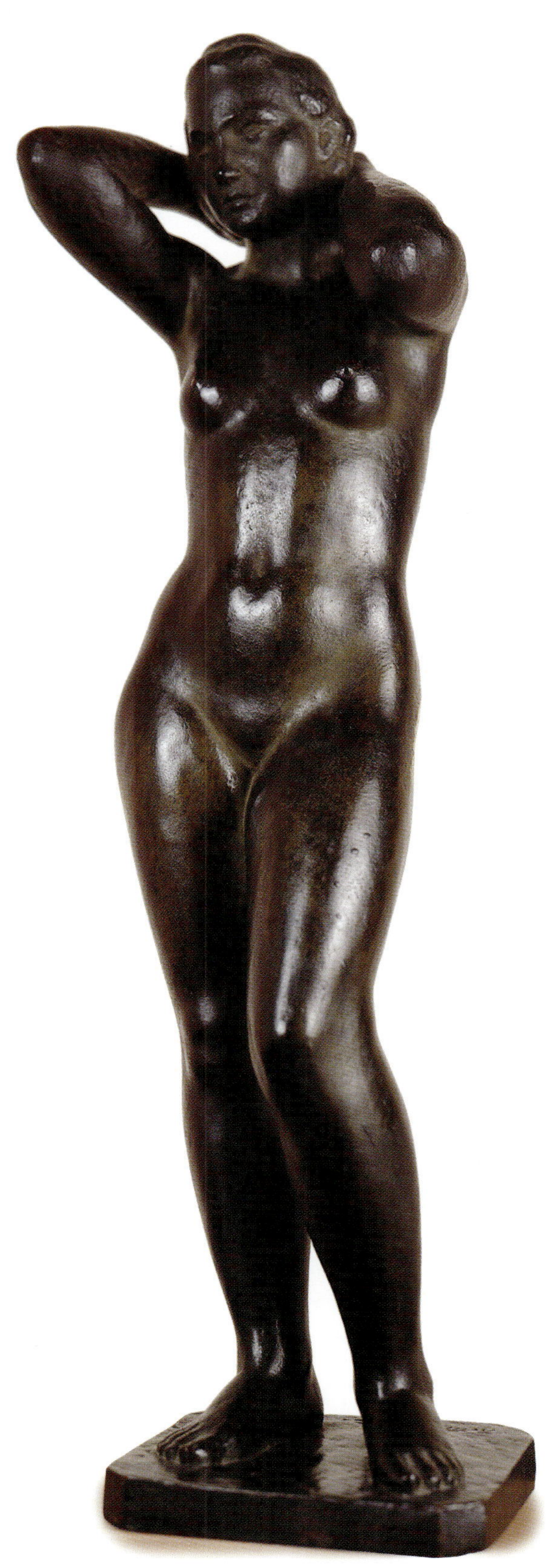

ROBERT MASSART, " FEMME NUE DEBOUT " *circa 1925, bronze, h. 58 cm. Collection particulière.*

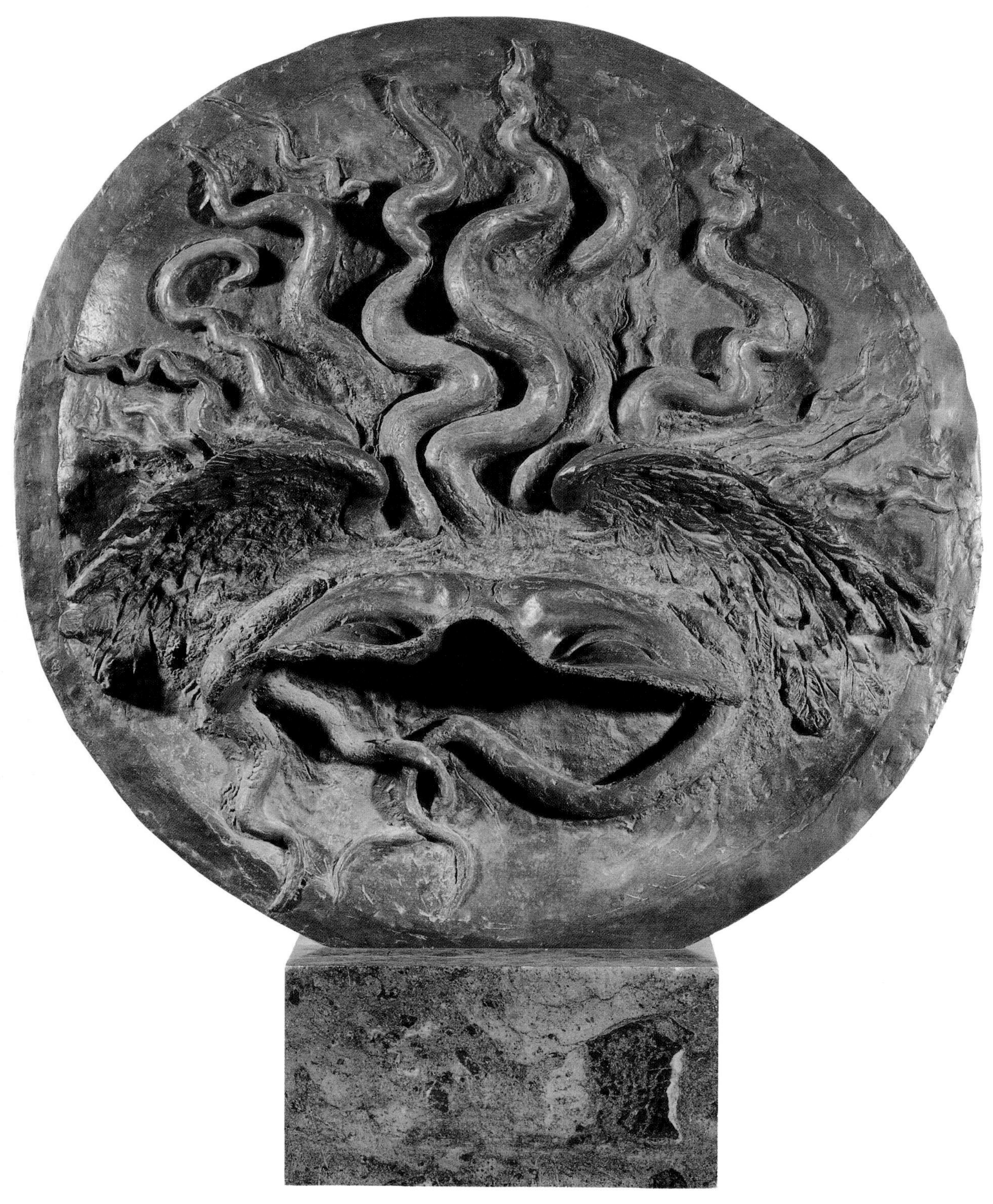

ANNE ET PATRICK POIRIER, " BOUCLIER DE PERSÉE " *1984, bronze sur socle de marbre vert, Ø 84 cm. Fondation Paribas, Paris.*

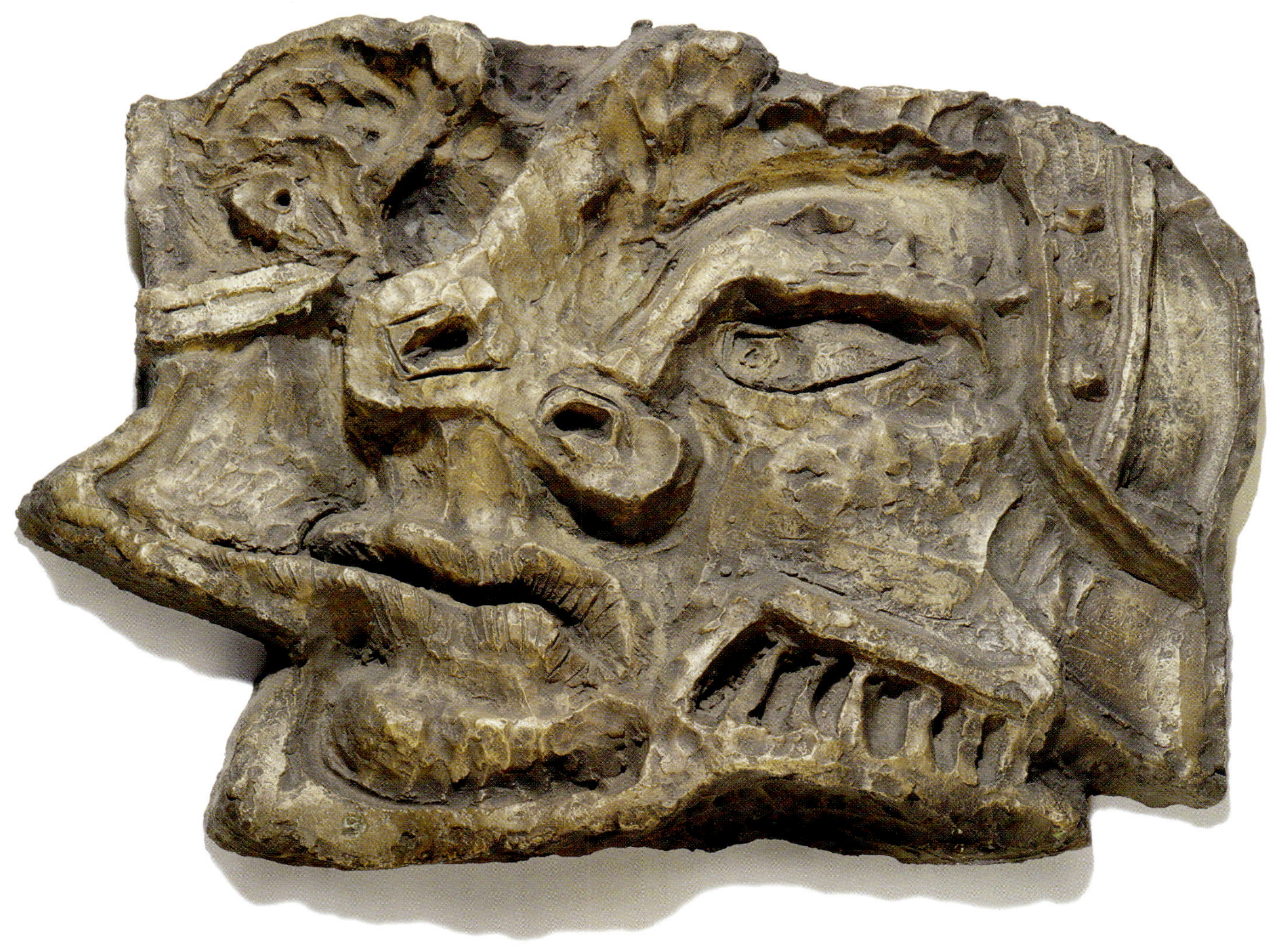

ÉDOUARD PIGNON, " TÊTE DE GUERRIER " *1965, bronze, 46 x 66 x 7 cm. Collection particulière.*

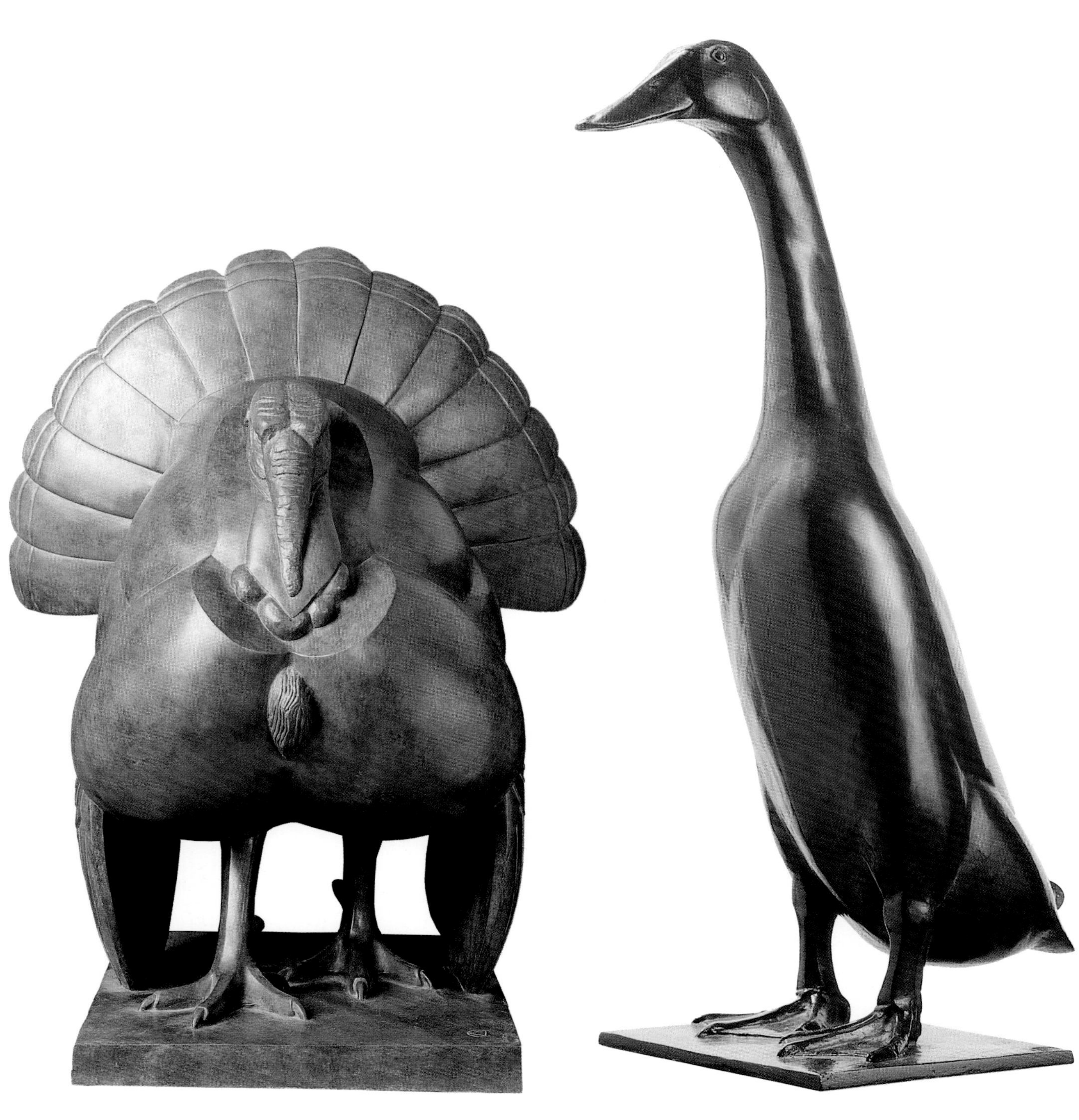

< **CHARLES ARTUS, " LE DINDON "** *bronze, 86 x 62 x 60 cm. Galerie Dumonteil, Paris.*
> **" CANARD-COUREUR INDIEN "** *1930, bronze, 41 x 14,5 x 12,5 cm. Galerie Dumonteil, Paris.*

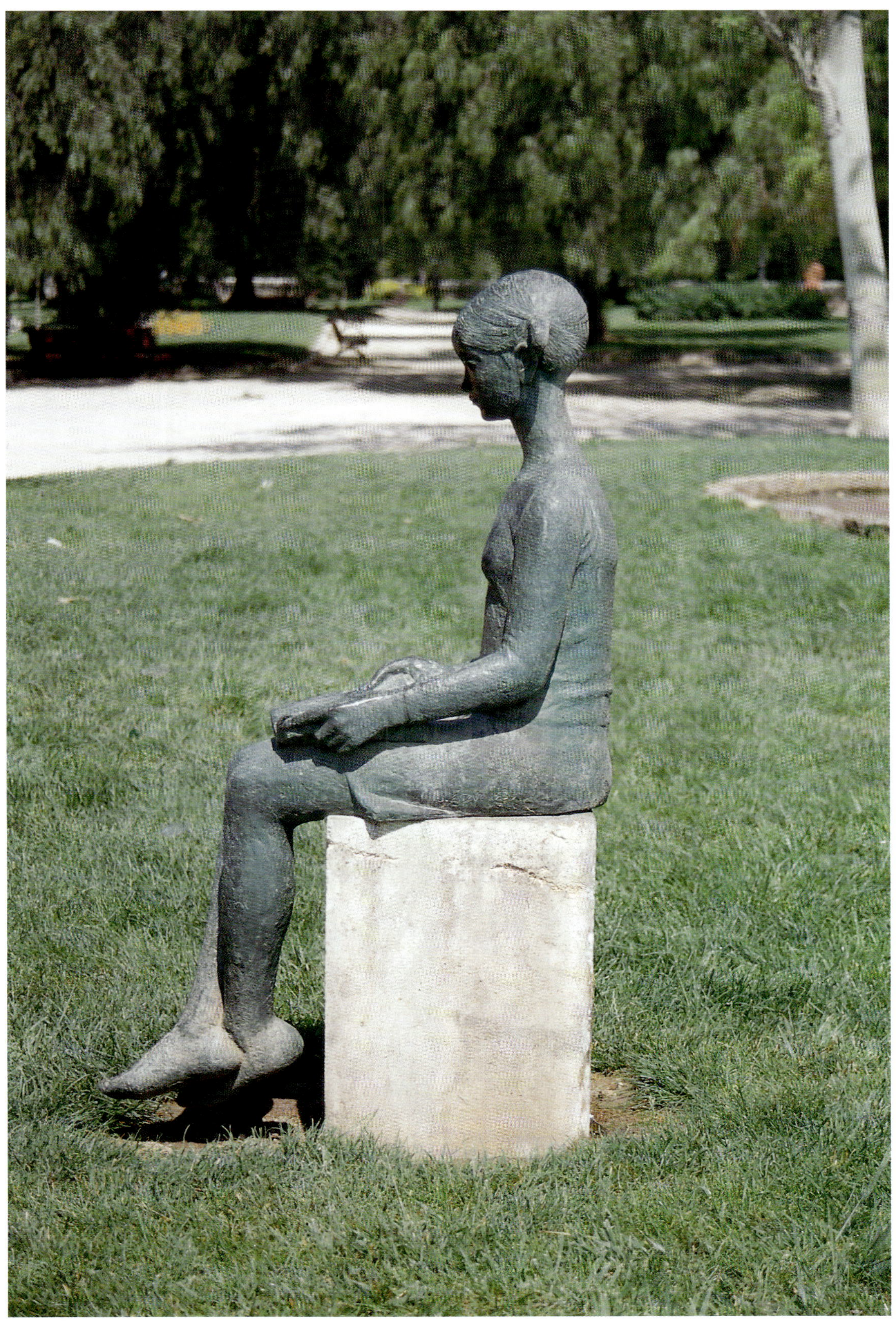

JOSÉ ESTEVE EDO, " PETITE FILLE " *Bronze, 112 x 70 x 35 cm. Collection particulière.*

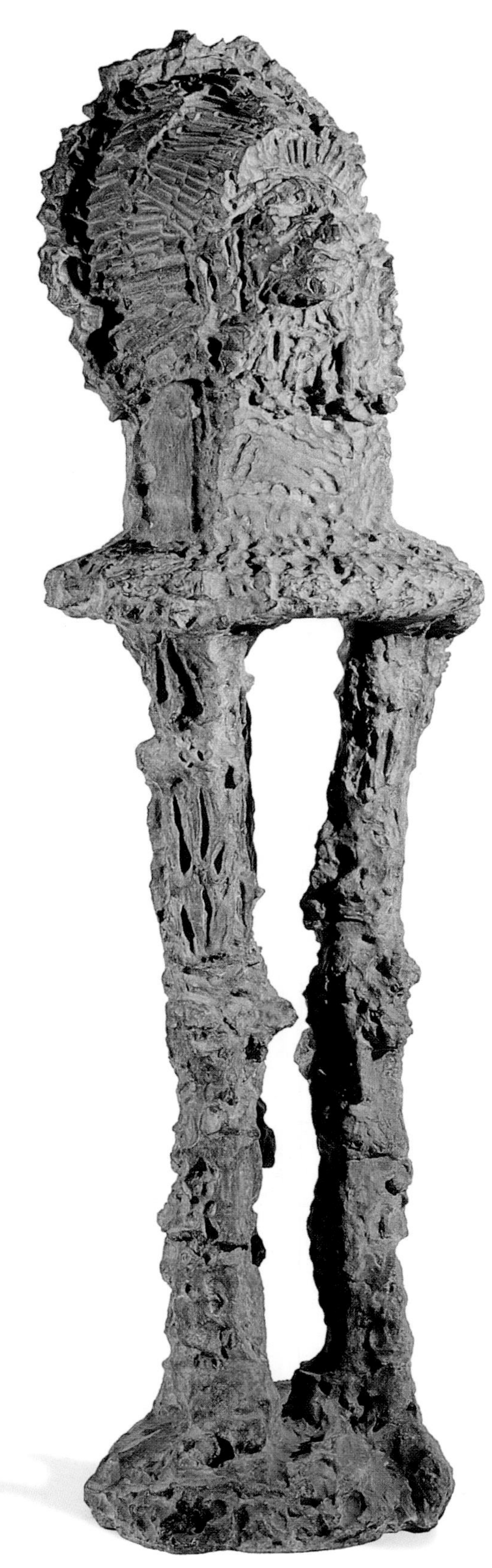

JEAN-PAUL RIOPELLE, « L'INDIEN » *Bronze, 175 x 60 x 40. Collection Sylvie et Hervé Baltazart-Eon, Paris.*

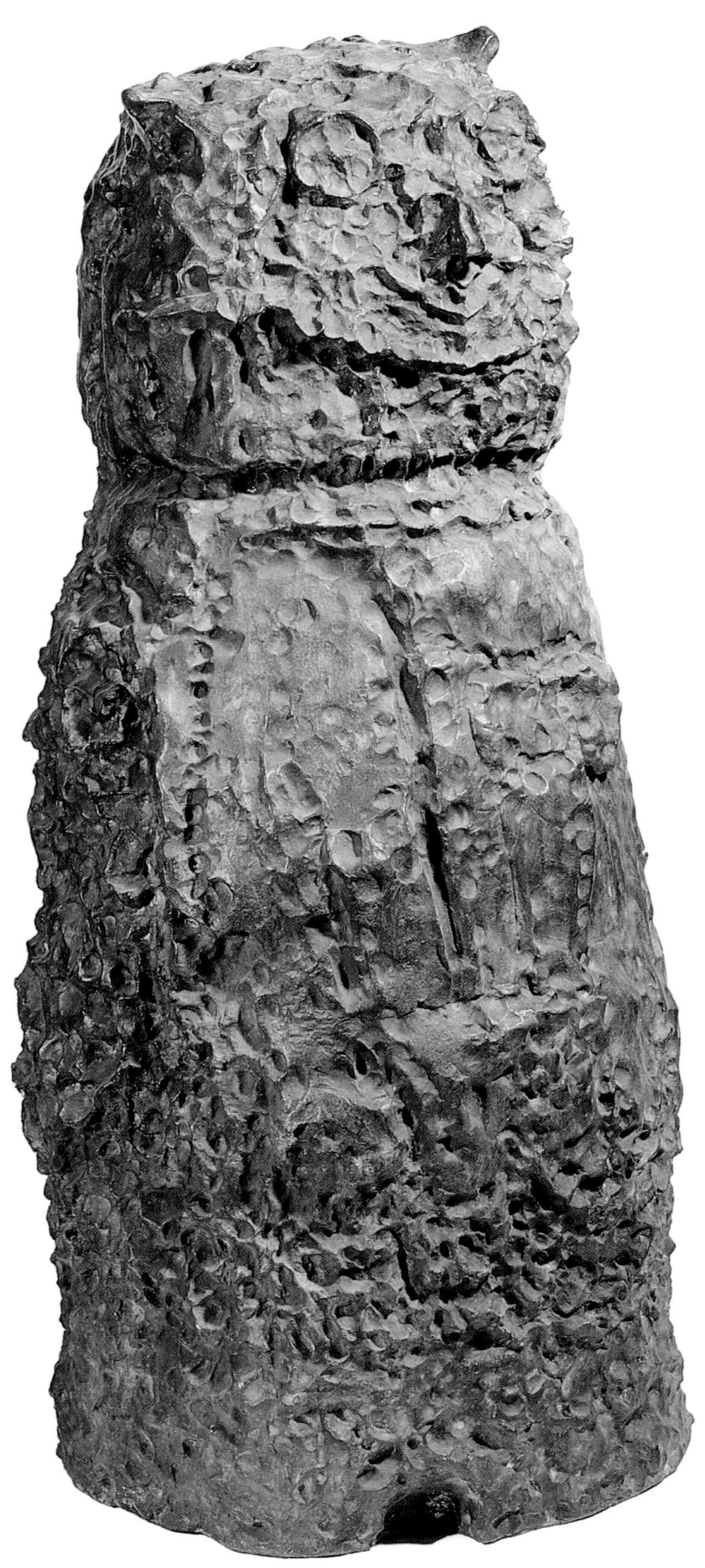

JEAN-PAUL RIOPELLE, " LE HIBOU " *1971-1972, bronze, 143 x 93 x 47 cm. Collection Sylvie et Hervé Baltazart-Eon, Paris.*

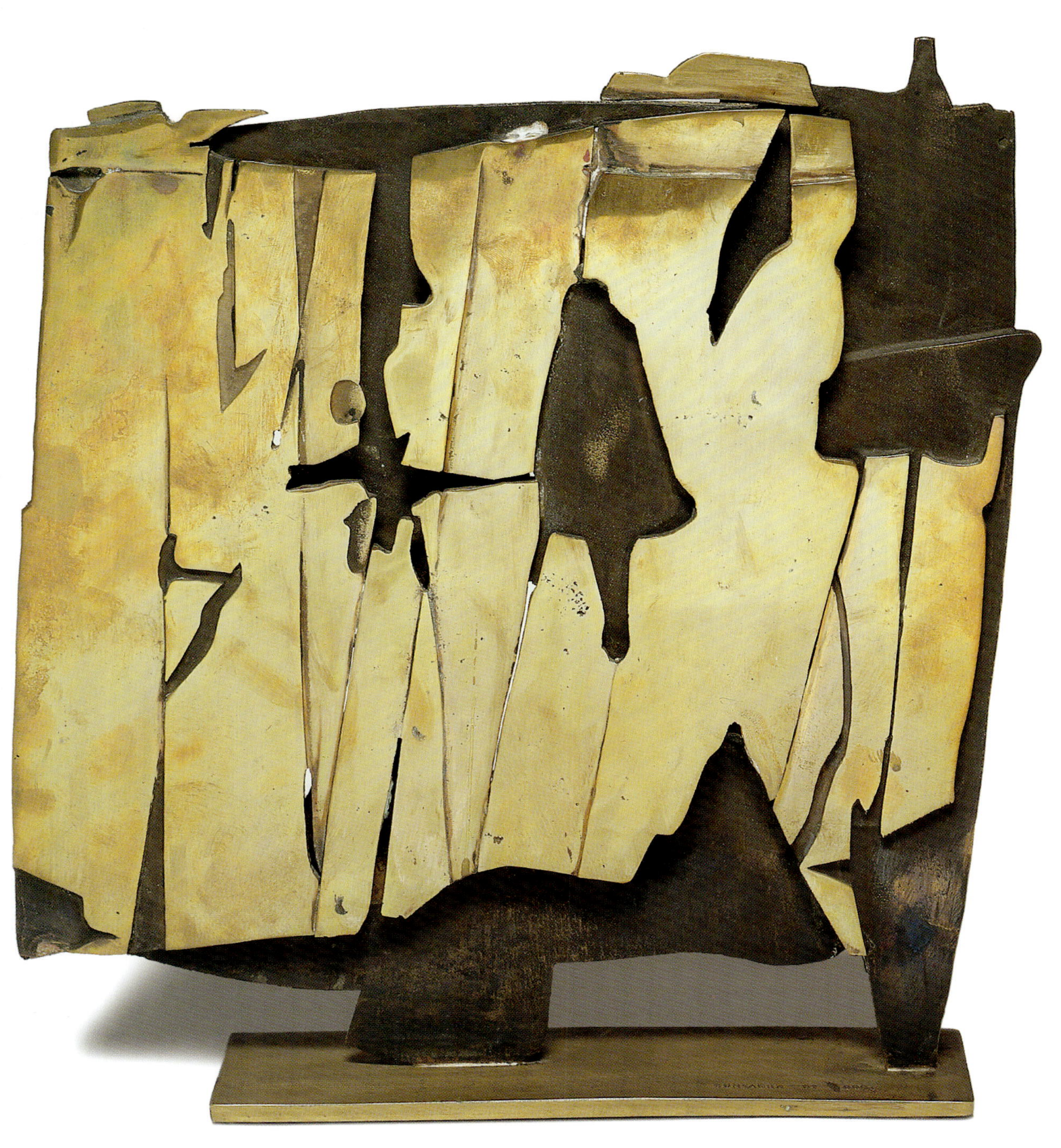

PIETRO CONSAGRA, " SPECCHIO ULTERIORE " *1961, bronze, 40 x 35 x 6,5 cm. Collection particulière.*

le Bronze

Le bronze pourrait être envisagé comme un fait essentiel de civilisation, et particulièrement comme le signe patent de la culture occidentale à l'époque industrieuse. Comment en effet évoquer Paris, capitale du XIXe siècle, sans ses fontaines, monuments et autres mobiliers urbains en fonte ? Et comment alors les artistes se situent-ils dans ce contexte historique qui tend à réduire le bronze à une fonction décorative et allégorique ? Au cours du XXe siècle, on a pu voir nombre d'artistes réaliser des fontes qui manifestent clairement des choix esthétiques, on a vu des bronzes contemporains habiter les galeries d'art et les expositions des musées, au point que l'on pourrait concevoir cette technique comme l'expression de sa plus spectaculaire réussite : des œuvres qui sont l'aboutissement d'une recherche, la synthèse d'une période, le résumé de découvertes formelles ; des œuvres qui incarnent la rareté même, l'unicité de la démarche artistique, vont plaire à un plus grand nombre d'amateurs, vont être distribuées pour faire naître un plus grand plaisir : une vision idéalisée de l'art, en quelque sorte.

À L'APPROCHE

Une œuvre en bronze se présente, de toute évidence, comme une chance que se donne un artiste de survivre et de laisser un message sur sa passion créatrice à travers le temps. Je ferai œuvre indestructible. *Ars longa, vita brevis.* Une œuvre en bronze semble bien recueillir de plein fouet les idéologies qui sous-tendent l'action du sculpteur, elle semble bien être le réceptacle de tous les discours – politiques s'agissant de monuments érigés sur la place publique, esthétiques s'agissant d'œuvres plus intimes se développant dans les ateliers. Cette capacité à donner du corps physique à des idées, à des visions, à des allégories n'est pas la moindre des qualités d'une œuvre en bronze. En tant qu'édition, elle incarne, si l'on peut dire, l'impérieux besoin de voir une œuvre rencontrer un public plus nombreux. Le succès de cette technique au XXe siècle n'est pas identique à celui du siècle précédent, pendant lequel le bronze était associé à l'industrialisation et au triomphe de la bourgeoisie d'affaires. Il est dorénavant habituel de l'admirer comme une forme possible du langage personnel de l'artiste. L'objet est alors investi d'une charge symbolique puissante qui peut conduire le spectateur à contredire radicalement, comme pour chaque genre artistique, la conception qu'il avait jusque-là de la sculpture en bronze.

On pourrait penser que le bronze est aux antipodes des secousses qui ont agité l'art du siècle dernier. On pourrait croire que son aspect commercial le rendait peu réactif aux aléas de la modernité, et l'aurait donc placé à l'abri des expérimentations, des inventions avant-gardistes. Il n'en est rien, même s'il faut concéder qu'une part importante de la production est régie par des desseins conventionnels. Avec la technique de la fonte se met en action une technicité particulière, sophistiquée et onéreuse, qui retarde le désir premier de l'artiste modelant la terre ou le plâtre, taillant un bloc ou prenant un objet manufacturé pour le transformer et l'assembler. Cette procédure pourrait constituer un frein à l'impulsion créatrice ; cet effet retard pourrait inhiber les poussées innovantes : on constate que cet ensemble de recettes artisanales, de collaborations étroites avec des fondeurs ne fut pas considéré comme un obstacle, mais bien au contraire comme une aventure, avec son lot de surprises, d'apprentissages. Cette distanciation par rapport au geste initial de l'artiste est une donnée importante si l'on veut comprendre l'histoire de cette technique devenue genre à part entière, si l'on veut appréhender l'évolution de son esthétique toute de représentation et de reproductibilité. L'esthétique moderniste y a trouvé là un gage de paradoxe avec son credo qui serait plus propice aux gestes de l'immédiateté, aux techniques qui rendent visible un résultat sans attendre. D'une certaine manière, une œuvre d'avant-garde coulée dans le bronze atteste de l'entrée dans l'histoire du mouvement auquel elle appartient et qu'elle porte ainsi au fronton de ses déclaratives intentions de changer la perception et la conception du monde.

Si la fonte offre à l'artiste une ampleur nouvelle pour sa création, multipliant en une dizaine d'exemplaires une œuvre vouée, comme original, à la disparition ou, en tout cas, à ne pas exister en tant que telle sur le marché de l'art, elle établit de facto un dialogue avec les autres techniques employées par l'artiste : peinture, dessin, gravure, taille directe... Ce dialogue est le révélateur des véritables enjeux d'un chemin de création et d'une destinée d'artiste. Le bronze attirera l'artiste d'abord pour le modelé, le rendu spécifique des courbes, des creux, des bosses, l'aspect général des masses sorties des méandres de l'imagination. Le métal absorbe les singularités de la plastique et les magnifie. Et puis il y a cette géniale trouvaille de certains artistes : l'œuvre qui sert de modèle pourra servir à la réalisation de variations

– on fera une fonte à chaque étape et on reprendra l'original tant que l'artiste trouvera de l'intérêt à travailler la figure. Comme pour les autres techniques de reproduction de qualité – tapisserie, céramique, gravure, verre –, le bronze est une opération qui exige de la patience. Elle nécessite l'intervention de professionnels, principalement le fondeur, dont le nom sera associé à celui de l'artiste pour en reconnaître la paternité. Il faut du temps, mais également de l'argent. La mise en œuvre des moyens nécessaires à la fonte est très coûteuse et n'a souvent été possible que grâce à la générosité de mécènes, de commanditaires privés ou publics prenant. L'investissement que représente la réalisation de tirages en bronze est une autre caractéristique qui a façonné l'image que nous avons de ce type d'œuvres, rangé aux côtés des commémorations et autres signes de la puissance, seigneuriale ou républicaine. Les peintres qui ont eu le plus franc succès auprès des collectionneurs ont vite été placés devant cette opportunité de réaliser des bronzes. Ce prolongement inattendu d'œuvres picturales a le plus souvent provoqué l'apparition de chefs-d'œuvre. Quant aux sculpteurs nés, ils ont dû attendre souvent une certaine renommée avant de pouvoir offrir des exemplaires aux amateurs. Leur réussite dépend alors de la portée des images qu'ils façonnent, de leur caractère emblématique, de leur puissance d'évocation. Un trait majeur des œuvres en bronze n'est-il pas de dire les états de l'âme, de rendre compte des principes qui régissent la vie, de donner forme et qualité à l'activité de l'esprit, d'incorporer dans l'objet d'art les modes de conscience, de transfigurer les manifestations morales et intellectuelles de l'être humain ?

UN ALLIAGE, DES ALLIANCES

Qu'est-ce que le bronze ? L'*Encyclopédie de l'art*, dirigée par Lucio Felici et publiée chez Garzanti en 1986, précise à la rubrique " Fonte " : " *Terme qui désigne la technique de coulage du bronze dans une forme fermée dans le but d'obtenir des œuvres de sculpture. Le bronze est un alliage de cuivre et d'étain dans la composition duquel entrent parfois d'autres métaux non ferreux (zinc, plomb, argent).* " Dans le fameux *Sculpture : méthode et vocabulaire* de Marie-Thérèse Baudry, édité primitivement par l'Imprimerie nationale en 1978, nous trouvons la définition de l'alliage : " *Mélange intime d'éléments dont l'un au moins est un métal qui prédomine nettement vis-à-vis des autres* " (p. 643). Selon la composition de l'alliage, on obtiendra des qualités de matière, de résistance, on agira sur la couleur. Cuivre 75 %, étain 25 % : cette proportion varie selon les ateliers, les époques, les contrées. " *Les bronzes spéciaux comportent d'autres éléments introduits intentionnellement, notamment du plomb et du zinc. Le cuivre allié à l'étain acquiert de la fluidité et de la dureté ; mélangé au zinc (qui l'épure en diminuant les oxydes qui pourraient s'y former et augmenter sa malléabilité), il se prête à la réalisation d'œuvres d'une grande finesse, sans risque de cassure ni d'affaissement* " (p. 300). Chaque fondeur a son livre de recettes qu'il conserve jalousement, et n'en fait profiter que l'artiste qui lui accorde sa confiance et lui propose la fonte de la plupart de ses projets. Valsuani, Susse, Rudier, Siot-Decauville, Godard… ont vu défiler les plus grands artistes dans leurs ateliers, dans le souci de conférer à l'œuvre coulée l'expression recherchée.
Sans entrer dans les détails d'une technique certes simple à comprendre et passionnante à observer mais très sophistiquée, nous pouvons la décrire sommairement. Comme nous l'avons dit, elle nécessite une mise en œuvre patiente et l'intervention de spécialistes renommés pour leur savoir-faire, expérimentés, jamais en panne d'une solution particulière pour répondre aux exigences des artistes. Ces artisans cultivent le secret qui entoure leur activité, art du feu bien mystérieux et parfois inquiétant pour les autres – Vulcain, l'enfer, l'alchimie, la transformation des métaux dans la poussière et la chaleur… Sans doute peu disposés à ouvrir leurs livres aux historiens de l'art, les fondeurs se doivent de rester discrets sur les modes de fabrication, les recettes appliquées à tel ou tel modèle. Voici le déroulement du procédé ainsi résumé : le sculpteur travaille d'abord au dessin pour jeter les bases de son projet et réaliser l'esquisse finale. Il s'agit là de réunir en un seul document toutes les données nécessaires à la réalisation de l'œuvre en trois dimensions. Souvent, cependant, l'artiste passe directement à la phase plastique. Il exécute son œuvre en modelant la terre ou la cire, et confie cette pièce unique au mouleur qui en fait un modèle en plâtre. Le fondeur procède alors à la fonte, selon les cas à la cire perdue ou au sable. Le ciseleur élimine enfin les défauts, ébarbe, polit, soude, affine. La patine vient parfaire l'objet. Chaque intervenant est rémunéré. Le commanditaire espérera le bon accueil du public pour rentrer dans ses fonds, voire dégager un bénéfice. L'artiste, quant à lui, sera surtout préoccupé par la signification qu'il pourra donner à cette aventure dans l'évolution de son œuvre.
Des artistes comme Carpeaux et Rodin ciselaient eux-mêmes le résultat de la fonte, ne laissant à l'artisan que son métier de base et se réservant le soin de conférer à leurs œuvres l'aspect et le style qu'ils entendaient leur donner. Ce sont là des principes importants pour des sculpteurs qui tendent à réduire l'action du fondeur au rang de commodités, incontournables mais sans aucune valeur artistique propre. Les sculpteurs sont évidemment plus interventionnistes dans les ateliers des fondeurs que les peintres qui, bien que sourcilleux quant au résultat souhaité, placent leur confiance dans l'expérience et le génie avéré des artisans. Notons que certaines fontes sont réalisées après la mort de l'artiste, sans toutefois jouer sur la valeur de l'œuvre si les consignes de l'artiste défunt sont respectées et les plâtres d'origine existants. Si Rodin a laissé le champ libre pour l'édition de ses œuvres, Matisse a expressément limité, généralement à huit exemplaires, le nombre maximal de tirages. La question du nombre des exemplaires lâchés sur le marché, à l'unité, par vagues successives, est un aspect lié à des pratiques du marché de l'art et n'a pas systématiquement d'incidence sur la qualité des œuvres. Toutefois, l'assurance d'une diffusion restreinte assure une cote qui ne sera pas démentie si l'artiste a gagné la reconnaissance des collectionneurs.
Si la technique de la fonte est connue depuis l'Antiquité, c'est au cours du XIXe siècle qu'elle évolue et s'offre aux artistes comme un excellent moyen de produire des œuvres qui seront commercialisées

auprès d'un public d'amateurs. Cette association plus ou moins heureuse avec le monde industriel a permis le développement d'une esthétique propre au siècle des progrès techniques. Cela a autorisé la multiplication des sculptures les plus célèbres et les plus appréciées auprès des classes sociales qui se forgeaient le goût. On ne comptait pas le tirage, et la rareté n'était pas considérée. L'élément décoratif faisait l'objet d'un engouement immense, au point de trôner sur toutes les cheminées et tous les buffets des appartements bourgeois. Cet accessoire ornemental est investi d'un rôle social particulier, puisqu'il est souvent le cadeau le plus important d'une fête, le trophée d'une compétition, l'élément symbolique principal d'un décor… L'emploi de techniques abusivement appelées " bronzes " a d'ailleurs eu sa contrepartie dans l'appellation " bronze-imitation " qui devait freiner l'amalgame que le public pouvait faire entre les véritables œuvres d'art et leurs avatars publicitaires. Cette idée qui prévaut quant au bronze au début du XX° siècle exigeait une forme de restauration dans les esprits. Ce sont les artistes qui vont s'y employer en créant, en bronze donc, des œuvres au caractère unique et singulier évident, des œuvres dont le pouvoir sera, au même titre que la peinture, le dessin, la gravure, c'est-à-dire à travers la nouveauté et le risque, de procurer joie et délectation. Un bonheur esthétique fondé sur de nouvelles bases est alors en pleine ascension pour ces œuvres qui vont participer aux bouleversements du siècle.

Il existe une littérature témoignant du goût prononcé pour le bronze qui gagna les amateurs d'art au XIXe siècle : Stendhal, Balzac, Zola n'ont pas été insensibles à ces objets nouveaux et ont décrit avec force détails l'intérêt d'un commerce à une époque où l'industrie fait florès de la moindre invention technique. Les collections se constituent, les intérieurs des hôtels particuliers se parent de ces signes évidents de richesse qui, bien que récente, s'honore ainsi d'un précieux fantasme d'éternité. Cette production d'horloges et de lustres, d'accessoires décoratifs de toutes sortes est certes mercantile, mais la demande est si forte qu'occasionnellement des innovations dignes des meilleurs artistes voient le jour et sont ainsi diffusées. Car si le bronze est sans conteste une technique artistique à caractère éminemment commercial, il a acquis un statut de premier plan avec la notoriété et la valeur intrinsèque de sculpteurs comme Carpeaux, Barye, Rodin, Bourdelle, Maillol. Pour orner leurs demeures, leurs jardins, les riches particuliers ont sollicité les artisans et les artistes. Ces derniers verront venir dans leurs ateliers les représentants de l'État et des municipalités pour agrémenter les parcs, les places, les boulevards, les façades et autres lieux publics. Le bronze offre une résistance au temps qui le rend appréciable pour légitimer les sommes engagées. Certains artistes vont multiplier les œuvres destinées à la fonte et vont ainsi concourir à transformer très rapidement cette activité, parfois lucrative et souvent déficitaire, en art majeur.

Signe évident de réussite, la réalisation de fontes en bronze procure à l'artiste un choix de nouvelles expériences pour poursuivre son art : l'accroche de la lumière sur la patine, la densité du matériau, la manière qui lui est propre de réunir dans sa masse les éléments formels les plus fins et les plus volatiles, cette façon de gagner à son centre de gravité tous les regards. L'objet érigé contient une force d'attraction, qualité qui se manifeste déjà par sa technique qui a un besoin impérieux de réunir, d'assembler, d'associer pour pouvoir tenir, chaque partie devant consolider les autres mais l'ensemble devant occulter cette stratégie pour offrir une cohérence nouvelle et une unité que seule l'imagination perçoit. Un artiste qui réalise des bronzes a d'abord la confiance des personnes qui financent la réalisation des tirages. Cette confiance est assise sur la réception prévisible du public pour une œuvre picturale qui sera traduite en quelque sorte dans le vocabulaire de la sculpture. Cette translation réactive l'intérêt pour un style, une signature, une pâte, et donne des potentialités inespérées pour un peintre toujours à l'écoute de nouvelles problématiques. Signe de réussite, disions-nous, pour plusieurs raisons : parce que la noblesse du matériau garantit cette image et parce que le coût de la réalisation induit la reconnaissance du monde de l'art. Quand bien même l'artiste serait-il son propre investisseur que son aura gagnerait auprès d'un certain public avide de matières riches, fiables, durables, respectables.

RECTIFICATIONS ET CORRECTIONS

Art permanent d'une modernisation continuellement reprise, conjuguée, le bronze a suscité, en tant que tel, la création d'un vocabulaire esthétique qui lui est particulier, différent de la pierre, différent du bois, amadoué ou bousculé par chacun des artistes qui s'y confrontent. La chaleur du métal fondu joue imperceptiblement et se mue en désir de réchauffer l'objet en le touchant, en le caressant, en le portant au plus près des yeux. L'artiste qui conçoit un bronze est son propre spectateur – le premier. Il manipule son objet, caresse ses formes, malaxe la terre, les fait jouer la matière sous ses doigts. Il tourne autour. Il part. Il revient. Il reviendra tant que cela ne sera pas terminé. Il pose un drap humide en fin de séance. La séance suivante, il soulève le linge et redécouvre sa forme en gestation. Le rituel se répétera autant de fois que nécessaire. Le bloc de terre modelée est une présence en soi, un acteur dans l'atelier où il tient obligatoirement une position stratégique. C'est bien de donner vie qu'il s'agit ici, au travers d'un geste mythique : façonner une figure, donner forme au chaos, permettre à la matière de se muer en corps, inventer l'expressivité, faire quelque chose dont nous sommes faits. Le sculpteur occupe une place dans l'imaginaire contemporain qui l'associe aux gestes des origines, aux époques primordiales, aux rêves du Créateur, aux démiurgies les plus inconscientes. Les concessions à la modernité, par le thème, la précipitation des formes, la concentration des forces, l'adjonction de la couleur ou de matières étrangères… n'enlèveront rien à la mythologie qui nimbe cette activité artistique toujours pourvue des atours du primitivisme. Aussi cultivé soit le sculpteur, et raffiné son art, il incarnera toujours un moment archaïque du sentiment esthétique. Nous voici devant son œuvre. Le fondeur a vu ce qu'il a vu lui-même dans son ouvrage. L'objet se tient, dans le mystère qui lui est propre. Ne rien perdre de ses aspérités, de ses surfaces lisses, de ses courbes, de ses traces de doigts, d'outils, de ses accidents. Ne rien perdre de ses changements de teinte, de sa blondeur ou de sa noirceur. Nous désirons tout saisir de ce que l'objet peut donner. C'est un don auquel s'abandonner. Se perdre alors dans le plaisir de contempler la signification fugace d'une ombre. Faire vivre en soi la forme singulière qui se dégage d'une figure. La forme, si souvent comprise immédiatement (femme assise, animal, proposition abstraite, etc.), capte l'attention qui fait divaguer, capture plus encore le regard qui voudrait scruter infiniment. La méditation qui s'engage ne finit pas en délaissant la sculpture : elle se poursuit en silence avec pour support une empreinte indélébile laissée dans la mémoire visuelle.

Rien de plus simple et évident en effet que de modeler une motte de terre. Simple, premier, enfantin. Acte primitif s'il en est, geste des premières inventions, des premiers temps, enfance de l'art. Mais cette fraîcheur, cette proximité avec le moment de l'étincelle créative, ce mouvement qui se joue dans la spontanéité et se poursuit aussitôt dans la construction élaborée d'une œuvre, ce pétillement des instants où la vision éclipse tout, il faut les conserver malgré les étapes du procédé, malgré les transformations successives de l'original pour en faire un bronze. Car la technique du bronze est complexe et induit une très grande soumission aux contraintes techniques. Le bronze est quasi un fait de la collectivité. C'est tout le contraire du geste de l'artiste, si l'on peut dire. Cette contradiction est au cœur de certaines réalisations contemporaines, qui mêlent un sentiment sauvage au savoir-faire ancestral, qui amalgament de manière incongrue un sujet grotesque et une technique noble. Ces paradoxes sont propices aux inventions les plus surprenantes. Quoi de plus attractif qu'un thème banal de la vie quotidienne fondu dans le bronze aux reflets savants ? Quoi de plus attrayant qu'un os ou une quille de bois devenus métal ? Quoi de plus captivant qu'un animal familier transformé en précieux objet de collection ? Quoi de plus significatif qu'un peu de boue changée en or ? Il ne s'agit pas de travestir, dénaturer, trahir, mais bien de montrer par ces conversions étranges ce qui se passe dans l'esprit moderne. Le jeu des métaphores est aussi efficace aujourd'hui qu'il l'était hier, avec force allégories de la pensée, mais la transposition des grandes catégories des manifestations humaines en quête d'immortalité n'est plus guère marquée par le seau de l'idéalisme : il n'y a plus de face et de revers, de haut et de bas, de digne et d'indigne, de dehors et de dedans, il n'y a plus de cachette car l'art " doit tout dire ". Ce n'est pas tant le renversement des valeurs qui s'est produit que leur dénonciation comme maladies de l'intelligence, alors que l'extase est à portée de nous.

Les sujets traités par le bronze sont très souvent les suivants, qui reviennent invariablement : personnage couché, assis, debout, seul, en couple, en groupe ; tête, buste, tronc, corps, immobile, en mouvement, en morceaux, entier. Yves Devaux, dans son livre *L'univers des bronzes et des fontes ornementales (chefs-d'œuvre et curiosités, 1850-1920),* publié en 1979 aux Éditions Pygmalion à Paris, a ainsi synthétisé les thèmes traités par les sculpteurs : la femme, l'homme, l'enfant et l'adolescent, les animaux, la sensualité, l'exotisme, la religion, l'Antiquité, l'allégorie, l'Histoire, les anecdotes, le monde du travail, le monde onirique. L'éventail est aussi large que les autres formes d'art, à ceci près que le corps y prend une place extraordinairement importante, comme si l'acte de sculpter impliquait, avant toute chose, de rendre compte de l'épreuve physique qu'il constitue. La question du corps est par ailleurs une question de choix pour toute la période du XXe siècle, où il fut le théâtre de toutes les métamorphoses, mutilé, décomposé, reconstitué, détruit, reconstruit, modifié, déstructuré, réduit, scindé, démultiplié, reproduit, annihilé, exhibé, caché..., manières d'identifier les tiraillements de l'époque et les réponses à toutes sortes de barbaries, cosmétiques et politiques, ethniques et éthiques, raciales et sociales. Miroir du ressenti corporel, fusion physiologique, effusion sentimentale, la sculpture semble condenser le souci de soi (la survie) en un passage à l'acte qui transgresse les notions du corps intègre et sain. Rupture, fracture, chute, perte : coulé dans le bronze, le rire le plus sonore et le plus sinistre retentit.

Au premier abord, le bronze est une silhouette qui se détache d'un fond d'où il surgit, irradiant par sa seule présence, son silence et ses formes que feront parler nos yeux. Le contour révèle le modelé ; tourner autour de l'œuvre fait apparaître des sens cachés, une expressivité renouvelée à chaque rotation, un dialogue entre les différentes sculptures que contient la même pièce. Il y a une dynamique de la sculpture, et notamment du bronze, dans la mesure où l'artiste a fait mille révolutions autour de son modèle avant de le donner à la fonderie, dans la mesure où le spectateur doit circuler à l'approche des œuvres sculptées, cheminer à travers elles, se laisser guider en marchant, virevolter, aller et venir, bref refaire le même itinéraire pavé d'embûches que l'artiste. La réinvention se joue ici continuellement, par les lumières qui forment, déforment et reforment sans cesse les matières mises en scène. La sculpture en bronze aménage son environnement au même titre qu'elle est aménagée par lui. Ce phénomène contagieux fait événement dans l'esprit du spectateur qui ne sait pas d'où viennent tant d'émotions qui se renvoient les unes aux autres et sont incomplètes dès que la réflexion les fige dans la mémoire. Graviter autour d'une œuvre produit une myriade d'œuvres en une seule, et cet acte créateur chez le spectateur – qui dans le meilleur des cas est pris d'une frénésie de mouvement pour examiner tous les trésors qu'offre chaque angle de vue – lui octroie un rôle dans la présentation d'une exposition. Même un bas-relief ne se regarde pas d'un seul endroit. Cette importance du regard agissant confère à la mise en valeur d'un ensemble de bronzes une signification irréductible, circonstancielle, fugace que les œuvres prises isolément ne peuvent contenir. Ainsi qu'une œuvre fait système avec son spectateur satellite, plusieurs œuvres font système, un système difficile à cartographier tant il est propre à chacun d'élire telle œuvre comme centrale, telle autre comme secondaire, telle suivante comme étrangère, sans parler de celles qui ne sont pas encore vivantes et de celles qui ne le sont plus (je parle du sentiment esthétique).

Parfois les terminologies habituelles nous incitent à nous interroger sur leur sens réel. On appelle familièrement une statue ce type d'objet d'art en trois dimensions qui se tient de lui-même, posé sur un socle ou un présentoir et qui, par sa présence simplement mise en évidence, est investi du pouvoir d'émouvoir jusqu'au frisson esthétique. STATUE. Cela se tient debout, cela sort de terre, cela se distingue du reste. Une statue, petite ou grande, est obligatoirement debout. Son statut en impose, quand sa stature fait défaut, car la connotation invite à observer la monumentalité que peut manifester une œuvre, quand bien même elle serait de taille modeste. De la figurine au colosse, ce vocabulaire renvoie à l'art statuaire d'avant l'époque moderne. Pourtant, j'entends souvent parler de statues. Nous pouvons lire dans le Littré de 1964 : " *Statue : figure entière et de plein relief, représentant un homme ou une femme, une divinité, un animal, un dieu, un cheval, un lion.* " Sans perdre totalement de sa fonction décorative, la sculpture s'est attachée depuis plus d'un siècle à donner forme à la subjectivité individuelle, et le terme de statue n'est plus guère adapté pour identifier de tels vecteurs de l'intériorité. Désuet, le terme devient impropre pour évoquer des œuvres qui s'extirpent de considérations étrangères à l'art de l'imitation : l'homogénéité est contestée, ainsi que l'a priori de représentation. Que représente un bronze conçu par un artiste actuel ? Certes, on décèlera la silhouette d'un ours ici, la ligne d'un bras là, mais l'objet d'une telle figuration n'est pas de répéter la nature ni même de reprendre les canons de l'art, mais de faire surgir une perception nouvelle, d'assembler des volumes qui peuvent faire penser à des choses existant par ailleurs, et des ressources d'expression qu'ils peuvent contenir, qui peuvent faire penser à des choses n'existant pas par ailleurs. Pensées, idées, émotions, charges de sentiments, etc. sont convoquées aussi bien que par le passé, au temps des " statues ", mais elles prennent appui désormais sur un registre disparate, discontinu, parcellaire, jusqu'à l'indistinction et l'irrespectueux, ce qui est a priori contraire au discours inclus dans l'appel à la technique du bronze.

TANGIBLE L'INTANGIBLE

Les artistes du XXe siècle se sont très vite approprié cette technique que l'on réservait jusque-là à la solennité des monuments sur les places publiques. La possibilité pour l'individu, avec sa singulière modernité, ou déclarée telle, de recourir au bronze a été exploitée de mille façons et ne ménage pas les surprises. Son recours a profondément changé depuis Rodin, le premier grand sculpteur moderne, non seulement parce que la synonymie avec l'imposant, le grandiose, le noble, l'académique s'est métamorphosée en une variété diffuse de métaphores et d'évocations, mais aussi parce que les peintres se sont inquiétés de savoir ce qu'ils pouvaient créer avec ce procédé. On peut dire que le vocabulaire esthétique de la sculpture en bronze a littéralement fait l'objet d'une révolution en un siècle. Le dessein même des sculpteurs, si tant est que l'on puisse le circonscrire, a subi un bouleversement total et irréversible, passant de la laborieuse méthode de duplication des savoirs convenus, de la reproduction des choses selon des critères prédéterminés, de la répétition des mêmes clichés littéraires, à la périlleuse création de formes inédites, d'associations risquées, de conceptions complexes, avançant vers l'inconnu, à l'aventure, jusqu'à proposer des sculptures renversées, creuses, ouvertes, coupées, invisibles. L'artiste moderne, l'artiste contemporain (parfois moderne) ne travaillent plus dans le même domaine ; ils se heurtent à l'ambition de faire jaillir de leurs mains et plus souvent de leur pensée l'impalpable, l'irréel, l'abstrait. La nécessité d'en revenir toujours et toujours aux formes basiques du corps, des objets connus, des formes reconnaissables est une force, car elle concentre en peu d'éléments visuels la richesse de l'art de sculpter qui évacue comme par enchantement notre désir de s'accrocher au connu ainsi que notre instinct de voir le plaisir se renouveler de manière mimétique. Sculpter, c'est sculpter autre chose. Rodin disait : " *Je marche dans l'antiquité la plus reculée. Je veux relier le passé au présent, reprendre le souvenir, juger et arriver à compléter.* " Le dialogue obligé avec la statuaire antique – qui, quoique largement occultée de nos jours, a occupé tous les artistes au cours de leur formation – se transformera en inventions formelles inédites et en rappels étranges. Il n'est pas juste d'alléguer une amnésie des artistes modernes, et principalement des sculpteurs, quand on sait leur attachement aux formes anciennes de la beauté. Certes, ils lancent depuis plus d'un siècle des idées qui tendent à nous laisser penser qu'ils ont fait table rase du passé, mais il n'en est rien. Ils créent maintenant comme on créait hier. Les techniques ont toujours évolué. Mais leur rapport à l'histoire, au temps, à l'époque qui les entoure, aux maîtres, a changé, car il est désormais soumis à l'ambition essentielle de donner forme à l'absolu, de donner une figure à l'être. Il n'est que de penser à Giacometti ou à Brancusi pour se trouver face à d'indomptables exemples de cette quête. L'allégorie particulièrement démonstrative du désir d'éternité se travestira en jeu ambigu sur la pérennité des choses. Cette interrogation à saveur métaphysique parcourt de manière générale la production de bronzes, traces de l'énergie humaine au cœur d'un univers dont le sens échappe. La valeur collective et convenue de l'ouvrage en bronze qui recueillait l'assentiment de tous sera remplacée par l'affirmation particulière de l'artiste, figure tragique ou bouffonne ainsi fixée à jamais dans le métal.

Que faire, pour les peintres ? Modernes par définition, c'est-à-dire prompts à exalter leur sensibilité et à la faire dialoguer avec une technique qui imposera ses contraintes propres, les artistes n'ont pas simplement transposé leur création picturale en sculpture, ils ont inventé par ce moyen de nouvelles formes, de nouvelles conceptions de l'espace et du volume. Ils ont tout d'abord mis à l'épreuve le bronze comme une grammaire innovante pour dire les choses, puis ils sont parfois devenus de vrais sculpteurs, faisant évoluer une technique indépendamment des autres. Matisse disait qu'il sculptait pour organiser ses sensations, pour calmer son ardeur, pour mieux comprendre et son art et ce que sa vue offrait à lui (corps nu le plus souvent). Il y a une manière peut-être de dire comment les peintres conçoivent les sculptures en bronze qu'ils réalisent, ce serait de les penser comme intouchables, contrairement au lissé et au fini de la sculpture classique, intouchables comme le sont les rapports de couleurs, les sentiments nés d'une mise en espace. Le volume créé est offert comme présence immatérielle, matière assumée mais dont la fonction dernière est de transporter le spectateur vers un enchevêtrement de pensées et de rêveries dont il ne pourra guère se défaire. Deux expositions de référence ont pu donner avec l'ampleur et le choix qu'il fallait le sentiment de ce que peut être le bronze au XXe siècle : *Qu'est-ce que la sculpture moderne ?*, organisée au Centre Georges-Pompidou, Musée national d'art moderne, à Paris, du 3 juillet au 13 octobre 1986, ainsi que *La sculpture des peintres*, présentée à la Fondation Maeght, à Saint-Paul, du 2 juillet au 19 octobre 1997.

Le survol des œuvres en bronze de par le passé nous conduit à dire que cette technique est choisie souvent pour porter au pinacle les principes mêmes d'un mouvement artistique. À la beauté nue ou drapée à l'antique des œuvres classiques succédèrent les poussées lyriques du Romantisme, puis les évocations naturalistes et réalistes des artistes soucieux de rendre compte de la condition de l'homme moderne. Le symbolisme et l'art nouveau exalteront à nouveau le corps et la sensualité des lignes. Bien que l'œuvre en bronze soit chère à réaliser, sa production est bien la preuve de la démocratisation de l'art. Elle permet un accès plus large à des œuvres qui sinon seraient réduites à n'exister qu'en un seul exemplaire caché au sein de collections privées. Les artistes du XXe siècle sont les héritiers directs de ceux qui jetèrent les fondements de la sculpture moderne, à savoir : Géricault, Bartholdi, Degas, Daumier, Gauguin, Carpeaux, Barye, Rodin, Dalou, Bourdelle, Camille Claudel, Pompon. Tout le monde s'est promené aux Tuileries autour des nus d'Aristide Maillol. La sculpture du XXe siècle est parsemée de chefs-d'œuvre réalisés par des artistes aussi divers qu'Auguste Renoir (*La blanchisseuse*, 1917), Pierre Bonnard, Henri Matisse (*La serpentine*, 1909), Pablo Picasso (*La chèvre*, 1960), Georges Braque (*Grande tête de cheval*, 1943), Jean Arp, Raymond Duchamp-Villon (*Le cheval*, 1914), Julio Gonzales, Pablo Gargallo, Jacques Lipchitz, Ossip Zadkine, Umberto Boccioni (*Formes uniques de continuité dans l'espace*, 1913), Henry Moore (*Le roi et la reine*, 1952-1953), Alberto Giacometti (*Le char*, 1950 ; *Femme de Venise, I*, 1956), Salvador Dali, Joan Miro (*La caresse d'un oiseau*, 1967), Max Ernst (*Le capricorne*, 1948), Jacques Pevsner, Henri Laurens (*La grande musicienne*, 1950), Fernand Léger, Jean Fautrier, André Derain, Constantin Brancusi (*La muse endormie*, 1909-1910), Marino Marini (*L'ange de la cité*, 1949), Alexander Calder, Germaine Richier (*L'orage*, 1947-1948), Raoul Ubac (*Grande stèle noire*, 1971), Willem de Kooning (*The Clam Digger*, 1972), etc. La variété de ces noms, à leur seule évocation, suffit pour montrer l'importance de la sculpture, et du bronze en particulier, dans l'histoire de l'art moderne, et son implication dans l'œuvre des artistes les plus grands.

J'aimerais reprendre les propos de Jacob Epstein, sculpteur que Rudolf Wittkower cite dans *Qu'est-ce que la sculpture ? Principes et procédures de l'Antiquité au XXe siècle*, édité chez Macula en 1995. L'artiste fait l'éloge du modelage : " *Il y a évidemment quelque chose de romantique dans l'idée de la statue emprisonnée dans le bloc de pierre, de l'homme aux prises avec la nature… La conception moderne ne fait aucune place à Rodin. On le traite avec condescendance comme un modeleur de talent, un génie même, mais un modeleur seulement. Pour ma part, je trouve toute cette discussion sur le modelage et la taille parfaitement futile et hors de propos. Après tout, c'est le résultat qui compte. On pourrait soutenir avec quelque logique, me semble-t-il, que des deux méthodes le modelage est la plus authentiquement créatrice : c'est la création de quelque chose à partir de rien. Dans la taille, l'organisation formelle de l'œuvre est souvent suggérée par la configuration du bloc. De fait, l'inspiration est toujours modifiée par le matériau, l'artiste n'est jamais totalement libre, tandis que dans le modelage il est entièrement libéré de toute entrave autre que les difficultés techniques du sujet qu'il a lui-même choisi. La sculpture, telle que je la conçois, ne doit pas être rigide. Elle doit être frémissante de vie, alors que la taille conduit souvent l'artiste à négliger le flux et le rythme de la vie.* " J'ai choisi de mettre en relief cette conception de la sculpture d'Epstein car elle me semble correspondre encore pour une bonne part au vitalisme de nombre de sculpteurs contemporains, qui soumettent à leur volonté démiurgique une matière totalement inerte sans elle et ne voient dans les hasards proposés que des écueils à leur recherche, ou au mieux des facilités. Il y aurait ainsi, au moins, deux écoles.

Que voyons-nous ici ? L'Antiquité est soustraite à l'oubli dans lequel la tient l'époque moderne pour nous rappeler que les Humanités devraient toujours être d'actualité dans la transmission des idées. Lettres grecques et latines, histoires et sagesses des maîtres anciens trouvent encore leur illustration : *Hespéris* ou *Les travaux et les jours* par Georges Braque, *Bouclier de Persée* par Anne et Patrick Poirier, *Diane et Actéon* par Arman. Des compositions semblent dictées par des visions plus personnelles, surréalistes pour Hans Bellmer (*Les mains immobiles*) et Joan Miró (*Personnage et oiseau*), magiques pour François Chapelain-Midy avec Mormolys, extraites d'un rituel sentimental avec Jim Dine (*The Red Hook*). Le corps est encore la meilleure source d'inspiration – pensons à *Frère et sœur* d'André Masson, aux *Deux frères* d'Abel Ogier, au *Miroir* d'Illio Signori, au *Coureur à pied* de Germaine Richier. Des allégories montrent *L'acrobate* de Pierre Voituriez ou *Le mangeur de feu* d'Augustin Cardenas. Le thème du nu assis occupe une place prépondérante par la qualité des œuvres qu'il provoque : *Buste de femme* d'Eduardo Chillida, *Femme agenouillée* d'Auguste Chabaud, *Regarde* d'Anne Trégloze ou encore le *Portrait d'Hélène Parmelin* de Baltasar Lobo. Les caractères et autres situations psychologiques sont présents à travers des œuvres d'Abel Ogier (*Le timide*) et Louis Derbré (*L'humilié*). La tête est évidemment traitée par les sculpteurs, allant du portrait ressemblant (*Cézanne* de Louis Valtat) au portrait dissemblant (Jean Roulland) en passant par les évocations universalisantes (*Tête de guerrier* d'Édouard Pignon) ou métaphoriques (*Countoured Head* de John Davies et *Tête avec forêt* d'Yvan Theimer), voire symboliques (*Amor* de Victor Vasarely). Comme quoi la sculpture est toujours associée aux grandes valeurs humaines (*La vigilance* de Paul Rebeyrolle). Les bronzes animaliers sont une tradition déjà bien ancrée dans la sculpture occidentale. Les artistes actuels y trouvent de quoi produire des œuvres dignes d'intérêt : bisons, lions, hippopotames, chevaux, lévriers, chouettes, canards, singes, kangourous peuplent cet univers sauvage saisi sur le vif. Citons notamment *Tête d'orang-outang* de François Pompon, *L'oiseau de mer* de Henri-Georges Adam, *Unicorn Oak Tree* de Barry Flanagan, ou encore les très amusants *Le rat des champs* et *Le rat des villes* de Gilles de Kerverseau. L'étrangeté de réalisations comme *Colonne de mémoire*, d'Augustin Cardenas, ou *Spiral Space,* de Keiji Uematsu, indique clairement la richesse qu'autorise une telle technique, du point de vue formel comme de celui de l'imagination. Des œuvres importantes et inclassables comme celles d'Étienne-Martin, de Lucio Fontana (*Concetto spaziale*), Raoul Ubac (*Corps*) ou César (*Compression*) achèvent un tour d'horizon rapide de cette exposition, preuve magistrale, s'il était besoin, que la pratique de la sculpture, et particulièrement de la réalisation de bronzes, continue inlassablement son développement et son renouvellement.

CONCLUSION

C'est tout le mérite de cette exposition que de montrer comment les artistes les plus connus et les plus divers se sont confrontés à cette technique, apparemment si éloignée des enjeux de la modernité, et, plus encore, comment ces artistes ont renouvelé un art qui promet toujours autant d'émotions. Si la noblesse du matériau assure en effet au spectateur la délectation, c'est le traitement du sujet qui procurera à notre imaginaire le plaisir trouble d'une vision infinie de la forme, car on ne peut embrasser totalement un objet en trois dimensions, on ne peut saisir complètement ce qu'il offre au regard. Ainsi notre perception, largement déterminée par les espaces et les aspects de la surface observée au moment où l'œil s'arrête, s'enrichit-elle des volumes perçus lors des instants précédents, comme elle guide le spectateur sur les versants ignorés, engageant le corps à une mobilité qui est généralement celle de l'esprit.

Christian Arthaud

Poète et critique d'art

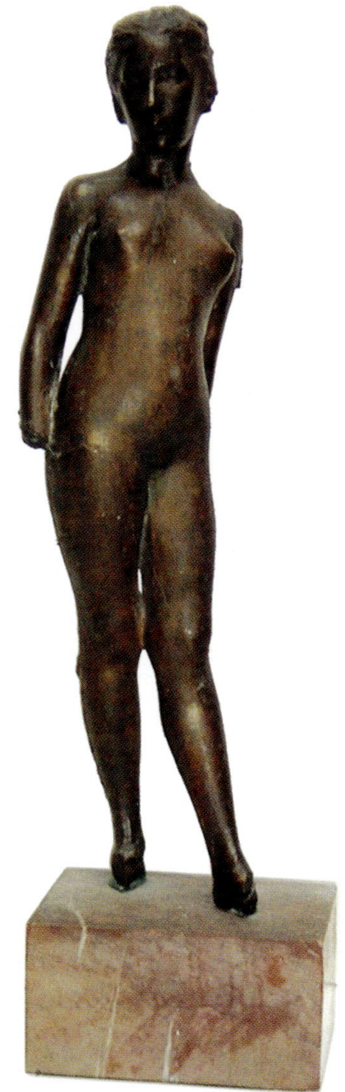

MANZÙ, " BOZETTO PER IL RETRATTO DI FRANCESCO "
1941, bronze, h. 58 cm. Galerie Tega, Milan.

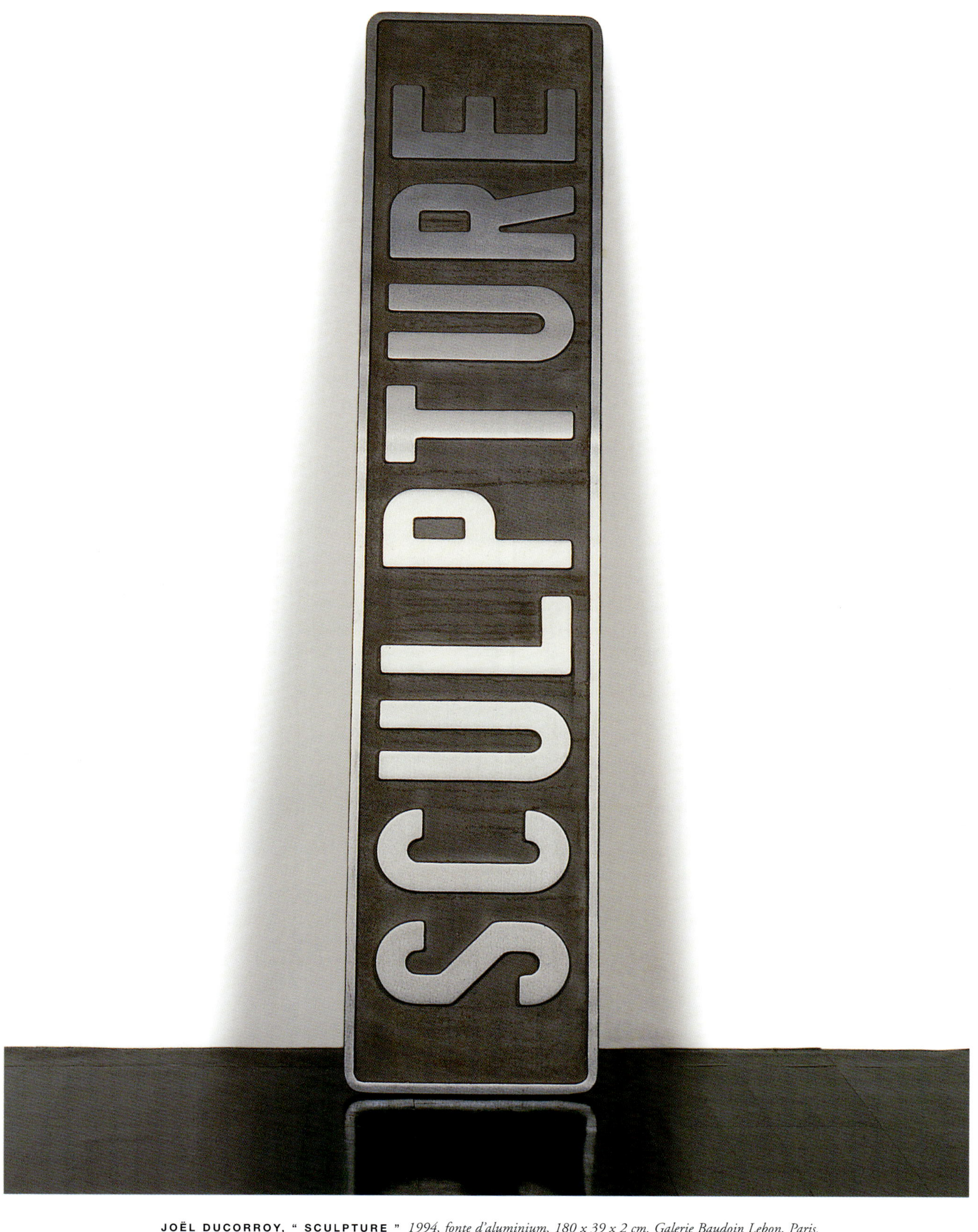

JOËL DUCORROY, " SCULPTURE " *1994, fonte d'aluminium, 180 x 39 x 2 cm. Galerie Baudoin Lebon, Paris.*

le Fer

JEAN ARP ■ ENRICO BAJ ■ JEAN-FRANÇOIS BRIANT ■ POL BURY ANTHONY CARO ■ CÉSAR ■ EDUARDO CHILLIDA ■ ALAIN CLÉMENT MARK DI SUVERO ■ JOËL DUCORROY ■ MARCEL FLORIS ■ FREDDY FRAEK ÉMILE GILIOLI ■ ALAIN JORIOT ■ DOMINIQUE LABAUVIE ■ FAUSTO MELOTTI ■ MANUEL MENDIVE ■ ROBERT MÜLLER ■ PABLO PALAZUELO PABLO PICASSO ■ GUSTAVE SINGIER ■ VLADIMIR SKODA ■ SUSANA SOLANO ■ SALVADOR SORIA ■ TAKIS ■ BERNAR VENET ■ CLAUDE VISEUX

Salon-de-Provence, Château de l'Empéri

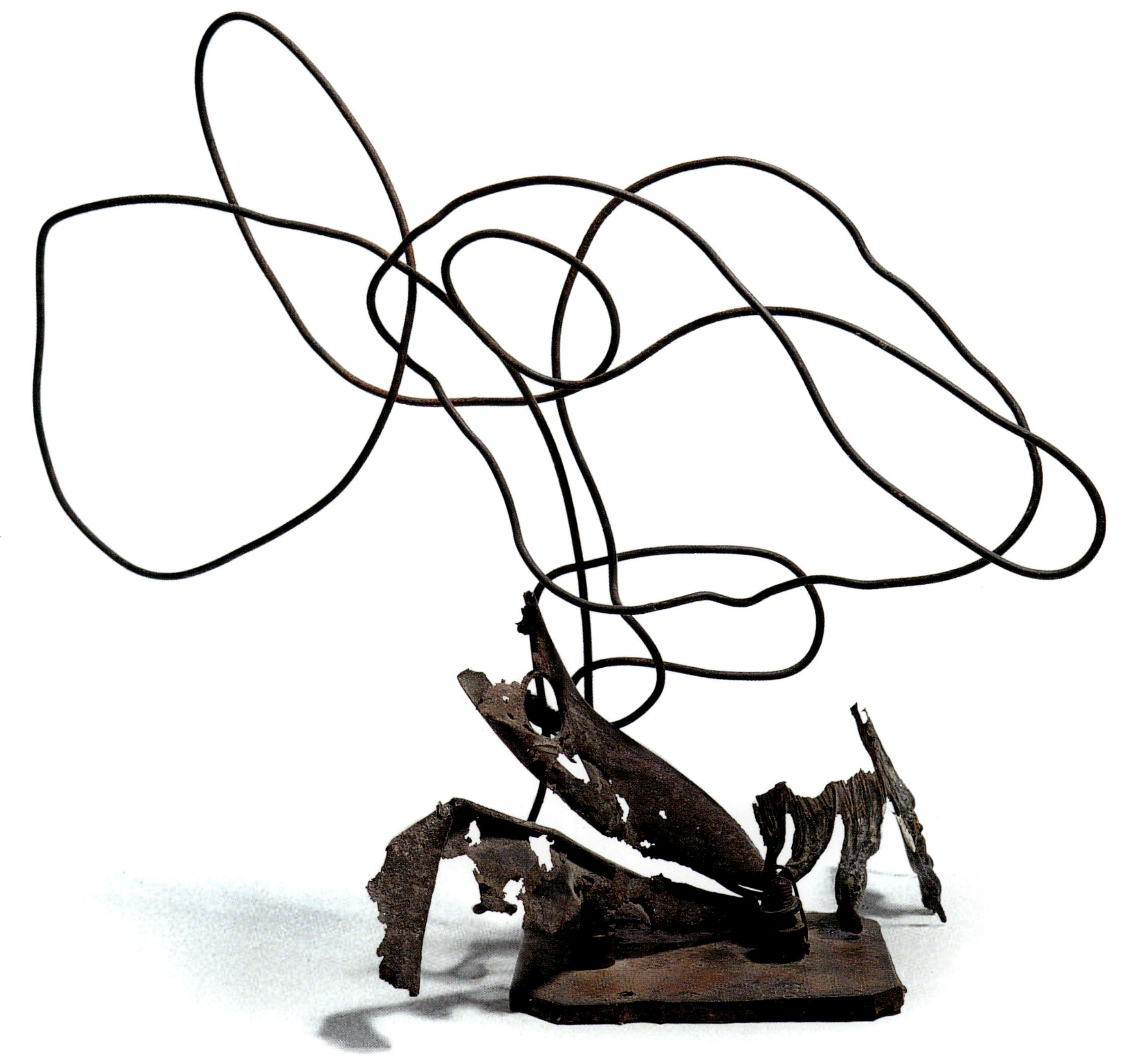

GUSTAVE SINGIER, " SANS TITRE " *1982, fer, 30 x 36 x 20 cm. Collection particulière.*

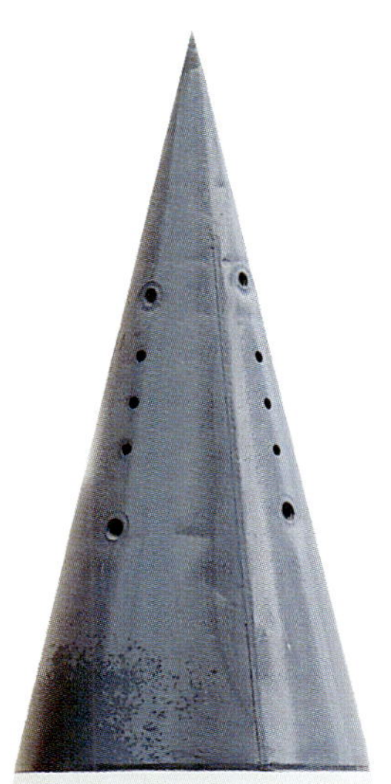

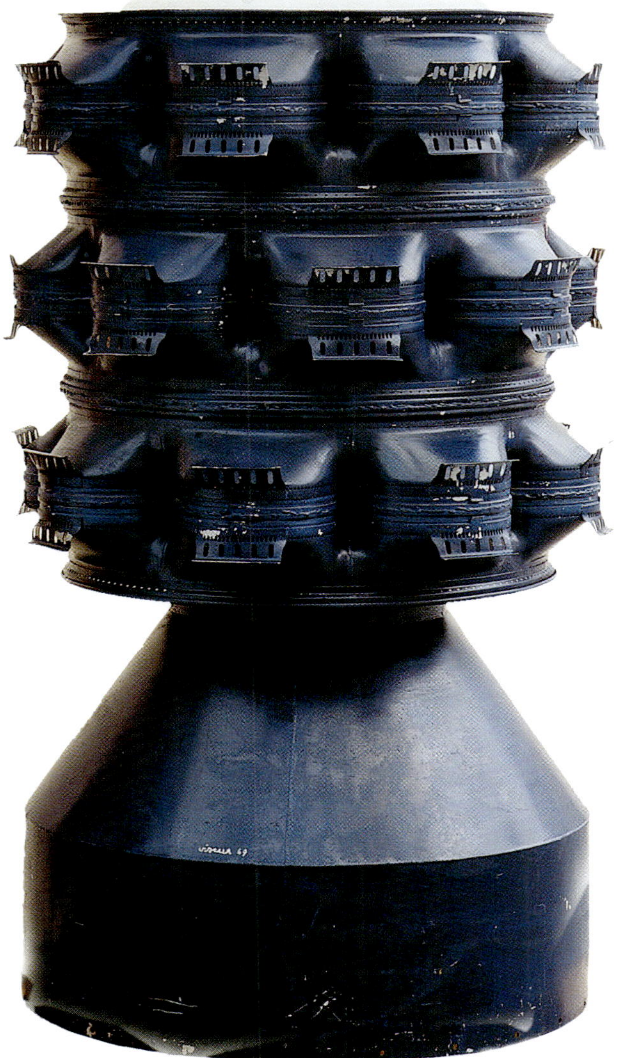

CLAUDE VISEUX, " ZONE UTILISÉE " *1969, acier, 260 x 100 x 100 cm. Collection particulière.*

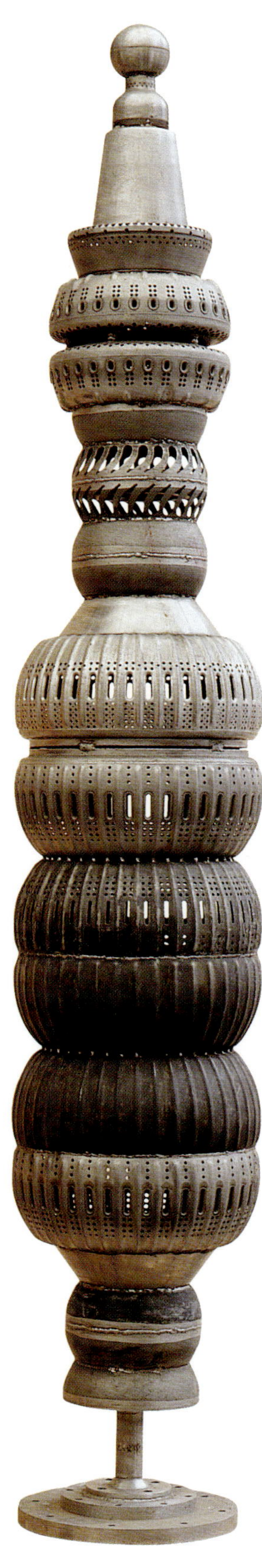

CLAUDE VISEUX, " CRYPTOPHAR " *1968, acier, 290 x 48 x 48 cm. Collection particulière.*

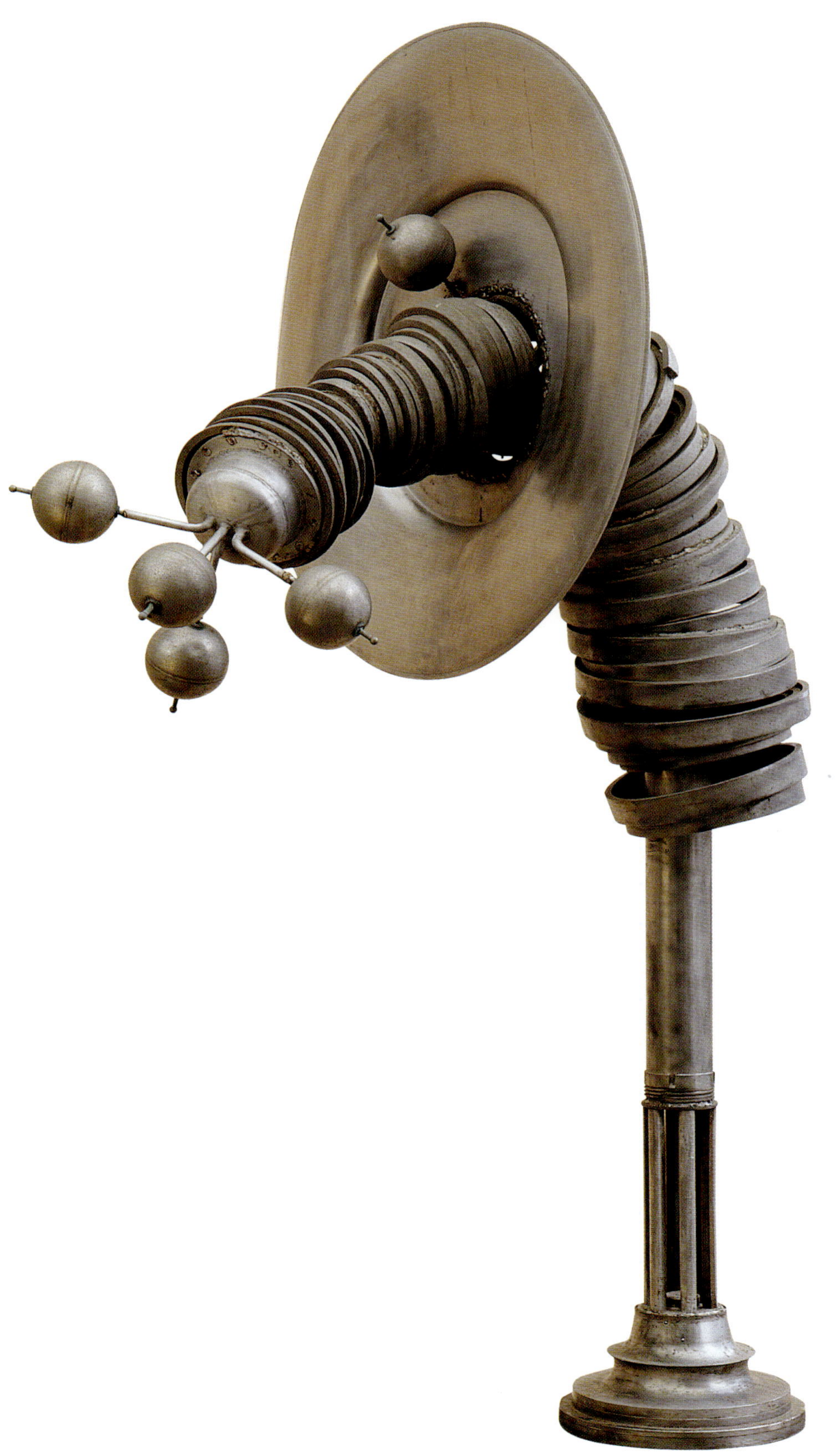

CLAUDE VISEUX, " ENGLEME 1er " *1969, acier, 242 x 120 x 120 cm. Collection particulière.*

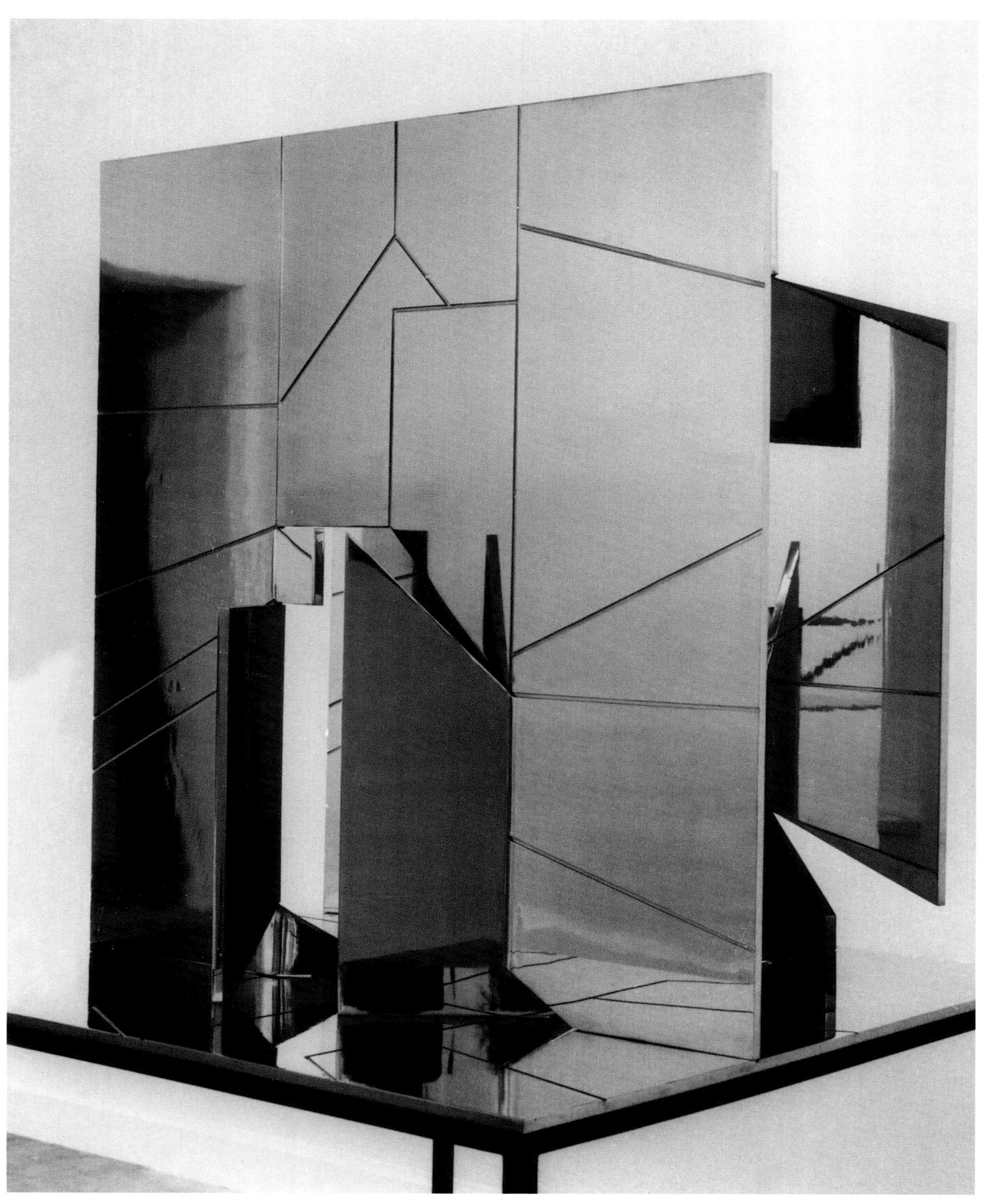

PABLO PALAZUELO, " LES PORTES " *1978, acier inoxydable, 100 x 100 x 100 cm. Collection Maeght, Paris.*

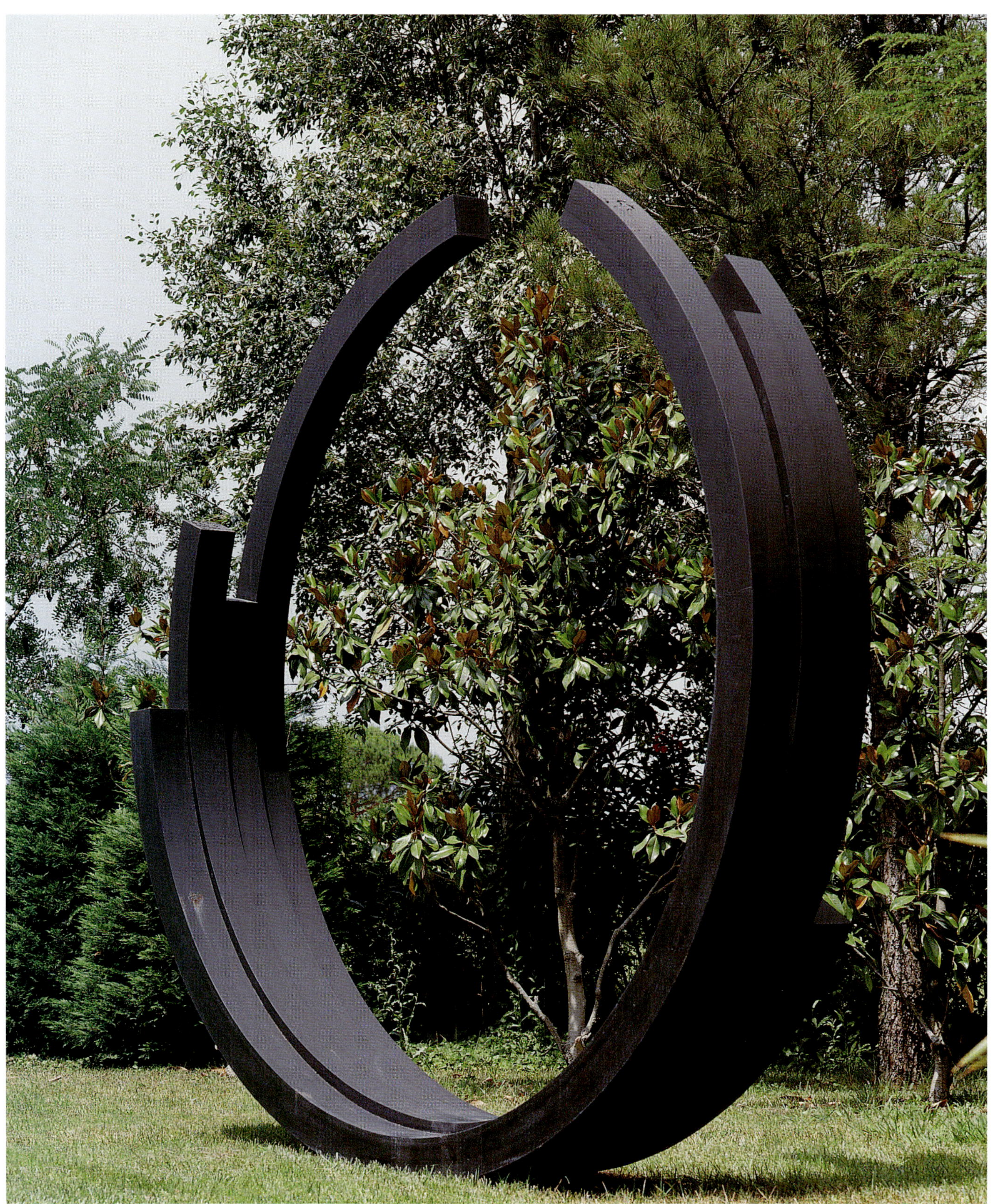

BERNAR VENET, " 230-5° ARCX4 " *1999, acier peint, 410 cm. Collection particulière.*

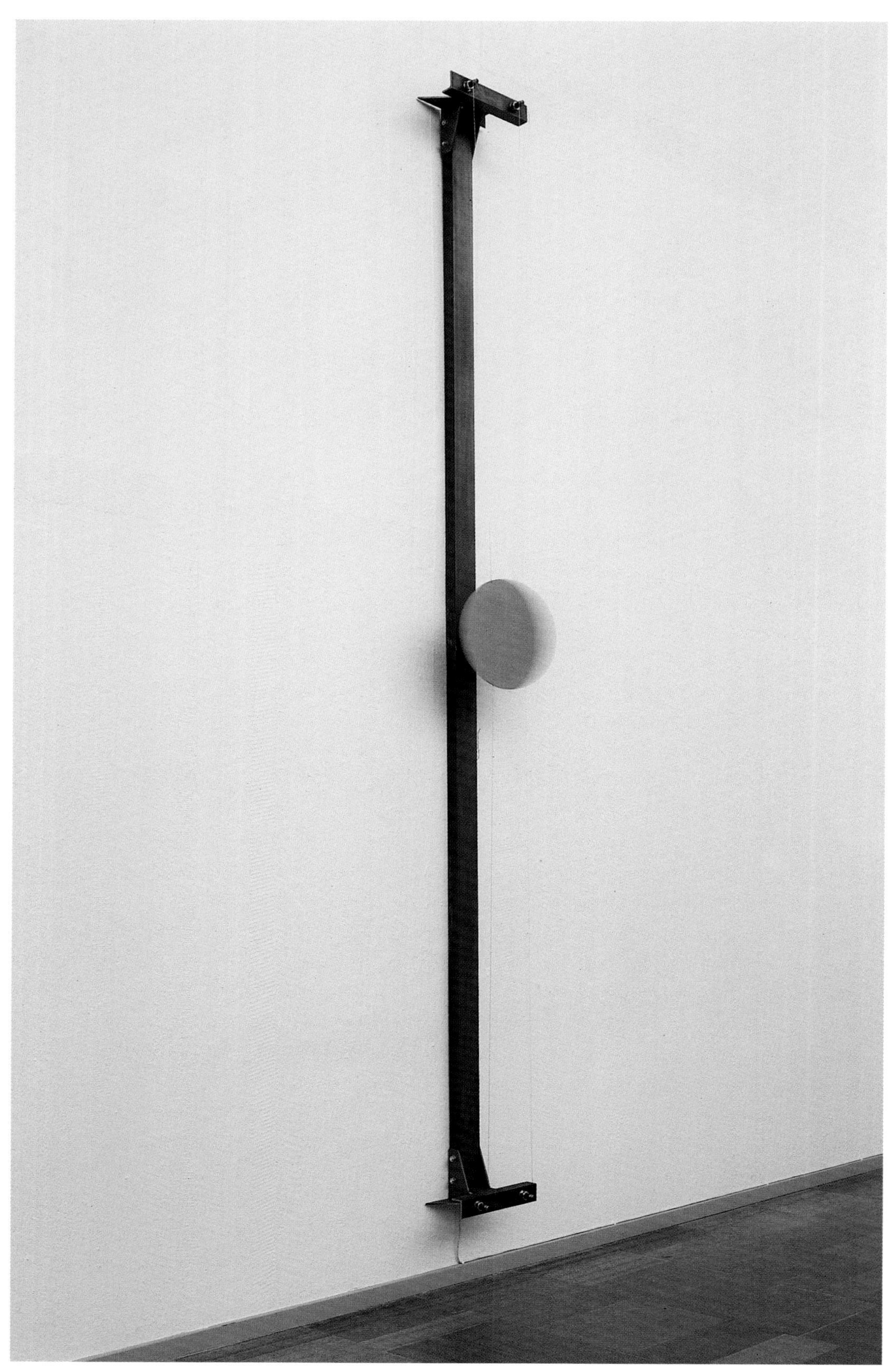

FREDDY FRAEK, " CORDA CANTA " *1999, acier, h.290 cm. Galerie Denise René, Paris.*

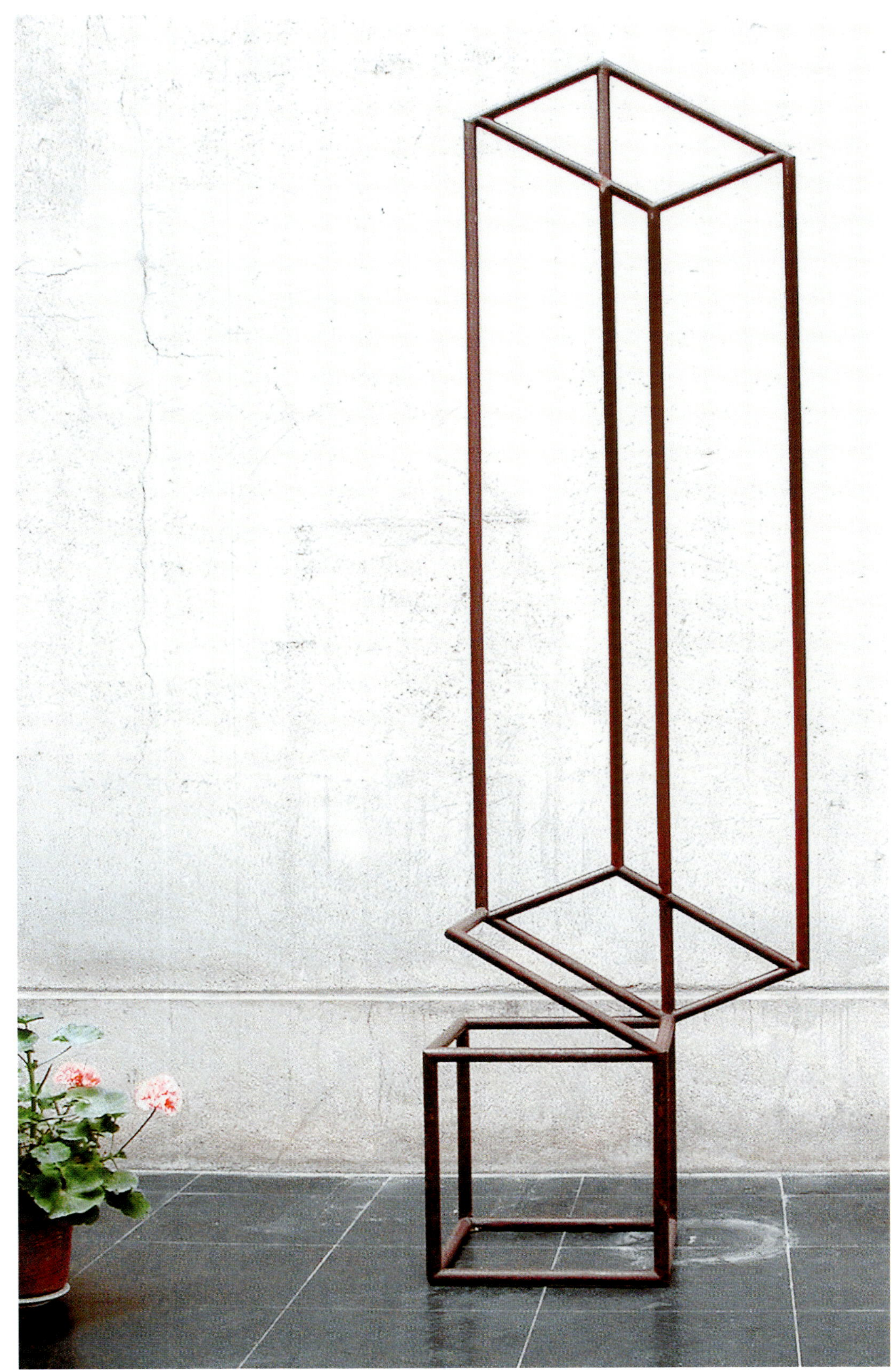

MARCEL FLORIS, " BOXI " *1996, fer peint, 219 x 64 x 40 cm. Galerie Lahumière, Paris.*

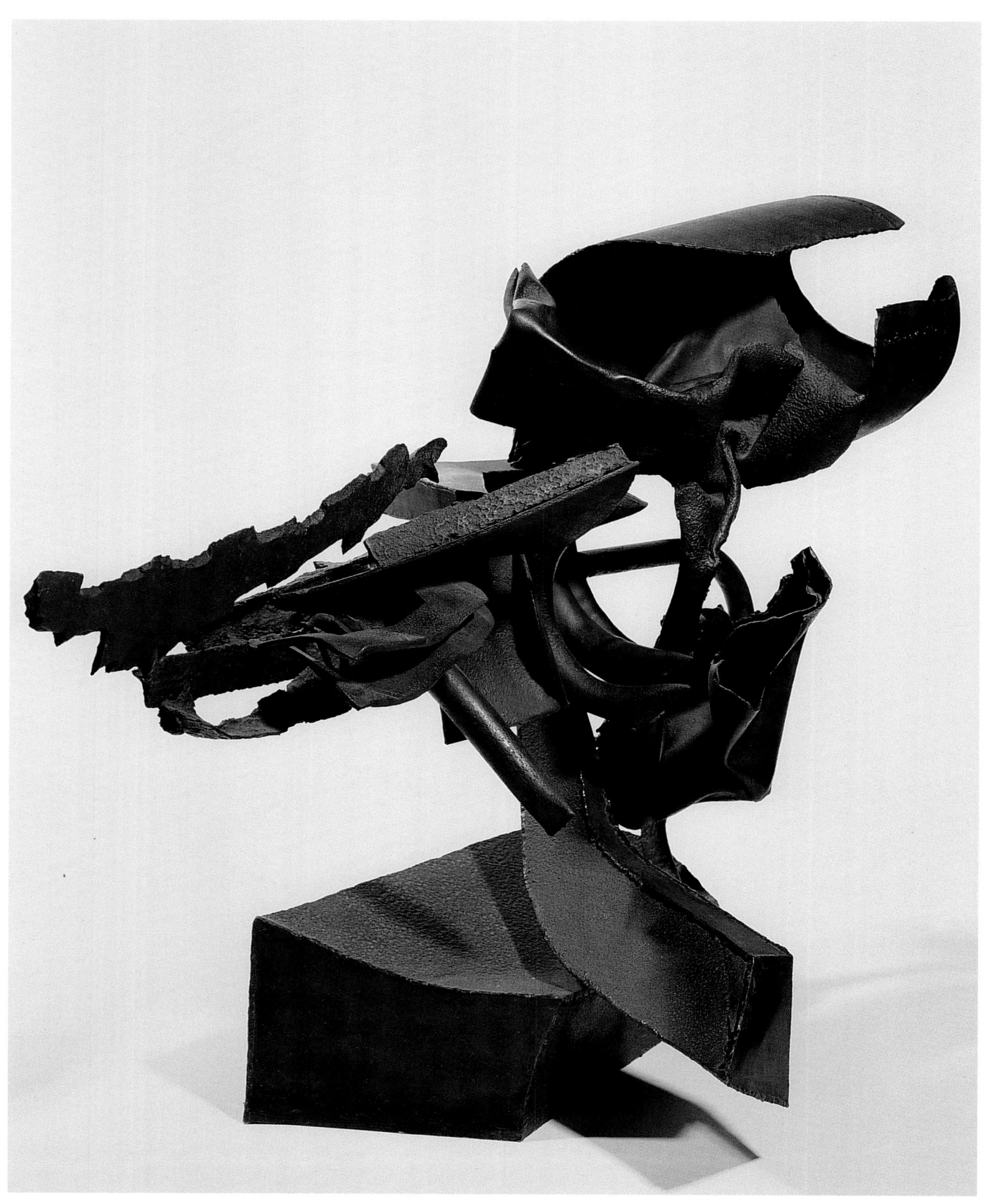

ROBERT MÜLLER, " LA PROUE " *1962-1963, fer, 80 x 120 x 70 cm. Galerie Jeanne-Bucher, Paris.*

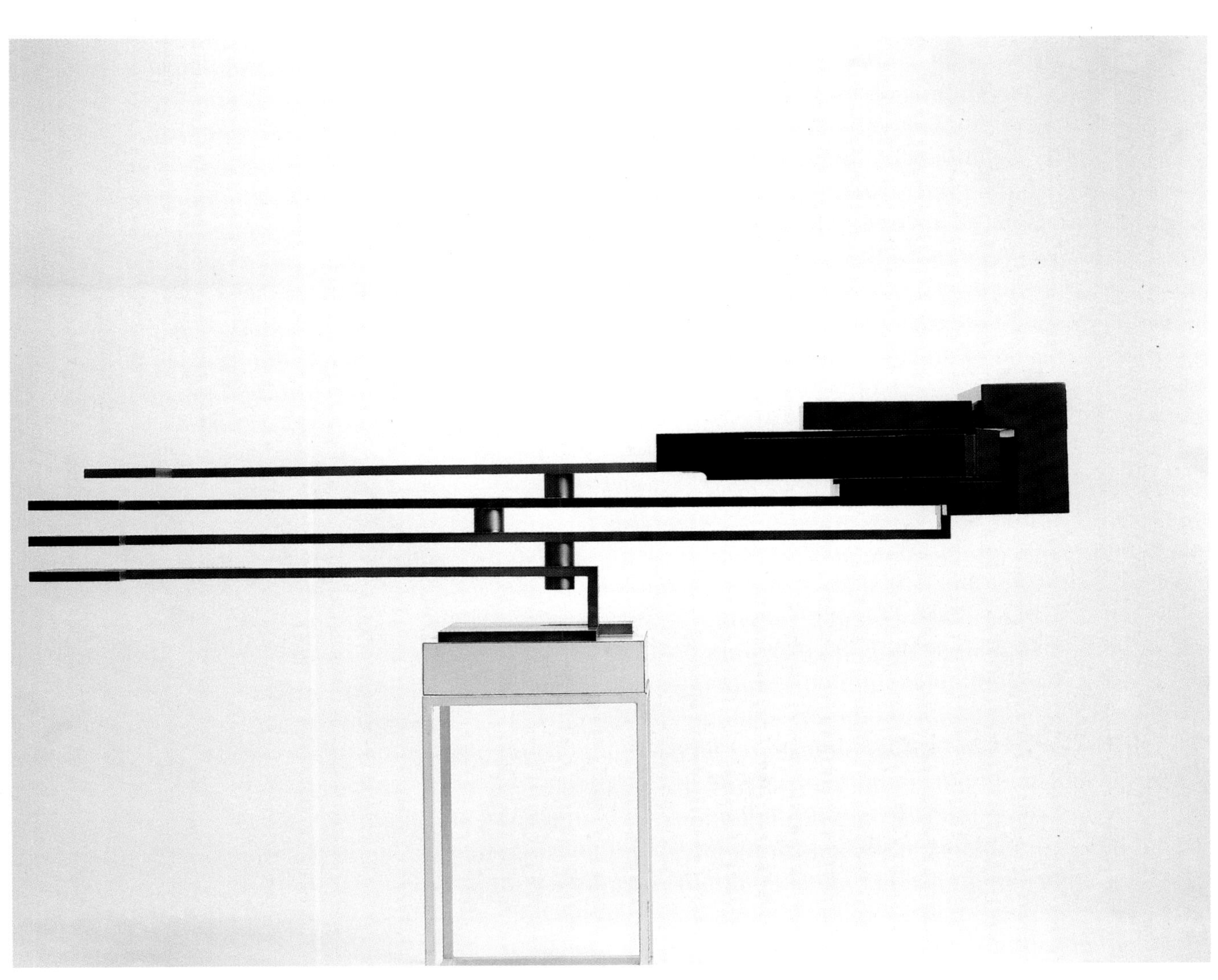

SALVADOR SORIA, " MAQUINA PARA EL ESPIRITU " *1970, acier chromé, 40 x 161 x 31 cm. Collection particulière.*

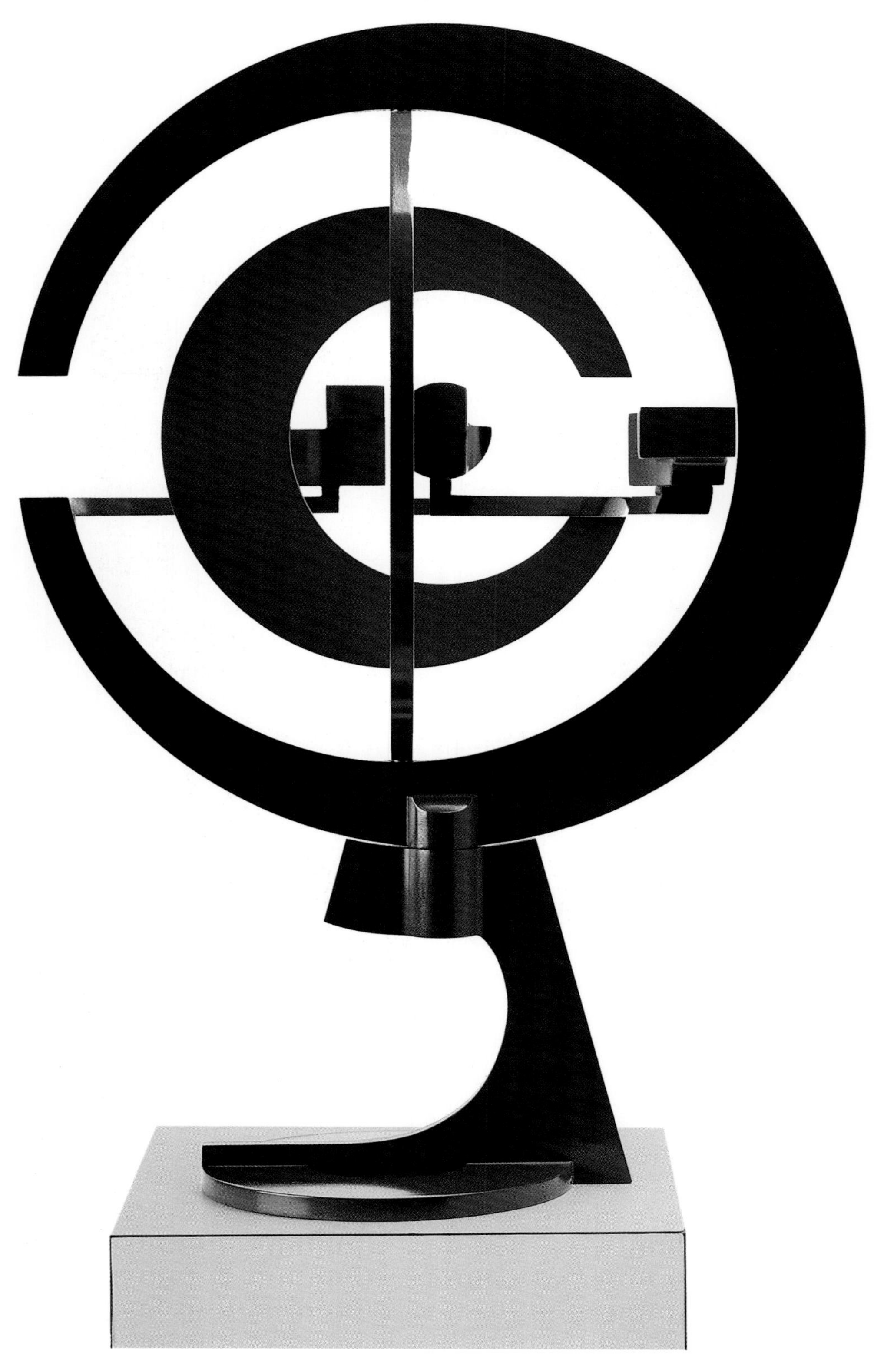

SALVADOR SORIA " MAQUINA PARA EL ESPIRITU " *1976, acier, 62 x 43 x 41 cm. Collection particulière.*

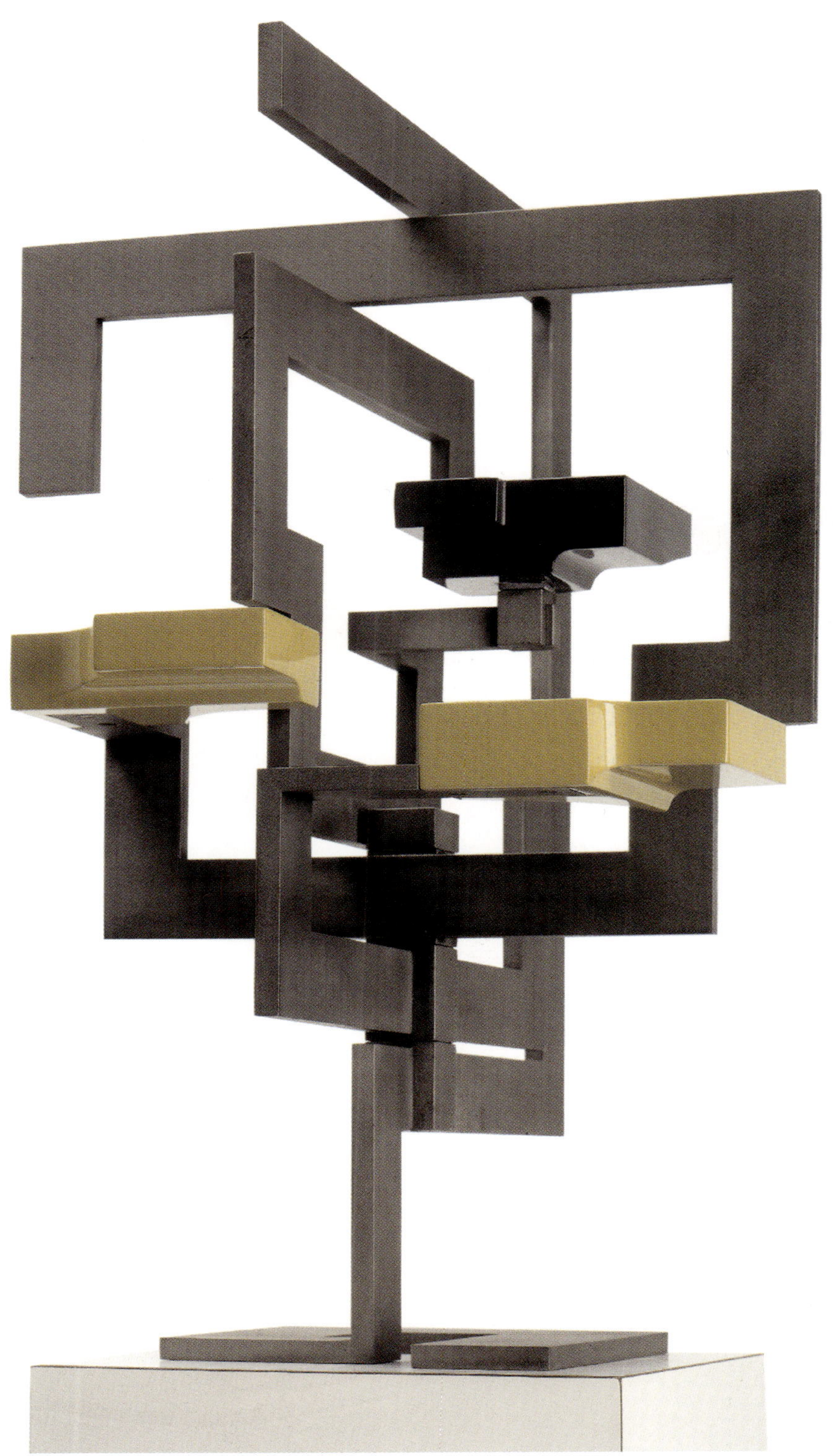

SALVADOR SORIA " MAQUINA PARA EL ESPIRITU " *acier, 60 x 44 x 39 cm. Collection particulière.*

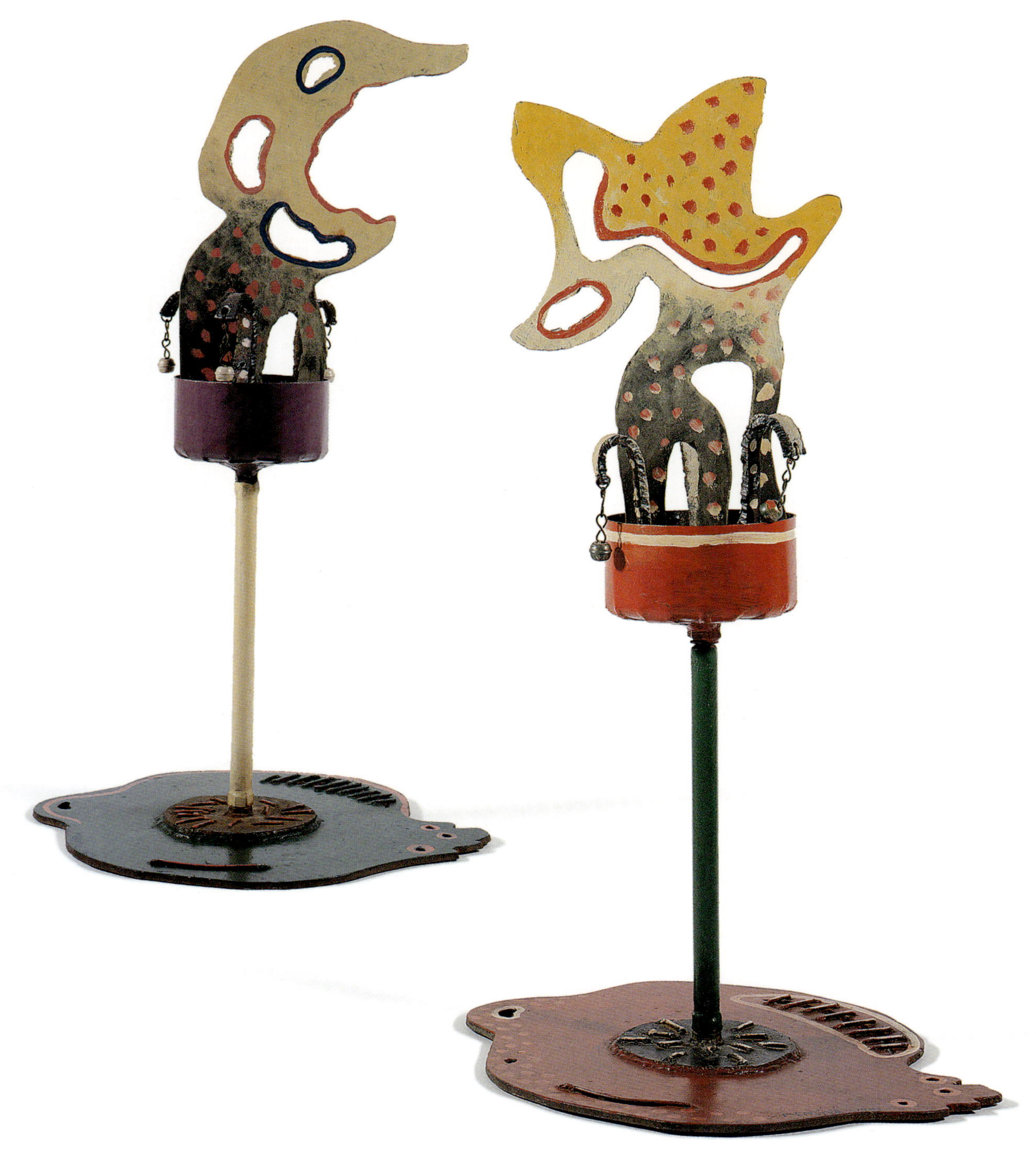

MANUEL MENDIVE, " SANS TITRE " *1993, fer peint, 80 x 40 x 38 cm. Collection particulière.*
" SANS TITRE " *1993, fer peint, 79 x 37 x 45 cm. Collection particulière.*

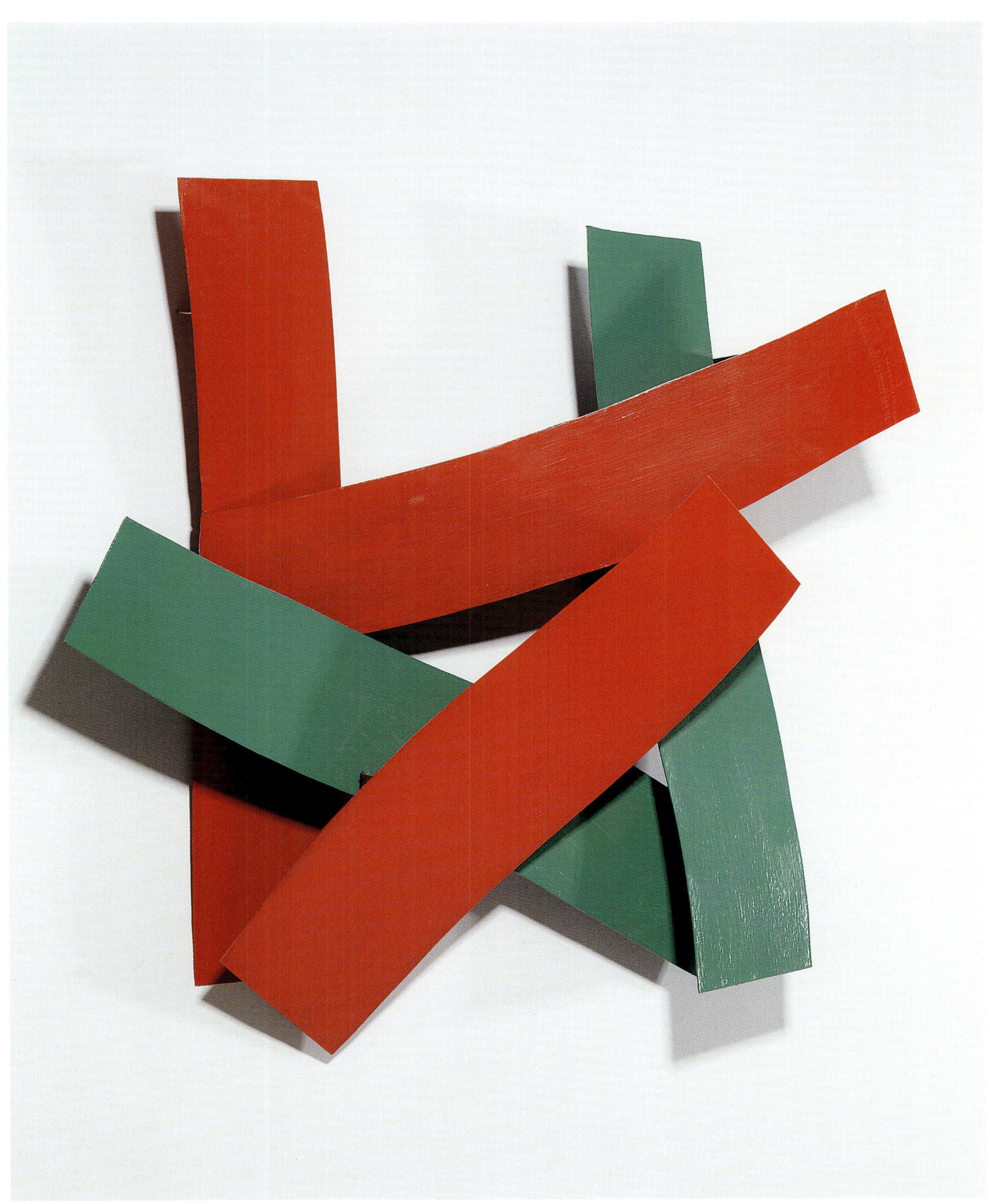

ALAIN CLÉMENT, " RELIEF MURAL VERT ET ROUGE " *acier peint, 62 x 65 x 19 cm. Galerie Baudoin Lebon, Paris.*

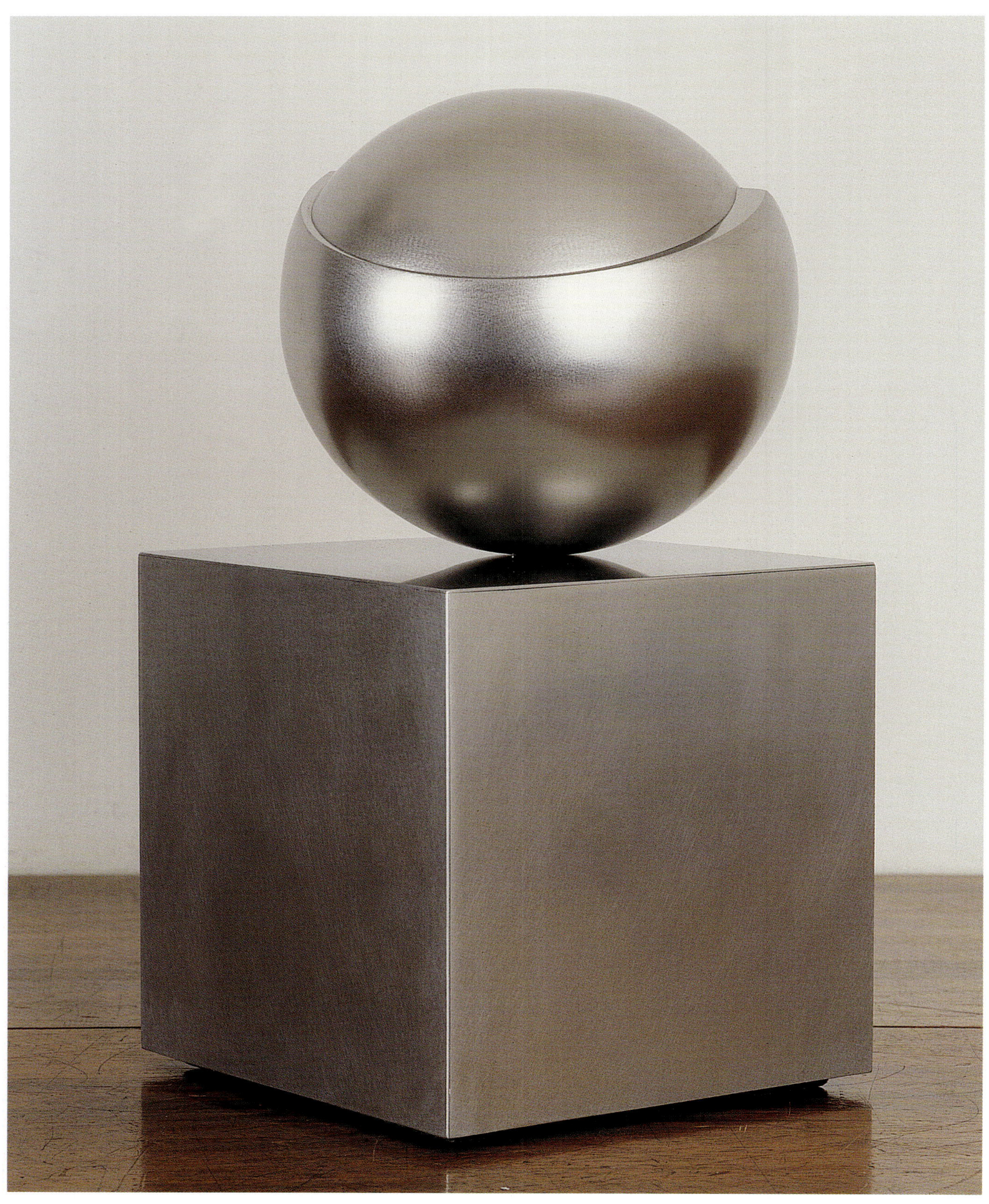

POL BURY, " SPHÈRE AVEC UN PLAN SUR UN CUBE " *1972, acier, 40 x 20 x 20 cm. Collection Maeght, Paris.*

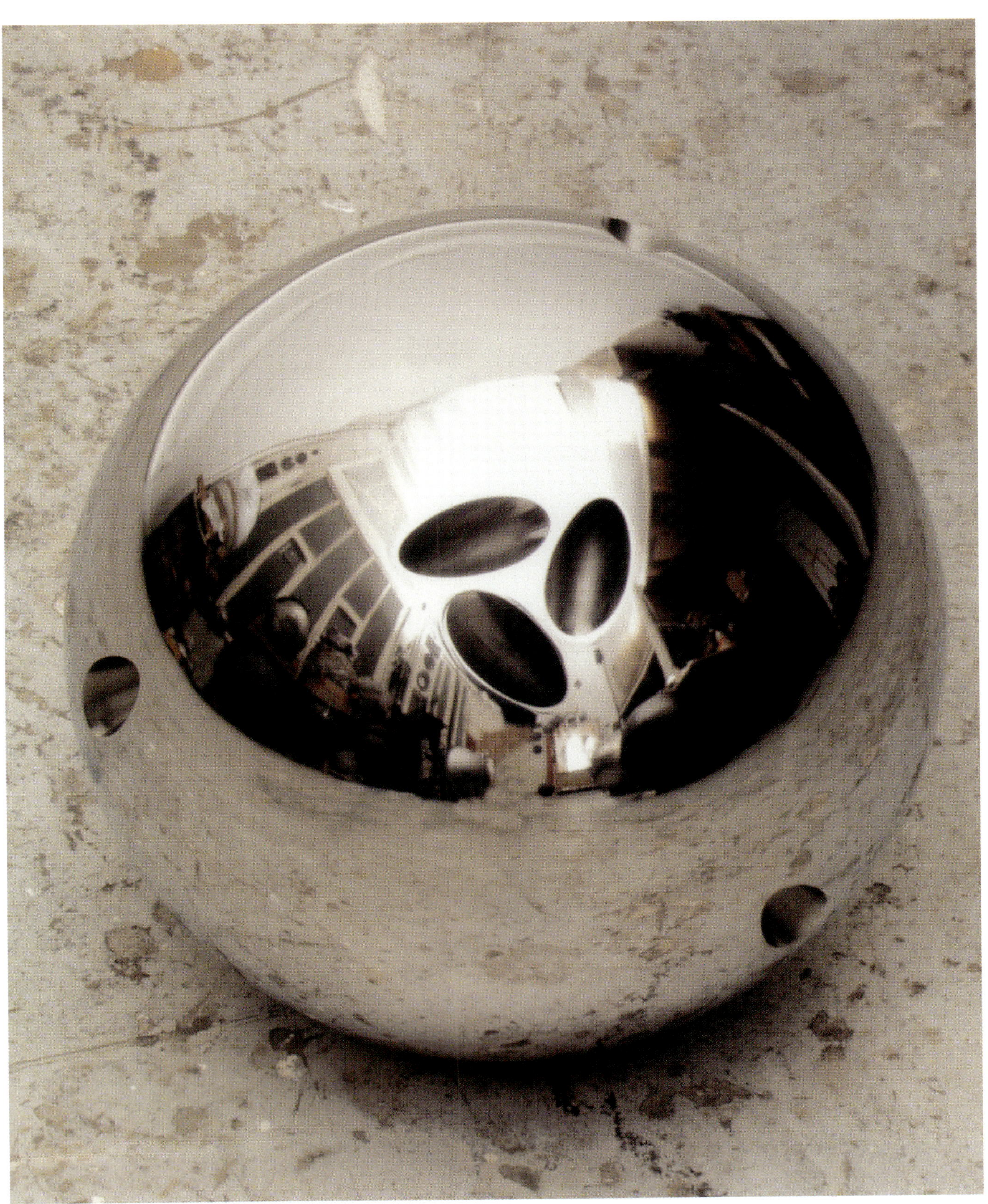

VLADIMIR SKODA, " TROIS DIMENSIONS " *1991-1997, acier chromé, Ø 30 cm. Galerie Baudoin Lebon, Paris.*

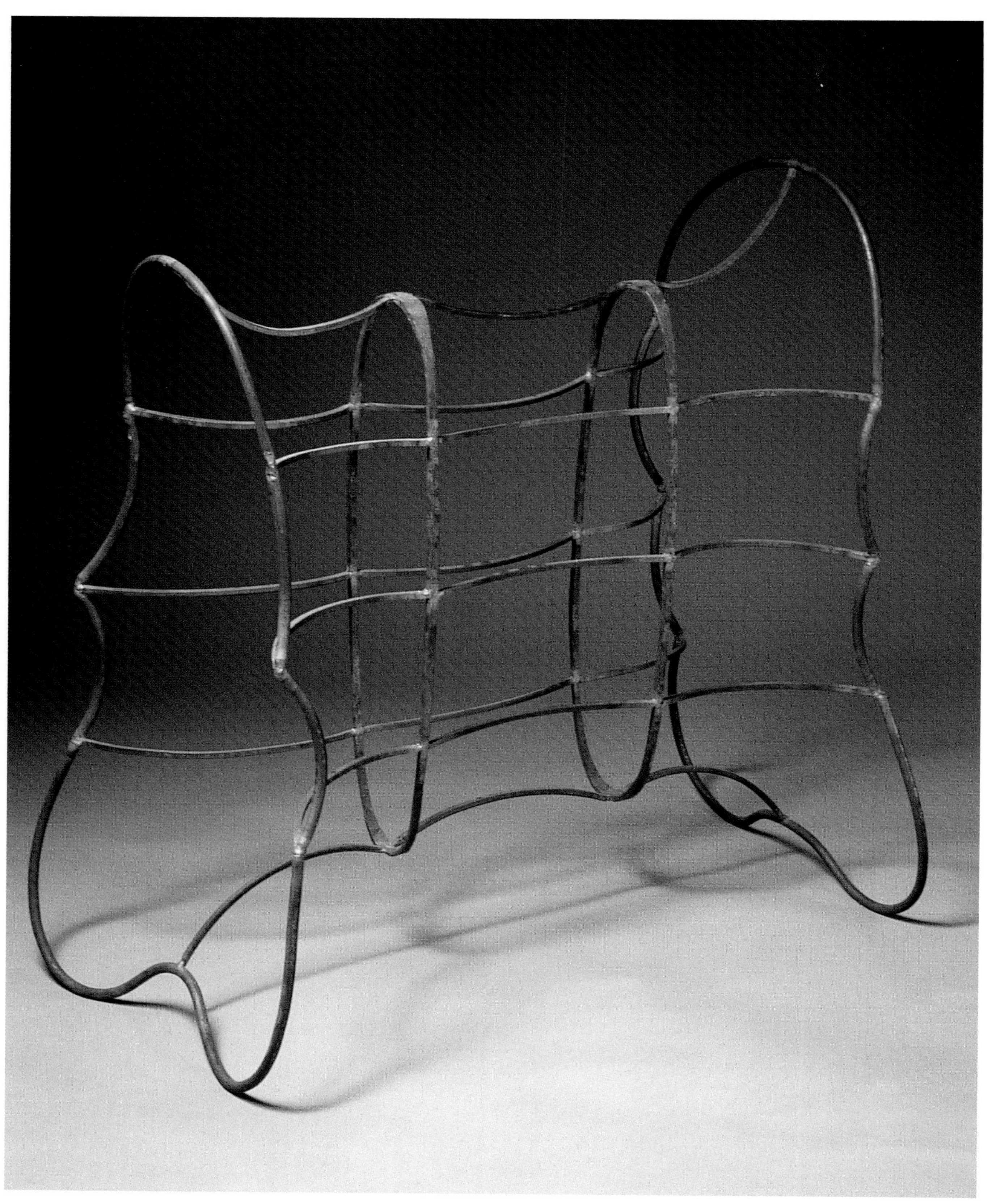

DOMINIQUE LABAUVIE, " ECHOMECANICS " *1994, fer, 76,5 x 77 x 42 cm. Collection Maeght, Paris.*

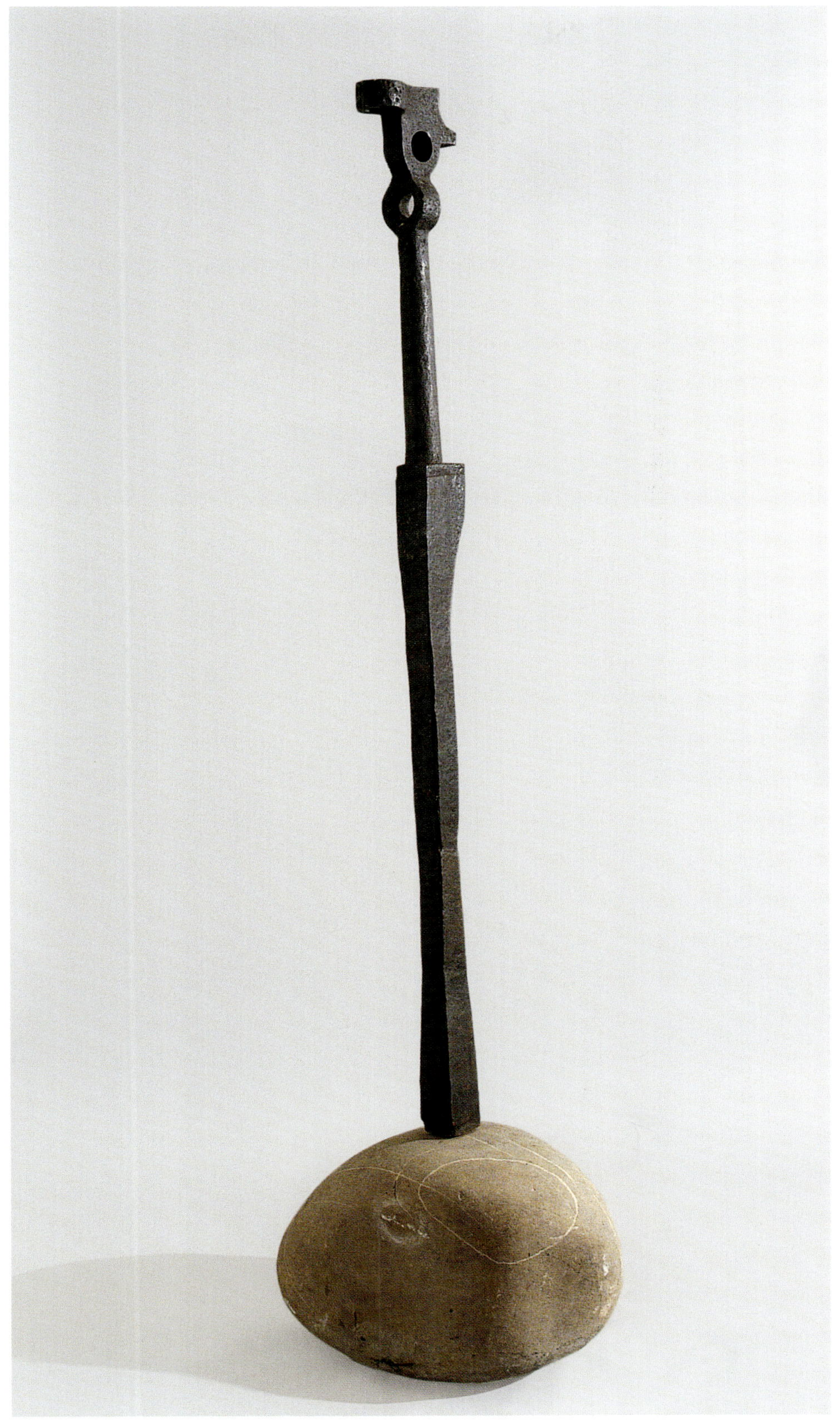

EDUARDO CHILLIDA, " VIGIE " *1956, fer et galet, 172 x 45 x 45 cm. Collection Maeght, Paris.*

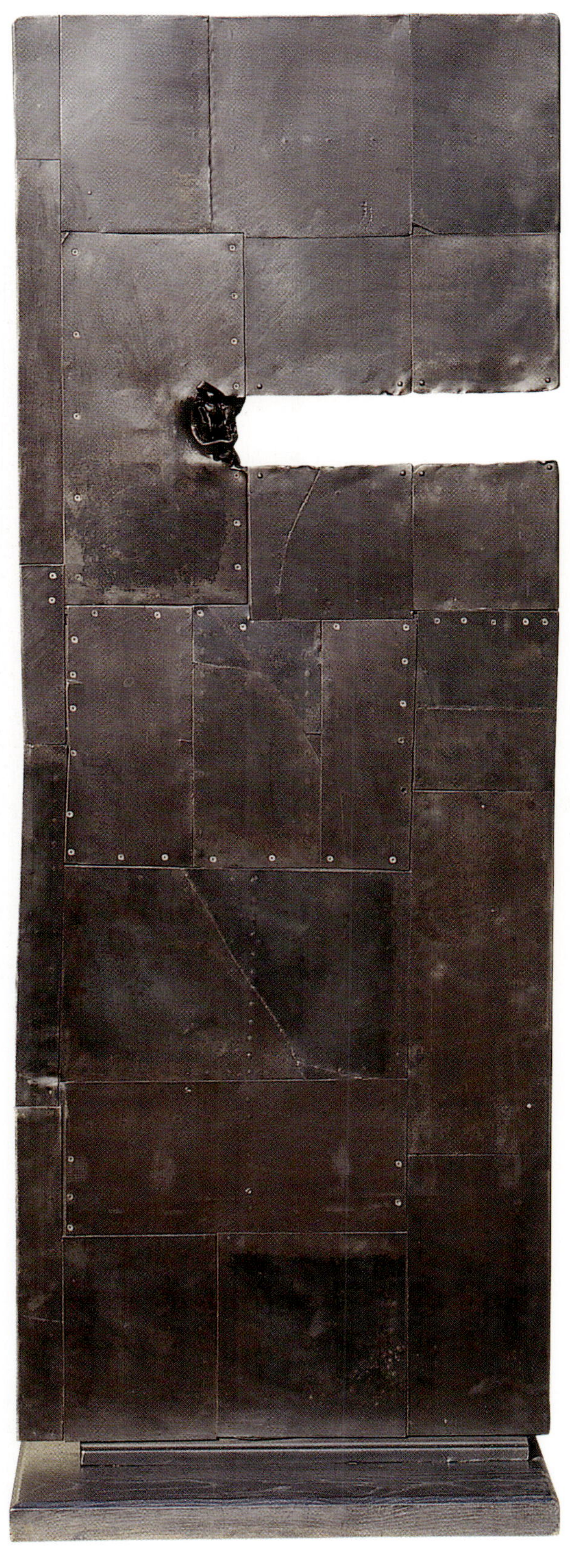

ALAIN JORIOT, " HYPOTHÈSE PASTÈLE " *2000, acier ciré, 205 x 71 x 45 cm. Collection particulière.*

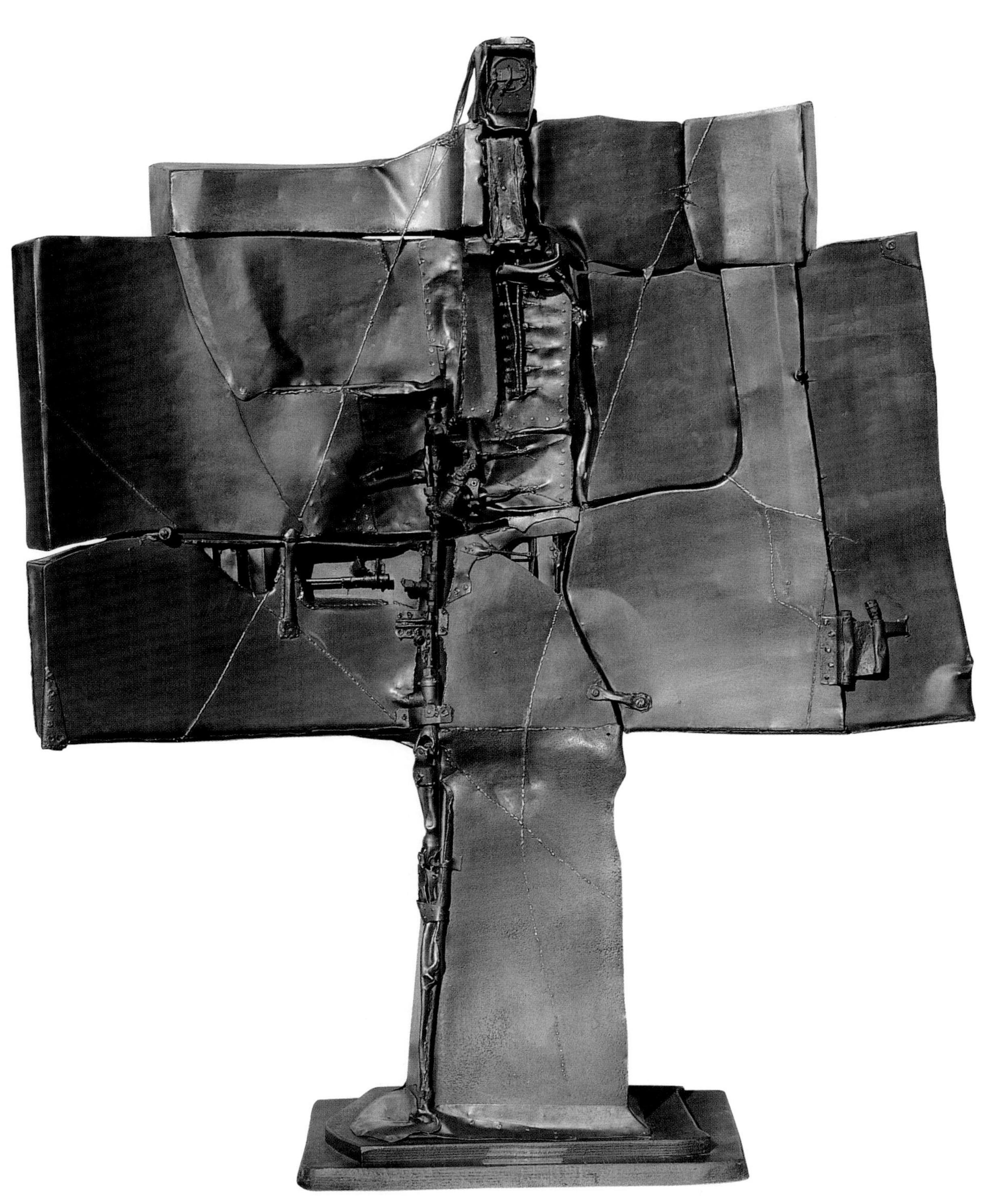

ALAIN JORIOT, " HOMOLOGATION INVÉRIFIABLE " *2002, acier ciré, 205 x 160 x 60 cm. Collection particulière.*

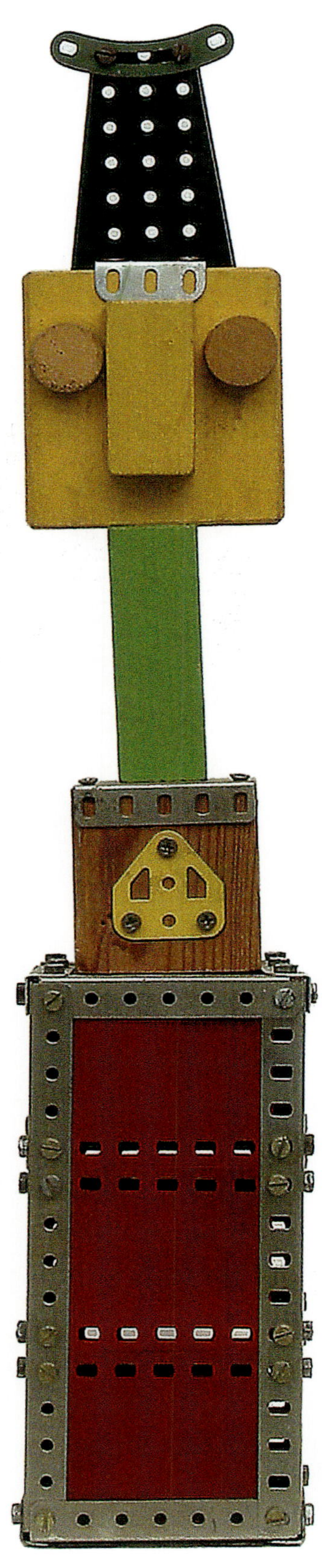

ENRICO BAJ, " PERSONNAGE MÉCANIQUE " *1985, pièces de Meccano et bois, 53 x 9 x 9 cm. Collection particulière.*

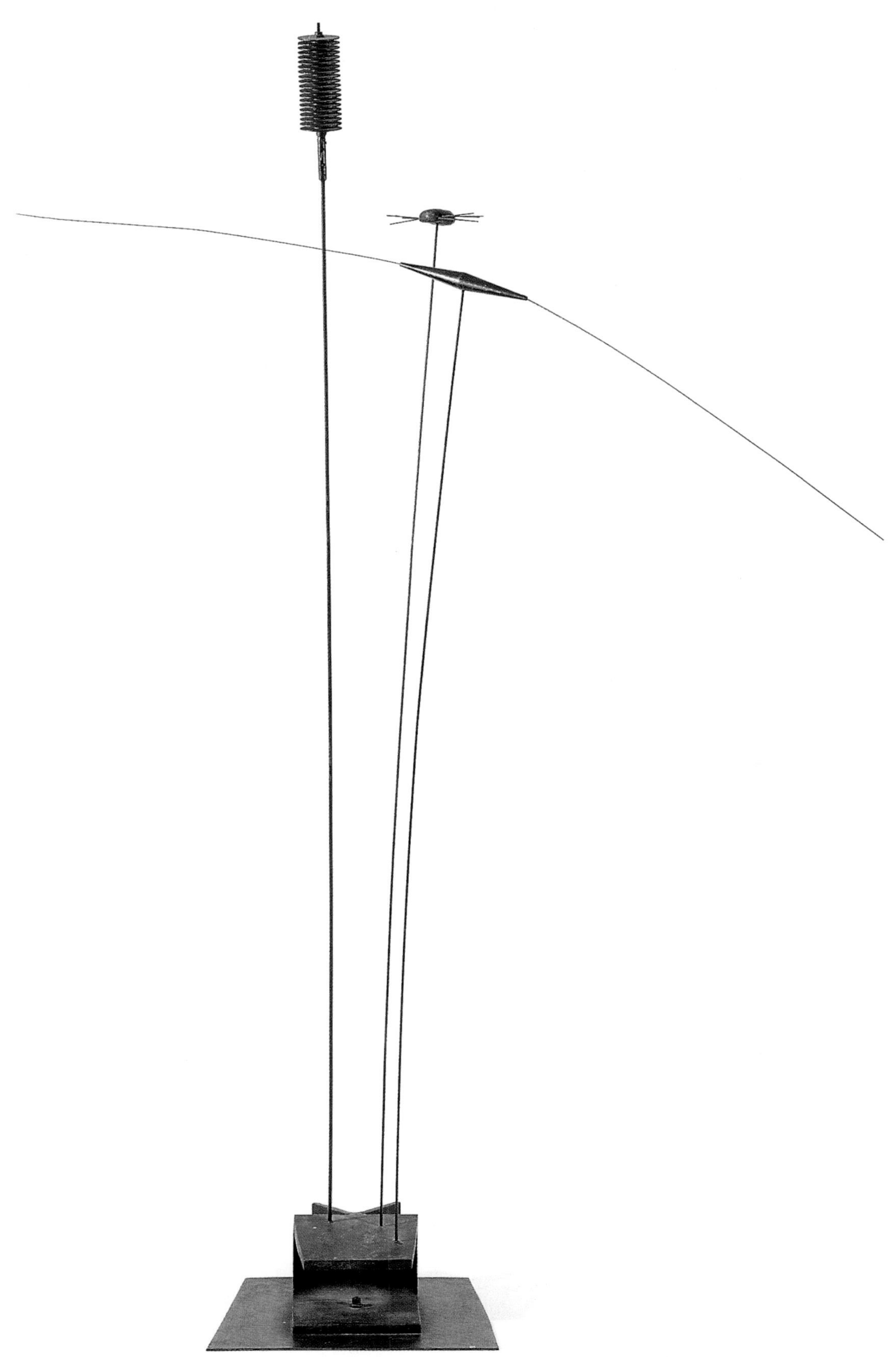

TAKIS, " SIGNAL " *1957, fer, 120 x 94 x 23 cm. Collection Sylvie et Hervé Baltazart-Eon, Paris.*

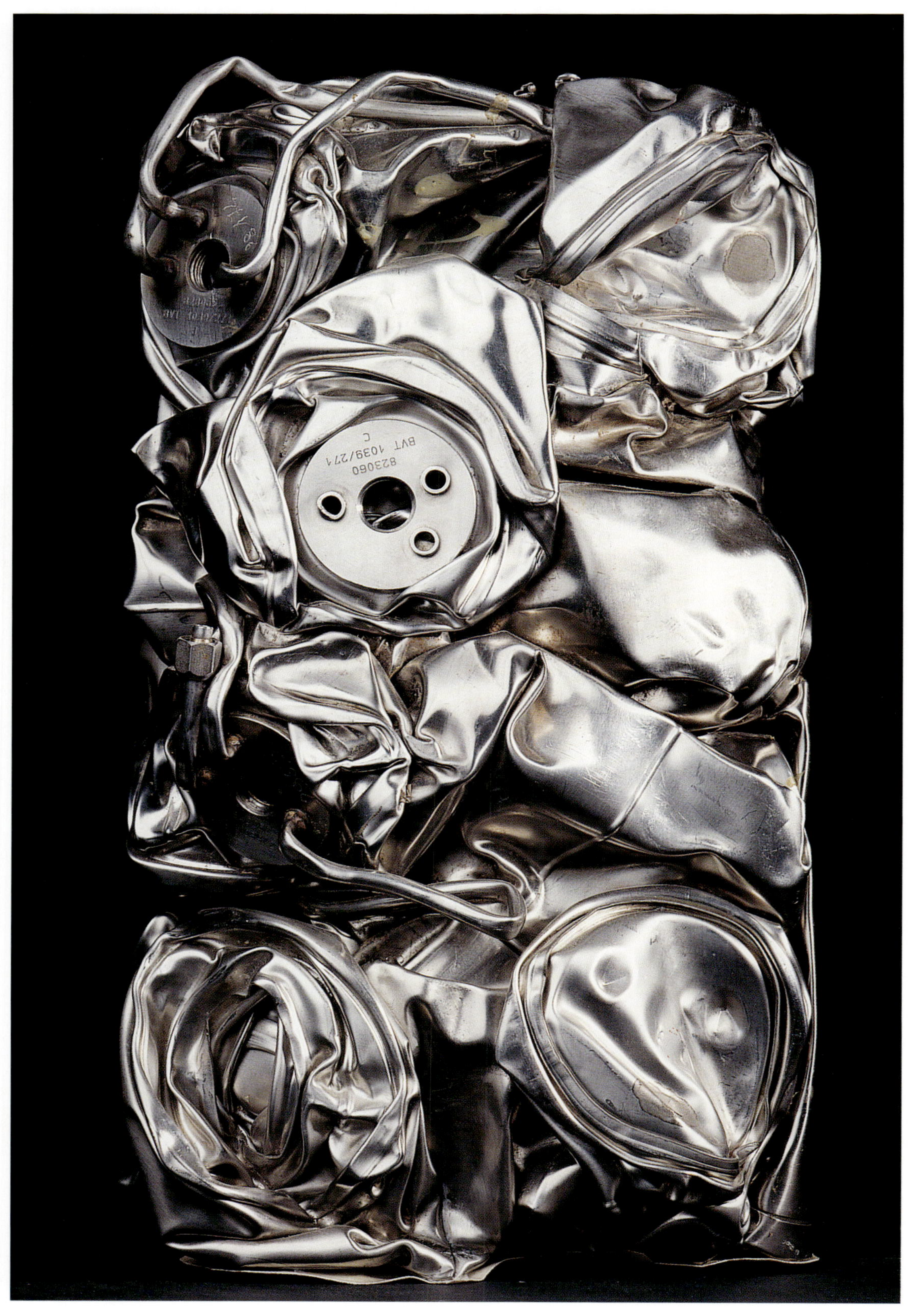

CÉSAR, " COMPRESSION " *aluminium, 31 x 21 cm. Galerie Stammegna, Marseille.*

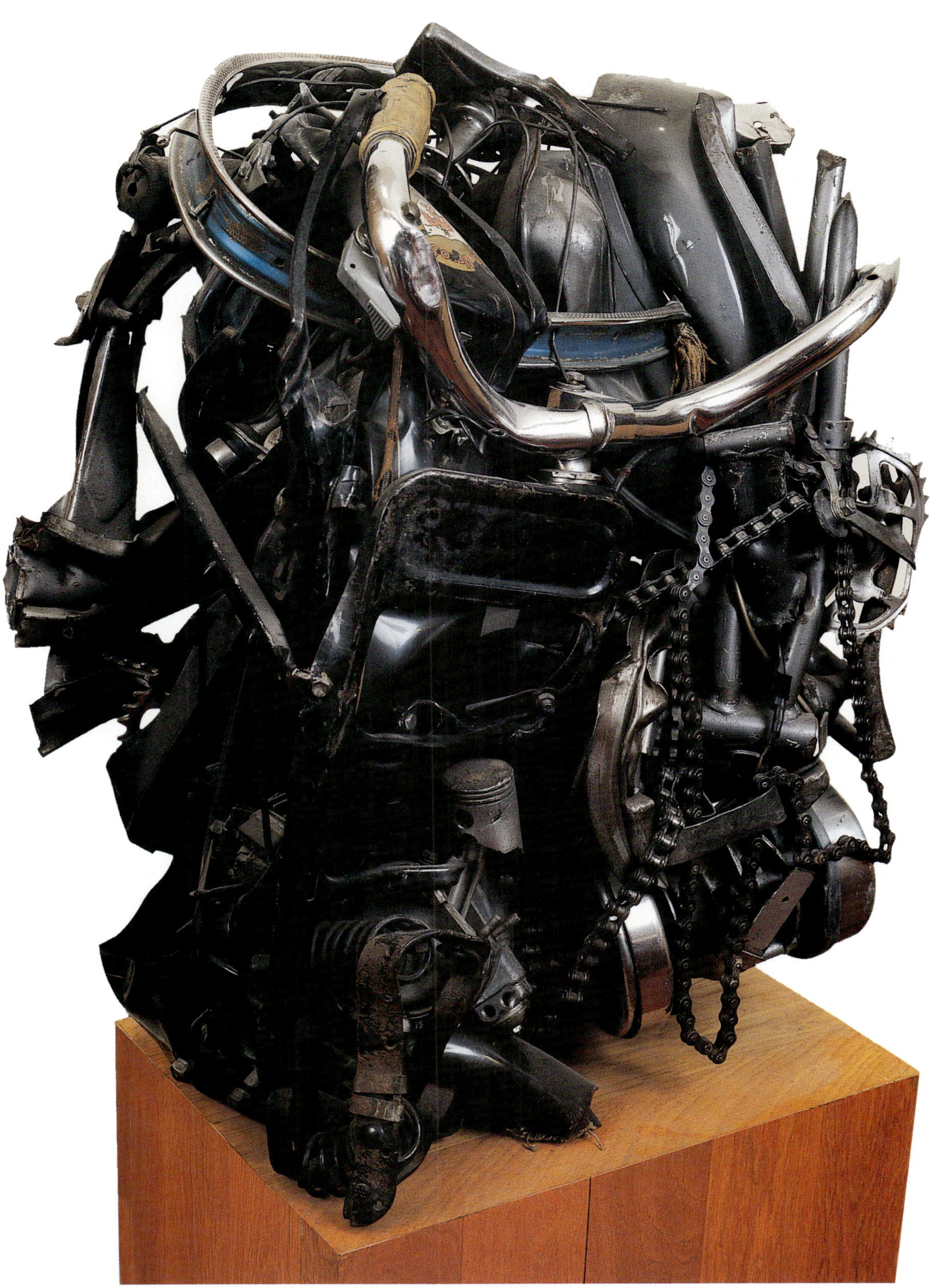

CÉSAR, " COMPRESSION DE MOBYLETTES " *1970, aluminium, 40 x 40 x 26 cm. Galerie Baudoin Lebon, Paris.*

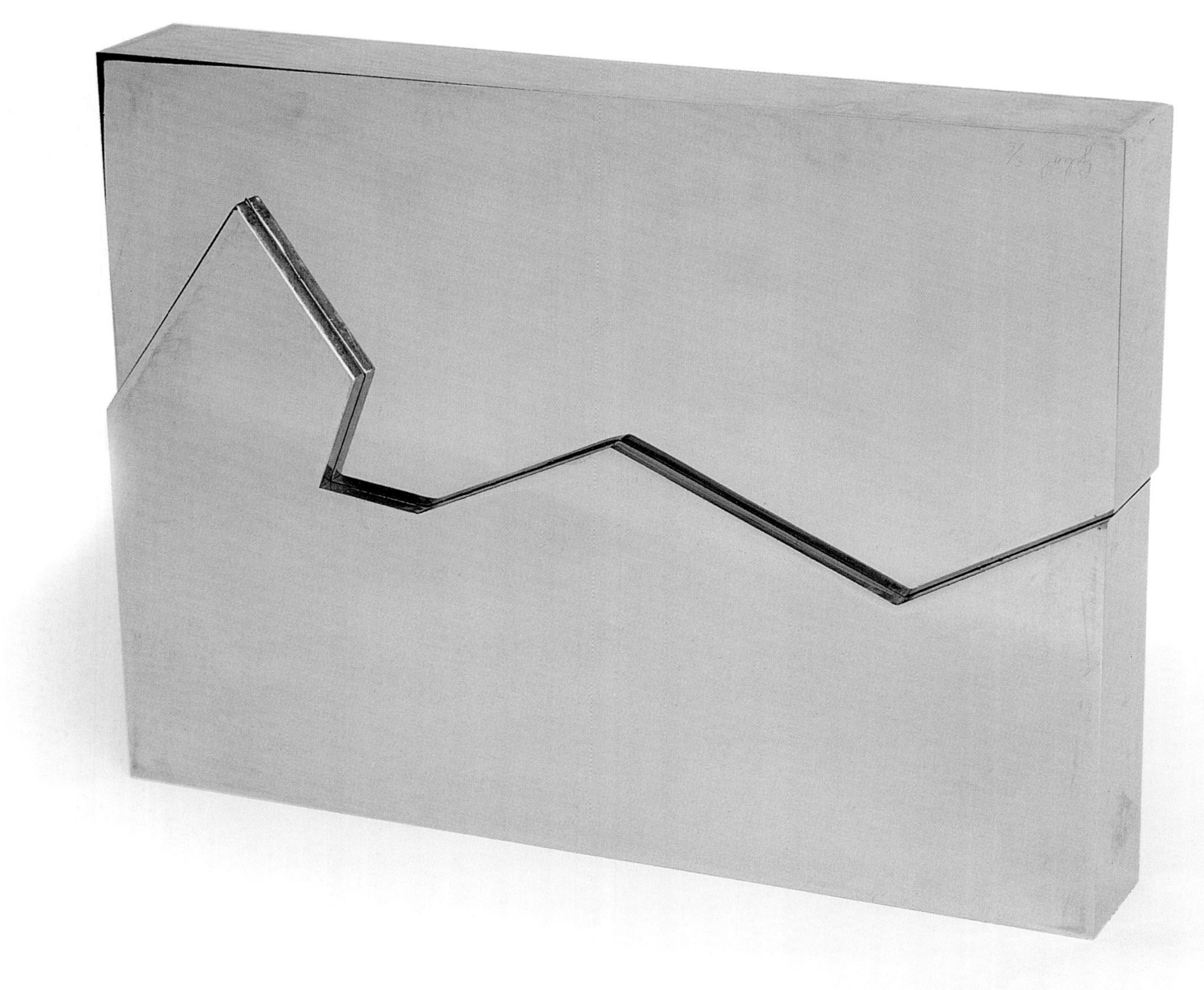

ÉMILE GILIOLI, " SANS TITRE " *acier, 27 x 33 x 5 cm. Collection particulière.*

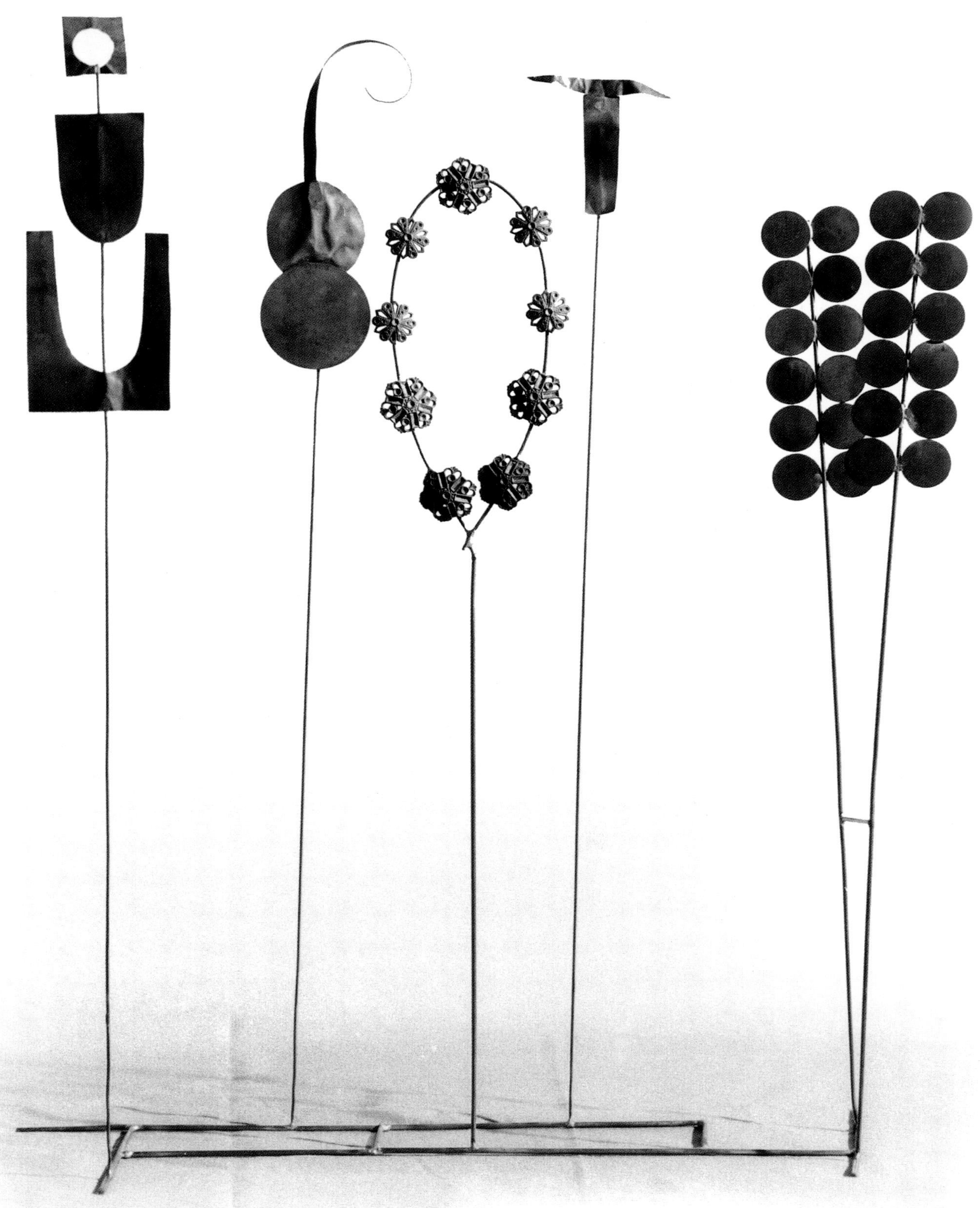

FAUSTO MELOTTI, « L'ALUOLA » *1973, fer, 47 x 16 x 37 cm. Collection particulière.*

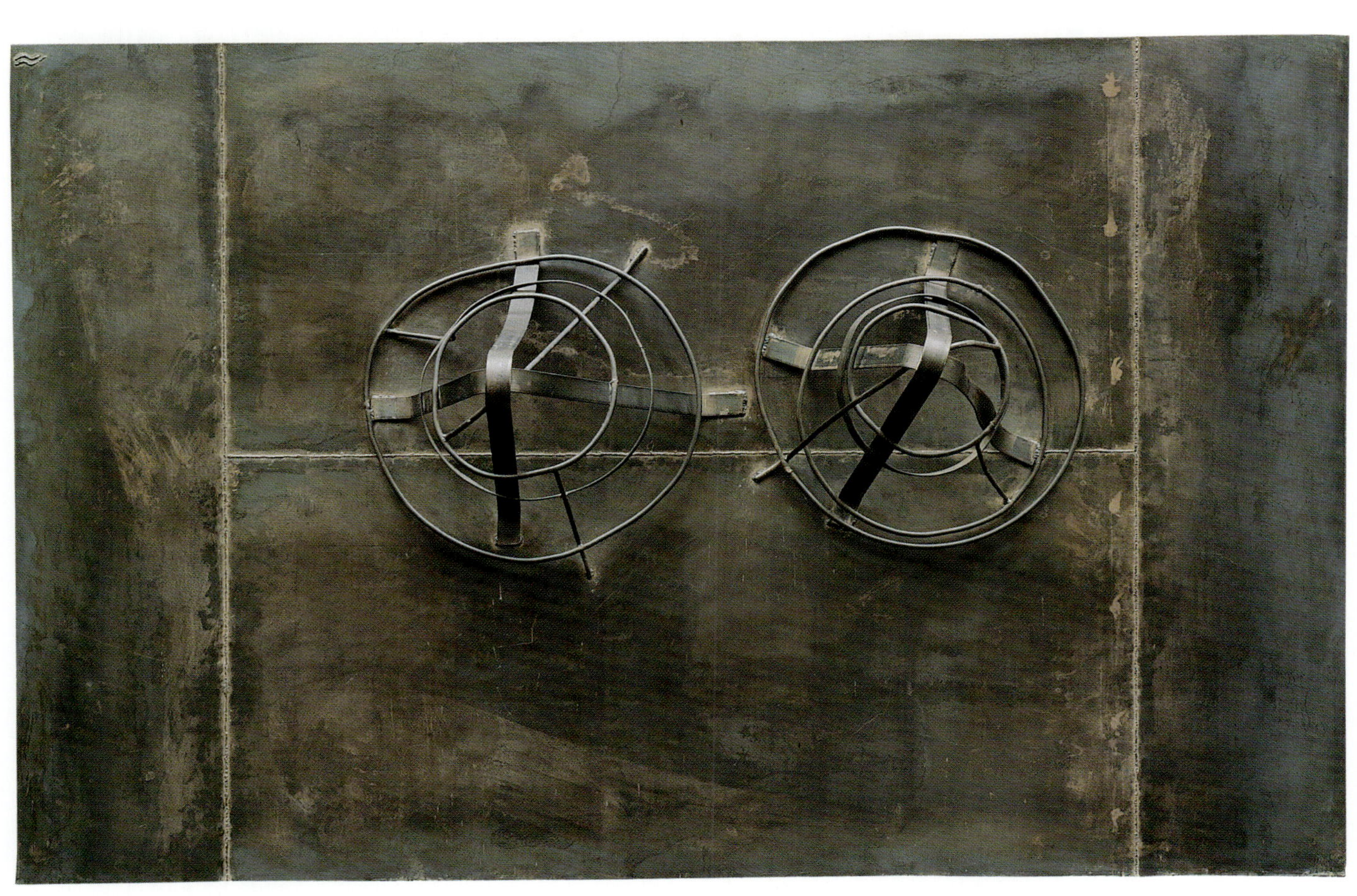

SUSANA SOLANO, " COLLINES VIDES n° 10 " *1985, fer, 192 x 294 x 64 cm. Galerie Lelong, Paris.*

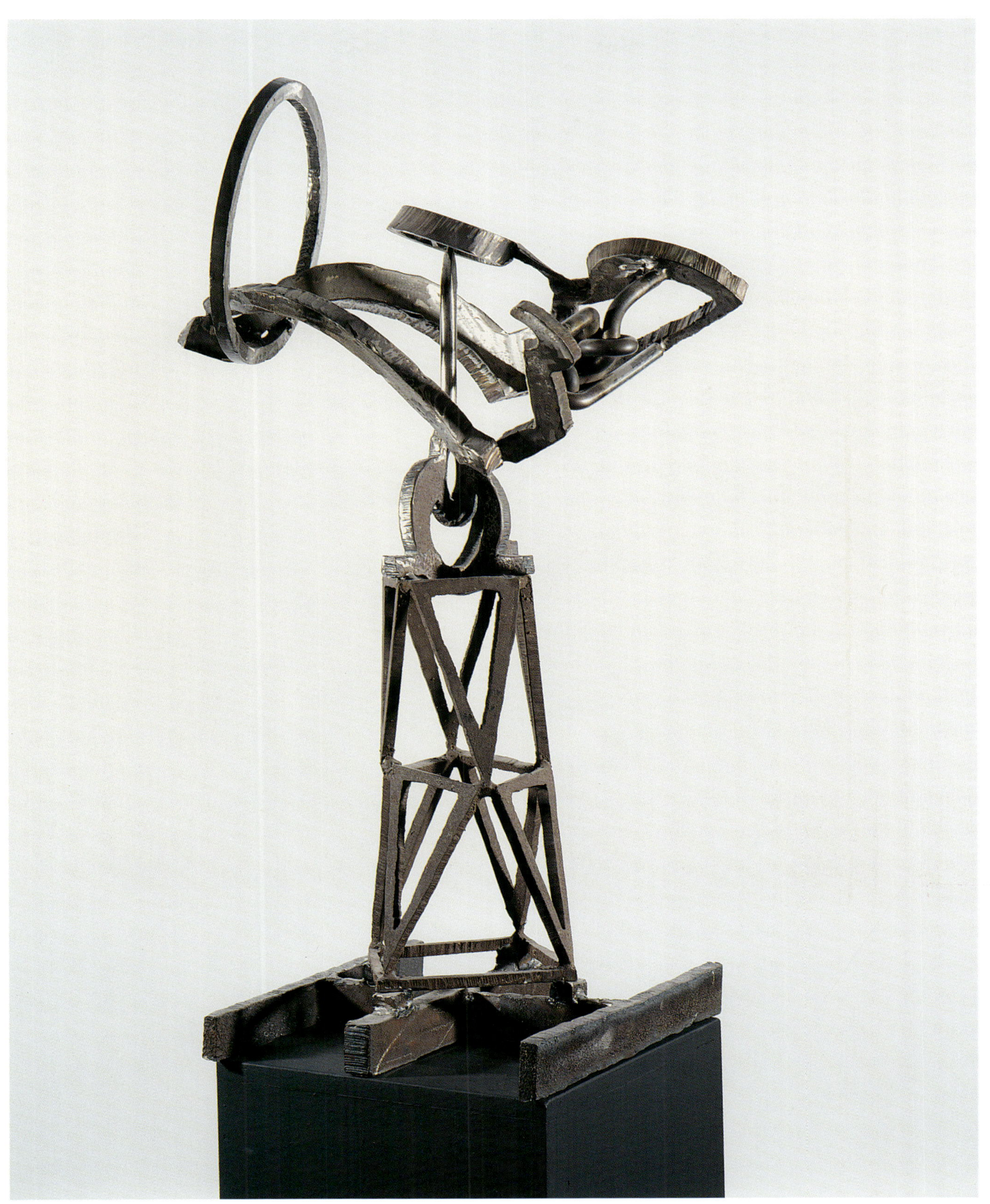

MARK DI SUVERO, " KROFTED " *1995, acier, 90 x 36 x 37 cm. Galerie Jeanne-Bucher, Paris.*

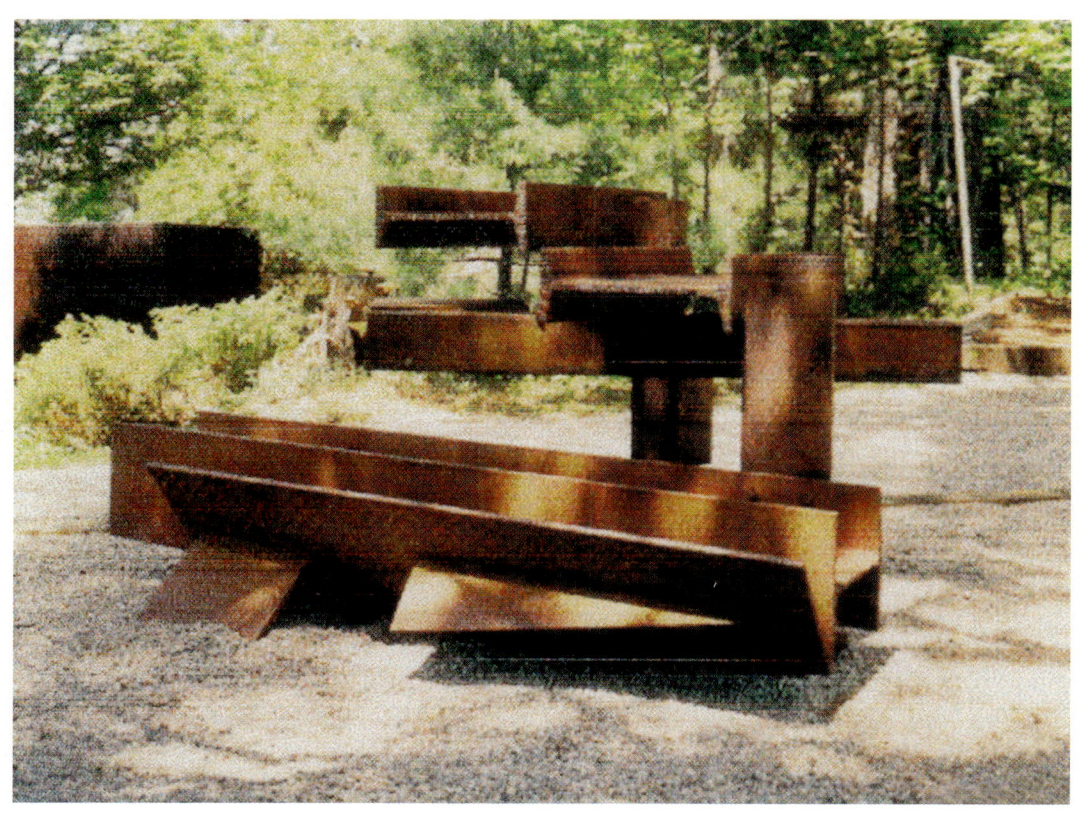

ANTHONY CARO, " CANAL " *1971, acier rouillé, 104 x 184 x 165 cm. Galerie Lelong, Paris.*

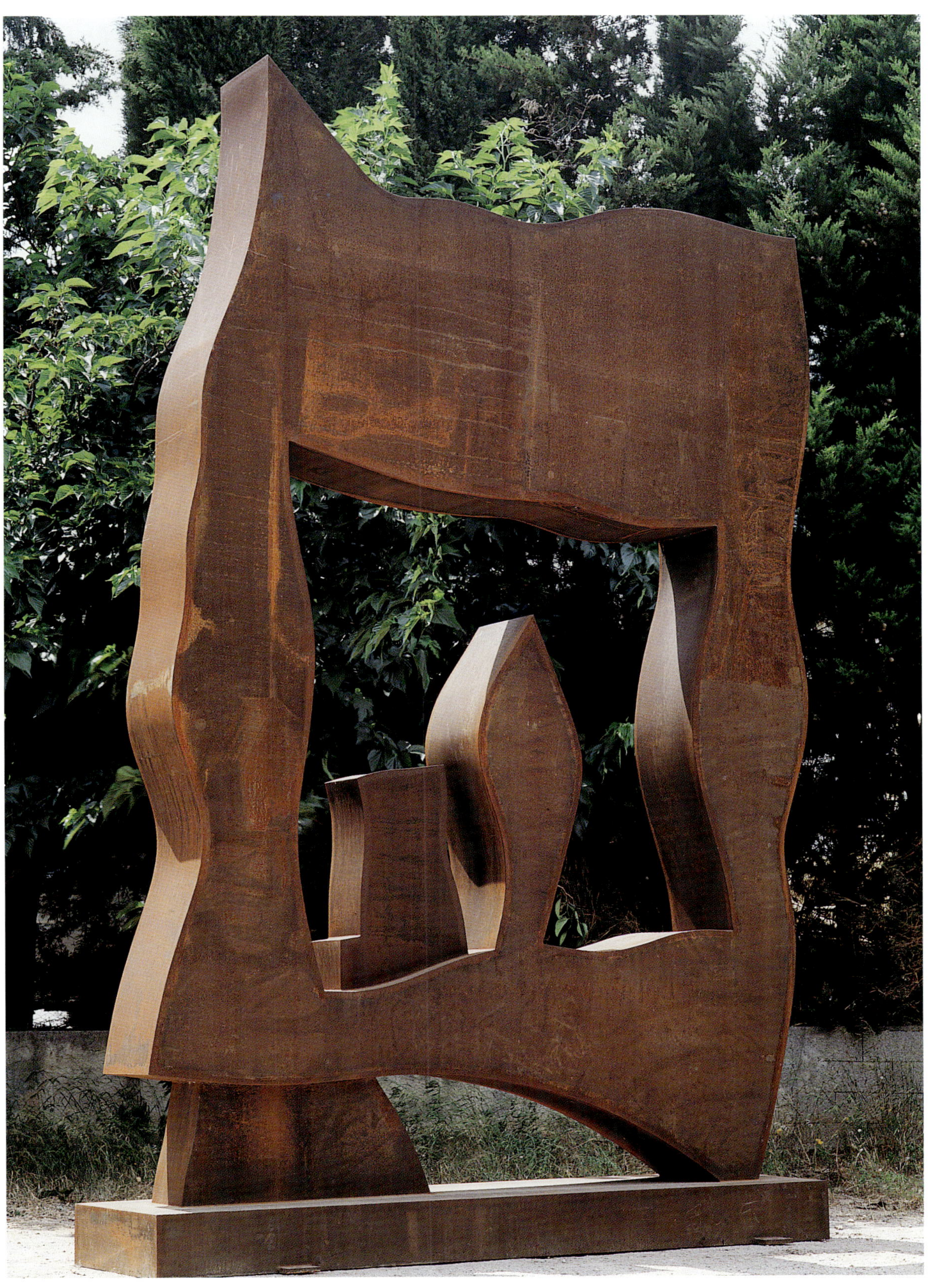

JEAN ARP, " PETIT THÉÂTRE " *conception 1959-réalisation 1972, acier corten, 500 x 303 x 82 cm. Ministère de l'éducation nationale, Université Paris VII-Jussieu.*

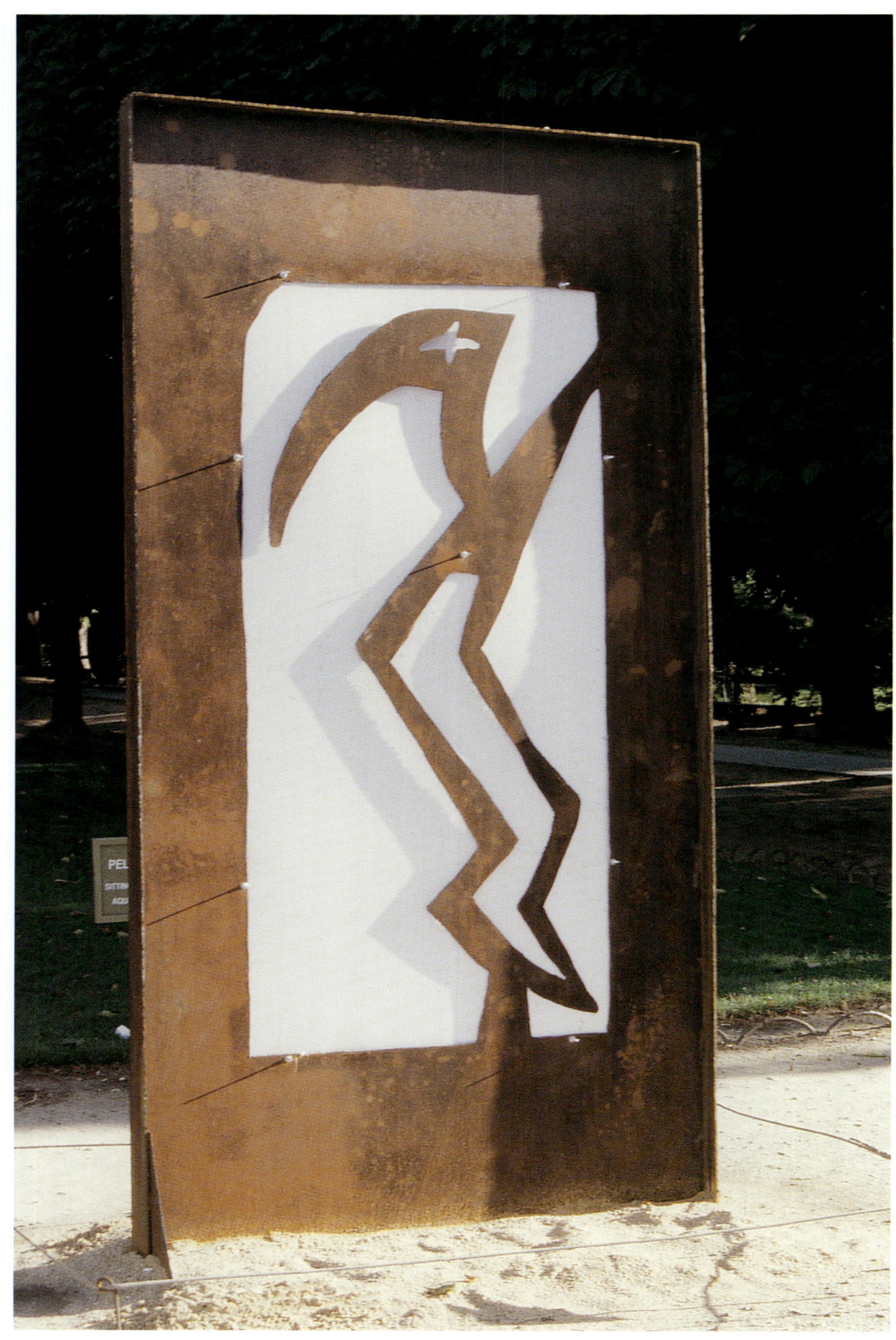

JEAN-FRANCOIS BRIANT, " TRANCHE D'OISEAU " *2003, fer, 300 x 150 x 50 cm. Galerie Di Meo, Paris.*

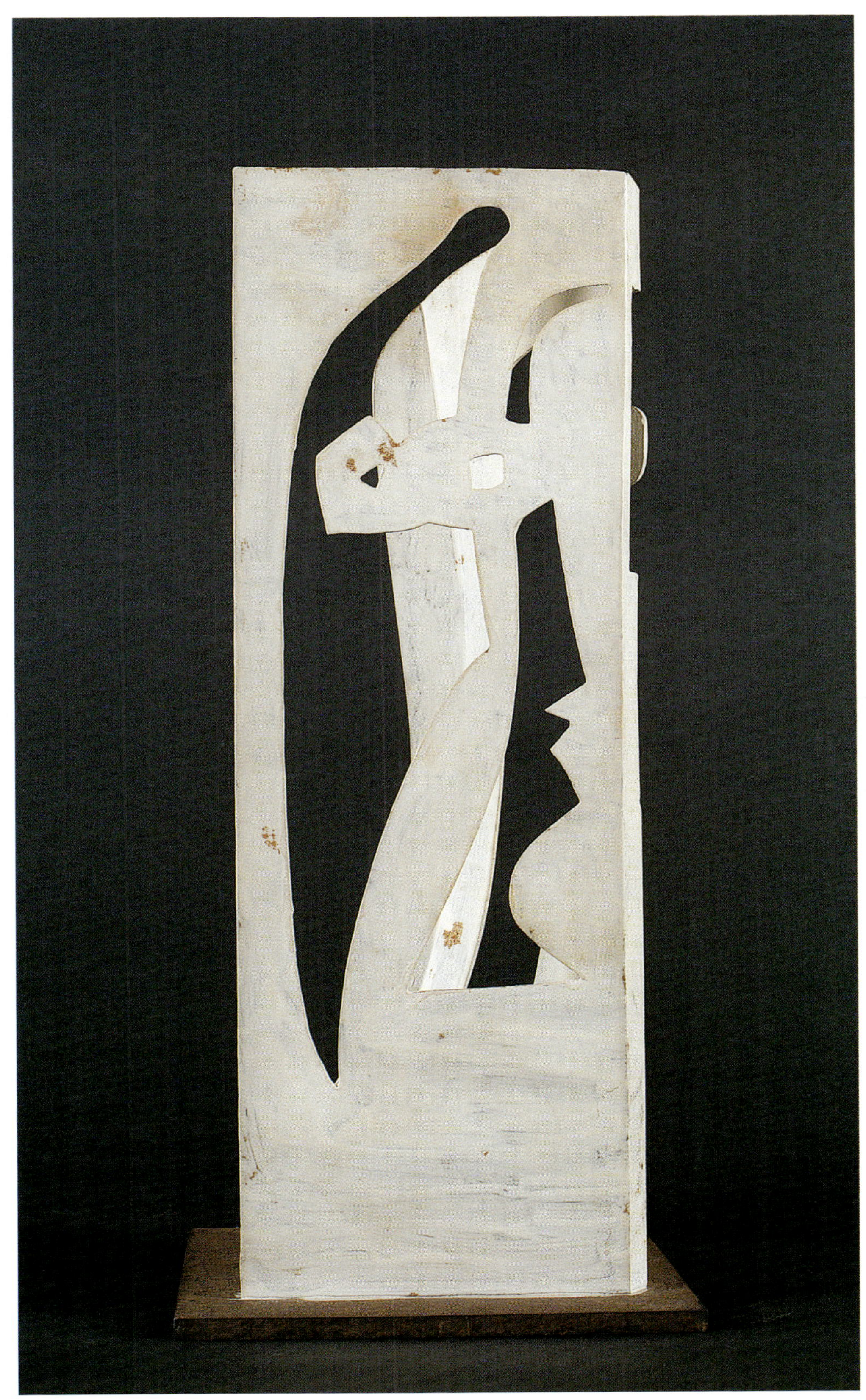

PABLO PICASSO, " PROPHILE " *1961, tôle découpée, 28 x 12 x 14. Collection particulière.*

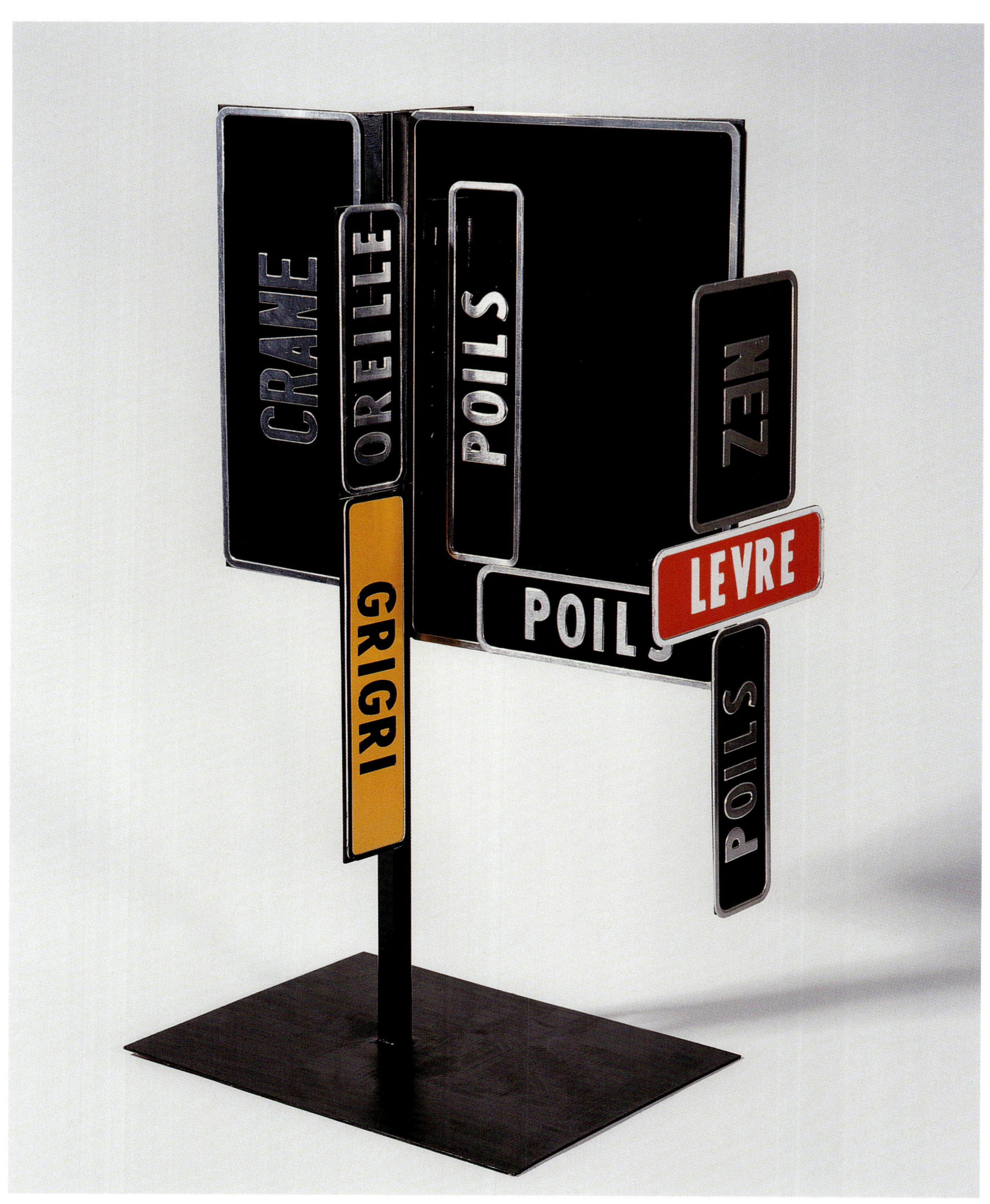

JOËL DUCORROY, « MASQUE AFRICAIN » *1998, plaques minéralogiques, 40 x 30 x 50 cm. Galerie Baudoin Lebon, Paris.*

le Fer

La liberté de découper l'espace

" Ce qui appartient au métal est le propre de ce siècle : puissance, structure, mouvement, suspension, destruction, brutalité… "
David Smith [1]

L'utilisation du fer dans la pratique sculpturale au XXe siècle a été largement associée à l'idée du renouveau de la production tridimensionnelle, à tel point qu'elle a souvent été présentée comme un phénomène artistique spécifique à l'époque, marquant même clairement une ère nouvelle, l'ouverture de la discipline à tous les possibles, voire à une créativité sans précédent.

En 1912, lorsque Picasso réalise sa *Guitare* en tôle découpée et fil de fer [2], il conçoit une œuvre dans l'espace que seul le terme de " construction " peut qualifier [3]. Il ne s'agit effectivement pas à proprement parler d'une œuvre sculptée – elle est dépourvue de socle et doit être accrochée au mur –, comme il n'est pas question non plus d'un objet taillé ou modelé. Pourtant, ne peut-on pas dire que sont alors jetées les bases de la quasi-totalité des développements non seulement de la peinture, mais aussi et surtout de la sculpture contemporaine ? Et elles le sont avec le fer !

Il faut rappeler ici que l'emploi du fer s'inscrit dans un contexte plus large, celui du débat autour de la sculpture qui, depuis la fin du XIXe siècle, tend à remettre en cause la représentation en s'appuyant notamment sur la question du matériau. Le propos tient en plusieurs points et s'articule autour d'une interrogation sur le bronze comme matériau traditionnel, sur le modelage comme méthode de travail, sur le partage des tâches qui est de mise dans la technique de la fonte. Pour autant, le fer ne supplante pas le bronze, qui reste très prisé, comme il n'apparaît pas non plus comme étant plus " moderne ". En définitive, au début du siècle, c'est la technique de la taille directe qui l'est [4], car *" qu'il s'agisse de la pierre ou du bois, celle-ci apparaît alors tout à la fois garante d'un "retour à l'ordre" et la seule voie possible à beaucoup de jeunes artistes [5] ".* L'un des atouts de la taille directe réside, il est vrai, dans le fait que le sculpteur garde une parfaite indépendance dans le cheminement de son travail en même temps qu'il y trouve les possibilités de faire fructifier des savoir-faire ancestraux, ceux de la sculpture européenne qu'il connaît comme ceux des arts tribaux qu'il découvre depuis peu. Force est de reconnaître que c'est un peintre qui s'octroie donc, en 1912, une inhabituelle liberté puisque lorsque Picasso décide de reproduire en fer blanc et en fils métalliques sa *Guitare* précédemment réalisée en papiers découpés, il franchit consciemment le pas vers la sculpture en utilisant un nouveau matériau qui lui permet de s'affranchir de conventions contraignantes inhérentes au bronze. De fait, même si le fer apparaît alors comme la réponse plastique aux interrogations et aux préoccupations des artistes – autoriser une plus grande spontanéité et donc des réalisations que ni le bois ni la pierre ne peuvent concevoir –, il ne peut être réduit à cela. Probablement déjà aidé dans cette démarche et cette appropriation du fer par son compatriote Julio González, issu d'une famille d'orfèvres et de ferronniers, Picasso renouvelle l'expérience en 1914 avec la *Bouteille de Bass, verre et journal* [6] lorsqu'il transforme en bouteille de bière le couvercle en fer blanc d'une boîte de lait qu'il peint. Il en est de même pour les autres constructions qu'il réalise en grand nombre jusqu'en 1916, puis plus irrégulièrement entre 1921 et 1924, sans parler de la période surréaliste de la fin des années 20 et du début des années 30. Néanmoins, comme d'autres peintres cubistes, il emploie aussi le bois dans sa démarche d'élaboration d'un nouveau système de figuration, ce qui peut laisser penser que le recours au fer n'est pas pour lui une fin, mais bien seulement un moyen. Ce n'est pas tout à fait faux puisque, dès son installation à Boisgeloup en 1930, et tout en continuant à être assisté par González pour ses fers soudés de grand format, il se réapproprie les techniques plus traditionnelles, ce qui a été analysé [7] comme le signe manifeste d'une évolution attestant dès lors de sa réelle maîtrise de la sculpture et non plus seulement de la peinture. Ce n'est pas tout à fait juste non plus puisqu'il reviendra de nouveau à ce procédé quand, dans les années 50, il utilisera des feuilles de métal découpées, pliées et assemblées. Ce n'est pas tout à fait juste encore car, quoi qu'on puisse en penser, le métal se trouve, dès ce moment-là, irrémédiablement investi d'un pouvoir qui distend considérablement les possibilités de la création sculpturale dont témoigne le triomphe du fer dans les décennies suivantes.

Même si l'usage du fer semble revenir, dans les années 10, aux peintres cubistes – peut-être plus soucieux d'expérimenter l'espace tridimensionnel que les sculpteurs, confrontés, eux, à la masse et au bloc –, il faut toutefois évoquer les sculpteurs qui les ont devancés. Faut-il rappeler que Pablo Gargallo, bien plus orfèvre et ferronnier que peintre, façonne dans le cuivre son *Petit masque à la mèche* [8], sans doute un autoportrait, dès 1907 ? Et souligner aussi qu'il n'est en aucun cas le premier artiste du fer, précédé en cela par les ferronniers d'art auxquels *" la sculpture forgée du XXe siècle doit assurément quelque chose [9] ".* La tradition autant que l'innovation qui ont alors cours à Barcelone avec Antoni Gaudí ne peuvent laisser Gargallo insensible et l'amènent *" à prendre la mesure de la proximité de ce type de travaux avec la sculpture [10] ".* Néanmoins, l'utilisation du fer, du cuivre ou du plomb qui caractérise l'œuvre n'implique pas chez lui l'abandon des autres techniques – comme la terre cuite, le marbre et, dans une moindre mesure, la pierre –, bien que le métal qu'il découpe, martèle, incise et repousse domine largement sa production. Comme c'est le cas avec González, l'idée de spontanéité dans l'acte créatif trouve chez lui ses limites dans le procédé même de conception qui procède toujours, à ce moment-là, de la tradition, à savoir l'esquisse, l'étude préparatoire dessinée ou le montage en cartons découpés, à l'inverse *" de l'assemblage et de*

l'improvisation pratiqués par Picasso [11] ". Il n'en reste pas moins vrai que le travail du fer, particulièrement par rapport à la fonte, permet à l'artiste de produire un geste d'une plus grande liberté et d'une évidente immédiateté qui ne l'empêche nullement, s'il le souhaite et s'agissant d'une œuvre métallique quelque peu fragile, de faire réaliser des éditions en bronze.
L'appel à dépasser la domination de plusieurs siècles de bronze et de marbre intervient dans les mêmes années, précisément en 1912, quand Umberto Boccioni publie le *Manifeste technique de la sculpture futuriste,* insistant sur la nécessité de " *détruire la prétendue noblesse, toute littéraire et traditionnelle, du marbre et du bronze et nier carrément que l'on doive se servir exclusivement d'une seule matière pour un ensemble sculptural. Le sculpteur peut se servir de vingt matières différentes, ou davantage, dans une seule œuvre, pourvu que l'émotion plastique l'exige* [12] ". L'importance d'un texte théorique comme celui-ci est essentielle, puisqu'il insiste sur l'aspect technique, sur l'usage de matériaux nouveaux au rang desquels le fer va jouer, on le sait, un rôle déterminant au cours du siècle même si les futuristes eux-mêmes, Boccioni compris [13], continuent à utiliser le bronze pour leurs œuvres les plus importantes, leur opposition à cet alliage classique apparaissant plus comme un discours de circonstance. A peu près au même moment, des sculpteurs plus discrets – tel Henri Laurens, attentif aux formes dans l'espace – n'hésitent pas à réaliser des pièces polychromes en bois, en tôle et en fer, étrangers qu'ils sont à la notion de noblesse du bronze, véritablement engagés dans la voie de la modernité.
Il n'est pas l'objet ici de dresser un panorama de la sculpture en fer au XXe siècle, si divers et si vaste, pas plus qu'il n'a été question, semble-t-il, de réunir dans l'exposition tous les praticiens de cette technique, trop nombreux pour penser raisonnablement les réunir dans leur totalité. Cependant, il faut évoquer les artistes constructivistes russes, qui jouent un rôle non négligeable en introduisant le métal dans l'élaboration de leurs œuvres. Se souvenant des assemblages et des reliefs qu'il a vus dans l'atelier parisien de Picasso, Tatline imagine dès 1913 un relief constitué de fer blanc découpé et plié [14], première œuvre d'une série où il franchit le pas décisif de la figuration vers la non-figuration. Les frères Antoine et Naum Gabo Pevsner, signataires en 1920 du *Manifeste réaliste,* Alexander Rodtchenko, Kasimir Meduniezky, Vladimir et Gueorgii Steinberg ou encore Katarzyna Kobro, pour ne citer qu'eux, utilisent le fer en tôle, en fil ou en tige pour concevoir leurs sculptures et leurs constructions qui ont en commun l'apesanteur et le mouvement dans l'espace. Préoccupation aussi d'Alexander Calder qui dès 1927, bien avant ses *Mobiles* et ses *Stabiles,* imagine de grands personnages en fil métallique anticipant le cirque qu'il compose ensuite en miniature. De la même manière, avec le Suisse Walter Bodmer, le dessin sort des deux dimensions pour se détacher en fils soudés sur des panneaux de bois peints quand il construit ses premiers tableaux-reliefs en 1936. Dans les mêmes années, lorsque des artistes non figuratifs installés à Paris se rassemblent sous le sigle Cercle et Carré puis dans le groupe Abstraction Création, les sculpteurs, relativement nombreux, se mettent à travailler le métal et les alliages, tels Jean Arp, Georges Vantongerloo, César Domela, Germán Cueto ou encore Fausto Melotti. Il faut attendre ensuite les années 50 pour que toutes les possibilités d'emploi des techniques liées au métal soient exploitées et deviennent dominantes.
En réalité, nombreux sont les sculpteurs qui découvrent le fer à partir des créations de leurs aînés – celles de González, de Gargallo et de Picasso –, qui ont imaginé de nouvelles possibilités pour construire l'espace. Comme cela a été dit plus haut, dès 1912, avec la *Guitare* de Picasso et les constructions cubistes qui s'ensuivent, l'assemblage devient un élément déterminant de la nouvelle sculpture face au modelage. Non pour minimiser la rupture qu'elle instaure, il faut rappeler que cette technique a été initiée par Rodin, qui faisait réaliser des moulages en plâtre à partir de ses terres modelées, moulages qu'il démembrait pour expérimenter et juger des états intermédiaires [15], pratique que nombre de sculpteurs reprendront ensuite à leur compte. Au début des années 10, le propos est évidemment tout autre puisque l'assemblage ne participe pas de l'élaboration de l'œuvre, mais fait l'œuvre.
Dans cette volonté de réécriture de l'espace, la disparition du socle joue aussi un rôle déterminant dans lequel le métal tient une place prépondérante. Cela se vérifie depuis les premières constructions cubistes faites pour être accrochées au mur jusqu'aux récentes cages de Susana Solano posées sur des roulettes en passant par les sculptures constructivistes des années 20, les multiples créations des années 50 et 60, ou encore les créations issues de l'art minimal des années 60, qu'il s'agisse des modules parallélépipédiques de Sol LeWitt, des plaques de Carl André, des structures cubiques de Robert Morris ou des boîtes de Donald Judd.
C'est en toute logique que le métal tient alors la première place dans les nouvelles possibilités de construction dans l'espace. Il y tient la première place parce qu'il permet à l'artiste, cela a été dit, de se libérer de conventions contraignantes, l'atout qu'on lui reconnaît couramment étant la spontanéité et la liberté de l'écriture. En effet, le matériau se prête mieux à ses exigences en lui offrant de nouvelles et multiples possibilités d'expression, de composition et de construction. Ainsi, les évidentes manifestations de l'important renouvellement de la sculpture surgissent après la Seconde Guerre mondiale et sont indiscutablement liées, faut-il le rappeler, au perfectionnement de l'outillage, souvent à caractère industriel. Les manières de travailler le métal sont nombreuses et font appel à des techniques très diverses : martelage, forgeage, découpage, sciage, tranchage, moulage, soudage, patinage, polissage… Tout en rendant le sculpteur plus libre – puisqu'il ne dépend plus du fondeur, comme pour les bronzes, ni du four et des caprices de la cuisson, comme pour la céramique –, cette pratique exige cependant, à l'exception des artistes orfèvres, de grands espaces, souvent d'anciennes usines, et des compétences qui rapprochent les sculpteurs – lorsqu'ils ne le sont pas eux-mêmes comme Vladimir Skoda – des ouvriers et des techniciens métallurgistes, ou encore des bureaux d'études et des industriels – pensons à Calder ou à Anthony Caro – pour concevoir et réaliser leurs œuvres devenues monumentales. Au fil des années, outils et techniques se sont multipliés, les progrès n'étant pas sans incidence sur la création. Le découpage – d'abord à la cisaille ou au burin – a été rendu plus aisé avec le chalumeau, tout comme la soudure a vu ses procédés évoluer, de la soudure autogène à la soudure à l'arc voltaïque, permettant de faire fusionner des métaux habituellement inexploités. L'utilisation des colles, devenues très puissantes, a eu également une répercussion dans l'assemblage des œuvres, évidemment moindre que le boulonnage qui a

permis la conception de sculptures démontables et transportables comme celles de Mark Di Suvero, bâties avec d'énormes poutrelles.

Sans même parler des raisons idéologiques qui ont pu conduire les sculpteurs à utiliser le métal – lié d'une manière irrémédiable à l'idée de modernité et symbole de la société industrielle –, les principaux motifs de sa prédominance reposent, au tournant des années 50, sur l'aspect économique dans la mesure où le travail du bronze est relativement coûteux pour les jeunes artistes. Sa disponibilité de plus en plus grande, ses propriétés uniques et ses réelles qualités plastiques – il est ductile, c'est-à-dire qu'il peut être étiré en fils métalliques, malléable, c'est-à-dire qu'on peut lui donner n'importe quelle forme en le martelant – ont eu raison, pendant plusieurs décennies, de la pierre et du bois, plus rares et plus onéreux. Et même si la fonte en bronze, au-delà de son caractère noble, est toujours considérée comme une excellente méthode de conservation des sculptures préalablement modelées, et parfois aussi des pièces assemblées ou forgées, elle ne peut se prévaloir de l'unicité de l'œuvre en métal. Enfin, même si certains sculpteurs s'attachent à vouloir rendre, avec les patines, toutes les qualités sensuelles du bronze en accordant une grande importance au rendu des surfaces, seule la diversité des métaux et des alliages – le fer, le cuivre, le laiton, le plomb, l'aluminium, l'argent, les différents aciers (inoxydable, corten, galvanisé...) – peut leur apporter une aussi grande variété de couleurs, de traitements et de textures : effets d'oxydation ou de rouille, parfaites finitions polies et miroitantes, irrégularités et aspérités... qui se trouvent d'ailleurs multipliés par l'association des métaux à d'autres matériaux comme le bois, la terre, le ciment, le verre, les matières plastiques ou encore les objets de récupération.

Sans doute est-il encore une raison, déterminante, de la prédominance du fer dans la seconde moitié du XXe siècle. Plus qu'avec d'autres matériaux, les sculpteurs y trouvent le moyen de dessiner, de peindre et de découper l'espace qui reste l'unique enjeu de la discipline. En effet, le fer apparaît aux yeux de beaucoup comme l'évidence d'un renouvellement des possibilités du sculptural, la certitude de faciliter l'émergence de nouveaux équilibres, la conviction de pouvoir approcher et affronter l'espace pour jouer librement avec lui. C'est quelquefois le dessin en tant que tel qui le leur permet, celui esquissé sur les carnets d'études, celui exécuté avec un soin minutieux sur de grandes feuilles, les sculpteurs étant en de nombreux cas d'excellents dessinateurs. Mais, souvent, c'est la ductilité du matériau qui métamorphose la sculpture en un dessin dans l'espace, « *le martelage* [étant] *au fer ce que le crayon est au dessin* » selon le sculpteur Alain Kirili, qui précise que « *forger et dessiner sont des arts proches, seul le volume les sépare* [16] ». Il est vrai que si la taille directe sur bois, sur pierre ou sur marbre implique un parfait équilibre des forces, le métal forgé ou soudé ouvre de nouvelles et multiples possibilités d'occupation de l'espace et laisse libre cours à la créativité, amenant à des expressions aussi variées qu'il y a de sculpteurs. Par exemple, si Chillida découpe des plaques de fer comme il découpe le papier, César supprime le geste au profit du voir lorsqu'il compresse ; si Bernar Venet travaille des barres pour assujettir leurs lignes, Émile Gilioli attache un soin non dissimulé au poli de l'inox. Et que dire des produits de l'industrie lourde qui, ajoutés aux développements des procédés de coloration, font du métal le matériau de prédilection des commandes monumentales pour l'extérieur qui rivalisent visuellement avec l'architecture ? Il ne fait pas de doute que l'utilisation du fer permet à la sculpture de se libérer de la loi physique de la pesanteur et de poser en termes nouveaux le rapport avec l'espace. Par l'opposition des lignes de force, par le jeu des proportions, des ouvertures ou des répétitions, le volume se trouve presque aboli et la masse compacte de la matière est remplacée par des volumes d'espace, laissant respirer les rythmes et les élans en favorisant la circulation de la lumière dans toutes les directions. N'est-ce pas le sculpteur danois Robert Jacobsen qui a, avec le plus de pertinence, exprimé ce qu'il advient avec la sculpture en métal, à savoir qu'« *avec le fer tu fais la forme, tu choisis l'espace* [17] » ?

Philippe Bouchet

Historien d'art

1. David Smith (1906-1965) a été aux États-Unis le pionnier de la sculpture en métal. Cité dans le texte de Jean-Luc Daval, « Les possibilités du métal », dans *La sculpture, l'aventure de la sculpture moderne – XIXe et XXe siècles*, Skira, Genève, p. 208.
2. Pablo Picasso, *Guitare*, 1912, tôle découpée et fil de fer, 77,5 x 35 x 19,3 cm, New York, The Museum of Modern Art.
3. Julio González rapportera qu'en 1908 « *Picasso nous présentait la forme non pas comme une silhouette, ni comme une projection de l'objet, mais, par la mise en relief des plans, des synthèses et par le cube de celui-ci, comme une construction* », dans « Picasso sculpteur », *Cahiers d'art*, janvier 1937, n°s 6-7, p. 189.
4. Constantin Brancusi ne proclamait-il pas : « *La taille directe est la vraie voie de la sculpture* » ? Cité dans Rudolf Wittkower, *Qu'est-ce que la sculpture ? Principes et procédures de l'Antiquité au XXe siècle*, Macula, Paris, 1995, p. 278.
5. Anne Haudiquet, « Bronze et fer - discours sur le matériau », dans le catalogue *Forger l'espace*, Calais, Musée des beaux-arts et de la dentelle - Valencia, Ivam Centre Julio González - Las Palmas de Gran Canaria, Centro atlántico de arte moderno, 1999, p. 188.
6. Pablo Picasso, *Bouteille de Bass, verre et journal*, 1914, fer blanc peint et papier, 20,7 x 13,5 x 8 cm, Paris, Musée Picasso.
7. Voir le texte de John Golding dans le catalogue de l'exposition *Picasso : Sculptor / Painter*, Londres, Tate Gallery, 1994, pp. 28-29.
8. Pablo Gargallo, *Petit masque à la mèche*, 1907, cuivre, 8 x 6 x 2,6 cm, Paris, Succession Gargallo.
9. Voir les pages 22 à 26 du texte de Serge Fauchereau, « Forger l'espace », dans le catalogue *Forger l'espace*, *op. cit.*, qui rappelle l'importance du travail des métaux depuis la préhistoire jusqu'à nos jours.
10. Serge Fauchereau, *op. cit.*, p. 30.
11. Rosalind Krauss, *L'originalité de l'avant-garde et autres mythes modernistes*, Macula, Paris, 1993, pp. 205-206.
12. Umberto Boccioni, *Manifeste technique de la sculpture futuriste*, 1912, cité dans *La sculpture, l'aventure de la sculpture moderne – XIXe et XXe siècles*, Skira, Genève, p. 138.
13. Rappelons néanmoins que Boccioni, né en 1882, est mort accidentellement en 1916 et que sa disparition prématurée ne lui a pas permis de mettre en pratique ses déclarations.
14. Vladimir Evgrafovitch Tatline, *La bouteille*, 1913, relief en métal découpé et plié, collage (œuvre détruite).
15. Léo Steinberg, *Le retour de Rodin*, Macula, Paris, 1991, p. 63.
16. Cité dans le texte de Serge Fauchereau, *op. cit.*, p. 36.
17. Cité dans le texte de Jean-Luc Daval, « Le triomphe du fer », dans *La sculpture, l'aventure de la sculpture moderne – XIXe et XXe siècles*, Skira, Genève, p. 212.

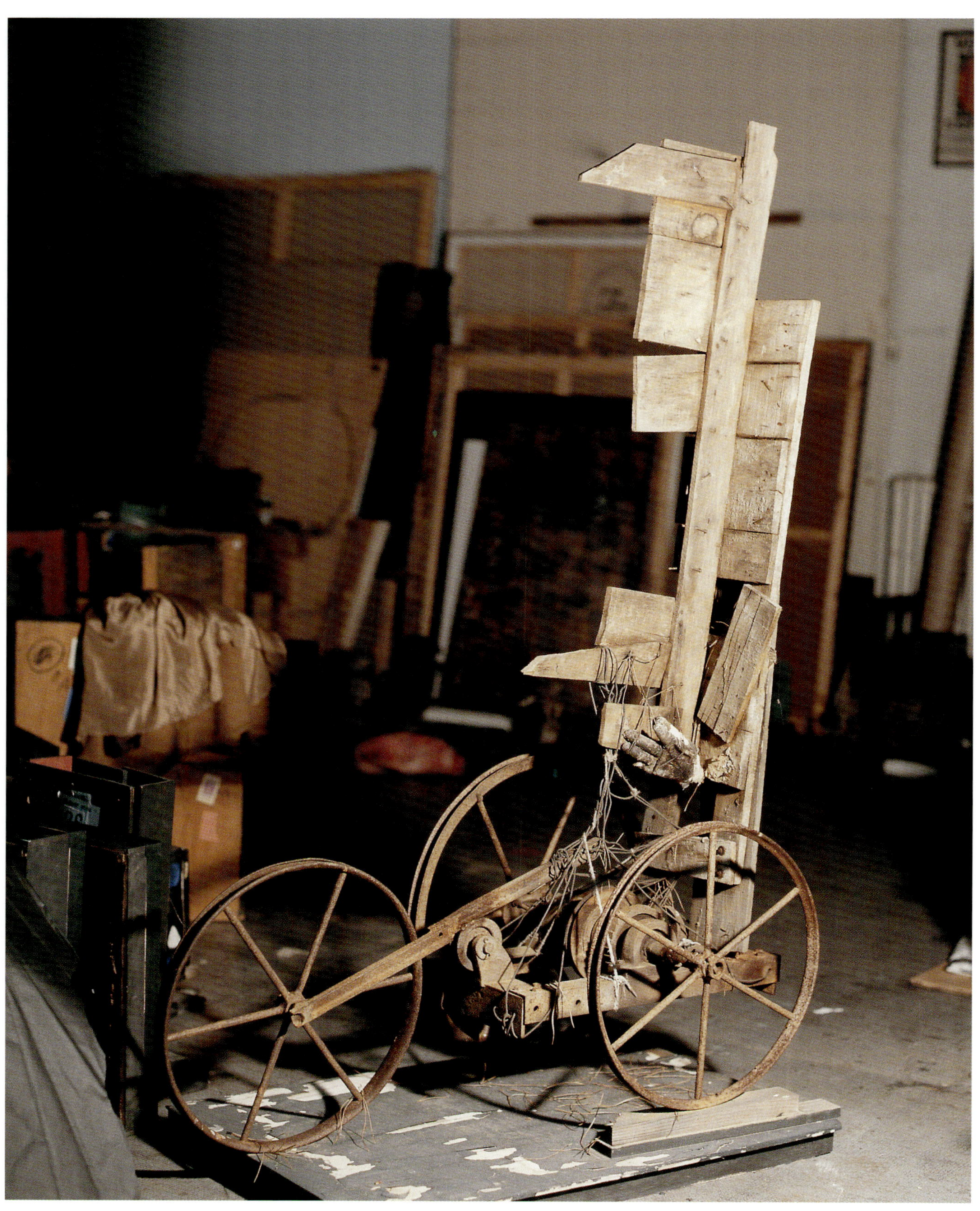

ANTONÌ CLAVÉ, " DRÔLE DE TRICYCLE " *1983-1985, bois, fer et ficelle, 180 x 123 x 60 cm. Collection particulière.*

le Bois

JOSEPH ALESSANDRI ■ NICOLAS ALQUIN ■ ARMAND AVRIL ■ ENRICO BAJ BAMILÉKÉ ■ POL BURY ■ AUGUSTIN CARDENAS ■ TOM CARR ■ GASTON CHAISSAC ■ ANTONÌ CLAVÉ ■ CORNEILLE ■ DORU COVRIG ■ PARVINE CURIE ■ VIC GENTILS ■ TONI GRAND ■ MAURICE GUILLAUME ■ KITTY KANTILLA CHRISTIAN LAPIE ■ LE CORBUSIER ■ DOMINIQUE LICCIA ■ PAUL MANSOUROFF ■ GIUSEPPE MARANIELLO ■ JOAN MIRÓ ■ JUANA MULLER ■ DAVID NASH LOUISE NEVELSON ■ NUNZIO ■ BERNARD PAGÈS ■ FLAVIO PAOLUCCI PENCK ■ LOUIS PONS ■ JEAN-JOSEPH SANFOURCHE ■ FRANÇOIS STAHLY JOE TILSON ■ NICOLAS VALABRÈGUE ■ VICTOR VASARELY ■ PASCAL VERBENA URSULA VON RYDINGSVARD ■ HELMUT WIENHOLD ■ OSSIP ZADKINE

Saint-Rémy-de-Provence, Centre d'Art Présence Van Gogh

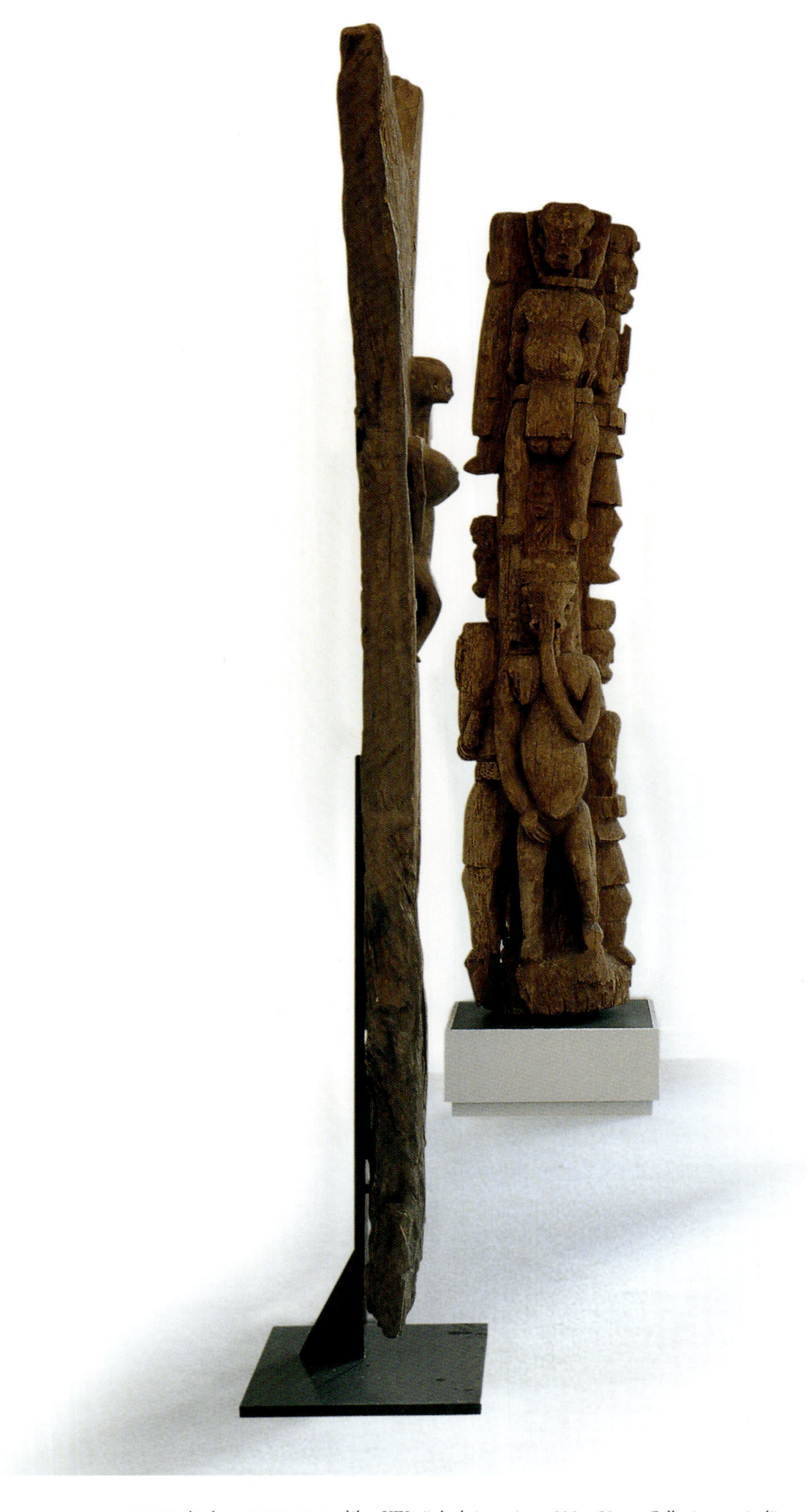

BAMILÉKÉ, " POTEAU " *début XIXe siècle, bois exotique, 230 x 50 cm. Collection particulière.*

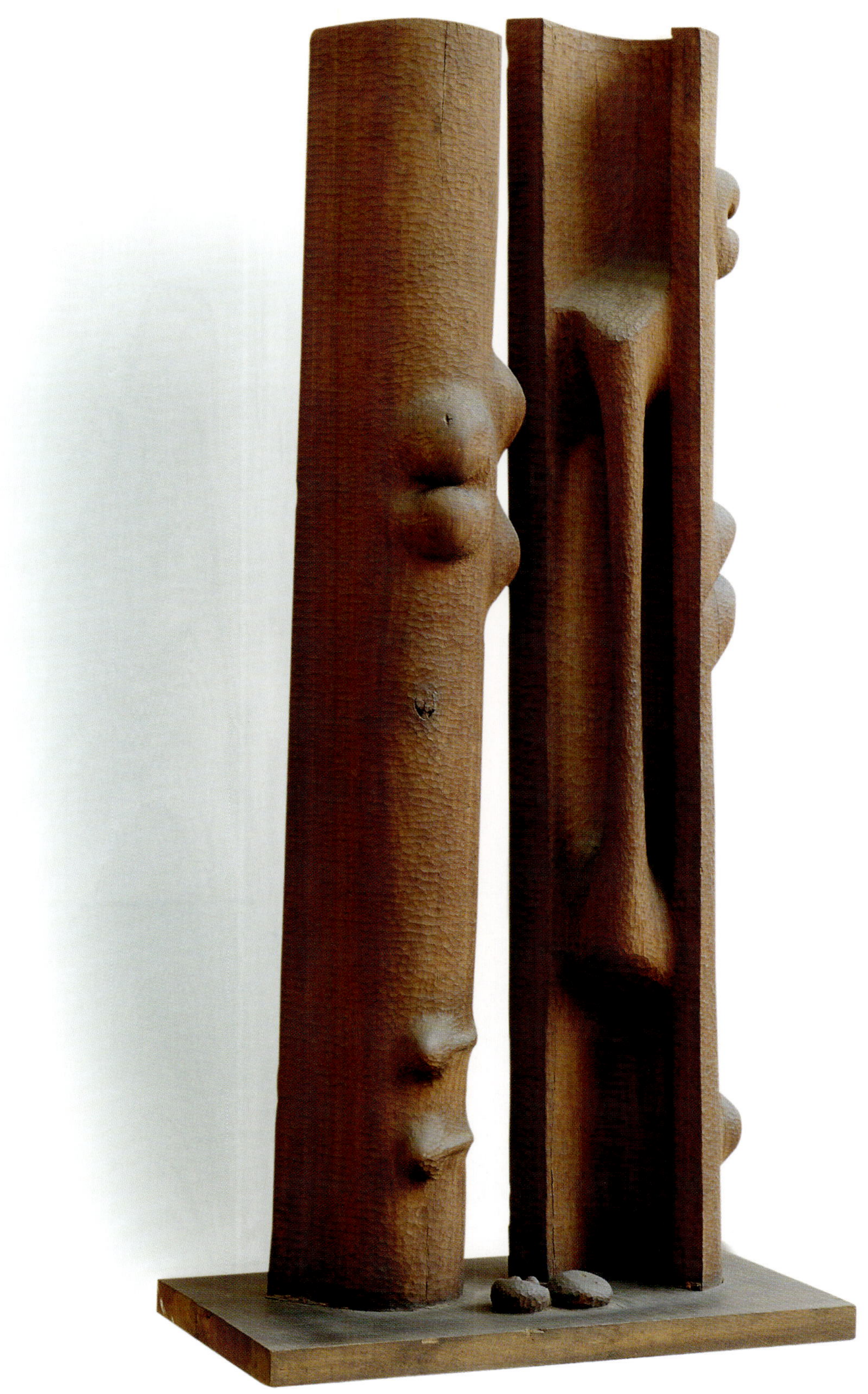

AUGUSTIN CARDENAS, " LA FAMILLE DE CHACUNBELE " *1973, acajou, 280 x 130 x 170 cm. Collection particulière.*

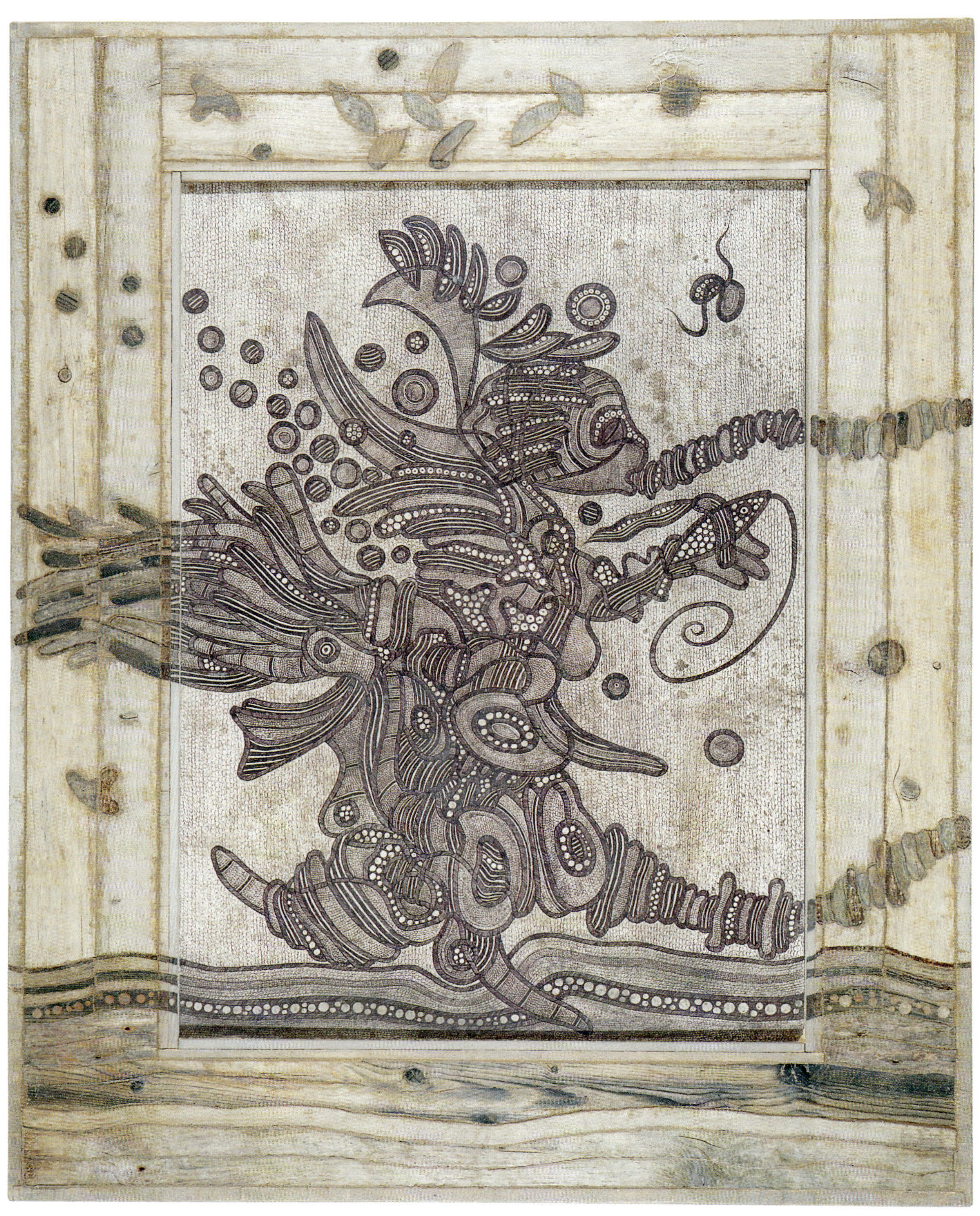

PASCAL VERBENA, " ALLOBROGE II " *2003, bois, 137 x 108 x 7 cm. Collection particulière.*

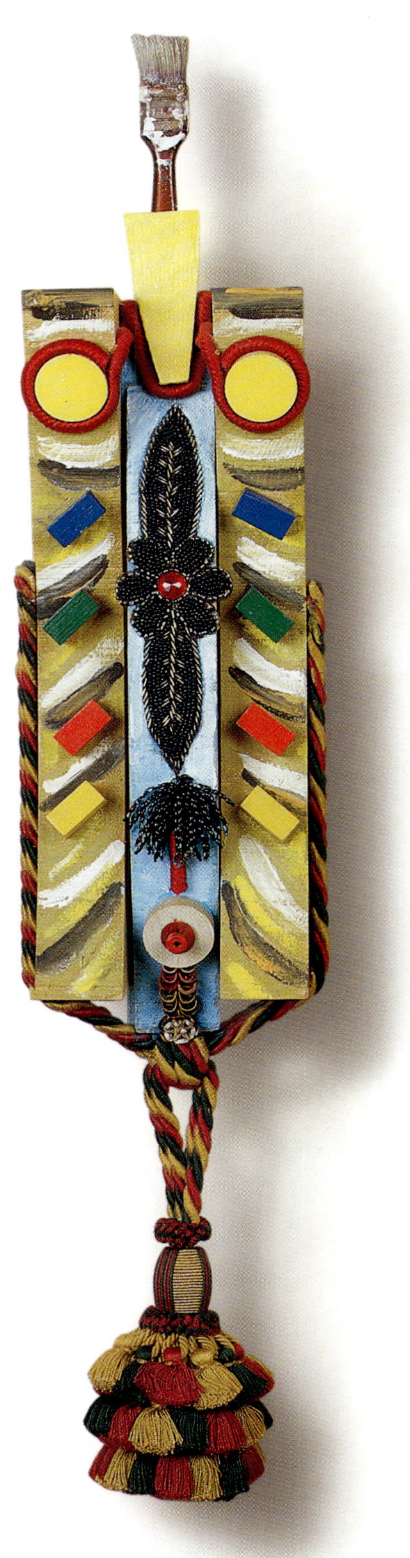

ENRICO BAJ, " BENA RANIOCA " *1993, bois et collage, 94 x 20 cm. Collection particulière.*

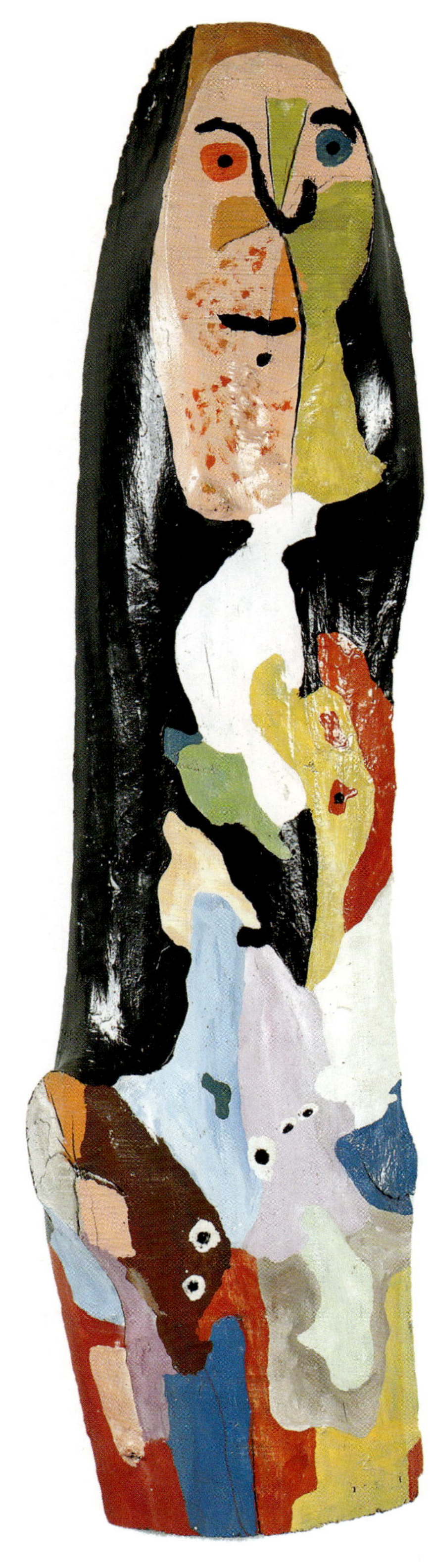

GASTON CHAISSAC, " TOTEM " *1964, bois taillé et peint, 99 x 25,8 x 6 cm. Musée d'art moderne, Saint-Étienne.*

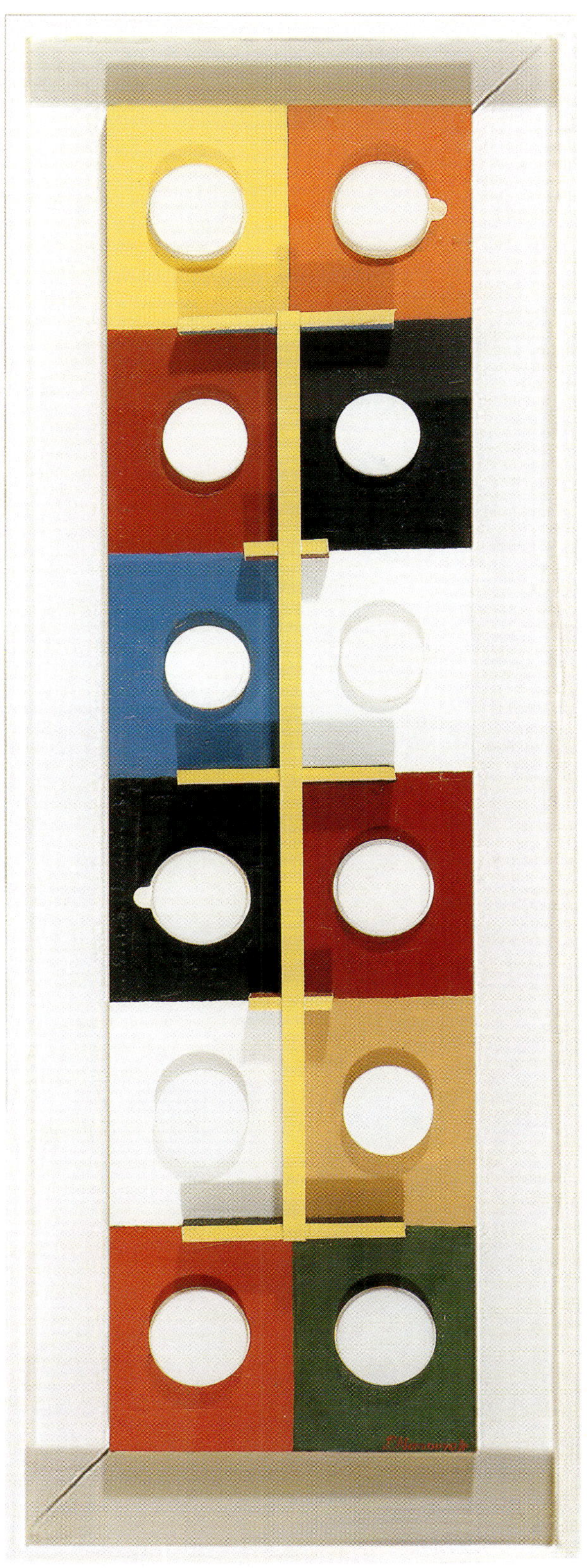

PAUL MANSOUROFF, " RELIEF " *1978, bois peint, 120 x 30 x 7 cm. Collection particulière.*

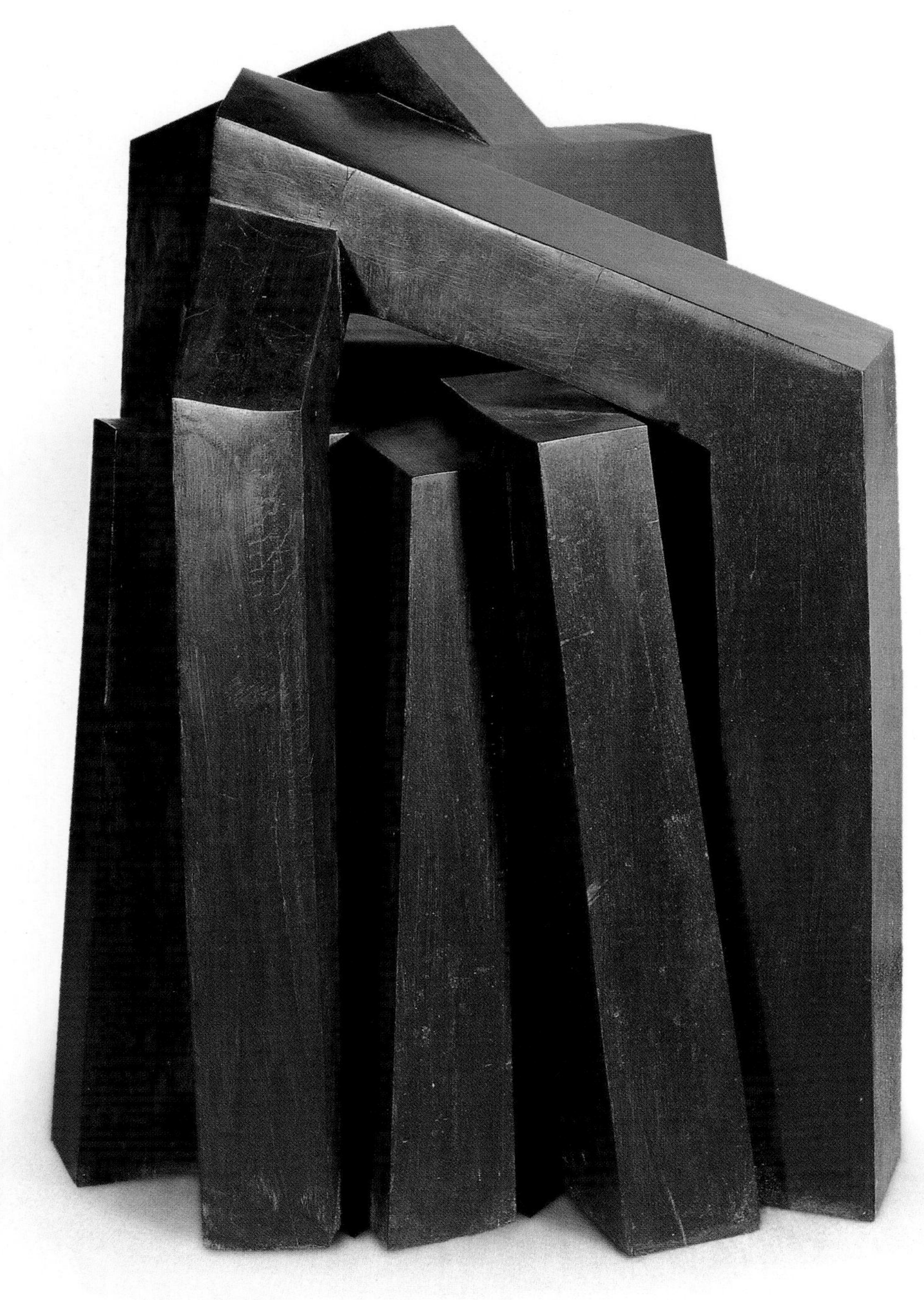

PARVINE CURIE, " MÈRE SANTA MARIA DEL MAR " *1977, bois, 110 x 100 x 100 cm. Collection particulière.*

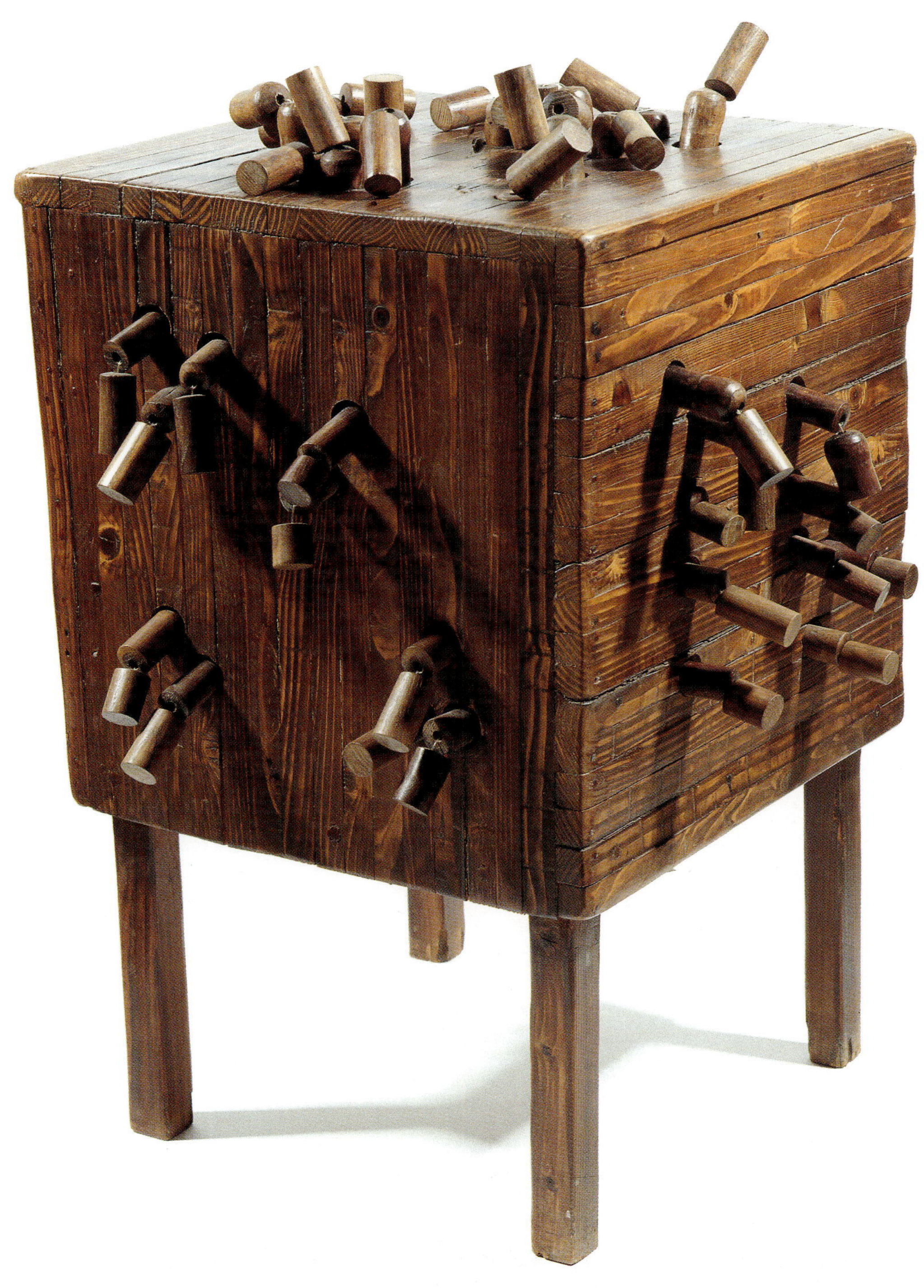

POL BURY, " PETIT MEUBLE " *1964, bois, 83 x 49 x 49 cm. Collection particulière.*

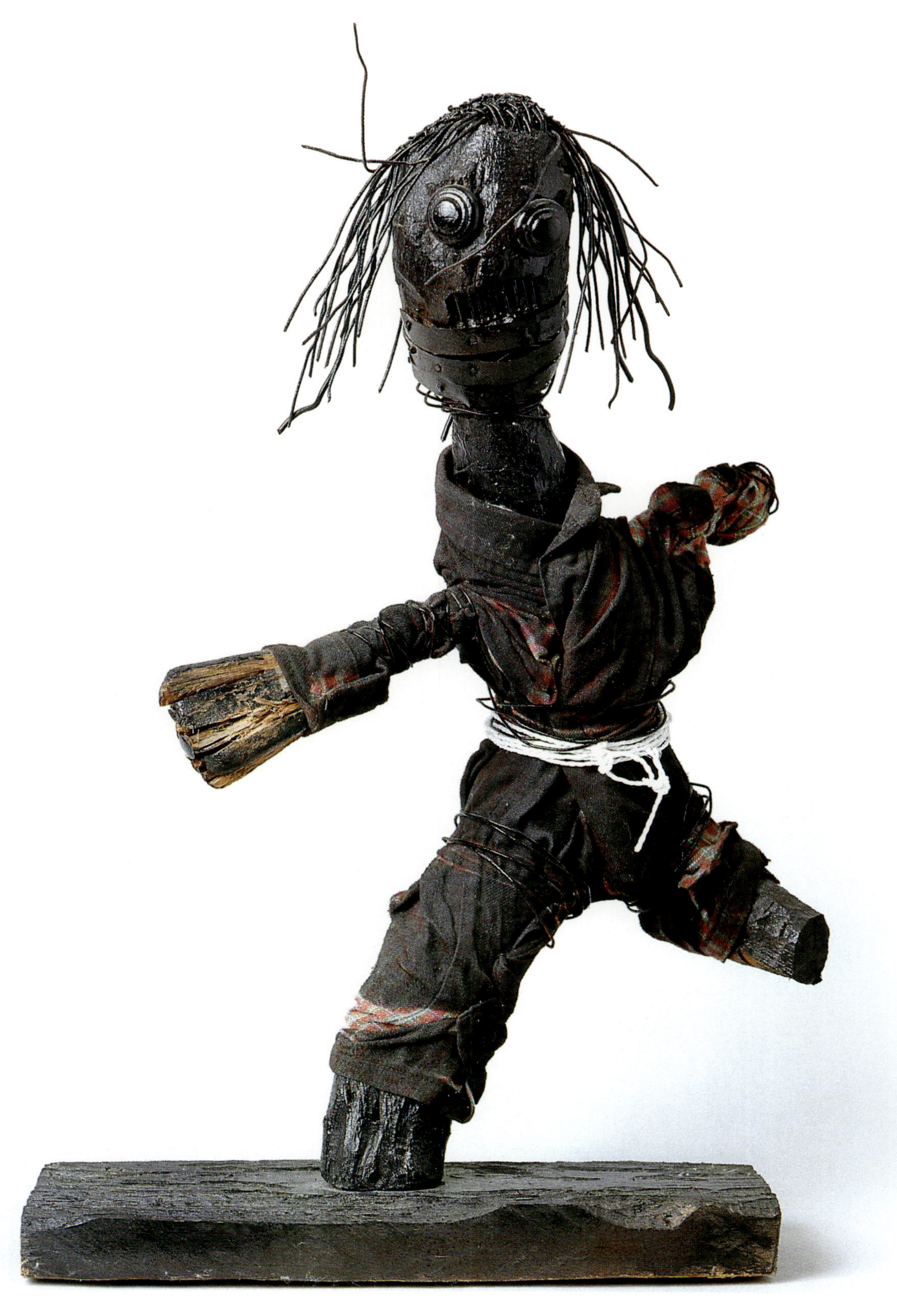

DOMINIQUE LICCIA, " SANS TITRE " *2000, bois, 50 x 32 x 20. Collection particulière.*

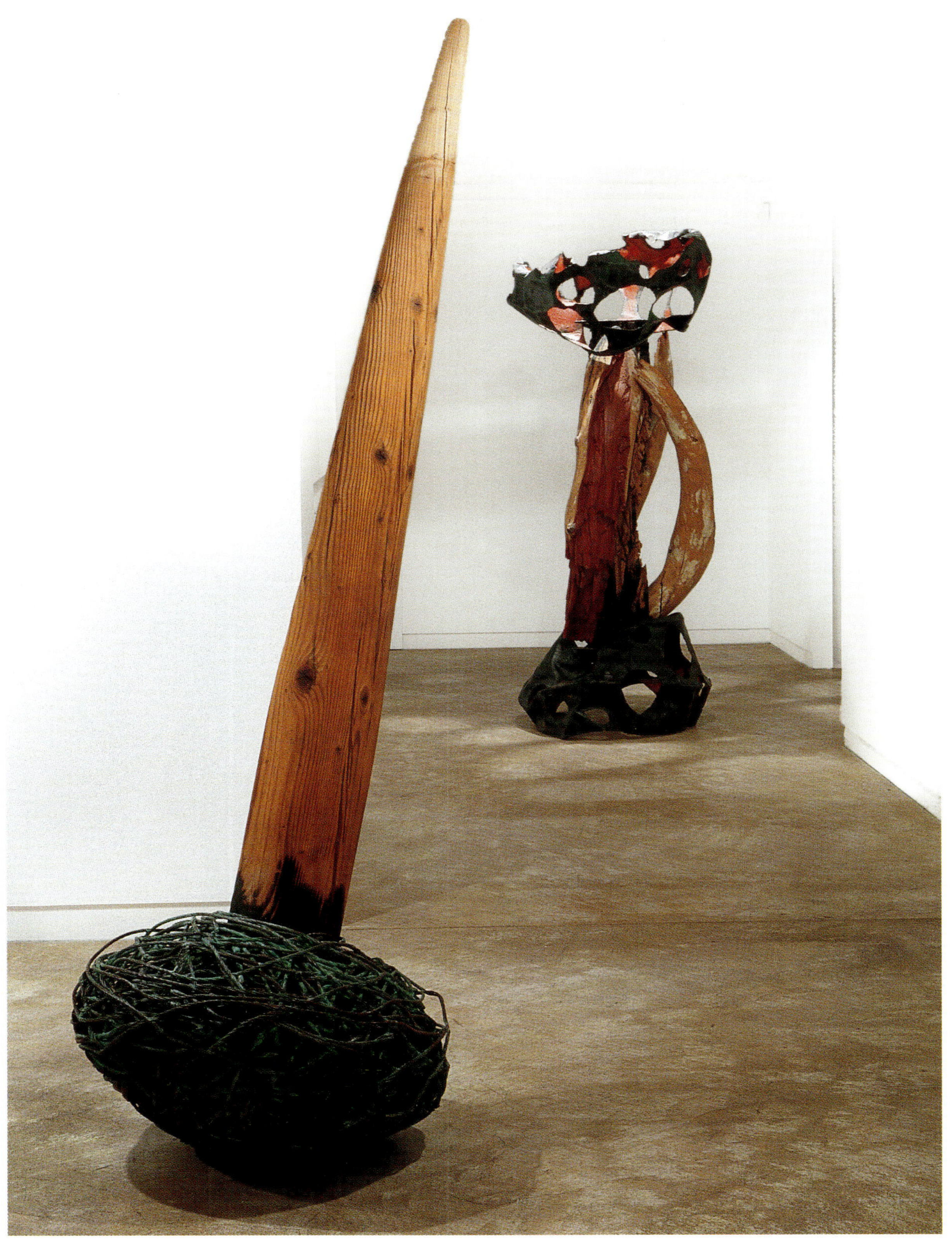

BERNARD PAGÈS, " PAL AUX TUBES " *2002, bois d'amandier, fil de cuivre oxidé, 76 x 34 cm. Collection particulière.*

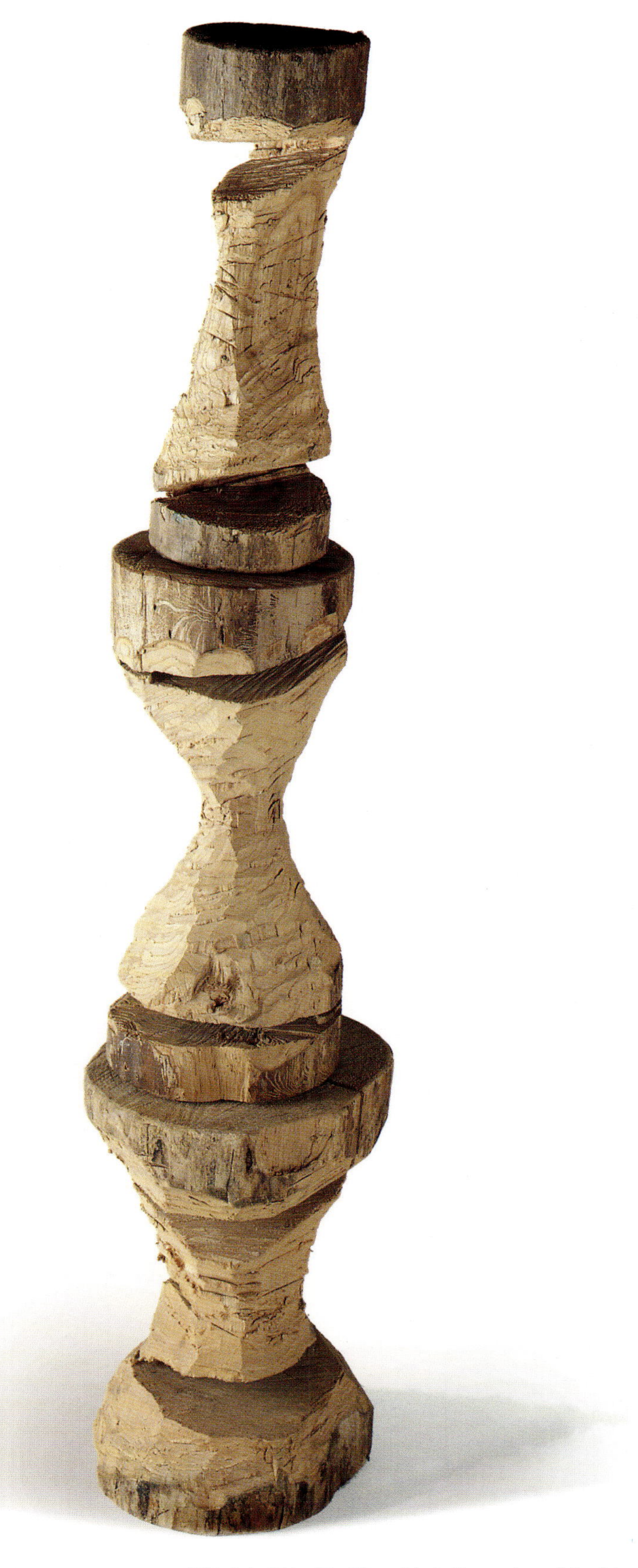

PENCK, " DAS NEUE LEBEN II " *1981, bois, 134 x 27 x 25 cm. Musée d'art moderne, Saint-Etienne.*

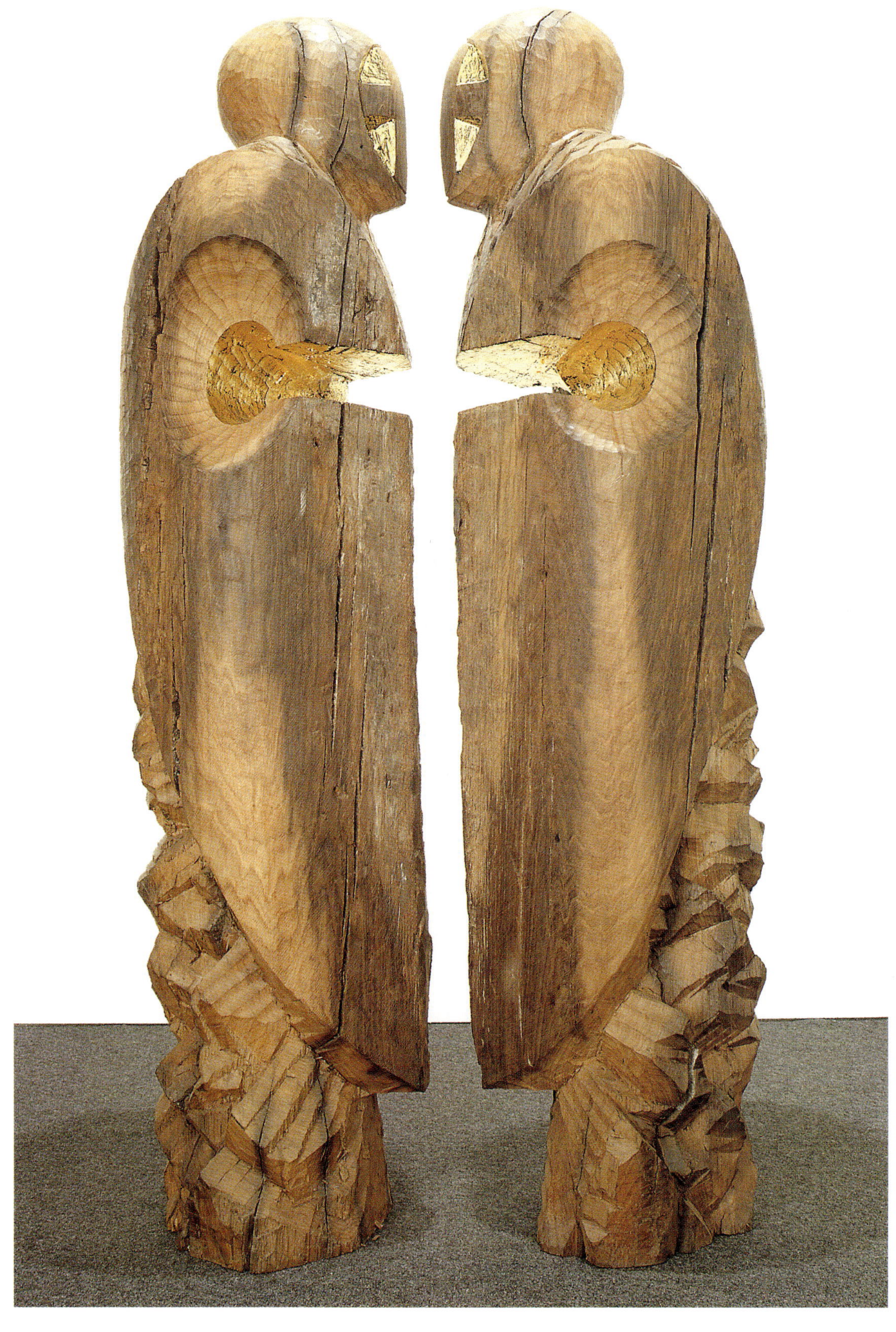

NICOLAS ALQUIN, " JUMEAUX " *chêne doré à la feuille, 180 x 120 x 50 cm. Collection Maeght, Paris.*

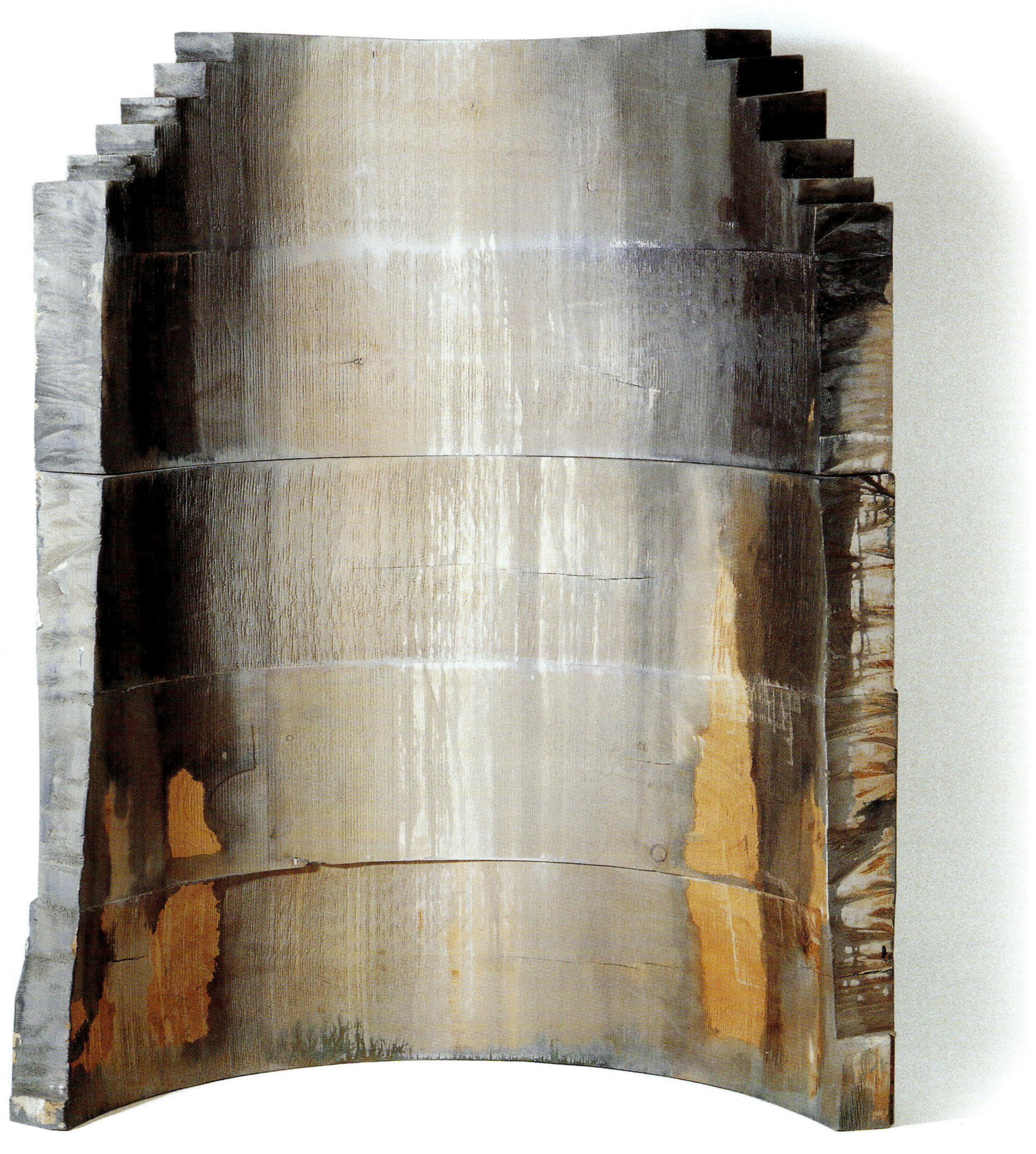

TOM CARR, " SANS TITRE " *bois, 107 x 87 x 20 cm. Galerie Baudoin Lebon, Paris.*

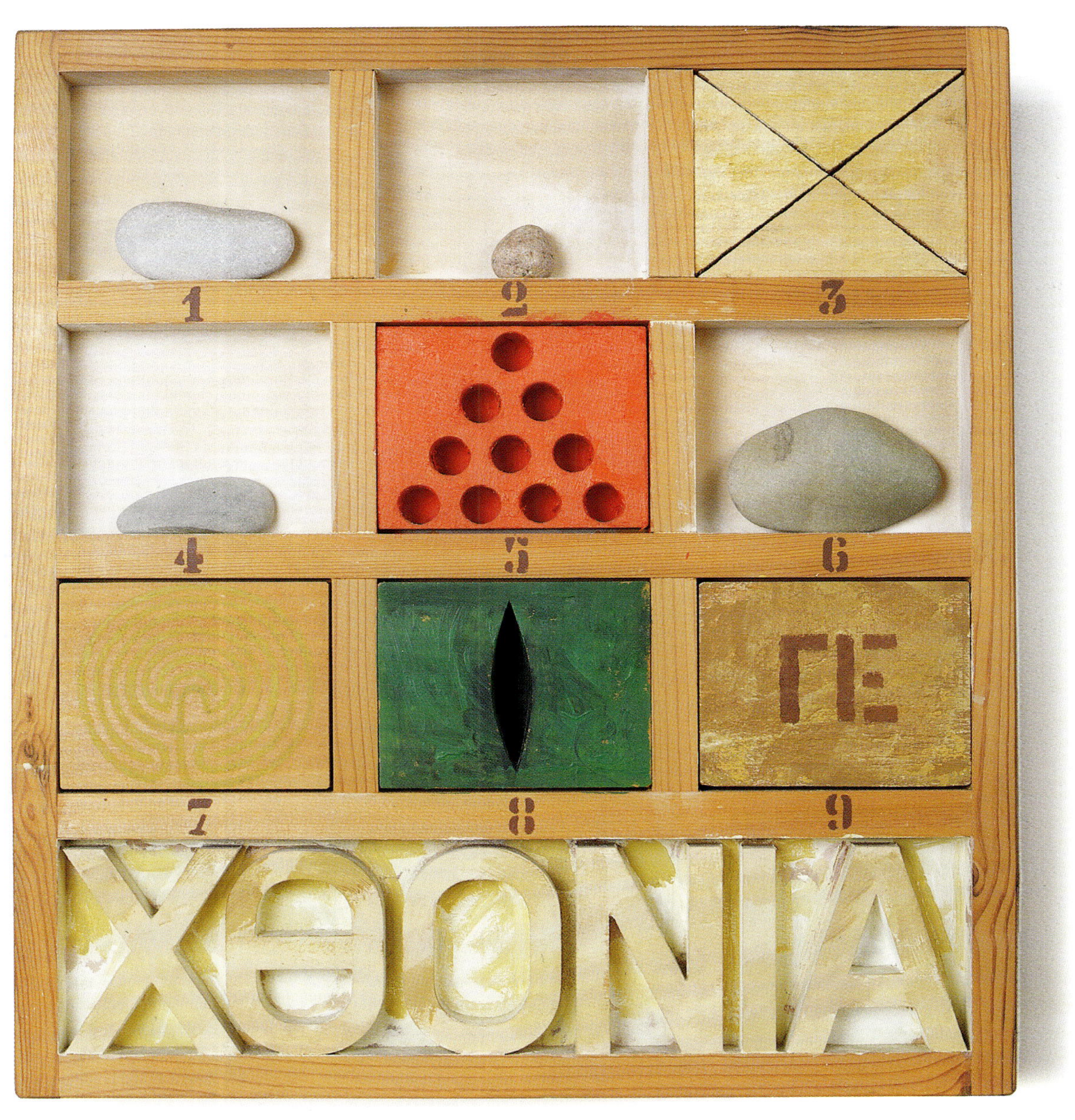

JOE TILSON, " CHTHONIC BOX B " *1981, bois, 60 x 65 cm. Collection particulière.*

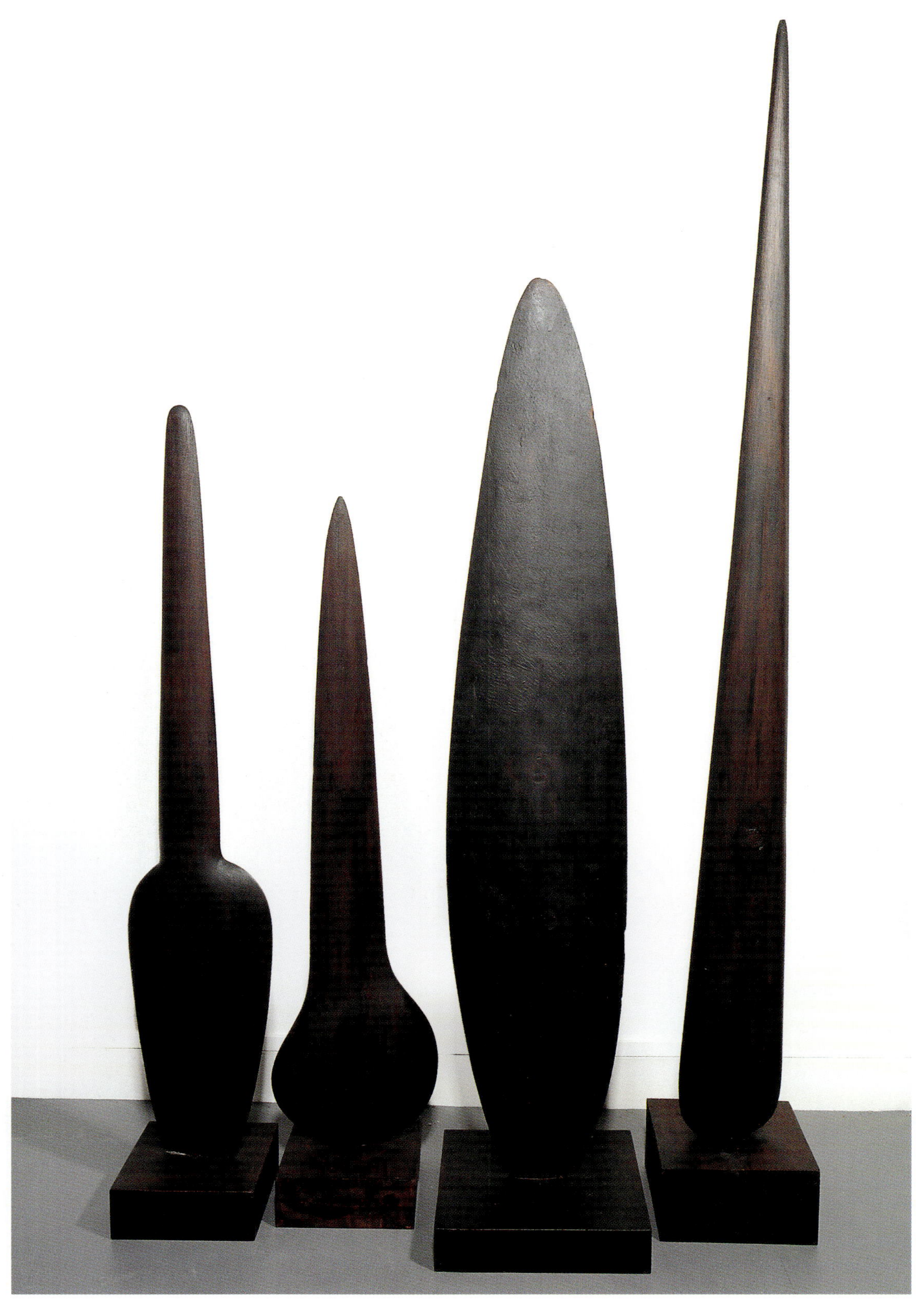

FRANÇOIS STAHLY, " 4 STÈLES " *1996, bois exotique, 250 x 30 x 30 cm. Collection particulière.*

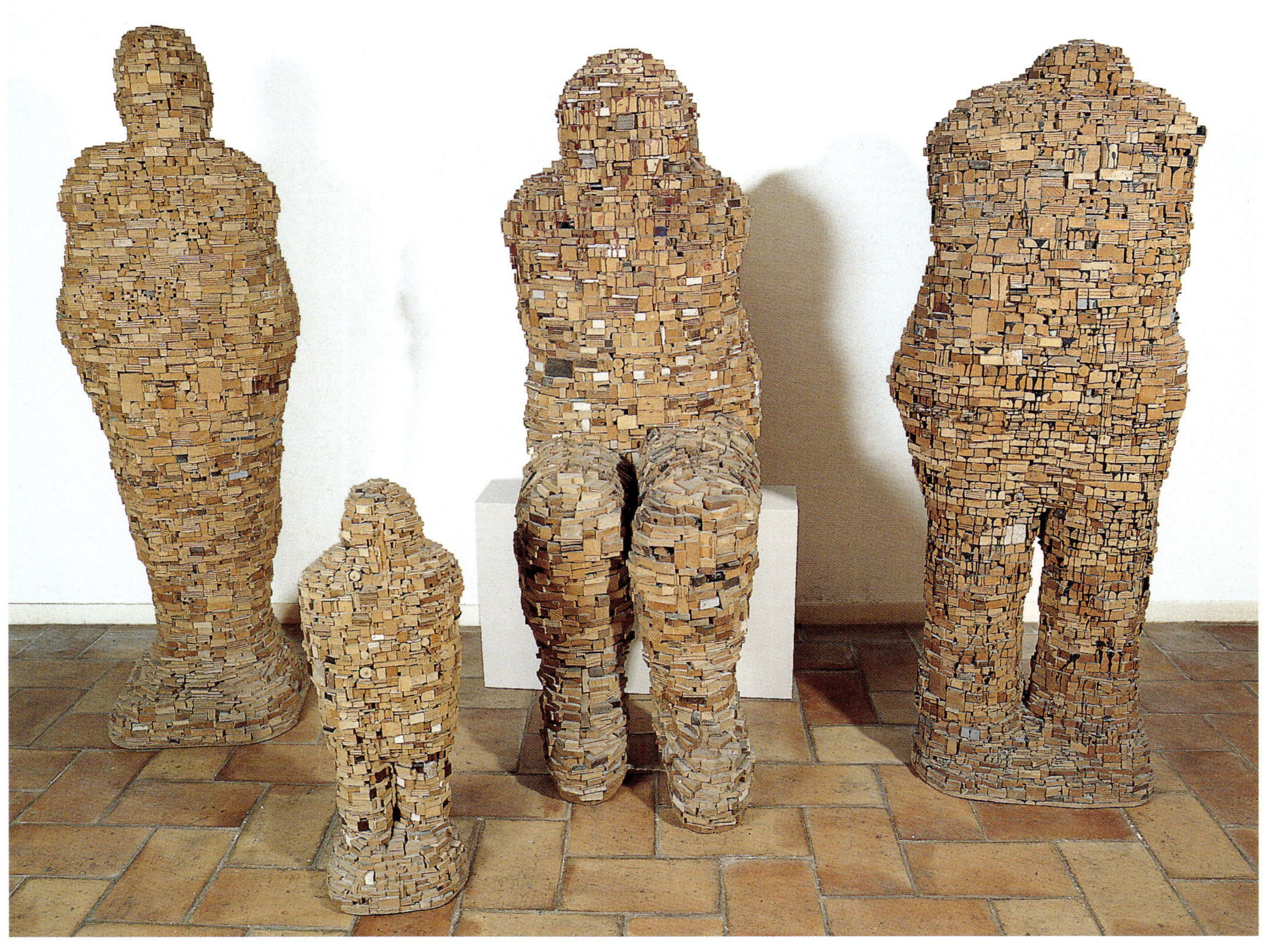

DORU COVRIG, " GROUPE DE 4 PERSONNAGES " *bois, 5m x 4m. Galerie Chave, Vence.*

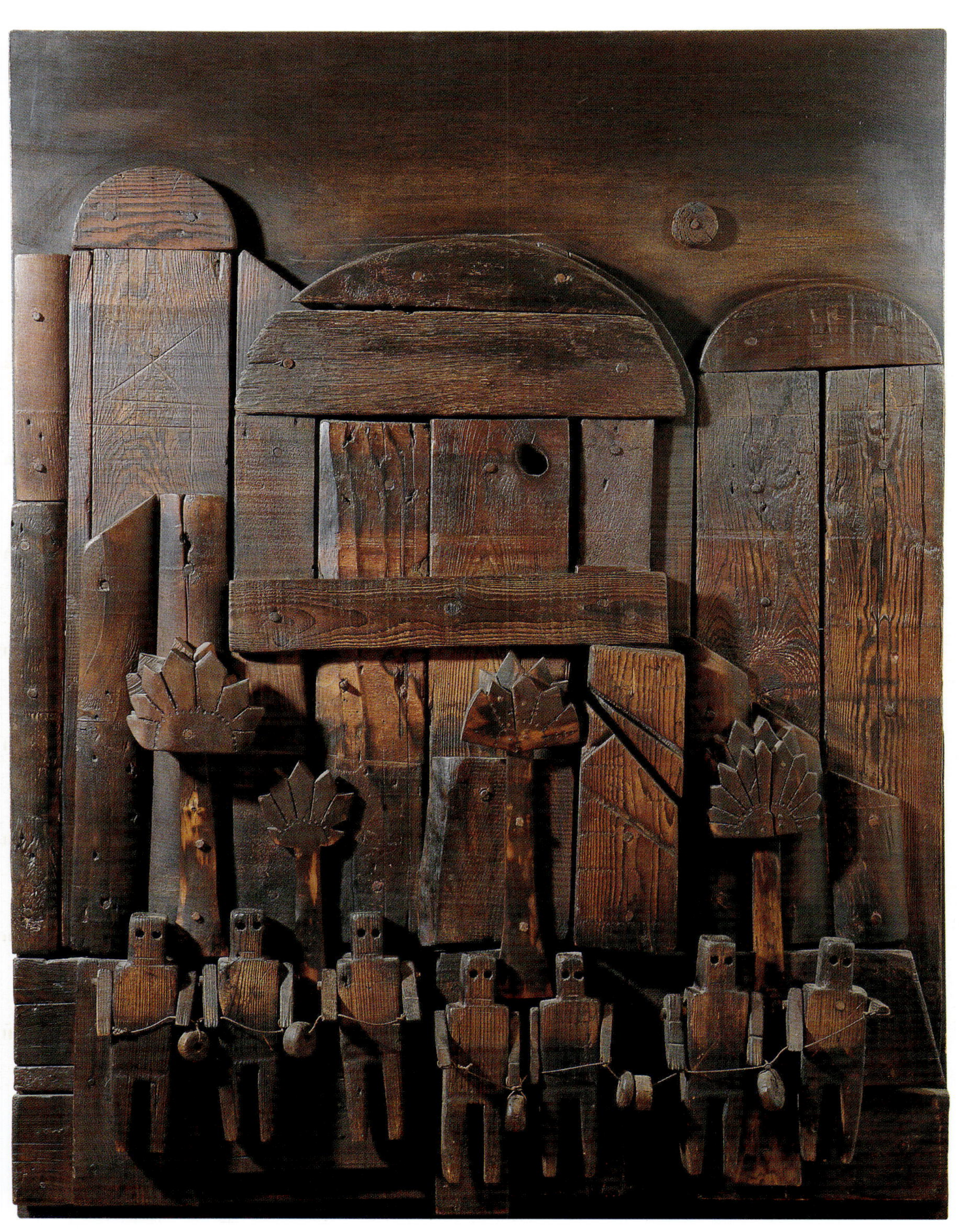

JOSEPH ALESSANDRI, " SANS TITRE. V1 " *1976, bois, 138 x 104 x 5 cm. Collection particulière.*

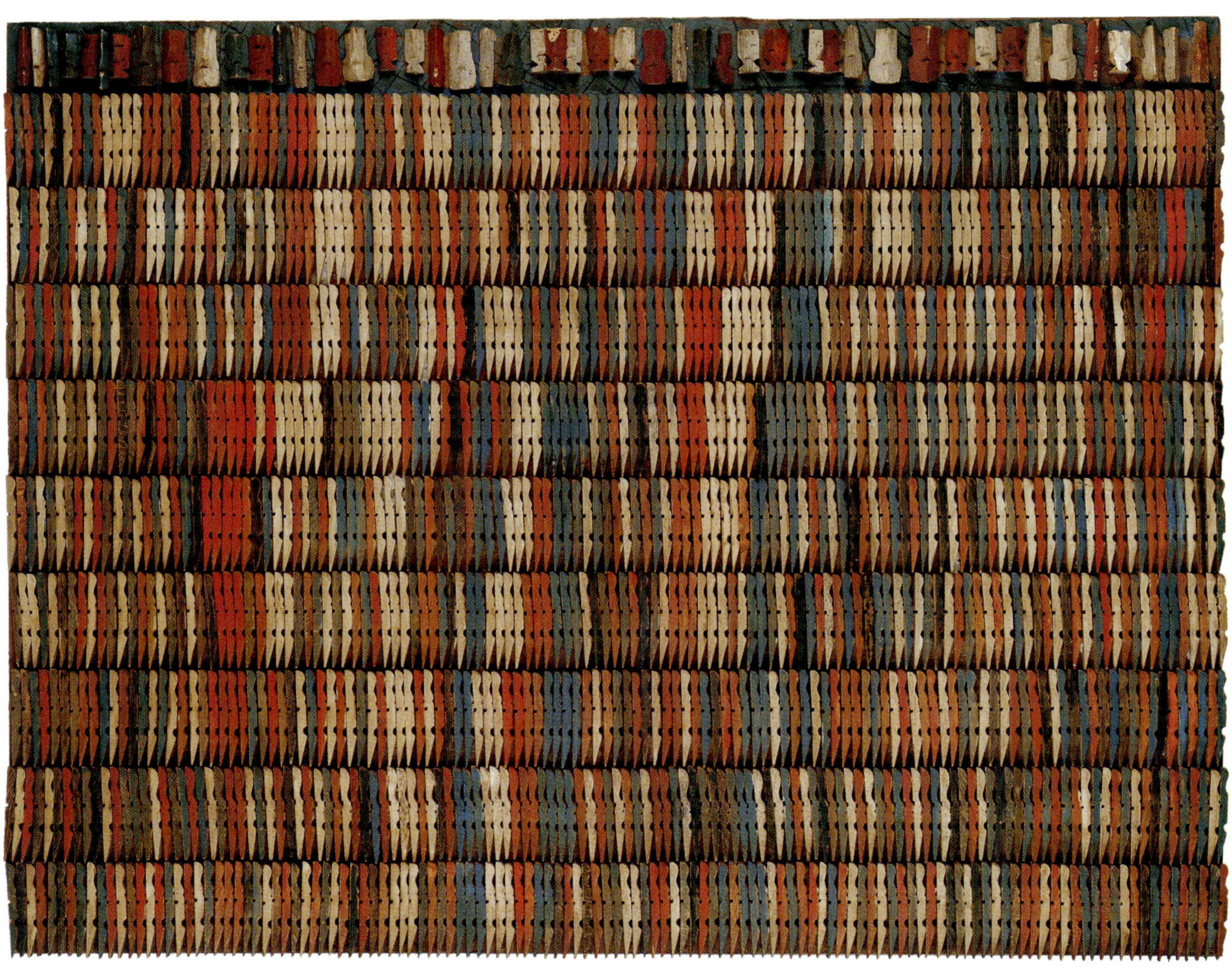

ARMAND AVRIL, " LA MER À CASSIS " *1969, pinces à linge, 73 x 92 cm. Collection particulière.*

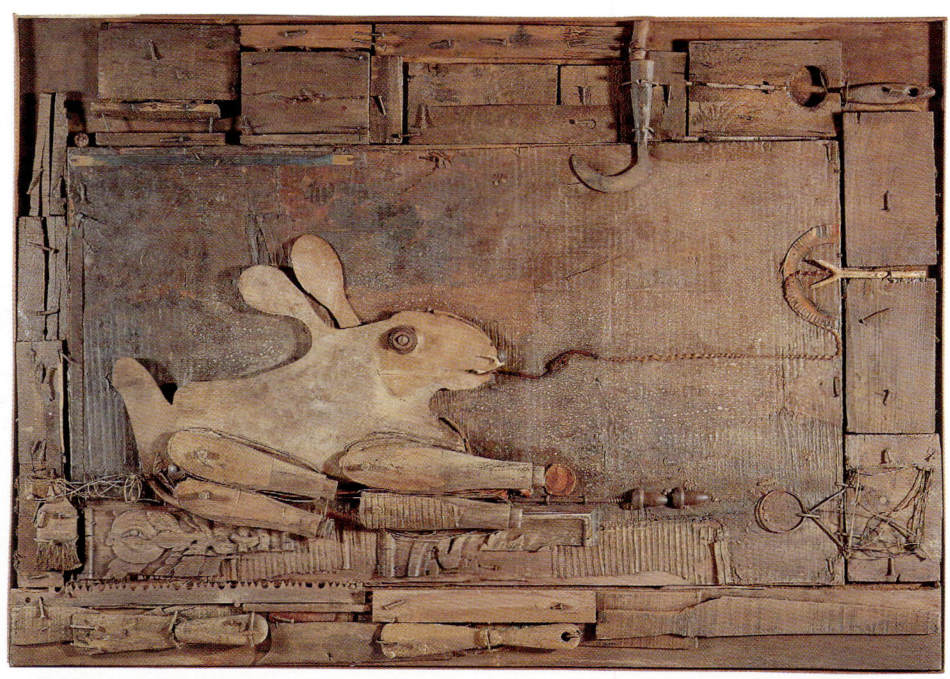

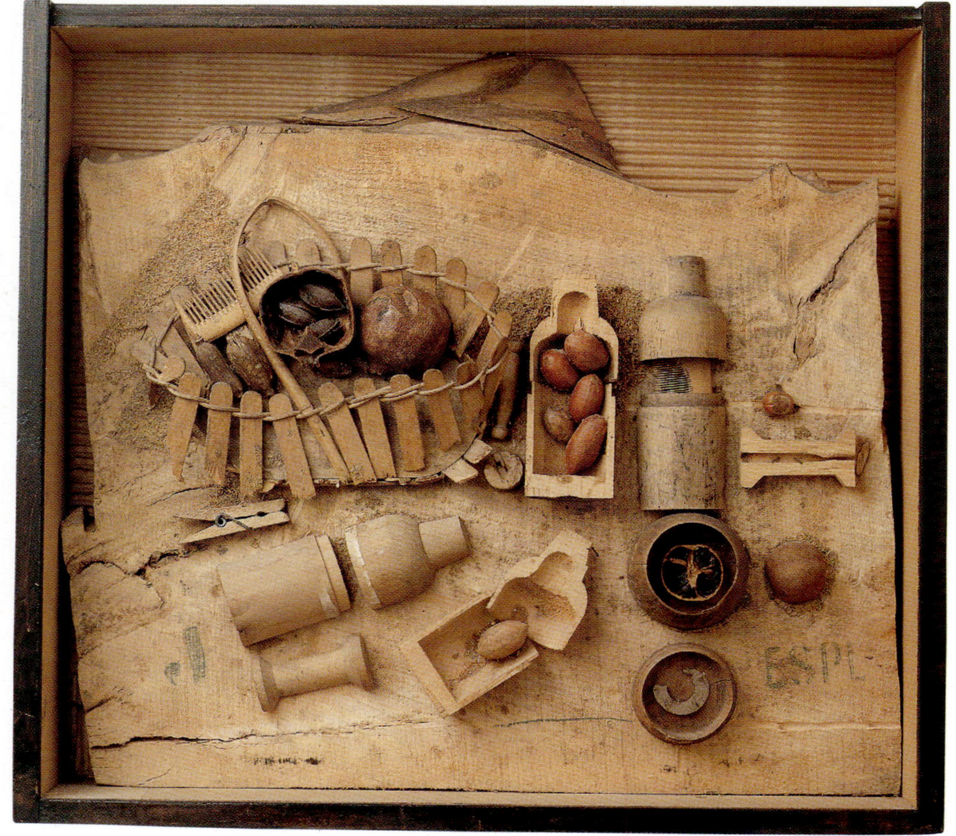

LOUIS PONS, " EN RASE CAMPAGNE " *1996, bois, 75 x 102 x 5 cm. Galerie Baudoin Lebon, Paris.*
" À LA CAMPAGNE " *1966, objets de récupération en bois, 52 x 59 cm. Collection particulière.*

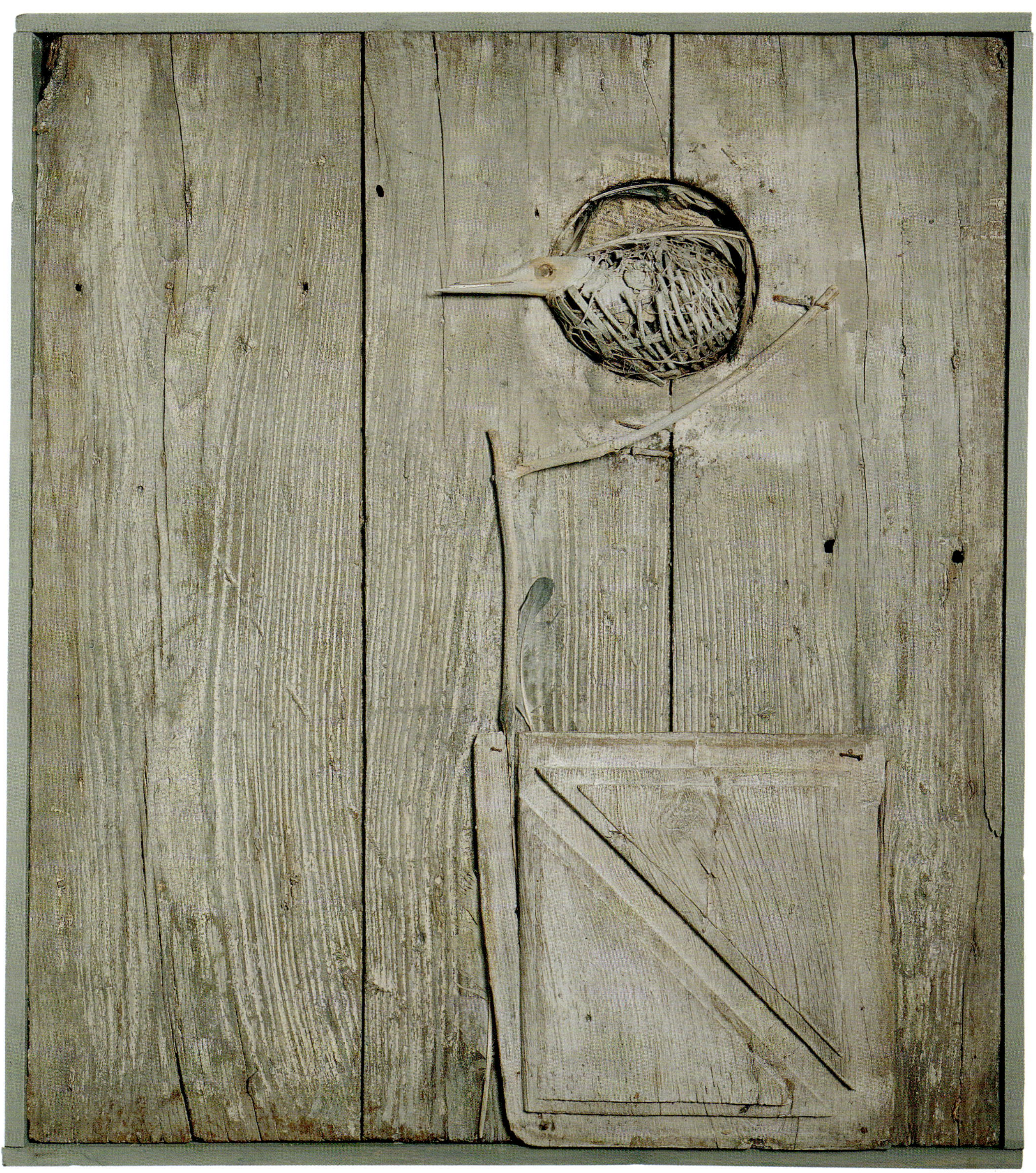

LOUIS PONS, " LE GUETTEUR BLANC " *1997, bois, 70 x 60 cm. Collection particulière.*

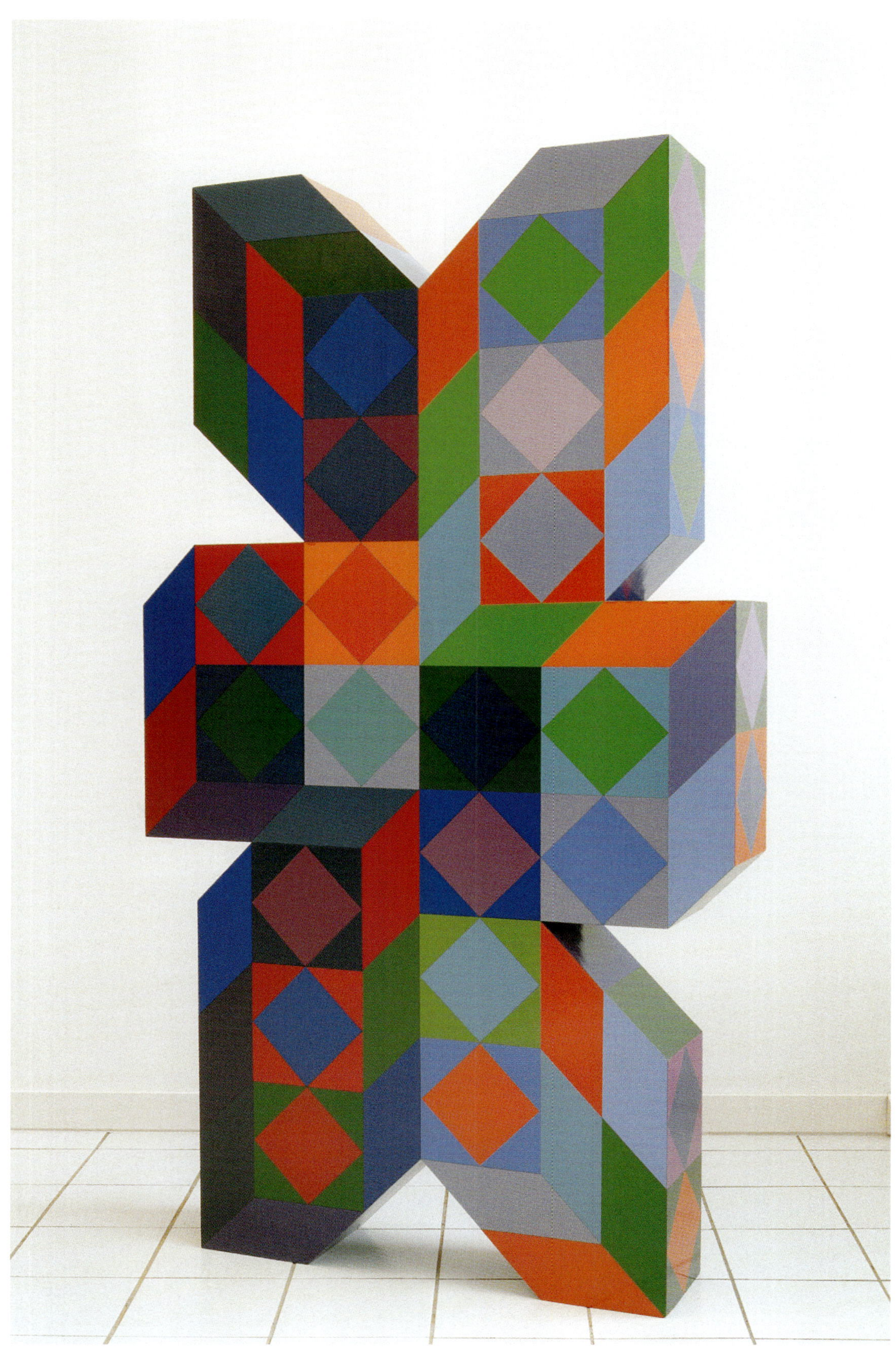

VICTOR VASARELY, " TER À PÉRIODE ALPHABET PLASTIQUE " *1968-1969, bois peint, 234 x 130 x 26 cm. Collection particulière.*

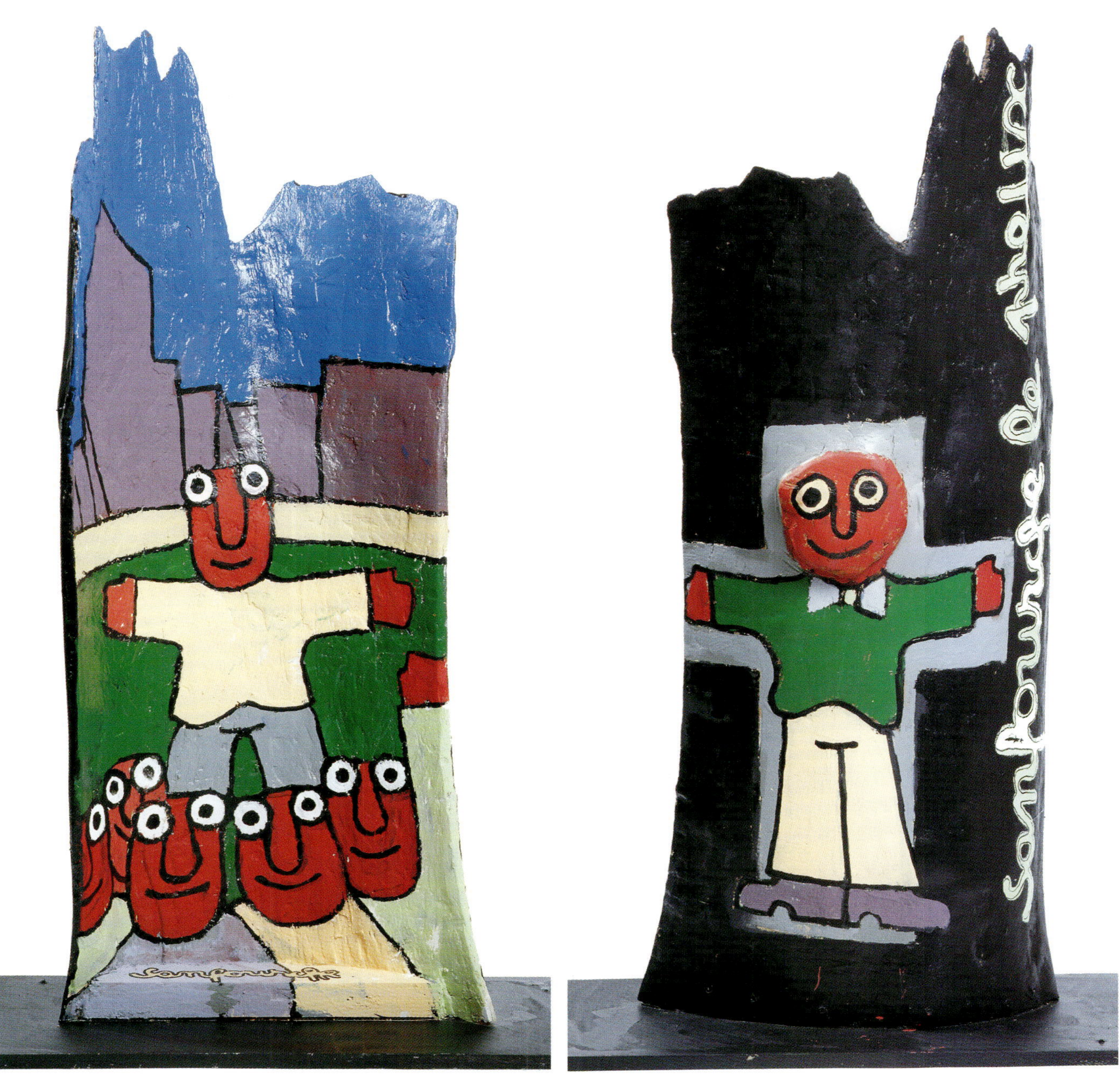

JEAN-JOSEPH SANFOURCHE, " TOTEM " *1972, acrylique sur bois, 158 x 48 x 23 cm. Musée de l'art en marche, Hauterives.*

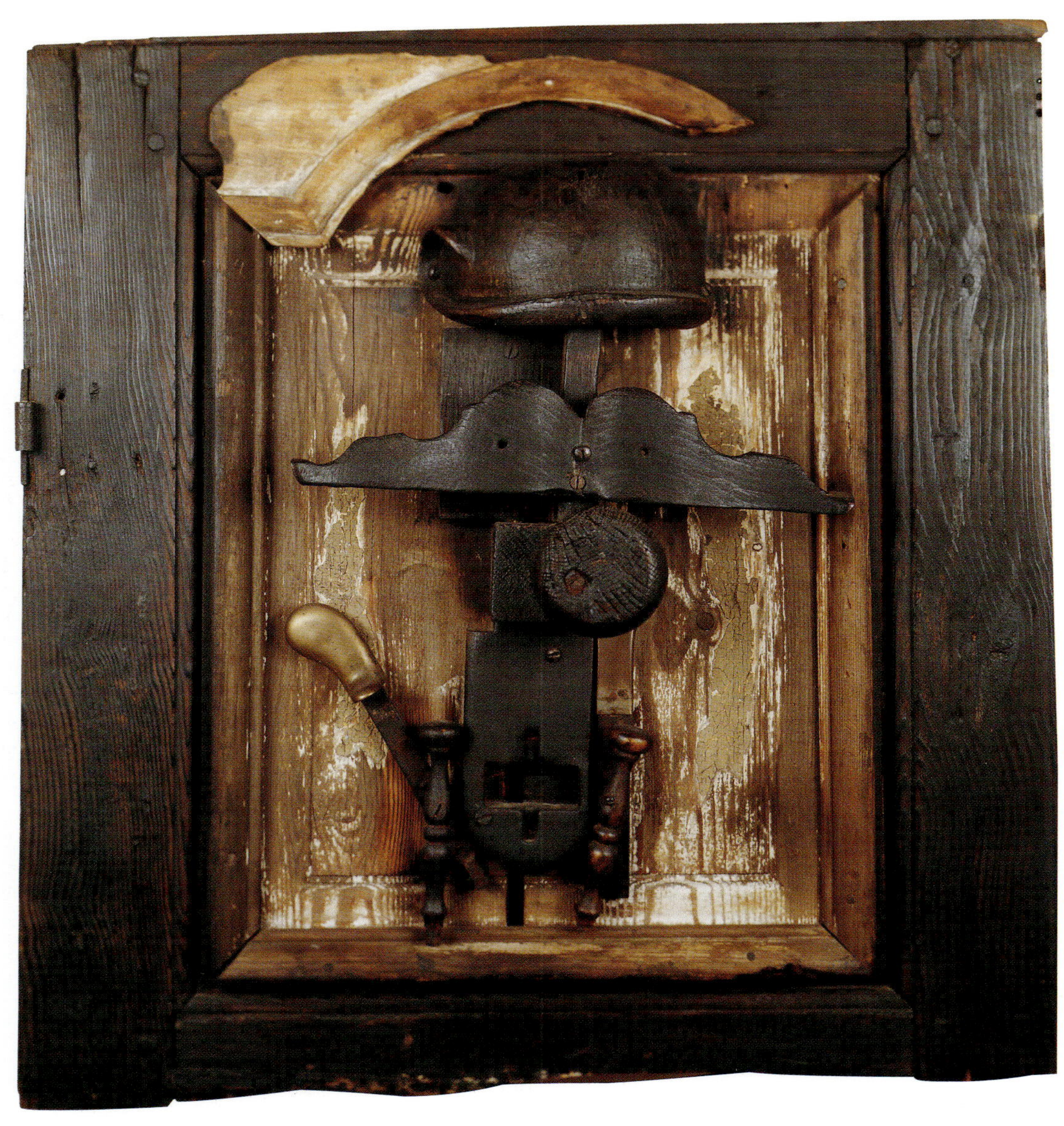

VICS GENTILS, " MUSTAPHA " *1965, bois, 73 x 75 cm. Collection particulière.*

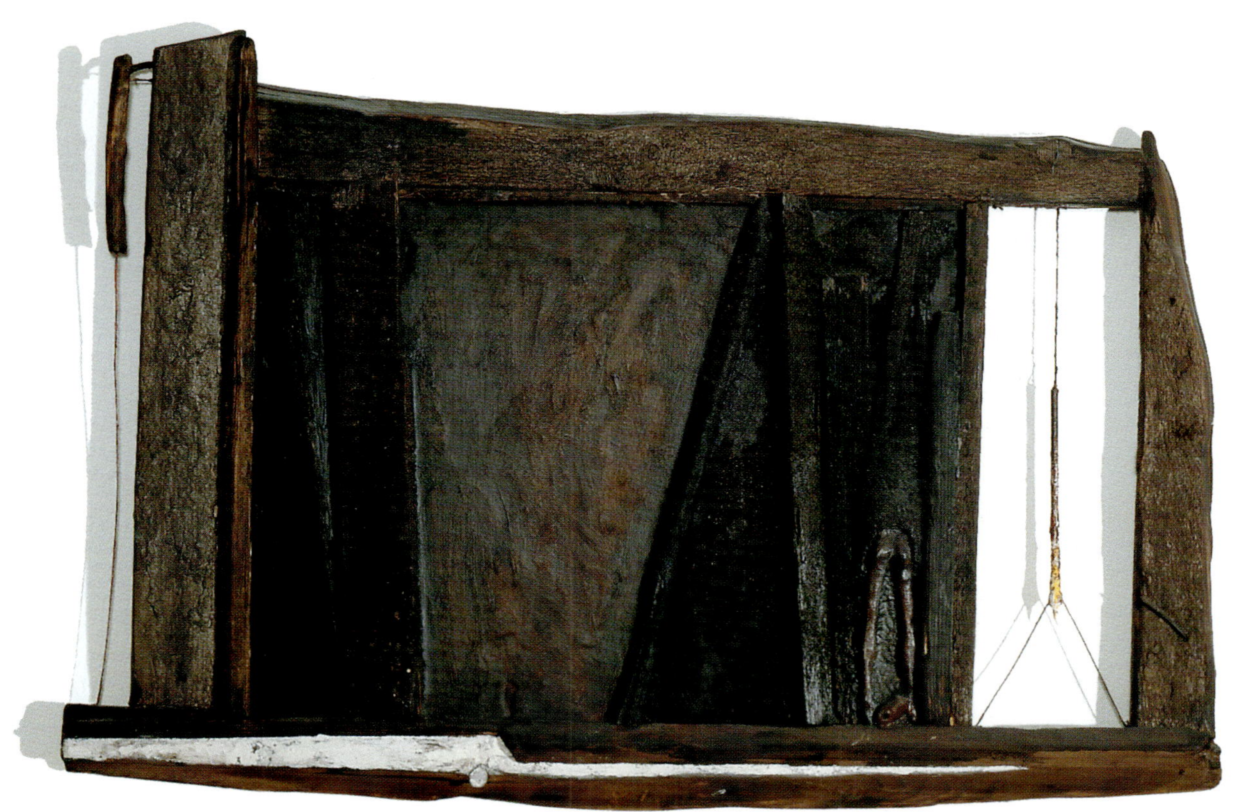

GIUSEPPE MARANIELLO, " TAIXI " *1985, technique mixte, 64 x 43 cm. Collection particulière.*

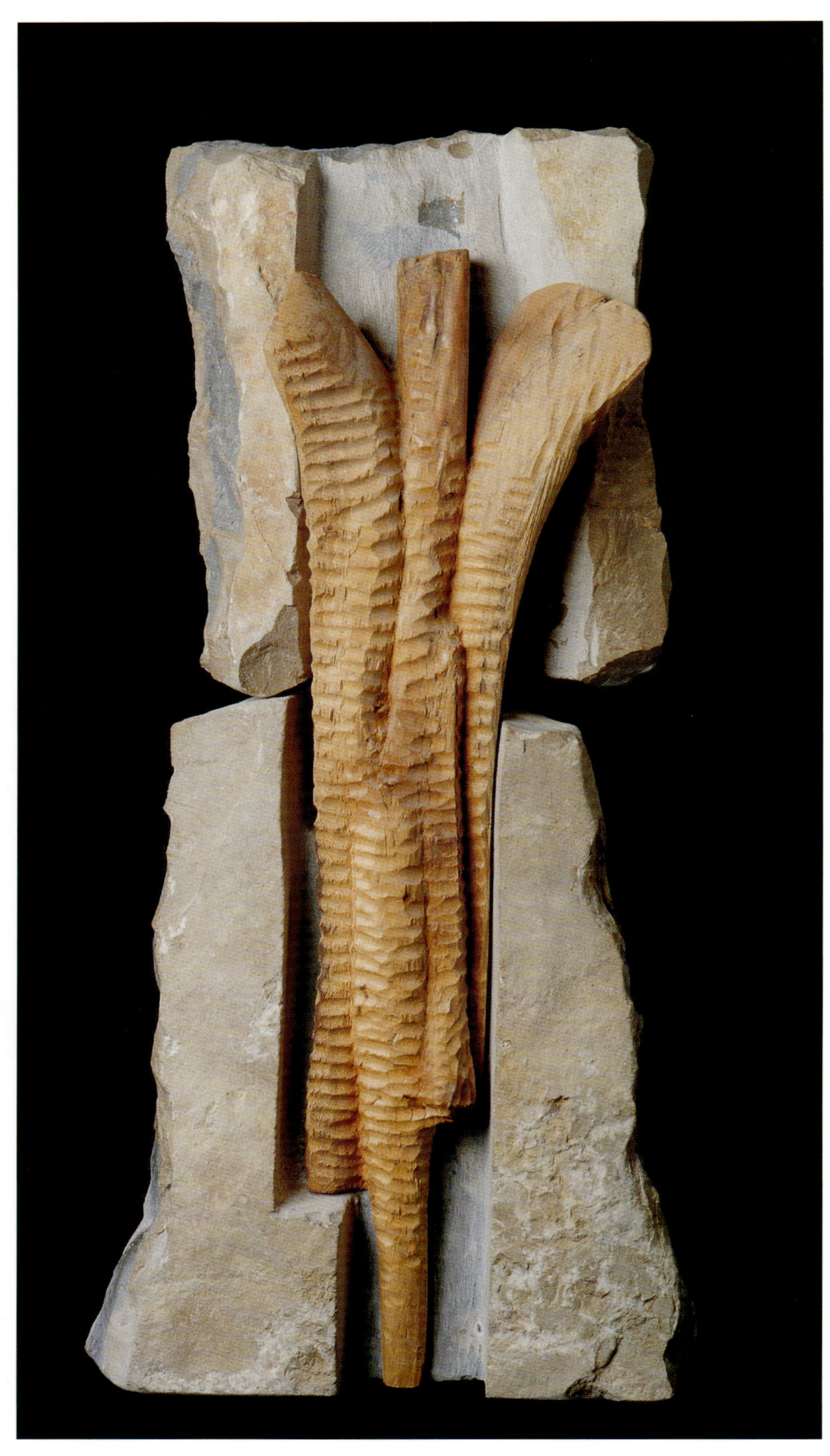

NICOLAS VALABRÈGUE " SANS TITRE " *1993-1994, bois, 64 x 32 x 12 cm. Collection particulière.*

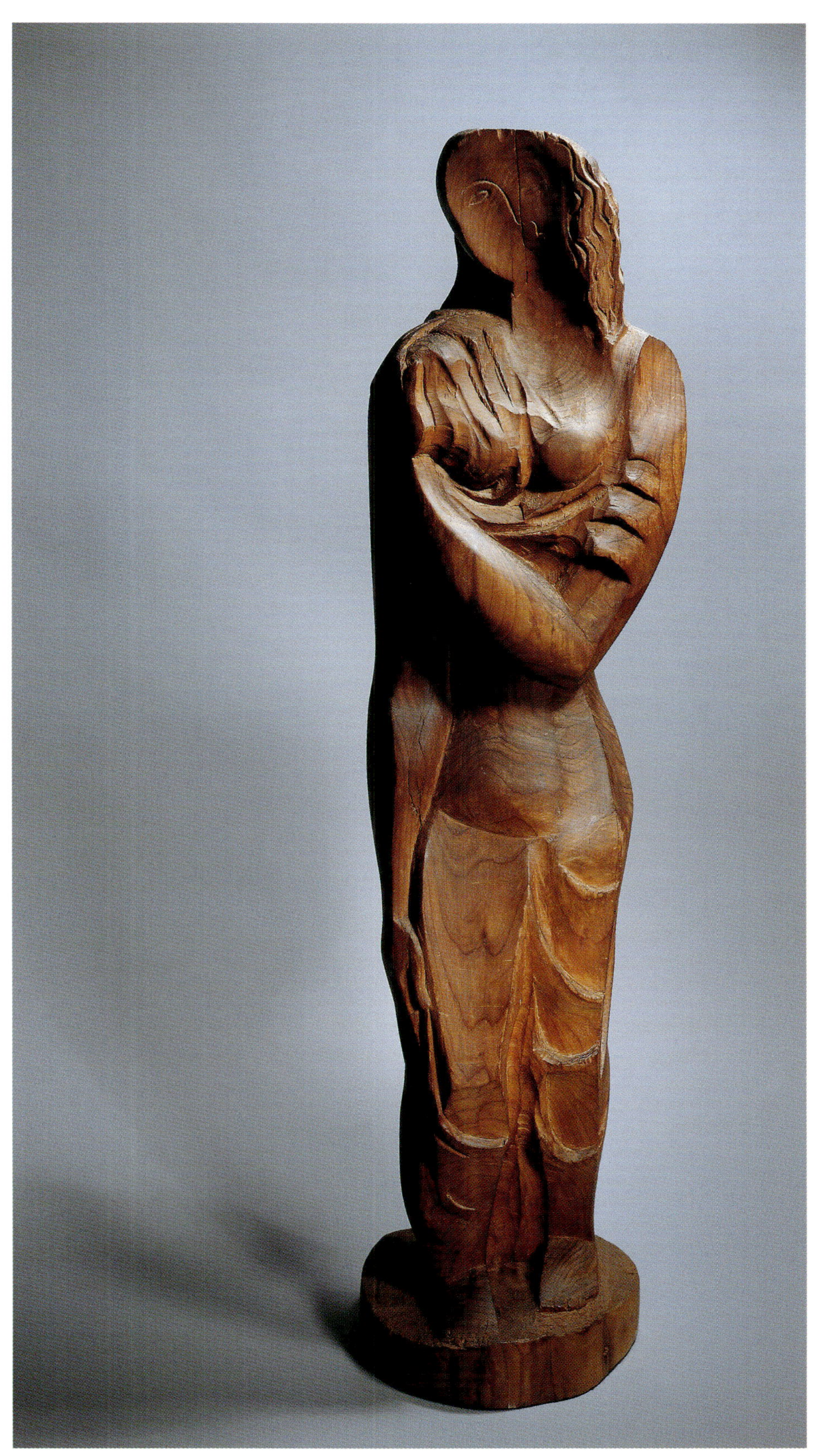

OSSIP ZADKINE, " FEMME DEBOUT " *1942, bois de cèdre, 80 x 20 x 18 cm. Musée Zadkine, Paris.*

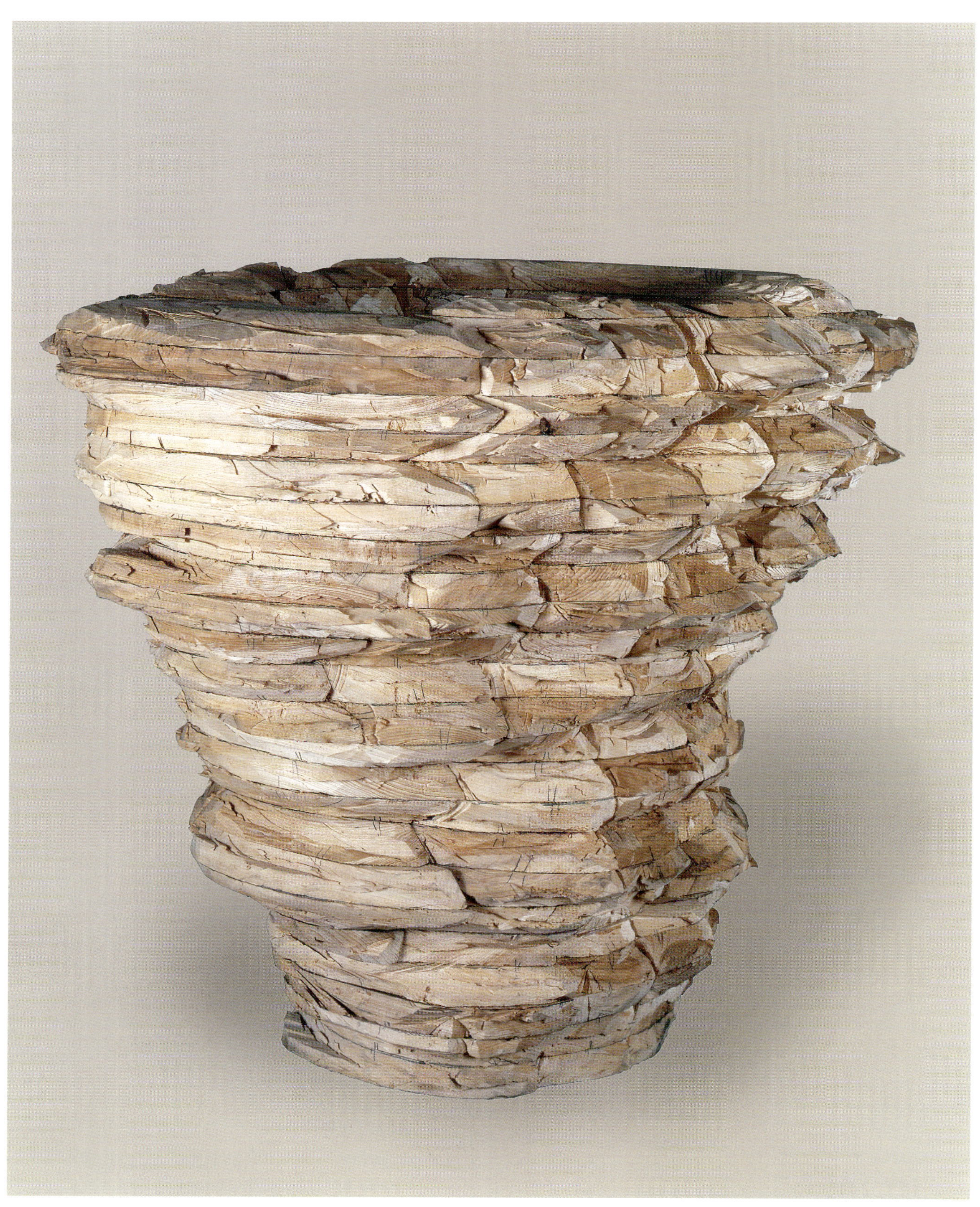

URSULA VON RYDINGSVARD, " ACCORDION BOWL " *2002, bois, 109 x 119 x 111 cm. Galerie Lelong, Paris.*

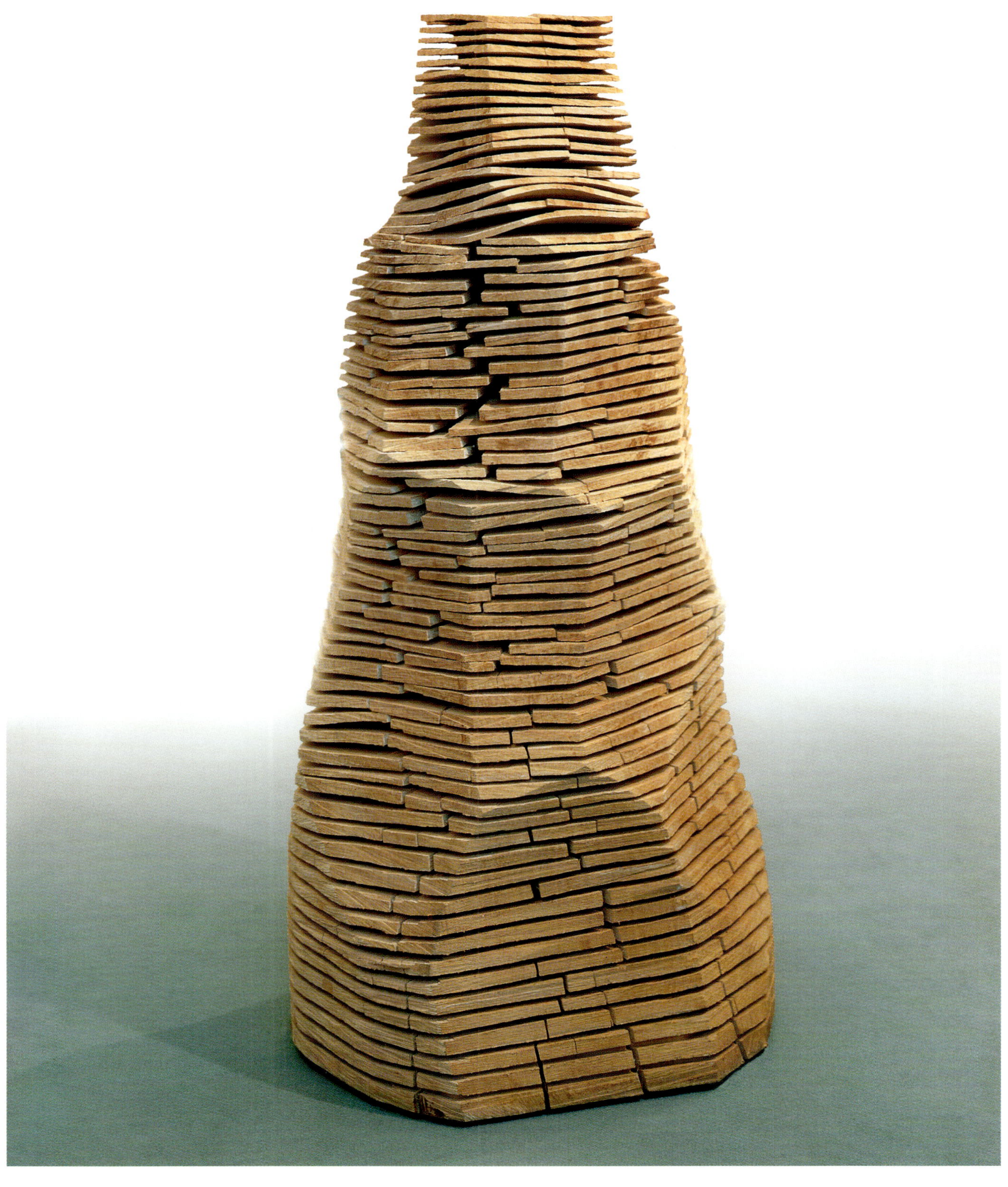

DAVID NASH, " CRACK AND WARP FACET COLUMN " *1999, bois, 152,5 x 68,5 x 84 cm. Galerie Lelong, Paris.*

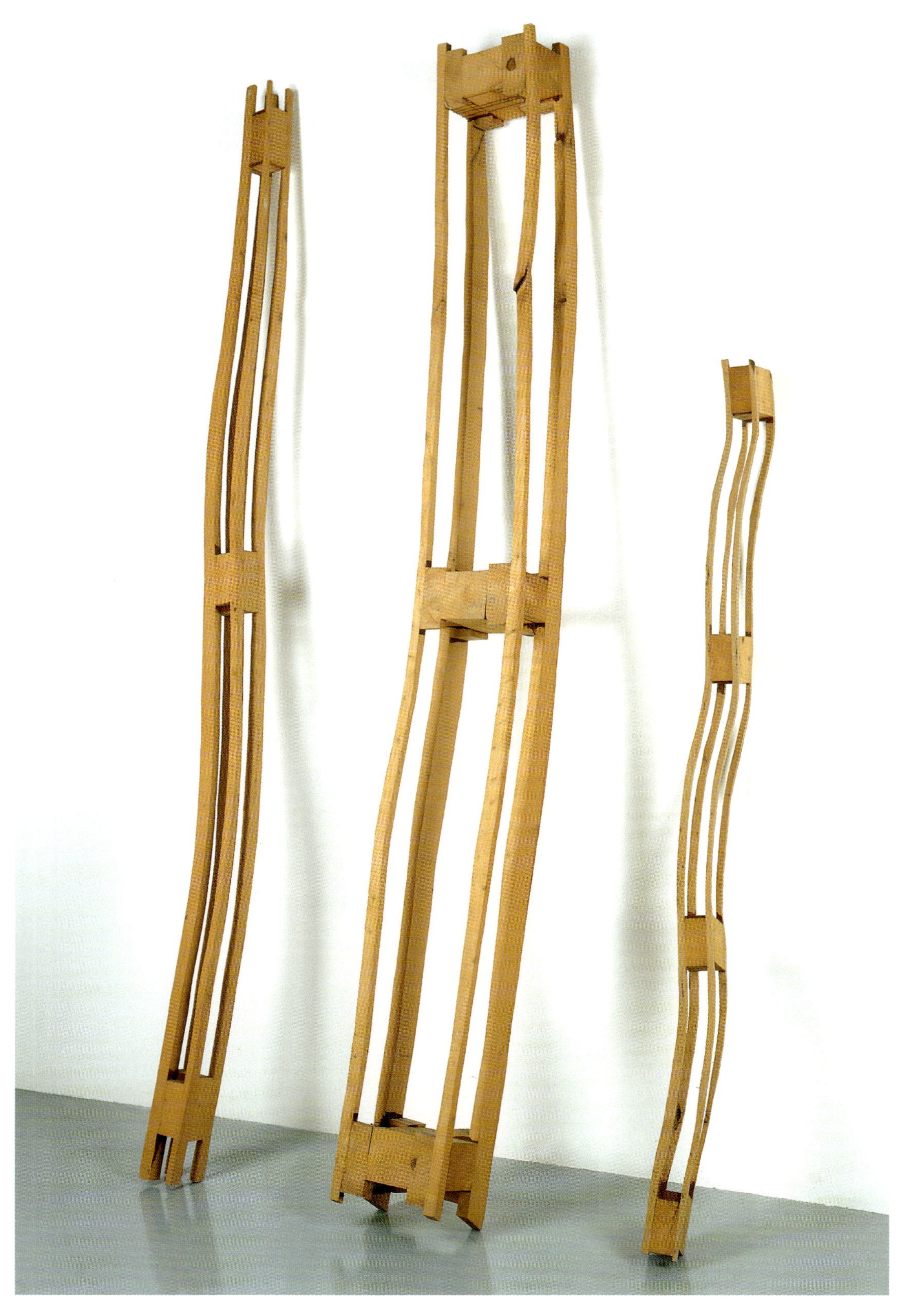

TONI GRAND, " SEC, UNE REFENTE ENTIÈRE " *1975, bois. Musée d'art moderne, Saint-Étienne.*

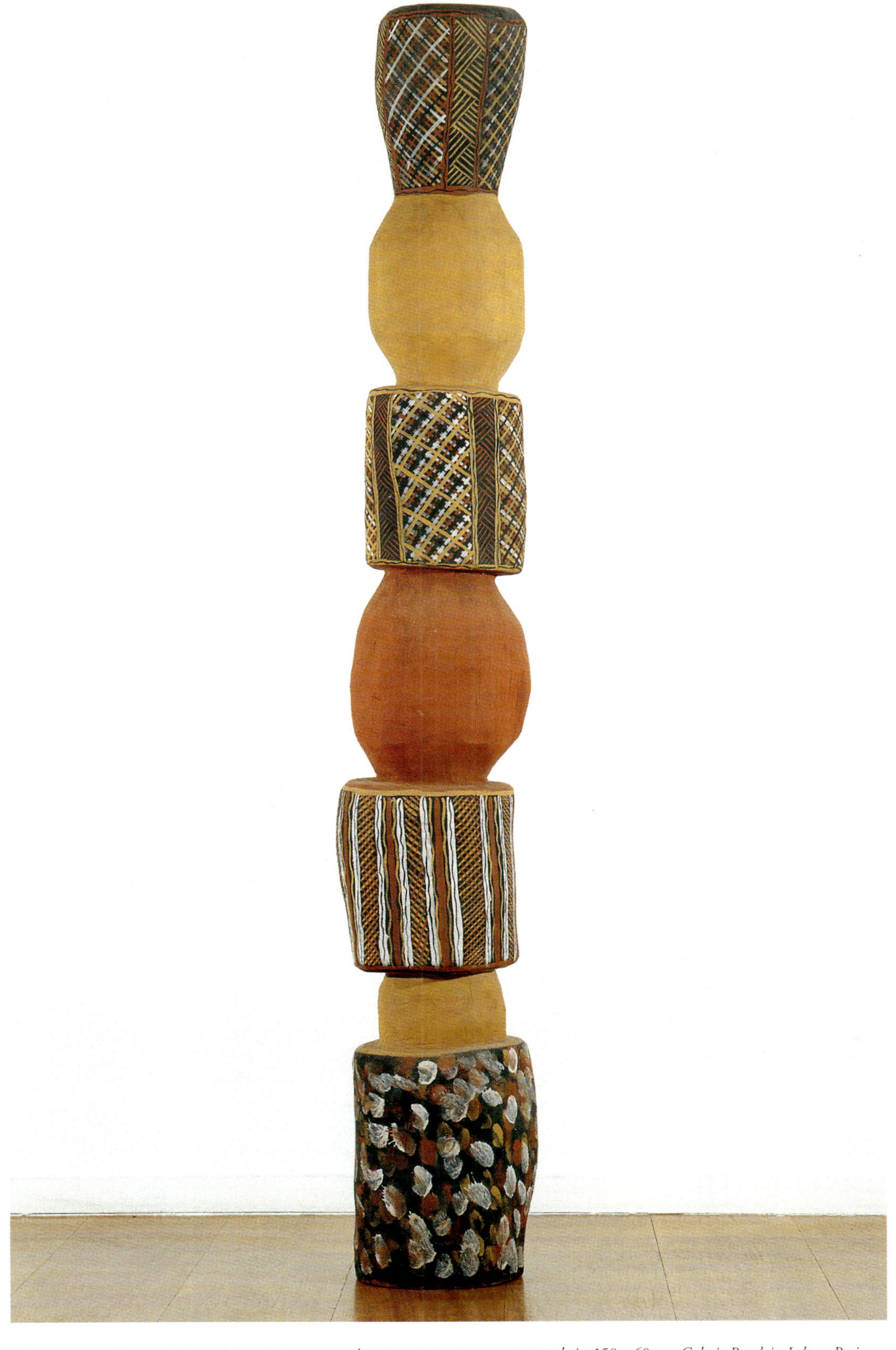

KITTY KANTILLA, " BOIS PEINT DE LA RÉGION TIWI-BATHURST " *bois, 158 x 60 cm. Galerie Baudoin Lebon, Paris.*

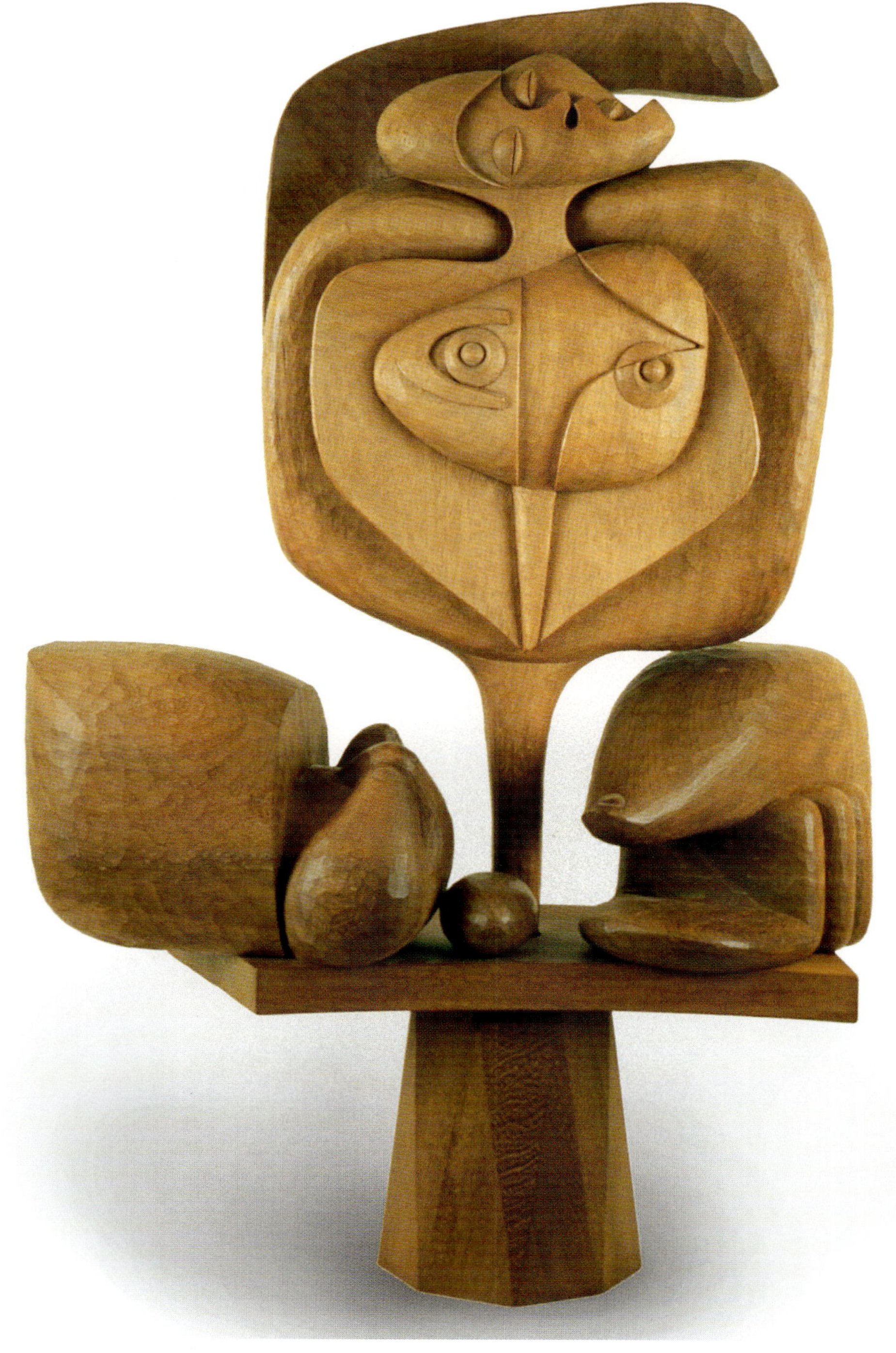

LE CORBUSIER, " LES MAINS " *1957, bois, 125 x 72 cm. Fondation Le Corbusier.*

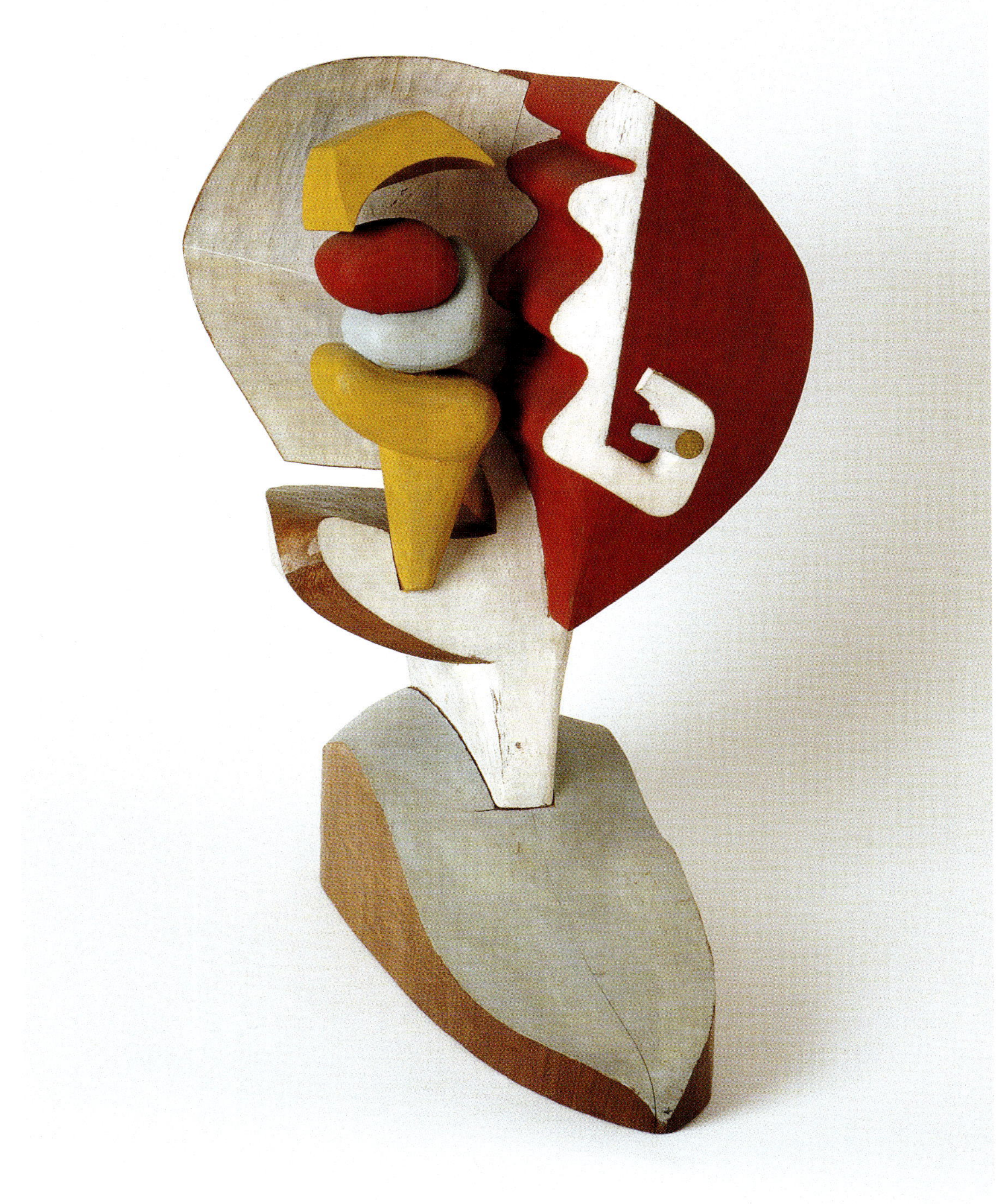

LE CORBUSIER, " PANURGE " *1964, acajou polychrome, 54 x 40 x 20 cm. Fondation Le Corbusier.*

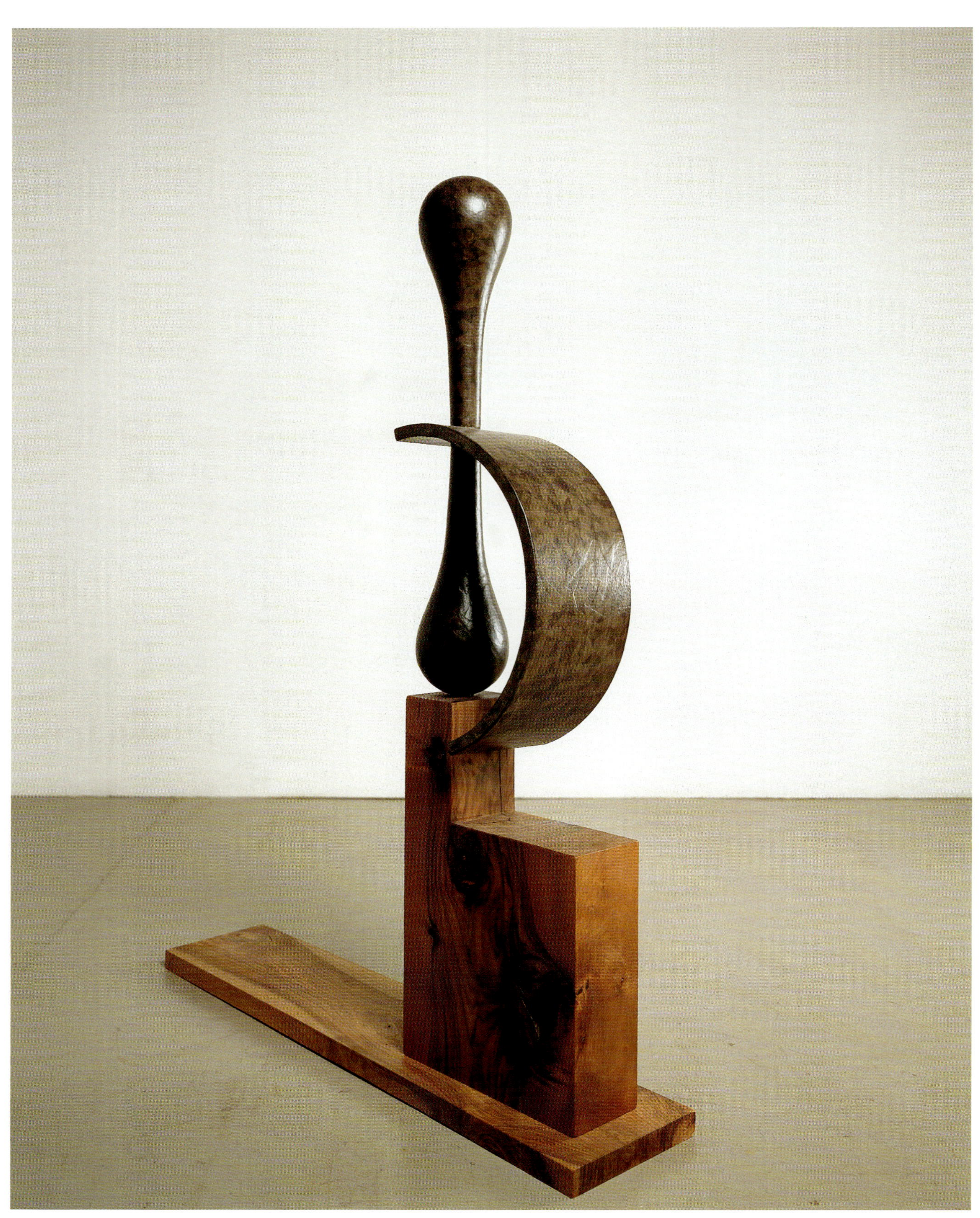

FLAVIO PAOLUCCI, " OGGETTO " *1994, bois, papier et suie, 140 x 100 x 24 cm. Galerie Alice Pauli, Lausanne.*

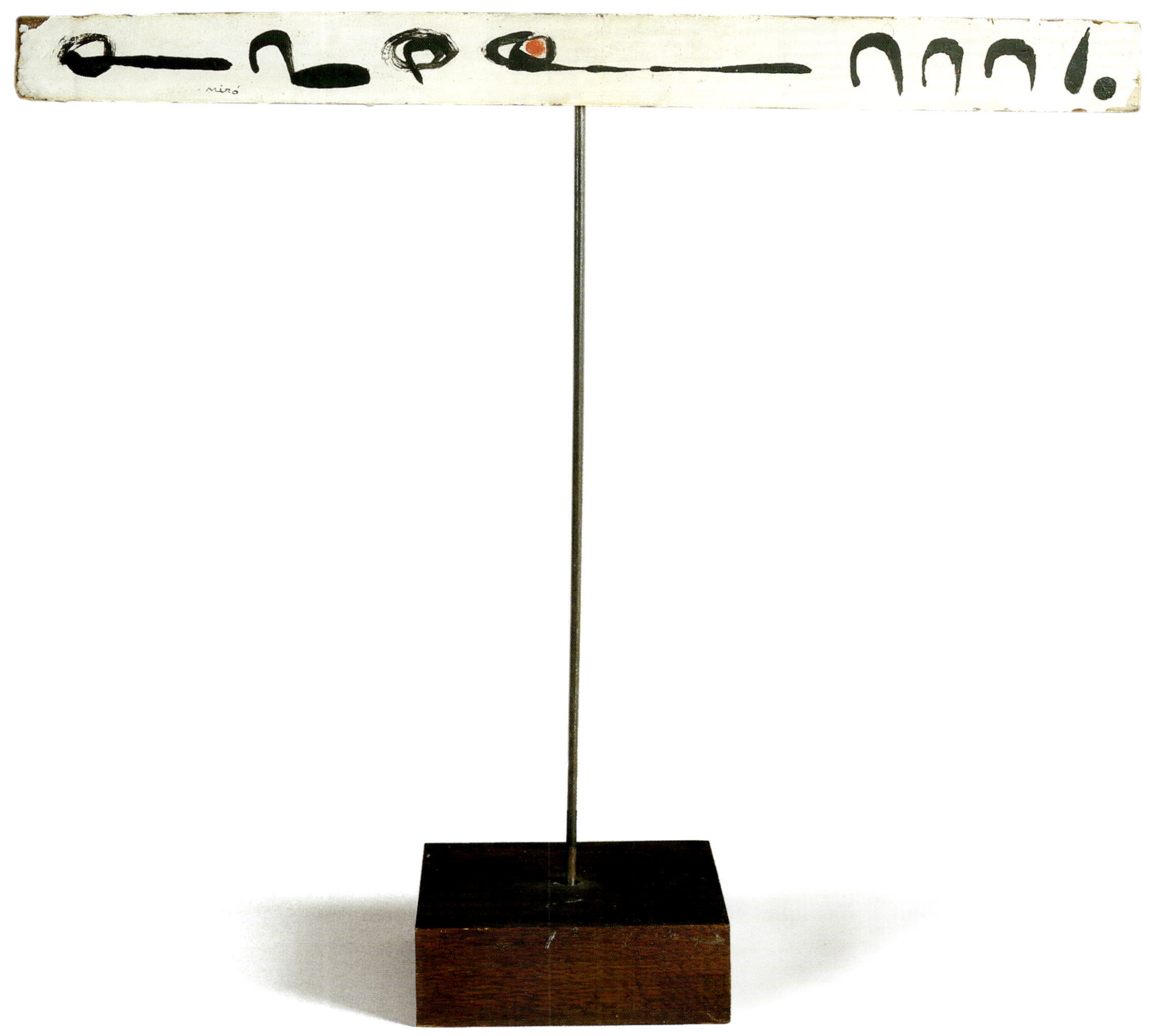

JOAN MIRÓ, " PEINTURE OBJET " *1953, huile sur bois, 67 x 6 x 2 cm. Collection Maeght, Paris.*

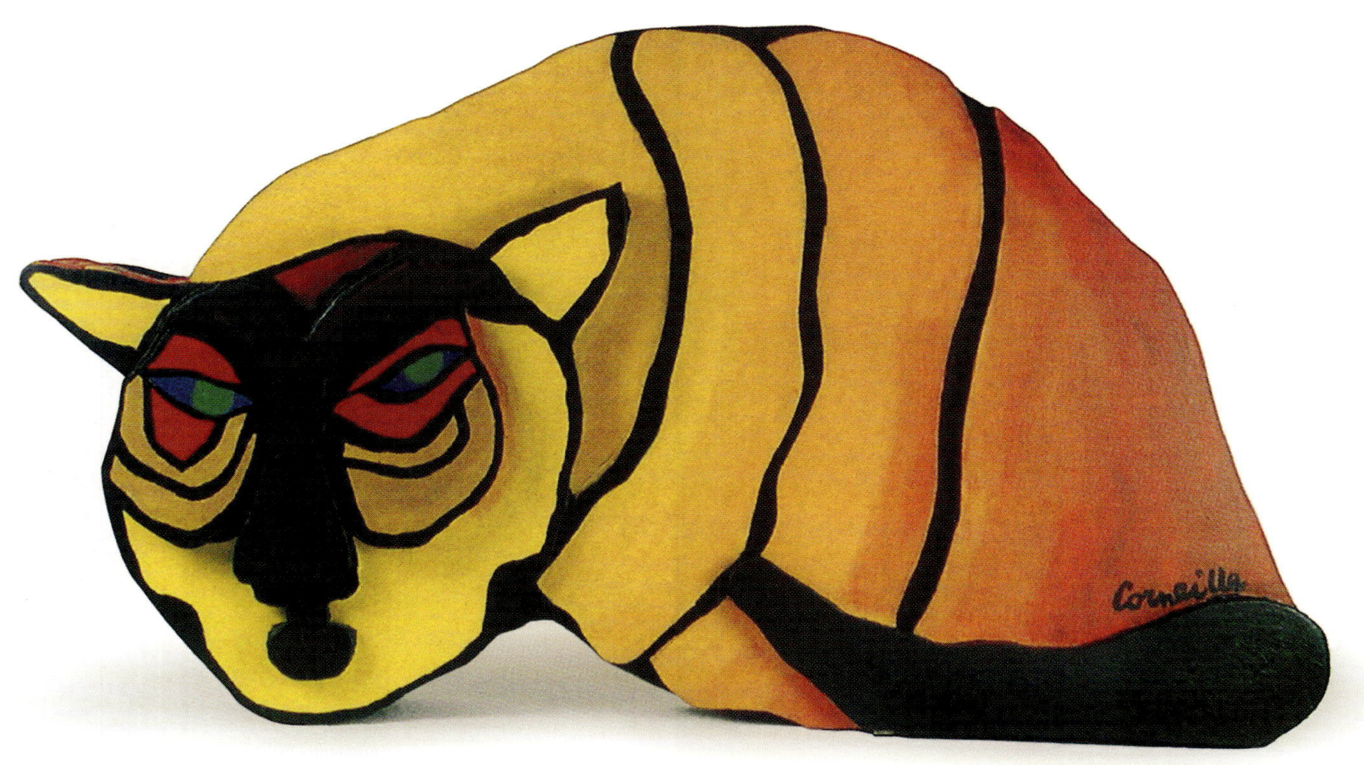

CORNEILLE, " TIGRE " *1992, bois peint, 53 x 100 x 21 cm. Collection particulière.*

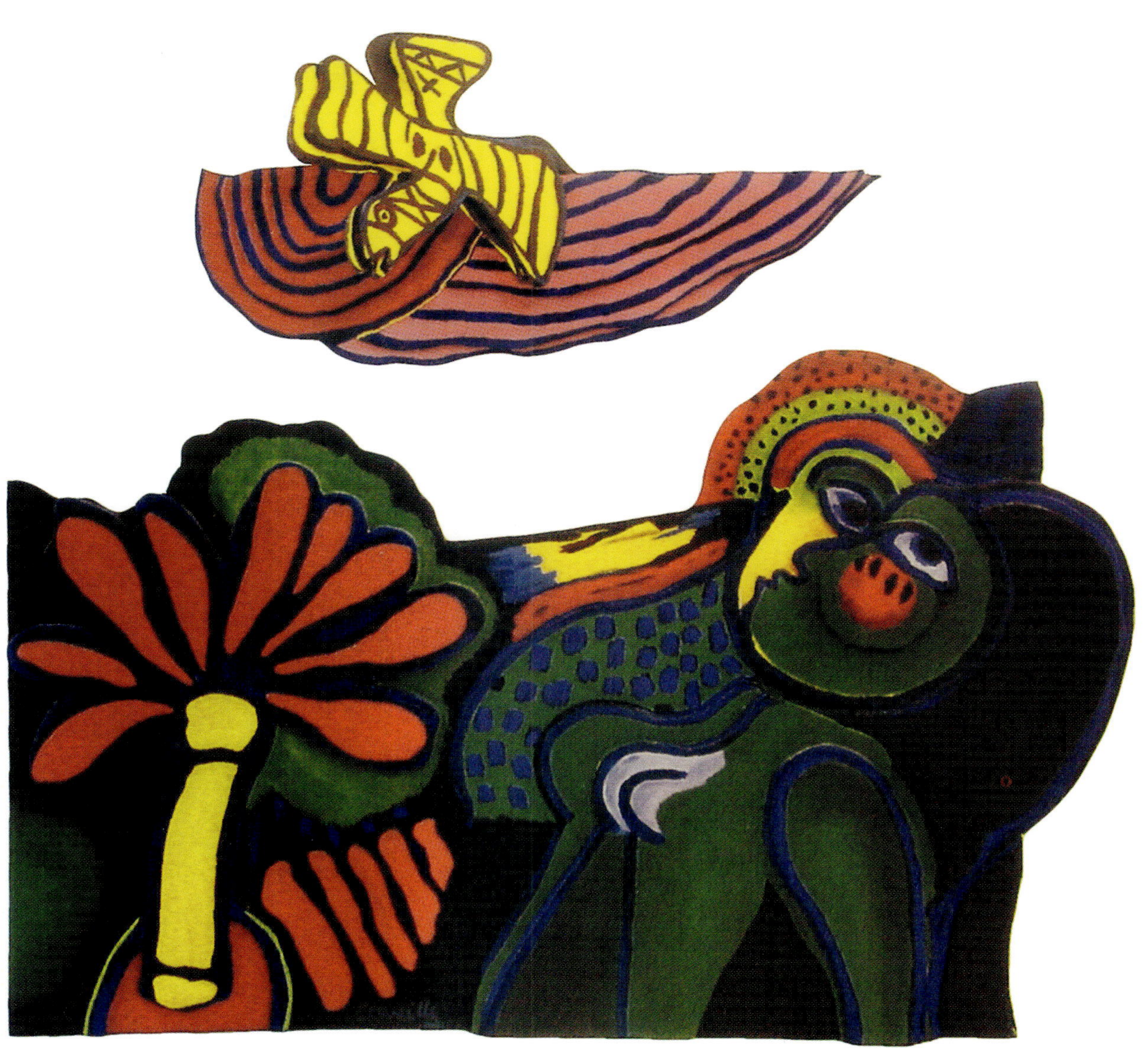

CORNEILLE, " MURAL À L'OISEAU JAUNE " *1993, bois peint, 135 x 115 x 21 cm (3 éléments). Collection particulière.*

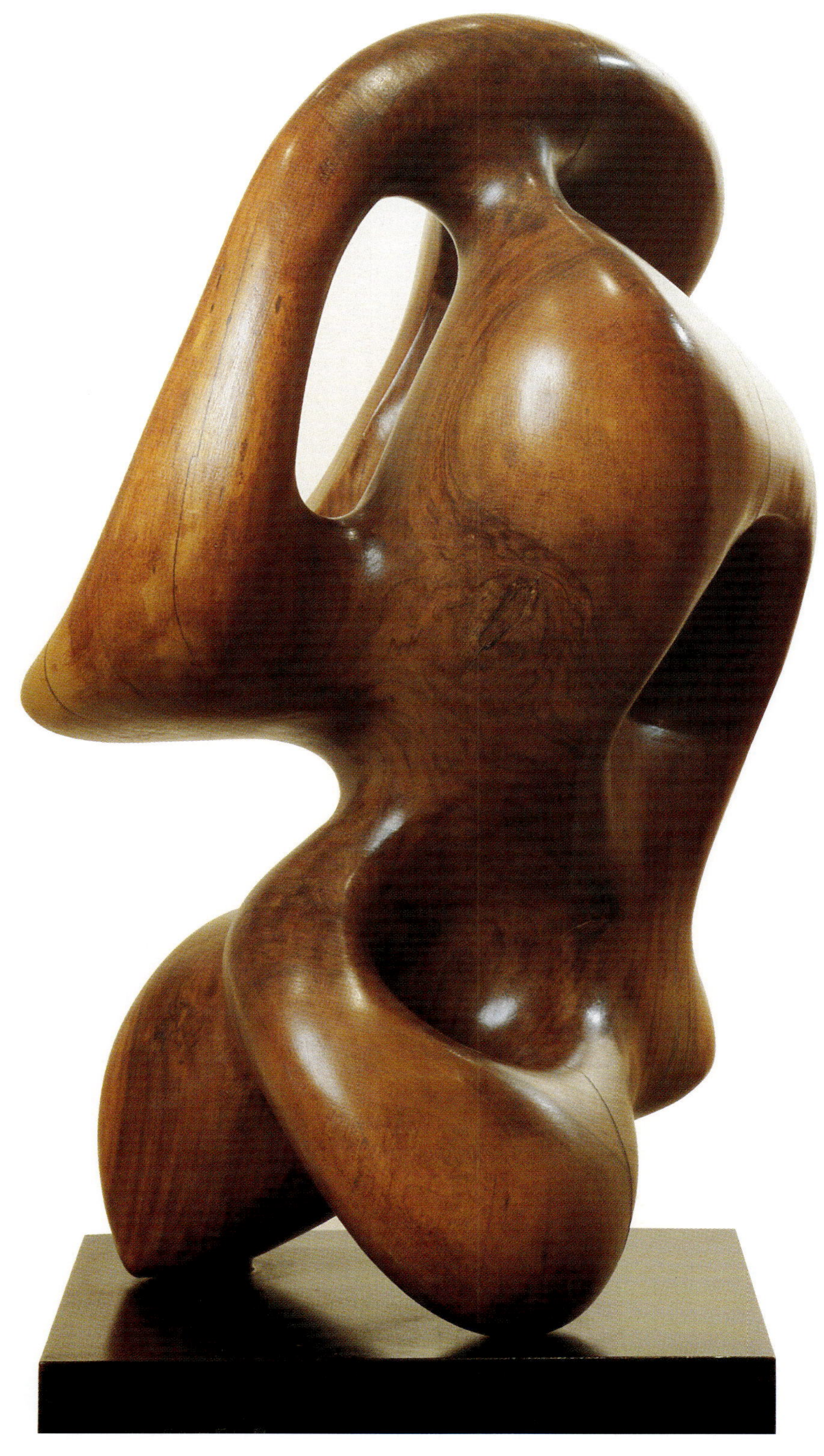

HELMUT WIENHOLD, " SANS TITRE " *1980, bois, 87 x 42 x 42 cm. Centre d'art Présence Van Gogh, Saint-Rémy-de-Provence.*

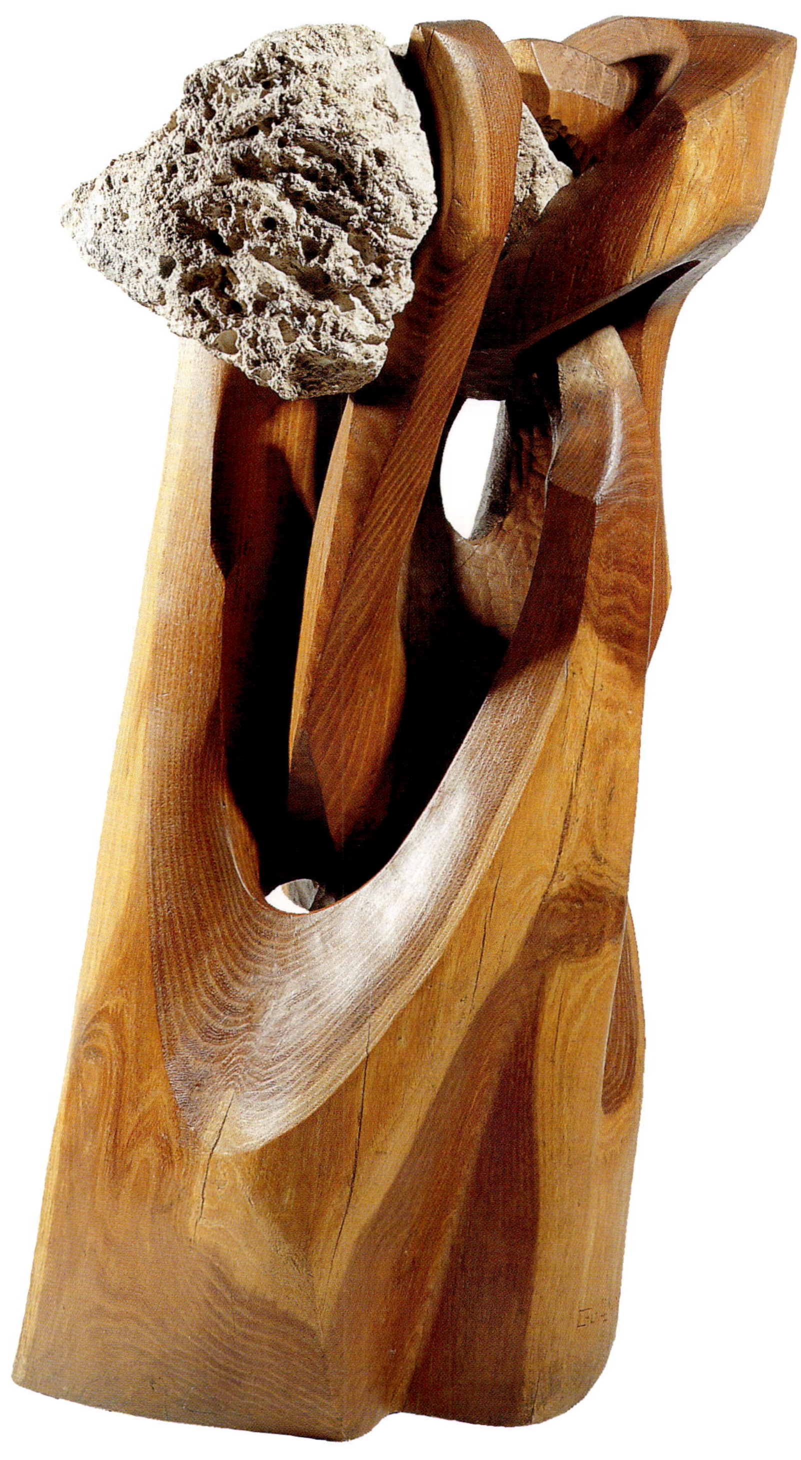

MAURICE GUILLAUME, " LE PIÈGE " *bois et pierre, 82 x 40 x 37 cm. Ville de Saint-Ouen.*

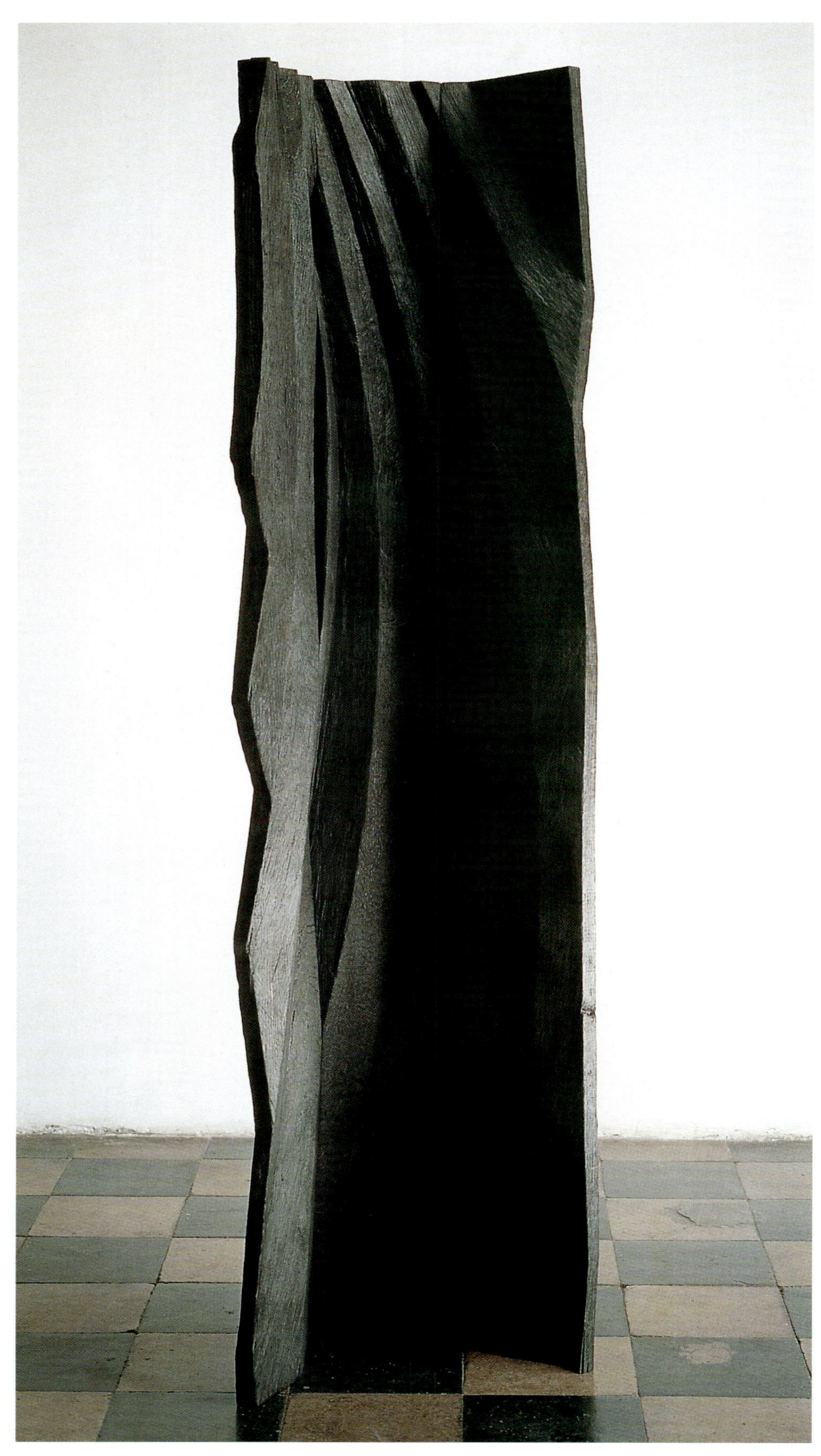

NUNZIO, " SANS TITRE " *2001, combustion de bois, 201 x 54 x 30 cm. Galerie Alice Pauli, Lausanne*

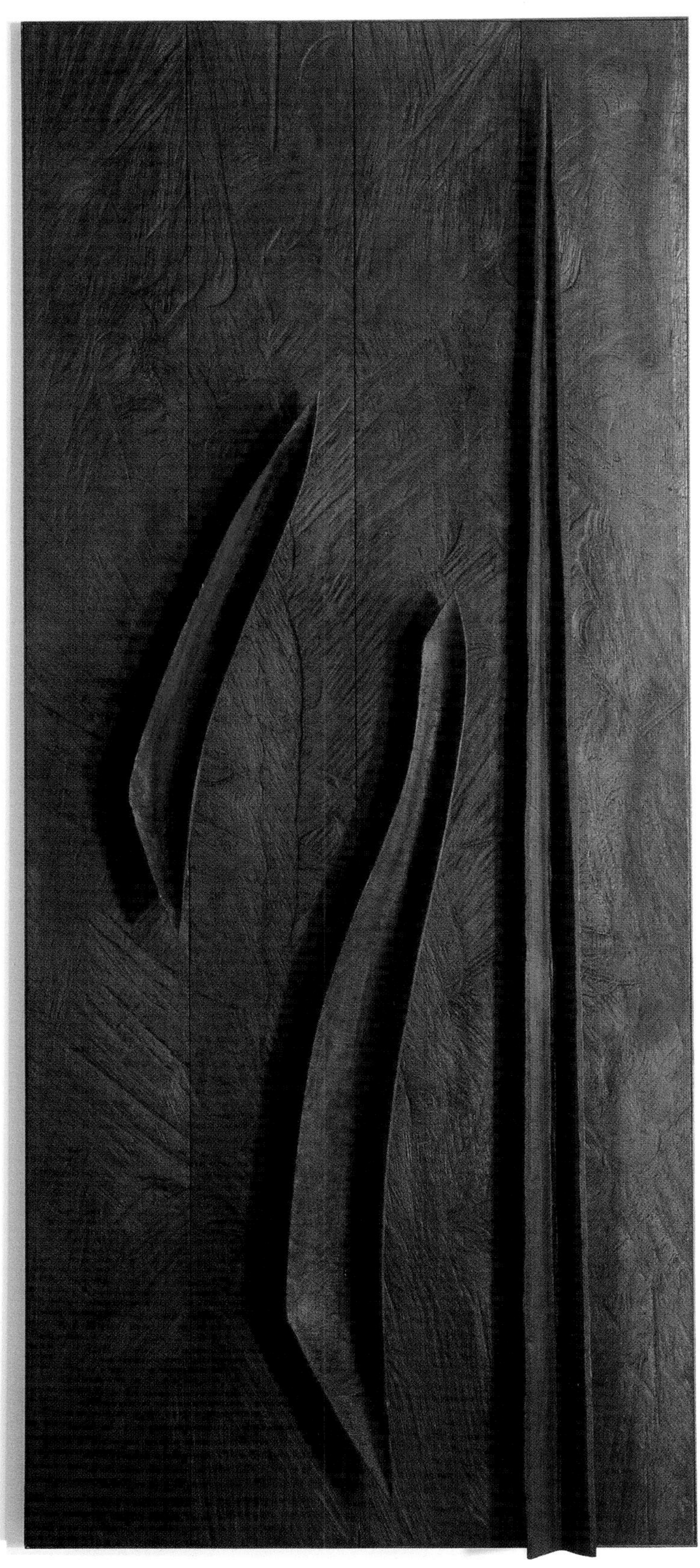

NUNZIO, " SANS TITRE " *1998, combustion de bois, 200 x 92 x 12 cm. Galerie Alice Pauli, Lausanne*

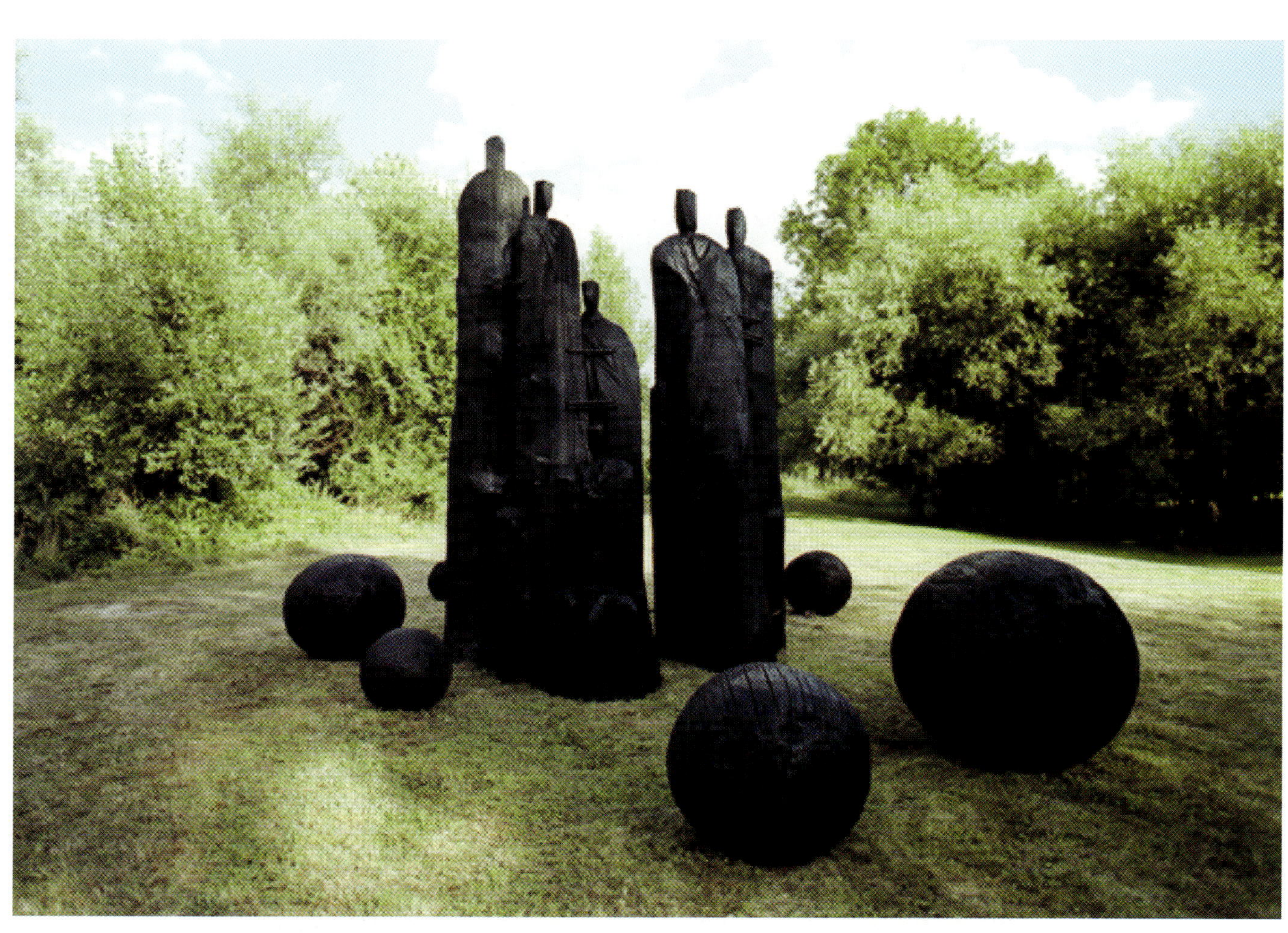

CHRISTIAN LAPIE, " L'AVANT-SCÈNE " *2003, chêne brûlé, traité et métal, 354 x 230 x 190 cm. Collection particulière.*

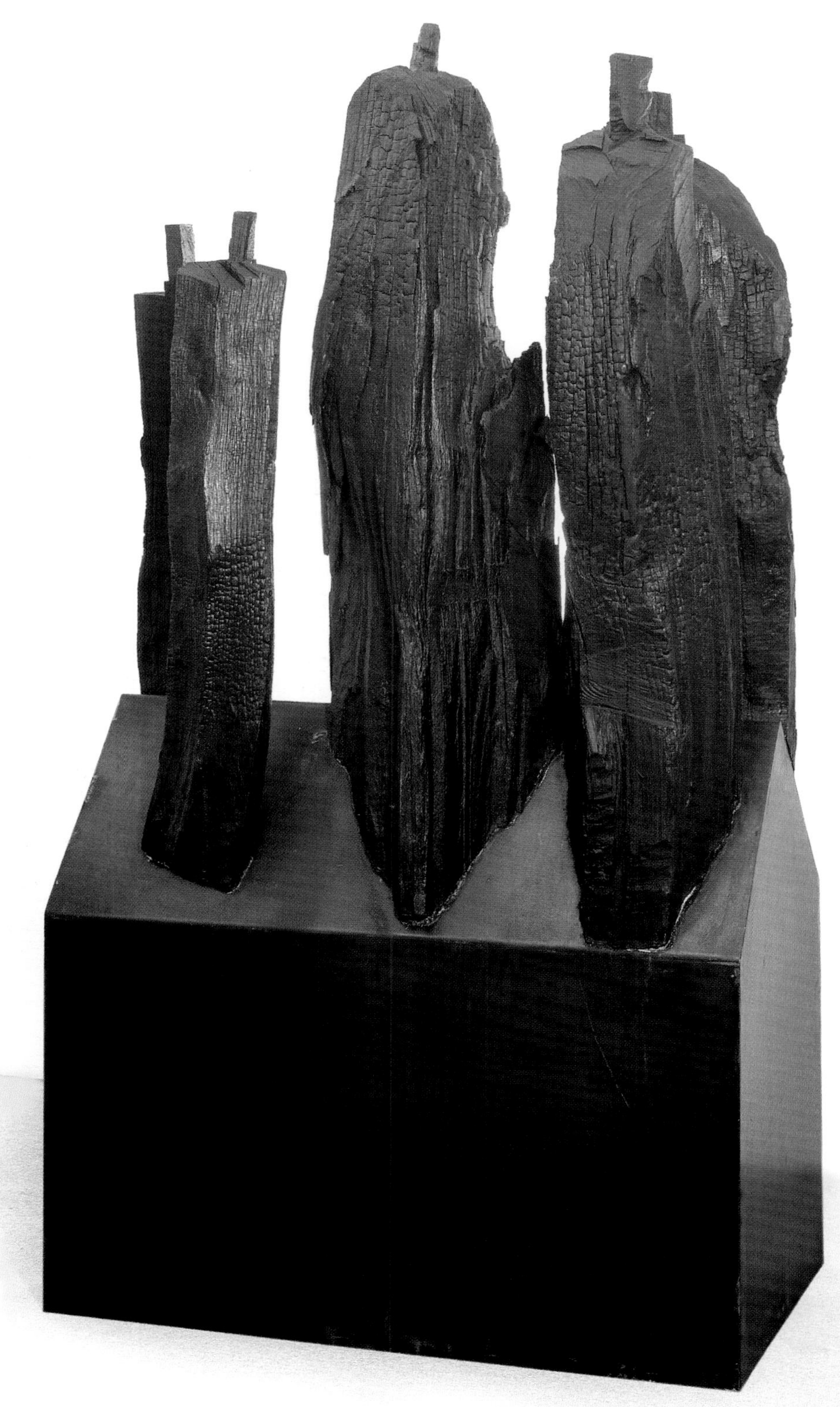

CHRISTIAN LAPIE, " MAISON 3 " *2001, bois et métal, 180 x 96 x 45 cm. Galerie Alice Pauli, Lausanne.*

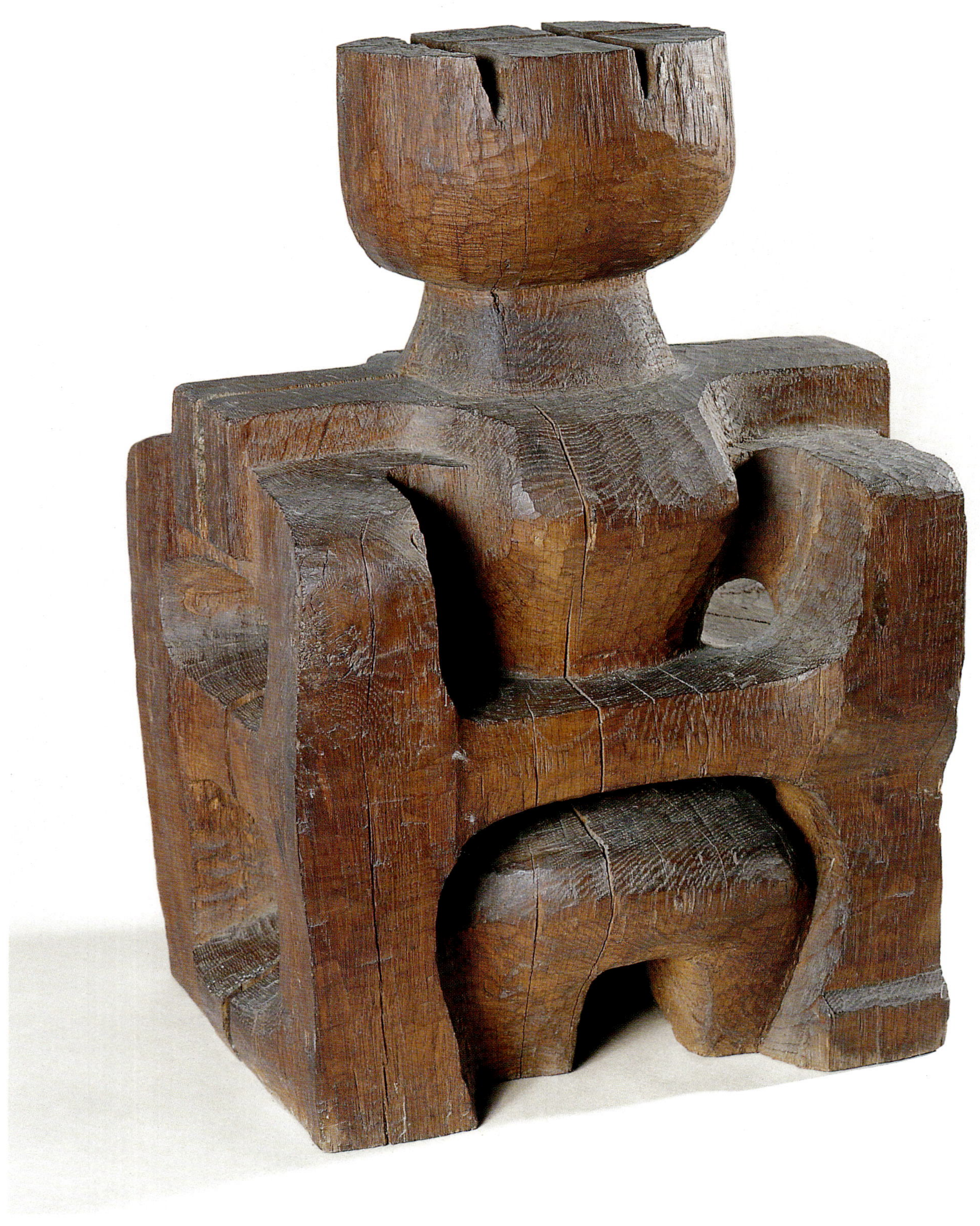

JUANA MULLER, " LE ROI D'ÉCHEC " *circa 1950, bois, 61,5 x 38 x 29 cm. Collection Anne et François Le Moal.*

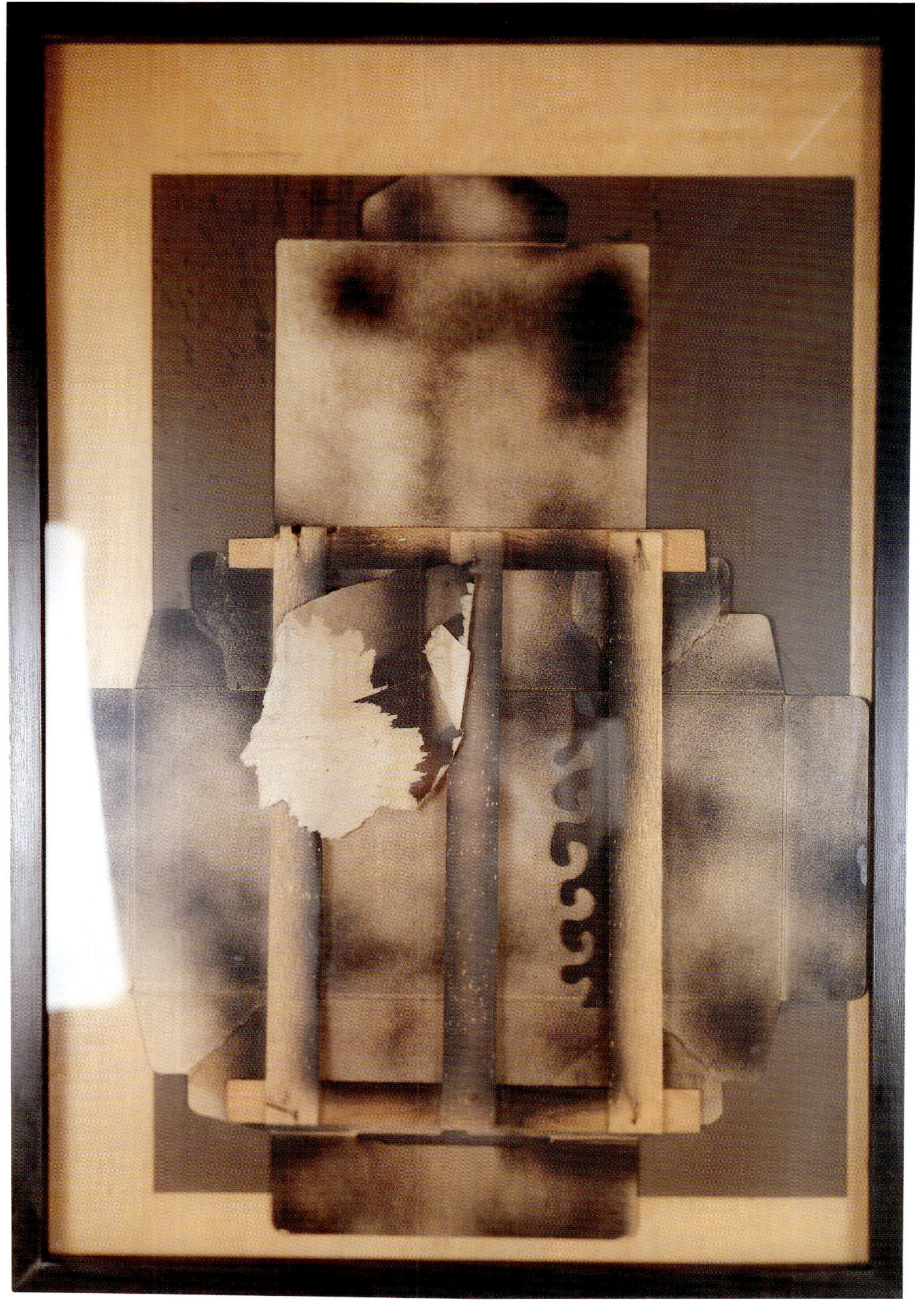

LOUISE NEVELSON, " UNTITLED COLLAGE " *1974, carton, 95 x 64 cm. Collection particulière.*

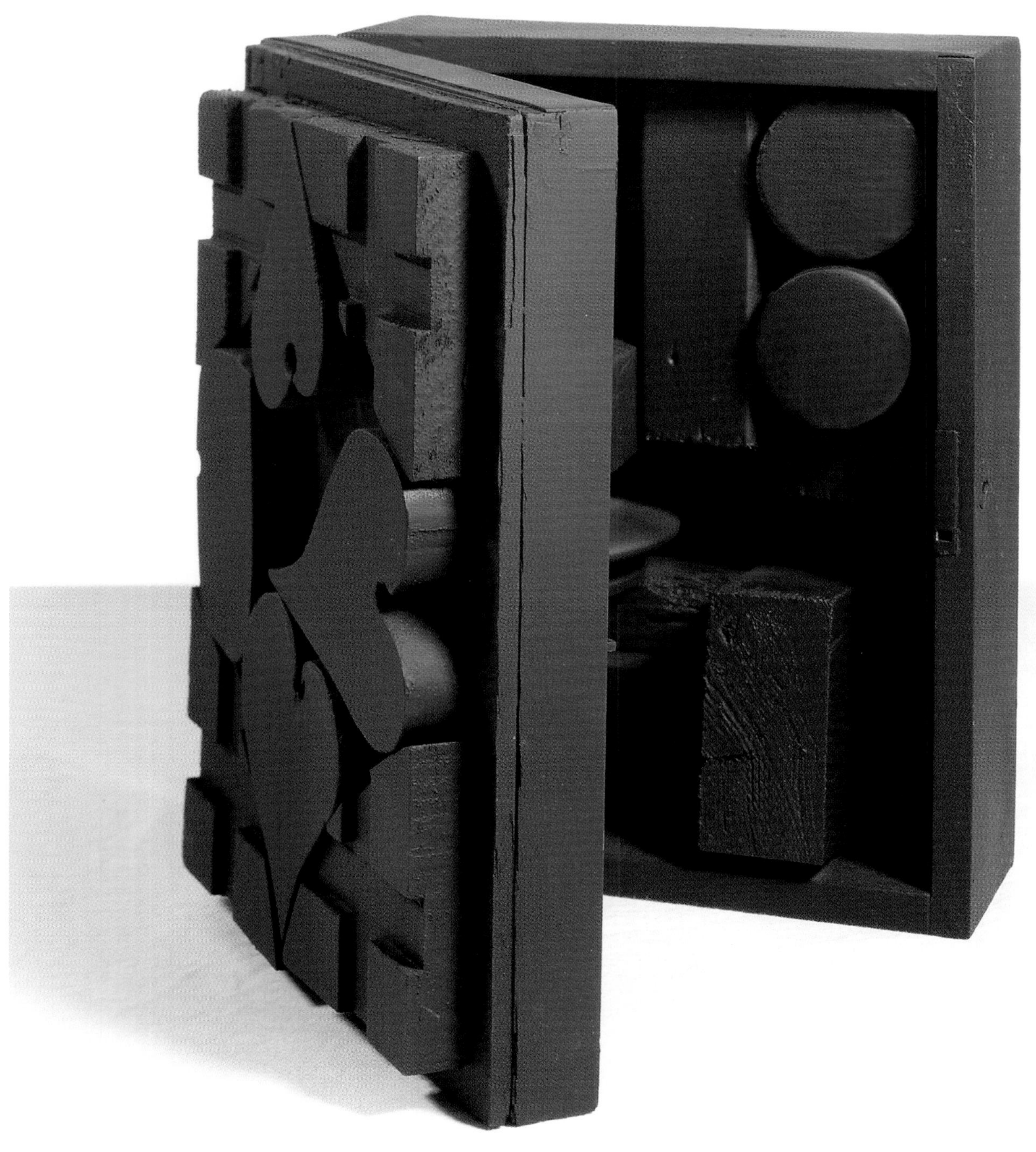

LOUISE NEVELSON, " SMALL CITIES XIV " *1978-85, bois peint noir, 20,3 x 22,9 x 14 cm. Galerie Alice Pauli, Lausanne.*

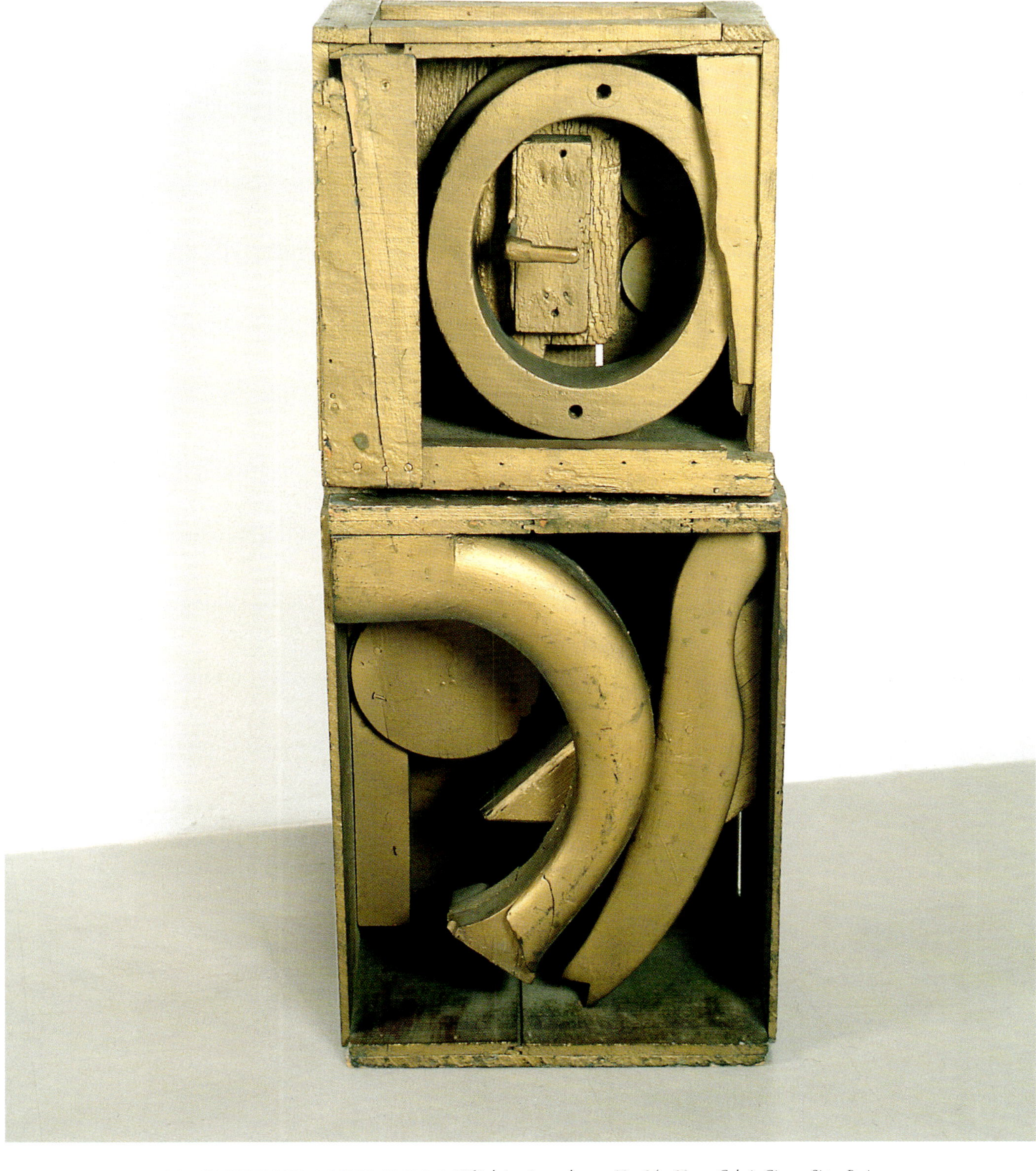

LOUISE NEVELSON, " ROYAL WINDS " *1960, bois peint couleur or, 83 x 34 x 29 cm. Galerie Gianna Sistu, Paris.*

le Bois

La sculpture au XXe siècle et ses usages du bois... fragments

C'est l'histoire de la peinture, au XXe siècle, qui a dicté les paramètres de l'histoire de l'art. L'histoire de la sculpture n'a, au sein de cette histoire, qu'une relative autonomie. Les critères de sa validation sont ceux de la peinture. Tout se passe comme si seule la peinture produisait les œuvres de rupture engageant les avancées progressistes de la modernité. Comme si, encore, la sculpture ne produisait que l'illustration ou plutôt les applications dont la peinture établissait en deux dimensions le paradigme formel et théorique. Les ouvrages consacrés à l'art moderne au XXe siècle, jusqu'aux débuts des années 60 fixent de manière inconsciente ce dispositif.

La plupart des monographies s'enferment dans leur sujet, sans théoriser leur analyse. Les œuvres y sont saisies dans leur rapport à elles-mêmes ou, dans le cadre chronologique de leur début et de leur fin, dans un rapport comparatiste qui se limite à une approche impressionniste, au mieux descriptive et implicitement ou clairement valorisante. Quant aux catalogues raisonnés, ils s'accompagnent de dissertations composées selon l'approche précédente. Le classement des œuvres suit la chronologie et les déploie dans ce cadre admissible par tous. Dans les monographies et les catalogues raisonnés leur analyse revient à signaler leurs apparentements avec les styles et les manières des tendances engendrées par les novations produites dans le domaine de la peinture, du moins jusqu'aux années 80 du XXe siècle. Il est significatif d'ailleurs de constater que lorsque la production sculpturale du XXe siècle, dans son ensemble, est prise en compte, le paradigme des avant-gardes picturales n'est plus guère ni pertinent, ni modélisant D'autres ouvrages peuvent être qualifiés d'ouvrages théoriques. Souvent généralistes, ils appliquent le schéma proposé plus haut. Ce sont, parfois, des catalogues comme celui de l'exposition du Centre Georges-Pompidou, qui dans le contexte du milieu des années 80, posait la question : "*Qu'est-ce que la sculpture moderne ?*" Ce qui revenait à signifier que la réponse était connue et que l'exposition se devait de répondre en déportant la question pour mieux la redéfinir. Thierry de Duve a remarquablement décortiqué ce que soulevait alors ce titre. Et il est vrai que l'on pouvait voir dans le concept de cette exposition un dessein de réinterprétation de la sculpture moderne afin d'ajouter, de manière définitive à nos savoirs, les œuvres désormais acquises comme modernes.

Je retiendrai du brillant essai de Thierry de Duve, au risque de sembler le réduire à ce qui me convient, ce qui suit : l'éthique de cette exposition aurait pour conséquence - grâce à l'intelligibilité d'ensemble qu'elle nous offre de la problématique de la sculpture moderne - que "les dommages causés par les dogmatismes trop étroits ou des révisionnismes trop oublieux seront réparés et qu'aucun tort ne sera causé." Ce qui peut être interprété comme la possibilité, enfin donnée, de considérer la modernité, le modernisme, l'art moderne, et l'ensemble de ses *ismes* comme une période féconde de l'histoire de l'art, dont les relations avec le politique et l'économie peuvent enfin être observées dans leurs intrications complexes et ambiguës, paradoxales et contradictoires. Comme par exemple celles, aberrantes, de notre point de vue, aujourd'hui, entre avant-gardes et révolutionnarismes. Ceci dit l'art moderne subvertit moins l'art de la société capitaliste qu'il ne permet à celle-ci de mettre en avant son libéralisme. L'art peut s'y adonner, sans restriction, à ses recherches soit d'optique, soit de parodie de sa déconstruction. Il affirme ainsi sa spécificité et se définit lui-même comme une activité productrice autonome dont les produits doivent confirmer et cette autonomie et cette spécificité. La sculpture qui, plus encore que la peinture, était un art de célébration et de commémoration, dans le contexte de la modernité ne peut plus assumer et ce rôle et cette mission. On sait la médiocrité des monuments du XXe siècle, en tant que monuments "fonctionnels". Leurs fonctions ne reviennent plus ni à la peinture, ni à la sculpture, mais au cinéma. De même que les fonctions critiques "réalistes" ou celles d'élaboration de témoignages fictifs reviennent désormais à la photographie et à la vidéo.

Nous sommes cependant en droit de juger, par exemple, un ouvrage comme *Passages in Modern Sculpture* de Rosalind Krauss, comme on le ferait d'un ouvrage sur le maniérisme. Si l'on compare ce livre et l'exposition citée, on pourra avancer que Margit Rowell combine, pour ouvrir le paradigme, chronologie et regroupements thématiques. Alors que Rosalind Krauss accepte, en les revisitant, les critères forgés par Clement Greenberg. C'est-à-dire un évolutionnisme progressiste, idéaliste et libéral. La sculpture progressant vers ce point *omega* de la forme plane, à la confluence de ses qualités propres et de la "picturalité" de la peinture. Alors adviendra ce que Greenberg désigne comme la *nouvelle sculpture*, laquelle contrairement à la peinture n'a pas de passé : "elle n'a aucune attache historique, du moins pas dans le passé de notre propre civilisation, ce qui lui confère un caractère virginal tout à fait apte à encourager l'artiste dans son audace, à l'inciter à tout dire sans crainte d'une quelconque censure de la tradition. La peinture cubiste est la seule chose qu'il doive retenir du passé, et le naturalisme la seule qu'il doive éviter." Greenberg précise que, par rapport à la peinture, la sculpture a toujours été capable de créer des objets dont la réalité semble plus dense, plus tangible. "Elle possède un réservoir potentiel de formes auxquelles notre goût ne peut rien trouver à redire puisqu'elles ont toutes leur réalité physique évidente, aussi palpable, indépendante et présente que celle de nos maisons et de nos meubles." Ce texte est d'une incroyable richesse pour comprendre notre situation présente en face de la sculpture et de l'art en général. Car le concept qu'il expose de la modernité en sculpture a été érigé en dogme par ses épigones. Greenberg n'entend pas "palpable" au sens que donnait à ce terme Herbert Read. La sculpture relève pour lui d'une approche visuelle et n'appelle pas plus le toucher qu'elle n'offre de valeurs tactiles. Elle ne vise pas à produire un art total, mais des produits comme, par exemple, "des meubles". Il faut relire ce texte, *The New Scupture*, dans sa version première, trop remanié dans son édition de 1972. Greenberg se borne dans cette dernière au constat que peinture, sculpture, architecture, décoration et artisanat d'art ont sous le modernisme convergé, une fois encore, vers un style commun. La sculpture s'est désormais libérée du monolithe. La distinction entre la taille directe et le modelage n'a plus, selon lui, de pertinence. La sculpture peut enfin se confiner elle-même en deux dimensions virtuelles car les yeux sont capables de reconnaître que ce qui s'offre à eux en deux dimensions a été confectionné en trois. Elle doit se déprendre des valeurs tactiles et se garder de mettre en évidence sa substance matérielle car "l'illusion de la texture de son matériau est analogue à l'illusion de la troisième dimension dans la peinture." Greenberg voit l'accomplissement de la sculpture dans un dessin dans l'espace par un simple fil métallique ne supportant rien d'autre que lui-même." Greenberg qui, quelques lignes plus haut, a cité les constructivistes et les quasi constructivistes, fait explicitement allusion à une œuvre de Gabo que Soto a récemment commentée, dans le journal *Libération* des 16 et 17 août 2003, comme étant une œuvre source de l'art cinétique : " On parlait beaucoup [vers 1955] de cette petite pièce créée par Naum Gabo en 1920 – 1922 [...]. Il s'agit d'un petit morceau de fil de fer attaché à un moteur. Quand celui-ci tourne à une certaine vitesse, le fil de fer disparaît et se métamorphose pour laisser la place à un volume virtuel." Soto qui s'en émerveille comme d'un miracle raconte que "Gabo lui-même avait d'ailleurs dit que chaque fois qu'il la voyait, il en ressentait une joie incroyable et qu'elle lui faisait penser à un cœur qui bat.". Soto compare le mouvement de ce fil à celui du vol des libellules. C'est-à-dire que, pour Soto comme pour Gabo, ce mouvement ne crée pas, ne dessine pas seulement un volume virtuel par une "matérialité insignifiante inscrite dans un plan bidimensionnel", mais évoque la nature en un naturalisme nouveau suggérant illusion et fiction.

L'apport de Greenberg, aussi chargé d'idéologie qu'il l'est, n'en reste pas moins capital. L'évolution même, aujourd'hui, de la peinture, de la sculpture, de l'installation vers le design semble lui donner raison. Même s'il règle la réception des œuvres de manière intolérante et puritaine. Car il aspire, en fait, à l'apparition d'un art non dérangeant, grâce à la "purity" apaisante et décorative de l'œuvre. Sa conception de l'art, et tout particulièrement celle qu'il propose pour la sculpture, est certes exaltante, mais quand même injustifiable. Si on l'accepte, aujourd'hui, il convient de le faire par rapport à d'autres convictions, tout aussi militantes d'ailleurs, et de dire pourquoi.

Il est significatif que le livre de Rosalind Krauss, *Passages on Modern Sculpture* publié en 1977, ait été, en 1997, traduit ainsi : *Passages, Une histoire de la sculpture moderne de Rodin à Smithson*, le traducteur et les éditeurs, avec certainement l'assentiment de l'auteur, suggérant ainsi que d'autres histoires sont possibles, voire nécessaires. Comme si vingt ans après sa parution, dix ans après l'exposition de Beaubourg, la nécessité éthique et esthétique imposait de relativiser les règles de l'art édictées par le critique américain et d'accepter les données d'une historiographie plus triviale ou moins exclusive se donnant pour objet l'examen attentif d'œuvres réfractaires aux injonctions du modernisme. Pourtant Reinhold Hohl dans le chapitre qu'il consacre, dans le volume *La sculpture moderne XIXe et XXe siècles de l'Histoire d'un art, La sculpture*, paru en 1986 aux éditions Skira, aux survivances figuratives se veut toujours ardent défenseur de la sculpture d'avant-garde qu'il oppose à la sculpture traditionnelle. D'où son embarras lorsqu'il commente les œuvres insaisissables selon les critères "modernistes". Son approche de Bourdelle est à cet égard significative : "Une statue équestre néo-baroque de Bourdelle reste une œuvre puissante" et peut même nous émouvoir. Mais pourquoi ? Et comment ? Nous ne le saurons pas ! À la question : Bourdelle est-il un grand sculpteur ?, Reinhold Hohl "n'hésite pas à répondre par l'affirmative." Mais nous incite à visiter le musée Rodin plutôt que le musée Bourdelle. À juste titre, mais cet argument n'a aucune pertinence et l'on ne peut pas vouloir que Bourdelle, né vingt et un ans après Rodin, vingt ans avant Picasso, n'ait été ni l'un, ni l'autre. Bourdelle est dans une situation historique semblable à celle de Maillol, mais dans un rapport à Rodin et à la peinture de ses années de formation bien différent. Tous deux offrent pourtant à partir de leur approche "classique" de leur art des voies fécondes à la sculpture d'avant-garde. Dire que l'histoire ne doit retenir de Bourdelle que son enseignement à la Grande-Chaumière et ses commentaires des premiers travaux d'Alberto Giacometti et de Germaine Richier nous contraindrait à ne retenir de Maillol que l'enseignement qu'il dispensa à Despiau et à Breker. Il est, en outre intéressant, de noter que selon cet auteur, "le néoclassicisme rassurant avec un caractère hédoniste en France et une note symboliste en Allemagne [...]va conduire tout droit à l'art officiel des états totalitaires". Ce n'est pas vrai, dans tous les cas, car cette détermination n'est pas mécanique. Pas plus que les théories des avant-gardes ne sont responsables, à elles seules, du livre noir des doctrines totalitaires. On ne peut donc pas évacuer la question de l'expressivité dramatique de Ernst Barlach, en concluant que sa sculpture est fermée – terme qui fait référence à un critère de Clement Greenberg pour qui la sculpture moderne doit ouvrir le monolithe - ce qui s'expliquerait par le fait qu'il est "avant tout un sculpteur sur bois" ce qui nous détermine dans ses œuvres "la stylisation stéréométrique et le rendu lisse et anguleux des formes naturelles". Il est vrai que le primitivisme de Barlach s'ancre dans une vision qui s'enracine dans le Moyen Âge et dans une tradition allemande de la sculpture et tout particulièrement de la sculpture sur bois. Mais son art ne se limite pas à n'être qu'une simple greffe au modèle "médiéval" des effets stylistiques modernes. Le choix du bois pour les plus fortes de ses œuvres manifeste un dessein de recours, et non pas de retour, à un art de compassion envers toute souffrance humaine auquel les formes modernistes n'apportent pas de solution, malgré leur liberté et leur discipline expressives et constructives. Si Reinhold Hohl reconnaît à Barlach, comme implicitement à Käthe Kollwitz, du talent, il lui reproche de ne pas avoir exprimé plus fortement son rejet de la tradition occidentale par le choix d'un autre modèle primitiviste. "La sculpture de Barlach, sur le plan historique [...]occupe une position nettement conservatrice lorsqu'on la compare avec les assemblages de bois sculptés de l'art tribal – qui était alors bien connu – et si l'on songe qu'elle vient après les constructions cubistes ou qu'elle est contemporaine du constructivisme international."

Si je cite aussi longuement Reinhold Hohl, ce n'est pas pour produire une analyse critique de sa présentation de la sculpture moderne, éditée en 1986, l'année de l'exposition *Qu'est-ce que la sculpture moderne ?* Ce n'est pas un hasard. À sa manière, son texte n'a pas pour objet un questionnement de la sculpture moderne, mais celui d'en proposer une présentation générale destinée à un public cultivé. D'où l'obligation, qu'il croit devoir être la sienne, parce qu'il doit se fonder sur le cours historique de la sculpture en général, de prononcer, à l'égard de Bourdelle et de quelques autres sculpteurs et de quelques absents, Arturo Martini par exemple, des jugements de valeur qui selon lui ressortissent à l'histoire de la sculpture moderne. Ce que met à l'œuvre son histoire, c'est le fonctionnement de critères qui postulent l'accomplissement téléologique d'un paradigme, à la source duquel se trouvent les peintres et la peinture, par la voie d'abord du recours à la primitivité des arts tribaux.

L'usage du bois dans ce cas fait sens et histoire. Même si dans les constructions cubistes, le bois, Greenberg a vu juste, n'est pas utilisé pour ses propriétés organiques. Dans l'approche fascinée des arts tribaux, le bois a été choisi pour décaler l'art occidental de son histoire. Mais cette modélisation des arts extra-européens n'en demeure pas moins ambiguë. Elle leur assure, certes, une promotion au rang d'œuvres d'art, mais, en même temps, contribue à une sorte d'appropriation et d'exploitation colonialistes. Ses significations intrinsèques et son fonctionnement rituel éradiqués, la sculpture des arts tribaux devient une nouvelle matière première que l'Occident transforme en produits élaborés. C'est à Gauguin que nous sommes redevables de cette appropriation. Comme Bougainville ou Cook, il a offert à "l'économie" artistique du "nouveau", venu du fond de l'inconnu, des océans lointains et des "anciennes croyances". Pour lui, puis pour les expressionnistes, le bois, directement taillé dans le bloc, assure l'expression de l'immédiateté. Le bois et sa taille directe ouvrent, selon eux, la voie à une remontée vers nos origines, vers le "lait nourricier" des civilisations oubliées de l'Histoire. Le bois leur a permis d'éviter l'écueil de la tradition et de se tenir à distance de la leçon de "l'écrasante exemplarité" de la grande statuaire classique et académique. Ce n'est pas un hasard si, contre le classicisme des avant-gardes et l'académisme des normes greenbergiennes, la quête expressionniste d'un art originel a retrouvé récemment un "revival" ambigu dans les œuvres de Penck a. r., de Jörg Immendorf et de Georg Baselitz. Baselitz sculpte seulement le bois et grave le linoléum que l'on peut considérer comme un substitut plus tendre et non organique du bois. Penck a. r. sculpte et grave le bois. Mais il ne faudrait pas en déduire trop vite que, par-delà la modernité, s'esquisse dans leurs œuvres une reviviscence expressionniste. Si ces artistes se crispent, dès les années 70, sur la situation allemande, c'est pour en produire une analyse qui, c'est vrai, n'en aspire pas moins à une échappée de l'enfermement où le modernisme "socialiste" et le modernisme "capitaliste" leur semblent avoir séquestré la culture et celle, précisément partie en deux espaces inconciliables, dont les *Café Deutschland* d'Immendorf nous exposent la métaphore inquiétante. Leur affirmation de la compacité du bloc, comme dans la sculpture de Kirchner et de celle des sculpteurs africains dont l'art est, à nouveau, comme au début du XXe siècle, fortement sollicité, va délibérément à l'encontre de l'orientation évolutive que Greenberg avait assignée à la sculpture. La compacité du bloc est parfois renforcée, chez Immendorf, tout particulièrement, par une polychromie intense et brutale. Son art est à rapprocher d'un art africain récent qui, dans les années 50, s'est complu à agrémenter des formes traditionnelles, pour figurer des sujets contemporains, d'une couverture de peinture industrielle. Baselitz, au contraire, reprend les formes traditionnelles de l'art africain, mais les agrandit et les implique, par une taille brutale, dans une figuration où leur gestuelle, par exemple, celle du *Nommo* dogon, manifeste sans ambiguïté les passages de l'histoire. C'est pourquoi l'usage du tilleul par Immendorf ne me semble pas anodin. Car c'est le bois par excellence de la tradition médiévale germanique, celui que taillent et peignent Martin Gramp, Veit Stoss, Tilman Riemenschneider, Gregor Erhart dont l'art porte à une perfection fascinante une esthétique à laquelle la vague de la vogue italianisante, c'est-à-dire celle de la modernité naissante, va mettre un terme et la rejeter dans le domaine des traditions vernaculaires à jamais désuètes. Conscients du poids des scories de l'histoire que ce "revival" charrie, dans un flot de nostalgie ensommeillant la raison, ces artistes ont entrepris, en outre, d'exploiter, de l'art européen des années 50, des œuvres qui se démarquent de la voie du modernisme des ruptures continues. Indéniablement Baselitz se souvient du *Miracolo* de 1953, de Marino Marini, taillé dans le bois, comme hâtivement dégagé du bloc, et des formes archaïsantes et sauvages d'Étienne-Martin. Celles-ci ne ravivent d'ailleurs pas l'évocation d'une société ou d'une tribu auxquelles les référer. De même que certaines formes que Picasso colorent vivement et dont Immendorf tire parti dans ses citations implicites de l'art des années d'après-guerre. Les personnages sculptés dans le bois de Balkenhol relève d'un autre registre : celui d'un hyperréalisme naïf qui semble déporter les images photographiques de Thomas Ruff dans l'ordre d'une banalité urbaine et populaire. On ne peut pas pourtant ne pas songer aux personnages anonymes qui se pressent dans les scènes de la Vie du Christ des retables allemands du Moyen Âge comme y invite *Dreiergruppe* taillé dans du hêtre puis soigneusement peint.

Françoise Cachin a judicieusement rappelé ce que, chez Gauguin, la quête d'un art mythique et primitif devait à Wagner et surtout à Ruskin. Et souligné que pour lui, comme pour Albert Aurier, "était primitif tout art qui n'était pas souillé par les sacrilèges désirs de réalisme et d'illusionnisme", c'est-à-dire celui qui se perpétue des imageries mythologistes de l'Assyrie aux Japonais. Pour Ruskin, l'origine salvatrice c'est le Moyen Âge. En ce sens Barlach et Gill, comme Martini expriment un dessein primitiviste qui devrait attester de leur modernité. Mais cette primitivité s'inscrit dans une mémoire, elle veut retourner vers un moment idéalisé de la tradition d'un peuple, d'une nation, ou d'une période mythique de la culture occidentale : pour Eric Gill, par exemple, à l'instar des Nazaréens et des Préraphaélites, l'époque bénie de Giotto. Certains cubistes, tel Albert Gleizes, puis pendant les années 30 à 50, en France, Gromaire, Léger, et les peintres dits de tradition française, s'efforceront de relier le cubisme à l'art roman, celui-ci étant même défini comme l'aboutissement du cubisme. Or la primitivité "moderniste" exige la table rase de la mémoire occidentale. La fascination de la tribu primitive est donc de même nature que celle que visent à réaliser les convictions "aveniristes" qui emportent l'art vers le dépassement de l'histoire. En fait, ces deux espérances eschatologiques ont partie liée. Elles veulent bâtir mêmement une société esthétisée, une société des égaux. L'on sait ce qu'il est advenu de ces espérances dans les expériences concrètes conduites en Europe et en Asie. La situation la plus "médusante" étant celle qui a tenté de conjuguer ces deux voies vers le réel réalisé.

Sculpté dans un bois exotique très dur, l'acajou, *Chantier 1990-1992*, a été, ce n'est certes pas un hasard, présenté par Wim Delvoye, en 1992 à la Biennale de Sidney. Citation des mutations matérielles qu'affectionnait Magritte, et tout particulièrement de ses "pétrifications" conjuguées avec d'oniriques mises hors d'échelle ; citation irrévérencieuse de la "barbarie coloniale" de Gauguin, parodiant une culture qu'il déplace de sa sphère en la ravalant au rang de réemploi, pour à la fois subvertir et consolider la culture occidentale, *Chantier* projette ainsi une ornementation kitsch sur des objets triviaux du monde industriel. D'une manière détournée, mais avec un humour décapant, Wim Delvoye met en évidence le fantasme de l'homme blanc, son rêve d'âge d'or et sa manie civilisatrice, qui le pousse à arpenter sans repos la planète et à "foutre la chiasse à tout le monde", pour reprendre la lucide image d'un des maîtres de l'anthropologie. Mais *Chantier* est tout autant une critique de la modernité, de son rejet de l'ornement, de son esthétique austère et desséchante. Une sorte d'appel nostalgique à une vitalité éradiquée par le productivisme forcené de la société occidentale.

Nous pouvons, je crois, avancer que le bois, dans la sculpture, lorsqu'il est taillé, sculpté de manière artisanale, est le matériau dans lequel se manifestent les ambiguïtés de la modernité et les tentations de résistance à la fois aux académismes et aux propensions modernistes auxquelles Clement Greenberg a ouvert la voie libérale. C'est pourquoi la primitivité désirée par Lembruck, Martini, ou Barlach exclut leur art de l'histoire de l'art moderniste. Cette histoire peut admettre Brancusi célébré comme celui grâce à qui la sculpture s'évade de l'impasse dans laquelle l'avait laissée l'ambition de Rodin de surpasser Michel Ange. C'est pourquoi elle peut accepter encore l'humanisme et l'abstraction biomorphique de Hans Arp, de Henry Moore et de Barbara Hepworth. Leur abstraction anthropomorphe s'inscrit à une origine abstraite qui est ce moment où la création est riche de toutes les espérances. Ce point est projeté hors de l'histoire et de toutes les traditions car leurs œuvres, épurées de tout élément illustratif, y condensent les apports de la modernité rétablis dans une pureté formelle originelle. Ces œuvres attestent d'un accord profond de l'Homme et de la Nature. Du point de vue de Clement Greenberg, l'apport de Moore et de Hepworth au cours progressiste de l'histoire moderniste réside dans le fait qu'ils ont ouvert le monolithe. Comme chez Brancusi et Arp, c'est la lumière caressant la peau de leurs œuvres qui tend la modulation continue du modelé dans l'espace. La trouée que configure le volume, dans certaines de leurs sculptures, fonctionne comme une *veduta* mariant la plénitude des formes à l'intensité vitale de la Nature. Il en résulte, paradoxalement, un pictorialisme qui se conjugue avec ce qu'il faut bien appeler, malgré le souci de combinaison, chez l'un et l'autre, de points de vue multiples, la frontalité affirmée de leurs sculptures, c'est-à-dire une tension vers le plan qu'infléchit seulement l'évidence anthropomorphique des "figures". Cette planéité est surtout sensible dans leurs œuvres en bois. Elle est accusée par les cordes tendues dans les espaces évidés que les formes découpent ou enveloppent. Et plus que sa continuité, malgré sa modulation par la lumière, c'est du volume, l'épaisseur qui est rendue sensible à l'œil du spectateur et qu'accentue la matérialité organique du bois.

Kirchner qui, toute sa vie, a poursuivi parallèlement à la peinture une activité de sculpteur expliquait, en 1914, rappelle Wolfgang Heinze, combien son travail de sculpture lui était précieux : "Il me facilite la traduction des représentations spatiales en surfaces, de même qu'il m'avait aidé jadis à trouver la grande forme compacte." La sculpture lui permet l'atteinte d'une certaine concision dans le dessin et une approche de la construction de l'image qui établit des "rapports dialectiques entre la peinture, le dessin, la sculpture du bois et la qualité des matériaux employés dans la gravure". Kirchner décrit bien ce qui est à l'œuvre dans la sculpture des peintres au début du XXe siècle. Pour Picasso, Matisse, Derain, la sculpture, dont ils ne sont pas des praticiens confirmés, leur permet d'échapper à l'exemplarité du passé même récent de leur art. Elle leur permet, en outre, d'expérimenter un type de construction de l'œuvre, de l'objet, qui échappe à tout effet illustratif, à toute fiction. Le recours au bois, outre la saveur primitive qu'il confère à l'œuvre, leur facilite l'expérimentation, face par face, de la définition du rabattement des volumes sur un plan. Comme dans les socles en bois des marbres et bronzes de Brancusi, se substitue, dans leurs œuvres, le relief à la ronde-bosse. Outre ce que l'on pourrait appeler son caractère "africain", Picasso expose littéralement par l'apparence "inachevée" de *Figure (Cariatide)* ce que Carl Einstein, cité par Jean Laude, qualifie d'exercice en cours d'une activité de production formelle. Notons que, dans cette figure, le visage est traduit par un dessin au trait, quasiment idéogrammatique, peint sur le plan. Ce que Picasso expérimente ici, c'est hors des savoirs acquis en peinture, cette possibilité de ne pas se laisser aller à une "préhension picturale du volume", selon les termes de Jean Laude. À cet égard, bien que, comme Clement Greenberg, il récuse le "réalisme mythique du modèle "tâté", la palpation d'Herbert Read ?, Carl Einstein semble souhaiter qu'à l'instar de la statuaire africaine, la sculpture au XXe siècle, "n'use plus [comme au moment du Baroque] des méthodes de l'impressionnisme et de la peinture" ni de celles qui, en voulant rendre compte du "moment psycho-temporel", ont privilégié les idées et les commentaires de leurs effets. Au détriment de l'expression de l'espace et de la raison d'être de la sculpture : le volume. Carl Einstein ne signifie pas qu'il faille ériger l'œuvre dans l'espace comme un bloc au modelé continu : "Tourner autour d'elle, écrit-il, est à prohiber autant qu'à la tâter." Il s'agit donc de mettre au point, sans le secours du modelé, une sorte "d'équation générale de l'espace" s'articulant à "une perception de l'espace [tenue] à l'intégration totale du volume et à l'expression de son unité." L'œuvre se doit donc d'absorber le temps. Le montage de formes que cette ambition implique s'est défini dans la peinture et ses combinaisons de plans construits et montés à tel point que l'on pourrait renverser l'assimilation de la sculpture à la peinture en décrivant, comme l'a fait Denis Milhau, cette dernière comme une sculpture, elle-même cubiste, ramenée sur le plan. Mady Ménier fait sur ce point remarquer, en commentant la sculpture de Laurens, que l'on ne désigne jamais une sculpture cubiste par son matériau, mais comme une "construction". Elle insiste, en outre, sur le fait que la sculpture de Laurens dépouille les matériaux utilisés de leurs qualités intrinsèques. "Au rebours donc de leur acception ordinaire". C'est toujours le bois que l'artiste travaille, mais en planche.

Pourtant tout a bien commencé par la taille directe de blocs de pierre ou de bois, par un travail de sculpture, par taille directe, qui a servi de terrain d'expérimentation à la peinture. Mais, c'est le modèle constructif que celle-ci élabore qui devient modélisant pour la sculpture et structure le paradigme qu'elle va tenter de décliner. Mais ce n'est pas tout à fait exact. La sculpture des expressionnistes que Carl Einstein n'appréciait guère a cristallisé, dans la matérialité de ses figures, les émotions subjectives d'écritures personnelles. Leurs œuvres relèvent d'une sculpture de la statue ou plutôt de la statuaire. Comme, d'ailleurs, une grande partie de la sculpture au XXe siècle et de celle même qui, en son sein, se définit comme sculpture moderne.
Et il est vrai que l'histoire de la sculpture au XXe siècle, celle même de la sculpture moderniste, s'est construite, dans ses contradictions paradigmatiques et les divergences éthiques et esthétiques de celles-ci, sur l'opposition entre la taille directe et le modelage et entre le point de vue unique et les points de vue multiples. Comme lors des périodes et des siècles précédents ! La primauté donnée à la taille directe et aux surfaces soigneusement polies marque une rupture, lorsque ces techniques affirment un style ou une manière non néoclassique, avec Rodin. Et lorsque la taille directe s'effectue à partir du bois, elle signale, en plus, une rupture plus forte avec la tradition occidentale. La taille directe se veut manifeste d'une aspiration à l'authenticité, du métier exigeant qui ne permet aucune erreur. Le modeleur qui ajoute de la matière et la façonne à son gré peut reprendre son ouvrage, l'amender, le modifier ; celui qui taille et soustrait, de la pierre ou du bois, ce qui est de trop, ce qui enlevé, laissera la forme à sa plénitude, doit viser juste, faire preuve de maîtrise. Il ressort de cette approche de la sculpture que le modeleur se comporte comme le peintre. Tous deux ajoutent de la matière sur un support. Le métier, le matériau est second par rapport au *concetto.* La sculpture est fille du dessin. Ce que signifie à peu près Léonard lorsqu'il décrit le sculpteur tailleur de pierre couvert de poudre de marbre tel un boulanger de farine. C'est bien évidemment Michel Ange qui est indirectement visé par cette remarque. Au XXe siècle, comme Rudolph Wittkower le souligne, le recours à la taille directe s'effectue contre les facilités additives de l'art du modeleur. Ainsi Eric Gill, rappelle Wittkower, se détourne de Maillol parce que ce qu'il veut apprendre "ce sont les outils et la manière de s'en servir – le ciseau et la matière, et ce que l'on peut en tirer." Pour Gill mieux vaut apprendre avec les praticiens, les vrais tailleurs de pierre, de la sculpture monumentale qu'auprès d'Aristide Maillol ." L'exemple de Gill est, comme celui de Barlach, intéressant. Pour eux, le modelage est moins une technique liée au conservatisme qu'une technique froide. Le modelage pas plus que la taille directe n'est, pour eux, un gage de modernité. La taille directe est un éloge de la main, une récusation, à l'aune du métier, des routines habiles de l'académisme. Comme Barlach, Gill se ressource vers le Moyen Âge, mais comme un artiste de cette période, dans un contexte façonné par les préraphaélites et l'Arts and Crafts, vers les primitifs italiens, et plus particulièrement vers Giotto.

On comprend mieux pourquoi Greenberg juge sans intérêt le débat modelage taille directe. Parce qu'il n'est pas pertinent avec son histoire de la sculpture. Ce que dit Gill du matériau et de l'outil s'entend dans tous les discours sur la sculpture, tout au long du XXe siècle, lorsque leurs auteurs, artistes, critiques et historiens, traitent la sculpture comme un domaine ayant sa propre histoire. Ainsi chez Brancusi : " La taille est l'articulation de quelque chose qui est déjà dans le bloc" ou encore " Tous les matériaux ont en eux-mêmes la sculpture que l'homme désire. Il doit peiner et la dégager en éliminant le matériau superflu qui la recouvre.". Brancusi décrit bien ici l'art et la pratique de Michel Ange qui "peinait sur le marbre", mais effaçait le souvenir de ses difficultés. L'œuvre devait, selon lui, apparaître comme une réalisation immédiate et sans repentir du *concetto.* L'opposition du *finito* et du *non finito* n'est pas, dans ses œuvres, seulement le témoignage de son combat contre la matière. Mais l'illustration de l'opération de dévoilement et de libération de la statue enfermée dans le bloc. Ce jeu expressif où l'inachevé souligne, comme le dit André Chastel, met en valeur la perfection des "formes entièrement réalisées" est précisément celui dont Brancusi tire un parti impérieux. Aux formes lisses, soigneusement polies, jusqu'à n'être plus, dans leur "purity", que lumière, s'opposent l'opacité organique du bois, sa profondeur et la rudesse de son façonnage lesquelles donnent à ses socles une résonance particulière. La taille directe du bois projette la symbolique néoplatonicienne de Michel Ange dans les enjeux de la modernité. L'œuvre se dévoile dans l'opposition spectaculaire de l'accomplissement classique et du surgissement d'une forme qui s'ébauche du "lait nourricier" des origines. La sculpture ici résulte à la fois de la picturalité lumineuse et apollinienne du fini et de la sculpturalité dyonisiaque de l'inachevé. Bref l'œuvre entier de Brancusi fait de manière éclatante démonstration que la spécificité de la sculpture c'est bien, comme l'affirmait Carl Einstein, le volume lorsqu'il donne à voir une sorte "d'équation générale de l'espace". La statuaire selon Brancusi suppose donc une sculpture, redevable certes aux expériences novatrices de la peinture, mais ayant son histoire propre.

Le recours au bois dans la sculpture moderne et contemporaine ne détermine pas un style, une tendance ou une manière. La forme, la figure, taillées dans ce matériau peuvent relever de registres stylistiques si divergents que leur matérialité ne constitue même pas un dénominateur commun pertinent pour une étude disons historique. Les effets visuels et tactiles que l'usage du bois et de sa taille porte à la peau d'une œuvre conçue pour ce matériau s'expriment dans des configurations formelles qui ne se réduisent pas à ses seules propriétés organiques. Le bois ne fait pas date dans l'histoire de l'art moderne comme référent de la modernité tel le fer soudé, le plexiglas, les matières plastiques, les alliages nouveaux ou les matériaux dégradables et destinés au rebut de la société de consommation. Car, soit dans le cas de maquettes, soit dans le cas de réalisations achevées, il a été utilisé pour des œuvres qui se donnent à voir comme des manifestes même de la foi moderniste : ainsi, entre autres, dans le premier cas, le *modello* pour la *Tour de la IIIe internationale* de Vladimir Tatlin ou l'œuvre *Proun* du cabinet des abstraits de El Lissitzky à Hanovre ou, dans le second, pour de nombreuses œuvres de Jean Gorin, Georges Vantongerloo, Yaacov Agam ou de Luis Tomasello. Mais dans ce cas on peut arguer que le bois est peint, qu'il n 'est qu'un support, comme dans certaines œuvres cubistes, permettant l'ajustement de plans colorés et la mise en œuvre d'une "tridimensionnalité" qui réfute et récuse toutes les implications de la ronde-bosse. Et même l'espace d'une nature humaniste anthropocentriste comme celui que la trouée du volume, chez Henry Moore, Hepworth ou Marta Pan, vise à préserver en l'intégrant à l'œuvre. Chez ces abstraits géométriques, la polychromie n'est pas un appel aux traditions anciennes de l'usage du bois. Il est la solution matérielle, la plus pratique, la moins coûteuse de réalisation de reliefs dans lesquels la modernité ne s'exprime pas par les effets narratifs et descriptifs qu'autorisent les matériaux modernes. C'est, dans ces œuvres, la couleur, la lumière et les scansions de plans qui donnent à voir des concepts du temps, de l'espace et de la lumière-couleur lesquels n'ont pas de propriétés matérielles. Le bois n'est plus qu'un support. Dans ces œuvres, il n'est d'ailleurs pas taillé, mais seulement tranché, coupé, débité, raboté mécaniquement, puis assemblé par clouage, collage, vissage et mortaisage.

C'est dans ce processus que se discerne l'apport disons de la modernité. Ces opérations délivrent le métier du sculpteur de ses artisanats traditionnels, plus ou moins idéalisés : ceux des primitifs européens et extra-européens. Car il relève de gestes et d'outils qui ne sont plus ceux de l'artisanat ou le sont de l'artisanat de l'époque contemporaine, c'est-à-dire de celui de la petite entreprise de la société industrielle. C'est encore plus évident avec les œuvres en bois récentes. Celles, par exemple, de Donald Judd, voire celles de Carl Andre ou même de Mark Di Suvero. On peut assimiler formellement le processus de production des œuvres de Judd à celui des boîtes et des caisses de luxe, c'est-à-dire à celui du meuble de rangement produit par l'ébénisterie industrielle de haute qualité. La matérialité du bois, d'un bois industriel, n'expose aucune nostalgie d'une perte des propriétés des matériaux naturels, mais produit des effets visuels de même nature que ceux de l'aluminium, du cuivre ou du métal laqué. C'est-à-dire des effets de surface bidimensionnelle disons picturaux. L'œuvre n'a pas de noyau matériel intérieur qui organiserait son développement à sa surface.

Ce jeu pictorialiste est différent chez Carl Andre. Les poutres de bois équarries de manière rudimentaire, c'est-à-dire pour un faible coût, constituent des œuvres et non un empilement, parce que leur rangement rationnel et ordonné ne répond à aucune nécessité fonctionnelle. Le matériau n'exhibe pas non plus sa matérialité et n'en tire aucun signifié idéaliste ou poétique. Ce qui s'éprouve, visuellement, c'est son poids et sa densité.

Outre des colonnes totémiques, Louise Nevelson a composé des sculptures par éléments, tel des murs de rangement. Ces éléments sont, en quelque sorte, des boîtes en bois peint en noir, blanc ou or. Chacune de ces boîtes contient un assemblage de fragments de meubles ou objets en bois peints de la même couleur que la boîte les contenant. Les murs, bâtis de leur addition, se dressent devant nous tels des retables d'autels baroques. Leurs sources sont d'évidence les assemblages cubistes, ceux de Kurt Schwitters et Hans Arp, mais aussi les boîtes de Joseph Cornell et la peinture métaphysique. La matérialité du bois est comme masquée, effacée, niée par la couche de peinture. Les œuvres de Nevelson peuvent être perçues comme des reliefs dont les plans saillants dramatisent la picturalité. Cette picturalité qui géométrise celles de Pollock et Baziotes, est radicalement différente de celles qu' Anthony Caro et Philip King, d'une part et Donald Judd ou Robert Morris d'autre part semblent vouloir atteindre dans leurs sculptures. Celles de Nevelson relèvent de ce que Judd perçoit dans les sculptures de Di Suvero : la construction irrationnelle de parties expressives non intégrées dont l'assemblage ne répond à aucune logique constructiviste. Le volume développé par les poutres que lance, dans l'espace réel, Mark Di Suvero, n'est en rien la "projection" d'un noyau organisateur et structurant, mais l'inscription dans l'espace de gestes expressifs de mouvements que Judd a comparé aux coups de pinceau de Franz Kline. Rosalind Krauss note justement que l'appréciation, proposée par Judd de l'œuvre de Di Suvero, applique à celle-ci des critères qui, mais j'interprète Krauss de manière excessive, selon lui, sont obsolètes. La taille réelle des poutres, leur poids, leur matérialité doivent être intégrés dans notre expérience de telles œuvres. D'où, selon Judd, leur caractère anecdotique et leur ancrage dans une sculpture qualifiée, à tort et de manière dogmatique, à partir des normes de Greenberg, d'anthropomorphique.

Bernard Pagès et Toni Grand, lors de leur période Supports/Surfaces, ne se livrent guère non plus à la taille du bois selon le mode artisanal du métier de sculpteur tel qu'idéalisé dans les nostalgies de la romanité médiévale ou de la tribu primitive. Cependant, c'est à des processus artisanaux qu'ils vont recourir. Dans les mises en parallèle de formes organiques et de formes, proches, géométriques de matériaux industriels, comme dans les modes de ligatures et d'assemblages de bois que Bernard Pagès configure, ce qui s'expose ce sont les travaux et les savoirs d'un monde rural fonctionnant quasiment en autarcie. En esthétisant ainsi des modes opératoires ayant fait leurs preuves dans une économie paysanne, Bernard Pagès signale ce qu'il advient de ce monde précisément "muséographié" dans les années 1970, par et dans les musées d'arts et traditions populaires et les parcs naturels alors en cours de constitution : il disparaît, s'efface, meurt. C'est sans recours. Son analyse critique de cette disparition fonde sa formulation dans les théories activistes de Supports/Surfaces travaillées par la pensée Mao Tsé Toung et dans les revendications régionalistes alors émergentes. Sans se laisser gagner par l'attrait des rêveries matériologiques, Grand et Pagès, dans leur usage du bois, s'emploient à créer des objets spécifiques mais qui, contrairement aux œuvres minimalistes, sont aussi le fruit d'opérations sensorielles. C'est pourquoi leurs œuvres, ne résultent ni seulement d'une expérience phénoménologique ni d'une mise en forme altérante d'un concept mais, suscitant la palpation que selon Read appelle la sculpture, elles peuvent sembler soumises à des critères anciens obsolètes au sens où l'entend Rosalind Krauss. Or il n'en est rien. Les modes d'approches que ces œuvres exigent, supposent l'analyse de leur processus de production comme une déconstruction critique des processus artistiques traditionnels et comme une dénonciation des clivages sociaux que l'esthétique - toutes les esthétiques qui se sont succédé dans l'histoire - a fait subir au travail. C'est pourquoi on ne peut comparer, par exemple, les œuvres de Toni Grand à celles de Giuseppe Penone. Le romantisme narcissique de ce dernier enveloppe ses œuvres d'une poétique qui nous sauve, comme elle sauve l'artiste, du présent. Et bien que ses œuvres nous apparaissent, comme celles de Supports/Surfaces ou de l'art minimal, illustrer une spatialité moderne, elles n'en restent pas moins tributaires de la ronde-bosse ou du bas-relief. Elles mettent en évidence la forme extraite, par la taille directe, de sa "matrice matérielle", pour mal citer Adrian Stokes. Le simple énoncé de l'affirmation de cet auteur sur le fait que la conception plastique d'une œuvre est la plus haute quand le matériau s'impose comme la matière la plus adaptée à cette création, à cause de son néoplatonisme implicite, ne rend qu'imparfaitement compte de ce qui est dialectiquement mis en œuvre dans les œuvres Supports/Surfaces. Les métiers exercés ne sont pas, nous l'avons dit et même redit, ceux du sculpteur. Les spatialités non pictorialistes des œuvres de Toni Grand et de Bernard Pagès ne se rattachent à aucune tradition. Il est comme postulé que leurs oeuvres naissent d'actes simples du travail rural effectués sur des matières premières dont seules les qualités physiques, leur accès non soumis à ceux de la distribution capitaliste, leur coût économique faible y compris celui de leur façonnage, sont pris en compte. En face de certaines des œuvres de cette dernière avant-garde, on peut avancer qu'elles sont les derniers avatars d'une tradition qui considérait que l'art se devait de mettre en place une optique ou une saisie du réel articulant l'art à l'expérience. Ce rappel d'un livre fondamental sur la peinture du *quattrocento* n'est pas fortuit. Ajoutons que les artistes du groupe ont toujours différencié peinture et sculpture, chacune, selon eux, mettant en œuvre, selon ses spécificités, cette articulation de l'art et de l'expérience, de la pratique et de la théorie. L'œuvre si elle est un travail n'est surtout pas un produit. La complexité de la sculpture et de la peinture Supports/Surfaces, et les modes d'analyse critique que chacune détermine, expliquent peut-être qu'Harald Szeeman ne les ait pas retenues pour sa mémorable exposition *Quand les attitudes deviennent formes*. Peut-être pressentait-il qu'elles répondaient trop bien à sa proposition. Mais d'une manière qui la mettait à mal. Car Harald Szeeman définissait alors un déterminisme primaire à partir d'une posture ou d'une attitude qu'il supposait inscrites dans la modernité qu'il orientait dans le sens d'une vision rousseauiste, écologiste et romantique, très 1968, du réel et de la vie. Alors que Supports/Surfaces pensait qu'une attitude lucide de prise de position dans le réel, relevait d'une prise de conscience ne faisant pas l'économie de l'histoire. Et que la forme produite par ce type d'attitude modifiait cette attitude. L'œuvre ne résulte donc pas, aux yeux des artistes du groupe, seulement d'une vision ou d'une saisie du réel, elle doit contribuer à les constituer.

Il n' y a pas de conclusion possible à ces fragments plus révélateurs du désarroi de leur auteur qu'il ne pouvait lui-même l'imaginer en se lançant dans une entreprise dont il doit admettre, ici, qu'il ne la maîtrise pas. Il en ressort que cette esquisse d'un essai à venir n'a pas réussi à réorienter la saisie de la sculpture au XXe siècle hors des débats théoriques dont elle reste encore l'enjeu. Et ces débats, inexorablement, nous ramènent au politique. Ou lorsqu'ils semblent le tenir pour négligeable, c'est pour mieux souligner que seule est vraiment tolérante et tolérable la politique du libéralisme économique – après tout ce sont les critères esthétiques énoncés par Clement Greenberg et surtout son souhait de voir la classe dirigeante accorder son mécénat aux artistes progressistes que Tom Braden, qui fut responsable de l'IOD au sein de la CIA fera siens – ou une éthique. La vision prémonitoire de Greenberg sur l'évolution de la sculpture vers une production de meubles, n'est pas sans rappeler la voie social-démocrate empruntée par certains des protagonistes de l'École d'Ulm. Selon eux c'est par le design d'objets usuels peu coûteux que pouvait être assurée la plus large diffusion de la Beauté "moderniste". La frontière désormais ténue entre art, design et mode donne, aujourd'hui, à l'esthétique de Greenberg un caractère prémonitoire. Après tout le messianisme du libéralisme ne vise ni le retour à la tribu primitive, ni la réalisation de la Cité idéale. L'aspiration à un art total peut donc se réduire à une prolifération d'objets spécifiques à la fois fonctionnels et contemporains, c'est-à-dire, pour reprendre la terminologie de Jacques Le Goff, "présentistes", modernes et à la mode au sens de Baudelaire. Ils peuvent même être aimés avec passion.

Peut-être de ce réexamen de la production artistique du XXe siècle qui envisagerait la sculpture moderniste, comme un *isme*, comme une des tendances de l'art du siècle, mais une tendance majeure, prépondérante, envahissante, dogmatique et exclusive, écrivant l'histoire de l'art selon ses dogmes, serions-nous conduits à une exigence de réajustement de la culture dans nos sociétés lesquelles, enfin, aspirent à se libérer d'une action culturelle justifiée par ses seuls déterminismes politiques totalisants et totalitaires. Il faudrait alors, peut-être, ne pas s'abandonner à une tentation forte, mais peut-être salutaire : celle de la condamnation sans appel de toute production artistique se voulant d'abord vecteur de ces idéologies qui broient le réel dans leur volonté d'art. Ou accepter alors la tradition, que les œuvres modernistes ont voulu perpétuer sous le couvert de formes non représentatives : celle d'un Occident dont l'art, pour citer une remarque de Rothko à Pierre Soulages, nous offre, aux cimaises de nos musées, la représentation des massacres perpétrés au nom de ses valeurs et des souffrances infligées aux hommes par d'autres hommes.

Bernard Ceysson

Bibliographie utilisée :

Françoise Cachin, *Gauguin*, Hachette, Paris 1968.

André Chastel, *Art et Humanisme à Florence, au temps de Laurent le Magnifique*, Presses Universitaires de France, Paris 1961.

Clement Greenberg, *Art and Culture*, Thames and Hudson, Londres 1973.

Wolfgang Heinze, "Genèse de la sculpture expressionniste", in Catalogue de l'exposition *Figures du moderne, 1905-1914, L'Expressionnisme en Allemagne*, Musée d'art moderne de la Ville de Paris, Paris 1992.

Reinhold Hohl, "L'aventure de la sculpture moderne" in *Histoire d'un art, La sculpture, L'aventure de la sculpture moderne – XIXe et XXe siècles*, Skira, Genève, 1986.

Rosalind Krauss, *Passages, une histoire de la sculpture de Rodin à Smithson*, Macula, Paris 1997.

Mady Ménier, "Henri Laurens et le Cubisme", in *Le Cubisme*, Travaux XIV, Actes du colloque d'histoire de l'art contemporain organisé par le Centre de Documentation et d'Études d'Histoire de l'Art Contemporain, Musée d'Art et d'Industrie, Saint-Étienne, CIEREC, Université de Saint-Étienne, Saint-Étienne 1971.

Denis Milhau, "Sur la sculpture cubiste", in *Le Cubisme*, Travaux XIV, Actes du colloque d'Histoire de l'art contemporain organisé par le Centre de Documentation et d'Études d'Histoire de l'Art Contemporain, Musée d'Art et d'Industrie, Saint-Étienne, CIEREC, Université de Saint-Étienne, Saint-Étienne 1971.

Frances Stonor Saunders, *Qui mène la danse ? La CIA et la guerre froide culturelle*, Denoël, Paris 2003.

Adrian Stokes, "Tailler, modeler, Écrits de Stokes", in *Cahiers du Musée national d'art moderne*, CNAC Georges Pompidou, n° 25, Automne 1988, Paris.

Rudolf Wittkower, *Qu'est-ce que la sculpture ? Principes et procédures de l'Antiquité au XXe siècle*, Macula, Paris 1995.

Qu'est ce que la sculpture moderne, Catalogue de l'exposition, Centre national d'art et de culture Georges Pompidou, Paris 1987.

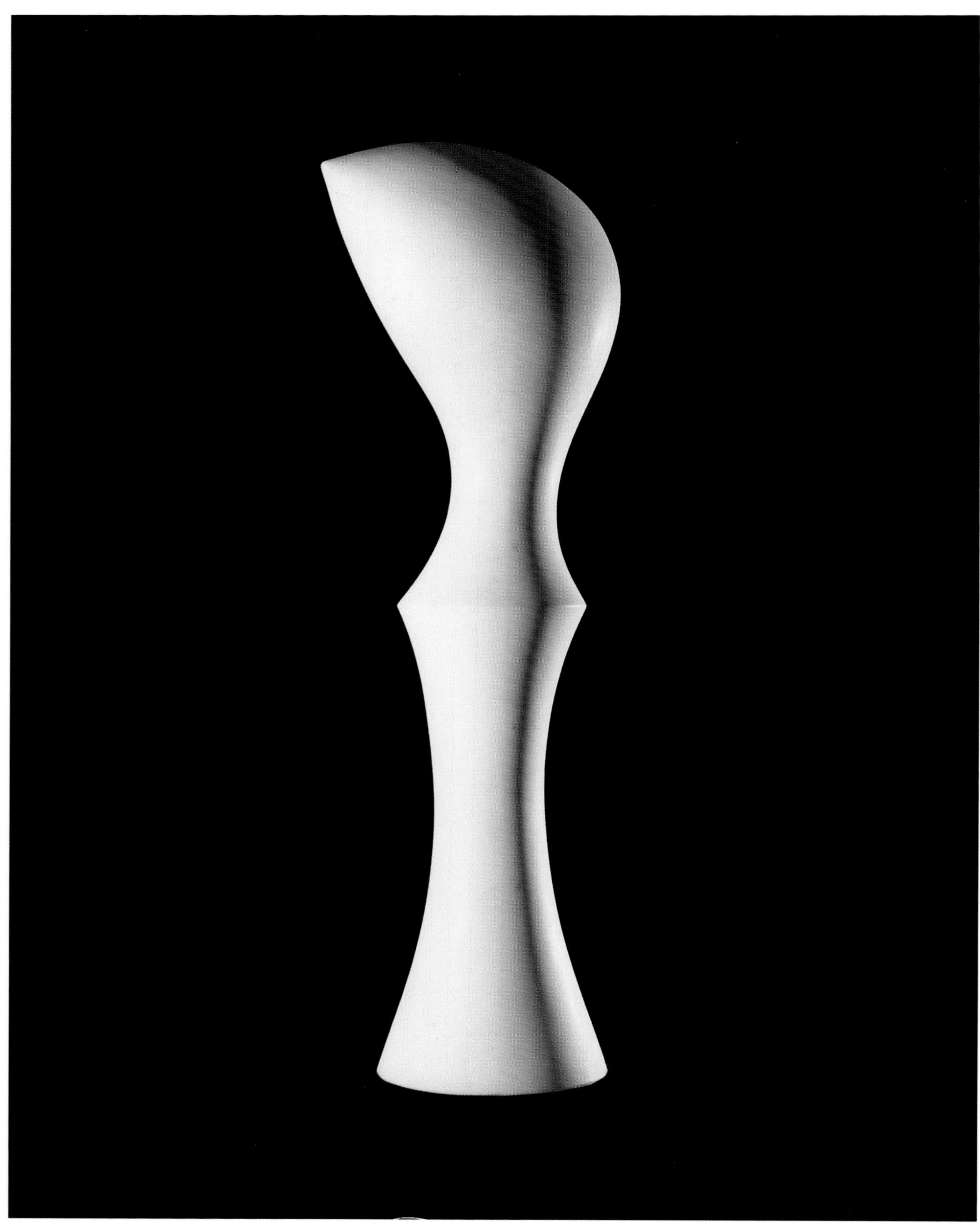

JEAN ARP, « GUR » *1963, marbre, 96 x 33 x 23,5 cm. Fondation Arp, Clamart.*

la Pierre

MAXIME ADAM-TESSIER ■ JEAN ARP ■ PABLO ATCHUGARRY ■ BAUDUIN ABDÉ BOUHADEF ■ AUGUSTIN CARDENAS ■ PIETRO CONSAGRA EUGÈNE DODEIGNE ■ JEAN-MARIE FIORI ■ FRANÇOISE GIANNESINI ÉMILE GILIOLI ■ RAINER KRIESTER ■ BALTASAR LOBO ■ IVAN MESSAC IGOR MITORAJ ■ DENIS MONFLEUR ■ ZOYA NIEDERMANN ■ JEAN-PAUL PHILIPPE ■ DENIS PONDRUEL ■ LAMBERT ROCOUR ■ HARUHIKO SUNAGAWA ■ RAOUL UBAC ■ SOPHIA VARI ■ FRANÇOIS WEIL

Vitrolles, Domaine de Fontblanche

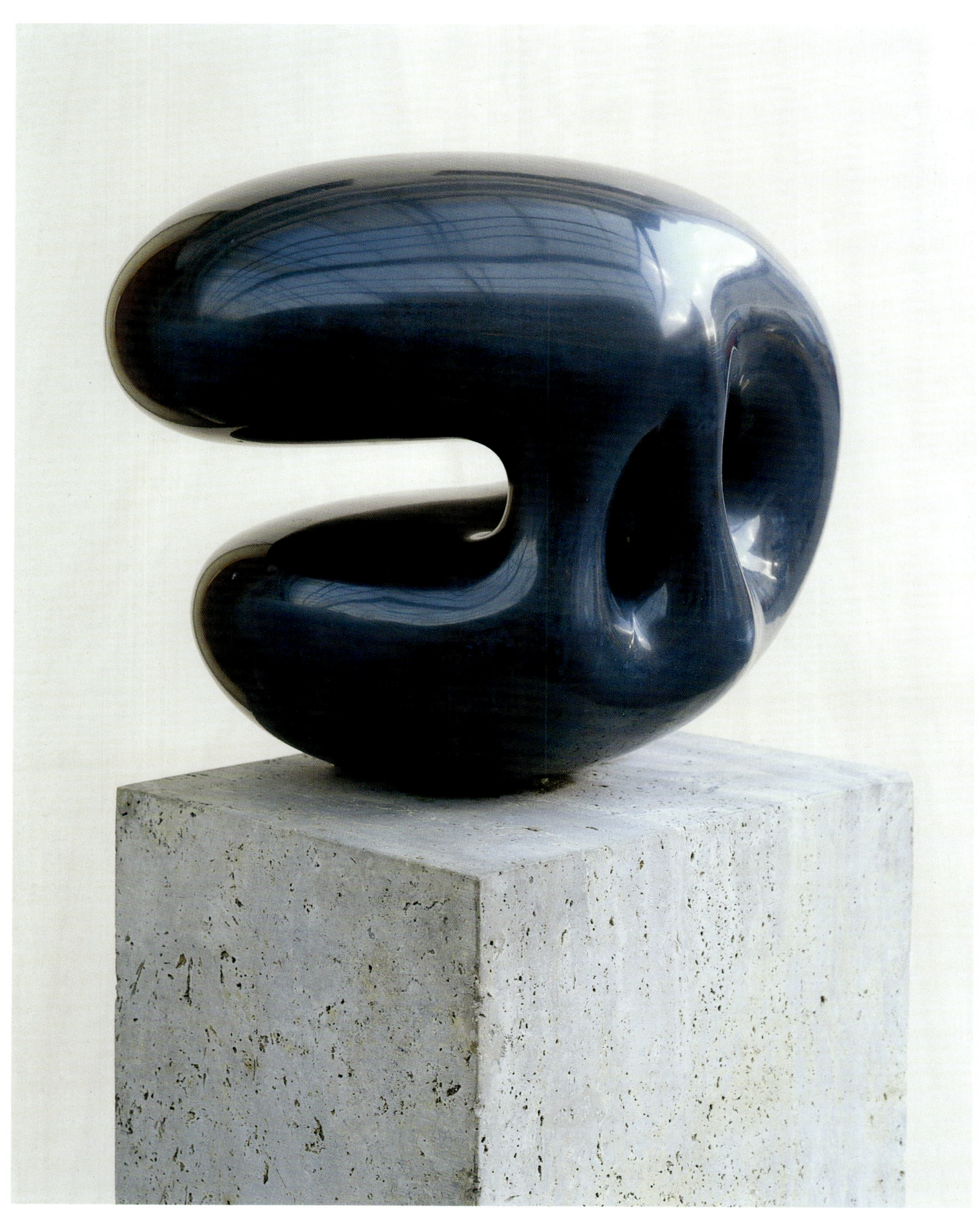

AUGUSTIN CARDENAS, " PAPILLON 77 " *1978, marbre noir de Belgique, 50 x 65 x 40 cm. Collection particulière.*

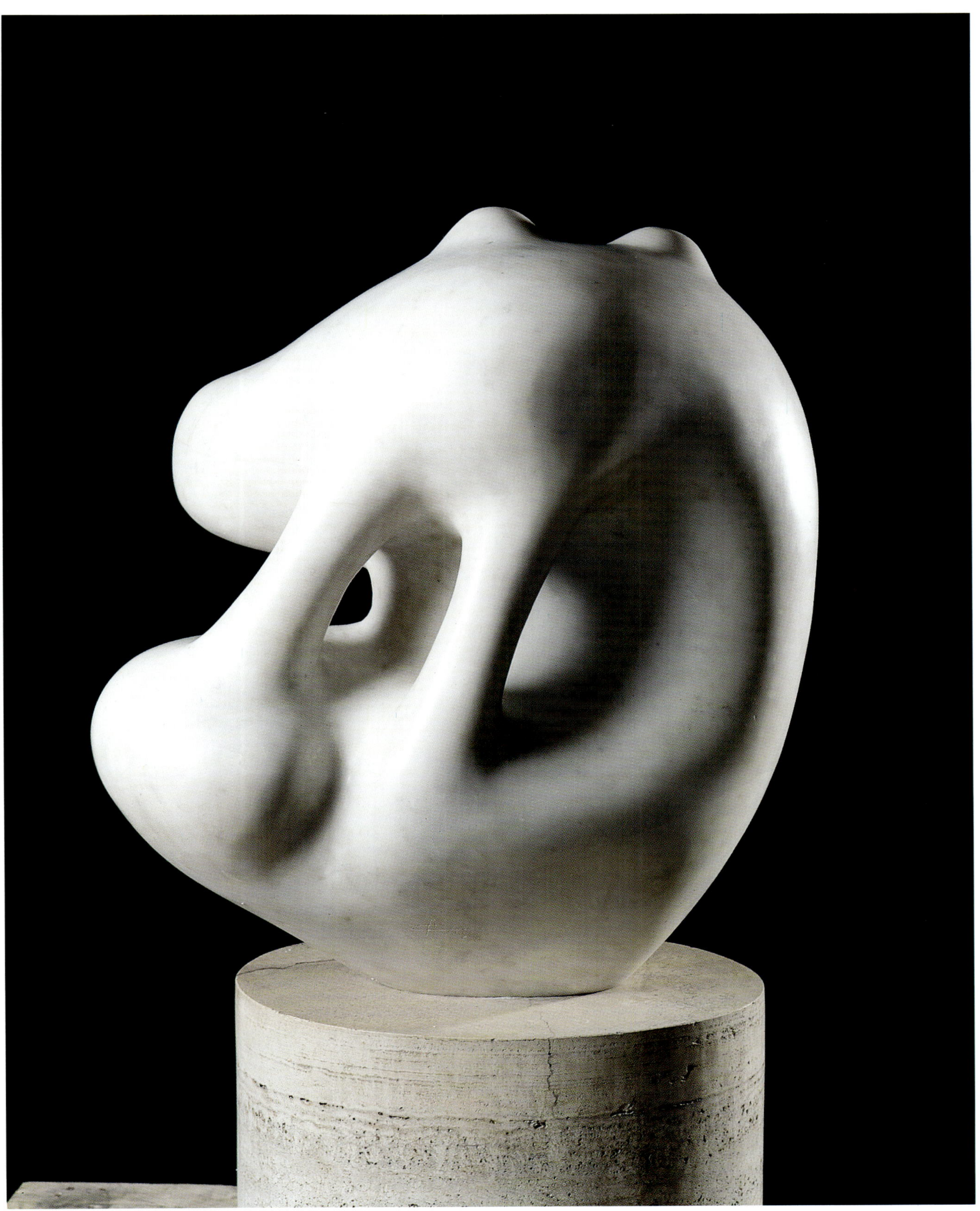

AUGUSTIN CARDENAS, " NUE " *1970, marbre blanc, 64 x 34 x 75 cm. Collection particulière.*

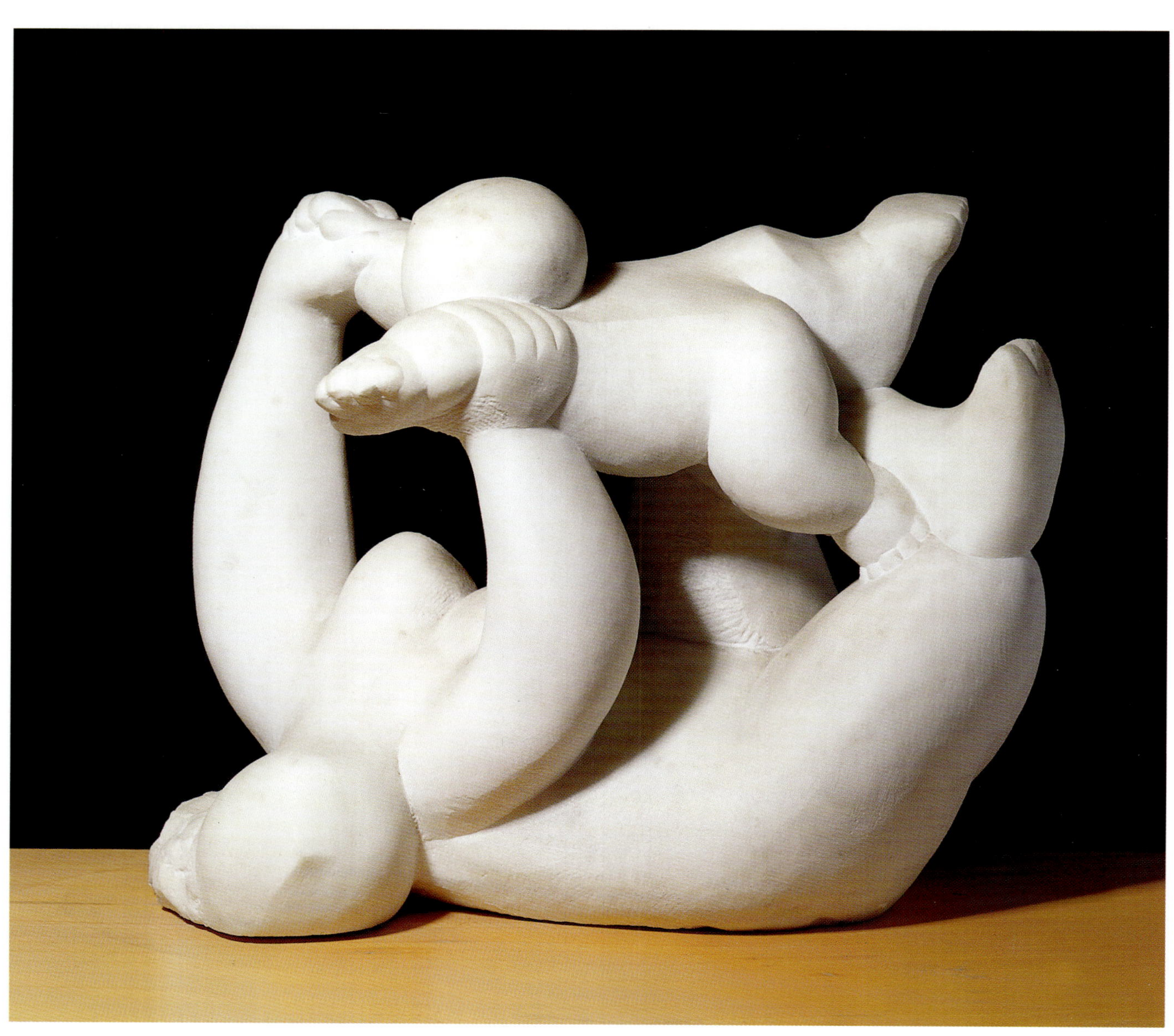

BALTASAR LOBO, " LA MATERNITÉ " *1953, marbre, 46 x 52 x 28 cm. Collection particulière.*

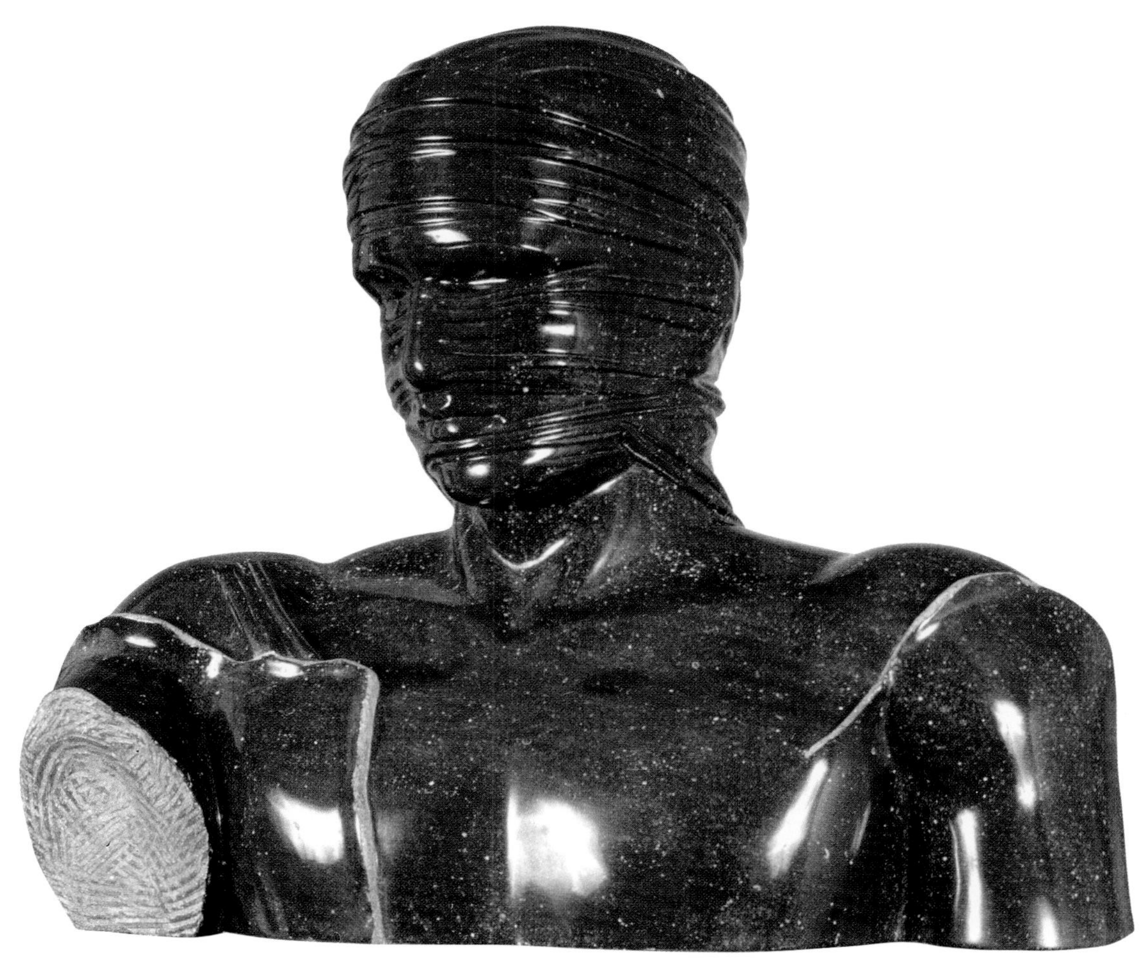

IGOR MITORAJ, " BUSTE BANDÉ " *1983, porphyre, 60 x 65 x 30 cm. Fondation Paribas.*

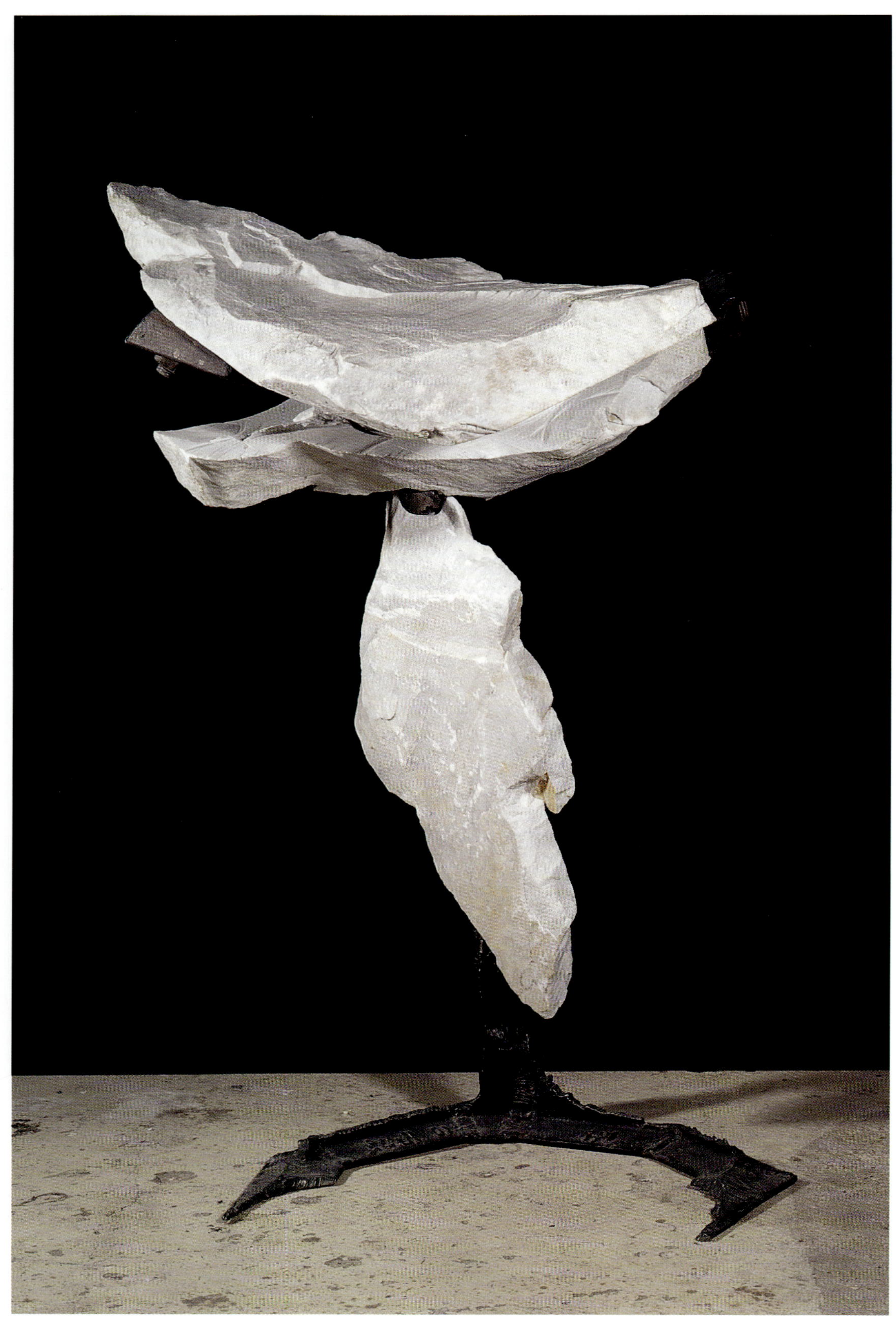

FRANÇOIS WEIL, " SANS TITRE " *2001, marbre de Carrare et acier, 120 x 70 x 50 cm. Collection particulière.*

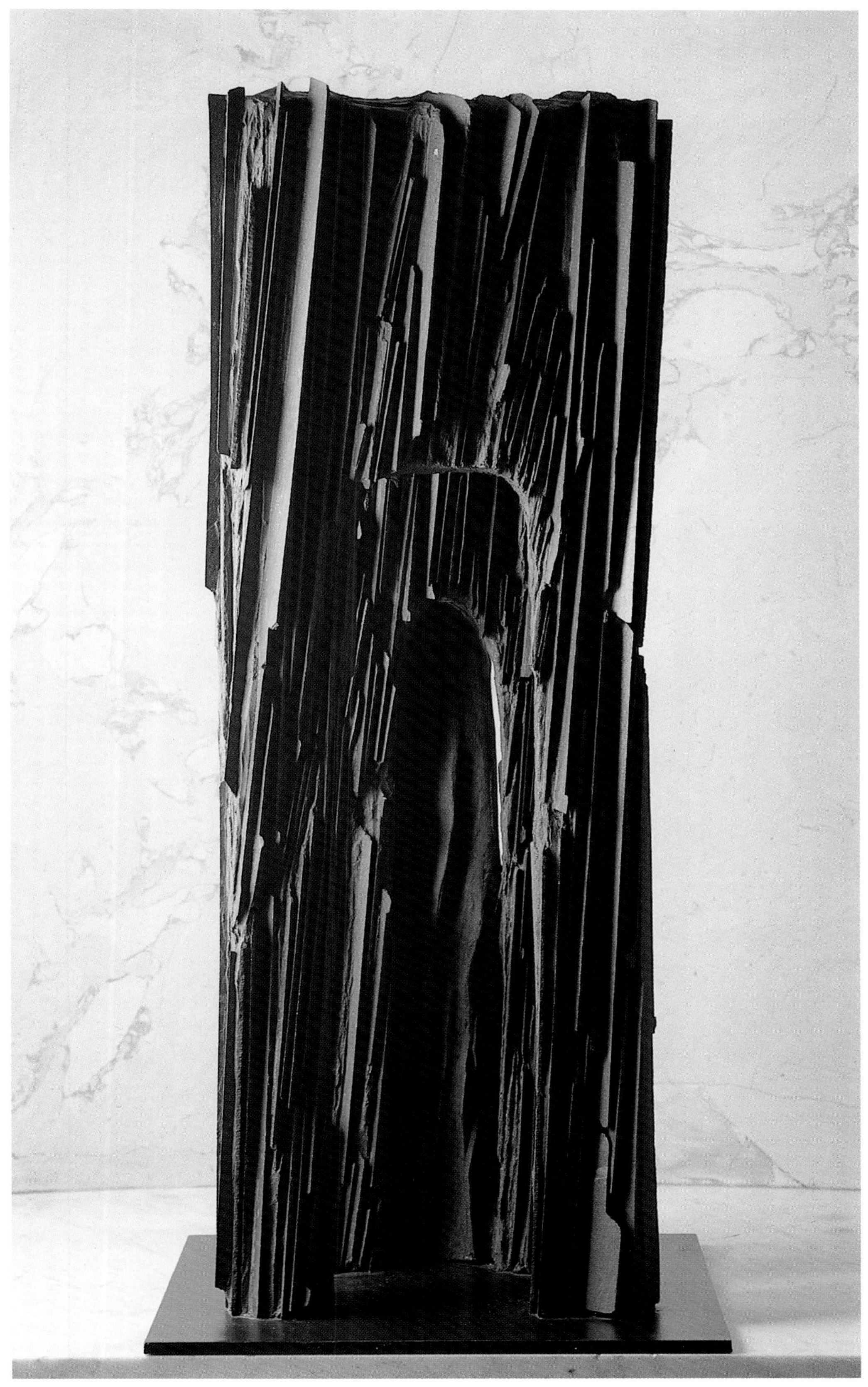

FRANÇOISE GIANNESINI, " AUTRE LIMITE " *ardoise, 82 x 36 x 35. Ville de Saint-Ouen.*

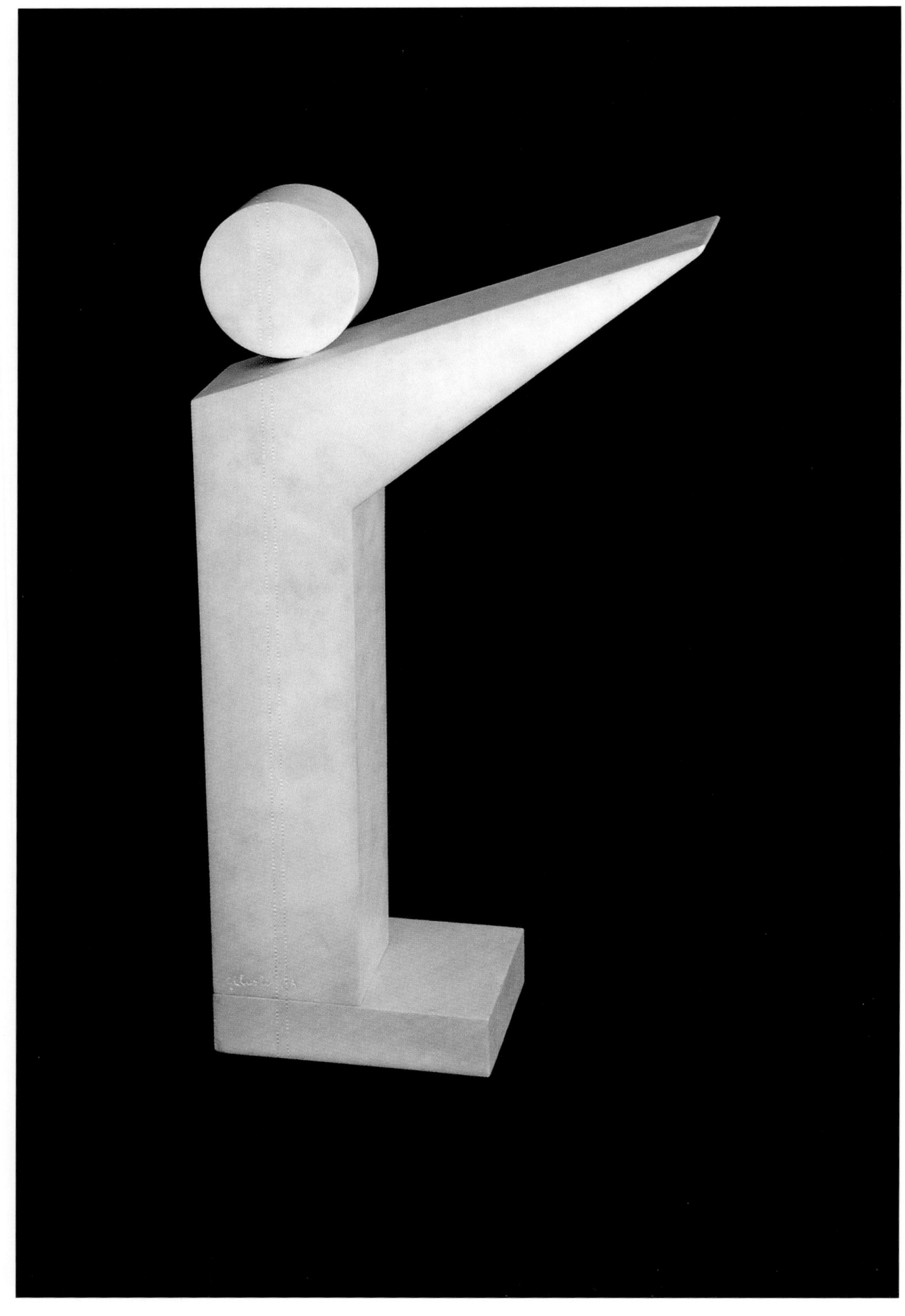

ÉMILE GILIOLI, " SANS TITRE " *1976, marbre, 53 x 17 x 12 cm. Collection particulière.*

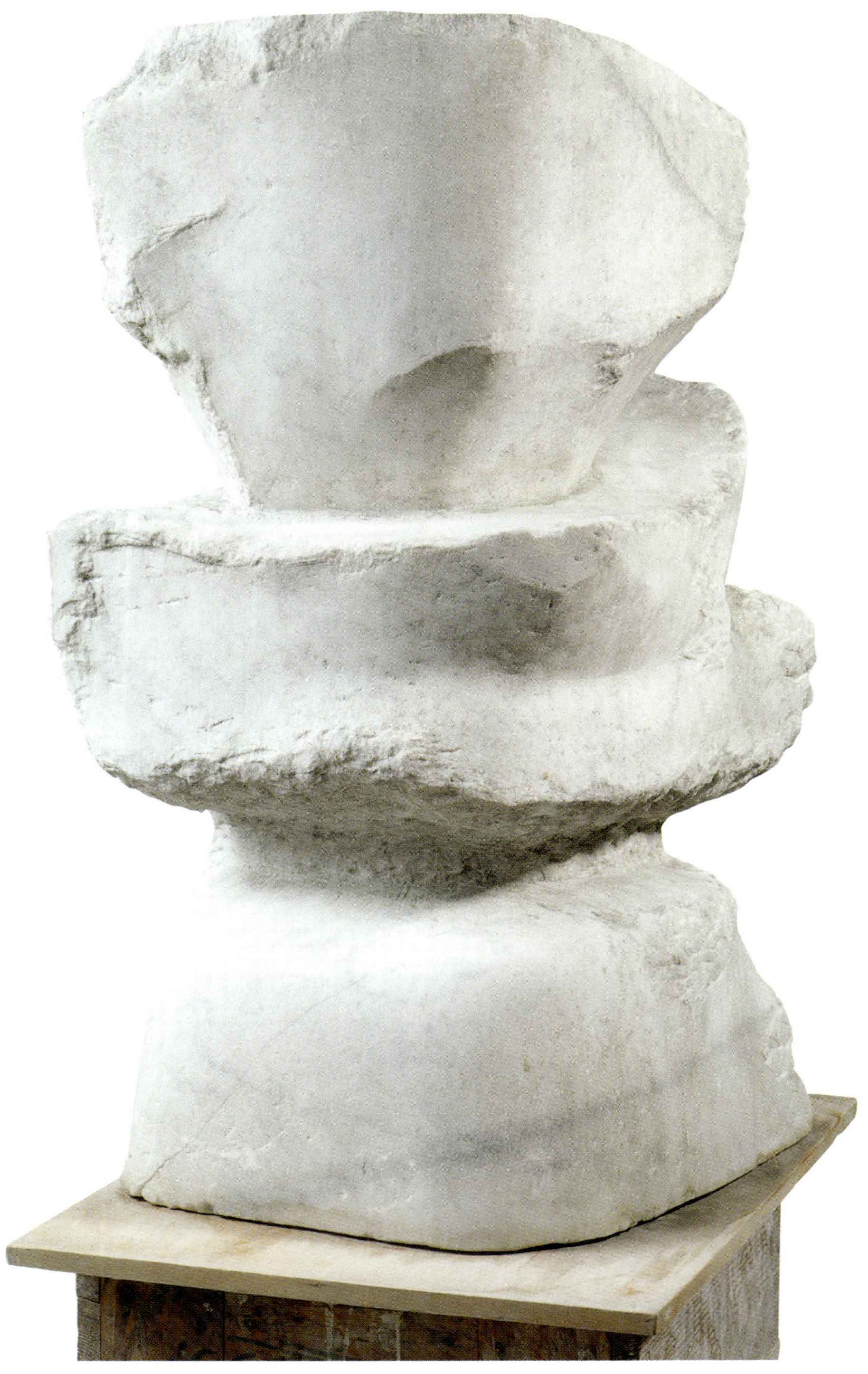

MAXIME ADAM-TESSIER, " LE SAMOURAÏ " *1966, marbre de Saint-Beat, 85 x 45 x 37 cm. Collection particulière.*

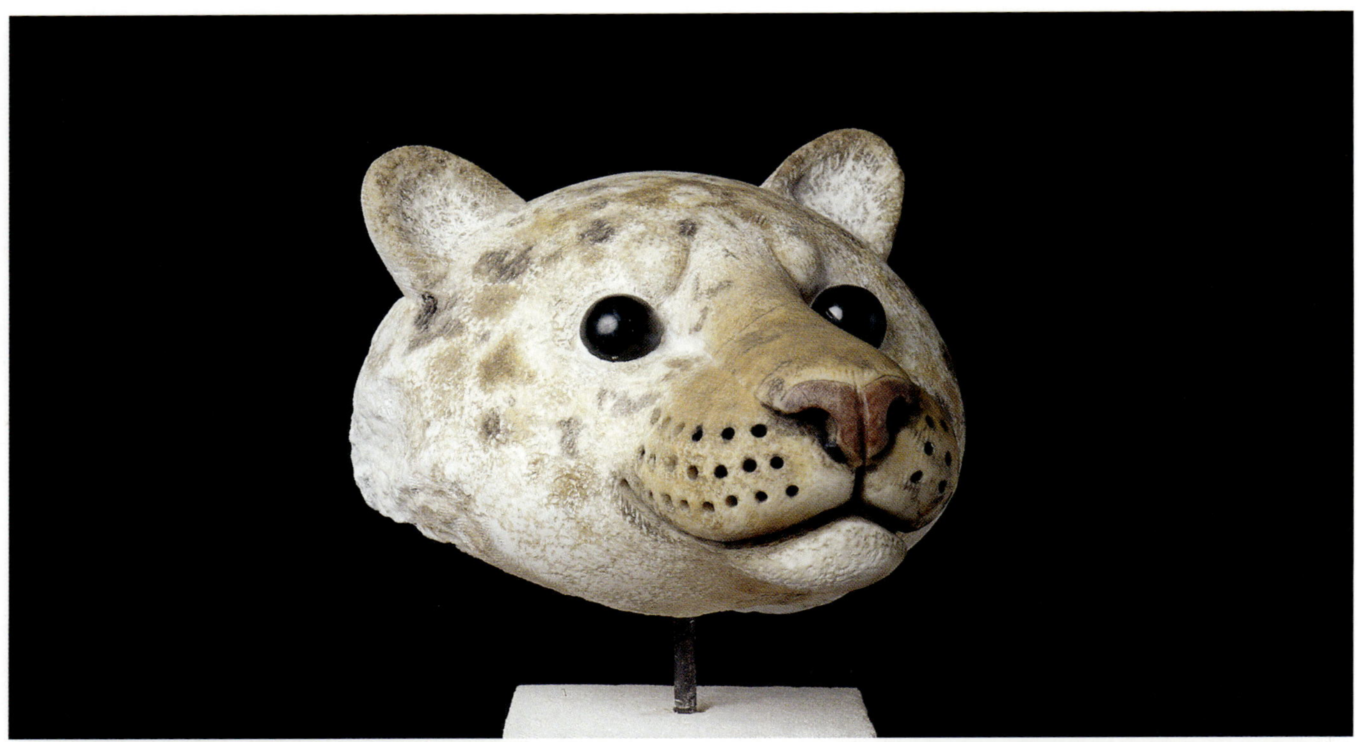

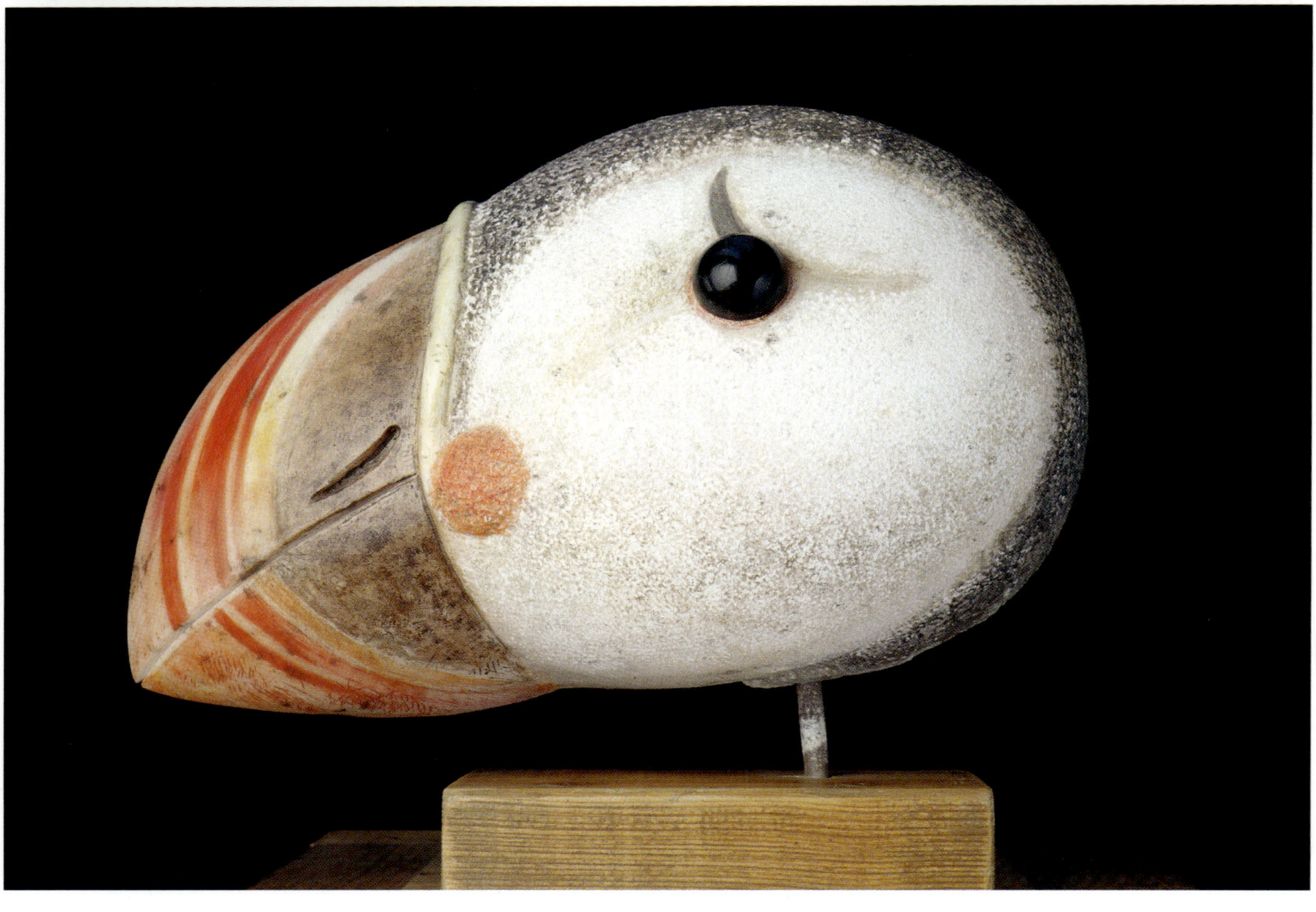

JEAN-MARIE FIORI, " TÊTE DE PANTHÈRE " *2002, marbre, 30 x 40 x 37 cm. Galerie Dumonteil, Paris.*
" TÊTE DE MACAREU " *2002, marbre, 30 x 50 x 20 cm. Galerie Dumonteil, Paris.*

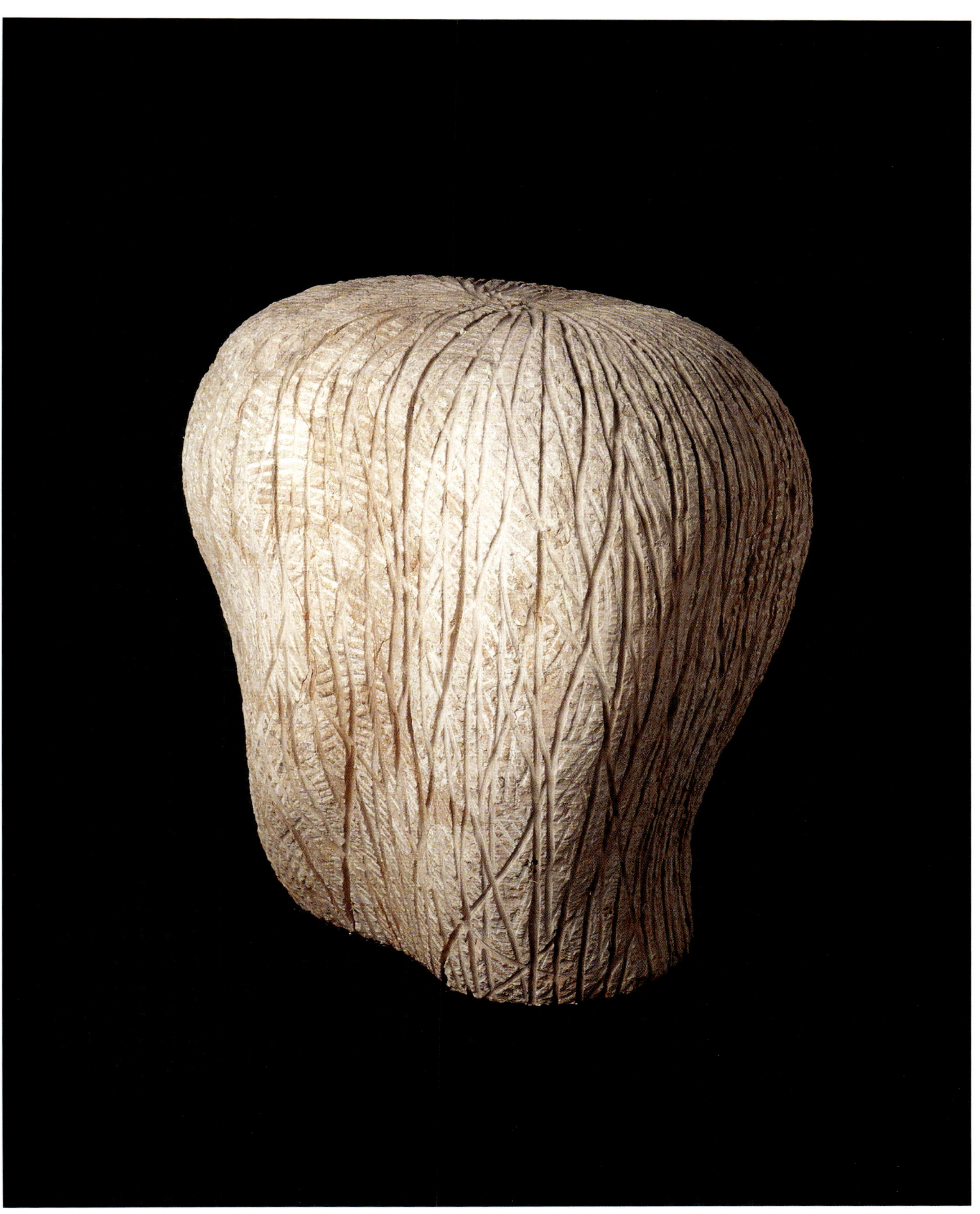

" **SANS TITRE** " *1993, marbre de Vérone, 33 x 33 x 26 cm. Collection particulière.*

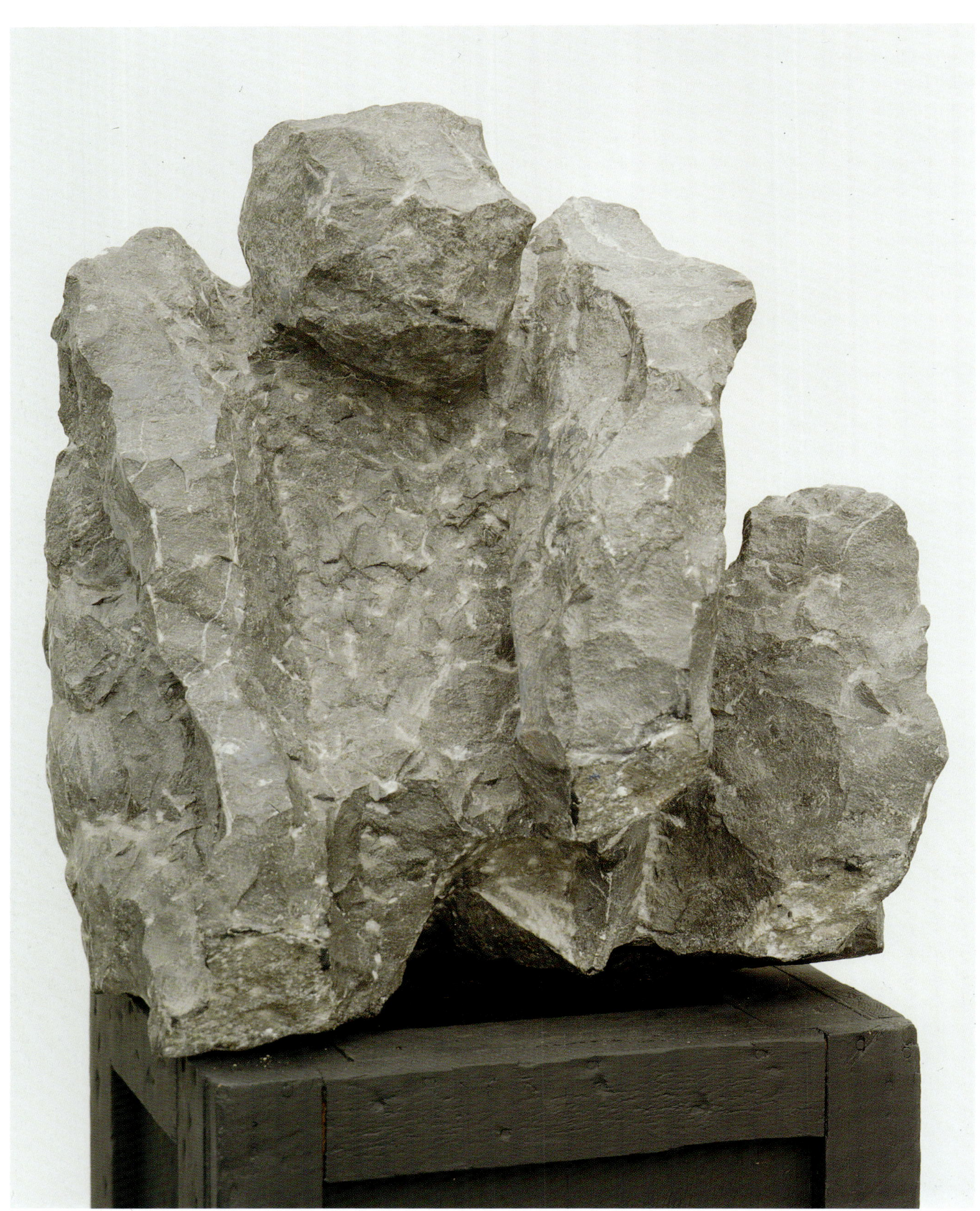

EUGÈNE DODEIGNE, " ACCROUPI " *1963, pierre de Soignies, 55 x 47 x 36 cm. Galerie Jeanne-Bucher, Paris.*

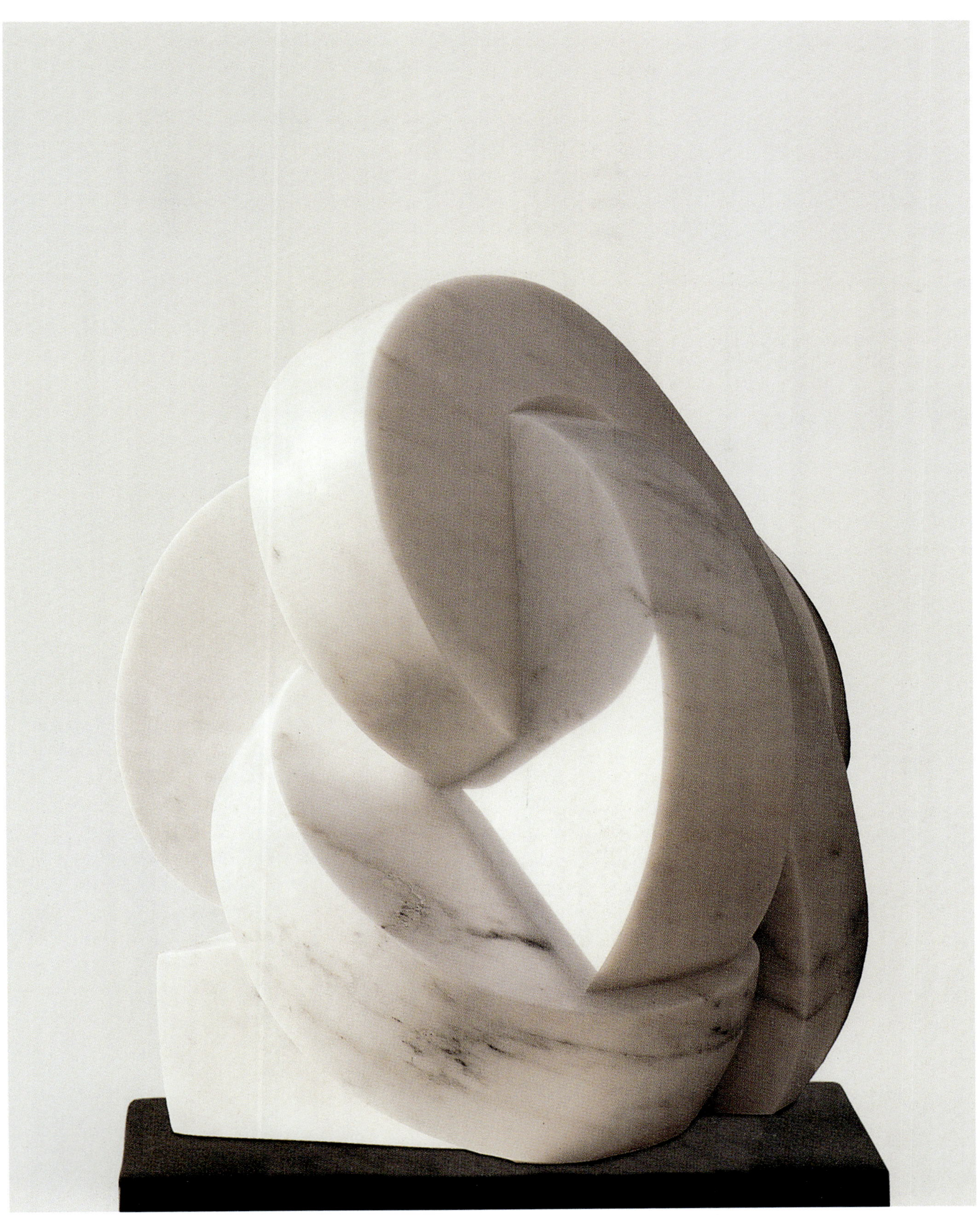

SOPHIA VARI, " LES MÉANDRES DE LA PENSÉE " *1989, marbre, 78 x 77 x 74 cm. Collection particulière.*

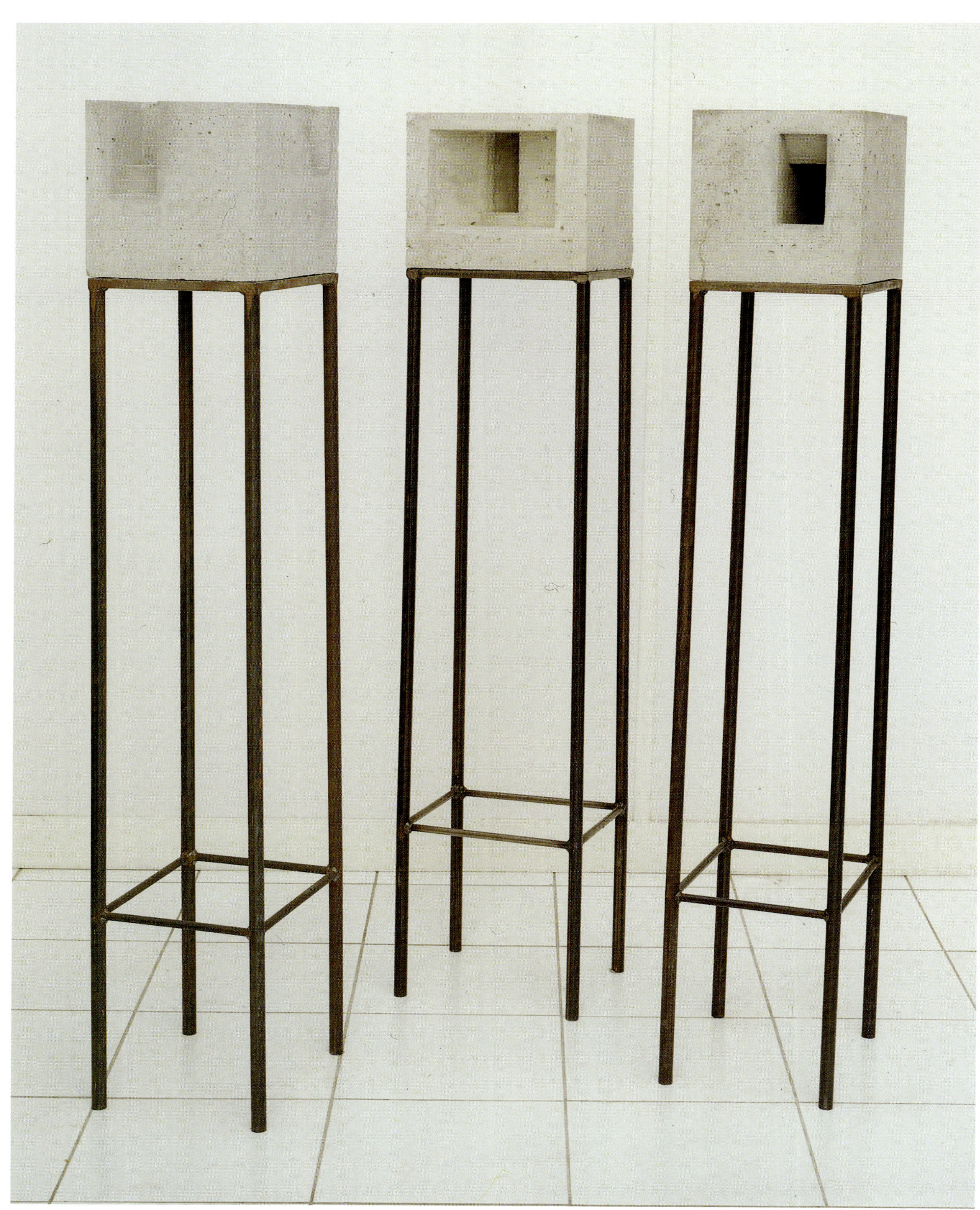

DENIS PONDRUEL, " CHAMBRES IMMERGÉES " *1998, béton, 25 x 25 x 20 cm. Galerie Lahumière, Paris.*

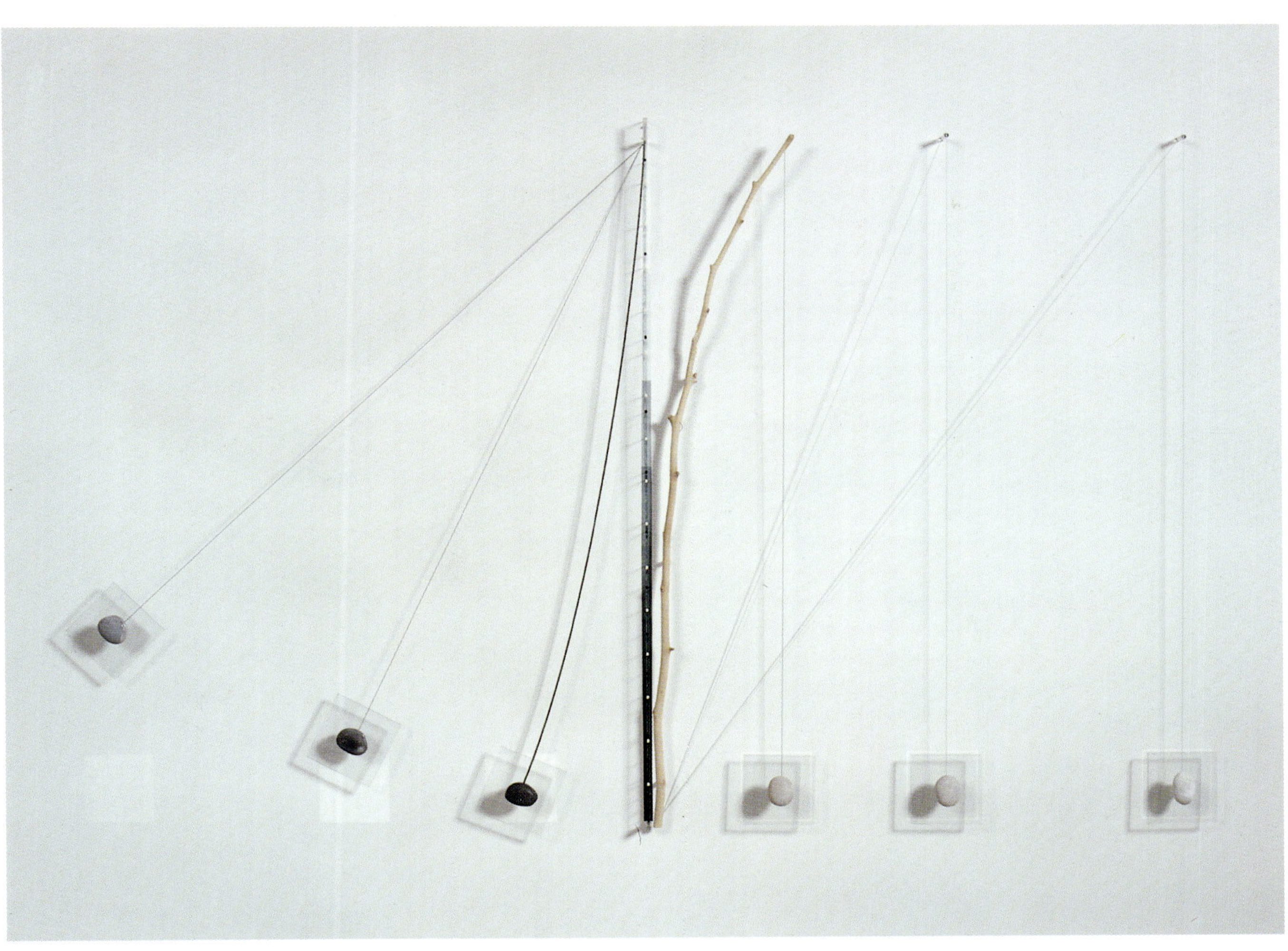

HARUHIKO SUNAGAWA, " STONE CERCLE 2 " *2000, relief pierre, verre, fil nylon, acrylique, bois, 200 x 100 cm. Galerie Denise René, Paris.*

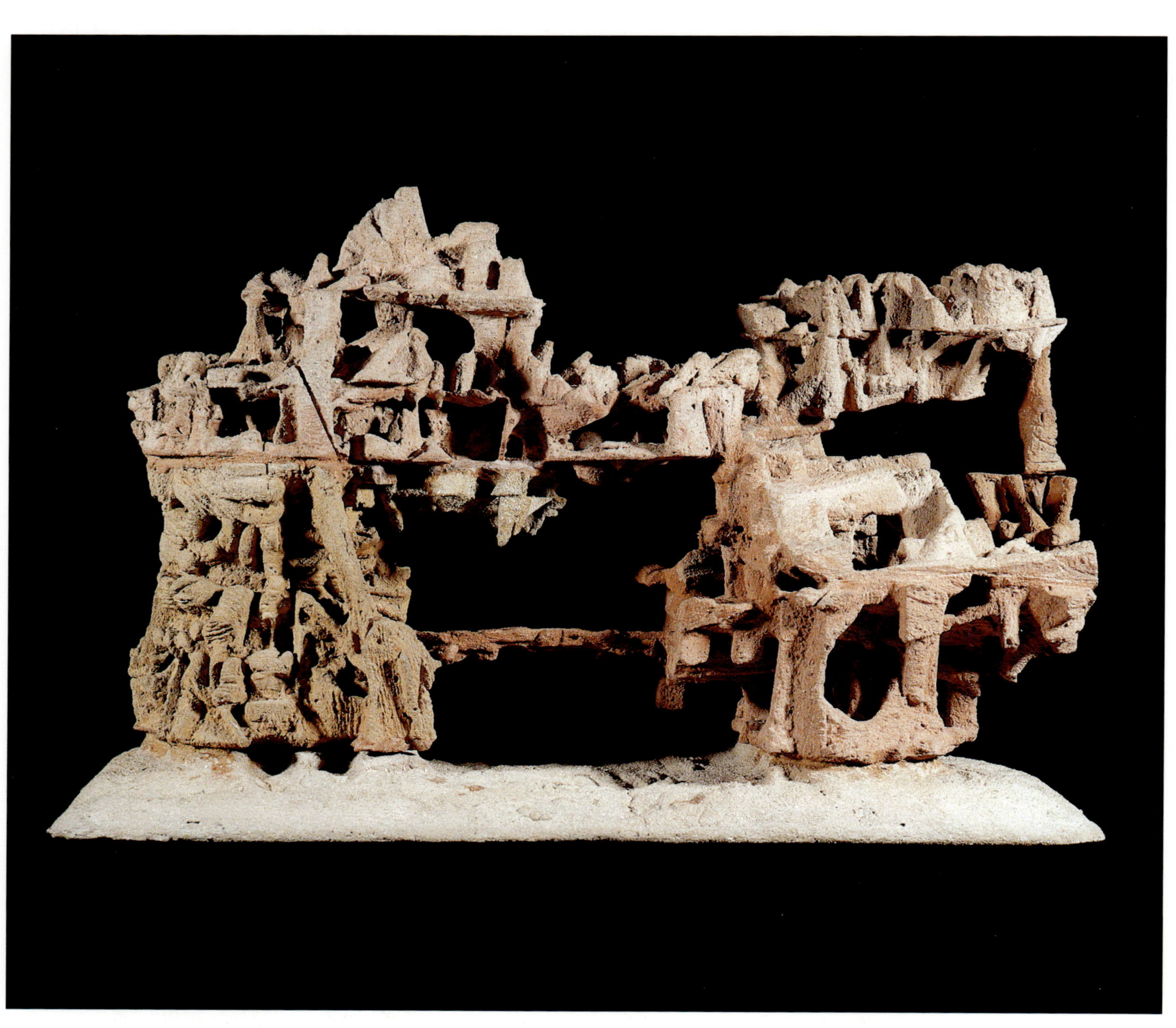

ABDÉ BOUHADEF, " CITÉ SILENCE " *1984, béton coloré, 45 x 70 x 30 cm. Galerie Jeanne-Bucher, Paris.*

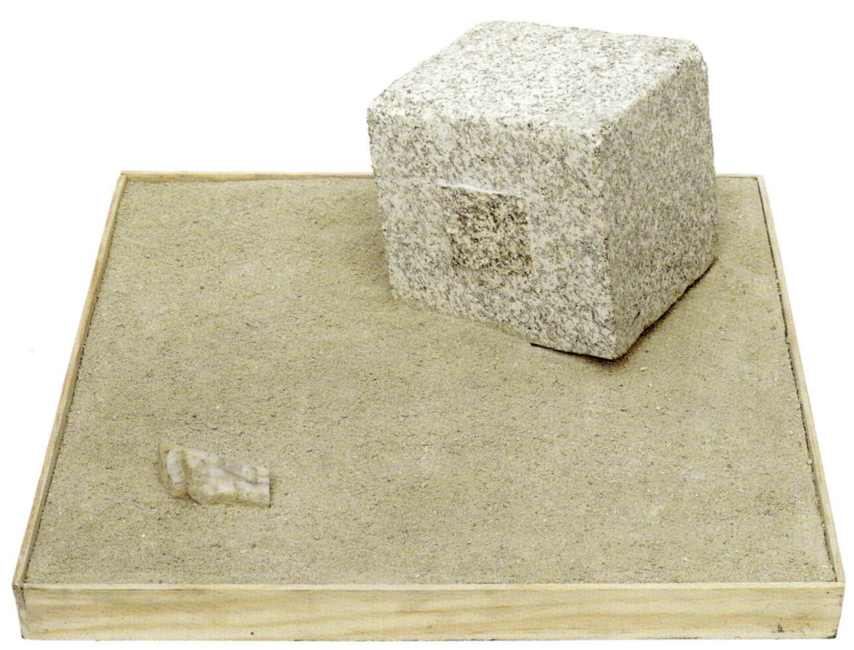

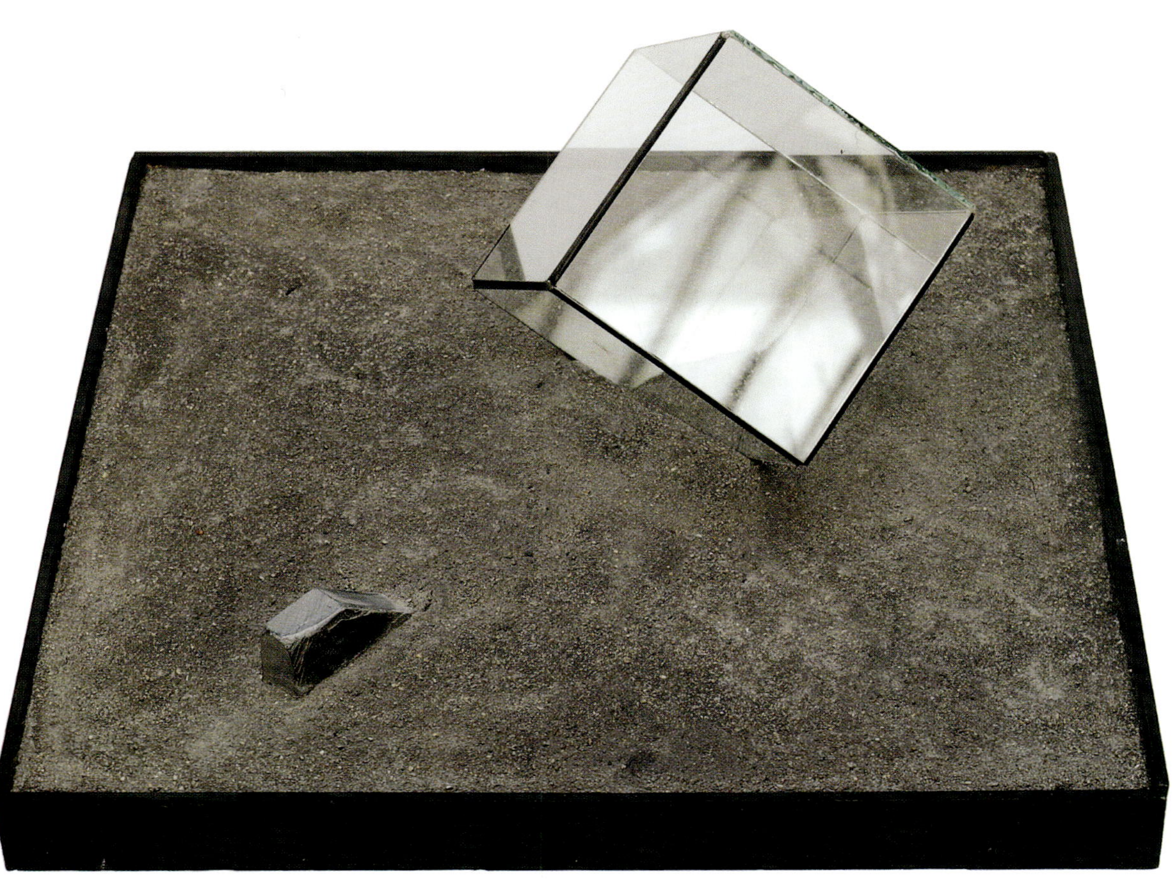

BAUDUIN, " DESSIN DE TERRE " *sable et granit, 41 x 41 x 20 cm. Galerie Lahumière, Paris.*
" DESSIN DE TERRE " *sable, verre et granit, 41 x 41 x 20 cm. Galerie Lahumière, Paris.*

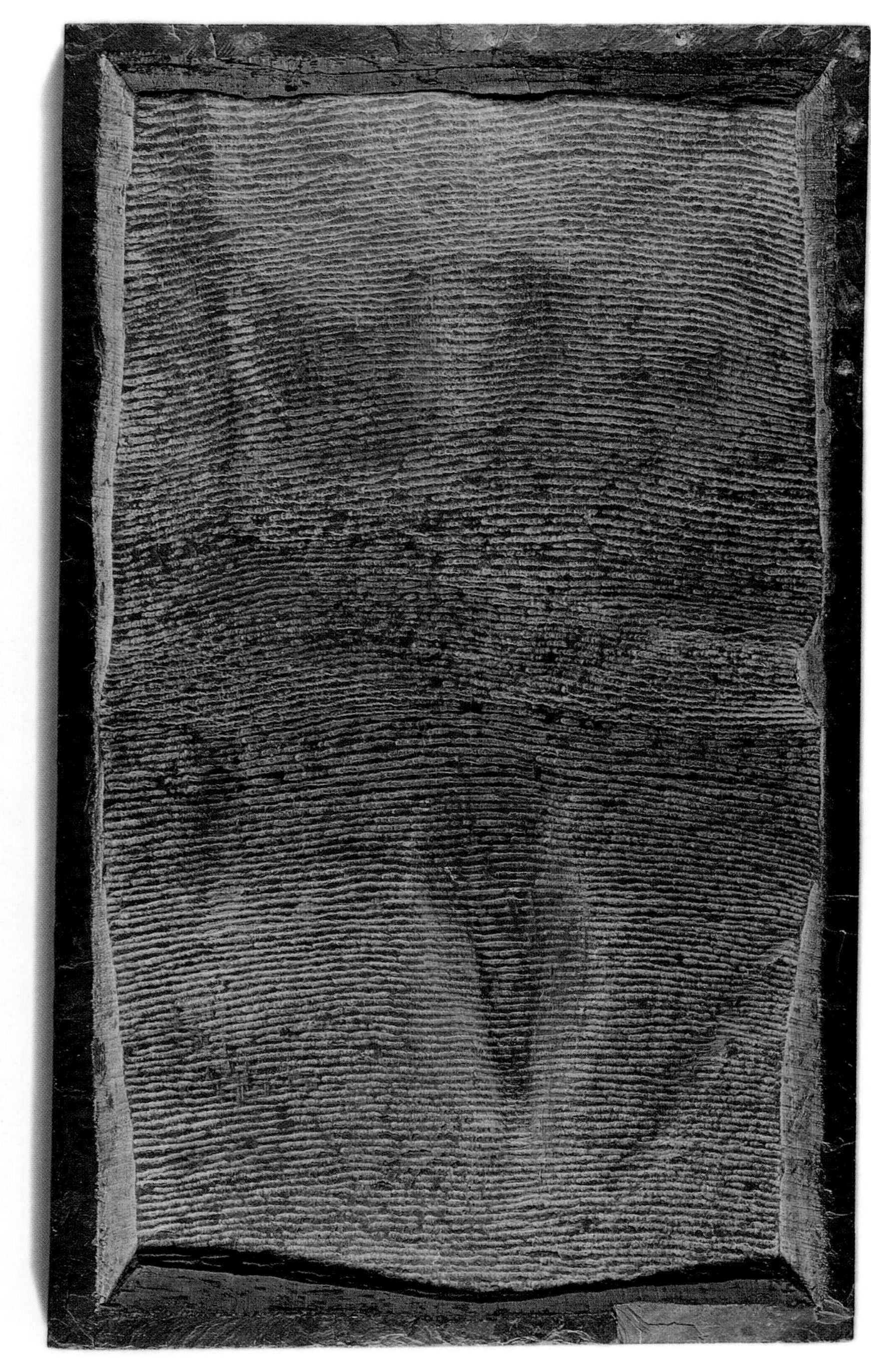

RAOUL UBAC, " CORPS " *1962, ardoise, 102 x 60 x 4,5. Collection particulière.*

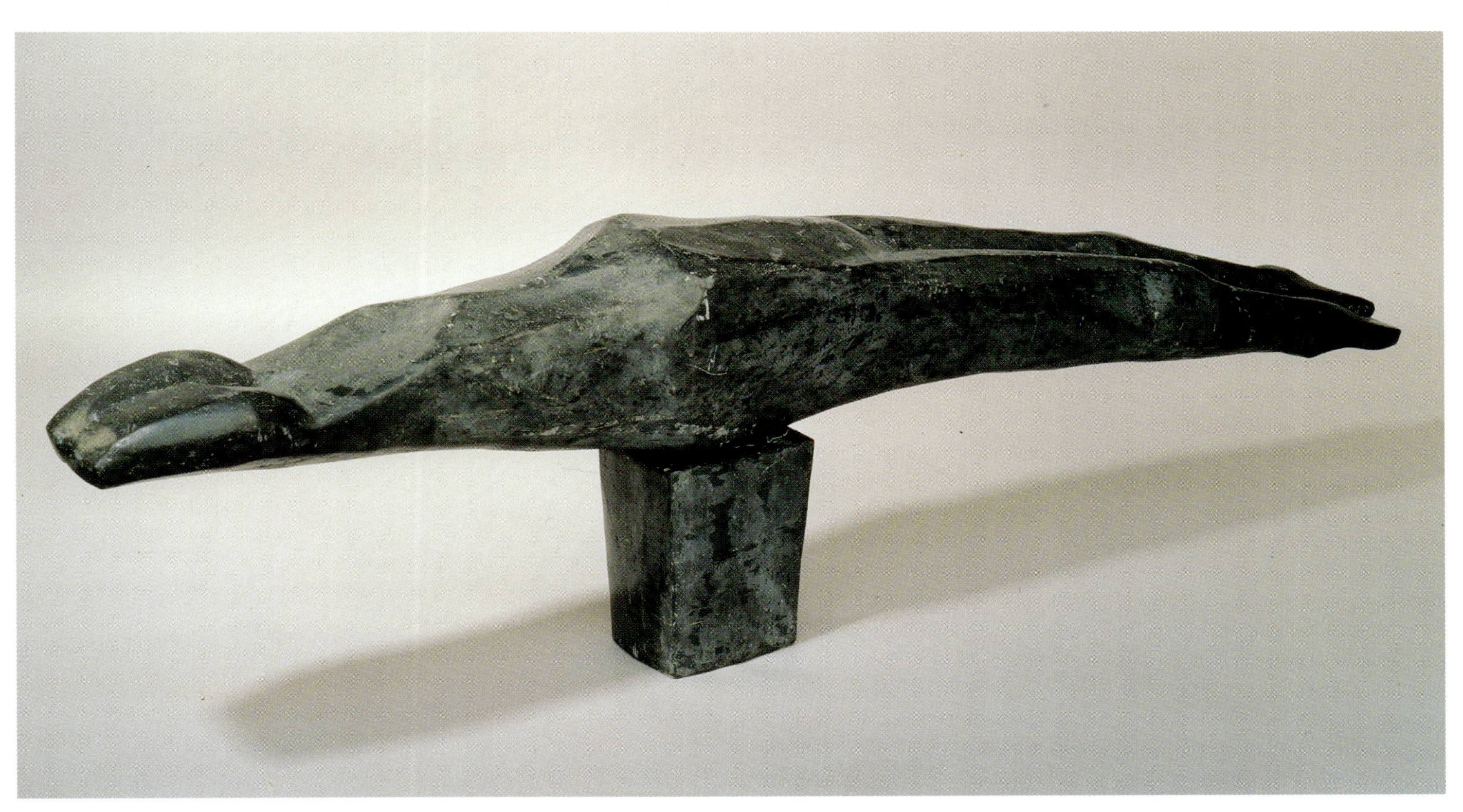

RAOUL UBAC, " LA PLONGEUSE " *1967, marbre, 175 x 22 x 24 cm. Collection particulière.*

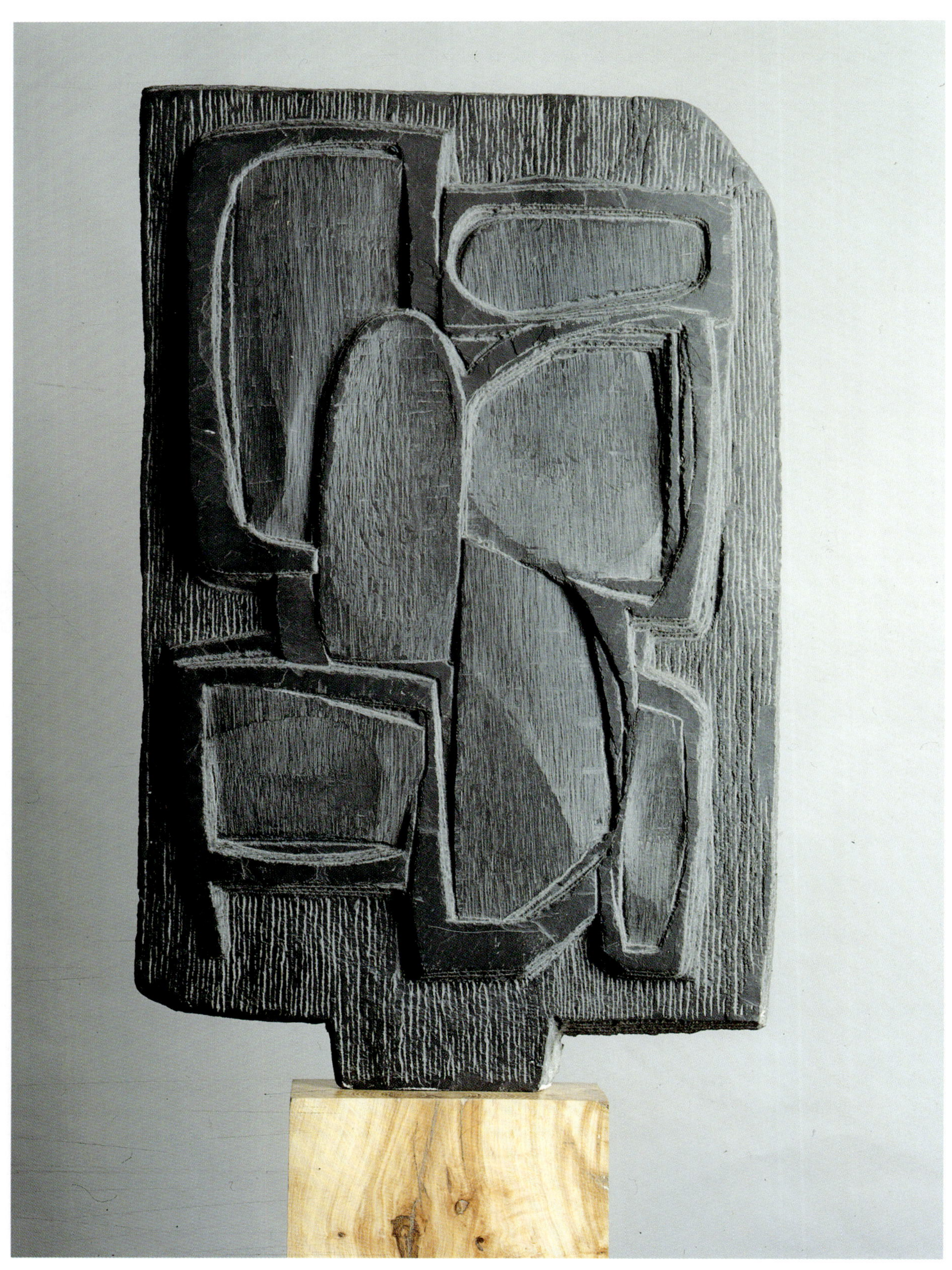

RAOUL UBAC, " STÈLE " *1960, ardoise, 90 x 55 cm. Collection particulière.*

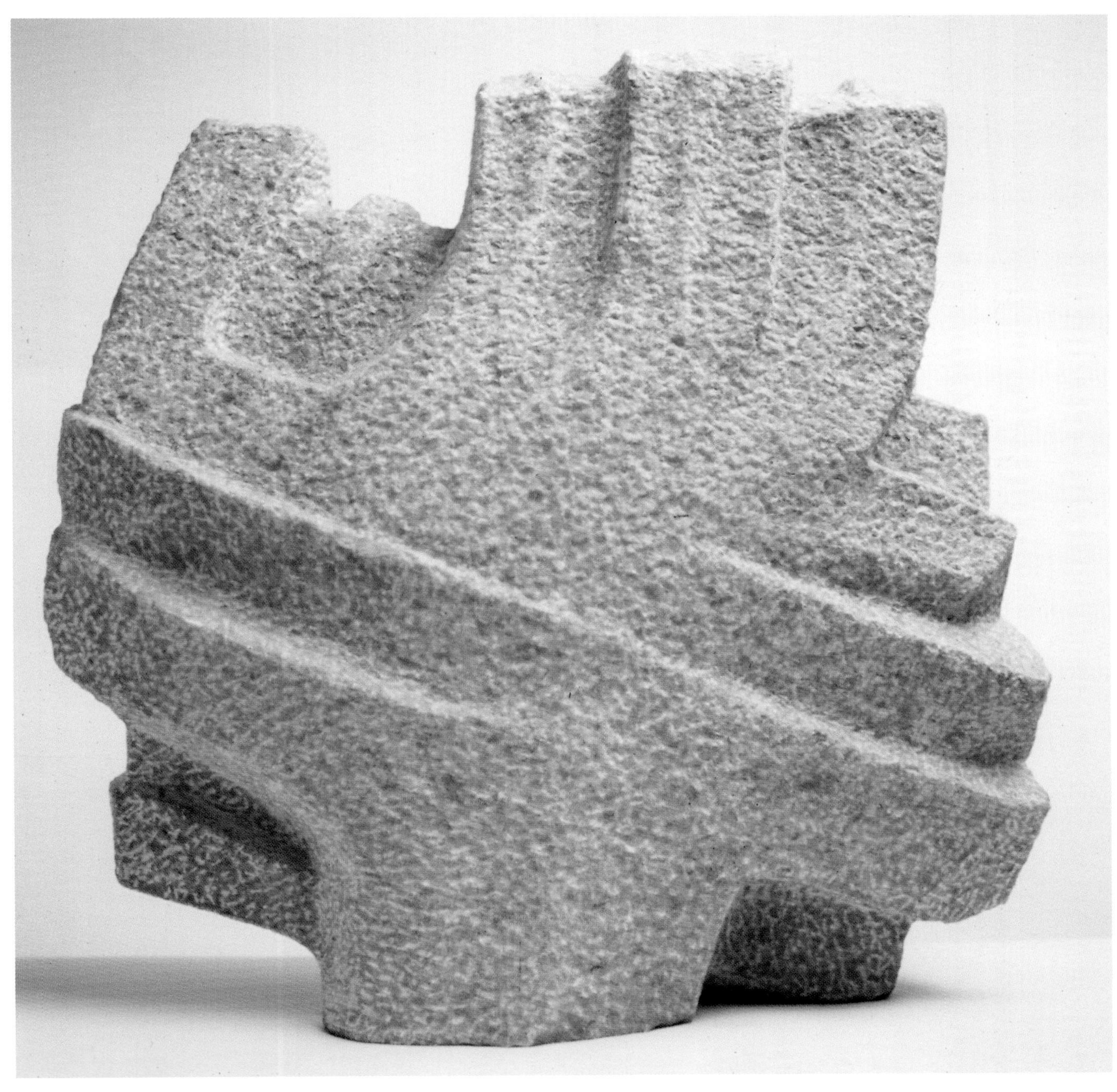

RAOUL UBAC, " THÈME DE L'ARBRE" *1977, pierre, 49 x 48 cm. Collection Maeght, Paris.*

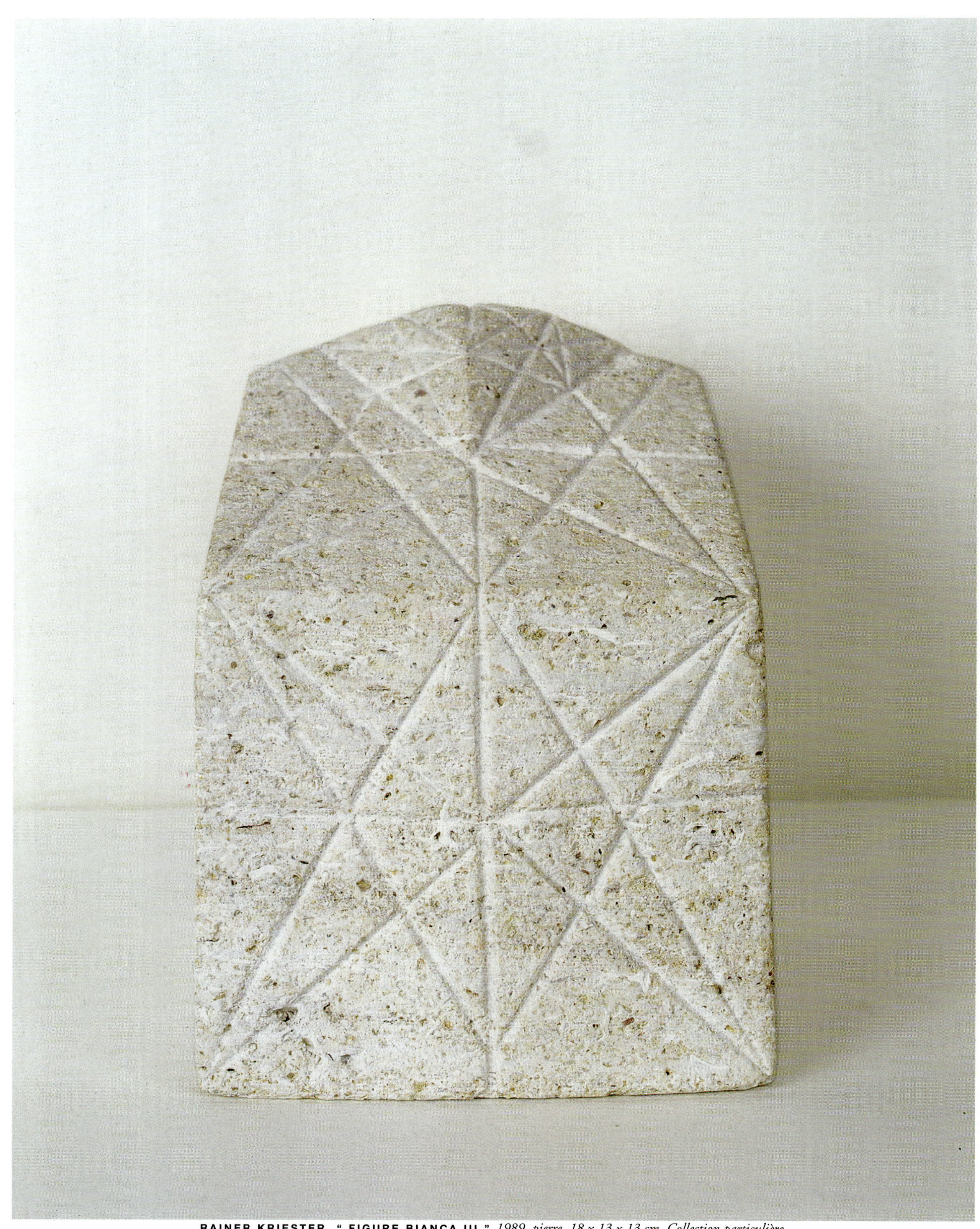

RAINER KRIESTER, " FIGURE BIANCA III " *1989, pierre, 18 x 13 x 13 cm. Collection particulière.*

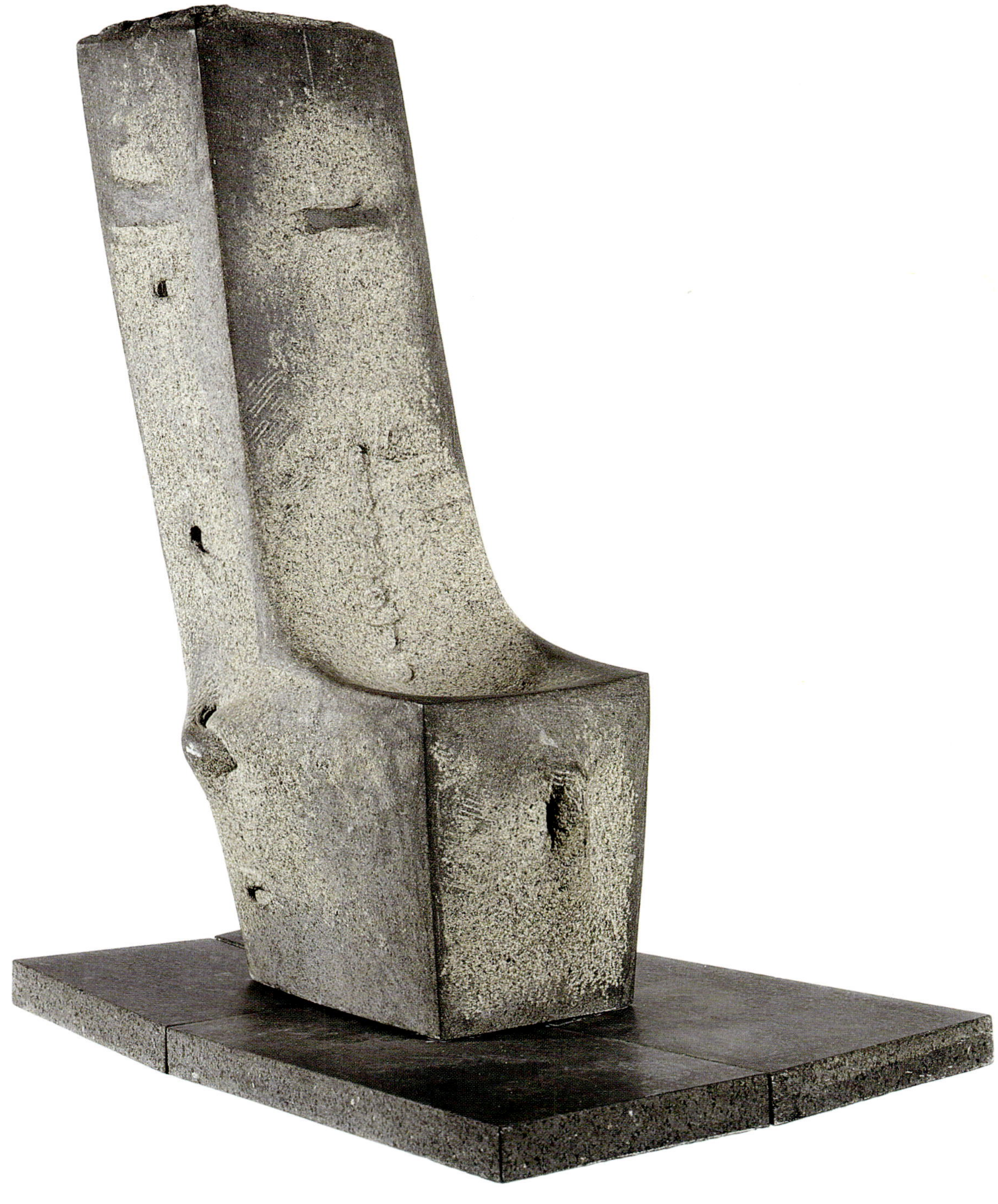

JEAN-PAUL PHILIPPE, " LA TRESSE " *1991, granit noir du Brésil, 67 x 54 x 36 cm. Galerie Jeanne-Bucher, Paris.*

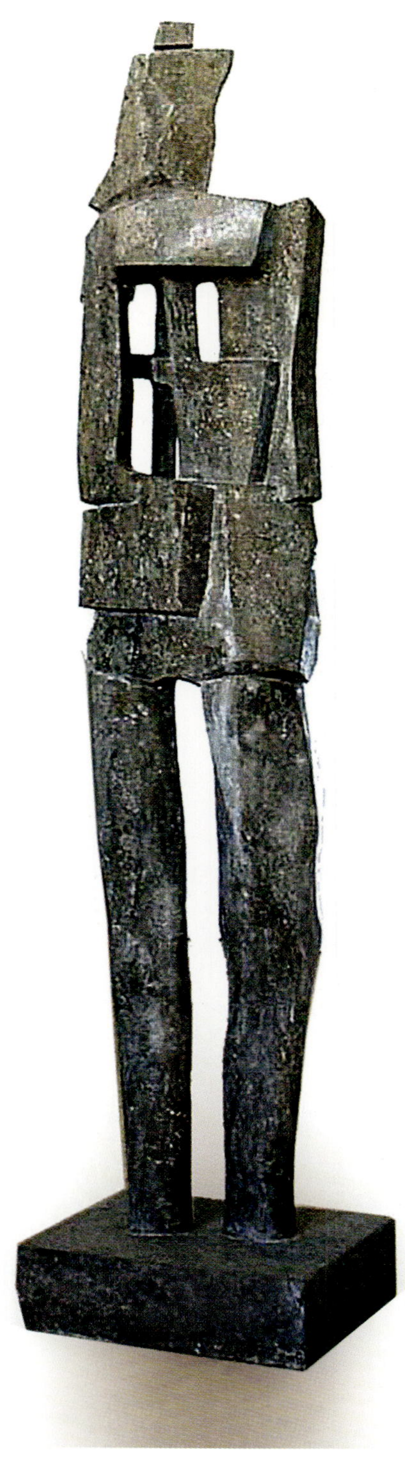

ZOYA NIEDERMANN " ONE ", *1995, travertin rose, 200 x 35 x 45 cm. Collection particulière.*

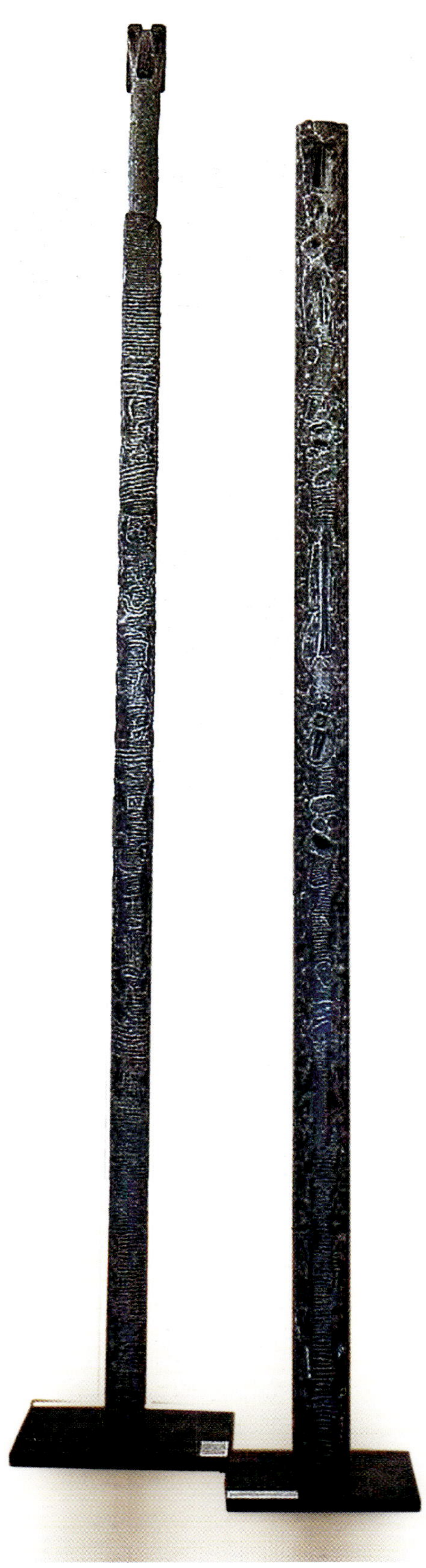

LAMBERT ROCOUR " MONOLITHES ", *pierre de Soignies, h. 240 cm et 275 cm. Collection particulière.*

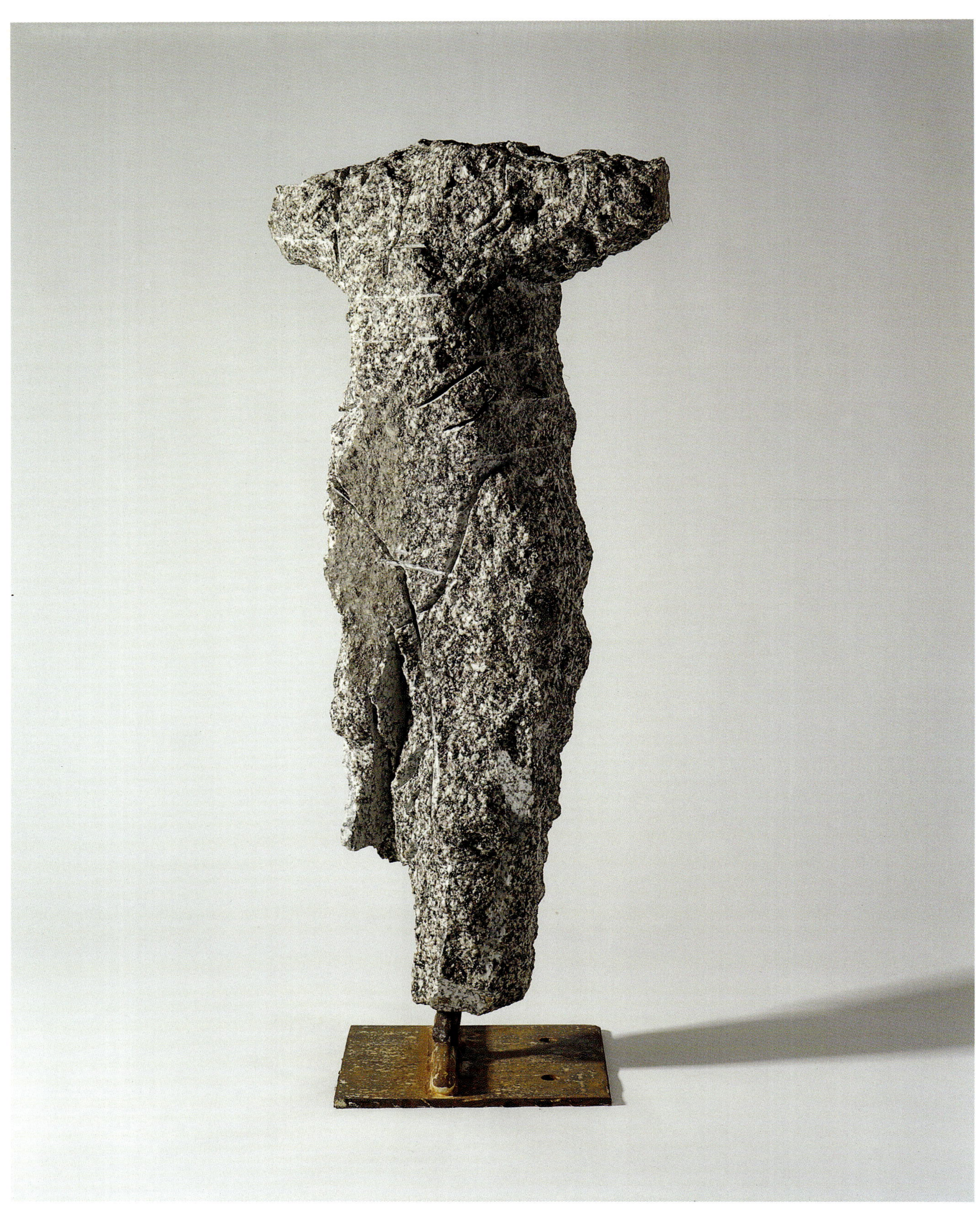

DENIS MONFLEUR, " A BRAS OUVERTS " *2002, granit, 71 x 33 x 30 cm. Collection particulière*

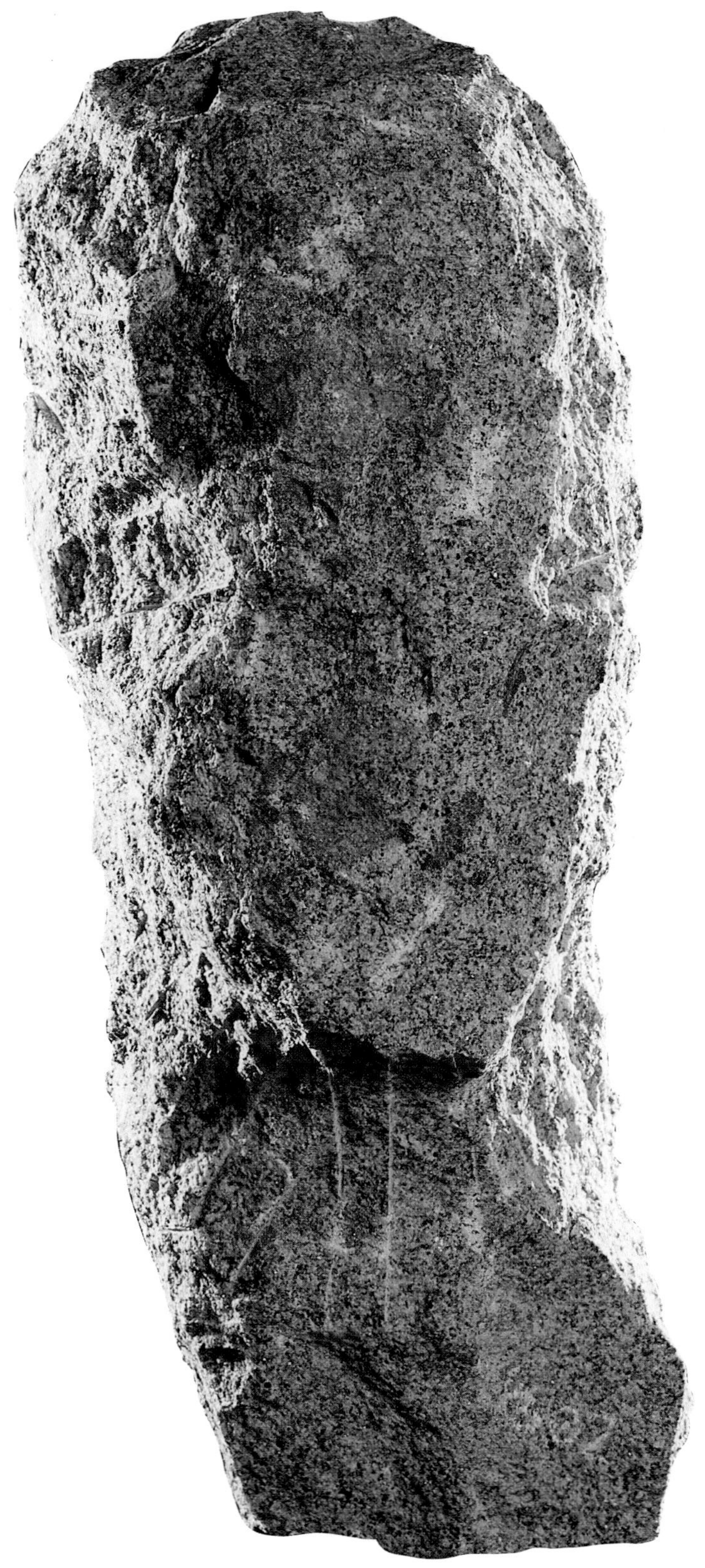

DENIS MONFLEUR, " ULYSSE " *2003, granit et acier, 169 x 45 x 34 cm. Collection particulière.*

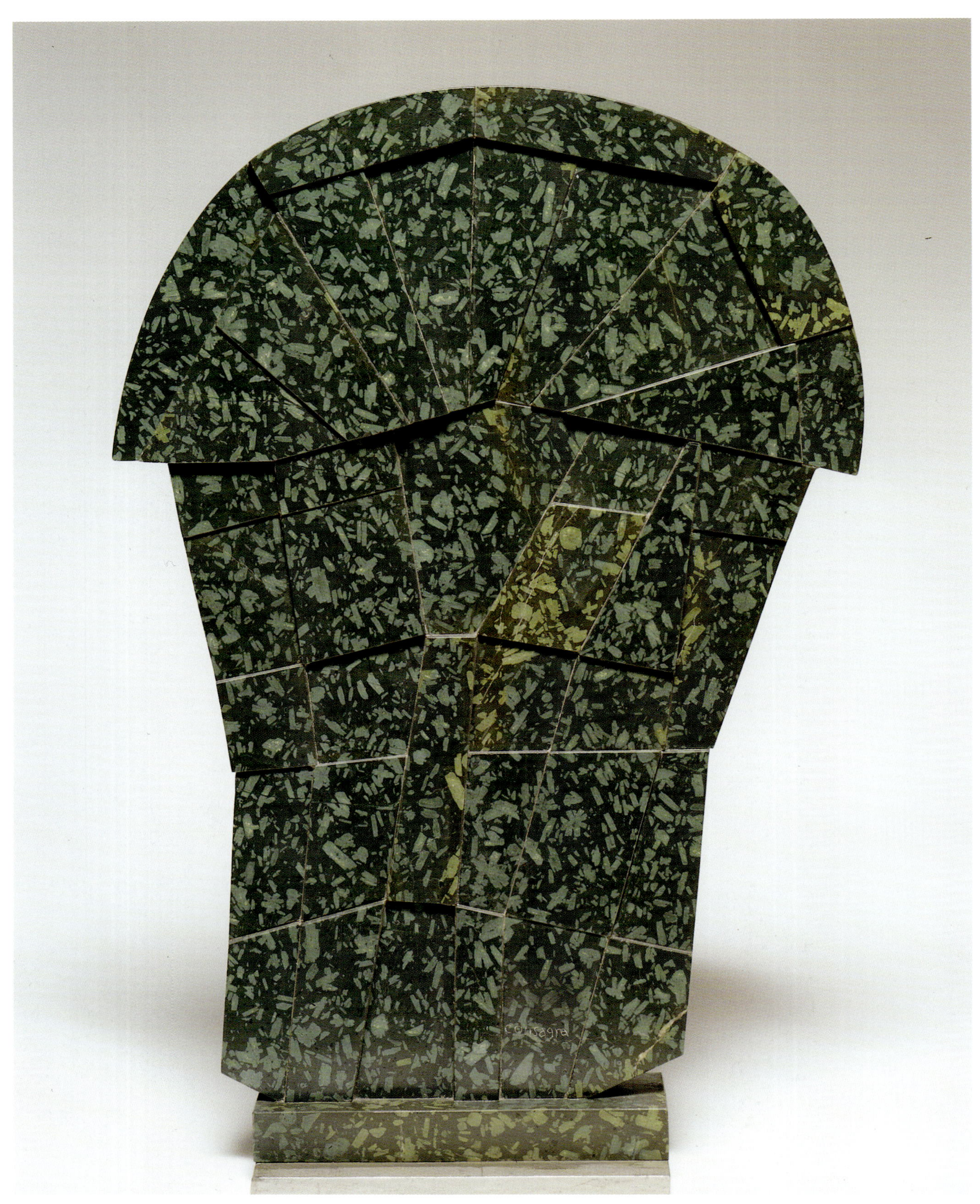

PIETRO CONSAGRA, " BIFRONTALE " *1976, jaspe d'Egypte, 50,5 x 34 x 10 cm. Collection particulière.*

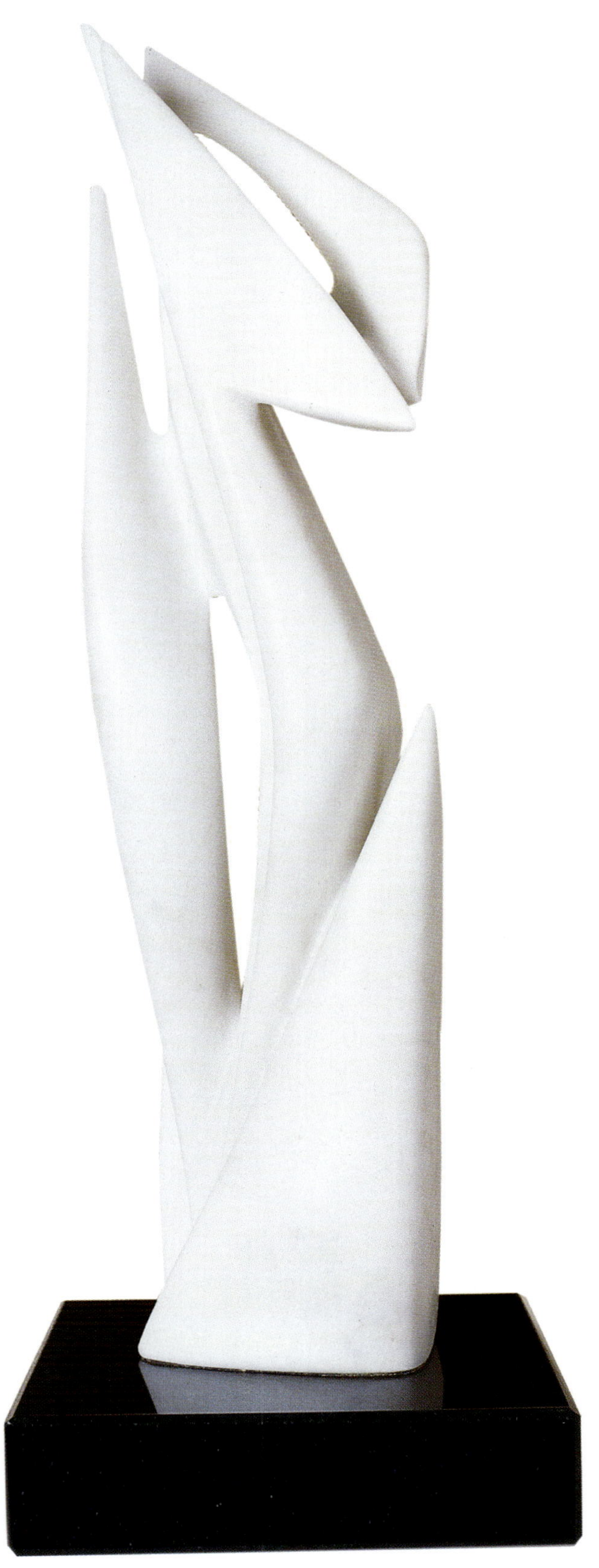

PABLO ATCHUGARRY, " SENZA TITOLO " *1999, marbre de Carrare, 55 x 15 x 12 cm. Collection particulière.*

la Pierre

La sculpture de pierre est-elle moderne ou est-elle une survivance de formes et de concepts dépassés ? On peut se poser la question à la lecture du catalogue de l'importante exposition présentée au Centre Pompidou en 1986, *Qu'est ce que la sculpture moderne ?* [1]. La manifestation proposait un bilan rétrospectif d'un siècle de sculpture, de Gauguin à Smithson. La sculpture en pierre y était quasi, et volontairement, escamotée au fil d'un parcours typologique au sein duquel les critères retenus pour définir la sculpture moderne s'appuyaient soit sur des matériaux non traditionnels, inusités jusqu'au XXe siècle (carton, métaux, verres, plastiques, ciments, textiles et matières organiques), soit sur les objets tout faits (les *ready-made* de Duchamp) ou manipulés (les assemblages de Picasso).

Les seules pièces en pierre choisies, dix en tout sur les deux cent soixante-trois du panorama – *L'idole de pierre,* 1902, de Gauguin ; *Homme et femme,* 1907, de Derain ; *Le baiser,* 1912, de Brancusi ; *Danseuse rouge,* 1913, de Gaudier-Brzeska ; *Figure couchée,* 1929, de Henry Moore ; *Muse endormie,* 1927, de Brancusi ; *Caresse, malgré les mains,* 1932, de Giacometti, et trois *Pied,* 1968-1972, de Luciano Fabro –, sont pour la plupart significativement classées dans deux sortes de catégories proches, celle dédiée au *" primitivisme et à l'impressionnisme "* et celle consacrée à " *figuration archaïque et abstraction organique* ".

Il est vrai que la pierre, dont la manipulation utilitaire et artistique remonte aux origines de l'humanité, ne se prête guère, par son poids, sa masse et sa dureté, aux concepts modernes qui ont totalement renversé plusieurs siècles de tradition sculpturale respectée jusqu'à Rodin. Seuls des matériaux légers et ductiles, parfois également traditionnels, comme le bois, ou d'origine industrielle récente, comme la tôle, pouvaient permettre la réalisation des constructions cubistes aux volumes éclatés en plans. Seul le fer, étiré en filins, pouvait créer ces fameuses *" sculptures en rien "* rêvées par Apollinaire et réalisées en 1929 par le tandem González-Picasso. Seuls des verres ou des plastiques légers et transparents pouvaient engendrer des œuvres dynamiques, les sculptures constructivistes dont la substance est l'espace lui-même, comme le soulignent avec force Naum Gabo et Antoine Pevsner dans leur *Manifeste réaliste* publié à Moscou en 1920 : " *Nous rejetons le volume comme forme plastique de l'espace. [...] Nous rejetons dans la sculpture la masse comme élément sculptural.* " Enfin, seuls des déchets ou des matières organiques pouvaient constituer les sculptures molles et informes des années 60 et 70.

Pourtant, un simple regard en arrière sur un siècle de sculpture de pierre suffit à prouver non seulement qu'elle n'a été absente d'aucun des grands mouvements d'avant-garde mais que, de surcroît, la technique qui lui est indissociable, celle de la taille directe, est à l'origine même de la rupture avec cinq siècles de sculpture modelée en terre, en cire ou en plâtre puis fondue et tirée en bronze.

En débutant son parcours de sculptures par *L'idole* en pierre calcaire grise de Gauguin (1902,The Chrysler Museum, Norfolk, Virginia) et en mêlant aux sculptures en pierre de Derain et de Brancusi un *Tiki* des îles Marquises en pierre calcaire grise et un *Tiki* de Nouvelle-Zélande en jade, Margit Rowell soulignait bien la double origine de la naissance de la sculpture moderne : la sculpture en taille directe des primitifs et du Gauguin polynésien.

À l'époque, la notion de " primitivisme " recouvrait un champ culturel très large désignant peu ou prou toute création antérieure à la Renaissance ou relevant d'une tradition non occidentale. Sur ce sujet, les témoignages de la première génération de sculpteurs à avoir renoué avec la taille directe dans la pierre sont explicites. Derain, unanimement considéré comme *" un des acteurs majeurs du renouveau de la taille directe en pierre* [2] ", a reconnu que sa pratique était redevable aux bois taillés de Gauguin, dont il imite les formes et l'iconographie pour réaliser le fameux lit en bois d'Ambroise Vollard en 1906, mais remontait également à d'autres sources, comme *Les baigneuses* de Cézanne dont il conservait une copie lithographiée dans son atelier, l'art africain découvert au Musée d'ethnographie de Londres [3], la sculpture égyptienne du Louvre et l'art celte ou ibère.

Sa première taille directe, la *Tête d'homme* (1907) sculptée dans une pierre tendre, évoque indiscutablement, avec ses grandes oreilles décollées et ses yeux lourdement ourlés, le modèle des têtes ibériques acquises en mars 1907 par Picasso qui s'en inspira pour le personnage masculin de la première version des *Demoiselles d'Avignon.* La nouvelle forme d'égyptomanie qui s'était emparée de sa génération, et dont on retrouve aussi les traces dans les copies effectuées au Louvre par Matisse et Picasso, transparaît dans le bloc de *L'homme accroupi* en grès de 1907 (Vienne, Museum des 20 Jahrunderts), grossièrement taillé, et dont la surface rugueuse trahit la marque du ciseau. *Nu debout* (1907, Paris, Musée national d'art moderne, Centre Georges-Pompidou), le chef-d'œuvre de l'ensemble des sept pierres taillées de Derain, aux contours

épais, volontairement mal dégrossis mais sinueux et sensuels, est un véritable concentré de toutes les influences multiculturelles, archaïques et contemporaines qui ont nourri la sculpture moderne en pierre : Cézanne, Gauguin, Matisse (son *Nu bleu, souvenir de Biskra*), mais aussi la sculpture romane et indienne.
En évoquant ces sculptures pour son analyse du primitivisme dans l'art moderne, Jack Flam [4] regrette le choix de Derain en faveur de la pierre, qu'il juge *" conservateur "*. Le seul exemple de la puissante *Tête* de 1918-1919 d'Henri Laurens (Paris, Musée national d'art moderne, Centre Georges-Pompidou) montre avec éclat que pierre et forme moderne ne sont nullement incompatibles. Sa *Tête* en pierre polychromée rassemble tous les acquis des constructions cubistes en bois, carton et tôle découpés tout en tablant sur la densité des volumes pour créer, selon Laurens, *" un espace à quatre points opposés "* réglé par le jeu complexe des arêtes et des plans colorés.

Tout l'œuvre de Brancusi démontre que la taille directe dans la pierre a été le geste fondateur de la sculpture moderne, en réaction contre la sculpture modelée excessivement expressive de Rodin. À l'origine de son travail, Brancusi a invoqué l'exemple de la statuaire bouddhique, qu'il découvre en 1909 par des visites au musée Guimet, puis de la sculpture égyptienne conservée au musée du Louvre qui le frappe, selon ses propres termes, à la fois par sa *" monumentalité "* et sa *" puissance d'abstraction "*. Avec son complice de Montparnasse, Amadeo Modigliani, il est également fasciné par la statuaire de la cathédrale de Chartres, qui leur ouvre la voie d'une sculpture en pierre aux volumes synthétiques tempérés par des proportions effilées.
Tête de femme (1907), qu'il reconnaît comme sa *" première pierre directe "*, donne d'emblée la portée du choix de la pierre taillée, qui implique le respect de la pierre, du bloc d'origine, produisant une forme plutôt qu'elle ne la reproduit.
Sa deuxième pierre, au titre emblématique, *La sagesse de la terre*, qu'il taille en 1907-1908 dans une pierre calcaire brune, est un bon exemple de cette prégnance du bloc originel sur le façonnage de la forme. La figure accroupie dans une attitude d'idole millénaire reste liée au bloc par son caractère statique, ses volumes simplifiés et lisses que l'on a rapprochés des personnages synthétiques enroulés sur eux-mêmes de *La musique* de Matisse. Elle prélude au premier *Baiser* (1907-1908) conçu comme une réponse au spectaculaire *Baiser* sentimental et baroque de Rodin – que Brancusi comparait à du bifteck ! –, et dont il est l'antithèse par la nudité, la pureté quasi intacte de sa forme cubique.
Dans les *Tête* en marbre d'Yvan Messac, on retrouve cette prédominance de la forme primordiale du bloc de pierre dont la massivité est accentuée par la rotondité aléatoire de la forme. Paradoxalement, c'est l'intervention du sculpteur à travers une écriture griffée entaillant profondément la pierre qui renforce le caractère archaïque des pièces qui semblent comme entamées par le temps. Ces sculptures, à l'instar de *La main de jeune fille* de 1907 de Kupka, de *La grande prière* de Denis Monfleur ou de *La tresse* de Jean-Paul Philippe, reprennent le concept du fragment constitutif de l'œuvre de Brancusi.
Dans *La grande prière,* comme dans la série des *Torse* de Brancusi, le choix du marbre et le traitement contrasté de la surface en zones lisses et polies et en zones fracturées laissant apparaître le gros grain brillant du matériau renvoient à l'antique et à ses œuvres mutilées et pourtant si évocatrices de leur beauté disparue. L'apparence fragmentaire des pièces renforce leur caractère abstrait, leur qualité organique et minérale qui, chez Brancusi, *" affirment l'œuvre comme fragment de la terre et comme morceau du monde [5] "*.

Cette idée du fragment géologique, de la pierre attaquée si puissamment au ciseau qu'elle semble sortir tout droit des entrailles de la terre, est illustrée par le travail d'Eugène Dodeigne. Les formes déchiquetées, aux reliefs mouvementés d'*Accroupi,* de 1963, ou de ses *Torse* en granit ont l'apparence trompeuse de la pierre fruste, érodée par les éléments, celle de rochers escarpés, alors que leur peau est finement écorchée et ciselée par les outils de l'artiste. Les sculptures vont de pair avec une œuvre dessinée remarquable. Des dessins au fusain qui représentent des nus gesticulant et grimaçant aux formes charpentées et noueuses d'une grande puissance expressionniste. Dodeigne a installé ses trois œuvres maîtresses en pierre de Soignies dans le parc de sculptures du Musée d'art moderne de Villeneuve-d'Ascq : l'impressionnante *Figure couchée* (non datée) est une pierre couchée d'aspect brut qui évoque par sa pesanteur et sa monumentalité les mégalithes préhistoriques. Les trois figures géantes (*Sans titre*) aux formes anthropomorphes qui se dressent aussi naturellement que des menhirs dans l'espace rappellent aux visiteurs que la pierre taillée résulte de l'un des premiers gestes culturels de l'humanité.
Raoul Ubac, photographe et photomonteur surréaliste (pour la revue *Minotaure*), puis dessinateur, peintre, sculpteur, est d'abord fasciné dans les années 30 par les *Pierres de Dalmatie* (1933) qu'il photographie en très gros plan, sous une lumière crue qui les pétrifie et les métamorphose. Son travail de taille directe cultive également l'esthétique du fragment avec des sculptures en ardoise finement incisée représentant des *Torses* (1966, Paris, Musée national d'art moderne), des *Stèles* (1960) ou des *Corps* (1962) tronqués, taillés comme des arbres. Ces *" corps en morceaux "*, dont la vigueur évoque les académies antiques, seront prolongés dans les années 80 par des dessins très sombres à l'encre de Chine représentant des masses noires, informes et mystérieuses, comme en apesanteur dans l'espace.
L'œuvre de Hans Arp incarne l'autre voie de la sculpture de pierre au XXe siècle, conciliant la ronde-bosse traditionnelle avec l'abstraction. Le cycle de ses *Concrétions humaines* engagé en 1933, alors qu'il s'est éloigné du surréalisme pour rejoindre les rangs du groupe Abstraction-Création, inaugure un monde de formes en plâtre ou en marbre, éclatantes de blancheur, dont la pureté rappelle les pierres immaculées des Cyclades.
Une de ses dernières pièces, *Gur,* de 1963, dont la silhouette ciselée est dynamisée par sa pointe en forme de bec dressé, appartient à sa période finale placée sous le signe de l'art concret. La précision de son profilé lui donne une tenue plus sèche que celle des pierres

relevant de l'abstraction organique des années 30 aux formes fluides, libres et aléatoires, denses et dansantes à la fois, comparables à des métamorphoses, dont *Pépin géant* (1937, Paris, Musée national d'art moderne, Centre Georges-Pompidou) ou le monumental *Berger des nuages* de 1953 (*id.*) sont les plus beaux exemples.

Les sculptures en marbre blanc ou noir parfaitement poli d'Augustin Cardenas appartiennent à ce renouvellement de la ronde-bosse qui respecte la massivité du bloc de pierre tout en le perçant d'ouvertures créant des jeux surprenants d'ombre et de lumière et en le pliant en formes ouatées d'apparence molle et bourgeonnante, bien qu'amorphe et pétrifiée. Elles sont stabilisées et assagies par les socles sur lesquels elles reposent, alors que les dernières sculptures de Arp doivent leur liberté et leur mobilité à leur absence de socle : sculptures qui se posent à même le sol, pour mieux s'emparer de l'espace par leur masse et leur lumière éblouissante.

En remplaçant par du marbre le polyuréthane expansé, stratifié et laqué de ses premières *Expansions* , César a commis un acte provocateur qui rompt courageusement avec la sculpture qui a fait son succès : l'assemblage, puis la compression et enfin l'expansion, d'abord conçue comme une réalisation éphémère dont les premiers états furent découpés et distribués au public comme des souvenirs. À la coulée permise par le polyuréthane, il substitue la taille obligatoire pour le marbre en prouvant, avec son brio habituel, que de la belle pierre immémoriale peut naître une sculpture moderne, un pur coquillage, digne des " *fééeriques grand-mères de la sculpture abstraite* " de Brancusi chantées par Arp.

Brigitte Léal

Conservateur en chef au Musée national d'art moderne-
Centre Georges-Pompidou

1. Qu'est-ce que la sculpture moderne ? , Paris, Centre Georges-Pompidou, 3 juillet-13 octobre 1986, catalogue sous la direction de Margit Rowell.
2. Miriam Simon, " La sculpture d'André Derain ", dans le catalogue de l'exposition André Derain, Paris, MAMVP, 1994-1995, p.313.
3. André Derain, Lettres à Vlaminck, texte établi et présenté par Philippe Dagen, Paris, Flammarion, 1994. Lettre 62, pp.173-174.
4. Jack Flam, dans le catalogue dirigé par William Rubin de l 'exposition, Le primitivisme dans l'art du XXe siècle, trad. franç., Paris, Flammarion,1987, p.216.
5. Marielle Tabard, Brancusi, l'inventeur de la sculpture moderne, Paris, Gallimard, 1995, p. 28.

Repères biographiques

par Philippe Bouchet

Magdalena ABAKANOWICZ

(Falenty, Pologne, 1930)

De 1950 à 1954, Magdalena Abakanowicz est étudiante à l'Académie des beaux-arts de Varsovie. D'abord peintre, elle s'oriente vers la sculpture et choisit, dès le début des années 60, de se servir de tissus pour mettre en valeur et révéler leurs qualités spécifiques. Désirant exploiter les multiples ressources d'une technique très riche, elle commence à tisser et crée des objets allant à l'encontre des pratiques reconnues de la tapisserie. En toute liberté, elle emploie aussi la corde, le crin ou la fourrure pour rompre avec les fonctions habituelles des matières molles et introduire le relief dans ses surfaces.

Niant peu à peu la valeur utilitaire de la tapisserie, elle imagine des formes flottantes indépendantes qu'elle suspend dans l'espace, puis utilise de plus en plus souvent la corde qu'elle met en place dans le paysage, initiant ainsi ses futures installations. Au cours des années 70, la structure souple s'apparentant pour elle à la chair, elle éprouve peu à peu le besoin de figurer et entreprend une série de corps sans tête qu'elle conçoit en ayant recours à des sacs de sisal avant d'accéder, la notoriété aidant, à d'autres matériaux comme le bois, le polyester puis, vers 1983, le bronze. Dès lors, elle taille dans des blocs de polystyrène de grandes dimensions des figures monumentales auxquelles elle inflige un violent traitement des surfaces, dévoilant un réseau de cicatrices où le bronze va se couler pour libérer l'image de corps écorchés dont les valeurs tactiles sont accentuées par les fontes laissées à l'état brut. En 1985, à Santomato di Pistoia, en Italie, elle plante dans un jardin trente-trois sculptures en bronze de près de trois mètres de haut, cette installation qu'elle intitule *Catharsis* voulant tout à la fois exprimer les menaces que l'homme fait peser sur son propre destin et imposer la prééminence de la vie. Depuis le début des années 90, poursuivant son travail avec de nouveaux cycles et de nouveaux matériaux, elle répond à de nombreuses commandes publiques et privées, l'une des dernières en date réunissant plus de cent douze figures dans le parc de la citadelle de Poznán, en Pologne.

Henri-Georges ADAM

(Paris, 1904, La Clarté-Côtes d'Armor, 1967)

Henri-Georges Adam apprend à ciseler et à graver dans l'atelier de son père, bijoutier-orfèvre, en même temps qu'il suit les cours du soir de l'école de dessin de la rue Montparnasse. Entre 1928 et 1934, tout en fréquentant le milieu surréaliste, il publie des dessins satiriques et entame une carrière de graveur, qu'il poursuivra jusqu'en 1944. D'une totale liberté d'expression, sa première sculpture importante, *Le gisant* (1943), soulève une vive polémique lors du Salon de la Libération et lui assure l'amitié de Picasso, qui lui prête son atelier de la rue des Grands-Augustins et celui du château de Boisgeloup, où il travaille la sculpture et la tapisserie.

Très tôt, sa démarche tente d'établir de nouveaux rapports entre sculpture et architecture, reprenant ainsi l'idée d'une sculpture habitable lancée en 1919 par Brancusi. C'est d'ailleurs dans cette perspective qu'il faut appréhender les grands ensembles de plein air en béton qu'il réalise entre 1961 et 1967 pour différents établissements publics dont *Le signal* du Havre (1961), ouvrant sur l'immensité de la mer, reste l'un des exemples de cette appropriation de l'espace. Caractérisée par la pureté des lignes et l'articulation des plans géométriquement découpés, sa sculpture échappe d'autant plus à un certain classicisme lorsqu'il introduit des incisions – procédé emprunté à la gravure au burin – qui viennent animer les surfaces de légers reliefs. Les nervures, quadrillages et renflements qui accidentent et structurent ses dernières œuvres – qu'il s'agisse des bronzes ou des versions en marbre – constituent un réseau de reliefs qui, au-delà du lien évident avec toute une tradition de la statuaire, favorise les jeux de lumière caractéristiques de ses petites et moyennes sculptures consacrées à l'univers marin ou au monde des végétaux et des oiseaux.

Maxime ADAM-TESSIER

(Rouen, Seine-Maritime, 1920)

En 1939, après des études classiques, Maxime Adam-Tessier s'inscrit à l'Académie Julian, où il apprend le dessin dans l'atelier de Jean Souverbie et la sculpture dans celui de Paul Niclausse. Il rencontre Charles Despiau en 1942, devient son élève, puis se lie d'amitié avec Henri Laurens dès 1945. Son art s'appuie alors sur la technique cubiste, l'étude des passages de plans et de leur imbrication devenant l'un de ses thèmes de recherche favoris. D'abord inspiré par les arbres et le règne végétal, son œuvre évolue vers une certaine poésie qu'il perçoit des réalisations mécaniques et industrielles, comme les avions à réaction. C'est à partir de ce moment qu'il passe d'un langage figuratif à un art abstrait : progressivement, il s'oriente vers des formes aux volumes denses et pleins, l'emploi du marbre participant à la conception puriste de sa sculpture. Parfois, les surfaces de ses bronzes – qui n'offrent pas forcément d'aspérité au toucher et qu'aucun accident ne vient interrompre – accrochent néanmoins la lumière et la font vibrer. Outre ses travaux d'atelier, il s'est vu commander de nombreux monuments publics destinés à des architectures civiles ou religieuses.

Pierre ALECHINSKY

(Bruxelles, 1927)

À partir de 1944, Pierre Alechinsky fait des études de typographie et d'illustration à l'École d'architecture et des arts décoratifs de Bruxelles. Dès cette période, il est attiré et intéressé par la gravure, activité qu'il a depuis largement exploitée. En 1949, il rejoint le mouvement Cobra, dont il devient l'un des membres les plus emblématiques jusqu'à la dissolution du groupe qu'il prononce en 1951. Il entreprend plusieurs voyages – en 1955 au Japon, se captivant pour la calligraphie, en 1961 aux États-Unis, s'attachant à découvrir les expressionnistes abstraits américains – qui l'amènent à associer dans sa pratique picturale le geste du calligraphe et celui du peintre. Cette pratique engendre, à travers une coloration parfois exubérante à l'acrylique, une écriture personnelle caractérisée par un motif central cerné de petites images, recherches graphiques où apparaissent des formes élémentaires.

Comme d'autres artistes de Cobra, il souscrit en 1954 aux Rencontres internationales de la céramique d'Albisola, en Italie, mais sans s'adonner à cette technique. Il a aussi, à différentes reprises, décoré des services pour la Manufacture nationale de Sèvres, mais ne s'est orienté réellement dans cette direction que dans les années 80. À ce moment-là, Asger Jorn, dont les créations céramiques constituent pourtant une part importante de son œuvre, ne l'influence pas comme cela a été le cas dans les années 50 pour ce qui concerne la peinture. Alechinsky choisit au contraire une tout autre voie pour ses objets, commençant par s'en tenir à la surface plane lorsque, à partir de 1985, il se met à réaliser, avec l'aide de Spinner, de grands tableaux céramiques. Il applique ensuite les plaques en lave émaillée sur les faces de cubes ou sur des murs. Au début des années 90, il façonne des pains en terre chamottée émaillée, morceaux d'argile qu'il couvre de son écriture de signes avant de les cuire. En 1994, il fige encore dans l'argile son amour de la littérature en modelant une série de livres remplis d'illustrations et de textes non dénués d'humour, la céramique faisant désormais pleinement partie de son domaine d'activité, ce qu'attestent les dernières pièces exécutées en 2001.

Joseph ALESSANDRI

(Tunis, 1940)

Au début des années 60, Joseph Alessandri suit les cours du soir de l'École des beaux-arts de Marseille, où il s'est installé. Il travaille ensuite plusieurs années chez un maître verrier, et se familiarise avec la technique de la lithographie. Très tôt, son travail s'oriente vers un intérêt pour les matières – terre, sable, résine – avec lesquelles il réalise des reliefs. Plus tard, il est à la recherche d'une surface «primitive» avec des structures de bois recouvertes de tissus ou d'un tressage de ficelles, de cordes ou de cuirs. À partir de 1976, il emploie fréquemment le bois et bâtit des reliefs chevillés, brûlés, poncés et cirés dans lesquels il intègre parfois des tissus et des branches, poursuivant à travers ces objets fétiches, symboles de l'enfermement, ses recherches sur la matière. Ensuite, bien que pratiquant également la peinture à l'huile sur toile dont il frotte de cire les surfaces, il continue toujours à expérimenter les techniques en utilisant le bois, le ciment, le papier, le plâtre ou encore le fer de récupération.

Kosta ALEX

(Elizabethville, États-Unis, 1925)

Né dans le New Jersey, Kosta Alex passe son enfance à Manhattan. Inscrit dans des classes d'art pour enfants, son rapport à la création est précoce et, devenu adolescent, il remporte plusieurs distinctions. Après son engagement dans l'armée américaine lors de la Seconde Guerre mondiale, il se rend au National Sculpture Service de New York où il se forme aux différentes techniques. Bénéficiant d'une bourse, il s'installe à Paris en 1947 pour y étudier la sculpture, d'abord dans les ateliers de Léopold Kretz et d'Henri Martin, à la Grande Chaumière, puis à l'Ecole des beaux-arts.

Dès ses débuts, une imagination débordante caractérise ses travaux qui, tout en ayant recours à la tradition, libèrent une drôlerie qu'il met au service d'une maîtrise exceptionnelle l'amènant à travailler la terre cuite, le bois, le carton et le bronze. En 1950, il s'empare du thème de la tête dont il livre, dans un bronze comme *Open Head I*, une vision très personnelle en la vidant de son contenu et en choisissant de ne montrer que certains éléments qui en assurent la lecture immédiate aux yeux de tous. Cet art de la simplification est le même lorsqu'il utilise la terre cuite, qu'il modèle avec une véritable dextérité. Il en apporte la preuve à la fin des années 50, lorsqu'il exécute avec cette même technique une série d'hommes au chapeau dont certains sont ensuite coulés en bronze. Cette thématique de l'homme bâillonné et réduit au silence introduit dans l'œuvre une intense émotion dramatique qu'il tempère néanmoins par le motif cocasse du chapeau. Il aime aussi concevoir des découpages-assemblages avec du carton ondulé, matériau dont il tente d'épuiser les possibilités graphiques en réalisant des séries de têtes qui alternent avec des natures mortes et des paysages. En sculpteur qu'il est toujours resté, il se sert aussi de polystyrène expansé ou de morceaux de bois qu'il agrafe lorsqu'il travaille en deux dimensions.

Nicolas ALQUIN

(Bruxelles, 1958)

Nicolas Alquin commence à dessiner très tôt dans l'atelier de son père, le peintre Pierre Alechinsky, où il acquiert peu à peu sa formation artistique avant de choisir la voie de la sculpture. Dès le début des années 80, il travaille le bois, notamment d'énormes poutres de chêne dans lesquelles il taille des formes totémiques très simples parfois incisées de figures géométriques et habillées de feuilles d'or et d'argent qui lui permettent d'évoquer l'idée de lumière. La verticalité reste toujours la constante de ses sculptures, qu'il s'agisse de la série des *Stylites* ou des sculptures anthropomorphiques, telles les figures guerrières, les figures féminines de la série des *Passantes* ou des *Paroles*, toujours en bois massif mais quelquefois blanchies à la chaux, mettant ainsi en valeur le travail de la taille directe. Son goût des matériaux l'amène à privilégier une technique d'assemblage-décalage initiée lors de la réalisation de son grand groupe sculpté intitulé *Le palan* (2000), technique qui lui donne ensuite l'opportunité d'associer des blocs de bois patiné et des dalles d'ardoise bleutée dans des sculptures plus abstraites d'imposantes dimensions, comme celles consacrées aux oiseaux. Certaines pièces, modelées en cire puis coulées en bronze, tendent toujours à intensifier l'effet de monumentalité dont les nombreuses commandes publiques – telle la fontaine réalisée en 1998 à la mémoire des victimes du terrorisme pour le site des Invalides, à Paris – témoignent de l'aisance de l'artiste à les réaliser.

Jean AMADO

(Aix-en-Provence, Bouches-du-Rhône, 1922 – 1995)

D'abord céramiste, vers 1947, Jean Amado se tourne, après avoir réalisé des pièces en terre cuite émaillée, vers la sculpture monumentale dès le début des années 50. Collaborateur de l'architecte Fernand Pouillon sur des chantiers à Marseille et en Algérie, il utilise encore la terre avant de déposer en 1957 le brevet du «Cérastone», béton émaillé qu'il a mis au point en mélangeant ciment, sable et pigments. Il élabore simultanément une technique de découpe et d'assemblage qu'il applique à ses travaux pour des façades d'immeubles – panneaux muraux, auvents, frises et bas-reliefs – ou des fontaines.

À partir de 1963, il commence à exécuter ses premières sculptures dans l'espace dont les thèmes, au fil des années, évoquent des personnages de légende, des animaux fabuleux, des villes fantastiques ou encore des nefs comme dans la série des *Barques*, qui mêlent au béton polychrome des éléments d'acier et de bois. Constituées d'éléments emboîtés où le rôle de la main reste toujours perceptible, ses sculptures, telles les formes massives des villes en ruines, révèlent un véritable jeu des vides et des pleins, les aspérités des parois concourant grandement au rêve et à la flânerie auxquels le spectateur est convié. Privilégiant toujours le ciment ou le béton, Jean Amado réalise aussi, à l'occasion de ses chantiers de commandes publiques, des aménagements paysagers souvent implantés dans des parcs (Vincennes, Ivry, Marseille...) sans jamais cesser, en parallèle, de dessiner. À partir de 1992, il conçoit de nombreux bronzes originaux, toujours empreints d'un mystère plein de poésie.

Paul AMAR

(Alger, 1919)

Pied-Noir d'Algérie, ancien coiffeur et chauffeur de taxi, Paul Amar peut être rattaché, tant par son parcours étranger aux milieux artistiques que par ses œuvres éloignées des productions professionnelles, à l'art singulier. L'univers naïf, baroque et coloré qu'il imagine depuis des décennies renvoie aussi bien à l'art des boîtes décorées qu'aux tableaux de perles ou aux broderies en relief. Patient, imaginatif, il crée à travers ses saynètes un monde de lumières où l'obsession du merveilleux occupe la première place, tant ses objets s'apparentent aux trésors d'art singulier. Au-delà du kitsch, il construit, tel un miniaturiste, des reliefs et des sculptures dont le perfectionnisme et la minutie rappellent ceux du sculpteur d'ivoire ou du scribe enlumineur. Travailleur acharné, artisan infatigable, jamais à court d'inspiration, il tente sans cesse de se renouveler dans des assemblages et des compositions constitués de coquillages, oursins et coraux qu'il n'hésite pas à maquiller de coloris éclatants pour porter ses œuvres aux confins de la poésie.

Karel APPEL

(Amsterdam, Pays-Bas, 1921)

Entre 1940 et 1943, Karel Appel est élève à l'Académie des beaux-arts d'Amsterdam, en même temps que Corneille. Avec ce dernier et Constant, il participe à la création d'un groupe qui s'oppose à l'abstraction géométrique alors dominante aux Pays-Bas avant d'intégrer, en 1948, le mouvement Cobra. Dès cette date, parallèlement à sa peinture, Appel a déjà eu l'occasion de se consacrer à la céramique dans la fabrique de faïence Russel-Tiglia, à Tegelen, dans le Limbourg, se contentant néanmoins de peindre des vases ou des bols. À partir de 1950, il réalise ses premières figurines en argile ou en plâtre, les recouvrant de taches de couleurs vives. Lorsqu'il participe en 1954 aux Rencontres internationales de la céramique d'Albisola, en Italie, il frappe avec une barre de fer les morceaux d'argile, modèle des petits animaux, martèle des formes traditionnelles comme des plats avant de les peindre et de les faire cuire. Au début des années 60, il taille à la hache, dans du bois d'olivier, de grandes sculptures qui sont ensuite peintes. Vers 1964, il est amené à utiliser du bois et des matières synthétiques pour réaliser des sculptures, œuvrant également à de grands reliefs polychromes à l'image de ses toiles. À partir de 1970, il crée des sculptures en aluminium peint et entame aussi une série de peintures en relief avec du contre-plaqué découpé et collé. Plus récemment, tout en épurant et structurant sa peinture, il continue à travailler la terre, poursuit la réalisation de nombreuses céramiques, qu'il s'agisse de décorations murales monumentales, de sculptures libres ou de plats et assiettes en terre cuite compactée, amassée puis émaillée.

ARMAN

Armand Fernandez, dit

(Nice, Alpes-Maritimes, 1928)

Considéré aujourd'hui comme l'un des sculpteurs les plus influents du groupe des Nouveaux Réalistes, Armand Fernandez se familiarise très tôt avec les objets par son père, antiquaire. Après une formation aux Arts décoratifs de Nice, il poursuit ses études à l'École du Louvre jusqu'en 1951. Bien qu'ayant pratiqué une peinture à tendance surréaliste puis abstraite, il se lance avec Yves Klein, qu'il a rencontré quelque temps plus tôt, dans une série de happenings. En 1955, il couvre ses toiles de *Cachets* avant de s'intéresser aux objets qu'il agence sur des panneaux de bois ou qu'il enferme dans des boîtes-vitrines, donnant ainsi naissance, dès 1959, à ses premières *Poubelles* et autres *Accumulations* dont *"l'exubérante prolifération"*, selon Pierre Restany, fait alors le succès de l'artiste.

À partir du début des années 60, les expositions en Europe et aux États-Unis se succèdent, Arman partageant son temps entre Nice, Vence, Paris et New York. Le polyester transparent, qu'il utilise comme colle, prend une importance accrue avec ses *Inclusions*, en même temps qu'il transforme en *Colères* et *Combustions* des instruments de musique ou d'autres objets qu'il a pris soin de briser, couper ou brûler. Au même moment, il collabore avec l'industrie automobile en assemblant des pièces mécaniques et des éléments de carrosserie, toujours dans cet esprit de remise en cause d'une conception traditionnelle de la sculpture, prolongement du readymade duchampien. Dans les années 70, il utilise le béton pour des accumulations monumentales extérieures, préfiguration de commandes publiques plus tardives. Le bronze n'échappe évidemment pas à sa main iconoclaste, qu'il découpe en tranches des sculptures tirées de l'antique ou qu'il assemble gracieusement des violons, son geste témoignant toujours d'une inépuisable énergie attestée par son importante production.

Jean ARP

(Strasbourg, Bas-Rhin, 1886 – Locarno, Suisse 1966)

Formé à l'Académie de Weimar à partir de 1905, puis à l'Académie Julian, à Paris, en 1908, Jean Arp, plasticien et poète, gagne Zurich en 1915 où il rencontre Sophie Taeuber, qui deviendra son épouse. Promoteur, aux côtés de Tzara, du mouvement Dada, il exécute dès 1916 ses premiers reliefs en bois, technique de sculpture lui permettant une multiplicité de variations formelles empreintes d'humour à laquelle il restera attaché plusieurs décennies. Au début des années 20, il est à Hanovre, où il collabore avec Kurt Schwitters à la revue *Merz*, avant de publier avec El Lissitzky *Les ismes de l'art*. De retour en France (il se fixe à Meudon en 1926), il participe aux manifestations surréalistes puis à celles du groupe Cercle et Carré, avant de devenir membre du groupe Abstraction-Création. En 1931, il conçoit ses premières sculptures en ronde-bosse – réalisées en plâtre, en pierre, en marbre ou en bronze poli –, la forme pleine des *Concrétions humaines* et autres *Constellations* devenant au fil du temps de plus en plus épurée. Évoquant toujours la sensualité du corps, ses créations plus tardives délaissent peu à peu le massif pour une forme plus ouverte où plein et vide se répondent avec subtilité. Dans les années 50, alors que les musées acquièrent ses œuvres, il répond à des commandes de reliefs en métal et de sculptures monumentales pour des édifices publics et reçoit le prix de sculpture de la Biennale de Venise (1954), qui consacre officiellement son travail sur la scène internationale.

Josep Llorens ARTIGAS

(Barcelone, Espagne, 1892 – 1980)

Élève aux Arts et Métiers de Barcelone, Josep Llorens Artigas soutient une thèse sur les émaux de l'antiquité égyptienne. Céramiste confirmé, il s'installe à Paris en 1922 et oriente très tôt son travail vers le grès. Il côtoie les Catalans de Paris et se lie d'amitié avec Picasso, qui lui doit ses premiers essais céramiques. Il travaille ensuite pour Francisco Durrio, par l'intermédiaire duquel il rencontre Raoul Dufy, avec lequel il collabore activement de 1922 à 1930, puis de 1937 à 1939, leurs recherches se composant essentiellement de carreaux, de vases et de jardins de salon. Lorsque prend fin leur association commence un nouvel échange avec Albert Marquet, d'où naissent des carreaux et des coupes. Fruit d'un partage et d'une complicité, la confrontation du savoir-faire du praticien et de la créativité de l'artiste donnent encore naissance à des œuvres réellement originales lorsque le céramiste joue un rôle de médiateur en prodiguant ses conseils au jeune Maurice Savin. A partir de 1944, il devient le collaborateur de son ami Joan Miró qu'il a connu au début du siècle à l'École d'art de Francesc Gali. Dès lors s'instaurent pour de nombreuses années une forte relation de travail et une fructueuse coopération, dans laquelle le céramiste joue un rôle créatif prépondérant auquel Miró saura d'ailleurs rendre justice. Parallèlement à ce travail qui a quelque peu effacé son activité créatrice, il réalise ses propres céramiques et entreprend une réflexion poussée qui le conduit à élaborer un langage puisant aux sources de la tradition qu'il n'a de cesse de réinventer. Les formes imaginées tendent à la sculpture et combinent modelage, préparation des émaux et aléas de la cuisson, attestant de la parfaite maîtrise de l'artiste.

Charles ARTUS

(Étretat, Seine-Maritime, 1897 – 1978)

Après une enfance normande, Charles Artus s'installe à Paris et devient l'élève du sculpteur animalier Édouard Navellier, qui le forme à l'étude attentive de l'attitude des animaux vivants grâce à la ménagerie qu'il entretient dans son atelier. Son intérêt et son goût pour l'étude morphologique des différentes espèces l'amènent à fréquenter régulièrement le Jardin des plantes, où il observe et note les mouvements d'animaux de toutes sortes. Cette passion et cette connaissance le conduisent à devenir, pendant de longues années, le collaborateur de François Pompon. Les travaux de ce dernier lui inspirent une nouvelle manière privilégiant le rendu des volumes après une première période classique résultant de l'enseignement de Navellier. Toutefois, voulant comme son nouveau maître aller à l'essentiel, il réussit à s'en distinguer par un style personnel, donnant à ses animaux une posture originale. Dominée par les oiseaux, sa production de bronzes est cependant relativement variée, avec un attachement aux animaux des campagnes plus qu'aux bêtes exotiques. Bien que sa notoriété soit grandissante depuis sa disparition – amenant d'ailleurs les amateurs à le considérer à l'égal d'autres sculpteurs animaliers comme Bugatti, Pompon ou Sandoz –, il a de son vivant reçu de nombreuses commandes de l'État et de collectionneurs privés.

Pablo ATCHUGARRY

(Montevideo, Uruguay, 1954)

Le père de Pablo Atchugarry, qui fut élève de Joaquin Torres-García et grand passionné d'art, influence l'intérêt que son fils manifeste à la peinture depuis son plus jeune âge et le stimule dans son approche de la création. A 11 ans, Pablo commence à exposer ses œuvres puis, à l'adolescence, sans délaisser pour autant la peinture, il ressent le besoin d'expérimenter d'autres matériaux. Il s'initie à la sculpture, compose avec le ciment, crée des pièces en métal et bois. A la fin des années 70, il fait plusieurs voyages d'études en France, en Espagne et en Italie où il découvre le marbre, matériau qui dès cette époque le fascine. Il retourne régulièrement en Uruguay avant de s'installer, en 1982, à Lecco, en Lombardie, dans la région des lacs. Il entreprend alors un réel travail de recherches avec son matériau de prédilection qu'est devenu le marbre blanc de Carrare ou le marbre rose de Portogallo, puisant son inspiration dans les cultures latino-américaines qu'il découvre au fur et à mesure de ses nombreux voyages. Dès le début des années 90, il travaille à des sculptures monumentales que son goût pour les grands espaces lui a inspirées, notamment après ses séjours dans le Grand Canyon, en Arizona. Par exemple, il a installé récemment *Ideali* (2000) sur l'avenue Princesse-Grâce, à Monaco, et deux pièces de plus de six mètres de haut, l'*Obelisco del terzo millennio* (2001) à Manzano et le *Monumento alla civiltà et cultura del lavoro lecchese* (2002) à Lecco, œuvres toujours marquées de sa fertile imagination et de son langage personnel mettant en lumière les tensions internes du matériau. Depuis 1999, son atelier est installé dans un bâtiment attenant au musée qui lui est consacré, à Lecco.

Armand AVRIL

(Lyon, Rhône, 1926)

Lyonnais de naissance, Armand Avril est d'abord canut avant de commencer à peindre au début des années 50. Autodidacte, il pratique une peinture qui mêle art brut et art naïf avant de s'intéresser, dès la fin des années 60, à la construction et à l'assemblage de bois peint. Ses compositions de grandes dimensions et ses étonnantes constructions – dont les figures humaines s'apparentent à des mâts totémiques – renvoient à l'art populaire et à l'art folklorique en même temps qu'elles montrent une maîtrise à disposer et à peindre les objets en bois les plus divers – fragments de planches, pinces à linge, chutes inutilisées, blocs mal taillés... – grossièrement cloués et assemblés avec d'autres matériaux comme des bouchons incisés, la pauvreté des moyens employés laissant néanmoins l'impression d'une exécution attentive, fruit d'une longue pratique artistique.

Enrico BAJ

(Milan, 1924 – Vergiate, Italie, 2003)

Entre 1937 et 1939, Enrico Baj fait des études de droit avant de s'inscrire à l'Académie de la Brera, à Milan, de 1945 à 1948. Au cours des années 50, il lance le Mouvement nucléaire (1951), s'associe avec l'un des initiateurs du groupe Cobra, Asger Jorn, pour fonder un Bauhaus Imaginiste (1953), participe à la rédaction de plusieurs manifestes dans un esprit toujours combatif : *Contre le style* (1957), *Art interplanétaire* (1959) puis *Peinture et réalité* (1960). Rapidement, la plupart de ses travaux montrent une prédilection pour le collage, depuis qu'il a entamé en 1956 une série de têtes, notamment celles des *Généraux*, où il emploie des morceaux d'étoffes, des fragments de miroirs taillés, des bouts de papiers peints et des ouvrages de passementerie qui construisent des portraits sarcastiques témoignant de son esprit libertaire. Son goût pour les matériaux l'amène à toucher à la terre, à réaliser des vases et des assiettes en majolique, à modeler des figures qu'il présente en 1954 aux Rencontres internationales de la céramique d'Albisola, co-organisées avec son ami Jorn. Au début des années 60, il se rapproche des surréalistes, travaille le fer en imaginant de surprenantes constructions constituées d'éléments de Meccano, sculptures anti-fonctionnelles, robots enfantins ou échafaudages provisoires qui s'apparentent à des caricatures de la technologie. S'intéressant aux multiples, se rapprochant aussi des matériaux plastiques, il poursuit dans une voie où sans cesse il politise et ironise son travail qui fait référence au langage, à l'histoire et aux maîtres historiques, ses derniers bois et collages attestant encore de sa vive capacité d'invention et de provocation amusée.

BAMILÉKÉ

(peuple du Cameroun)

Habitants des hauts plateaux occidentaux du Cameroun, les Bamiléké sont groupés en chefferies traditionnellement indépendantes les unes des autres, et réputées pour le caractère monumental de leurs résidences ornées de bois sculptés. Leur architecture, l'une des plus belles d'Afrique noire, matérialise d'une certaine façon leur organisation sociale. Les cases ont une seule ouverture rectangulaire – à la fois porte et fenêtre – avec un encadrement en bois sculpté s'il s'agit de la case d'un notable ou d'une société, toute construction à deux portes ne pouvant être bâtie qu'après décision d'un conseil. Tout élément décoratif architectural – piliers extérieurs sculptés soutenant l'avancée du toit des cases ou cadres de portes ouvragés – est un signe distinctif du pouvoir. Les piliers sculptés, ou *nko,* sont des poteaux de deux à trois mètres alignés comme une colonnade à l'extérieur des édifices les plus importants, ou en péristyle dans une cour d'honneur d'un palais royal. Pour certains d'entre eux, ils furent jadis des piliers cultuels, mais la plupart n'ont été réalisés que dans un but décoratif. Expression du dynamisme et de l'amour de la vie de ce peuple, ils représentent pour la plupart des personnages humains et des animaux hiératiques se superposant en compositions indéfinies en haut-relief. Souvent, à l'exemple de la pièce présentée ici, provenant de la chefferie de Baham, chaque personnage en ronde-bosse s'appuie sur celui qui lui est immédiatement inférieur, attenant par le dos au tronc postérieur qui stabilise l'ensemble.

Richard BAQUIÉ

(Marseille, Bouches-du-Rhône, 1952 – 1996)

Richard Baquié a d'abord été chauffeur de poids lourds, soudeur, puis moniteur d'auto-école avant de faire ses études à l'École des beaux-arts de Marseille, où il suit l'enseignement de Toni Grand. Utilisant des matériaux éphémères – l'eau, la glace, l'hélium –, il conçoit au début des années 80 des œuvres en rapport avec le temps et l'espace dont il ne reste rien. Dans un esprit critique vis-à-vis de la sculpture, il entreprend ensuite des constructions à partir d'éléments récupérés dans des décharges urbaines, s'employant à recycler les objets qu'il utilise, qu'il s'agisse de carcasses de voitures, de morceaux de wagons ou de fuselages d'avions. Ces pièces usagées, issues de la technologie industrielle, sont souvent combinées avec l'électricité pour produire, grâce à des mécanismes de fortune, des sons, des images, des mouvements, du vent, de la glace, du givre... qui leur confèrent une dimension poétique à l'égal des majuscules métalliques de plusieurs mètres de haut formant des phrases et transportant l'œuvre dans le domaine littéraire. De la même manière, avec la série des *Armes* (1984), faite de boîtes de conserve, il se plaît à tirer parti des matériaux du quotidien. Au début des années 90, il passe à un travail de sculptures plus sobres contrastant avec ses créations antérieures à la frontière de la sculpture et de l'installation, à l'image d'*Amore mio* (1985), voiture découpée et éclatée en quatre parties, chargée du passé de l'artiste dont elle nous conte en quelque sorte l'histoire.

Antoine-Louis BARYE

(Paris, 1796 – 1875)

A l'âge de 13 ans, Antoine-Louis Barye devient apprenti chez un graveur puis chez un orfèvre, profession exercée par son père. Ces années de formation l'amènent à se familiariser avec le travail des métaux. A partir de 1816, il entre dans l'atelier du sculpteur François Joseph Bosio, puis fréquente l'Ecole des beaux-arts jusqu'en 1824. Alors qu'il commence à réaliser des petites figurines, il va souvent au Jardin des plantes pour observer les animaux tout en étudiant les écrits de Lacepède et de Cuvier. Passionné, il suit les cours de zoologie de Geoffroy Saint-Hilaire au Muséum national d'histoire naturelle. Bien que la doctrine académique interdise la représentation des animaux, le monde animalier devient pourtant son sujet de prédilection et son travail trouve, malgré les critiques qu'il engendre, des admirateurs chez les intellectuels et les artistes. Quelle que soit la taille des bronzes, il parvient à donner une place primordiale au rendu du mouvement, s'attachant souvent à représenter ses fauves en lutte ou en position de combat. Lorsqu'il sculpte des figures ou des groupes souvent allégoriques, notamment lorsqu'il reçoit des commandes pour le Louvre, il montre qu'il n'est pas seulement un animalier, même si sa production dans ce domaine est abondante. A la fin de sa vie, il atteint une véritable plénitude lorsqu'il entreprend des statues dont la force d'exécution le met au rang des grands sculpteurs classiques.

BAUDUIN

Jacques-Marie Bauduin, dit
(Plougoumelen, Morbihan, 1943)

Autodidacte, Bauduin est d'abord peintre au début des années 60. Vers 1967, il commence à concevoir une sculpture construite inspirée de Malevitch. Une bourse du Brooklyn Institute of Arts and Sciences le conduit à New York, où il séjourne de 1970 à 1974, réalisant des films, jouant de la musique. Dès cette période, il aime à intervenir in situ, d'abord en milieux urbains puis dans la nature, pour *«dé-poser»* les lieux et la forme au moyen de mesures, interventions et balisages. En 1992, se souvenant des mégalithes de sa Bretagne natale, il dépose par exemple une roche granitique dans un jardin zen, lors de son voyage d'études et de recherches au Japon, à l'instigation de la Japan Foundation. A ces actions en plein air répondent et correspondent des «dessins de terre», maquettes de paysages ou modèles réduits d'édifices présentés sur des carrés de trente ou quarante centimètres de côté qui reproduisent ses actions. Le changement d'échelle transforme les sculptures titanesques de l'artiste en épures ne laissant apparaître que la rigueur géométrique des formes et la pureté de la matière façonnée par la main de l'homme et constituée alors de sable, de granit, de terre, de fer et de verre. De manière concomitante, il a aussi recours à la vidéo, dont il se sert depuis les années 80, pour conserver la trace de ses interventions éphémères.

Pierre BAYLE

(Aigues-Vives, Aude, 1945)

Entre 1967 et 1971, après des études au Centre d'apprentissage Saint-François de Castelnaudary, Pierre Bayle séjourne à Paris, mettant à profit son temps libre pour visiter les musées, le Louvre et son département des antiquités grecques et romaines, ou le musée d'Art moderne de la ville. Il participe aussi à de nombreuses conférences-discussions où chacun confronte sa vision de la création contemporaine. Sa formation l'amène à façonner la terre, le tournage des pièces n'ayant plus aucun secret pour lui dans la précision, la rigueur et la sûreté du geste de la main. Cette aisance dans la conception au tour le conduira à accepter la collaboration avec d'autres céramistes, qui font appel à lui pour la qualité d'exécution de pièces de grandes dimensions. Rentré dans sa région d'origine, il entame au cours des années 70 un travail de céramique en réfléchissant sur les formes, commençant par en concevoir des simples – coupes, boules – qui s'allongent peu à peu pour devenir des colonnes. C'est au début des années 80 que son travail est remarqué, lorsqu'il se réapproprie, en la modifiant pour son usage personnel, la technique de la terre engobée et fumée. L'inventivité qui est la sienne le conduit à créer des pots couverts baptisés *Colonnes*, des *Boules* qui ne sont pas rondes, des *Toupies* et des *Flûtes* qui sont des variations sur des contours ovoïdes, des jattes et des bols qui préfigurent des séries ultérieures sur des thèmes grecs. Il attache aussi beaucoup d'importance au traitement des surfaces, tout comme il est très attentif au rendu des couleurs qu'il marie harmonieusement. Au fil des années, les formes se diversifient quand il montre une préférence pour la ligne et la masse. Plus qu'un sculpteur, il est un artisan qui conçoit des objets assimilés à des sculptures pour deux aspects essentiels à ses yeux : leur inutilité et leur beauté. Poursuivant ses recherches, il continue aujourd'hui à concevoir une sculpture de potier.

Hans BELLMER

(Katowice, Pologne, 1902 – Paris, 1975)

Issu d'une famille d'ingénieurs originaire de Haute-Silésie, Hans Bellmer est à Berlin en 1923 pour suivre les cours de l'École polytechnique. Alors qu'il travaille comme illustrateur et graphiste publicitaire, il rencontre le dadaïste George Grosz, qui l'initie au dessin. La pureté de son trait façonne rapidement son style alors qu'il commence à peindre et à graver, à illustrer des livres et à utiliser la photographie. Dès 1932, après une représentation théâtrale des *Contes d'Hoffmann*, où il est fasciné par le personnage de la poupée Olympia, il entreprend sa première œuvre de sculpteur en construisant *La poupée*, objet autour duquel vont dès lors s'articuler ses réflexions et se décliner ses travaux. Réalisé grandeur nature à partir d'une ossature de bois recouverte d'un mélange d'étoupe, de papier et de colle, le mannequin féminin constitué d'éléments anatomiques séparés connaît au fil des années de nombreuses transformations, recompositions, assemblages et installations qui, au-delà de la révolte sociale, ne cessent d'affirmer le caractère érotique de l'œuvre qui n'échappe pas au groupe surréaliste dont il se rapproche lors de son arrivée à Paris, en 1938. Interné au camp des Milles, près d'Aix-en-Provence, entre 1939 et 1941, il poursuit ensuite l'accomplissement de son travail, les jeux de la poupée venant sans cesse alimenter l'œuvre à travers la beauté du trait, la richesse de l'invention plastique, voire ses propres textes.

René BEN LISA

(Septèmes-les-Vallons, Bouches-du-Rhône, 1926 -
Aix-en-Provence, Bouches-du-Rhône, 1995)

D'ascendance à la fois kabyle, andalouse et provençale, René Ben Lisa se forme à l'Ecole des beaux-arts de Marseille. Il se consacre un temps à la peinture, qu'il abandonne très tôt pour la céramique puisqu'il installe son premier atelier à Aix-en-Provence en 1947. Il crée alors, pour lui et pour les autres, des faïences décorées dans l'esprit de Vallauris, devenant d'ailleurs un familier de la biennale organisée dans la ville des potiers. A partir de 1957, il collabore avec l'architecte Fernand Pouillon. Son œuvre connaît un tournant décisif alors qu'il est nommé professeur aux Beaux-Arts de Marseille, en 1972. Héritier de la passion de Jean Lugassi, dont il a fait la connaissance, il aborde le grès émaillé cuit au four à bois à haute température avec l'idée de poursuivre les recherches entamées sur cette technique, persuadé que *«la poterie à venir sera autre chose que ce qu'on croit. Une phase unique et encore inédite dans l'histoire de l'art»*. Pendant plusieurs années, il s'astreint à créer un alphabet de formes et de formats, passionné par le jeu des couleurs que la cuisson ne lui permet pas de totalement maîtriser. Il multiplie les pièces expérimentales détruites par le caprice du four, construit à ses mesures en 1979. Sa démarche et la rareté de sa production l'installent progressivement dans une place à part, à la frontière de deux mondes : la poterie et la peinture. Ses pièces importantes atteignent les sommets de l'art de la céramique, particulièrement quand il tend vers une recherche de la forme parfaite, harmonieuse, épurée.

Pierre BETTENCOURT

(Saint-Maurice-d'Ételan, Seine-Maritime, 1917)

Pierre Bettencourt découvre la création plastique au début des années 50 en chassant le papillon avec Jean Dubuffet, qui lui suggère de s'exprimer en utilisant des matériaux précaires, le mettant ainsi sur la voie de l'art brut. Son travail, qui flirte aussi avec le fantastique et le surréalisme, reste pourtant réellement personnel et ne dépend d'aucun courant artistique contemporain. Il s'attache à composer des collages sur papier et à créer des assemblages multicolores qui le mènent rapidement à de plus vastes constructions, allant jusqu'à constituer des hauts-reliefs, parfois même de véritables sculptures. Sa démarche se nourrit non seulement de ses propres textes ésotériques ou érotiques, mais aussi de ses nombreux périples en Afrique, en Inde ou au Mexique qui participent à construire son imaginaire et à lui faire employer les seuls matériaux trouvés dans la nature – écorces, cailloux, ardoises, coquilles d'œufs, grains de maïs ou de café, pommes de pin, coquillages, carapaces… –, qu'il assemble avec la précision d'un mosaïste pour figurer les grands mythes de l'origine. Après une première exposition en 1956, les années 60 le voient réaliser des hauts-reliefs avec lesquels il atteint une certaine notoriété. Dès lors, il peuple ses œuvres de personnages curieux ou terrifiants qui habitent des paysages oniriques, cette image, désormais devenue celle de toute sa création, favorisant l'émergence d'un monde ambigu partagé entre une vision obsessionnelle, voire diabolique, et un désir de dépassement, de transcendance. Au début des années 90, il construit ses *Obélisques*, faits d'une structure de bois recouverte de corps sur-modelés – rois, déesses, enfants, esclaves… –, qui nous entraînent toujours dans son surprenant imaginaire.

Valérie BIDAUD

(Le Petit-Quevilly, Seine-Maritime, 1964)

Après des études à l'Ecole des beaux-arts du Havre, Valérie Bidaud fréquente l'Ecole d'architecture de Rouen de 1986 à 1989. Pendant près de dix ans, elle dirige une entreprise de moulage avant de se consacrer exclusivement à la sculpture, en 1998. Elle crée alors un univers issu des fonds marins et de son imagination fertile, qui puise aussi bien entre les mots de Lewis Caroll, dans les poèmes de Robert Desnos et au cœur du monde inquiétant de Jérôme Bosch. Les nymphes qu'elle façonne en résine semblent ébaucher une danse aquatique où l'homme, le végétal et l'animal se recomposent en des créatures hybrides et séduisantes qui se déchaînent en une apocalypse joyeuse. Gainées de combinaisons tatouées, ces déesses font surgir comme par enchantement leurs visions des débauches les plus exquises, des péchés les plus alambiqués, des supplices les plus raffinés sous couvert d'inviter le spectateur à une vie contemplative.

Ary Jean Léon BITTER

(Marseille, Bouches-du-Rhône, 1883 – Paris, 1973)

Entre 1895 et 1902, Ary Bitter fréquente l'École des beaux-arts de Marseille, où les cours de sculpture sont assurés par Émile Aldebert. À la suite d'un concours, il obtient une bourse qui lui permet de venir à Paris, où il entre à l'École des beaux-arts, dans l'atelier dirigé par Louis-Ernest Barrias. Pendant plusieurs années, il est aussi l'élève de Jules Félix Coutan. Participant très tôt à de nombreux concours, il entreprend des groupes en plâtre (*Enfant au chevreau*, *Fillette et cabris*...), et taille dans le marbre des bustes et des figures. En 1914, alors qu'il a déjà réalisé des fontaines, il s'attaque à une sculpture monumentale pour le pavillon de l'alimentation à l'Exposition nationale suisse de Berne. Au début des années 20, il reçoit plusieurs commandes de monuments aux morts alors qu'il poursuit son travail de sculpture, trouvant son inspiration dans la mythologie romaine avec *Bacchus* ou *Diane*. En 1926, il participe, avec le groupe *Lion et enfant*, à la décoration de l'escalier monumental de la gare Saint-Charles, à Marseille. Dès cette époque, il signe des contrats pour que ses œuvres soient éditées. Il accepte aussi que la Manufacture nationale de Sèvres produise une *Diane* en biscuit teinté, terre cuite et grès. Au cours des décennies suivantes, il continue à fondre des bronzes, à tailler la pierre ou à exécuter des terres cuites, traitant sans cesse de sujets classiques, comme *Cupidon* ou *Psyché*, et de sujets animaliers, comme le *Bison*, le *Lévrier*, etc. En 1949, il se voit confier la réalisation du monument à la mémoire d'Edmond Rostand, à Cambo-les-Bains.

Bram BOGART

(Delft, Pays-Bas, 1921)

Elève de l'Académie de La Haye puis de l'Ecole professionnelle de Delft, Bram Bogart commence à exposer dès le début des années 40. Utilisant une palette relativement sobre, il pratique d'abord une peinture néo-expressionniste avant d'évoluer vers l'abstraction lyrique, en plein épanouissement dans les années d'après-guerre. Installé à Paris pendant dix ans – du début des années 50 au début des années 60 – avant de se fixer en Belgique, il est en relation avec les peintres allemands Dahmen, Schultze et Schumacher qui, comme lui, travaillent sur des supports enduits de différents matériaux. Façonnée comme le mortier, la pâte à base d'huiles et de pigments est travaillée en épaisseur et généreusement étalée à la surface des toiles, la matière conservant la vigueur du geste et le relief obtenu prenant souvent l'aspect d'un champ de lave solidifiée. De fait, il n'est pas surprenant que ce soit la terre qui ait séduit l'artiste pour ses travaux de sculpture, la texture grumeleuse, croûte terrestre bariolée sinon enduite d'une seule couleur poussant au monochrome, étant alors assimilée à une «forme-couleur».

Catherine BOLLE

(Lausanne, Suisse, 1956)

Catherine Bolle est une artiste que le livre a toujours fascinée. Formée à l'art de la gravure, au début des années 80, dans l'atelier de Raymond Meyer, à Pully, elle a signé de nombreux livres d'artistes et suites d'estampes, ainsi que plusieurs réalisations pour des institutions publiques et privées. Depuis la fin des années 90, elle s'intéresse de près à la sculpture, qui entre dans ses projets prioritaires, alors qu'elle poursuit par ailleurs ses cartes topographiques, ses toiles, dessins et livres d'artistes. Compte tenu de son intérêt pour l'entaille et le trait gravé, elle privilégie les produits verriers qui, outre la possibilité des effets de matière, correspondent bien aux recherches plastiques qui sont les siennes, en synergie avec différents intervenants de l'industrie, de la photographie, de l'architecture, de la musique et de l'écriture. Sa série des *Paysages de verre* associe la technique de la gravure, comme elle fait appel à ses qualités de coloriste pour rendre compte d'une inspiration issue tout à la fois de la poésie, de la métaphysique et de l'appréhension de l'espace. Ce sont d'ailleurs les mêmes préoccupations qui caractérisent ses nouveaux cycles de création et qui donnent lieu successivement à trois parois, portes et reliefs muraux de verre, en 1999, puis à une sculpture monumentale, *Sens et non sens,* en verre acrylique gravé et encré en forme d'arc, en 2001. Catherine Bolle poursuit actuellement ses travaux basés sur le rendu de l'ombre et de la lumière, des gravures, peintures et sculptures monumentales étant simultanément en cours de réalisation.

Fernando BOTERO

(Medellín, Colombie, 1932)

Dès la fin de ses études primaires et secondaires à Medellín, en 1948, Fernando Botero commence à dessiner. Quatre ans plus tard, il est à Madrid, où il s'inscrit à l'Académie de San Fernando, avant d'étudier la peinture à fresque à l'Académie de Saint-Marc, à Florence. A ses débuts, ses œuvres révèlent un artiste doté d'une indéniable aisance, résultat de sa formation de fresquiste qui, par l'écriture volontairement sommaire, le rattache aux muralistes latino-américains. Dès les années 60, ses modèles aux formes dilatées s'imposent aux Etats-Unis, puis auprès du public européen au cours de la décennie suivante. Adoptant un style naïf, il peint des natures mortes où fruits et légumes sont représentés en gros plan, bien qu'il s'attache surtout à représenter des personnages isolés ou des groupes dans lesquels on décèle, sous un humour à peine voilé, une tendresse et une complicité avec ceux dont il dresse le portrait. Tout en utilisant une palette aux couleurs riches et parfois acides, il personnalise son travail en gonflant volontairement les formes et les proportions de ses modèles qui frisent parfois la satire sociale, à l'exemple des objectifs des fresquistes mexicains, propos qui a depuis longtemps cédé la place à une intention purement humoristique. C'est la même démarche qui habite son travail de sculpteur lorsqu'il entreprend de réaliser des personnages ou des animaux dont le caractère typé par un gonflement hypertrophique les rend immédiatement identifiables. Les dimensions gigantesques qu'il donne à certains bronzes accentuent encore le comique de ses figures, qui délivrent aux quatre coins du monde un inoffensif maniérisme de l'obésité. Partagé entre New York, Medellín et Paris, il vit aussi à Pietrasanta, en Italie, où il contrôle la réalisation de ses sculptures.

Abdé BOUHADEF

(Beni Yenni, Algérie, 1945)

Né dans une famille d'armuriers, Abdérahmane Bouhadef est diplômé de sciences économiques et de statistiques. Arrivé en France en 1968, il découvre la sculpture sur métal avec Philippe Hiquily au début des années 70. C'est en 1975, après un séjour dans le Sahara algérien, que, fort de la technique acquise, il se met à sculpter des roses des sables en laiton. Fasciné par le processus même de la formation du désert, pour lequel il a éprouvé un véritable coup de foudre, il entame une recherche en interrogeant le lent travail des éléments sur le sable et la roche. Cette intense expérience ouvre la voie à de nouvelles créations où l'artiste, selon ses propos, *«essaie de* [se] *frayer un chemin pour* [s]*'exprimer avec le sable, le vent et peut-être un jour avec le feu»*. Dans des tons le plus souvent ocrés ou dorés, il donne naissance à des compositions riches d'une secrète force tellurique d'où toute trace d'outil est soigneusement effacée à la surface de la matière minérale. Il a également collaboré avec Gérard Singer pour la réalisation d'œuvres monumentales en résine installées dans des sites urbains.

Antoine BOURDELLE

(Montauban, Tarn-et-Garonne, 1861 –
Le Vésinet, Yvelines, 1929)

Formé au travail du bois dans l'atelier d'ébénisterie de son père, Antoine Bourdelle entre en 1876 à l'École des beaux-arts de Toulouse, où il obtient une bourse qui lui permet de rejoindre celle de Paris en 1884. Les leçons de Falguière, puis celles de Dalou, lui apportent de solides connaissances techniques sans pour autant lui permettre de se forger une personnalité. En 1893, la rencontre avec Rodin, dont il reste le praticien jusqu'en 1908, constitue une nouvelle étape décisive dans l'acquisition du savoir. S'il subit l'influence du maître, il ne garde pas moins une indépendance d'esprit qui donne des pièces maîtresses dominées par son admiration pour la Grèce. C'est en 1910 qu'il présente au Salon de la Société nationale des beaux-arts son *Héraklès archer,* dont de nombreuses variantes seront fondues par la suite. Tout en exerçant lui-même, par son enseignement, une influence considérable sur les jeunes, Bourdelle s'efforce d'intégrer la sculpture à l'architecture – telle la façade du théâtre des Champs-Élysées d'Auguste Perret (1912) –, tout comme il participe à renouveler la tradition antique en recevant des commandes monumentales, devenant ainsi la figure emblématique du passage entre classicisme et modernité.

Georges BRAQUE

(Argenteuil, Val-d'Oise, 1882 – Paris, 1963)

Après une formation technique de peintre décorateur qui s'avère déterminante, Georges Braque fréquente l'École des beaux-arts du Havre, en 1899, avant de venir s'installer à Paris l'année suivante pour continuer à se former en suivant les cours de l'École municipale des Batignolles et ceux de l'Académie Humbert. Dès 1906, il peint ses premiers tableaux fauves avant de réduire sa palette et de composer par plans, faisant de lui l'un des principaux représentants du cubisme. C'est de cette époque que date son amitié avec le sculpteur Henri Laurens et que se resserrent ses liens avec Pablo Picasso. Blessé pendant la guerre, il ne recommence à peindre qu'en 1917, et travaille alors avec Juan Gris. C'est en 1920 qu'il réalise sa première sculpture intitulée *Femme debout,* où les courbes des contours contrastent avec des signes géométriques. À partir des années 30, alors que sa renommée est internationale, il grave des figures dans le plâtre qu'il a préalablement enduit de noir, traçant en creux des lignes et des motifs empruntés à la mythologie, cette démarche se rapprochant de celle du dessin pour tendre parfois au bas-relief et, dans les années 50 et 60, à la céramique avec les plats et assiettes polychromes. Dès 1939, et pendant toute la guerre, il ramasse sur les plages normandes des pierres crayeuses dans lesquelles il taille des profils humains et des têtes de cheval en ronde-bosse qui, tout en étant influencés par la statuaire grecque archaïque après ses travaux d'illustration de la *Théogonie* d'Hésiode, n'en sont pas moins métamorphosés en œuvres modernes. À partir de 1944, ces sculptures de petites dimensions, aux surfaces animées par des aspérités et des nodosités, souvent aussi par des lignes en creux ou en relief, sont fondues en étain et en bronze.

Jean-François BRIANT

(Falaise, Calvados, 1957)

Jean-François Briant présente ses travaux depuis le début des années 80. Longtemps intéressé par le sujet de l'arbre, il a trouvé récemment dans la thématique animale un sujet de prédilection. Utilisant des feuilles d'acier galvanisé qu'il découpe et qu'il peint, il crée, avec la série *Les ailes du pollen*, des sculptures de grandes dimensions qui prennent la forme de lépidoptères, coléoptères et autres insectes qui peuplent les forêts, passant ainsi de l'observation du monde végétal à la découverte du monde animal. Ses œuvres les plus récentes rendent hommage à l'oiseau dans des sculptures verticales dont les tranches d'acier corten lui laissent l'opportunité de les évider pour concevoir un rapport à l'espace inhabituel, notamment quand le découpage s'oppose à un autre profil comme un négatif photographique, laissant se dégager un bec tranchant. Deux pièces de cette série ont d'ailleurs été présentées récemment au jardin du Luxembourg, à Paris, dans le cadre d'une exposition réunissant onze jeunes sculpteurs autour de Claude et François-Xavier Lalanne. Son travail peut aussi prendre une dimension monumentale comme lorsqu'en 1998, quatre ans après son séjour en Finlande comme enseignant-invité à l'Académie des beaux-arts, il installe *Oreille végétale*, sculpture de cinq mètres de haut, dans un parc de la ville d'Helsinki. Il poursuit aujourd'hui ses recherches, qui veulent renouer le dialogue avec la nature, les saisons et la lumière.

Emily BROCK

(Des Moines, États-Unis, 1945)

En 1967, Emily Brock est diplômée de l'Oregon State University, formation qu'elle complète beaucoup plus tard, en 1988, par des cours dans une école spécialisée dans l'étude du verre et du textile. Depuis cette date, elle participe à des expositions personnelles et collectives, notamment dans des galeries aux États-Unis, où elle présente un univers de petites scènes, proches de la maison de poupées tant les détails y abondent. Chacune de ses créations rivalise de minutie et d'adresse, à l'exemple des maquettes ou des modèles réduits de décors de théâtre auxquels ses œuvres peuvent être assimilées. Elle représente des jardins, des scènes de rue, des intérieurs, des bureaux, des magasins…, tout un monde habité par des personnages occupant des espaces où ils évoluent entourés des accessoires nécessaires à leur activité. Vivant à Albuquerque, au Nouveau-Mexique, elle continue aujourd'hui ce travail original dans la production des artistes verriers contemporains.

James BROWN

(Los Angeles, États-Unis, 1951)

Au début des années 70, après des études chez les jésuites, James Brown vient à Paris pour suivre les cours de l'École des beaux-arts, où il s'initie à la lithographie. Déjà intéressé par les symboles religieux, il fréquente assidûment le musée des Arts africains et océaniens, passionné par l'ethnologie. Dès ses premiers travaux, jouant des effets de matière, il mêle des signes abstraits tirés de la chrétienté ou des sociétés primitives à des visages qui s'apparentent à des masques. À partir du milieu des années 80, il emploie dans la composition de ses œuvres divers matériaux – tissus, draps, plaques de cuivre oxydées – qui participent à la fibre mystérieuse de sa création tout en intensifiant l'intériorité de sa démarche. C'est à ce moment-là qu'il utilise la terre, se familiarisant avec cette technique dans l'atelier de Hans Spinner, à Grasse, lors de l'un de ses séjours en France. Il conçoit alors des plaques qui reprennent la symbolique de ses toiles, ou il imagine des vases à l'aspect monolithique dont l'apparente rusticité n'est pas sans rappeler son goût pour le primitivisme. Parallèlement à son œuvre peint des années 90, il continue de façonner la terre mêlée à la cendre, se plaisant toujours à modeler de ses mains des pots, des vases, des urnes ou des têtes chargés des souvenirs tirés de ses voyages et de la fréquentation des musées. Certains de ses modelages ont par ailleurs donné lieu à des tirages en bronze.

Mark BRUSSE

(Alkmaar, Pays-Bas, 1937)

Mark Brusse expose ses sculptures alors qu'il est encore élève à l'Académie des beaux-arts d'Arnhem, à la fin des années 50. En 1961, une bourse lui permet de séjourner à Paris, où il rencontre Pierre Restany et plusieurs membres du groupe des Nouveaux Réalistes, dont Daniel Spoerri et Raymond Hains. De ces fréquentations et de cette période naît son goût pour les objets trouvés au hasard du quotidien, objets avec lesquels il confectionne des sculptures à l'allure d'instruments de torture à partir de pièces de bois récupérées, de câbles et de gros cordages. Peu à peu, bien qu'utilisant toujours des morceaux de bois rudimentaires pour construire d'étranges machines, il fait évoluer sa technique en apportant beaucoup de soin à la finition des éléments qu'il assemble après les avoir poncés et laqués avec des couleurs vives. Attachés à des supports par des chaînes, ces «psycho-objets» donnent la possibilité au public de déplacer les éléments pour intervenir dans leur présentation. Au début des années 70, il abandonne les constructions ludiques pour une sculpture dont la rigueur des volumes rappelle l'art minimal. Dans les années 80, il expérimente l'argile, puis le bronze, avec plusieurs séries d'œuvres animalières influencées par l'Extrême-Orient.

Alberto BURRI

(Città di Castello, Italie, 1915 – Nice, Alpes-Maritimes, 1995)

Diplômé en médecine, Alberto Burri est médecin militaire en Tunisie pendant la Seconde Guerre mondiale. En 1943, fait prisonnier par l'armée américaine, il commence à peindre des paysages avant de se vouer exclusivement à la peinture abstraite à son retour à Rome, en 1946. Dès le début des années 50, il participe à la création du groupe Origine, qui entend empêcher les dérives décoratives de l'abstraction. Dès cette période, il s'intéresse de près à l'utilisation de matériaux bruts, comme les toiles à sac en jute qu'il associe à d'autres textiles qu'il encolle, déchire et cloue, réalisant ses premiers *Sacchi* qui font alors scandale. A partir de 1956, continuant à explorer les modifications de consistance de la matière avec les *Combustioni*, il attaque par le feu les couches de plastique qui recouvrent ses toiles ou les plaques d'aluminium qu'il utilise comme support, avant d'entreprendre deux ans plus tard les *Ferri*, reliefs en plaques de tôle soudées montés sur châssis qui sont des répliques de ses compositions d'étoffe découpées et cousues. Son travail alors reconnu, il entame sa série des *Cretti*, qu'il développe pendant les années 70, en utilisant de l'argile ou des résines qui produisent des crevasses en séchant. Il réalise aussi de grandes sculptures métalliques comme *Teatro scultura* (1975-1984) puis, dans les années 80, il crée la série des *Cellotex* à partir de grands panneaux de bois compressé à base de sciure et de colle à la vocation ornementale évidente. Il crée aussi une sculpture déambulatoire de vingt-quatre hectares en repeignant à la chaux blanche les ruines de la cité sicilienne de Gibellina, détruite par un tremblement de terre. Jusqu'à la fin de sa vie, il se plaît à expérimenter les matières, travaillant aussi la terre cuite, faisant encore usage d'objets de rebut, sa démarche et sa pratique ayant depuis longtemps initié d'autres vocations, notamment celles de plusieurs artistes italiens réunis dans les années 70 dans le groupe de l'Arte Povera.

Pol BURY

(Haine-Saint-Pierre, Belgique, 1922)

Élève à l'Académie des beaux-arts de Mons à partir de 1938, Pol Bury rejoint la mouvance surréaliste, sa peinture étant, à ses débuts, influencée par celle de Magritte. Il se laisse ensuite gagner par l'abstraction et collabore avec le groupe Cobra de 1949 à 1952. Découvrant l'œuvre de Calder, il décide d'abandonner la peinture au profit de la sculpture dès 1953 : dans ses premiers *Plans mobiles*, découpes géométriques fixées sur un axe, il utilise des mécanismes qui demandent encore une intervention humaine, alors que les *Multiplans*, qui apparaissent en 1957, sont dotés d'un moteur électrique bien qu'ils imposent une certaine esthétique de la lenteur. Le mouvement étant devenu le centre de ses préoccupations, il se sert de différents matériaux et développe une œuvre aux agencements complexes et minutieux parfois apparentée, au cours des années 60, à l'Op Art. Installé près de Paris en 1961, il se plaît à travailler le bois dans des formes primaires – boules, cubes, cylindres – qui se déplacent sur des plans inclinés. À partir de 1967, il s'intéresse au métal, particulièrement à l'acier inoxydable et au cuivre poli dont la perfection lisse le séduit, l'utilisation de l'aimant en champs magnétiques venant s'ajouter aux jeux des reflets. À partir des années 70, il réalise des œuvres monumentales, notamment des fontaines hydrauliques, qui viennent s'intégrer à l'architecture urbaine.

Augustin CARDENAS

(Matanzas, Cuba, 1927 – La Havane, 2001)

Augustin Cardenas s'inscrit à l'Académie des beaux-arts San Alejandro de La Havane en 1943. La dextérité de sa main s'affirme peu à peu pendant les années où il suit les cours de Sicre, ancien disciple d'Antoine Bourdelle. En 1949, ayant décidé de quitter l'école avant l'obtention de son diplôme, il pratique une sculpture dont la réalité, encore seule source d'inspiration, ne peut le satisfaire, éprouvant la nécessité de la dépasser. Sa conception de la sculpture, alors en décalage par rapport à l'enseignement officiel, l'amène à se rapprocher d'artistes cubains d'avant-garde. Dans les années 50, les formes massives de ses pièces deviennent plus libres et plus aériennes dans la mesure où il privilégie la verticalité lorsqu'il taille le bois ou qu'il travaille le plâtre, cette démarche aboutissant à une statuaire à la structure totémique qui devient alors la caractéristique de sa production. Prix national de sculpture de Cuba en 1954, une bourse lui permet, à la fin de l'année 1955, de s'installer à Paris, où il vivra de longues années avant de rentrer dans son pays. Par l'orientation qu'il donne à ses recherches, il se trouve rapidement intégré au mouvement surréaliste après que Breton lui eut ouvert les portes d'une galerie. Le début des années 60 marque un tournant décisif dans l'œuvre lorsqu'il décide de travailler à Pietrasanta, en Italie, la pierre et le marbre pour y tailler les modèles qu'il destine à la fonte. Dès lors, les formes arrondies, les galbes épanouis et la souplesse des courbes de ses totems, femmes, couples, portes ou autres stèles associent harmonieusement l'écriture et le biomorphisme surréaliste à des signes rituels porteurs du métissage des cultures dans le peuple cubain.

Anthony CARO

(New Malden, Royaume-Uni, 1924)

Après des études d'ingénieur à Cambridge, Anthony Caro étudie la sculpture et le dessin à la Royal Academy of Art de Londres entre 1947 et 1953 tout en devenant, dès 1951, l'assistant de

Henry Moore. Dans ses premières sculptures figuratives, il cherche à rendre un maximum d'expression par sa façon même de travailler la matière. La libre interprétation qu'il donne de la figure humaine, qui l'intéresse alors, apparaît comme le résultat de quelque accident biologique. À la fin des années 50, un voyage aux États-Unis oriente son style dans une tout autre direction, les rencontres avec le critique Clement Greenberg et le sculpteur David Smith ayant été pour lui décisives. Il commence alors à concevoir des structures abstraites, série d'œuvres «constructivistes» faites de poutrelles et de feuilles d'acier soudées et boulonnées entre elles, dont l'expression formelle se trouve intensifiée par la couche de peinture dont il recouvre chaque pièce. Il est de cette génération de sculpteurs qui renoncent à travailler le bronze au profit de l'acier, son poste d'enseignant à la Saint Martin's School of Art à Londres, à partir de 1953, contribuant à influencer les jeunes et à renouveler la sculpture britannique. Dans les années 70, cherchant toujours à atteindre l'équilibre des masses dans l'espace, il abandonne les constructions structurées et monochromes au profit d'une sculpture plus fluide dont les effets du métal brut, obtenus cette fois par une oxydation à chaud, ne sont pas pour rien dans le lyrisme qui s'empare alors de son travail. Collaborant dorénavant avec des industriels, disposant d'ateliers plus grands et aidé de plusieurs assistants, il entreprend des séries de sculptures en acier laminé aux dimensions gigantesques qui ne cessent de défier les lois de la gravité, de l'horizontalité et de la verticalité. En même temps, il lui arrive de travailler d'autres matériaux et de donner naissance à des œuvres de dimensions plus modestes en bois, en céramique, en pierre ou encore en papier, tout en continuant l'abondante série des *Table Pieces* en métal brut, chromé, poli ou peint également de petite échelle.

Tom CARR

(Tarragone, Espagne, 1956)

Le travail de l'artiste américano-catalan Tom Carr, entamé au début des années 80, est tourné vers l'architecture. Ses dessins et ses sculptures témoignent en effet d'un intérêt à rendre la spatialité architectonique. Les motifs de l'escalier, de la tour, de la pyramide, et plus généralement les évocations monumentales, massives et compactes, laissent supposer le regard porté, pour ce qui concerne le XXe siècle, sur les visions suprématistes ou futuristes. Il se réfère lui-même à l'attirance personnelle qu'il éprouve pour la tour de Babel, dont le mythe est inspiré par la ziggourat babylonienne, autre motif artistique qui le passionne. Il élabore ainsi, spirales et diagonales réunies, un univers figuratif dans lequel s'entremêlent le primitif et le futuriste pour atteindre un certain aspect mythique dans chacune de ses constructions tridimensionnelles. Ces dernières années, il a reçu plusieurs commandes d'œuvres monumentales tant en Espagne, où il vit, qu'en France. Travaillant le bois, taillé mécaniquement et parfois polychromé, il lui arrive aussi de manipuler la terre, qu'il colore. Il a récemment réalisé des constructions mettant en scène des sculptures en bois brut ou peint et des jeux de lumière mêlés à des projections d'images.

Warren CARTHER

(Winnipeg, Canada, 1951)

En 1972, diplômé de l'University of Manitoba, au Canada, Warren Carther complète sa formation par des études spécialisées dans le domaine du verre : tout d'abord la Mill School of Arts and Crafts de New York, puis la section Verre du California College of Arts and Crafts d'Oakland, sur la baie de San Francisco. Encore étudiant, imaginant créer d'énormes murs de verre sculpté, il engage une réflexion poussée pour amener le verre dans une nouvelle voie. Rapidement, il choisit de travailler avec du verre très épais, de manière à pouvoir le graver très profondément avant de le laminer pour pouvoir le présenter en panneaux auxquels il donne des dimensions de plus en plus imposantes. Il présente ses sculptures au public depuis 1977, principalement au Canada, dans des lieux institutionnels et des galeries. Depuis le début des années 90, il réalise des pièces de très grande taille qui prennent place dans des architectures, comme c'est le cas des commandes reçues pour l'ambassade du Canada à Tokyo, l'aéroport d'Anchorage en Alaska, ou encore l'aéroport Charles-de-Gaulle à Paris. Son travail est présent dans les collections du musée de Design et d'Arts appliqués contemporains de Lausanne. Il vit et travaille au Canada.

Axel CASSEL

(Kassel, Allemagne, 1955)

Arrivé en France avec sa famille en 1970, Axel Cassel commence des études de droit et d'économie à la Sorbonne, avant de s'inscrire en 1977 à l'Ecole des beaux-arts à Paris, où il s'initie à la technique de la gravure. Dès 1980, très tôt réceptif au rapport entre la mort et la terre, il associe ses premiers travaux de sculpture à des interventions apparentées à l'art corporel – produisant des actions au cours desquelles il se recouvre de boue – ou au traitement artistique du paysage – investissant un lieu et le marquant de son empreinte en élevant par exemple une grande stèle. En 1984 et 1986, des séjours en Papouasie-Nouvelle-Guinée l'amènent à réaliser des sculptures de voyage au canif. Dès lors, à l'image des corps enfermés dans les tombes et autres sarcophages, ses figures hiératiques en bronze, parfois associées à des objets usuels africains ou indonésiens, sont chargées de tout le mystère des actes rituels où les visages graves et les regards sombres n'excluent pas une certaine sérénité et une évidente beauté et dans lesquels s'expriment toujours les mêmes notions cérémonielles autour de la mort. À partir de 1987, il travaille le bois, qu'il pratique la taille directe ou l'assemblage. Au cours des années 90, poursuivant ses voyages, il entame des recherches sur la polychromie en sculpture, entreprend la série des *Conversations*, diversifie l'emploi des matériaux en utilisant la cire, le verre, le bambou... Depuis quelques années, il tourne des figures en forme de coupes, de sabliers, de colonnes ou de cloches en façonnant et en cuisant la terre.

Luciano CASTELLI

(Lucerne, Suisse, 1951)

Après des études à l'Ecole des arts appliqués de Lucerne, Luciano Castelli apprend le métier de peintre en lettres. Dès le début des années 70, associé au mouvement de l'Art corporel, il présente des exécutions qui sont le point de départ de sa pratique artistique mêlant photographie, peinture et musique tout en devenant le prétexte à des séries d'œuvres sur le thème du portrait, de l'autoportrait ou du nu. Installé à Berlin en 1978, il apparaît comme l'une des personnalités marquantes du groupe des Nouveaux Fauves qui occupe, dès le début des années 80, la scène internationale. Faisant de sa vie une œuvre d'art, peignant son corps, se représentant dans diverses situations, se travestissant en femme ou en animal, il utilise la peinture et plus récemment la sculpture comme des médiums où il met en scène ses fantasmes sexuels et érotiques, s'exprimant toujours de façon spontanée, puissante et parfois insolente. Il a réalisé ces dernières années des sculptures en bronze, figures dans l'esprit de la commedia dell'arte, en hommage au peintre suisse Ferdinand Hodler.

Lucilla CATANIA

(Rome, 1955)

Après avoir accompli des études artistiques dans le domaine de la sculpture, Lucilla Catania séjourne en France au tout début des années 80. Revenue à Rome en 1982, elle produit une série de sculptures en terre cuite qui préfigurent son œuvre future, construite en toute indépendance. Dégagée dès ses débuts des tendances conceptuelles ou informelles, sa recherche s'oriente vers une certaine poésie, amplifiée par les connotations classiques qu'elle utilise dans une démarche pourtant totalement inscrite dans le temps présent. Tout en ayant recours à un alphabet de formes architectoniques, sa conscience des nouveaux codes de l'art contemporain la conduit à imaginer des sculptures-installations constituées d'une multitude d'éléments amoncelés ou empilés, à l'image des vestiges d'une civilisation disparue. A partir de 1985, après avoir largement expérimenté la terre cuite engobée, elle abandonne un temps cette technique pour commencer ses premières œuvres en pierre, en travertin ou en marbre. En associant des roches et des minéraux de différentes origines, elle introduit la couleur et la diversité des rendus dans des créations qui tendent à une certaine délicatesse. Plus tard, elle se voit confier des commandes pour des lieux publics, alors qu'elle continue à concevoir des pièces de plus petites dimensions, particulièrement lorsqu'elle utilise la terre dans un geste créatif témoignant toujours de l'autonomie de sa pensée.

Bruno CECCOBELLI

(Montecastello di Vibio, Italie, 1952)

Après des cours à l'Académie des beaux-arts de Rome, Bruno Ceccobelli se forme dans l'ambiance artistique des années 70. Il se fait rapidement un nom comme fondateur du Gruppo di via degli Ausoni, qui réunit des artistes ayant choisi d'installer leurs ateliers dans une ancienne boulangerie pour casser l'image de l'homme isolé, introverti et en marge de la société. Dès ses débuts, son œuvre se situe à mi-chemin entre sculpture et peinture lorsqu'il utilise des planches de bois et des objets de rebut pour concevoir des boîtes-retables qu'il peint de couleurs sombres, évoquant de la sorte des architectures, des autels ou des portes d'habitation. Le plomb, le bois brûlé, patiné ou simplement noirci, l'oxydation attaquant le métal participent d'une *«poétique de la destruction»* qui donne sa cohérence au travail. Prenant ses sources dans l'art conceptuel ou dans l'art minimal, exploitant indifféremment figuration et abstraction, il attache une importance primordiale au contenu des œuvres, qui doit dépasser la forme, les éléments iconographiques de provenances diverses créant un jeu ambivalent caractéristique de son écriture. Il poursuit d'ailleurs dans la même voie lorsque son imagination créatrice l'amène à la sculpture, avec des bronzes inspirés des signes du zodiaque. Son goût pour les effets de surfaces le conduit à graver dans le marbre et à travailler la terre, une manière de s'exposer aux difficultés en expérimentant des matériaux tout à fait différents dans leur approche technique et leur traitement.

Vincent CELOTTI

(Vevey, Suisse, 1961)

Authentique autodidacte, Vincent Celotti commence très tôt à s'adonner à la sculpture, travaillant le bois et dessinant ses modèles. Après un apprentissage dans l'entreprise d'ébénisterie de son père, il pratique la restauration de meubles anciens tout en créant ses premières sculptures en bronze. Dès ses débuts, il opte pour la sculpture animalière de style figuratif. Il se tourne vers la cire perdue, seule technique susceptible de restituer avec précision la fraîcheur et la finesse de ses modelages en terre. Particulièrement exigeant sur la qualité et le rendu final de ses pièces, il réalise lui-même ses moulages, tire ses cires, suit de très près le passage en fonderie et, toujours dans le même esprit perfectionniste, exécute seul l'étape de la ciselure pour ne pas trahir son modelage.

CÉSAR

César Baldaccini, dit

(Marseille, Bouches-du-Rhône, 1921 – Paris, 1998)

César entre à 14 ans à l'École des beaux-arts de sa ville natale, où il s'initie à la taille du bois dans l'atelier de Cornu, ancien élève de Rodin. L'obtention d'une bourse lui permet de s'installer à Paris et de suivre en 1943 les cours des Beaux-Arts dans l'atelier Gaumont, avant de se perfectionner dans le travail de la pierre chez Saupique. Dans l'immédiat après-guerre, il se fait connaître avec ses premières sculptures en fer, qui le conduisent à travailler le plomb en feuilles repoussées qu'il apprend à façonner, mais aussi le fil de fer et l'acier inoxydable, qu'il se plaît à tordre et à souder. Dès 1960, avec les premières *Compressions* d'automobiles, il participe au renouveau de la sculpture en guidant (ou pas) la presse industrielle qui comprime le matériau, cette attitude lui permettant d'être reconnu, dans la décennie qui suit, comme l'un des artistes les plus significatifs du Nouveau Réalisme, récemment fondé par Pierre Restany. En 1967, il surprend une nouvelle fois en réalisant en public des *Expansions* qui, au contraire, laissent s'écouler de manière aléatoire des formes libres en mousse de polyuréthane. Il réalise aussi des agrandissements d'empreintes corporelles (le *Pouce*, le *Sein*), et des bronzes qui deviendront parfois monumentaux (le *Centaure*, la *Plaque Eiffel*...) dans les années 80 et 90. Les vingt dernières années de sa vie, il reprend souvent la technique de la compression – en utilisant les matériaux les plus divers (fer, carton, plexiglas, carrosserie...) –, devenue la signature de l'œuvre, comme en témoigne encore l'ultime *Suite milanaise*.

Auguste CHABAUD

(Nîmes, Gard, 1882 – Graveson, Bouches-du-Rhône, 1955)

Après des études à l'École des beaux-Arts d'Avignon, où sa famille s'est fixée depuis 1890, Auguste Chabaud s'installe à Paris en 1899 et fréquente les académies. Vers 1901, confronté à des problèmes financiers après le décès de son père, il s'engage dans la marine marchande, ses traversées l'amenant à découvrir le Sénégal et le Dahomey, de la même manière que son service militaire le conduit en Tunisie, où il réalise de nombreux croquis directement inspirés de la vie quotidienne, pratique qu'il conservera tout au long de sa carrière. De retour à Paris, il travaille à l'écart du mouvement fauve, s'employant à rendre compte de l'effervescence qui règne dans la capitale lorsqu'il peint les grands boulevards, les cafés-concerts ou les cabarets. Sa touche s'apparente alors plutôt à l'expressionnisme, posant sur la toile des couleurs violentes et contrastées et cernant ses figures. Revenu dans le Midi de la France vers 1914, puis définitivement installé à Graveson vers 1920, il peint des paysages, des scènes de marché provençal, des intérieurs..., en utilisant une palette plus douce ménageant des accords de tons nuancés n'excluant pas des associations intenses. Parallèlement à sa pratique de la peinture, il écrit une importante œuvre littéraire, tout comme il aborde la sculpture, figeant dans le bronze ses sujets de prédilection, toujours puisés dans son environnement premier.

Gaston CHAISSAC

(Avallon, Yonne, 1910 – La Roche-sur-Yon, Vendée, 1964)

Né dans une famille très modeste, Gaston Chaissac suit plusieurs apprentissages – bourrelier, cordonnier... – avant que sa vocation d'artiste, formée dès son plus jeune âge par une forte disposition pour le dessin, ne soit confirmée par des rencontres aussi déterminantes que celles avec Otto Freundlich ou Albert Gleizes, qui reconnaissent aussitôt son talent de peintre. Sa longue amitié avec Jean Dubuffet fit qu'on le rattacha longtemps à l'art brut, alors qu'il se considérait avec humour comme un «*peintre rustique moderne*» passionné par l'art de son temps bien que restant à l'écart de la scène artistique parisienne, vivant dans un milieu rural où il puisait son énergie créatrice, tout en exposant régulièrement dans la capitale. Écrivain inventif publié chez Gallimard, épistolier remarquable, Chaissac construit une œuvre avec des lambeaux de papier peint, des débris de vaisselle, des épluchures, des pierres, des tôles ou encore des vanneries. Dès 1948, il réalise des sculptures naturelles utilisant des charbons de bois, des souches d'arbres, des ficelles, des pierres, parfois même des bidons ou des ustensiles ménagers détériorés comme des cuvettes ou des bassines qu'il peint en toute liberté. À la fin des années 50, il entreprend les premiers *Totems*, longues figures en bois peint dont les aplats colorés cernés de noir lui permettent, au-delà de son intérêt pour les formes aléatoires et la science du coloriste, une investigation du corps et du visage humains qui s'apparente toujours à des portraits, même dans ses dernières pièces non cernées de 1964, devenues parfois portraits-miroirs.

François CHAPELAIN-MIDY

(Neuilly-sur-Seine, Hauts-de-Seine, 1937)

Ce que l'on note immédiatement en observant le travail de François Chapelain-Midy, c'est l'intérêt porté aux insectes, dont il arrive à rendre, en les agrandissant considérablement jusqu'à leur donner un aspect monumental, tout le mystère du règne animal. Sans doute sa démarche procède-t-elle au fond d'une réflexion sur les hommes et le genre humain, convaincu que «*l'homme se pren[ant] pour un être supérieur, il faut le remettre à sa place*». Plus modeste et tolérant que caustique, il a, après une formation à l'École Boulle, bâti une œuvre qui a pris le temps d'émerger alors qu'il exerçait d'autres métiers, vivant – avant d'être reconnu pour lui-même – enrichi par l'œuvre de son père, Roger Chapelain-Midy, et irrémédiablement passionné par l'art et l'animal. Non sans humour, ses grands insectes réalistes en bronze, exemples d'équilibre des masses et des volumes, peuvent aussi être regardés comme l'expression d'une certaine dérision à l'égard de l'art non figuratif.

CHASSE-POT

Jean-Jules Paul Rancillac, dit

(Paris, 1933)

Après des études classiques et artistiques, Paul Rancillac, frère du peintre Bernard Rancillac, est d'abord artisan, et gagne sa vie en exerçant différents métiers manuels de 1954 à 1968. Ce n'est qu'en 1967, après sa participation au Salon de la Jeune sculpture, qu'il décide, fort de son expérience et de son habileté technique, de se consacrer uniquement à la sculpture sous le pseudonyme de Chasse-Pot. Son matériau de prédilection, le papier mâché, est peu utilisé, et à l'opposé du concept traditionnel de la sculpture. Dans le même esprit, certaines pièces sont tirées en résine. Après avoir jeté ses idées en dessinant ou en modelant de la terre – il est diplômé en céramique –, il réalise des personnages dont les allures, les attitudes et les vêtements constituent une suite de portraits ironiques derrière lesquels se dissimule le regard sensible ou comminatoire de l'humoriste. Construites avec du carton d'emballage et du grillage, ses sculptures trouvent leur volume avec des bandes de papier encollé que l'artiste applique sur cette première structure avant de terminer le façonnage avec du papier de soie pour les détails. La peinture vinylique apporte la polychromie finale, les yeux en verre – empruntés aux poupées anciennes ou aux taxidermistes –, les cheveux et les habits de récupération apportant la touche de réalisme qui se départit pourtant difficilement d'une fantaisie évidente et d'une subversion toute dévastatrice.

Sandro CHERCHI

(Gênes, Italie, 1911 – Turin, Italie, 1998)

Après des études classiques, il fréquente l'Accademia Ligustica, à Gênes, où il obtient en 1935 une bourse d'études qui lui permet de s'installer à Milan. Il est l'un des premiers sculpteurs à rallier le mouvement Corrente, en réaction contre l'académisme qui a alors cours. Jusqu'aux années 40, traitant des thèmes classiques comme le nu ou le portrait, ses œuvres associent une sensibilité néo-impressionniste à la vigueur des expériences spatiales d'Umberto Boccioni. Dès l'immédiat après-guerre, établi à Turin où il travaille en solitaire, il connaît le succès avec des sculptures attestant de sa quête perpétuelle du renouvellement des formes tout en restant fidèle à la voie dans laquelle il s'est engagé. À partir de 1947, il entreprend une activité de céramiste, en liaison avec la fabrique de Tullio d'Albisola. Il abandonne un temps la tridimensionnalité et aborde de cette manière la peinture avant de revenir, vers 1968, aux sculptures-paysages dont il fait des tirages en bronze. Fidèle à une conception dynamique de la création qui doit être transmise aux jeunes générations, il accepte la chaire de sculpture à l'Académie Albertina de Turin, où il enseigne à partir de 1963. Il poursuit ensuite ses travaux et ses recherches, le début des années 90 le voyant encore réaliser une série d'œuvres en terre cuite émaillée.

Miguel CHEVALIER

(Mexico, 1959)

Diplômé de l'École des beaux-arts de Paris en 1980, puis de l'École des arts décoratifs en 1983, Miguel Chevalier entreprend à travers le monde de nombreux voyages qui viennent compléter sa formation artistique pluridisciplinaire. En 1984, l'obtention de la bourse Lavoisier lui permet de séjourner au Pratt Institute, à New York, et plus récemment, en 1994, il a été lauréat de la Villa Kujoyama, à Kyoto, au Japon. Dès 1982, il singularise sa démarche créatrice en travaillant à partir de plusieurs matériaux et médias, dont le plus important reste l'informatique. L'utilisation d'ordinateurs ne l'empêche pas de puiser ses sources dans l'histoire de l'art, dont il entend reformuler les données essentielles avec ses outils de prédilection que sont les nouvelles technologies. Ses thèmes se rapportent à son observation des flux et des réseaux qui organisent la société d'aujourd'hui. Tout en ayant recours à des images du quotidien, l'ordinateur l'amène à opérer sur elles un traitement qui assimile son geste à une réappropriation et à un recyclage des visuels qui l'entourent. Cette approche bénéficie des possibilités graphiques des logiciels, qu'il exploite largement pour faire tirer ensuite des cibachromes qui, présentés sous forme de caissons comme des écrans, interrogent perpétuellement notre relation au monde. Considéré comme l'un des pionniers de l'art numérique, il conduit aussi ses travaux vers une nouvelle appréhension de l'idée sculpturale lorsqu'il conçoit des projections qui lui permettent d'en proposer une variante contemporaine qui s'inscrit dans une démarche très personnelle le distinguant des sculpteurs qui fondent leur pratique sur la tradition.

Eduardo CHILLIDA

(San Sebastián, Espagne, 1924 – 2002)

Après des études d'architecte à Madrid de 1943 à 1946, Eduardo Chillida commence à sculpter en s'inspirant de la statuaire grecque étudiée au British Museum et au Louvre. Il utilise la terre et le plâtre avant d'entreprendre des pièces en pierre et en granit. A Paris, de 1948 à 1951, il est frappé par le travail de Constantin Brancusi et d'Ellsworth Kelly. Le début des années 50 le voit découvrir le fer et reprendre les traditions des maîtres ferronniers lorsqu'il se fixe à Hernani, dans le Pays basque espagnol. Utilisant un métal vieilli et usé, il travaille à des œuvres monumentales comme les portes de la basilique d'Aranzazu (1954), ce qui ne l'empêche pas de réaliser l'année suivante un monument en pierre dédié à Alexander Fleming, commande de la ville de San Sebastián, où il vit et installe sa forge dès 1957. Plusieurs prix l'imposent ensuite comme l'un des maîtres du travail du fer, sa manière ascétique se caractérisant par des formes élémentaires d'une grande rigueur. Au cours des années 60, après un voyage en Grèce, il veut restituer la lumière dans des sculptures d'albâtre translucides alors que, dès le début des années 70, il s'initie au travail du béton, matériau avec lequel il veut accomplir des œuvres suspendues entre ciel et terre, telle la sculpture-lieu de dix mètres de haut *Éloge de l'horizon* (1990), qui témoigne de son sens du monumental et de sa réflexion sur les rapports entre l'homme, la nature et l'espace. A partir de 1973, il conçoit ses premiers labyrinthes en terre cuite chamottée qui articulent plein et vide tout en privilégiant les imbrications infinies, les rythmes et les formes sans cesse renouvelés qui deviennent le signe distinctif de son travail et de son expression résolument abstraite.

Pierre Robert CHRISTOPHE

(Saint-Denis, Seine-Saint-Denis, 1880 – Bordeaux, 1971)

Pierre Christophe se forme dans l'atelier du sculpteur animalier Georges Gardet. Il participe au Salon des artistes français, et obtient plusieurs mentions avant d'en devenir sociétaire en 1900. Il y reçoit une deuxième médaille en 1913, et une première médaille en 1922. Poursuivant le travail de son maître sur une thématique animalière, il modèle aussi des bustes, notamment à l'occasion de commandes officielles. Au cours des années 30, il réalise une série de bronzes correspondant au goût exotique du moment. Il continue ensuite à sculpter des pièces marquées du classicisme de sa formation.

Camille CLAUDEL

(Fère-en-Tardenois, Aisne, 1864 –
Montfavet, Vaucluse, 1943)

Camille Claudel commence à modeler la terre dès 1876 et reçoit les encouragements d'un voisin sculpteur, Alfred Boucher, dont elle suit les cours à l'atelier Colarossi, à Paris, où sa famille s'est installée en 1882. Succédant à Boucher, Auguste Rodin est impressionné par le travail de la jeune femme ; il la fait entrer en 1884 dans son atelier, où elle devient son élève, son modèle puis sa compagne. Tout en collaborant à l'exécution des *Bourgeois de Calais*, groupe sculpté pour lequel Rodin lui confie le modelage des mains et des pieds des personnages, elle entreprend alors ses premières œuvres, comme la *Femme accroupie* (vers 1884-1885). Au début des années 1890, elle approfondit ses propres recherches, réalise des bustes, des portraits et des groupes de petits personnages, tout en se heurtant au fait que certains pensent que ses œuvres sont exécutées par le maître lui-même. Vivant une période d'incertitude quant à sa vie sentimentale, jusqu'à la rupture avec Rodin en 1898, cette situation l'amène à travailler de plus en plus en solitaire. Sculptant le plâtre et, lorsque ses moyens financiers le lui permettent, l'onyx, elle réalise différents groupes, dont une première version de *L'âge mûr* – image de son désespoir face à l'abandon de Rodin –, qui lui vaut une commande de l'État. Ne remportant que peu de succès, épuisée par le travail, sa santé fragilisée, elle détruit un certain nombre d'œuvres. En 1907, l'État lui commande le bronze de *Niobide blessée* et lui achète celui de *L'abandon*. Ses dernières créations datent d'avant 1913, année de son placement dans un établissement psychiatrique où elle meurt trente ans plus tard sans jamais plus avoir sculpté.

Antoní CLAVÉ

(Barcelone, Espagne, 1913)

Alors ouvrier dans le bâtiment, Antoní Clavé suit les cours du soir de l'École des beaux-arts de Barcelone. En 1936, lors de la guerre civile, alors qu'il commence à exécuter des travaux pour la publicité, il interrompt ses activités pour s'engager dans l'armée républicaine. Passé en France en 1939, il est arrêté puis interné dans plusieurs camps avant d'être libéré et de rejoindre Paris. D'abord influencé par Vuillard et Bonnard, il est fortement impressionné par Picasso, qu'il rencontre en 1944. Après des séries de tableaux sur le thème des combats de coqs et de la tauromachie, il entreprend, au cours des années 50, les suites consacrées aux *Rois, Reines* et *Guerriers,* avant de commencer à peindre sur des tapis, ajoutant à ses compositions du papier journal, des cordages ou encore des déchets et des ferrailles, amenant progressivement son travail vers la sculpture au tournant des années 60. Ce cheminement créatif le conduit à réaliser des objets en bois qu'il conçoit en marge de la peinture qu'il oriente alors, avec le thème des natures mortes, vers le très grand format. À partir de 1980, bien qu'il continue à peindre en utilisant désormais l'aérographe, produisant des effets de trompe-l'œil sur le papier froissé, il se consacre plus assidûment à la sculpture. Constitués avec des détritus a priori inutilisables et des matériaux de rebut, les assemblages rudimentairement façonnés par l'artiste avec une inépuisable vitalité se métamorphosent en masques, tableaux jouets ou sculptures objets qui sont ensuite fondus en bronze.

Alain CLÉMENT

(Neuilly-sur-Seine, Hauts-de-Seine, 1941)

Alors qu'il poursuit ses études secondaires, Alain Clément reçoit le choc des *Nymphéas* de Monet en visitant l'Orangerie des Tuileries. Au début des années 60, ses premiers essais de peinture l'amènent à Paris, où il fréquente l'Atelier 17, dirigé par S. W. Hayter. Il s'isole ensuite dans la maison de campagne familiale, à Château-Thierry, pour peindre. Pendant plusieurs années, son activité tourne autour de l'illustration, de l'édition et de l'impression de revues de poésie, alors qu'il a installé un atelier de taille-douce et de typographie près de Montpellier. Son travail s'appuie sur des réseaux de lignes parallèles qui construisent les gravures et les peintures. Après avoir participé à la fondation du groupe ABC Productions, il produit au début des années 70 des œuvres à portée politique en déconstruisant des images stéréotypées se référant aux événements ou aux objets (drapeau national, culte du monument aux morts...). Parallèlement à ses activités d'enseignement (qu'il cessera en 1990), et tout en continuant à être très actif dans le monde de l'édition en collaborant à des revues ou en fondant des titres, il poursuit ses recherches en peinture, interrogeant les maîtres du passé (Poussin, Delacroix, Monet), entreprenant des aquarelles et des grands formats où la couleur prend une importance primordiale, et constitue des entrelacs liquides et des enchevêtrements. Le grand lyrisme disparaît dans les années 90, lorsqu'il architecture l'espace de la toile avec des barres horizontales et verticales mises en volume par les valeurs dégageant un maximum d'intensité colorée. C'est en 1998 qu'il commence une série de sculptures en douves de chêne, puis des pièces murales polychromes réalisées en médium. Il fait encore fabriquer, à partir d'études en tôle d'acier, des sculptures en aluminium de deux à trois mètres de haut. Se nourrissant de cette expérience, il continue aujourd'hui à poursuivre son travail en confrontant parfois peintures de grands formats et sculptures monumentales, sans négliger pour autant les œuvres peintes à la gouache, comme en témoigne la série – rapportée au printemps 2002 de son séjour en Toscane – marquée par l'intérêt porté au rapport peinture et architecture du Quattrocento.

Pietro CONSAGRA

(Mazara del Vallo, Italie, 1920)

Installé à Rome depuis 1944, Pietro Consagra se rend à Paris en 1946, après avoir appris son métier de sculpteur à l'École des beaux-arts de Palerme. De retour en Italie, il fonde avec d'autres artistes le groupe Forma, qui publie un journal et initie des manifestations d'art non figuratif. À ce moment-là, il a déjà abandonné son travail à tendance expressionniste pour entreprendre, à partir de 1947, des œuvres construites composées de tiges et de plaques de fer. Engagé dans la voie de l'abstraction, qu'il défend en publiant en 1952 *Necessità della scultura*, il commence la longue série des *Colloques*, qui devient presque son thème unique, sans cesse développé et varié en utilisant le fer, le bois, le marbre, le laiton ou le bronze. Jouant de l'emboîtement des plans, il dresse des formes imaginaires, lointaine évocation de l'homme, qu'il réunit et assemble en rang lorsqu'il ne conçoit pas, dans les années 60, des bas-reliefs tels des murs resserrés qu'il entaille de ses mêmes signes et qui accentuent de fait le caractère bidimensionnel de ses pièces. Dès lors, les patines soigneusement élaborées de ses bronzes lui permettent, comme il le fait aussi avec les planches de bois qu'il marque désormais de brûlures, de faire place à l'émotion et au tragique à travers des compositions abstraites mesurées, solides et rationnelles.

CORNEILLE

Cornelis Guillaume Van Beverloo, dit
(Liège, Belgique, 1922)

Bien que Corneille fréquente les cours de dessin de l'Académie des beaux-arts d'Amsterdam, il se forme seul à la peinture, référant d'abord son travail à Picasso, Modigliani ou Matisse, découvrant ensuite à Paris, où il s'installe en 1950, les jeunes peintres, et particulièrement Édouard Pignon, s'intéressant plus tard à Klee et à Miró, qui marque durablement son travail. Dès l'immédiat après-guerre, avec Appel et Constant, il fonde un groupe qui s'oppose à l'abstraction géométrique, préludant à la création du mouvement Cobra en 1948. C'est d'ailleurs dès cette date qu'il réalise des figures en plâtre ou en argile et qu'il a l'occasion de se consacrer à la céramique dans la faïencerie Russel-Tiglia, à Tegelen, dans le Limbourg. Néanmoins, il faut attendre 1954, lorsqu'il rejoint Asger Jorn dans la petite ville côtière italienne d'Albisola, centre de poteries depuis des siècles, pour le voir exécuter des assiettes, plats et plaques sur lesquels il incise son monde peuplé, comme sa peinture, d'oiseaux, de poissons ou de personnages. Nourries de ses voyages en Afrique, en Amérique ou aux Antilles, ses œuvres ultérieures, riches en couleurs, rendent compte d'un univers poétique qui prend racine dans l'héritage culturel du passé, notamment dans les arts populaires dont il livre, dans des techniques différentes, une interprétation pleine d'humour et d'invention. À partir des années 70, l'image de la femme évoluant dans des paysages exotiques peuplés d'oiseaux et de fleurs occupe une place importante dans l'œuvre. Son esprit créatif l'amène également à entreprendre des sculptures en bois peint de couleurs très vives, aux formes parfois soulignées de cernes noirs, certaines pièces faisant l'objet d'éditions et de tirages. Ces dernières années, il continue aussi son travail céramique, s'en tenant souvent à la surface plane avec la série des plaques murales.

Charles CORREIA

(Setubal, Portugal, 1930 – 1988)

En 1950, élève de Marcel Gimond à l'Ecole des beaux-arts de Paris après avoir fréquenté l'Ecole des beaux-arts de Nantes, Charles Correia acquiert une solide formation qui trouve sa source dans la plus prestigieuse tradition de l'école française de sculpture, où Bourdelle, Rodin, Maillol ou Despiau figurent en bonne place. Fidèle à l'idéal d'équilibre et de mesure hérité de l'enseignement de son maître, il tire de ses années d'études une réelle constance dans sa méthode de travail, et une forte unité dans l'élaboration de son œuvre, qualités qui reposent chez lui sur l'observation attentive de la nature et du réel, décidé qu'il est dans les années de l'immédiat après-guerre à ne pas suivre l'engouement pour l'abstraction alors triomphante. Figuratif inconditionnel, toutes ses œuvres ont pour sujet l'être humain, mais aussi les animaux. Jusqu'en 1965, il travaille seul dans son atelier, ne participant à aucune manifestation publique. Témoignant d'une grande diversité et d'une activité incessante, ses réalisations ultérieures associent souvent son travail à de lointaines réminiscences, manifestations de sa passion, de ses connaissances et de son désir de porter plus loin les facultés créatrices de ses pairs – Coysevox et Coustou lorsqu'il reçoit une commande publique pour deux chevaux ornant une fontaine, Carpeaux quand il accomplit une pièce sur le thème de la danse –, ce qui ne l'empêche pas d'entreprendre des groupes sculptés en bronze attestant de l'indiscutable modernité de son geste et du renouvellement de la tradition.

Jacky COVILLE

(Sèvres, Hauts-de-Seine, 1936)

Ingénieur de formation, Jacky Coville est un artiste autodidacte actif depuis les années 60 comme peintre, sculpteur et céramiste. Sa maîtrise de la céramique l'a amené, après une intense activité de poterie, à concevoir des sculptures d'intérieur ou de plein air directement inspirées de l'univers féerique de Lewis Caroll. C'est ainsi qu'il sculpte l'argile pour donner naissance à un indescriptible monde ludique qui fait se côtoyer un *Loup mille-pattes* et un *Grand loup noir* mêlés à des *Tulipes* géantes ou des *Grenouilles heureuses* et autres *Serpents zigzag*. Lorsqu'il leur donne une dimension monumentale pour les installer à l'extérieur ou leur assigner une fonctionnalité – banc public, bureau, lit de repos, trône –, ses formes simples ne perdent rien de leur extraordinaire puissance colorée que viennent amplifier leurs formes et leurs dimensions. Il entreprend également une série de hauts totems peuplés de la même thématique animalière, les *Guetteurs*, qui perdent pour certains d'entre eux de leur rutilance en s'habillant de noir et blanc ou de rouge et bleu. En 1986, pour le lycée d'enseignement professionnel de Fourchambault (Nièvre), il reçoit une commande de cinq sculptures sérielles de un à six mètres de haut qu'il réalise en grès, porcelaine et béton coloré dans la masse. En 1998, il crée dans le quartier de la Bibliothèque nationale de France, à Paris, une œuvre monumentale de quatre mètres qui témoigne de son savoir-faire et de la maîtrise de la technique du grès émaillé. Il poursuit aujourd'hui son travail en tentant toujours d'accomplir une synthèse entre l'organique et le géométrique qui caractérisent ses réalisations.

Doru COVRIG

(Deta, Roumanie, 1942)

Après des études à la Faculté des beaux-arts de Bucarest, Doru Covrig poursuit sa formation à l'Institut des beaux-arts, dont il sort diplômé en 1972. Alors qu'il est actif depuis plusieurs années et qu'il participe à de nombreuses expositions en Roumanie et à l'étranger, l'obtention d'une bourse lui permet de s'installer en France en 1982. Son approche très personnelle de la sculpture l'amène à travailler, selon des techniques non traditionnelles, des matériaux très divers comme le bois, la pierre, le bronze et le plastique. Ses œuvres en bois peuvent par exemple être constituées de morceaux soigneusement assemblés et collés. Il peut également travailler des essences différentes, mêlant ainsi les formes et les couleurs. Orientées vers la simplicité abstraite et la rigueur géométrique, ses réalisations restent toujours équilibrées, même lorsqu'il tend vers un certain expressionnisme, autre direction que prend parfois son travail.

Arlette Parvine CURIE

(Nancy, Meurthe-et-Moselle, 1946)

Le travail d'Arlette Parvine Curie trouve son fondement dans l'étude du monde végétal. Peintre à ses débuts, ses premiers travaux puisent dans le fantastique, les personnages et les animaux représentés se métamorphosant en végétations. À la fin des années 50, sa rencontre avec le sculpteur espagnol Marcel Marti, qu'elle épouse en 1960, favorise sans aucun doute son intérêt pour la sculpture. En 1970, elle fait la connaissance de François Stahly, qui lui donne des conseils afin de mener à bien ses travaux. Elle réalise d'ailleurs avec lui une sculpture monumentale en bois. Ensuite, la veine surréaliste de ses créations favorise l'évocation du monde végétal, alors qu'elle s'intéresse aussi à l'art et aux vestiges précolombiens qui l'inspirent.

Tullio D'ALBISOLA

Tullio Mazzotti dit

(Albisola, Italie, 1899 – 1971)

Tullio Mazzotti se forme dès son plus jeune âge à la céramique avec son père Giuseppe, maître potier. En 1929, il fréquente le Cours international universitaire de céramique médiévale et moderne, où il suit l'enseignement de Gaetano Ballardini. Dès cette période, il s'affirme comme céramiste et sculpteur dans un mode d'expression proche du futurisme, quelques années avant qu'il ne rédige avec Marinetti le *Manifesto futurista della ceramica* (1938) sous le titre *Ceramica e aeroceramica*, et qu'il adopte, d'ailleurs à l'instigation de Marinetti, le pseudonyme de Tullio d'Albisola. Lorsqu'il introduit la céramique dans l'avant-garde, la production dans la petite ville côtière d'Albisola est encore artisanale. Son approche bouleverse la tradition tout en favorisant la céramique moderne, dans la mesure où il emprunte un chemin absolument nouveau qui ne rappelle en rien les pratiques antérieures. Il produit alors des pièces inventives d'une exécution particulièrement soignée, osant les formes polycentriques et les motifs mécanistes, privilégiant l'utilisation de couleurs vives et lumineuses. Dès 1934, parallèlement à ses autres activités de photographe et de poète, il ouvre la Casa Mazzotti, qu'il a commandée quelques années plus tôt à l'architecte bulgare Nicolaj Diulgheroff. Exemple rare aujourd'hui d'habitation futuriste, le lieu, à la fois laboratoire, magasin et appartement, devient alors le foyer d'expérimentation des techniques céramiques les plus avancées, fréquenté par de nombreux artistes venus du monde entier – de plus en plus nombreux à partir des années 50, lorsque Tullio organise les Rencontres internationales de la céramique d'Albisola avec Asger Jorn. Il poursuit ensuite ses recherches, mêlant céramiques, sculptures en bronze ou en aluminium, peintures, travaux d'écriture, multiples activités qui témoignent de sa personnalité éclectique.

Honoré DAUMIER

(Marseille, Bouches-du-Rhône, 1808 –
Valmondois, Val-d'Oise, 1879)

Issu d'une modeste famille marseillaise venue s'installer à Paris en 1816, alors qu'il est encore enfant, Honoré Daumier se passionne pour le dessin, fréquente le Louvre et devient l'élève du peintre Alexandre Lenoir, fondateur du musée des Monuments français. En 1823, il se lie avec le sculpteur Auguste Préault. Engagé chez un lithographe pour préparer les pierres, il travaille ensuite chez des éditeurs avant de débuter, en 1829, dans le journalisme, notamment en caricaturant des personnages politiques pour le journal *La silhouette* – activité qui lui vaudra d'ailleurs d'être emprisonné quelques mois. Cet épisode ne le détourne pas de ses choix et de son aptitude aux portraits comiques et aux dessins satiriques, comme l'attestent les *Masques* d'hommes politiques publiés dans *Caricature*. Vers 1832, observateur assidu des débats parlementaires, il se plaît, rentré chez lui, à modeler dans la terre glaise les bustes des politiciens, ministres et orateurs que fustige le même journal. Ses petites sculptures – coulées ensuite en bronze – restent chargées de l'humour grinçant et de l'ironie mordante qui caractérisent son travail, Daumier les utilisant même comme base de ses portraits lithographiés, devenus des modèles du genre satirique. Le rôle prééminent de la sculpture se répétera à plusieurs reprises dans l'œuvre, comme l'atteste par exemple le *Ratapoil* – personnage politique et policier de sa création – sculpté vers 1850 et suivi de plus de quarante lithographies.

Daniel DAVIAU

(Sarlat, Dordogne, 1962)

Après avoir suivi les cours de l'École de sculpture de Pau de 1977 à 1980, Daniel Daviau s'installe à Paris et devient, pendant dix ans, patineur dans une fonderie. Dès ses débuts, relativement récents – il expose pour la première fois en 1992 –, il apparaît comme l'un des dignes représentants de l'ancienne et illustre famille des sculpteurs animaliers. Il se plaît en effet à célébrer le retour des animaux qui, chez lui, trouvent leur inspiration aussi bien dans de lointaines contrées, dans les taïgas glacées – tel le bison – et les plaines aux horizons lointains – tel le kangourou – qu'au plus proche de nous, par exemple dans nos maisons. Sa curiosité l'amène régulièrement à ajouter de nouveaux venus à ce panthéon animalier, la pureté des lignes, l'élégance des courbes et le moiré des bronzes témoignant de sa pratique du matériau et du soin apporté à la qualité des patines.

John DAVIES

(Cheshire, Royaume-Uni, 1946)

Entre 1963 et 1967, John Davies fréquente successivement le Manchester College of Art, le Hull College of Art, puis la Slade School of Art de Londres. Proche du pop art, il aborde dès ses débuts son sujet de prédilection qu'est la figure humaine, qu'il dessine ou qu'il sculpte. Recourant à des techniques mixtes, il moule des corps et des visages grandeur nature qu'il dispose dans des attitudes insolites en schématisant certains détails. Ses plâtres, qui sont ensuite tirés en bronze, dévoilent des figures et des têtes en proie à une profonde désolation, symboles forts du mal-être du monde et de l'absurdité de la condition humaine issus de l'univers de Samuel Beckett. Mettant parfois ses sculptures en situation, enfermées dans une cage, il utilise aussi la terre glaise et la résine qu'il façonne et qu'il grave, les effets de matière délivrant alors un certain lyrisme.

Aurelio DE FELICE

(Torre Orsina, Italie, 1915 – 1996)

Dès l'école primaire, Aurelio De Felice montre un vif intérêt pour la poésie et le dessin. Dès les années 20, il modèle des poupées avec de la terre glaise avant de s'inscrire en 1928 dans une école industrielle à Terni, où il fréquente la section des ébénistes-sculpteurs, trouvant là les moyens de s'exprimer et d'acquérir des connaissances en histoire de l'art. Bien que son père l'oblige l'année suivante à travailler en usine afin de subvenir aux besoin de la famille, il s'enfuit après quelques mois à Rome, où il connaît une vie particulièrement difficile. En 1936, l'aide d'un amateur lui permet de s'inscrire à l'Académie des beaux-arts, d'où il est renvoyé parce qu'en opposition avec les méthodes d'enseignement. Il fait alors la connaissance de Pericle Fazzini, dont il suit les cours, réalisant sa première sculpture sur bois, *Silvia*, qui est à la base de sa pratique sculpturale future. Rapidement, il se rapproche des milieux culturels les plus avancés qui s'opposent à l'art officiel fasciste et, à partir de 1940, diplômé de l'Académie, nommé professeur, il entame une intense période de travail qui le voit recevoir plusieurs prix et participer à de nombreuses expositions. Après la guerre, pendant laquelle il a refusé de combattre, il entreprend des voyages dans différents pays d'Europe dont les musées lui révèlent l'art moderne. En 1948, il séjourne à Paris, où il crée deux ans plus tard l'École d'art italien de mosaïque de Ravenne et de céramique de Faenza, avec Gino Severini. Au cours des années 50, il fait la connaissance de nombreux artistes comme Léger, Picasso, Cocteau, Foujita, Zadkine... Rentré en Italie en 1955, il poursuit son travail personnel en utilisant divers matériaux comme le bois, le marbre, la pierre, le métal repoussé, la terre et le bronze pour traiter la figure humaine avec un profond sens de la pénétration nourri de toutes ses connaissances dont il tire profit. L'esprit lyrique qui habite ses jeunes gens sveltes, ses portraits délicats, ses sujets d'inspiration mythologique laisse parfois la place à des pièces cubisantes et, plus tardivement, à des œuvres d'un esprit plus dramatique et d'une thématique plus austère.

Bernard DEJONGHE

(Chantilly, Oise, 1942)

Après des études classiques, Bernard Dejonghe suit les cours de Pierre Fouquet à l'École des métiers d'art, à Paris. À partir de 1969, il occupe à Fontenay-aux-Roses l'ancien atelier d'Émile Decœur, maître céramiste du début du siècle, où il travaille sur les hautes températures. En 1976, il quitte Paris pour Briançonnet, dans l'arrière-pays niçois. C'est dans son nouvel atelier qu'il crée des œuvres céramiques de grandes dimensions destinées à l'architecture. Il inscrit sa démarche dans une relation à l'espace lorsque, en 1986, il installe dans la montagne quarante-neuf stèles en grès émaillé bleu. C'est à cette époque qu'il élabore ses premières pièces en verre et qu'il oriente ses recherches vers la maîtrise des technologies liées au verre massif et à ses possibilités d'expression. Compte tenu de la complexité du matériau, il se trouve proche d'une démarche scientifique, attitude accrue par son regard expérimental sur le monde minéral et ses diverses variations. Il voyage beaucoup, éprouvant le besoin d'un contact physique direct avec la matière terrestre, attiré notamment par les déserts qui l'inspirent. Au début des années 90, il conçoit ses premières *Meules dormantes*, formes intemporelles en grès émaillé assimilables à des signes extrêmement simples comme des cercles, des colonnes ou des triangles. Dans cette quête d'un vocabulaire réduit aux éléments fondamentaux, à l'image des hommes du néolithique qui érigeaient des cercles de pierres, il a également recours au verre optique qu'il apprécie pour sa clarté et sa «non couleur» qui supprime les détails, se plaisant à façonner des volumes rigoureusement épurés attestant de son habileté à manipuler les minéraux qu'il fond, mélange et transforme avec des méthodes et des techniques non courantes chez les verriers.

Gilles de KERVERSEAU

(Aix-en-Provence, Bouches-du-Rhône, 1949)

Élève des Beaux-Arts, puis des Arts décoratifs de Paris, Gilles de Kerverseau reçoit le Prix de Rome en 1973. Son séjour à la Villa Médicis est déterminant : il y fait la rencontre de Balthus, qui lui donne confiance en lui, et approfondit ses connaissances en visitant les musées romains. En 1978, peu après son retour, il part à New York pour suivre un master de fonderie au Pratt Institute. Les cours de Licio Isolani lui permettent d'élargir ses compétences, puisqu'il devient fondeur, ajoutant ainsi à son potentiel créatif un savoir-faire artisanal. Il installe d'ailleurs sa première fonderie au début des années 80, ce qui lui permet de fondre ses propres bronzes et en même temps d'apporter son expérience à d'autres artistes venus éditer leurs pièces dans ses ateliers. Cette activité ne l'empêche pas d'entamer un travail personnel plutôt classique comme sculpteur animalier. Il se distingue toutefois par l'ironie qu'il instille dans ses œuvres lorsqu'il représente une *Vache folle* ou une *Grenouille philosophe*. Comme le montrent son *Pigeon voyageur* ou son monumental *Berger bélier*, il aime aussi donner à ses animaux une forme humaine, dans un élan figuratif où la facétie rivalise avec une certaine poésie. Partagé entre ses fours dans la région de Meaux et son atelier à côté d'Aix-en-Provence, il porte une grande attention à la conception de ses œuvres, assisté dans la réalisation des moules de ses grands modèles par des apprentis auxquels il inculque le goût du travail soigné. Il attache également beaucoup d'intérêt à la qualité des patines qui doivent toujours, selon lui, être «*translucides*». Au début des années 90, la cristallerie Daum a édité une série de ses animaux.

Marco DEL RE

(Rome, 1950)

Marco Del Re suit des études d'architecture avant de commencer, au début des années 80, un travail de dessin où il met en place un langage de signes personnels en vue de l'exploiter dans des toiles. Rapidement, il s'intéresse à d'autres modes d'expression, notamment à la gravure, qu'il pratique souvent pour illustrer des ouvrages, l'estampe constituant même un domaine à part dans son œuvre. Dans un esprit ludique, il rend malicieusement hommage à des personnalités comme Léger, Matisse ou Picasso dont il réinterprète les thèmes avec une réelle aisance. Recourant à ses débuts aux couleurs vives, sa peinture dévoile des têtes ou des paysages dominés peu à peu par un sentiment de désolation accentué par une palette plus éteinte, ce changement accompagnant la démarche spirituelle entamée par l'artiste. Installé à Paris depuis plus de dix ans, il poursuit aujourd'hui ses recherches à travers l'expérimentation de nouveaux matériaux, notamment en réalisant des sculptures en terre cuite peinte avec l'artiste turque Selma Gürbüz.

André DERAIN

(Chatou, Yvelines, 1880 – Chambourcy, Yvelines, 1954)

Après avoir entrepris des études d'ingénieur, André Derain fréquente l'atelier Carrière à partir de 1898. Lié à Matisse et à Vlaminck, il pratique tout d'abord une peinture fauve, dont il s'éloigne peu à peu pour s'intéresser aux arts primitifs et à Cézanne. À partir de 1906, il réalise ses premières statues-colonnes ou petits groupes sculptés en pierre, contribuant ainsi au retour de la taille directe. Pendant la guerre, plutôt pour se divertir, il sculpte des masques dans des douilles d'obus, mais il faut attendre 1939 pour le voir modeler à nouveau, exécutant un certain nombre d'œuvres en terre qui seront fondues entre 1959 et 1965, après sa mort. Toutes ces pièces – figures, masques ou plaquettes – sont marquées d'un incontestable archaïsme, toujours apparentées aux anciennes civilisations, qu'il s'agisse des têtes d'hommes et de femmes, directement rattachées à l'art roman ou aux divinités celtiques, des figurines qui tiennent de l'art égéen, des visages rappelant irrésistiblement ceux de Mycènes ou encore des bas-reliefs qui procèdent des sceaux mésopotamiens. Cette pratique de la sculpture – qui révèle, outre l'utilisation du plâtre et de la terre cuite, un travail du bois, de la pierre et du métal – atteste de la capacité de l'artiste à contredire, par son inventivité et sa liberté plastique, l'œuvre peint, beaucoup plus convenu, tout en témoignant d'une véritable passion pour l'art des musées.

Louis DERBRÉ

(Mayenne, 1925)

Artiste autodidacte, Louis Derbré commence à sculpter à la fin des années 40. Son intérêt pour les différents matériaux le conduit à travailler la glaise, le fer, le granit, le marbre ou encore le bois. Lorsqu'il emploie le bronze, il sait communiquer à ses formes féminines – il est essentiellement sculpteur du corps féminin – un dynamisme dont les postures et les mouvements acrobatiques renforcent le potentiel expressif.

Marcel DERNY

(1914 – Sèvres, Hauts-de-Seine, 2003)

Marcel Derny est aujourd'hui l'un des derniers grands acteurs de la sculpture animalière ancrée dans la tradition du siècle passé. Tirant parti de son intérêt pour les animaux et de sa capacité d'observation, son goût pour le modelage apparaît alors qu'il est encore enfant. Il participe d'ailleurs à sa première exposition collective en 1928. Sa formation passe ensuite par l'École des arts décoratifs, à Paris, qu'il fréquente de 1931 à 1934. C'est également dans les mêmes années qu'il entre à la Manufacture nationale de Sèvres, dont il devient l'un des principaux sculpteurs jusque dans les années 70, acquérant une excellente maîtrise de l'art céramique, participant avec Jean Mayodon aux décors du paquebot *Pasteur* puis du *France*, participant aussi à de très nombreuses manifestations internationales. Au fil des années, ses œuvres en grès ou en bronze alignent un bestiaire d'une très grande variété alors qu'il fait évoluer son style dans une direction très personnelle.

Niki de SAINT-PHALLE

(Neuilly-sur-Seine, Hauts-de-Seine, 1930 –
San Diego, États-Unis, 2002)

Élevée en France et aux États-Unis, d'où sa mère est originaire, Niki de Saint-Phalle pose comme mannequin pour les revues les plus chics avant de commencer à peindre, au début des années 50, des toiles caractérisées par les matières. Visitant Barcelone en 1955, elle découvre Gaudí, dont l'influence la marque durablement, avant de rencontrer l'année suivante Jean Tinguely – elle vivra avec lui quelques années plus tard, avant de l'épouser en 1971 –, avec lequel elle débute une longue et productive collaboration. Au début des années 60, après avoir réalisé des tableaux-assemblages sous l'influence de Robert Rauschenberg ou Jasper Johns, elle entreprend les tableaux-tirs, série d'actions au cours desquelles le public ou l'artiste tire à la carabine sur des reliefs en plâtre où sont dissimulés des sachets de peinture. Dès 1965, elle imagine les premières *Nanas*, énormes femmes qui préfigurent *Hon*, gigantesque *Nana* réalisée dès l'année suivante avec Tinguely pour le Moderna Museet de Stockholm, avant qu'ils ne collaborent en 1969 pour *Le Cyclop*, sculpture monumentale installée à Milly-la-Forêt, et dont les parois en miroirs brisés sont l'œuvre de Niki. Dès le début des années 80, poursuivant ses projets d'installation permanente de pièces monumentales comme à Jérusalem, Knokke-le-Zoute, Hanovre et San Diego, elle se consacre à la construction du *Jardin des tarots*, à Garavicchio en Toscane, où elle réunit un ensemble d'immenses sculptures, certaines habitables, construites en béton et recouvertes de mosaïques de miroirs, de verre et de céramiques colorées. Elle reçoit aussi des commandes, comme la *Fontaine Stravinsky* (1983), au pied du Centre Georges-Pompidou à Paris. Au début des années 90, elle compose, en hommage à Jean Tinguely, sa première sculpture cinétique annonçant les *Tableaux éclatés*. Installée en Californie à partir de 1994, elle travaille sur plusieurs projets, ses sculptures en polyester peint – dont beaucoup ont été éditées – continuant toujours à répandre son nom et son travail parmi le grand public.

Louis de VERDAL

(Sousceyrac, Lot, 1948)

Après de courtes études devant le mener à des activités en rapport avec l'exploitation des forêts, Louis de Verdal se consacre à la sculpture, qu'il pratique à son rythme et à sa façon depuis 1975 après avoir été forestier au Canada. Autodidacte, il aime à dire qu'il a fait *«l'École des beaux arbres»*. Tout à la fois bûcheron, chercheur, marginal, solitaire, poète, peintre et sculpteur, il se place d'emblée dans une posture que d'aucuns jugent provocatrice ou mégalomane, alors qu'il a derrière lui une somme de travail attestée par les masses de copeaux de bois, ferraille et autres matériaux qu'il utilise pour ses sculptures. Il se passionne pour les voitures en bois sculpté, entretenant avec cette thématique la tradition de la taille directe. Au début des années 90, il conçoit d'ailleurs une voiture grandeur nature pleine de fantaisie et d'accessoires, entièrement carrossée de merisier, de noyer et de platane. Il travaille ensuite à plusieurs séries d'œuvres, les *Emballages*, les *Gardiens*, les *Machines explicatives*, pour lesquelles il a recours au bois et à divers matériaux. Il aime aussi fabriquer des sculptures animées, comme *Le motocycliste* (1998), où l'électricité actionne un mécanisme, et imaginer des *Portraits métalliques* créés par l'assemblage de débris métalliques. Sa conception de la pratique artistique le conduit en effet à errer dans les quincailleries, dans les casses et décharges en tout genre, dans les tas de ferraille, les scieries, les forêts, toujours à l'affût de ce qui peut lui permettre de concevoir des œuvres originales dont le caractère spontané, inventif et véritablement éloigné de la tradition le lie aux Singuliers de l'art.

Roel D'HAESE

(Grammont, Belgique, 1921 – Bruges, Belgique, 1996)

Après avoir suivi les cours de dessin et de modelage de l'Académie des beaux-arts d'Alost, Roel D'Haese travaille successivement, au cours des années 30, chez un forgeron puis chez un fabricant de statues pieuses. De 1938 à 1942, il poursuit sa formation à l'École nationale supérieure d'architecture et des arts visuels de Bruxelles, sous la direction d'Oscar Jespers. Sous l'influence de ce dernier, il travaille la pierre en taille directe et crée des œuvres abstraites. Pourvu d'une formation très complète, il expérimente les propriétés du bois pour finalement revenir aux métaux, avec lesquels il a été formé. Dès lors, l'originalité de son style s'empare du fer, de la tôle, du cuivre et du bronze. Dès 1957, employant la technique de la cire perdue, il se met à ramasser des déchets et à manipuler des feuilles de cire qu'il froisse, étire, plie avant de les transmuer en bronze pour créer des personnages déchirés et convulsés qui renvoient, par leurs formes tumultueuses, une violence destructrice accompagnée d'un humour grinçant et sarcastique rappelant celui de son illustre ancêtre, Jérôme Bosch. À partir de 1959, toujours dans le but de dominer de bout en bout l'élaboration de ses œuvres, il teste la soudure à l'argon qui lui permet d'assembler des éléments de bronze. Les années suivantes, il revient à la taille et sculpte une série de petites figures en bois dont les formes complexes les rapprochent des précédents travaux, art fantastique où l'humour vient tempérer l'effroi. Avec de plus grandes figures, notamment des cavaliers, il passe à une certaine tradition figurative qui ne délaisse pas pour autant une virulence sous-jacente accentuée par les bouleversements anatomiques, les multiples soudures et les interruptions de surface. Il continue ensuite son travail, empreint d'un expressionnisme baroque, inscrivant définitivement son œuvre dans la lignée du fantastique flamand.

Erik DIETMAN

(Jönköping, Suède, 1937 – Paris, 2002)

Avant de quitter la Suède pour la France et s'établir à Paris en 1959, Erik Dietman a préféré se former en autodidacte après un stage professionnel en orfèvrerie. Renonçant à l'enseignement des écoles d'art, notamment à celui de l'Académie des beaux-arts de Malmö, il est alors de ceux, à la fin des années 50, qui préfèrent découvrir d'eux-mêmes en gardant une distance critique – non dénuée d'ironie – vis-à-vis de l'art moderne. Lié d'amitié aux artistes du mouvement Fluxus, ou avec les Nouveaux Réalistes, il n'intègre pourtant pas ces groupes et reste volontairement en marge. L'intérêt porté à l'œuvre de Marcel Duchamp favorise sa relation aux objets du quotidien, ses premiers assemblages visant à provoquer des prolongements psychologiques dans le fait de les avoir ainsi juxtaposés et réinterprétés. De 1961 à 1965, il réalise ses premières œuvres, intégralement recouvertes de sparadrap, qu'il intitule *Objets pensés* (ou *pansés*). Les années suivantes, alors qu'il ne cesse de voyager et de séjourner à l'étranger, il libère un langage qui atteste d'un caractère inventif du point de vue de l'originalité des créations, mais aussi des jeux de mots et des pseudonymes qui désignent les œuvres ou l'artiste. À la fin des années 70, les environnements éphémères qu'il entreprend en collaboration avec des enfants lui permettent de travailler le marbre et le bronze, ce qui ne l'empêche pas de peindre dans le contexte de ce que l'on nomme alors le *«retour à la peinture»*.

Artiste aux multiples activités, Dietman engage pourtant, au début des années 80, une relation privilégiée avec la sculpture dont l'utilisation de différents matériaux (bronze, glaise, pierre, bois, marbre…) révèle, au-delà d'une recherche poussée sur la question, sa capacité à produire des œuvres mêlant poésie, ironie et gravité. Cette volonté de soumettre la plastique aux lois de l'imaginaire l'amène à expérimenter le verre dans les années 90. Faisant un tour d'horizon de la technique en produisant un ensemble de pièces étonnantes d'inventivité, parfois d'esprit surréaliste par leur étrangeté et leurs titres, il ne cesse d'interroger le monde.

Jim DINE

(Cincinnati, États-Unis, 1935)

Fasciné par le monde des objets dès son enfance, passée dans les quincailleries familiales, Jim Dine fait des études à l'université de l'Ohio de 1953 à 1957. Il découvre alors les peintures de Jasper Johns et Robert Rauschenberg, ainsi que les environnements de Claes Oldenburg, qui l'intéressent vivement. Il complète sa formation en suivant des cours à la Boston Museum School avant de s'installer à New York, en 1958. Mêlé à la naissance du pop art, il participe à de nombreux happenings et en réalise lui-même plusieurs tout en gardant un réel attachement aux questions posées par la peinture. Dès le début des années 60, mesurant les limites de cette forme d'expression, il renoue d'ailleurs avec la peinture et présente sa mythologie du quotidien en fixant sur des toiles peintes des objets personnels et familiers (souliers, vestes, chaises, outils…) qui, tout en faisant référence au dadaïsme ou au surréalisme, introduisent humour et poésie dans sa démarche créatrice qui n'est pas sans lien avec son vécu. Dans les années suivantes, son travail devient de plus en plus autobiographique, la série des autoportraits ou des *Cœurs*, symbole naïf qu'il exploite encore, prenant une place prépondérante dans sa production qui mêle aquarelles, peintures et sculptures. Son travail de sculpteur l'amène à utiliser différents matériaux : carton, aluminium, bois et bronze. En observateur des primitifs, il sculpte des personnages en bois dans lesquels il plante des objets perçants ; en hommage ironique à l'histoire de la sculpture, il utilise des statues de maîtres anciens qu'il réinstalle ; en témoignage d'un retour à une figuration traditionnelle, il réalise des pièces qui prennent la forme de natures mortes, tels ses bronzes peints, témoignant aussi d'une pratique toujours jubilatoire de la peinture. En 1999, il a repris son motif le plus cher, le cœur, devenu depuis longtemps la signature de son travail, pour réaliser *Cœurs jumeaux de six pieds*, un grand bronze de plus de deux mètres de haut peint d'un rouge couleur sang.

Mark DI SUVERO

(Shanghai, Chine, 1933)

Né de parents italiens, Mark Di Suvero fait ses études à l'Université de Berkeley, en Californie, où il s'installe en 1941. Au cours des années 50, il réalise des bronzes et conçoit des pièces avec du bois de récupération. L'utilisation d'un nouveau matériau, le fer, intervient dans les années 60, après qu'un grave accident l'eut laissé presque totalement paralysé. Pendant près d'une décennie, retrouvant peu à peu une certaine autonomie, il s'initie à l'utilisation de machines de levage et de manutention pour ne travailler qu'avec des chutes de métal, avant d'utiliser peu à peu des éléments de charpentes, des poutrelles et des tôles qui donnent un caractère monumental à ses sculptures. Il réalise ainsi des constructions, véritables architectures de plusieurs tonnes entièrement démontables et transportables, dont l'assemblage des différents éléments apparaît comme un défi aux forces en équilibre n'excluant pourtant pas une certaine élégance dans les formes, les proportions et les mouvements qui fonctionnent sur le jeu des vides et des pleins dans l'espace. Cette capacité à réaliser ce qu'il nomme des «*structures architectoniques*» ne l'empêche pas de créer aussi des sculptures en métal de dimensions plus modestes dont le minutieux travail de découpe atteste, outre de l'habileté technique, de sa capacité à exécuter des pièces plus simples non dépourvues de fantaisie, à l'image de ses dessins à l'encre de Chine qui en prolongent les élans.

Eugène DODEIGNE

(Rouvreux, Belgique, 1923)

Après un apprentissage primordial dans l'atelier de son père, tailleur de pierre, il suit les cours de dessin et de modelage de l'École des beaux-arts de Tourcoing. Installé à Paris de 1943 à 1946, il fréquente les musées et s'intéresse avec ferveur à l'actualité de l'art contemporain. Au terme d'une année passée à Vézelay, en 1948, il retourne dans le Nord, qu'il ne quittera plus, bâtissant lui-même à Bondues ses maisons et ateliers où il vit et travaille. Bénéficiant à ses débuts du soutien du collectionneur Jean Masurel, il travaille d'abord le bois, de 1947 à 1955, avant de s'attaquer à la pierre et plus tardivement, et plus rarement d'ailleurs, à la fonte de bronze. Produits de ses premières méditations sur le dénuement de l'homme, ses personnages fantomatiques taillés dans le bois sont inspirés par Gauguin et les statues-colonnes des cathédrales romanes, le jeune sculpteur privilégiant alors les irrégularités et les nodosités du matériau avec lequel il tente de s'échapper de la figuration classique. Dans la belle pierre bleutée des carrières de Soignies (Belgique), qu'il préfère à toute autre, il immobilise les figures, corps et silhouettes dont les volumes soigneusement polis de certaines sculptures font place, alors qu'il découvre les ressources de l'inachèvement, à des surfaces granitiques laissées dans un état brut, attaquées par l'outil et marquées de profondes stries blanches. En dehors de ses sculptures à l'échelle humaine, il développe de très grands groupes de plein air atteignant parfois trois ou quatre mètres de hauteur et dont la relative abstraction, accentuant le caractère mystérieux, semble les rapprocher des monuments mégalithiques.

Gérard DROUILLET

(Marseille, Bouches-du-Rhône, 1946)

De 1963 à 1968, Gérard Drouillet suit les cours de l'École des beaux-arts d'Aix-en-Provence, où il se forme dans les ateliers de gravure et de peinture, tout en s'initiant à la céramique dans l'atelier de Terris. Au début des années 70, il s'installe dans l'est de la France, puis en Suisse alémanique, où il découvre les œuvres des expressionnistes, ce qui l'amène à pratiquer une écriture sans concession. Il s'adonne alors à une peinture empreinte de dureté, avant de faire la rencontre du peintre Sidney Shapiro qui lui révèle les grandes figures de l'art américain de l'après-guerre. En 1980, il revient vivre en Provence et s'installe à Eygalières, près de ses amis Louis Pons et Mario Prassinos. Dès lors, ses tableaux délivrent une couleur plus franche, bien que la palette se restreigne à quelques tonalités mettant en valeur des formes symboliques et des figures tutélaires. Ses nombreux séjours en Corse ouvrent la voie à une nouvelle période où semble s'établir une relation première entre l'être, l'animal et le végétal. Il y puise en effet une nouvelle énergie au contact de ses proches, de la mer et de la lumière azuréenne. La pratique de la terre occupe toujours une place prépondérante dans son œuvre, qu'il façonne des pièces décoratives traditionnelles enrichies de reliefs et de formes inventives ou qu'il moule dans du plâtre des formes symboliques – feuille, étoile, chien – qui sont ensuite estampées. Sa maîtrise technique l'amène à réaliser des sculptures en terre chamottée qu'il orne de dessins à l'oxyde ou de couverte. À partir de 1996, il travaille dans l'atelier des Buffil, à Aix-en-Provence, et poursuit ses recherches, mêlant approches techniques et esthétiques, activités qui l'occupent encore chez Guy Bareff, où il cuit maintenant ses pièces. Ses préoccupations actuelles se portent sur la possibilité de réaliser des œuvres monumentales avec un four permettant d'entreprendre des muraux et des objets de grandes dimensions.

Jean DUBUFFET

(Le Havre, Seine-Maritime, 1901 – Paris, 1985)

Parallèlement à ses études secondaires, Jean Dubuffet suit les cours du soir de l'École des beaux-arts du Havre puis, brièvement, ceux de l'Académie Julian, à Paris, en 1918. Après plusieurs années de doute, en 1924, il choisit d'interrompre sa formation artistique et part pour Buenos Aires. À son retour, il rejoint l'entreprise familiale de négoce de vins avant de revenir s'installer à Paris en 1930, date à laquelle il reprend la peinture en dilettante. Il décide finalement de se consacrer définitivement à son œuvre en 1942, après avoir abandonné la gestion de son affaire. Dès ses débuts, il n'a de cesse d'expérimenter quantité de supports et de matériaux à la recherche d'un style qui, pour se débarrasser des préjugés du «*bon goût*» et lutter contre l'»*asphyxiante culture*», n'hésite pas à puiser ses sources dans les formes de l'art primitif, chez les naïfs et les aliénés, dont il se fait d'ailleurs le promoteur en fondant en 1947 la Compagnie de l'art brut. Sa démarche, qui fait scandale, bouleverse en effet la tradition et renouvelle le vocabulaire figuratif. Dans les années 50, alors que son graphisme sommaire vient inciser l'épaisseur de la matière dans plusieurs séries de tableaux, alors qu'il peint d'étonnants paysages, *Matériologies* ou *Texturologies*, travaillés en empâtement, il exécute aussi des statuettes en utilisant des matériaux insolites (mâchefer, éponge, charbon de bois, papier journal...). Plus tard, en 1966, alors qu'il a entrepris le cycle de *L'hourloupe*, il commence une série de sculptures en polystyrène expansé peintes au vinyle, caractérisées par des motifs de méandres enchevêtrés dominés par le bleu et le rouge qui envahissent en même temps sa peinture, ses «sculptures habitacles» et ses projets architecturaux qui occupent désormais son temps. Les années 70 voient la mise en chantier de commandes monumentales, comme le *Groupe de quatre arbres* pour la Chase Manhattan Bank de New York (1972), projets qui se poursuivent encore au début des années 80 alors que les séries de tableaux, *Sites* (1980-82), *Mires* (1983-84) et enfin ultimes *Non-lieux* (1984) viennent clore cette œuvre gigantesque et singulière.

Gabrielle DUC

(Genève, Suisse, 1956)

À partir de 1974, Gabrielle Duc anime des ateliers d'activités manuelles dans des centres pour enfants et adolescents handicapés mentaux. Elle entame dès 1990 un travail de recherches par rapport à la céramique, à laquelle elle se consacre depuis ce moment-là, ne cessant d'expérimenter différentes techniques et méthodes de cuisson. Autodidacte, elle a l'audace, l'authenticité et la liberté qui conduisent son geste créateur à développer une œuvre baroque, violente, parfois obscène, toujours en parfaite adéquation avec l'époque actuelle dont elle assume de révéler les maux. Son goût pour les différents rendus céramiques l'amène à construire, défaire et reconstruire ses fours, attachée à sans cesse renouveler ses pratiques pour produire des pièces faisant appel à tous les styles et à de nombreuses techniques de production. Réellement ancrée dans sa contemporanéité, elle crée et s'exprime sans se soucier des modes, plaçant délibérément sa démarche en dehors de toute complaisance.

Joël DUCORROY

(Montreuil, Seine-Saint-Denis, 1955)

Ancien élève de l'École des beaux-arts de Paris, Joël Ducorroy aime à se définir comme un artiste «*plaqueticien*». Depuis près de vingt ans, son travail est en effet le fruit d'une réflexion et d'un jeu avec les mots qu'il pratique à travers les suites de signes linguistiques inscrits sur le seul support qu'il utilise, les plaques minéralogiques. Le choix affirmé de se servir de cette technique – le métal embouti – et de s'emparer d'un code de signalisation – l'immatriculation – lui semble le moyen le plus efficace pour fixer de façon durable dans l'esprit du grand public les calembours «gainsbouriens» qui l'inspirent à ses débuts. Cela s'avère aussi un procédé original qui permet d'identifier immédiatement ses travaux. Cette volonté de tout nommer se conjugue néanmoins avec la démarche, selon les propos de l'artiste, «*d'écrire et non de décrire ce que l'on voit, et de laisser au visiteur la liberté d'imaginer toutes les réalités qu'implique ce mot*». Face à la société de consommation des cinquante dernières années, dont Ducorroy pointe les effets pervers de la surabondance d'images, il essaie au contraire de stimuler l'imagination de celui qui regarde. Face encore à l'emprise culturelle qui tend à façonner le regard, il préfère laisser le spectateur visualiser et faire exister les mots qu'il inscrit sur ses plaques en métal, mais aussi parfois en bronze, en moquette ou en verre. La dimension ludique et humoristique n'est évidemment pas absente de ses œuvres, dont la nature première reste néanmoins réflexive.

Steven EASTON

(New York, 1959)

Steven Easton a suivi une solide formation artistique, depuis ses études de dessin à l'Art Students League de New York en 1973-1974 jusqu'aux cinq années passées entre 1979 et 1984 au département Verre de la Rhode Island School de Providence, sans oublier son apprentissage de la sculpture sur pierre. Depuis le début des années 80, il participe à des expositions collectives dans des galeries américaines. Il vit à Providence, capitale de l'État de Rhode Island, en Nouvelle-Angleterre.

Pierre ÉDOUARD

(Paris, 1959)

Pierre Édouard commence à exposer ses travaux à la fin des années 70. Bien qu'ayant une prédilection pour les œuvres sur papier – dessins, aquarelles, pastels –, sa peinture s'accompagne depuis près de dix ans de sculptures en bronze qu'il a déjà montrées à deux reprises, en 1994 et en 2001, lors d'expositions personnelles. En dehors de tout rapport à la modernité, sa démarche s'attache à faire vivre et à porter plus loin les travaux de ses illustres devanciers – citons Degas ou Seurat, par exemple – en travaillant particulièrement les effets de la lumière sur les corps, c'est-à-dire les clairs-obscurs en peinture et le modelage en sculpture. Ses séries de *Tête d'homme*, de *Tête d'Ève* ou de *Torse* apparaissent alors comme des répertoires de formes qu'il commence à construire à partir du vide, en s'astreignant sans cesse à trouver le bon mouvement, le galbe satisfaisant, la juste proportion des modelés nécessaire pour capter l'ombre et la lumière.

EMMANUEL

(Paris, 1946)

Autodidacte, Emmanuel commence à présenter ses travaux au cours des années 70. Dès ce moment-là, sa démarche créatrice l'assimile à l'Art Concret quand il réalise des compositions dont les multiples variations, faites de superpositions de trames de papier et de carton, révèlent des formes géométriques simples et des aplats colorés. Il entreprend de s'intéresser et d'analyser à travers ses œuvres le cube, forme qui devient alors le sujet d'une recherche formelle et visuelle annonçant déjà son travail futur : structure, profondeur optique, sérialité, passage du cube au carré. L'ordre immuable et la rigueur de ces volumes confèrent dès lors à son travail une évidente dimension architecturale renvoyant à une conception du bâti – demeures officielles, palais – et de l'urbanisme – places, percées et tracés – qui fut celle de plusieurs villes du début du siècle. Les années 80 le voient passer du volume au plan lorsqu'il élabore un alphabet de lignes et de surfaces s'appuyant sur des répertoires de grilles noires, grises ou blanches qu'il anime en les superposant savamment. Rapidement, il emploie des plaques de verre qui lui permettent, outre d'exploiter la matérialité de cette substance transparente, de rendre compte avec plus d'acuité encore de la notion d'espace. À partir de ce moment là, les œuvres appartiennent au mur dont elles révèlent la couleur et la texture – instaurant un dialogue avec les autres éléments de la composition – en même temps qu'elles structurent l'espace de la pièce où elles se trouvent. Plus récemment, le tracé de figures géométriques simples peintes en aplat, l'association de deux écrans de verre superposés ou encore la grande taille des pièces participent à prendre à parti le spectateur en le plongeant dans un espace dont la démultiplication des perspectives favorise les géométries en abîme, le plaçant face à des constructions complexes dégageant une grande sobriété et une évidente poésie.

José ESTEVE EDO

(Valence, Espagne, 1917)

Fils d'ouvriers, José Esteve Edo est passionné par la sculpture depuis l'âge de 7 ans lorsqu'il commence ses études à l'École de San Carlos, à Valence. Il obtient en 1943 une bourse de voyage, avant de se voir remettre deux ans plus tard le Prix national de sculpture pour l'une de ses premières œuvres taillée dans du noyer. En 1948, pensionnaire du ministère des Affaires culturelles, il s'installe à Paris pour dix-huit mois pendant lesquels il visite les musées, assimile les nouvelles tendances de la sculpture, s'imprégnant des œuvres de Bourdelle et d'Archipenko, étudiant Rodin et Maillol. Il travaille alors intensément, quasi jusqu'à l'épuisement physique, dessinant sans cesse, sculptant des œuvres dans ses matériaux de prédilection que sont le bois et le marbre. Dès le début des années 50, il apparaît aux yeux de la critique, tant en Espagne qu'en France, comme l'un des sculpteurs les plus prometteurs du moment. Tout en continuant à voyager pour se former, notamment en Italie, il poursuit son travail inscrit dans la tradition figurative, s'astreignant à simplifier les volumes et à tirer parti des effets de la lumière sur ses figures humaines – celles-ci constituant l'essentiel de son répertoire qui, tout en étant nourri de la tradition, se situe dans la mouvance de l'art moderne qu'il préfère. Convaincu que l'artiste ne peut se passer de dessiner continuellement, il est certain de l'importance du geste qui se répercute du papier au matériau de la sculpture.

ÉTIENNE-MARTIN

Étienne Martin, dit

(Loriol, Drôme, 1913 – Paris, 1995)

Lycéen à Valence, Etienne-Martin entre à 16 ans à l'École des beaux-arts de Lyon. En 1933, venu à Paris, il est l'élève de Charles Malfray et d'Aristide Maillol à l'Académie Ranson. Deux ans plus tard, avec quelques amis peintres comme Jean Le Moal, Jean Bertholle ou Alfred Manessier et le sculpteur François Stahly, il fait partie du groupe Témoignage. À la même époque, il rencontre Marcel Duchamp, qui l'impressionne fortement. Ses recherches d'alors manifestent déjà un esprit curieux, et donnent naissance à des sculptures réalisées en ficelle et en bois, ce dernier matériau ayant bientôt ses préférences. Mobilisé en 1939, fait prisonnier, libéré en 1942, il s'installe dans la Drôme puis dans l'Orne avant de revenir à Paris en 1947. Pendant ces années, il sculpte un grand nombre de bois, dont des sujets religieux. Passionné par la sculpture classique, Le Bernin, les baroques, Rodin et les surréalistes, il continue à travailler sa matière de prédilection, abordant deux grands thèmes, les *Couples* et les *Nuits*, qui l'occuperont jusqu'au milieu des années 50 en manifestant d'ailleurs sa volonté d'abolir le divorce entre figuration et abstraction. Dès 1948, alors qu'il pratique assidûment la taille directe, il tente des expériences de sculptures en étoffes qui préfigurent la série des *Demeures manteaux*, et des *Passementeries* des années 50-60 qui rétabliront le dialogue entre sculpture et artisanat et renoueront avec la tradition primitive du totem ou des tentes de nomades, notamment lorsqu'il assemble des éléments bruts (tissus, cordes, cuir, métal, bâches...). Parfois conçues en plâtre ou en bois pour celles de petites dimensions, ces pièces sont coulées en bronze à partir de 1966. Ensuite, et jusqu'à la fin de sa vie, il poursuit un travail naturellement monumental qui, à travers les grands bois aux volumes éventrés taillés dans la masse et les bronzes architecturés aux courbes labyrinthiques, ouvre la voie aux recherches sculpturales des plus jeunes générations.

Agenore FABBRI

(Barga, Italie, 1911 – Savone, Italie, 1998)

Alors qu'il est élève de l'École des arts et métiers de Pistoia, puis de l'Académie des beaux-arts de Florence, Agenore Fabbri modèle la terre et la cuit. À partir de 1935, il travaille comme ouvrier modéliste dans un atelier d'Albisola, centre fameux pour sa production céramique, avant d'être mobilisé jusqu'à la fin de la guerre. Influencé à ses débuts par les jeux de volumes sévères et compacts issus des bustes de Marino Marini, il devient rapidement l'un des principaux protagonistes du renouveau de la céramique. Dès le début des années 50, alors que sa pratique le rapproche de l'œuvre du céramiste Arturo Martini, il oriente son travail vers une sorte d'expressionnisme, imaginant et façonnant des animaux fantastiques et des insectes géants hérissés de pattes velues. Cette période le voit rencontrer à Albisola de nombreux artistes qui viennent y pratiquer la céramique : Baj, Fontana, Lam, Rossello, Scanavino..., ainsi que plusieurs membres du groupe Cobra, entraînés par Asger Jorn. Plus tard, lorsqu'il s'attache à un nouveau thème, par exemple celui de l'homme à venir, sa sculpture ne cesse d'être inquiétante, ses pièces exprimant toujours la même souffrance et le même tourment, qu'il choisisse de s'emparer du bronze ou de la terre, qui reste son matériau de prédilection.

Jean-Marie FIORI

(Limoges, Haute-Vienne, 1952)

Diplômé des Beaux-Arts et titulaire d'une maîtrise d'arts plastiques, Jean-Marie Fiori commence par travailler la peinture, la fresque et la sculpture tout en réalisant de nombreux chantiers de décoration intérieure. Depuis une dizaine d'années, il se consacre à la sculpture, cherchant souvent à la lier à l'architecture. Il s'y emploie en réalisant des sculptures animalières aux dimensions réelles. Lorsqu'il n'a pas recours au bronze, il taille directement dans la pierre ou le marbre des pièces de plus petit format.

Barry FLANAGAN

(Prestatyn, Royaume-Uni, 1941)

Après des études à la Saint Martin's School of Art, où il suit l'enseignement d'Anthony Caro, Barry Flanagan pratique une sculpture géométrique en acier. Recevant au même moment les conseils de Philip King, il découvre la littérature française d'Alfred Jarry ou Guillaume Apollinaire. Ambitionnant de trouver sa place entre la pratique sculpturale traditionnelle incarnée par Henry Moore – le bronze – et celle prônée par Caro et King – la sculpture moderniste des ingénieurs architectes –, il s'empare de tissus et de chiffons qu'il assemble, coud et déchire avec la plus grande liberté en même temps qu'il utilise la corde, le plâtre, le cuivre ou la céramique, préférant dans sa démarche créatrice suivre la nature du matériau plutôt que la dominer. Au début des années 70, séjournant en Italie, il se familiarise avec la taille de la pierre et du marbre, ainsi qu'avec la technique de la fonte du bronze, devenu le symbole d'un matériau oublié qu'il affectionne à partir des années 80. Bien que les sujets soient chez lui le fruit du hasard, le thème du lièvre, souvent présent dans l'œuvre, résulte d'une promenade où l'artiste est frappé par l'animal, qu'il associe dans certaines pièces avec la cloche, image même du rite de la fonte du bronze également chargée d'un évident caractère religieux, pour ne pas dire magique. Le cheval et l'éléphant sont, entre autres, des animaux qu'il se plaît à représenter dans des postures ludiques lorsque, avec humour, sophistication et poésie, il manipule et combine les formes plastiques. Excentrique et provocateur, il est attiré par le pouvoir métaphorique de l'assemblage, moins attentif à la production d'objets qu'aux associations dont ils peuvent être le prétexte.

Marcel FLORIS

(Hyères, Var, 1914)

Graphiste dans la publicité, Marcel Floris pratique d'abord la peinture avant d'opter pour la sculpture au cours des années 60, alors qu'il a déjà quitté Paris pour Caracas depuis près de dix ans. Pour s'évader d'une pratique sculpturale traditionnelle, il oriente son travail vers la géométrie, se servant et associant des matériaux comme l'aluminium, le plexiglas et le bois dans le but de capturer la lumière. À partir de 1974, il abandonne ses constructions en acier inoxydable et miroir pour ne plus utiliser que des câbles ou des cordes élastiques qu'il tend pour former des pyramides se détachant nettement dans l'espace. Il revient bientôt au métal, choisissant de se servir de barres en fer forgé de faible section pour concevoir ses constructions linéaires concrètes et éliminer l'impression de poids et de masse réduite à un simple contour des espaces. Bien qu'il réalise aussi au début des années 80 des reliefs en bois peint, il s'emploie avec ses sculptures en fer peint à faire naître plans et volumes virtuels ou imaginaires, maîtrisant rapidement la ligne et apprivoisant l'espace en jouant de la perception visuelle et trompeuse des angles. Les fers plats entrecroisés dessinent des formes simples – carrés, rectangles – qui captent la lumière en réussissant à se soustraire à l'environnement. Au fil des années, l'apport de l'artiste consiste à introduire une troisième dimension à la forme : au point, à la ligne et au plan, il rajoute, par un simple jeu d'optique, la surface ou le volume, les sens se contredisant et créant un espace que rendent ses sculptures planes intitulées *Voluplan*.

Jean-Michel FOLON

(Uccle, Belgique, 1934)

Bien que Jean-Michel Folon ait commencé des études d'architecture, il se consacre très tôt au dessin et, dès la fin des années 50, envoie ses travaux à différents titres dont le *New Yorker*, qui les publie sans même le connaître. En 1960, il part découvrir les États-Unis. Rapidement, il impose la vision d'un monde indéterminé occupé par un homme anonyme, image graphique qui est rendue célèbre à partir de 1967 lorsque plusieurs hebdomadaires ou news magazines, en France et à l'étranger, lui demandent de concevoir leurs unes. L'apparition de ses images aux génériques d'émissions de télévision contribue aussi à rendre son style familier et immédiatement identifiable par le plus grand nombre. La connaissance de son œuvre passe encore par des expositions dans des galeries qui présentent ses aquarelles aux subtils aplats de couleurs, mais elle bénéficie surtout de la très large diffusion de ses sérigraphies et affiches, qui accroissent sa célébrité. Tout comme il conçoit des cartons de tapisserie, réalise des films d'animation, entreprend des murs peints, il s'intéresse à la sculpture en 1986, commençant à créer des objets en bois polychromes. En 1990, il taille de grandes poutres de récupération avant de se consacrer de plus en plus assidûment à la pratique sculpturale. À partir de 1997, il installe plusieurs bronzes dans des lieux publics, puis travaille à des pièces en marbre à Pietrasanta, en Italie. Ses sculptures reproduisent en trois dimensions ses personnages, porteurs de la nostalgie de l'homme et de l'angoisse de l'époque, tout comme elles ouvrent à une certaine poésie lorsqu'il reprend à son compte la classique thématique animalière – *Oiseaux*, *Chats*... – qu'il réinterprète souvent avec humour.

Lucio FONTANA

(Rosario de Santa Fe, Argentine, 1899 – Varèse, Italie, 1968)

Sa famille installée à Milan depuis 1905, Lucio Fontana fréquente l'École des maîtres constructeurs de l'Institut technique Carlo Cattaneo à partir de 1914. Engagé volontaire lors de la Première Guerre mondiale, puis réformé à la suite d'une blessure, il part en Argentine au début des années 20 et ouvre un atelier de sculpture. Revenu à Milan en 1928, il s'inscrit à l'Académie de Brera, dans l'atelier du sculpteur symboliste Adolfo Wildt. Dès 1930, rompant avec la tradition, il réalise des reliefs en terre cuite et des plâtres gravés colorés. Sans qu'il se soumette pour autant au géométrisme, son esprit avant-gardiste l'amène à adhérer au mouvement Abstraction-Création à Paris, en 1935, où il rencontre Miró, Tzara et Brancusi. Il réalise alors des céramiques, dont certaines sont exécutées à la Manufacture de Sèvres. De 1939 à 1946, il poursuit son activité à Buenos Aires, où il publie son *Manifesto blanco* (1946) suivi, à son retour en Italie, des différentes versions (entre 1947 et 1953) de celui consacré au *Spatialisme*. Dès lors, désavouant la frontière entre peinture et sculpture, l'espace, le temps et l'énergie sont au centre de ses expériences plastiques d'une grande liberté. Ainsi, il n'hésite pas à convertir le néon en matériau de la sculpture pour des «*décorations spatiales lumineuses*» qui annoncent les installations tout comme la pierre, le métal, les matériaux précieux ou ordinaires l'attirent pour promouvoir un art nouveau qu'il qualifie de «*tétradimensionnel*». Inauguré dès la fin des années 40, le *Concetto spaziale* s'applique dans la décennie suivante aux sphères en terre cuite qu'il perfore et dont certaines sont coulées en bronze. En 1967, il commence la série des *Ellissi*, qui donne lieu à la réalisation de sculptures en métal laqué.

Freddy FRAEK

(Copenhague, Danemark, 1935)

Après des études à l'Académie royale des beaux-arts de Copenhague de 1960 à 1966, Freddy Fraek y devient enseignant jusqu'en 1979. Dès ses débuts – il participe à des expositions depuis 1964 –, il s'intéresse au métal, ce qui l'amène, pendant ses années d'enseignement, à créer un atelier de travail centré sur ce matériau. À partir de formes simples, il entreprend de bâtir une sculpture qui joue de l'équilibre des forces, assemblant de manière ludique des éléments en acier corten qui donnent à ses pièces un caractère aérien auquel concourent le jeu des plans et l'utilisation de couleurs uniformes. Il réalise aussi des sculptures destinées à prendre place au cœur d'une architecture, les proportions de ces réalisations basculant alors dans la monumentalité, comme le montre l'œuvre installée depuis 1993 sur le parvis de l'École des beaux-arts de Valence, dans la Drôme. Freddy Fraek partage son temps entre Paris et Copenhague.

David GALLAIRE

(Paris, 1969)

En 1992, David Gallaire découvre l'univers théâtral, dont il se rapproche en travaillant successivement comme décorateur, régisseur puis comédien. Rapidement, il s'intéresse à la conception d'objets inspirés du monde du théâtre, et crée des machines inutiles, un brin surréalistes, riches en trouvailles et en nouveautés. À l'exemple de sa *Chaussure mécanique*, il aime inventer et fabriquer des pièces uniques, d'une taille démesurée par rapport à l'échelle réelle. À l'exception de quelques éléments manufacturés comme un moteur électrique, un variateur, des ampoules, des douilles, un interrupteur et des fils isolants, ses machineries n'utilisent que le bois – d'une couleur pourpre, entre l'acajou et le bois naturel teinté – dans leur montage. Tout à la fois ludiques, inutiles, voire clownesques, ses œuvres instaurent un rapport auditif au matériau. En effet, lorsque le moteur est actionné, la sculpture reposant sur son socle se met en mouvement et révèle les bruits – grincements et frottements – inhérents à la matière ligneuse et compacte qui la constitue.

Giuseppe GALLO

(Rogliano, Italie, 1954)

Présent sur la scène artistique depuis les années 70, Giuseppe Gallo s'astreint à vouloir montrer les relations que les objets entretiennent entre eux. Il le fait avant tout avec la technique de la peinture et un répertoire d'images qui forment une iconographie particulière qu'il déroule fréquemment en diptyques ou en triptyques. Il tente de révéler les tensions et les liaisons qui n'échappent pas au problème de la dualité de l'être, de l'idée et de la forme dans une ordonnance qui rappelle la " *psychologie métaphysique* " des choses de Chirico. Le style de ses tableaux, leur chromatisme, le dessin de leurs figures, les signes qui parcourent l'espace constituent une syntaxe qui, même lorsqu'elle semble ne rien décrire de représentable ou de mimétique, associe cette œuvre à une pratique où l'icône revêt une importance manifeste. Sans doute est-ce la même recherche rigoureuse que révèlent les sculptures en bronze qu'il entreprend à partir du début des années 90. Obéissant aux lois de la construction plastique, c'est la gravité et l'équilibre qui les constituent et les rendent visibles, qu'il s'agisse d'assemblages composites ou de soclages en élévation qui accompagnent et contribuent à qualifier une démarche créatrice dont le corpus reste constitué avant tout de peintures et de dessins.

Pablo GARGALLO

(Maella, Espagne, 1881 – Reus, Espagne, 1936)

Ses parents établis à Barcelone en 1888, Pablo Gargallo y étudie le dessin et la sculpture aux Beaux-Arts. Il fréquente le cabaret *Els Quatre Gats*, où il rencontre Picasso, dont il fera plus tard un portrait en pierre (1913). L'obtention d'une bourse lui permet de séjourner à Paris en 1903 – il y retournera au début des années 10. Son travail de sculpture se trouve très vite partagé entre la pratique de la ronde-bosse en pierre, en marbre ou en albâtre – qui le place, par son goût des formes lourdes et massives, dans le voisinage de Maillol –, et de la ferronnerie, lorsqu'il s'emploie à utiliser le métal forgé et soudé, le plomb ou le cuivre pour réaliser des masques – parfois coulés en bronze – qui l'amènent, dès 1913, à construire un langage personnel qui le rendra célèbre. Partagé entre Paris et Barcelone pendant plusieurs années, il conserve cette double orientation à son œuvre jusque vers 1926, quand il réalise de nouvelles sculptures en creux dont les feuilles de métal ourlées et adroitement découpées définissent des formes alternant des vides et des pleins qui semblent se répondre et apprivoiser la lumière. Dès lors, sachant tirer des effets convaincants du travail du fer qu'il est l'un des premiers au XXe siècle à avoir utilisé, Gargallo mêle transparence et légèreté dans sa production, tandis qu'il s'empare de plusieurs thèmes comme les portraits, la danse ou la musique.

Vic GENTILS

(Ilfracombe, Royaume-Uni, 1919 – Anvers, Belgique, 1997)

D'abord élève à l'Académie des beaux-arts d'Anvers de 1934 à 1938, puis à l'Institut supérieur des beaux-arts de 1940 à 1942, Vic Gentils commence à peindre, influencé dans un premier temps par l'expressionnisme flamand avant d'évoluer vers l'abstraction. À partir de 1954, il montre une volonté de s'échapper de la toile lorsqu'il y intègre des objets, des reliefs en papier mâché ou des plaques en cuivre, l'abandon définitif de la peinture au profit de la sculpture datant de 1958. Après ses premières pièces bidimensionnelles, il se sert, dès le début des années 60, de vieux cadres de bois moulurés qu'il fait brûler après les avoir démantelés et réarrangés, s'installant dans une pratique d'assemblage où pianos, armoires, balustrades, embauchoirs ou formes à chapeaux se succèdent et composent ses œuvres. Utilisant des formes existantes ou des fragments d'objets qu'il colore ou qu'il passe au feu pour les brunir, il fait alors naître des figures libres qui dépassent souvent l'anecdote et produisent des effets entre comique et tragique. À partir de 1966, il réalise un énorme *Jeu d'échecs,* composé de trente-deux pièces de bois et de métal – fragments de meubles et de brouettes –, qui manifeste pour la première fois le sens de l'objet tridimensionnel et la gaieté des inventions. Il poursuit ensuite son travail du bois avec d'autres compositions à grands personnages, comme *Les huit péchés capitaux,* où la couleur intervient très largement, continuant ses recherches avec les représentations de personnalités comme Paul Delvaux, Charles Huysmans ou Ray Charles dans lesquelles il devient de plus en plus figuratif. Dans la continuité, il a également réalisé des petits bronzes, pratiqué la lithographie et recommencé à peindre.

Jeanne GÉRARDIN

(Nîmes, Gard, 1930)

Alors qu'elle fait ses études à l'École des beaux-arts de Montpellier, Jeanne Gérardin nourrit une véritable passion pour la peinture. C'est d'ailleurs son goût pour les grands classiques qui l'amène à voyager dans toute l'Europe, à visiter les musées pour aller à la rencontre des œuvres des maîtres admirés et étudiés : Giotto, Mantegna, Piero della Francesca, Rogier Van der Weyden, bien d'autres encore. Cet intérêt pour la tradition enrichit son imaginaire sans la couper de la créativité de son époque, qu'elle vit pleinement lorsqu'elle enseigne à l'École des beaux-arts de Nice. L'attrait qui est le sien pour les textiles – qu'elle appréhende comme des matières tactiles, sensibles et sensuelles – trouve son origine dans la fréquentation, pendant toute son enfance, du magasin de tissus tenu par sa mère, tout comme elle considère qu'une lecture de l'histoire culturelle de l'humanité passe par l'appréhension de ces matières. Directement liées à la peinture, ses premières œuvres se présentent comme des tableaux en rouleaux de fils colorés, avant que sa démarche s'inscrive dans une réflexion où la statuaire le dispute à la couleur. Issue de la pratique des assemblages en enroulements et de l'expérience qu'elle en a, ses sculptures verticales évoquent les drapés de la peinture renaissante, les bois polychromés de l'époque romane, la sinuosité picturale des œuvres d'Edvard Munch, toutes références qui la rattachent à l'histoire de l'art à laquelle elle est profondément liée. Associées aux matières végétales, les fibres synthétiques lui permettent d'affirmer l'originalité de sa démarche et d'inscrire sa modernité dans des pièces aux formes étranges qui multiplient les niveaux de lecture et ouvrent en conséquence à une nouvelle spatialité. L'expressionnisme latent qui est le sien est accentué par les reliefs matiéristes et les tissages biologiques qui caractérisent ses stèles d'un temps nouveau nées du regard contemporain de l'artiste.

Alberto GIACOMETTI

(Stampa, Suisse, 1901 – Coire, Suisse, 1961)

Ayant commencé à dessiner et à sculpter très tôt, Alberto Giacometti s'inscrit à l'École des beaux-arts de Genève en 1919. Venu à Paris, il suit les cours de Bourdelle à la Grande Chaumière. Désireux d'unir peinture et sculpture, il entreprend alors des sculptures colorées qui seront ensuite détruites. Faisant suite à des sculptures d'inspiration cubiste, ses recherches le conduisent à concevoir des figures aplaties en forme de lame, préfiguration de ce que seront ses *Objets* et ses *Constructions-cages* conçus pendant sa période surréaliste, qui lui apporte une certaine notoriété au cours des années 30, avant qu'il ne revienne à la figuration. Rapidement, ses sculptures se distinguent par des proportions inusitées, devenant de plus en plus allongées et particulièrement minces. La structure rugueuse de ses grands bronzes au modelage trituré, qui caractérisent désormais son travail, est celle des *Femmes debout* et des bustes sur lesquels il se concentre, parallèlement à ses travaux de peinture, dans les années 50. C'est d'ailleurs un homme qui marche, une femme debout et une tête sur un socle qui résument pour lui toutes ses recherches et ses efforts à traduire la réalité, n'hésitant pas, en installant ses figures filiformes sur de lourdes formes coniques qui tendent à en accentuer la fragilité, à traduire sa propre conception du monde, marquée par ses relations avec le milieu existentialiste. Reconnu sur la scène internationale depuis l'immédiat après-guerre, il se voit remettre le prix de sculpture de la Biennale de Venise en 1962.

Françoise GIANNESINI

(Paris, 1945)

Françoise Giannesini se découvre très tôt un intérêt pour l'art et la littérature. Le temps passant, la fréquentation des expositions devient vite boulimique, alors qu'elle commence à fabriquer des objets et à engager ses premières recherches plastiques. Cette quête culturelle l'amène à entreprendre un voyage qui la conduit à travers la Turquie, l'Iran, l'Afghanistan et le Pakistan. Elle y parcourt un autre monde et se nourrit des formes, des couleurs et des sons qui l'environnent. Au début des années 70, alors qu'elle a réalisé ses premiers collages et assemblages de textiles, elle crée des sculptures de tricot sur polystyrène, de broderies et de bois. En 1975, elle construit son premier métier à tisser, utilisant dès ce moment-là sa technique du croquis suivi de la réalisation directe. De fait, elle plie la pratique classique du tissage à son expression personnelle, et innove en créant directement sur le métier, utilisant l'espace du mur et les volumes de la matière textile. À partir de 1987, ses reliefs quittent peu à peu le mur pour affronter l'espace et s'épanouir en sculpture, notamment lorsqu'elle taille la laine pour y laisser apparaître les volumes. Vers 1990, elle commence à s'intéresser à l'ardoise, dont elle encastre des fragments et des plaques dans le mortier, jouant des effets contrastés des matériaux. Cette démarche créatrice originale tend à donner à ses œuvres une conception architecturale, notamment lorsqu'elle entreprend des pièces de grande taille. Depuis 1997, elle poursuit dans la même voie, répondant précisément aux différentes commandes de sculptures monumentales qui lui sont faites et qu'elle réalise toujours *in situ,* comme sur l'île de Tatihou (Manche), à Paris et à Angers.

Piero GILARDI

(Turin, Italie, 1942)

Piero Gilardi se fait connaître auprès du public dans les années 60, particulièrement en 1965, lorsqu'il réalise ses premiers *Tapis-Nature* en polyuréthane expansé qui reconstituent un décor naturel, à l'image des mousses et des feuilles mortes jonchant le sol. Quelque temps plus tard, il interrompt sa production pour participer à l'élaboration théorique de nouvelles tendances artistiques comme l'Arte Povera, et pour écrire dans des revues d'art tant en Europe qu'aux États-Unis. Au début des années 70, il est actif dans l'animation culturelle, et accompagne de nombreux ateliers d'expression libre destinés à des malades mentaux. En 1981, il reprend son activité artistique en présentant un livre de réflexion intitulé *De l'art à la vie, de la vie à l'art*, fruit de ses expériences passées. À partir de ce moment-là, il s'intéresse aux nouvelles technologies, réalisant des installations presque toujours accompagnées d'animations pour le public, imaginant alors *Ixiana*, méga-sculpture dans laquelle le public pourrait pénétrer et tester, grâce à l'informatique, les formes, les couleurs, les sons... Continuant à utiliser la résine dans la conception de ses œuvres, il poursuit ses investigations et réalise avec le musicien Riccardo Colella une série d'*Arbres dansants* électroniques, toujours dans le but de rapprocher l'art, les techniques de pointe et le public pour atteindre à une certaine harmonie de l'art dans la société.

Émile GILIOLI

(Paris, 1911 – 1977)

Confié à ses grands-parents paternels, Émile Gilioli passe son enfance en Italie, période pendant laquelle il entre en apprentissage chez un forgeron. Décidé à devenir sculpteur, il s'inscrit en 1928 à l'École des arts décoratifs de Nice avant d'être admis en 1931 dans l'atelier de Jean Boucher, à l'École nationale supérieure des beaux-arts de Paris. Il s'intéresse de près à la sculpture antique en même temps qu'il découvre ses contemporains, qui enrichissent son horizon, tels Laurens, Duchamp-Villon ou Picasso. Installé à Grenoble pendant la guerre, il doit au conservateur du musée, Andry-Farcy, et au peintre Henri Closon de s'ouvrir à l'abstraction. Rentré à Paris dès 1945, il se lie d'ailleurs avec le groupe d'art abstrait réunissant des peintres et sculpteurs comme Béothy, Dewasne, Deyrolle, Hartung, Herbin, Poliakoff, Schneider ou Vasarely, et prend une part active dans l'organisation de salons, particulièrement celui de la Jeune sculpture, en 1949. Dans la lignée de Brancusi ,qu'il rencontre et dont l'œuvre le fascine, il crée une sculpture personnelle qui joue du contraste des formes – angles aigus et courbes douces – et des effets de lumière que répandent les surfaces lisses de ses marbres, de ses bronzes, de ses fers peints ou de ses pièces taillées dans le granit ou l'agate (il n'a réalisé qu'un seul bois, *L'homme du Drac*, en 1943). Son désir d'atteindre au monumental et de faire cohabiter sculpture et architecture – ce dont témoignent plusieurs commandes publiques, et particulièrement le *Mémorial national de la Résistance* (1973) – ne l'empêchent pas de continuer son œuvre abstraite, caractérisée par le mouvement asymétrique des lignes de force qui singularisent toutes ses créations, jusqu'aux derniers aciers inoxydables polis.

Gun GORDILLO

(Lund, Suède, 1945)

De 1969 à 1975, Gun Gordillo est élève de l'Académie royale des beaux-arts de Copenhague. Depuis ses débuts, elle met en scène la lumière en associant le néon à des matériaux comme le cuivre, le plomb, le plexiglas, le bois, la pierre et l'acier. Ses recherches rigoureuses l'amènent à réaliser des sculptures abstraites, des reliefs en bois ou en fer dont la pureté des formes et des couleurs est révélée par ses subtils éclairages, qui passent par l'utilisation de nouvelles technologies comme les fibres optiques. Dans une approche non dénuée de poésie, elle privilégie l'utilisation de tubes fluorescents bleus, jaunes ou rouges venant souligner l'élégance des courbes de ses œuvres qui, lorsqu'elles échappent aux dimensions habituelles, s'intègrent à l'architecture. En 1998, elle a ainsi conçu une sculpture de sept mètres de haut qui a pris place sur le quai de Hammersby, à Stockholm. Depuis plus de vingt-cinq ans, elle entreprend très fréquemment des installations de lumière pour des lieux publics, comme les tubes luminescents à lumière blanche qui habillent les plafonds de la station de métro Hötorget, à Stockholm (1998), ou encore *Linea Luma* (1999), dont les formes se découpent dans l'espace de l'entrée du Philips Building, à Copenhague. Son activité de création de sculptures lumineuses ou d'intégration architecturale – sculptures monumentales ou installations murales – fait d'elle la représentante d'une innovante pratique sculpturale qui s'appuie sur les effets de la lumière artificielle. Gun Gordillo vit aujourd'hui entre la France et le Danemark.

Toni GRAND

Antoine Grand, dit

(Gallarges-le-Montueux, Gard, 1935)

Après des études de littérature à l'université de Montpellier, Toni Grand fréquente l'École des beaux-arts pendant une année. Au début des années 60, il s'installe à Paris et se forme à la sculpture classique dans divers ateliers tout en travaillant avec Marta Pan. Dès cette période, initiant un parcours caractérisé par la singularité de sa démarche dans la sculpture contemporaine, il réalise des pièces en plomb, en polyester et en acier inoxydable qu'il nomme *Prélèvements*, œuvres sans socle dont il change la position chaque jour pour en montrer les différentes faces, participant ainsi de la volonté de déconstruction du mécanisme sculptural des artistes du groupe Supports-Surfaces avec lesquels il expose alors. À partir des années 70, il aborde un long travail sur le bois, déstructurant le matériau brut, accentuant sa forme par équarrissage et par fendage, le teintant parfois de couleurs vives ou le recouvrant de résine de polyester, matière translucide dépourvue de toute noblesse. Analyste patient du matériau, il se plaît à récapituler dans le titre de ses œuvres – tel *Equarri, débit partiel avec entretoises, bois* – le travail qu'a subi le matériau. Depuis les années 80, avec une grande économie de moyens, son travail établit un dialogue entre naturel – bois, os, pierre, poisson – et artificiel – polyester stratifié – en participant d'une pratique savante du métissage : entre transparence et opacité, attraction et répulsion, caché et montré lorsqu'il noie dans la synthétique résine des matières naturelles.

Selma GÜRBÜZ

(Istanbul, Turquie, 1960)

Diplômée de la Marmara Üniversitesi d'Istanbul en 1984, Selma Gürbüz complète sa formation au College of Art and Design d'Exeter, en Grande-Bretagne. Son travail de peinture se rattache à la culture de son pays et à la tradition des calligraphes lorsqu'elle peint à l'acrylique des silhouettes de personnages environnées de signes et de caractères apposés avec la légèreté du pinceau. Elle joue des contrastes des couleurs en réduisant sa palette à l'ocre et au noir, inversant parfois le rapport du sombre et du clair, utilisant aussi les effets de matière pour accentuer une certaine théâtralité. Sa démarche créatrice dans le domaine de la sculpture atteste également de son goût pour les matériaux bruts, dont elle exploite les possibilités, ayant recours au papier mâché, à la terre ou à la fonte de fer dont elle apprécie les surfaces présentant des aspérités et des irrégularités. Après avoir choisi de représenter des animaux, elle évolue vers des formes abstraites nées de son imagination, tout en s'ouvrant à la géométrie, qui n'exclut pas pour autant les courbes et les spirales. Poursuivant ses recherches à travers l'expérimentation toujours inventive des matériaux, réalisant des œuvres en terre cuite peinte avec Marco Del Re, elle partage son temps entre Paris et Istanbul.

Maurice GUILLAUME

(Autun, Saône-et-Loire, 1920)

En 1945, Maurice Guillaume est formé dans les ateliers de Paul Niclausse et de René Iche, à l'École des beaux-arts de Paris. En 1950, l'obtention d'une bourse de l'État lui permet de voyager et de parfaire ses connaissances. Recherchant pureté et essentialité des lignes, il emploie divers matériaux que sa formation lui a permis de maîtriser : le bois, la pierre, le métal, le bronze, le béton... À partir des années 60, il réalise des sculptures monumentales qui viennent s'intégrer à l'architecture, notamment pour plusieurs établissements scolaires. Sa capacité à renouveler sa thématique l'amène à traiter de sujets relativement divers, même si la sculpture animalière occupe chez lui une place non négligeable : il imagine un bestiaire aussi varié que poétique ou consacre une importante série de bronzes au cheval. Il est un temps attiré vers la terre pour sa texture, sa couleur, et l'utilise pour fixer les formes des *Hamadryades*. Il se concentre encore sur la femme et sur l'arbre, tendant à en donner la vision la plus dépouillée, à en figer la forme la plus pure. Ne se fixant jamais dans une formule ou dans une technique, il emploie aussi le bois, dans lequel il taille des formes qui témoignent d'un esprit créateur inépuisable.

Georges Lucien GUYOT

(Paris, 1885 – 1973)

Formé à l'École des beaux-arts de Rouen, le jeune Georges Lucien Guyot commence par peindre les paysages de sa région puis, installé à Paris, des vues de Montmartre où il restera installé pendant plus de cinquante ans, jusqu'à l'incendie de son atelier en 1970. Se révélant un remarquable observateur, il se penche très vite sur l'étude des animaux, particulièrement des fauves, qu'il va examiner au Jardin des plantes, complétant ses connaissances par l'étude des squelettes, qu'il dessine au Muséum national d'histoire naturelle, et par la collecte d'une importante bibliothèque sur le sujet qui vient utilement compléter son examen attentif du physique et du caractère des animaux. Au cours des années 30, il développe un style personnel, entre naturalisme et stylisation, qui s'appuie sur son savoir de la science morphologique tout autant que sur la psychologie des différentes espèces, au point que ses sculptures semblent rejoindre l'art du portrait de caractère. Cette période est celle de la reconnaissance, avec des pièces marquantes comme l'*Ours blanc*, le *Singe* ou la *Lionne assise*. Dans les années 50, même si les temps sont plus difficiles après que l'art animalier fut tombé en désuétude, il reçoit encore quelques commandes de l'État pour des pièces de grandes dimensions, continuant par ailleurs son œuvre d'illustrateur et de peintre.

Kazuyo HASHIMOTO

(Kyoto, Japon, 1941)

Après 1963, diplômée de l'université de Kyoto, où elle s'est formée à la sculpture, Kazuyo Hashimoto se spécialise rapidement dans le traitement du verre optique en travaillant, jusque dans les années 80, comme dessinatrice pour plusieurs compagnies verrières. Cette riche expérience lui permet d'accéder très vite à une place des plus qualifiées parmi les artistes verriers. Elle se distingue par sa technique d'assemblage particulièrement soignée des blocs de verre poli, dont les différents éléments qui composent ses pièces s'ajustent dans un emboîtement parfait. Depuis 1983, elle montre ses travaux, conservés en particulier dans des collections publiques au Japon, à l'occasion de nombreuses expositions regroupant des artistes verriers du monde entier.

François HOUDÉ

(Québec, Canada, 1950 – 1993)

François Houdé apprend les techniques du verre au Sheridan College de Mississauga, banlieue de Toronto, de 1978 à 1980. Les deux années suivantes, il fréquente l'Illinois State University, avant de regagner le Canada pour enseigner à l'Ontario College of Art. Précurseur de nouvelles techniques pour intégrer le verre à ses œuvres, il a aussi largement contribué à l'essor de son milieu en étant entre 1983 et 1986 l'un des coordinateurs, avec Ronald Labelle, du projet de Centre des métiers du verre du Québec, avant d'en prendre la direction à son ouverture en 1987. Jusqu'à sa mort prématurée, en 1993, il participe à des expositions d'artistes verriers contemporains, et plusieurs de ses sculptures sont acquises par des musées canadiens et américains. En Europe, on peut voir ses créations au musée de Design et d'Arts appliqués contemporains de Lausanne. Depuis sa disparition, un prix François-Houdé a été créé, cette récompense ayant pour objectif de promouvoir le travail de jeunes créateurs et de reconnaître leur apport original à l'exercice d'un métier d'art lié à la transformation du bois, du cuir, des textiles, du papier, du verre et de la céramique.

IPOUSTÉGUY

Jean Robert, dit

(Dun-sur-Meuse, Meuse, 1920)

En 1938, Ipoustéguy (nom de sa mère) acquiert ses premières notions artistiques en suivant les cours de dessin de Robert Lesbounit à Montparnasse. D'abord peintre, il aborde la troisième dimension au début des années 50, recevant les conseils d'Henri-Georges Adam, qui l'encourage dans cette voie. Influencé un temps par Picasso et Brancusi, il se cherche durant plusieurs années, abandonnant la représentation académique et les conceptions classiques pour se tourner vers l'abstraction et la pureté des volumes, comme l'atteste le *Cénotaphe* (1957). Suivant ses besoins, il modèle aussi bien la terre ou le plâtre, et utilise des matériaux très divers comme le fer, le bois, le marbre ou le bronze. La révélation d'un voyage en Grèce, en 1960, l'amène à s'interroger sur la figure humaine, qui devient alors son sujet de narration favori. À partir des personnages qu'il met en scène dans l'espace, il raconte des histoires, conte des anecdotes où les tensions psychologiques naissent des corps fragmentés qui, en situation, gagnent leur autonomie et rendent compte de la vie, écartelés qu'ils sont entre le désir de vivre et le penchant à la mort. Découvrant les possibilités expressives et la puissance tactile de la matière, il façonne dans le plâtre ses œuvres inquiétantes, extravagantes et baroques avant qu'elles ne soient coulées en bronze pour prendre place à l'intérieur ou s'intégrer à l'architecture, entretenant toujours, quelles que soient leurs dimensions, l'interrogation du spectateur, comme le montre l'*Homme poussant la porte* (1966). Sculpteur solitaire, son œuvre se singularise par un style puissant et tourmenté qui le rattache parfois au surréalisme. À partir des années 70, tout en continuant ses travaux de peinture et d'écriture, il poursuit ses recherches, et plusieurs de ses œuvres prennent place dans des sites extérieurs, tel le monument à Arthur Rimbaud intitulé *L'homme aux semelles devant* (1984), érigé devant la Bibliothèque de l'Arsenal, à Paris.

Chuzaburo ISHIBASHI

(Tokyo, 1948)

En 1972, Chuzaburo Ishibashi sort diplômé de l'Université de Tokyo, où il a étudié le dessin en trois dimensions. Sa formation lui permet d'être employé jusqu'en 1976 dans une verrerie. En 1980, il décide de compléter son cursus et s'inscrit dans le département Verre et céramique du College of Art de Stourbridge, en Grande-Bretagne. Les années 80 le voient collaborer avec un atelier, alors qu'il commence à présenter son travail dans des expositions collectives et personnelles. En 1985, il s'installe dans son propre atelier pour mener ses recherches en toute indépendance. Il est depuis membre de l'Association des artistes verriers du Japon, où il vit aujourd'hui.

Robert JACOBSEN

(Copenhague, Danemark, 1912 – Egtved, Danemark, 1993)

Dès 1926, après ses études au collège, Robert Jacobsen exerce les métiers les plus divers : gérant de bar, marin, joueur de banjo. À partir de 1930, il se forme seul à la sculpture, et commence par tailler le bois avant de s'attaquer à la pierre en suivant l'enseignement d'un sculpteur tailleur. Son admiration se porte sur des artistes comme Rodin ou Laurens, passe par les expressionnistes allemands ou les œuvres de Jean Arp. En 1941, année où il rejoint les surréalistes danois du groupe Host, il exécute des figures en granit ou en calcaire avant d'opter pour l'abstraction. Grâce à une bourse, il s'installe à Paris en 1947 et s'approprie rapidement le fer, qu'il n'a jusqu'ici qu'occasionnellement utilisé. En France, au Danemark et ailleurs, les années 50 et 60 le voient devenir l'un des plus grands sculpteurs du métal martelé, forgé et soudé, qu'il considère comme le matériau le plus apte à construire l'espace. Il est aussi l'un des précurseurs de l'utilisation des déchets et des objets de rebut, avec lesquels il imagine des constructions toujours plus complexes de tensions et de dynamismes. C'est dans cet esprit qu'il crée tout un monde de petites figurines pleines d'humour et de fantaisie à l'aide de bouts de ferraille et de débris de toute sorte. Rentré dans son pays dans les années 70, largement reconnu, honoré et fréquemment exposé, il enseigne et poursuit son travail qui compte aussi des pièces monumentales suite aux commandes qu'il reçoit au Danemark, en France, en Chine ou en Corée.

Danielle JACQUI

(Nice, Alpes-Maritimes, 1934)

Danielle Jacqui se positionne parmi les Singuliers de l'art. À partir de la fin des années 60, et pendant une vingtaine d'années, tout en commençant à peindre et à sculpter, elle exerce la profession de brocanteuse, rassemblant une importante collection d'objets hétéroclites : antiquités classiques, livres anciens, boutons, ouvrages de verres, tissus... À partir du moment où elle commence à créer, en dehors de toute école, elle entreprend de couvrir la façade de sa maison avec ses peintures et ses objets sculpturaux – elle l'a refaite quatre fois depuis 1985 –, avant de remplir les murs, les plafonds, les sols et les meubles de ses formes étonnantes. Elle se surnomme elle-même *«celle qui peint»* dans la mesure où elle peint sans cesse, allant même jusqu'à décorer ses robes avec de la peinture et des broderies. Au-delà de cette inhabituelle activité, sa capacité d'invention l'amène également à réaliser sur toile ou sur panneau des tableaux aux couleurs vives et à l'écriture spontanée, comme elle aime concevoir des poupées portant des tissus brodés, des plumes et des boutons minutieusement choisis dans ses réserves. Particulièrement active sur le terrain, elle est la créatrice du Festival d'Art singulier de Roquevaire (Bouches-du-Rhône) et la conceptrice d'une originale revue réunissant texte, poésie et dessin, activités attestant toujours de son dynamisme à diffuser une expression plastique en marge de l'art établi.

Georges JEANCLOS

(Paris, 1933 – 1997)

Après des études à l'École des beaux-arts de Paris, Georges Jeanclos obtient le premier Grand prix de Rome de sculpture en 1959. Pensionnaire à la Villa Médicis, il met à profit son séjour pour parcourir l'Italie, visiter les musées, étudier l'Antiquité, et plus particulièrement l'art étrusque. Dès ce moment-là, il dessine beaucoup comme il le fera ultérieurement lors de ses nombreux voyages en Orient et en Extrême-Orient,où il approfondit sa connaissance de la sculpture classique. Cherchant une intimité avec la matière, il travaille essentiellement la terre, qu'il étire en la frappant sur le sol, la surface s'incrustant des déchets et des poussières qui traînent à terre. Le modelage s'opère de l'intérieur, et les nombreux détails sont minutieusement obtenus en superposant des feuilles de terre plus ou moins humides. Il montre aussi une constance dans les thèmes qu'il traite : les *Dormeurs*, les *Rêveurs*, la série des *Adam et Ève* ou encore celle des *Kamakura* après son séjour au Japon en 1984..., tous ses personnages présentant les mêmes visages de poupées angéliques et renvoyant, par leurs ornements et leurs accessoires, à plusieurs traditions religieuses, notamment à la tradition juive de son enfance. En dehors des commandes monumentales en bronze qui, depuis le début des années 80, l'ont contraint à sortir de la technique de la sculpture creuse – par exemple les stèles pour le Monument à Jean Moulin, le tympan de l'église de Provins et le portail de Notre-Dame-de-la-Treille à Lille – et à dresser ses figures dans des postures hiératiques, l'œuvre comprend peu de fontes de bronze, l'artiste ayant privilégié presque exclusivement les terres cuites, extrêmement fragiles, où se manifeste la conscience de la fragilité de la vie.

Alain JORIOT

(Montélimar, Drôme, 1941)

Depuis plus de vingt-cinq ans, Alain Joriot travaille la ferraille, n'hésitant pas à parcourir le monde pour mettre la main sur de vieilles carlingues oubliées. Il conçoit en effet ses sculptures à partir de morceaux de fer inutilisables provenant de carcasses d'avions, toujours en quête d'épaves d'appareils qui se sont écrasés jusque dans les contrées les plus lointaines, amas de fer abandonnés dans une montagne perdue ou au fin fond de la jungle équatoriale. À partir d'entrelacs d'acier et de tôles tordues, il découpe et perce des plaques, utilise des barres et des tiges qu'il assemble avec des vis, des boulons ou des rivets après avoir foré le métal qu'il soumet à sa volonté. Le rapport à l'histoire entre en ligne de compte lorsqu'il a recours à des squelettes de machines anciennes, comme un chasseur-bombardier allemand d'une forte valeur symbolique. Ce désir d'explorer les entrailles de ces *«déchets sublimes»*, selon les mots de l'artiste, l'amène à réaliser dans les années 80 des pièces monumentales comme celle que lui a commandée la mairie de Salon-de-Provence pour le cinquantième anniversaire de l'École de l'air (1987), œuvre constituée d'une aile d'avion de sept mètres. Depuis le début des années 90, il réchauffe l'acier gris et froid en cirant ses sculptures, leur donnant un aspect satiné et mordoré qui aide à ce que la matière se plie au rêve du créateur, fasciné depuis son enfance par la *«mécanique diabolique»*.

Asger JORN

Oluf Asger Jorgensen, dit

(Vejrum, Danemark, 1914 – Aarhus, Danemark, 1973)

Asger Jorn quitte le Danemark pour s'installer à Paris entre 1936 et 1939, période pendant laquelle il se forme dans l'atelier de Fernand Léger puis chez Le Corbusier. Il pratique une peinture qui puise ses références aussi bien chez Ensor et Kandinsky qu'auprès de Miró, Klee ou encore dans les dessins d'enfants, sa démarche témoignant de sa volonté de dépasser le débat abstraction-figuration. Instigateur au Danemark d'un art expérimental où seul l'acte de peindre l'emporte, il poursuit son objectif en créant en 1948 à Paris, avec des artistes danois, belges et hollandais, le mouvement Cobra, dont il est l'une des grandes forces inspiratrices. Au début des années 50, au cours d'une cure pour soigner sa tuberculose, il touche à la terre puis, en 1954, sur les conseils d'Enrico Baj, il s'établit dans la ville côtière d'Albisola, en Italie pour réellement expérimenter la céramique dans l'atelier du potier et poète Tullio Mazzotti, plus connu sous le nom de Tullio d'Albisola, et organiser avec lui les premières Rencontres internationales de la céramique réunissant, entre autres, ses amis Corneille et Appel qu'il entraîne dans l'aventure. Dès lors, cette technique constitue une part importante de l'œuvre et fait de lui le céramiste Cobra par excellence. Tout en continuant à peindre avec un geste ample des toiles très colorées, peuplées de formes animales et humaines tracées dans la matière, il poursuit cette activité en exécutant dans les années 60 des figures en terre cuite et des plaques en faïence. Ce n'est que dans les dernières années de sa vie qu'il se consacre à la sculpture, réalisant des bronzes et des pièces en marbre.

René JULIEN

(Liège, Belgique, 1937)

René Julien se forme à l'Académie des beaux-arts de Liège en suivant les cours de peinture décorative et monumentale. Dès la fin des années 50, il réalise des décors pour le théâtre ou des murs peints pour des entreprises. Dans les années 60, alors qu'il enseigne, il poursuit son travail de décorateur tout en entreprenant une activité de création d'objets et de bijoux, qui s'ajoute à sa pratique du dessin et de la peinture. Ses premières sculptures en bronze datent de 1968, et s'inscrivent dans le droit fil d'une célébration de la figure. La multiplicité de ses sources d'inspiration fait se mêler la statuaire de la Grèce classique, celle du Quattrocento italien, celle issue de la tradition du XIXe et les libres interprétations de son siècle. Il délivre un monde exclusivement féminin peuplé d'adolescentes ou de jeunes femmes dont on ne sait quel lien les unit avec le mythe antique. Beaucoup de ses œuvres trouvent leurs ressorts dans l'évocation du mouvement et de l'élan, ce qui l'amène à apporter un soin particulier au modelé, notamment aux pieds et aux mains, qui font l'objet de multiples recherches. Vers 1990, sa maîtrise lui permet de jouer des contrastes des matériaux dans les *Dan nations,* lorsqu'il réunit une femme en bronze et un squelette en argent dans une série inspirée des danses macabres médiévales et des *Vanités* qui peuplent l'histoire de l'art. Il conçoit aussi des groupes sculptés monumentaux pour des bâtiments publics, comme l'immeuble des Communautés européennes à Bruxelles, en 1997, où chacun de ses personnages se caractérise, comme à l'habitude, par un regard fixe et étonné qui semble interroger simultanément le monde et le spectateur en se parant de vertus allégoriques, comme l'attestent les titres donnés par l'artiste. Depuis 1993, ses ateliers sont installés au Château-Vert, à Cavaillon.

Horst Egon KALINOWSKI

(Düsseldorf, Allemagne, 1924)

Après des études à l'Académie des beaux-arts de Düsseldorf, de 1945 à 1948, Horst Egon Kalinowski séjourne en Italie jusqu'en 1950. Lors de son séjour à Paris, entre 1950 et 1952, il fréquente l'Atelier d'art abstrait de Jean Dewasne et Edgard Pillet, à l'Académie de la Grande Chaumière. Il peint alors des œuvres abstraites avant de s'emparer, vers 1956, de matériaux divers qu'il assemble et qu'il colle. Le choix d'éléments sombres, entre le roux et le noir, les assimile au cuir qu'il commence à utiliser pour habiller les objets auxquels il a recours – branches, souches, caisses, planches... Il faut toutefois attendre le début des années 80 pour le voir travailler réellement avec le cuir, qu'il associe au bois ou au métal. Dès lors, au lieu de vouloir rendre volume et espace dans ses pièces bidimensionnelles, il exécute des œuvres en relief ou en sculpture qui renvoient, outre une certaine symbolique sexuelle et l'image d'un milieu hostile, une vision relativement agressive et menaçante du monde sur lequel l'artiste pose son regard. Néanmoins, à travers le patient travail de patine des cuirs et des coutures semble poindre l'ambivalence qui leur est propre – entre aversion et fascination – et qui en fait simplement aussi de beaux objets.

Kitty KANTILLA

Mary Campion Kantilla, Kutuwulumi Purawarrumpatu, dit

(Melville Island, Australie, 1928)

Kitty Kantilla est née dans le pays Yimpinari, sur l'île de Melville, en Australie. Sur le modèle de son père et de son grand-père, qui peignent, elle commence à graver sur bois dès 1946. Au cours des années 70, elle s'installe dans l'île Bathurst, la plus petite des deux îles Tiwi, dans le désir de retrouver le pays de sa mère. C'est ici qu'elle commence à travailler plus assidûment en gravant sur bois. Vers 1985, revenue sur l'île de Melville, à Milikapiti, elle devient l'un des artistes tiwi les plus importants. Elle se distingue rapidement par l'utilisation des ocres, qu'elle emploie sur papier, toile, écorce et bois. Issu des premières formes d'expression artistique – fresques à même le sol, gravures rupestres –, son travail est basé sur les traditions culturelles de la population aborigène, particulièrement sur les cérémonies d'inhumations et les croyances spirituelles tiwi. Participant au renouveau de l'art aborigène, elle peint et grave des poteaux tout en s'emparant, lors des rites funèbres, des corps des participants sur lesquels elle dessine. S'inspirant de la tradition, elle développe des dessins où chaque ligne, point ou tracé possède une signification précise. Son inventivité participe à la reconnaissance de son travail, aujourd'hui considéré comme l'un des plus typiques de l'art tiwi.

Peter KLASEN

(Lübeck, Allemagne, 1935)

Peter Klasen s'installe à Paris en 1959, après des études à l'École des beaux-arts de Berlin. Le travail qu'il entame dès le début des années 60 se situe dans la mouvance du pop art, lorsqu'il incorpore dans ses œuvres des objets quotidiens ou des photographies découpées dans des magazines à grand tirage. Adoptant les techniques de l'aérographe et du pochoir, il aime concevoir des images marquantes et ambiguës – n'hésitant pas à juxtaposer des détails du corps féminin à des ustensiles chirurgicaux comme des scalpels, des seringues ou des stéthoscopes – où il livre une version personnelle de la Figuration narrative. Les années suivantes, alors qu'il limite sa palette au jaune, au bleu, au rouge et au noir, il entreprend plusieurs séries d'œuvres où, sur les images peintes à l'acrylique, il superpose des manomètres, cadrans ou autres grillages qui viennent rendre compte du monde aseptisé de l'époque, d'ailleurs désertée par les êtres humains. Sa *Prise* en polyester, objet en trois dimensions exécuté avec une extrême minutie redevable aux techniques des matières plastiques, est directement issue de cet univers où semble planer une menace en même temps qu'elle représente le symbole d'un quotidien familier érigé ici en objet fétiche d'une réalité objective.

Rachid KORAÏCHI

(Aïn-Beïda, Algérie, 1947)

De 1967 à 1971, Rachid Koraïchi suit l'enseignement de l'École des beaux-arts d'Alger avant de venir à Paris où, de 1971 à 1975, il fréquente l'école des arts décoratifs puis, de 1975 à 1977, l'atelier de peinture de Gustave Singier, à l'École des beaux-arts. Tout en répondant aux premières demandes de peintures murales, il prolonge sa vie d'étudiant en s'inscrivant à l'Institut d'urbanisme de 1977 à 1979. Cette solide formation ne fait qu'enrichir la culture acquise au sein de sa famille, et issue de la tradition soufie. Dès l'enfance, il éprouve une fascination pour le jeu et la dextérité du geste qu'il découvre dans les manuscrits et les talismans. Plus tard, son œuvre puise d'ailleurs dans la tradition de la calligraphie arabe, notamment lorsqu'il rend hommage aux écrivains qu'il aime et dont il illustre les ouvrages, comme par exemple René Char, Michel Butor, Etel Adnan, Mahmoud Darwich ou encore Mohammed Dib. Cet héritage du passé et la parfaite connaissance qu'il en a lui permettent justement d'en proposer une nouvelle interprétation, recourant dans son œuvre à différentes techniques et se sentant libre d'utiliser tous les supports – la soie, le parchemin, l'argile, le granit, l'acier, le bois, le cuivre, la céramique – dont ses illustres prédécesseurs dans l'histoire de l'art islamique ont tiré parti. Cette capacité à recourir à des matériaux si différents trouve justement son aboutissement dans ses sculptures lorsqu'il tente à son tour, et en toute humilité, de façonner, d'orner et de transcender toutes ses matières.

Jannis KOUNELLIS

(Le Pirée, Grèce, 1936)

En 1956, après un début d'enseignement artistique, Jannis Kounellis quitte la Grèce pour s'établir en Italie, où il suit les cours de l'École des beaux-arts de Rome. Au début des années 60, il peint des tableaux composés de lettres et de mots, de chiffres et de signes mathématiques, inspiré par l'œuvre de ses aînés, tels Alberto Burri ou Lucio Fontana. À partir de 1965, il abandonne la peinture pour réaliser des installations avec des tas de charbon, des sacs de graines, de la laine, un perroquet vivant installé devant une pièce de métal inerte gris, des cactus plantés dans des boîtes d'acier, des toiles de jute pendues au mur ou sur des bâtis de bois. Dès 1967, sous forme de chalumeaux reliés à des bonbonnes de gaz disposées au sol ou fixées au mur, il utilise de plus en plus fréquemment le feu comme matériau volatil et instable, symbole de purification, porteur de chaleur, de lumière et de bruit. Le thème du contraste qui lui est cher se fait alors encore plus prégnant, l'opposition entre des éléments inertes et des éléments organiques devenant la base de la plupart de ses œuvres qui font de lui l'une des figures de l'Arte Povera dont il s'est démarqué. Dans les années 70, il mêle peinture et sculpture avec architecture et musique, théâtre et danse. Depuis lors, il ne cesse d'exploiter le vocabulaire qu'il a créé dans des pièces de plus en plus complexes et imposantes, comme la mise en œuvre de grands panneaux d'acier où les traces du feu, qui viennent témoigner du temps et de l'histoire qui passent, sont parfois associées à des morceaux de moulages d'après l'antique, le thème du fragment étant dès lors au cœur de sa production, caractérisée par une forte individualité.

Rainer KRIESTER

(Plauen, Allemagne, 1935 – Castellaro, Italie, 2002)

Rainer Kriester poursuit des études de manière irrégulière, passant de la faculté de médecine à des études d'art à l'Université de Berlin. Peu à peu, à travers des expériences variées, il s'approche de la sculpture avec des œuvres en terre cuite émaillée dominées par des couleurs intenses. Il utilise aussi la pierre calcaire, le marbre ou le bronze pour concevoir des figures qui tiennent du signal ou du mât totémique. Il imagine également des formes épurées qui ont un lien de parenté évident avec la tradition antique, même s'il travaille les surfaces pour accentuer le caractère symbolique de ses pièces néanmoins ancrées dans la modernité. A partir de 1983, il entreprend des sculptures monumentales à Castellaro, en Italie, poursuivant ses recherches sur la pureté et la simplicité des volumes dans l'objectif de leur parfaite intégration dans des lieux publics, ce dont attestent les réalisations qu'il a installées à Berlin, Hanovre ou à Hakone, au Japon.

Dominique LABAUVIE

(Strasbourg, Bas-Rhin, 1948)

Dominique Labauvie fait ses études dans sa ville natale jusqu'à l'université, où il a étudié l'histoire de l'art. Arrivé à Paris en 1969, il est élève à l'École des beaux-arts, où il travaille sous la direction du sculpteur Étienne-Martin jusqu'en 1972. Il devient l'assistant du sculpteur américain Helen Phillips Hayter. Dans ses premières œuvres, proches de l'Arte Povera, il se sert de branchages ou de joncs avant d'utiliser comme seul matériau le fer, qu'il tord, découpe et forge pour créer des sculptures aux lignes aériennes. Comme c'est le cas dans ses dessins au fusain, au pastel ou à la craie grasse qui les accompagnent, ses sculptures trouvent leur assise dans l'équilibre entre les vides et les pleins, particulièrement lorsqu'il semble étirer l'acier jusqu'au point de rupture, chargeant ainsi l'œuvre d'une tension qui semble se concentrer en son centre. Comme sorties du sol, ses constructions légères – abstraites au premier regard, alors que l'on distingue ensuite des formes familières – semblent se refermer sur elles-mêmes après les sinuosités des courbes du fer qui reviennent vers leur point de départ, créant après une relative fragilité une forme enveloppante. Il a reçu des commandes publiques pour plusieurs sculptures monumentales, entre autres à Reims, Nancy, Valence, Dijon et Paris.

Wifredo LAM

(Sagua la Grande, Cuba, 1902 – Paris, 1982)

Au début des années 20, après un bref passage à l'École San Alejandro de La Havane, Wifredo Lam – fils d'un commerçant chinois et d'une mulâtre – part pour l'Espagne, où il poursuit sa formation académique, fréquentant l'atelier de Sotomayor, visitant le Prado, s'intéressant à l'architecture, découvrant l'art nègre par des sculptures de Guinée et du Congo. Au début des années 30, il a déjà peint des séries de portraits, de natures mortes ou de paysages. Après avoir pris part au combat républicain, il décide en 1938 de s'installer à Paris. Sa rencontre avec Picasso l'amène à André Breton, Max Ernst et Victor Brauner. Il se lie d'amitié avec d'autres personnalités du monde surréaliste : Paul Éluard, André Masson, Joan Miró, Yves Tanguy, Michel Leiris... À la fin de 1939, il rejoint une partie du groupe, réfugié à Marseille, avant de retourner à Cuba, où il vivra et travaillera jusqu'en 1952. Dès ce moment-là, une large audience lui est accordée aux États-Unis, ses œuvres – qui figurent une jungle proliférante peuplée de créatures empruntant à l'humain, au végétal et à l'animal – lui assurant un incontestable succès. À la fin des années 50, il s'installe à nouveau à Paris, tout en effectuant de fréquents séjours à Cuba et aux États-Unis ainsi que de longs voyages en Asie. Il partage ensuite son temps entre Paris et l'atelier d'Albisola Mare, en Italie, où il s'initie en 1959 à la céramique en compagnie d'Asger Jorn. Ce n'est qu'au cours de l'été 1975 qu'il retravaillera plus assidûment la terre, s'emparant des pièces traditionnelles tournées par un céramiste pour habiller leurs surfaces de son répertoire d'images composites et obsessionnelles, figures issues autant du réel que de l'imaginaire, formes simplifiées et géométrisées devenues les emblèmes symboliques de sa fantaisie créatrice sans cesse rattachée à ses rêves et aux cultes afro-cubains.

Christian LAPIE

(Reims, Marne, 1955)

Qu'il les taille dans son atelier ou sur les sites même de ses interventions, les sculptures en bois de Christian Lapie naissent de lieux choisis. Fortement impressionné par la puissance de la forêt primitive lors d'un séjour en Amazonie, en 1992, il entreprend de sculpter des formes archaïques et symboliques qu'il développe à travers des installations qui s'insèrent dans les paysages, au Japon, en Allemagne, en Suisse, en Australie, en Belgique, au Brésil, au Cameroun ou au Canada. Certains groupes de statues voient le jour dans sa région natale, en Champagne, terre de combats sanglants lors de la Première Guerre mondiale, leur aspect spectral ne faisant qu'accentuer le malaise inhérent à un lieu si empreint d'histoire. Quel que soit le continent, ses figures sans bras ni visage, monumentales et puissantes, interrogent et déstabilisent tant elles évoquent l'inquiétude d'un groupe ou d'une culture face à un site ou un espace. Bruts, éclatés et calcinés, ses bois portent la violence du geste, celui de la hache, de la tronçonneuse et du feu qui accompagnent l'artiste dans son travail quotidien. Souvent réunies en nombre, caractérisées par leur hiératisme et leur imposante stature, ses sculptures se dressent comme des sentinelles ou des témoins, apparaissant souvent comme la mémoire obsédante des événements du passé et du présent, comme l'atteste l'installation intitulée *Axe* actuellement présentée dans la cour du musée de Reims.

Agathe LARPENT-RUFFE

(Paris, 1946)

Au début des années 70, Agathe Larpent-Ruffe est élève à l'École des métiers d'art et des arts appliqués, à Paris. Dans les années qui suivent, son parcours personnel l'amène à s'intéresser à des projets où il est question de dessin, de gravure, de lithographie, d'écriture, de photo, de céramique..., domaines créatifs qui coexistent toujours chez elle. Sa matière de prédilection reste toutefois la terre, support principal de ses travaux, la substance même qui la rapproche le plus de son goût pour la nature, de sa passion pour les glaciers, pour les eaux pétrifiées que sont les stalagmites et les stalactites. Elle ne se livre pas à une pratique traditionnelle de la céramique, tout au moins pas du point de vue de la forme qu'elle donne à ses pièces : en termes de technique, elle excelle dans la fabrication de ses émaux et de ses couleurs, s'attachant d'ailleurs à faire évoluer les connaissances établies. Les formes qu'elle crée tendent à renouveler le langage céramique dans la mesure où elles ne se rattachent à rien de connu dans la tradition, s'agissant de volumes compactés qu'elle dispose dans l'espace. Posés sur des dalles aux bordures déchiquetées, ces reliefs, disposés près du sol ou sur des socles relativement bas, constituent des installations propices au recueillement auquel les effets de miroitement de la lumière semblent concourir. L'originalité de la démarche de l'artiste passe encore par l'utilisation de couleurs éclatantes et contrastées qui donnent à ses œuvres sculptées, comme elle le dit elle-même, le statut de *«peintures que l'on peut toucher»,* qualité inhérente aux œuvres minérales et naturelles *«issues du ferment de la terre»*. Elle a réalisé en 1990 une installation monumentale, *Mur mire,* sur l'aire d'autoroute de Pouilly-en-Auxois (Côte-d'Or), et continue aujourd'hui encore à travailler sur des livres uniques dont les couvertures sont en porcelaine et les textes écrits sur du papier fait à la main, attitude témoignant là aussi de son attachement aux rendus des matériaux.

Charles LE BARS

(Notre-Dame-d'Afrique, Algérie, 1925)

Charles Le Bars fait ses études à l'École des beaux-arts d'Alger avant de rejoindre en 1943 les Forces navales françaises libres en Grande-Bretagne. Rentré à Paris en 1946, il fait de l'illustration et s'initie à la gravure à l'Atelier 17 de S. W. Hayter. Photograveur jusqu'en 1958, il travaille ensuite comme dessinateur dans un bureau d'architecture, commence à exposer ses peintures tout en se consacrant à son activité de décorateur-urbaniste intervenant sur l'environnement. C'est à partir de 1974 qu'il entreprend la fabrication d'objets et de sculptures animées par le vent. Il apprend alors la menuiserie, les différents bois, les fibres, la recherche de l'équilibre, la réussite de son travail d'assemblage tenant dans la stabilité de ses oiseaux multicolores. Sans doute issu des cerfs-volants de son enfance et de l'imaginaire rapporté de sa peinture, le thème lui permet de délivrer dans ses œuvres toute une créativité où la notion d'équilibre rivalise avec l'utilisation des couleurs, qui participent pour leur part à la fantaisie, à l'humour et à la poésie voulus par l'artiste. Bien que les oiseaux soient devenus sa signature et son thème de prédilection, il a d'autres centres d'intérêt qui lui permettent d'imaginer des personnages, des portraits ou des animaux dont le dénominateur commun reste les formes galbées et la pureté des lignes – ce qui le dispense parfois d'avoir recours à la couleur. Les belles patines des bois usés et les autres matériaux et accessoires – pinceaux, couteaux, plumes, cordes – entrant dans l'élaboration de certaines sculptures n'excluent pas un certain primitivisme dont les titres eux-mêmes se font l'écho : *Totem, Gardien du troupeau*... Depuis plus de vingt ans, il réalise aussi des œuvres en tôle peinte qui prennent place à l'extérieur, au milieu de bassins et dans des jardins publics.

LE CORBUSIER

Charles-Édouard Jeanneret, dit

(La Chaux-de-Fonds, Suisse, 1887 –
Roquebrune-Cap-Martin, Alpes-Maritimes, 1965)

Après l'école primaire, Charles-Édouard Jeanneret – qui prendra en 1920 le pseudonyme de Le Corbusier, du nom de l'un de ses ancêtres albigeois – suit une formation de graveur ciseleur à l'École d'art où enseigne Charles L'Éplattenier, qui l'oriente ensuite vers l'architecture. Il se forme auprès des architectes les plus influents du début du siècle – Joseph Hoffmann, Tony Garnier, Auguste et Gustave Perret, Peter Behrens –, tout en voyageant en Europe et au Moyen-Orient. En 1917, lorsqu'il s'établit à Paris et crée la revue *L'esprit nouveau* avec le peintre Amédée Ozenfant, il s'est déjà penché sur les méthodes de rationalisation de la construction, tout comme il a établi les principes d'une architecture nouvelle. À partir des années 20, il se consacre à de multiples activités : peinture, écriture, architecture, urbanisme et décoration intérieure. Il conçoit des maisons qui deviendront des icônes de l'architecture moderne et où s'élaborent les principes du plan libre, les superstructures pouvant être considérées comme des compositions sculpturales. Dans les années 30, il approfondit sa réflexion sur la ville et s'intéresse de plus en plus aux problèmes d'urbanisme. Après-guerre, il construit ses œuvres les plus importantes, les Unités d'Habitation et la capitale du Penjab, Chandigarh, ville dont il trace le plan d'urbanisme et réalise les principaux édifices institutionnels. C'est en 1945 que Joseph Savina, ébéniste breton qui a rencontré l'architecte dix ans plus tôt, exécute une sculpture d'après un tableau de Le Corbusier. De cette expérience naît une collaboration de vingt années au cours desquelles quarante-quatre sculptures et reliefs sont taillés dans le bois, parfois polychromé. Sculptées à partir de dessins des années 40, jouant avec les pleins et les vides et superposant les plans, ces figures, nées de l'inconscient, *«espaces indicibles et formes acoustiques»,* étaient destinées à faire partie intégrante de l'architecture, formalisant ainsi la réflexion de l'architecte chercheur.

Jean LE MOAL

(Authon-du-Perche, Eure-et-Loir, 1909)

Connu comme peintre non figuratif, Jean Le Moal est aujourd'hui l'un des derniers représentants de la génération qui constitua, dans l'immédiat après-guerre, la seconde École de Paris. Dès les années 30, il réalise avec la sculpture son désir créateur de jeunesse. Après les Beaux-Arts à Lyon, puis les Arts décoratifs à Paris, il s'inscrit en 1935 à l'Académie Ranson pour y suivre les cours du sculpteur Charles Malfray, dans l'atelier duquel il rencontre François Stahly et Étienne-Martin. Il réalise à ce moment-là ses premières petites sculptures de plâtre ou de pierre – des figures féminines d'esprit classique –, qui seront fondues plus tard. Marié avec Juana Muller, elle-même sculpteur élève de Constantin Brancusi et d'Ossip Zadkine, Le Moal revient à cette technique au début des années 50 avec des œuvres très différentes, formes-signes sans référence aucune aux civilisations et souvent empreintes d'un certain archaïsme. Il poursuit ensuite son œuvre de peintre, ébloui devant le spectacle de la nature, mêlant toujours projets de tapisseries, travaux pour le théâtre et commandes de vitraux.

Alain LEMOSSE

(Champnier, Charente, 1944)

Le travail d'Alain Lemosse n'est pas facile à cerner, en ce sens où il relève d'une démarche tout à la fois picturale et sculpturale. Il utilise le bois pour imaginer des constructions, tels des reliquaires, qu'il associe à des peintures renvoyant à un langage de signes assimilable aux inscriptions et aux graffitis sur les murs. Souvent, son travail tend vers l'abstrait, mais à partir de l'observation du réel. Construites sur des espaces vides et pleins, ses œuvres ne privilégient pas l'esthétisme, qui se trouve supplanté par une architecture de lamelles de bois.

LEONCILLO

Leonardi Leoncillo, dit

(Spolète, Italie, 1915 – Rome, 1968)

Après un cycle d'études à l'Institut d'art de Pérouse et à l'Académie des beaux-arts de Rome, Leoncillo dirige entre 1939 et 1942 une fabrique de céramique à Umbertide, petite localité d'Ombrie où subsiste encore une tradition populaire. C'est là qu'il commence à réaliser des œuvres personnelles dans cette technique qui va désormais l'occuper toute sa vie, en plus de son activité d'enseignement de la plastique de la céramique qu'il exerce à l'Institut d'art de Rome, où il s'installe en 1942. Issu alors d'un art expressionniste lié aux exigences figuratives, son travail passe par plusieurs périodes : il tend d'abord, entre 1949 et 1956, à une certaine géométrie constructive détachée de la réalité pour aboutir, vers 1958, à une réelle abstraction, avec des formes compactes vigoureusement modelées et lacérées dont les effets reposent sur les qualités épidermiques et les textures picturales de ses terres cuites émaillées. Cette évolution trouve son aboutissement au début des années 60, lorsque la forme imposée à la matière restitue avec force l'émotion et le sentiment de l'artiste face à la nature en même temps que le geste atteste, selon ses propos, des *«stratifications visibles de l'histoire vraie de la création de la sculpture»*. Revenu peu après à la figure humaine, il crée aussi à la fin de sa vie des objets utilitaires en céramique polychrome.

Adriano LEVERONE

(Quiliano, Italie, 1953)

D'abord formé à l'Institut d'art de Chiavari puis, en 1971, à l'Institut pour la céramique Ballardini de Faenza, Adriano Leverone débute en 1973 avec ses premières réalisations en grès, auquel il reste toujours fidèle aujourd'hui. Sa connaissance des techniques céramiques l'amène à enseigner à l'École professionnelle d'Albisola entre 1979 et 1986, et il est sollicité comme expert en céramique au Brésil, en 1992, pour le compte du ministère des Affaires étrangères. Il axe ses recherches sur les potentialités expressives du matériau et imagine une série de formes sinueuses et biomorphiques. Il s'inspire ensuite de structures végétales – troncs d'arbres, fruits, graines – qui le conduisent à produire des œuvres extrêmement lisses, polies et soignées où il joue des rapports entre les surfaces concaves et convexes qu'il assemble. L'utilisation de la couleur participe aussi de l'expressivité de ses sculptures, dont les qualités tactiles sont parfois accentuées par les effets de matière qui couvrent leurs rondeurs. À partir de 1994, il entreprend de travailler avec d'autres matériaux – le granit, l'ardoise, le marbre ou encore le bronze – pour réaliser des pièces toujours caractérisées par une sensation de légèreté, les volumes se propageant dans l'espace en le respirant comme un organisme vivant. Ces dernières années, des commandes publiques lui ont permis de réaliser des œuvres de grande taille et de nouer un rapport à l'espace dans lequel il se complaît.

Claude LHOSTE

(Charenton-le-Pont, Val-de-Marne, 1929)

Claude Lhoste appartient à la famille des sculpteurs animaliers, domaine qu'il a contribué à remettre au goût du jour tout en perpétuant la tradition. Ayant passé son enfance à proximité du zoo de Vincennes, il n'est pas étonnant qu'il se passionne très tôt pour le monde animal. Son approche, sa sensibilité et son regard, associés à son adresse, son imagination et sa créativité, l'amènent à saisir les animaux dans un moment révélateur, dans une pose caractéristique qui n'exclut pas parfois une pointe d'humour. Dans certaines de ses réalisations, quels que soient les animaux, les courbes dépouillées tendent à l'abstraction et déploient des formes symboliques. Il lui arrive de dorer à la feuille certaines pièces, qui donnent alors l'impression d'apprivoiser la lumière. Il a reçu des commandes de petites sculptures et de médailles de la Monnaie de Paris. Il a aussi travaillé pour les cristalleries Daum.

Dominique LICCIA

(Novella, Corse, 1953)

Peu d'éléments permettent d'éclairer le parcours de Dominique Liccia. Autodidacte, étranger aux milieux artistiques professionnels, c'est un artiste de conviction qui place son œuvre sur le terrain de l'art singulier. Peintre et sculpteur, il aborde la création avec un esprit spontané et inventif peu redevable à l'art contemporain, écrivant sur ses tableaux et ses sculptures des signes universels qui peuvent toutefois le rapprocher des artistes graffitistes ou même, par la vigueur de son geste, du mouvement Cobra. Depuis plus de dix ans, il montre régulièrement ses travaux dans des expositions personnelles et collectives.

Evert LINDFORS

(île de Gotland, Suède, 1927)

Arrivé en France en 1946, Evert Lindfors fait ses études à l'École des beaux-arts de Paris avant de s'installer à Lacoste, dans le Luberon, où il vit et travaille depuis 1957. D'abord peintre, ses tableaux, constitués d'épaisses couches de couleur, ressemblent de plus en plus à des reliefs, ce qui l'amène à aborder la sculpture en 1968. Dès cette période, il modèle dans la glaise des figures qu'il tient pour une documentation sur la vie à la campagne. Il considère en effet que pour sculpter les paysans au travail, il doit impérativement le faire avec la terre même. Matière première naturelle qui ne coûte rien, l'argile l'intéresse parce qu'il s'agit d'un matériau brut qui sèche au soleil et que le feu peut solidifier à jamais. Dans la montagne proche de son atelier, il trouve de l'argile ocreuse qu'il lave avant de la pétrir pour la rendre plus molle et modeler des reliefs racontant les différentes récoltes, les cueillettes et les ramassages rythmant les différentes saisons. Il façonne sur place, en suivant ses modèles, des portraits, des personnages et des animaux, suivant d'arbre en arbre les paysans, passant des journées entières dans les cours des fermes. Les plus grandes pièces sont laissées sur leurs lieux de production, dans les champs brûlants ou au pied de la montagne, avant d'être emportées par les premières pluies d'automne et ramenées à la terre. Après de longues et difficiles expérimentations, il trouve le moyen de cuire des sculptures de très grande épaisseur en ajoutant à la terre de la sciure de bois et de la chamotte. Son intérêt pour les animaux l'amène encore à fréquenter régulièrement les musées d'histoire naturelle afin d'y étudier attentivement les différentes races qu'il modèle avec des terres de différentes couleurs, comme le peintre use de sa palette. Cette connaissance du monde animal, ajoutée à son imagination fertile, le conduit à créer aussi des animaux fantastiques auxquels il donne plus de mouvement et de liberté.

Baltasar LOBO

(Cerecinos de Campos, Espagne, 1910 – Paris, 1993)

En 1927, décidé à suivre les cours de l'École des beaux-arts de Madrid, Baltasar Lobo ne peut pourtant pas s'adapter à l'enseignement. Il préfère, se souvenant de son apprentissage passé dans un atelier d'art populaire – où il a découvert sa vocation de sculpteur –, travailler seul. Venu à Paris en 1939, après la guerre civile espagnole, il est aidé par Picasso avant de rencontrer Henri Laurens, qui lui propose de travailler dans son atelier et de faire de lui son collaborateur. Jusqu'en 1944, il ne songe qu'à approfondir ses recherches en perfectionnant ses moyens. Bien qu'influencé par les œuvres de son maître, qu'il sait toutefois interpréter, il s'engage dans une voie plus abstraite sans abandonner pour autant la figure humaine. Patiemment, à contre-courant des modes, il crée une sculpture dépouillée qui, en privilégiant la pureté de la ligne et la suppression des détails, semble parfois s'inspirer de l'harmonie des idoles cycladiques. La série des *Maternités*, sculptée entre 1945 et 1954, lui permet d'employer aussi bien le bronze – il reçoit en 1953 la commande d'une grande *Maternité* pour la Cité universitaire de Caracas – que le granit, même s'il montre une préférence pour le marbre qui, outre son élégante lumière, laisse se libérer la ligne pure et le volume simple qui se dégagent de la matière délicatement maîtrisée, à l'image de la discrétion de l'artiste. Son goût des rythmes souples l'amène à une certaine schématisation avec les *Torses* ou les *Nus* ultérieurs, toujours enveloppés par la lumière qui vient habiller leurs volumes. Tout en continuant ses recherches sur le corps féminin, il commence aussi à représenter des animaux. À la fin des années 70, après un voyage en Grèce, il entreprend une série consacrée aux *Centaures*. Il réalise aussi de nombreux monuments, sculptures de plein air et œuvres de grands formats intégrées à l'architecture, en bronze, en marbre ou en pierre polychromée.

Mária LUGOSSY

(Budapest, Hongrie, 1950)

Formée à l'École des arts appliqués de Budapest, où elle se spécialise dans le travail du métal, Mária Lugossy commence à travailler intensément dès l'obtention de son diplôme, en 1975. S'intéressant au verre, elle le travaille comme le métal, son style personnel consistant à tirer le meilleur parti de la lame de verre. Comme l'acide qui érode le métal, elle utilise le jet de sable pour attaquer le verre et créer des contrastes entre les espaces parfaitement lissés et les surfaces plus rugueuses, auxquels les reflets de couleurs participent. Cette démarche inhabituelle, résultat de plusieurs années de recherches et d'investigations techniques, est parfois complétée par l'introduction de bronze et de métal qu'elle combine à ses créations. De nombreux musées d'arts décoratifs dans le monde conservent ses sculptures, qui sont montrées régulièrement depuis le début des années 80 dans des expositions réunissant les principaux artistes travaillant le verre. En 1995, elle a reçu une commande pour un monument dédié aux victimes de la Seconde Guerre mondiale à Szekesfehevar (Hongrie).

Václav MACHAC

(Kamenice, Tchécoslovaquie, 1945)

Entre 1959 et 1963, Václav Machac entreprend des études dans le domaine du verre à l'École Zelezny Brod, formation qu'il complète entre 1965 et 1971 à l'Académie des arts appliqués de Prague, dans l'atelier de Stanislav Libensky. Il trouve son inspiration dans le monde du sport, ses sculptures en verre moulé, taillé, gravé et poli représentant des têtes d'hommes – boxeur, jockey – et d'animaux, notamment le cheval. Formé dans la tradition classique, il porte une attention toute particulière à la matière, qu'il veut translucide afin de mettre en valeur les couleurs utilisées participant au rendu des émotions. Depuis de nombreuses années, il montre ses œuvres dans les principaux musées d'arts décoratifs, son activité créatrice se doublant depuis 1977 d'un travail d'enseignement.

Luigi MAINOLFI

(Rotondi, Italie, 1948)

Après des études à l'Académie des beaux-arts de Naples, Luigi Mainolfi s'installe en 1973 à Turin, attiré par l'effervescence de la vie artistique et culturelle de la ville, alors centre de l'avant-garde italienne. Jusqu'en 1976, ses travaux impliquent le corps et le geste lorsqu'il réalise des démonstrations au cours desquelles il brise et défigure, à l'aide d'un marteau, des bustes en plâtre. Sa démarche l'amène ensuite à travailler avec des matériaux naturels comme la terre cuite, le plâtre et la pierre, en plus de ses fontes en bronze. Au cours des années 80, il s'impose avec ses terres cuites polychromes, à l'aspect parfois spongieux caractéristique de ses œuvres, représentant des paysages et des sujets d'inspiration féerique. Il continue ensuite ses recherches à travers des formes déjà présentes dans son travail antérieur, expérimentant l'aluminium et le fer, poursuivant ses recherches sur le corps et la peau, répondant également à des commandes publiques en Italie, en Allemagne, au Japon et en France (parc de La Courneuve, *Colonna Città*, 1989). En 2002, pour la Biennale internationale de sculpture de Carrare, il a réalisé *Ballerine*, installation de six éléments anthropomorphiques en marbre nés du monde fabuleux qui anime sa créativité.

Robert MALAVAL

(Nice, Alpes-Maritimes, 1937 – Paris, 1980)

Robert Malaval commence à peindre dès l'âge de 16 ans. Jusqu'en 1960, il exerce différents métiers – dépanneur radio, distributeur de prospectus, ouvrier agricole... – tout en peignant des lavis et des gouaches représentant des paysages fossilisés. Dès le début des années 60, il entreprend l'*Aliment blanc*, important ensemble de reliefs et de sculptures fait de papiers mâchés encollés peints en blanc, exécutés selon la technique des carnavaliers de Nice. Cette «*germination moussue*», parfois animée de mouvements, proliférera pendant plusieurs années sur les meubles et les objets, représentant, selon ses propres termes, ce «*grouillement qui est le propre de notre société et contre lequel je me suis toujours révolté*». Sans doute par horreur de tous les systèmes – parce que le succès est bien au rendez-vous –, il rompt avec ce travail en 1965 pour réaliser la série des reliefs sous forme de moulages de corps féminins en polyester stratifié ou en cire, rejoignant alors les démarches des nouveaux réalistes. Pendant les années 70, alors qu'il entreprend plusieurs séries de tableaux, sa peinture et sa vie sont étroitement associées au rock'n'roll, jusqu'à ce jour de l'été 1980 où il se donne la mort, preuve entre autres choses des difficultés d'être d'un artiste contestataire.

Paul MANSOUROFF

(Saint-Pétersbourg [Leningrad], 1896 –

Nice, Alpes-Maritimes, 1983)

Protagoniste de l'avant-garde russe, Paul Mansouroff a essentiellement suivi une formation de dessinateur industriel, qu'il met à profit de 1915 à 1917 lors de son service militaire en dessinant des hélices et des hangars d'avions. Alors qu'il réalise ses premiers dessins abstraits, cette révélation de la beauté fonctionnelle du machinisme moderne l'amène rapidement à jouer un rôle précurseur dans les ateliers de l'Institut de culture artistique de Leningrad, où une «section expérimentale» est créée pour lui au début des années 20. Alors qu'il a engagé ses travaux sur la voie d'une plasticité totale, il se fixe à Paris vers 1929, accueilli par Robert et Sonia Delaunay. Il s'intéresse de près aux fonctions lumineuses et aux qualités optiques de la couleur, le radicalisme de sa démarche l'amenant à peindre ou à inciser – essentiellement sur des panneaux verticaux en bois ou en contreplaqué, dans lesquels il voit une désignation symbolique du corps humain – des lignes géométriques qui viennent départager en zones régulières les surfaces peintes. Son souci permanent de dépassement de la surface plane le conduit à traiter les deux faces pour conférer à ses œuvres une présence dans l'espace, leur attribuant de fait le statut d'objets ou, selon ses propres termes, d'»*écrans mobiles de repos optique susceptibles d'être déplacés*». Après un retour à la figuration, il consacre la fin de sa vie à une production reprenant les compositions de sa période constructiviste.

Giacomo MANZU

Giacomo Manzoni, dit

(Bergame, Italie, 1908 – Rome, 1991)

Issue d'une très nombreuse famille, Giacomo Manzu travaille très tôt chez un graveur-doreur, puis chez un stucateur. C'est lors de son service militaire qu'il fréquente les cours de sculpture de l'Académie Cicognini, à Vérone. Il séjourne un court temps à Paris puis, faute de moyens, rentre en 1930 vivre à Milan, où il se forme seul en étudiant la statuaire ancienne (en particulier Donatello) et celle du XIXe siècle à travers Medardo Rosso puis Auguste Rodin, qu'il découvre lors de son second séjour en France, en 1936. Après avoir réalisé en ciment polychrome sa première œuvre importante, *La Sulamite*, il entreprend plusieurs portraits féminins de son entourage, dont sa femme et sa mère, en utilisant le bois, la cire et le bronze. Décidé à rester à l'écart des polémiques suscitées par l'avant-garde, indifférent aux révolutions formelles, il s'isole pour travailler en solitaire, commençant la série des *Cardinaux* dont il donnera par la suite de nombreuses versions. Au cours des années 40, après une suite de reliefs sur le thème de la *Passion*, il poursuit sans désemparer son œuvre dans la voie austère qu'il s'est fixée, s'attardant sur une suite d'*Autoportrait avec un modèle* avant d'aborder d'autres thèmes comme les *Danseurs* ou la *Maternité* à partir de 1954. Tout en enseignant à l'Académie de la Brera, à Milan, il continue ses recherches avec la même rectitude, l'assurance de son style l'amenant à accepter des commandes monumentales, telles que l'exécution de la cinquième porte de Saint-Pierre de Rome, au Vatican, et le portail central de la cathédrale de Salzbourg, en Autriche. Toujours initiées par ses dessins préparatoires ou ses études peintes, ses sculptures imposent l'élégance de leurs rythmes et un climat tour à tour douloureux ou ironique tout en étant dénuées, malgré les sujets traités, de mysticisme, mais chargées plutôt de l'inquiétude de l'époque.

Giuseppe MARANIELLO

(Naples, Italie, 1945)

Giuseppe Maraniello suit des études à l'Institut d'art et à l'Académie des beaux-arts de Naples. En 1971, il s'installe à Milan, où il établit des contacts avec de nombreux artistes de sa génération, rencontres qui favorisent son activité artistique alors dirigée vers la photographie. Vers la fin des années 70, il abandonne ce mode d'expression, s'oriente vers la peinture et en général vers les langages traditionnels de l'art, dont la sculpture. Il travaille surtout les matériaux pauvres comme le bois, même s'il lui arrive de faire fondre des bronzes, notamment à l'occasion de commandes publiques, comme celle reçue en 1996 pour les jardins de la Galleria d'Arte moderna de Bologne. Son goût pour les matériaux organiques l'amène à expérimenter depuis peu la terre dans des ateliers de céramique à Faenza, tout comme il s'intéresse aussi aux possibilités offertes par le verre. Depuis plus de dix ans, il associe sa pratique artistique à une activité d'enseignement à l'Académie de la Brera, à Milan.

Marino MARINI

(Pistoia, Italie, 1901 – Viareggio, Italie, 1980)

Marino Marini se forme à la peinture et à la sculpture en s'inscrivant, alors qu'il est encore très jeune, à l'Académie des beaux-arts de Florence. En 1919, un voyage à Paris lui révèle les principales tendances de l'art moderne et lui permet d'entrer en contact avec des artistes comme Magnelli, Campigli, Picasso, Braque, Laurens ou González. Son séjour lui permet de s'affranchir de l'influence du sculpteur Medardo Rosso, et l'incite à vouloir opérer une synthèse entre la modernité, qu'il découvre, et l'Antiquité, qui le passionne. Enseignant à l'École d'art de la Villa Reale, à Monza, dès la fin des années 20, il entreprend ses premières œuvres marquantes comme *L'aveugle* (1928) et *Le peuple* (1929), qui témoignent déjà d'un style personnel où, tout en sachant remettre en question la tradition, il sait extraire l'essentiel des apports de ses prédécesseurs, de la sculpture égyptienne ou étrusque jusqu'à Rosso, Maillol ou Arturo Martini. À partir de 1936, il travaille aux premières œuvres de l'inépuisable série des *Cavaliers,* qui ne cesse de l'inspirer, et dont il donne de nombreuses variations, tant du point de vue de l'attitude de ses silhouettes dépouillées que des différents matériaux auxquels il a recours. Au fil des années, en effet, il tend à réunir le cavalier et le cheval qui, ne formant plus qu'un seul bloc, accentuent la tension dramatique qui les habite. À la noblesse du bronze, qu'il utilise, il semble parfois préférer des matériaux plus simples comme la pierre, la glaise ou le bois, qu'il lui arrive de peindre. Professeur à l'Académie de la Brera, à Milan, où il s'installe après-guerre, il poursuit en parallèle une œuvre graphique et picturale qui marque une semblable évolution. Sa sculpture traite de nouveaux thèmes, comme les *Jongleurs* et les *Danseuses,* alors qu'il façonne une importante série de portraits – *Campigli, Carra, Stravinsky, Arp, Moore* – dans lesquels s'affirme une synthèse plastique d'une cohérence exemplaire. À partir des années 50, il reçoit des commandes de pièces monumentales qui, comme les sculptures de plus petite taille, attestent d'une conception toujours plus dramatique de son art, notamment lorsqu'il déforme les volumes et anime les surfaces d'aspérités et de rugosités toujours plus marquées. Dans une totale indépendance d'esprit, il continue, jusqu'à la fin de sa vie, à livrer une synthèse de ses sources culturelles.

Arturo MARTINI

(Trévise, Italie, 1889 – Milan, Italie, 1947)

A 12 ans, Arturo Martini entre en apprentissage chez un orfèvre, puis chez un céramiste. Dès 1905, il commence à sculpter, avant de se former et d'accumuler, dans les années suivantes, des expériences très diverses à l'Académie des beaux-arts de Venise, à l'école d'Adolf Hildebrand à Munich, puis à Paris, où ses céramiques vernissées subissent l'influence de Modigliani. Après la guerre, installé à Rome, il adhère au mouvement des Valori Plastici alors que son œuvre, inspirée de la statuaire étrusque et du classicisme romain, se caractérise par une grande pureté des lignes. Dès les années 20, il reçoit des commandes pour des œuvres monumentales qui allient dimensions exceptionnelles et maîtrise technique, tel le grandiose monument dédié aux *Pionniers italiens d'Amérique* (1927-28), à Worcester, dans le Massachusetts. Jusqu'à la chute du régime fasciste, il tient la place de sculpteur officiel tout en gardant sa personnalité et en se préservant – grâce à son audace, à son cosmopolitisme et à ses sources d'inspiration puisant aux styles les plus divers – d'une manière pompeuse. Même si la terre cuite domine son œuvre non monumentale, il entreprend des sculptures en pierre ou en marbre avant de réaliser, après 1942, une série de pièces en terre d'une grande liberté de composition. Deux ans avant sa mort, il publie *Scultura, lingua morta,* texte acide où il fait le point sur sa création – qui comprend aussi des milliers de dessins et de nombreuses peintures et gravures – tout en fustigeant la statuaire contemporaine sur laquelle son œuvre exercera pourtant, après la guerre, une influence décisive.

Raymond MASON

(Birmingham, Royaume-Uni, 1922)

Élève de l'Art School de Birmingham en 1937, Raymond Mason abandonne la peinture jusqu'en 1942 pour s'engager dans la Royal Navy. Il reprend sa formation au Royal College of Art de Londres en 1942, puis à la Ruskin School of Fine Arts d'Oxford en 1943. Très tôt, il décide de s'orienter vers la sculpture, jugeant ses dessins comme des travaux de préparation aux sculptures. Il ne peindra d'ailleurs qu'un seul tableau en 1958 – une vue de sa ville natale, Birmingham –, où il montrera son fort intérêt pour le spectacle de la rue, qui deviendra son sujet de prédilection. Installé à Paris dès 1946, il rencontre les grandes figures de l'après-guerre, Braque, Léger, Picasso, et surtout Giacometti qu'il considère, avec Balthus, comme l'un de ses maîtres. Ayant abandonné l'abstraction pour la figuration, il gagne tout d'abord sa vie en dessinant ou en sculptant des bustes d'enfants. Rapidement, il cherche à rendre, dans des sculptures en haut-relief, le mouvement et l'animation des rues à travers l'évocation de scènes du quotidien, notamment lorsqu'il exécute, dès le début des années 60, une série de plâtres et de bronzes consacrée à la foule. Dès 1970, à la technique du bronze, il ajoute celle de la résine peinte à l'acrylique, la vive polychromie de ses œuvres évoquant alors la sculpture médiévale ou baroque tout en s'attachant à décrire avec plus de vérité encore l'animation des quartiers qui l'inspirent – ceux des Halles et de Saint-Germain-des-Prés –, sans exclure pour autant, dans certaines compositions, une certaine dramatisation avec les jeux d'ombres qui rappellent ceux des fresques de Giotto ou de Tiepolo, que l'artiste admire tant. Il poursuit ensuite sa quête des présences et des regards en façonnant ses personnages en ronde-bosse chargés d'une évidente singularité.

Robert MASSART

(Trooz, Belgique, 1892 – Paris, 1955)

Élève de Joseph-Louis Rulot à l'Académie des beaux-arts de Liège, Robert Massart fréquente aussi l'atelier de Georges Petit. De 1923 à 1944, il participe aux expositions du Cercle des beaux-arts, et montre pour la première fois ses œuvres en 1925, dans une exposition personnelle. Issu du mouvement réaliste du XIXe siècle, son travail s'inscrit dans la continuité de la tradition. Il traite des sujets classiques – allégories, portraits, nus – qui attestent de sa volonté d'atteindre une certaine pureté dans les formes et les modelés. Il pratique aussi fréquemment la sculpture monumentale, se situant en cela dans le sillage de l'ancienne génération de sculpteurs wallons. Il réalise ainsi plusieurs monuments publics répartis dans la ville de Liège, comme *Le débardeur,* sur le canal Albert, ou *L'insouciance de la jeunesse,* au lycée Léonie de Waha.

André MASSON

(Balagny, Oise, 1896 – Paris, 1987)

Né dans une famille d'origine artisanale et rurale, André Masson passe son enfance à Bruxelles, où le métier de son père, représentant en papiers peints, a fixé la famille. Tout en suivant les cours de l'Académie royale des beaux-arts, il est mis en apprentissage dans un atelier de broderie avant d'être envoyé à Paris, en 1912, pour suivre les cours de l'École des beaux-arts. Avant que cela ne devienne une constante de son œuvre, il est fortement marqué par la guerre, après les massacres auxquels il a assisté puis une grave blessure qui le fait longuement séjourner dans des hôpitaux en 1917. Au cours des années 20, il participe de près aux activités du groupe surréaliste, travaillant dès 1923 à des dessins à l'encre dits «automatiques». Dès cette époque, son parcours est marqué par des recherches très personnelles, n'obéissant à aucun modèle : en 1927, il réalise les premiers *Tableaux de sable* ; en 1928, il aborde la sculpture avec Giacometti en reprenant les thèmes et obsessions de sa peinture pour exécuter sa première pièce, *Métamorphose.* Au cours des années 30, il séjourne en Espagne, illustre la revue *Acéphale* de Georges Bataille tout en peignant des œuvres dont l'univers voué au mythe et à l'érotisme libère un style très coloré. Exilé aux États-Unis entre 1941 et 1945, il peint des toiles très lyriques et réalise des sculptures en bronze de grandes dimensions avant de rentrer en France pour se fixer à Aix-en-Provence, où il tente de rendre la fluidité des choses, peignant des *«idéogrammes inventés»* proches de la calligraphie orientale, aboutissement de ses incessantes interrogations sur les relations entre écriture et peinture. Il poursuit ensuite ses travaux à travers une figuration multipliant les jeux graphiques et colorés, tel le plafond du théâtre de l'Odéon, en 1965.

Roberto MATTA

Roberto Matta Echauren, dit

(Santiago du Chili, 1911 – Civitavecchia, Italie, 2002)

Architecte de formation, Roberto Matta s'embarque pour l'Europe au début des années 30, parcourt l'Italie, l'Espagne, la Yougoslavie, l'Angleterre..., puis s'installe à Paris, où il trouve un emploi dans l'agence de Le Corbusier avant de travailler à Londres auprès de Gropius et de Moholy-Nagy. En 1938, ses premiers dessins lui valent de participer à l'Exposition internationale du surréalisme. Il se tourne ensuite vers la peinture et exerce, dès son arrivée à New York en 1939, une réelle influence sur des artistes comme Gorky, Motherwell, Pollock, Baziotes... en leur ouvrant la voie d'un automatisme gestuel. L'un des premiers à peindre des grands formats, il délivre un langage où le sens de l'espace, le biomorphisme et une certaine désarticulation des formes architecturent ses compositions. En 1948, son départ de New York correspond à son exclusion du groupe surréaliste. Il travaille ensuite à Rome, Londres et Paris, et entame un travail caractérisé par une grande diversité, bien que toujours inscrit dans le débat historique et politique de son temps, ce qui l'amène à prendre part à tous les combats révolutionnaires (Chili, Cuba, Mai 1968...). Parallèlement à son œuvre peint, il réalise de nombreux pastels, des sculptures en métal, en bronze et surtout en terre. Installé à Tarquinia, en Italie, il crée une école de céramique où il réalise d'ailleurs la plupart de ses pièces en terre cuite polychrome, à la gaieté et à la fantaisie très personnelles.

Fausto MELOTTI

(Roverto, Italie, 1901 – Milan, Italie, 1986)

Ingénieur en électronique de l'École polytechnique de Milan en 1924, Fausto Melotti entreprend des études à l'École de sculpture de l'Académie de Brera, dont il sort diplômé en 1928. Il se lie d'amitié avec Lucio Fontana, qui le tiendra plus tard comme *«le plus grand sculpteur italien».* Réfléchie et initiée dans les années 20, lorsqu'il fréquente dans sa ville natale un groupe d'artistes se réclamant du constructivisme, son œuvre s'oriente vers l'abstraction en s'appuyant sur la musique, expression essentielle pour lui, et en s'attachant à rester en rapport étroit avec l'architecture. Dans les années 30, ses premières sculptures abstraites répondent aux exigences des lois physiques tout en se combinant à des harmonies d'espaces et de temps musicaux qui les modèlent dans des effets de courbes jouant des vides et des pleins. Son goût des matériaux le conduit à utiliser au même moment l'argile et le plâtre dans la série des *Teatrini,* petites figurines disposées dans des espaces à couverture frontale. A la fin des années 30, il délaisse quelque peu la pratique sculpturale pour la décoration intérieure, l'écriture et le travail de la céramique, qui occupe alors une part importante de son temps. Il recommence à sculpter activement dans les années 50, poursuivant les travaux précédemment entamés, façonnant des bas-reliefs en plâtre peint, abordant des décorations monumentales en céramique, réalisant surtout des sculptures en métal vernis ou chromé composées parfois aussi avec des fils ou des feuilles de cuivre leur donnant un caractère aérien et lyrique. Passionné par la littérature et la poésie – Melotti aimait à comparer sa sculpture à la matérialité de la phrase –, sa démarche est pleinement reconnue à la fin des années 60, lorsque la critique et le public découvrent véritablement son œuvre, qui préfigure les expériences minimalistes de la seconde moitié du XXe siècle et les recherches de l'Arte Povera.

Manuel MENDIVE

(La Havane, Cuba, 1944)

Manuel Mendive passe son enfance dans un quartier marginal de La Havane. Il commence très tôt à peindre, puis étudie la peinture et la sculpture à l'Ecole San Alejandro, dont il sort diplômé en 1963. Son monde d'inspiration trouve immédiatement ses racines dans l'ancienne religion yoruba, qu'il connaît pour l'avoir vécue dès sa petite enfance. Profondément enracinés à la culture métissée de son pays, ses travaux allient un savant mélange de croyances afro-cubaines à un imaginaire poétique très personnel qui le conduisent, en plus de sa production picturale et sculpturale, à des spectacles vivants réunissant des danseurs dont il peint les corps. De sa peinture et de sa sculpture naît un vocabulaire de symboles naïfs, tout comme surgissent des créatures hybrides et surnaturelles, toujours issues des mythes et légendes ancestrales ancrés dans son esprit. Sa sculpture illustre cet art brut et singulier, parfois aux frontières du surréalisme, comme les femmes en forme de chaise ou les hommes à tête d'oiseau. Des sculptures en bois et des sculptures molles (toile de jute) sont réalisées au cours des années 80. Les premières sculptures originales en fer peint sont initiées en 1993, avant que ne soient édités plusieurs bronzes entre 1996 et 2000. Considéré aujourd'hui comme l'un des plus importants artistes cubains vivants, Manuel Mendive travaille actuellement à des sculptures en bois et fer polychromes, et, suite à son très récent séjour en Afrique, à de nouvelles sculptures molles.

Ivan MESSAC

(Caen, Calvados, 1948)

Présent sur la scène artistique depuis le début des années 70, Ivan Messac est d'abord peintre, son travail trouvant sa base dans une technique proche de celle des artistes du pop art et des tenants de la figuration narrative. Les années 80 le voient en partie renoncer à la peinture et au dessin pour des sculptures légères en carton, dont les volumes simples et géométriques constituent des colonnes. Toutefois, il transpose sa réflexion sur la couleur en peignant les surfaces pour donner son unité à l'œuvre. Il pose le problème de l'illusion lorsqu'il peint du faux marbre, du faux bois ou du faux métal dont ses sculptures prennent l'aspect. Dans les années 90, alors qu'il reçoit plusieurs commandes publiques, ses recherches l'amènent à réutiliser les matériaux, les textures et les couleurs pour ce qu'elles sont, pour leur propre individualité et spécificité : il travaille le marbre, choisissant l'origine de la roche – marbre de Carrare, de Venise, de Vérone – selon le dessin coloré et sinueux de ses veines susceptible, dans certaines pièces, de prendre un beau poli lorsqu'il n'attaque pas les surfaces – au disque, à la pointe, au burin –, comme dans la série des *Masses d'ombres*. À partir de 2000, il conçoit des sculptures d'animaux – réunies dans la série *Zoologie* –, mêlant polystyrène, papier, bronze ou granit bleu du Brésil, avant d'entreprendre les *Faîtes couronnés* (2001-2002), arbres qui dictent les formes à l'artiste qui taille et façonne le bois qu'il lui arrive d'associer au marbre. Par ailleurs, depuis plusieurs années, il travaille à un projet visant à édifier un monument en pleine carrière de Carrare.

Mari MÉSZÁROS

(Tiszaszentimre, Hongrie, 1949)

Après des études à Budapest, notamment dans le département Verre du Magyar Iparmüvészeti Föiskola, dont elle sort diplômée en 1977, Mari Mészáros participe dès la fin des années 70 à de nombreuses expositions collectives dans des galeries et des musées, non seulement en Hongrie mais également à l'étranger, notamment en Allemagne, en Hollande, en Suisse et dans les pays scandinaves. Elle a reçu des commandes publiques et spécialement conçu des pièces pour des institutions privées. Son travail révèle une maîtrise de la technique verrière qu'elle met à profit pour réaliser des sculptures figuratives, notamment des bustes féminins, caractérisés par leur translucidité enrichie de subtiles nuances de couleurs. Depuis 1980, elle vit et travaille en Hollande.

François MEZZAPELLE

(Tunis, 1955)

Depuis plus de vingt ans, François Mezzapelle se plaît à composer et à façonner un monde qui, tout en produisant un certain décalage et en suscitant parfois un léger malaise, recèle néanmoins un certain humour. Il fabrique en effet des personnages en résine dont les grandes silhouettes s'assimilent à des êtres hybrides, mi-homme mi-animal, des créatures sympathiques, quelquefois inquiétantes, qui semblent se regrouper pour former une étrange arche de Noé, entre réel et imaginaire. Ces dernières années, ses séries intitulées *Bise* (1996) ou *Air d'ondes gibbeuses* (1997-98) avaient la particularité d'avoir «perdu» leur couleur, les sculptures à la morphologie composite ayant abandonné les ressources de la coloration des matières plastiques pour un blanc neutre presque transparent. Impliquant un rendu différent des volumes et des courbes, il renoue ensuite avec la couleur : bigarrée et mate pour la foule hétéroclite de *MONTB* (2000), translucide et brillante pour les *Zélateurs acérés* (2001), étrangement coiffés de chapeaux à hélices. À Marseille, où il vit, travaille et enseigne, il continue de se servir des effets de la lumière et des jeux de symétrie qu'il orchestre avec ses personnages dont la particularité est d'instaurer une relation privilégiée avec le public tout en marquant fortement une distance avec le réel.

Joan MIRÓ

(Barcelone, Espagne, 1893 –
Palma de Majorque, Baléares, 1983)

Connu comme peintre, l'un de ceux qui ont d'ailleurs traversé le XXe siècle, Joan Miró ne s'est néanmoins pas limité à la seule peinture, mais a étendu son champ d'intervention à des techniques très différentes, dont la sculpture constitue sans doute l'un des domaines dans lequel il a montré une inventivité et une énergie créatrice des plus surprenantes. Il faut dire que sa formation passe, en 1912, par l'École d'art de Francesc Gali, où les exercices de dessin d'après le toucher libèrent sa vocation de sculpteur. Dès la fin des années 20, ses premiers papiers collés et collages d'objets l'amènent à se lancer dans une série de *Constructions* d'esprit surréaliste, assemblages de bois découpés et d'objets trouvés qui donnent la mesure de sa volonté d'anti-peinture d'alors. On peut toutefois dire que la véritable naissance de Miró sculpteur a lieu pendant les années de guerre, lorsqu'il plie les matériaux les plus divers – bois, liège, pierre, galets, tuiles… – aux exigences de ses inventions. Les premiers petits bronzes apparaissent aussi à ce moment-là, alors même que la céramique devient sa technique de prédilection depuis qu'il collabore avec Josep Llorens Artigas, avec lequel il fera de nombreuses pièces, certaines atteignant des dimensions impressionnantes. Entre 1944 et 1950, il réalise une dizaine d'œuvres majeures dont plusieurs, de dimensions réduites, seront ensuite agrandies et retravaillées pour devenir monumentales et s'intégrer, selon sa volonté, à l'espace urbain. Sensible aux textures, Miró travaille aussi bien la pierre, le bronze, le bois ou le marbre que les résines synthétiques pour offrir au regard du public la poésie des courbes de ses formes biomorphiques. Amalgamant les matériaux les plus variés à la polychromie des surfaces, n'hésitant pas à marier abstraction et figuration, il s'emploie à créer un monde féerique, tel le *Labyrinthe* du jardin de sculptures de la Fondation Maeght à Saint-Paul-de-Vence, qui montre qu'il n'y a dans son œuvre, en définitive, pas de barrière entre peinture et sculpture.

Igor MITORAJ

(Cracovie, Pologne, 1944)

Igor Mitoraj arrive en France en 1968 après des études d'art à Cracovie, où il a reçu une formation de peintre sous la direction de Tadeusz Kantor. Il décide de la compléter en s'inscrivant à l'École des beaux-arts, à Paris. Au début des années 70, séjournant au Mexique, il continue à peindre tout en découvrant la sculpture. A partir de 1975, revenu à Paris, il comprend que sa vocation est la sculpture, et décide de s'y consacrer entièrement. Dès lors, qu'il s'agisse de ses sculptures en bronze, en marbre ou en fer, il puise son inspiration dans le classicisme de la statuaire antique qui le fascine. Il voyage fréquemment en Grèce pour nourrir son inspiration. Ses visages brisés, tels des masques, trouvent en effet leur origine dans le répertoire de la sculpture de l'antiquité grecque et romaine. Souvent, il intervient à la surface de ses têtes et de ses bustes auxquels il fait subir, signe de l'érosion du temps, des dégradations et des altérations. Archéologiques par leur signification, ses sculptures témoignent aussi des possibilités sans cesse renouvelées de la tradition, qui apparaît alors chez lui comme une source vitale et inépuisable. Elles le placent de fait dans le prolongement de l'esprit surréaliste, auquel il n'est pas étranger. Depuis le début des années 80, il travaille à Pietrasanta, en Italie, séduit par les possibilités que lui offre le marbre. En 1999, sa série *Moonlight Venezia* allie l'acier au verre de Murano.

François MONCHATRE

(Coulonges-sur-l'Autize, Deux-Sèvres, 1928)

Dès son plus jeune âge, François Monchatre est attiré par les machines, qui apparaissent à ses yeux comme des objets poétiques et magiques. Il installe un atelier dans le grenier familial pour s'adonner à sa passion après l'école communale. En 1946, il rentre à l'Ecole des métiers d'art, à Paris, dans la section Vitrail et peinture sur verre, puis, après l'obtention de son diplôme en 1950, travaille successivement dans des ateliers de vitraux parisiens. C'est en 1952 qu'il commence à s'adonner à la peinture, son parcours l'amenant à rencontrer des artistes comme Arman, César ou Gaston Chaissac. Depuis la fin des années 60, son activité est double : il peint des œuvres poétiques et mystérieuses dans un style très personnel qui le rapproche des dessinateurs satiriques tout en se plaisant à fabriquer des objets – sorte de totems, mâts de cocagne, constructions ludiques – qui révèlent un monde burlesque et comique où tourbillonnent et cabriolent, grâce aux mécanismes de son invention, des personnages malicieux et farceurs. Se souvenant de sa passion d'enfance, il aime, devenu adulte et conscient de la réalité des choses, construire des machines en utilisant des matériaux très divers comme le bois, le carton d'emballage ou le métal. Sa démarche place d'emblée son œuvre, qui puise dans l'imagerie de l'art populaire et de l'art contemporain, sur un registre humoristique en même temps qu'elle l'étiquette comme artiste singulier. Au-delà même des titres qu'il donne à ses «machines», il pose sur la société un regard ironique et moqueur, s'amusant à la mettre en volume et en mouvement dans des sculptures-constructions qui ne cessent de démontrer sa capacité d'invention.

Denis MONFLEUR

(Périgueux, Dordogne, 1962)

Denis Monfleur a commencé son travail de sculpture au début des années 80, expérimentant des matériaux aussi divers que le bois, l'inox, la résine et le marbre. À partir de 1989, il devient successivement le praticien de José Subira-Puig, de Dietrich Mohr et de Marcel Van Thienen. Dès le début des années 90, il se consacre à la taille de la pierre, particulièrement du granit, dont il maîtrise l'ancestrale technique. Attaquant la roche, il sculpte des corps à coups de burin de tungstène, maniant la massette avec force, labourant la pierre au disque de diamant, la forant avec une mèche à carbure. Dans ce corps à corps entre le bloc de granit et le sculpteur, entre le minéral et la technique, il s'attache à rendre légère cette matière si dense et si lourde qu'il veut, à sa manière et avec ses moyens propres, déshabiller, épuiser et révéler. Il y parvient en privilégiant la voie figurative, en sortant du monolithisme qu'il s'était antérieurement imposé, en se posant la question du rapport au socle de l'œuvre, en sculptant des corps sans tête ou des têtes sans corps, des corps scarifiés résumés à leurs lignes de force, à leurs centres de gravité qui mènent sans cesse l'artiste dans l'aventure d'un renouvellement permanent et risqué de la pièce unique. Parfois associé à des socles en acier, le granit gris révèle des zones de pierre orangées par l'oxydation, rappelant les souvenirs du bloc originel qui laisse alors la place à une certaine poésie face aux coups portés sur la roche. Il a également reçu plusieurs commandes publiques, notamment au moment de la préfiguration du Musée d'art moderne de Thessalonique. Plus récemment, il a réalisé pour le Musée de la Résistance de Champigny-sur-Marne, en collaboration avec Oscar Niemeyer et Jean-Michel Daquin, une sculpture commémorant l'action des Brigades internationales d'Espagne. Il travaille actuellement à une série d'autoportraits qu'il façonne dans des blocs de granit de très grandes dimensions.

Wilfrid MOSER

(Zurich, Suisse, 1914 – 1997)

Wilfrid Moser se forme au cours de voyages qu'il entreprend à travers l'Europe et l'Afrique du Nord durant années 30. Fixé à Paris, il suit les cours de plusieurs académies de peinture, notamment celles dirigées par Fernand Léger et André Lhote. Il se tourne alors vers la figuration avant de se rallier, dans les années 50, à l'art abstrait, devenant l'un des principaux représentants du tachisme. Dans les années 60, il opte pour une forme d'art alliant les appositions de couleurs stridentes à des collages ou à des superpositions de matériaux de récupération. Dès lors, la peinture s'étend aux trois dimensions, et il réalise de nombreux reliefs en bois, assemblages de planches et sculptures dont certaines peuvent même être visitées à l'intérieur. Dans la continuité de cette démarche, il réalise aussi des objets en utilisant la matière plastique, comme la *Maison ouverte* (1969).

Mehdi MOUTASHAR

(Hilla, Irak, 1943)

Mehdi Moutashar est diplômé de l'Académie des beaux-arts de Bagdad et de l'École des beaux-arts de Paris, où il a fait ses études à partir de 1967. Privilégiant dès ses débuts la voie non figurative, l'essentiel de son œuvre se réfère à la géométrie. Il mène une exploration des formes où l'extrême dépouillement ne peut pas être pour autant rattaché au minimalisme et à l'art construit, qui seraient ses seules références. Héritée de sa propre tradition culturelle, sa démarche s'assimile plutôt à une redécouverte de principes et de concepts spatiaux dans lesquels le carré occupe une place primordiale, cette figure étant, selon les mots de l'artiste, «*de l'ordre de la matérialisation et du réel*». L'idée de pureté plastique le pousse à se mettre en quête d'une grammaire des formes où le cube est omniprésent, à l'image de la déclinaison qui en est faite depuis l'Antiquité, aussi bien chez les Sumériens ou les Égyptiens que chez les chrétiens ou dans l'islam. Ses cubes de métal participent d'une volonté de compréhension de l'espace, la partie non construite étant à ses yeux aussi importante que la partie construite, instaurant en cela un rapport à l'architecture qui atteste de sa passion pour les volumes de l'époque romane dans une interrogation toujours renouvelée de son rapport au monde. Les phénomènes visuels contraires qu'il apprécie sont accentués lorsqu'il peint les surfaces de ses sculptures, geste inaltérable venant s'opposer à l'eau ou à l'huile réfléchissante qui occupe un espace évidé. Poursuivant actuellement cette recherche, parallèlement à une activité d'enseignant, Mehdi Moutashar travaille à des versions monumentales de ses pièces identiques à celle qu'il vient d'installer dans un parc du nord de la Hollande.

Mr IMAGINATION

Gregory Warmack, dit

(Chicago, États-Unis, 1948)

Issu d'une famille nombreuse de la banlieue de Chicago, Gregory Warmack est attiré par la création dès son plus jeune âge. Au fil des années, son énergie se concentre sur la transformation de son environnement en œuvre d'art. Son habileté manuelle, qu'il met au service de son expression artistique, consiste dans le fait d'être capable de prendre n'importe quel objet, quelle que soit sa taille ou sa forme, et d'y voir des possibilités plastiques. Cette capacité, qui lui vaut d'ailleurs son pseudonyme, lui permet de transformer des pièces de rebut en objets refaçonnés à travers lesquels une nouvelle vie se trouve réincarnée. Cette approche trouve chez lui un sens particulièrement fort lorsqu'on sait qu'il a été grièvement blessé lors d'une agression qui a manqué lui coûter la vie. Par la suite, l'élément le plus significatif de son processus de création est en effet sa croyance dans les énergies spirituelles, croyances qui donnent lieu à la réalisation de sculptures prenant la forme de totems, de trônes, de fétiches modernes ou de figures s'apparentant aux objets de culte des civilisations primitives. Associant des matériaux de récupération très variés qui attestent de son caractère inventif, il parvient à doter ses œuvres d'une réelle force d'attraction, se plaçant dans la situation singulière d'un artiste contemporain qui, tout en étant aussi peu débiteur de l'art de son temps, y occupe néanmoins une place suscitant curiosité, attention et commentaires

Juana MULLER

(Santiago du Chili, 1911 – Paris, 1952)

Avant de s'installer à Paris en 1937, après de courts séjours en Allemagne, en Italie ou en Grèce, Juana Muller étudie à l'École des beaux-arts de Santiago du Chili, où elle devient professeur. À Paris, elle travaille dans l'atelier de Zadkine, qui lui apporte sa discipline des formes dépouillées, et fait la connaissance de Brancusi, dont la rencontre marque un tournant décisif dans sa démarche créatrice. Au cours des années 40, elle se lie d'amitié avec le groupe de sculpteurs et de peintres formé par François Stahly, Étienne-Martin, Jean Bazaine, Alfred Manessier, Jean Bertholle et Jean Le Moal, dont elle devient l'épouse. Elle participe à des expositions collectives et à des salons où elle montre des bustes, des têtes ou des pièces de plein air – totems – révélant son sens de la matière, qu'il s'agisse de la pierre, du bois, de la terre ou du bronze. Rare femme, avec Germaine Richier, à pratiquer alors la sculpture, Juana Muller collabore avec Stahly et Étienne-Martin pour la décoration de l'église de Baccarat, travail interrompu par sa disparition prématurée.

Robert MÜLLER

(Zurich, Suisse, 1920)

C'est à Zurich, entre 1939 et 1944, que Robert Müller apprend son métier : la taille de pierre avec Otto-Charles Bänninger, le modelage avec Germaine Richier. Il poursuit ensuite sa formation et ses recherches en travaillant seul à Morges, sur le lac Léman, jusqu'en 1947, puis à Gênes et à Rome jusqu'en 1950, année où il se fixe à Paris. Ses premiers essais de sculpture non figurative, conduits par cette volonté d'élaborer un vocabulaire élémentaire, datent d'ailleurs de cette période, tout comme le procédé de la fonte en cire perdue se trouve supplanté par l'utilisation du fer forgé et soudé, le choix de se servir de matériaux de rebut étant alors de pure commodité. A partir de 1953, ce nouveau matériau est devenu son propre langage, l'amenant à bâtir avec des fragments de métal (grosses tôles, outils, faux, tuyaux, fils de fer...) qu'il découpe, brase et polit une ménagerie fabuleuse où les animaux à carapaces sont les plus nombreux. Les volumes arrondis et gonflés contrastent alors avec les piques acérées et les formes creuses, tout comme les surfaces mates à la patine noire du remodelage au feu alternent avec les surfaces brillantes et polies. A partir de 1965, il abandonne l'emploi du métal de récupération pour revenir à la fonte traditionnelle, exécutant des tirages de la même pièce dans des métaux différents. Dès lors, ses sculptures sont constituées de multiples éléments qui s'encastrent les uns dans les autres après un travail d'usinage de grande précision. Au cours des années 70, ses sculptures abstraites présentent le double symbole de la spirale et de la pénétration.

David NASH

(Esher, Royaume-Uni, 1945)

Après s'être formé au Kingston College of Art, au Brighton College of Art puis à la Chelsea School of Art, David Nash s'installe à la fin des années 60 au nord du Pays de Galles. Il taille aussitôt le bois et réalise des sculptures influencées par Brancusi. Dès le début des années 70, sa démarche annonce son travail futur du fait qu'il s'intéresse à l'art minimal – favorisant les formes géométriques simples – tout en s'en distinguant par l'utilisation de matériaux naturels et bruts – particulièrement le bois – qu'il laisse travailler et changer d'aspect, soit naturellement sous l'effet de l'eau, de l'air ou de l'humidité, soit en les faisant cuire pour obtenir une croûte noire et charbonneuse à la surface des pièces. Dès lors, il s'emploie à exécuter des œuvres aux formes simples – boules, colonnes, boîtes – qu'il sculpte directement dans d'énormes troncs, commençant par dégrossir à la tronçonneuse ou à la hache selon l'essence et l'anatomie des arbres. Au fil des années, certains thèmes deviennent récurrents et fondent le répertoire de l'artiste, tel le vaisseau qui, depuis le milieu des années 80, devient l'un de ses sujets favoris, jouant de l'opposition entre contenant et contenu lorsqu'il dégage la masse intérieure reproduisant le profil du vaisseau creux. Depuis longtemps, parallèlement à son travail de sculpteur, il aime à intervenir sur la nature pour modifier la pousse ou la croissance des arbres, en les plantant par exemple en cercle infléchis vers l'intérieur, cette démarche l'amenant à opérer dans des parcs pour inscrire son œuvre dans la lignée de mouvements qui privilégient les rapports entre l'artiste et la nature, particulièrement le Land Art, dont il se distingue néanmoins par l'approche très personnelle de son travail qui s'inscrit dans la tradition anglaise. Depuis peu, il réalise des bronzes en apportant un soin tout particulier aux patines qu'il souhaite le plus proche possible de ses bois.

Matei NEGREANU

(Bucarest, Roumanie, 1941)

Formé à la section Verre de l'Académie Grigorescu de Bucarest, de 1966 à 1972, Matei Negreanu devient designer dans le domaine du verre pour le ministère de l'Industrie roumain entre 1972 et 1977, avant de venir vivre en France en 1981. Il a aujourd'hui installé son atelier en Sologne, à Lamotte-Beuvron (Loir-et-Cher). Depuis plus de vingt ans, il participe à de nombreuses expositions personnelles et collectives, en France et à l'étranger, regroupant les plus importants créateurs dans le domaine du verre. Entretenant une relation passionnelle avec ce matériau, qu'il aborde non pas dans sa dimension séductrice mais dans un rapport quelquefois violent où il contraint la forme et la lumière, il construit ses pièces sur des équilibres instables, jouant avec la couleur qu'il s'emploie à masquer avec des ajouts de plomb, ses blocs de verre s'habillant de gris sourd parfois traversé d'un vif éclair carmin. Ses œuvres sont conservées dans de nombreuses collections publiques en Roumanie, en France, en Hollande, en Allemagne, en Suisse, en Grande-Bretagne, aux États-Unis et au Japon.

Ugo NESPOLO

(Mosso Santa Maria, Italie, 1941)

Diplômé de l'Académie Albertina de Turin après un cursus en lettres modernes, Ugo Nespolo fait son apparition dans le panorama artistique italien au cours des années 60, sa première exposition ayant lieu en 1966. Bien que sa démarche créative passe à ses débuts par le pop art, il s'exprime ensuite avec des matériaux organiques et simples qui le rapprochent de l'Arte Povera et des futurs conceptuels. Jamais liée d'une manière absolue à une tendance, sa production se caractérise tout de suite par un humour tendre et une ironie libératrice, associés à un sens très personnel du divertissement qui devient peu à peu une sorte de marque de fabrique. Dans un premier temps, il aborde par exemple le thème du jouet en réalisant des peintures-puzzles aux formes simples et aux couleurs pures, avant de rompre radicalement avec ce travail et de présenter des assemblages constitués de matériaux pauvres. Dans les années 70, il s'approprie un nouveau moyen d'expression lorsqu'il s'oriente vers le cinéma expérimental, ce qui ne l'empêche pas de poursuivre encore et toujours dans de nouvelles directions lorsqu'il entreprend une série de tableaux brodés et cousus avec des fils de laine. Dès lors, il ne cesse d'avoir recours à de nouveaux matériaux – bois, albâtre, nacre, ivoire, porcelaine, métal –, notamment lorsqu'il aborde la sculpture, fabriquant des sortes d'automates et des assemblages rappelant la fantaisie d'Enrico Baj. Après avoir parcouru les États-Unis dans les années 80, son insatiable curiosité et son énergie débordante l'amènent à produire des éléments de décoration et à créer dans le secteur des arts appliqués des objets qui sont ensuite produits en série. Il travaille également le verre en imaginant des sculptures particulièrement ludiques, et réalise aussi des poteries en terre cuite émaillée dans des ateliers de Faenza, œuvres attestant toujours de l'esprit inventif qui l'anime.

Louise NEVELSON

(Kiev, Ukraine, 1900 – New York, 1988)

Louise Berliawsky a 6 ans lorsque sa famille émigre de Russie aux États-Unis et s'installe à Rockland, dans le Maine. En 1920, mariée à Charles Nevelson, elle vit à New York, où elle est fascinée par l'architecture. Après des études à l'Art Student League, elle séjourne en Allemagne, où elle est l'élève de Hans Hoffmann à Munich, en 1931. De retour à New York l'année suivante, elle est l'assistante de Diego Rivera et travaille pendant les années de crise pour la Work Progress Administration. Dès les années 40, sans connaître par exemple le travail d'Arp, qu'elle rencontrera en 1960, elle commence à réaliser des assemblages à partir de morceaux de bois trouvés tout en s'initiant à la gravure avec Stanley William Hayter. Elle continue de se former sur d'autres matériaux, comme l'aluminium et le bronze, au Sculpture Center. Deux voyages au Mexique, en 1949 et 1950, lui font découvrir l'architecture et la sculpture précolombiennes, favorisant ainsi son goût pour les compositions structurées et la terre cuite qu'elle pratique alors, bien que son goût pour le bois semble nettement prendre le dessus. Enchâssant dans des caisses, verticales ou horizontales, des morceaux de bois de toute sorte, notamment des éléments de mobilier, elle compose des architectures abstraites et géométriques, constructions de bois peintes en noir mat, en blanc ou couleur or selon ses différentes périodes de création. Vers la fin des années 50, ses œuvres, tels des reliefs devenus de véritables murs-sculptures de grandes dimensions ou des *Colonnes* ou *Totems* aux formes stylisées, lui assurent un vrai succès. Plus tard, au bois peint, elle intègre à ses compositions du plexiglas, alors que les commandes monumentales qu'elle reçoit sont réalisées en acier corten.

Zoya NIEDERMANN

(Montréal, Canada, 1954)

Ses talents de dessinatrice stimulés dès son plus jeune âge par ses parents, Zoya Niedermann entreprend à partir de 1973 des études à l'École des beaux-arts de Montréal, formation qu'elle complète en fréquentant en 1976 l'École des beaux-arts de Voss, en Norvège, avant de revenir dans sa ville natale pour s'inscrire à l'École d'art et de design de l'université Concordia, où elle entame ses premières recherches. Fascinée par les mégalopoles, elle produit en 1980 une série de sculptures intitulée *The City*, passant de la peinture à l'utilisation du fer soudé pour livrer sa vision personnelle du monde urbain, faite de rondeurs et de lignes géométriques abstraites. Son inspiration puise alors de plus en plus fréquemment dans les thèmes architecturaux prenant leur source dans l'environnement immédiat de l'artiste, qui partage sa vie entre Montréal, New York et Pietrasanta, en Italie, depuis qu'elle a découvert le bronze, le marbre et la pierre comme matériau lui permettant de goûter au plaisir de la sculpture monumentale. En 1985, elle réalise une *Danseuse* en bronze qui s'intègre au centre d'une fontaine en granit qu'elle crée et installe devant la tour Industrial Life à Montréal, expérience qu'elle renouvelle à plusieurs reprises en répondant à des commandes d'œuvres destinées à l'extérieur, notamment pour des institutions comme l'Hakone Open Air Museum à Tokyo, qui reçoit en 1993 *Arch Figures*, parfait exemple de l'aisance de l'artiste à marier tradition et modernité. Dès lors, ses créations allient fermeté – stèles et figures totémiques, lignes géométriques dures – et souplesse – silhouettes et formes humaines, lignes organiques douces – pour livrer une symbolique personnelle qu'elle ne cesse de développer dans des sculptures massives ou élancées, rigoureuses ou abstraites.

NUNZIO

Nunzio Di Stefano, dit

(Cagnano Amiterno, Italie, 1954)

À la fin des années 70, Nunzio fait partie, avec Bruno Ceccobelli ou Piero Pizzi-Canella, du groupe d'artistes formant la Nouvelle école romaine, qui cherche une voie entre l'Arte Povera et la trans-avant-garde naissante. À ses débuts, il travaille avec du plâtre, avant d'expérimenter d'autres matériaux, dont le bois qu'il utilise à partir de 1985. N'appréciant pas son aspect naturel et son côté presque précieux, il le neutralise en le brûlant. Ainsi noirci, il prend un aspect complètement différent dont la matité joue pour beaucoup dans la lecture de l'œuvre à laquelle la lumière participe pleinement. La préoccupation de l'artiste par rapport à l'espace se trouve alors complexifiée, d'autant que sa démarche ne s'apparente ni à la peinture ni à la sculpture au sens où on l'entend habituellement, puisqu'on ne peut par exemple pas toujours tourner autour des pièces. Se nourrissant de l'espace, qui n'est pas pour lui une notion abstraite mais un élément dans lequel les objets circulent et se positionnent, il entend mettre la forme en relief, la faire venir en avant pour que s'établisse avec elle une relation physique, pour que le spectateur puisse aussi se réapproprier la dimension dans laquelle il évolue lui-même. Il y parvient souvent en suspendant ses œuvres entre sol et plafond comme si elles flottaient dans l'espace, modifiant ainsi la perception qu'on peut en avoir. Dans ce jeu avec la lumière et cette volonté de faire bouger l'espace, il a aussi recours à d'autres matériaux qu'il choisit pour leurs qualités propres et les possibilités qu'ils offrent. C'est ainsi qu'il a recours au plomb et à la tôle rouillée, qui ont la capacité de renvoyer de subtils reflets dont les nuances colorées évoquent les ocres de Rome, où il vit et travaille. À la fin des années 80, il a mis au service du théâtre sa capacité à habiter l'espace en réalisant les décors pour *Les Troyennes* d'Euripide.

Abel OGIER

(Grenoble, Isère, 1931)

Formé à l'École des arts décoratifs à Paris, Abel Ogier commence à participer à des expositions au début des années 60. La dérision qui caractérise son travail s'impose dans les années 70 lorsque, alors qu'il est membre du groupe Panique, il entreprend une série de sculptures sur le thème des aveugles, des manchots, des unijambistes ou des culs-de-jatte. Bien qu'il ait recours parfois à l'étain, au plâtre, à la cire ou encore à la laine tricotée dans une étrange *Maternité* (1975), son matériau de prédilection reste le bronze, dont la finition particulièrement soignée et l'impeccable poli accentuent en quelque sorte la puissance de la figuration de laquelle émane, au-delà du tragique des corps meurtris, torturés et avilis, un sentiment de fraternité généreuse et de pudique tendresse. Si les détresses et infirmités physiques lui permettent de dénoncer un monde violent qui écrase, broie et blesse profondément aussi bien l'âme et la chair de l'homme, il les utilise en les détournant, tel un témoin horrifié qui dissimule son angoisse et sa compassion. Et il réussit à les détourner grâce à une imagination exubérante et un humour dévastateur intensifiés par un traitement réaliste qui distingue un métier parfaitement maîtrisé. La dénonciation de la société moderne trouve une possible issue lorsqu'il montre des individus tentant d'échapper à leur destin, comme *L'aveugle et le paralytique,* de même qu'une lueur d'optimisme et un dénouement heureux semblent poindre lorsque des silhouettes essaient de greffer l'infirmité de l'une sur celle de l'autre dans un ultime geste de générosité qui pourrait, en définitive, neutraliser et réduire à néant leur handicap. Travaillant aussi à des hauts-reliefs ou à des *Médaillons porte-malheur,* les années 80 le voient s'intéresser à la terre cuite, alors qu'il continue à avoir recours au bronze pour des œuvres aux dimensions toujours modestes qui inscrivent pourtant irrémédiablement leur image au cœur de l'inconscient du regardeur.

OSMAN

(Boskurt, Turquie, 1948)

Professeur d'arts plastiques en Turquie, Osman s'installe en France en 1977. Après des débuts de peintre, il opte pour la sculpture après avoir découvert le travail de Joseph Beuys, de Mario Merz et de Giuseppe Penone. Il réalise des pièces en fer ou en verre, formes simples dont l'aspect mystérieux et la grande sobriété leur confèrent un certain primitivisme. En 1988, année où il commence à enseigner dans des écoles d'art, il est accueilli dans les ateliers du Cirva (Centre international de recherche sur le verre et les arts plastiques), à Marseille, pour expérimenter en toute liberté les techniques et les matériaux tout en bénéficiant d'ateliers équipés pour répondre à la diversité des travaux verriers qu'il entreprend alors. Variant entre humour et poésie, les titres narratifs qu'il donne à ses créations se réfèrent parfois à ses souvenirs d'enfance, lorsqu'ils ne se rapportent pas aux symboles de la matière et de la vie.

Jacques OWCZAREK

(Brunoy, Essonne, 1961)

Sculpteur autodidacte, Jacques Owczarek découvre la sculpture à l'âge de 30 ans. Ses rencontres avec un galeriste-collectionneur, un fondeur et un marchand le convainquent de s'y consacrer pleinement. Se plaçant dans la lignée du mouvement futuriste italien, il bâtit une œuvre d'une grande originalité et d'une spontanéité totale. Animé dans son travail d'un perfectionnisme et d'une exigence extrêmes, il se plaît à suivre de très près les différentes étapes de la réalisation de ses œuvres, apportant un soin particulier du moulage à la fonte en passant par le ciselage et la patine des bronzes, comme l'attestent ses récentes séries animalières.

Bernard PAGÈS

(Cahors, Lot, 1940)

Tous les travaux de Bernard Pagès sont marqués par les souvenirs de sa première enfance, passée à la ferme. Le choix de ses matériaux renvoie en effet à une vie campagnarde bien différente de l'univers de la civilisation industrielle des Nouveaux Réalistes, qu'il découvre lors d'une exposition à Nice, en 1967. Cette révélation l'amène d'ailleurs à se libérer de la conception moderniste de la sculpture qui est alors la sienne depuis l'abandon de la peinture, en 1964. La rupture intervient lorsqu'il réalise une petite sculpture faite de branchages et de bouteilles récupérées, prélude à une utilisation permanente de matériaux naturels et manufacturés très accessibles qu'il associe systématiquement – tels des bûches et des briques, des pièces de bois et de la tôle ondulée, du gravier et du carrelage – dans des arrangements disposés à même le sol. En 1970, il rompt avec les membres du groupe Supports-Surfaces tout en conservant une volonté de retour analytique et critique sur les éléments de la sculpture. Il commence par dresser des nomenclatures en relevant tous les types de manutentions artisanales que peuvent subir les matériaux dont il se sert. À partir de 1972, il entreprend plusieurs séries " d'assemblages " dont la rigueur des classifications lui apporte des éléments fondamentaux pour ses futures sculptures. À la fin des années 70, la notion de série laisse la place à des pièces de plus grands formats, alors que le thème de la colonne remplace les installations au sol, la maçonnerie prenant de plus en plus d'importance dans ses assemblages au plâtre, au ciment blanc coloré ou au béton. La couleur est d'ailleurs très présente dans ses *Colonnes,* qui mettent en évidence les matériaux et les techniques – la pierre brute et le béton teinté, la taille et le sciage – et confrontent volontairement socle et chapiteau, ces possibles inversions venant souligner le rapport au sol et l'inachèvement – donc la continuation – de l'objet. L'artiste continue ensuite à faire usage de la pierre, du béton, du métal ou de l'altuglas dans ses travaux.

Mimmo PALADINO

(Paludi, Italie, 1948)

Mimmo Paladino fait ses études au Liceo artistico de Paludi, sa ville natale, de 1964 à 1969. Après des débuts qui le confrontent à l'art conceptuel, à l'art minimal et à l'art pauvre, il opte pour l'abstraction avant d'orienter sa peinture vers une figuration plus expressive et d'être associé, au début des années 80, au groupe de la Trans-avant-garde qui réunit, entre autres, Francesco Clemente, Enzo Cucchi, Sandro Chia et Nicolas De Maria, peintres dont le dénominateur commun est un retour à la peinture (qui trouve d'ailleurs des échos à l'étranger avec les Néo-expressionnistes allemands). Imprégné de la culture méditerranéenne qui est la sienne, s'inspirant de l'art étrusque et des arts primitifs, Paladino entreprend alors des toiles vivement colorées où les personnages coexistent avec des allégories énigmatiques et des signes issus de la mythologie. Outre l'huile, il emploie d'autres techniques traditionnelles qu'il maîtrise parfaitement : la mosaïque puis, à partir de 1982, la sculpture, recourant alors à divers matériaux comme le bois, le fer, la pierre, le bronze, le cuivre ou la terre pour façonner des volumes lisses aux rondeurs parfaites. Comme si elles sortaient de l'espace de la toile, ses sculptures – personnages hiératiques ou animaux figés – révèlent une spontanéité instinctive dans l'acte créateur qui fait jaillir toute la profondeur, la sensibilité et l'enracinement ressentis par l'artiste.

Pablo PALAZUELO

(Madrid, 1916)

Après des études d'architecture puis des cours à la School of Arts and Crafts de Londres, Pablo Palazuelo commence à peindre vers 1940 dans un esprit néo-cubiste, avant de passer à l'abstraction quelques années plus tard. En 1948, l'obtention d'une bourse d'études de l'Institut français de Madrid lui permet de venir poursuivre sa formation à Paris, où il vit et travaille jusqu'à son retour dans sa ville natale, en 1963. Pendant cette période, il se lie d'amitié avec Eduardo Chillida et rencontre Bernard Dorival, alors conservateur au Musée national d'art moderne. Poursuivant un travail non figuratif s'appuyant sur un chromatisme subtil, il aborde la sculpture sur le tard, au début des années 50, en basant ses recherches sur un équilibre des structures géométriques issues de proportions mathématiques qui, au fil des décennies suivantes, l'amènent à simplifier ses œuvres métalliques où prédominent les formes aériennes. A partir du début des années 80, toujours partisan d'une vision non orthodoxe du constructivisme, il réalise des sculptures en acier qui naissent de l'entrecroisement d'un petit nombre de plans et qui se caractérisent par leur stricte sobriété. Bien que ses œuvres semblent préfigurer l'art minimal, elles s'en distinguent nettement en ce qu'elles n'ont pas pour objet de mettre en valeur les matériaux bruts, mais plutôt de réussir un équilibre plastique des formes souvent valorisées par la pureté de leurs lignes de rupture.

Flavio PAOLUCCI

(Torre Orsina, Italie, 1934)

De 1949 à 1953, Flavio Paolucci est élève de l'Ecole cantonale de peinture de Lugano, avant d'entrer dans l'atelier d'Oscar Bölt, à Locarno, et de compléter sa formation à l'Académie de la Brera, à Milan, où il suit l'enseignement d'Aldo Carpi. Au début des années 60, il entreprend plusieurs voyages d'études, à Paris en 1961, puis au Maroc en 1964. Figurative à ses débuts, sa peinture évolue vers une écriture informelle caractérisée par une sobriété de la palette et des fonds de toile neutres et unis. Vers 1970, il réalise des figures habillées de polyester avant de concevoir, les années suivantes, des objets conceptuels auxquels il assigne une fonction sociale alors qu'il utilise des matériaux simples. C'est justement la dualité des différentes matières qui l'intéresse, tout comme les effets visuels possibles, cette approche l'amenant depuis quelques années à avoir recours au papier, au bois et à la suie qui, selon ses propos, *«torturent»* son imagination puisque *«chaque jour ce processus est en péril, tout bouge, tourne, se rebelle contre les inventions, la mémoire, l'expérience»* qu'il s'astreint à toujours mettre en jeu.

Alicia PENALBA

(San Pedro, Argentine, 1918 – Dax, Landes, 1982)

Alicia Penalba étudie le dessin et la peinture à l'Académie de Buenos Aires. L'obtention d'une bourse lui permet de venir en 1948 à Paris, où elle s'inscrit à l'École des beaux-arts. Rapidement, elle oriente son travail vers la sculpture, en se formant pendant plus de deux ans dans l'atelier de Zadkine. Dès 1952, maîtrisant la notion de construction, elle commence la série des *Totems,* caractérisée par des formes élancées et un aspect végétal architectural qui inaugure un style très personnel. Le désir de creuser et de percer les volumes l'amène, à partir de 1960, à concevoir des formes plus complexes qui trouvent leur origine dans des projets d'intégration architecturale, par exemple les sculptures-jeux destinées aux espaces de récréation des enfants. Elle a d'ailleurs, à ce moment-là, l'occasion d'en mener plusieurs à leur terme, comme la sculpture-fontaine de l'école de Firminy-Vert (Loire), ou les douze œuvres en béton qui viennent rythmer l'austère façade de l'École des études économiques et sociales de Saint-Gall (Suisse). Bien que sa matière de prédilection soit la glaise, elle exécute parfois certaines maquettes en ciment avant de les agrandir et de les faire fondre en bronze, prenant alors soin de travailler les patines dont la matité se trouve mise en valeur dans les pièces où les éléments s'équilibrent en un mouvement évoquant l'envol. Elle expérimente aussi d'autres matériaux comme le polyester pour juger de certains effets et accentuer le côté aérien de ses pièces. À partir de 1975, elle pousse ses recherches vers un éclatement des formes qui participe à libérer l'espace et la lumière, laquelle pénètre alors de toutes parts.

A. R. PENCK

Ralf Winkler, dit

(Dresde, Allemagne, 1939)

Après avoir peint, encore adolescent, ses premiers tableaux, Ralf Winkler – qui prendra le nom de A. R. Penck à la fin des années 60, en hommage au géologue Albrecht Penck (1858-1945) – suit en 1954 les cours de dessin du peintre et cinéaste Jürgen Böttcher Strawalde, formation qu'il complète par des cours de dessin publicitaire puis des cours du soir à la Kunstakademie de Dresde. Dès 1957, il fait ses premiers essais de sculpture en exécutant des études de têtes en plâtre. Dans les années 60, tout en exerçant divers métiers, il commence la série des *Weltbilder* et des *Systembilder* avec des signes en noir et blanc avant d'entreprendre, autour de 1970, la série des *Standarts*, qui délivre sur la toile un langage artistique s'inspirant de l'art préhistorique et des dessins d'enfant, constituant ainsi un répertoire de signes et de symboles qui caractérisent le sens philosophique de sa démarche qu'il précise d'ailleurs dans plusieurs écrits. En 1974, il exécute des sculptures en feutre puis, trois ans plus tard, ses premières sculptures en bois, alors que sa rencontre avec l'artiste ouest-allemand Jörg Immendorf l'amène à inaugurer, dans le contexte du réalisme socialiste qui a toujours cours à l'Est, une série de tableaux s'attachant à une thématique politique. Au cours des années 80, toujours en parallèle à son œuvre peint, il commence à travailler le fer et le bronze qu'il combine parfois avec le bois. A partir de 1985, il réalise des petites sculptures en bronze puis, lors d'un séjour à Carrare, ses premières pièces en marbre. Au début des années 90, il s'est adonné à la céramique en faisant preuve d'une même diversité que dans ses autres activités artistiques.

Giuseppe PENONE

(Garessio Ponte, Italie, 1947)

Dès la fin des années 60, après des études à l'Académie des beaux-arts de Turin, Giuseppe Penone participe aux activités du mouvement de l'Arte Povera, dont il devient l'une des figures majeures. On peut supposer que son enfance, passée dans un village de Ligurie, l'a amené à produire une œuvre intimement liée à la nature minérale et végétale, démarche qui trouve un large écho dans son travail de sculpture et de dessin. Le bois et la terre sont longtemps au centre de ses préoccupations : s'assignant la nécessité de ranimer l'énergie des matériaux, l'arbre devient de fait un thème récurrent dans son œuvre, comme il utilise l'argile pour y figer les formes de l'instant dans le but, selon ses propres termes, *«de prendre possession de la réalité»*. Cette tentative de captation des énergies de la nature – croissance, équilibre, érosion, souffle – associe rapidement le corps de l'artiste, qui devient partie intégrante des œuvres lorsqu'il laisse son empreinte ou imprime le moulage de sa bouche ou de son corps dans la glaise, comme le montre le cycle des *Souffles*, en 1978. Se référant à la permanence des mythes, ses sculptures veulent révéler l'état transitoire des choses et les étapes successives des modifications imperceptibles de la nature. En utilisant le bronze ou, dans les années 90, le marbre, matière plus classique par rapport aux matériaux pauvres, Penone, toujours attaché à renouveler son expérience, n'en reste pas moins *«disciple de la nature et serviteur de l'expérience»* lorsqu'il utilise le verre, substance naturelle qui vient encore et toujours attester de la relation physique du sculpteur à l'œuvre.

Nestor PERKAL

(Buenos Aires, Argentine, 1951)

En 1975, après des études d'architecture à l'université de Buenos Aires, Nestor Perkal crée une agence de design mobilier spécialisée dans les aménagements d'intérieurs. Installé à Paris, il ouvre en 1982 un nouveau bureau et étend son activité à une galerie consacrée au nouveau design, où il présente pour la première fois en France le groupe Memphis. Parallèlement à cette activité, qu'il conserve jusqu'en 1994, il continue de travailler aussi bien sur des projets touchant à l'architecture intérieure qu'à la conception, pour différents éditeurs, de mobilier, de tapis et d'objets liés aux arts de la table. Il reçoit des commandes pour des appartements privés et pour des lieux publics, tels les espaces d'attente et de circulation du siège social de la maison Cartier ou le café de la Maison européenne de la photographie, à Paris. De 1994 à 1996, il est invité par le Cirva (Centre international de recherche sur le verre et les arts plastiques), à Marseille, pour amorcer un projet personnel à partir duquel il développe la collection *Miroirs*. Dès lors, il entreprend des pièces sculpturales utilisant le verre de façon originale, créations qui deviennent, au-delà de leur complexité technique et de leurs dimensions imposantes, un ensemble majeur dans ses réalisations. Depuis plusieurs années, il a mis en place et il dirige le CRAFT (Centre de recherche sur les arts du feu et de la terre), à Limoges, organisme de médiation entre le monde de l'art et celui de l'entreprise où il favorise une politique d'invitation des artistes et designers autour de projets en céramique. Par ailleurs, il continue à concevoir du mobilier ou des luminaires tout en participant à de nombreuses expositions collectives en France et à l'étranger.

Gaetano PESCE

(La Spezia, Italie, 1939)

À 20 ans, Gaetano Pesce entre à l'École d'architecture de Venise avant de suivre, entre 1961 et 1965, les cours de l'Institut supérieur de design de cette ville. Dès 1959, il est l'un des fondateurs du Gruppo N, qui entend se consacrer à la recherche menée autour de l'»art programmé». Au cours des années 60, parallèlement à ses activités de designer et d'architecte d'intérieur, il aborde différents modes d'expression artistique, organise des présentations où interviennent le son, le mouvement et la lumière, réalise des films. Dès cette période, il conçoit du mobilier en ayant recours à des matériaux et des techniques modernes comme la mousse de polyuréthane expansé ou le PVC, qui assouvissent son appétit de découvertes tout en lui permettant d'inventer des formes inédites. C'est dans cet esprit qu'au début des années 70, soutenu par Cesare Cassina, débute une fructueuse collaboration avec celui qui édite la série de sièges UP et son mobilier. Les années 80 voient la réalisation de plusieurs meubles en polyester moulé ou en résine, alors qu'il mène de front de nombreux projets architecturaux où il joue sur le potentiel expressif des matériaux. Entre 1988 et 1992, invité par le Cirva (Centre international de recherche sur le verre et les arts plastiques), à Marseille, il se montre un artiste d'innovation et de recherche, réalisant plus de cent cinquante pièces et participant à la mise au point d'un procédé de projection de verre en fusion ou d'autres méthodes verrières faisant appel à un travail de haute technicité. Tout en poursuivant ses multiples activités d'architecte, de designer et de professeur, il continue à créer des collections d'objets en résine, telle la collection *Nobody's Perfect*, et à vouer une passion à l'expérimentation de nombreux matériaux nés des nouvelles technologies. C'est encore au Cirva qu'il travaille au prototype de deux lustres géants pour le Palais des beaux-arts de Lille, réalisés en 1997 dans le cadre des commandes publiques. Depuis 1983, il a choisi de vivre à New York, qu'il tient pour la ville symbole du temps présent.

Jean-Paul PHILIPPE

(Alfortville, Val-de-Marne, 1944)

Après avoir fréquenté les ateliers de peinture à Montparnasse, puis l'Ecole des beaux-arts, Jean-Paul Philippe se consacre à la sculpture dès 1973. A Pietrasanta, près des marbreries de Carrare, il devient l'un de ces artistes-artisans capables de faire jaillir en taille directe des formes significatives pour traduire un sentiment de présence. Intéressé par la statuaire égyptienne ou précolombienne, il tend à instaurer un dialogue silencieux avec l'espace, la narration d'un mouvement entre vide et plein, entre essor et méditation. Il tente de retrouver le modelé évocateur du cylindre, de la roue, du portique ou du sarcophage. Un certain nombre d'œuvres monumentales témoignent de l'ampleur de l'imagination de l'artiste et de sa particulière attention aux relations temps-espace, comme l'illustrent son *Site transitoire* (1993) à Sienne, sa *Marelle* (2001) au Caire, et plus récemment *Aleph, Alpha, A* (2003) à Rennes.

Pablo PICASSO

(Malaga, Espagne, 1881 – Mougins, Alpes-Maritimes, 1973)

Pablo Picasso est longtemps resté un sculpteur discret, pour ne pas dire secret : il a fallu en effet attendre 1966 pour qu'il accepte de montrer son œuvre sculpté lors d'une rétrospective au Petit Palais, à Paris. Il s'est pourtant essayé à la sculpture dès 1899 en réalisant une statuette de femme assise. En 1905, ayant découvert la sculpture ibérique et l'art africain, il commence à tailler le bois, avant d'entreprendre dans les années suivantes des bronzes influencés par l'art nègre, inaugurant avec la première pièce entièrement cubiste, *Tête de femme*, la sculpture du début des années 10, faisant ensuite usage du carton, du bois ou de la tôle, parfois combinés dans l'esprit des papiers collés. En 1914, son *Verre d'absinthe*, bronze peint et sablé, résume la double expérience poursuivie par l'artiste, tant au niveau de la peinture que de la sculpture. Il faut attendre la fin des années 20 pour le voir revenir à la sculpture, s'orientant vers le fer forgé comme ses compatriotes Pablo Gargallo et Julio González, qui l'initie à la technique de la soudure. Il réalise une série d'œuvres constructivistes en fil de fer, puis retourne à des formes modelées plus figuratives coulées dans le bronze, alors qu'il commence à intégrer dans ses créations les premiers ustensiles qui lui tombent sous la main. Les moindres débris deviennent le prétexte à d'étonnantes inventions, préfiguration de pièces qu'il réalise pendant la guerre avec des objets qu'il transforme en sculpture, telle la selle de bicyclette qui se métamorphose en tête de taureau. Comme dans sa peinture, il passe avec une aisance déconcertante d'un style à un autre. 1944 voit naître *L'homme au mouton*, chef-d'œuvre suivi au cours des années 50 par bien d'autres sculptures où il excelle dans l'art de l'assemblage, comme dans *La chèvre* ou *La guenon et son petit*. Après s'être assidûment adonné à la céramique, il se met à utiliser des feuilles de métal découpées, pliées et assemblées à partir de 1954, technique qu'il reprend entre 1959 et 1963 pour une série de *Têtes de femmes* en tôle peinte. À partir de 1965, plusieurs agrandissements monumentaux sont réalisés par Carl Nesjar : sculptures en béton, *Oiseau* pour le Vondelpark d'Amsterdam, *Personnage* pour le lycée Sud à Marseille, *Tête de femme* au Vanersee en Suède, *Déjeuner sur l'herbe* au Moderna Museet de Stockholm et, enfin, sculpture en acier soudé de vingt mètres de haut d'après une *Tête de femme* de 1962 pour le Civic Center de Chicago.

Édouard PIGNON

(Bully-les-Mines, Pas-de-Calais, 1905 –

La Couture-Boussey, Eure, 1993)

Édouard Pignon passe son enfance dans une petite ville minière du Nord. En 1926, il part pour Paris, où il suit les cours de peinture des académies tout en exerçant différents métiers. Soutenu par la Galerie de France à partir de 1942, il peut pleinement se consacrer à son œuvre, qui connaît un tournant décisif lorsqu'il découvre la Provence en 1949. À contre-courant des tendances dominantes de l'époque, il affirme dans les années 50 son attachement à la figuration en même temps qu'il privilégie un mode de production sériel où la construction de l'espace, l'articulation des formes et la question de la couleur restent ses préoccupations majeures. Entre 1951 et 1954, il pratique la céramique à Vallauris. Il réalise dix céramiques-sculptures architecturales entre 1958 et 1981. On ne connaît qu'une incursion de la sculpture dans l'œuvre, une *Tête de guerrier*, relief en bronze inédit réalisé en 1965, qui renvoie aux toiles et aux aquarelles de la série (1964-1970) sur le même thème, où les visages désarticulés et convulsés apparaissent comme un portrait collectif de notre société. Pignon poursuit ensuite, selon le titre de l'un de ses livres publié en 1966, sa *«quête de la réalité»* jusqu'aux ultimes séries de *Nus*, qui sont celles d'un grand classique devançant, sous bien des aspects, les jeunes générations des années 80, qu'il s'agisse des néo-expressionnistes allemands ou des artistes de la Trans-avant-garde italienne.

Jaume PLENSA

(Barcelone, Espagne, 1955)

Jaume Plensa commence par réaliser des sculptures en fer de petites dimensions avant de pratiquer la sculpture en fonte. Ce qui l'intéresse particulièrement, dans ce procédé, c'est la nature liquide du fer, qu'il associe à la notion de lumière qu'il veut exploiter avant même que la forme se rigidifie. Remarqué pour ses pièces monumentales, dont les volumes peuvent évoquer des fragments de corps ou des carapaces éclatées, il veut rendre la matérialité presque primitive née de la terre à travers le motif de la boule, de la colonne, de la spirale ou de la corne. Cet attachement à la symbolique de la forme singularise véritablement sa démarche créatrice, qui utilise les mots inscrits à la surface ou à l'intérieur des œuvres comme des matériaux à part entière, venant ainsi renforcer ce qu'il considère comme une abstraction naturelle toujours en phase avec l'humain, d'où sa préférence marquée pour les formes rondes, telles les sphères en fonte, qui atteignent parfois deux mètres de haut. Certaines sculptures réalisées en résine synthétique ou en verre se caractérisent par leur aspect translucide qui accentue l'attention portée par l'artiste à la question de la lumière, venant rappeler que la pratique de la sculpture ne se réduit pas chez lui à un univers physique et technique, mais tend plutôt à une certaine poésie.

Anne et Patrick POIRIER

Anne (Marseille, Bouches-du-Rhône, 1941)

Patrick (Nantes, Loire-Atlantique, 1942) POIRIER

D'abord élèves de l'Ecole des arts décoratifs à Paris, puis lauréats du Prix de Rome, Anne et Patrick Poirier – qui se sont mariés en 1966 – réalisent leurs premiers travaux vers 1970, et choisissent d'intervenir dans des sites naturels pour révéler les traces de l'histoire. Une première expérience donne naissance à des moulages en papier avant qu'ils optent, en choisissant d'intervenir dans des sites antiques, pour de nouvelles méthodes d'approche (relevés de plans, photographies, inscriptions, empreintes, herborisations, notes…) qui les conduisent à travailler ensuite à échelle réduite, à partir de maquettes restituant la singularité de leur rencontre avec les lieux. En quelques années, ils reconstituent avec les matériaux les plus divers (charbon de bois, fusain, brique, papier, polystyrène expansé, terre cuite, etc.) des villes de cendre (*Domus Aurea*), des architectures érodées (*Isola Sacra*) ou des fragments d'une statuaire qui, dès les années 80, se monumentalise. Tirés de l'antiquité grecque et romaine, leurs espaces imaginaires se chargent de mystères lorsque, par exemple, ils mettent en scène des événements fabuleux inspirés des témoignages d'Hésiode. La volonté d'aller vers des dimensions plus imposantes oriente réellement leur expression plastique vers la sculpture lorsqu'ils empruntent aux statues antiques et utilisent des matériaux comme le marbre, qu'ils s'emploient parfois à colorer, tirant toujours leur inspiration de la polychromie architecturale qui avait cours dans les temps anciens. A ce moment-là aussi, plusieurs pièces sont fondues, figeant dans le bronze des thèmes mythologiques ou des lieux hors origine. Ils continuent à avoir recours à la photographie, comme l'atteste la série consacrée aux pétales intitulée *Fragility*, manifestant toujours leur même préoccupation pour la fragilité du monde, des cultures et des civilisations dont ils continuent de vouloir rendre compte dans leurs travaux élaborés, selon leurs dires, de *«paysages en paysages, de ruines en jardins, de paysages vécus en paysages désirs, d'errances physiques en errances mentales, d'exils en exils»*.

Daniel POMMEREULLE

(Sceaux, Hauts-de-Seine, 1937)

Au début des années 50, Daniel Pommereulle s'inscrit à l'Académie Julian pour préparer le concours des Beaux-Arts. Dans le courant des années 60, il est associé au groupe des «objecteurs», qui compte Jean-Pierre Raynaud, Arman ou Daniel Spoerri. Dès cette période, vers 1963, il réalise ses premiers objets, tels les *Objets oubliés* suspendus dans un filet au dossier d'une chaise. Livrées sans mode d'emploi, laissées à l'interprétation de chacun, suscitant plus d'interrogations que d'explications, animées par une ironie évidente, ses mises en scène, rattachées à une subtile stratégie psychologique – par exemple un buste de Beethoven surmonté d'une plante verte, installé devant un double rideau blanc agité par un ventilateur –, soulèvent rapidement le scandale. Au-delà de son inspiration même, la simplicité des matériaux utilisés par l'artiste annonce l'Arte Povera qui naîtra trois ans plus tard en Italie. Dès ce moment-là apparaissent dans certaines de ses réalisations des objets métaphoriques (boîte de peinture à lames de rasoir) qui semblent établir son langage et préfigurer les *Objets de prémonition* avec lesquels il renoue dans les années 1974-1975, plantant des couteaux et des instruments de chirurgie dans des feuilles de plomb, des dalles de marbre ou encore des pots de peinture renversés. D'autres matériaux, comme le bois, l'acier, l'ardoise, la céramique, le bronze et la pierre, participent à l'œuvre. Au cours des années 80, il entreprend des sculptures en verre qui multiplient les effets de transparence, et des pièces de grandes dimensions plus architecturées, hérissées de lames tranchantes, qui semblent *«soulever le voile de la théâtralité baroque»* en remettant en cause les concepts stylistiques de l'époque. Il répond aussi à des commandes publiques, réalisant par exemple une fontaine en verre à Épernay et une colonne en verre à Créteil.

Arnaldo POMODORO

(Morciano di Romagnia, Italie, 1926)

Après des études de joaillerie et d'architecture, Arnaldo Pomodoro crée à Pesaro, avec son frère Gio et Giorgio Perfetti, le groupe des «3 P», qui intervient dans le domaine de la création d'éléments scéniques pour le théâtre, la décoration et l'orfèvrerie – où ils montrent une remarquable inventivité en créant bijoux, colliers, médaillons et petites sculptures. Suite au succès de la présentation de leurs travaux à la Biennale de Venise, en 1956, Arnaldo oriente son travail personnel vers la sculpture proprement dite. En 1960, alors invité aux États-Unis, il utilise les techniques et les matériaux industriels avec la volonté de situer son travail au confluent de la tradition européenne et de la modernité américaine. Il construit des colonnes au relief rugueux et puissant, conçoit des *Sfera* en bronze ou des *Disco solare* polis et brillants qui, au cœur des villes où ils sont installés – Milan, Copenhague, Moscou, New York, Rome –, laissent distinguer un monde organique fait d'imbrications de formes et d'éclatements, obtenant des effets techniques allant bien au-delà d'un traitement attrayant de la surface. Dans les années 80, alors qu'il collabore à des scénographies pour le théâtre et l'opéra, il entreprend des sculptures de plus en plus monumentales qui font l'objet de commandes publiques, ce qui ne l'empêche pas de concevoir des pièces de dimensions plus modestes. Sculpteur de plein air, il continue aujourd'hui encore à travailler sur des œuvres dont l'intensité dramatique est tout à la fois, selon ses termes, *«tempérée et révélée par la lumière naturelle»*, ce que l'exposition dans les jardins du Palais-Royal à Paris, en 2002, a permis de constater.

François POMPON

(Saulieu, Côte-d'Or, 1855 – Paris, 1933)

Formé à la taille du bois dans l'atelier d'ébénisterie de son père et à celle de la pierre chez un voisin marbrier, François Pompon fréquente l'Ecole des beaux-arts de Dijon avant de s'installer à Paris, en 1874, pour continuer l'apprentissage de son métier. Il devient rapidement un praticien recherché des meilleurs sculpteurs du moment, en particulier de Rodin, dont il reste le chef d'atelier pendant quinze ans, et auprès duquel son évolution esthétique se précise. Jusqu'en 1914, il conduit son œuvre en silence, évoluant d'une sculpture aux surfaces mouvementées à un lyrisme de la lumière s'écoulant sur des volumes amples et denses caractérisés par l'abstraction des détails. Encouragé par son maître, il se consacre pleinement à son art et, loin d'être seulement un animalier, se révèle un remarquable sculpteur de portraits et de figures. En 1922, à 67 ans, le Salon d'automne est pour lui une consécration, son *Ours blanc*, à la facture lisse et polie, apparaissant comme une véritable innovation sculpturale qui lui est ensuite commandée en toute matière (bronze, pierre, marbre, céramique…) et en toute taille, devenant ainsi sa signature. Les dix dernières années de sa vie, continuant à insuffler un regain de jeunesse à son métier avec une formulation abstraite du réalisme, il poursuit ses recherches et crée de grandes œuvres en puisant dans ses études réalisées dans les cours des fermes, dans les prés du Morvan ou au Jardin des plantes, à Paris, pour aborder de nouveaux thèmes : la *Panthère*, la *Grue*, le *Pigeon*, le *Cerf* puis, concluant la série des grands animaux, le *Taureau*.

Denis PONDRUEL

(Paris, 1949)

Ingénieur des Arts et Métiers en 1973, Denis Pondruel présente ses premiers travaux au début des années 80. Immédiatement, ses œuvres ont partie liée avec sa formation scientifique, leur conception faisant appel à la technologie, qu'il n'appréhende pourtant pas comme une fin en soi mais comme un moyen de célébrer le monde en animant la matière. Ses installations et ses sculptures apparaissent souvent comme de curieuses machines qui ne relèvent pas de la physique, mais plutôt de la poésie, qu'il semble célébrer d'inventions en inventions. Les années 90 marquent un tournant dans son œuvre, quand il renonce à créer des volumes et décide au contraire d'en opérer l'évidement. En 1998, l'intervention qu'il imagine sur le lac d'Enghien, près de Paris, atteste de cette démarche et de la conception savante de ses interventions. La réalisation de ses *Chambres immergées* ne l'est pas moins, car le volume visible n'est pas la sculpture, mais seulement l'enveloppe, le moule d'une sculpture invisible et vide. Cette enveloppe, qui prend la forme d'un bloc de béton de plus ou moins grandes dimensions, est percée d'une ouverture qui, par un petit couloir, mène à une sorte de chambre intérieure, espace que seuls les dessins axonométriques de l'artiste divulguent. Avec ces cubes, formes simples s'il en est, l'artiste impose une présence massive sans révéler immédiatement le vide, cette réserve au cœur du réel, ce brin de poésie qu'il entend préserver à sa manière et avec ses moyens.

Louis PONS

(Marseille, Bouches-du-Rhône, 1927)

Après des études primaires, Louis Pons suit un apprentissage de la ferronnerie et de la serrurerie tout en apprenant le métier d'ajusteur. Il exerce ensuite différents métiers, notamment celui de dessinateur de presse à la Libération. Vers 1948, le graveur marseillais Berto lui apporte conseils et encouragements alors qu'il découvre les dessins de Louis Soutter. Installé dans la campagne varoise, il fait de très nombreux dessins à l'encre de Chine dans lesquels il développe un langage qui l'apparente au monde surréaliste. Dès les années 60, il commence à assembler des objets très disparates et à inclure dans ses compositions des éléments d'une grande présence – telles des poupées désarticulées ou des momies de chat – associés à des pièces de rebut comme de vieux bois ou de vieux morceaux de fer inutilisables.

PUTSCH

Didier Puigségur, dit

(Brive-la-Gaillarde, Corrèze, 1955)

Après des études à l'Ecole Boulle, puis aux Arts appliqués, Putsch est d'abord peintre, passionné par des artistes comme Antoni Tàpies, qui transmuent les matériaux les plus divers et les plus pauvres en signes picturaux. Très vite, sa démarche s'assimile à celle d'un *«éboueur»*, tel qu'il se qualifie lui-même, ramassant, pour façonner ses œuvres, tout ce qu'il trouve : fers et déchets plastiques, bois flottés et coquillages, puisque son territoire de prédilection est la plage, celle parcourue lors de ses voyages en Irlande, en Bretagne ou dans les Landes, celle plus familière de Collioure qui l'amène sur les traces de ses souvenirs catalans. Après ce collectage commence un travail de tri et de sélection des débris qui lui permet de réunir bouteilles plastiques déchiquetées, ficelles usées, bidons éventrés et une multitude d'autres objets de rebut qu'il assemble pour créer des sculptures zoomorphes pleines de poésie, comme la série «primitive» des poissons barbares, qui rappelle la manière de certains artistes africains. Il s'exerce avec une même inventivité à imaginer des sculptures anthropomorphes, s'attachant toujours à donner à ces objets qu'il extrait de leur substance utilitaire une dimension d'unicité, d'originalité et de hasard. Poursuivant ses recherches, il travaille aujourd'hui à une série de collages en forme d'épouvantails christiques invariablement élaborés avec des matériaux pauvres.

Paul REBEYROLLE

(Eymoutiers, Haute-Vienne, 1926)

Après une enfance à la campagne, où il passe son temps à dessiner suite à une maladie nécessitant une immobilisation totale, Paul Rebeyrolle fait des études secondaires à Limoges avant de venir à Paris, en 1944, dans l'idée de *«devenir peintre»*. Il découvre les musées, notamment le Louvre, et visite toutes les expositions avec passion. Dès le début des années 50, alors qu'il travaille seul, refusant l'enseignement des écoles d'art, il commence à exposer au moment où il entame ses recherches dans lesquelles le rôle de la matière prend de plus en plus d'importance. Dès la fin des années 60, dans la continuité de ses engagements, et jusqu'à aujourd'hui, entretenant toujours un dialogue entre l'image et la réalité, il peint plusieurs séries de tableaux «politiques», dont *Les guérilleros*, *Les coexistences*, *Les prisonniers* ou *Le monétarisme*. Au travers de plusieurs thèmes comme les natures mortes et les grands paysages, il poursuit son corps à corps avec la matière à partir de sujets nés de son environnement immédiat, par exemple celui de la Bourgogne, où il a installé son atelier. Commencées dans les années 70, la plupart de ses sculptures, de dimensions modestes, sont matérialisées en bronze, parfois en céramique ou en porcelaine, au cours des années 80. À l'image de sa peinture, elles témoignent de l'intérêt et du plaisir de l'artiste à triturer la pâte souple, grasse et ductile, comme lorsqu'il modèle une suite animalière – grenouilles, crapauds, sangliers et serpents – marquée, bien plus que l'horreur qui y est quelquefois présente, par un évident geste ludique.

Raymond REYNAUD

(Salon-de-Provence, Bouches-du-Rhône, 1920)

Raymond Reynaud suit les cours du soir de l'École des beaux-arts de Salon-de-Provence de 1935 à 1939. D'origine modeste, il devient, après la guerre, peintre en bâtiment, activité qu'il interrompt dans les années 60 pour des raisons de santé. Toutefois, dès 1949, il échappe à l'étroitesse de son environnement en participant à des stages d'arts plastiques organisés par le ministère de la Jeunesse et des Sports. En 1952, dans le cadre des académies populaires et des mouvements associatifs, il devient lui-même animateur-enseignant et fonde le Groupe d'arts plastiques des Alpilles. Il peint alors des natures mortes et des paysages qui ne portent pas encore la marque de son inventivité ultérieure, celle qui est la sienne à partir des années 70 lorsque, après plusieurs années d'interruption, il s'engage dans une œuvre réellement personnelle, encouragé par des amis, des artistes, des critiques ou des collectionneurs, motivé aussi par les expositions qu'il visite alors de plus en plus fréquemment. Il commence plusieurs séries de tableaux consacrés aux *Quatre saisons*, aux *Sphères*, aux *Fenêtres*, déployant une écriture en mutation permanente qui le rapproche de l'Art singulier et lui vaut les encouragements de Jean Dubuffet. Son imagination l'amène aussi à concevoir des sculptures à partir d'objets de rebut, récupérés dans les décharges publiques qu'il s'astreint à parcourir. Après un classement rigoureux par familles et par matières, il utilise les débris pour composer, dans un patient travail de montage, des silhouettes totémiques et des masques dans lesquels le bois joue le rôle de structure. Cette intense période de création se conjugue avec la création, en 1977, de l'atelier du Quinconce vert, où il dirige pendant près de quatorze ans des cours et des stages ouverts à toutes les couches de la société et à des personnes de formations diverses, souhaitant jouer le rôle d'émancipateur, toujours soucieux de proposer une trame de liberté, d'humour et de résistance dont tout son œuvre témoigne.

Germaine RICHIER

(Grans, Bouches-du-Rhône, 1902 –

Montpellier, Hérault, 1959)

Après des études aux Beaux-Arts de Montpellier, où elle suit les cours de Guigues, ancien praticien de Rodin, Germaine Richier s'installe à Paris en 1926 et devient l'élève particulière du sculpteur Antoine Bourdelle. L'approche classique du métier lui permet bientôt d'acquérir un style puissant et imaginatif. Façonnant d'abord des figures réalistes, son langage s'étend, dès 1945, au monde animal et végétal, sa vision fantastique du monde s'incarnant alors à travers la représentation des insectes, souvenir de son enfance dans la campagne languedocienne. Une série de grands bronzes allégoriques, comme *L'orage* (1947-1948) ou *L'ouragan* (1948-1949), pour ne citer qu'eux, montre qu'elle n'abandonne pas pour autant le corps humain, qu'elle soumet à de sévères mutations anatomiques révélatrices de l'angoisse et de la terrible brisure que la guerre a laissée au cœur de la société. D'évidements en perforations, cet expressionnisme l'amène à ne plus laisser subsister du corps qu'un pur aplomb, comme *Le coureur* (1954) ou *L'épi* (1955), avant que sa réflexion créatrice ne la conduise à l'abstraction ou à une *«tentative de figuration de l'invisible»*. A partir de 1951, nouvelle démonstration de ses incessantes recherches, elle innove en introduisant la couleur dans sa sculpture, qu'il s'agisse des plombs sertis de morceaux de verre, des bronzes peints ou émaillés ou des plâtres originaux polychromés. Jusqu'à sa disparition prématurée, elle ne cesse de participer à de nombreuses expositions qui accroissent son audience auprès du public et lui valent une véritable reconnaissance.

Jean-Paul RIOPELLE

(Montréal, Canada , 1923 –

L'île aux Grues, Canada, 2002)

Jean-Paul Riopelle a déjà peint quelques paysages classiques lorsqu'il suit les cours de l'Académie des beaux-arts de Montréal entre 1943 et 1945. Insatisfait de cet enseignement, qu'il juge académique, il complète sa formation à l'Ecole du meuble où enseigne Paul-Émile Borduas, qui lui ouvre la voie du surréalisme en le faisant adhérer au groupe des Automatistes. Les œuvres qui s'ensuivent revendiquent une liberté du geste qui tend rapidement à un lyrisme expressif. Travaillant en larges empâtements la matière qu'il extrait des tubes, il façonne ses toiles à la spatule en libérant une écriture personnelle qui semble suggérer les immenses étendues de son paysage natal depuis qu'il s'est installé à Paris, en 1947, et qu'il a rencontré Vieira da Silva, Mathieu, Zao Wou-Ki, Sam Francis ou Bram Van Velde. Dès 1958, puis au cours des années 60, alors qu'il se détache de cette technique qu'il fait évoluer, il exploite pleinement les possibilités que lui donne la sculpture, avec un style plus figuratif. Prenant plaisir à travailler la glaise et la cire avec la même impression brutale que la peinture, il cherche à transcrire dans les échanges entre les plans et les volumes une vision qui dise le mythe de la matière elle-même. En 1969, il réalise des sculptures sur le thème animalier, dont plusieurs deviennent des éléments de la sculpture-fontaine *La Joute,* qui est coulée en bronze en 1974 et compte parmi ses rares œuvres publiques visibles au parc olympique de Montréal. Au début des années 80, en collaboration avec le céramiste Hans Spinner, il poursuit l'imposante œuvre intitulée *Le mur (hiboux liés),* entreprise l'année précédente dans les ateliers de la fondation Maeght, avant qu'il ne produise en 1984 une série de laves émaillées. A ce moment-là, il ne peint presque plus à l'huile mais, en ayant recours au papier, il continue à expérimenter de nombreuses techniques qui sont autant de prétextes à son activité créatrice.

Lambert ROCOUR

(Herstal, Belgique, 1946)

Lambert Rocour est présent sur la scène artistique depuis le milieu des années 80. Dès ses débuts, il travaille la pierre par la taille directe, qui devient sa technique de prédilection à l'exclusion de toute autre. Comme issues des civilisations antiques, particulièrement de la statuaire religieuse, les stèles effilées qu'il façonne se caractérisent par leur dynamisme et le réseau d'entrelacs et de signes gravés qui habillent leurs surfaces, motifs que l'on retrouve dans l'ornementation des armes celtes. Au cours des années 90, il fait évoluer son travail en choisissant des colonnes de pierres plus volumétriques ou de grandes barres monolithiques surmontées parfois d'éléments – pièce cylindrique, anneau, manchon – qui soulignent la schématisation et la pureté de la ligne distinguant ses créations. Réunies entre elles dans un même lieu, ces œuvres renvoient à des parcours initiatiques, avec en filigrane des sensations d'élévation et de célébration qui contribuent à transfigurer le réel. Telles des obélisques d'un autre temps – passé ou futur ? –, nombre de ses sculptures aux faces polies ou incisées prennent place à l'extérieur, comme au musée en plein air du Sart-Tilman, à Liège, en Belgique.

Mario ROSSELLO

(Savone, Italie, 1927 – Milan, Italie, 2000)

Après des études à Savone, Mario Rossello s'installe en 1955 à Milan pour se consacrer à la peinture et à la sculpture. Il produit une série d'œuvres non figuratives après avoir adhéré au Mouvement nucléaire. Déjà, ses premières expériences artistiques passent par la céramique, qu'il a pratiquée dès 1953 à Albisola, dans la fabrique Bianco di Albisola puis, entre autres, dans l'atelier San Giorgio. Il connaît alors l'effervescence qui règne dans la petite ville, qui se fait connaître pour ses Rencontres internationales de la céramique où se retrouvent de nombreux artistes désireux de s'essayer au travail de la terre, comme Appel, Baj, Corneille, Crippa, Dangelo, Dova, Fabbri, Fontana, Jorn, Lam, Matta, Sassu, Scanavino... Bien que son œuvre ne se rattache à aucune tendance particulière, la figuration très personnelle qui distingue sa peinture l'entraîne dans un fort engagement existentiel pour la nature, avant qu'il ne passe à la récupération d'images avec le cycle des arbres, puis celui des hommes robots, qui symbolise l'enfermement de l'homme dans un univers déshumanisé. Parallèlement à la peinture et à la céramique, il entreprend également un travail de sculpture en marbre pour des lieux publics, à l'exemple de la commande reçue de Renzo Piano pour l'exécution de huit aigles en marbre blanc destinés au parvis de la nouvelle église Padre Pio de San Giovanni Rotondo.

Jean ROULLAND

(Croix, Nord, 1931)

De 1946 à1951, Jean Roulland suit les cours de sculpture de l'École des beaux-arts de Roubaix. Jusqu'au début des années 60, période à partir de laquelle il se consacre à plein temps à la sculpture, il travaille dans une usine de céramiques tout en exécutant ses premières œuvres, peintures et sculptures. D'abord influencé par Brancusi, il réalise plusieurs sculptures en bois, en céramique ou en pierre avant d'adopter, vers 1961, le bronze, avec lequel il développe alors un style personnel beaucoup plus expressionniste. Souhaitant pleinement maîtriser la conception de ses pièces, il apprend seul la technique du bronze à la cire perdue et fond lui-même la plupart de ses sculptures dans son atelier. Au cours des années 60, il façonne des œuvres qui trouvent leurs sources dans la tradition – celle de Michel-Ange ou de Rodin – en parvenant peu à peu à une plus grande liberté. Jusqu'à ce jour, qu'il s'agisse de corps ou de visages, son œuvre se caractérise par une souffrance qui transparaît du bronze lorsque les formes éclatent et se distordent. La main de l'artiste exerce effectivement sur eux une même violence qui les altère et les défigure, comme pour mieux révéler les démons qui les hantent et les faire basculer dans un monde où la mort semble occuper la première place. Cette vision, qui n'exclut évidemment pas une certaine sensualité et une croyance en l'homme, s'exerce également sur des sculptures en extérieur, pour lesquelles il reçoit régulièrement des commandes, tout comme ce travail s'accompagne de pastels, de peintures, de gravures et de terres cuites.

Ginny RUFFNER

(Atlanta, États-Unis, 1952)

Après des études de dessin et de peinture à l'University of Georgia en 1974-1975, Ginny Ruffner fréquente la Penland School of Crafts en 1979, alors qu'elle enseigne et anime déjà des ateliers dans plusieurs villes des États-Unis depuis 1977. Dès ses débuts, elle crée des œuvres en verre qui puisent leur originalité dans des registres assez différents – notamment le monde végétal et animal – qui confèrent à ses réalisations un aspect ludique. Son travail soigné et minutieux mêle parfois le verre, le fer et le bronze. Présentées dans différentes expositions d'artistes verriers contemporains réunissant des Américains, des Canadiens et des Australiens, ses créations lui valent plusieurs distinctions dès les années 80. Ses œuvres sont conservées dans de nombreux musées d'arts décoratifs américains et européens, dont le Musée de design et d'arts appliqués contemporains de Lausanne. Elle vit et travaille à Seattle (État de Washington).

Claire SALMON-LEGAGNEUR

(Paris, 1956)

Autodidacte, Claire Salmon-Legagneur n'a de cesse d'explorer et de développer son propre langage, tant à travers son travail personnel que ses nombreuses collaborations. Depuis le début des années 90, elle crée en effet des costumes pour le théâtre et le cinéma. Rapidement, elle étend son champ d'activité à la création d'éléments scéniques, à la conception de scénographies, en même temps qu'elle poursuit ses travaux picturaux et sculpturaux. Elle entame aussi un travail de peinture sur tissus pour la haute couture, avec des créateurs comme Thierry Mugler, Louis Féraud, Jean-Charles de Castelbajac, Hervé Léger, Christian Lacroix ou André Courrèges. Sa démarche créatrice la conduit à accumuler dans son atelier des centaines d'objets trouvés au hasard – chiffons, végétaux, plumes, chaussures... – et qu'elle utilise dans des compositions à fort pouvoir évocateur. Ses assemblages ou ses poupées-totems, qu'elle nomme *Poupétot'aime,* renvoient l'émotion qui l'inspire en même temps qu'ils révèlent sa minutie, son sens aigu du détail et son inventivité hors pair. Tout en racontant une histoire, ses œuvres passionnées, perfectionnistes, impliquées incarnent les peurs et les mystères, les tabous et les désirs qui habitent tout un chacun, comme elles révèlent la dureté d'une réalité abordée sans fausse pudeur, notamment le rapport de l'artiste à sa féminité.

Édouard-Marcel SANDOZ

(Bâle, Suisse, 1881 – Lausanne, Suisse, 1971)

Très tôt, le jeune Édouard-Marcel, dont le père a fondé l'entreprise de produits chimiques Sandoz, se plaît à créer de ses mains les formes qui le fascinent. Après sa scolarité, il s'inscrit à l'École des arts industriels, à Genève, puis, en 1905, il est à Paris pour suivre les cours du sculpteur Antonin Mercier, à l'École des beaux-arts. Dès le début des années 10, alors que ses premières sculptures sont remarquées par la critique, il expérimente différents matériaux, s'astreignant à toujours plus de perfection dans la réalisation de ses figures, telle la *Femme à la capeline* ou la *Femme à l'aigrette.* Son intérêt pour les animaux l'amène à fréquenter l'animalerie du Jardin des plantes, avant qu'il n'installe dans son atelier les représentants d'espèces les plus variées qu'il observe avec la plus grande acuité. Sans se détourner d'autres sujets qui lui sont chers, comme celui des danseuses, il s'adonne surtout à la sculpture animalière qui, jusque vers 1940, connaît une vogue considérable. En dehors du bronze, il travaille la pierre, le marbre, puis, après 1925, l'onyx, le quartz, la malachite, le lapis-lazuli, l'aigue-marine, le grenat, la topaze, la tourmaline, créant un riche bestiaire plein de diversité, attestant de ses qualités de praticien accompli, de son imagination créatrice et d'un authentique humour.

Jean-Joseph SANFOURCHE

(Bordeaux, Gironde, 1929)

Jean-Joseph Sanfourche commence à peindre dès l'âge de 6 ans, à l'instigation de son père, qui l'a initié au dessin. Ce dernier, résistant, est fusillé pendant l'Occupation, obligeant Jean-Joseph et sa mère à s'installer à Limoges, où un voisin lui apprend le travail du bois et la sculpture. Ses cours à l'École professionnelle de Limoges lui permettent d'approfondir la pratique de la peinture, alors qu'il commence à travailler à l'huile. A la fin des années 40, une longue maladie le conduit à prendre des distances face à la société et à chercher à s'affirmer en marge des circuits officiels. Les années suivantes sont marquées par de nombreuses rencontres avec des artistes : il devient l'ami de Gaston Chaissac, avec lequel il travaille un temps, tout comme il entame une abondante correspondance avec Jean Dubuffet et Robert Doisneau. Dès ses débuts, il utilise tous les supports possibles, choisissant d'emprunter des chemins singuliers, prenant le parti d'éliminer tout ce qui n'est pas essentiel pour tendre à un certain dépouillement. A partir de 1960, il dessine, peint et sculpte de plus en plus assidûment, exécutant ses peintures sur des toiles libres enduites ou laissées brutes. De plus en plus fréquemment, il orne, sculpte et assemble des matériaux insolites – particulièrement des pierres ou des morceaux de bois ramassés au hasard de ses promenades, des os humains récupérés dans d'anciennes fouilles archéologiques – pour créer des objets dotés d'un pouvoir intensément dramatique. Revenu à Limoges en 1975, après avoir passé une vingtaine d'années à Paris, il poursuit son travail sur émail entamé avec des ateliers limougeauds et continue de réaliser des totems en bois sculpté et peint, immédiatement identifiables avec ses bonhommes colorés, tristes et gais à la fois, qui rappellent sa rencontre avec Chaissac. Il ne cesse depuis lors de réactualiser ses recherches avec ses pierres et ses bois peints, ses assemblages, ses collages et ses tapisseries qui le situent dans le groupe d'artistes apparentés à l'art brut.

Emilio SCANAVINO

(Gênes, Italie, 1922 – Milan, Italie, 1986)

Après des études artistiques puis une formation en architecture à Gênes, Emilio Scanavino se rend à Londres, où il découvre les œuvres de Francis Bacon et Graham Sutherland, dont il ne retire pourtant aucune influence. Après ce séjour, décisif pour lui, il commence un travail de peinture s'inscrivant dans la veine expressionniste et l'écriture picassienne, avant qu'il ne trouve son propre langage qui, dès lors, lui permet de se distinguer dans la production d'avant-garde du moment. Peintre, Scanavino s'intéresse à la céramique dès le début des années 50, lorsqu'il fréquente la petite ville côtière d'Albisola, où se retrouvent les artistes qui veulent s'essayer au travail de la terre. Pendant plusieurs années, notamment dans le cadre des Rencontres internationales de la céramique, nombreux sont ceux qui viennent travailler dans l'atelier Mazzotti, accueillis par le potier et poète Tullio Mazzotti, plus connu sous le nom de Tullio d'Albisola. C'est là qu'il retrouve Appel, Baj, Corneille, Crippa, Dangelo, Dova, Fabbri, Jorn, Matta, Sassu, et son ami Fontana, qui le fait adhérer au groupe Spatialiste. Il s'initie aux techniques céramiques et entreprend une série de pièces en terre cuite polychromée, se plaisant pendant plusieurs années à interrompre son travail de peinture pour façonner les matériaux pauvres. Jusqu'à la fin de sa vie, il continue ses recherches picturales, faisant évoluer son écriture d'une disposition en grille à des évocations de formes.

Tom SHANNON

(Kenosha, États-Unis, 1947)

Tom Shannon fréquente l'University of Wisconsin, puis le Art Institute of Chicago, où il obtient un Master of Fine Arts Degree. Bien qu'il commence à participer à des expositions dès les années 60, il mène en parallèle des recherches scientifiques, et il est l'auteur de découvertes astronomiques et techniques qui le conduisent à déposer des brevets. A partir de 1974, il réalise des sculptures en bois naturel qu'il recouvre de peinture et de tissu. Alors qu'il élabore un monde de science-fiction à travers des projets visionnaires qu'il présente dans des séries d'aquarelles, il entreprend des installations très épurées qui défient les lois de la pesanteur. En recourant à des phénomènes magnétiques, il parvient à faire flotter entre le sol et le plafond des sphères électrostatiques qui évoquent l'univers. Ce travail rappelle l'importance qu'il attache aux technologies avancées – vidéo, télécommunication –, qu'il met au service du quotidien dans une approche qui prend en compte les préoccupations écologiques. A la fin des années 80, dans les ateliers du Cirva (Centre international de recherche sur le verre et les arts plastiques), à Marseille, il prend la mesure des possibilités techniques qui lui sont offertes quand il entreprend d'expérimenter les produits verriers dont il tire des œuvres toujours aussi spectaculaires. Il vit et travaille actuellement à New York.

Ilio SIGNORI

(Aoste, Italie, 1929)

Arrivé en France dès 1930, Ilio Signori suit ses premiers cours de dessin en 1943 au musée de Belfort, où sa famille est installée. C'est au même moment qu'il commence à modeler à partir de plâtres antiques. En 1946, il part pour Paris, décidé à devenir sculpteur. À partir de 1949, il s'inscrit à l'Académie Julian, où il reçoit l'enseignement de Marcel Gimond, dont il est encore l'élève de 1953 à 1959 à l'École des beaux-arts. Après quatre années d'abandon, il renoue avec la sculpture en 1966, intéressé par les problèmes d'intégration à l'architecture. Peu à peu, il se libère de l'enseignement qu'il a reçu pour façonner des figures qui, tout en se rattachant à la réalité, composent une singulière synthèse de l'apparence figurative et de la construction abstraite. Bien qu'il ait recours au bronze dès ses débuts, il adopte la technique du cuivre repoussé lorsqu'il répond aux fréquentes commandes monumentales à travers la France, jusqu'à la fin des années 70. Après cette longue période de réflexion sur les rapports sculpture-architecture, qui l'amène d'ailleurs à enseigner, il entreprend plusieurs séries d'œuvres en utilisant de nouveaux matériaux, notamment des plaques d'acier qu'il coupe, forge et soude pour dresser dans l'espace une écriture tridimensionnelle de signes, de traits et d'arabesques, quelquefois enrichie de polychromie. Au cours des années 90, alors qu'il reçoit plusieurs commandes de sculptures en bronze de grandes dimensions, il aborde dans de plus petits formats des thèmes a priori banals – les *Caddies*, les *Tables en dialogue* et les *Fauteuils sans rémission* – qui lui permettent, en plus du dessin à l'encre et au fusain qu'il pratique assidûment, d'ajouter à l'élaboration de la forme un décryptage de l'espace où la lumière passe à travers les filets du métal, où l'ombre s'accroche aux reliefs du bronze. Bien que la sculpture l'occupe encore pleinement aujourd'hui, il utilise l'huile et le pastel dans des œuvres qui semblent nourries de l'énergie de sa sculpture.

Gérard SINGER

(Paris, 1929)

Gérard Singer se veut, dès son entrée en peinture, à l'âge de 22 ans, comme un peintre témoin, son engagement pictural faisant écho à sa forte conviction que le monde doit être changé. De manière militante, dès le début des années 50, il s'engage dans la voie prônée par le Parti communiste, peignant des tableaux réalistes socialistes à tendance photographique ayant pour sujets les chantiers navals de La Ciotat, les luttes ouvrières, le site de Saclay..., grandes compositions présentées aux Salons des jeunes peintres et aux Salons d'automne. Après le court épisode de l'art de parti, les années 60 marquent le refus de la peinture, l'artiste préférant intégrer sa création à la vie des hommes pour se consacrer, enfin, à son œuvre. Ses recherches s'orientent vers le tridimensionnel, alors même qu'il expérimente, attiré par les techniques de pointe, les nouveaux matériaux, particulièrement ceux qu'offre dans les années 70 la chimie des plastiques. Il entreprend des œuvres monumentales en résine comme le *Déambulatoire* à Evry, *L'escalier* à Saint-Chamond ou le *Cheminement* à L'Isle-d'Abeau. Sa maîtrise technique l'amène à mettre au point une méthode de moulage en utilisant les courbes de niveau qui permettent, par brûlage du polystyrène au chalumeau, l'établissement de moules négatifs. Au début des années 80, poursuivant son travail sur la mémoire de la nature, il réalise en béton blanc le *Canyoneaustrate*, fontaine monumentale pour Paris-Bercy, qui se présente comme un lac s'écoulant en cascade. Utilisant ensuite l'informatique, il crée sur son ordinateur des représentations de sites montagnards, paysages de rêve imaginés par un adepte des randonnées aventureuses.

Gustave SINGIER

(Warneton, Belgique, 1909 – Paris, 1984)

A Paris, en 1919, Singier suit les cours de l'École Boulle et commence à peindre. Il rencontre en 1936 le peintre Charles Walch, qui le met en contact avec le milieu de la peinture. Membre des Jeunes peintres de tradition française pendant l'Occupation, il est de cette génération dont le dynamisme et l'éclat occuperont la scène artistique parisienne de la Libération aux années 60, à travers les diverses tendances de la peinture abstraite dont, avec d'autres artistes de la Galerie de France, il sera l'une des figures les plus en vue. Mêlant la grille cubiste à la force constructive de la couleur, les œuvres des années 40 laissent la place à une écriture non figurative très personnelle. Elle se singularise du lyrisme abstrait ou de l'abstraction plus radicale par une peinture dépouillée dans ses traits et ses couleurs, tantôt surfaces monochromes subtilement travaillées dans des effets de dégradé, tantôt formes incertaines aux contours flous et adoucis. Connu comme peintre, Singier pratique la sculpture les dernières années de sa vie, lorsque, malade et fatigué, il travaille le fer qu'il tord et distend avec des pinces et des petits outils, poursuivant de cette manière son interrogation du réel, toujours relié à son univers poétique.

Vladimir SKODA

(Prague, Tchécoslovaquie, 1942)

Arrivé en France en 1968 comme ajusteur métallurgiste, Vladimir Skoda s'inscrit à la faculté des lettres de Grenoble tout en suivant en auditeur libre les cours de peinture de l'École des arts décoratifs. De 1969 à 1973, il suit les cours de sculpture de l'École des beaux-arts de Paris. Il passe l'année suivante à Rome, où il s'imprègne de la culture environnante, passionné par les artistes, les époques et les courants : l'Arte Povera, Fontana, l'art minimal et conceptuel... Dès 1976, son matériau de prédilection devient l'acier massif, et il opte pour la technique de la forge. Rapidement, avant la fin des années 70, les formes élémentaires de son travail – le cercle, le carré – se mettent en place, alors même qu'il appuie ses recherches sur des modèles mathématiques, suites arithmétiques ou géométriques. Sans se référer directement au domaine scientifique précis de l'astronomie, il en nourrit largement son imaginaire. Pendant plusieurs années, il ouvre la voie avec la série des *Météorites*, noyaux de matière minérale compacte aux formes oblongues qu'il s'astreint à travailler à la forge, et dont les fissures veulent rendre compte du concept d'espace intérieur de la matière. Prenant pour base de réflexion les rapports de l'homme avec le concept d'infini, il considère que la sphère, essentielle dans la description de l'univers, est le motif – devenu depuis lors récurrent dans l'œuvre – qui peut aider à sa compréhension. Toutes ses séries, *Trous noirs*, *Éclipses*, *Constellations*..., qu'il s'agisse des encres sur papier, des gravures, des plaques en acier ou des dernières sculptures en inox poli qui favorisent l'effet miroir – activités constantes, foisonnantes et concomitantes depuis longtemps – considèrent la sphère comme la forme idéale, à la fois cosmos et point, forme finie ouvrant sur l'infini, symbole des mouvements cycliques de l'univers qui passionne encore et toujours l'artiste. Depuis la fin des années 80, il a reçu plusieurs commandes publiques, telle la monumentale *Sphère lumière* (2001) pour la médiathèque d'Ivry-sur-Seine.

Milos SOBAÏC

(Belgrade, Yougoslavie, 1944)

L'enfance de Milos Sobaïc est rythmée par les fréquents déplacements de sa famille depuis que son père a entamé une carrière diplomatique, en 1948. À Constantinople à partir de 1952, il entre à l'École française religieuse Notre-Dame-de-Sion avant de rejoindre, en 1964, Israël, où il fréquente le lycée français Saint-Michel de Jaffa. Issu d'un milieu intellectuel, il est encouragé dans sa passion pour le dessin et pense à devenir architecte. Dès son retour à Belgrade, l'année suivante, il s'inscrit aux Beaux-Arts, où il se forme en peignant des nus, des portraits ou des natures mortes, inspiré par la technique des grands maîtres, passionné par le Quattrocento italien. Diplômé en 1970, il présente ses premières œuvres qui montrent un monde infernal, n'hésitant pas, dès ce moment-là, à poser la question du devenir de l'humanité à travers une imagerie violente. Installé à Paris en 1972, il poursuit dans la même voie, figurant dans ses tableaux un environnement dominé par le chaos, habité par des personnes seules ou des corps isolés, occupé par des objets fétiches – lavabos, meubles –, balayant à grands coups de pinceaux la surface de ses toiles pour pénétrer le sujet peint – meurtre, suicide, sacrifice, autopunition – et le rendre plus proche encore du spectateur. Dès 1974, ces images s'incarnent en trois dimensions lorsqu'il entreprend sa première sculpture, *Chute d'un ange*, faite de divers matériaux. Il faut toutefois attendre 1988 pour le voir travailler plus assidûment cette technique, qui devient alors sa passion majeure, recourant surtout au fer, à la résine peinte et parfois au Plexiglas pour élaborer des pièces qui tendent au monumental, plusieurs prenant d'ailleurs place dans des lieux publics ou à l'extérieur. Depuis 1995, il continue à concevoir avec des matériaux plastiques des corps torturés et déchirés – bras, viscères, torses, mains montées sur des jambes – issus de ses travaux de peinture qu'il mène toujours en parallèle avec la même rectitude.

Susana SOLANO

(Barcelone, Espagne, 1946)

Susana Solano a fait ses études à l'École des beaux-arts de Barcelone. Ses premiers travaux l'amènent à sculpter le bois, avant qu'elle entreprenne d'habiller et d'envelopper ses pièces avec des feuilles de métal qu'elle travaille également. Dès le début des années 80, prenant la mesure des possibilités offertes par le travail du métal, elle exécute des sculptures en fer et en plomb, réalisant des objets, des boîtes, des cages ou des grilles qui délimitent l'espace et rendent compte des volumes. Habité par une esthétique minimaliste qui ne l'empêche pas de se référer à l'histoire de la sculpture, son travail évoque parfois des formes humaines ou des architectures, toutes ses structures établissant un lien avec la lumière, l'espace et le mouvement. Elle intègre aussi dans son œuvre une dimension autobiographique à laquelle les titres font ponctuellement allusion. Sa démarche créatrice confirme la vitalité renouvelée du fer espagnol.

Salvador SORIA

(Valence, Espagne, 1915)

Salvador Soria suit les cours du soir de l'École des arts et métiers de Valence à partir de 1932 avant de s'orienter vers le dessin de mode vers 1935. Mais les événements bouleversent son itinéraire : engagé dans l'armée républicaine en 1937, il connaît les camps d'internement – période pendant laquelle, malgré les conditions difficiles, il commence son travail de peintre – avant d'être libéré en 1942. Contraint de vivre dans la clandestinité jusqu'à la fin de la guerre, il s'installe ensuite dans le Lot-et-Garonne pour fonder une famille et travailler avant de retourner en Espagne en 1953, après quinze ans d'exil. Très vite, il renoue avec le milieu artistique espagnol, rejoignant le Grupo Parpallo. Depuis ses débuts, inspirés du cubisme, il manie un langage figuratif qui, vers 1957, bascule vers l'abstraction, à un moment où il fait le choix de mélanger la peinture à l'huile au sable et au plâtre, utilisant aussi des matériaux peu courants dans les procédés artistiques – par exemple le bois calciné et le fer rouillé, le ciment ou le goudron. Dans les années 60 et 70, la maîtrise de sa technique – faite de lacérations, de perforations, de soudures, de découpages des surfaces – atteint une certaine plénitude et confère à sa peinture le statut de sculpture. Dépouillement et austérité caractérisent ses *Integraciones*, compositions construites avec une rigueur des plans qui vient accentuer leurs grandes dimensions et témoigner de son travail de sculpteur que l'on peut découvrir sous formes monumentales dans plusieurs villes espagnoles.

François STAHLY

(Constance, Allemagne, 1911)

Arrivé à Paris en 1931, François Stahly s'inscrit à l'Académie Ranson, dans l'atelier de Charles Malfray qui, tout en encourageant ses élèves sur le chemin de l'art non figuratif, les initie à la sculpture classique en leur faisant rencontrer des sculpteurs comme Aristide Maillol. Ces fructueuses années de formation voient se nouer de fortes amitiés, comme celle qui le lie à Étienne-Martin, avec lequel il réalisera, entre 1953 et 1955, les vitraux-reliefs de l'église de Baccarat. Il reçoit une première commande de bas-reliefs et de sculptures lors de l'Exposition internationale des arts et des techniques de 1937. Dès le début des années 40, préoccupé par la nature et les origines de la vie, il entreprend ses premières compositions taillées dans le buis, le chêne et le tilleul, où le vide joue toujours un rôle essentiel, ses motifs en grappe jouant des courbes et des nœuds du bois. Plus tard, il s'attaque à la pierre, et donne naissance à des œuvres plus monumentales constituées de blocs massifs dont l'articulation, comme mécanique, n'est pas sans évoquer l'art aztèque. Vers la fin des années 60, les *Labyrinthes* en marbre ou en bronze deviennent des prétextes déambulatoires ou processionnels qui semblent privilégier le sacré. Ses grandes sculptures – telles les fontaines, qui tiennent de sa fervente volonté d'animer un ensemble architectural et de créer des rythmes dans l'espace – trouvent la verticalité qui convient à ses motifs en creux, sinuosités participant à l'unité de l'ensemble. En parallèle, les commandes reçues, notamment pour des centres industriels, lui valent d'expérimenter des matériaux très divers, tels l'acier inoxydable et l'aluminium, travaux et études qu'il mène avec de jeunes collaborateurs dans son «atelier de travail collectif» de Meudon. Ce qui ne lui interdit pas de placer ses œuvres en travertin, en bronze ou en bois d'acajou dans la solitude de la nature, comme il le fait dans le parc forestier Le Haut du Crestet (Vaucluse).

Haruhiko SUNAGAWA

(Fukuoka, Japon, 1946)

Après des études à l'université de Tokyo, où il obtient un diplôme scientifique en 1973, Haruhiko Sunagawa se forme également au dessin et à la peinture au Hammersmith College of Art and Design de Londres avant de s'installer à Paris. Il présente ses travaux dans des expositions collectives à partir de 1976, et personnelles à partir de 1978. Parallèlement à son œuvre dessiné, il réalise dans un esprit ouvert à la méditation des sculptures qui associent la solidité de la pierre et du bois à la fragilité du verre. Légères en apparence, les structures qu'il conçoit participent d'une réflexion qui tend à allier rigueur géométrique et effets de lumière, préoccupation inhérente à la sculpture dont l'artiste renouvelle le langage par une créativité sans cesse renouvelée.

Jean-Jacques SURIAN

(Marseille, Bouches-du-Rhône, 1942)

Jean-Jacques Surian est d'abord élève de l'École des beaux-arts de Marseille, dans l'atelier de François Bret, puis de celle de Paris, où il suit les cours de peinture de Roger Chastel. Pratiquant une peinture qui dévoile autour des principaux personnages des saynètes directement issues d'un monde qu'il décrit avec truculence, il se plaît à user d'effets de perspective très appuyés qu'il applique aussi bien aux décors qui composent ses œuvres qu'aux protagonistes du récit qu'il déroule et répartit en diptyques ou en triptyques. Le monde ainsi déployé emprunte à l'univers cinématographique – aux séquences filmées en plongée ou contre-plongée –, lorsqu'il ne se trouve pas nourri de ses travaux d'affichiste, voire de son expérience des décors pour le théâtre. L'humour grinçant que revêt l'œuvre est parfois teinté d'un malaise patent et d'une inquiétude déstabilisante, sans savoir ce qui prime de l'un ou de l'autre. C'est d'ailleurs le même esprit qui caractérise les objets tridimensionnels qu'il entreprend à partir de 1994, personnages en papier mâché sortis de l'espace réduit de la toile. Suite à cela, l'invitation qu'il reçoit en 1999 à l'occasion de la biennale Argila, à Aubagne, lui permet, tout en bénéficiant des conseils et de l'aide technique d'un artisan potier, de travailler la terre pendant deux jours. Après cette courte expérience, il décide de continuer dans cette voie, et conçoit un projet de résidence qui l'amène à travailler en 2000 et 2001 chez des artisans aubagnais comme Jacques et Guy Ravel ou Fabien Innocenti, poursuivant ainsi ses travaux et réalisant des petites scènes en faïence qui prennent place dans des installations. Actuellement, une résidence à l'École des beaux-arts de Marseille lui donne la possibilité de s'initier aux techniques du verre thermoformé associé à la céramique et de mener plus loin certaines recherches sur les matériaux comme le grès.

TAKIS

Vassilakis Panayotis, dit

(Athènes, Grèce, 1925)

Le jeune Takis, qui s'est initié lui-même à la sculpture, réalise ses premières pièces en 1946, guidé par sa seule habileté manuelle. Les années suivantes, il exécute des figures en plâtre et en fer, avant d'employer l'argile puis le bois pour façonner des figures influencées par la Grèce antique tout autant que par Giacometti. En 1954, il séjourne à Londres avant de venir s'installer à Paris, où il se lie avec les membres du Nouveau réalisme, en même temps qu'il s'achemine peu à peu de la figuration à l'abstraction. Après les *Idoles et fleurs électroniques,* pour lesquelles il utilise des éléments de radio, il a systématiquement recours à l'acier pour réaliser dès 1955 ses premiers *Signaux,* tiges métalliques flexibles sans cesse en mouvement, comme les *Mobiles* de Calder qu'il a récemment découverts. Vers 1958, fasciné par les radars et les phénomènes d'attraction, il intègre à la sculpture le champ magnétique, qui devient son principal sujet de recherches d'occupation de l'espace avec les *Télésculptures* et les *Murs magnétiques,* qui proposent une relation à l'architecture. Au cours des années 60, il fait usiner ses *Signaux,* au bout desquels il installe des clignotants lumineux, ne cessant jamais de perfectionner ses pièces aimantées, intégrant par exemple des instruments de pilotage récupérés à l'origine des *Cadrans* ou incluant une corde à piano pour produire un son, ouvrant ainsi un nouveau champ d'application au magnétique en créant des espaces musicaux. Dans les années 80, il réalise des œuvres de très grandes dimensions, comme en témoignent le projet pour La Défense, à Paris, sculptures techniques dont le pouvoir poétique reste entier, et les grands environnements dont le caractère sculptural se trouve renforcé par leur aspect anthropomorphe.

Antoni TÀPIES

(Barcelone, Espagne, 1923)

Issu d'une famille bourgeoise cultivée, Antoni Tàpies s'intéresse à l'art moderne dès 1942 lorsque, malade, il passe deux années à la montagne, lisant beaucoup et s'essayant au dessin et à la peinture. De retour à Barcelone, il commence des études de droit et de dessin qu'il abandonne rapidement pour fréquenter l'avant-garde catalane. En 1950, il obtient de l'Institut français une bourse pour séjourner à Paris, où il revient ensuite très fréquemment. Après une période marquée par le surréalisme, son œuvre évolue et prend, au fil des années 50, sa véritable dimension : le travail de la matière devient prépondérant, le vocabulaire des signes se simplifie, la lumière et la couleur s'obscurcissent, l'artiste s'attachant à faire évoluer cette expression personnelle dans les années 60 et 70 en introduisant dans ses compositions des journaux, des sacs et d'autres matériaux pauvres. Dès cette période, il réalise de nombreuses sculptures en assemblant des objets du quotidien. Bien que son travail révèle depuis très longtemps l'importance accordée à l'apparence palpable de la matière de la peinture – mélange d'huile ou de peinture latex et de poudre de marbre –, il faut attendre le début des années 80 pour le voir travailler la terre dans l'atelier de Hans Spinner, à Grasse. Il réalise des pièces en terre chamottée qu'il modèle, sculpte et incise avant de les enduire d'émail noir ou de les marquer de traces – croix, lettres, graffitis – qui les inscrivent dans un univers primitif où figuration et abstraction rivalisent. Il continue aujourd'hui encore à explorer les possibilités de cette technique qui correspond si bien à sa volonté d'offrir une *«réflexion sur la beauté des combinaisons infinies des formes, des couleurs et des matériaux de la nature».*

Yvan THEIMER

(Olomouc, Tchécoslovaquie, 1944)

Yvan Theimer achève ses études d'arts plastiques à l'école de Uherské Uradisté, proche de sa ville natale, où il participe à une exposition collective dès 1965. Trois ans plus tard, il décide de quitter la Tchécoslovaquie pour s'installer en France, où il poursuit sa formation tout en voyageant fréquemment en Italie. Dès lors, coupé de ses racines, il puise son inspiration dans la culture de ces deux pays, du Bernin à l'école néo-classique française, de la Renaissance à l'architecture baroque. À partir des années 70, son travail de peinture, de gravure et de sculpture apparaît comme une réinterprétation de ses différentes influences, qu'il réaffirme et revendique totalement, donnant lieu à une production prolifique. Son intérêt pour les différentes civilisations le conduit à s'intéresser à la Grèce antique et à l'Égypte ancienne, dont il tire un répertoire de signes et de symboles qui viennent enrichir son imagination et nourrir une créativité se caractérisant par la réinterprétation de références classiques et une inventivité teintée d'humour et de fantaisie, comme lorsqu'il sculpte des tortues supportant de gigantesques stèles commémoratives. Le fort pouvoir évocateur de ses œuvres séduit, et il doit fréquemment répondre aux commandes qui lui sont faites pour des lieux publics, comme les trois obélisques pour la façade sur jardin du palais de l'Élysée (1984-1987), le monument pour la déclaration des droits de l'homme et du citoyen au Champ de Mars, à Paris (1989), plus récemment une fontaine pour la ville de Poissy, dans les Yvelines (1994), quatre bronzes monumentaux pour les Autoroutes du sud de la France, à Nantes (1995) et *Les acrobates* pour un jardin de Menton (1998). Yvan Theimer continue aujourd'hui ses recherches, et bien qu'il ait choisi de vivre à Paris, il séjourne fréquemment en Italie, à Pietrasanta, où se trouvent les artisans avec lesquels il travaille.

Olivier THOMÉ

(Toulon, Var, 1949)

Olivier Thomé s'est formé à l'École des arts appliqués, à Paris, avant de s'inscrire à l'École des beaux-arts. Dès ses débuts, et comme un certain nombre d'artistes des années 70, il s'intéresse au rendu des matières, qu'il préfère laisser à l'état brut. Il travaille alors le carton, dont il attaque la surface, ou bien se sert de mélanges de poussières pour ses tableaux. Lorsqu'il utilise la peinture, sa démarche reste la même, la sobriété du geste qui effleure la toile ou le verre n'étant entravée que par de légers accidents de matières. Avec les séries ultérieures, *Pellicules, Absences, Taches ou Assemblages,* c'est encore la problématique du rendu du support qui caractérise sa pratique : celle-ci s'ouvre peu à peu à l'espace de la sculpture, qu'il investit par le biais d'objets d'aspect rudimentaire. Dès 1987, à la suite de la peinture, il entreprend des formes en plâtre qui s'apparentent aux sceaux ou aux écus, modelés plastiques avec lesquels il veut marquer la distance entre l'artiste et la société sans imposer pour autant une marque de fabrique. Il utilise également le bois, qu'il ne travaille pas en taille directe mais en assemblant des éléments de récupération, avant que les années 90 ne lui procurent, selon ses propres termes, « l'impression de redonner une jeunesse au bronze » avec de nouveaux signes ovoïdes comme la mandorle, élément figuratif qui accentue la rêverie et l'imagination. Il poursuit aujourd'hui encore son travail de sculpture.

Joe TILSON

(Londres, 1928)

Après sa démobilisation, en 1949, Joe Tilson, qui a d'abord travaillé comme charpentier, s'inscrit à la Saint Martin's School of Art, à Londres, avant de continuer ses études au Royal College of Art entre 1952 et 1955. Il est de cette génération d'artistes qui commencent à peindre en s'inspirant de leur environnement immédiat et de la société de consommation, en se servant des techniques de communication pour stimuler leur imagination, attitude qui est celle de la deuxième vague des artistes pop anglais. Dès 1955, il séjourne à Rome et parcourt l'Italie, où il vit désormais une partie de l'année, partageant son temps entre Londres et Cortone. Rapidement, il occupe une place à part dans le milieu pop : son goût pour les attitudes ludiques singularise en effet son travail, notamment lorsqu'il entreprend à partir des années 60 des œuvres en bois, boîtes ou casiers, vivement colorées et parfois articulées. Parallèlement à une activité d'enseignement, qu'il poursuit jusque dans les années 70, il se distingue encore dans ses œuvres ultérieures par la diversité des matériaux et des techniques employés, notamment la sérigraphie, même si le bois conserve ses faveurs. Son intérêt pour le paysage, le recours aux allusions littéraires, tout comme l'usage des mots en tant que symboles caractérisent son œuvre qui devient, au fil des années, la plus italienne parmi les artistes britanniques.

Cristóbal TORAL

(Torre-Alháquime, Espagne, 1940)

Alors qu'il a commencé à peindre pendant ses moments libres, Cristóbal Toral fréquente l'École des beaux-arts de Séville entre 1959 et 1961 avant de poursuivre ses études à l'Académie de San Fernando, à Madrid, jusqu'en 1964. Nommé professeur auxiliaire dès l'année suivante, poste qu'il conserve jusqu'en 1967, il poursuit son travail de peinture, qu'il inscrit dans une voie figurative influencée par Chagall. Il traite alors des natures mortes et des portraits avec lesquels, pendant plusieurs années, il remporte de nombreux prix. Lorsqu'il s'installe à New York, en 1969, son écriture a évolué vers l'abstraction et la désintégration des objets représentés. Une profonde réflexion le ramène à la figuration, alors même qu'il découvre les tableaux des hyperréalistes américains. Sa démarche reste pourtant plus poétique et imaginative, en même temps qu'elle s'appuie sur la tradition, notamment celle des maîtres anciens. Au début des années 70, attaché à l'idée de voyage, il entreprend de peindre une toile sur le thème des bagages, première œuvre d'une importante série qui caractérise dorénavant son travail et sa personnalité, unique thème, avec celui des natures mortes de fruits, qui l'occupe pendant plusieurs années. Le paysage apparaît à partir de 1982 dans de grandes compositions faisant toujours appel à son sens de la composition et à une technique très méticuleuse. Vers 1990, il innove en superposant différents plans dans ses toiles, dont les dimensions deviennent plus imposantes depuis qu'il a construit un grand atelier dans sa maison, à Tolède. Les sujets abordés sont encore la solitude, le transit, l'attente, à travers des compositions montrant des paquets et des piles de bagages dans des lieux désertés, des salles d'attente mystérieuses, des intérieurs avec des personnages de nulle part. C'est cette même thématique obsessionnelle qu'il reprend dans ses sculptures en bronze, accentuant ainsi dans la tridimensionnalité l'effet magique et étrange déjà ressenti dans ses toiles, l'artiste considérant que l'homme ne fait qu'entreprendre un voyage entre sa naissance et sa mort, voyage qu'il symbolise par une ou plusieurs valises.

Anne TRÉGLOZE

(Rennes, Ille-et-Vilaine, 1955)

Parallèlement à des études scientifiques, Anne Trégloze suit une triple formation en arts plastiques, histoire de l'art et restauration d'œuvres d'art. Elle s'attache à compléter ses connaissances par la pratique de la gravure, de la lithographie et de la sculpture, qu'elle choisit pour s'exprimer. Elle commence par réaliser des pièces d'après modèle, utilisant la terre pour ses qualités propres : sa souplesse, sa sensualité et sa possible nervosité, selon les possibilités offertes par le modelage. Comme l'atteste la sculpture intitulée *Regarde !*, elle prend la décision d'éditer certaines réalisations en bronze pour retirer toute précarité au matériau et donner une autre dimension aux œuvres. Bien qu'elle s'éloigne ensuite du modèle, la pratique sculpturale reste pour elle une façon de parler du corps et de son rapport à l'espace, de sa relation à l'autre. C'est ce que veut révéler sa série des *Tribus*, qui met en scène le voyage et la rencontre, le mystère et le respect, renforcé ici par le matériau qui s'impose à elle : la terre, crevassée, craquelée, travaillée par le feu. Si les séries suivantes restent sous le signe du voyage – tels les *Paysages*, les *Chasseurs de nuages*, les *Bateaux*... –, aucune ne présente une homogénéité de matériau, l'artiste préférant se servir de ce qui apparaît le plus adapté à son idée ou à son propos. Prenant plaisir à passer d'un matériau à un autre, séduite par les implications physiques qui s'ensuivent, elle multiplie les expériences techniques avec la terre, le bronze, le métal, la pierre, le plâtre, la pâte à papier ou la résine, privilégiant au fond l'image poétique, tendre ou ludique.

Raoul UBAC

(Malmédy, Belgique, 1910 – Dieudonné, Oise, 1985)

En 1928, après des études secondaires, Raoul Ubac entreprend des randonnées pédestres qui l'amènent en France, en Suisse, en Italie, en Autriche et en Allemagne. Il découvre aussi la côte dalmate, dont le caractère minéral fait naître en lui son amour de la pierre. Après des études à l'École des arts appliqués de Cologne, il s'installe en 1934 à Paris, où il partage les activités du groupe surréaliste jusqu'à la guerre, consacrant ses recherches à la photographie. A partir de 1946, il commence simultanément à inciser des ardoises et à peindre. Gravées de plus en plus profondément, jusqu'à aboutir parfois à une ronde-bosse, les grandes dalles d'ardoise, striées de fines lignes, se font *Stèles* ou *Torses* et influencent irrémédiablement sa peinture, qui devient davantage le travail d'un sculpteur que celui d'un peintre. Jouant de la lumière, proche de la patine de certains de ses bronzes, l'ardoise reste toutefois son matériau de prédilection – certaines pièces plus tardives diffèrent de la technique habituelle par leur aspect lisse et poli –, même si, au cours des années 60, il sculpte des figures féminines en bois recouvert de résines synthétiques ou des marbres aux lignes pures, toutes ces techniques témoignant de la fascination de l'artiste pour le travail de la matière dont, selon ses propres termes, «*la vision se nourrit*».

Keiji UEMATSU

(Kobe, Japon, 1947)

Présent sur la scène artistique depuis le milieu des années 70, Keiji Uematsu travaille sur la notion d'équilibre des forces et sur l'opposition entre nature et architecture. Il utilise des matériaux très divers (bois, étoffe, ficelle, fer, laiton, étain, pierre...) qu'il associe à des volumes géométriques (cône, spirale...), opposant ainsi les formes naturelles aux formes construites et manufacturées. Cette démarche s'inscrit dans une volonté de défier les lois de la physique, ses dernières installations – composées d'éléments métalliques en équilibre les uns par rapport aux autres – voulant accentuer le jeu qu'il a institué avec les phénomènes de gravitation et souligner, avec l'introduction de la lumière, l'effet de suspension au-dessus du sol. Sa réflexion l'amène à vouloir «*créer une œuvre au sein de laquelle l'absence d'un unique élément ferait écrouler la structure dans son ensemble*», ce qu'il résout en soulignant les points de tension entre les forces visibles et invisibles, c'est-à-dire en agençant savamment les différents éléments de ses sculptures pourtant contradictoires par leurs poids, leurs formes, leurs volumes, leurs couleurs et leurs matières. Partageant sa vie entre Düsseldorf, en Allemagne, et Minoh, au Japon, il poursuit son travail avec la volonté permanente de contraindre les lois élémentaires de la physique, attitude qui a été nommée «*The art of balance*».

Nicolas VALABRÈGUE

(Marseille, Bouches-du-Rhône, 1950)

Alors qu'il n'est pas encore inscrit aux Beaux-Arts de Marseille, Nicolas Valabrègue commence à sculpter vers 1966, taillant dans le bois des pièces totémiques de plusieurs mètres de haut. Cela avant même son séjour au Niger, d'où il rapporte plusieurs sculptures dont les formes lui ont été inspirées directement des pirogues et de la vie africaine. Peu après son retour, installé à Cotignac, dans le Var, il entame une série d'œuvres sur le thème de la mer en associant des éléments de bois et des cordes de marine. Dès la fin des années 70, les sculptures mêlant bois et pierre font leur apparition avec sa suite de personnages, l'artiste voulant mettre en évidence la contradiction des matériaux qu'il trouve dans les vallons environnants sa maison-atelier : bois de sorbier, de jujubier, d'ormeau ou d'amandier, pierres et cailloux qui jonchent le sol et qu'il ramasse. Dès lors, les années passant, la confrontation du végétal et du minéral gouverne le travail qui, au départ, témoigne d'une maîtrise artisanale du bois, lorsque le polissage des surfaces et le soin apporté à la finition dominent ses sculptures très narratives, suggérant le passage de l'eau et la réflexion de la lumière. Les années 80 attestent du refus du décoratif, quand les striures horizontales exécutées à la gouge font place à un traitement plus brut de la matière : éclats provoqués par le marteau visibles sur la pierre, marques imposées par la tronçonneuse observables sur le bois, tous gestes qui permettent de conserver la puissance originelle du matériau. Au début des années 90, la juxtaposition du bois et de la pierre commande les assemblages, la masse minérale mettant en tension le bois et apportant une nouvelle vigueur à la démarche créatrice, orientée alors dans plusieurs directions qui donnent lieu à de grandes sculptures, aux *Plantes* totémiques, aux *Canalisations* et autres *Oratoires*. Nicolas Valabrègue continue aujourd'hui de construire une œuvre puissante et discrète caractérisée par une indépendance d'esprit.

Louis VALTAT

(Dieppe, Seine-Maritime, 1869 – Paris, 1952)

Né dans une famille d'armateurs dieppois, Louis Valtat fait ses études à Versailles. En 1887, encouragé par son père, il entre à l'École des beaux-arts de Paris, tout en fréquentant différents ateliers, avant de suivre les cours de l'Académie Julian. Après de nombreux voyages à l'étranger, il se fixe à Paris en 1913. Abandonnant la touche pointilliste, il s'oriente vers une facture plus généreuse, cernant de noir de larges aplats de couleur dont il fait un usage symbolique, détaché de la réalité des objets. Son installation sur la côte de l'Estérel, à Anthéor, dans le Var, l'amène à faire considérablement évoluer sa palette, qui s'enrichit d'un rouge ardent, celui des roches du littoral, et d'un bleu intense, celui de l'azur méditerranéen. Plusieurs séries d'œuvres lui sont aussi inspirées par ses séjours en Bretagne, ce changement pour les rives océanes n'atténuant en rien la violence de ses chromatismes. Il pratique aussi la gravure sur bois, participant, avec Félix Vallotton et Aristide Maillol, à son renouveau. En ce qui concerne la sculpture, c'est en 1905, chez Renoir et sous sa direction, qu'il s'y exerce et modèle un buste de Cézanne qui est tiré en bronze, témoignage de la diversité de son esprit créateur.

Serge VANDERCAM

(Copenhague, Danemark, 1924)

Serge Vandercam se fait connaître en 1948 par ses travaux de photographies expérimentales. Dès 1949, Christian Dotremont, qu'il a rencontré un peu plus tôt, le fait entrer dans le groupe Cobra, où il trouve une volonté partagée de créer un art libre et spontané à travers des peintures-écritures, des mots-tableaux, des textes-paysages. Au début des années 50, il entreprend ses premières œuvres, avant de voyager en Turquie en 1957 et de peindre la série des *Manteaux* qui précède la création des «*bouologismes*», qu'il réalise en modelant la tourbe et en créant des formes qui inspirent Dotremont à y inscrire des phrases poétiques, ce que ce dernier a déjà fait avec Asger Jorn dès 1948. Ces œuvres à quatre mains, ensuite coulées en bronze, témoignent de la spontanéité créatrice qui les régit et comptent sur la surprise de leur résultat. A partir de 1960, alors qu'il a déjà travaillé la terre cuite, il s'installe en Italie, où il réside jusqu'en 1964, et s'intéresse de près à la poterie, qu'il pratique à Albisola, où Jorn organise depuis quelques années des Rencontres internationales de la céramique. Comme tout potier, il fait naître de la terre des formes arrondies et vides. Avant l'épreuve du feu, il agresse les vases et les pots en les détournant de leur destination initiale, en laissant libre cours à son imagination et à son geste qui vient pincer, tordre, couper ou entailler la terre. Caractérisées par la raillerie et l'angoisse, il façonne des poteries-personnages qu'il couvre d'oxydes métalliques. Ces derniers, par le hasard de la cuisson, donnent naissance à des gammes colorées flamboyantes, offrant un charme tout particulier à ses pièces. Tout en continuant dans cette voie, il se met ensuite à la sculpture sur bois en 1972 et sur pierre en 1977, nouvelles expériences qui le conduisent à réaliser des interventions dans des lieux publics, comme l'ensemble de sculptures en bois polychrome pour le métro de Bruxelles, en 1979. Sensible aux rendus des matériaux, on lui doit également des œuvres raffinées réalisées à partir d'un papier artisanal de sa fabrication. Récemment, il a produit une nouvelle série de personnages en terre.

Sophia VARI

(Vari, Grèce, 1940)

Née d'une mère hongroise et d'un père grec, Sophie Vari passe son enfance en Suisse avant de faire ses études à Londres en 1956. Elle commence à peindre avant de séjourner à Paris en 1958 et d'y fréquenter l'École des beaux-arts. Issue de son éducation et de son mode de vie, l'existence cosmopolite qui est la sienne se trouve alors accentuée par des déplacements successifs entre Paris et Athènes, en plus des nombreux voyages qu'elle entreprend pour se former. Son intérêt se porte tout d'abord sur les maîtres classiques de l'histoire de l'art, avant qu'elle ne peigne des figures librement interprétées de Rubens, qui l'inspire jusque dans les années 70. Elle sculpte pour la première fois en 1978, utilisant des matériaux comme le marbre et le bronze. Peu à peu, son sens de la perfection la conduit à orienter ses recherches vers des formes qui s'échappent de la figuration tout en conservant un certain classicisme. Dès lors, elle imagine des volumes aux courbes sensuelles que son sens de la proportion et de l'équilibre favorise. Vers 1993, après quinze ans de pratique sculpturale, elle introduit la couleur dans ses travaux pour faire émerger la lumière. Ce changement est encore plus sensible au moment où elle a recours dans l'œuvre peint à des matières pauvres – morceaux de papier, carton ondulé, fragments de tissu, d'étoffe et de bois – pour concevoir des collages sur toile qui trouvent leur origine chez Kurt Schwitters. Les bronzes à patine noire présentent alors des volumes dont la bichromie, créée par les larges aplats d'huile – blanc, bleu, rouge –, confère dynamisme, harmonie et équilibre à ses sculptures qui peuvent prendre d'imposantes dimensions pour des commandes de pièces monumentales. Poursuivant actuellement ses recherches, peignant aussi d'élégantes aquarelles construites, elle partage son temps entre New York, Paris, Medellín et Pietrasanta.

Victor VASARELY

(Pécs, Hongrie, 1908 – Paris, 1997)

À la fin des années 20, Victor Vasarely interrompt des études de médecine à l'université de Budapest pour suivre les cours d'un ancien élève du Bauhaus, Sandor Bortnyik. Installé à Paris en 1930, il tire profit de sa formation en travaillant comme graphiste dans des agences publicitaires, tout en peignant des toiles dont les motifs figuratifs sont déjà soumis à des déformations axonométriques. Il faut attendre les années 40 pour le voir se consacrer pleinement à la peinture après une période surréaliste. Dès 1947, engagé dans l'abstraction, il fait le choix de l'art construit et devient l'instigateur du cinétisme et de l'Op' Art. En 1955, son *Manifeste jaune* témoigne de sa volonté de créer un art universel totalement intégré à l'architecture et à l'urbanisme afin qu'il soit visible du plus grand nombre. Utilisant les techniques les plus avancées, recourant à des collaborateurs qui travaillent d'après ses programmations, il élabore un alphabet plastique constitué d'éléments géométriques, vocabulaire de signes et de couleurs dont l'infinie combinaison, permutation et multiplication contribue à son identification immédiate et à la reconnaissance du statut d'artiste industriel. Il oriente alors son travail vers le concept de multiple, qui a la particularité de rester original malgré sa production en nombre illimité. À partir des années 60, il peint des reliefs en bois, entreprend une série d'œuvres bi ou tridimensionnelles, intitulant *Bidim* des œuvres tridimensionnelles conçues comme des sculptures et *Tridim* des œuvres bidimensionnelles qui ambitionnent de fixer la tridimensionnalité à la surface de l'image. Il utilise également le fer pour réaliser des sculptures en métal dont les surfaces polies font l'effet de miroirs, ou le bronze pour fondre, dans les années 80, des réalisations plus anciennes.

Bernar VENET

(Château-Arnoux-Saint-Auban,

Alpes-de-Haute-Provence, 1941)

En 1958, alors qu'il manifeste depuis longtemps un intérêt pour la peinture qu'il pratique assidûment, influencé en cela par les grands maîtres modernes, Bernar Venet fait des études à l'École municipale d'art de la Villa Thiole, à Nice. Il est ensuite employé comme décorateur à l'opéra, continuant à peindre dans une voie «primitive-symbolique» influencée par Paul Klee. C'est pendant son service militaire, au début des années 60, alors qu'il prend conscience des qualités du goudron comme matière, que sa peinture tend au monochrome. En 1963, un tas de gravier mélangé à du goudron lui donne l'idée de réaliser des *Tas de charbon*, qui devancent ses *Peintures industrielles*, reliefs en carton d'emballage enduits de peinture glycérophtalique. C'est en 1966, année où il s'installe aux États-Unis, qu'il réalise ses premières sculptures, *Tubes*, peintes en jaune industriel. Son travail prend ensuite une tournure conceptuelle, lorsqu'il s'intéresse aux formules mathématiques. De 1971 à 1976, il cesse son activité artistique pour entreprendre une réflexion théorique et pour enseigner. Dès le début des années 80, il exploite dans des sculptures en bois et en métal les possibilités plastiques des diagrammes, des angles, des courbes, des lignes déterminées et indéterminées. Dès lors, il charge son œuvre d'une certaine poésie, notamment avec ses sculptures – réalisées avec des métallurgistes qui tordent d'immenses barres d'acier –, où les lignes se croisent dans un raffinement de courbes qui s'imbriquent les unes dans les autres. Plusieurs œuvres monumentales lui sont commandées et sont aujourd'hui installées au cœur des villes.

Pascal VERBENA

(Marseille, Bouches-du-Rhône, 1941)

Artiste autodidacte, Pascal Verbena travaille le bois. Il utilise en particulier des bois récupérés sur la plage, notamment ceux parvenus sur le rivage par flottage, dont l'aspect usé et déformé par la mer le séduit. Il compose, assemble et construit des objets et des petits meubles dont l'ouverture des portes permet de découvrir des figures de bois. En cela, ses réalisations renvoient aux cabinets et aux buffets anciens à plusieurs compartiments dont l'aspect précieux se trouve là supplanté par l'aspect naturel et sauvage du matériau.

Françoise VERGIER

(Grignan, Drôme, 1952)

A la fin des années 70, les œuvres de Françoise Vergier sont des dessins gouachés qui prennent la forme de longues frises à caractère mythologique. Quelques années plus tard, elle aborde les domaines de la peinture et de la sculpture en associant peinture à l'huile sur bois et métal pour projeter l'image dans l'espace. Ancré dans une voie figurative, l'œuvre peint s'empare de sujets traditionnels – depuis le paysage jusqu'au nu –, quand la sculpture, marquée d'un esprit surréaliste, revêt de belles formes et passe par l'utilisation de riches matériaux. Entre 1984 et 1987, avec la série des *Noms*, elle convoque, dans une démarche autant affective qu'intellectuelle, les grands maîtres de l'histoire de l'art – Giorgione, Vermeer, Millet, Courbet – pour exploiter certains éléments clefs de son travail : un thème, une matière, une image. La féminité, la présence sous-jacente du langage et du mythe, la maternité se trouvent réunies dans les nombreuses figures de femmes qu'elle réalise ensuite, telles *L'insondable* (1990) et *L'incarnée* (1995), sculptures en tilleul peint d'une grande force suggestive. Dès la fin des années 80, elle collabore avec le Cirva (Centre international de recherche sur le verre et les arts plastiques), à Marseille, lorsqu'elle décide d'inclure le verre dans sa démarche créatrice. Sans parler de la photo ou de divers autres matériaux, elle fait alors entrer dans la conception de ses œuvres le verre, qu'elle associe au bronze et parfois à la pierre, démarche témoignant de l'épanouissement de l'artiste qui ne s'interdit plus aucune expérience pouvant ouvrir la voie à de nouvelles perspectives. En 1996, elle reçoit la commande d'une sculpture de verdure pour le Jardin Sévigné de Grignan, dans la Drôme. Depuis 1999, elle travaille sur de nouveaux projets au Cirva.

Claude VISEUX

(Champagne-sur-Oise, Val-d'Oise, 1927)

Après ses études d'architecture aux Beaux-Arts à Paris de 1946 à 1949, Claude Viseux rencontre l'architecte Jean Prouvé, pour lequel il travaille plusieurs années tout en peignant régulièrement. Bien qu'ayant déjà commencé à sculpter, il se consacre alors essentiellement à la peinture, privilégiant une écriture apparentée à l'art informel, toujours en vogue à ce moment-là. Ses incursions dans le domaine de la sculpture le voient néanmoins expérimenter différentes techniques. Il assemble par exemple des objets hétéroclites dans un esprit proche de celui des surréalistes. Préfigurant les *Expansions* de César, il utilise avec les *Concrétudes* la matière brute en faisant couler du métal en fusion à même le sol. À la fin des années 50, inspiré par le monde végétal et l'embryologie, il aime figer dans le bronze des montages créés à partir d'objets naturels (algues, os et bois de flottage) ou avec des matériaux artificiels (plastique ou aluminium). Dès lors, après avoir définitivement abandonné la peinture, il utilise de plus en plus fréquemment des produits de l'industrie, intéressé par les articulations mécaniques en acier qu'il s'emploie à détourner de leur sens. À partir de 1964, il réalise une série d'œuvres de petites dimensions en acier inoxydable, créant des corps imaginaires tenant à la fois de l'animal et du végétal, avant de revenir, quelque temps plus tard, à des ensembles plus sobres de plus grandes dimensions, utilisant toujours des éléments de l'aviation ou de l'automobile. Vers 1969, délaissant momentanément l'acier, il tire profit de matériaux industriels comme les résines synthétiques qui lui apportent, dans la série des *Homolides*, l'éclat de leurs couleurs vives. Dans les années 70 et 80, s'intéressant à la notion d'équilibre instable, il crée un univers d'objets en acier inoxydable qui trouvent naturellement leur place dans l'architecture et l'environnement urbains. Au cours des années 90, il travaille le métal, qu'il découpe et qu'il peint, organisant des installations de grandes dimensions.

Pierre VOITURIEZ

(Senlis, Oise, 1962)

Après des études aux Beaux-Arts de Besançon, Pierre Voituriez fait partie des Compagnons du tour de France, à Nantes, alors qu'il suit un apprentissage de ferronnerie l'amenant à réaliser des objets artistiques et des ornements. Après avoir abordé la peinture, il se spécialise dans la sculpture animalière, exécutant toujours des bronzes caractérisés par une touche ludique et poétique.

Ursula von RYDINGSVARD

(Deensen, Allemagne, 1942)

D'origine polonaise, Ursula von Rydingsvard passe d'un camp de réfugiés à l'autre jusqu'en 1950, année où sa famille s'installe à Plainville, dans le Connecticut. En 1975, elle obtient un Master of Fine Arts Degree de la Columbia University de New York, ville où elle vit et travaille aujourd'hui. Transpositions de ses souvenirs de voyages, réminiscences de paysages parcourus, métaphores d'outils ou d'objets usuels, ses sculptures en bois, cèdre rouge recouvert de graphite, reproduisent des formes familières de la vie quotidienne, comme une pelle, un bol, une barque ou encore un collier, dont elle modifie l'échelle et l'aspect extérieur. Sans doute parce qu'elle apporte un soin attentif aux surfaces faites d'une infinité de facettes de bois collées qu'elle entaille et sillonne, l'artiste crée des œuvres donnant l'impression de ne pas être façonnées de la main de l'homme, mais issues plutôt de la nature. Ces formes abstraites, en définitive classiques, prennent parfois une taille monumentale qui décuple l'impression de respiration, de mouvement et d'élégance, comme le montrent les sculptures récemment réalisées pour des lieux publics à Minneapolis, New York et Cologne.

Jan VOSS

(Hambourg, Allemagne, 1936)

Après des études à l'École des beaux-arts de Munich, de 1955 à 1960, Jan Voss s'installe à Paris. Utilisant des techniques diverses, ses premiers travaux – qui racontent de petites histoires, à l'instar de la bande dessinée – l'associent au groupe de la Figuration narrative auquel il prend part. Dans les années 70, sa peinture peut aisément passer d'un registre très graphique et dépouillé à des travaux expressionnistes où la matière est incisée d'idéogrammes très personnels. Les années 80 révèlent les papiers collés de la série des *Signes-espacés*. C'est vers 1988 que la sculpture fait son apparition dans l'œuvre, avec ses tableaux-reliefs, qui manifestent les débordements hors cadre de sa fantaisie créatrice qui l'amène à réaliser aussi des assemblages de fragments de bois peints. Il poursuit ses investigations sculpturales en exécutant encore des séries de petites sculptures polychromes, des totems où il se plaît à empiler des cubes de terre cuite émaillée. L'ingéniosité de la ligne et la richesse des couleurs délivrent alors un bestiaire de formes qui paraît inépuisable par la diversité et l'animation de ses motifs.

Isabelle WALDBERG

(Oberstammheim, Suisse, 1917 – Chartres, Eure, 1990)

Isabelle Waldberg entame sa formation artistique dans l'atelier de Hans Meyer, à Zurich, à partir de 1934. Après des études d'art à Florence, elle s'installe à Paris en 1936. Elle devient l'élève de Marcel Gimond, Charles Malfray et Robert Wlérick, acquérant avec eux une solide technique qui l'amène à exécuter des nus. De 1937 à 1940, elle délaisse la sculpture pour étudier les civilisations et les arts primitifs à la Sorbonne. Durant cette période, elle fréquente les milieux d'avant-garde et fait la connaissance de Jean Arp, Alberto Giacometti et Georges Bataille. A New York, de 1942 à 1946, elle pratique à nouveau la sculpture et se lie avec les surréalistes en exil, André Breton, Marcel Duchamp ou Max Ernst. Elle travaille d'abord le bois, qu'elle fait bouillir pour le modeler à son gré, avant d'avoir recours au fer dans les années 50, tout en utilisant aussi des matériaux plus originaux tels que le verre, le plâtre, la ficelle ou le liège, qui lui permettent d'enlever à la matière de son opacité et de sa pesanteur. Cherchant justement à dépasser les limites qu'une matière lui impose, elle veut donner à ses œuvres une certaine poésie, ce que favorisent la plénitude des formes, l'ampleur des volumes et la modernité de l'expression qu'elle développe dans ses bronzes, d'un style non figuratif qui tient à la fois du surréalisme auquel elle reste attachée, mais qui ne s'interdit pas quelques vibrations charnelles.

François WEIL

(Paris, 1964)

En 1986, déjà diplômé de l'École des arts appliqués et des métiers d'art de Paris, François Weil complète sa formation à l'École des beaux-arts. Son intérêt pour la sculpture est lointain, puisqu'il a commencé à la pratiquer dès l'âge de 15 ans, après avoir passé son enfance à observer, avec son père ingénieur, les avions dont les énormes masses le fascinaient. Il s'intéresse au marbre, duquel il extrait d'énormes papillons presque volants, tout en poursuivant ses recherches avec la pierre et l'acier. Depuis maintenant plusieurs années, sa démarche créatrice originale l'amène, outre à tailler dans le granit, l'ardoise, le marbre ou la lave, à vouloir animer ses œuvres avec un mouvement qui leur confère un caractère relativement ludique. À partir de blocs de pierre soutenus par une armature en fer faisant parfois intervenir des ressorts, des rouages ou des cordages, il conçoit de curieuses et surprenantes constructions articulées qui trouvent un certain équilibre malgré le jeu parfois disproportionné des masses. D'autres travaux le portent aussi vers une expression plus sensuelle, proche de celle de Rebecca Horn, alors que certaines œuvres qu'il taille dans le granit rose de Perros-Guirec, esquissant un corps à peine distinguable, le placent sur les traces d'Eugène Dodeigne. Toujours à la recherche des potentialités cachées des matériaux – la pierre riche et rugueuse, le marbre lisse et brillant –, il entreprend aussi des œuvres de grande taille qui prennent place à l'extérieur, telles celles installées à Assouan, en Égypte. Il a très récemment figuré parmi les onze artistes invités à présenter une sculpture dans le jardin du Luxembourg, à Paris.

Steven I. WEINBERG

(New York, 1954)

Steven Weinberg a suivi une formation de designer à la Rhode Island School of Providence, dont il est sorti diplômé en 1979, après avoir suivi une formation axée sur la céramique à l'Alfred University (État de New York) en 1976. Son travail se caractérise par des formes simples, notamment celles issues des coques de bateaux et des quilles de voiliers, qu'il moule et transpose dans le cristal. Il a également recours à un registre plastique inspiré d'objets primitifs, réceptacles, urnes et boîtes, réinterprétant les signes et l'histoire des pêcheurs d'autrefois. Depuis la fin des années 70, il participe à des expositions collectives regroupant les principaux artistes travaillant le verre dans le monde entier. Ses œuvres sont aujourd'hui conservées dans de nombreux musées d'arts décoratifs américains et européens. Il vit à Pawtucket ,dans l'État de Rhode Island, en Nouvelle-Angleterre.

Helmut WIENHOLD

(Allemagne, 1934 –
Saint-Rémy-de-Provence, Bouches-du-Rhône, 1994)

La carrière de Helmut Wienhold semble d'une discrétion absolue. Autodidacte, il est peintre avant de se consacrer d'une manière assidue à la sculpture. Son goût des matériaux l'amène à travailler aussi bien le bois et la pierre que le marbre et le fer. Il taille des volumes simples, s'employant à dégager de la matière maîtrisée une ligne pure, ronde et sensuelle, à l'image de sa délicatesse. Installé dans le Midi en 1972, il sculpte des formes abstraites dans l'olivier, dont il aime exploiter la veinure mince et sinueuse en tirant parti de son beau poli. Il conçoit des constructions où il privilégie l'anti-forme, des structures en tôle peinte qui restent, comme l'ensemble de son travail, relativement confidentielles, même s'il en montre le résultat dans des expositions collectives organisées dans la région Provence-Alpes-Côte d'Azur. Il est disparu prématurément en 1994.

Ossip ZADKINE

(Smolensk, Russie, 1890 –
Neuilly-sur-Seine, Hauts-de-Seine, 1967)

Ossip Zadkine est élevé dans une famille aisée et cultivée qui décide, en 1905, de l'envoyer parfaire son éducation en Angleterre. Il suit les cours de l'École polytechnique des arts et métiers de Londres avant de venir s'installer à Paris en 1909. Il réussit le concours d'admission des Beaux-Arts, qu'il fréquente un court temps avant de commencer à travailler seul, admiratif de Rodin, fasciné par la statuaire antique, curieux de l'art africain. Au début des années 10, il rencontre Archipenko, Lipchitz et Brancusi, qui deviendront, comme lui, les principaux représentants de la sculpture cubiste telle qu'elle se développe jusqu'en 1915, année où il s'engage dans l'armée française avant d'être gazé sur le front puis réformé. Dès le début des années 20, alors qu'il est depuis peu marié à Valentine Prax, peintre, son style devient plus personnel et évolue vers un langage associant la rigueur classique à un *«baroquisme moderne»*. Bien qu'il se plaise à travailler les matériaux les plus divers, il a une préférence pour la taille directe sur bois, attestant de sa grande maîtrise technique et de son goût pour les compositions verticales alliant puissance et légèreté depuis qu'il ménage, un peu avant 1940, des ouvertures dans la masse des grands troncs d'arbres qu'il attaque. Les déformations expressives des personnages des différents cycles consacrés à la mythologie, à la musique, à la poésie, à la guerre ou aux grands créateurs caractérisent son œuvre qui, après son retour des Etats-Unis, où il s'est réfugié durant la Seconde Guerre mondiale, incarne étonnement les abstractions dans des constructions plastiques dont chaque élément reste néanmoins emprunté au réel.

Dana ZÁMECNÍKOVÁ

(Prague, Tchécoslovaquie, 1945)

Formée à l'architecture à l'Université de Prague entre 1962 et 1968, Dana Zámecníková suit jusqu'en 1972 des études d'arts appliqués avant de travailler comme dessinatrice pour le Théâtre national de Prague. Elle ne perd d'ailleurs pas ce lien avec le monde de la scène lorsqu'elle décide de se tourner vers le travail du verre. Elle participe à de nombreux ateliers en République tchèque, mais aussi aux États-Unis, en Grande-Bretagne, au Mexique, au Japon, formations qui lui permettent d'acquérir une maîtrise de la technique verrière. Ses œuvres, formées de plusieurs couches successives, tendent à donner une illusion de profondeur dans laquelle elle inscrit des images – animaux, figures, masques – qui agissent comme des jeux de scène. Nées de la fusion du verre et du feu, ses constructions – qui font souvent appel à plusieurs techniques réunissant l'art et la science : peinture, gravure à l'acide, images digitales – figurent dans de très nombreuses collections publiques. Elle vit et travaille aujourd'hui à Prague.

Index

M

N-O

P

R-S

T-U-V

W-Z

Jean-Noël Guérini	*Sénateur, Président du Conseil Général des Bouches-du-Rhône*
Michel Pezet	*Conseiller Général, Délégué à la Culture*
Annick Colombani	*Directeur Général Adjoint de la Vie Locale, de la Politique de la Ville, de la Culture, de la Jeunesse et des Sports*
Michel Renaudin	*Directeur de la Culture*
Valérie Astésano	*Chef du Service Départemental des Affaires Culturelles*
Cellule production des expositions	
Responsable de la production	Ivane Panizzi
Suivi artistique	Clarisse Astier
Suivi budgétaire	Didier Négrel
Suivi technique	Gérard Gréco
Contact presse régionale	Gilbert Gaudin et Annick Bonifay, Hôtel du département - Marseille
Contact presse nationale	Agence Alambret-Paris
Assurance	Axa Art - courtier Gras Savoye, Neuilly-sur-Seine
Accrochage	Enzo Studio et Olivier Proust
Eclairage	Eric Rolland et Serge Dées
Transports	Ciam-pi et André Chenue
Direction des Bâtiments Départementaux	l'équipe du Service Préstations Urgentes et Ateliers
Aix-en-Provence	**Galerie d'Art du Conseil Général des Bouches-du-Rhône**
Responsable du lieu	Sylvane Maréchal-Malacrida
Arles	**Musée de l'Arles et de la Provence antique**
Directeur	Claude Sintes
Attaché de conservation	Fabrice Denise
Aubagne	**Chapelle des Pénitents Noirs**
Directeur de l'espace culturel Comoedia	André Meï
Marseille	**Hôtel du Département**
Salon-de-Provence	**Château de l'Empéri**
Déléguée à la culture	Violette Guey
Directrice des affaires culturelles	Maryline Guttières
Conservateur	Jean-Louis Riccioli
Saint-Rémy-de-Provence	**Centre d'Art Présence Van Gogh**
Président	Philippe Latourelle
Vitrolles	**Domaine de Fontblanche**
Déléguée aux affaires culturelles	Marie-Hélène Bucci-Fiori
Directeur des affaires culturelles	Alain Chalandon

Commissariat de l'exposition S'M.A.R.T sarl
Scénographie Régine Got
Conception graphique et maquette du catalogue Michel Bépoix et Clarisse Astier
Marc Douguet pour Images-En-Manœuvres Éditions
Textes Christian Arthaud,
Laurence Bertrand-Dorleac,
Philippe Bouchet,
Luciano Caprile,
Bernard Ceysson,
Brigitte Léal.
Repères biographiques Philippe Bouchet
Relecture des textes Robert Cauquil

Crédits photographiques Muriel Anssens, Art Gallery Toronto, Orazio Bacci, Aurelio Barbareschi, Franta Barton, Serge Ben-Lisa, Jean Bernard, Jacques Bétant, Gérard Bonnet, Claude Bornand, Yves Bresson-CIRVA, Marc Dieulangard-Erban, François Fernandez, F-M, Glass Art Gallery-Toronto, Fabtice Gibert, François Goalec, Jacqueline Hyde, Fondation Le Corbusier, Christophe Lehmann, Galerie Anne Lahumière, Galerie Baudouin-Lebon, Galerie Lelong, Fabrice Le Peltier, Giorgio Liverani, Guillaume Loupandine, Jean-Louis Losi, Galerie Maeght, André Morain, Thierry Nava, Michel Nguyen, Benoit Pelletier, Philippe Perrin, Photothèque des Musées de la ville de Paris, Alberto Emanuale Piovano, Juan Garcia Rosell, Giorgio Skoly, Paolo Vandrasch

Pour la présente édition ©Images En Manœuvres Éditions
14, rue des Trois Frères Barthélemy - 13006 Marseille – France
Tél. : +33 (0)4 91 92 15 30 – Fax : +33 (0)4 91 42 97 58
ieme@wanadoo.fr
www.iemeditions.com

Photogravure Horizon (Gémenos)- PTO (Marseille)

Achevé d'imprimer en octobre 2003 Sur les presses HORIZON GROUPE Gémenos - France

Diffusion inextenso

Distribution Distribution Seuil

ISBN 2-908445-89-1
Dépôt légal 4ème trimestre 2003

Remerciements

Cet ensemble d'expositions a pu être réalisé grâce à la collaboration de plusieurs musées et galeries, et de nombreux collectionneurs en France et à l'étranger. Que tous ceux qui ont aidé à la concrétisation de ce projet soient remerciés très vivement :

Christian Arthaud - Michèle et Jean-François Aittouares - Myriam Attali - Rosine Baldaccini - Olivier Baussan - Jacques Beauffet - Claude Bernard - Laurence Bertrand-Dorléac - Michèle et Alain Blondel - Caroline Bouchard - Philippe Bouchet - Bernard Busser - Angelo Calmarini - François Cance - Luciano Caprile - Sylvie Caron - Jean-François Cazeau - Bernard Ceysson - Agnès Chalanson Patricia Chiarena -Emmanuel Clavé -Noëlle Chabert - Florence Chibrey-Plaussu - Hélène Cottenceau - Miriam Da Costa Jacqueline Dambreville-Rouillon, Maire de Saint-Ouen - Anne-Sophie Debroye - Aimée et Francis Delille - Donatello Di Meo Michèle et Pierre Dumon - Pierre Dumonteil - Gérard et Marlène Ellena - Alicia Engejhorn - Sylvie et Hervé Eon-Baltazart Hugette Epinat - Pascal Florentin - Claude Gaez - Claire Galliano - Pierrette Gargallo-Anguera - Christian Gay - Alain Gilbert Jean-Jacques Goron - Françoise Guichon - Frédéric Guislain - Gabrielle Guth - Danielle Hodel - Marwan Hoss - Chantal Hugues Didier Imbert - Jean-François Jaeger - Anne Lajoix - Julia Lamboley - Philippe Latourelle - Véronique de Lavenne Baudoin Lebon - Vincent Le Bourdon - Brigitte Léal - Sylvie Lecat - Daniel Lelong - Anne Le Moal - Tiziana Leopizzi - Bénédicte Lesieur - Cécile Lindsfors - Martine Lusardy - Isabelle Maeght - Luis Marcel - Félix Marcilhac - Guite Masson - Jean-Claude Meinioux - Mady Ménier - Giuseppe Muciante - Mandana et Frank Pages - Silvana Pascin - Alice Pauli - Gilbert Perlein Dorothée Perthuisot - Jean-Jacques Plaisance - Giovanni Poggi - Isabelle Poncet - Robert Rocca - Chantal Prod'hom - Anna et Didier Puigségur - Aïka et Antonio Sapone - Victoria Saltarelli - Françoise Sarret - Davide Servadei - Gianna Sistu - Martine Soria - Nadine et Marc Stammegna - Andrée Stassart - Giulio Tega - Evelyne Tréhin - Marie-Paule Vial - Claude Weil.

Que tous les prêteurs qui ont accepté de se séparer durant plusieurs mois des œuvres qui composent cette présentation trouvent ici l'expression de notre vive gratitude, tout comme ceux qui ont souhaité conserver l'anonymat :

Marion Adam-Tessier - Jean-Pierre Alis - Paul Amar - Rosine Baldaccini - Olivier Baussan - Serge Ben Lisa - Flora Bigai - Alain Bouchet - Bottega Gatti - Angelo Calmarini - François Cance - Luciano et Ines Caprile - Centre d'Art Présence Van Gogh, Saint-Rémy-de-Provence - Centre International de Recherche du Verre Artistique, Marseille - Ceramiche San-Giorgio, Albisola - Roberta Cerini - G-B. Cerutti - Agnès Chalanson - Miguel Chevalier - Antoni Clavé - Comité André Masson, Paris - Conseil Général de l'Aude - Jacky Coville - Parvine Curie - Eric David - Bernard Dejonghe - Editions Francis Delille, Paris - Gérard Drouilet Estève Edo - Gérard Ellena - Sylvie et Hervé Eon-Baltazart - Ellequadro Documenti, Genova - Espace Reyberolle, Eymoutiers Jean-Michel Folon - Fondation Le Corbusier, Paris - Fondation Arp, Clamart - Fondation Paribas, Paris - Fondation Regards de Provence, Marseille - Galerie Jean-François Aittouares, Paris - Galerie Claude Bernard, Paris - Galerie Jeanne-Bucher, Paris - Galerie Alphonse Chave, Vence, Galerie Cazeau-La Béraudière, Paris - Galerie Di Meo, Paris - Galerie Anne Lahumière, Paris - Galerie Baudouin-Lebon, Paris - Galerie Lelong, Paris - Galerie Les Yeux Fertiles, Paris - Galerie Alice Pauli, Lausanne - Galerie Denise René, Paris - Galerie Pierre Dumonteil, Paris - Galerie Maeght, Paris - Galerie Marwan-Hoss , Paris - Galerie Frank Pages, Baden-Baden - Galerie La Présidence, Paris - Galerie Sapone, Nice - Galerie Gianna Sistu, Paris - Galerie Stammegna, Marseille - Galleria Tega, Milano - Jeanne Gérardin - André Hardy - Danièle Jacqui - Alain Joriot - Gilles de Kerverseau - Rachid Koraichi - Christian Lapie - Agathe Larpent - Charles Le Bars - Martine Lusardy - Philippe Leburgue - Anne et François Le Moal - Nicolas Loi - Giuseppe Maraniello - Didier et Dany Marty - Raymond Mason - Jean-Claude Meinioux - Robert Molco -Denis Monfleur - Medhi Mouttashar - Musée de l'Art en Marche, Hauterives - Musée de design et d'arts appliqués contemporains (mu.dac), (Lausanne) - Musée des Beaux-Arts, Palais Longchamp, Marseille - Musée d'art et d'histoire, Meudon - Musée d'art moderne et d'art contemporain, Nice - Musée d'art moderne, Saint-Etienne - Musée de la Halle Saint-Pierre, Paris - Musée Zadkine, Paris - Bernard Pages - Arlette Parvine-Curie - Silvana Pascin-Möbel Transports - Gaetano Pesce - Nicolas Pignon - Arnaldo Pomodoro - Anna et Didier Puigségur - Franco Racarri - Franco Ragazzi - Raymond Reynaud - Giuliana Rossello - Giorgina Graglia Scanavino - David Servadei - Milos Sobaïc - Salvador Soria - François Stahly - Cristobal Toral - Sophia Vari - Michèle-Catherine Vasarély - Bernar Venet - Pascal Verbena - Lidia Viganoi - Ville de Saint-Ouen - François Weil.